2016

中国企业集团财务公司年鉴

ZHONGGUO QIYE JITUAN
CAIWU GONGSI NIANJIAN

中国财务公司协会　编

中国金融出版社

责任编辑：丁　芊
责任校对：张志文
责任印制：程　颖

图书在版编目（CIP）数据

中国企业集团财务公司年鉴（Zhongguo Qiye Jituan Caiwu Gongsi Nianjian）. 2016/中国财务公司协会编. —北京：中国金融出版社，2016. 11
ISBN 978－7－5049－8770－9

Ⅰ. ①中… Ⅱ. ①中… Ⅲ. ①企业集团—金融公司—中国—2016—年鉴 Ⅳ. ①F279. 244－54

中国版本图书馆 CIP 数据核字（2016）第 262404 号

出版发行 中国金融出版社
社址 北京市丰台区益泽路 2 号
市场开发部 （010）63266347，63805472，63439533（传真）
网上书店 http：//www. chinafph. com （010）63286832，63365686（传真）
读者服务部 （010）66070833，62568380
邮编 100071
经销 新华书店
印刷 北京市松源印刷有限公司
尺寸 210 毫米×279 毫米
印张 45. 75
插页 40
字数 1190 千
版次 2016 年 11 月第 1 版
印次 2016 年 11 月第 1 次印刷
定价 398. 00 元
ISBN 978－7－5049－8770－9/F. 8330

2015 年 5 月 31 日，中国人民银行副行长范一飞在中国企业集团财务公司 2015 年年会上发表讲话。

2015 年 5 月 31 日，国务院国资委总会计师沈莹在中国企业集团财务公司 2015 年年会上发表讲话。

2015 年 5 月 31 日，中国银监会主席助理杨家才在中国企业集团财务公司 2015 年年会上发表讲话。

2015 年 5 月 31 日，时任中国银监会非银部主任李伏安在中国企业集团财务公司 2015 年年会上发表讲话。

2015 年 4 月 27 日，海南省委副书记李军到海南农垦集团财务公司调研。

2015 年 4 月 28 日，中国人民银行南京分行行长、国家外汇管理局江苏省分局局长周学东在辖内各中心支行行长及徐州市副市长周宝纯等人的陪同下深入徐工集团财务有限公司调研。

2015 年 4 月 1 日，山东银监局局长陈育林一行到中国重汽财务有限公司调研。

2015 年 6 月 23 日，河北银监局局长李莅春一行到新奥财务有限责任公司调研。

2015 年 6 月 29 日，北京银监局局长苏保祥、副局长逯剑及裘骆红处长等一行五人到航天科工财务有限责任公司进行走访调研。

2015 年 8 月 28 日，北京银监局局长苏保祥一行莅临中航工业财务公司调研指导。

2015 年 11 月 6 日，北京银监局局长苏保祥、副局长逯剑及裘骆红处长、李瑞监管员等听取中国电子科技财务有限公司工作汇报。

2015 年 2 月 4 日，福建银监局副局长徐金玲一行到紫金矿业集团财务有限公司调研指导。

2015 年 3 月，河南银监局对郑州宇通集团财务有限公司开展“两个遏制、两个加强”的现场检查，河南银监局副局长李焕亭同志亲临现场指导检查工作。

2015 年 5 月 7 日，北京银监局副局长逯剑带队对诚通财务有限责任公司进行调研。

2015 年 8 月 26 日，云南银监局副局长郭雁带队调研云南冶金集团财务有限公司支持集团产业发展情况。

2015 年 12 月 18 日，山西省财政厅党组成员、总会计师武志远一行莅临大同煤矿集团财务有限责任公司调研管理会计推进工作。

2015 年 10 月 30 日，中国人民银行总行调研组莅临亨通财务有限公司调研指导。

2015 年 4 月 17 日，中国银监会新闻处到宁波港集团财务有限公司调研。

2015 年 7 月 14 日，湖北宜化集团财务有限责任公司接受中国人民银行宜昌市中心支行反洗钱工作现场指导。

2015 年 9 月 7 日，北京银监局对中化集团财务有限责任公司进行现场检查指导。

2015 年 9 月 7 日，山东银监局非银处到山东能源集团财务有限公司进行现场监管检查。

2015 年 10 月 22 日，中国人民银行郑州中心支行反洗钱处到河南能源化工集团财务有限公司走访。

2015 年 5 月 31 日至 6 月 1 日，中国企业集团财务公司 2015 年年会暨会员大会在吉林省长春市召开。

2015 年 7 月 1 日，国务院国资委总会计师沈莹、中国财务公司协会专职常务副会长王岩玲到 TCL 财务公司进行调研。

2015年10月13—14日，中国财务公司协会理事会调研组由中国财务公司协会党委书记、常务副会长张电中带队，对上海汽车财务公司进行了专题调研。

2015年10月14日，中国财务公司协会理事会调研组现场调研宝钢财务公司互联网金融业务开展情况。

2015 年 3 月 25 日，中国财务公司协会专职常务副会长王岩玲、秘书长李茅斗一行到浙江省交通投资集团财务有限责任公司调研。

2015 年 3 月 26 日，中国财务公司协会专职常务副会长王岩玲到海亮集团财务有限责任公司调研。

2015 年 6 月 24 日，中国财务公司协会专职常务副会长王岩玲到青岛啤酒财务有限责任公司调研。

2015 年 6 月 24 日，中国财务公司协会专职常务副会长王岩玲一行到青岛港财务公司调研。

2015 年 10 月 13—14 日，中国财务公司协会理事会调研组由专职常务副会长王岩玲带队，对五矿财务公司进行专题调研。

2015 年 10 月 17—21 日，中国财务公司协会专职常务副会长王岩玲应邀带队参加在美国丹佛举办的全球财资管理专业人士第 36 届年会。

2015 年 11 月 12 日，中国财务公司协会专职常务副会长王岩玲一行赴兵器装备集团财务有限责任公司及长安汽车调研。

2015 年 12 月 3 日，中国财务公司协会专职常务副会长王岩玲一行调研中广核财务有限责任公司。

2015 年 12 月 3—5 日，中国财务公司协会专职常务副会长王岩玲带队参加第 11 届中国（深圳）国际期货大会。

2015 年 11 月 4—5 日，中国财务公司协会监事赴中航工业财务公司进行走访调研。

2015 年 11 月 10 日，重庆化医控股集团财务有限公司承办中国财务公司协会重庆地区财务公司调研座谈会。

2015 年 12 月 11 日，中国财务公司协会召开第九届三次常务理事会。

2015年3月9—10日，中国财务公司协会组织召开2015年度宏观经济形势及企业运营环境分析会。

2015年3月24—27日，中国财务公司协会第二期“企业集团财务公司全面风险管理培训班”在杭州举办。

2015年4月22日，“新设财务公司座谈会”在北京召开。

2015年9月23—25日，中国财务公司协会在甘肃省兰州市举办2015年第一期“财务公司高管研修班”。

2015年12月17—18日，中国财务公司协会在北京举办“财务公司外汇管理培训班”。

2015 年 1 月，神华财务公司召开 2015 年职工大会暨工作会议。

2015 年 1 月 26 日，包钢集团财务有限责任公司召开党员领导干部民主生活会。

2015 年 1 月 31 日，海马财务有限公司召开 2014 年度总结表彰大会。

2015 年 2 月，马钢集团财务有限公司召开第二届董事会第二次会议。

2015 年 2 月 5 日，太钢集团财务有限公司召开 2015 年工作会议。

2015 年 2 月 9 日，国电财务有限公司召开一届五次职工代表大会暨 2015 年工作会议。

2015 年 3 月 10 日，亿利集团财务有限公司召开 2015 年度股东会暨第一届董事会第八次会议。

2015 年 3 月 13 日，南山集团财务有限公司召开第二届董事会第四次会议。

2015年3月17日，保利财务有限公司召开股东会暨第二届董事会、第二届监事会。

2015年3月19日，中材集团财务有限公司召开第一届董事会第十二次会议。

2015 年 3 月 24 日，红豆集团财务有限公司召开第三届董事会第四次会议。

2015 年 3 月 30 日，中海集团财务有限公司召开巡视工作动员大会。

2015 年 4 月，中国航空集团财务有限责任公司召开第五届董事会第三次会议。

2015 年 4 月 10 日，山西焦煤财务有限责任公司召开第二届董事会第十二次会议。

2015 年 4 月 22 日，江西铜业集团财务有限公司召开 2015 年董事会、监事会暨股东会第一次会议。

2015 年 4 月 24 日，陕西延长石油财务有限公司召开第一届董事会第三次会议。

2015 年 4 月 28 日，淮北矿业集团财务有限公司召开一届二次董事会暨一届二次监事会会议。

2015 年 4 月 30 日，贵州盘江集团财务有限公司召开 2015 年度股东会、董事会一届四次会议、监事会一届三次会议。

2015 年 5 月，开滦集团财务有限责任公司召开股东会第四次会议、董事会二届二次会议。

2015 年 5 月 6 日，中国移动通信集团财务有限公司召开第二届董事会第五次会议。

2015 年 6 月 18 日，晋煤集团财务有限公司召开 2015 年第二次股东会暨第二届董事会第一次会议。

2015 年 6 月 26 日，山东重工集团财务有限公司召开一届十次董事会。

2015 年 6 月 30 日，伊利财务有限公司召开第一届董事会第五次会议。

2015 年 7 月 10 日，河北港口集团财务有限公司召开 2015 年第一次股东会。

2015 年 7 月 31 日，四川省宜宾五粮液集团财务有限公司召开 2015 年第一次临时股东会。

2015 年 9 月 2 日，四川长虹集团财务有限公司召开第一届董事会第十次会议。

2015 年 9 月 15 日，江铃汽车集团财务有限公司召开八届二次董事会。

2015 年 9 月 15 日，中国华电集团财务有限公司召开 2015 年第二次股东会暨四届十次董事会。

2015 年 9 月 18 日，上海浦东发展集团财务有限责任公司召开六届十次董事会、第 71 次股东会。

2015 年 11 月 4 日，上海华谊集团财务有限责任公司党支部换届改选。

2015 年 12 月 10 日，三峡财务有限公司召开成立十八周年座谈会。

2015 年 12 月 18 日，苏州创元集团财务有限公司召开 2015 年度成员单位财务负责人交流会。

2015 年 12 月 25 日，北京汽车集团财务有限公司召开二届五次董事会。

2015 年 12 月 31 日，珠海格力集团财务有限责任公司召开第十四次股东大会暨四届三次董事会、监事会会议。

北京控股集团财务有限公司召开 2015 年工作会议。

淮南矿业集团财务有限公司召开 2015 年第一次股东会。

浙江省能源集团财务有限责任公司召开年度股东会。

中国化工财务有限公司召开 2015 年年中工作会议。

创新合作

2015 年 1 月 14 日，中煤财务有限责任公司开展同业交流。

2015 年 1 月 22 日，光明食品集团财务有限公司在开业典礼上与浦发银行签订战略合作协议。

2015 年 3 月，山东省财务公司第五届监管联席会在山东钢铁集团财务有限公司召开。

2015 年 3 月 24 日，交通银行股份有限公司与海信集团财务有限公司战略合作协议签约仪式暨海信集团有限公司浙江地区供应商大会在绍兴成功举行。

2015 年 8 月，申能集团财务有限公司与集团内四家发电企业分别签署《借碳合同》，完成上海市首单借碳业务。

2015 年 8 月 18 日，北京金隅财务有限公司与中铁财务有限责任公司签订战略合作协议。

2015 年 8 月 31 日，东方集团财务有限责任公司与中国工商银行黑龙江省分行进行业务交流。

2015 年 9 月 18 日，西电集团财务有限责任公司与武钢集团财务有限责任公司举行战略合作协议签约仪式。

2015 年 10 月 23 日，昆钢集团财务有限公司赴酒钢集团财务有限公司调研。

2015 年 11 月 9 日，天津银监局非银处携天津渤海集团财务有限公司和渤海钢铁集团财务有限公司到河钢集团财务有限公司开展票据业务交流座谈。

2015 年 11 月 20 日，厦门海翼集团财务有限公司派员前往北大方正集团财务有限公司交流学习。

2015 年，新希望财务有限公司签署战略合作协议。

2015年1月1日，武钢财务公司组织全体员工开展迎新年登山活动。

2015年2月15日，上海上实集团财务有限公司开展2014年“评先创优”表彰会暨2015年迎春茶话会活动。

2015年3月，河北建投财务公司开展植树活动。

2015 年 3 月 2 日，东风汽车财务有限公司参加东风汽车集团新春歌咏比赛。

2015 年 3 月 28 日，国药集团财务有限公司组织全员拓展活动。

2015 年 4 月，五矿财务公司组织员工参加植树活动。

2015 年 4 月 10 日，重庆市能源投资集团财务有限公司组织全体员工参加挑战训练营。

2015 年 4 月 10 日，首都机场集团财务有限公司组织植树活动。

2015 年 4 月 11 日，安徽省能源集团财务有限公司举行公司职工“大湖名城 青春毅行”——2015 环巢湖金色踏春毅行大会。

2015 年 4 月 22 日，国机财务有限责任公司以信贷、票据承兑贴现方式支持广州启帆工业机器人有限公司研发销售机器人产品。

2015年中国汽车金融满意度研究SM

J.D. POWER
McGRAW HILL FINANCIAL
君迪

简报

日期：2015年5月

© 2015 J.D. Power Commercial Consulting (Shanghai) Co. Ltd., McGraw Hill Financial. All Rights Reserved. CONFIDENTIAL & PROPRIETARY—For Internal Use.

2015中国汽车金融满意度研究

研究领域

- 汽车经销商金融服务评估主要通过以下两个金融服务领域进行衡量：

汽车金融
零售金融
库存金融

- 每个经销商可以评价每个汽车金融领域的至多两家金融服务机构。零售金融部分的有效样本量为**2,915**；库存金融部分的有效样本量是**2,316**。

5 © 2015 J.D. Power Commercial Consulting (Shanghai) Co. Ltd., McGraw Hill Financial. All Rights Reserved. CONFIDENTIAL & PROPRIETARY—For Internal Use.

2015中国汽车金融满意度研究

行业第一名表现－零售金融

- **上海汽车集团财务有限责任公司**在汽车金融公司和银行细分市场连续两年排名第一，在KPI执行率上也有杰出的表现：

影响力最高的3个KPI	对总体满意度的影响力^	执行率－行业总体	执行率－上海汽车集团财务有限责任公司
当需要咨询或寻求帮助时，每次都能联系上工作人员	90	38%	40% ▲
从审批正式通过到正式放款，所花费是时间在2天之内	32	42%	72% ▲
从递交申请文件到贷款/分期付款审批通过，所花费是时间在2天之内	26	42%	65% ▲

注意：^通过回归模型确定对总体满意度的影响力；▲执行率高于行业平均

11 © 2015 J.D. Power Commercial Consulting (Shanghai) Co. Ltd., McGraw Hill Financial. All Rights Reserved. CONFIDENTIAL & PROPRIETARY—For Internal Use.

2015中国汽车金融满意度研究

行业第一名表现－库存金融

- **上海汽车集团财务有限责任公司**在汽车金融公司和银行中名列第一位，在KPI执行率上也有杰出的表现：

影响力最高的3个KPI	对总体满意度的影响力^	执行率－行业总体	执行率－上海汽车集团财务有限责任公司
新车库存融资额度完全能满足经销店日常新车库存资金周转需求	43	30%	35% ▲
金融公司/银行提供新车库存融资时，提前释放车辆合格证	36	17%	49% ▲
金融公司/银行为经销店提供库存融资时，不要求经销店购买其指定的保险公司的保险	31	51%	62% ▲

注意：^通过回归模型确定对总体满意度的影响力；▲执行率高于行业平均

17 © 2015 J.D. Power Commercial Consulting (Shanghai) Co. Ltd., McGraw Hill Financial. All Rights Reserved. CONFIDENTIAL & PROPRIETARY—For Internal Use.

2015 年 5 月，上汽财务公司在 J.D.Power 进行的中国汽车金融满意度调研中连续 2 年位列第一。

2015年5月4日，中核财务公司组织五四青年节活动。

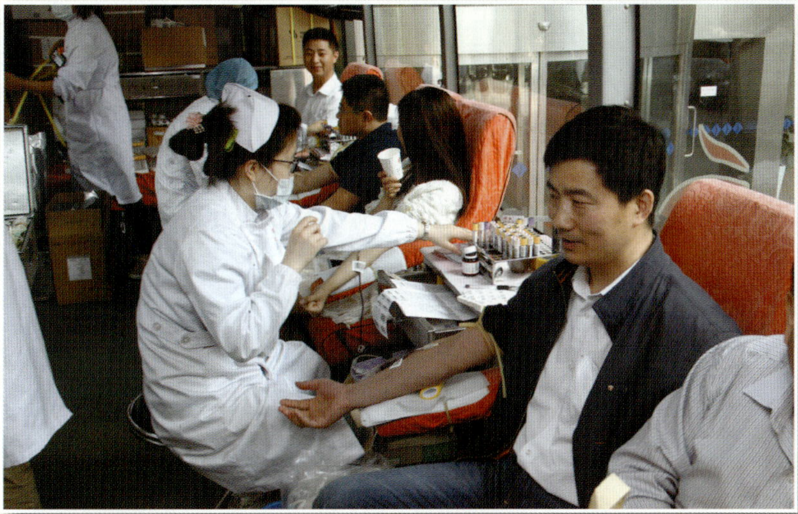

2015年5月7日，江苏省国信集团财务公司组织员工参加集中无偿献血活动。

2015年5月15日，鞍钢财务公司组织员工登山活动。

2015 年 5 月 23 日，中海石油财务有限责任公司青年员工赴狼牙山接受革命传统教育。

2015 年 5 月 23 日，中冶集团财务有限公司举办员工运动会。

2015 年 6 月，天津港集团公司领导到天津港财务公司调研。

2015 年 6 月 5 日，南方电网财务有限公司直属党委组织本部全体党员赴黄埔军校开展“感悟黄埔精神”主题党日活动。

2015 年 6 月 5 日，中外运长航财务有限公司总经理张少军出席“2005—2015 中国企业十年精益财务最佳实战案例”评选活动颁奖典礼。

2015 年 6 月 10 日，国联财务公司金融部客户经理走访成员企业。

2015 年 6 月 12 日，北大方正集团财务有限公司组织全体员工开展 2015 年怀柔拓展训练。

2015 年 6 月 19 日，东方电气集团财务有限公司组织开展消防知识培训和演练活动。

2015年6月25日，为纪念抗日战争胜利70周年，湖南高速集团财务有限公司组织全体党员赴芷江受降纪念坊接受爱国主义教育。

2015年6月30日，中国大唐集团财务有限公司参加“迎七一·大唐人歌唱党”群众歌咏活动，庆祝中国共产党成立94周年。

2015年7月2日，中能建葛洲坝财务公司组织2015年职工培训开班会暨公文写作实务培训。

2015 年 7 月 9 日，中国电子财务有限责任公司参加"中国电子决战转型 改革创新 你我同行"青年辩论赛并荣获北京地区第三名。

2015 年 7 月 22 日，中信集团副董事长兼总经理王炯调研中信财务有限公司。

2015 年 8 月，海航集团财务有限公司召开年中情况通报会。

2015 年 8 月，湖南华菱财务公司举行抗战 70 周年纪念活动——参观抗战档案展览。

2015 年 8 月 1 日，中国石化财务有限责任公司总部全体员工参观中国人民抗日战争纪念馆。

2015 年 8 月 6 日，中交财务有限公司组织参观反腐倡廉教育基地。

2015年8月7日，中开财务有限公司全体员工参加庆祝公司成立两周年登山活动。

2015年8月8日，中兴通讯集团财务有限公司组织员工参加前海三人篮球赛。

2015年8月15日，重庆力帆财务有限公司举行员工娄山关红色旅行活动。

2015年8月18日，国投财务有限公司总经理兰如达带队走访国投晋城热电有限公司。

2015年8月18日，云天化财务公司进行为期两天的电票业务和票据池业务培训。

2015年8月25日，深圳市有色金属财务有限公司员工参加公司纪律教育学习月活动动员大会。

2015 年 8 月 27—28 日，中国铁建财务有限公司举办 2015 年度业务推介会。

2015 年 8 月 29 日，陕西煤业化工集团财务有限公司全体员工参加体验式拓展训练。

2015 年 9 月，兵工财务有限责任公司员工参加兵器工业集团纪念抗战胜利 70 周年运动会。

2015年9月，广东省交通集团财务有限公司组队参加农业银行广州东城支行“东城杯”篮球赛，获得冠军。

2015年9月，日立财务公司日本福冈年度旅游集体照。

2015年9月，中化工程集团财务有限公司全体员工参加“凝聚团队力量 开创工作激情”素质拓展活动。

2015 年 9 月 17 日，潞安集团财务有限公司到集团成员单位太阳能科技公司开展“金融知识进万家”宣传活动。

2015 年 9 月 20 日，供销集团财务有限公司组织团队拓展活动。

2015 年 10 月，海尔集团财务有限责任公司通过优质高效金融服务，促进集团经销商客户销售。

2015 年 10 月，港中旅财务公司组织 2015 年度“团队领导力”培训及员工拓展。

2015 年 10 月，航天科技财务有限责任公司组织内蒙古四子王旗红格尔蒙校师生开展“携手追寻航天梦——航天体验营”活动。

2015 年 10 月，华联财务有限责任公司平谷 10 公里徒步合影。

2015 年 10 月，南航财务公司组织党员到广东反腐倡廉教育基地参观。

2015 年 10 月 11 日，北京首都旅游集团财务有限公司组织团队拓展活动。

2015 年 10 月 23 日，中国华能集团公司总经理曹培玺一行赴中国华能财务有限责任公司调研。

2015 年 10 月 23 日，福建省能源集团财务有限公司举行乔迁揭牌仪式。

2015 年 11 月，创维财务公司全体职工合影。

2015 年 11 月，中远财务有限责任公司举办公司职工摄影展。

2015 年 11 月 14 日，江苏交通控股集团财务公司组织员工参观周恩来纪念馆。

2015 年 11 月 28 日，中电投财务公司召开成立十周年座谈会。

2015 年 12 月，松下电器（中国）财务有限公司全体员工合影。

2015年12月，在“2015中国金融机构金牌榜·金龙奖”评选活动中，美的集团财务公司荣获“年度最佳服务财务公司”奖项。

2015年12月，中船重工财务有限责任公司向云南金平铜厂小学捐赠图书。

2015年12月18日，中国电力财务有限公司连续5年荣获“2015中国金融机构金牌榜·金龙奖”之年度最佳财务公司奖项。

2015 年 12 月 23 日，上海电气财务公司全体员工参加公司成立二十周年拓展活动。

2015 年 12 月 25 日，忠旺集团财务有限公司成立一周年合影。

2015 年 12 月 27 日，珠海华发集团财务有限公司董事长、总经理携公司员工在办公楼前拍摄 2016 年拜年宣传片。

2015年12月29日，中国航油集团财务公司举办职工运动会，庆祝公司成立四周年。

2015年12月31日，通用技术集团财务有限公司2015年度全家福。

2015年，吉林森工财务公司举办专业技能培训。

2015 年，巨化集团财务有限责任公司巾帼文明岗成员及所获全国、省、市巾帼文明岗等荣誉奖牌。

2015 年，西门子财务服务有限责任公司执行董事、总经理安康妮被 Corporate Treasurer 杂志评为“亚洲财资届最具影响力的 25 位女性”之一。

2015 年，中国北车集团财务有限公司董事长时景丽一行赴中国北车集团唐山轨道客车有限责任公司考察。

2015 年，中节能财务有限公司跑团训练营全体成员。

发展壮大

2015年3月18日，天津物产集团财务有限公司揭牌仪式。

2015年3月27日，福建七匹狼集团财务有限公司开业典礼。

2015年5月28日，清华控股集团财务有限公司开业典礼。

2015 年 6 月 4 日，中国铁路财务有限责任公司召开第一次股东会暨一届一次董事会、监事会会议。

2015 年 6 月 19 日，广东省广晟财务有限公司开业揭牌。

2015 年 6 月 26 日，中国黄金集团财务有限公司业务启动仪式。

2015 年 6 月 29 日，湖北交投集团财务有限公司揭牌仪式。

2015 年 7 月 16 日，首钢集团财务公司全体人员迎接开业。

2015 年 7 月 18 日，山东招金集团财务有限公司揭牌仪式。

2015 年 8 月 19 日，新凤祥财务有限公司开业庆典。

2015 年 9 月 14 日，上海外高桥集团财务有限公司开业合影。

2015 年 10 月 16 日，内蒙古电力集团财务有限责任公司揭牌开业。

2015 年 10 月 17 日，内蒙古伊泰财务有限公司召开第一次贷款审批委员会会议。

2015 年 12 月 16 日，西王集团财务有限公司开业仪式。

2015 年 12 月 18 日，中国电建集团财务有限责任公司揭牌仪式。

2015 年 12 月 28 日，营口港务集团财务有限公司开业挂牌仪式。

2015 年 12 月 28 日，云南建工集团财务有限公司开业合影。

2015 年，渤钢集团财务有限公司办公楼。

2015 年，云南昆钢集团财务有限公司开业庆典。

2015 年，中国核工业建设集团财务有限公司揭牌。

2015 年，中联重科集团财务有限公司开业仪式员工合影。

《中国企业集团财务公司年鉴》编辑委员会

陈东红（江铃汽车财务公司）
陈　丽（港中旅财务公司）
陈庆丰（武汉钢铁财务公司）
陈庆锴（日立财务公司）
陈文玲（深圳能源财务公司）
陈永强（重庆机电财务公司）
陈　宇（中国华电财务公司）
陈月明（锦江财务公司）
单　纯（中节能财务公司）
邓文杰（海南农垦财务公司）
邓香泉（四川宜宾五粮液财务公司）
丁　锋（江苏国信财务公司）
丁险峰（华联财务公司）
董养利（开滦财务公司）
窦广清（天津港财务公司）
杜　娟（TCL 财务公司）
杜心红（申能财务公司）
段建勋（晋煤财务公司）
方平凡（中集财务公司）
方泰峰（淮南矿业财务公司）
封　光（珠海华发财务公司）
冯　强（重庆力帆财务公司）
冯益民（中国化工财务公司）
冯　勇（东方电气财务公司）
傅哲祥（浙江交通投资财务公司）
傅志芳（万向财务公司）
高　宙（大冶有色金属财务公司）
郭　涌（太钢财务公司）
郭振华（内蒙古电力财务公司）
韩维平（神华财务公司）
韩文杰（中国重汽财务公司）
洪毅俊（深圳有色金属财务公司）
侯文捷（中国电力财务公司）
胡国梁（红豆财务公司）
黄必烈（中外运长航财务公司）
黄　丹（上海外高桥财务公司）
黄天珊（铜陵有色财务公司）
黄　巍（国药财务公司）
吉村太作（松下电器财务公司）
冀　涛（中国铁建财务公司）
姜建平（东方财务公司）
姜进明（中国大唐财务公司）
蒋　宁（淮北矿业财务公司）
经长忠（上海浦东发展财务公司）
孔　骞（亿利财务公司）
孔卫湘（中建财务公司）
赖　强（深圳华强财务公司）
郎晓华（山西焦煤财务公司）
李朝坤（中船财务公司）
李春辉（天津渤海财务公司）
李　东（中国黄金财务公司）
李　芳（海信财务公司）
李飞月（郑州宇通财务公司）
李国庆（新凤祥财务公司）
李虎俊（通用技术财务公司）
李慧铃（国机财务公司）
李　军（天津天保财务公司）
李　克（本钢财务公司）
李旻昊（云南冶金财务公司）
李　明（安徽皖北煤电财务公司）
李荣荣（北京汽车财务公司）
李盛雷（天瑞财务公司）

王力佳（大同煤矿财务公司）
王立春（山东能源财务公司）
王立华（北京控股财务公司）
王丽波（湖南出版财务公司）
王丽华（酒钢财务公司）
王　平（重庆化医财务公司）
王　伟（西部矿业财务公司）
王雪阳（渤海钢铁财务公司）
王甬明（宁波港财务公司）
王宇彪（中兴通讯财务公司）
王玉明（阳泉煤业财务公司）
王　展（江苏交通控股财务公司）
邬铁材（湖北宜化财务公司）
毋浩民（西电财务公司）
吴　晨（山东黄金财务公司）
吴广军（美的财务公司）
吴建友（上海复星高科技财务公司）
吴金星（江西铜业财务公司）
吴　俊（光明食品财务公司）
吴汝江（山东重工财务公司）
吴　彤（哈尔滨电气财务公司）
吴殷强（大唐电信财务公司）
吴志军（贵州茅台财务公司）
吴子维（北京首都旅游财务公司）
伍生林（马钢财务公司）
夏庆华（山东晨鸣财务公司）
肖　华（湖南高速财务公司）
谢继明（湖北交投财务公司）
谢美玲（包钢财务公司）
谢沃德勒夫（伊利财务公司）
胥勋畅（四川长虹财务公司）
徐　舍（中船重工财务公司）
徐燕青（中国南航财务公司）
徐振声（青岛啤酒财务公司）
许国栋（河北港口财务公司）
杨东旗（重庆能源投资财务公司）
杨广玉（潞安财务公司）
杨　璐（南方电网财务公司）
杨　楠（中海石油财务公司）
杨　倩（青岛港财务公司）
杨士东（山东钢铁财务公司）
姚连江（中国华能财务公司）
姚卫东（新奥财务公司）
银　虹（中材财务公司）
尹新全（贵州盘江财务公司）
印　凤（兵器装备财务公司）
游　华（中交财务公司）
于　蕾（中国电子财务公司）
于　平（一汽财务公司）
余德琳（紫金矿业财务公司）
余清海（中国平煤神马财务公司）
俞红卫（中国核工业建设财务公司）
张爱兵（江苏国泰财务公司）
张保龙（中国石化财务公司）
张蓓蕾（珠海格力财务公司）
张汉祥（中国铁路财务公司）
张汇臣（河南能源化工财务公司）
张　磊（中油财务公司）
张立峰（内蒙古伊泰财务公司）
张万斌（鞍钢财务公司）
张　伟（京能财务公司）
张文娟（清华控股财务公司）

《中国企业集团财务公司年鉴》编辑部

高　芳（广东广晟财务公司）
高玉臣（南山财务公司）
高　贞（深圳能源财务公司）
顾凌娴（上海汽车财务公司）
郭晨懋（中国石化财务公司）
郭京萌（通用技术财务公司）
郭　箐（山东黄金财务公司）
郭融晖（中国铁建财务公司）
郭书言（鞍钢财务公司）
郭振华（内蒙古电力财务公司）
韩　菡（湖北交投财务公司）
杭　帆（国联财务公司）
贺玲玲（宁波港财务公司）
花　卉（北大方正财务公司）
黄美善（日立财务公司）
黄书寒（中材财务公司）
黄　晔（吉林森工财务公司）
黄永辉（中国南航财务公司）
贾　峥（天津天保财务公司）
江　洋（贵州盘江财务公司）
姜　艳（河钢集团财务公司）
金　戈（中广核财务公司）
金可昊（锦江财务公司）
金　玲（美的财务公司）
黎　萍（浙江交通投资财务公司）
李　昂（江苏国信财务公司）
李棣棣（安徽能源财务公司）
李　飞（兵工财务公司）
李航行（贵州茅台财务公司）
李丽君（华联财务公司）
李　然（云南建工财务公司）
李　锐（中国黄金财务公司）
李　睿（中远财务公司）
李　莘（新希望财务公司）
李　伟（中国大唐财务公司）
李文馨（海南农垦财务公司）
李晓霞（重庆能源投资财务公司）
李一彧（中国能建葛洲坝财务公司）
李永鑫（清华控股财务公司）
李　月（海信财务公司）
李志平（天津渤海财务公司）
李中良（大同煤矿财务公司）
李宗泽（哈尔滨电气财务公司）
廖绪文（三峡财务公司）
林名涛（福建能源财务公司）
刘　超（西王财务公司）
刘　丹（福建七匹狼财务公司）
刘　鼎（首钢财务公司）
刘　峰（天津物产财务公司）
刘光毅（营口港务财务公司）
刘　力（兵器装备财务公司）
刘莅祥（湖南华菱钢铁财务公司）
刘　苗（广东交通财务公司）
刘其贵（中国重汽财务公司）
刘守祖（西部矿业财务公司）
刘晓品（湖南高速财务公司）
刘欣杨（国药财务公司）
刘新杰（中国平煤神马财务公司）
刘彦华（中交财务公司）
刘　志（湖北能源财务公司）
吕丽华（包钢财务公司）
马　林（忠旺财务公司）

马晓旭（天瑞财务公司）
梅　艳（武汉钢铁财务公司）
莫晨栋（中国移动通信财务公司）
潘建荣（国机财务公司）
潘义平（金川财务公司）
濮佳菲（中信财务公司）
齐建寨（中船重工财务公司）
齐昕宇（鄂尔多斯财务公司）
钱　程（北京控股财务公司）
钱　荣（深圳华强财务公司）
乔光莉（中建财务公司）
邱　茳（中国航空财务公司）
邱建熙（广东粤电财务公司）
任　莅（航天科技财务公司）
申慧敏（中铁财务公司）
沈桂权（山东钢铁财务公司）
师率杰（神华财务公司）
施　暄（中化财务公司）
石翰伦（中国华能财务公司）
石利腾（青岛啤酒财务公司）
史湫瑜（云南云天化财务公司）
宋　歌（青岛港财务公司）
宋子夏（南方电网财务公司）
苏春林（四川长虹财务公司）
孙　冰（海亮财务公司）
孙佳琳（东风汽车财务公司）
孙　清（四川宜宾五粮液财务公司）
孙　蓉（重庆机电财务公司）
孙志远（马钢财务公司）
邰桂忠（山东重工财务公司）
谭　英（中化工程财务公司）
唐要斌（振华财务公司）
滕　丽（中联重科财务公司）
田欣媛（航天科工财务公司）
汪　恒（中海石油财务公司）
王　成（安徽皖北煤电财务公司）
王　聪（山东晨鸣财务公司）
王　飞（山东招金财务公司）
王凤艳（重庆化医财务公司）
王海静（中国电建财务公司）
王　欢（珠海格力财务公司）
王　娟（一汽财务公司）
王龄莹（中航工业财务公司）
王涛峰（中国一拖财务公司）
王薇娜（中兴通讯财务公司）
王锡升（巨化财务公司）
王晓菲（中冶财务公司）
王　洋（开滦财务公司）
王一夫（保利财务公司）
王　莹（天津港财务公司）
王莹玥（亿利财务公司）
王　咏（中开财务公司）
王　优（上海外高桥财务公司）
王　志（铜陵有色财务公司）
王志强（中国北车财务公司）
吴青玲（徐工财务公司）
吴　霞（北京金隅财务公司）
吴小姣（阳泉煤业财务公司）
吴　莹（海尔财务公司）
武传德（中国电力财务公司）
夏卡璐（江苏华西财务公司）
谢　放（宝钢财务公司）

谢家亮（光明食品财务公司）
熊　莉（江西铜业财务公司）
熊梦群（TCL 财务公司）
熊雯雯（港中旅财务公司）
胥　娜（山东商业财务公司）
徐岚平（北京首都旅游财务公司）
徐蔚萌（中国电子财务公司）
许文茂（东方电气财务公司）
许彦彬（珠海华发财务公司）
闫铁红（东方财务公司）
杨　涵（湖南出版财务公司）
杨灿林（云南昆钢财务公司）
杨家况（诚通财务公司）
杨曼茹（创维财务公司）
杨　茜（中国化工财务公司）
杨婷婷（中国核工业建设财务公司）
杨　笑（海航财务公司）
杨　兴（中节能财务公司）
杨　艳（中外运长航财务公司）
杨　逸（东航财务公司）
姚宏升（亨通财务公司）
叶美芳（红豆财务公司）
袁　丹（云南冶金财务公司）
翟文明（新凤祥财务公司）
翟玉峰（兖矿财务公司）
张　辰（中海财务公司）
张国兴（国电财务公司）
张宏宇（河北港口财务公司）
张慧颖（供销财务公司）
张劲松（湖北宜化财务公司）
张　凯（松下电器财务公司）
张清翠（重庆力帆财务公司）
张　锐（上海华谊财务公司）
张　婉（首都机场财务公司）
张　旭（深圳有色金属财务公司）
张　旭（本钢财务公司）
张　旭（大唐电信财务公司）
张　雪（中国电子科技财务公司）
张　岳（中铝财务公司）
张　韫（潞安财务公司）
张子腾（五矿财务公司）
赵　斌（西电财务公司）
赵红红（晋煤财务公司）
赵　昆（河北建投财务公司）
赵　强（郑州宇通财务公司）
赵　瑞（中核财务公司）
赵云燕（百联财务公司）
郑　婕（渤海钢铁财务公司）
郑晓辉（河南能源化工财务公司）
仲　巍（中国华电财务公司）
周蓓莉（上海上实财务公司）
周　健（浙江能源财务公司）
周　茜（万向财务公司）
朱春会（淮北矿业财务公司）
朱　婷（中集财务公司）
朱雨洁（江苏交通控股财务公司）
朱志通（伊利财务公司）

编辑说明

一、本卷主要收录2015年度监管机关领导讲话、行业监管和自律工作情况、各财务公司的经营管理状况、重要法律法规以及行业和机构的业务经营统计数据等内容。

二、本卷“特载”及“监管与自律”部分的内容由中国银监会非银部和中国财务公司协会提供，“机构概览”“统计资料”及“附录”部分的内容由各财务公司提供，“文件与规章”“大事记”部分的内容由中国财务公司协会收集整理。

三、本卷各财务公司按照其获得监管部门开业批准文号的顺序进行排列；“文件与规章”部分是按照各发文机关公布的日期进行排列。

四、本卷“机构概览”部分收录中国境内的依《企业集团财务公司管理办法》设立的正常经营的企业集团财务公司，本年被合并的国核财务有限公司、南车财务有限公司以及新成立的物美商业财务有限责任公司、北京金融街集团财务有限公司、粤海集团财务有限公司、物产中大集团财务有限公司、江苏悦达集团财务有限公司未提供相关资料。

五、本卷各部分的行业整体数据因统计机构和统计口径不同，会出现不一致，请使用时注意甄别；“统计资料”篇中由于四舍五入，总计数据与分项、不同表格的数据也可能存在误差；业务统计部分只列示了开展相关业务的公司。统计表格中，“空格”表示该项统计指标数据不详；“—”表示无该项数据。

六、本卷照片部分除“关怀指导”和“共谋发展”两部分之外，其他是以事件发生时间进行排序。

七、本卷“附录”部分的行业受表彰情况收录了财务公司的“集体荣誉”“部门荣誉”及“个人荣誉”,“个人荣誉”部分未出现具体人名，行业社会责任情况单独列示，部分公司提供的资料未能录用，敬请谅解。

八、本卷在编纂过程中得到中国银监会非银部领导的关心和指导，得到全国各财务公司的大力支持，参加编写的财务公司217家。各位组稿编辑、编写人员为本卷年鉴的出版付出了辛勤的劳动，各财务公司的其他工作人员也给予了大力协助，在此一并表示衷心的感谢!

九、本卷在编纂过程中难免存在错漏之处，敬请广大会员和读者批评指正。

《中国企业集团财务公司年鉴》编辑部

二〇一六年七月

目　录

特　载

监管与自律

机构概览

文件与规章

统计资料

大事记

附　录

特　载

领 导 讲 话

增强六个意识　提升行业品质

——中国银行业监督管理委员会主席助理杨家才在中国企业集团财务公司2015年年会上的讲话

（2015年5月31日）

一年一度的财务公司年会是一个参会人员最整齐的会议。如果财务公司系统有一个节日的话，这个年会就是大家的节日。每年的五月，财务公司系统的高管人员、监管人员和相关部门领导，从全国各地汇集在一起，共同回顾上一年的经营业绩和主要工作，研究新一年度财务公司的改革和发展问题。这次年会在长春召开，蒋超良省长很重视，要求相关部门支持办好这次会议，还要接见我们的会议代表，庄严副省长亲自到会来看望大家并作了重要讲话。人民银行范一飞副行长、国资委沈莹总会计师都到会做了重要讲话，体现了他们对财务公司的高度重视和热情支持。在此，我们首先表示衷心感谢！

财务公司已经是一个大系统，每年的年会各媒体也很关注，记者朋友们都到会支持。会前我与到会的记者朋友聚谈时，有位老朋友首先问我说，你在2014年财务公司年会上曾说“风景这边独好”“财务公司是监管最省心的机构”，不知2015年怎么样？我说2015年这边风景不仅独好，而且更长脸。这话2013年、2014年说，大家会不以为然，2015年说出来，实属不易。这不是口号，而是用数据说话，具体体现在六个强劲增长势头上。

一是资产双十位数增长。2014年底，财务公司行业资产规模为5.5万亿元，增长24.3%，是双十位数增长，比银行增速高10个百分点。二是净利润双十位数增长。2014年，财务公司净利润为536亿元，增长25.2%，而商业银行是9.65%，信托是13.9%。三是所有者权益双十位数增长。2014年底，财务公司行业所有者权益达到4529.68亿元，增长23%；资本充足率达到21.2%。四是拨备覆盖率达到995%。这意味着财务公司有1元的不良资产，就有接近10元的风险准备，体现了财务公司强大的风险稀释能力。不良资产率为0.11%，是银行业各类机构中的最好水平。五是资金归集率强劲增长。2014年，财务公司资金归集率同比增长3.65个百分点。不仅是国内的资金在归集，国外的资金和上市公司的资金也在归集。六是新业务强劲增长。2014年，财务公司新业务表现突出的是金融债的发行、跨国公司的资金归集以及产业链金融的发展，这几个新业务有了长足的进步。

这六个强劲增长足以说明财务公司仍然是风景这边独好，春光常驻。正如白居易写的一首诗：“人间四月芳菲尽，山寺桃花始盛开。

长恨春归无觅处，不知转入此中来。”所以，不是金融业的春天走了，而是转到财务公司系统中来了。在我国经济进入新常态的今天，希望财务公司保持青春常驻，持久长春。要做到这一点，我认为下一步财务公司发展最重要的是增强以下六个意识。

一、增强稳健意识

在经济新常态下，其他机构都由高速增长转变为中高速增长，唯有财务公司一骑绝尘，保持了双十位数的增长，这是不是合时宜？是不是符合实际？是不是一味追求速度所致？大家要冷静思考这个问题。财务公司有这么好的政策支持，有这么敬业的从业人员队伍，也有实体企业提供的得天独厚的市场，发展快一点，是完全应该、理所当然、天经地义的。但是不是还要那么快？多快为宜？就像在高速路上开车，超速了，翻车的几率会加大。所以，大家在这样的时候，要以理性的态度，将发展控制在合理的速度。金融是高风险行业，虽然财务公司资产质量向好，不良资产率仅为0.1%，但金融一旦发生风险，就会有悬崖效应。所以，我想提醒大家，财务公司发展要保持一个稳健的速度，不要一味地求快。要面对现实，不求快、不求大、不求全，但求稳。俗话说，不怕慢，就怕站。财务公司站住不动就麻烦了，只要往前走，慢一点没关系。所以，各财务公司要根据自身特点，能走多快就走多快，不要去比速度、比规模、比收益率。

2014年，国资委和银监会联合出台了《关于进一步促进中央企业财务公司健康发展的指导意见》，就是为了解决一些企业集团不切实际给财务公司下达高指标的问题。所以，还是稳一点为好。“稳”是金融企业的基本生存法则。怎么稳？主要做好四个方面：一要有稳健的公司治理结构。财务公司虽说是企业集团的成员，但它是独立法人，所以，公司治理、“两会一层”、内部控制系统等都要健全。二要有稳健的发展战略。集团有集团的发展战略，财务公司也要有自己的发展战略。稳健的发展战略对财务公司非常重要。各财务公司2015年要提交一个经过董事会讨论通过的发展规划、发展战略，至少是五年的，以后就执行这个战略发展。战略要分远期、中期和近期。监管机构就按照这个发展战略对财务公司每个继任者进行教育和高管资格审查，这一点要作为监管的重要内容。三要有稳健的核心主业。各财务公司要有自己的核心业务，要有主打产品、拳头产品、品牌产品，财务公司现在两百多家，不要做千人一面、千篇一律的业务，要体现自己的特点。大家知道，西门子主要是做全集团的资金管理，所以，西门子集团的每一分钱都摆在财务公司账上。克莱斯勒主要是做汽车金融，摩托罗拉主要是做消费金融，通用电气是做金融控股，这不是指集团公司，是指它们的财务公司，是公司金融。所以，各财务公司都要有自己的功能定位，有自己的主打产品，把强项做强，用核心主业支撑发展，给稳健发展注入长效机制。四要有稳健的合作伙伴。合作伙伴很重要，财务公司要考虑如何与银行、证券、保险等同业机构进行合作，建立稳健的合作关系。同时，还要争取一个稳定的政策环境，大家都要求降低存款准备金，一味降准也不一定是好事。我们一方面缴纳存款准备，另一方面可以争取再贷款、再贴现支持，不失为是一种政策选择。如果说直接争取央行基础货币投放，通过再贴现、再贷款给本身就在实业的财务公司，不仅直接传导了货币政策，而且可以直接降低企业集团融资成本。有了央行的支持，有了稳健的金融合作伙伴，财务公司的发展就会减少很多后顾之忧。

二、增强集团意识

财务公司是企业集团里面的一员，这决定

了企业集团的财务公司就是要服务本集团，就是要做公司金融业务，包括本集团的个人业务和上下游的产品产业链业务。记得前年我说过，如果把金融按范围做一个分类的话，可以有“四公金融”。一是公众金融，比如商业银行、证券公司。二是公司金融，比如财务公司。三是公益金融，比如保险。保险利用大数定律，集大家的钱解决个别受到灾害群体的问题，相当于做公益活动。四是公主金融，比如信托。信托主要是做有钱人的生意，不是做普通老百姓的大众生意。财务公司就做公司金融。所以，我送大家一句话，外面的世界再精彩，也只是看一看就回来，不能在集团外逗留、发展。

具体来讲，就是扎根集团，做好“五个平台”：一是集团公司的资金归集平台。二是集团公司内部的资金结算平台。不要小看结算业务，中国“走出去”的银行，主要是做这个业务。如果系统内的每一笔钱、每一笔交易的资金都通过财务公司来结算，效益就会有一个很大的提升。三是财务监控平台。财务公司要帮助企业集团做好资金监控，当好监控平台。四是融资营运平台。企业集团的对外融资要由财务公司统一来做，“对外一把抓，回来再分家”。有的担任顾问，有的作为渠道，有的是中介，有的搞承销，运用各种金融工具为集团营运资金。五是金融服务平台。这主要是中间业务，包括财务顾问、投资管理、簿记、托管等，现在这些业务都让商业银行、证券公司争取走了，而财务公司身在其中，为什么要让手边的业务溜走呢？要么是不懂这些业务，要么是缺手艺，“没有金刚钻，不敢揽这个瓷器活儿”。这是素质问题，也是企业集团的公共关系问题。千里之行，始于足下，财务公司首先应把脚下的业务、自家的业务做好。

三、增强合规意识

通过2014年的现场检查和非现场监管，发现财务公司在合规方面还存在很多问题。财务公司是金融机构，就得懂金融的规则，守金融的规矩，有金融的操守。财务公司的人员大多来自于企业，对金融隔行如隔山。银监会通过“两加强、两遏制”检查的分析，发现财务公司存在的问题都是一些低级问题。比如公司治理不健全、贷款三查不到位、五级分类不准、拨备计提不准、账务核算不准、科目使用不当、委贷业务和自营业务互转、超业务范围经营、前中后台不分、风险责任不明等问题。

金融是最讲规则的行业，历来如此。中国最早的银行代表日升昌票号就有“十不准”规定。这“十不准”现在用起来也不过时，比如不准携眷外出、不准在外娶小妾、不准赌博、不准在外自开商店、不准徇私放债、不准找客户借款等，这些都是最基本的要求，很精练，很符合金融特点，不能搞得大而化之。财务公司下一步怎么增强合规意识？一要学习，回去以后把金融的规则拿出来学一学；二要培训，财务公司协会要组织专业的培训；三要建章立制，每家财务公司要建立符合自己特点的规章制度；四要严格查处，违规必究，无论是对董事长、总经理，还是内部工作人员，凡违规都要严格查处，不查处，长不了记性。只有这样，财务公司的从业人员才能成为表里如一的真正的金融行家。

四、增强评级意识

任何事物多了就要分类，只有分出了类别档次才能让大家各得其所。人上一百，各种各色。财务公司200多家了，应该有个差别归类。这个差别就靠评级来划分。级次分出来，以后就做同类比较，不做统一比较，避免一味求全，同质发展。所以，每一个财务公司人员，都应重视公司评级。今天上午，财务公司协会公布了行业评级办法和评级结果。行业评级是让财务公司差异化发展的最好办法，也是解决机构对标的最好工具。这个行业评级办法研究了两年，经过理事会审议通过就算定下来了。行业评级体系有一个比较好听的名字，叫“Core”，英特尔酷睿处理器也叫这个名字，中文名字叫“核心”，即核心评级体系，由四大类、17 项指标构成。第一类是资金集中管理能力，第二类是综合服务能力，第三类是风险管理能力，第四类是盈利能力。这四个英文单词的首个字母，拼起来就叫“Core”。评级体系建立后，财务公司的评价也有自己的模型了，拿到国际上也说得响。之所以称之为核心评级体系，有三个理由：第一，选用的指标是财务公司的核心性指标；第二，它在财务公司的稳健发展中起着核心作用；第三，评价结果关乎到财务公司的核心利益。

这个行业评级体系目前是试行阶段，试行一段时间以后，指标还可以调整完善。这四大类、17 项指标有四个特点：一是全面。把核心指标都反映出来了。二是客观。这些指标都是定量指标，没有一项要做分析判断，一定是报表上查得到的，至少是可以计算出来的。所以，以后监管上就看这些指标数据准不准，不准就是弄虚作假。三是透明。数据都来自报表，可以采集，并且计算公式也都提供给大家了，所以每一个公司都能算得出自己的评分。四是综合。这些指标不是单纯的规模指标，而是实力指标和效益指标，不是规模越大越好。评级采取的是得分制，每一项都有分值，一项指标再高也不能弥补其他的指标。整个评分是百分制，分算出以后再按分划级。80 分以上属于最好的，60～79 分是第二个档次，60 分以下是第三梯队。

财务公司的评级有两种：一种是行业评级，另一种是监管评级。行业评级是向社会公开公布的，监管评级考虑到机构的市场名声，因此只有监管者和被监管机构知道，这是国际通行的做法。监管评级以财务公司协会的行业评级为基础，监管评级与业务范围挂钩。评级 80 分以上的为创新类，60～80 分的为发展类，60 分以下的为成长类。这三个档次分别和业务范围挂钩：成长类做财务公司的基本业务；发展类就会多一些业务，比如产业链、发债、投资等；到了创新类，业务范围更宽，如资产证券化、境外子公司、企业集团的个人业务等都是可以做的。评级每上升一级，业务范围就会增加好几种。它是阶梯式上升的，要想欲穷千里目，就得更上一层楼。监管评级是在行业评级的基础上进行调整的，比如，某财务公司行业评级是创新类，公司凭着这个评级就可以申请业务范围，监管部门会告知能或者不能。如果指标中有不真实的内容，监管评级就会降级，该财务公司就不能再获得创新类的业务范围，以此来进行约束。

评级操作可用四句话来概括：按项评分、按分归类、按类展业、按年公布。财务公司评级属于哪类，就开展哪类业务，评级结果一年公布一次。财务公司评级越高的，获得的业务范围越大。所以，好之愈好，差之愈差，这就是物竞天择、适者生存的自然法则。把它引用到财务公司内部，好的更好，差的就退出了，形成这样一个机制。所以，各财务公司都要有评级意识，要有升级意识，这与公司的核心利益关联性很大，每上升一步就会有新的领域。在这个问题上，希望大家：一是要重视评级、支持评级；二是不能弄虚作假，如果发现了就直接降级；三是要根据评级情况，制定整改、发展的着力点，弥补短板。

五、增强行业意识

财务公司是一个大行业。既然是大行业，就得有自己的气候，就得用“连环计”，连在一起，增强市场声音。包括几家没开业的，财务公司现在已经有 219 家，仅次于商业银行。商业银行目前有 800 多家，这里面主要是农村商业银行占得比较多。其他金融行业，证券有120家，保险有187家，财务公司是仅次于银行的大系统，并且方兴未艾，银监会每年最大的苦恼就是控制财务公司的批设节奏。既然财务公司在数量上是仅次于银行的一类金融机构，就要有自己的行业特点，有自己的市场声音，有自己的政策主张。所以，我要提醒大家的是，财务公司要增强行业意识，也就是要有集体的意识。大家要爱护集体名誉、齐发集体声音，发挥集体的智慧，解决大家共同关心的问题。财务公司长大了，应该有一定的舞台和话语权了。那么，怎样增强行业意识？

一是要发展壮大行业组织。财务公司的行业组织就是财务公司协会。这是行业领头人、协调人，也是大家的维权人、发言人，大家要珍惜、爱护这个组织，支持它的发展，这个领头人是前面举旗的向导，防止大家掉队、看不着路标。现在财务公司行业一年开一次年会，另外还开一些专业会议，对一些业务问题做专题研究，既是做理论上的准备，也是做实践上的探索，把大家想做的事情做起来。二是要建设行业公共服务设施。比如说信息系统。财务公司行业评级可以用系统来监管是否存在弄虚作假的行为，这个系统就是阳光屋、玻璃屋，大家都能查询。再比如清算系统。进入央行的支付清算系统有两种方式：一种是直接进入，大家都进入大的清算系统；另一种是单点接入，多点清算。财务公司行业建一个内部的清算系统，用一个口子接到央行支付清算系统里面，减轻央行压力，这也是一个办法。另外也可以做一些培训系统，集中培训，减轻、分担公司的成本。这些都是公共服务设施建设的问题，做这些事情，需要全行业的共同努力。三是加强业务合作。财务公司在行业内就是同仁，就是同业，因为我们可以用一个声音、用一个曲调、唱同一首歌，就像大家用《国际歌》可以在全世界找到自己的同志。同一个系统，相互之间有很多事可以合作，资金业务、承销业务、投行业务、产业链金融等都可以相互合作。四是建立行业研究平台。今天上午，财务公司协会与中国社科院和中国人民大学签署了战略合作协议，效率很高。财务公司行业问题的研究和解决，没有理论先导不行，没有顶层设计不行，没人帮忙摇旗呐喊也不行，财务公司协会做不了的，可以找合作者，合作者要实实在在参与进来，从理论到实践都要参与，不但要进行理论研究，还要传授知识。我的梦想是要把财务公司打造成像银行一样的，有自己的理论支撑，有自己的教科体系，有自己的实验平台。五是建立行业宣传机制。要用好声音做引导，正面发声，主动发声，培养财务公司的媒体合作伙伴，使它们在感情上倾向财务公司，业务上支持财务公司，一些重大问题上认同财务公司。

六、增强属地意识

属地意识是指财务公司要属地注册、属地经营、属地监管。企业集团财务公司属于地方性金融机构，即便中央企业财务公司也是这样，公司在什么地方，就要在什么地方注册。这次银监会监管改革就分得很清楚，是全国性机构，就由银监会监管，地方机构就由银监局监管。按照这个设计，把这两个层次机构划分清楚。过去由非银部直管的机构，这一次一律都回到了财务公司的所在地，坚持属地管辖原则。现在银监会的非银部专司再监管，以后更多是管银监局是不是按照监管规定办事。目前业务运行规则由银监会审慎局制定；市场准入规则由法规部制定；而财务公司的细则，由非银部制定，各银监局执行。这样大大缩小了监管半径，缩短了监管链条，体现了银监会简政放权的决心。现在只有两项半审批在银监会，一是出现风险之后的重组改制或破产重整审批在银监会；二是不干了，市场退出在银监会；

半项是新设机构的批筹在银监会，开业就到银监局了。其他的，包括股权、高管、新业务的审核，都在银监局。非银部就在后台监督，看谁干得好，谁干得不好，哪个银监局干错了，就把这个银监局的权力收到非银部。谁干错了，就收谁的权，哪一项干错了，就收哪一项的权，让会干和不会干的银监局具有不同的权力。这样做也改善和优化了监管机构对财务公司的服务。

增强属地意识是简政放权的需要，也是监管改革的需要。强调属地意识，主要做好以下四个方面：一是监管会审制。新机构的准入在细则里面明确规定了尽调、论证、会审三步走。第一步是尽调，银监局要了解自己的监管对象，包括了解它的业务、风险等。银监局的监管对象就是需要申请设立财务公司的企业集团。银监局要先做尽职调查，再汇报。非银部在审查过程中，过去是要求机构作出承诺，考的是机构的高管人员。现在不考机构的高管人员，而是考银监局局长，是否了解这些公司。银监局局长要做背书人，担保数据的真实性。以后这些数据有一个是假的，局长就可以下课了。第二步是论证。第三步是会审。中央企业，和国资委会审；地方企业，和分管省长会审。本来法律规定新机构的准入权是在银监会，任何机构和个人不得干预，但是银监会愿意让渡 50% 的权力给地方政府和国资委，只有双方共同认可，才可以批设新机构。当然，这是一把“双刃剑”，共同认可意味着一旦机构出了问题，责任有你的一半，也有我的一半，需要共同把这个事情处理好。二是监管会谈制。对财务公司的监管情况采取会谈制，针对发现的风险问题，与企业集团进行会谈，与外部审计机构会谈，如果做了外汇业务，还要与外汇管理部门会谈，同时还要与地方金融办会谈。要对机构进行全面体检，检查情况，发现问题，找出原因。三是监管通报制。财务公司的监管都在各银监局，银监局每半年要把监管情况向机构的“两会一层”做一次通报，从 2015 年开始，每半年一次。通报就像做保健，机构如果有问题，要及时告知，不要等风险积累成灾，不可救药时再说。四是监管报告制。各银监局要把财务公司的年度监管情况向省政府写一个报告，属于国资委管的，向国资委写一个报告。从 2015 年开始，银监会就集中汇总财务公司的行业情况向国务院报告，得到了国务院领导的批示肯定。

同志们，现在关注财务公司的人多了，关照和重视财务公司的人也多了。这是大家的福音，也是对大家的约束。希望大家不负众望，凝心聚力，把财务公司办成心齐、风正、业兴、稳健的大行业，在走稳的前提下，走好、走快！谢谢大家！

监管与自律

监 管 报 告

中国银行业监督管理委员会非银行金融机构监管部企业集团财务公司2015年监管工作回顾

2015年，银监会全面贯彻落实党中央、国务院决策部署，依法履行监管职责，不断提升监管有效性，多措并举引导企业集团财务公司（以下简称“财务公司”）充分发挥集团资金归集平台、集团资金结算平台、集团资金监控平台、集团融资营运平台和集团金融服务平台的功能作用，有力支持了企业集团降本增效、转型升级，为实体经济稳增长、调结构发挥了积极作用。

一、行业基本情况及存在的问题

作为与实体经济联系最为紧密的一类非银行金融机构，财务公司通过资金集中管理，提高资金使用效率，降低了整个集团内部交易成本和融资成本，并通过多种方式满足集团重点项目融资需求，支持企业集团淘汰落后产能，加快结构调整和转型升级步伐。

截至2015年末，全国共有财务公司224家，比年初新增28家。财务公司行业表内外资产总额6.67万亿元，同比增长20.6%；所有者权益5 709亿元，同比增长26%；全年实现税后净利润594.15亿元，同比增长10.9%；行业不良资产20.22亿元，同比下降38.4%；不良资产率为0.05%，比年初下降0.06个百分点，在银行业金融机构不良资产普遍上升的环境下实现“双降”；贷款拨备覆盖率为2 763.29%，资本充足率为21.2%，资本拨备计提充足；流动性比例达71.87%，整体流动性较高。财务公司行业各项风险处于可控水平。

财务公司面临的主要问题：一是财务公司发展面临的产业风险和外部挑战不断加大，风险防控压力有所增加。2015年，受经济增速放缓、产业结构调整深化等因素影响，部分行业企业集团包括大型央企经营效益下降，进而导致产业风险加大，财务公司资产规模及利润水平增速也相应放缓，信用风险和流动性管控压力上升。同时，随着利率市场化改革力度加大、存贷款利差收窄，以及市场上各类金融产品不断创新，财务公司的传统盈利模式受到较大冲击。二是部分财务公司定位不明确，影响服务集团的功能作用发挥。部分企业集团对财务公司的考评重利润而轻服务，将财务公司等同于一般的子公司，在用人机制、绩效考评等方面未能实现差异化管理，年度利润指标逐年提高，造成部分财务公司资金归集能力不强，片面追求账面盈利，聚焦集团主业、支持集团转型发展的功能作用发挥受限，并可能引发风险。三是财务公司经营管理水平有待提升，从业人员专业素质有待进一步提高。在经营管理上，部分财务公司存在公司法人治理独立性不够、内部控制的精细化程度不高、行业研究能力薄弱等问题。在人员专业素质方面，财务公司大部分员工来自于集团财务或生产部门，金融从业经验不足，人才流失率偏高。这些因素都在一定程度上制约了财务公司发展。

二、主要监管工作

（一）加强顶层设计，完善相关配套监管制度

为深化企业集团财务公司分类监管，扶优限劣，促进财务公司差异化、特色化发展，2015 年 12 月，银监会修订发布新的《企业集团财务公司监管评级与分类监管办法》（银监办发〔2015〕199 号）。该办法对财务公司实施监管评级和采取相应监管举措提出了具体的要求，首次尝试将监管评级与财务公司协会行业评级有机结合起来，充分发挥行业评级的引导和对标作用，规范财务公司外部市场评级，推动行业健康发展。同时，该办法作为银监会对派出机构实施再监管的有力抓手，是监管架构改革后确保落实监管主体责任的制度保障。

（二）推进简政放权，落实监管权责

一是 2015 年 4 月，将财务公司的直接监管权限下放给属地银监局，银监会机关重点专注财务公司顶层制度设计，把握行业整体发展方向，引导财务公司行业健康发展。二是 2015 年 6 月，修订后的《中国银监会非银行金融机构行政许可事项实施办法》公布实施，财务公司法人机构的开业、业务范围调整等许可事项审批权限均下放至属地银监局，充分体现放权于基层的改革原则，有利于提高行政审批工作效率，更好服务于被监管机构。

（三）持续优化行业外部发展环境，支持、引导财务公司科学发展

一是指导发布财务公司行业核心（CORE）评级体系。2015 年 6 月，指导中国财务公司协会制定并发布《企业集团财务公司行业评级办法》。行业评级体系的发布，对强化财务公司行业自律，加强市场约束，树立行业标杆，引领创新发展发挥重要作用。同时，行业评级结果也将作为监管部门对财务公司进行监管评级的重要参考。二是建立常态化监管通报制度。为提高监管有效性，促进监管政策的协同与传导，加强与相关部门和地方政府的协调配合，2015 年银监会建立了向财务公司所属集团和集团相关主管部门通报监管情况的常态化机制，并于年内向国资委发函通报了 65 家中央企业财务公司 2014 年度监管情况，同时要求各派出机构向当地政府和主管部门通报了辖内财务公司的年度监管情况，强化了财务公司发展的外部约束，完善了财务公司规范发展的体制机制。三是积极协调人民银行降低财务公司存款准备金率，并专门召开电视电话会议，要求财务公司定向用好降准释放资金，加大服务实体经济力度。2015 年协调人民银行五次下调财务公司存款准备金率，共调降 7 个百分点。有效释放了财务公司的可用资金，增强财务公司服务集团发展和实体经济力度。

协会工作报告

中国财务公司协会第九届理事会 2015 年工作报告

各位代表：

受中国财务公司协会（以下简称“中国财协”）第九届理事会委托，我向大会做 2015 年工作报告，请予审议。

一、2015 年工作回顾

2015 年以来，面对错综复杂的国际形势和艰巨繁重的国内改革发展稳定任务，财务公司作为出身实业、服务实体的金融机构，在监管部门的大力支持下，主动适应经济发展新常态，在积极服务企业集团转型发展的同时，行业自身也得到持续发展。截至 2015 年 12 月末，全国共有财务公司法人机构 224 家，同比增加 28 家；表内外资产总额为 6.50 万亿元，所有者权益达 5 680.88 亿元；行业平均资本充足率为 22.15%；不良资产率为 0.05%，较年初下降 0.06 个百分点。财务公司行业已成为金融大家族中服务实体经济、深化改革发展及强化风险防控的重要力量。

伴随着行业的迅速发展，2015 年，中国财协按照第九届理事会工作设想和整体安排，紧紧围绕“自律、维权、协调、服务”方针，以自律为基础、以机制建设为重点、以服务为中心，进一步解放思想，积极创新服务理念，转变服务方式，认真务实地推进各项工作，全面实现了各项工作目标。

（一）“三途径”强化战略引导，主动适应新常态

第一，行业年会引领发展方向。中国财协在银监会分管领导和非银部的关心指导下，组织召开业界高级别、高层次的中国企业集团财务公司 2015 年年会，聚焦行业发展主题，邀请国资委、人民银行、银监会等政府部门领导和企业集团、财务公司领导及科研院所专家共谋新常态下财务公司发展战略及转型之道，进一步提升了财务公司行业影响力，拓展了行业发展空间，加强了行业合作交流。中国人民银行副行长范一飞和国务院国资委总会计师沈莹高度评价年会，并对财务公司在提高集团资金使用效率、降低财务成本、助力集团开拓市场等方面所发挥的作用和财务公司对企业集团快速发展所提供的支撑给予了充分肯定；中国银监会党委委员、主席助理杨家才发表重要讲话，指出财务公司要着力增强稳健意识、集团意识、合规意识、评级意识、行业意识、属地意识“六个意识”，为财务公司未来科学发展指明了方向。

第二，司库研究促进功能发挥。加强对国际司库管理经验的研究和借鉴，赴美参加 AFP 国际财资管理专业人士年会，撰写《新常态下司库管理经验借鉴》，对财务公司如何更好发挥司库功能提出建设性意见；与 AFP 协会签

署战略合作协议，探索推动深化国际司库管理研究、培养财务公司专业人才，开启中国财协与国际同业协会战略合作的新模式；举办两期“全球企业财资管理——国际司库管理最佳实践”培训，邀请中国人民大学教授、AFP前董事会主席从司库构架模式、投融资管理、财资系统规划、全球现金管理、营运资本管理、企业金融风险管理、战略合作伙伴关系的建立七个方面讲解全球化集团公司司库管理最佳实践，促进集团层面和财务公司对司库管理理念达成共识，引导财务公司在司库领域发挥更大的作用。

第三，研判形势找准发展路径。组织召开2015年宏观经济形势及企业运营环境研讨会，邀请来自能源电力、钢铁有色、制造、建筑、交通运输、外贸、家电等行业的31家财务公司负责人就所属行业经营情况、宏观经济形势等问题进行交流研讨，帮助财务公司及时了解宏观经济形势，分析研判隶属企业集团及其所处行业的发展现状及趋势，研究有效防控风险、服务集团发展的思路措施；兼顾会员单位发展的不同阶段，组织召开2012—2014年新设财务公司和筹建阶段的财务公司座谈会，就普遍关注的公司治理、资金集中管理、业务推广开展及加强与集团融合发展等问题，邀请业界专家、参会代表进行深入交流，取得了良好效果；深入分析行业发展特点以及未来发展趋势，结合财务公司先进经营案例，组织编写《企业集团财务公司行业经营分析报告》《季度行业运行情况报告》，为财务公司经营管理提供参考。

（二）“三举措”加强行业自律，坚守风险防控底线

第一，推进行业评级体系建设。组织研究制定《企业集团财务公司评级办法》并不断修改完善，经过数次征求各银监局及财务公司意见，2次上报监管部门接受指导，数易其稿，并组织开展1次抽样试评级和多次全面试评级，最终形成《企业集团财务公司行业评级办法（试行）》，同时依据2014年度经营数据，完成了首次行业评级工作，以创新类、发展类、成长类行业评级结果为财务公司对标定位提供了指引。

另外，正式发布评级结果后，组织开展行业评级后评估工作。配合监管部门完成《企业集团财务公司监管评级与分类监管办法》征求意见，认真梳理对行业评级指标体系的意见建议，在反复讨论、认真测算的基础上，再次进行修改完善，调整后的评级结果将作为银监会监管评级和分类监管的重要组成部分。

第二，促进行业合规有序运行。《企业集团财务公司全面风险管理指引》发布后，积极做好落地实施工作，组织开展财务公司贯彻指引情况调研，了解会员执行情况；举办三期“企业集团财务公司全面风险管理培训班”，促进财务公司建立健全覆盖全流程、全业务、全产品、全环节的风险管控机制。

第三，监督自律规章贯彻落实。组织对会员单位执行《企业集团财务公司行业自律公约》《企业集团财务公司从业人员职业行为规范指引》相关自律公约的监督和检查，促进自律规章制度的贯彻落实，推动了行业不断强化自我约束、自我规范和内部建设。

（三）“三重点”积极沟通协调，营造良好外部环境

第一，降低存款准备金率成果显著。中国财协在往年协调推动实现财务公司降低存款准备金率的基础上，继续大力反映推动存准问题。一是通过财务公司宏观形势分析会掌握实体经济第一手资料，认真研判新常态下财务公司大幅降低存款准备金率的可行性和必要性，向国资委提交专题报告并转报国务院，争取到国务院领导的高度重视；二是与人民日报内参部合作开展以“释放财务公司资金活力，支持

实体经济发展”为主题的闭门座谈会，形成内参予以上报，得到领导关注；三是积极与人民银行沟通协调，通过提交方案意见、座谈交流等多种渠道争取支持。通过不懈努力，人民银行年内5次宣布降低财务公司存款准备金率共计7%，释放财务公司资金超1 700亿元。特别是6月，更是首次将财务公司作为单独一类机构定向降准，是财务公司行业历史性的突破。

第二，争取债券承销资格进展顺利。多次与银行间市场交易商协会就财务公司行业债券承销资格进行联络沟通、提出意见建议，在不断努力下，银行间市场交易商协会依据财务公司取得相关资格的市场评价标准，开展相应评价工作，并于8月29日正式发布《关于意向承销类会员（财务公司类）市场评价结果的公告》，南方电网、中油、中国石化、国电、中电投五家财务公司首批取得开展非金融企业债务融资工具承销业务资格，为企业集团在节约融资成本等方面提供更多金融服务手段，有力提升了财务公司在集团的地位功能。

第三，推动扩大产业链金融试点初见成效。采取多种方式、通过多方途径推动扩大产业链金融试点范围。一是在年会期间设立“产业链金融服务经验交流”专题交流，共享财务公司产业链金融服务经验，反映财务公司开展此类业务的迫切需要，积极呼吁扩大服务试点，取消直接交易对手限制；二是两次会同国资委走访调研所属集团核心主业突出、产业链条清晰、经营服务能力较强的TCL、美的、海尔三家财务公司，形成调研报告经由国资委向国务院反映，同时上报银监会争取扩大企业集团财务公司产业链金融试点范围，提升财务公司产业链金融服务能力；三是就财务公司延伸产业链金融服务试点工作进行专题报告，阐述试点单位业务开展的具体措施，总结试点工作的效果，细致分析试点扩大对财务公司行业的意义，提出增加试点企业数量、扩大试点单位覆盖行业领域等建议。

（四）“三措施”推进行业研究，提高行业发展效率

第一，院校合作实质进展。分别与中国社科院金融研究所和中国人民大学商学院签署战略合作协议，开创“协会+行业+院所”的行业研究新模式，通过强强联合，实现优势互补，促进共赢发展。与中国社科院金融研究所共同研究撰写《中国企业集团财务公司行业发展报告》，积极推进与中国人民大学合作设立“企业集团与财务公司发展研究中心”。

第二，课题研究有序推进。统筹管理行业课题研究，根据宏观经济形势变化和财务公司发展需求，邀请监管部门领导和外部专家学者参与、指导课题研究，抽调行业精干力量成立课题组，积极推进财务公司行业发展报告框架、财务公司资产证券化、财务公司大额存单业务、财务公司与互联网金融5个新课题研究，继续完善财务公司公司治理指引、中外财务公司比较及功能定位研究、财务公司信息化指引4个重点课题，探索完善行业研究成果共享机制。

第三，行业调研扎实开展。组织理事赴中国华电、兵工、五矿、上汽、上海电气、宝钢财务公司开展互联网金融、信息化建设、外汇资金集中管理等方面的专题调研；组织监事赴中航工业、华电、中国石化、航天科技财务公司开展公司治理、信息化建设等方面调研；组织会员经理赴服务行业深入调研，调查研究工作的针对性和有效性明显提升。共形成调研报告十余篇，其中《关于财务公司行业评级指引有关情况的汇报》《关于赴广东省两家财务公司调研的报告》获中国银监会领导充分肯定。

（五）“六方式”提升服务水平，充分发挥职能作用

第一，更新服务理念，提供专业服务。通

过组织动员、自愿报名、专业笔试、综合测评四个步骤从在册员工中选出 9 名行业经验丰富、专业基础扎实的员工组成跨部门会员经理队伍，制定《中国财务公司协会会员经理工作制度》，明确会员经理的职责和行为规范，为提升中国财协服务会员单位的能力和专业化水平打下了坚实基础。

第二，优化统计系统，及时发布数据。优化财务公司行业统计分析系统，深入研究分析行业数据需求，不断完善系统功能；组织财务公司行业统计分析系统培训，解决财务公司数据填报问题；持续跟踪系统运行情况，组织对报表进行整合梳理，调整报表报送频度，启动对系统的二次开发；按月度、季度、年度三个频度统计数据，通过电子和纸质两种方式发布统计结果，不断提高数据准确性和及时性。2015 年共形成月度排名表 12 册，季度行业统计数据 3 册，年度行业统计数据 1 册，资金集中度统计表 1 册。

第三，加大宣传力度，扩大行业影响。立足行业特点，不断深化已有渠道，拓展媒体合作，紧抓重大活动，多层次、多角度、多形式地展示行业发展成果，反映行业诉求，引导社会舆论，推动监管决策。2015 年会刊和网站共刊登各类稿件 800 余篇，发布更及时，社会关注度更高；与《金融时报》《经济日报》等主流媒体开展战略合作，顺利完成“财务公司发展新常态”“利率市场化”“自贸区金融机遇”等主题专版报道；组织“走进财务公司”系列报道及媒体座谈会；编辑出版业内首本媒体宣传报道合集《产融结合的最佳实践——媒体视角下的财务公司》，并在年会上发布；组织“释放财务公司资金活力，支持实体经济发展”《人民日报》内参闭门会，反映行业诉求；组织媒体参加行业重大活动并开展报道，出版《中国企业集团财务公司 2015 年年会特刊》。

第四，优化培训管理，提高培训质量。不断创新培训理念、改进培训方式，培训的针对性、专业性和实效性进一步提高，培训效果和培训质量进一步提升。2015 年共举办 2 期高级管理人员培训班、5 期中层业务骨干培训班、3 期基础业务培训班，累计培训 1 422 人次，占全行业从业人员的 14.12%；组织行业骨干力量编写财务公司基础业务讲义，搭建符合行业特点的基础业务培训体系。首次使用自编《财务公司结算业务讲义》作为培训教材，并由编写组成员进行授课，实现了培训教材与师资的有效结合，取得较好培训效果；“财务公司信贷业务培训讲义”“财务公司风险业务讲义”提纲框架已由编审委员会通过，正进行下阶段的编写工作；与此同时，为使培训工作成体系、可持续，中国财协已经着手制定行业培训规划。

第五，扩大交流合作，推动互利共赢。积极探索行业合作，就会员单位反映集中的联合异地灾备问题搭建了财务公司与灾备厂商之间的平台，组织财务公司集中竞价，推动集合灾备，为提升行业信息科技管理水平和风险防控能力奠定基础；组织开展财务公司资产登记交易平台可行性研究，探索推进财务公司做活市场融资、做实资产交易、做长服务链条；组织召开财务公司投融资管理研讨会，推动财务公司利用集团金融服务平台优势充分承担投融资管理职能。

第六，完善治理体系，理顺运行机制。为适应新形势对协会组织发展的要求，组织对《中国财务公司协会章程》和《中国财务公司协会会员管理办法》进行修改调整，修订完善了常务理事会和理事会议事规则，进一步规范了理事会和常务理事会的议事活动；定期召开理事会、常务理事会和监事会会议，讨论研究中国财协工作和行业发展中的重大问题，2015 年共组织召开 2 次理事会、3 次常务理事会和

2次监事会，中国财协议事、决策和日常管理机制得到进一步完善；为提高服务效率和质量，中国财协简化了会员入会程序，年内共吸纳重庆能源财务公司等20家新会员加入中国财协。

（六）“全方位”强化党建，展现中国财协新面貌

在银监会党委的领导下，全面加强党的建设，不断完善党对中国财协各项工作领导的体制机制，把党要管党、从严治党、依规治党同中国财协各项工作紧密结合起来，以党的领导为统领。一是完善制度建设。以健全制度、规范管理、提高效率为工作主线，对秘书处的有关规章制度进行了全面梳理，补充完善了人员管理、费用支出等18项内部管理制度，制度体系更加科学完备。二是推进系统建设。在银监会信息科技部的指导下，完成中国财协办公自动化系统建设，通过办公自动化实现秘书处内部办公和管理的信息化。三是加强队伍建设。注重“引进来”，通过公开招聘和与财务公司人才交流的方式引进外部人才，2015年共公开招聘10名新员工，为中国财协注入了新鲜血液；注重“派出去”，定期派出工作人员到财务公司和监管机构交流学习；注重“站起来”，加强员工培训力度，充分挖掘自身潜能，锤炼工作作风，着力打造一批政治上靠得住、工作上有能力、专业上过得硬的一流团队。四是加强党的建设。认真学习贯彻习近平总书记系列重要讲话精神，紧扣“三严三实”专题教育主题，从严从实抓好基层党建、改进工作作风、聚焦主题主业，切实加强社会组织的党建工作。不断深化和拓展群众路线教育实践活动整改成效，严格执行八项规定，思想水平进一步提高，工作作风进一步转变，党群关系进一步密切，精神面貌焕然一新。

各位代表！

一年来中国财协取得的成绩，是政府主管部门正确指导的结果，是理事会、常务理事会集体领导的结果，是广大会员单位积极支持配合的结果。在此，我代表中国财协向大家表示诚挚的敬意和衷心的感谢！

二、2016年重点工作

新的一年是“十三五”规划和全面建成小康社会决胜阶段的开局之年，更是中国经济转型期的关键之年，中国财协将深入学习党的十八届五中全会精神，认真贯彻落实全国银行业监管工作会议和非银行金融机构监管工作会议精神，紧紧围绕监管部门提出的“提升服务实体经济的效率”“坚守风险底线”及“深化改革发展”的要求，进一步深刻认识财务公司行业服务实体经济互动规律、行业改革发展普遍规律、风险防范的基本规律，认真履行协会职责，充分发挥“自律、维权、协调、服务”功能，以“四创新四注重”为工作重点做好以下工作：

（一）创新发展理念，着力推进深化改革

借鉴国际先进司库管理理念，结合我国财务公司发展特点，创新司库管理理念本土化模式，深入研究企业集团搭建司库管理体系的路径方案及财务公司发挥司库平台作用的实施策略，推动对司库管理理念的认知、认同和认可。

第一，探索设立发展研究机构。按照“十三五”规划提出的“提高金融支持实体经济效率”的指导意见，着力建设“高端国际化智库、行业专业化智库”，拟与中国人民大学合作设立以中国企业司库和财务公司为研究对象的“企业集团与财务公司发展研究中心”，旨在汇聚高校理论研究和行业实践经验，形成具有行业指导意义的研究成果，帮助集团及财务公司提高决策质量，争取政策支持。

第二，深化国际司库管理研究。紧密结合国内外宏观经济金融形势变化、国际先进司库

管理理念以及财务公司发展特点，对财务公司所在企业集团如何搭建司库管理体系以及财务公司如何发挥好司库平台作用进行系统研究，通过深入论证“企业集团司库管理模式下财务公司如何更好地发挥功能作用”的实践路径，引导行业全面了解司库管理体系、司库管理核心功能，推动财务公司司库职能发挥。

第三，培养财务公司专业人才。以与AFP协会合作推进“国际化司库人才培训项目”为契机，组织国际司库管理与实践培训，聘请国际国内司库管理专家讲授国际前沿的司库管理理论与实践，组织参加“国际财资管理师”资格认证，培养财务公司行业内部司库管理专业人才；推动中国人民大学等高校增加财务公司相关课程设置，做好财务公司行业社会化人才储备。

（二）创新行业研究，着力引领科学发展

充分整合行业研究资源，把握行业发展动态，推进行业热点创新问题研究，共享行业研究成果，最大限度地为财务公司行业科学发展服务。

第一，大力深化行业发展研究。充分发挥中国财协在数据统计、行业分析等方面的优势，借助中国社科院金融研究所专业研究的权威性和社会影响力，联合起草并发布《企业集团财务公司行业发展报告》，通过对财务公司行业全景式研究、概况与分析，以权威、专业、客观的视角，充分展示行业改革发展的主要成绩和运行特点，总结存在问题，展望未来发展趋势，形成兼具理论与实践价值的行业发展研究专著，并于2016年年会发布。

第二，着力开展重点课题研究。密切跟踪行业热点、难点、创新问题，从战略引导、产品创新和技术支撑三个维度开展深入研究，为推进财务公司行业供给侧改革提供理论支撑。依托已经建立战略合作的高校院所科研机构，结合中国财协掌握的行业数据资源重点组织开展财务公司发展模式、财务公司司库平台作用发挥、财务公司同业合作、财务公司信息系统标准化、“营改增”对财务公司影响等相关问题的研究，并探索建立研究成果共享机制。

第三，统筹财务公司行业调研。统筹年度行业调研，从地域、行业、业务特色、行业评级等多维度开展调研。加强理事、监事调研的需求分析和成果共享；开展行业评级后评估专题调研，力求全面、真实反映评级体系问题及诉求；组织会员经理赴服务行业财务公司调研，了解第一手情况，为财务公司提供专业化针对性、全方位服务奠定基础；开展产业链金融、债券承销等特色业务调研；针对行业热点、难点问题需求实时增加专项调研，切实提升调查研究的系统性、前瞻性和有效性。

（三）创新服务方式，着力推动服务升级

坚持服务是第一要务的工作理念，不断创新服务方式，拓展服务领域，提高服务效率，充分发挥服务职能。

第一，推行会员经理服务制度。为会员单位分行业配备行业经验丰富、专业基础扎实的会员经理，完善会员经理竞聘上岗、考核评价等相关制度，建立会员经理沟通机制，定期组织会员经理培训，加强会员经理分级管理，不断提升会员经理服务会员单位的能力和水平，力求为财务公司提供专业化服务。以国际财资管理培训为契机，提升会员经理专业素质，储备专业人才，组建持证专业咨询团队，对新机构筹建、财务公司司库平台建设、财务公司具体业务发展等提供专业咨询服务。

第二，完善统计分析体系建设。继续提出行业统计分析系统的优化方案，整合现有统计报表，设计新增统计报表，增加统计报表报送频度，补充数据来源；改进数据发布内容及形式，定期发布行业统计结果，按季发布行业分析报告；推广会员单位数据查询功能运用，根据单个会员单位需求，探索提供行业数据个性化查询。

第三，简化会员沟通交流程序。以中国财协网站为依托，统一中国财协通知、数据、分析报告等信息发布路径，强化微信公众平台提示功能，固化会员报送信息渠道；设立中国财协网站会员中心模块，开放会员单位对自身信息的更新录入，实现信息共享，提高会员获取信息效率，提升沟通效果。

（四）创新宣传途径，着力提升行业影响

依托会刊、网站、微信、社会主流媒体，建立线下线上联动、内部外部结合的信息宣传机制。围绕十八届五中全会精神和“十三五”规划建议，结合财务公司行业实际，策划宣传重点，反映行业诉求，提升宣传效果。

第一，力争实现会刊改版发行。提高会刊策划能力、丰富稿件来源、充实编辑力量、充分发挥编委职能，丰富刊载内容，改版展现形式，继续推进会刊公开发行工作，提高会刊权威性和质量，提升行业知名度和影响力。

第二，延伸行业信息发布渠道。优化中国财协网站栏目，丰富网站内容，改进网站信息发布流程，提升网站时效性、专业性和艺术性；建立财务公司行业微信公众平台，实现网站、会刊的相关信息向移动终端及时推送，提升媒体受众阅读便利性。

第三，深化拓展媒体合作。进一步深化与《人民日报》、新华社、《经济日报》等主流媒体的合作，围绕行业热点、选择典型案例组织开展“走进财务公司”系列专题采访，借助媒体力量反映行业诉求，组织开展媒体座谈会，并将媒体宣传报道集结成书。

（五）注重行业自律，着力树立发展标杆

更有针对性地开展自律工作，树立行业标杆，积极引领财务公司提高经营服务水平，促进行业发展。

第一，优化完善行业评级体系。充分利用调研、座谈等形式收集财务公司对《企业集团财务公司行业评级办法（试行）》及指标体系的意见和建议，结合行业特点和发展变化情况及各方反馈意见，在兼顾合理性和可行性基础上优化完善行业评级指标体系。组织开展2016年行业评级，并将行业评级结果反馈监管部门以配合监管评级的实施。

第二，积极引导履行社会责任。组织编制财务公司社会责任报告，全面展现财务公司行业在支持实体经济、促进产业发展、服务民生、参与社会公益等方面履行社会责任的总体情况，引领财务公司积极履行社会责任，促进机构、行业和社会的可持续发展。

第三，强化行业内部外部监督。进一步加强财务公司行业公司治理体系研究，积极推动研究成果转化，促进财务公司三会一层有效制衡；调研《企业集团财务公司全面风险管理指引》执行情况，从中发现优秀案例，在行业内推广；组织监事围绕公司治理、内部控制体系建设、规范开展信贷和票据业务等方面进行监督检查，进一步促进行业自律规章制度的贯彻执行；组织监事围绕财务公司行业自律进行监督检查，促进行业自律规章制度的贯彻落实。

（六）注重沟通协调，着力营造良好环境

密切关注涉及财务公司的监管环境和政策变化，紧密跟进人民银行、银监会等政策变化对财务公司的影响及会员单位关注的热点难点问题，加强与政府相关部门的沟通协调，对财务公司经营发展中遇到的实际问题进行深入及时的调查研究，提出针对性强、可操作的政策建议。

第一，推动财务公司加入央行支付清算系统。根据财务公司结算业务调研情况，研究财务公司加入央行支付清算系统的具体模式，向相关部门提交政策报告。

第二，推动延长财务公司同业拆借期限。成立政策研究小组，研讨延长财务公司同业拆借期限的必要性和可行性，向相关部门提交相关报告。

第三，推动扩大承销中票、短融试点。开展试点政策的后评估工作，调研试点公司业务开展情况及取得成效。积极收集行业需求，继续推动扩大试点。

第四，推动突破关联交易政策瓶颈。赴所属集团上市公司较多的财务公司调研，梳理上市公司资金归集的问题与障碍，积极与相关政府部门沟通，提交相关建议报告。

第五，深入研究央行再贷款、常备借贷便利。深入研究央行再贷款、常备借贷便利等工具的作用以及不具备该项资格对财务公司流动性管理的影响。

（七）注重交流培训，着力加强平台建设

进一步丰富交流培训合作内容，拓展财务公司国际化交流合作途径，注重为会员单位提供多层次、广角度、全方位的交流培训。

第一，深化跨界跨业交流合作。以务实、高效为原则，深化与中国人民大学、中国社科院等高校、科研院所及全球财资管理专业人士协会（Association of Financial Professionals，AFP）、英国司库协会（Association of Corporate Treasurers，ACT）等国际同业协会的跨界、跨业合作。通过与中国人民大学共同设立“企业集团与财务公司发展研究中心”及与中国社科院联合撰写行业发展报告为契机，加强与外部高校院所在行业研究领域的深度交流与合作；拓展与 AFP 的合作深度与广度，推动国际先进经验的引进与推广；探索与 ACT 开展战略合作，开启财务公司与国际相关行业合作交流的新通道。

第二，加强会员交流合作。组织分地域、分行业、分主题的纵向会员交流和跨领域、跨国界的横向交流活动，增加交流活动频度。组织理事开展同业交流，组织分行业宏观经济形势分析会，组织分地域交流研讨，组织信息化建设和票据业务主题交流会，组织赴美国、欧洲等地进行国际交流。

第三，完善行业教育培训体系。着手建立培训师资库，完善网上培训管理平台，制定行业培训规划，完善行业培训体系，推动行业培训形成长效机制；组织完成《财务公司信贷业务讲义》《财务公司风险业务讲义》编写工作，为搭建基础业务培训体系奠定基础；丰富培训内容、增加培训频次，拟组织高管培训、中层业务管理、基础业务等分层次培训班共 12 期；为会员提供专业、有效的培训服务。

（八）注重党的建设，着力改进工作作风

切实加强党的建设，进一步完善党对中国财协各项工作领导的体制机制，把党要管党、从严治党、依规治党同中国财协各项工作紧密结合起来，以党的领导为统领，严格秘书处人员管理和绩效考核，完善工作流程和相关工作机制，加强统筹协调和工作谋划，严肃财经纪律和财务管理，健全廉政风险防范机制，持续改进工作作风和能力水平，为服务中国财协中心工作任务提供有力的思想保证、组织保障和力量支持。

第一，制定中国财协战略发展规划。以服务行业发展为己任，以促进会员单位实现共同利益、推动财务公司行业规范、稳健发展为使命，以建设财务公司的“行业自律平台、政策协调平台、研究发展平台、宣传交流平台、教育培训平台、数据信息平台”为目标，以打造成为具有较强号召力、凝聚力和影响力的一流的综合性行业协会为愿景制定中国财协 5 年战略发展规划，以更好地适应监管部门和财务公司行业发展要求。

第二，着力打造行业会员之家。以强化自身建设为抓手，着力打造专业化会员服务之家。一是加强制度建设；继续强化管理制度建设，梳理完善业务流程，重点提升制度执行力度，强化制度执行考核，切实提升执行力；依托绩效考核和薪酬激励机制，实现管理工作制度化、规范化、科学化。二是加强人才队伍建设。继续坚持“引进来与派出去”，通过公开招聘和与财务公司人才交流的方式引进外部人才，派出工作人员到财务公司和监管机构交流学习，同时加大员工培训力度，充分挖掘员工潜能和创造力，提升服务会员的专业化水平。三是加强信息系统建设。完善中国财协办公自动化系统，实现秘书处内部办公、管理和与会员单位沟通交流的信息化。四是加强硬件建设。做好中国财协秘书处办公场所迁址相关事宜，以经济实用、节约环保为原则，着力打造功能齐全、温馨便利的会员之家。

第三，切实加强党的建设。在银监会党委的领导下，全面加强党的建设，坚持党的领导统领全面工作，充分发挥党委核心作用，切实把党的政治优势转化为推动财务公司行业改革发展和中国财协各项工作的思想优势、制度优势和组织优势。深入学习习近平总书记系列重要讲话精神，履行好从严治党主体责任，切实加强社会组织的党建工作。建立健全廉政风险防范机制，加强党的纪律建设。继续深化和拓展群众路线教育实践和“三严三实”专题教育活动整改成效，严格执行八项规定，继续改进工作作风和能力水平。

同志们，2016 年财务公司行业各项工作，形势更为复杂，任务更加艰巨，更需要我们增强看齐意识、危机意识、责任意识、创新意识，在政府主管部门的指导帮助下，在理事会、常务理事会的集体领导下，在广大会员单位的支持配合下，求真务实、齐心协力、迎难而上、开拓进取，努力开创中国财协各项工作新局面！

中国财务公司协会第九届监事会 2015年工作报告

各位代表：

我受第九届监事会委托，向大会做本届监事会2015年工作报告。

一、2015年工作回顾

2015年是本届监事会任期的第一年。一年来，监事会紧紧围绕《中国财务公司协会章程》赋予的监督职责，结合财务公司行业及协会工作的实际，重点从以下四个方面开展工作：

（一）加强日常监督，全面关注协会各项工作

2015年度，监事会列席了历次常务理事会和理事会，认真听取工作汇报，监督会员大会决议的执行和协会年度工作计划的实施。通过列席会议，监事会及时了解和掌握常务理事会、理事会的议事内容和相关决议，保证会议的召开和议事程序符合协会制度的规定。

（二）认真履行职责，监督会费收取和使用情况

监事会组织了对中国财务公司协会（以下简称“协会”）2015年度财务会计报告和财务收支情况的审计，检查了协会会费收取、预决算执行和各项财务管理制度的制定和落实情况，促进协会会计核算和财务管理工作继续规范和完善。

（三）强化监督检查，促进自律规章贯彻落实

组织对航天科技、中国石化、中航工业等会员单位执行《企业集团财务公司行业自律公约》《企业集团财务公司从业人员职业行为规范指引》等相关自律公约的监督和检查，促进自律规章制度的贯彻落实，推动了行业不断强化自我约束、自我规范和内部建设。

（四）积极参加自律制度建设和研究工作

一是监事会组织编写《中国财务公司行业2015年社会责任报告》，报告计划于2016年年会期间正式发布。这是财务公司行业第一份社会责任报告，社会责任报告对树立财务公司行业形象、增加行业竞争力、推动行业文化建设，以及为行业发展争取良好的外部环境将发挥重要的作用。2015年6月，监事会成立了报告编写小组，小组对财务公司行业进行了多次有关社会责任的专题调研，在此基础上形成了报告框架，并向全行业进行了问卷调查，经过多次专题研讨，目前正在起草初稿中。二是监事会选派业务骨干参加了《财务公司行业公司治理指引》的起草工作。该指引将引导和促进财务公司建立健全各司其职、有效制衡和协调运作的公司治理结构。三是监事会采取检查与调研相结合的工作方法，在监督检查过程中，对部分财务公司开展全面风险管理和风险

控制体系建设情况进行调研，掌握第一手材料，深入了解财务公司行业全面风险管理的现状和特点。

二、协会的财务收支情况

2016年2月，监事会组织了对协会2015年度财务收支情况的审计。监事会认为：报告期间，协会的会计核算符合《企业会计准则》《非营利组织会计制度》和其他相关会计制度的有关规定，账务处理程序符合相关要求，会计资料保存完整，费用开支管理严格，财务报表公允地反映了审计期间的财务状况和资金运作情况。未发现理事会和秘书处有违反财经纪律的现象和行为。

（一）收入情况

2015年全年收入2 646.80万元。其中：会费收入2 358.50万元；提供服务收入253.12万元；其他收入及投资收益35.18万元。

（二）支出情况

2015年全年支出2 676.26万元，其中：

1. 为会员提供业务活动成本618.04万元。

2. 办公场所租金434.69万元。该项为办公室租赁及物业费用。

3. 秘书处日常管理支出455.26万元。主要为日常办公费用支出，包括办公用品采买、邮寄费、差旅费、职工福利费、招待费等费用。

4. 人员支出805.39万元。该项为工作人员工资薪酬、社会保障费、福利费、职工教育经费等。

5. 长期借款利息及预缴所得税金支出362.88万元。

（三）结余

2015年收支结余－29.46万元。

三、2016年工作安排

2016年，监事会将以全国银行业监管工作会议和非银行金融机构监管工作会议精神为指引，围绕监管部门提出的“服务实体经济”“守住风险底线”的要求，认真履行监事会职责，重点做好以下工作。

（一）加大自律力度，促进行业规范发展

1. 加强对会员单位和从业人员遵章守纪情况的检查监督

目前，协会自律方面已经有《企业集团财务公司行业自律公约》《中国财务公司行业反不正当竞争公约》和《中国财务公司行业从业人员道德公约》等6项行业自律规章。2016年，监事会将对会员单位和从业人员执行上述自律规章、公约的情况进行督促检查。对表现突出的会员单位，要予以表扬；对存在不足的，要提出建议，促其改进；以进一步推动财务公司的规范管理和诚信建设。

2. 完成《中国财务公司行业履行社会责任报告》

2016年监事会将组织完成《中国财务公司行业2015年社会责任报告》，并将于行业年会期间发布。2016年下半年，监事会将在总结社会责任报告撰写经验的基础上，启动中国财务公司行业2016年社会责任报告编写工作。

（二）加强日常监督，履行监督职能

1. 完善会议机制，强化监督工作

监事会将定期召开会议，听取协会秘书处的工作汇报，了解工作情况，及时提出意见和建议；列席理事会、常务理事会会议，听取协会重点工作情况和重要事项的通报，有效参与到协会民主决策上来，并对协会工作进行有效实时的监督。

2. 加强财务监督，促进财务工作规范化

加强对会费收支、财务预决算和重大支出的监督检查。每年定期由监事单位组织审计小组对会员会费收取情况、财务收支状况以及执行情况进行审计检查，出具审计意见，并向全体会员报告。

（三）加强调研工作，推动行业持续发展

监事会将围绕2016年全国银行业监督管理工作会议关于进一步加强风险防控力度，严守金融风险底线的要求，结合协会发布的《企业集团财务公司风险管理指引》，重点调研财务公司风险管理指引执行情况，从中发现优秀典型案例，在行业内推广。监事会通过参加行业交流会、研讨会等形式，深入了解会员的需求，听取大家的呼声，与理事会共同对行业面临共性问题进行深入研究。

以上报告，请予审议。

重 要 会 议

中国财务公司协会 2015 年重要会议

【中国财务公司协会第九届一次常务理事会议】2015 年 2 月 5 日，中国财务公司协会第九届一次常务理事会议在北京召开，会长孔庆军同志主持了会议。会议审议通过了《中国财务公司协会2015 年工作计划》《中国财务公司协会购买办公用房相关事宜的议案》，听取了《中国财务公司协会 2015 年财务初步预算》。

【中国财务公司协会第九届监事会第二次会议】2015 年 4 月 24 日，中国财务公司协会第九届监事会第二次会议在北京召开，陈宇监事长主持了会议。会议审议通过了《中国财务公司协会第九届监事会 2015 年工作计划》，听取了“中国财务公司协会 2015 年工作计划”和“中国财务公司协会 2014 年度财务收支情况报告”。通报了监事会对中国财务公司协会 2014 年度财务收支情况的审计报告。

【中国财务公司协会第九届理事会第二次会议】2015 年 4 月 24 日，中国财务公司协会第九届理事会第二次会议在北京召开。会长孔庆军同志主持了会议。会议审议通过了《中国财务公司协会 2015 年工作计划》、《企业集团财务公司评级指引（试行）》、《中国财务公司协会 2014 年财务收支情况报告》、《关于理事会预算委员会改选的议案》、《关于提请审议修订〈中国财务公司协会会员管理办法〉的议案》和《关于重庆市能源投资集团财务有限公司等 5 家财务公司加入协会的议案》；会议听取了秘书处关于近期工作情况的汇报。

【中国财务公司协会第九届常务理事会第二次会议】2015 年 5 月 30 日，中国财务公司协会第九届常务理事会第二次会议在长春市召开。常务副会长张电中同志主持会议，会议审议通过了《中国企业集团财务公司 2015 年年会暨会员大会会议议程》《关于修订〈中国财务公司协会章程〉的议案》《关于修订〈中国财务公司协会会费管理办法〉的议案》和《中国财务公司协会 2015 年度财务预算的议案》，同意将上述议案提交第九届理事会第三次会议审议。

【中国财务公司协会第九届理事会第三次会议】2015 年 5 月 30 日，中国财务公司协会第九届理事会第三次会议在长春市召开。专职常务副会长王岩玲同志、会长盖永光同志分别主持会议。会议审议通过了《关于中国财务公司协会会长变更的议案》，选举盖永光同志担任中国财务公司协会第九届理事会会长；审议通过了《中国企业集团财务公司 2015 年年会暨会员大会会议议程》《中国财务公司协会 2015 年度财务预算的议案》和《关于中国核工业建设集团财务有限公司等 4 家财务公司入会的议案》；审议通过了《关于修订〈中国财务公司协会章程〉的议案》和《关于修订〈中国财务公司协会会费管理办法〉的议案》，同意提交会员大会审议。

【中国财务公司协会 2015 年会员大会】 2015 年 5 月 31 日，中国财务公司协会 2015 年会员大会在吉林省长春市召开。会议审议通过了《关于修订〈中国财务公司协会章程〉的议案》和《关于修订〈中国财务公司协会会费管理办法〉的议案》。

【中国财务公司协会第九届三次常务理事会议】 2015 年 12 月 11 日，中国财务公司协会第九届三次常务理事会在北京召开，会长盖永光同志主持了会议。会议审议通过了《中国财务公司协会负责人管理办法》《关于与科研院所战略合作情况的报告》，会议听取了《中国财务公司协会关于近期工作情况的汇报》《中国财务公司协会 2016 年工作思路》《关于中国财务公司协会 2015 年收支预算执行情况的说明》《关于中国财务公司协会新会员入会情况报告》。

机构概览

东风汽车财务有限公司

【经营概况】东风汽车财务有限公司（以下简称“公司”）是东风汽车集团所属非银行金融机构，于1987年5月7日经国家银行业监督管理机关批准设立。2015年，公司积极应对宏观经济持续下行压力、经营不确定性增加等困难，主要经营指标再创历史最好水平。2015年汽车金融总放款187 206台，同比增长66.12%；东风乘用车渗透率25.60%，同比提高0.59个百分点；东风直属及控股单位资金集中度81.85 %，较2014年平均提高22.61个百分点；不良贷款率1.03%，同比降低0.49个百分点；实现利润总额10.71亿元，同比增长48.20%；净资产收益率17.10%，同比提高1.25个百分点。

【公司金融】2015年，作为集团“资金集中管理”平台，资金管理系统得到升级，功能显著提升。通过全面加强公司金融服务，积极满足成员单位融资需求，成功解决了成员单位一些急需的资金问题；通过提供市场化的服务和产品，对合资公司的资金管理服务也取得新的突破。随着资金管理系统等的加强，尤其是市场化金融服务水平的提高，所承担的集团资金辅助管理功能得到了更好发挥。2015年累计投放集团成员单位各项贷款523.53亿元，其中自营贷款较2014年增长25亿元，委托贷款较2014年增长57亿元，平均每月信贷投放43.63亿元，充分满足了成员单位的信贷需求。

【产品销售信贷业务】2015年，面对商用车销售急剧下滑的状况，商用车金融主动求新求变，不固守“模式”，积极“变招”，通过细分市场、细分客户，以“针对性、差异化、灵活性”的金融政策和产品策略，满足客户需求。商用车金融的积极转型，带来的是渗透率逆势上升2.51个百分点，“新十年”商用车金融转型发展已开始扬帆起航。

在乘用车金融方面，与6大品牌主机厂沟通更加顺畅，联系更加紧密，形成与主机厂的良性互动局面。在这样的积极协同下使东风悦达起亚品牌的汽车金融业务实现爆发式增长，东风风神、东风本田品牌渗透率得到持续提升，3个综合品牌市场获得突破式的业务增量。2015年乘用车金融拨款台数同比增长96.97 %，超过16万台，接近翻番。乘用车金融已渐入佳境，发展进入快车道。

【资金和投资业务】公司积极应对资金市场价格持续下行压力，双管齐下，一方面，通过加强资金头寸管理，优化营运资金期限结构，提高与金融同业议价能力，扩大在合作银行的约期存款规模；另一方面，通过丰富资金营运品种，调整营运资金结构，在满足资金安全前提下，通过购买流动性、收益性兼具的银行理财产品，有效提高营运资金的收益率，使得公司资金营运收益再创历史新高。

2015年，公司营运资金年均余额约为94.50亿元，其中活期存款年均余额25.69亿元，约期存款年均余额48.65亿元，银行理财年均余额20.15亿元，全年实现资金营运收入4.02亿元。

【票据业务】2015年，公司为进一步拓展电子承兑汇票业务，发挥电票融资功能，积极向东风集团成员单位推广使用财务公司电票。通过有效营销，公司电票业务量实现大幅增长，2015年度累计为东风成员单位开出财务公司电票26.18亿元，同比增长14.28亿元，增幅为120%。

为防范票据管理风险、盘活存量票据和降低融资成本，2015年公司加强了成员单位票据集中管理，取得了较好成效。2015年累计托管、质押票据总金额为52.54亿元，同比增长33.42亿元，增幅为174.79%。截至2015年底，公司管理票据余额为14.19亿元，同比增长4.18亿元，增幅为41.76%。

【资金集中】2015年，公司通过进一步强化与集团总部的资金一体化管理，加大力度推广集团“三位一体”资金管理模式，为成员单位提供全方位资金管理服务。对标行业标杆，全面升级资金集中管理系统功能，满足成员单位资金集中管理需要。不断丰富金融产品，开发了智能存款与协商定期存款，有效提升成员单位存款收益及满意度，公司资金集中度和归集资金规模实现“双升”，资金集中管理覆盖面进一步扩大，资金集中管理成效显著。

2015年集团直属及控股单位资金集中度由2014年的75.41%上升到89.11%，集团直属及控股单位归集资金规模由2014年末的73.78亿元上升到83.67亿元，资金集中管理单位由2014年的141户增加到173户。

【业务创新】2015年，公司以问题为导向，通过开展行业对标，找差距、抓落实，为全面提升东风金融市场竞争力，积极开展了一系列改善创新，均得到有效的推进和实施。一些改善创新成果已接近目标同业水平，东风金融市场竞争力大大增强。

在汽车金融业务方面，积极应对市场需求，不断创新改善运营模式和金融产品，为加快商用车金融业务转型，公司开始选择经销商尝试非担保模式的试点，进一步提升经销商的合作意愿，逐步实现管经销商向管终端客户转型。为促进乘用车金融业务快速发展，推出了手续简便、利率优惠的金融产品，全年新开发汽车金融产品127个，形成“普、惠、和、畅”产品系列。建立“e网批发金融”系统，对批发金融业务的组织架构、制度流程以及信息系统等进行优化与重构。

在公司金融业务方面，公司积极推进集团二级板块“年度综合额度统一授信”管理，加强对二级板块及分子公司的金融服务，盘活板块资源，充分满足了集团成员单位金融业务诉求。

【风险管理和内部控制】2015年，继续对全面风险管理体制机制进行了完善，持续优化内部控制，坚守合规底线，确保了公司年度经营管理目标的有效达成。同时，认真开展了银监会要求的“两加强、两遏制”专项检查工作，并以此为契机，狠抓内控管理，通过提高审计内涵，着重对业务的全流程进行梳理，查找风险点，完善控制措施，对业务全流程的风险可控性、程序合规性、制度完整性、整体效率性进行专项审计评估，不断查漏补缺、落实整改。此外，结合省银监局“信贷行为审慎年”活动，坚持审慎信贷，严控风险，公司的内控管理水平得到进一步提高，全体员工的合规意识、风险意识进一步提升，实现了不良贷款额及不良贷款率的双降。

【人力资源管理】2015年，公司着力于全面梳理人力资源制度，修订完善制度共18项，人力资源制度进一步健全。强化员工专业知识学习，已有106人通过银行业从业资格全科目考试，员工的素质都得到进一步提高。积极开展了新员工入职培训、岗前培训和导师带徒活动，强化员工业务培训，累计安排培训125项，参培人次为3 127人次，累计培训学时11 607小时，人均年度培训学时49小时。持续推进员工薪酬优化并实施，完善关键岗位中长期激励制度并实施，提高了关键岗位人员待遇。开展科级后备人员考评，选拔科级干部，干部队伍管理得到了有效加强。

【信息化建设】2015年，公司的信息系统建设围绕改善汽车金融系统、优化资金管理平台、探索互联网金融业务、加强信息化基础建设展开并得到有效实施。通过构建汽车金融审批决策系统、贷后催收系统、批发金融系统，为公司汽车金融业务的快速增长提供了有效的系统保障；通过升级资金管理系统，构建智能化资金管理平台，资金管理功能和服务质效进一步提升；通过开展互联网金融课题研究并探索“互联网+”，建设并优化门户网站、微信平台，开展与汽车之家、太平洋汽车、天猫等第三方互联网平台的合作，开始了东风金融“互联网+”的新突破。与此同时，通过加快信息化基础建设、培养技术团队，为公司各业务的发展提供了安全、稳定、高效的软硬件环境，为公司快速发展提供有力保障。

【企业文化建设】2015年，公司大力开展企业文化建设，致力营造“开心工作、快乐生活”的氛围，积极打造健康向上的事业生态体系，员工的满意度、获得感、归属感和自豪感得到提升。认真开展了“三严三实”专题教育活动，建立党总支中心组学习制度，加强理论学习，提高思想政治素质；层层签订廉洁自律承诺书，严格践行“八项规定”，严控各项费用，公司业务招待费同比下降77.27%；健全完善党内生活制度，严格执行“三会一课”制度，科学、规范党总支、党支部的建设，党建工作更加常态化、规范化。

中国重汽财务有限公司

【经营概况】2015年，中国重汽财务有限公司（以下简称“公司”）认真按照监管要求和集团公司整体部署，坚持“依托中国重汽、服务中国重汽”的职能定位，不断提升金融服务能力，强化金融创新和内部管理，实现了平稳健康发展。2015年，公司总资产规模达到121亿元，同比增长5.10%；成员单位贷款余额为54.30亿元，同比增长149.70%；各项存款为104.87亿元，同比增长6.40%；营业收入4.69亿元，同比增长17.90%；实现利润总额1.88亿元，同比下降6.20%。成员单位贷款、保兑仓业务实现大幅增长，供应商贷款、票据贴现、资金同业稳步发展，国际业务实现突破，有价证券业务、债券交易资格、增资事项获批，公司风险管控能力、资金运作能力、科技支撑能力增强，较好地完成了年度经营目标。

【信贷业务】2015 年，公司加强成员单位贷款业务营销，强化与集团公司、成员单位沟通力度，深入成员单位了解贷款需求，简化审批流程，制定了灵活的利率、期限、还款政策，成员单位贷款规模大幅增加，资金使用效率大幅提高。全年累计发放成员单位贷款 57.68 亿元，同比增长 123.13%，贷款余额 54.30 亿元，较年初增加 33.55 亿元。成员单位贷款业务的有效拓展，对降低成员单位融资成本、提升集团资金使用效率发挥了重要作用。

【产品销售信贷业务】2015 年，公司充分发挥汽车金融专业优势，大力开展汽车消费信贷、汽车融资租赁、汽车保理、汽车周转贷款等多层次汽车金融业务，建立了针对集团重点产品、不同市场需求的灵活金融政策，加强了商务政策与金融政策的融合推进，有效满足了集团公司汽车销售金融需求，全年累计发放汽车消费贷款为 12.90 亿元。坚持业务量与业务质量并重，继续强化风险管理。一是细化贷前、贷中、贷后管理职责，加强监督落实；二是定期开展从业人员廉政教育和从业道德教育，提高员工风险意识和职业道德；三是根据市场和业务变化，修订完善了多项管理制度；四是加强了现场考察、合同审核、放款收款、资料复核等业务合规操作。

【资金和投资业务】2015 年，公司大力提升资金收益议价能力，使得公司资金运营收益率大幅提升。一是充分与集团公司沟通，做好资金预算，积极向各银行询价，充分把握资金市场动向，及时调配资金进行同业存放；二是积极参与同业拆借市场，提高公司资金使用灵活性，全年短期资金拆入 21 亿元，资金拆出 67.50 亿元，极大地缓解了公司资金头寸需求；三是充分利用中央银行资金政策，提高低成本资金的有效使用，办理人民银行再贴现业务，既盘活了资金流动性，又增加了运营收益。

【票据业务】2015 年，公司继续推广做大保兑仓电子票据业务，电子商业汇票规模快速增长，全年开出电子商业汇票 93.65 亿元；办理票据贴现 19.98 亿元。公司为集团成员单位提供的票据贴现方便、快捷、安全，价格具备市场竞争优势。办理的集团成员单位出具的商业票据贴现，根据市场利率、票面金额及票据种类不同，区别确定贴现利率。对数额较大的客户分别给予不同的利率优惠政策，尽量保证随到随贴，24 小时划款。随着财务公司电子商业汇票使用环境的改善，电子商业汇票结算替代纸质票据的进度已逐步得到认可，并大幅度加快。

【外汇业务】2015 年，公司充分发挥跨国公司外汇资金集中运营管理主办企业职能，积极开展外汇资金集中运营工作，全年累计归集外汇资金 3 178 万美元；办理国际外汇资金主账户至国内主账户通道业务 150.20 万美元；办理国内外汇资金主账户至国际主账户通道业务 761 万美元；下拨资金 3 070 万美元；发放流动资金贷款 950 万美元。公司外汇业务的开展将进一步提升公司资金管理平台作用，有利于提高集团公司外汇资金集约化管理和风险控制。

【资金集中】2015 年，公司继续加强与集团公司沟通，配合做好数据预测，资金集中工作得到了集团公司的大力支持；银企直连系统的有效运行为集团公司资金归集、下拨提供了平台，提高了集团资金管理水平和资金使用效率。2015 年，公司全口径资金集中度保持在 65% 以上，剔除口径资金集中度一直保持在 80% 以上，居全省各家财务公司前列，受到了监管部门的好评。

【业务创新】2015年，公司获批有价证券投资、债券交易资格，进一步拓宽了公司经营范围，丰富了资金运作渠道。新业务资格的获批和资金运作渠道的组合使用，有利于公司更好地进行资产配置，提升资金运作效益。

【风险管理和内部控制】2015年，公司进一步强化风险控制，大力提升员工责任意识，逐步建立了靠制度管理员工、靠制度规范行为、靠制度控制风险的工作氛围。严格按照监管要求开展风险管理工作，对业务制度、操作流程、风险控制等进行全面梳理，完成《票据贴现业务管理办法》《汽车及工程机械业务管理办法》《成员单位及供应配套商信用评级操作规程》等20项制度优化修订，对22家集团内成员单位、135家汽车金融经销商、51家供应商、9家同业金融的授信进行信用评级，完成了对同业存放、结算会计核算业务、信贷业务、汽车金融业务常规审计，开展汽车金融业务专项审计9次。资产保全工作加大了对不良贷款清收力度，加强了与法院的沟通，执行力度和效率得到明显提高。

【人力资源管理】2015年，公司进一步优化了人才录用机制，根据岗位人才需求，严格、公平、公正进行初选、笔试、面试及岗位考察，年内新录用金融相关专业人才11人，其中硕士研究生学历6人，国外留学生5人。

【信息化建设】2015年，公司对接九恒星软件商优化完善N6系统，新增调整会计科目39项，完成32项系统修改的测试验收，资金系统管理能力明显提高；银监局会计全科目报表系统成功上线，实现会计数据系统报送；完成外汇系统与中国银行外币银企直连测试工作；完成消费信贷系统优化升级10项，系统配置更加符合业务发展需求；先后三次与交通银行总行沟通对接信息系统升级换代事项，可行性研究和系统对接有序进行。

【企业文化建设】公司十分注意将企业文化与金融文化有机结合，并取得了一定的成效。公司是中国重汽的成员企业，又是具有金融属性的金融单位，具有服务于集团的业务职能，又有金融行业规范的操作规范要求，因此，公司把为集团提供金融服务作为宗旨，按照金融监管要求规范运作为前提，充分发挥财务公司的金融服务特性，用规范的金融手段为集团提供优质的服务。

公司规范化的管理，积极向上的精神风貌，体现了良好的企业文化。公司年度开展的优秀员工评比、工会积极分子评选、集团劳动模范的推荐等体现了公司积极向上的精神状。公司根据员工特点经常组织乒乓球赛、台球赛、羽毛球赛等一系列文化体育活动；年内组织职工进行了一次非常有意义的拓展训练活动，在活跃职工文化生活的同时，增强了大家的团队意识和协作意识；公司积极组织职工参加社会公益活动，如提倡环保无车日出行活动、办公环境禁烟、慈心一日捐等公益活动，培养了职工关心公益、奉献爱心的公德意识，也提升了重汽财务公司的企业文化内涵。公司的新变化、新拓展、新面貌在集团树立了良好的新形象。

中国华能财务有限责任公司

【经营概况】2015年，在集团公司对中国华能财务有限责任公司（以下简称“公司”）的管理体制改为直接管理，在人民银行连续五次不对称降息和资本市场剧烈波动等新形势、新情况下，公司顺利实现“十二五”规划及“创一流”阶段性目标。2015年实现利润11.26亿元，完成考核指标的112.60%，净资产收益率13.32%，完成考核指标的120%；平均存贷比90%，完成考核指标的105.88%；营业收入11.83亿元，完成预算的103.5%；日均存款228.18亿元，完成预算的117.02%；日均贷款195.79亿元，完成预算的105.41%；结算量2.12万亿元，电子票据累计出票金额74.94亿元。公司各项监管指标均符合监管部门要求。

【信贷业务】2015年，公司紧密结合集团公司年度融资计划与安排，动态管理年度综合授信，积极争取监管机构合意贷款空间，不断拓展信贷及相关金融服务业务规模，有力支持集团企业的业务发展和资金需求。一是信贷规模稳定增长。实现日均贷款195.79亿元，同比增加4.33亿元。累计发放贷款214笔，金额646.08亿元，同比分别增长19.55%和15.22%，全年平均存贷比达到90%，同比增长3.9个百分点。二是各类信贷业务全面开展。支持重点项目建设，为澜沧江水电黄登项目、秦岭“上大压小”项目、蓬莱风电大柳行二期风电项目及青岛热电项目提供7.85亿元固定资产贷款；撬动当地商业银行价格壁垒，为北方联合电力、呼伦贝尔能源等区域公司筹组完成流动资金银团贷款6笔，金额合计39.70亿元；支持成员单位短期资金灵活周转，累计为9家集团二级企业发放537.59亿元循环贷款；解决能交财务公司与扎煤公司应急资金需求，为其提供9.50亿元应急保障资金。三是继续让利于集团客户。贷款综合利率为五大发电集团财务公司最低，较平均利率水平低36个基点。

【资金和投资业务】资金低备付、强波动的变化趋势是公司资金变动的重要特征。公司在资金运营管理上坚持“年预算、月计划、周安排、日调度”的工作原则，加强与集团客户的沟通，加强与金融同业的联系，稳妥做好公司资金余缺的安排与补充，实现了资金备付安全和资金使用效益的双丰收。

在确保结算支付安全并优先满足信贷投放安排的同时，不断加强营运资金管理。加强投资业务研判，抓住资本市场难得的机遇，及时兑现投资收益；积极利用短期定期存款、银行理财等产品增加流动性储备，提高资金收益。2015年全年实现投资获利4.23亿元，同比增长93.97%，投资收益占全年利润的40%以上，创历史最好水平。

【票据业务】公司积极利用电子票据、担

保等中间业务的开展为集团成员单位提供增信支持服务。2015 年累计为 32 家成员单位签发电子银行承兑汇票 74.94 亿元，业务规模继续保持五大发电集团财务公司领先，按人民银行贷款基准利率算，到期承兑累计为出票人节省财务费用 1.82 亿元；为集团公司、开发公司、西安热工院等企业资本运作及对外投标等业务提供信用担保 21.84 亿元。

【外汇业务】2015 年，公司累计完成外汇结售汇 18 082 万美元（等值），结售汇规模继续排名五大发电集团财务公司第一。此外，公司率先获得外汇资金集中管理和双向跨境人民币资金池业务资质。当年实现跨境外汇支付 5 013万美元（等值），双向跨境人民币支付 106 万元，为集团公司实现境内外资金的有效集中和灵活配置提供平台支持。

【资金集中】在集团公司资金集中管理要求的促进下，公司积极开展集团资金账户监管系统建设并按照既定方案和节奏积极推进集团资金账户监管系统建设工作的开展，已实现北方电力及下属企业的试点运行。自 2015 年 9 月以来企业在公司的存款规模明显增长，9 月至 12 月日均存款规模 263.04 亿元，同比增加 32.17 亿元，较 1 月至 8 月增加 49.74 亿元，创历史同期最高水平。2015 年全年日均存款规模 229.92 亿元，实现同比正增长。

【业务创新】公司努力拓展外汇资金集中运营管理与双向跨境人民币资金池业务，积极拓展其他涉外企业外汇收支业务，根据监管要求适时开展跨境资金业务，进一步拓宽业务范围。

【风险管理和内部控制】公司主动上调信贷等风险资产的拨备率，提高资产风险防御能力；积极贯彻全面风险管理策略，结合自身业务特点，重点开展流动性管理、信息系统自查和信贷、投资、结算等业务的合规审查、审计，全年未发生各类资金、投资损失事件，各项外部监管指标全部达标。2015 年，公司累计修订和完善规章制度 20 项，涉及职务消费、物资采购、党风廉政建设、审计监督等方面，进一步规范了经营管理的各项基础。在集团公司的统一部署下开展 2012—2014 年度审计整改工作的专项检查，对审计整改工作进行“回头看”和落实。此外，公司还开展了对信贷与结算业务的内部审计，有力支持了公司经营工作的合规开展。

【人力资源管理】根据公司经营业务发展的情况，对各部门岗位设置情况进行了全面调查，分析了现状。据此，组织编制了部门岗位设置图，完成了岗位说明书。通过岗位分析，明确了各工作岗位边界和职位权限，理顺职位与其上下环节的关系，合理配置现有人员，为下一步进行人力资源规划、部门定员、人员选聘、培训等工作，打下了基础。此外，公司严格规范执行现行的规章制度，按照 2014 年修订的员工聘任管理办法和年度综合考核管理办法的要求，在员工的培养、激励、约束等不同层面，持续改进工作，引导员工在本职岗位上建功立业，规范选拔任用、考核和表彰奖励管理程序，从而形成任免与考核相结合，奖惩以考核为基础的制度体系。

【信息化建设】公司积极贯彻落实集团公司资金管控的各项要求，资金集中与结算服务能力不断提升。2015 年 7 月，集团公司下发了《关于贯彻落实巡视整改工作方案并进一步强化资金收支管控的通知》。该通知对集团系统各级企业的资金管理提出了更加严格具体的要求，即企业在财务公司开户、资金归集上存、通过财务公司对外结算和通过财务公司实施资金预算管控原则上要达到百分之百。公司紧紧围绕这一中心工作，主动加强与各企业的沟通联系，主动服务，不断完善结算服务功能与信息化平台建设，资金集中管理与结算服务工作取得积极进展。

公司资金结算量保持稳定。2015 年，公司累计完成资金结算量 2.12 万亿元，与 2014 年基本持平。成员单位在公司开立账户数量不断增加。2015 年，集团系统各企业在公司新增开立账户 76 户，累计开户企业达到 419 家，具备条件成员单位的开户率达到 93.59%。2015 年，全年新增自动上收账户 38 户，累计达到 231 户，集团系统电、煤企业自动上收账户比例达到 80.60%。资金预算辅助服务管控系统全面推开。2015 年，公司新增燃料公司、西安热工院、宁夏能源、青海发电等 12 家二级单位预算体系，累计实现对 26 家二级单位的资金预算辅助管控，占比 89.79%。

【企业文化建设】2015 年，公司围绕经营工作主题，深入开展创先争优活动，全年在经营、服务、管理、创新等方面涌现出了大量表现突出的优秀职工典型和先进集体；满足职工精神文化需求，继续开展兴趣小组的各项文体活动，推动企业文化建设相融共进；继续深入开展“送温暖”工作，先后开展困难职工帮扶救助资金申报、重大节日离退休干部走访慰问等活动。各项活动的开展密切了与职工群众的关系，对稳定队伍、鼓舞士气起到了积极有效的作用。

锦江国际集团财务有限责任公司

【经营概况】2015 年，锦江国际集团财务有限责任公司（以下简称“公司”）共实现营业收入 1.07 亿元，投资收益 0.13 亿元，净利润 0.37 亿元。截至 2015 年 12 月底，公司注册资本 5 亿元，所有者权益 6.61 亿元，总资产 78.94 亿元，总负债 72.33 亿元。

【完善法人治理结构】2015 年，公司继续充分发挥董事会专业委员会在完善法人治理结构中的重要作用，全年召开 2 次董事会会议和 3 次专业委员会会议。5 月，为对标监管要求、加强公司合规文化建设，公司设立了合规管理委员会。

【投资业务】2015 年，公司投资业务共实现收益 0.13 亿元。其中，货币基金投资 1.20 亿元，实现收益约 0.05 亿元；可转债投资实现收益 0.05 亿元；交易所国债回购实现收益 20 余万元；基金持仓浮盈 0.026 亿元。

【公司金融】2015 年，公司累计发放委托贷款 41 笔共计 37 亿元，仅收取委贷手续费 1.2‰/年。公司充分让利于成员企业，全年共计让利约 1.30 亿元。公司为协助锦江国际集团收购法国卢浮酒店集团，制定资金筹措方案，与建设银行、浦发银行和招商银行组成银团，落实了 50 亿元收购保证金。公司全年共为成员单位办理现金管理业务 116 笔，累计金额约 300 亿元，实现收益约 0.35 亿元。2015 年，公司全面推进成员单位电子回单业务，已实现 17 家成员单位的网上银行电子回单功能，每月处理回单量约 10 000 张，极大地提高了企业账务处理效率。

【风险管理和内部控制】2015 年，普华永道会计师事务所对公司开展年报审计工作，经过预年审、年审两轮审计，该事务所于 3 月出具了无保留意见的审计报告，确认了公司的财务报表在所有重大方面按照企业会计准则的规定编制，公允反映了公司 2014 年度的经营成果和现金流量。4 月至 5 月，公司接受了由集团统一安排的德勤会计师事务所年度合规性检查和历年整改工作情况检查。检查内容主要有：公司内控工作建设情况、资金管理和审批程序、贷款管理和审批程序、贷审会工作制度、整改工作情况等共计 11 项工作。在德勤会计师事务所出具给锦江国际集团公司的合规性检查报告中，没有列示需要整改的相关内容。

2015 年，公司继续致力于完善管理制度和新业务操作流程设计，制定、修订了《员工手册》《网上银行管理办法》《内控管理办法》《内部审批权限规定》《成员单位账户管理办法》《通知存款管理办法》《通知存款操作规程》和《有价证券投资操作规程》8 个管理制度。

【人力资源管理】2015 年，公司组织开展了内部竞聘，经过包括面试评审、组织考察以及公示等环节后，聘任部门经理助理 2 名。6 月，公司计划财务部、公司金融部实施了部门人员轮岗和部分岗位适度调整，AB 角互换。

【信息化建设】2015 年，公司进一步加强信息化建设。增加业务系统多个模块，如融资租赁和票据贴现模块等，并完善了资金预算子系统等。公司为向成员单位提供更好的服务，拟增加短信和邮件提醒功能，实现了存款月末余额、贷款结息、贷款到期、大额变化等提醒功能。

一汽财务有限公司

【经营概况】2015 年末，一汽财务有限公司（以下简称“公司”）资产总额达 592 亿元，较年初增长 37.14%，全年累计实现利润总额 8.84 亿元，较上年下降 7.18%。受国家经济整体下行，以及利率市场化逐步深化带来的利差持续收窄等影响，公司利润情况有所下降。2015 年，公司加大存款业务营销力度，在集团公司及其成员单位的支持下，存款集中度显著提升，达到历史新高。截至 2015 年末，客户存款规模 465 亿元，存款集中度达到 54%，比年初增加 7 个百分点，保证了可运用资金水平，有力支撑了各项业务的稳定发展。同时，在金融市场利率持续走低的情况下，加大证券投资业务的规模占比，取得较好收益。

面对金融业市场化程度提高，竞争层次升级，经营环境越发严峻的形势，公司紧跟集团公司和资本控股公司的战略部署，认真谋划，持续提升经营和管理能力，深入挖掘集团内在金融需求，积极配置相应的金融手段、金融工具、金融平台，促进集团整合资源，实现资金效益最大化。

【信贷业务】2015 年，公司集团信贷业务（自营 + 贴现）投放 231 亿元，同比增长 55.68%，季均投放 57.75 亿元，月均投放 19.25 亿元，月均同比增长 224.07%。年末自营贷款余额 13.61 亿元，贴现业务余额 32.03 亿元，同比增长 139.66%。集团信贷业务全年实现收入 2.37 亿元，完成年度预算进度 99.59%。其中，自营收入占比 69.62%，贴现收入占比 30.38%。中间业务收入 0.05 亿元，同比增长 219.64%。

2015 年，公司加大对成员单位的信贷扶持力度，提高票据贴现业务投放规模，贴现业务市场渗透率年末达到 99%。2015 年，利率市场化逐步深入，人民银行对存贷款利率上限已全部放开并进入利率下行通道。为提高公司自主定价能力，公司发布《票据贴现业务定价操作规程》和《贷款业务定价实施细则》，实现以客户为导向的差别化定价管理，有力提升公司信贷业务市场竞争力。

【产品销售信贷业务】公司积极探索和优化融资租赁业务。2015 年 7 月 15 日，首笔融资租赁业务放款，截至 12 月 31 日公司共操作融资租赁业务 10 笔，租赁资产余额合计为 261.59 万元，累计实现利息收入 3.72 万元。

【资金和投资业务】在资金利率下行、利差逐渐收窄的背景下，公司重点建设融资平台，拓宽融资渠道，拓展增量资金来源、提高整体收益。在策略上，根据公司资金性质和市场走势，通过结构调整、久期管理和策略优化，灵活制定和调整资产配置策略，在保证公司安全性和流动性的前提下提高资金运用组合收益。全年资金运用收益为 15 亿元，组合收益率 4.45%。

【票据业务】2015 年，公司积极探索票据池建设。根据同业调研成果，结合公司自身业务发展情况，设计研发了一套集合贴现、托管、托收等功能于一身的票据管理系统，实现了“查询查复”节点控制、登记簿管理电子化、托收票据全流程系统监控等方面的升级改造。同时，公司建立健全票据业务制度体系，填补部分管理空白，详细规范票据业务操作规程和标准，实现业务开展制度先行。2015 年，公司票据承兑 3.37 亿元，贴现 75.97 亿元，票据接收 135.21 亿元，票据托收 102.79 亿元。

【资金集中】2015 年，公司从多个角度提升资金集中度。一是系统建设。资金管理系统成功上线，为集团企业搭建集账户管理、资金管理、票据管理、计划管理于一身的综合资金管理平台；为集团企业进行统一资源配置、统一资源利用提供了有效工具，有效提升企业资金流动性管理能力、资金使用效率和效益。二是清算模式。建立“日间透支、日终补齐”清算模式。公司与建设银行、中国银行、交通银行实施“日间透支、日终补齐”的清算模式，可利用“先使用资金、后筹资还款”的时间差，提升公司自有资金存放收益。同时，保证客户支付及时性，大幅降低备付率，使结算能力进一步提升。三是同业合作。2015 年，公司与建设银行建立直连收款功能，使收款业务直接入账，极大减轻公司人员负担，降低差错率，从而全面提升收款业务的结算效率。通过上述手段，2015 年，实现资金上收 4 669 笔，金额 917.99 亿元，资金下拨 1 567 笔，金额 549.08 亿元。日均存款 382 亿元，同比增长 9.6%。

【业务创新】2015 年，公司开办即期结售汇业务，全年累计为成员单位办理售汇业务 1 734.73 万美元。业务开办以来，紧密跟进监管政策，不断夯实管理制度，持续优化业务流程，着力打造专业能力，在向集团成员单位办理业务的同时，定期形成汇率走势分析报告，提供外汇相关资讯。

【风险管理和内部控制】2015年，公司坚持全面风险管理与内部控制管理相结合，持续推进风险管理和内控体系升级。一是夯实信贷基础体系建设。优化信贷调查、信贷审查及贷后检查工作模板，突出分析重点；逐户制定风险预警指标，便于实时监测控制；加强贷后资金流向监测，确保贷款资金不被挪用；调整优化信贷政策，提高政策精细化水平。二是完善综合授信管理机制建设。优化风险限额和信用评级模型，将风险限额作为客户授信的重要参考；根据监管要求，开展综合授信，即根据客户风险限额，针对客户未来一年的信贷需求，进行一篮子授信，确定客户授信额度的同时针对各信贷产品确定产品分额度，实现总量控制，防止过度授信。三是加大不良贷款处置力度。针对存量不良，特别是法人业务不良贷款，“一户一策”制定清收处置策略，综合运用各类处置手段，加强与法院的沟通联协，切实推动不良贷款处置进程，提升不良资产处置效率。四是完善法律合规管理建设。贯彻“阶段匹配”策略，坚持体系建设和业务运营两手抓，审视制度与流程的合规性，开展合规教育培训，主动协助开展合规检查，提升合规管理能力，切实防范法律风险。

【人力资源管理】2015年，人力管理体系以助推公司战略实现为根本目标，继续在四个层面进行优化提升：一是人才配置方面尝试拓展招聘渠道，转变角色，主动猎才，运行了内部举荐机制；尝试使用新媒介渠道及合作模式进行人才招募。

二是人才管理方面进一步规范经理人员选人用人程序；建立市场化考核机制，初步搭建经理人员任期考核体系；优化经理人员年终述职方案，通过多元考核手段对指标进行评价。三是人才开发方面探索一汽金融上岗认证模式，推进上岗认证新进程。实施“高端讲坛”，打造优秀精品课程；持续完善新员工培训模式，践行体验式培训理念。四是人才激励方面优化激励约束机制，完成财务公司客户经理激励机制建设。在推行各项机制建设过程中，提出岗位分类管理等观点，同时在弹性福利管理方面进行深入探索。

【信息化建设】2015年，公司完善和优化公司内部制度体系，全员参与制度修订工作，完成13项制度修订工作以及6项新制度发布工作。在信息安全管理方面，根据监管要求每月向银监局报送信息科技非现场监管报表，未出现数据差异。根据《系统账号和口令管理实施细则》完成应用系统用户生命周期管理，并在所有应用系统实施，确保系统登录的安全。在应用系统建设方面，完成资金管理系统、智能存款产品、国际业务系统、财企直连系统、建设银行直连收款、大众电票个性化升级、电子回单项目等22个项目、78次常规系统需求，同时启动了新一代核心系统的项目招标工作，有效支撑了业务的持续发展。

【企业文化建设】2015年，公司党总支部持续将企业文化建设及思想政治教育有机结合，共同解决员工思想问题，扎实推进企业文化落地。组织开展“三严三实”专题教育，坚持以上率下，单月学习，双月研讨，党支部作风建设取得实效；组织“我的岗位、我的精彩”故事讲述、拍摄出彩班组VCR《结算部的关键词》、开展员工岗位技能大赛等活动，传递榜样力量，提升团队凝聚力；在《一汽金融报》发布财务公司专版，组织开放式课题研究，探索导师带徒模式，积极开展思想文化宣传工作。2015年底，公司荣获一汽集团公司党委授予的模范党支部称号。

西电集团财务有限责任公司

【经营概况】 面对严峻复杂的内外部经济形势，2015年，西电集团财务有限责任公司（以下简称“公司”）各项工作也保持了较好的发展势头，取得了丰硕的成果。截至2015年末，公司资产总额达到140亿元，同比增长14.03%，达到历史最高水平；营业收入同比增长17%，利润总额同比增长32.26%。同时，资产质量持续向好。按照银监局谨慎经营的要求合规稳健经营，主要风险监管指标均控制在监管区间内。

【信贷业务】 及时成立客户服务小组，坚持定期深入成员单位了解征集服务需求，构筑良好的沟通和反馈机制，赢得了企业的肯定和赞誉。不断完善差异化服务方案，通过杠杆作用，推动企业生产经营的持续改善，同时提高集团整体资金利用效率，节约财务费用。一是扎实做好年度综合授信，2015年综合授信额度同比增长了9.68%，主要包括贷款、票据及担保业务；二是继续坚持利率优惠政策，存贷款利率优于商业银行水平，支持成员单位实体经济发展，全年累计发放自营贷款、票据贴现近38亿元，发放委托贷款近23亿元；三是通过优惠政策让利成员企业，包括存款利率上浮、贷款利率下浮、手续费减半，保证金优惠等措施，每年为成员企业节约财务费用至少在0.60亿元。

【资金和投资业务】 在市场利率持续下行因素的影响下，公司积极调整策略，抓住一切有利机会，强化资金管理与运作，合理运用有限的投资额度，在满足集团资金流动性和不影响成员单位正常生产经营的前提下，通过合理配置资产、灵活运作资金，在保证资金正常头寸和风险可控的同时，抓住一切有利机会加大资金运作力度，资金运营效益继续保持稳步增长趋势，全年实现外部收益同比增长近30%，占收入比例接近80%，且未发生一笔业务风险。

【票据业务】 票据业务签发范围涉及纸质商票、电子商票以及电子银票，全年累计签发近45亿元，同比增长6%；适时调整贴现利率，对内降低企业成本，全年累计办理贴现超过13亿元，贴现总量近60%来自于集团外部企业；不断探索完善“票据池”业务，主要包括票据入池存放、取回、到期托收以及票据融资等，通过持续宣传推广、让利优惠、上门服务等方式，票据入池量和集中度进一步提高，集团“票据池”得到逐步壮大，2015年累计入池票据近20亿元，年末票据集中度超过50%。同时，在不影响成员单位票据使用且无任何成本的前提下，通过对入池票据进行盘活和再利用，增加了一定收益。

【外汇业务】 一是企业开户数及资金归集量均有不同程度增长，外汇业务服务面进一步扩大；二是通过结售汇、外币贷款等业务的深入开展，满足了成员单位外币资金需求，同时也取得了较好的收益；三是继续运用好跨境外汇资金集中运营管理资格，2015 年争取到可集中外债额度 1.60 亿美元，年内积极为成员单位提供外汇服务，降低了企业的融资成本。同时，结合企业需求，在外汇管局的支持下，适时启用了对外放款额度，顺利打通了境外放款通道，更好地满足并服务于集团“走出去”战略的需要。

【资金集中】2015 年，公司加强与银行、成员单位的三方协作，积极配合集团财务部清查规范银行账户，严密开销户手续，新增归集企业，成员单位在财务公司开户数及归集数均有不同程度增长，有效巩固了资金归集成果，资金集中度一直保持在 90% 以上。同时不断对系统功能进行优化，满足集团及成员单位资金管理需要。积极拓宽合作银行，已与 9 家银行实现网银收付，与 4 家银行实现银企直连，更好地满足成员单位资金收付需要，也提高了集团资金管控能力。

【融资租赁】围绕获批的开展成员单位产品融资租赁业务资格，先后制定了相关的制度流程，完善了合同文本、协议、单据等，搭建了业务系统并进行了测试，同时先后与金融租赁公司、银行等就联合租赁业务进行了沟通洽谈，初步确定了合作关系，并已在集团变压器、高压开关平台等企业中进行了业务宣传推广，取得了较好的效果。

【风险管理与内部控制】一是不断完善法人治理结构和风险管理架构，进一步明确“三会”职责，充实监事会及风险管理部门力量，明晰董事会及经营层下设委员会职责范围，进一步提升风险防控体系及能力；二是结合精益管理的要求，不断健全各类规章制度，完善业务操作流程，确保业务合规、有序开展，2015 年先后颁布新增制度 9 项、修订制度 4 项；三是继续完善内控体系建设，认真对待监管机构现场检查提出意见，制定整改清单，细化整改措施，在此基础上按时完成《2015 年度内控评价报告》，为风险预警提供了保障；四是积极培育和强化员工的风险合规意识，自觉主动防范风险，同时注重发挥各部门风控人员作用，确保制度执行落实到位、业务有序开展。

【人力资源管理】一是结合企业实际需求和自身业务发展需要，坚持理论与实践相结合的原则，连续两年组建金融课题研究小组，提高全员的理论研究水平，2015 年，确定研究课题 6 项，参与人数 47 人/次，课题报告整体质量较上年有所提高，部分课题成果已在实际工作中得到运用。二是积极踊跃参加西安市金融学会等机构组织的征文活动，2015 年组织投稿 13 篇，同时围绕新的政策和业务，定期组织内部培训或业务研讨，进一步提高员工的业务能力和水平。三是不断优化完善薪酬激励机制，优化薪酬方案，严格考核要求，进一步激励了员工的工作积极性，调动鼓舞了士气。

【信息化建设】一是继续完善核心业务信息系统以及其他信息系统建设，2015 年新增两套核心业务信息系统子系统模块，包括财企直联和融资租赁，同时优化了证券投资功能，进一步满足业务需要。二是优化运维流程、提升运维效率，确保核心系统稳定运行，年内未发生客户信息泄露事件和重大事故。三是做好 IT 安全管理，切实防范各类信息科技风险，及时排查网络环境和各类系统安全隐患，不断加强信息化基础设施的巡查，为系统平稳运行及业务发展提供技术支撑和服务。四是做好数据管理工作，确保核心业务信息系统的数据连续、及时、准确和全面。按月收集整理公司及成员单位资金信息，编辑出版《金融报告》，近七年来已累计出刊 80 余期，为集团领导提供了较为完整的经营情况汇报。五是对标同行业先进，进一步改进、优化信息化管理的不足，优化制度、修订完善操作规范，提升公司信息化建设及管理水平。

【企业文化建设】一是深入学习党的十八大及十八届三中、四中、五中全会精神，以践行“三严三实”活动为契机，将“谋事要实”“创业要实”的相关要求贯彻到年度经营管理之中，紧紧围绕集团战略，积极做好金融服务，助推集团产业发展；二是发挥党团组织和工会组织的凝聚力，开展了职工健步走、垂钓、乒羽比赛等活动，丰富职工文娱生活；三是畅通沟通渠道，通过座谈、走访、谈心交流等方式征集与公司发展相关的合理化建议等倾听职工群众心声，关注思想动态，营造积极向上的正能量。

中国石化财务有限责任公司

【经营概况】2015 年，中国石化财务有限责任公司（以下简称“公司”）坚持诚信为本、服务主业、规范高效、开拓创新，为中国石油化工集团公司（以下简称“集团公司”）提供优质高效的内外部结算、存贷款、资金运营等金融服务。公司防范风险，精打细算，精心操作，有效应对内外部环境变化带来的各种挑战，取得了较好的经营成效。全年实现营业收入 47.35 亿元，实现利润 45.67 亿元，年末资产总额 1 703.05 亿元，所有者权益 222 亿元，资产负债率 87%。全年通过提供委托贷款、直接购付汇、优惠贴现与贷款等各项服务，累计为集团公司降本增效、节约财务费用贡献超过 40 亿元。

【资金集中】2015 年，公司继续提升服务集团资金集中管理水平，保障集团资金内外部结算安全平稳高效运行。全力配合销售公司、石油工程、商储等公司重组改制，做好相应分账户调整、资金池建立等工作。积极推进合资企业代理汇兑支付及资金归集，拓展资金集中范围和深度。建立分账户生命周期管理体系，优化业务流程，强化日常业务监控和“异常”管理，结算业务持续保持“录入零差错、收付零损失”。全年优质高效完成内外部结算 2 475 万笔，结算资金规模 38 万亿元，石化集团通过财务公司总分账户收款、付款集中度均超过 96%，有力保障了集团公司生产经营顺畅运行，提高集团公司整体资金使用效率和效益。

【筹融资业务】2015 年，公司积极拓宽融资渠道，扩大同业合作广度与深度，增加外部综合授信额度，公司合作银行达 40 家，累计获得授信 1 950 亿元。加强市场分析和走势预判，灵活应对市场波动，综合运用同业拆入、债券回购、同业存单回购、再贴现等多种手段，及时足额融入低成本资金，保障了集团公司和企业的融资需求和支付需要。公司开展大额支付事前管理，加强沟通，动态掌握企业收支计划，不断提升资金计划准确率，降低备付资金，有效降低经营成本。

【信贷业务】2015 年，公司围绕集团生产经营和投资安排，支持转方式调结构、提质增效项目，全年累计提供各类信贷支持2 280亿元，日均规模368亿元。加大财务公司电子承兑汇票推广力度，开立财务公司承兑汇票2 137笔共计50亿元，全年办理票据贴现5 079笔共计95亿元，支持和帮助企业加快结算和降本减费。进一步提升信贷服务功能，帮助企业及时调整借款币种结构，规避汇率风险。配合集团公司资金管理，开展委托贷款业务，创新开办循环委托贷款。发挥信贷计划统筹引导作用，实施市场化、差别化信贷政策，不断优化调整信贷投向和品种结构。加强信贷市场跟踪研究，积极应对利率市场化改革，初步建立贷款及贴现利率报价机制。进一步健全完善信贷管理制度流程，信贷客服和征信系统安全平稳运行，获得人民银行“企业征信系统数据质量工作优秀机构”称号。

【外汇业务】2015年，公司积极应对外汇改革持续深入、各项外管政策频出、人民币汇率波幅扩大、汇率风险大幅增加的市场环境，在原油价格大幅走低的形势下保持外汇业务规模基本持平，全年累计办理收付汇571亿美元，办理结售汇516亿美元，帮助企业降低购汇成本。不断提高市场化报价水平，加大业务开拓力度。充分发挥外汇业务平台作用，继续为集团企业提供快捷便利的实时询价锁价业务服务，全年通过询价方式为企业办理外汇业务177亿美元。深度服务销售公司增资改制，争取优惠利率和汇率，协助实现增收创效。积极参与集团“利率汇率工作小组”工作，帮助企业制定应对汇率波动措施，有效防范和减少汇率风险。在集团统一安排下打通本币跨境支付流转的通道，顺利推进跨境人民币双向资金池建设。各项外汇业务为集团总部和企业降本增效近15亿元。不断提高市场把握能力和交易水平，努力向市场要效益、挖潜力，全年实现外汇中间业务收入1.48亿元，同比增长11%。

【投资业务】2015年，公司加强资本市场跟踪研判，坚持稳健审慎的投资策略，灵活开展滚动交易和趋势性波段交易，有效参与股票定向增发。强化资金、资本市场联动，调整优化资产结构，加强与外部金融机构合作，争取灵活高效的资产配置，实现了较好的证券综合投资收益。加强存量股权运营管理，按照集团公司部署要求，规范高效地完成3项金融股权对外转让工作。继续做好债券发行的财务顾问服务，协助参与及承销840亿元股份公司各类债券发行工作。在财务公司行业中首批获得非金融企业债务融资工具承销资格。

【业务创新】2015年，公司全力推动“票据池”建设。制订实施方案和具体工作计划，起草运行配套制度和相关协议。依托现有资金集中管理系统构架，完成系统开发和集成测试，并成功组织部分企业进行生产试运行测试。与合作银行研究制定财银合作模式和系统对接方案，为打通“票据池”业务全流程奠定基础。稳妥推进买方信贷业务开展，通过核心系统交易大数据分析，掌握产业链客户信息，全方位、多角度研究分析潜在金融需求，走访调研，积极宣传推介。制定配套制度、设计业务流程和相关合同协议，广州分公司试办了首笔买方信贷业务。

【市场化经营管理】2015年，公司成立资产负债管理委员会，统筹全公司资产负债管理，优化资源配置，提升公司经营决策科学化水平。拓宽日常流动性管理渠道，加强央行存款准备金日间动态管理，丰富流动性应急处理措施，公司流动性管理水平显著提高。建立外部金融机构利率动态跟踪机制，制定完成财务公司内部资金转移定价业务规范、存贷款业务定价等相关制度，完成系统开发，并测试成功，利率管理体系建设初见成效。

【风险防范和内部管理】2015年，公司持续完善信贷客户评级体系和优质客户评选标准，实现信贷客户差异化风险管控。制定买方信贷等业务风险防控制度，提高公司信用风险管理水平。持续推进公司制度和内控建设，完成2015年版《内部控制管理手册》的修订工作，公司内控制度进一步完善。充实完善标准合同文本库，顺利完成集团合同管理系统和法律综合管理系统的功能提升，加大法制宣传和合规教育力度，进一步提高法律合规风险管理水平。配合完成国家审计署、集团公司审计局等外部单位的迎审工作，完成现场稽核11项，不断强化内部稽核监督与服务职能，促进稽核成果运用与共享。充分发挥财务核算、分析、监督职能，优化财务管理流程，完善财务分析体系，加强新业务会计核算研究。

【信息化管理】2015年，公司全力保障集团公司资金集中管理信息系统安全平稳高效运行，全年系统升级31次，解决重要问题96个，系统功能进一步优化完善，安全性、稳定性进一步提升。完成集团公司“票据池”系统建设并上线试运行，公司存贷款及内部资金转移定价等系统建设如期完成，为公司业务开拓和提升管理水平提供有力的系统支持。进一步加强信息系统运维及安全管理，更新资金集中管理系统部分硬件设施，采取7×24小时方式进一步加强日常监控，完善系统防火墙策略，开展安全评估，消除安全隐患，全年公司各类信息系统未发生运营故障和事故。

【主题活动】2015年，公司认真贯彻落实集团公司进一步强化提升“三基”工作各项要求，持续开展“转型发展当标兵”主题活动，进一步夯实管理基础。以竞赛为载体加强员工岗位练兵，增强员工岗位责任心和履职能力，举办2015年业务竞赛并首次纳入集团公司二类业务竞赛范围，组织参加财政部企业会计信息化知识竞赛。加强同业交流学习，按季开展星级岗位标兵/团队及“扛红旗”评比，学习借鉴先进经验，发挥典型示范引领，公司服务水平进一步提升，2015年服务满意度达到99.53%，同比提高0.55个百分点。进一步改进完善绩效考核管理，细化考核指标体系，加大专项考核力度，提高绩效考核的科学性和可操作性，发挥考核的激励导向作用。

【队伍建设】2015年，公司落实集团公司关于加大干部竞争性选拔力度的部署要求，坚持思想建设、作风建设与能力建设并举的原则，做好干部选聘工作。结合公司业务发展，加大员工培训力度，组织开展多个层面的业务培训、专题讲座、研讨交流，全年共282人次参加各类集中培训，员工平均参训2.7天。开展轮岗交流、继续教育和远程培训，启动人才成长通道建设先行先试工作。

【党群工作】2015年，公司巩固深化“党的群众路线教育实践活动”成果，扎实深入开展“三严三实”专题教育工作。坚持贯彻落实中央八项规定精神、反“四风”不放松。落实“一岗双责”，抓基础、抓基层、抓规范，各支部“三会一课”正常开展，积极推行“党员三先”。组织公司处级以上领导干部及关键岗位人员集中签订《廉洁自律承诺书》56份，严格落实领导人员报告个人有关事项制度。进一步加强宣传思想工作，积极推进企业文化建设。组织召开职工代表大会联席会议，继续开展合理化建议征集活动，深入推进企业民主管理。积极组织参与集团公司各类文体赛事及活动，连续第三年组织开展“橙房子”青年志愿值勤项目，取得良好社会反响。

东方电气集团财务有限公司

【经营概况】2015年，东方电气集团财务有限公司（以下简称“公司”）资产总额219亿元，增长4%。所有者权益26亿元，增长5%。收入近7亿元，增长-1%。利润总额2.80亿元，增长7%。公司较好地完成了各项工作任务：一是业务资格取得重大突破，新增“含股票投资类有价证券投资”和“远期结售汇（基础类）”两项业务范围，成功加入中国证券业协会和中国银行间市场交易商协会。二是反哺集团企业能力提高，公司充分发掘市场良机，提高投资收益，2015年全年实现外部收入占全部收入80%以上，有效增强为成员企业让利能力。三是助力集团降本增效能力增强。公司通过借力金融手段，发挥金融效能，全年为全集团节约财务成本数亿元。

【信贷业务】2015年，公司秉持“减费让利”原则，通过贷款、票据贴现、买方信贷、帮助企业设计融资和应收账款保理方案等手段积极支持企业发展，降低企业费用，全年日均发放自营贷款（含票据贴现）40亿元以上。此外，截至2015年末，公司产品销售买方信贷余额11亿元，促进了成员企业产品销售和货款回收。仅2015年就新开展成员企业融资租赁业务0.30亿元。

【资金和投资业务】在资金运作方面，一方面精细资金预算，尽可能减少银行头寸备付；另一方面发挥资金规模优势，获取较好资金收益。在投资方面，首次开展转融通证券出借、开展收益凭证投资、买入可交换债、买入非公开定向债务融资工具（PPN），同时扩大正、逆回购操作频率和规模，并进一步推进资产支持证券化（ABS）产品的落地进程。

【票据业务】根据票据市场和公司情况，调整票据贴现利率，从而紧跟市场行情，保持利息收入稳定；优化业务流程和票据贴现电子化流程，使流程更加规范，资料更加简化。在满足企业生产经营资金需求的同时，为集团企业节约了大量财务费用，同时财务公司获得较好收益。

【外汇业务】公司通过不断提升自身服务水平，帮助集团持续推进外汇资金集中运营工作。一是付汇方面，公司已实现对老挝、新加坡、美国等18个国家和地区跨境付汇；多家成员企业通过公司试点付汇。二是收汇方面，成功在东电委内瑞拉古里项目推广财务公司账号直接收汇。

【资金集中】公司完成归集账户阶段性清查工作，通过与相关银行和企业充分沟通，发现和解决问题，并及时上报。根据集团批复，完成4个新增归集账户的协议签订、银行办理、归集跟踪和反馈企业工作。2015年，资金集中度达到80%左右。

【风险管理和内部控制】一是制度建设更趋完善。完善业务流程，修订完成内控手册

68项业务和管理流程；强化节点控制，梳理公司27项重点工作和关键岗位。二是风险管控能力有效提升。动态评估重点关注企业风险，妥善处理企业逾期贷款专项工作，加大风险突出企业动态跟踪管理，强化贷后跟踪管理和信用风险控制措施落实；加强新产品、新业务事前市场风险分析和研究，提高新产品交易对手信用风险预判水平。三是稽核作用充分发挥。一方面推行以风险为导向的稽核理念，紧扣公司重点风险领域开展重点项目检查；另一方面通过完善稽核问题库和回头看跟踪机制，推行轻微违规积分处罚等措施，提升了员工合规操作理念。

【人力资源管理】一是持续规范和加强劳动用工和收入分配的管理；二是从全员绩效考核入手，推行公司新的薪酬制度的落地；三是“一岗双责”有效落实。认真贯彻落实并及时组织学习传达中央、国资委和集团公司的部署和要求，把党风廉政建设和反腐败工作纳入公司生产经营管理；加强廉洁教育，加强日常管理和监督，发现苗头性问题及时提醒告诫。

【信息化建设】一是稳步开展金融服务系统深化应用，二是稳妥推进异地灾备中心建设，三是有效开展西区数据中心重要软硬件维保，四是积极开展数字证书到期续期。

【企业文化建设】公司十分重视企业文化建设，坚持党政工团齐抓共管，积极做好党、工、团各项工作：2015年公司党支部获得集团总部“‘四强’基层党组织”称号，公司“‘财司读书年’活动”获评“创新争优主题实践活动载体创新项目”，公司分工会获得“年度模范职工之家”荣誉称号。

宝钢集团财务有限责任公司

【经营概况】2015年，内外部经营环境十分严峻，宝钢集团财务有限责任公司（以下简称“公司”）充分发挥金融功能，紧跟集团“互联网+钢铁”发展步伐，深化供应链融资和票据服务，探索自贸试验区金融创新，积极支持钢铁主业降本增效，改善经营现金流，助力成员单位提高资金管理效率。当年实现利润总额1.67亿元，净资产收益率7.10%，自营资产规模143亿元，委托业务规模90亿元，各项监管指标全部符合银监会要求，整体风险水平低，资产质量优良。

【信贷业务】在信贷资产配置方面，针对钢铁行业微利经营情况，调整优化客户结构和品种结构，采取有保有压的差异化信贷策略，加大供应链融资的配置比例；以过桥贷款形式支持成员单位完成外部银行的贷款周转，全年累计发生49亿元；积极争取人民银行再贴现资源，引入集团外低成本资金，全年再贴现累计发生金额6亿元，提高了融资服务能力。

【供应链融资业务】为应对利率市场化和金融脱媒的冲击，公司大力拓展供应链融资，改变传统业务模式，推动公司转型发展。2015

年末，供应链融资余额在信贷资产中占比达到19%。上游端以电子化金融推进供应商票据贴现，从线下到线上，改善客户体验，加快放款速度；下游端以互联网思维创新现货质押融资，客户在线下单、在线申请、在线放款、在线风控，安全高效。全年累计融资业务1.36万笔，金额53亿元，其中小微客户占比超过80%。

【资金和投资业务】在有价证券投资方面，加强市场研究与跟踪，以安全性为前提，以绝对收益为目标，把握债券投资交易性机会、转债套利机会、配置打新基金、重启新股申购，盈利能力保持稳定。在流动性管理方面，加强资金收支计划管理，压缩结算备付比例，抓住关键时点灵活配置同业存放、买入返售、货币基金等产品，在利率下行通道中锁定高收益资产，全年流动性资金综合收益率达到3.40%。

【票据业务】围绕实物票据管理和电子票据推广，加大产品创新力度，并尝试运用互联网技术，相继推出了票据影像、邮寄平台、纸票信息电子化登记、手机APP查票等产品，使票据服务更加多元化、专业化、电子化，以智慧票据服务支持企业提升票据管理效率，收到了明显的成效。全年托管纸票2.18万笔，金额228亿元；线上查询查复4.45万笔，金额365亿元；电票交易2.58万笔，金额1 129亿元。

【结算和资金集中】作为集团的结算主渠道，发挥金融牌照优势，运用多种流动性管理工具，在保障结算支付前提下，提高流动性资金的配置效益。2015年累计办理结算流量2.57万亿元，业务量124万笔；资金平台覆盖成员单位254家，内部融通资金194亿元，协助集团、股份提高了资金的整体使用效率。

【业务创新】通过与钢铁主业采购和供应商ERP系统对接，推动供应商票据在线贴现，提升客户融资体验和满意度，引领信息化背景下的供应链金融服务上台阶。推出“i宝财”APP查票首款移动金融产品，将票据服务应用场景扩展到一线业务人员，打破了时间和空间限制，票据风险控制点前移至业务端，提高了服务效率。

【外汇业务】确保集团货币类衍生品集中交易平台运转顺畅高效，代理操作外汇衍生品业务183笔，金额折美元约49亿美元，交易币种包括美元、欧元与日元，服务成员单位14家，业务品种包括远期结售汇、利率掉期、远期外汇买卖业务。全年外汇结算业务量185笔，金额24亿美元；即期结售汇业务共计46笔，金额折美元1亿美元。

【自贸区业务】2015年11月，通过人民银行上海总部现场验收，获批分账核算单元（FTU）业务资质，为后续拓展自贸试验区金融服务奠定基础；8月，成功开展首单跨境人民币融资业务，并通过经常项下集中收付模式，代成员单位支付采购款，降低企业融资成本超过100个基点。

【风险管理和内部控制】建立业务创新事前风险管控机制，将风险管理从源头介入，全程参与产品和服务创新过程，有效识别新产品设计中可能存在的风险隐患。加强贷后和投后信用风险管理力度，根据各类资产不同的风控要点，建立个性化的专项风控管理模式，形成多维度风控体系。贯彻“流程银行”理念推进业务流程再造，通过优化前中后台功能配置，实现业务集中运营，提升管控效能，强化在线风控，提高业务运营效率。

【信息化建设】为迎接“互联网+”时代到来，对原有信息系统进行全面诊断和评估，制定了科学有效的系统稳固和架构优化方案，启动系统重构项目列为当年一号工程重点推进。系统重构旨在通过多种技术手段构建一个全新的高性能、高并发、高可靠平台，应对互联网金融发展，确保业务运行的稳定性、连续性、安全性。

中国一拖集团财务有限责任公司

【经营概况】2015 年，中国一拖集团财务有限责任公司（以下简称“公司”）在面对企业集团经营压力增加、行业竞争日趋激烈、利率市场化步伐提速等影响，采取有效措施积极应对，大力拓展各项业务，努力降低经营成本，不断提高经济效益，取得了良好的经营成绩。2015 年末，公司资产总额达到 54.71 亿元，同比增长 44.35%；负债总额 47.11 亿元，同比增长 52.86%；所有者权益 7.60 亿元，同比增长 7.34%；累计实现利润总额 1.06 亿元，同比增长 16.49%；不良资产率和不良贷款率为零；各项业务健康发展，各项监管指标均符合中国银监会的监管规定。

【信贷业务和票据业务】2015 年，公司向一拖集团及成员单位累计发放贷款 22.42 亿元，年末贷款余额 10.74 亿元，全部为正常类贷款，全年未发生不良贷款；一拖集团及成员单位贴现业务集中度 100%，公司累计办理票据贴现 18.11 亿元。公司通过贷款和贴现业务为一拖集团成员单位生产经营提供了有效的资金支持。

公司自成功接入中国人民银行大额支付系统以来，顺利实现电票线上清算，电票的交付与承兑不再依赖外部银行，提高了一拖集团公司整体资金保障能力，丰富了成员单位对外支付手段。同时，公司把电子承兑汇票融入农机产品买方信贷业务中，更好地发挥了金融职能，协助一拖集团成员单位获取更多的资金融通渠道，增加了公司的保证金存款，提升产品销售的市场竞争力。2015 年，公司累计为成员单位办理电票 12.67 亿元，累计办理商票 4.09 亿元。年末票据余额 11.38 亿元，其中电票余额 8.67 亿元，商票余额 2.71 亿元。

一拖集团将所有成员单位票据统一纳入公司“票据池”集中管理，搭建了一拖集团的票据管理中心。同时，公司对成员单位的长期沉淀票据进行盘活使用，实现与成员单位的双赢。2015 年末，公司票据管理业务累计开户 50 家，累计保管票据金额 44.82 亿元，办理业务 1.46 万笔；成员单位委托收款累计 15.27 亿元，办理业务笔数 3 795 笔；为一拖集团成员单位票据的安全管理提供保障。

【产品销售信贷业务】由于受国机集团业务板块整合及关联交易限制，公司无法继续开展工程机械产品融资租赁业务，而受煤炭行业市场下滑影响，矿用车买方信贷业务处于停滞。2015 年，随着国家对“三农”的持续重视和对农业的支持、投入力度不断加大，公司深入企业产业链下游的产品销售前沿，积极拓展农机产品融资租赁及买方信贷业务，探索引入保险机构的方式解决担保问题，并尝试性开展买方信贷业务，取得一定成效和经验。随着公司农机产品融资租赁及买方信贷业务的不断深入，有利促进一拖集团成员单位农机产品的销售。

【投资业务】2015 年，公司在满足一拖集团成员单位资金需求的基础上，充分利用暂时闲置资金，坚持“有则做，无则不做”的稳健投资策略开展投资业务。2015 年，公司累计实现投资收益 0.61 亿元（含公允价值变动损益），作为公司传统业务的重要补充，投资业务既提高了资金的使用效率，又为一拖集团和股东单位创造了良好的投资回报。

【资金结算及集中管理】资金结算业务是公司的基础业务，实现了一拖集团成员单位内部的转账结算和托收承付，对提高资金使用效率发挥着重要作用。2015 年，公司为一拖集团成员单位累计办理结算金额 1 093.10 亿元，办理结算笔数 8.19 万笔；年末资金集中度达到 87.36%，同比提高 19.37 个百分点。资金集中度较 2014 年有大幅提高，提升了一拖集团资金整体管理水平。

【同业业务】公司打破原有的“银企”合作模式，积极推行“企业—财务公司—银行”三方合作。一方面争取将一拖集团所有金融业务都通过财务公司来开展，实现一拖集团公司利益最大化；另一方面加强与各金融机构的联系与交流，争取更多的同业合作支持，以此获得更多外部资金资源支持一拖集团成员单位。2015 年，公司再次抓住人民银行支持“三农”的有利政策加大再贴现业务规模，累计办理再贴现总额 6.12 亿元，通过再贴现业务为一拖集团获取更多低成本资金。同时，公司利用自身金融机构优势与外部金融机构广泛合作，不断拓展金融同业业务，开辟新的业务品种，积极获取外部资金资源。

【业务创新】公司不断开拓创新，尝试新产品、新业务，努力提升金融业服务企业集团的能力和水平。一是外汇资金集中管理。2015 年，一拖股份公司跨国公司外汇资金集中运营管理业务经国家外汇管理局河南省分局审核通过并在河南银监局备案。同时，公司在工商银行、建设银行、交通银行完成国内外汇资金主账户美元户、港元户和国际外汇资金主账户美元户、港元户的开立，着手进行外汇资金的归集。二是随着一拖集团培育优势采购供应链战略方案实施，公司加大金融业务创新力度，重点解决战略采购准时化付款过程中产生的资金紧缺等问题。开展订单贷款业务、供应链融资业务，既丰富了公司的业务品种又提升了信贷业务集中度，实现了金融与产业融合共赢的格局。

【风险管理和内部控制】2015 年，公司组织在风险梳理诊断基础上，对内控制度、业务流程及各项业务涉及的风险点进行全面梳理，识别公司层面二级风险 36 项，同时，以风险影响程度和发生的可能性为评价维度，从二级风险中识别重大风险 2 项、中等风险 8 项、一般风险 26 项，并针对业务实际情况编制完成公司《重大风险解决方案》，从风险有效管控的层面明确了风险管理策略和风险解决方案，推动公司全面风险管理工作的深入开展。同时，公司结合实际编制了内控评价缺陷整改方案，分别对各业务进行制度穿行测试，将内控措施嵌入内控制度和操作流程之中，筑牢“不能违规”“不敢违规”的制度环境和“规则牢不可破”的执行机制，使各项内控制度及流程全方位覆盖各个管理过程和业务环节。在经营中公司各专业委员会对各类业务的开展集体审议，内控管理部门坚持每个工作日对资产财务部门及业务部门进行日清日结核查，确保账账相符；每个月对现金及票据进行定期、不定期盘库，确保账实相符，及早发现风险隐患及时进行整改，取得了良好的效果，不良资产率、不良贷款率及发案率为零，全面杜绝重大实质性违规，实现了安全、稳健运行。

【人力资源管理】2015 年，公司年初即层层分解经营指标，明确各级管理者的绩效管理职责，将经营指标落实到各业务部门及每一位员工，并对职能部门提出明确的工作要求。同时，公司不断完善全面岗位绩效考核制体系建设，将员工绩效工资与执行岗位职责、工作负荷强度、绩效考核结果和岗位差异四个要素挂钩，实现绩酬联动，改变原来单一的考核方法，推行以业绩、能力为重点的绩效考核，充分发挥绩效考核的激励导向功能，取得了良好的效果。在此基础上，公司不断加大培训工作力度，按照层级及工作岗位安排员工培训，所有员工年初上报培训计划并进行全员内部培训，全年累计组织内部培训 35 次，参培人数达到 1 155 人次。公司整体员工队伍的年龄结构继续优化，文化素质和专业技术水平不断提升。

【信息化建设】2015 年，公司不断提高信息系统安全防护管理水平，一是对信息安全系统进行加固，并启动计算机主系统更新筹备工作。二是加强电票系统、网络和服务器存储日常维护，推进个人征信系统和企业征信系统申报工作。三是公司电票线上清算业务的成功实施，加快了公司票据、资金回流，并有效规避因“票款两条线”所导致的违约风险发生，线上清算业务赋予了公司与银行同等的资金清算权限。并且通过电子票据的大量使用，推动了一拖集团所属成员单位签发电子商业汇票与系统外单位之间的流转，不断提高一拖集团和公司票据的市场认可度，为一拖集团票据集中管理发挥应有作用。同时，公司定期对所有信息系统进行维护和数据安全备份，并组织应急演练，全面提升了公司信息系统安全管理能力及风险防范水平。

【企业文化建设】公司十分注重企业文化建设和社会责任，始终坚持以人为本的方针，按照“发展为了员工、发展依靠员工、发展成果与员工共享”的基本要求，落实“以人的发展带动公司发展，以公司发展促进人的发展”的工作目标。同时，公司积极参加各项一拖集团、社会活动及公益活动，并通过日常的宣传教育，增强员工作为一拖人的荣誉感和社会责任感，并以实际行动来回报一拖、回报社会。

五矿集团财务有限责任公司

【经营概况】2015 年，五矿集团财务有限责任公司（以下简称“公司”）面对集团公司三大核心主业经营效益巨幅下滑的极端困境，迎难而上，圆满完成年度经营任务；创新开拓，优化调整，外汇试点业务取得新突破，资产质量达到历史最优水平，内部管理再上新台阶；全力配合，进一步发挥财务公司平台功能，全面提升服务深度和服务质量，为实现集团利益最大化作出贡献。

截至 2015 年末，公司资产总额 154. 50 亿元，负债总额107.13亿元，所有者权益47.37亿元。2015年，公司完成营业收入2.92亿元，利润总额3.74亿元，费用利润率1 398.80%。全年人民币结算规模达1 925.66亿元，国际结算规模31.09亿美元；通过开展外汇资金集中运营管理试点业务，累计吸收境外企业存款17.39亿美元。

【信贷业务】2015年，公司围绕公司经营目标和集团整体资金计划，合理配置信贷资源；结合经营环境变化，积极调整信贷结构，优化客户结构；提高对经营环境变化的敏锐性，贯彻集团公司“稳健、审慎、灵活”的风险管理方针，完善内部控制，提升服务水平，促进产融结合。截至2015年末，公司人民币自营贷款余额43.84亿元，人民币委托贷款规模55.85亿元，美元委托贷款规模0.21亿美元。

在加强信贷管理方面，公司强化信贷档案管理，严格开展贷后检查工作，防范信贷风险；进一步加强信息系统建设，提升信息化管理水平；积极参加各类培训和讲座，与商业银行及财务公司同行开展业务交流，借鉴经验，全面提升认知水平，提高服务能力，为进一步开拓信贷业务、创新产品打基础。

【结算业务】2015年，面对集团成员单位经营规模进一步收缩，公司持续增强结算服务力度，为成员单位提供优质结算服务的同时，响应集团公司“降本增效”号召，深化业务协同和创新，为成员单位提供各类增值服务，最大限度地降低集团财务成本。2015年，公司全年人民币结算量1 925.66亿元，进口结算量27.35亿美元，出口结算量3.74亿美元。

公司除日常为集团成员单位提供多种类结算及金融信息咨询服务外，还帮助成员单位逐笔核对银行手续费、结汇返点等，并及时与银行沟通，更正或追回错漏款项数万元；2015年人民银行五次下调存款准备金率，释放流动性，公司准备金率由年初的14.50%降至7.50%，释放近1亿元资金。据不完全统计，公司全年为集团整体节约利息、汇兑、手续费等财务费用超过1亿元。

【资金和投资业务】在投资业务方面，2015年，实际资金占用收益率为38.73%，较2014年大幅增加。2015年上半年，资本市场出现一轮难得的结构性“牛市”行情，公司积极研究，灵活调整投资策略，在市场的上涨过程中逐步卖出，锁定了收益；随后，在市场的大幅震荡的市场环境下，把握住了投资机会，在市场下跌过程中较为及时地降低了仓位，保住了在手盈利。在资金业务方面，2015年公司通过多种融资手段，确保集团在整体信贷规模没有大幅度增加的基础上，有效地补充了公司流动性。公司全年累计拆入资金106笔，金额863亿元。

【票据业务】2015年，公司继续通过票据业务有力地支持集团公司各板块主营业务、重点项目的发展，成为公司发挥金融支撑作用的重要业务手段。截至2015年12月底，共开立银行承兑汇票101.96亿元，有效提高了集团成员单位的资金周转效率。同时，公司积极与各银行沟通联系，捕捉市场机会，在节约成员单位融资成本的前提下，取得了部分收益。

【外汇业务】2015年，公司积极推进外汇资金集中运营管理试点业务，并取得多项进展：一是外汇试点业务稳步开展。进入2015年，外汇业务稳步开展，外汇部继续将工作重点放在促进外汇试点业务发展，强化外汇业务协同，加强业务管理，发挥财务公司集团资金融通服务平台功能。由于2015年美元兑人民币汇率出现较大涨幅，为降低美元负债敞口汇率风险，业务公司从8月底开始，不再新增跨境美元借款，并陆续偿还已有外币借款，公司2015年累计协助业务公司归还跨境美元借款1.80亿美元，2015年外汇业务结算量也相应较2014年有所下降。二是外汇试点成员范围进一步扩充。根据黑色流通业务中心的申请，外汇部2015年向外汇局递交了新增5家跨国公司外汇资金集中运营管理成员企业的申请，在11月中旬顺利获得外汇局同意批复，公司外汇试点成员公司总计境内28家，境外34家。三是公司国际主账户新增货币可转换业务。根据外汇局2015年发布的外汇试点新细则规定，允许企业自主选择偿债币种，2015年10月，公司首次尝试为五矿矿业公司办理了一笔美元转港元的货币转换汇款业务。

【资金集中】2015年，公司采取多种举措进一步加强资金集中：一是灵活运用业务工具，以提高存款利率，为成员单位办理协定存款及提供较银行理财产品更安全、灵活的定期存款，加大存款吸引力；二是积极与集团财务总部多次沟通，配合推进资金集中管理工作相关策略和方案，寻求集团在资金集中和结算集中方面的支持与合作；三是通过专程拜访、贷后检查等多种形式，与京外成员单位深入交流，了解其经营情况、资金情况及业务需求，为后续进一步加强对京外成员企业的资金归集打下了基础。

【风险管理和内部控制】经营越困难越易发生风险事件。面对极端不利的经营形势，公司狠抓全面风险管理和内控建设，强化事前控制、事后监督及风险实时监控，全面提升资产质量，优化业务流程，严控操作风险，帮助员工树立良好的风险意识，着力加强内控建设，管控水平再上新台阶。

【人力资源管理】公司于2月正式启动2015年业绩管理工作，落实全员业绩考核制度，严格落实任务目标分解。4月完成了公司副总经理、各部门及一般员工（包括新调入员工）2015年度业绩考核任务书的制定与签订工作。业绩考核任务书签订后，还通过总经理办公会、部门经理周报等，对各部门业绩指标的分解、落实情况进行了跟踪和督促。年底通过任务书对副总经理、各部门及一般员工进行考核及结果反馈。公司积极组织员工参加由银监会、人民银行、财务公司协会、集团公司以及金融中心举办的各类培训30多次；组织员工与外部金融机构、同行业以及集团内部成员单位业务交流和调研学习20余次。

【信息化建设】2015年，公司继续协调集团信息管理部完善信息系统日常运维工作流程，保障信息系统的平稳运行，支撑公司的整体业务发展。一是确保结算系统正常运行。通过与集团信息管理部、运维服务商的配合，较及时解决了系统运行故障，保证了2015年全年集中结算系统正常运行。二是配合内外部监管。上半年，信息管理部配合了集团审计部的信息系统审计，对集中结算系统运行过程中存在的一些缺陷进行了回顾。下半年，信息管理部配合了北京银监局对信息系统进行检查。三是完成了运维服务商的更替和交接工作。贝因斯公司退出集团与财务公司运维与开发后，通过公开招标，公司聘请了瑞友科技对公司进行运维。信息管理部在此过程中进行了沟通，确保了新运维服务商的入场，交接工作顺利完成。四是其他工作，包括对银企直连key进行到期更换，接待数家软硬商拜访，参与公司组织的同业交流，填报银行业监管报表，对新的信息系统进行准备等。

【企业文化建设】2015年，公司积极组织员工开展植树、爬山、羽毛球、篮球、足球、培训等活动，并积极参与了集团公司举办的各项比赛，另外，多次组织公司内部的党团活动等丰富员工生活。2015年，公司还进一步增强宣传工作力度，充分利用公司网站和金融中心网站、《五矿金融》月刊、《五矿报》等内部平台，在集团范围内宣传公司的经营管理动态、专业分析及研究成果等。

武汉钢铁集团财务有限责任公司

【经营概况】2015 年，武汉钢铁集团财务有限责任公司（以下简称“公司”）围绕服务集团和成员单位，稳步开展金融服务创新，持续优化资产结构，资产收益有所提高，完成了当年的经营目标，实现利润 7.90 亿元，与 2014 年同期相比增长 0.40 亿元，年末资产规模 595 亿元，贷款损失准备 100%。

【信贷业务】2015 年，公司日均贷款规模约 104 亿元，年末人民币信贷资产总额 146.25 亿元。结合集团资金情况、客户外部融资能力等因素，公司调整贷款结构，优化信贷资源配置，加强了对相关产业的支持力度及票据业务的发展力度，贴现资产占比由年初的 30% 上升到 43%，公司资产的收益性和流动性得到提高。针对异地成员单位不同金融需求，公司加强市场营销，2015 年对异地成员单位发放贷款累计 46 亿多元。

【资金和投资业务】在强改革、宽货币的政策组合环境下，公司严控市场风险，抓住因市场巨幅波动带来的股市投资机会，通过参与网下打新，提高操盘能力，加强专户资产管理等，获得较好的权益类投资收益。把握时机参与可转债申购，获得了较高的债券市场收益。

【票据业务】2015 年，公司累计办理贴现 132.50 亿元，办理票据承兑业务 90.69 亿元。在人民银行武汉分行支持下，武钢集团共有 15 家成员单位通过了金融支持企业签发商业承兑汇票额度年审，额度总计 147.70 亿元。根据集团销售回笼中票据比例增大的趋势，公司制定了产业链金融服务方案，深化“一头在外”票据贴现业务，与西电集团、上海电气集团等多家企业集团财务公司建立了合作伙伴关系，涉及贴现票据额度达到 14 亿元。持续完善票据管理，及时开展客户用票指导，提高了票据使用效率。加强对逾期票据清理及托收，全年托收回逾期票据 400 多张，累计金额 2 亿多元。

【外汇业务】2015 年末，公司为成员单位提供外汇信贷支持达到 2.36 亿美元。主要是利用跨国公司外汇资金集中运营政策，在各主办行间重新调整运营额度，顺畅融资渠道；向外汇局争取到短期外债余额指标提升至 1.30 亿美元，为满足成员单位外汇融资需求争取到了低成本资金来源，年末融资成本比上年末下降了 1.27 个百分点。针对汇率改革后汇率风险增加的情况，公司配合集团成员单位完成了外汇贷款置换工作，办理结售汇业务累计达到 41 亿美元。

【资金集中】2015 年，公司人民币日均存款 84 亿元，外汇日均存款 947 万美元。面对集团公司总体资金量下降的局面，公司紧密跟踪重点客户资金安排，抓住集团发行短融和中票的机会，确保大额资金在公司的归集；利用票据业务保证金制度，稳定了部分存款。同时加快异地销售系统货款和本部银行调款频率，提高归集效率。此外，公司运用信用拆借、回购及转让等多种金融工具，融入外部资金近40亿元。为配合集团资金管理优化，公司积极参与集团资产池建设，降低了集团整体财务成本。

【业务创新】公司以国家最新外汇政策为指导，进一步挖掘客户需求，丰富业务品种。通过对代开信用证业务进行可行性研究，并与监管机构和代理银行进行沟通，尝试完成了代成员单位开立用于铁矿石进口项下的信用证800余万美元。

【风险管理和内部控制】2015年，公司广泛、深入开展“两加强两遏制”及“信贷行为审慎年”系列活动，加强了信贷、外汇、结算等的专项稽核检查，并结合检查发现的问题，新增和修订业务和管理制度共14项，优化了业务流程。根据集团相关要求，持续开展信息系统安全、消防安全防护管理，保持了金融风险、重大消防、设备等安全事为零的纪录。

【人力资源管理】公司持续健全法人治理工作，定期召开监事会，对董事会履职履责情况进行评议打分，2014年度董事履职全部称职。按照集团要求，开展业务回归工作，优化了人力资源，减少了劳务费用开支，提高了劳动生产率。公司以“三严三实”教育活动为契机，进行自查整改，严格落实领导干部“两个责任”，对领导人员及亲属经商办企业开展专项检查，无违纪违规事项发生。

【信息化建设】2015年公司新开通网银11家，新开通电子票据系统6家，开通网银和电票系统分别累计达到271家和97家。在此基础上，公司通过对集团销售回笼数据进行分析，结合人民银行对再贴现票据的要求，建立了票据贴现平均价格模型，为公司相关决策提供系统技术支持。持续完善核心业务系统和电子票据系统，对VPN设备进行了升级更新，满足了集团成员单位及其业务往来客户的金融服务需求。按照国家外汇管理局要求，开通了与国家外汇管理局的专线直连，提高了外汇业务统计数据上报效率。

【企业文化建设】2015年，公司加强了党组建设和员工队伍思想建设，每月组织支委会及领导班子开展“三严三实”相关专题学习研讨，并进行批评与自我批评，同时要求公司全体党员和领导干部严格自律，立足岗位，做实工作。通过一系列作风建设活动的开展，保持了公司良好的工作作风环境。公司在集团公司年度“三文明”评比中获“红旗单位”称号。在“中国金融机构金牌榜·金龙奖”评选活动中，荣获“2015年度最佳财务公司”荣誉称号。

中远财务有限责任公司

【经营概况】2015年，中远财务有限责任公司（以下简称“公司”）认真贯彻落实党的十八届三中、四中、五中全会精神，扎实推进党的“三严三实”专题教育活动，认真落实中远集团年度工作部署，坚持“服务集团、稳健经营、创造效益”的经营理念，积极推进以拼搏创效为重点的工作落实，创新服务模式，拓展经营渠道，抢抓市场机遇，集团资金的安全性、流动性、服务性和盈利性得到进一步提升，公司取得了较好的经营业绩。

【信贷业务】2015 年，公司依然以低于市场利率水平满足成员企业贷款需求。1 月至 12 月，人民币自营贷款规模 32.28 亿元，美元为 1.85 亿美元；人民币委托贷款规模 48.87 亿元，美元为 3.69 亿美元。2015 年 4 月，公司开展票据承兑业务，截至 12 月末，为中远关西开出的 91 张商票办理了承兑，总计金额人民币 0.38 亿元，减少了企业保证金占压，缓解了企业开票难的局面。公司只办理过一笔保函业务，但通过不断的业务拓展，已有多家企业表示出对该业务的兴趣，已与中远物流签署了协议。公司通过降低委托本、外币贷款服务费用，委托贷款额度大幅增加，通过为成员企业提供金融服务，降低了成员企业的运营成本，很好地践行了“依托集团、服务集团”的经营宗旨，树立了公司的形象。

【资金和投资业务】公司贯彻年初工作会制定的“用足投资额度，合理配置资产”“加强市场调研，拓展安全性盈利空间”的要求，在年初早动手、早筹划，努力寻找优质投资项目和投资机会，1 月至 6 月在新股申购方面取得了较好效果。在保证盈利的同时，面对股市大跌的异常情况，公司通过公开信息、与信托经理联络交流等各种途径，对信托行业动态和已投资信托产品的运行情况进行密切跟踪，保证了公司投资资产的安全。

一是继续推进金融衍生品资格申请工作。公司前往中国银监会、北京银监局，向监管机构汇报金融衍生品资格申请相关事宜。按照监管机构的要求，公司对金融衍生品资格申请的全套文件进行了修改整理，全套申请文件已上报北京银监局。二是 2015 年中国银行间市场交易商协会首次启动了财务公司类意向承销会员的市场评价工作，评价结果突出的财务公司将具备银行间市场非金融企业债务融资工具的承销资格。按照资格申请要求，公司及时完善了各项业务规则，按时向协会报送了大量相关资料，努力争取获得承销资格，以便为集团及成员单位提供更多元化的金融服务。

【结售汇业务】公司稳步推进结售汇业务，业务发生金额和参与企业范围得到不断扩大。1 月至 12 月，公司共代北京、上海、天津、大连、广州、青岛六地辖内的 189 家成员单位办理结汇业务 1 289 笔，共计 6.10 亿美元；为 11 家客户办理售汇业务 86 笔，合计 1.29 万美元。通过公司办理结售汇业务，为成员单位节约财务成本约 0.07 亿元人民币。

【资金集中】强化账户管理，提高资金归集度。公司定期对账户进行统计筛查，确保成员单位新开立的外部银行账户及时纳入集中管理范畴。同时，加强对成员单位未归集账户对账单审核及款项收付监控，进一步规范募集资金账户使用、严格资本性支出审核流程，资金集中管理工作取得了良好效果。

【风险管理和内部控制】根据公司总体工作部署以及内部稽核审计计划，公司 2015 年组成审计小组分别对天津、大连、青岛、广州延伸柜台就 2014 年各项业务内控管理制度适用性、有效性和执行情况以及费用支出、资产管理情况进行稽核审计。同时跟踪审计检查问题的整改落实，为公司健康发展奠定了坚实基础。

【人力资源管理】2015 年，公司按照“中远财务公司 2014—2016 年发展规划”研究确立了中长期人才队伍建设的基本思路，着力培养企业领导人才、经营管理人才、高技能专业人才和党务工作人才。公司积极安排人员参加集团和监管机构组织的综合性培训，充分利用内部培训资源，组织各业务单元轮流培训，组织全体员工进行强化团队意识的拓展培训，针对企业未来发展需要，与培训机构密切合作，开展业务培训，为业务创新和全面拓展企业发展空间奠定人才储备基础。

【信息化建设】公司资金管理系统先后完成了招商银行、农业银行、中国银行等主办银行实名制支付的功能的开发，基本满足了成员企业开具增值税发票的需求。为保证公司核心业务系统稳定运行，财务公司对资金管理系统进行了压力测试，检验系统硬件和整体业务流程是否存在性能问题，并针对压力测试中发现的问题对系统进行了优化。

【党建工作】2015 年，公司党委认真履行领班子、带队伍、抓党员、保稳定、促发展的党建工作思路，以党的群众路线教育活动整改和“三严三实”专题教育为契机，以积极负责的工作态度全面落实党建工作责任制，为推动公司改革发展稳定各项工作提供了坚实的保障。

【企业文化建设】公司坚持依靠职工办企业，落实职工大会各项权利，积极推进厂务公开，维护职工合法权益；工会、共青团组织公司本部及五地延伸柜台员工开展书法、扑克比赛等，丰富了职工生活。密切关注离退休人员、长期休病假员工以及家庭出现重大变故员工的生活情况，积极开展了走访慰问和送温暖活动，公司向失去直系亲属的员工发放抚恤金各 5 000 元。

江铃汽车集团财务有限公司

【经营概况】江铃汽车集团财务有限公司（以下简称“公司”）自成立以来始终遵循“合规、守信、稳健、创新”的经营方针，围绕江铃汽车产业链构建财务公司价值链，持续贴近市场、严控风险，稳健经营。2015 年，公司加大汽车金融投放量，加快信息化系统建设，抓住资本市场机会，不断提升服务和效益水平，扶持中小微成员企业和经销商发展壮大，开展汽车消费金融，积极响应国家号召，全面铺开普惠金融网络。公司全年资产规模同比增长45%，完成营业收入同比增长30.9%，利润同比增长 14.8%。各项监管指标均符合要求。

【信贷业务】2015 年，公司积极应对宏观经济下行、部分企业效益下滑、转型升级压力加大等不利影响，坚持资金集中、服务集团的基本定位，充分发挥“资金结算中心、资金融通中心”功能，开发特色金融产品通过流动资金、项目贷款、委托贷款等业务，缓解成员企业资金周转问题，帮助企业优化财务费用，支持企业成员单位提质、降本、增效，为促进企业集团转型发展，提升竞争力发挥了重要作用。为企业节约财务费用同比增长16%。

【产品销售信贷业务】2015年，公司紧跟厂商战略纵深和品牌裂变的步伐，把握市场动向，持续加大对二三网金融的资金和人员力量投入，丰富业务品种，强化金融服务功能。一是夯实买方信贷业务基础，推进汽车金融网络渠道建设。公司2015年推出“逐车贷”业务品种，加大对经销商金融支持力度，解决中小企业“融资难、融资贵”的问题，满足销售增长对金融的迫切需求，2015年向经销商资金投放量为上年的3倍。二是加大消费信贷业务推进力度，提高消费信贷市场覆盖率。公司立足于中小经营业主生产经营及个人消费者购车的需求，创新和开发差异化金融产品，下沉渠道，发扬消费信贷产品的普惠性，满足消费者对汽车信贷需求。同时，通过对消费信贷管理流程的优化，提升业务审批效率，提高客户满意度，进一步渗透终端消费市场。消费信贷业务签约合作经销商家数比上年增长113%，消费信贷业务量累计投放同比增长55%，渗透率同比增长13%，消费信贷业务进入扩张新格局。

【资金和投资业务】公司积极响应金融市场波动，不断分析和评估外部形势对资金管理的影响，紧抓时机积极作为，优化资产配置结构，抢抓市场机会，风险控制不放松，极大地提高了短期资金效率，2015年投资收益同比增长92.5%。同时，公司高度重视金融创新，2015年成功开展“转融券、新三板、银行间债券市场”三项业务。

【票据业务】推广、拓展电子商业汇票是公司提升服务的重要手段之一。2015年，公司顺应市场变化，不断创新运用融资工具，撬动外部资金力量，不断推进供应链上票据的使用量，加大票据池的建设推广力度，充分挖掘票据的时间价值，盘活集团企业手中票据，以票据替代部分信贷融资需求，协同资金池的运作，进一步降低集团总体融资成本、提升集团资金使用效益。2015年，公司票据业务总量同比增长43%。

【资金集中】一方面，搭建资金池系统，促进资金池业务落地实施。2015年，汇聚了集团资金集中上收、资金预算管理功能的资金池正式上线，2015年末存款集中度同比增长33%。伴随着资金池业务的顺利落地，提升了集团总体谈价议价的能力，减少集团整体财务费用；集团对资金的管控力度、集团总体效益水平大幅提升。另一方面，公司取得集团公司授权，通过对成员企业账户的清理和规范，加强集团成员企业账户管理，实现了账户和资金信息的有效监控。

【风险管理和内部控制】公司管理层始终坚持以“合规、守信、稳健、创新、顾客至上”的质量方针统揽全局，围绕工作质量目标开展经营活动，坚持ISO质量管理体系的持续改进并保持正常运行。一是始终坚持查防并举，着力规范自身信贷管理、流动性管理和投资业务管理，防范操作性风险，保障业务稳健发展。二是确保ISO质量管理体系正常运行，致力于制度持续改进工作，加强全面风险管理体系建设。2015年全年未收到顾客的投诉。公司ISO质量管理体系运行正常，各项质量目标圆满完成。三是密切跟踪监测、研究分析集团产业的发展变化和经营风险，持续加强异地业务渠道管理，提高反欺诈识别能力，持续完善信用评分模型和贷后催收体系建设，有效管控各项风险。公司资产质量优中求优，批发业务不良资产率为零，零售业务不良资产率为0.0102%。

【人力资源管理】2015年，公司汽车金融业务快速扩张，人员比上年增长近半，为更好地培养人才快速补充到工作岗位上，提升年轻干部的管理能力，提升全员素质水平，公司一是重点加强对新进人员的全方位培养，加大后备力量建设；二是开展分层次人才培养计划，打造专业金融团队；三是鼓励员工加强专业知识学习，提升金融服务水平；四是倡导“尊重、关爱、分享”的人本理念，公司持续改善员工薪酬待遇，着重从人岗匹配、职业发展、教育培训、权益维护等方面引导员工，增强了队伍的凝聚力与战斗力。

【信息化建设】 为了支撑公司业务的快速发展，公司加大信息系统的建设力度。一是加紧完善九恒星配套业务系统的建设，资金池、票据池模块已于2015年底正式上线；二是个人消费信贷系统的建设，不断优化贷款审批流程，有力地支持了消费信贷业务的开展；三是汽车金融管理平台建设，“逐车贷”模块于3月底成功上线；四是同城清算系统的进一步升级改造；五是公司成功引入第三方支付平台，已实现电商平台B2C业务的在线支付。公司的信息系统建设有力地支持了业务拓展需要，提高工作效率，提升金融服务水平。

【企业文化建设】 结合单位实际，从服务企业生产经营的大局出发，一是落实思想建设，学习贯彻《中国共产党纪律处分条例》等精神，使党员同志充分认识廉政建设的重要意义，不断加强党员同志政治理论学习，增强拒腐防变意识。二是落实作风建设，以专题组织生活会为抓手，做好党员民主评议工作，按照上级党委要求，公司开展党的群众路线教育实践活动，适时召开民主生活会，对照《中国共产党纪律处分条例》查找思想作风、组织观念、纪律观念等方面存在的问题与不足，出台了整改计划和达成目标。三是落实反腐倡廉建设，大力开展中国共产党组织纪律宣传活动，将学习党的组织纪律行为融入财务公司日常工作中去，凭借生动形象的漫画以及简洁有力的文字信息充分地传递《中国共产党纪律处分条例》、“三严三实”教育以及《中国共产党廉洁自律准则》精神，开创了公司新型的反腐宣传形式。四是落实制度建设，认真执行民主集中制，加强民主管理，发扬党内民主，鼓励讲真话、讲实话、讲心里话。五是始终坚持党建带团建、党建带工建、聚集建设幸福财司、美好财司的合力。公司党政工团联合，把工会、共青团工作纳入党建工作的总体格局、支持和鼓励工团组织围绕集团战略转型和幸福财司。

中国航空集团财务有限责任公司

【经营概况】 2015年，中国航空集团财务有限责任公司（以下简称“公司”）开拓进取，严守风险底线，稳步推进各项经营业务，保持了良好发展态势。截至12月底，公司资产总额120.99亿元，全年共实现总收入1.78亿元，利润总额1.10亿元。公司党委第十次被集团评为“四好”领导班子。

【信贷业务】 公司信贷业务主要从五方面开展工作：一是进一步拓展对主业公司服务范围，发挥财务公司融资平台功能，加快资金到位速度；二是协助集团和专业公司控制融资成本，提供资金支持置换外部银行高成本融资，支持专业公司发展；三是办理委托贷款，发挥服务职能，协助集团和成员企业资金管理；四是做好风险防控工作，完善评级定价机制，确保信贷业务合法合规；五是加强征信业务系统及内控制度建设，保证上报征信数据的及时性和准确性。

【资金业务】公司资金业务主要从四个方面开展工作：一是深挖内部存款资源，加大客户拓展力度，将吸存范围在广度和深度上进一步延展；二是积极协助集团加大二级以下成员企业资金归集力度，努力强化财务公司在集团内资金归集平台功能；三是加强动态测算，确保流动性安全，充分利用外部融资渠道；四是加强短期资金运作，利用资金沉淀周期，通过多个市场和品种间操作，争取资金收益最大化。

【结算业务】公司结算业务主要从三个方面开展工作：一是公司专人配合集团财务部对在京二级企业总部开展银行账户管理工作现场检查，通过辅助基础工作了解了集团二级企业的账户数、分布、管理模式以及资金管理情况，落实资金安全工作，杜绝资金风险；二是进行集团企业内部调研，主动的“走出去”宣传公司业务的优势，并能够根据成员单位的实际情况和要求，设计出切实可行的资金结算方案；三是满足二级企业资管要求，突显个性化服务优势。通过银行账户逐笔核实和系统功能演示相结合，确立以总部授权公司为其开通查询权限的方式，满足其实现总部监控银行账户存量和流量资金的管理需求。

【投资业务】公司投资业务主要从以下五个方面开展：一是紧盯市场利率，精心筛选债券品种。二是稳健开展股票投资。控制投资总量，在掌握基本面、技术面、市场热点等基础上，进行波段性操作。三是首次尝试参与打新基金机会，在进一步掌握其风险收益特征后逐步扩大打新基金配置。四是研究信托、理财产品，谨慎投资操作。制定严格的业务流程，发布实施细则。五是股权投资平稳运行。公司继续保持对航联保险经纪公司的跟踪分析，对该公司经营情况、市场影响力、业绩等方面提出相关经营建议。

【外汇业务】2015 年，公司一是申请即期结售汇业务资格，正式向北京外汇管理部提交即期结售汇业务申请，已完成材料审核、高管约谈及现场检查等环节，正在等待批复；二是完成跨境双向人民币资金业务搭建，公司作为主办企业，配合集团顺利完成跨境双向人民币资金池业务备案，取得业务资格。

【中间业务】公司的咨询业务、研发业务、保险代理业务实现稳步开展。咨询业务以集团融资项目为依托，不断丰富业务内涵，提高金融服务水平。在融资项目方面，公司通过对利率走势判断提出发行时间窗口建议，在全年发行利率最低时，协助集团完成六期共计 57 亿元超短融的发行。在承销商遴选中，协助集团将承销手续费压至行业最低水平，并免收财务顾问费，进一步降低集团财务费用。在企业年金项目方面，建立年金专线实施每日监控，并编制年金每日净值变动表，对企业年金基金投资进行严格监控；同时，设计编制了《集团年金管理月报》，每月总结分析年金投资运营情况，在集团办公平台发送，满足全集团范围了解年金运营状况的需求。在研发业务方面，公司按照集团的要求，建立汇率分析和预测模型，协助集团完成汇率研究专题。另外，为满足集团持续了解经济运行环境及效益分析的需求，除每月定期提供宏观指标、外汇、原油的研究外，公司还深入探索宏观经济与民航业的联动分析，初步得出客运需求与 GDP 增速的弹性系数，为集团预测客运需求提供参考。公司保险代理业务主要从三个方面开展工作：一是完善保险业务的信息化管理；二是提高服务质量，为客户做好续保和理赔咨询工作；三是加强保险业务教育，增强业务人员专业性。

【销售支持业务】2015 年，公司累计完成代理收款共计 25.01 亿元，累计退支票 8 474 张，共计 3.92 亿元；为中航三星结算保险 19 448张，共计 38.90 万元；上交国航结算部各类账表 5 491 份。与此同时，在工作中严格遵守相关制度规定，保证了各种款项的安全。

【业务创新】在信息化建设方面，为了保障核心系统不中断及避免数据库发生异常，公司实施 Oracle Data Guard 项目，对核心业务的生产数据库进行数据库级别的灾备，实现数据库快速切换与灾难性恢复。一旦生产数据库出现故障，可以迅速从备库将数据库导回主库，及时补救因意外导致的数据丢失。

【风险管理和内部控制】2015 年，公司一是确定年度重大风险，制定风险控制措施。二是坚持风险自查的频度和力度。公司每天采集关键指标数据，每月组织各部门开展风险自查，每季度编写季度分析报告并匡算资金集中度，并全面开展了对规章制度与合同的法律审核及管理工作。三是有效提升了公司内控管理和风险防范体系建设水平。新建及修订 23 项管理规定和修订《全面风险管理实施细则》，共新增风险点 4 个，调整风险点 6 个。四是继续加强对风险管理信息系统的日常维护，及时对信息系统进行相应调整。

【人力资源管理】2015 年，公司一是积极推进劳动用工调整工作。全年共有 13 位派遣制员工转换成直接聘用制员工，派遣制员工比例降低到用工总量的 10% 以内。二是健全完善人力资源管理制度、标准和程序。制定《任前公示制规定》《领导人员报告个人有关事项管理规定》《领导人员综合考核评价规定》三项制度规定，并对照《党政领导干部选拔任用工作条例》，不断完善选人用人工作程序，严格选用标准。三是积极组织员工参加各类业务培训活动。

【信息化建设】2015 年，公司信息化建设一是及时响应用户使用核心业务系统遇到的问题，通过电话、远程及现场方式解决成员单位和公司客户端用户使用问题共 345 项，补丁更新 19 次；二是适时启动虚拟磁带库与核心交换机设备采购项目，联系国内知名虚拟磁带库厂商进行方案咨询交流，由国航集采部配合完成招投标工作；三是根据监管部门要求，完成公司安全可控技术推进方案和年度工作计划，以及金融城域网接入网络自查报告，并定时报送银行业信息科技非现场监管报表；四是主动了解国航股份业务系统的功能特点，并走访同业财务公司吸取经验，并提交核心业务系统升级可研报告，为公司系统规划提供方案建议。

【企业文化建设】2015 年，公司继续深化企业价值理念体系建设，夯实基础工作。初步搭建具有公司特色的企业文化制度体系，形成了《企业文化手册》；结合公司实际，开展“安康杯”竞赛活动；围绕中心工作，开展业务培训交流；积极参加集团工会健身行活动，倡导快乐工作，健康生活的理念；召开临时职代会，组织职工董事、监事换届选举，审议通过公司劳动用工调整方案，发挥民主监督职能。

天津渤海集团财务有限责任公司

【经营概况】2015 年，整体金融形势异常严峻，利率市场化、多次降息以及持续收紧的监管环境给金融行业带来巨大冲击。天津渤海集团财务有限责任公司（以下简称“公司”）带领全体员工改革创新、迎难而上，在合规运行的基础上，不断夯实资产、提升金融服务。截至 2015 年末，公司总资产较年初增加 8.88 亿元，增长了 25.75%；负债总额较年初增加 8.57 亿元，增长了 38.21%；所有者权益较年初增加 0.31 亿元，增长了 2.57%。实现营业收入 1.30 亿元，利润总额 1.09 亿元，资本充足率为 35.12%，不良贷款率继续保持为零。

【信贷业务】2015 年，公司借助自身金融平台作用，向成员企业提供多种形式的金融服务。截至 2015 年末，公司发放自营贷款 29.94 亿元，贴现 2.64 亿元，开立电票 18.93 亿元，委托贷款 46.05 亿元，累计提供资金 97.54 亿元，为企业转型发展、提质增效发挥了积极作用。

【资金集中】2015 年，在集团公司的统筹安排和部署下，公司通过完善信息系统、优化资金归集模式、加大金融服务力度等措施，对 53 家成员企业的 83 个账户实现资金集中管理；运用成员企业内部账户，提供代理支付和结构化存款产品，建立对集团整体资金的管控平台。

【票据池业务】为整合集团票据资源，增强票据安全、提高票据收益，2015 年，公司开展票据池业务试点工作，通过提升服务、优化流程、完善配套制度等方式，初步取得成效。在解决企业票据安全、满足票据支付需求的基础上，实现了增值收益。

【风险管理和合规建设】2015 年，以中国银监会开展“两个加强、两个遏制”为契机，公司在风险防范和合规建设方面开展了大量细致和深入的工作。对公司 96 项核心制度进行专项梳理，修订和完善了 42 项制度，有效地提升公司内部管理和风险防范水平。对授信核定、贷款发放、贷后管理等业务流程进行了优化，在提升内部管理和工作效率的同时，有效把控实质性风险。在原有部门的基础上，增设合规管理部和机构业务部，为业务创新和合规把控提供有力的机构保障。

【人力资源管理】为满足公司发展、适应金融市场变化要求，公司根据整体发展规划和创新业务发展需求，通过内部培训、外部交流等方式，加大对现有员工的培训力度，有针对性地对员工开展金融业务、法律合规、团队协作等多方面培训课程，建立了完善的培训交流机制。同时，公司有步骤地引入优秀人才充实队伍。截至 2015 年末，公司本科及以上学历占员工总数的 80%，35 周岁以下员工占员工总数的 56%，党员人数占员工总数的 48%，为公司长效发展提供了高素质的人力保障。

【信息化建设】2015 年，围绕业务发展规划和资金归集要求，公司通过完善信息系统，将业务流程、资金管控、风险把握等重点因素锲入到信息系统中，逐步建立一体化信息平台，实现信息化与公司业务融合发展。同时，不断提升信息系统功能，将数据分析、创新业务推动、融资成本降低、资金归集度提高以及票据资源管控等多项工作进行有机组合，为公司创新发展提供信息平台。

【党建工作】2015 年，围绕“三严三实”专题教育，公司通过开展多种形式的学习活动，不断加强政治理论学习，为公司发展奠定良好的思想理论基础。突出问题导向，坚持“边学边查边改”，把专题教育与应对严峻形势相结合，与规范经营、合规管理相结合，把解决问题作为出发点和落脚点，实现了专题教育和公司发展的双丰收。从责任落实入手，制度建设为保障，在重要节点上进行专项督查，确保廉洁自律各项要求落到实处，不断把党风廉政建设引向深入，抓党建、树正风，营造风清气正的氛围、凝聚员工力量，促进公司持续健康发展。

深圳市有色金属财务有限公司

【经营概括】2015 年，深圳市有色金属财务有限公司（以下简称“公司”）累计实现营业总收入 0.57 亿元，投资收益（含公允价值变动收益）0.85 亿元，在计提贷款减值准备 0.48 亿元的基础上实现利润总额 0.67 亿元，净利润为 0.51 亿元，超额完成集团及公司董事会下达的全年净利润 0.31 亿元的任务目标。

【信贷业务】2015 年，在宏观经济形势持续下行的大环境中，公司较以往更加注重信贷风险防控工作，在确保信贷资产安全的前提下，全力支持集团战略发展。一方面，综合利用各项融资渠道，合理调度资金头寸，并通过建立科学的评级方案，提升评级结果的客观有效性，针对不同成员单位的经营特点，分类提供信贷资金，将信贷的投放与集团各业务板块有机结合，努力满足成员单位资金需求。另一方面，在 2015 年基准利率不断下调的基础上，公司对集团及部分成员单位采取利率下浮等优惠措施，协助集团降低资金成本。2015 年，公司累计新增发放贷款 10.34 亿元，累计回收贷款 10.07 亿元，期内未发生新不良贷款，不良贷款率为零。

【投资业务】2015 年，面对错综复杂的投资形势，公司对宏观经济形势、股票市场走势进行深入研判，在严格控制投资风险的前提下，稳健开展定向增发、可转债、新股申购等投资业务，实现了较好的投资收益。截至 2015 年 12 月 31 日，公司实现投资收益（含公允价值变动收益）0.85 亿元。

【资金业务】2015 年，公司继续丰富和完善传统融资渠道，除维持商业银行的原授信额度外，还积极探索财务公司同业之间的授信业务，并成功与三家财务公司签订授信协议，填补了财务公司同业授信的空白，为保证公司资金渠道的稳定和顺畅奠定了坚实基础；同时，公司还充分发挥票据池业务优势，加大票据归集力度，扩大票据规模，利用再贴现业务引入低成本资金，以提升公司金融服务能力和盈利能力。

【票据业务】2015 年，公司为成员单位办理贴现 88 笔，总金额 0.57 亿元；与人民银行办理再贴现 76 笔，总金额 0.55 亿元。2015 年 8 月，公司电子商业汇票系统建设完毕并正式上线，公司也于 2015 年完成电票业务试运行及电票业务相关制度、流程建设等工作。这标志着公司票据业务将由单一贴现向票据开具、承兑、贴现等方面多元化发展，实现由传统信贷业务向支付、担保等中间业务转变，对丰富集团支付手段、降低资金成本、提升公司收益水平具有重要意义。

【业务创新】2015 年，公司立足实际，将业务创新作为实现可持续发展的战略基点和内在动力。一方面，公司紧密跟踪政策动态，在对监管政策、集团经营和资金状况进行深入研究分析的基础上，制定了符合集团特点的较为成熟的产业链金融实施方案，主要思路是围绕集团核心企业的重要原材料采购和主产品销售，嵌入公司银票贴现、票据质押贷款、回购式贴现等金融服务。下一步，公司将视政策变动情况，积极推动产业链金融业务。另一方面，公司积极开展人民币资金跨境归集相关政策法规研究，并寻求大型跨国商业银行帮助，共同探讨适合集团现状的跨境资金归集模式。在形成较为成熟的实施方案后，公司及时向深圳人民银行提交了人民币资金跨境集中运营的申请资料，并获批同意开展跨境双向人民币资金池结算业务。至此，公司跨境资金归集迈出重要一步。

【风险管理和内部控制】2015 年，公司按照监管要求，结合公司实际，对内部控制制度进行了全面检查和梳理，新增和修订了多项制度办法，以进一步完善内控制度建设，防范合规风险；同时，公司积极落实稽核计划，对业务部门开展稽核检查，出具《稽核报告》，并要求稽核对象进行相应整改，以促进公司业务流程规范，防范经营风险；此外，公司还通过开展纪律教育学习月活动、案件风险防控、信息科技风险检查等专项工作，多角度、多维度加强风险管理。

【人力资源管理】2015 年，公司按照“整体规划、全员参与、创标为本、持续改进”的思路，运用标杆管理的科学方法，推进内部管理创新，鼓励员工互相培训、互相学习。通过处处立标杆、时时对标杆、人人创标杆等一系列做法，不仅全面提升了员工技能和素质，培养了“复合型”人才队伍，还推动了产业链金融、电子商业汇票等新业务的开展，创建优化了客户信用评级。

【信息化建设】2015 年，公司把全面提升信息系统运维能力作为一项重点工作来抓，一是强化了信息化日常管理，安排专人进行机房巡检，定期排查信息安全隐患，并成立了信息化故障应急小组，力争不发生问题，一旦发生即时解决，且能做好事后总结查补工作，为业务拓展提供了有力的信息技术支撑；二是结合公司各项经营管理需求，对服务器和网络设备进行了升级加固，在现有系统基础上稳步升级部分需求；三是完成了以直连方式接入全国电子商业汇票系统工作；四是根据最新的人民银行监管要求，按时更新升级了征信系统。

【企业文化建设】2015 年，公司扎实展开内部企业文化建设。一是组织各类活动。公司党总支联合工会积极组织员工参与各种有益身心健康的文体活动，以增强公司凝聚力，包括参加集团组织的海边栈道徒步活动，定期组织员工开展羽毛球活动，组织庆祝公司成立三十周年踏青活动等。二是畅通交流渠道。公司充分利用新媒体，搭建了微信、QQ 等互联网沟通平台，方便员工互通信息、交流心得。三是开展人文关怀。公司对员工展开了一系列人文关怀，包括定期对退休职工进行慰问，对患病及生活困难员工进行探望和帮扶，对员工的婚嫁、生育予以祝福等。

中国南航集团财务有限公司

【经营概况】2015 年，中国南航集团财务有限公司（以下简称“公司”）全年共取得营业收入 3.47 亿元，同比增加 0.05 亿元，增幅为1%；实现利润总额为1.83 亿元，同比增加 0.30 亿元，增幅为 19%。截至 2015 年末，公司资产总额为 66.78 亿元，同比增加 1.16 亿元，增幅为 2%；负债总额为 56.54 亿元，同比增加 0.32 亿元，增幅为 1%；存款余额为 48.22 亿元，同比减少 4.59 亿元，降幅为 9%；贷款余额为 14.58 亿元，同比减少 0.50 亿元，降幅为 3%。一是积极配合南航集团做好资金集中管理工作，开拓新客户，优化存款结构，为公司各项资产业务的开展提供扎实支持。二是准确把握上半年证券市场投资机会，积极参与新发可转债及打新基金投资，把握卖出时机，实现较好收益。三是向管理要效益，压缩各项可控费用开支并取得实效。

【信贷业务】2015 年，公司办理了自营贷款、委托贷款与保证等三类信贷业务，累计发放贷款金额为 18.28 亿元，担保金额为 0.07 亿元，委托贷款金额为 1.05 亿元。截至 2015 年末，公司存量贷款金额合计人民币 14.58 亿元，贷款运行状况良好，各项风险指标均控制在安全范围内，未发现任何指标异常风险情况，信贷风险可控。一是满足集团成员企业项目开发需求，及时提供项目开发贷款。二是以较优的价格、高效的服务为成员企业提供人民币贷款，成为其首选贷款机构。三是优化贷款流程，与成员企业签订《流动资金循环贷款合同》，以更灵活高效的方式向其发放贷款。

【资金和投资业务】一是加强资金计划管理。跟进客户资金计划，提高资金头寸管理的精准度；分析主要存款银行收付规律，合理降低备付率，提高可运用资金额度。二是把握市场机会，开展较长期限的定期存放。利用市场利率波动的机会，在利率走高时安排较长期限的定期存放。三是持续强化流动性管理，开展流动性管理测试，监测流动性监管指标，全年指标均符合监管要求。四是不断完善安全管理，执行银行分类与限额管理，定期展开银行后续检查，落实监管部门及集团要求的各项管控措施，提升人员安全防范意识，保障业务合法有序发展。五是不断丰富组合资产配置，抓住市场大类资产配置机遇，积极参与打新基金分享打新收益，参与可转换债网下申购，开展交易所质押式国债逆回购业务，拓宽公司资金运用渠道。

【中间业务】2015年，公司开展了保险代理和财务顾问两项中间业务，全年实现中间业务收入0.38亿元。一是继续深挖南航集团保险业务资源潜力，积极应对外部竞争，稳步落实提升电子化航意险销量的相关措施，确保原有保险代理业务渠道和市场份额不下降，其中移动平台航意险销量同比增长87%。二是推动南航网站国际航线航意险成功上线，营销委辖内各营业部和广州、深圳地服柜台销售航意险和行李险等新渠道项目的前期工作全面完成。三是担任南航股份公司发行公司债的财务顾问，派员驻南航股份公司协助推进多个直接融资项目。四是着手完善公司债券承销业务相关制度，安排人员参加债券承销相关培训和持证考试，为申请债券承销业务资格做好准备。

【资金集中】一是积极配合南航集团开展特殊资金归集。制定了《成员企业特殊资金管理办法》，配合开展集团范围内党费、工会会费、团费等特殊资金集中管理工作，全年新增归集78个资金账户，其中归集特殊资金4.30亿元，协助集团加强了特殊资金管控。二是继续推动南航股份公司及其下属单位营运资金的资金归集，集团资金集中度得到了大幅提高，全口径集中度达64%。三是大力拓宽资金归集渠道。新增一个银企直连实时归集渠道和两个定时归集渠道，提升了资金归集的效率。

【风险管理和内部控制】一是加强信用风险监控。通过走访客户、完善风险预警指标体系等方式，在贷前、贷中、贷后三个阶段，严把“三个”真实，以确保风险有效控制，不良贷款率为零。二是不断完善内控制度。全年制定、修订了32项管理制度，优化了制度的适应性、操作性，增强了对主要业务环节和关键风险点的控制。三是优化内控自我评价工作。围绕公司层面70项关注要点和流程层面127项关键控制点进行执行有效性测试，对公司层面和流程层面控制的设计和执行有效性进行自我评估，对在执行有效性测试中发现关键控制点执行缺陷提出管理建议。四是继续推动不良资产清收和核销工作，盘活低效无效资产，年末公司不良资产率指标达标。五是积极开展稽核检查工作，全年开展2场现场检查、3次专项检查、12次非现场检查，提出意见建议36条。

【人力资源管理】一是开展选人用人工作自查。结合实际情况，对选人用人制度建设、选人用人制度落实等四大方面进行了全面的自查。二是加强干部证照管理。制定了《领导干部因私出国（境）证照管理实施细则》，规范证照的领取、使用，统一管理中层以上干部因私出国（境）证照。三是强化干部管理。制定《财务公司管理人员管理办法》，加强了干部选拔、任用及考察工作的流程与管理，强化了干部管理工作。

【信息化建设】一是加大信息系统建设。持续优化核心系统，新增优化核心系统的87个功能点，提高核心系统的安全性和稳定性。二是完善业务系统和财务系统数据共享平台建设，完成财务系统数据接口建设，基本实现了1104、人民银行大集中等监管报表的自动化处理，进一步提高公司数据利用效率。

【企业文化建设】一是认真落实“八项规定”精神，坚决纠正“四风”，对公款接待、公务用车、“小金库”、选人用人和采购管理等开展自查自纠。二是深入开展“三严三实”专题教育。突出重点，学党章党纪，研讨交流。三是落实党风廉政建设“两个责任”，促进廉洁从业，制定下发了《党委落实党风廉政建设主体责任实施细则》《惩防体系工作规划实施细则》等制度。四是持续推进厂务公开，扎实做好群团工作。

上海汽车集团财务有限责任公司

【经营概况】上海汽车集团财务有限责任公司（以下简称“公司”）成立于1994年5月，是经中国人民银行批准成立的非银行金融机构。2015年，公司注册资本金增加至人民币73.80亿元（含1 000万美元），公司股东上海汽车集团股份有限公司和上海汽车工业销售有限公司分别持股98.592%及1.408%。同年，公司注册地址迁至中国（上海）自由贸易试验区，成为集团自贸区企业的一员。

2015年，公司资产总额1 738亿元，营业收入124亿元，全年实现净利润30亿元，在连续五年高速增长的基础上继续保持20%以上的增幅。公司实行董事会领导下的总经理负责制，设19个部门。

【汽车金融】一是在创新突破方面，公司积极探索互联网金融在汽车金融中的应用，打造“好车e贷”互联网金融平台。截至2015年末，该平台已拥有注册用户超过43万人，平台网站的日均浏览量达到3 736次/天；对自营汽车品牌经销商线下渠道的覆盖度达92%以上，覆盖业外汽车品牌123个；通过平台全年累计放款逾54亿元。二是在发展成就方面，2015年，公司汽车金融业务已覆盖全国372个城市1 941家经销商。在汽车行业整体波动较大的情况下，公司汽车金融信贷融资余额同比增长24%；个人零售贷款合同量同比增长68%；零售、批发信贷资产质量继续保持业内最优水平。三是在产融协作方面，公司继续提供最优贷款利率，全力支持集团自主品牌发展；大力支持集团“车享网”开拓市场，为其专设线上活动基金，并为其量身定制、联合推出线上专享的个贷产品，通过锁定有竞争力的日供和提供线上专享的金融方案，推动线上个贷成交。

【公司金融】一是在发展成就方面，2015年，汽车行业波动和利率市场化对公司存款业务产生较大影响，在此情况下，公司继续用优质服务和个性化产品赢得客户，全年日均存款达到807亿元，继续保持稳定增长。二是在产融协作方面，2015年2月，公司第五次牵头组建上汽通用银团项目；5月至9月，运用电票产品满足上海大众年中分红的融资需求；7月正式上线运行集团总公司资金池，帮助集团有效加强资金管理；全年继续为集团重点企业、重点项目提供项目融资支持。三是在业务突破方面，2015年10月，经过长期争取，公司最终获批取得人民币外汇掉期、外币对掉期等衍生产品交易业务资格。

【投资业务】在证券投资方面，2015年在不加杠杆并确保流动性的前提下，公司固定收益投资的非货币类资产年化收益率为10.66%，超出债券型基金指数5.23%，大幅超出中债综合全价（总值）指数回报率242%；投资的货币基金类年化收益率为

3.7%，超出货币市场基金指数回报率约34.55%。权益投资大幅战胜了同期私募产品回报率中位数和同期上证指数（上涨9.41%），在尚未清盘的2016家阳光私募产品业绩排名中位列50位，属于前3%水平。

在股权投资方面，2015年，公司控股的合资企业——上汽通用金融公司业务继续保持稳健增长，2015年全年完成零售合同超57万笔，同比增长31.12%；全年实现净利润达17.36亿元；年末汽车金融信贷资产余额683亿元。

【风险管理】2015年，公司以汽车金融风险管理为重点，持续强化风险控制体系。一是整合风险管理和授信审批部门，提升风险管控效率；二是完成业务连续性项目的制度建设和项目实施；三是完善公司信用体系建设，不断新建和更新公司信用黑名单信息库。年内，在德勤会计师事务所进行“内部控制审计”项目和上汽集团七部室联合进行的“内部控制体系检查”中，公司内部控制体系的完整性和有效性得到了内外部审计的高度评价。

【人力资源管理】2015年，为鼓励创新型人才脱颖而出，公司积极探索优秀人才快速成长通道，推出了《关键岗位人才见习培训管理办法》，从制度层面将创新人才的培养与员工职业发展、绩效管理有效结合，一改“伯乐相马”的传统人才选拔模式，变为让“千里马”主动跃栏而出，让更多具有创新想法的员工通过此机制直接获得提拔晋升。

【企业文化建设】2015年，公司以“两个服务”为立足点，多项措施并举，激发员工创造力，提升团队凝聚力。在服务重点工作方面，着重进行了互联网金融“新思维”培训、“好车e贷”线上论坛、移动版官网开发上线等项目，为提升公司品牌和产品形象献计献策。在服务职工群众方面，制定了员工关怀慰问制度，提升职工困难帮扶力度，把温暖送到员工心里；与此同时，先锋号活动、外勤家属24小时就医服务热线、外勤太太俱乐部、“形象沙龙”妇女节主题活动、“清凉一夏”职工子女夏令营等传统品牌项目有序推进，倾力打造富有公司特色的企业文化活动体系。

振华集团财务有限责任公司

【经营概况】2015年，振华集团财务有限责任公司（以下简称“公司”）坚持“依托集团，服务集团，稳健经营，持续发展”的经营理念，认真贯彻执行国家金融方针政策，规范运作，依法经营，全体员工齐心协力，扎实推进各项经营管理工作，基本完成了各项经营目标。

2015年，公司实现营业收入3 583.28万元，较上年的3 609.55万元减少了26.27万元，减幅为0.73%；实现利润总额1 616.98万元，较上年的1 477.85万元增加了139.13万元，增幅为9.41%；全年实现所得税

415.06 万元，比上年的 405.46 万元增加了 9.6 万元，增幅为 2.37%；实现营业税金及附加 176.60 万元，较上年的 169.47 万元增加了 7.13 万元，增幅为 4.21%。

【信贷业务】 2015 年，全年累计发放贷款共计 85 笔，发生额共计 67 690 万元，贷款余额为 56 047 万元；全年累计办理银行承兑汇票贴现 148 张，发生额共计 9 515.27 万元，贴现余额 3 428.99 万元；全年办理委托贷款业务 91 笔，发生额共计 58 809 万元，委托贷款余额 48 809 万元。期末各项贷款余额为 108 284.99万元（含委托贷款），比上年增加 10 606.99万元，增长 10.86%。

【票据业务】 2015 年，公司为成员企业托管银行承兑汇票 147 张，金额为 12 479 万元，总共为企业担保开票 298 张，总额达 12 456 万元。

为提高资产流动性，降低流动性风险，2015 年公司与中国电子财务公司及中信银行开展了票据转贴现业务，全年转贴现票据 6 100万元。

【资金集中】 2015 年末，公司吸收存款余额为 69 900 万元，较上年 57 170 万元增加了 12 730 万元，增幅为 22.27%。信息化升级全面完成并安全运行，实现了工商银行、建设银行账户的资金归集。2015 年 12 月 31 日，财务公司资金集中度为 80.46%（不考虑不能归集的振华科技定向增发资金）。全年累计办理结算 20 628 笔，累计结算金额 2 084 430 万元。

【风险管理和内部控制】 2015 年，公司进一步加强案防工作，防范化解金融风险，确保全年未发生任何案件。公司领导与各部门负责人之间签订《风险防控责任制目标责任书》《案件防控工作责任书》，各部门负责人又与部门员工签订防控目标责任书，将风险防控责任层层分解、层层下达，营造人人肩上有担子，个个心中有责任的风险防控氛围，增强员工的责任意识、合规意识和风险意识。风控部对贷款、委托贷款和票据业务进行逐笔审查，每一季度出具风险分析报告。按照《商业银行公司治理指引》，修订和完善了公司的《公司章程》、“三会一层”议事规则并报贵州银监局备案；同时新增 6 个管理制度，包括《利率定价管理办法》　《流动资金贷款管理办法》等。

根据中国电子信息产业集团有限公司内部控制制度和评价要求，在内部控制日常监督和专项监督基础上，对公司截至 2015 年 12 月 31 日（内部控制评价报告基准日）的内部控制有效性进行了评价。在 2015 年度工作中，内部控制是有效的，未发现重大缺陷，均为一般缺陷，并制定相应的整改意见，督促各部门及时整改到位。

【人力资源管理】 2015 年，公司加强员工培训，鼓励员工参加学历、职称及资格考试等各种有助于提高自身素质的学习考试。职工参加的业务培训涉及范围有基础业务、新会计准则应用、贷款新规、法律合规、内控制度、风险管理、人事管理等各种培训。全年培训人员 423 人次，3 201 学时。

【信息化建设】 公司于 2014 年 1 月 1 日开始正式运行新的财务核算信息化系统，2015 年新系统已经可以稳定独立运行。实现了工商银行、建设银行资金池异地归集，截至 2015 年末，归集账户 59 户。2015 年 4 月修订了 4 个原有的信息科技管理制度，新增《应急业务规程》管理制度。建立完善了《机房巡检表》及《机房外来人员登记表》。操作系统、杀毒软件、应用软件、办公软件均实现正版化。2015 全年系统安全运行无重大事故。

东方集团财务有限责任公司

【经营概况】2015 年，东方集团财务有限责任公司（以下简称“公司”）全体员工同心协力，积极进取，在充分发挥集团金融平台作用、为成员单位提供优质金融服务、加强业务管理制度建设、推进集团资金集约化管理、提升公司治理水平及企业文化建设等方面作出了不懈努力，各项工作取得了良好成效，为集团产业发展加油助力。截至 2015 年末，公司资产总额 305 993 万元，负债总额 199 109 万元，所有者权益 106 884 万元，全年实现营业收入 10 608 万元，利润总额 1 811 万元。

【信贷业务】2015 年，公司信贷业务严格按照国家货币信贷政策要求，在人民银行核定的贷款规模范围内开展业务。公司紧随东方集团产业发展步伐，立足集团、服务集团，积极对东方集团支柱产业提供资金支持，同时随着集团产业布局的变化，通过贷款发放和票据贴现支持了集团粮仓、矿业和金融业等重点产业发展，各项工作指标顺利完成。在信贷业务管理方面，一是时常分析信贷工作的形势，研究各时期、各阶段信贷工作措施，制定了关于信贷工作的管理制度及操作规程，不断强化内控制度建设，规范信贷业务行为；二是在业务开展中按照《企业集团财务公司管理办法》等监管制度的要求办理业务，严格审核贷款主体资格，在企业贷款到期还款后，根据实际情况确定是否发放新贷款，努力实现合规经营；三是进一步提高信贷业务管理水平，继续加强信贷业务人员技能培训，通过对业务制度的系统性学习，并结合制度和流程对照检查日常业务操作，有效提高了信贷业务管理水平。

【资金集中】2015 年，公司仍将集团资金集中管理工作作为重点，一是将对公业务碎片化的服务状态改进为集中化服务，积极创新结算业务，研究互联网金融发展走向，在传统结算服务基础上，充分了解集团业务发展方向及金融服务需求，适时开展电商结算业务，为集团成员单位提供全方位的结算服务支持。全年共为集团成员单位办理结算业务金额 1 523 亿元，增幅为 28%。二是利用资金结算平台为集团成员单位提供更加高效、便捷、全面的结算服务，吸引其将资金集中存放在财务公司，有效提高了资金集中度。三是进一步强化资金结算系统建设，不断升级系统功能，运用商业银行的资金集中管理模式对成员单位银行账户进行资金归集，同时严控资金监控环节，保障资金安全运营。四是充分利用资金筹集和运用方面的优势，通过资金集中管理平台将成员单位资金进行集中统筹、调度、管理和运用，在保持适度比例的流动性前提下，降低了成员单位的运营风险和财务成本，有效提高了资金使用效率。

【业务创新】2015 年，公司在依托集团产业平台的基础上进一步深化产业链金融服务，在集团产融结合的发展战略中，合理配置集团内部资源，实现资金集中管理，不仅提高了集团资金使用效率，而且大大降低了集团外部金融市场的交易成本，增加集团收益和资本的积累速度，同时公司金融平台作用得到有效发挥，形成新的利润增长点。此外，公司还充分发挥桥梁作用，牵线促成金融机构与成员企业的业务合作，将金融功能嵌入交易流程，活跃平台交易，实现了金融价值和实体产业的紧密结合，协助成员企业大幅提升销售量与品牌影响力，为成员企业提供了有效的金融服务支持。

【风险管理和内部控制】2015 年，公司风险控制管理体系建设得到进一步加强与完善。一是全面深化业务制度管理，结合业务发展的需要及监管政策变化对原有 70 余项制度进行了修订，新增制度 42 项、废止 3 项，各项制度达 100 余项，能够满足公司经营管理需要。同时继续加强合规经营检查力度，对高级管理人员履职评价、结算管理、信贷管理、员工异常行为排查及管理费用等事项进行了专项检查和审计，进一步提升公司合规管理水平，促进公司稳健发展。二是高度重视操作风险，努力提高财务结算人员的合规操作意识，在人民银行账务核对、缴存款业务、统计报表报送等方面做到报送及时、准确。三是发挥集团内风险控制作用，一方面利用财务公司自身优势开展对集团粮仓体系赊销等业务客户授信评级工作，有效控制了成员企业在经营过程中的交易风险；另一方面充分利用结算管理平台发挥资金监管作用，切实为集团企业资金划付保驾护航。

【人力资源管理】2015 年，公司进一步夯实人力资源管理工作，一是深化绩效考核的执行与管理，将集团整体战略目标量化到个人工作绩效中，并与管理人员签订责任状，做到“人人肩上有指标”，年终根据绩效考核结果来确定员工的薪资、奖金以及晋升。二是协调推进公司团队化建设，做好人员配置工作，合理用人。2015 年共招聘到岗 2 人，晋升 1 人，岗位调动 4 人，切实保障了公司各项业务的正常运营。三是积极参加监管部门及行业协会等组织的各类培训，并通过多种手段对培训效果进行跟踪评估。全年培训 10 次，课时达 72 小时，共计 108 人次，有效提高了员工综合业务素质。

【信息化建设】2015 年，公司着重提高信息科技风险管控水平，完善信科风险管理制度，有效控制信科工作风险。结合 2015 年实际情况对已有信息科技制度进行新增与修订，修订《东方集团财务有限责任公司信息科技突发事件应急处置制度》《东方集团财务有限责任公司信息系统突发故障应急处理预案》等制度，增加《东方集团财务有限责任公司数据质量管理办法》规章制度，进一步完善了信息科技制度体系建设，实现了公司信科工作制度化、规范化、标准化管理。随着公司系统运维管理工作不断深入、强化，2015 年实现公司各业务系统、各业务专网网络全年安全无故障运行。

【企业文化建设】2015 年，公司继续倡导以企业文化与作风建设来推动经营发展的理念。在企业宣传方面，公司充分利用集团内部《东方人报》及微信公众号等宣传平台，全面展现经营管理成果及业务亮点，全年投稿 38 篇，累计 2 万余字，在集团宣传工作年度排名中名列前茅。同时积极利用行业年鉴及期刊等宣传平台展现公司经营发展风貌，并被评为 2015 年度《黑龙江金融年鉴》“优秀组稿单位”及“优秀撰稿人”。在开展文娱活动方面，公司组织员工每天做工间操、在全国徒步日开展健康徒步走活动、“九一八”抗战日赴东北烈士纪念馆参观，以及参加行业乒乓球赛、集团羽毛球赛等活动。通过广泛开展各项文体活动，不断激发员工的创新思维，有效促进了公司经营工作的顺利开展。在提升业务素质与企业形象方面，公司一直坚持稳健合规经营，不断提高一线业务人员业务理论和操作水平，获得人民银行“全年核算工作表现突出单位”“全省金融机构统计工作先进集体”荣誉称号。2015 年底，公司作为全市唯一一家金融机构获得市政府颁发的“哈尔滨发展经济贡献奖”。

东航集团财务有限责任公司

【经营概况】2015 年，东航集团财务有限责任公司（以下简称“公司”）按照规划平稳发展，截至 12 月 31 日，公司资产规模达到 62. 36 亿元，营业收入 1. 43 亿元，实现利润总额 2. 54 亿元。2015 年 4 月，公司增资至 20 亿元后，从年内第二季度开始各项指标如营业收入、利润总额、所有者权益、资产收益率等实现大幅提升，迈上了一个新台阶，发展势头良好。

【信贷业务】2015 年，公司新增开户单位 5 家，累计发放人民币自营贷款 25 笔，贷款金额 78. 32 亿元，日均规模达到 23. 59 亿元，同比增加了 84. 15%；发放人民币委托贷款 28 笔，委托贷款金额 14. 11 亿元；美元自营贷款累计发放 1 笔，贷款金额 0. 12 亿美元；发放美元委托贷款 8 笔，金额 6. 15 亿元。中间业务收入量明显增长。公司开发板块“现金池”、“法透”产品，加大内部信贷服务，提升客户资金灵活性和有效盘活。

【资金和投资业务】2015 年，结合集团资金波动巨大的特点，公司高度重视流动性管理，做好头寸的安排和衔接。一是加大银行间市场和同业合作的力度，积极调配资金，保证备付安全，防范流动性风险；二是加大客户服务力度，充分了解客户资金计划，做好运筹管理，提升资金效益水平，除传统存放同业外，加大现金管理类资金运作。在投资方面，公司积极动态调整策略，做好固收类和权益类资产配置，参与一级市场申购，取得了较好的投资回报，并高度重视市场风险跟踪，规避了年内的系统性风险。

【外汇业务】2015 年，公司不断取得新的外汇业务资格。11 月，公司获批“跨境人民币双向资金池”业务，至此，公司外币业务已经覆盖可开展的所有业务领域，在对集团成员单位服务中体现出良好效果。2015 年，池内结售汇超过 54 亿美元，同比增长 2 147%，贡献利润首次超过千万元水平达到 0. 16 亿元。此外通道业务明显增长，年中外债使用接近上限额度 6 亿美元，年底陆续归还，截至 2015 年 12 月 31 日外债余额为 0. 98 亿美元。此外，充分利用跨境人民币双向资金池平台，归集集团境外资金，加强跨境资金统一调配管理，年内累计调入约 60 亿元，为集团优化债务结构发挥了重要作用。

【业务创新】一是在利率市场化的大背景下，公司建立了市场利率的快速响应机制，动态跟进各产品的市场化价格水平并及时优化调整，产品价格不搞“一刀切”或“一浮到顶或底”，不断完善差异化定价。二是不断深化本外币资金池各项业务。本外币、境内外一体化资金管理的框架初步形成，资金平台功效日益显现。三是深化财务咨询职能，体现专业化金融机构水平。年内为集团债务融资、人民币与美元汇率配比、固定与浮动利率配比等领域多次提供风险管理咨询服务。相关分析结果通过市场检验，持续获得套保委员会认可。此外，对产业发展规划和完善提供专项报告，效果良好。

【风险管理和内部控制】2015 年上半年，公司完成制度全面梳理和审查阶段的工作，下半年完成讨论、审议及流转、发布工作。新制定了《流动性风险管理及应急预案实施细则》和《流动性压力测试方案》，并着手开展公司金融市场交易对手白名单管理工作，建立了公司金融市场交易白名单管理体系。为进一步加强重点岗位风险防范工作，根据监管部门要求，公司实行强制休假计划，对部分重要岗位员工进行强制休假。在下达强制休假通知书的同时，对强制休假员工进行突击稽查，提高风控措施的及时性和有效性。

【人力资源管理】为加强公司人才储备，2015 年，根据年度业务培训计划，公司培训工作着重以提高员工实际岗位技能和工作绩效为重点，将培训的普遍性要求与不同类别、不同层次、不同岗位的特殊需要相结合，约两周举行一次全员参与的业务培训，由各部门员工自行设计、授课，增强针对性和实用性，实现业务、人员的全覆盖，取得较好效果。同时，公司利用人力资源系统的协助，完善优化人力资源绩效考核制度。该举措已运行近一年的时间，公司将绩效考核的结果作为薪酬分配、工资晋升、职务晋升、岗位调整、员工培训和荣誉评比等的依据，起到了科学考核、有效激励、提升绩效、加强沟通等良好的成效。

【企业文化建设】公司不断加强企业文化建设，扎实推进“幸福东航”工程，积极营造和谐共进的企业氛围。2015 年结合“三严三实”要求，进一步加强党风廉政建设和反腐败工作，进一步推进反“四风”工作，将反腐败和监察职能紧密植入业务流程，确保源头把关和过程控制，使得各项业务在快速发展的同时，符合政策法规和行业监管要求，全年没有发生违规违纪事件。

中油财务有限责任公司

【经营概况】2015 年，中油财务有限责任公司（以下简称“公司”）积极应对内外部复杂形势，坚持发展定位、稳健经营、提升服务，努力克服存款大幅下滑、息差持续收窄、境外贷款需求下降等不利局面，抢抓市场机遇，深入推进开源节流降本增效，强化经营管理，较好地完成了全年经营目标和任务。

截至12月末，公司总资产6 401亿元。其中，自营资产3 909亿元，较年初增加107亿元，增长2.80%；受托资产2 491亿元，较年初减少111亿元，下降4.30%。全年实现营业收入164.30亿元，同比增长1.80%。实现拨备前利润96.10亿元，同比增长7.10%；实现利润总额68.50亿元，同比增长3%。公司资产质量进一步提升，年末贷款损失准备充足率和不良贷款率等指标均优于监管标准。

公司在努力消化市场、业务等各种减利因素，较好完成经营目标的同时，始终坚持服务油气主业，助力成员企业降本增效。全年通过贷款优惠降息、减免交易手续费、降低汇兑成本等措施，让利惠及企业达30亿元，通过境外子公司节省各种税费1.26亿美元。同时，进一步发挥平台优势，通过结算、资金归集平台职能作用加速资金周转，为集团节约资金115亿元。

【结算业务】积极推进集团司库体系建设，截至2015年末共签约银行总分联动账户上线1 098个，同比增加284个，限额账户上线849个，同比增加409个，司库结算覆盖面和结算效率大幅提高。截至12月末，公司共管理本外币结算账户2 430个，同比增加202个；监控管理125家集团公司成员企业在75个国家和地区共2 669个外汇账户。全年累计办理本外币结算523.40万笔，结算金额18.40万亿元。

【信贷业务】积极开拓市场，努力扩大贷款规模，坚持挖潜增效、优化贷款结构，提高资产收益率，强化风险管控，完善电票系统各项功能。截至2015年12月末，人民币自营贷款余额1 413亿元，同比增长27.30%。

【证券业务】审慎参与债市股市投资，抓住股市机遇，有效规避股灾风险。增加操作基金和可转债投资，通过提高整体投资收益有效对冲规模下降不利影响。截至2015年12月末，人民币自营证券资产规模391亿元。

【外汇业务】积极应对海外信贷需求大幅下降影响，通过合理错配资金期限提高贷款息差，实现贷款规模降、利润增。加强银行议价，压缩商票发行规模，减少承诺性授信额度占用，拓宽低成本资金来源。强化外部市场资金运作，充分发挥外汇交易平台功能。截至2015年12月末，公司外汇资产余额294.70亿美元，其中自营资产270.40亿美元。

【资金管理】加强头寸计划性管理，确保资金周转。抓住市场波动，加强回购操作，全年证券回购交易累计2.10万亿元，增加边际贡献1.70亿元。全年短期资金运作实现利润4.80亿元，相当于降低人民币资金成本28个基点。

【分支机构】分公司面对企业生产经营规模普遍下降、效益下滑，不等不靠、主动有为、服务前移，累计办理结算业务263万笔，结算金额4.30万亿元；全年吸收存款平均余额75亿元，实现经营利润约1亿元。香港子公司服务能力持续提升，年末资产总额283.40亿美元，实现利润4.53亿美元。

【业务创新】完成20亿美元欧洲商业票据额度设立工作，将票据融资渠道拓展到欧洲市场，为集团公司进一步开拓低成本资金来源。配合集团公司搭建人民币和外币两个跨境资金池，打通了境内外资金池通路，提升了公司跨境服务能力。获得交易商协会债券承销业务资质，为集团和股份债券发行提供承销服务，拓展了投资服务领域。

【风险管理和内部控制】规范业务审查流程，实现信贷业务审贷分离、贷放分控。业务审查关口前移，从源头上防控法律合规风险。全年累计增补和修订制度流程76个，审查各类材料1 080份，提出审查意见和建议344份，风险提示2次，否决系统后台数据修改3次，规范流程化和风险管控取得明显改善。

【信息化建设】着力提升信息系统支持能力，完成电子商务系统升级，对结算、信贷、外汇业务的信息支持水平进一步提升。数据仓库建设取得阶段性成果，基本实现1104监管报表自动出具，初步搭建管理驾驶舱系统，统计分析和决策支持作用进一步加强。配合集团公司做好司库系统优化，系统安全性能进一步提高。

【企业文化建设】全面部署开展“三严三实”专题教育，严格执行中央八项规定精神和集团公司党组“二十条要求”，形成作风建设常态化。加强党员干部监督管理和廉政教育，层层组织签订党风廉政建设责任书，完善全面贯彻从严治党新要求。加强党建理论学习，持续深化“六个一”党支部建设和党建“三联”工作，抓好领导班子中心组学习。推进企业文化建设，开展大庆精神、铁人精神再学习再教育再深入活动，引导干部员工爱岗敬业，凝心聚力。

上海电气集团财务有限责任公司

【经营概况】截至2015年末，上海电气集团财务有限责任公司（以下简称“公司”）资产规模564.36亿元，全年实现净利润7.21亿元，同比增长44%，净资产收益率为15.41%，年末资金集中度达到82.01%，资本充足率为15.51%，不良资产率继续保持为零。

【信贷业务】公司一方面积极应对宏观环境变化，认真着手研究对策，形成对重点客户融资需求密切跟踪的应对方案；另一方面大力拓展业务，为部分合资企业设计综合授信方案，给予贷款额度，用于置换外部商业银行贷款。同时，大力拓展外汇贷款业务，运用吸收的集团企业美元存款向集团内企业放贷，不仅为集团企业降低了融资成本，也进一步丰富了财务公司产品品种。此外，还探索出一条支持企业经营发展与防范过大风险兼备的新路，为成员企业搭建银团贷款，成功地在为企业解决资金需求的同时防范了金融风险。

【产品销售信贷业务】公司一方面沿集团产业链加快发展保理、买方信贷等资产类业务，积极拓展同业合作，成功与同业财务公司签署《金融合作协议》，实地调研其与本集团的多个合作项目，并最终签署了金额7.50亿元的买方项目贷款实现买方信贷投放5.06亿元。另一方面，通过专业化的项目融资服务帮助集团企业获取订单，为产业提供支持，提高集团整体竞争能力，全年为集团成员企业的30个项目提供不同阶段的项目融资服务，国内外项目各占一半；同时在有偿服务上实现了突破，将服务拓展到了外部，为集团成员企业的项目业主后续银行融资提供具体的咨询服务。

【资金业务】在人民银行多次降息降准、货币市场资金利率一路下滑的严峻背景下，公司在低风险资产配置上调整思路，根据大类资产收益率情况进行资产轮换，随着前期配置的高收益银行定期存款到期，及时将富余资金改配收益率相对更高的货币基金上。同时加大了逆回购的操作频率和规模，积极开发非银金融机构和外地优质客户资源，提高资金效益。此外，在风险资产配置上加大债券主动交易频率和规模，建立交易性债券投资决策及跟踪机制；跟踪海外市场，加强对市场和投资产品的研究深度，确保制定正确、有效的投资策略；在原有信贷业务、投资业务申报周资金计划的基础上，增加外汇业务的资金计划，进一步完善公司内部资金计划系统，提高流动性管理水平。

【投资业务】2015 年，在国内宏观经济继续低迷，资本市场一波三折的背景下，公司通过把握市场机会、合理资产配置、及时风险控制，取得了良好的效果。风险投资业务在 2015 年也取得长足进步，全年共接触新项目 103 个，完成 13 个项目立项，实现 2 个项目共计 0.43 亿元的实际出资，2 个项目约 0.72 亿元已进入投资前的交割阶段。同时，另有 5 个投资总额共计约 1.50 亿元的储备项目进入投资条款协商或内外部尽职调查阶段，为风险投资业务可持续发展奠定了基础。

【投行业务】2015 年，公司继续推广并购及投资类财务顾问工作，在集团并购流程中财务顾问角色得到进一步扩展，基本与集团职能部门确定了未来并购财务顾问的合作模式，即中小型项目中担任牵头财务顾问，在大型海外项目中与外部投行担任联合财务顾问；在资本运作方面，与集团职能部门保持密切联系，配合集团需求，作为财务顾问参与集团公司债发行，为集团扩宽融资渠道，降低融资成本提供支持。

【业务创新】2015 年 4 月，公司的自贸区分账核算单元（FTU）通过人民银行组织的系统验收，成为首家获得分账核算单元资质的非银行性金融机构。借助分账核算单元，公司成功完成了境外融资、外币兑换和境外放款三项自贸区创新金融业务，拓宽了集团的融资渠道，使公司的全球司库功能得以进一步完善和加强。一是公司通过 FTU 账户从境外借入 6.4 亿元的跨境人民币资金，用于向区内成员企业发放贷款，使成员企业分享了境外低成本融资的改革红利，有效降低了集团整体资金成本；二是公司通过分账核算单元开展了 1 亿欧元的外币吸收存款与发放贷款，为集团境内外企业提供了新的资金融通渠道；三是公司为境外企业办理了首笔外汇买卖交易，此笔交易是财务公司历史上首次为境外企业提供外汇兑换服务，使财务公司真正具备了实现集团全球汇率风险管理的能力。

【风险管理和内部控制】2015 年，公司在做好常规合规管理和风险管理工作的基础上，积极支持业务创新，完成自贸区分账核算业务资质申请等重要事项，在搭建全面、科学、统一的风险管理体系、具体业务的风险管理方法等方面进行了新的探索和尝试：一是做好监管及集团对口工作，完善制度体系建设，满足内外部合规要求；二是做好财务公司全面风险管理工作，保障公司稳健发展；三是发挥专业服务能力，为集团金融板块提供风险和法务管理服务。

【人力资源管理】2015 年，公司人力资源队伍完成部门整合，实现集中管理。与此同时，加强队伍建设，支持业务发展，优化考核与分配机制，探索激励模式，建立了分层培训体系，提高了培训针对性。

【信息化建设】2015 年，信息管理团队完成了分级指导、专业分工明确的组织架构建设，基本信息系统架构体系已基本成型，完成了一系列重要的信息科技建设成果，并对相关规章制度进行了梳理与整合。

【企业文化建设】 2015 年，公司以成立二十周年为契机，开展了以“二十年相伴成长，转型中再创辉煌”为主题，以“服务客户”和“凝聚员工”为两条主线的系列纪念活动：召开了成立二十年纪念大会，表彰了一批与公司共同成长的“老员工”；拍摄了财务公司宣传视频，展现了电气金融的风采；举办了“二十年，我们一起走过”微信征文活动，新老员工共同回顾与电气金融一起走过的二十年岁月；组织开展了金融知识竞赛、员工拓展、趣味运动会。通过一系列的活动，进一步增强了员工们的使命感和荣誉感，提升了员工的合作意识和凝聚力。

中国能源建设集团葛洲坝财务有限公司

【经营概况】 2015 年，中国能源建设集团葛洲坝财务有限公司（以下简称“公司”）坚持“以服务促发展”，迎难而上，取得了良好的业绩：全年实现营业收入增长 7.01%；实现利润总额同比增长 35.88%，创出公司历史最好成绩。

【信贷业务】 在资金紧张的情况下，仍然根据集团的需求加大贷款投放力度，全年累计发放人民币贷款首次突破百亿元，服务集团能力持续提升。

【投资业务】 一是适度投资理财，重视市场研究。公司注重加强证券市场研究，在采取稳健投资策略的思想下，于 2015 年上半年的上涨行情中，果断选择时机卖出大部分风险较高的股票，有效地防控了市场风险，及时锁定了投资利润。二是借助外力外脑，创新投资品种。公司进一步加大与证券机构、银行的合作力度，在开展自营投资业务的基础上，运用外部专业机构优势，引入风险可控的新型投资品种，进一步丰富投资业务，提升投资管控。

【资金集中】 公司全体干部职工积极开拓工作思路，努力确保存款规模稳定。一是坚持开展“全面提升服务质量”活动，将资金集中的任务分解至部门，建立压力层层传导机制，努力为客户提供更加便捷优质的金融服务。二是加大业务优惠力度，在继续实施原有业务优惠政策的同时，进一步将存款利率浮动区间扩大至 30% ~50%，吸引资金流入。三是加强宣传与沟通，使财务公司服务集团的业务优势得到了各成员单位的认同。通过这些措施的实施，使公司存款有了一定增长。

【风险管理和内部控制】 公司高度注重全面风险管理，从各个方面确保公司经营的合法、合规，各项业务风险可控。一是对于投资等高风险业务，采取提前锁定投资收益的策略，有效规避了资本市场的系统性风险，同时通过定量分析等方法，确保所持投资品种的风险均在可控范围之内。二是结合实际情况开展了重点业务的常规稽核审计和专项稽核审计，通过风险事前防控和稽核事后检查相结合的方式，确保各项业务总体风险可控。2015 年全年，公司继续保持零案件、零风险事件发生。

【人力资源管理】公司一贯执行激励与约束并重的管理策略，在注重激发职工工作热情的同时，严格执行各项考核和约束指标，有效提升了管理水平。一是启动了收入分配制度改革，通过以岗定编、以编定人、以岗定薪，着力在公司建立起更具有促进性的工资体系。二是通过培训促进职工了解集团发展情况，加强业务素养。全年围绕宏观经济形势、重点业务等内容组织开展培训 19 次，累计培训人员 424 人次，加强了职工对政策形势的了解和专业素质，提升了职工对公司管控制度的认同感。三是加大约束性指标管理，加强内部自设约束性指标考核力度，完善差错倒扣机制，有效地增强了职工的责任心。四是切实落实发展的实事观，通过不断提升公司的发展速度，圆满完成目标任务，从而获得上级核定工资总额的增长，使得全体职工充分地分享了公司发展的红利。

【信息化建设】在业务信息系统安全运行的基础上，为适应公司金融创新业务的需要，开始着手对业务信息系统进行升级改造，启动了外汇业务系统的搭建工作，同时启动了与人民银行电子票据系统的直连工作，为更好地服务集团打下了坚实的基础。

【企业文化建设】一是深入宣贯阳光、创新、诚信、责任的文化理念。公司大力提倡积极向上的企业精神，全年组织开展了“集团两会心得”“公司发展两年谈”“管理创新”等征文活动，促进了职工对业务的研究和思考；以及“元旦长跑”“职工趣味运动会”等体育活动，在工作之外营造健康良好的企业氛围。二是高度重视职工诉求。公司认真听取职工意见，坚持关心关爱职工，用提高公司的经营效益给职工带来实实在在的收入增加；公司定期组织退休同志座谈会，倾听意见和建议，逢年过节组织慰问，努力在公司营造和谐发展的环境。三是大力丰富企业文化内涵。公司积极倡导“想客户之所想、急客户之所急”的服务文化，“规范运作、稳健经营、全面预防”的风控文化，“干净做事、清白做人”的廉洁文化和“公司发展、人人有责”的责任文化，通过企业文化内涵的丰富和宣贯，进一步促进公司更好更快的发展。

西门子财务服务有限责任公司

【经营概况】2015 年，西门子财务服务有限责任公司（以下简称“公司”）实现了自身业务稳定增长，各项监管指标全部达标。截至 2015 年末，公司资产总额折合人民币约 325 亿元。

【信贷业务】根据集团内部规定，公司的贷款发放对象主要为西门子（中国）有限公司和/或德国西门子股份有限公司持有其50%以上股份的在华成员单位，且集团母公司提供支持。按照西门子全球内部惯用的10级风险分类，西门子控股成员单位的信用风险等级为零。授信主体相对集中，最大的5家客户贷款余额之和占2015年末公司贷款总余额的72%。

【票据业务】 公司仅向西门子集团控股企业提供贴现业务且接受的均为全国性商业银行承兑的银行承兑汇票，并事先对票据要素和贸易背景的真实性进行了严格审核，将风险降至可控范围。

【外汇业务】 2015年，公司的外汇业务主要为吸收西门子在华成员单位的外币存款、外汇资金集中运营管理试点业务、即期结售汇业务和即期外币对业务。

【资金集中】 公司一直致力于减少集团成员在外部银行的存款，提高资金集中度，为集团的稳健发展提供最好的保证。公司资金集中度常年保持在90%以上。

【风险管理和内部控制】 建立健全各项规章制度，严格遵守内控制度，坚持稳健发展和合规经营的原则，实现健康经营。将风险管理作为日常工作的重要组成部分，着重关注信用风险、流动性风险、市场风险、利率风险及资本充足率水平。同时认真学习并执行监管机构的各项监管指标，保证公司的合规经营和稳健发展。

【人力资源管理】 公司通过西门子（中国）有限公司的人力资源共享服务部门实现公司的人力资源管理，包括人员招聘、培训管理、劳动用工制度、薪酬体系、绩效考评管理等，完善公司人力资源基础建设，实现目标管理与激励机制的有机结合。同时结合自身行业特点，公司安排或组织相关部门员工进行形式多样且有针对性的岗位培训，丰富员工职业技能，提升员工综合素质，在促进个人职业发展的同时，提高了公司的经营效率。

【信息化建设】 为进一步加强自身风险管理能力，规范业务流程，有效分离前中后台职责，公司于2015年3月从德国总部引进Murex系统并将其作为核心业务和风险管理系统。经过开发与测试，该系统于7月底正式上线使用。公司主要使用该系统的交易模块、风险监控模块以及授信管理模块等，满足各类内外部交易管理、市场风险管理和信用风险管理等需求。其中，交易模块涵盖了公司所有内外部交易，包括存贷款、贴现、外部银行定期存款、银行间同业拆借、债券回购、同业存单、交易所回购以及外汇交易等。风险测量模块主要用于市场风险管理，包括实时在险价值（VaR）计量及其限额控制，实时损益监控及其限额控制等。授信管理模块主要用于信用风险管理，包括为内外部交易对手设置授信额度，实时风险敞口计量和授信额度使用率计算，超限预警等。同时，Murex系统与Finavigate系统实现了无缝对接，Murex用于金融交易录入、确认、本金和利息清算和交易查询，Finavigate完成结算和会计处理和基本财务报表等，最大限度地减少了人员操作风险和会计核算风险。

【企业文化建设】 公司一直提倡和营造和谐团队，通过组织各类活动激发团队活力和提升凝聚力，包括户外旅游、健身锻炼、新春联欢等。同时，西门子集团工会也定期组织面向员工的文体活动，如音乐会、艺术展、各类体育运动，内容丰富多彩，得到员工的积极响应和普遍欢迎。

兵工财务有限责任公司

【经营概况】2015 年，兵工财务有限责任公司（以下简称“公司”）按照国资委、银监会对中央企业财务公司的职能定位，以中国兵器工业集团（以下简称“兵器工业集团”）产业发展为依托，深入推行全价值链体系化精益管理战略，以立足服务、创造价值、创新驱动、转型发展为工作重点，为兵器工业集团各成员单位的经营发展提供金融服务，各项经营目标全面完成，取得了良好的经营业绩，为兵器工业集团实体产业发展提供了良好的金融支撑。

2015 年，公司为兵器工业集团及下属各成员单位提供金融服务总量平均规模 315.50 亿元，同比增长 11.44%；全年实现利润总额 9.86 亿元，同比增长 13.59%；平均资产规模达到588.96 亿元，同比增长 11.85%；结算存款日均规模达到 233.05 亿元，同比增长 25.77%；期末资产规模达到698.10 亿元，全年结算业务量达到 7 726.21 亿元。

【公司金融】2015 年，公司坚持金融支持实体经济发展的方向，对接兵器工业集团产业发展战略，将兵器工业集团着力发展的产业作为资源配置重点，通过调整增量、优化存量、合理控制担保业务规模等措施，增强对军品、重点民品、战略资源等兵器工业集团主导产业发展的支持力度。截至 2015 年末，提供金融服务总量为 315.50 亿元，提供贷款和贴现余额 172 亿元。积极支持困难企业转型，为处于产业转型期间的困难企业提供贷款和贴现资金支持累计为 75.30 亿元。

【资金和投资业务】2015 年，公司加强资金业务管理，强化头寸管理手段，灵活调剂资金，保持合理备付资金规模，确保流动性绝对安全；加强定价机制建设，做好资金统筹管理，提高定价能力；密切与银行等金融机构的合作关系，积极关注资金市场变化，通过多种同业手段提高备付资金的收益水平。

2015 年，公司投资业务抓住市场机遇，对风险与收益进行综合考量，根据市场走势动态调整，采用差异化竞争策略挖掘投资标的，增加安全边际较高产品比重；加大二级市场、开放式基金的配置力度，战略性配置量化基金；密切关注并严格控制信托产品风险，创新信托业务合作模式，保证收益及时兑付；积极参与新股申购；增加债券类固定收益产品配置规模，投资产品配置更加合理，盈利能力与风险承受能力更加均衡，自营及代理投资业务取得良好的业绩。

【票据业务】2015 年，公司大力拓展票据业务手段，利用票据支持军品结算、物资集中采购等重要事项，与鞍钢、太钢、包钢等大型企业集团研究开展票据采购，与航天科技、兵器装备、航天科工等多家财务公司签订了互认协议，推动票据走出系统外，扩大票据应用范围。截至2015年末，共与7家财务公司签署合作协议，扩大商业承兑汇票向系统外的支付规模，票据互认项下的授信额度达到100亿元，累计向系统外单位签发商票44.31亿元。票据业务已经成为公司主要业务增长点与创新点。

【外汇业务】2015年，公司努力拓展外汇业务，前中后台协调配合，推进外汇资金集中管理试点工作和异地结售汇业务开展，成功获批“跨国公司外汇资金集中运营管理业务备案资格”，为兵器工业集团开展跨境外汇资金集中运营管理提供有力的平台支撑，为各成员单位间境内、境外资金调剂提供了有效通道，全年累计办理结售汇业务4.44亿美元。

【资金集中】2015年，公司深度推进资金集中管理工作，扩大内部资金集中运作总量，将客户经理团队工作与结算网点职能发挥有效结合，做好网上银行系统等平台工具的推广使用，及时进行资金集中度统计分析，掌握大额资金动向，深入挖掘各类存款资源，协助兵器工业集团严格执行资金预算支付制度，资金集中度明显提升，结算存款日均规模突破230亿元。

【业务创新】2015年，公司以“产业链”为抓手，按照“一户一策”的营销与服务模式，推动服务方式向提供个性化服务方案与“产业链”金融解决方案转变。公司以票据业务为重点，结合“厂商财”、商票鉴证、“银财租”等一系列具有特色鲜明的“产业链”金融产品，前中后台部门努力协调推进，将金融服务向整条“产业链”延伸。公司2015年商票签发量达到291.27亿元，涉及产业链上各类供应商1 245家，实现了系统内单位间商业承兑汇票支付的全覆盖，电子票据的使用比例达到90%以上。

【风险管理和内部控制】2015年，公司一方面持续完善制度体系，以发展需要为基础，结合各项检查及整改落实工作，全面推进制度建设，按照分级分类、分层管理的原则，拟定制度建设计划，完善制度体系，初步形成了完整的经营管理与业务发展制度体系，对保障公司高效规范运营发挥着重要作用；另一方面，着力提升风险把控能力，开展全面风险管理工作，确定公司主要风险类型以及防范重点，化解了退出行业贷款等风险点，同时加强与监管机构的沟通交流，保证业务合规开展。此外，进一步完善了内控制度体系，针对部分业务开展了专项稽核检查，提高业务规范运作水平。

【人力资源管理】2015年，公司通过制定培训方案，强化培训内容的实用性与针对性，全面开展员工培训工作，提升员工价值；开展中层年轻干部的选拔任用工作，构建公司人才发展梯队；建立完善员工职业保障体系，同时实施职位分析工作，开展人力资源管理制度体系优化，完善岗位职责体系及薪酬绩效激励机制，推进薪酬激励机制改革。

【信息化建设】2015年，公司信息化工作以支撑业务发展需要、构建兵器工业集团资金管控平台为主线，一方面完成了信息机房设备设施与集成系统升级，积极推进人民银行征信系统建设，涉密终端项目顺利完成测评与验收，证券估值系统、投资管理系统成功建成上线，有力支撑了业务发展；另一方面，沿着精细化、科学化和集约化方向，顺利完成了银企直连接口开发升级，持续优化综合业务管理平台，大力推广应用财智系统，将信息系统由业务操作层逐渐向管理决策层提升，为兵器工业集团资金结算、预算控制、风险监控提供了手段和平台。

【企业文化建设】2015年，公司加强兵器文化理念教育，倡导负责任、讲担当、重执行的工作文化与简单、务实的工作风格，鼓励创新、包容失败。公司加强党的建设，落实好“两个责任”，深入开展“三严三实”主题实践活动，做好活动成果转化，构建转变作风的长效机制，为各项工作开展筑牢思想基础与制度保障。

三峡财务有限责任公司

【经营概况】2015年，三峡财务有限责任公司（以下简称“公司”）全力做好资金集中管理、筹融资等金融服务工作，提高资金管理效率，努力为集团和成员单位降低融资成本；紧紧围绕“保增长”这一主线，把握市场变化，加大资产配置力度，抓住了资本市场的投资机遇，取得了较好收益；加强党建工作，改进工作作风，公司风险管控、内部管理等各项工作均取得了新进展。3月，公司获得“第四届全国文明单位”“2012—2014年度首都文明单位”荣誉称号。5月，中国财务公司协会公布首次行业评级结果，公司获评A级，属于创新型财务公司，为公司进一步拓展业务范围、开展创新业务奠定了良好基础。截至2015年末，自营资产余额247.82亿元，同比增加31.60亿元，增长14.62%。全年实现总收入15亿元，同比增加5.31亿元，完成全年预算的132.02%；实现利润总额11.04亿元，同比增加3.69亿元，完成全年预算的136.93%。实现经济增加值（EVA）6.04亿元，同比增加2.38亿元，完成预算的163.24%。

【信贷业务】2015全年累计发放自营贷款156.38亿元，回收自营贷款140.75亿元。年末自营贷款余额100.06亿元，无不良贷款；全年累计发放委托贷款307.40亿元，累计回收129.71亿元。

全年信贷资产日均规模94.83亿元，同比增加20.52亿元，增长27.62%。利息收入5.25亿元，同比增加0.87亿元，增长19.89%，完成预算的112.50%。2015年以来，贷款利率连续五次下调，截至年底各期限贷款基准利率较年初下降125个基点。公司全年信贷资产平均收益率5.54%，同比下降36个基点。

【资金和投资业务】2015年，公司证券资产规模小幅度增长，收益率大幅上升。全年证券资产日均规模28.30亿元（其中权益类日均规模4.50亿元，固收类日均规模23.90亿元），与上年基本持平。投资收益5.57亿元（其中权益类收益3.97亿元，固收类收益1.60亿元），同比增加3.97亿元。证券资产平均收益率19.70%，同比提高14个百分点，其中权益类产品收益率88%，同比提高80个百分点。

【票据业务】随着公司宣传和推介力度的加深，电子商业汇票业务呈现良好的上升趋势。全年累计办理电子商业汇票业务550笔，业务量同比增长370笔，其中到期解付243笔、金额7.96亿元；出票307笔，金额12.15

亿元。在电子商业汇票业务发展势头较好的同时，公司传统的纸质商业汇票业务仍在金沙江地区成员单位中存续应用，继续发挥着重要作用，全年累计办理纸质商业汇票开票金额5.93亿元。票据结算正在成为集团成员单位资金结算模式的新选择。

【外汇业务】2015年，公司累计为成员单位办理美元资金结算0.50亿美元，办理欧元资金结算11.97亿欧元，折合人民币共计办理外币资金结算88.22亿元。境外资金池系统于12月4日正式上线试运行，首批归集账户为境外6家成员单位在中银香港开设的14个银行账户。

【资金集中】2015年，公司累计办理集团成员单位人民币资金结算7 314亿元，业务量24.93万笔，比2014年同期增长11%，结算服务零差错、零延迟，无资金损失。全年公司日均存款199.52亿元，同比增长42.73%。按照集团利益最大化原则，存款利率均上浮30%。成员单位日均存款集中度为97.01%。按照监管部门统计标准，扣除成员单位在外部金融机构开设的外汇（包括集团公司发行美元及欧元债券）、纳税、保函、贷款、电费等公司无法归集的账户资金，可归集口径资金集中度年末时点数为77.56%。

【保险经纪业务】2015年，保险经纪公司持续提升专业服务能力，加强公司内部管理，推动集团保险业务采购的规范化管理，协助集团下属各单位做好风险管理前移工作，为集团公司国内外在建和运营项目提供了可靠的保险服务保障。截至年末，保险经纪公司资产余额0.68亿元，实现营业收入0.13亿元，利润总额0.07亿元。

【国际债务首次发行】从2015年初开始，作为集团海外集中融资平台，三财香港在集团公司统筹下积极筹备债券发行相关工作，经过近四个月的奋战，较好地把握住低利率的市场机会，成功发行10年期7亿美元债券（3.7%/年）和7年期7亿欧元债券（1.7%/年）。通过首次国际债券的成功发行，集团公司树立了在国际资本市场的标杆地位，与中石油、中石化、中海油、国家电网等中央企业并列于第一方阵。

【风险管理和内部控制】2015年，公司成立风险管理部，不断完善风险管理组织架构。编制完成《2014年内部控制评价报告》《2014年度全面风险管理报告》，首次从内控和风险管理角度，全面、系统地对公司全面风险管理现状及对策进行了综合分析总结。公司高管层向监管机构报告《合规认知及计划书》，组织开展多次风险排查工作，全面防范风险。编制《三峡财务公司授权手册》，建立层次分明、授权清晰、管理规范的授权管理体系。举办制度流程编制培训，提升风险管理人员的风险管控能力。

【人力资源管理】深入推行、优化以PBC为中心的绩效体系。公司不断改进和创新培训方式和内容，全年组织内部培训12次，选派员工参加集团公司或外部培训活动40人次。

【信息化建设】在业务信息系统方面，客户综合服务系统按计划于2015年10月完成项目验收，系统已在公司各相关业务部门投入运行，实现了资金调拨、信贷、投资、客户服务等主要业务功能和流程的自动化、电子化处理；承接的集团资金债务管理系统开发工作也已全部完成，并已在集团本部、三峡新能源、三峡发展和中水电对外等单位进行了应用推广。在管理信息系统方面，人力资源绩效管理信息系统和预算费用报销系统运行稳定，促进了公司整体管理效率的提升。

【企业文化建设】2015年，工会组织开展多项知识竞赛和培训，积极组织职工参与集团公司的各项文体活动，提高了员工综合素质。员工捐款4.20万元，连续10年资助贫困女童。团委团结动员广大青年在创新创效、技能比武、支教助学、社区服务、环境保护、社会公益等领域，广泛开展了一系列主题鲜明的团青活动，赢得了普遍赞誉。

中广核财务有限责任公司

【经营概况】2015年，中广核财务有限责任公司（以下简称“公司”）灵活应对复杂多变国内外宏观金融形势，扎实做好内部金融服务，各项重点工作均取得了良好的成绩。2015年，公司实现营业收入9.50亿元，利润总额6.35亿元，净利润4.75亿元，净资产收益率为13.99%；实现经济增加值（EVA）2.76亿元，资产总额286.20亿元，净资产总额41.07亿元。

【融资业务】2015年，公司扎实做好信贷管理与融资服务，创造性地采用新的方式和渠道解决融资难问题，同时抓住市场机遇，使新项目融资获得了比较优惠的融资条件，较好满足了境内外各项目资金需求。一是通过融资模式创新，针对集团英国核电项目采用债加点模式确定融资利率，获得长达34年的英镑固定利率融资；二是通过统筹集团现有及未来项目一揽子方案，优化项目债务结构，降低了融资成本及汇率风险；三是利用市场宽松机会，采用固定利率与浮动利率相结合方式圆满完成防城港二期项目融资，控制了融资成本；四是创造性制定通过集团发债统筹解决核准前项目资金需求的方案，保证核准前项目的资金需求。

【投资业务】公司在金融业务创新、公司自营投资、发债顾问服务和集团年金管理等方面持续优化和提高，不断提升投资和投行业务服务水平和能力，圆满完成投资和投行各项任务。在自营投资方面，面对2015年证券市场大幅波动的情况，公司坚持“控风险、保增长”的投资方针，不断优化投资组合，年度投资收益率远跑赢大市。在集团年金管理方面，2015年利率持续走低，公司继续稳健决策，把握收益机会，保持收益能力，同时继续优化后续资产结构。截至2015年底，集团企业年金的年度累计收益再创新高，连续三年实现收益稳健增长。在发债顾问服务方面，2015年完成集团中票50亿元、超短融400亿元人民币额度的注册工作。先后协助集团完成两期的境外美元债发行共超过10亿美元，完成一期中票和四期超短融发行共计50亿元人民币，债券年度发行期数为自2001年以来最多。

【资金业务】2015年，公司在流动性分层管理体系的基础上，启动集团资金管理信息系统开发建设工作，加强集团资金需求计划管理，让资金保障业务持续保“稳”。同时，公司采取多种措施，力保同业业务收益率。一是提高议价能力，积极与各家银行进行沟通、提出要求，提升了在主要银行的存款利率上浮比例；二是积极开展协议存款、同业存单、交易所逆回购、理财产品等业务，抓住新股申购、季末等市场价格较高的时点，取得了较高收益。2015 年实现资金保值增值业务收益率远高于当期同业市场的平均收益水平。

【外汇业务】截至 2015 年 12 月 31 日，公司与 24 家成员企业签署相关结售汇协议。年度内为成员企业办理结售汇业务 1 651 笔，累计结算量折合 81 亿元人民币，所有业务均“零差错”“零延误”，受到了成员企业的认可，为集团整体节约了大量财务费用，并实现了中间业务收入。

另外，公司已完成跨境外汇资金池业务外债及对外放款的登记备案工作。截至 2015 年 12 月 31 日，利用资金池向成员公司发放美元贷款 5 646 万美元，向集团境外资金管理平台（华盛公司）发放人民币贷款 9 亿元，通过打通华盛公司及财务公司已有的资金平台，拓展成员企业的融资渠道，降低了集团整体融资成本，进一步提升了集团境内外资金管理平台的运营实力和管理效能。

【资金集中】2015 年，公司完成结算笔数合计约 53 万笔，结算量折合人民币约 1.20 万亿元，成员企业日均存款规模折合人民币 225 亿元，集团日均资金集中度超过 80%（剔除不可归集资金为 98%），结算支付率 100%，导致损失的支付差错案件为零，资金集中管理工作进展良好，各项结算业务正常有序开展。

【业务创新】2015 年，公司在加强原有业务管理基础上积极求变创新。一是学习商业银行经验，建立适应公司发展的资产负债管理体系，使资产流动性管理更加科学化，同时通过合理配置确定最佳资产组合，实现利润最大化。二是积极应对利率市场化带来的挑战，针对利率市场化带来的影响，公司对由此产生的利差缩窄以及“十三五”期间的收入利润影响等进行详细数据测算，并提出满足集团成员企业、财务公司长远发展的存款定价机制，同时继续向内外部金融机构学习改革经验，结合财务公司自身特点，完善分析材料。三是积极开展境外子公司课题研究，已完成课题报告初稿，向相关单位征求意见。

【风险管理和内部控制】2015 年，公司积极适应复杂多变的经济金融形势和市场环境的挑战，严守风险底线，加强风险的动态监控、分析、提示和及时应对，业务运营中重点做好信用风险、市场风险的防控和防范外部风险传导的工作，并基于组织机构调整及时调整风控管理模式，开展合规稽核工作，强化风险的检查监督，圆满完成 2015 年度全面风险管理工作计划。公司结合内外部环境变化，开展了风险评估工作，确定了 3 个“重大风险”，并组织制定了“重大风险”的风险管理策略方案；设立了由公司总经理部直接领导的风险与合规管理模块，确保及时、有效控制公司风险，并开展了系列强化内控管理的工作；开展审批权限和业务流程梳理工作，及时修订完善了公司的授权管理制度，以满足组织机构调整后的管理和内控需要；建立了基于定量分析的全集团债务汇率、利率风险敞口管理分析模型，实现了债务敞口风险系统定量监测分析；完善了公司内部外汇风险的管理制度，明确了敞口规模限额，建立了止损和平盘管理等机制。

【人力资源管理】2015 年，公司在跨法人治理管理模式下逐步探索适合金融板块业务发展的人力资源管理体系。主要开展了以下工作：在人才引进方面，理顺招聘管理流程、招聘调配工作统筹集中管理、拓宽招聘渠道，新进人员均为本科及以上学历。在激励机制建设方面，积极探索并建立激励机制，建立强化业绩联动的薪酬总额机制，体现市场化导向，真正实现激励与约束相结合；正在探索薪酬体系优化机制，积极向行业和市场化方向靠拢。在人才培养方面，结合板块业务规划，梳理核心能力，形成公司未来三年人才培养计划。为金融板块未来的人才梯队建设、人才引进与培养奠定了基础。在员工关爱方面，结合公司人员结构特点，开展了“80后”“90后”员工管理专题培训、高管与员工面对面交流座谈、员工满意度提升管理改进研讨会等；积极推广集团EAP平台，关注全体干部员工心理健康，倡导快乐工作、幸福生活的理念。上述系列活动营造了公司以人为本、人才领先的文化氛围，为公司员工满意度、敬业度的提升起到了积极作用。

【信息化建设】 2015年，根据公司业务发展和经营管理的需要，信息化工作以公司信息化总体实施方案为目标，主要开展以下工作：第一，为适应集团板块化运作要求，对公司资金结算管理系统进行升级优化，更好服务于集团资金结算管理；第二，对ISO 27001信息安全管理体系进行升级转版，保障公司信息系统安全稳定持续运行；第三，不断强化数据机房基础设施设备、信息系统及系统客户端运维服务，为成员单位系统用户提供稳定、可靠服务；第四，聘请毕马威公司对公司网银系统进行安全性及有效性检查，为公司提供专业咨询建议。

【企业文化建设】 2015年，公司通过组织开展集团企业文化复训、新员工训练营、“马上就办”故事征集、新员工入职仪式、大咖讲堂、到大亚湾“寻根”、与兄弟单位进行文化共建等，传承和传播集团及公司核心企业文化理念、宣传公司金融服务价值，促进了集团企业文化基本价值观、员工守则和行为规范等在公司良好落地，引导大家树立了专业、严谨的工作态度，养成自觉践行“一次把事情做好”核心价值观的良好习惯，尽心尽力做好每一项工作。

中船财务有限责任公司

【经营概况】 2015年，中船财务有限责任公司（以下简称“公司”）紧密围绕中船集团“坚持做稳主业、坚持效益导向、坚持强化管理、坚持质量至上”的发展战略，聚焦中船集团四大产业领域发展方针，坚持以服务集团主业作为根本出发点和落脚点，勇于创新，严控风险，深耕服务，统筹推进各项工作，实现了“十二五”发展的胜利收官。截至2015年末，公司资产总额568.68亿元，全年实现营业收入20.27亿元，实现利润总额6.65亿元，各项指标均符合监管标准。

【资金管理】 公司高度重视资金集中管理工作，不断加强资金集中力度，2015年按可归集口径计算，资金集中度超过95%。2015年，公司加强综合授信管理，授信额度同比增加45.40亿元人民币，为公司同业、信贷、外汇等业务的开展提供了强有力的资金支持。9月，公司与中国银行合作完成跨境人民币资金池的搭建，实现了境内外、本外币资金池的互联互通。

【结算业务】 2015年，公司按照积极稳妥、科学合理、实用高效的工作方针，扎实推进结算中心建设，全力实现“账户全覆盖、结算全覆盖、资金全覆盖”的工作目标，大力推进公司网上金融系统的上线运行，为成员单位提供包括在线定期存款开立支取、资金支付、查询、回单打印等各项结算功能，实现结算支付的无纸化办公，同时执行结算手续费全免、账户透支功能服务等优惠和便利服务。

【信贷业务】2015 年，为帮助企业克服严峻的经营形势，公司将贷款利率在同期基准利率的基础上下浮 5% ~10%，存款利率在同期基准利率的基础上上浮 30% ~40%。在与浦发银行 2014 年合作开展了国内首单双保理暨银财宝业务的基础上，继续扩大规模，实现同比增长 215%。2015 年，公司在 2014 年末办理国内首单售后回租业务暨银财保 1.0 版的基础上，再次创新融资模式，推进了第二笔售后回租业务暨银财保 2.0 版，比当期基准下浮 25%，此项业务是围绕自贸区金融政策主动创新的产品，是商业银行与财务公司合作的首创。

【票据业务】2015 年，在 2014 年公司首次开展再贴现和转贴现创新业务的基础上，继续扩大再贴现、转贴现业务规模，转贴现规模同比增长 59%，再贴现规模同比增长 374%，再贴现、转贴现业务的开展扩展了公司低成本融资渠道，也为公司的流动性主动管理提供了有力保障。

【外汇业务】2015 年，公司合理运用境内境外两个市场，实现集团内企业从境内到境外、从境外到境内、从境外到境外的外汇资金流动。公司积极利用新政策，于 9 月向国家外汇管理局上海市分局申请采用外债比例自律原则核定外债并获得批复，成为上海市首批试点该资质的 2 家企业之一，公司外债额度由原来的 3.6 亿美元提高至 15 亿美元。

2015 年，公司首次与成员单位开展远期外汇买卖业务，有效帮助成员单位锁定了不同外币之间直接汇兑的汇率风险。同时，公司积极利用自身所具有的远期、掉期、外币拆借等交易工具，结合成员单位贸易结构，首次为成员单位设计丰富多样、灵活便捷的汇率风险管理产品。

【投资业务】2015 年，公司加大新股申购、打新基金、债券投资等低风险投资力度，降低投资整体风险。抓住新股发行难得的市场机会，积极参与网下新股申购，获取了较好的无风险收益。同时，公司下大力气调整投资结构，持续降低信托业务投资规模，信托业务投资占总投资的比重由年初的 73% 下降到年末的 49%。

【保险业务】2015 年，公司首台（套）重大技术装备保险取得突破，公司作为集团公司保险集中管理平台，积极推动保险公司与成员企业的洽谈协商，在公司的积极组织协调下，中国人民保险股份有限公司、中国平安保险股份有限公司分别与两家成员单位就液化气船、多功能水下支持船、自升式钻井平台签署了首台（套）重大技术装备综合险保单，这分别是国内船舶行业和海工行业的第一单首台（套）保险，标志着集团公司充分利用国家政策，鼓励企业加强产品创新，在重大技术装备研发风险补偿上取得了新的突破。

【风险管理和内部控制】建立风险评价和报告制度，全面梳理和评估公司各类风险，编制《2015 年度全面风险管理报告》，同时结合最新监管政策动向及公司创新业务，修订公司 2015 年内控手册，并将新进员工作为内控手册宣贯工作的重点对象。同时，公司建立健全各业务领域廉洁风险防控体系，对各项业务廉洁风险源、风险点进行全面排查和梳理，新增同业、信贷、外汇及保险四项业务风险源和风险点，分别形成同业、信贷、投资、外汇及保险业务廉洁风险防范手册。

【人力资源管理】公司积极构建与业务发

展相适应的人才保障机制，完善符合公司实际的绩效管理考核办法，制定员工年度培训计划，加强对员工的培养与激励，并将反腐倡廉教育作为培训的重要内容，增强员工廉洁自律意识，强化员工风险意识和合规意识。同时公司定期组织全体员工统一培训，开拓员工视野，促进员工成长。

【信息化建设】根据集团公司“十三五”信息化规划发展思路，对接集团公司信息化顶层设计要求，结合公司实际，完成公司信息化建设“十三五”整体规划方案。2015 年，公司加强信息化基础设施建设，建设公司数据中心，搭建北京至上海异地灾备系统，优化网络架构，增强网络信息安全防护功能。同时，公司对软硬件系统和网络进行全面升级，完善优化公司资金、投资、外汇、信贷等核心业务系统，加强信息系统在风险控制中的作用。另外，公司加强业财一体化建设，更新财务软件，完成结算中心网上金融信息系统的搭建，加强财务结算信息化建设，实现公司核心业务系统和财务系统的集成，为公司管理决策提供信息支持。

中核财务有限责任公司

【经营概况】2015 年，中核财务有限责任公司（以下简称“公司”）坚持稳中求进，着力提升内部管理水平，依法治企，防范风险，充分发挥作为中核集团公司资金管理平台和产融结合平台的功能，助力集团公司经济发展，年度经济效益稳步提升，重点任务有序开展。截至 2015 年 12 月 31 日，公司资产规模 559.57 亿元，同比增长 42.68%；全年实现营业收入 15.65 亿元，同比增长 13.61%；利润总额 7.51 亿元，同比增加 21.93%；经济增加值（EVA）为 3.31 亿元。

【信贷业务】2015 年，公司严格按照集团公司投融资政策进行贷款发放，助推集团公司主业发展，提高集团公司整体资金使用效率和效益。截至 2015 年 12 月 31 日，公司各类贷款余额合计 500.27 亿元，较年初增加 128.67 亿元，同比增长 34.63%。其中，自营贷款余额 255.14 亿元，同比增长 42.20%，委托贷款余额 245.13 亿元，同比增长 27.55%。2015 年 3 月 31 日，公司收回逾期自营贷款 1 笔，确保公司不良资产为零。

【投资业务】2015 年，公司证券投资业务按照年初既定的投资策略进行操作，在坚持以固定收益类投资为重点的基础上，兼顾权益类品种的投资机会，在有效控制证券投资业务风险的同时，提高了公司资金收益率的水平。全年实现证券投资收益 1.16 亿元，并浮盈 0.52 亿元，实际投资收益率达到 8.27%。

【外汇业务】2015 年，公司坚持对重点结售汇客户实行上门服务。全年累计开展代理结售汇业务 3.65 亿美元，0.24 亿欧元，为客户节约汇兑费用 442 万元。同时，为合理利用境外低成本融资渠道，实现全集团境内外子公司人民币资金的有效汇集和灵活配置，充分享受人民币国际化进程带来的政策红利，公司对集团公司跨境人民币集中运营业务可行性进行了初步分析，完成《跨境人民币集中运营建议报告》，提出优先选择财务公司作为主办企业，筹备建设跨境双向人民币资金池的建议。

【资金集中】2015 年，公司全年日均集成资金 384 亿元，比上年提高 104 亿元；全年可归集资金集中度 97.65%，继续保持较高水平。公司在与中国核能电力股份有限公司年初签订的《金融服务协议》基础上，密切关注其上市进程，实现了上市前后资金归集工作的平稳过渡，顺利接收其上市符合条件资金，全口径资金集中度达 79.22%。

【集团化保险】2015 年，公司重点落实了集团公司年度新开工核电项目保险、年度新转运营项目的核风险检验与承保安排工作。海南核电 1 号机组、福清核电 2 号机组顺利转运营，核风险得到有效转移；海南核电装料前核风险检验工作顺利开展，较原计划提前完成；国产三代核电技术“华龙一号”在国内首次进行建设期保险安排，保险条件实现国内最优；田湾核电 5 号、6 号机组于 2015 年底开工建设，保险安排再创佳绩，实现国内二代加核电技术路线保险安排条件最优，较“华龙一号”实现进一步优化。

【服务集团“走出去”】2015 年，公司主动作为，指定专人对阿根廷核电项目、英国核电项目进行支持服务，执行商务谈判，与合作银行就融资、保险条件等进行多方协商多轮会谈，促使融资成本下降；11 月中旬，融资工作组与阿根廷经济部就融资方案条款进行谈判，促成工商银行与阿根廷经济部签署重水堆项目，该项目综合融资成本 6.50%，为中阿合作项目中融资条件最为优惠。公司就埃及、约旦、伊朗等核电项目提出融资方案，为项目出口和市场开发打下基础。同时，保持与丝路基金和国新公司的例会沟通，并设计项目融资架构及产品种类。

【服务创新】2015 年，公司正式启用集团化债务管理平台，该系统的建成，不仅具有显著的创新意义（在央企财务公司中尚未有集团化债务管理系统的建设先例），更为集团公司的全面负债管理提供强有力的数据支撑作用。

【依法治企】2015 年，公司切实推动依法治企工作，坚决贯彻落实党的十八届四中全会“全面推进依法治国”的重大决策部署，根据银监会和集团公司的相关指导意见，制定《全面推进依法治企建设工作方案》，明确了未来三年公司依法治企的工作目标、主要工作任务、保障措施和年度分解计划，同时，成立了由公司总经理任组长的全面推进依法治企建设工作领导小组，并对全体员工进行了专题宣贯培训。

【战略研究】2015 年，为促进自身转型创新发展，结合环境变化、集团公司发展和公司实际及金融机构特点，公司提出“十三五”发展规划，初步确定了以“服务集团、创造价值”为核心理念，以“市场化、国际化”为导向，以“加快转型和创新发展”为主线，以“一库一化一器”建设为重点的公司“十三五”发展规划。

【风险管理和内部控制】2015 年，公司继续深化内控体系建设，加强和规范公司风险管理、合规管理和内部控制，提高公司经营管理水平和风险防范能力。公司结合实际修订并发布了《内部控制管理规程》《内部控制评价规程》以及涉及财务授权、合同管理、采购管理、资产五级分类、监察监督等制度 19 项。12 月，公司编制完成《内部控制手册（2015 版）》，建立了涵盖内控五要素的内部控制框架，设计形成人力资源、采购管理等 10 个业务管理领域，共 82 个末级流程、107 个风险点的内部控制矩阵。

【人力资源管理】2015 年，公司结合公司战略规划，在充分调研各业务部门需求的基础上，拟定了公司“十三五”人力资源和人才发展规划。同时，积极参与集团公司人力资源部组织的人力资源和人才发展规划调研，并在集团公司统一部署下，开展了金融人才的招聘工作。公司聘请外部机构完成了薪酬体系对标工作。

【信息化建设】2015 年，公司充分考虑未来的信息化应用架构应该具备的特点和功能，完成“十三五”信息化规划的编制。完成现金流预算系统升级项目开工建设，实现了集团板块对下属单位资金预算与支付的统一管理。实现集团公司商网接入，实现与集团公司及成员单位的互联互通。搭建短信平台，体现了公司精细化管理和深入推进客户个性化服务的理念。

【企业文化建设】2015 年，公司党委认真学习贯彻中央十八届三中、四中、五中全会精神和习近平总书记系列重要讲话精神，以从严治党为主线，全面落实党风廉政建设主体责任，稳步推进党委组建工作，党委职责逐步落实；加强学习型组织构建，全面落实主体责任，抓好“三严三实”专题教育，较好地完成了各项任务。围绕依法合规治企，公司积极开展全员参与的法律知识讲座、合规管理讲座和“众·享”活动，组织员工参与群众性文体活动，构建和谐劳动关系。公司向根据集团公司 LOGO 等相关规定及设计标准，结合成员单位 VI 设计方案调研成果，积极推进中核财务公司 VI 设计工作。

上海浦东发展集团财务有限责任公司

【经营概况】2015 年，上海浦东发展集团财务有限责任公司（以下简称“公司”），按照浦发集团的部署要求，坚持以产融结合为主线，秉承稳健发展、审慎经营、合规操作、风险可控的经营理念，主动适应经济发展新常态，全力为集团和各成员企业提供优质、高效、全面的金融服务，圆满完成了全年和“十二五”规划的主要目标任务。截至 2015 年末，公司资产总额 181.41 亿元，所有者权益 24.26 亿元，实现净利润 2.64 亿元，净资产收益率为 11.34%，总资产收益率为 1.92%。资产质量保持良好，各类监管指标和重要经营资产质量指标均符合监管机构的监管要求。

【信贷业务】2015 年，公司结合成员企业生产经营实际，积极践行“一切为了浦东发展”的使命，努力为成员企业提供融资支持，全年累计发放各类贷款 63.07 亿元。截至 12 月 31 日，公司自营贷款余额 33.62 亿元，委托贷款余额 8.26 亿元；日均存贷款规模分别为 85.87 亿元和 19.33 亿元。同时，公司通过主动下浮贷款利率的方式，降低成员企业融资成本，积极支持企业生产经营。

【资金业务和投资业务】2015 年，公司坚持“功能性”优先于“盈利性”的资金管理总原则，在安全性、流动性得以充分保障的前提下，合理安排业务结构，优化配置业务品种，并通过创新活期隔夜存放、拓展滚动拆借等方式，提高资金盈利水平，丰富流行性管理手段，实现资金业务收入 2.48 亿元，收益率为 3.42%。2015 年内，公司除传统的货币基金及债券等固定收益业务外，还开展了类货币债券基金与短融债券基金的配置、股票一级市场申购、二级市场投资及可转债二级市场投资等工作。同时，完成了产业投资基金的委托投资，为集团和成员企业实现了国有资产的增值保值。

【资金集中】2015 年，公司继续将提高成员企业资金归集率为工作重点，资金归集率呈上升态势，全年平均资金归集率为 84.60%，较上年增长近 5 个百分点。同时，面对“浦发集团”和“南发集团”合并的契机，公司通过实施由“时点归集”向“日均归集”的措施，逐步提升南发集团的资金集中度。截至年底，南发集团资金归集率达到 69%，保障了南发集团合并后资金管理工作的平稳过渡。

【业务创新】2015 年，公司加强自贸区金融政策研判，并于 6 月成功开展了自贸区 FT 项下境外人民币借款创新业务，突破了公司只有通过同业拆借的融资瓶颈，降低融资成本，为集团及成员企业提供了资金流动性保障；通过融资租赁的模式，满足成员企业个性化融资需求，实现公司近年来首笔融资租赁业务成功落地。2015 年内，为进一步推动公司投行业务的多元化发展，公司重点开展了多项新型财务顾问工作：一是辅助成员企业完成 10 亿元 PPP 私募债发行，此为公司首次全程承担债券承销财务顾问工作；二是积极配合成员企业开展商业模式与运营方案的探索，完成公共交通产业研究及项目可行性分析研究；三是协助成员企业开展互联网 + 的创新探索，完成“帮帮邻”社区 OTO 项目的财务顾问服务。

【风险管理和内部控制】2015 年，公司围绕“内控对标、制度建设、风险监控、信息报告和法务合规”五个方面，深入推行风险嵌入式管理，并积极创新各项风险防控措施，保障公司各项业务的持续、健康、稳定发展。一是针对新业务和重大项目，风险管理部和经办部门通力合作，审慎评估合规风险，通过前移风险防范工作关口，有效建立起事前风险评估机制，积极落实业务风险防范；二是通过对业务开展过程中，相关政策流程、风险管理、人员配置等有效性、合理性进行穿插内控风险评估，并及时改进不足，有效构建起风险继续评估机制；三是通过改革企业客户信用评级及授信方案、探索房地产贷款和流动性风险压力测试及提升财务公司资金归集及结算方案等专项工作的开展，积极打造动态风险管理体系；四是通过定期总结操作风险案例，并结合问责制度加强对员工的教育批评，辅以不定期开展全员培训和知识竞赛，有效树立起人人有责的合规文化。

【结算业务】2015 年，公司继续做好服务集团成员企业的资金结算工作，结算规模逐年增长，结算及时准确、质量不断提升。截至年底，集团所属 120 家成员企业，在公司开立了 270 个资金结算账户；全年累计完成结算 2.5 万笔，结算资金量为 1 434 亿元人民币，满足了成员企业的资金支付需求。

【人力资源管理】2015 年，公司主要从制度、绩效、薪酬、培训和团队等五个方面着手，进一步加强人力资源管理：一是通过全面梳理现行人力资源管理制度，按轻重缓急拟定修订计划，年内完成对《绩效考核管理办法》《招聘管理办法》《薪酬管理办法》和《单项业绩实施细则》等制度的完善和新增；二是通过《季度重点工作推进分解》的形式，将各项经营任务予以落实，同时在推进季度、年度绩效考核的基础上，组织开展单项业绩考核，构建较为全面的绩效管理体系；三是通过调研、测算、探讨，完成2015年薪酬发放方案并推进落实，积极探索科学合理的薪酬激励机制；四是通过编制年度培训计划，设计相关流程，形成信息交流会主讲人测评构架，推进内部培训师体系建设；五是通过对挂职干部的选拔、培养和考核等方面进行探索，理顺员工晋升通道，形成《挂职干部管理办法》（讨论稿），同时全年共提任中层干部3名，向集团输送管理人员3名，招聘新员工6人，进一步加强了人才队伍建设。

【信息化建设】2015年，公司在信息系统建设方面主要开展了两项工作：一是配合集团推进财务系统大集中项目，并在跨网段的情况下完成了公司业务系统与财务系统的对接，实现了前台业务数据自动导入财务系统的功能，为新旧财务系统的平稳切换提供了技术保障；二是正式启动了信息系统灾备项目的建设，通过前期招投标、施工、调试等程序，项目于年底前完成整体施工，标志着公司灾备项目取得了阶段性成果，也拉开了另一子项目灾备系统集成项目的建设序幕。

【企业文化建设】2015年，公司通过换届选举，成立新一届工会委员会，组织开展各类文体活动，形成积极和谐的工作氛围；通过开展扶贫帮困和各类志愿活动，积极履行社会责任，全面深化精神文明建设；通过修订、新增各类规章制度，推行内外双重培训机制以及定期开展合规排查和穿行测试检查等措施，多措并举，助推全面风险管理文化建设；通过自贸区FT项下跨境人民币借款和融资租赁业务的落地实施，以及组织开展各类课题研究，有序推进涉及公司转型发展的研究和探索。

鞍钢集团财务有限责任公司

【经营概况】2015年，鞍钢集团财务有限责任公司（以下简称“公司”）面对集团主业行业形势严峻、资金紧张以及人民银行五次降息等不利因素的影响，按照“控险、创效、服务、保障”的工作要求，对内提升服务质量和服务效率，对外积极开展多种方式创效，超额全年经营目标，经营业绩创历史新高。2015年末资产余额250亿元，自营贷款余额133亿元，委托贷款余额348亿元，吸收存款平均规模160亿元，存放同业平均规模69亿元，实现利润总额7.46亿元，各项监管指标全面完成。

【信贷业务】发挥金融渠道作用，支持成员单位开展信贷业务。充分利用财务公司的金融属性，通过银行间市场拆借、正回购、再贴现等手段为成员单位解决资金需求。利用外部融资为成员单位提供短期贷款43亿元，贴现20亿元。2015年累计为成员单位发放自营贷款217.79亿元，实现利息收入6.84亿元。同时，利用人民银行应收账款平台，为建设公司和重机公司融资4.75亿元。发挥承兑汇票功能解决成员单位融资难题。全年累计为鞍攀两大区域公司成员单位开出电子银行承兑汇票34.49亿元。截至12月末，开出电子银行承兑汇票余额34.49亿元，尤其是为攀钢解决融资困难作出了贡献。同时与商业银行合作开展同业代理业务，为重机公司及钢绳公司开具纸质银行承兑汇票1 528张，金额为3.58亿元。

【资金和投资业务】一是抓住资本市场运行环境向好的有利时机，开展可转债和新股申购业务。现持有可转债和股票0.23亿元，已实现收益0.12亿元。二是优化资金池资产结构。合理配置债券和货币市场基金，收益率比同业存放高出200～300基点。取得利息收入0.44亿元。三是积极主动与银行协商提高协议存款收益。建设银行和盛京银行的协议存款利率已提升至2.5%和2.7%，高于同业存放利率70基点和90基点。在风险可控的前提下，同业利息收入比上年同期增加0.78亿元。四是抓住时机跨市场套利。全年利用银行间市场拆借利率和同业存款利率近100基点的利差空间，在不占用集团公司资金的情况下，拆入资金获取收益。全年累计拆入资金306笔，正回购141笔，共计1 541亿元，剔除成本净创效0.07亿元。

【资金集中】配合集团公司各板块经营管理工作，调整结算中心的流程架构，保证各板块结算业务的有序进行。全年累计资金结算总额2.23万亿元，结算业务量23.54万笔。开放存款品种，让利于成员单位。开放定期存款、通知存款及协定存款业务，服务和让利于成员单位。截至2015年12月末，各类定期存款余额4.51亿元，协定存款余额99.13亿元。

【票据业务】为提高集团公司对票据的管控力度、发挥票据池的功能、拓展融资渠道、降低融资成本、规避票据分散保管的风险，在集团公司统一安排下，公司研究开发了鞍钢票据集中管理系统，通过与商业银行的直连，建立覆盖集团各地区成员单位的票据集中管理网络，实现全集团票据的集中托管、统筹控制与使用。已实现鞍山钢铁、房产开发、矿业公司、房建公司等6家成员单位上线试运行。

【外汇业务】为实现境内外外汇资金的集中管理，掌控境外资金的流动，实现全口径的资金集中管理，搭建外汇资金集中管理平台。与国际通用的SWIFT系统直连，实现境外资金的集中管理。公司已取得外汇局外汇资金集中管理及结售汇额度的批复，国内外汇资金主账户、国际外汇资金主账户及10家成员单位外币结算账户已开立，具备境内外汇资金归集条件。完成香港特殊目的公司（SPV）注册、境外银行账户的网银挂接及境内外资金划拨的测试工作。

【风险管理和内部控制】针对内控环境、风险合规管理、信息与沟通机制及内部控制效果进行风险识别，排查新业务风险点，将5个风险事件列为年度重大风险进行管理。根据整合后业务需要，对各部门梳理和完善的制度进行整理，形成完整的制度体系，共12类，涵盖公司治理、综合经营管理、风险控制、业务管理等方面，有效规范公司各项业务有序开展，确保稳健经营。同时，开展“风险文化周”活动，通过知识竞赛和征文等方式，在员工中深植风险文化管理理念。加强业务检查力度，对业务开展、董事会履职及存放同业情况进行检查，实现业务检查全覆盖。对银监局提出的问题制定整改方案，并督促落实。对总分公司进行是否违反八项规定进行专项稽核。

【信息化建设】梳理N9系统存在的问题，针对各业务部门提出的38个缺陷和28个需求进行逐一落实。在成都建设应用级灾备中心，保证资金结算系统安全不间断运行。强化系统和设备运维管理，实施对系统及设备的全面监控。

【党务工作】党组织基础建设不断加强。建立《鞍钢集团财务公司党委会议事规则》等党委工作制度4项。加强党支部建设，制定党支部工作评价办法，开展党支部建设工作调研，征集党内组织生活方案4个。开展共产党员工程活动，立项完成集团公司级项目2个，财务公司级项目6个。开展纪念建党九十四周年纪念活动，组织参观鞍钢展览馆，开展党员献良策活动，共收到建议22项。发展党员4人。开展“三严三实”专题教育活动，下发公司“三严三实”专题教育方案、学习宣传方案以及日程安排等，召开征求意见座谈会，提出建议二十余项，并针对征求到的意见建议先后召开三次会议，集体研究整改落实措施。党委书记为全体党员上“三严三实”专题党课，召开“严以修身”“严以律己”“严以用权”三次专题学习研讨会。落实党风廉政建设主体责任。开展遵守中央八项规定和选人用人等方面自查自纠工作，配合集团巡视组开展落实中央八项规定精神等专项巡视工作。加强廉洁自律教育，召开反腐倡廉警示教育大会，通报鞍钢党委巡视发现问题的整改情况。

工会、共青团作用凸显。召开第一次工会会员代表大会暨职工代表大会。维护职工权益，深化民主管理，开展登山等文体活动。关爱困难职工，走访救济困难职工4人次，发放救济金款项。加强工会经费管理，制定下发工会经费管理办法（暂行），完成总分公司工会财务报表合并。召开共青团第一次团员大会，选举产生第一届团委。

中国电力财务有限公司

【经营概况】2015年，中国电力财务有限公司（以下简称“公司”）圆满完成了全年各项任务，各项监管指标均符合监管要求，保持了良好的发展态势。2015年，公司资产规模1 924.57亿元，实现利润34.81亿元，存款日均余额1 713.82亿元，贷款日均余额908.16亿元，主要经营指标再创新高。在中国财务公司协会首次行业评级中，公司获得A级（创新型），连续五年荣获“金龙奖”年度最佳财务公司称号。

【结算业务】结算业务是公司的基础性业务，为国家电网公司及其所属单位资金管理提供强有力的结算业务支持和优质高效服务。2015年，公司推进收款业务自动处理，优化电票系统功能，结算效率明显提升，全年累计办理结算业务347万笔，同比增长8.96%，实现了结算运行零事故、客户资金零风险的管控目标。

【存款业务】存款业务是公司的主要负债业务，也是向成员单位提供融资服务的主要资金来源。2015年，公司以提高全口径资金归集率为抓手，建立存款业务市场化激励机制，创新存款产品，提升主业存款，拓展社保、集体企业等市场化存款，全年存款规模屡创新高，存款日均余额 1 713. 82 亿元，同比增长 9. 02% 。同时，主动服务国网电子商务和电动汽车发展，协助申请第三方支付牌照，积极提供支付与清算方案，着力培育新的存款增长来源。

【信贷与票据业务】信贷业务是公司的主要资产业务，也是向成员单位提供融资服务的主要业务形式。2015 年，公司在满足监管要求的同时，努力提高信贷业务管理水平，实现了信贷规模稳步增长，贷款日均余额 908. 16 亿元，同比增长 18. 12% ；克服连续五次降息的不利影响，实现信贷业务利息收入 47. 23 亿元，同比增长 4. 91% 。同时，积极推进信贷业务创新，建立创新类信贷业务激励机制，累计办理信贷创新业务 94. 39 亿元，其中票据承兑 46. 60 亿元，同比增长 1. 6 倍；票据贴现 25. 70 亿元，同比增长 2. 6 倍。

【资金业务】资金业务是公司实现成员单位资金体内循环的主要业务形式。2015 年，公司与国家电网公司总部建立了资金周例会工作机制，资金管理协同能力进一步增强；配合国家电网公司推广资金监控平台建设，实现了省级电力公司对账户、资金、融资信息的多维度穿透查询和在线监控；适应利率市场化要求，改革内部资金传统定价模式，实施存贷款业务按内部价格逐笔计价，进一步优化资金资源配置；准确判断资金形势，择机开展资金同业业务，日均融出资金 83 亿元，同业利息收入创历史新高。

【投资业务】在有价证券投资方面，公司始终坚持稳健投资策略，积极开展投资和投行业务，取得良好的业绩。2015 年，公司投资业务再上新台阶，建立证券投资业务激励机制，全年实现证券投资收益 11. 7 亿元；投行业务取得新突破，担任 2015 年国家电网公司先后发行的三期债券的副主承销商，并担任南瑞集团中票发行的财务顾问。同时公司始终将投资风险控制放在首位，修订投资业务管理制度，严控高风险投资，明确对高风险业务的监控责任。

【资金集中】2015 年，公司资金归集服务不断加强，积极拓展资金归集的深度和广度，带动公司存款规模不断增长，为公司经营发展提供了有力支撑。通过进一步加强资金归集管理，不断深化资金集中服务工作，截至 12 月末，按可归集口径，公司实现国家电网公司系统资金集中度 99. 95% 。

【国际业务】2015 年，为更好地服务国家电网公司国际化发展战略，公司深度参与国家电网公司跨境资金双向通道建设，已获人民银行批复人民币净流入上限 2 617 亿元，为引入境外低成本资金创造了条件。2015 年，公司积极拓展国际业务，新增结售汇业务客户 3 家，完成结售汇业务 86 笔，合计金额 9. 17 亿美元。

【风险管理和内部控制】2015 年，公司始终坚持将依法治企和风险管控摆在突出重要的位置，严格依法合规经营，有效监控各类经营风险，持续提升风险管控能力，为公司实现年度经营目标保驾护航。

一是着力加强法治企业建设，坚持把国家电网公司“三全五依”要求贯穿到公司各层级和经营管理全过程，认真落实国家电网公司通用制度管理要求，全年制定、修订规章制度 11 项。二是切实加强审计监督，顺利完成迎审配合和审计整改，按计划完成任期经济责任、投资等重点审计工作，审计第三道防线作用不断强化。三是持续开展“大安全”活动，公司各类经营管理风险得到有效防范，年内没有新增不良资产，年末不良资产率 0. 05% ，全年未发生 8 级以上安全风险事件，营业差错率为零，信息系统运行可靠率 100% ，在国家电网公司31家分类管理的直属单位中排名第一。

【人力资源管理】2015年，公司坚决贯彻落实国家电网公司人力资源管理各项决策部署，扎实推进人力资源管理各项工作。一是在公司党组领导下扎实开展干部管理工作，修订公司干部管理制度，研究制定职员职级管理办法，拓展干部员工职业发展通道，组织开展干部调研考察，持续加强干部培训，完善总部和基层之间的干部交流制度。二是落实国家电网公司岗位绩效工资制度实施总体方案，结合公司实际，统一了公司系统基本工资制度。三是完善绩效管理体制机制，强化考核结果在薪酬分配、评优评先等方面的应用，促进员工持续改进业绩和提升能力，研究建立市场化激励约束机制。四是加强全口径人工成本管理，依法合规开展劳动用工管理，提升教育培训的针对性和有效性，持续规范社会保险和企业年金管理，不断夯实人力资源基础管理。

【信息化建设】2015年，公司信息化工作围绕公司创新发展的总体要求，谋划“十三五”工作安排，圆满完成年度重点建设任务，信息化建设和运行管理各项管控指标在国家电网公司直属单位名列前茅。一是开展宣贯沟通、同业调研、业务需求梳理确认、产品验证测试，积极稳妥推进新一代核心业务系统建设工作。二是全面加强信息安全管理，开展系统安全检查和专项督查、应用系统账号权限治理，深化运维精细化管理，落实国家电网公司直属单位运行管理提升活动成果显著，系统运行可靠率100%。三是继续加强国家电网公司资金结算通道建设，完成现有核心业务应用完善工作，完成资金结算、资金调控中心、电票等系统年度建设任务。四是按计划顺利完成亦庄数据中心搬迁年度建设任务，公司信息化专业规范管理水平进一步提升。

【企业文化建设】2015年，公司持续深入开展“三严三实”专题教育，作为金融单位代表在国家电网公司“三严三实”专题教育座谈会上做交流发言。深化党建工作，加强基层党组织建设，评选“一先两优”，进一步发挥党支部和党员作用，积极推进和谐企业建设。继续弘扬“五统一”优秀企业文化，大力倡导争做“最美国网人”，营造积极向上的企业氛围。公司被国资委授予“首都文明单位标兵”称号，公司总部、华中直属营业部、新疆业务部客户服务部分别荣获国家电网公司百名“优秀共产党员服务队”“企业文化示范点”“先进班组”称号。

神华财务有限公司

【经营概况】2015年，神华财务有限公司（以下简称“公司”）围绕“1245”（瞄准“一个目标”，创建世界一流清洁能源供应商；抓好“两个转变”，转变发展理念，转变发展方式；推进“四个发展”，安全发展、转型发展、创新发展和谐发展；实现“五个提高”，提高企业的发展质量和效益，提高企业管理水平，提高国际化能力，提高企业软实力，提高履行社会责任的能力）清洁能源发展战略，以“建设国内一流财务公司”为愿景，凝聚共识、转变思想、攻坚克难，不断加强资金管理能力，提升金融服务水平，完善风险防控体系，在巩固和发展传统业务的基础上，积极探索产品服务创新，金融服务和管理水平不断提升，在煤炭市场不景气和央行数次降息的不利背景下，逆势发展，超额完成全年各项经营任务。2015 年，公司获得集团“五型企业”考核综合板块 A 级第一名的成绩，获得首次全国财务公司行业评级 A 级，被行业协会评为创新型财务公司，多项经营指标位居行业前列。公司全年实现营业收入 20.50 亿元；实现利润总额 11.16 亿元。集团全口径资金集中度达到 60.97%，创造历史最好水平。

【外汇业务】公司于 2015 年 7 月取得北京银监局获准开办外汇业务的批复；准备相关材料向外汇局申请跨国公司外汇集中运营管理资格，梳理外汇业务流程，为外汇业务开展奠定基础。

【资金集中】在煤炭行业低迷、资金紧张和集团大规模走款的压力下，公司持续加强与总部财务部的沟通和协调，强化资金运作安全管理，在与商业银行存款竞争中取得明显优势，资金集中成效显著，2015 年末全口径资金集中度突破 60%，达到 60.97% 的历史最好水平，较 2014 年末提升 14.73 个百分点，增幅 31.86%。

【业务创新】为配合集团打通境外资金合规入境的渠道，公司通过建设银行向人民银行提交跨境人民币资金池业务申请，7 月中旬上线跨境人民币资金池系统，完成了中国神华第一笔跨境人民币资金池业务。

【风险管理和内部控制】开展银行存款专项检查，进一步加强资金风险管控。公司多次召开专题会议研究落实整改工作，形成资金管理风险排查工作方案和重要岗位轮岗方案，组织相关部门资金安全风险排查，完成资金账户规范管理、资金调拨、对账、重要凭证保管、财务档案室管理、存款准备金缴退等多项工作优化计划和实施安排。公司于 2015 年末上线资金平台信使服务系统，成员单位可以及时获取账户变动信息，有效防范资金风险。

开展风险点排查，风险评级再上新台阶。公司多次与监管部门沟通，反复梳理公司风险点，进行风险自查和排查，采取增加审计稽核部、内部轮岗、流程梳理、制度优化等有效措施，监管部门关注的风险隐患得以化解。梳理涉及财务公司的法律法规、监管规则，编印《神华财务有限公司合规风险管理手册》，分为 8 个部分 37 项业务、职能条线，涉及合规点 770 余个。通过自我评估与检测、自我排查和监管检查，在风险制度管理体系和风险管理体系持续加强全面风险管理体系建设。编制税务管理手册，控制公司涉税风险。在完成集团涉税检查的基础上，全面总结、梳理涉税业务风险点，编印《神华财务有限公司分税种税务管理手册》。手册涉及 14 大税种共 870 余条涉税风险点以及相关政策依据，将在规范涉税业务操作、控制涉税风险、提升税务管理水平等方面起到重要作用。

【人力资源管理】人力资源管理工作进一步强化。启动岗位薪酬体系建设工作，通过对岗位梳理、岗位说明书编写、岗位评价等工作，为下一步薪酬优化奠定了基础；成立审计稽核部获得集团批准，开展两次主管岗位公开招聘和一次中层管理人员内部选拔工作，有效补充了人才队伍，规范选人用人标准和程序。举办由部门负责人亲自讲业务发展的自我启迪系列培训 10 次，提高员工自我修养和客服能力的人文启迪培训1次，组织员工拓展培训2次，不断提高员工业务能力和综合素质。

员工业务水平和综合素质不断提高，多次在各系统受到表彰和获得奖项。三名员工分获集团劳模模范、优秀共产党员、优秀党务工作者称号；一名员工在中国人民银行组织的全国企业征信系统数据质量评比中获优秀个人；1篇党建课题获集团思想政治课题研究优秀成果二等奖，4篇综合版块获奖；6篇课题获中国煤炭经济研究优秀论文二等奖；多名员工研究成果公开发表；选派2名干部参加集团中青年、青年干部培训班。

【信息化建设】稳步推进信息化整体规划建设。为了实现建设“国内一流财务公司”的战略目标，突破信息化系统的瓶颈，公司与国内一流财务公司的持续对标，推进公司信息化建设总体规划，通过现状分析与诊断、信息化架构蓝图设计、实施路线规划等一系列工作，规划出公司业务运营管理一体化信息平台，全面提升公司业务创新能力和管理决策能力。以行业领先为目标的核心业务系统备用线建设项目已完成前期调研和业务梳理工作，并根据业务急需制定资金管理、结算管理、信贷管理、票据管理、外汇管理及风险管理等子模块优先上线计划，项目立项工作正在稳步、快速推进。公司在集团2015年统建系统使用水平评价中，一直位列集团前茅，并多次取得满分成绩。

中国电子财务有限责任公司

【经营概况】2015年，中国电子财务有限责任公司（以下简称“公司”）以集聚集团内外部金融资源、助推集团产业发展为使命，结合中国电子的产业特点，在夯实传统贷款业务基础上，大力推广财富管理、外汇业务及电票业务，探讨推进供应链金融创新业务，为集团及成员企业提供全方位金融服务，取得了较好效果。

2015年，公司全年营业收入4.77亿元，同比增长11.19%；利润总额4.12亿元，同比增长30.79%；对集团收益贡献9.55亿元，同比增长32.18%；全口径资金集中度40.77%，含委托贷款、委托投资的资金集中度为50.38%；管理费用贡献比为18.88，比上年同期提高24.47%，各项经营指标再创历史新高。同时，公司也面临着较为复杂严峻的发展形势：一是利率市场化冲击传统信贷业务，利差缩小，业务转型势在必行；二是经营市场化趋势和企业多元化要求均增加了金融服务难度；三是人才队伍的能力素质与集团公司发展要求之间存在差距，整体经营能力和服务水平亟待提高。

【公司金融】2015年，公司通过对成员企业总体经营情况的分析和项目的提前介入，为成员企业提供个性化金融服务方案，增加多品种的担保业务，提高金融服务能力。形成与中国软件进一步加深金融合作的预案；与南京相关金融机构建立合作关系，合作参与集团公司一号工程筹融资工作；针对东莞产业园建设前期资金需求，探索符合国际总部需求的金融服务模式；协助中电控股境外资金回流到境内使用，协助中电科技进行境内资金安排；通过建设银行与北京中电广通完成了第一笔内保外贷业务，并向其他相关成员企业推广；代开银行保函、信用证业务在集团范围内广泛使用。

截至年末，金融服务日均规模达到188.10亿元，同比增长27.51%；委托贷款日均余额43.37亿元，同比增长62.43 %；信贷规模58.43亿元，比上年有所下降；担保余额18.05亿元，同比增长126.76%。

【资金和投资业务】加强同业合作，增加银行授信品种和额度，取得授信额度155亿元，同比增加19.23%。在保证企业资金需求的前提下，沉淀资金安排灵活多样，活期资金收益最大化，适度开展多品种低风险投资，资金运作收益较上年同期大幅提高。

公司将财富管理作为业务转型的重点之一，初步聚集起一定的投资渠道和业务品种，建立起为成员企业财富管理的运作模式，为重点打造专业化的团队和精细化的管理运行模式打下了良好的基础。2015年委托理财日均余额68.37亿元，同比增长32.91%，提高了成员企业的资金收益。

【票据业务】2015年，公司在取得五家银行票据保贴额度29亿元基础上，积极推进与工商银行保贴业务和代开银票的合作。初步与建设银行北京市分行达成了票据池的合作方案，并在浙商银行开展票据池业务试点，集中集团票据资源，降低企业财务成本，选择了4家成员企业入池开展业务，年末已入池票据近2亿元。2015年，公司累计操作商票承兑业务382笔，总金额26亿元，票据贴现业务320笔，贴现金额24亿元。

【外汇业务】为适应中国电子国际化发展进程和人民币国际化进程，公司积极拓展外汇业务，共26家成员企业开展结售汇业务。通过不断优化结售汇管理信息系统，提高结售汇服务能力，并利用场内交易的价格优势，降低企业结售汇成本。2015年，为成员企业办理结售汇业务1 306笔，同比增长9.56%；结售汇人民币38.59亿元，同比增长17.40%，为成员企业节约汇兑成本0.08亿元，结售汇业务进入全面推广阶段。2015年，公司获批本外币跨境资金池业务资格，开通、试点资金池业务。

【资金集中】2015年，公司配合集团总部完成了对成员企业上年度资金集中考核工作，并对表现突出的成员企业给予专项奖励。继续依靠转变服务方式、提升服务质量拉动资金归集，建设优质高效的结算平台，不断提高服务意识和水平。2015年，资金集中规模达310亿元（含企业存款、委托贷款和委托理财），同比增长46.62%。

【业务创新】公司的跨境人民币资金池业务获得人民银行批准和北京银监局审批，增加了境外人民币跨境结算功能，成功开展集团内两家企业境外4.09亿元人民币以委托贷款方式流入。公司取得外汇局批准的跨境外汇资金集中管理功能，为中电器材办理了跨境付汇。推进与浙商银行合作开展票据池业务试点，集中集团票据资源，降低企业财务成本。

【风险管理和内部控制】2015年，公司进一步完善了全面风险管理体系，加强风险评估分析，根据经营成本、市场利率趋势及成员企业综合贡献度等指标制定了差异化的存贷款利率管理办法及流程。2015年，公司信贷规模58.43亿元，所有信贷资金均正常回收，均未出现逾期情况，对较高风险业务要求集团成员企业提供第三方担保或抵质押，以减少风险敞口；重视流动性管理，强调资金计划的重要性和及时性，流动性比例115.81%，资金流动性较为充裕；没有发生过操作风险事件，操作风险引致的资产损失为零元。2015年，公司各项业务平稳运行，风险控制成效显著，资本充足情况良好，各项监管指标符合监管要求。

2015年，公司继续推进内控建设工作。结合业务发展的需要修订了9项制度，制定了23项制度流程，编写了《结算业务操作手册》。通过制度流程的修订与完善，规范了业务流程，加强了风险管理。

【人力资源管理】2015年，公司着力加强全员考勤和绩效考核工作。经过打卡考核和持续监测，全公司从上到下均能严格执行考勤制度，形成良好的工作秩序，员工精神面貌焕然一新，工作效率显著提高。以月度、季度和年度工作计划的完成情况为基础，加强全员绩效管理，全面提升绩效水平。制定全员月度工作计划，分管领导对下属团队的工作绩效进行月度考核和反馈，构建全员考核体系并不断完善。

公司选人用人及考核机制逐步市场化，人员的进出上下和考察严格按照岗位职责要求和工作实绩执行。新的考核体系充分调动员工的积极性和创造性，进一步强化公司考核约束和目标管理工作，提升了公司内部管理。

【信息化建设】2015年，公司信息化工作重点包括以下四个方面：一是更换了核心业务系统的主机，提升了系统性能，增强了系统可靠性和稳定性，更新了签名验签服务器，由软签改为了硬签服务器方式，升级了USB Key，增强了安全性；二是开发了“智能定期”和“集中收付汇”两个新功能模块，并对现有系统进行了30余项功能升级；三是信息技术部引进了一名具有软件开发经验的员工，增强了软件项目开发管理能力，也增强了公司信息化工作实力；四是全年信息系统安全稳定运行，没有发生任何信息安全问题，保证了公司各项业务顺利开展。

【企业文化建设】2015年，公司继续以开展党的群众路线教育实践活动为载体，积极建设阳光、和谐、透明的企业文化，树立“务实高效、勤俭节约”的企业作风。组织员工学习、讨论，开展业务和管理知识培训，鼓励青年员工加快成长，勇挑重担，逐步建立业绩导向、积极进取、有朝气和活力的专业团队。坚持开展丰富的文体活动，搭建职工交流沟通的平台，增加公司的向心力，创造和谐的企业文化。

航天科技财务有限责任公司

【经营概况】2015年，航天科技财务有限责任公司（以下简称“公司”）全年实现业务收入29.85亿元，实现利润总额13.79亿元。公司资本充足率、不良资产率、资产损失准备充足率、流动性比例等各项指标符合监管要求，全年无新增不良资产。

【信贷业务】公司以满足成员单位产业发展资金需求为目标，积极开拓集团内部信贷市场，继续推广集团授信服务方案，集中为主要二级单位和部分重要三级单位办理集团授信，进一步提升公司信贷服务效率，日均信贷突破200亿元。公司大力推广应收账款保理、融资租赁业务，降低了成员单位的应收款占用，满足了成员单位生产设备长期占用资金的需求。

【资金和投资业务】公司积极配置永续债、次级债、可转债、分级A、二级债基等新品种，准确把握债券市场波段机会；2015年初预判利率将维持下行趋势，及时配置长期限同业存款、锁定利率，获得较好投资收益。

【票据业务】公司大力推广票据承兑与贴现，累计办理票据承兑85.69亿元，办理票据贴现37.64亿元，满足了成员单位上下游的采购支付、优化经营现金流量等需求。

【外汇业务】公司积极推广外汇业务，累计办理结售汇业务1.83亿美元；成功开展首笔外汇信贷和境外单位存款业务，为成员单位相继从境外调入3亿多元人民币的外汇资金，帮助成员单位降低1 000多万元人民币融资成本。2015年获批国家外汇管理局跨境双向额度翻倍增长、新增集中收付汇资格、扩大结售汇综合头寸限额、新增二十余家跨境和结售汇单位获得试点资格。

【资金集中】公司以完善集团公司账户管理为目标，先后完成了《集团公司账户管理报告与改进建议》，为集团公司下一步加强账户管理提供支撑；与合作银行进行沟通协调，简化资金集中办理流程，建立了新增账户资金归集反馈机制，定期督促银行办理资金归集、及时向成员单位反馈相关情况，并按月通过公司财务总监报告向集团公司汇报资金归集情况，提高了新增账户的资金归集效率，2015年末，集团资金集中度为96%；重新设计并上线电子回单系统，实现绝大多数业务办理1小时内可生成并打印业务回单，年内试点开通了电子回单自助打印功能，回单传递效率得到极大提升；完善支票记账功能，实现支票批量自动识别记账，大幅提升记账效率。

【业务创新】2015年7月，公司办理首笔集中开立保函业务。该笔保函业务由成员单位申请，可大大释放成员单位资金流动性、增加财务公司资金归集度、并降低保函业务手续费用。

【风险管理和内部控制】公司修订了风险监测指标体系，提升了全面风险管理标准化、信息化水平；形成了产业链金融、外汇等新业务风险管控方案与框架，确保了新业务的稳健开展；建立交易对手综合评价模型，并引入交易对手综合授信机制，对同一交易对手的标准和非标产品进行差异化管理，强化投资风险管控。积极推进2015年内外部审计意见整改落实检查，逐项检查审计意见落实执行情况，确认已整改事项，督促整改未落实事项；在保理、买方信贷、贷后管理、委托资金专户管理、信息系统运行维护等方面开展专项审计工作，提出审计建议并得到采纳；持续开展内部控制综合评价，查找内部控制缺陷，推进内部控制体系的逐步完善，提升内部控制效果。

【人力资源管理】公司完善绩效考核工作，加大对核心收入指标的奖励力度，促进公司各项任务指标的完成；赋予各部门负责人对部门员工绩效工资一定调整权限，促进部门负责人加强对员工计划与绩效的日常管理；研究在现行工资体系中增加岗位价值因素，探索建立对金融投资和产业融资服务团队的市场化业绩超额激励机制，持续推进薪酬改革；加强培训的闭环管理，要求参加培训的员工提交培训总结与资料、并做内部交流，确保培训质量，实现培训知识共享。

【信息化建设】公司完善核心业务系统功能，进一步提高业务处理效率，促进手工记账差错率的降低；开展OA系统移动化改造，进一步提高日常工作效率；持续完善1104系统、数据仓库系统，保障监管报表的准确、及时报送；启动综合大前置基础平台搭建，缓解业务系统压力，提供标准化、统一的接入通道；启动移动BI平台建设，建立了基于移动终端的决策分析系统，为客户提供更加个性化的金融服务；开展信息安全等级保护测评、信息安全管理与灾难应急演练工作，保障公司信息系统安全稳定，提升突发事件应急抗风险能力。

【企业文化建设】公司学习宣贯《集团公司企业文化体系建设指导意见》和《集团公司视觉识别系统》，落实新版视觉识别系统的应用。组织开展企业文化主题实践活动，通过开展“成就梦想 爱在路上”“携手追寻航天梦”四子王旗小学爱心支教活动，不断增强广大员工的使命感和责任感。

【党建工作】公司将党建工作纳入重要议事日程，成立党建工作领导小组，建立党建工作督导员工作机制，构建了齐抓共管的党建工作格局；坚持党建工作与中心工作同谋划、同部署、同考核，确保两手抓、两促进。积极参与谋划“十三五”规划与公司全面深化改革工作，参与公司“深化资金集中管理、创新产业链金融服务、拓展国际金融业务”等重大经营管理工作，大力支持鼓励“资产证券化、票据池管理模式”等业务创新，为公司圆满完成“十二五”规划各项经营指标提供坚实的政治保证。

航天科工财务有限责任公司

【经营概况】2015年，航天科工财务有限责任公司（以下简称“公司”）实现营业收入13.59亿元，同比增长1.9%；实现利润总额9.81亿元，同比增长16.6%；实现资本利润率19.59%；实现经济增加值5.78亿元，同比增长14.3%；年末资产总额创历史新高，达到685.08亿元，同比增长39.75%。截至年末，公司员工71人，平均年龄37岁，本科以上学历占比为82%，硕士及以上学历占比为41%。

【信贷业务】公司积极调整授信模式，提前开展授信工作，以方便成员单位对资金使用的管理和规划。2015年末，贷款日均规模达103.34亿元，贷款集中度为54.04%。

【资金和投资业务】公司优化同业资金结构，提高与合作银行的议价能力，在同业价格持续下降的情况下，加大中长期结构性存款规模，在人民银行全年降息幅度较大的情况下，公司同业资金收益率依旧保持了较高水平。2015年全年实现投资收益2亿元。

【票据业务】2015年，全年票据承兑40.93亿元，票据贴现1.63亿元，转贴现8.19亿元，帮助成员单位改善经营活动现金流。取得跨境双向人民币资金池业务资质。

【资金集中】2015年，公司新开立各类账户达到159个，新增账户带来的存款量峰值超过20亿元。吸收存款年末达到644.80亿元，同比增长42.8%，存款集中度约80%；吸收存款日均规模实现342.48亿元，同比增加39%，均创历史新高。

【统保业务】制定统保业务整体工作方案，配合集团公司完成统保招标工作；协助试点单位对接当地保险服务机构，并组织开展客户培训、现场查勘及风险评估工作。

【风险管理和内部控制】2015年，公司开展了制度宣贯工作，不断强化员工的制度观念和意识，杜绝发生严重内控失效事件。在“嵌入式”的业务审批流程中，严格审批和程序执行，明确合规审核意见。不断完善法律风险防范体系建设，实现对重大决策、经济合同和规章制度的100%法律审核。

【人力资源管理】2015年，公司完善激励约束机制，开展年度绩效考核管理工作；优化现有人力资源配置，完成全员岗位“两年一聘”；根据巡视整改要求，修订公司履职待遇、业务支出和福利开支管理办法。加强干部日常监督管理，制定公司干部管理规定，开展“一报告两评议”、后备干部推荐等工作；全年组织开展60余人次的培训工作；顺利完成集团VPN网数据验收工作，并被集团公司评为优秀单位。

【信息化建设】完成新一代核心业务系统顶层规划设计，通过专家评审及项目招标，为第一阶段业务系统建设奠定基础。基础运维工作日趋标准化，建立运维操作手册，为371家成员单位、69名内部用户提供信息系统使用技术支持服务。顺利通过等级保护现场检查，并按照国资委要求推进软件正版化工作，实现客户端正版化率100%。

【企业文化建设】通过党工团强化企业文化工作的组织保障，组织开展了“三严三实”专题教育和从严治党能力提升专项工作，落实“一岗双责”要求，制定出台党风廉政建设主体责任和监督责任实施意见，并狠抓监督检查；充分利用互联网和官方微信的外宣平台，加大党建工作的宣传力度，效果显著；充分调动和激发广大职工的积极性、主动性和创造性，将业务知识讲座竞赛、“小讲堂”活动融入到班组建设、“职工之家”建设中；开展各类职工文体活动。

中船重工财务有限责任公司

【经营概况】2015年，中船重工财务有限责任公司（以下简称“公司”）受益于集团公司资金管理政策变化影响，公司吸收存款和信贷业务规模从8月开始明显增长，投资业务较好地把握了上半年的市场机会，盈利能力明显提升。全年实现收入（含投资收益）35亿元；实现利润16.02亿元，较2014年增长88%。完成集团公司和董事会确定的各项经营目标。

【信贷业务】公司遵循“精益、持续、改善”的工作理念，充分发挥好各类信贷产品的功能，为集团和成员单位提供个性化、有针对性的融资服务。一是落实集团“低贷”工作要求。公司为32家客户置换外部高息和基准利率贷款，累计投放资金39.89亿元；对68家优质客户的新增贷款执行基准利率下浮5%的政策。二是大力开展电子银行承兑汇票业务，降低成员单位财务成本。2015年，公司积极推广电子银行承兑汇票业务，全年开立电子银行承兑汇票业务756笔，累计金额25亿元，较上年大幅增加20亿元；完成电子银行承兑汇票到期解付业务370笔，累计金额8.26亿元，较上年增加3.44亿元；公司开立的票据一半以上经过背书转让、贴现、转贴现，实现了多次流转，得到了市场的广泛认可。三是加强业务创新，增强公司融资服务功能。公司加大业务创新力度，努力提供个性化的金融服务。成功开展财务顾问业务，以财务顾问的方式，为武船重型工程股份有限公司与中国农业银行就《苏岭山大桥项目》签订总金额为2亿元的短期流动资金贷款，享受利率下浮10%的优惠；积极开展与同业财务公司的沟通合作，与其他军工财务公司联合推出“军财票”，为成员单位提供更大范围的服务。四是协助集团公司与合作银行开展“总对总”授信业务。集团公司实行资金高度集中管理后，公司积极协助集团公司与十家合作银行开展“总对总”授信业务的商谈，满足成员单位取得属地金融机构各项授信融资业务的需求。

2015年，公司实现贷款规模242亿元，较上年增加26%；日均贷款规模217亿元；为集团节约整体财务费用10.56亿元，为集团战略目标的推进提供了有力的融资支持。

【资金业务】强化资金流动性管理，积极开展同业业务创新。2015年，公司资金管理在统筹考虑流动性风险和资金使用效益的基础上，加强公司资金的计划管理和统筹安排。一是积极开展资金运用分析，合理配置同业资产结构。遵循流动性与效益相结合的原则，努力压缩备付金占用，灵活调度资金，提高使用效益；统筹考虑市场品种、利率水平、流动性等因素，进行同业资金的配置。全年公司货币资金存款日均余额268亿元，按权责发生制统计，存放同业收益率为3.97%，利息收入9.60亿元。二是探索开展结构性存款新业务，提高同业收益。在公司同业存放利率逐渐走低的前提下，为了拓宽投资渠道，经过多方论证，2015年在中信银行、兴业银行分别开展了10亿元结构性存款。

【投资业务】积极把握资本市场变化，大幅提升盈利能力。2015年，公司按照“积极参与、有效把握、优化配置”的投资原则，以新股投资、逢高减持、加强股票基金配置、加大专户投资力度等为重点，实现了有效控制投资风险下盈利能力的明显提升。一是新股投资收益良好，新股管理水平明显提升。公司2015年积极参与新股投资，有效把握新股上市卖出机会，新股投资实现了较好的收益。二是深入分析国家战略和政策，及早布局市场热点。公司根据经济新常态的战略定位，在年初及时加大符合国家发展战略、具备政策支持的重点行业基金的配置，并加强波段操作，取得了良好收益。三是以获取绝对收益为目标，加大专户等品种的布局。通过对市场大幅调整过程中产品的综合考量，从获取绝对收益的角度，公司加大了对专户产品的配置。四是推进一揽子投资业务建设工作，扩展与市场机构的沟通和合作。公司加大市场调研力度，就银行理财、信托等产品与各类机构沟通、交流、合作，逐步建立起一揽子投资业务。公司2015年实现投资收益13亿元。

【资金集中】落实集团公司资金集中管理新要求，全力推进资金归集工作。公司统筹规划、攻坚克难，在短短四个月内完成全级次成员单位的资金归集工作。一是完成集团全级次成员单位在公司开立账户工作。2015 年下半年新增开户 555 家，共计 845 家成员单位在公司开立账户，实现全级次成员单位开通公司网上结算和电子回单系统。二是实现资金自动归集。建立起与中国银行、农业银行、工商银行、建设银行等十家集团选定合作银行总对总的直连，并于 11 月底实现全部十家合作银行的资金自动归集。三是完成集团公司资金预算管理系统的开发、建设和上线工作。从 10 月起组织 725 所、368 厂、科投公司三家二级公司共计 25 家单位进行预算业务试点运行，试运行状况良好。四是组织全级次资金集中培训，完成成员单位银行账户授权。公司在北京、上海等地组织大规模的资金集中业务培训，进行业务政策、业务流程和方法的宣讲和推介；组织协调成员单位完成 1 489 个银行账户的授权，实现资金集中管理账户的每日自动归集、账户信息和资金交易信息的实时在线监控。

【业务创新】2015 年，公司实行了全集团、全级次的每日资金归集和月度资金预算，截至 12 月 31 日，公司吸收客户存款余额为 800.12 亿元，较年初增加 403 亿元，增长约 102%；全年日均存款达到 475 亿元，较 2014 年同期增加 126 亿元，增长 36%；开展了财务顾问业务，为武船重型工程股份有限公司与中国农业银行就《苏岭山大桥项目》签订总金额为 2 亿元的短期流动资金贷款，利率享受下浮 10% 的优惠。

【风险管理和内部控制】防控操作风险，强化业务系统授权工作。2015 年，风险防控贯彻不相容岗位分离的原则，重点完成九恒星业务系统密钥及证书更新、集团资金集中大量开卡、系统用户日常维护等工作。一是完成九恒星业务系统密钥及证书更新。对到期的 620 个网上资金结算系统用户逐一检查、清理，减少系统冗余。同时，第一时间在生产环境中进行了批量抽查测试，做到新旧密钥无缝衔接。二是快速完成集团资金集中开卡工作。在近半个月的时间里，完成网上结算系统 1 200 多个用户的开卡及角色授权工作，满足了资金集中管理要求。三是开展专项检查，排查风险隐患。按照监管要求，开展案件防控、“两个加强、两个遏制”专项检查以及“回头看”工作，加强内控风险大排查，提升风险防控水平。

【人力资源管理】推进专业化建设，规范人力资源管理。一是满足业务需求，组织开展人员招聘。立足于公司经营管理和发展需要，落实人员配置需求，经过层层选拔，完成新员工招聘录用，较好地满足了业务条线的人员需求。二是做好薪酬和绩效管理。加强考勤管理，建立定期考勤巡视抽查制度，严格休假和加班管理；定期组织好季度考核；规范做好对新入职员工的试用期考评、定级定岗。三是加强入离职管理，做好培训教育。规范离职员工办理各项离职手续；开展新员工入职制度流程、保卫保密、信息化以及业务培训，规范劳动合同签订等工作；做好员工“五险二金”和补充保险的规范管理，满足员工的各项正当需求。

【信息化建设】大力推进信息化建设，为资金管理提供强有力的业务支撑。为适应和满足资金高度集中和全集团预算管理的要求，公司启动业务需求分析和信息系统现状分析，制定信息系统升级改造技术方案。相继完成项目实施、安全评估、压力测试等工作。

【企业文化建设】丰富员工文体活动，积极营造和谐健康向上的团队氛围。针对公司业务和人员实际，提倡和开展内容丰富、充满活力、有益身心的文体活动，组织建立了健步走小组、羽毛球活动小组、瑜伽兴趣小组等。通过开展形式多样的文体活动，丰富员工工余文体生活，引导员工将活动中的积极性转化为推动公司发展建设的动力，营造团结协作、上下一心、蓬勃向上、求实创新的良好氛围，共同努力开创公司发展的新征程。

中海石油财务有限责任公司

【经营概况】2015 年，中海石油财务有限责任公司（以下简称“公司”）克服油价断崖式下跌、中国海油集团面临严峻经营压力的挑战，努力应对内外部形势的不利影响，依靠服务求生存，致力专业求发展；一方面配合集团加强资金集中管理，深耕客户服务，提高对集团内资金资源的归集能力，为各项金融业务的发展奠定基础，另一方面抓住集团内部和金融市场的各种业务机会，提高专业操作水平，在确保资金安全的前提下争取收益，为集团保增长直接贡献价值。

截至 2015 年 12 月 31 日，公司资产规模达到 1 179 亿元，同比增长 9.1%，年内长期稳定在 1 000 亿元以上。自营资产规模达到 795 亿元，同比增长 21%；年内日均自营资产达到 688 亿元，同比增长 12.60%，为各项业务的发展提供了资金资源，并继续保持不良资产零纪录。公司全年累计实现营业收入 31.30 亿元，同比增长 12.10%；全年累计实现拨备后利润 15.40 亿元，同比增长 30.20%，实现逆市上扬，圆满完成了集团下达的“保增长”刚性目标，经营预算目标完成度达到 162.10%，再创开业以来正常经营状态下的最高纪录。同时，公司经营管理水平不断提升，内控风险管理基础得到巩固，信息系统建设与人才队伍建设齐头并进，为公司保持可持续发展创造了条件。

【信贷业务】公司紧密跟踪成员单位资金需求变化，在增量拓展方面配合集团重点项目建设与融资规划精选优质项目，为生产建设提供了可靠的低成本资金保障；在存量调整方面深入调研和摸查各成员单位在外部银行融资情况，置换了部分成员单位外部银行贷款，帮助成员单位降低了融资成本。公司自营信贷业务规模再创公司开业以来最高纪录。全年累计为成员单位发放自营贷款 1 593 亿元，发放委托贷款 293 亿元。2015 年末自营信贷资产余额 249.63 亿元，同比增长 22.78%，全年实现日均余额 213.99 亿元，同比增长 13.93%。同时，公司信贷投放结构在客户、期限、品种等方面得到进一步优化，信贷收益的稳定性有所改善。

【资金与投资业务】在资金业务方面，公司一方面努力克服成员单位资金需求波动剧烈、资金计划落实不到位的客观困难，提高头寸管理的精细化水平，在确保成员单位用款的前提下尽力压缩备付金规模；另一方面，面对同业市场利率剧烈下降的形势，精心选择市场配置时机、配置品种、交易对手，尽可能争取安全收益。全年存放同业人民币定期存款日均余额达到195亿元，日均剩余期限为77天，加权平均收益率为4.05 %，同比下降97个基点，在同一时段1月期Shibor由5.588%大幅下降至3.002%的情况下，尽可能维持了公司同业资产投放的收益水平。

在投资业务方面，公司抓住年初股票市场出现的难得机会，积极参与新股申购，投资收益显著增长。一方面，公司在市场机会出现时，依托总公司和成员单位支持，及时调集足额资金；另一方面依托专业的投资操作，实现精准报价。全年共参与70只新股申购，其中67只以精准报价入围，入围率高达96%；并在获配上市后减持，避免被套风险。全年公司共实现打新收益2.39亿元，收益率高达86.46%，同时实现农业银行减持收益1.47亿元，两项合计3.86亿元，为公司经营业绩实现新突破作出了重要贡献。

【外汇业务】公司2015年完成外汇结售汇业务392笔，同比增长25.65%；结售汇金额达到31.69亿美元，在油价剧烈下跌、成员单位单笔业务金额显著下降的情况下，同比下降35.91%。在满足成员单位服务需求的前提下，公司结售汇业务加点幅度有所上升，提高了经营绩效。

【资金集中】公司大力推进金融服务网络建设，发展结算业务，2015年末人民币开户单位达386家，人民币账户达470个，对集团内具备条件单位的服务覆盖率超过92%，客户遍布27个省级行政区，共105个城市。公司全年完成结算业务21.93万笔，同比增长5.12%；结算金额达2.84万亿元，同比增长2.93%，有效加速资金流动，有力地支持了成员单位的各类生产经营活动，为帮助集团加强资金集中创造了条件。在此基础上，公司2015年可归集口径资金集中度均值为86.73%，同比增加11.73个百分点；年末达92.21%。2015年全口径资金集中度均值为52.19%，同比增加6.32个百分点；年末达51.81%；均达到历史同期最好水平。

【业务创新】公司充分发挥外汇业务资质全面的优势，抓住跨国公司外汇资金集中运营管理业务启动的机会，将服务品种扩展到美元租赁租金贷款及境内划转、跨境异地收汇等全新领域，为集团“走出去”发挥降低外汇资金成本和综合财务成本、管控汇率风险等多方面价值。

【风险管控和内部控制】公司2015年内完成了成立以来规模最大的一轮制度修订，新增各项制度文件22项、修订105项，废止14项，最终形成包括12项基本制度、50项管理办法、142项操作细则，共204项制度文件构成的完整制度体系，风险管控和内部管理的制度化水平稳步提高。公司金融产品定价和客户信用评级体系建设稳步推进，财务管理、预算管理、税务管理的精细化水平不断提升，内部审计稽核的工作范围扩展到业务部门内控评价和领导干部经济责任审计，为公司各项业务的安全、稳健、合规提供了坚实的保障。

【信息化建设】在信息系统建设与应用方面，公司不断深化全新上线的业务核心系统应用，持续推动金融服务电子平台升级，依托信息技术革新带动资金支付结算流程再造，将对外支付资金清算由五个步骤简化成小额支付一步、大额支付两步完成，在不降低安全性的前提下显著提升了支付清算效率和客户满意度。

【信用评级】2015年，依托于稳健有力的风险管控和严谨高效的内部管理，公司继续保持境内商业性金融机构最高水准的标准普尔、穆迪信用评级，在中国金融市场继续保持良好声誉，公司稳健可持续发展的基础得到进一步巩固。

海尔集团财务有限责任公司

【经营概况】 海尔集团财务有限责任公司（以下简称“公司”）成立于2002年，注册资本金为53亿元人民币。经过十三年的发展，截至2015年底，资产总额610.95亿元，营业收入27.24亿元，利润总额20.26亿元。

2015年，公司积极应对宏观经济下行、集团转型升级压力等影响，坚持资金集中、服务集团的基本定位，充分发挥“资金归集平台、资金结算平台、资金监控平台、融资营运平台、金融服务平台”功能，开发特色金融产品，支持企业成员单位提质、降本、增效，为促进集团转型发展，提升竞争力发挥了重要作用。

【信贷业务】 公司作为行业延伸产业链金融的试点公司之一，积极响应国家政策，服务中小企业发展，为产业链上下游客户提供优质的金融服务。在进行了充分的可行性分析基础上，有序推进“一头在外”的票据贴现、应收账款保理等产业链金融服务。依靠集团健全的信息化系统优势，第一时间通过互联网平台满足其融资需求，形成物流、信息流与资金流的全面管理，为中小微企业提供了全流程的综合金融服务方案。

【产品销售信贷业务】 2015年，公司继续开展以个体工商户、个人为借款主体，以成员单位产品为标的的经销商买方信贷、消费信贷等业务，营销网络遍布于全国90%以上的城乡。海尔的专卖店和社区店是集团产品最重要的营销渠道，几乎全部由小微企业组成，注册资本一般在10万~50万元之间，年经营规模大部分在300万~3 000万元之间。在其发展过程中，融资需求日益突出。海尔财务公司借鉴先进经验，整合内外部专家资源，参照国际母本对中小企业授信与评价模式，重点考察并评价专卖店行业经验、历史数据、经营稳定性、履约能力，结合所有者个人品行、经营思路、信用水平、家庭稳定性等因素，对经销商客户分类评价与授信，分类支持、分级引导，并实施动态优化。为更好地管理并维护数量庞大的专卖店客户，公司重新设计并建设了新一代信贷管理系统，可以实现与集团ERP系统的对接，自动获取客户采购、销售及相关大数据信息，可连接人民银行征信系统、法院诉讼系统、工商系统甚以及公安系统，自动抓取并分析客户诚信记录，通过获取基础数据，由系统自动实现对客户的评级、授信及风险自动识别，保证了业务审批的及时性和准确性。

针对经销商客户的特点，公司针对不同层级的客户设计了差异化的金融方案，在传统的房产抵押、金融资产质押等模式以外创新了货物的提货权质押、定单质押、一次贷分期还、担保公司担保以及小微企业信用贷款，经销商订单融资等模式，满足客户需求，使具有成长潜力的、忠诚度高的客户都能够得到公司的资金支持，抢占市场先机，从而进一步提升海尔品牌的终端竞争力。

为支持年销售额500万元以下的经销商客户，公司特别针对这类客户推出了“生意兴融”专属信贷融资产品，该产品在大数据分析的基础上给予客户预先授信的模式，在单户30万元额度内给予客户流动资金贷款支持，同时根据客户零售回款的销售特点，为客户设计了分期还本的模式，在不断降低公司风险敞口的前提下为客户节省了财务成本，该产品一经推出就获得了广大小微经销商客户的欢迎。

另外，针对有工程类需求的经销商客户，公司针对工程类业务的特点设计了“订单贷”融资类产品，该产品的期限与经销商实际订单期限匹配，并由公司结合第三方机构对买方的付款资质及交易过程进行风险核查及追踪，这类产品的推出，让经销商在和优质买方进行交易时不会为资金而担心，从而扩大主业的推进。而公司在确定了经销商客户明确的销售渠道后，也避免了传统经销商订单融资中订单变融资、融资变库存的风险。

经销商融资效率的提升与风险控制得益于“信贷工厂”，即“＋互联网”模式的推进。公司参照国际先进母本经验，打破传统的作业流程，构建以“信贷工厂”为核心的流程模式，并进行了信息系统的设计及开发，完成流程建制及系统开发。依托先进的信息系统技术，尤其是实时、高效的现场信息采集，高度标准化、智能化的信贷评分卡系统和分段、集中式的审核审批模式，做到信贷业务的各个环节流水化运作、标准化管理，实现“高速批量作业、标准流程处理、精确风险控制”的管理目标。

【资金和投资业务】为了降低融资成本，2015年公司投融资团队通过与同业人员的交流，及时了解最新市场信息，并凭借敏锐的市场洞察力，精准把握资金市场利率走势，结合资金使用计划，选择最有利的时点融入资金，有效节约了融资成本，为集团各项业务的持续、稳定、健康的发展创造了良好的条件，同时也为公司自身的发展提供了契机。通过对不同性质交易对手的剖析，基本已建立稳定的投资客户群，并且创新投资业务品种，提高了资金收益，业务品种涵盖同业存款、质押式逆回购、买断式逆回购、现券买卖和理财业务等。在充分保证集团内资金需求和安全性的前提下，极大提高资金的使用效率。通过合理头寸预测，灵活及时调度资金，保持合理的头寸额度，避免积压资金和盲目调度资金，从而提高资金的使用效益。

【外汇业务】2015年，在集团小微思想的管理思路指引下，公司环球金融市场团队不断探索，首次创新了双赢合作模式，即后端收费方式。在这种收费方式下，公司业务产品创新的积极性极大提高，公司积极为客户提供专业化的汇率风险管理策略和方案，当方案成功、客户实现盈利后，公司才分享部分盈利成果获得收益，最终实现双赢。外汇交易双赢模式的尝试有助于公司作为金融平台深入集团产业发展，实现金融风险管理和集团产业发展的密切结合，最终达到产业、客户和财务公司的共同发展。

2015年，海尔集团海外贸易公司在公司建议下，运用各种金融工具实施了大量的项目避险操作，包括欧洲出口欧元看跌期权风险管理项目、俄罗斯工厂采购卢布看涨期权组合风险管理项目以及香港上市公司美元融资美元人民币货币掉期汇率风险管理项目等，集团产业公司累计节约汇兑成本数亿元人民币，避险项目的实施有力提升了海尔集团海外项目竞标时的报价竞争力，保证了海尔海外业务扩张和跨境贸易的持续倍速增长。

2015年，公司外汇交易业务的双赢合作模式推出后受到了客户的广泛欢迎，同时，业务也取得快速发展，全年累计银行间交易额达58亿美元；远期结售汇交易量达26.85亿美元，在全国银行间外汇市场排名由2014年的第19位上升至第10位。

吉林森林工业集团财务有限责任公司

【经营概况】 2015年，面临宏观经济下行、集团公司与成员企业转型发展亟需资金的艰难时期，吉林森林工业集团财务有限责任公司（以下简称“公司”）发挥资金管理与融通的功能优势，在关键时点为集团与成员企业提供资金支持，以稳健、合规、审慎、效益原则，全面加强经营管理，为实现集团资金管理金融化、金融业务内部化的目标而不懈努力。截至2015年末，公司资产总额297 105万元，同比增长34 249万元，增幅为13%；负债总额为236 316万元，同比增长32 012万元，增幅为15.70%；所有者权益总额为60 789万元，同比增长2 237万元，增幅为3.80%；实现营业收入19 747万元，同比减少454万元，降低了2.25%，实现净利润10 479万元，同比增加813万元，增长了8.41%；此外，公司日均贷款余额、年末贷款余额以及日均归集资金余额均创公司成立以来最好水平。

【信贷业务】 2015年，面对集团公司与成员企业存款规模下滑、人民银行基准利率多次下浮的困境，公司一是制定合理的贷款催收计划，全年将房地产企业的贷款规模降至28.72%，不仅低于监管要求，更优化公司贷款结构，降低信贷业务风险。二是将“易贷通”作为贷款业务突破点，根据成员企业的资金需求，以同业拆借等方式为其筹措资金，在关键时点为集团及各成员企业发放过桥贷款35笔，累计金额25.80亿元，为维护集团整体信用提供了融资保障。三是发挥金融服务并支持实体经济发展职能，围绕集团公司整体战略转型与结构升级，加大对集团支柱型自营信贷资金投放力度，自营贷款余额及日均贷款额为历年新高，全年发放贷款74笔，累计金额50.20亿元，办理委托贷款3.30亿元，为集团公司与成员企业提供对外担保，担保额度为公司注册资本上限5亿元。四是2015年6月，在市场利率尚未变动前，率先下浮贷款利率，提高存款利率，降低集团及各成员企业贷款利息支出、增加存款利息收入合计逾500万元，缓解了成员企业经营压力，为集团及各成员企业经营发展提供良好的金融支持。

【资金和投资业务】 集团公司在国企改革、国有林区改革、供给侧改革及国家全面停止天然林商业性采伐政策的影响下，整体资金链条日趋紧张。公司作为集团金融服务平台，积极创新开展多项业务保证集团资金链的稳定，向多类金融机构申请授信，拓宽融资渠道，全年累计融入资金16.30亿元，同比增长10.10%。

公司运用金融市场平台，灵活配置结余资

金，积极稳妥开展部分投资类业务。2015 年，公司与 7 家商业银行开展理财、协存业务；与证券公司开展国债逆回购业务和基金、股票投资业务，累计实现收益 1 326 万元。

【资金集中】 资金集中管理是财务公司的核心定位与立业之本，在集团公司及各成员企业的支持下，公司将内部零散资金归集到公司资金池中，提高资金使用效率。截至 2015 年末，剔除不可归集因素的影响，平均资金归集率在 90% 以上，日均归集资金 16.60 亿元。2015 年新增交通银行银企直连系统，提升未来资金归集潜力。发挥财务公司资金结算功能，为集团公司与成员企业提供快捷、高效的结算服务，公司全年累计资金结算笔数 20.08 万笔，累计资金结算量约为 2 058 亿元。

【业务创新】 2015 年，为拓宽融资渠道，探索与行业内财务公司的合作模式，公司同中国北车集团财务有限公司开展相互授信业务，北车集团财务有限公司给公司授信额度为 5 亿元，公司对北车集团财务公司有限公司授信额度为 3 亿元，授信期限均为 2 年；积极开展同民营银行的合作关系，向深圳前海微众银行申请授信业务，取得授信额度 1.50 亿元，授信期限为 3 年。

【风险管理和内部控制】 2015 年，公司坚守稳健经营、规范运作的经营方针，逐步完善内控机制，强化风险管理职能。首先，调整经营层下设各专业委员会设置，合并资金管理委员会与投资管理委员会，新增预算管理委员会，并起草相应议事规则，进一步规范并完善公司经营运行机制，强化各专业委员会的专业职能，更好为公司发展提供专业支撑和有效控制。其次，结合公司实际全面梳理、修订、完善各类制度、业务流程、岗位职责和工作标准，使风险控制的制度安排和岗位流程设计全面覆盖公司经营管理活动；结合部门间、岗位间的有效制衡，逐步构建运营有序、协调高效、控制有力的内控体系和经营格局。再次，夯实合规管理与风险防控基础。依据业务流程梳理出 130 余项关键风险点，严控业务操作风险；审核修订 38 项业务类法律文本，提出有效法律意见，防控业务法律风险。最后，做好各类风险评估与压力测试，提升风险防范能力；借助系统升级，将合规管理嵌入各类业务的电子审批流，强化事前防范、事中监控、事后监督的风险防范机制，步入全面风险管理的轨道。

【人力资源管理】 2015 年，公司结合市场经营环境，秉持战略导向、综合平衡、统一执行的绩效考评原则，选取关键的风险考评点做目标分解。结合平衡计分卡理论框架，由公司绩效考评委员会逐项审议考核，形成各部门此类指标的最终业绩。使公司绩效管理作为公司战略的载体、实施落地的工具，构建以风险合规为导向，驱动型的绩效考核与引导机制，实现了组织目标与员工个人绩效的有效对接，逐步建立科学、全面的绩效考核体系。

公司注重人才梯队建设，围绕专业立企、稳健经营的主题，制定了全年员工培训计划，开展员工培训工作。通过多种培训方式开展专业技能、职业操守、风险防控等方面的专项培训，提升队伍素质。

【信息化建设】 公司全力构建“安全、稳定、准确、高效”的信息化金融系统平台。2015 年根据业务拓展需要，升级并扩展九恒星资金系统，全面涵盖公司资金集中、支付结算、业务拓展、风险防范的各个方面，为公司规范经营、提高效率提供强有力的信息支撑。

【企业文化建设】 2015 年，公司学习和践行集团企业文化，为公司长足、健康发展提供强大精神动力。贯彻从严治党、思想强党，以党建工作带动党群共学，与时俱进学习党内最新理论，扎实开展“三严三实”专题教育活动，发动党员干部自查自纠，为公司营造风清气正、干事创业的良好氛围。

万向财务有限公司

【经营概况】 万向财务有限公司（以下简称“公司”）自成立以来秉承“务实、创新、卓越”的经营作风，遵循集团“向着国际化目标坚实迈进”的指导思想，以创建“一流财务公司”为战略目标，致力于构建“资金集约管理中心、金融服务中心、信用增值中心、协同利润中心”四位一体的万向全球化金融服务中心。2015 年，公司坚持以筹融资为核心，确保集团资金管理体系安全性为前提，重点在“资金保障”“金融服务”“风险合规”和“经营创新”等方面进行了探索和实践，金融服务功能日益强化，实现了公司稳健快速发展。

截至 2015 年末，公司全年均超额、提前完成各项经营指标任务，经营业绩均较上年有不同程度增长，其中营业收入、利润和净利润三项指标分别完成年度计划的 124.43%、85.27% 和 137.67%。至年末，公司总资产基本与上年持平。

【信贷业务】 2015 年，公司信贷业务围绕集团全产业链、全服务链战略，合理配置集团内部资源，为成员企业客户提供专业的信贷服务。公司在严格执行监管机构各项政策的同时，实行适度、合理的信贷政策，保证信贷业务健康安全发展，有效满足客户经营需求。截至 2015 年末，公司人民币贷款余额较 2014 年同比增长 2.28%；美元贷款余额 500 万美元。累计发放各项贷款同比增长 49.18%；公司不良贷款为零，信贷资产业务运行良好。

【票据业务】 2015 年，充分发挥集团纸票登记系统的作用，进一步加强了企业客户的票据信息集中管理。通过定期了解企业客户纸票登记情况和对企业客户的票据登记信息进行不定期报表或现场核查的方式，掌握集团内持票企业客户上线登记情况和企业客户更新票据登记信息的实时情况，以降低票据业务操作风险。同时，继续推进财务公司电子商业汇票的应用，至 12 月末累计开立电子银行承兑汇票额度较上年同比增长 1.06%；票据贴现余额 7.47 亿元。2015 年，公司利用人民银行再贴现信贷工具，全年累计办理再贴现放款 38 笔，赎回 30 笔，实现净利差 146 万元。

【外汇业务】 2015 年 7 月经国家外汇管理局浙江省分局批准，集团外汇资金集中运营管理业务由试点转为正式，并获批新增 6 家成员企业列入外汇业务名单；至 12 月末，外汇业务成员企业达到 16 家，并已全部开展了境内外汇资金归集和集中收付汇业务。2015 年共完成集中收付汇业务 2 225 笔，结算量同比增长 650%，为成员企业节约手续费等各项费用约 10 万元；代理成员企业开立国际信用证 27 笔，同比增长 50%；开展成员企业境内外汇资金归集业务，实现归集度约99%；吸收外债资金3笔。

【资金集中】2015年，公司资金统筹功能进一步强化，重点加强了财务公司、银行、企业三方协作，扩大了资金归集面，有效提高了资金集中度；配合集团清查企业银行账户，巩固资金归集成果。至年末，公司存款余额略有下降；整个集团的资金集中度由51.60%上涨为60.32%，进一步提升了资源配置能力和效果。

【筹融资业务】2015年，公司争取到的集团综合有效授信额度使用率达到60%；截至年末，代理融资余额同比增长8.51%；其中：政策性代理融资余额同比增长4.87%；基准利率下浮10%及以下的贷款占代理融资余额的23.67%，较大幅度地为集团降低了财务成本。2015年，公司充分满足集团海外投资需求，根据集团战略与业务上的部署，落实万向美国公司等境外企业的外债引入工作，将外债资金落实至境内外成员企业使用；满足集团海外投资需求，及时完成了关于菲斯克项目的境外付款工作。

【直接融资业务】2015年，公司在直接融资业务方面实现了突破性进展：一是完成钱潮公司15亿元短期融资券到期的备案和续发工作，实际发行综合成本低于同期贷款利率0.22个百分点，一年累计节约财务费用330万元。二是顺利推进万向“三农”发行中期票据和短期融资券各15亿元的申报注册工作。三是完成顺发恒业12亿元中期票据的注册工作。四是研究并启动了顺发恒业12亿元公司债和钱潮公司50亿元超短期融资券的发行可行性以及注册审批工作。同时还研究了万向控股、普星聚能等发行债券的可行性。

【业务创新】积极筹备申请集团开展跨境人民币资金池业务资格。2015年公司组织相关部门多次和工商银行、人民银行跨境办联系沟通，了解跨境人民币资金池业务等相关信息，根据万向实际情况商讨拟定了业务合作方案。11月和工商银行浙江省分行签订了关于跨境人民币资金集中运营的全球现金管理协议，确定了万向开展跨境人民币资金池业务模式，并完成申报材料的准备工作。

【风险管理和内部控制】2015年，公司不断完善风险管控，修缮业务操作流程，强化对信贷业务、票据业务、融资担保等各项经营业务风险管理和五级分类管理，全力保障审慎经营及合规发展，严格落实“审贷分离，分级审批”的贷款管理制度。2015年，公司高效完成了各项信贷、票据及融资担保业务的合规审查工作，审慎提出业务的风险点和防控办法，充分保证了经营业务风险可控，有效保障了主营业务审慎合规，不断实现了合规和稽核在风险、控制与治理中的作用。

【人力资源管理】2015年，公司进一步强化人力资源管理力度，重点围绕人力资源管理各模块工作有序开展了人员招聘、培训、考核、薪酬分配等人力资源工作：一是健全制度体系，实行了人力资源流程的全覆盖，修缮了包括薪酬管理、人员招聘、岗位职责、绩效考核等在内的10余项制度，为各项业务的顺利开展提供了人员支持。二是修订公司薪酬分配办法，进一步完善业绩考核与风险金提留制度相结合的分配模式，健全了员工激励机制；修订完善《各部门责任制考核办法》《各部门员工岗位考核办法》，层层分解落实年度经营目标，明确岗位职责和目标任务，健全公司目标与绩效考核机制。三是大力开展人员梯队建设工作，为了进一步培育公司复合型人才队伍，公司制定并下发了后备干部测评办法和部门助理选拔办法；2015年通过校园招聘等途径，累计招聘到位6名金融、外汇等专业优秀人才。四是进一步强化“学习型组织”建设工作，通过“送出去”和“请进来”相结合的方式，分业务、分部门组织骨干人员等累计开展财务公司外汇试点业务、电票业务专题讲座等26期培训。五是健全公司激励机制，根据《公司季度优秀员工评选办法》等积极开展季度优秀员工评选工作；组织开展年度优秀党团员评选工作，对党团工作中表现出色的员工给予表扬；公司在对优秀员工、先进部门给予精神和物质奖励的同时，对其先进事迹进行公布表扬、树典型，激励全体员工向优秀党团员及优秀员工学习，此项工作取得了实效。

【信息化建设】2015年，公司在信息系统工作上重点完成了运维规范的建设和无纸化办公系统的开发运行，以及不断创新、优化资金结算系统、电票系统、纸票系统和外汇业务系统等功能，很大程度上提高了各项业务开展的便捷性。2015年，公司的数据分析继续深入开展，通过加大信息收集量和提高信息质量进行有效的数据分析，采取合理措施在提高资金集中度等方面取得明显成效，为公司决策起到了较大参谋作用。

【企业文化建设】积极实施“凝聚力工程”建设，增进公司团队凝聚力、向心力和创造力建设。一是发挥公司工会组织的作用，积极组织劳动竞赛、字画比赛等活动，举办丰富多彩的文娱活动，丰富员工精神文化生活。二是发挥中层干部表率作用，强调团队观念，开展员工关怀工作。组织员工开展员工岗位、薪酬满意度调查谈话，与公司员工就所关心的利益及焦点问题进行一对一面谈，对部门经理、新进员工、轮岗员工等不同类型群体单独展开专访，及时把握员工心态，并及时进行意见反馈，促进员工沟通，促使员工以更好的心态投入工作，以创造更加有利于公司经营和员工发展的和谐环境。

中粮财务有限责任公司

【经营概况】截至2015年末，中粮财务有限责任公司（以下简称“公司”）资产总额163.11亿元，比年初增加48.29亿元，增幅42.06%；负债总额132.57亿元，比年初增加46.56亿元，增幅54.13%；所有者权益30.54亿元，比年初增加1.73亿元，增幅6%。表外业务253.84亿元，较年初增加6.88亿元，增幅2.79%；扣除资产减值损失后，全年利润总额2.23亿元，比上年减少0.94亿元，降幅29.65%；不良资产率为零。应计提拨备1.13亿元，实际计提1.13亿元，足额计提。

【信贷业务】2015年，公司进一步加强信贷审核力度，不局限于对企业财务报表的监管，加强实地调研，特别是对一些新建期或转运营不满三年的企业，加大风险控制力度。在原有季度贷后审查报告的基础上，增加月度财务指标快报，加强对贷款企业经营情况变动审查力度，把控贷后风险。截至2015年末，公司贷款余额为61.88亿元，较上年末降低7.96%。各项贷款全部属于正常范围，贷款收息率100%，没有逾期、不良贷款。公司全年发放委托贷款340笔，同比增长14.50%；发放金额达327亿元，与2014年持平。委贷主体逐渐分散。

【投资业务】截至2015年末，公司投资收益为0.53亿元。浮动盈利为0.24亿元。8月中旬人民币汇率改革后资金面一度趋紧，第四季度人民银行货币政策趋于稳定。公司本着安全稳健的投资理念，同时为了满足资金流动性管理的要求，适当购买了信誉较好、与公司有长期合作关系、规模较大、收益率稳定的货币基金和混合型基金。公司主要持仓产品较为稳健，大部分为流动性较好的固定收益类产品。

【外汇业务】一是外汇资金集中运营。首先，外汇跨境通道调入额度18.26亿美元，年末已使用额度2.79亿美元，可用调入额度15.47亿美元。完成中粮香港28.50亿元人民币和1亿美元、E－STAR公司3亿元人民币等跨境资金调入，用于支持境内企业经营及提高成员企业收益。其次，集中收付汇方面，累计办理成员单位集中收付汇金额9.10亿美元，同比增长69%。最后，根据最新政策，公司获得外汇局的批准可通过国内外汇资金主账户为成员单位办理资本项目结汇业务。二是跨境双向人民币资金池业务。公司完成中粮集团28.50亿元、中国食品4.70亿元、中粮贸易0.38亿元资金调入，用于支持国内经营或替换高成本融资。三是结售汇业务。公司进一步推进结售汇业务，坚持集团整体利益最大化，以银行间外汇市场的成本价格为成员单位结售汇，较银行报价平均优惠130个基点，节省财务费用0.45亿元人民币。即期结售汇34.94亿美元，受8月11日汇率改革影响，部分单位采取远期结售汇锁定风险，同比下降33%。

【资金集中】公司作为集团资金集中管理的平台，不断优化与更新资金管理系统，2015年完成与中国农业发展银行的直连系统搭建工作，将实现银企直连系统的商业银行数扩充到8家，更大限度地借助自身金融机构职能，行使对集团及各成员企业的资金归集、调剂、监控职责，在提高集团资金使用效率、降低财务成本、防范资金风险方面取得显著成效。截至2015年底，共有692家成员单位开户，联网银行账户2 014个，不断配合集团整合步伐，推进对华粮、华孚集团的资金归集及银行账户集中管理工作。

【风险管理和内部控制】2015年，风险控制委员会运作更加规范，先后召开多次会议，较好地履行了风险控制委员会的工作职责。公司积极倡导全面风险管理理念，根据监管机构加强“双线”风险防范责任制建设要求，在提交风险控制委员会及公司董事会的风险管理报告中，纳入各前台部门的风险管理情况总结与计划，进一步明确了前台、中台、后台相结合的三道风险管理防线的管理模式。在充分总结监管要求，结合公司实际的基础上，公司逐步固化了以定期监测为主的风险监控体系。同时对现行规章制度体系进行全面梳理和修订，总结规章制度管理经验，建立规章制度的制定、评估和修订的闭环管理体系，并规范规章制度的起草、审核和发布程序，进一步提升制度管理水平，保障各项经营管理有章可循。

【信息化建设】公司始终坚持“以系统升级和网络维护为中心、以业务需求为根本、以综合服务为目标”的信息化建设工作思路，围绕公司业务系统开发升级以及网络日常维护展开工作，在技术上确保公司网络正常运转，保证各业务系统稳定运行，维护公司网络安全畅通。

2015年1月，资金平台二期、三期陆续上线，完成项目预期。4月增加中国农业发展银行银企直连接口，随后实现中国农业发展银行虚拟账户代理支付功能。7月系统实现了所有银行（除中国农业发展银行无外币业务）

外币银企直连功能。10 月落实集团财务账户管理办法，设计账户管理系统。11 月进行了财务公司资金平台项目验收，标志着公司新的资金平台初具规模。

【企业文化建设】 公司秉承“诚信，团队，专业，创新”的企业文化，努力建设学习型组织，提倡在工作中领会共同思考问题和做事的方法。公司将员工培训与职业激励相结合，通过对员工进行职业素质教育和专业技能培训等，全面提高员工的金融专业水平、风险管理意识和综合业务能力，有效增强了团队的凝聚力、向心力和创造力。

苏州创元集团财务有限公司

【经营概况】 2015 年，苏州创元集团财务有限公司（以下简称“公司”）实现营业收入 6 478 万元，实现利润 2 745 万元、净利润 1 921万元，年末存款余额 119 400 万元，贷款余额 93 400 万元，总资产规模突破 15 亿元，完成了董事会下达的各项经营目标任务，各项监管指标也全部符合监管要求。此外，公司被江苏银监局评为 2014 年度风险评价结果二级（良好）金融机构，也是公司连续第六年获得良好等荣誉。先后荣获“人民银行金融统计工作三等奖”“人民银行征信工作先进单位三等奖”“平安金融工作先进个人”以及“反洗钱工作考核评级 A 类机构”等荣誉。

【信贷业务】 2015 年，公司在确保贷款规模不超额的前提下，科学合理地安排资金投向，主动为有资金需求的企业置换其在商业银行的贷款。本着“效率高于银行、价格优于银行”的服务理念，对于信用等级较低、利率上浮幅度较大的企业，经与集团、成员企业三方沟通后实行利率优惠政策，贷款利率基本维持在基准利率水平，大大减少了成员企业的融资成本，经测算，共为成员企业节约财务费用约 1 100 万元。在 2015 年的客户满意度调查问卷中，公司也取得了满意度达 95% 以上的好成绩。面对贷款利率持续下降的窘境，公司积极转变经营策略，将营销重点转移至票据融资业务，主动挖掘集团内丰富的票据资源，为成员企业开辟票据业务“绿色通道”，一方面解决了成员企业因票据周转困难而产生的资金压力和融资难问题，另一方面也可以应对降息、净息差收窄带来的收益压力。

【资金和投资业务】 公司继续持有 2 000 万元“09 汾湖债”（2009 年苏州汾湖投资集团有限公司公司债券）。该债券发行规模 10 亿元，固定利率为 7%/年，8 年期。2015 年取得收益 140 万元。

【票据业务】 公司开展了票据贴现（再贴现）、票据承兑（及代理承兑）、委托贷款、对外担保、同业拆借、自主银票、电子商票等业务，2015 年累计自主签发电子商业汇票 6 笔，共计金额 1 100 万元，代理签发银行承兑汇票 9 次，共计金额 6 200 万元，代理签发保函11笔，共计金额2 300万元。充分解决了成员单位流动资金周转问题，大大降低了各成员单位的融资和经营成本。

【资金集中】公司主要对集团控股企业实施资金归集管理，努力挖掘内部融资潜力，积极走访成员单位，及时掌握成员单位的资金需求，通过提升服务品质、上浮存款利率等手段，着力增加有效存款。推进与上市公司的合作，签署金融服务补充协议，紧抓资金归集率增长较大的企业如苏净集团、资产开发公司、爱能吉公司等，这些企业的有限存款增加，保证了公司存款规模的基本稳定。2015年全口径资金集中度为54.91%，可归集口径资金集中度为74.07%，归集率基本保持稳定。

【业务创新】在新常态下，集团公司越来越重视主业板块整体的发展，将投资重点逐步向产品的上游延伸，先后投资成立了与金龙客车公司相关联的配套企业，在了解到这些配套企业的货款多为商票，导致资金链周转较为紧张的情况后，公司在合规的前提下专门提供个性化服务，对这些上游成员企业持有的金龙客车商票进行保贴，让更多的持票企业能以更低的价格、更便捷的手续获得资金。累计为苏州海格新能源汽车电控系统科技有限公司、苏州新同创汽车空调有限公司、方盛车桥（苏州）有限公司办理商票贴现上亿元。另外，2015年还开展了商业承兑汇票转开银行承兑汇票的新业务，成功为方盛车桥（苏州）有限公司代理签发银行承兑汇票，不仅为成员企业解决了商业承兑汇票流转困难的问题，也为成员企业节约了财务费用。

【风险管理和内部控制】为切实提高公司的经营管理水平，加强各类风险的防范与控制，建立一套能与公司现行管理体系和管理手段相衔接，并适应公司业务特点和运作模式、组织结构科学、管理流程顺畅、制度设置规范、控制程序精细为特征的全面风险管理体系，公司于2015年6月起全面建设和完善内部控制体系，就公司市场销售、合同管理、财务报告、全面预算、资金管理、人力资源、信息系统、固定资产、采购流程及内部稽核等方面进行全面梳理，完成新增内控制度8个、修订15个、废止2个，对所有发现点全部整改到位，形成《财务公司内部控制管理手册》，并将建立风险控制的长效机制。公司2015年重新修订了《合规手册》，公司全体员工结合自己的岗位要求逐级签订了合规责任承诺书，将“合规从高层做起，全员合规，合规创造价值”的合规文化落到实处。

【人力资源管理】为使公司青年大学生迅速成长，公司2015年继续与南洋银行合作，派出第三批2名青年骨干到该行系统学习银行实务知识及操作技能培训，历时两个月，收到了较好的效果。还先后派员参加了人民银行、银监局、中国财务公司协会、集团公司组织的“金融机构征信业务培训”“全面风险管理及压力测试高级研修班”“监管统计分析应用专题培训” “财资管理、国际司库管理培训” “创元集团高级管理研修班”等各类学习培训，全体员工的参训率达100%以上。

【信息化建设】2015年，为进一步提升信息化管理系统水平，实现集团资金的精细化管理和预算管理，在公司中联资金管理系统一期、二期的基础上，着手准备“财务公司预算管理系统”的方案建设和考察调研，重点利用下半年对各兄弟财务公司进行了考察学习，结合公司自身实际情况形成《预算管理调研分析报告》，为完成财务公司与集团下属成员企业之间的全面预算管理体系打下了扎实的基础。

【企业文化建设】一方面提升公司合规文化内涵，使“全员合规、合规创造价值”和“聚、创、诚、稳、优、廉、智、信”的公司文化理念成为全体员工的共同价值观，并逐步成为每位员工的自觉行为和行动指南；另一方面根据自身金融机构的特点，组织开展“创建平安金融、构建和谐社会”的主题活动，在办公区域醒目处张贴法制、法规宣传海报和警示标志，制作并悬挂宣传安全生产、反洗钱、金融诈骗等多条横幅。组织员工走进成员企业、走进小区、走进校园，普及金融知识，预防金融犯罪。在安全生产方面，坚持“安全生产、预防为主、标本兼治”的方针，开展“加强安全法治、保障安全生产”为主题系列活动，将安全责任层层分解传递落实，与每位员工签订了安全生产目标责任书。重点维护“世乒赛”“中国—中东欧国家领导人 16 +1 会晤活动”期间公司的安全和稳定，全年公司在安全生产方面投入约 8 万元。

【“三严三实”专题教育活动】公司联合党支部高度重视“三严三实”专题教育活动，领导班子带头认真学习习近平总书记关于“三严三实”专题教育的重要讲话和指示，紧紧围绕“严以修身、严以用权、严以律己，谋事要实、创业要实、做人要实”的总体要求，利用内培外训、集团网站、党建 QQ 群等多种学习方式和平台，充分调动广大党员和群众的学习兴趣，扎实做好专题教育活动的各项工作，并精心制定专题民主生活会实施方案，深入开展谈心谈话 20 多人次，征求到原汁原味意见 12 条，对存在的“不严不实”问题做深刻剖析，并已及时整改。

珠海格力集团财务有限责任公司

【经营概况】2015 年，珠海格力集团财务有限责任公司（以下简称“公司”）围绕集团发展战略，创新与拓宽金融服务渠道，充分发挥金融服务功能，为成员单位、产业链企业，特别是产业链中小企业提供金融服务。2015 年，公司实现营业收入 8.69 亿元，实现利润总额 7.90 亿元，净利润 5.93 亿元；资产总额 541.54 亿元。不断进行金融产品创新，资金集中度稳步提高，盈利能力、风险管控能力、业务拓展能力、IT 保障能力提升，全面完成董事会和集团公司下达的年度经营、管理考核指标，各项监管监测指标全部达标。

【信贷业务】2015 年，公司信贷投放重点继续支持成员单位及产业链企业实体经济发展，支持成员单位工业企业技术创新、产品销售，缓解成员单位产业链中小企业融资难、融资贵的问题，促进产业链健康发展。公司根据产业链企业的实际情况，不断加强金融创新能力建设，在金融服务产品、担保品、业务流程、风险控制、服务方式等多方面进行了有效创新，加大了对实体经济的支持力度，取得了一定成效。公司全年累计信贷投放同比增长 11.51%，延伸产业链金融服务业务增长 10.69%。贷款不良率继续保持为零，收息率 100%，未出现逾期或欠息情况。按照五级分类，所有贷款均属正常，信贷资产质量良好。

与市场利率相比，2015年公司为成员单位、产业链企业节约融资成本超过0.68亿元。

【产品销售信贷业务】为了满足经销商的融资需求，促进格力电器产品销售，公司通过对经销商进行调查研究后，通过创新业务形式、担保方式等，为经销商提供了买方信贷、票据质押贷款、票据贴现及承兑等多种金融产品，有效满足经销商的融资需求。2015年公司为格力一级、二级经销商提供信贷支持同比增长33.65%，促进了格力电器产品销售。

【资金与投资业务】2015年，公司在资金管理方面坚持安全性、流动性和收益性原则，逐步完善资金预算机制，及时调整资金计划安排，在保证资金适度流动性的前提下，不断完善同业存款询价机制，合理配置同业定期存款的金额与期限，提高资金使用效率。2015年同业定期存款业务发生额、日均余额同比增长14.71%、63.85%。

2015年，公司继续坚持稳健谨慎的投资策略，不断优化投资组合，改善投资结构，投资品种更加多样化，截至年末，投资余额25.50亿元。为进一步拓宽投融资渠道、分散投资风险、提高资金收益，公司不断加深与银行、证券两个板块交易对手合作，依据金融市场变化，依法合规拓展适合公司的投资产品，实现投资资金安全性与效益性，夯实公司资金保值、增值的基础。

【票据业务】2015年，公司通过梳理集团产业链企业的结算模式，将结算模式与票据业务相结合，理顺票据业务流程，延伸票据业务链条，开辟了融资途径，拓宽了集团融资渠道。形成了纸质商业汇票、电子商业汇票业务相互配合，票据承兑、贴现和转贴现等业务链条通畅的票据融资业务。2015年，公司开立承兑汇票业务增加40.96亿元。

【外汇业务】公司于2015年5月开始为集团成员企业提供外币结算服务，为进一步实施集团外汇资金集中管理奠定了良好的基础。随着外汇业务的发展，公司通过吸收成员企业外汇存款，逐步实现集团外汇资金集中管理，整合优化集团资源，提升资金运营效率，节约集团财务成本，为成员企业提供更加安全、高效、便捷的金融服务。

【资金集中】2015年，公司各项业务全面发展，资金的安全性、流动性、效益性进一步提升，并通过对集团实体产业链加大支持力度，资金集中管理得到控股股东认同与支持。公司作为集团资金集中管理的核心平台，始终致力于加强集团资金集中管理和提高集团资金使用效益，为企业集团成员单位提供信贷与融资管理服务。2015年，公司资金集中度为53.46%，较上年增加0.76个百分点。

【业务创新】借鉴互联网金融思维，开发供应商互联网保理融资系统。为了更好地服务格力产业链供应商，提高业务办理效率，公司借鉴互联网金融思想，开发了供应商保理融资业务系统，系统实现了保理业务申请、应收账款数据维护、授信评级、业务审批、数据统计、贷后管理、风险控制等业务各环节线上操作。该系统依托格力电器的采购管理系统，设计了由格力电器统一代理向公司提供各子分公司供应商应收账款数据，实现保理业务的集中统一管理与操作，使产业链供应商足不出户就可完成对格力各子分公司应收账款保理融资，业务办理流程和手续得以简化，办理效率提高。

【风险管理和内部控制】2015年，公司股东会、董事会、监事会按照新《公司法》的规定规范运作，严格按照《广东银行业金融机构合规风险管理指导意见》《商业银行内部控制指引》《企业集团财务公司管理办法》以及公司章程等的规定，明确了公司董事会、监事会及经营班子在合规风险管理方面所承担的职责，确立了“全面、审慎、有效、独立”的内部控制政策。

在2015年度日常业务运营中，公司经营班子始终坚持业务运营与合规风险管理并重的发展战略，建立了以合规风险管理为核心的事前、事中、事后的内部合规风险控制系统；健全了各项业务的管理制度和操作规程，完善了责任追究与处罚机制；将信用风险、市场风险、操作风险及其他风险纳入全面风险管理范畴；进一步明确了董事会、监事会、高级管理层、操作执行层在风险管理上的具体职责，形成了明确、清晰、有效的全面风险管理体系。

【人力资源管理】加强信息系统风险管理，设立独立信息科技部门。2015年，为加强公司信息系统风险管理，保证公司业务安全稳健运行，根据《银行业金融机构信息系统风险管理指引》的要求，在公司内部独立设立信息科技部门，统一负责公司的信息系统的规划、研发、建设、运行、维护与监控。

绩效考核管理体系优化，增加管理创新项目考核。2015年，为加强公司管理创新力度，引导各部门通过管理创新提升工作质量，公司重新修订了各部门季度绩效考核表，新增各部门重大管理创新项目，明确项目简介、核心创新点、项目目标、完成时间，按季度确定里程碑节点时间，并按规定进行小结考核。管理创新项目考核，有利于提高公司工作效率，降低管理成本，有效促进公司关键绩效指标（KPI）的完成。

【信息化建设】2015年，公司进一步完善核心系统建设工作，完成了债券回购管理系统、债券交易系统、产业链保理业务系统、风险管控系统建设工作。公司依托人民银行征信等信息系统，独立开发建立了产业链下游经销商大数据分析管理系统。根据下游经销商信贷业务的特色以及特点，建立下游经销商财务情况、对外融资情况、风险管理大数据库，对下游经销商融资情况及偿债能力进行系统分析管理，从信贷业务前期风险评估预测，期中信贷管理，到后期业务风险追踪，形成一个良好的风险管理体系。通过系统分析建设，指导公司对下游经销商业务顺利开展，控制信贷业务风险。

【企业文化建设】2015年，公司全面加强党的思想、组织、作风和制度建设，深入贯彻落实中央八项规定精神，领导干部带头签订了“严守中央八项规定杜绝节日腐败”承诺书，开展“三严三实”专题党课教育活动，紧扣“三严三实”要求，联系党员干部思想、工作、生活和作风实际，推进党风建设。在建党94周年之际，公司组织全员前往红色革命教育基地——苏兆征故居参观学习，传承先烈革命精神，让爱国思想生生不息。为促进员工交流沟通，增强团体凝聚力，公司通过组织员工进行户外拓展训练、参加银行业羽毛球赛以及不定期召开民主生活会、“三八”女职工座谈会、“五四”青年员工座谈会等多种形式活动，力求为员工创造良好的工作、生活环境，通过凸显公司人文关怀，不断增强员工的归属感，增强公司的凝聚力。

国机财务有限责任公司

【经营概况】2015年，国机财务有限责任公司（以下简称“公司”）以集团整体发展战略为导向，围绕董事会确定的经营目标，积极应对复杂严峻的经营环境，坚持“产业链金融综合服务商”的发展愿景，通过打造资金结算与管理中心、客户服务与产业链金融中心以及投资与资产管理中心（“三个中心”），努力开拓市场，经受住市场和竞争的考验，较好地发挥对集团实体经济发展的金融支持作用，保持有质量、有效益的增长态势。2015年，公司全年累计实现营业收入7.63亿元，利润总额3.18亿元。年末，公司资产总额156.18亿元，所有者权益总额20.85亿元。

【公司金融】公司积极融入成员企业的生产经营链条，做精做细产业链金融产品，为成员企业提供全产业链综合金融解决方案，为促进成员企业的产品销售、工程项目的承接与执行，推动集团内部合作、落实集团“二次创业、转型升级”的战略部署等方面发挥着积极的作用。2015年，公司全年累计自营贷款及担保总额181亿元。

【产品销售信贷业务】公司为成员企业量身定制信贷产品及服务，支持集团实体经济发展。通过开发银团贷款，推广电子财票、商票贴现、厂商一票通、代开银承、保函、转开保函和信用证、融资租赁、买方信贷等金融产品支持集团成员企业开拓业务，增强市场竞争优势，降低财务成本。2015年，公司累计为成员企业办理保函及票据承兑37亿元。

【资金和投资业务】为有效应对市场剧烈变化，公司着力打造灵活而高效的资产负债管理、资产配置机制，在动态分析供需双方信息、动态资产成本收益的基础上，构建自身特色的利率定价模式，确定具有市场竞争力的利率水平，通过精细化经营，使公司各项资源得到充分利用，创造最大价值。2015年，公司继续强化资产配置理念，坚持分散投资的基本原则，充分抓住市场机会，积极主动选择安全性、流动性、收益性相匹配的组合产品，有计划、按步骤处置并调整在手股票，使公司整体投资风险得以释放、投资资产的安全性程度得以提高，取得较好的投资收益；同时，加强市场产品调研分析，努力发展以委托投资业务为载体的资产管理业务，以“重安全、保流动、增效益”为总体目标，不断增强资产管理能力，为成员企业提供符合不同要求的产品组合，协助客户实现资产安全、稳健的增长。

【票据业务】公司加强宣传和推广新开发的电票系统和票据管理系统，其中票据管理系统已在多家成员企业得到运用，并在日常票据管理工作中发挥着重要作用，同时大力推广财务公司承兑汇票、电子票据、代开银承、票据贴现、厂商一票通等品种，为成员企业缓解银行授信资源限制、降低财务管理费用、赢得市场机会提供有力的支持，使公司服务能力和品牌价值得到进一步提升。对于集团内部合作中采用票据结算的企业，公司还给予贴现利率的优惠，在有力促进商票贴现业务增长的同时，助推集团内部合作。

【外汇业务】 2015 年，公司完成外汇即期结售汇业务和跨国公司外汇资金集中运营管理资格的申请工作，并顺利实施开展相关外汇业务。借助合作银行的系统平台开展集团外汇资金集中运营管理业务，公司建立境内、境外两个外币资金池和双向通道，为集团及其他成员企业开立跨境业务账户，开展外币资金集中业务。公司作为银行间外汇市场会员，直接参与银行间场内交易，以最优惠价格为成员企业开展代理结汇业务。

【资金集中】 2015 年，公司不断强化存款意识，将存款意识内化于公司经营活动，通过深入研究重点存款客户各自资金运行特点、个性化需求及其特有的经营规律，针对性地开发设计具有财务公司特色的期限组合定期存款产品，有助于提高重点客户在财务公司的存款量；继续以团队化工作方式，通过拓展金融合作、开发票据管理系统、签署金融服务协议等，巩固和扩大与上市公司的合作，使上市公司日均存款和业务合作规模整体得以增长；通过加强银财、财企对账管理，优化票证管理流程，强化结算业务合规管理，在兼顾效率与安全的前提下，为客户提供更加安全便捷结算操作，同时也使公司沉淀资金得以增加。2015 年，公司日均存款规模 115.32 亿元，同比提高 19.54%。

【业务创新】 公司通过深入了解企业新需求、找准产品研发方向、努力提高新产品研发能力，研发了承兑汇票、期限组合存款、融资租赁、买方信贷、厂商一票通、财企直联、电票系统、票据管理系统等产融结合的财务公司特色金融产品，并得到成员企业的认可，规模不断扩大，使公司更好地融入成员企业的经营和产业链，为成员企业提供全链条、全方位的金融服务，在为客户创造价值的同时，不断提高自身核心竞争力。

【风险管理和内部控制】 随着中国经济进入新常态，新形势下各类风险叠加，风险管理难度增大。公司通过进一步加强风险管控，强化风险防控措施，落实主体责任，有效预防和化解公司业务的潜在风险，保证业务的稳健运行。信贷结构调整逐步深入，信贷业务持续快速、协调发展，信贷质量保持良好；证券市场先扬后抑为公司调整优化投资业务结构带来有利契机，投资风险得到有效释放；实施积极的流动性管理政策，有效防范流动性风险，在保证备付的前提下实现资金的平稳运行，提高资金使用效益；操作风险管理进一步加强，内控执行力提高。同时，通过强化内部审计监督，进一步提高公司业务合规管理水平。2015 年先后进行了常规业务审计以及绩效、投资、创新、信息系统的专项审计，发现并督促相关部门整改落实审计意见 21 条，进一步提升业务部门的合规经营意识及公司整体规范运营水平。

【人力资源管理】 2015 年，公司通过完善管理制度、加强人才培训等方面工作，进一步优化人力资源管理机制。在制度建设方面，修订了人力资源管理办法，进一步细化员工薪酬层级和考核，为员工特别是新进员工提供努力上升的动力和努力的方向；在培训方面，更加注重培训工作对公司业务发展的辅助支撑作用，积极参加集团、中国财务公司协会等组织的各项培训，拓宽员工在集团工程业务、外汇业务、流动性管理等多方面的视野，提升员工综合素质，为各项业务的顺利开发奠定一定的基础。

【信息化建设】 2015 年，公司继续推进信息化建设工作，坚持系统优化和创新，实现信息系统对公司业务的有力支撑。在组织结构方面，公司新设“信息化工作小组”，完善信息科技治理结构，增强信息化建设的组织力量；在系统架构方面，进一步规范系统版本管理，以代码打包提高系统稳定性，确保系统健康良性发展；在系统功能方面，先后开发完成外汇管理系统、期限组合定期存款系统、票据管理系统与核心系统集成、短信提醒平台等，优化资金结算系统，实现对部分业务的自动化处理，进一步丰富系统功能，提高系统的可操作性和智能化，为最终用户提供更为优质的体验和服务。

【企业文化建设】2015 年，公司进一步推进公司的企业文化建设。一是认真学习贯彻落实习近平总书记的重要讲话精神，在“三严三实”专题教育工作中，紧密结合公司发展战略的实施和“三个中心”的建设。二是进一步发挥党建工作对公司企业文化建设的主导和推进作用，将党风廉政建设责任制与公司经营管理体系有机结合，以党员干部先锋模范作用带动身边广大员工，促进公司企业文化建设。三是在针对新发展形势和任务，加大公司提出的精细化、团队化、专业化、市场化的“四化”理念在员工中的宣传、推广和落实，进一步凝聚员工的力量，在公司内部营造积极向上、努力拼搏、一心一意谋发展、聚精会神抓建设的良好发展环境。

海航集团财务有限公司

【经营概况】2015 年，海航集团财务有限公司（以下简称“公司”）坚决贯彻落实集团年度工作方针，积极开拓工作思路，全力推进业务全球化，全面开展集团外汇资金管理，同时积极开展创新型金融产品，进一步加强与各类型同业机构间沟通，加强与各产业板块间的联系。公司于年内完成增资事宜，并在规模扩大的同时努力成为海航集团的“全球资金管理平台、市场化金融服务平台和专业化投融资管理平台”，努力形成“经营国际化、产品多元化、管理精细化”的行业内标杆企业。2015 年，公司资产规模大幅增加，各项经营指标持续优化，年末资产总额达 360. 36 亿元（含代理业务资产 26. 66 亿元），资产负债情况持续优化，其中，资产负债比率为 68. 91%，较上年同期（84. 37%）下降了 15. 46%，新资本充足率达 38. 81%，核心一级资本充足率达 37. 93%，实现营业收入 8. 06 亿元，实现净利润 3. 55 亿元。

【信贷业务】2015 年，公司在保证原有信贷规模和质量的基础上，深入了解集团各产业金融需求，丰富信贷产品种类，更加合理地优化了各产品的分配结构，有力支持了集团资金平衡和成员单位的发展。公司 2015 年累计完成 181 笔信贷业务，总金额达 328. 26 亿元，公司贷款平均规模为 214. 52 亿元。

【票据业务】2015年，公司操作了2亿元电子银行承兑汇票业务。

【资金和投资业务】2015年，公司广泛而深入参与银行间与交易所债券市场、同业拆借市场和外汇市场，与全国各地的银行、证券、基金、保险、财务公司等机构开展密切业务合作，并与多家银行业机构建立了紧密的授信业务关系，通过债券交易、同业拆借等多种方式有效地加强公司日常短期资金管理。2015年，公司各类债券交易总量累计达267.99亿元，同业拆借总量累计达138.50亿元。

【外汇业务】2015年，公司本着审慎合规态度开展跨国公司外汇资金集中运营管理业务，从完善制度、严格审核、内部稽核等方式多角度规范业务操作、防范风险，并定期按监管规定报送业务开展情况。2015年全年为集团成员单位提供了约3.36亿美元的结售汇服务。

【资金集中】2015年，公司综合运用信息手段及行政手段，重点提升全球账户资金查询监控率，稳步开展结算业务。全年结算笔数达30.30万笔，结算金额达4.40万亿元。此外，公司充分运用银企直连、SWIFT平台及银行网银等渠道，并从新增及修订业务制度、开展境内外账户清查、赴成员单位调研交流、组织开展系统培训、满意度调查等方面多管齐下，进一步规范和深化全球账户资金管理。

【风险管理和内部控制】在内部控制方面，公司紧密结合发展战略，全面贯彻监管机构要求，以打造具有“数据化”和“信息化”特点、风险导向与管理导向并重的内审体系为目标，持续完善内审体系。建立常态化稽核机制，开展重点业务稽核检查，进一步强化稽核职能。通过开展半年度及年度后续审计工作，督促审计结果落实，确保审计监督职能的有效发挥，实现审计工作闭环管理。2015年，公司组织各部门进行风险管理业务培训，增强员工风险意识，指导业务部门梳理分风险点，持续研究风险管理措施，为公司风险管理营造良好的内部环境。随着公司业务种类日益多样化，为严防各类业务风险，提升业务审核效率，公司进一步完善业务审核机制，修订公司业务评审相关制度，完善业务的后续跟踪流程，充分发挥了公司业务评审机制的作用，为公司稳健运营保驾护航。深化公司核心业务风险评估，以开展的新型业务、授信业务、外汇资金运营管理业务为业务条线进行调研分析，通过采用材料调阅、会议访谈、实操跟踪等形式，形成风险评估报告与风险梳理矩阵，结合公司实际情况就风险控制薄弱环节进行提示，并就风险控制措施向相关部门提出改善建议，保障公司合规运营。

【人力资源管理】2015年，在培训体系建设方面，在按照培训计划推进公司层面培训的基础上，加大了公司各个部门自主开展培训的力度。根据各部门员工自身需求，寻找专业类及通用技能类课程，鼓励各部门员工自发寻找培训课程，培训课程内容丰富、形式多样，在提升内训授课比重的同时，积极开展外训，内外相结合，增强培训效果，很大程度上提高了各部门参与培训的积极性。全年共开展各类培训40余次，培训员工200多人次，总授课时长700多小时；继续鼓励员工进行自主学习，2015年公司新增中级经济师6人，国际注册内部审计师1人，员工英语达标率为91.50%，从业资格认证率为90%，财务从业人员持证率为83%。在人员招聘方面，人员引进流程严格按照规章制度执行，保证引进人员素质，引进人员全部符合引进标准，从人员引进的第一个关口提高公司人员质量。2015年，在校园招聘中，公司共引进应届毕业生9人，其中研究生2人，占比约为22%，人员知识结构层次进一步优化，引进的9名应届毕业生中，获得英语大学六级证书的8人、英语专业八级证书的1人，具备留学经验的人员1人；引进集团内成熟人才共计5人，公司人才梯队建设工作进一步加强，圆满完成公司2015年人才引进工作。

【信息化建设】2015年，公司综合考虑行业信息化发展情况及内外部环境因素，结合海航自身需求，按照“统一规划、分步实施、急用先行”的原则依据公司三年（2014—2016年）信息化建设规划开展信息化建设工作。依据监管定位与集团需求，公司信息化建设定位为立足公司业务发展，搭建覆盖公司全业务的、达到国家安全等级保护标准的全球资金集中管理信息化平台。在系统建设方面，公司于2015年12月完成海航集团资金结算管理系统（二期）项目终验，项目对稽核、结算、投资、信贷、风控等方面业务信息系统进行优化升级，并根据业务需求新增保理、买入式转贴现等业务模块，同时新增10家银企直连接口，与集团资金管控平台实现接口对接，推动了集团资金管控一体化的建设。

【企业文化建设】2015年，公司加强以“同仁共勉”为核心的企业文化建设，传承者以“四个共同”为核心的海航精神，不断修订并完善《企业文化学习规定》，全体干部、员工积极投入到公司网站建设、员工福利活动、廉洁文化建设等多项活动中。其中，根据集团《关于开展作风治理整顿工作的通知》（海航集团〔2015〕131号）的要求和工作部署，综合管理部牵头制定下发了公司作风治理整顿工作方案，廉洁自律深入人心。在全体员工的努力下，公司的向心力和凝聚力不断加强，优秀的企业文化逐步形成。

中国华电集团财务有限公司

【经营概况】2015年，中国华电集团财务有限公司（以下简称“公司”）实现利润15.12亿元，同比增长9.61%；月均资金归集率达95.13%，净资产收益率达16.29%；资产负债率为79.24 %。截至2015年末，公司管理资产规模达706亿元。全年未发生对公司稳定和形象造成不利影响的事件，公司各项指标全面符合监管要求，不良贷款率和不良资产率持续为零。

【信贷业务】截至2015年末，公司日均存款222.34亿元；日均贷款205.93亿元，累计办理票据业务58.52亿元，全年实现信贷收入12.13亿元。2015年，公司明确了适度控制贷款规模、腾出空间和资源加大票据业务、让利成员单位、保障集团大额资金调用的总体思路，推行星级客户评价和产品定价机制，从产品、价格、规模等方面向集团重要客户倾斜。在票据业务开展上，主动加强与三大电气集团财务公司和神华销售公司的合作，实现上下游产业链合作共赢，累计向三大电气集团开出财务公司电票近200张，金额合计约16亿元；为成员单位开立电票支付系统外煤款3.22亿元。经过积极争取和精心准备，获准成为“跨国外汇资金集中运营管理”试点单位，已经完成境内的外币资金池构建，绑定14家单位共22个外币账户，为服务集团“两片一链”走出去战略、扩大资金整合范围、提升外币资金运用效率创造了有利条件。

【资金运作和投资业务】根据资产负债匹配计算短期资金运作金额，根据公司资金状况和外部金融环境对短期资金运作的品种、期限进行合理配置。资金计划的管理水平不断提高，形成年度预算、月度例会、周碰头会、每日计划、实时调控相结合的资金计划管理体系；资金分析工作更加深入精细，内部外部、静态动态、近期远期、微观宏观分析相结合，资金规律、趋势判断准确，提高了资金管理的前瞻性和指导性。

稳健开展投资业务，超额完成2015年投资业务利润目标。与主流投资机构广泛交流，对投资项目进行深入研究，抓住时机，通过新股申购、定向增发、信托等积极参与资本市场，2015年累计完成财务性投资收益4.20亿元，年化收益率30.12%，为公司利润指标的完成作出突出贡献。

【战略规划】公司认真研判宏观经济政策和市场变化，深入领会集团“改革创新调结构、做实强基稳增长”的改革新主线，2015年，完成了2015—2020年战略规划编制工作，确定了“回归本源、服务集团、模式升级、固本强专”的战略定位，明确了“一个协同、双轮驱动、三化发展”的战略思路，提出了以价值创造为目标，以战略转型为主线，坚持以服务集团整体发展为使命，坚持探索产融结合、金融创新特色之路，充分发挥机构牌照优势，成为集团践行战略型财务管理的重要抓手和工具，以二次创业的心态提升公司产融结合价值内涵和价值贡献的指导思想，实现从单纯强调效益向效益与服务并重的战略转型，全面提升金融服务能力和助力管理能力。

【风险管理和内部控制】2015年，针对公司部门职能调整、部分业务流程冗长的特点，风险管理部对公司部分业务流程进行了优化梳理，使风险控制更好地融于业务流程，实现流程整合的同时提高工作效率，共同把控经营风险，为公司业务发展提供积极支持。完成了票据、信贷、合同签署、制度制定、存款查冻扣等业务流程的优化。深入研究风险偏好管理、风险资本计量等内容，完成风险资本计量模型设计，实现了限额指标体系的设定与测算、风险偏好整体策略及风险偏好体系的管理与运维，完成了风险偏好管理体系的基础搭建。

在内部控制日常监督和专项监督的基础上，对2014年公司内部控制的设计与运行情况进行了有效性评价。2015年，公司被北京银监局定为内控审计试点单位，按照监管要求开展了内控评价和审计。两次评价结果显示，公司主要经营管理事项均已建立了内部控制，关键流程和控制均能得以严格执行。

【对标工作】2015年，公司实行部门专项对标和公司全面对标的双线管理方式。各部门按照公司对标管理工作部署，围绕年初确定的重点对标项目，广泛寻找标杆、分析差距，提出改善措施及实施节点，形成部门专项对标报告。对标单位不局限于八家电力行业财务公司，拓展延伸至宝钢、中化、北京控股集团、兵工、航天科技等财务公司，同时也向系统内部党建管理较好的华电国际十里泉电厂进行调研学习。公司对标进一步细化，实现从粗略到具体，从简单到专业，从财务指标到公司全员整体的对标转变，员工对标意识得到普遍提高，形成良好的对标氛围，通过“分析立项、对标落实、检验提升”“三阶段”闭环对标管理，了解到更多的先进管理方法和业务模式，促进了公司的业务发展和效益提升。

【人力资源管理】围绕公司服务转型战略

要求，2015 年 5 月开展了组织机构优化调整，整合公司分散的服务职能，成立统一的对外服务窗口——客户服务部，实现了服务流程优化，提高了服务水平，提升了服务效率，进一步增强对集团的整体服务功能。2015 年，在不断完善薪酬考核模式的基础上，努力创新现有的激励体系。根据集团的职位序列管理办法，公司探索建立专业岗位序列晋升通道，制定可操作的管理办法，打通专业型人才的成长空间。同时不断创新人才培养体系，助力员工提升专业技能，实现职业生涯发展和个人快速成长，以此打造全方位的激励体系，更好地引进和保留人才。

【信息化建设】在公司总体战略下，完成公司 2015—2020 年信息化规划编制，以“金融服务平台化、决策支持动态化、风险识别可视化、数据共享标准化”为愿景，为打造一流财务公司、助力集团集约化管理提供有力的技术支撑。积极推进信息化项目建设，完成人民银行征信系统建设和公司核心系统优化，大大提高提升了客户优质体验；主动承担集团信息系统建设任务，研发现金流量预算管理平台和带息负债系统，充分提升了服务集团的能力。此外，在信息安全的前提下，增加运维安全监控设备来增强应急能力、升级核心系统直联银行专线来提高业务稳定性、引进国产网络设备提升系统安全运行保障能力。

【党建工作】公司紧扣党建工作“五位一体”总体布局，坚持目标导向，大力推动工作创新，充分发挥党建工作的引领和保障作用。一方面，公司把贯彻落实“三严三实”作为重要政治任务，公司党组高度重视，结合实际制定了专题教育实施方案，高质量完成专题教育的“四个关键动作”，推动了公司领导干部树立严实作风，促进了公司改革发展各项工作。另一方面，公司把“深化党建创新，服务改革发展”作为党建工作的重要举措，有针对性地制定及修订了《党建考评方案》《加强服务型党组织实施办法》等多项办法制度，进一步规范基层党建各项工作。同时不断创新党建载体和内容，通过开展“高扬金帆、助力发展”、党员“三自”管理等活动，使党建工作不断融入经营发展全过程，切实增强了党建服务公司发展和推动各项工作的能力。

【企业文化建设】按照集团公司企业文化“一主多元”和“三统一”的管理要求，公司结合自身发展需要，对《金帆宣言》进行了修订。2015 年，公司把重点、难点工作作为企业文化融入中心发挥作用的切入点，通过组织策划“强服务、扬金帆、发出华电好声音”“弘扬金帆文化、向战略出发”等活动，使“四位（到位、换位、补位、越位）、五责（对公司负责、对家庭负责、对领导负责、对同事负责、对自己负责）、六勤（脑勤、眼勤、耳勤、嘴勤、手勤、腿勤）”的文化理念更加深入人心。

中国大唐集团财务有限公司

【经营概况】 中国大唐集团财务有限公司（以下简称“公司”）各项工作扎实推进，取得显著成绩。2015 年，公司利润总额历史性突破 11 亿元，达到 11.44 亿元，较 2014 年增长 11.94%，连续保持集团公司资产经营考核 A 级企业，获集团公司 2015 年度先进单位、文明单位荣誉称号。得到了驻地政府和行业组织的广泛认可，荣获“首都文明单位”称号，在中国财务公司协会组织开展的行业首次评级中被评为 A 级企业，获得“创新型财务公司”评价。

【信贷业务】 科学把握政策趋势，开展多元化综合信贷服务。稳定信贷规模，调整优化信贷资产结构，科学合理安排信贷投放节奏，增强信贷资产流动性。优化配置信贷资源，以稳定长期贷款规模为目标，支持集团重点建设项目，授信覆盖了集团 2015 年批准的全部开工建设项目，通过贷款置换、主动授信、利率调整，协助降低成员单位的融资成本，实现收益性、流动性和安全性的有效平衡。

【投资业务】 不断丰富完善投资品种，业务种类涵盖一级市场申购、可转债、公司债、低风险二级市场产品和货币基金等。科学研判市场走势、顺应趋势操作，及时跟进政策调整和市场形势，有效平衡风险和机遇，抓住 2015 年上半年资本市场回暖契机及一级市场政策红利机会，稳健开展投资业务。同时，积极加强对参股单位的股权管理，建立定期报告和重大事项报告机制，及时动态了解参股企业经营状况，辅助公司经营决策。

【票据业务】 以金融促进产业发展，创新拓展供应链金融服务。探索建立了“以票据工具为载体，以商业银行为桥梁”的供应链金融业务通道，成功将公司融资服务延伸至集团系统外，“大唐电票”在银行间市场流通顺畅。积极利用票据融资工具，推动票据即开即贴、即贴即转，进一步增强了信贷资产的流动性。

【外汇业务】 不断完善跨境业务服务功能，成功获得境内外外汇集中运营资格，并完成监管备案，获得即期结售汇业务资质和银行间外汇交易会员资格，成功开展即期结售汇业务。

【资金集中】 公司抓住中国大唐集团资金调度中心全面上线运行契机，以调度中心为平台，以账户管理为龙头，贯彻落实预算执行动态掌控的总体思路，实现资金存量管理向流量管理的转变，形成集团资金账户统一管控、资金预算管理全面落地、资金风险全过程监控的科学、合理、规范、高效的资金管理体系。全面摸清集团 3 500 个存量账户，高效清理冗余账户，动态管理新开账户，多措并举不断提升账户监控率，基本实现集团账户全监控，资金集中度平均值达 96%。结算平台保障支持及监控作用得到有效发挥，结算覆盖面进一步扩大，规模持续增长，服务能力不断提升，集中结算率由年初的87.13%提高到99.02%。

【业务创新】充分发挥公司贴近金融市场的专业优势和资本市场买方地位优势，为集团和成员单位贴身定制差异化、个性化金融服务。准确把握债券市场行情，担任集团债务融资工具总协调人，保证了债务融资工具的规范化与低成本，确保集团发行票面利率始终保持同期同业最低水平，进一步提升顾问服务的专业内涵。

【风险管理和内部控制】搭建起具有自身特色的内部控制体系，实现全面风险管理的闭环。启动并完成了全面风险管理及内控体系建设项目，系统梳理公司14个一级业务流程、97个二级业务流程、287个三级业务流程、797个风险点，将每个风险点落实到具体岗位，明确了防范措施并绘制了业务流程图。健全公司制度体系框架，修订新建并印发了138项管理制度，实现了制度和流程对公司经营管理的全面覆盖，形成了符合公司自身特点的业务手册、风险地图，做到事事有法可依、有法必依，全面提升了公司风险管理水平。

【人力资源管理】创新人力资源管理体制和机制，以深化全面责任管理为目标，实施全员定岗、定责、定编，进行岗位价值评估，建立岗位价值地图，确立了以岗位定基薪，以效益定绩效的激励约束模式，并提出了开放性的部门设置、编制的自管理机制，市场化的激励机制等设想，服务公司转型发展需要。

【信息化建设】强化信息基础服务平台建设，围绕金融业务应用和风险管控，搭建了“大唐网银”信息平台，以资金调度中心建设为依托，深入打造全集团范围内集资金归集、结算、计划、预算、网银、信贷、投资、外汇等功能于一体的核心业务系统，构建起集中统一的“数据中心+监控中心”，有效提升金融信息化水平，保障集团资金安全和公司运营安全，公司资金调度中心信息系统构建实践，获中电联信息化成果评审一等奖。

【企业文化建设】按照中央和集团公司各项要求和部署，积极开展“三严三实”教育工作。不断加强党风廉政建设，认真贯彻中央和集团公司各项会议精神和部署，把严明政治纪律和政治规矩，加强纪律建设摆在首位，坚持依纪依规从严管党治党。积极发挥员工创新创造力，营造和谐向上企业文化。依托公司职工大会发挥员工参政议政和民主监督作用，做好员工合理化建议的督办和落实。不断加强企业文化建设工作，切实起到了凝心聚力作用。积极探索利用新媒体，加强内外宣传工作，深入挖掘重点、亮点和创新工作价值，树立良好的外部形象。

南方电网财务有限公司

【经营概况】2015年，南方电网财务有限公司（以下简称“公司”）资产总额332.85

亿元，完成预算的 115.92%；实现营业收入 18.50 亿元，完成预算的 103.8%；利润总额 10.05 亿元，完成预算的 102.55%；实现经济增加值 3.96 亿元，完成预算的 104.47%。公司主要指标均优于上一年，创历史最高水平，连续两年获得南方电网公司财务综合绩效评价优秀单位称号。

【信贷业务】充分利用降准政策，为电网建设提供资金支持。一是落实降准资金投向，信贷规模取得新突破。公司多次从人民银行积极争取扩大贷款规模，将释放的 25 亿元资金全部投放到电网建设和运营方面，为“滇南外送通道二回输变电工程”等电网重点项目提供了有力的资金支持。公司全年发放贷款（含贴现）148.85 亿元，年末贷款规模达到 250.04 亿元，贷款余额比年初增长 32.23%。二是主动解决成员单位临时资金需求，全年累计发放流动资金贷款 112.30 亿元。三是积极落实国资委关于支持节能环保、拓展绿色金融的有关要求，首次为南网综合能源公司发放 1 亿元绿色信贷资金，满足其发展光伏等节能项目的资金需要。

【资金业务】丰富资金运作品种，构建合理的投资资产配置。一是优化公司的资金投资期限结构，形成按日、周、月、季等不同期限品种的投资分布，提高资金收益水平。全年公司开展资金运作 10 834 亿元，其中开展债券逆回购业务 2 022 亿元。二是创新开展货币基金和理财产品投资，扩大同业存单申购规模，适当延长投资期限，锁定较高的收益率，全年购入货币基金 19 亿元、理财产品 7 亿元，购入同业存单 35 亿元。三是积极扩大同业融入交易对手范围，全年同业融入交易对手增加到 116 家，扩大对手方对公司的授信额度 118.40 亿元。

【票据业务】积极运作票据池，降低南方电网公司融资成本。一是继续发挥“票据集中管理平台”作用。2015 年公司累计集中全网票据 262.85 亿元，办理背书转让 258.05 亿元。二是首次以开立财务公司承兑汇票形式办理西电东送电费票据结算业务。开展了 10 亿元财务公司票据承兑贴现业务，开立财务公司承兑电子商业汇票 0.57 亿元。三是发挥票据在电网产业链的结算和融资功能。公司全年向外部供应商开立纸质商业汇票办理结算 16.02 亿元。四是扩大票据贴现规模。全年公司办理票据贴现 26.65 亿元，其中办理产业链上下游商业汇票贴现 2.32 亿元，有效降低了南方电网公司资金成本。

【资金集中】提升结算覆盖率，努力拓宽结算服务范围。一是扩大结算业务服务范围，年末公司结算覆盖率达到 55%，比 2014 年提高 4 个百分点。2015 年公司完成结算量 2.09 万亿元，完成结算笔数 26.13 万笔，支付及时率 100%。二是以试点的方式稳步推进县级供电企业金融服务，推广“县级供电局资金结算服务方案”，组织 11 家县级供电企业开展了电子支付培训。全年各县级单位累计办理结算 6.86 亿元。

【业务创新】积极争取新的业务资质。一是成功获得银行间市场交易商协会债券融资工具承销会员资格，成为全国首批 5 家具备此资质的财务公司之一。二是公司成功获得了外汇即期结售汇资质，成为银行间外汇市场会员。

配合南方电网成员单位资金管理需求，提供差异化、个性化金融服务。一是公司建设了阳光电子商务系统网上支付平台，客户单位可通过网上平台实现 17 家银行收款，搭建了“互联网 + 金融”支付平台。二是深化客户服务，量身定制金融服务产品。设计付款“白名单”功能，保障客户单位的资金安全。通过在电子支付系统中创新使用短信提醒等方式，有效提升客户单位批量支付款项核对效率。

创新资金运作方式，拓宽资金运作渠道，

公司首次投资货币基金及理财产品，培育新的利润增长点。

【风险管理和内部控制】完善体系建设，风险管理水平不断提高。一是完善公司风险管理组织架构。公司董事会重新调整设立风险与合规管理委员会，强化风控部门的职责履行，加强对业务前端的风险管控，在各业务部门及分公司设置风险合规管理岗位，形成业务流程全覆盖的风险管控网络。二是开展业务风险识别与评估工作，对客户授信、流动资金贷款、固定资产贷款等10项业务进行了风险审查。三是积极推进依法治企。制定了公司《关于全面推进依法治企若干问题的实施办法》，为公司改革发展保驾护航。四是强化审计“第三道”防线作用，对各部门、各分公司落实“中央八项规定”精神的情况开展了专项检查工作，完成了对各分公司的全面审计。首次开展了信息科技风险管理专项审计，查找信息科技在运用过程中潜在的漏洞和风险，提出了加强权限管理、机房管理、业务连续性管理等审计建议，促进公司提高信息技术使用水平。五是抓好重点整治，落实整改工作。针对公司内外部检查发现的问题，开展了重点整治工作，建立整改台账，把问题落实到具体部门，保证问题得到妥善的解决和纠正。

【人力资源管理】加强素质能力建设，人力资源支撑不断提升。一是根据公司战略发展的需求，积极引进人才，从南方电网系统内外引进高素质管理人员、业务人才，充实优化了干部人才队伍结构。二是强化干部人才培养力度，积极选派年轻干部参加南方电网、银监会组织的各类培训；利用井冈山的红色培训资源，举办干部和业务骨干党性锤炼培训班。2015年公司共参与、举办各类培训共计29期次，培训866人次。三是深化岗位责任制体系建设，结合公司年度重点任务、责任制考核指标，明确岗位权责、考核重点，组织员工逐级签订了岗位责任书，为开展绩效考核提供科学合理的依据。

【信息化建设】提升平台支撑，信息化建设不断增强。一是开展公司“十三五”信息化规划的编制，以“一个体系、两个框架、三个平台”的总体思路，研究信息化领域新技术发展趋势，构建符合公司中长期发展需要的信息化实施框架。二是持续完善金融业务管理系统功能。为了保障新业务的开展，做到“系统先行”，公司开发了财企直连电子支付接口、网上支付平台，优化了金融业务管理系统和电子支付系统。三是做好信息系统运维。结合IT审计工作，全面排查整改信息安全突出问题和薄弱环节，做好整改落实工作，提升信息安全管理与防护整体水平。四是持续开展涵盖网络安全、主机安全、应用安全、账户管理等方面的结算流程安全建设，确保资金支付通道畅通，全年核心系统可用率99%以上。

【企业文化建设】公司深刻领会南方电网公司企业文化内涵，深入开展“幸福南网”建设。一是提高员工金融业务素质能力，加强公司内控管理和风险防范水平。公司举办了第三届金融业务技能竞赛，全面检阅了员工金融理论知识、风险识别和综合分析能力，提高了员工金融业务素质能力。二是丰富职工文化生活，提升企业软实力。公司工会举办了首届职工气排球比赛，并与团委共同牵头组建了足球、篮球、羽毛球、瑜伽等协会，进一步加强了企业文化建设。三是开展爱心帮扶活动。公司发动全体员工捐款，向贵州省惠水县好花红乡藤子小学的120名留守儿童捐赠了课桌椅、学习和体育用品，为学校教师的教学及学生的学习生活解决了实际困难。

中电投财务有限公司

【经营概况】2015 年，中电投财务有限公司（以下简称“公司”）强化资金集中，积极提供信贷服务，严防严控风险，确保合规经营，圆满完成了包括风险控制、盈利水平、经营管理、服务质量在内的各项经营业绩责任目标。实现利润总额 11. 24 亿元，较经营目标增加 1. 29 亿元，归属母公司净资产收益率完成 12. 37%，超经营目标 1. 40 个百分点；资金结算准确率 100%，上缴投资收益 2. 29 亿元，不良贷款率为零，各项监管、内控指标均符合要求，党风廉政责任制建设目标如期实现。高效顺利完成与国核财务有限公司的业务整合工作，公司业务规模得以壮大，人员力量得到增强；公司的工作得到了集团内外的充分肯定，在 2015 年中国财务公司协会组织的首次行业全面评级中，荣获最高评级 A 级；获得金融时报评选的“行业年度最佳资金管理财务公司”称号；公司还获得集团公司年度先进集体荣誉称号。

【信贷业务】2015 年，公司为集团成员单位提供优质资金支持服务，积极安排信贷规模，全年实现日均贷款 192 亿元，年末贷款余额 190 亿元，为集团重点项目和流动资金资金需求提供了高效的融资服务。围绕集团战略，加大对清洁能源行业信贷投放力度，清洁能源贷款较年初新增 20. 82 亿元。做好大型项目银团贷款管理和服务工作，管理银团贷款 27 个，规模达 341. 35 亿元。发挥专业优势，协助集团大型项目融资工作，积极为辽宁红沿河核电、海阳核电、蒙西能源等集团大型项目提供融资顾问业务。

【产品销售信贷业务】2015 年，公司围绕集团主业和产业链，探索新的融资模式，推进产融结合。成功办理首笔融资租赁，金额 0. 10 亿元。

【资金和投资业务】2015 年，公司积极消化降息、金融债到期等经营不利因素影响，大力拓展存款及拆借资金来源，优化资产负债配置，确保了全年经营任务超额完成。一是第一季度抢在降息窗口前积极配置信贷和投资规模，全年存款规模实现 187. 39 亿元，同比增加 28 亿元，全年贷款规模实现 192. 30 亿元，同比增加 4. 96 亿元，全年拆借规模实现 16. 30 亿元，同比增加 7. 92 亿元；全年为集团本部及成员单位提供搭桥贷款近 400 亿元，为集团成员单位提供了较好的流动性支持。二是 2015 年不断完善三级备付体系，合理安排投资三级备付规模，努力提升二级备付收益水平。整体备付率保持在 15. 65% 的较好水平，一级备付水平控制在 5% 以下的较低水平，二级备付收益率达到 3. 07% 的较好水平。三是加大金融产品投资配置，提升投资收益率。增加 2 年期的信托投资规模，提高中长期稳定收益；增加打新产品投资，充分利用新股申购这一制度红利，获取低风险收益；在有一定安全垫的基础上，配置部分混合基金，大幅提升收益率，并在股票市场不断向上的过程中采用右肩投资策略，不断加仓，充分获得股票市场上涨的收益；抓住2015年下半年债券市场机会，增加债券配置；利用市场资金利差，增加银行理财产品投资以及开展国债逆回购操作；严格控制投资风险，在年中A股开大幅下跌时，大幅降低了权益产品的仓位，及时锁定了权益产品的收益。

【票据业务】2015年，公司积极推广电子票据业务，累计办理电子票据承兑12.78亿元，贴现1.43亿元。加强与银行的合作，开展财票保贴服务，提高财务公司电子票据的认可度和接受度。同时结合集团票据管理需求，积极探讨票据池管理模式。

【外汇业务】2015年，公司完成境外资金集中方案，准备外汇集中运营资格申请。一是摸底确认集团境内外外汇资金情况。对集团成员单位境内及境外外汇资金、银行账户情况进行摸底调查，全面掌握集团外汇资金情况，并对重点单位进行走访调研。二是对有境外资金集中业务的同业财务公司进行走访调研，与主要银行开展方案设计，起草完成境外资金集中方案。

【资金集中】2015年，公司进一步强化资金集中管理。一是将资金集中度纳入成员单位年度综合业绩考核指标。二是由集团财务部每月以红头文件方式通报资金集中管理情况及存在问题。三是及时督促跟踪重点单位未集中资金问题，重点协调解决成员单位票据保证金释放及银行资金滞留问题，贷款受托支付及票据保证金的未归集规模较年初下降13亿元左右。2015年末，全口径资金集中度达到59.72%，较2014年同期提高了7.86个百分点；可归集口径资金集中度99.75%，较2014年同期提高4.09个百分点。

【业务创新】2015年，公司继续加强业务创新，提升服务集团能力。实现融资租赁、电票转贴和财票保贴业务现零的突破，即丰富了公司服务手段，拓宽业务增长点；又盘活了存量资产，提高资产流动性。

【风险管理和内部控制】2015年，公司不断提升风险内控和依法合规运作能力。一是优化项目的开展与落地实施。2014年11月至2015年4月公司开展了“风险管理与内部控制”优化项目，项目各项计划全部完成。包括组织全员培训、问题清单整改、编制并签署《公司岗位风险合规责任书》与建设风险预警指标库等工作。该项目在集团28家成员单位中名列第二名。二是法律合规工作。按照集团公司“六五”普法总结验收工作的要求，公司撰写了“六五”普法工作总结情况报告，被集团评为“六五”普法工作先进单位，风险合规部总经理被评为“六五”普法工作先进个人。

【人力资源管理】2015年，公司持续优化人力资源管理工作。一是人员整合工作稳妥推进。根据《国家电投金融业务整合重组方案》，初步完成了与国核财务公司的人员整合，公司实现了平稳过渡。二是人才队伍结构持续改善。根据公司部分岗位对紧缺人才需要，4月通过严格考核、岗位实习考察，从海外高校和国内知名院校甄选招聘了4名硕士应届毕业生，公司人才结构得到进一步改善。三是人力资源制度体系进一步健全。为规避业务操作风险和道德风险，同时兼顾培养人才，结合公司实际情况，6月修订了公司强制休假和岗位轮换制度。通过梳理，明确了公司20个关键业务岗位，并规定了轮岗期限、方式以及程序。

【信息化建设】2015年，公司信息化建设重点围绕系统建设与完善和信息安全管控两个方面开展工作。一是新增中国邮政储蓄银行专线并完成互联接口建设，对建设银行银企互联接口开展升级；继续推进公司核心业务系统2.0版的研发，基本完成财务公司主要业务系统的单模块内容研发，除少量模块外，基本完成单模块用户测试；完成征信数据综合报送系统的版本升级。二是完成生产系统数据异地灾备项目的建设；设立了信息安全专岗并配置专人，实现了公司信息安全风险的专业化管理；完成综合日志分析系统的建设，有效提升了公司对信息安全风险的收集、监测和识别能力；初步建立公司的信息安全应急体系，并开展了信息安全应急预案讲座和演练；完成生产系统国产证书的升级测试与替换工作；对设备和系统密码进行了集中更换，确保信息安全保障要求得到有效执行。

【企业文化建设】2015年，公司严格落实两个责任和一岗双责，按照集团公司“大党建、强体系、聚人心、创价值”的总体思路，结合财务公司实际，以“两学一做”主题活动为载体，推进党建工作；结合新颁布的廉洁自律准则和处分条例，严明各项纪律和规矩，加强纪律建设；继续加强作风建设，践行“三严三实”，继续控制好各项管理费用开支，确保合规守纪，不突破预算；开展效能监察专项工作，治理薄弱环节、堵塞管理漏洞，强化监督执纪问责。在集团公司“和”文化体系的指引下，建设富有财务公司特色的金融子文化，突出“一流财务公司”的共同愿景，“合规、服务、创新”的企业文化主题，学习型组织、专家型团队的打造。

国电财务有限公司

【经营概况】2015年，国电财务有限公司（以下简称“公司”）作为中国财务公司协会全国35家理事单位之一，严格落实监管要求，获得“人民银行全国地方金融机构征信工作优秀机构”称号，在2015中国电力信息化推进大会上连续第三年蝉联“中国电力信息化标杆企业”，成为首批获准从事非金融企业债务融资工具承销资格的5家财务公司之一，金融服务功能持续完善，服务集团公司转型战略的能力持续提升。

2015年，公司累计实现营业收入13.09亿元，实现利润总额8.97亿元，实现全口径资金归集率90%。各项监管指标符合要求，风险可控在控。党风廉政工作持续推进，继续保持全年零案件、零信访的良好局面。

【信贷业务】信贷业务规模稳步增长，结构更加合理。各项贷款（含贴现、融资租赁、保理）日均规模206.11亿元，同比增长6.17%。实现信贷业务利息收入（含贴现、融资租赁）11.22亿元，其中利息收入10.89亿元，手续费收入3 279万元。融资租赁业务稳步推进。融资租赁余额38.89亿元，实现融资租赁手续费收入0.31亿元。

【资金和投资业务】在资金管理方面，进一步精细化流动性管理手段，实现对流动性比例的监测、预警和统筹，2015年监管指标完全符合监管标准。完善流动性管理协同机制，统一协调安排结算头寸、资金拆借、投资及债券质押、信贷投放、大额支付等业务；每日动态监测流动性指标情况，完善资金规划，指导进一步优化资产负债结构，调节信贷资产规模，增加短期债券投资等流动性资产，确保流动性风险可控在控。在投资业务方面，在正确研判市场的基础上，结合公司风险偏好和资金管理情况，开展短期同业理财、高等级金融债券和主动管理型基金投资，全年短期投资业务收入1.05亿元，年化投资收益率6.4%。

【票据业务】电票业务持续推广。与建设银行、中国银行、中信银行、招商银行等八家商业银行签订了国电电子财票保贴协议，提升了国电电子财票的流通程度。公司在集团票据池建设中主要承担国电电子财票业务。截至2015年末，全年累计办理国电电子财票业务850余笔，金额共计35亿元。

【资金集中】各项资金结算管理指标明显提升，截至2015年12月末，实现全口径资金归集率90%，同比增加4.5%；累计完成结算量21 551.97亿元，同比增长7.43%；结算笔数40.36万笔，同比增幅14.92%；归集资金日均规模199.20亿元，资金的稳定程度有所提升。海外上市公司资金归集和结算水平显著提高，完成与华夏银行、北京银行的直连，使直连银行数增加到15家，“国电网银”覆盖面进一步扩大。坚持“零结算费用”优质服务，免费提供存款询证、资信证明、“国电网银”指纹U盾、网银专用打印机等服务，全年为成员单位节省财务费用约0.10亿元，有效服务集团公司系统降低财务费用。

【业务创新】2015年，公司成为首批获银行间债务融资工具承销资格的财务公司，并成功开展了首次债券承销业务。同时，在继续做实做优集团公司本部财务顾问工作的基础上，实现了中间业务向大渡河公司、福建公司、江苏公司、华北公司等二级成员单位拓展。全年服务集团公司发债规模653亿元，取得投行业务收入超过0.30亿元。

产业链金融业务积极开展。公司与浙商银行签订《战略合作协议》《票据池业务合作协议》，在票据业务方面与其建立全方位战略合作关系，并与中信银行签订《财务公司承兑汇票贴现额度协议补充协议》，搭建了票据异地贴现业务平台。公司结合客户经营特征和业务需求，积极提供个性化金融服务方案，提高金融服务针对性。

【风险管理和内部控制】落实风险防控主体责任，按照监管要求和“责权一致”原则，针对信用风险、操作风险、市场风险、流动性风险、信息科技系统风险、声誉风险层层建立责任制，分解落实到部门、落实到人。组织开展全面风险排查工作，落实整改，进一步规范了公司各项业务。严格履行高管人员任职资格报批程序，不存在未经任职资格审查任命董事和高级管理人员的情况。按季度开展信贷、权益、债权类资产的风险分类工作，持续监控资产质量状况。完善风险监管指标报送机制，严格按照监管要求报送各类监管信息，无漏报、迟报等情况。对现行有效的11类136项规章制度和业务流程进行梳理和优化，新增制度12项，修订制度7项。全面规划公司未来五年法律工作，研究制定实施方案，成立领导小组与工作机构，落实各项工作保障措施，明确重点任务与进度安排。认真分析研究创新业务的风险点，及时跟踪新的监管规定，实现新业务发展与风险防范的平行推进。开展信息安全检查，范围涵盖公司主备数据中心以及办公区设备，开展“国电网银”系统突发故障应急演练，提升公司整体应急响应与处置能力。

【人力资源管理】公司扎实开展各项人力

资源工作。一是加强人力资源管理制度建设。进一步修订完善员工职级、考核、薪酬管理等制度规范。二是全面开展人才交流任职工作。推动干部员工在不同部门、单位间交流任职，有效培养干部的综合管理能力，持续推进产融、融融结合。三是有效开展考核和表彰工作。将部门关键绩效指标考核与重点工作任务考核相结合，合理确定考核中的定性和定量指标，有效提升考核的全面性和科学性。四是规范开展薪酬福利工作。严格贯彻落实集团公司有关要求，健全薪酬福利管理制度体系，加强日常薪酬福利管理及劳动工资统计工作。五是完善干部人事档案管理。建立健全人事档案管理制度，开展员工人事档案“三龄两历一身份”审核和档案材料整理工作，建立干部人事档案台账。六是配合中央巡视工作。根据中纪委、中组部对集团公司巡视工作安排，按照集团公司有关要求，及时汇总上报领导人员收入、持股等情况。七是积极开展教育培训工作，着力培养复合型人才。制定并发布《关于加强从业资格管理的规定》，开展全员执业上岗考试及培训工作，大力开展内部人才培训，举办金融知识大讲堂系列专题培训。

【信息化建设】 进一步加强信息系统建设。一是强化运行维护。开展了对主备数据中心的信息安全大检查工作；完成了“国电网银”异地设备搬迁和测试上线运行工作；开展了“国电网银”突发事件应急演练、直连银行接口专项检查。二是强化系统研发。完成“国电网银”在线业务申请一期开发任务；完成票据集中管理系统一期开发工作；“国电网银”与北京银行、华夏银行银企接口开发测试完成并上线开通；自主研发了大客户经理数据统计软件，提升了资金收支统计工作效率。三是加强综合办公系统建设。2015 年，公司公文全部通过 OA 系统电子化流转；档案管理系统、培训系统和数字图书馆建成投运。

【企业文化建设】 认真贯彻落实集团公司“家园文化”，积极打造“容融家园”特色文化品牌，组织开展企业文化建设工作“自我诊断”。积极宣贯集团公司“一五五”核心战略，“战略引导　文化护航”企业文化案例入选集团公司宣贯“一五五新战略新理念”优秀案例。《再赴恩施》微电影入选集团公司宣贯“一五五新战略新理念”优秀文化产品。持续开展“容融大课堂”和道德讲堂活动，为员工学习成长搭建平台。创新成立员工“自组织”，形成了自主学习强素质、全员提升促发展的良好氛围，学习“自组织”成功做法获得集团公司认可并推荐交流。加强民主管理，把群众关心的问题作为工作的出发点和落脚点，进一步实施惠民工程，不断丰富职工文化生活，加大新闻宣传和舆论引导力度，为推动企业发展凝聚了正能量。

华联财务有限责任公司

【经营概况】 2015 年，华联财务有限责任公司（以下简称“公司”）发挥自身功能定位，保持经营业绩基本稳定，为集团成员单位提供优质的财务和金融服务。截至2015年12月31日，公司资产总额71.09亿元，比2014年同期减少0.45%；负债总额54.17亿元，比2014年同期减少2.71%；所有者权益总额16.92亿元，比2014年同期增长7.50%；公司实现营业收入3亿元，比2014年同期增长1.35%；实现利润总额1.44亿元，比2014年同期增长7.48%；净利润1.17亿元，比2014年同期增长12.5%。

【信贷业务】截至2015年12月31日，公司全年累计发放贷款180.25亿元，较上年增长7.3%，实现贷款利息收入2.67亿元。公司给予20家集团成员单位的授信总额达78.10亿元。

【票据业务】截至2015年12月31日，公司办理集团内成员单位开出的商业票据贴现77笔，贴现金额1.27亿元（其中，电子商业汇票贴现11笔，贴现金额近0.90亿元）。

【结算业务】截至2015年12月31日，公司吸收成员单位存款39.91亿元，较年初下降12.07%，日均吸收存款56.70亿元，较上年日均存款增长6.02%。2015年公司为集团及成员单位办理结算代理支付105万余笔，单日代理支付笔数最高达1.3万笔，日均处理约4 000笔，较上年增长1.84%，全年结算代理支付金额146.60亿元。公司成为集团成员单位安全、高效的资金结算平台。

【资金和投资业务】2015年，面对证券市场波动，公司坚持审慎、合规原则，继续通过投资银行协定存款、货币市场基金、银行理财产品和申购可转换公司债等安全性高、流动性强的投资品种，获取了稳定的投资收益。

【中间业务】公司年内为集团及成员单位在商业银行1.40亿元流动资金贷款提供连带责任保证；为集团下属各门店提供保险代理业务，办理了245笔保险理赔案件，理赔金额334.59万元，全年实现64.71万元的保险代理手续费收入。

【风险管理和内部控制】2015年，公司接受行业协会评级以及监管机构风险评价两项监管评级。以此为契机，公司认真开展风险自查工作，加强信息科技建设，减少人工业务操作风险。2015年初，在走访调研的基础上，结合实际业务开展情况，公司上线了非现场统一监管报表系统，该系统与公司核心业务系统、财务系统对接，能够实现90%以上自动取数、填报，极大地提高了公司非现场监管报表报送的效率和质量。公司还上线了人民银行新版征信系统，在系统建设、人员培训、数据报送质量等方面获得人民银行的认可和表彰。2015年，公司还升级了财务用友系统，重新规划公司会计科目体系，更有利于各类监管报表取数便利。同时财务部自行开发并使用结算业务分录整理、银行电子单据整理、银行调节表编制和投资业务自动生成会计分录等四种应用程序，提高财务部工作效率，提升内控管理水平，降低人工操作风险。2015年，公司从上至下全员签订《合规承诺书》，增强全员合规意识，明确各岗位合规责任。

【人力资源管理】2015年，公司继续开展全员内训课程，加强内部业务学习与交流，提升岗位技能和业务知识，培育良好的风险文化。

【企业文化建设】2015年，公司工会组织全体员工春游、10公里健步走、第五届跳绳踢毽比赛等文体活动。

兵器装备集团财务有限责任公司

【经营概况】2015 年，兵器装备集团财务有限责任公司（以下简称“公司”）全面贯彻集团公司关于打好“转型升级、做优做强、改进作风”三大攻坚战的要求，紧紧围绕全年经营目标，以改革转型为引领，以加强党建为依托，以对标一流为抓手，以风清气正文化为保障，大力实施“精益管理、全员风控、协同创新、服务提升”，扎实推进各项工作，有效保证了公司经营活动的健康稳健运行。

2015 年，公司实现营业收入 23.67 亿元，完成预算目标的 127.15%，同比增长 47.94%；实现营业利润 12.04 亿元，完成预算目标的 148.36%，同比增长 49.35%；实现利润总额 9.22 亿元，完成预算目标的 122.88%，同比增长 29.69%；实现净利润 6.92 亿元，完成预算目标的 122.98%，同比增长 16.68%；实现日均存款规模 331.35 亿元，完成预算目标的 135.25%，同比增长 41.73%；实现日均信贷规模 282.56 亿元，完成预算目标的 120.61%，同比增长 39.09%；实现经济增加值 4.83 亿元，完成预算目标的 135.88%，同比增长 22.54%；资金集中度 56.19%，完成预算目标的 140.48%，同比增长 27.59%。

【信贷业务】2015 年，公司坚持“服务第一”的市场意识，以“差异化策略”推动传统信贷业务发展，有效支持集团产业发展。一是多措并举“增存款”，有力保障资金来源。公司实现日均存款 331.35 亿元，同比增加 97.55 亿元，增长 41.73%。其中，长安集团及下属单位同比增长 71.69%。二是深入推进资金集中管理，充分发挥资金集中管理平台功能。公司资金集中度（国资委口径）达 56%，同比提高 12 个百分点。三是合理控制信贷投向，基本满足成员企业有效信贷需求。公司传统自营贷款日均规模 93.46 亿元，同比减少 5.04 亿元，下降 5.11%。四是大力发展票据贴现，兼顾收益性和流动性。全年累计办理成员单位票据贴现 119.11 亿元，同比增加 43.48 亿元，增长 57.48%。

【产品销售信贷业务】2015 年，公司一是加大信贷投放力度，全力支持集团汽车销售。第一，信贷投放大幅增加。2015 年，汽车金融累计信贷投放 964.10 亿元，同比增加 244.97 亿元，增长 34.07%。其中，零售业务信贷投放 132.98 亿元，同比增加 72.46 亿元，增长 120.71%。第二，业务结构不断优化。汽车金融零售信贷余额占汽车金融信贷余额的 62%，同比提高 11 个百分点。二是全力拓展合作网络，积极抢占市场份额。2015 年，汽车金融业务合作网络持续扩大，零售业务合作经销商 2 235 家，同比增加 924 家，增长 70.50%。三是攻坚克难勇于开拓，零售业务逆势增长。2015 年，汽车金融业务克服整车销售压力持续增加、经销商库存增幅明显、同业竞争日趋激烈等挑战，个贷合同件实现跨越增长：实现合同件 22.74 万单，同比增加 13.34 万单，增长 141.93%。四是深化自主战略，促进各品牌均衡发展。将自主和合资品牌分列管理，大幅提升品牌管理的专业性与针对性，自主品牌实现快速发展。其中，长安轿车个贷合同件 11.59 万单，同比增长 201%；长安微车个贷合同件 7 623 单，同比增长 1 508%。五是持续创新金融产品，逐步打造竞争优势。第一，持续推进产品创新，推出"长安 E 贷""幸福贷""安心无忧贷""长安微贷" "铃零贷" 等多款差异化、创新性产品，其中，"长安 E 贷" 荣获 "2015 最佳汽车金融创新产品奖"。第二，不断加大市场活动的策划和执行，强化精准营销，带动个贷业务的快速增长。六是积极拓展互联网金融业务，网络直销取得新突破。

【资金和投资业务】2015 年，公司全面运用各类资产配置追求较高收益，启动了股票二级市场投资，扩大了信托产品投资的参与范围，加大了对新股申购的参与力度，在业务转型和结构调整上初见成效。2015 年，公司结算投资收益 0.87 亿元。一是充分把握市场机会，努力获取机会性收益。2015 年，公司及时跟踪最新的政策和市场变化，积极参与 IPO 申购业务，累计参与新股询价 67 只，成功入围并参与网下新股配售 58 只，为公司贡献投资收益 0.60 亿元。二是逐步建立股票池，启动二级市场投资。加强市场研究，在把控风险的基础上审慎开展二级市场投资，逐步建立、补充股票池。2015 年，股票二级业务结算投资收益约 0.06 亿元。三是扩大信托产品参与范围，新产品研究逐步深入。投资目的以"富余资金流动性管理"与"中长期项目配置"并重，先后与 15 家信托机构建立业务联系，研究信托产品 35 项。2015 年，投资 1 年期信托产品 1 只，短期信托产品 5 只，结算投资收益 0.16 亿元。

【票据业务】2015 年，公司大力拓展票据贴现业务，精准掌握票据市场行情，充分挖掘重点客户票据资源。通过与票据重点客户充分的沟通以及各地金融同业的深入交流，实时掌握票据市场最新行情，以市场化的手段深入挖掘集团成员企业的票据贴现资源。全年累计办理成员单位票据贴现 119.11 亿元，同比增加 43.48 亿元，增长 57.48%。

【外汇业务】2015 年，公司积极探索外汇业务，不断完善外汇业务相关制度及流程，在公司核心系统中建立了外汇模块，支持外汇业务办理及外汇报表取数。同时，通过参与相关外汇政策解读培训会及与合作银行保持沟通探讨，确保公司及时掌握最新外汇政策、持续提升业务人员水平。

【资金集中】2015 年，公司发挥"优、快、活"的竞争优势，进一步加强服务职能，多渠道拓展存款，深入推进资金集中管理，充分发挥资金集中管理平台功能。2015 年，公司资金集中度（国资委口径）达 56%，同比提高 12 个百分点。

【业务创新】一是供应链金融业务探索前进。调研海尔、格力、TCL、北汽等财务公司和多家银行，探索研究供应商保理业务的模式设计。二是积极推进 ABS 发行工作；双评级等工作基本完成（主体 AA，资产 AAA）。

【风险管理和内部控制】2015 年，公司一是开展"全员风控活动月"活动。组织全体员工《财务公司全面风险管理》培训；对现有制度进行全面梳理修订；更新内控缺陷清单，针对近年提出的内控缺陷，对照实际情况整改；二是全面排查、评估、分析公司三大业务、五类风险，公司不良贷款率低于行业平均水平，贷款损失拨备充足，各项业务运作正常，各类风险基本可控；三是加强一线调研与风险监测，强化汽车金融业务风险防范。以“强化监管、防范未然”为原则，加强经销商现场走访调研；加强日常风险监测和风险提示；根据风险情况审慎调整分类标准；对个贷逾期客户进行法律诉讼。四是完善风控问责体系，加强内控合规管理。新建《不良资产责任追究办法（试行）》；加强对授信使用的线上管理；组织开展各类操作风险排查工作。五是落实稽核审计，充分发挥第三道防线的作用。第一，日常稽核、季度稽核与专项稽核相结合。2015 年，共开展季度稽核 4 次，专项稽核 5 次。第二，开展内控制度和风险管理自我评价工作。查找薄弱环节和短板问题，提出防范和化解风险的对策建议。第三，对汽车金融部各大区域 60 家经销商进行盘点稽核，有效防范汽车金融业务风险。第四，围绕外部检查和内部稽核审计发现的问题，通过“回头看”，加大督查督办，严格整改落实，保证问题及时有效解决，杜绝风险隐患。六是积极应对天威系在诉案件。天威系企业债务危机爆发以后，公司立即启动了法律诉讼程序，首先完成对天威集团相关资产的诉讼保全；其次积极应诉，获得法院的支持。2015 年，就如何处理天威系企业贷款案件与多方进行了多次沟通，并形成相关方案向集团公司汇报。

【战略管理】2015 年，一是研究制定了公司“十三五”发展规划暨“1335”战略，强化战略牵引功能；二是加强战略研究，有力支撑公司发展；三是借力国内外先进的智库资源，加强资源整合。

【人力资源管理】2015 年，公司一是持续完善绩效管理体系。修订完善《绩效管理办法》，提升改进各部门、员工的工作绩效，促进公司战略目标顺利达成。二是大力强化员工培训工作。拓展培训资源库，实施分级分类分层次培训；与南方资产建立培训合作机制，共享培训资源；加强新知识学习培训，举办互联网金融系列培训，开阔员工眼界与视野。三是员工队伍素质持续提升。公司业务发展部、汽车金融部在集团公司首届“最美兵装人”评选活动中，分别荣获“开拓之美”“青春之美”奖项。四是开展了汽车金融部盘点、客服、催收团队劳动竞赛活动，调动广大员工的积极性，提升客户服务质量和团队凝聚力。

【信息化建设】2015 年，公司信息化建设由“业务应用型”向“技术引领型”迈进，在关键应用服务方面取得新突破，信息化支撑能力跃上新台阶。荣获“集团公司信息化建设先进单位”称号，是集团成员企业中获此殊荣的四家单位之一。

一是搭建了安全、稳定、高度共享的新一代信息化基础平台，彻底消除了原有“信息孤岛”。第一，系统业务处理能力大幅提升，全年累计在线受理贷款申请 329 510 笔，累计发放贷款 251 520 笔，单日处理客户还款业务量最高达 108 720 笔，累计 512 2140 笔。第二，系统处理效率显著提高，以电子票据业务和零售业务为例，原系统处理 400 笔电子票据业务需要 8.5 个小时，新系统上线后仅需 10 分 35 秒；零售放款记账从 3 分钟 1 笔提高到 3 分钟 200 笔；原系统处理 30 000 笔扣款需要 13 小时 35 分，新系统处理 108 720 笔仅需 2 小时 40 分。二是借助微信、APP 技术，搭建移动互联金融服务平台，全面提升汽车金融营销推广及客户服务能力。2015 年，累计通过移动平台为客户提供服务 567 万余次。三是引入商业智能分析工具，自主开发了公司数据分析平台，充分发挥数据在管理中“指南针、望远镜和显微镜”的作用，有效指导业务精细化管理和精准化营销。四是搭建了重庆异地灾备中心，实现重要业务数据实时异地备份，大大提高业务连续性，全力保障核心数据的安全。

【企业文化建设】2015 年，公司紧密围绕以价值文化为核心的企业文化体系，进一步培育适应公司战略发展要求的企业文化，增强公司员工对企业文化的理解和认识，努力将企业文化固化在公司制度及员工行为意识中，对内形成健康的文化氛围，对外树立良好的公司形象。一是制定“1335”战略的文化子战略。二是开展合理化建议征集活动。召开合理化建议第四次审议委员会，投票评选2014年度合理化建议“优秀奖”；致每位提建议者“致员工的一封信”，感谢员工的参与，并对其所提建议一一反馈。三是传播品牌，提质提速宣传报道，为公司发展提供舆论支持。

京能集团财务有限公司

【经营概况】2015年，京能集团财务有限公司（以下简称“公司”）丰富金融服务产品，提升金融服务效率，各项工作取得成效。截至2015年12月31日，公司资产总额167亿元，所有者权益36亿元；吸收存款余额129亿元，自营贷款101.87亿元，代理业务资产（表外业务）129亿元。全年实现利润总额3.57亿元，净资产收益率7.50%，资本充足率23%，贷款本息回收率100%，不良贷款率为零，圆满完成集团经营考核任务。

【信贷业务】2015年，公司日均自营贷款及贴现规模为85.01亿元，较上年增加17.19亿元，增长25.35%。2015年累计发放自营贷款及贴现196.27亿元，发放委托贷款97.21亿元，回收自营贷款及贴现184.21亿元，回收委托贷款94.48亿元，贷款本息回收率100%。全年自营贷款利息收入4.48亿元，较上年增加6.23%，委托贷款手续费收入0.17亿元，较上年增加11.94%。

【资金和投资业务】2015年，公司大额存放同业业务日均规模为25.56亿元，实现同业存放利息收入1.05亿元，平均收益率为4.11%，有效地提高了公司资金的外部获利能力。2015年，公司共参与银行间市场债券分销共计10.30亿元。其中成员单位短期融资券共计3亿元；证券公司短期融资券共计7.30亿元。2015年全部投资利息收入为0.29亿元。

【票据业务】2015年，公司全年累计开展票据承兑业务459笔，金额超过5.30亿元，既解决了成员单位资金紧张无力付款的难题，又有效提升了商业承兑汇票的信用等级，受到了集团成员单位好评。

【资金集中】2015年，公司拓宽资金归集面，稳定可归集资金归集率，尽力扩大吸收存款规模，截至2015年底，共有175家成员单位在公司开立了存款账户，其中167家实现资金归集；全年资金归集率保持平稳，可归集资金归集率均保持在90%以上；年末资金集中度达到56.20%，超过行业平均水平。2015年全年日均存款达122.97亿元，较上年增长近30.64亿元，增幅达33.19%。1月15日，公司存款余额突破145亿元。京煤资金归集取得阶段性进展，公司对京煤集团资金管理情况和需求情况进行深入调研，灵活调整资金集约化管理流程和制度，截至2015年底，京煤集团已有13户成员单位完成开户，其中11户实现资金归集，归集资金为5.02亿元。

【业务创新】2015年，公司开展了对金融机构授信的新业务。分别对中化工程财务公司、兴业银行、浦发银行开展了授信业务，通过对中化工程财务公司的授信，为锡林煤化的三家供应商实现三笔融资业务，融资金额达751万元，节约融资成本约8.82万元。通过对金融机构授信业务的创新，拓展了公司业务发展的空间，为中间业务的发展做好了铺垫。为实现成员单位多品种融资，资金计划部创新开展供应链金融“票据直贴”业务，并采取集合竞价机制创新的经营方式，使企业融资成本达到最低。实现了为企业融资排忧解难，提供金融服务的良好效果，增加了公司融资服务口碑。截至2015年底，公司为成员单位获得10家银行共78亿元的融资授信额度，融资价格已降至3.03%。共签署《融资顾问服务协议》10份，协助7家成员单位完成了62笔票据贴现业务，贴现金额共计1.66亿元，提升了集团融资灵活度，节约融资成本约50万元，收取融资顾问服务费2.09万元。大大提高了成员单位及金融机构创新融资的积极性，并获得了多方的一致认可。2015年，公司通过积极主动调整业务开展思路，创新保险代理业务分类培训、实地调研、赠送增值服务、多渠道宣传等多项营销措施，加大了业务推广力度。代理一家电厂燃机本体及运营设备保险项目，实现了电厂整体设备保险项目零的突破；与集团系统内融资租赁公司开展保险业务合作，代理租赁资产保险业务，将租赁公司租赁资产纳入保险业务范围。

【风险管理和内部控制】2015年，公司组织拟定了“十三五”规划的全面风险管理和资本管理两个子规划；建立了风险识别与评估长效方案、合规创新机制；一把手带头签订合规承诺书；组织案防自评、案件风险排查，“两个遏制”专项检查，获得案防工作监管“绿牌”评价。完成票据再贴现、档案管理、信息科技外包类窗口指导文件的合规性的风险识别，识别出风险点104个，涉及12项流程；各部门开展了合同管理、信息披露、采购管理等6项风险识别工作，为有效预防风险事件的发生奠定良好的信息基础。

2015年，公司不良资产率和风险事件发生率保持零纪录；流动性风险控制在可承受范围；法律合规风险、涉诉事项保持零纪录；完成合同审查457笔；业务审查428笔。公司组织开展了内控体系文件的大规模修编、2014年度内部控制自我评价工作，采取部门预评、自评和部门间交叉互评结合的形式，逐项检查955个控制点，确认了28项内部控制缺陷，并逐一制定了详细的整改措施及时间计划。公司拟定了《京能财务2015年标准化工作计划》。以标准化达标验收为评价基准，组织开展了标准检查及标准化体系自我评价工作，评价等级结果为优秀。完成19项管理标准、5项工作标准的修订工作，提升了标准化体系管理水平。

【人力资源管理】公司实施了2015年度人才培养计划，输送1名同志到集团经营计划部，借调1名同志到集团党群工作部，公司内部对1名同志进行提职，并实施跨部门借调，以培养复合型管理干部。2015年开展了一次招聘工作，市场化招聘1名银行从业人员。实施轮岗机制，落实传帮带，帮助员工快速融入工作并迅速成长，确保不发生风险事件，保证各项工作顺利进行。创新开展分层级的员工座谈工作，逐一对公司全员进行访谈，充分了解员工思想动向，探析公司存在的问题，为进一步完善公司经营管理方式，提高企业综合竞争力，提供了一手资料。推动员工职称提升、岗位技能的资格考取，每年鼓励对外调研，专业的理论学习加上实际的工作演练使得全员素质得到了快速成长。

【信息化建设】公司向集团报备了无线网络建设工作；签订了资金拆借和资金信息系统报表项目等合同；完成了网银用户复核功能的添加及秘钥到期置换工作；完成了资金系统优化项目验收，并解决了业务发展部的委贷逾期问题；推进了2015年度信息化项目立项工作。信息化建设的不断完善，为增强公司竞争力、提升公司形象、提高公司协同办公效率奠定了基础。

【企业文化建设】贯彻文化兴企战略，将党群工作与企业文化建设有机结合，培养员工先进的主观意识，树立大局观，通过各项工作来传承和传导公司的文化理念，宣扬先进事迹，实现公司大融合。以党带工带团组织形式，组织各项先进评选活动和文化活动，并在活动中取得了优异的成绩，很好地展示了公司积极向上的精神风貌，树正气，扬风气，将积极向上的企业文化内化于心、固化于行，提升了公司服务价值。

浙江省能源集团财务有限责任公司

【经营概况】2015年，浙江省能源集团财务有限责任公司（以下简称“公司”）稳中求进，开拓进取，沿着司库型财务公司发展路径，紧跟集团“大能源战略”和“三个一体化”发展思路，主动应对经济“新常态”的挑战，不断完善“收、支、融”三集中的资金管理模式，打造集团统一的资金池，开拓创新中间业务，稳步提高投研水平，为集团的发展做好参谋，为成员单位的发展做好服务。截至2015年12月末，公司资产总额达到256.30亿元，归集资金229.92亿元，全年累计实现营业收入6.82亿元，利润总额为5.44亿元，净利润为4.11亿元；年平均资金归集率达76.49%（剔除集团暂缓归集、保函押金、保证金及可转债余额后年均归集率达92.28%）。

【信贷业务】2015年，公司结合外部融资环境和成员单位实际资金需求，适时调整信贷策略和资金流向，优化信贷资产结构，切实履行内部信贷服务职能。授信覆盖范围和授信总额继续扩大，更多符合授信支持条件的集团三级、四级单位纳入授信范围，截至2015年12月末，共对77家单位提供授信，授信总额为272.63亿元。同时，持续加强贷后管理工作，通过走访成员单位、分析财务报表、监管贷款用途、选择典型企业进行专题分析等方式，了解借款单位的经营和资金使用情况。公司无不良类贷款，信贷资产持续保持良好，贷款风险总体可控。

【资金和投资业务】2015年，公司不断加强市场研究分析能力，利用备付闲置资金审慎开展资金和投资业务，在确保风险可控的前提下追求合理利润。一是不断提高资金计划的准确性，并依此稳健开展同业定期协议存款业务和银行间市场债券质押式逆回购业务，全年累计实现同业定期协议存款业务收入约1.87亿元，实现银行间市场债券质押式逆回购业务收入约0.08亿元。二是坚持“有所为，有所不为”的投资理念，积极开展证券投资和金融股权投资，在确保风险可控的前提下追求合理利润，全年累计实现投资收益约0.79亿元。

【票据业务】2015年，公司利用票据融资利率相对较低的有利时机，积极推广票据业务，拓宽成员单位融资渠道，降低集团整体融资成本。全年共计办理5笔票据贴现，票面总金额约0.84亿元；办理转贴现业务16笔，票面总金额为10.52亿元。

【资金集中】2015年，公司为了适应利率市场化并进一步保障成员单位存款利益，拟定存款利率定价方案，适时调整财务公司存款利率，相较于工商银行、农业银行、中国银行、建设银行的挂牌利率和大额存单发行利率都处于最高水平，有效增强了成员单位资金归集意愿，新归集长广集团等4家单位。截至2015年12月末，集团系统共有183家成员单位在公司开立结算账户，其中有126家实行“收支两条线”的资金管理模式，归集资金229.92亿元；年平均资金归集率达76.49%（剔除集团暂缓归集、保函押金、保证金及可转债余额后年均归集率达92.28%）。

【业务创新】2015年，公司首次开展跨境人民币双向资金池业务，打通集团资金合规入境渠道。公司及时抓住人民银行新开跨境人民币集中运营业务机遇，在上报集团批准后，5月向人民银行备案，将集团及下属44家企业（含境外企业2家）纳入资金池归集范围，共获批86.05亿元人民币净流入额度。该净流入额度是浙江省已获批跨境人民币集中运营业务资格中的最高额度，公司亦是浙江省属国有企业中首家取得该业务资格的公司。

【风险管理和内部控制】公司按照全面风险管理的要求，跟进内控体系建设，坚持做到合规稳健运营。一是切实贯彻落实上级监管部门“反洗钱”“清雷防险”“平安风险隐患排查”等专项活动精神，积极配合浙江银监局“两违”现场检查工作，认真组织合规风险评估，风险隐患排查，持续完善风险控制清单，构建异常交易监测指标，开展客户评级和身份识别，有效进行事前预防。二是推动实施法律审查、合同备案和配额审查，全方位参与监督业务流程，充分发挥集团资金管理的事中控制作用。三是不断完善“三会一层”的治理架构，对各专业委员会的职责分工、议事规则、决策程序进行了明确的界定，确保公司遵循市场规律开展业务，有效克服了治理结构的内生性缺陷。四是加大制度的修订和出台力度，严格规范各项业务的操作流程，其中2015年新制定和修订制度63项，形成了比较完备的制度体系。五是严格执行法律法规和行业审慎监管的各项要求，依法在经营范围内开展业务，定期开展常规稽核和专项稽核，实现对各业务条线审计全覆盖。2015年以来，积极推动审计工作的转型发展，新增信息安全管理审计项目，并在审计程序中增加稽核事实书面确认环节，切实推动公司合规体系建设。

【人力资源管理】2015年，公司不断加强和完善人才培养、选拔任用和激励约束机制，促进人力资源的开发和配置。深化轮岗制度的内涵和外延，从最初公司内部轮岗延伸到集团系统内轮岗，2名员工分别在集团相关部门挂职锻炼，4名新大学生外派到成员单位交流锻炼，形成了人岗动态匹配的良性互动。同时，不断丰富员工培训体系，组织开展“集团系统各板块专家培训”“大国工匠”“民俗学与养生”等多层次、多形式的培训，提高员工综合素质和工作能力，着力打造一支既熟悉集团产业又具有金融专业知识的复合型人才队伍。截至2015年12月末，公司共有正式员工52名，其中领导班子成员5名，中层干部11名，员工38名，平均年龄30.69岁，本科及以上学历比例为100%，公司整体呈现年龄结构轻，学历水平较高的特点。

【信息化建设】公司不断完善业务信息系统建设，结合信息安全等级保护工作，全方位打造信息安全体系。完善应急管理，优化网络资源配置，持续开展信息系统安全风险评估、自查整改等工作，从系统源头强化安全意识，消除安全隐患。2015年，积极与成员单位沟通，先后对10多家成员单位进行巡检和现场维护，为公司业务实现安全、稳定、可持续发展打下良好基础。

【企业文化建设】公司始终坚持以人为本的理念，一是积极宣贯浙能集团企业文化，通过支部集中学习、部门学习讨论会、企业文化知识竞赛等多种方式，组织认真学习集团企业文化手册。二是积极推进公司与集团之间的母子文化衔接，巩固和弘扬以“守规矩、负责任、重合作”为核心的企业文化理念，构建财务公司特色合规文化，推进企业文化在广大员工中的内化。三是整合内部资源，强化职工教育培训，开展读书交流、人文讲座、业务研讨等活动，激励员工提素质、强本领，丰富职工文体生活。四是积极组织开展“善美”行动，通过选树“善美”先进典型，传播“善美”先进事迹，开展“善美在身边”主题演说比赛、“衣物重生”物资捐赠、无偿献血等爱心活动，不断推动“善美”理念转化为员工的群体意识和自觉行动，营造向善尚美的良好企业文化氛围。五是按照集团党委统一部署，积极开展“三严三实、履职尽责”专题教育活动，提升领导干部及全体党员的党性修养和职业素质。

广东粤电财务有限公司

【经营概况】广东粤电财务有限公司（以下简称“公司”）成立于2006年12月，是广东省粤电集团有限公司（以下简称“粤电集团”）的控股子公司。截至2015年12月31日，公司资产总额170.86亿元，同比增长6.82亿元；已开户成员单位107家，负债总额144.77亿元，同比增长5.95亿元；累计发放贷款（含贴现）193.70亿元，贷款余额111.04亿元，同比增长1.34亿元，委托贷款余额26.19亿元；实现利润总额3.98亿元，净利润3.17亿元，同比增长3.25%，净资产收益率12.15%。

【公司金融】公司积极开展信贷业务支持集团经营发展。贷款范围既涵盖了集团发电等主业，也涵盖了航运、码头、燃料和新能源等多元化产业，推出了包括流动资金贷款类、固定资产贷款类、票据融资类、财务公司信用类、中间业务类、专业融资类在内的六大类15个信贷品种，金融产品服务品类丰富。

2015年，公司实现信贷规模稳步增长，确保了公司营业收入、净利润等核心经营目标的实现。年末，公司信贷余额达到111.04亿元，当年日均贷款余额再次突破百亿元大关，达到100.33亿元，单日信贷余额达到116.11亿元，创历史新高，同时随着中长期贷款占比的稳步提升，在全年基准利率持续走低的情况下，提高了信贷业务相对收益，公司信贷资产结构亦得到持续优化。

公司充分发挥金融中介作用，加强资金引导和价格引导功能，积极为成员单位引入低成本外部金融资源，支持成员单位的发展和降本增效。2015年继续加大首创的联合贷款模式推广力度，通过内部增信为集团内成员单位争取免担保低息贷款，成功协助广州粤电开发区新能源有限公司成功获得亚洲开发银行"能效电厂"项目0.50亿元政策性贷款，利率为同期基准利率下浮20%，有效地降低了成员单位融资成本。通过加大"联合牵头行"银团贷款的推广力度，充分发挥公司的融资引领作用，协助成员单位取得33.37亿元的优惠利率银团贷款。针对风电、太阳能等新能源产业融资难、融资贵的问题，公司采取优惠利率先期介入项目的方式，有效发挥了价格引导作用，增强了成员单位与外部银行在利率谈判上的话语权，成功协助风电等新能源行业单位获得了优惠利率贷款，有效支持了新能源产业的发展。

【资金和投资业务】公司2015年致力于对现有传统同业资金存放业务进行升级改造：首先，继续引入复合型议价策略推进活期资金增值模式，巩固同业活期利率优势；其次，突破思维定式，实施从"量变到质变"的业务规模推动型议价策略。全年共实现同业定期利息0.18亿元，在外部环境降息导致资金价格下挫超过250个基点的形势下，收益率仍实现同比提升50个基点。实现同业活期利息0.69亿元，较同期限市场同业增值收益0.24亿元。

有价证券投资与同业定期议价是公司阶段性富余资金运作的重要手段，在同业成交价格下降的背景下，有针对性地加大货币市场基金投资力度。一是扩大投资额度至监管规定的限额，2015年末货基投资额度为14.40亿元，日均投资规模达12.13亿元，比2014年末的8亿元投资额度约增加4.13亿元，增幅51.63%；二是综合考虑收益性、流动性、安全性及申赎便利性等多方面因素，扩充基金池的备选基金数量至21只；三是精心配置投资组合，动态调整持仓基金，2015年全年投资收益0.46亿元，比2014年增加39.62%。投资组合年化收益率3.764%，比行业平均收益高19.59个基点，考虑税收优惠的可比收益率达4.738%。

公司持有珠海农商银行9.90%股权，2015年获得现金红利0.27亿元，获派送红股及转增股本9 823 275股，综合分红率为18.50%，略高于增资扩股对战略投资者的承诺18%。截至12月末，珠海农商银行本外币资产总额409.18亿元，负债总额367.24亿元。2015年实现营业收入13.65亿元，增幅13.67%；实现净利润5.05亿元。公司持有深圳天鑫保险经纪有限公司（以下简称"天鑫公司"）100%股权。2015年天鑫公司继续发挥风险转移化解功能，共协助成员单位处理保险索赔案件178宗，有效抵御自然灾害及经营中不可控因素对经营发展的冲击，实现赔付总金额1.05亿元。公司累计完成706单保险业务，实现业务收入0.14亿元，截至2015年末，天鑫公司资产总额0.36亿元，利润总额0.09亿元，净利润0.07亿元，净资产收益率24.60%。根据天鑫公司2014年利润分配方案，2015 年 5 月公司取得 0.04 亿元分红，投资天鑫公司的现金分红率为 49.37%，较上年提高 3.93%。

【票据业务】票据业务兼具产业链融资和流动性管理的双重特性。在对全年资金格局总体宽松的预判基础上，公司 2015 年以提升信贷资产收益性为首要目标，票据业务的重点更多地放在支持集团产业链融资上。全年共办理票据贴现业务 44 笔，合计金额为 8.13 亿元，年末贴现余额 2.89 亿元，占信贷资产的 2.60%。

【外汇业务】为将集团境外账户纳入资金监控范围内，以利于集团引入境外低成本资金，公司大力推动跨境双向人民币资金池业务，于 2015 年 12 月获人民银行批复。该业务的开展将进一步丰富资金池，拓宽融资渠道，节约集团结售汇业务成本，搭建集团的全球资金管理新平台。

【资金集中】公司资金集中度一直保持在较高水平。截至 2015 年末，已为 107 家具备独立法人资格的成员单位开立了账户，管理的各类账户总数为 192 个（其中，活期账户 107 个，定期账户 47 个，通知账户 38 个）。2015 年末公司吸收的成员单位存款余额 144.04 亿元，日均余额 128 亿元。行业评级口径资金归集率为 60.51%，剔除外方股东资金、外币资金及专户资金等因素，集团考核口径资金归集率达 96.44%。“粤汇通”系统 2015 年结算业务量发生额为 8 312 亿元，业务笔数为 73 108 笔，结算业务集中度为 92.31%。

【业务创新】2015 年，公司在财务顾问业务向投行业务转型方面取得了多方面突破。8 月 19 日，粤电集团 2015 年第一期公司债券成功发行，公司作为副主承销商参与了集团企业债券的承销工作，实现了投行业务零的突破，成为 2012 年国家发展改革委暂停财务公司企业债承销业务以来行业内首家取得突破的财务公司。此外，10 月 29 日，公司正式取得银行间市场交易商协会的会员资格，为争取银行间市场承销资格、实现财务顾问业务向投行业务转型打下坚实基础。

2015 年，公司积极开展“一头在外”产业链金融模式的探索，积极向集团主业的上下游延伸，不断增强财务公司在集团上下游产业链中的黏性。12 月，由燃料公司作为开票人并由公司作为承兑人的电子银行承兑汇票成功开出给浙江物产环保能源股份有限公司，实现了外部煤炭贸易领域的首笔票据结算，单笔金额为 0.25 亿元；由粤华公司作为开票人并由公司作为承兑人的票据成功开出给福建龙净环保股份有限公司，2 笔合计金额约为 0.10 亿元。

【风险管理和内部控制】2015 年，公司着力对风险管理流程进行了重构与完善。建立了包含月度报告、季度评估、年度评价在内的闭环风险管理工作流程，对整体风险环境进行动态跟踪分析，前移风险管理工作关口，建立并固化了定期的风险监控反馈机制，保证了风险管理工作信息汇报的及时和高效。

【人力资源管理】2015 年，公司加强员工培训计划性，通过对各部门、各岗位培训需求进行梳理和筛选，有针对性地组织员工参加业务创新及业务资质相关的培训及考试认证，并通过内部“分享·学习”交流平台，引入企业内训师进行“互联网金融”“大数据管理”等专业培训，进一步提高培训的针对性，在控制培训成本的同时提升培训效果。此外，还在年度培训中加入人文、防灾、应急演练等内容，提高员工的综合素质及应变能力，为培养全面人才奠定基础。

【信息化建设】2015 年，公司以整合信息系统、优化完善系统功能、提升系统运行效率为目标，开展了“粤汇通”资金集中管理系统四期项目的建设工作，四期项目共分四大类

51项需求，主要包括批量代理优化、跨境双向人民币资金池、电子商业汇票等。此外，公司开发的“粤电集团资金集中管理系统—‘粤汇通’系统”通过了省科技厅组织的科技成果鉴定，为“粤汇通”系统影响力的提升和应用的推广创造了有利的条件。

【企业文化建设】公司努力营造“学习型企业”氛围，鼓励并引导员工积极参加金融业务、党建理论等的学习研究，从多角度提高员工理论知识水平，并重视与实际的结合及落地，使理论研究成为推动日常工作顺利开展的助推器之一。

TCL集团财务有限公司

【经营概况】2015年，在宏观经济持续下行、汇利率市场波动加剧的宏观经济环境下，TCL集团财务有限公司（以下简称“公司”）“依托集团，服务集团”，充分发挥金融机构的专业优势，有效地保障了集团和成员企业的合理资金需求，防范企业运营风险，较好地实现了协同效应最大化，提升了运营能力，夯实了业务基础。12月，公司获得金融时报“最佳资金管理财务公司”荣誉，并再次荣获“TCL集团优秀企业奖”。

2015年末，公司资产总额为177.46亿元，同比增长25.07%；总负债为159.40亿元，同比增长27.53%；各项贷款余额102.22亿元，同比增长56.45%；营业收入2.50亿元，同比下降10.07%；实现净利润1.25亿元，同比下降28.98%；全年结算量2.06万亿元，同比上升48%。信贷资产分类均为正常，未出现不良。年末资本充足率18.03%，流动性比例64.26%，均优于监管标准。

【信贷业务】坚持寓管理于服务的经营理念，发挥财务公司专业优势，提供多方位金融资源支持，充分保障集团各产业运营发展。2015年累计向成员企业及产业链投放信贷102亿元，有效支持了成员企业与产业链客户发展需求。年末信贷资产分类全部为正常，并已足额提取贷款损失准备。

丰富信贷品种，优化企业信贷产品服务结构，满足成员企业业务发展需求。深入推广企业信保融资运用，改善企业现金流状况；通过全球资金池进一步盘活境内外外币资金，推出全球资金池下境外中长期外币贷款；推广公司代理信用证业务，提升成员企业融资业务效率，并有效节省整体融资成本，实现了财企双赢。

【产品销售信贷业务】依托集团核心产业，通过票据贴现为供应链客户提供资金支持，并加强产业链产品创新能力，提升品牌知名度，有效促进成员企业产品销售。2015年累计向产业链上下游企业提供资金29.14亿元，有效支持了产业链上下游企业的业务发展。

【资金和投资业务】利用非银行金融机构

平台，深度参与金融市场，在确保资金安全的前提下提升短期闲置资金使用效益。优化金融资产配置组合，抓住市场机会加大优势产品的资源配置，细化集团资金头寸管理，拓展新型高收益产品。深入开展同业定存等传统资金业务，匹配资金状况及市场情况积极参与货币基金、开发现券买卖等业务，累计实现收益1.01亿元。

【票据业务】 继续深入推广电子票据业务，商票、电票结算额增长较快，2015年为企业开票159.15亿元，同比增长55.15%，其中电票开票117.39亿元，占开票量73.76%，对比2014年同期增长55.24%，电票开票得到深入推广，保证了票据业务的高效安全。全年累计办理再贴现4.28亿元，为公司产业链业务开展提供充足的资金保障，有效地促进了产业链实体经济的发展。

【外汇业务】 全球资金集中管理得到加强，资源整合能力进一步提升。积极落实全球资金池试点业务，推进各产业境外资金入存，并通过全球资金池发放贷款等业务，盘活境外资金，提升资源运用效益，优化内部资源配置效率。为成员企业提供快速高效的即期结售汇服务，2015年代理成员企业进行外汇平盘交易31.77亿美元，为集团节省费用约190.62万元。完善集团汇率风险管理，积极应对"8·11"汇率改革。

推动汇率风险管理信息化建设，完善集团汇率风险管理。公司发起TCL集团外汇业务账务统一处理规范，并于2015年12月31日发布《TCL集团会计处理规范1号—外汇》；明确外汇信息化系统合作商，完成业务框架梳理。

【业务创新】 2015年，公司不断创新金融业务，运用金融平台服务实体经济，为集团创造经济效益。跨境引入中信保统筹解决企业额度，撮合企业海外业务，协助海外客户增信；积极开拓新品，实现信用证项下代理押汇；创新融资方式，帮助集团和成员企业发行美国商票、超短融等，2015年完成TCL集团首笔US-CP发行（2亿美元），首次国内SCP（22亿元）发行；布局牌照资源，开拓新业务，公司衍生产品交易业务资格获得广东银监局批复，成为广东省第一家获批开办衍生品交易业务、全国第一家获批有期权品种的财务公司。

【风险管理和内部控制】 持续深化"全面风险管理体系"建设，推动打造优秀财务公司改善项目。通过具体的行动方案落实关键改善点，努力提升财务公司风险评级。通过这一项目，公司建立了监管指标监控制度和指标体系，按月监控，定期报告和提出预警建议。2015年，公司行业评级获"创新型财务公司"称号，并获得"惠州金融系统综治先进单位"称号。

建立健全内控机制，推动金融统计信息化建设。2015年，先后出台了《TCL财务公司金融统计管理办法》《金融统计制度》；建立了统计工作的内部审计稽核体系；建立并完善了公司信息化系统，以进一步提升数据报送质量及效率。

【人力资源管理】 随着业务的迅速扩张，公司从多渠道引入了许多高端业界人才，充实了人才队伍，让团队变得更加有智慧、有创意、有活力。为了充分激发优秀人才的潜能，为人才培养提供更好的土壤，公司实施职业双通道的发展机制，不仅拓宽了员工职业发展的通道，还激发员工向更加专业的方向去发展。同时，对薪酬激励实施了多元化调整，让激励更加贴近业务，更符合行业的规则，使激励变得更加及时有效，更起到驱动业务的关键作用。

不断学习是促进人才发展的根本，公司培训结合"互联网+"作出了创新，组织开展了多场次的线上"微课程"，邀请业界专家在微信上为大家讲授行业前沿知识，让大家实现学习方式多元化、学习形式多样化，增进了零散时间价值的利用。此外，为了增进金融人员对TCL集团产业业务和金控集团新兴业务知识的熟悉和了解，公司分阶段地向员工讲授了产业相关知识，组织了多场次的跨界交流互动。2015年，人力资源紧贴业务变革，在互联网变革浪潮中不断求新求变，为成为业务发展的驱动力不断努力。

【信息化建设】继续深入开展信息化系统建设，推动IT建设，提升信息化水平。一是2015年3月上线合同管理系统，通过该系统可实现业务发起、合同审查（审核人可视、审核时间监控、审查记录留痕）、盖章审批、扫描存档、统计查询等一系列的合同管理功能，可严格把控合同文本的法律风险，并加强印章管理；二是2015年7月上线全新的TCS系统，通过该系统可以提高业务办理的速度，增强客户体验，奠定产品、服务创新的IT基础。

【企业文化建设】公司通过多种形式组织员工参与各种有益身心健康的文体活动，强化企业文体建设，增强公司凝聚力。团队共同策划组织，通过“新春踏青”“公司周年庆”“金鹰挑战108里徒步穿越行”等活动及对活动的宣传，对内对外传递了企业文化，逐渐形成了创意创新的团队氛围和简单温暖的企业文化；充分发挥新人的热情和激情，凝聚了团队、发挥了价值，形成了全员互联互动、年轻、激情、创新、突破的企业文化氛围；通过对项目的几个关键活动的宣传（包括海报、动态、视频等），对内对外宣传了TCL金融的品牌，传递了TCL金融的精神；同时，加强与产业的沟通，充分了解客户需求，让客户感受到简单温暖的产业金融；积极与银行、其他金融同业进行沟通与学习，增加了业务交流合作机会的同时积极宣传公司理念及文化，提升了公司的影响力和知名度。

湖南华菱钢铁集团财务有限公司

【经营概况】2015年，湖南华菱钢铁集团财务有限公司（以下简称“公司”）紧紧围绕集团年度目标开展工作，上下同心，承压前行。对内狠抓成员企业资金归集，全面加强资金管理，强化风险控制，提升金融服务能力；对外积极拓展融资渠道，优化资产结构，推进金融创新。2015年，公司联网资金规模稳中有升，投资收益大幅增长，跨境双向人民币资金池实现突破，全面梳理和优化岗位职责和流程，各类监管指标均符合监管部门要求，经营绩效创历史最好水平。

2015年，公司实现总收入23 110.35万元，利润总额13 597.71万元，净利润13 597.71万元，均创历史最好水平，为成员企业创效6 088.24万元，共计为集团整体创造经济价值19 685.95万元。

【信贷业务】2015 年，公司继续加大对成员企业资金支持力度，对成员企业的信贷业务总量创历史最高水平。通过贷款、票据贴现、开具电子汇票等方式为成员企业提供信贷资金支持较 2014 年增长 13.53%。

【资金和投资业务】2015 年，公司一如既往地狠抓资金归集和账户联网工作，日均联网资金规模较上年增长 25.64%。在提高资金归集的基础上，为提高资金使用效率和经济效益，公司建立了月度资金平衡会和周资金协调会制度，加大对成员企业资金计划的掌握，最大限度地进行资金平衡及运用；实时监控资金情况，及时调整资金计划和安排，在保证流动性的前提下，高效使用联网资金，充分发挥了财务公司资金集中和资源调配的作用。

2015 年，公司适度增加自营投资规模，加强资本市场的研究和分析，利用中国人民银行连续降息降准等货币政策利好因素，抓住资本市场和债券市场机会，公司自营投资的债券、基金、金融理财产品等业务取得较好的投资回报，全年实现投资业务收入较 2014 年增长 235.66%。

【票据业务】2015 年，公司累计为成员企业开立电子银行承兑汇票 17 笔，办理票据贴现 64 笔，缓解了成员企业的资金压力，并通过转贴现和再贴现等方式进行票据转让，提高流动性。

【外汇业务】2015 年，公司向中国人民银行申请开展跨境双向人民币资金池业务，于 6 月 10 日正式获得批复，资金池境内成员单位 11 家，境外成员单位 2 家；9 月完成首笔跨境人民币资金池的入境业务，从境外调入境内 500 万元人民币。跨境双向人民币资金池的建立为集团打通了境内外资金双向流动的渠道。

【风险管理和内部控制】公司坚持稳健合规经营，将风险控制作为经营活动的首要前提，严格遵照监管部门的各项政策和要求，做好风险管理工作。一是优化岗位职责和操作流程，完成 49 个内控流程图的修订、汇编工作，编制《岗位操作手册》，包括 8 个公司层面和 8 个业务层面控制流程结构，共 211 个控制点。二是加强内部稽核，2015 年稽核部共出具 12 份月度稽核报告，检查 18 项业务类型共 574 笔业务；针对稽核工作发现的 31 个问题共提出 26 条建议，并已得到了整改。三是进行工作整改，公司根据湖南银监局现场检查意见，启动全面整改，包括完善公司治理、加强内部控制、防范信贷风险、严格票据管理、规范投资业务、完善业务系统等。

【人力资源管理】2015 年，公司通过强化激励、招才引智、学习培训等措施，不断完善人力资源管理。一是制定了一系列绩效考核管理制度，坚持绩效优先、兼顾公平，充分发挥激励作用，激发员工积极性。二是加强员工教育和培训，全年共邀请同行专家授课两次，举办内部集中业务培训 6 次，包括公司风险管理指引、新的准备金管理办法、反洗钱制度、外汇资金池业务等；派出重点岗位员工参加各类学习班 10 余人次。三是加大人才引进力度，为公司发展提供人力资源保障。

【信息化建设】公司于 2014 年对九恒星信息系统进行升级，2015 年在运行一年后开展了“系统升级回头看”的工作，累计修订更新系统程序 20 余处，优化了部分银企直连接口，未出现信息系统风险事件。公司全力配合集团财务共享中心的上线工作，协助参与财务共享中心软件、硬件平台的招投标工作，在集团确定软件供应商后，共同参与了业务需求调研、业务流程梳理、银企直连接口对接、系统环境配置、共享服务平台 EAS 系统与公司九恒星业务系统接口对接等工作，并作为集团多元子公司的唯一试点单位参与了移动审批流程的试点工作，保证了集团财务共享中心的顺利上线。

【企业文化建设】公司着力打造以“诚信、合规、廉洁”为内涵的企业文化，积极倡导和培育全体员工的核心价值观，规范行为准则，强化合规意识，营造和谐氛围，为企业和谐发展提供文化保证。

江西铜业集团财务有限公司

【经营概况】2015年，江西铜业集团财务有限公司（以下简称“公司”）面对全球经济形势复杂分化、国内经济继续承压下行、大宗商品价格大幅下挫、人民银行五次降息并基本完成利率市场化、公司存贷利差进一步被压缩、投资理财预期收益率持续下滑等前所未有的严峻形势，积极应对、主动作为，着力服务成员单位，加大资金运作力度，全面提升资金使用效率和效益，成功推动跨境双向人民币资金池业务和外汇资金集中业务的发展，顺利实现了各项经营的平稳发展，取得良好成绩：年末资产总额142.72亿元，吸收存款余额117.88亿元，各项贷款余额67.67亿元，投资类资产余额21.08亿元。全年完成营业收入4.53亿元、实现利润4.04亿元，并通过减免结算手续费、存款上浮贷款下浮等方式让利成员单位0.64亿元，蝉联江铜集团“双文明”建设先进单位。

【信贷业务】2015年，国内金属行业全线低迷，铜价断崖式下跌，全年最大跌幅达27.50%，集团生产经营面临最为严峻的形势。针对成员单位外部融资困难加大的实际情况，公司增加了成员单位的信贷支持。抓住人民银行五次降息之机，支持成员单位借低还高，切实帮扶成员单位减少财务费用。为困难单位采取切实可行的增信措施解决资金难题，2015年末，公司各项贷款余额67.67亿元，较2014年末增长52.28%，确保了成员单位正常运转所需资金。

【投资业务】受人民银行降准降息影响，银行间市场利率下降较为明显，资管计划和信托计划等项目收益率较上年同期也出现下降。公司积极寻找风险可控、收益率相对较高的投资产品，除投资公司信托产品、资管计划、银行理财产品、货币基金外，成功实现网下新股申购，在短短3个多月时间里通过网下新股申购创造收益0.31亿元。投资项目紧凑安排，做到投资额度不消费。公司积极与信托、券商、基金广泛交流与合作，新增了基金债券资管、券商收益性凭证等产品投资，投资品种日益多元优化。全年实现投资收益2.27亿元。

【外汇业务】2015年，公司继续做大做强结售汇业务，优化服务流程，加强外汇研究分析，积极准备金融衍生品业务申报材料，取得丰硕成果。一是全年办理结售汇业务累计2.65亿美元。二是代理成员单位付汇取得突破。11月3日，公司通过中国农业银行国内外汇资金主账户代理境内成员单位成功付汇

1.35亿美元至芝加哥哈里斯银行，这是公司代理成员单位付汇的第一笔业务，为公司本外币一体化的成熟运营提供宝贵经验。三是外汇研报获好评。"8·11"汇率改革后，针对人民币汇率波动加剧的情形，公司于8月底开始编写外汇研报，以周报形式发送给集团及相关成员单位，受到成员单位、特别是用汇单位的好评。截至12月底，外汇研报共发布15期。

【资金集中】2015年，公司做优做实结算服务，累计为成员单位办理人民币结算5157亿元，较2014年增长8.40%。坚持一手抓成员单位账户管理，一手抓资金计划管理。严格规范账户开立备案程序，科学制定银行账户管控标准，夯实资金集中管理基础。对新成立的成员单位及时做好开户及银行账户授权工作。为了保证资金安全，加强对成员单位资金流量、大额支付的监控与异常汇报，着重监控贷款客户特别是亏损单位、贸易单位贷款资金的流向与生产经营变化情况，及时提示风险，采取有效的资产保全措施，保障贷款资金安全。剔除不可归集因素，2015年资金集中度达90.51%以上。

【业务创新】公司抓住人民银行全面放开跨境双向人民币资金池业务的时机，于2015年5月成功通过人民银行备案，获取跨境双向人民币资金集中运营业务资格，构建起了一个以16家成员单位、三家结算行组成的跨境双向人民币资金池。这是江西省第一个跨境双向人民币资金池，也为集团公司国际化运营打下了坚实的基础。公司取得跨境双向人民币资金集中运营业务资格后，立即对境内外成员单位开展新业务宣传，了解成员单位资金富余情况和融资需求。通过多次沟通，公司在9月从境外引入第一笔跨境资金0.40亿元人民币，委托贷款给成员单位，开创了江西省跨境人民币资金池业务第一单。公司2015年累计为境内外成员单位引入低成本外债近0.40亿美元，对外放款1.14亿美元，实现了成员单位内部盈余资金共享，互补长短，减少银行融资，减少利息费用支出。

【风险管理和内部控制】开展了"制度执行年"活动，强化员工有章必循的认识，有效解决有章不循、违规操作、执行力不强等突出问题，切实提高公司《制度汇编》的执行力度。加大稽核的广度和深度，组织开展了资管类投资业务、存款业务、柜台操作风险、业务合同、"飞单"行为等方面的专项稽核与风险排查以及开展信贷业务党委稽核。以现场检查的方式对现金、银行承兑汇票等重要凭证进行盘点，规范各项业务风险管理，提高资产风险防范意识和防控能力。各部门对《内部控制手册》相关内容进行了梳理，提出了初步修订增补意见，进一步健全和规范内控制度。

【人力资源管理】2015年，公司根据集团要求编制了领导班子副职考评办法，并初次在考评办法中使用共担指标、KPI指标、民主测评、关键事件考评、加分项五大指标考核。新出台的领导班子考评办法在考核内容、考核方法、结果运用等方面都充分体现了科学发展观的要求，对于公司年度目标责任考核的完成将起到积极的促进作用。11月，公司成功举办了2015年度社会招聘。经过面试、体检、材料审查、公示，共录取2名新员工。公司于12月对新员工展开司情教育、岗前培训，帮助新员工迅速适应环境。

【信息化建设】为了进一步扩展信息技术对业务的支持，提升公司业务管理系统信息安全性，满足监管要求，公司对信息系统进行改造扩容，包括升级"容灾系统"，新增"投资管理信息系统"和"金融衍生品风险管理系统"。其中"容灾系统""投资管理信息系统"已完成招标采购，即将进入系统实施阶段。已就"金融衍生品风险管理系统"与中汇亿达签订服务协议。

【企业文化建设】公司充分发挥党组织、工会的作用，组织员工参加羽毛球、乒乓球、自行车、英语角等活动，有效缓解了员工的工作压力，增强了公司凝聚力。组织开展“世界反法西斯战争暨中国人民抗日战争胜利七十周年”纪念活动，举办“诗歌朗诵会”以及参观江西革命烈士纪念馆等主题教育实践活动，大力增强“员工与企业是利益共同体、事业共同体、命运共同体”的意识，提升员工对企业的认知度、认同度，培育员工共享的核心价值观。

天津港财务有限公司

【经营概况】2015 年，天津港财务有限公司（以下简称“公司”）紧密围绕集团公司发展战略，以提高企业自身发展质量和经济效益为根本，做大做精核心业务，持续提升资金管理水平，不断加强业务创新和产品创新，完善金融服务功能，努力寻求新的收入增长点，确保公司各项指标顺利完成。2015 年，公司实现收入 3. 40 亿元，同比降低 3. 66%，；实现利润总额 2. 89 亿元，同比增长 10%，不良贷款率和不良资产率均为零。

【信贷业务】公司积极调整信贷工作策略，提高集团整体议价能力，重点支持上市公司重点产业项目的发展和实施。截至 2015 年末，公司为 26 家成员单位办理 97 笔贷款业务，金额达 39. 35 亿元；办理 1 笔应收账款保理业务，金额 0. 20 亿元；办理 104 笔票据贴现，金额 1. 37 亿元；办理 60 笔保函业务，金额 4. 43 亿元；办理 84 笔委托贷款业务，金额 55. 16 亿元；全年实现信贷业务收入 2. 66 亿元。

【产品销售信贷业务】公司努力克服人民银行连续降息带来的不利影响，积极开展中间业务，积极与融资租赁公司、保理公司开展业务探讨，结合成员单位实际情况制定、筛选最优方案，进一步发挥公司财务顾问的作用，同时也增加了公司中间业务收入。

【资金和投资业务】2015 年，公司充分发挥金融同业市场平台优势，加强投融资业务运作。在投资产品利率下行的不利影响下，公司积极调整资产期限配置，增加中长期投资业务，提高投资加权平均收益水平，同时加强头寸精细化管理和投资力度，努力提升资金使用效益。截至 2015 年末，公司开展长短期理财产品投资组合 42 笔，实现投资收益 0. 69 亿元；开展同业定期存款 40 笔及协议存款 6 笔，实现利息收入 0. 21 亿元；持有平安银行二级资本债共计 1. 60 亿元，取得债券投资收入 0. 11 亿元。

【票据业务】2015 年，公司持续推进电票业务开展，完善业务操作系统功能，提高业务办理速度，为成员单位提供便捷、高效、安全的金融服务。截至 2015 年末，公司全年共办理104笔票据贴现，金额1.37亿元；为19家成员单位出具并承兑电子银行承兑汇票767笔，金额达11.88亿元。

【资金集中】公司持续加强资金管理，定期进行资金集中管理工作的梳理和分析，调查了解合资企业以及非合并报表范围成员单位的资金归集现状，解决归集障碍，最大限度地减少资金外存；充分掌握成员单位资金计划、及时反馈账户余额变动情况，制定个性化服务方案，解决成员单位实际困难，提高对公司的依存度。截至2015年末，新增5家单位在公司开立账户，资金集中度（监管口径）为48.43%。

【业务创新】公司积极推进创新工作开展，学习同业先进经验，创新研发金融业务新产品，拟定了公司票据池业务方案；与多家银行进行沟通交流，积极探讨法人账户透支业务，促进公司业务多元化发展、拓展新的投资通道、提高公司资金使用效益。同时，公司大力开展金融创新研究，围绕优化网上金融门户、利率市场化、降低集团融资成本等内容开展了专题研究，为企业集团提供了专业性建议。

【风险管理和内部控制】公司在内控与合规管理方面一直以制度为基准，严格按照规章制度执行，确保了公司合规合法快速发展。公司建立了较为完整的业务规章制度，建立了由基本制度、操作办法和规程、岗位责任制三个层次组成的较为完善的制度体系，使每个部门、每位员工的工作都做到有章可循，使公司在各方面的工作切实实现制度化、规范化。2015年，公司新制定了《电子回单系统管理办法》《大额交易和可疑交易报告管理办法》《信息科技外包实施细则》《人民币存款利率定价管理办法》等8项制度，并对《票据转贴现管理办法》《票据转贴现操作流程》《呆账核销管理办法》《网上金融门户管理办法》等9项制度进行了修订；编制下发了新版《规章制度汇编》，包括综合管理、资金管理、结算财务、信贷业务、投行业务、保险业务、信息技术、内控和稽核9大类共计104项制度和业务流程图20幅，便于全体员工查阅，进一步完善了公司制度体系。同时，公司还根据银监会对财务公司各项监管指标的要求，结合公司经营的实际情况，对重点指标进行每日监测，对日常资金结算业务单据及经营收支业务单据进行入账前的事中稽核，每日两次对公司结算专户余额进行核对检查，并于每月末对各项指标进行全面监测，每季末对公司整体经营情况进行多角度、全方位分析，保障了公司资金结算与核算的准确性及资金安全，确保公司各项指标符合监管要求。

【人力资源管理】2015年，公司继续做好人力资源管理工作，不断提高绩效管理水平，加强了对绩效考核相关理论知识的学习，继续完善了绩效考核办法，结合公司考核指标完成情况及时修订；梳理公司部门和岗位职责，拟定部门增设方案，完善组织架构，合理配置人力资源，有效促进公司持续发展。

【信息化建设】公司持续加强信息化建设，2015年实现了网上金融门户的全面推广，截至12月共有127家成员单位开通了网上金融门户系统，在线完成电子回单打印、电子对账、委托划款等业务操作；升级公司保险业务系统，实现保险业务无纸化办公；解决了公司开关机时间慢和银行接口速度慢的难题，提高公司工作效率。

松下电器（中国）财务有限公司

【经营概况】松下电器（中国）财务有限公司（以下简称“公司”）主要经营的业务为集中代理收付汇、委托存贷款、本外币的一般存贷款、票据贴现等。2015 年，公司资产总额为754 701.38 万元；其中中国人民银行准备金余额为 42 248 万元，存放同业款项为693 828万元，贷款余额为 8 557.18 万元。截至年末，公司委托贷款余额为1 229 506.97万元，净利息收入为 9 589.44 万元。

【信贷业务】2015 年，公司一般贷款余额为 8 557.18 万元人民币，其中美元一般贷款余额为 440 万美元，贷款规模较稳定。根据集团成员公司业务需求，2015 年末开始公司一般贷款业务规模逐步扩大。并且，公司为满足集团成员单位临时性的资金需求，新增法人账户透支形式的人民币一般贷款，在双方协商的前提下，在规定的有效期限内，允许借款人在其结算账户存款不足以支付款项时，在核定的透支额度内向贷款人透支，以取得资金，满足正常结算需要。2015 年末公司票据贴现余额为零。按照资产质量五级分类原则，公司季度时进行评估、分类，各项资产的回收均正常，未发生逾期，不良贷款率为零。公司对于正常类贷款，计提了 1% 的贷款损失准备。

【外汇业务】公司主要外汇业务为集中代理收付汇业务。2015 年，公司参加集中收付业务成员单位达到 29 家，外汇回收笔数共 786 笔，其中美元回收金额为 13.04 亿美元，美元回收笔数为 631 笔；日元回收金额为 148.35 亿日元，日元回收笔数为 155 笔。支付笔数达到 339 笔，其中美元支付金额为 1.97 亿美元，美元支付笔数为 339 笔；日元支付金额为 17.68 亿日元，日元支付笔数为 224 笔，一定程度上为成员单位提供了与海外公司收付汇上的便利。

2015 年，公司继续扩大个别外汇远期预约业务，共 41 家成员单位已开展个别远期外汇预约业务，美元结汇人民币业务预约金额为 4.92 亿美元，日元结汇人民币预约金额 382.44 亿日元，欧元结汇人民币预约金额近 0.09 亿欧元。美元换日元业务预约金额 0.41 亿美元，日元换美元业务预约金额 50.10 亿日元，日元购汇业务，人民币购日元金额 3.28 亿日元。

集中外汇预约业务共 21 家成员单位，美元结汇人民币业务为 2.68 亿美元，日元结汇人民币业务为 12.80 亿日元，美元换日元业务，金额 0.25 亿美元，日元换美元业务，金额 2.25 亿日元。

【资金集中】公司努力提高集团成员单位的资金集中度，多次走访重要成员单位，努力吸收各成员单位的存款资金，资金集中度在 2015 年末为 33.57%。

公司委托贷款及委托存款的余额为

1 229 507万元。委托存贷款这一融资方式，因其存贷款期限及利率灵活，给成员单位来了十分大的便利性。公司利用委托贷款方式，让利于成员单位，降低了成员单位的融资成本，为整个集团财务运作的高效化作出了贡献。

【风险管理和内部控制】在内部管理方面，公司实行董事会领导下的总经理负责制。按照章程公司已设立了董事会，对董事、监事以及高级管理层在内部控制中的责任进行了明确规定，确立了董事、监事和高级管理层之间各负其责、规范运作、相互制衡的公司治理结构。董事及高级管理层对于公司的风险管理工作起主导作用，对公司的各项业务进行监督和指导，有效保证了公司各项风险管理政策的落实。在日常工作中积极贯彻落实风险管理工作。任何人、任何经营活动、任何业务操作环节都自觉遵循内部控制制度，业务以防范风险、审慎经营为出发点，风险在前，收益在后；制度在前，操作在后。

为进一步加强公司内部控制管理及各项制度的建设工作，2015 年度修订了《人民币资金同业拆借管理办法》《委托贷款业务管理办法》《短期贷款额度管理办法》《统计业务管理办法》《人民币存款业务管理办法》及《案件防控及处置工作管理规定》，并修订了《资金同业拆借实施细则》，以支持风险管理建设的需求。

【人力资源管理】2015 年，公司大力推进员工业务、能力、管理等方面的培训，基本保证每名员工至少有一次参与与本职工作相关业务培训的机会。对员工当年的工作绩效根据公司内部考核机制，进行管理和评估，从激励和约束等方面提高员工的工作能力和工作绩效，从而提高公司整体的工作效能，确保日常工作的规范实行。

【信息化建设】2015 年，公司在信息化建设上有较大改善。为使统计报送工作实现系统化，保证统计报送数据的准确性，公司在 2015 年下半年引入了统计报送金融应用平台，实现了部分 1104、大集中、资本充足率等统计报表直接从公司业务核心系统中获取所需统计数据的功能，并通过逻辑校验，保证了所取统计数据的准确性，进一步提高了统计工作的效率。

为进一步提高业务核心系统对日常业务处理效率以及统计数据的支持力度，2015 年公司对业务核心系统进行了升级，新系统上线后可以实现成员单位业务的线上申请、业务提示，完善了统计所需基础数据的查询、导出等主要需求。本次系统开发对扩展财务功能、强化内控体制、减少系统外作业提高效率等有重大意义。

中航工业集团财务有限责任公司

【经营概况】2015 年，面对不利的宏观形势，中航工业集团财务有限责任公司（以下简称“公司”）认真落实集团总体要求，坚持年初确定的“抓资金、保任务、调结构、控风险、谋创新、优服务、强管理、育人才”总体工作思路，激情进取，深耕业务，精细管理，攻坚克难，沉着应对政策和市场的变化，扎实推进各项工作。在由金融时报社和中国社科院金融研究所联合举办的“2015 年中国金融机构金牌榜”评选中，公司以出色的服务意识、高效的服务水平赢得了“2015 年度最佳服务财务公司”荣誉，朝着创建“五个一流”财务公司的目标又迈出了坚实一步。

2015 年，公司实现营业总收入 18.09 亿元，同比增长 0.98%；实现利润总额 9.86 亿元，同比增长 3.45%；年末总资产 705.58 亿元，管理总资产达 1 296.58 亿元。

【信贷业务】 2015 年，根据存款变动趋势调整信贷投放，信贷业务实行弹性管理，在确保不产生流动性风险的前提下，支持集团重点项目的同时，也实现资金收益最大化。一是制定差异化信贷投放与定价策略并实现动态管理，将信贷投向指引、结构调整、滚动预算落到实处；二是提前谋划投放节奏，弹性管理信贷规模；三是拓展同业合作业务渠道，提升公司服务能力，在保持原有银团业务稳定的同时，交通银行银团保理业务实现零的突破，同时与兵工、兵器、电子财务公司成功开展了财务公司同业合作；四是充分发挥金融服务平台作用，为集团公司及直属单位累计办理委托贷款 300 余亿元，管理的委托贷款 2 000 余笔共 600 余亿元，较上年末增长约 10%。

【投资业务】 公司坚持稳健的投资原则，以研究分析为先导，在严格控制风险的前提下，拓展产品种类，达到科学配置资产的目的。2015 年，公司投资收益实现了稳定增长。一是充分运用公司富裕头寸加强低风险的货币类产品投资，提升公司资金管理能力；二是积极抓住多市场的投资机会，多维度拓展了对新股及定向增发市场、量化对冲市场等市场的研究和价值发掘；三是不断拓展同业合作渠道，提升议价能力，努力将降息及同业资金价格大幅下行等不利因素降至最低。

【票据业务】 根据集团产业链资金往来特点设计开发商票保贴和票据质押融资等票据通产品，与银行签订保贴协议，以银行强大的融资与信用能力做支撑，承诺对符合条件的商票给以保贴、商票转财票、商票转银票等融资服务。通过发挥内部金融机构平台作用整合外部金融资源，增强集团内商业承兑汇票流通性，支持集团公司资金链与供应链的统一流转，以金融助推产业发展，同时增加公司贴现收入与中间业务收入。年内与招商银行等签订了《商业承兑汇票贴现额度协议》与《经纪服务协议》，并成功完成了多个主机厂所商票保贴额度的审批，与企业正式签订协议，实现了集团公司商业承兑汇票在供应链上下游的流通障碍全部打通。

【保险代理】 为集团提供完善的风险保障和专业的保险服务。圆满完成 2015—2017 年度集团统保续签工作，传统险种保险成本较上一统保期进一步降低 25%。公司紧贴行业发展、坚持创新服务，成功创建了中国首张航空产品责任险集团保单，为中航工业累计交付海外近 300 亿美元的航空产品提供了 12 亿美元的责任保障，解决了航空产品出口保险问题，助推行业顺利走出去、安心走出去。为中航工业的军机试飞、通航运营、跟飞试验、转场、航展提供全方位的保险保障，2015 年为 349 亿元各类航空类资产提供了特险服务。更积极帮助企业申请国家首台套政策，申报目录全部获得工信部采纳。

【外汇业务】 2015 年，公司成功获得跨境双向人民币资金池业务资格，并制定了“跨境人民币资金池业务实施计划”，为公司拓宽业务范围、实现境外资金有效归集，奠定坚实的基础；以中航国际企业为试点，牵头工商银行为其提供内保外贷融资方式；外币银团贷款业务费等中间业务收入实现零的突破，公司2015年2月开展首笔代收美元保费业务，同时向成员单位提供国家有关境外投资外汇管理政策的咨询服务，并协助成员单位设计资金投向境外的流程，引导成员单位合法合规地将资金应用于其海外项目中，获得了成员单位的广泛好评。

【资金集中】2015年，公司狠抓资金集中管理，成立“强化客户服务，提升资金集中”项目组，加强组织领导，明确分工，总经理担任项目组长，公司领导担任小组组长，对口负责板块及重点客户，抽调公司骨干力量，专职开展客户服务资金集中推进工作。通过梳理全级次账户信息，跟踪集团批复账户授权联网，新增上市公司签订金融服务协议，提高原有上市公司存款上限，加强资金项目团队的工作创新与考核，多措并举扩大资金来源。2015年，资金情况较往年出现明显的好转，存款规模增长较快，在推动集团资金集中工作的同时，较好地支持了公司各项业务的发展。

【业务创新】2015年，公司成立了互联网金融领导小组和工作组，总体部署、协同推进互联网金融工作，以互联网思维和信息技术整合金融资源，创新性推进产融结合，优化用户体验，提升客户黏度。2015年，设计了为客户提供随时随地的资金查询、辅助决策、信息交互等服务的移动金融交互平台APP建设方案，并开发了“航易贷”等新产品，在集团内某板块启动了相关试点服务。

【风险管理和内部控制】随着经济下行压力加大，企业信用风险积聚。为了确保资产安全，公司着力提升风险管控能力，充分利用信息化手段，梳理业务制度流程，完善内控管理体系。公司严控信用风险管理第一道防线，经董事会审议通过2015年度授信方案；修订授信管理制度，进一步规范授信流程；确定授信额度管理信息化需求，积极推动信用风险管理信息化。公司自2013年起推进法律风险防范体系建设，经过总分三地的共同努力，初步形成了具有财务公司行业特点并符合公司实际需要的法律风险防范体系建设思路，在此思路指导下开展工作并取得初步成果，2015年公司通过了集团公司的验收检查。

【信息化建设】公司围绕业务主线不断优化和拓展信息系统：一是通过信息化手段进一步支撑和丰富业务，持续优化资金集中管理平台的功能和服务，强化公司核心竞争力，促进资金集中管理和金融服务水平的提升；二是持续强化信息化安全，完成了灾备项目一期建设，切实提高了公司信息化的安全稳定性；三是深入完善信息化制度体系，着眼于实现制度对工作的全范围覆盖和全流程跟踪，提高工作的标准化和规范性；四是着力加强信息化队伍建设，通过培训和交流不断提升信息技术人员的综合能力，为公司持续健康发展提供保障。

【人力资源管理】人力资源咨询结项后，公司积极推动项目成果落地实施。进一步完善绩效管理体系，强化绩效导向，探索引入PBC绩效管理机制。以绩效考核结果为依据，实行职级和薪酬管理积分制，切实贯彻集团相关管理精神，实现职级和薪酬的可上、可下，能高、能低，进一步完善了以战略规划为引领、以公司与员工共赢发展为目标的人力资源管理体系，激发了员工的积极性和创造性，进一步提升了员工满意度，成功助力公司发展。

【企业文化建设】2015年，公司顺利完成了党委、纪委的组建工作，选举产生了五个基层党支部及支部委员会。在公司党委领导下，完成了工会的组建工作和团委的筹建工作。公司扎实推进“三严三实”专题教育，科学制定了实施方案和工作计划，并开展了包括党政主要领导带头讲专题党课、召开专题研讨会、参观司法部廉洁从业教育基地、集中观看警示教育片等学习教育活动，达到了预期效果。

公司依托集团公司以“敬业”为主题的文化教育活动，开展主题征文活动，积极选派公司员工参加敬业主题演讲比赛，引导干部员工将敬业精神内化于心、外化于行。在“七一”前夕，顺利开展了各类先进评选与表彰。通过公司刊物登载先进个人优秀事迹，用身边的先进典型教育人、感召人、鼓舞人。

中冶集团财务有限公司

【经营概况】2015 年，中冶集团财务有限公司（以下简称“公司”），持续推进资金集中管理，改革创新金融产品和服务，强化资金统筹与精益运营，并充分利用利率市场化的积极作用，最大限度让利子公司发展，全面实现了 2015 年经营目标。2015 年底，公司资产总额达 193 亿元，同比增长 35%；全年实现营业收入 5.26 亿元，完成年度预算的 117%；实现利润 3.05 亿元，完成年度预算的 102%。公司整体运营保持平稳，各项资产质量和效益指标处于行业中上等水平，各运营指标均符合监管要求。

【信贷业务】2015 年，公司信贷业务适应集团经营发展和改革创新的需求，聚焦主业、优化贷款结构和资源配置。积极与总部资金统筹平衡和密切联动，尽可能为总部提供低成本融资；开展子公司外部高息置换工作，在保障其资金链安全的同时，进一步降低子公司财务成本。2015 年，公司全年日均贷款规模 83.84 亿元，较上年同期 80.16 亿元增了 3.68 亿元；累计发放贷款 126.28 亿元，支持子公司项目 30 余个，其中，工程施工类贷款 125.10 亿元，占比 99.06%，房地产项目贷款 1.18 亿元，占比 0.94%；用于支持优质企业项目发展贷款 100.78 亿元，占比 79.80%，用于支持保障资金链安全及置换高息外部融资贷款 25.50 亿元，占比 20.19%。全年为股份公司节约财务费用 0.59 亿元，为子公司节约财务费用约 0.30 亿元。

【资金和投资业务】2015 年，公司将同业存款与货币基金投资有效结合，在保证公司资金流动性的前提下，提高了整体资金收益水平。首先，公司通过基金池的管理方式，全年实现投资收益近 0.32 亿元，收益率达 3.62%（高于货币基金市场收益率均值 3% ~3.5%）。其次，为突破货币基金市场收益率普遍下降的现状，公司加强了与银行的沟通，争取最优利率，同时建立了灵活、科学的资金调度体系，每日对资金进行相应的合理调度，提高资金收益。全年累计完成存放同业利息收入近 1.02 亿元，完成年度计划的 207%。最后，大力开展同业授信业务，以拓宽为集团服务渠道和方式。为协助解决集团“两金”和产业链上下游企业结算资金等问题，公司积极与跟集团有业务往来的中铁建财务公司、武钢财务公司等开展相互双向授信业务。

【票据业务】2015年，公司一方面大力开展票据业务，为成员单位采购提供融资，降低子公司融资成本，以低于市场利率水平的贴现率贴现，截至2015年底，共办理20笔贴现业务，贴现总金额6亿元，贴现利息收入0.11亿元。承兑业务开票办理3笔，合计金额0.23亿元。共为子公司节约费用约0.06亿元。另一方面，作为主办单位推进集团票据池业务，盘活票据资源。按照一区一式、有序推进的思路，与各地兴业银行各地分行协商，在总结武汉地区试点的基础上，积极拓展其他区域票据池业务，已经在上海、重庆、成都、沈阳和大连地区开展了票据池业务。武汉地区实行子公司票据集中管理和区域统筹运作；上海地区实行子公司票据单户入池、融资统筹分配的模式；重庆地区实行二级子公司统筹管理的模式；四川地区实行二级管理、跨区融资的模式；辽宁地区实行属地管理、跨区跨行统筹融资的东北票据池模式。截至2015年底，集团共有34家子公司加入了票据池业务，年末托管票据余额49.08亿元，创新票据池业务取得巨大进展。获得兴业银行信用授信额116.53亿元、获得票据融资额度97.30亿元。通过票据集中运营减少负债、降成本，票据池累计票据融资21.10亿元，减少保证金6.33亿元、财务费用0.30亿元，集中盘活票据存量近30亿元。

【外汇业务】一是继续在子公司范围内推广即期结售汇业务，完成结售汇预算目标，与银监局探讨远期结售汇资格取得条件，明确业务发展方向；二是与人民银行、外汇局保持密切沟通，使外汇和人民币跨境资金池业务具备启动条件，参与跨国企业外汇资金集中运营业务办法修订，为开展业务奠定基础；三是与银行、同业公司研究经常项下归集外汇资金模式，丰富公司资金来源。

【资金集中】2015年，公司变被动为主动，主动了解子公司资金动向，积极提供优质服务，提高子公司资金集中工作的积极性和主动性，提高资金集中度。主要方式有：一是加强账户管理和检查，开展账户清理、授权工作，加大资金集中通报力度，建立资金集中管理的长效机制。二是积极拓展资金归集范围，新成立子公司发函要求进行资金归集；开拓未进行资金归集的单位，督促在公司进行资金归集；并将重点三级子公司纳入直接资金集中范围。三是利用利率市场化，组织和实施产品和利率优惠吸收存款，出台优惠的利率政策，加强金融服务，提高子公司存款收益。四是积极跟踪子公司大项目进展，督促子公司加强项目管理，协调减少受限资金。2015年，集团累计资金集中度81%，全口径资金集中度40.27%，较2014年提高8.41个百分点。累计日均存款119亿元，较2014年累计日均存款增加16亿元，同比增加15.50%。

【风险管理和内部控制】公司贯彻防范风险、审慎经营的业务的原则，通过设立风险控制预警值，严格执行并监控各项业务开展比例，严禁超额超比例；在管理上明确业务管理政策，细化风险应对措施及应急预案，保障业务合规以及制度流程健全，将各类风险降低到可防、可控范围内。为规范业务经营，强化风险管理意识，公司通过全员签署合规履职承诺书的仪式，强化员工的合规意识，保证业务合规开展，为实现公司防范风险和稳健经营的目标提供保障。

【人力资源管理】2015年，公司加强人才队伍的建设，培养员工的业务专业素质，建立人才双通道。一是为员工提供职业规划，培养专家型人才；二是建立创新晋升机制；三是建立激励约束机制，通过绩效考核机制，完善薪酬福利体系，激发员工的积极性，增强公司人才队伍活力，为集团公司培养“产业+金融”复合型人才和高层次的财务资金专业人员。

【信息化建设】公司及时对系统供电系统、外包服务管理系统和内部流程等方面进行升级改造，优化了问题处理机制。2015年共解决系统问题145件，系统配置优化共进行了35次；在信息系统建设规划方面，共编制了24版信息化汇报材料，与10家财务公司和5家银行进行了深入的方案技术交流，最终确定了以“互联网+”思路建设信息化的新战略，以信息化手段提升为集团资金服务的能力和业务处理效率，以大数据为核心提升集团资金的整体防范能力；在信息系统功能建设方面，公司陆续上线了资金头寸管理系统和投资管理系统，实现了业务电子化申请、审批和账务管理一体化，提升了业务处理效率。

【企业文化建设】2015年，公司坚持以维护职工合法权益、促进公司健康发展为目标，有效服务发展大局。公司坚持以人为本，关心员工工作生活，营造浓厚人文关怀氛围；组织开展向贵州省德江县煎茶镇重华村家庭经济困难的留守儿童爱心捐赠活动，倡导员工关爱社会，积极履行社会责任；积极组织参加工会及集团团委组织的活动，展示了公司员工积极昂扬的精神风貌，增强了团队活力和员工归属感。2015年，公司不断加强对外宣传力度，提升企业文化，向中国财务公司协会网站、集团网站、报纸投稿十余篇，在行业内外树立了良好的公司形象，达到以宣传促发展的效果，有效推动了公司经济效益的提高和各项事业的健康发展。

申能集团财务有限公司

【经营概况】2015年，申能集团财务有限公司（以下简称“公司”）总体经营情况良好，全年实现净利润3.35亿元，总资产150.48亿元，净资产18.58亿元，吸收存款和发放贷款日均数分别为119.96亿元和74.92亿元，较好地完成年初预算，各项监管指标良好，均符合银监会要求。

公司以能源金融价值创造者为发展目标，致力于搭建综合化产融平台。作为全国首家入驻上海自由贸易试验区的财务公司，公司搭建的符合财务公司特色的自贸区分账核算单元（FTU）体系在行业内具有示范效应。公司的FTU相关案例入选上海自贸区第四批创新案例，并荣获2015年度上海金融创新奖。

【信贷业务】2015年，公司累计发放贷款124亿元，较上年增长近四分之一。截至2015年底，公司共牵头或参与银团达10个，并在其中8个银团担任代理行。公司积极探索绿色金融。大力推进绿色信贷投放，支持集团绿色产业发展。截至2015年底，公司绿色信贷余额达42.29亿元，占比达到43.55%。公司积极参与碳金融试点，开展上海市首单借碳交易，为集团探索碳的全成本管理打下基础。在上海银监局自贸区创新互动机制的支持下，公司深化与财政部清洁基金的合作，成功打包一批合同能源管理项目，向基金申请0.60亿元合同能源管理融资创新贷款。这是公司引进外部资源，支持集团节能服务产业发展，助推上海节能减排的又一创新举措。公司充分利用自贸区优势，积极引进低成本资金支持集团发展。2015年，公司通过自贸区分账核算单元集中收付，利用跨境人民币资金开展对成员单位的贸易融资，实现自贸区金融创新。

【资金和投资业务】2015年，公司通过FTU与交通银行首尔分行开展跨境人民币借款直贷业务，分别向两家成员单位提供1.50亿元和0.50亿元的经营资金贷款，实现公司利用外部低成本资金解决成员单位用款需求。此外，公司再贴现业务也稳步推进，公司全年累计新增再贴现业务8.12亿元，年末余额4.60亿元。2015年，公司投资收益率达到21.04%。

【票据业务】2015年公司电子商业汇票累计出票量25.57亿元，贴现业务量24.57亿元。回购式再贴现累计达到16.53亿元。截至年末，公司未结清存量电票余额25.48亿元。2015年，完成公司首次开展的买断式转贴现业务的票据转让及资金清算，金额合计5.05亿元。电子商业汇票系统新增签约客户2家，其中一家为产业链客户。全年公司办理纸质票据贴现业务金额合计8.72亿元，截至年末，纸票贴现余额4.96亿元。公司支付清算工作和创新研究工作获得人民银行认可，作为唯一一家财务公司当选上海支付清算协会理事单位。

【外汇业务】2015年，年内公司外汇即期结售汇业务稳步增长，全年办理结售汇业务5.60亿美元。另外，公司协助企业办理外币开户及美元和日元提前购汇业务，专款专用于外债转贷款还本付息，有效帮助企业管理外债敞口，实现年内新客户的拓展和新增外汇交易币种。同时，公司与银行同业积极研究自贸区结售汇业务开展模式，为创新业务做好准备。

【资金集中】公司全年吸收存款日均119.96亿元，较2014年增幅5.63%，从存款结构来看，系统运营实体的资金归集量保持持续稳定。2015年全年总结算量5 837.03亿元，其中FTU结算量4亿元。交易笔数达108 885笔，较2014年增幅6%。其中成员单位结算量3 302.03亿元；资金池归集业务实现交易量41.32亿元，增幅32.70%，归集笔数706笔，增幅50.80%，公司金融服务结算深度持续提升。

【业务创新】公司主动转型，寻求适合自身的经营发展之路，提出通过金融创新实现业务结构从1.0向2.0的版本升级。2015年6月，公司自贸区分账核算单元正式通过人民银行上海总部验收，成为国内首批通过验收的非银行金融机构之一。12月，公司完成首单FTU跨境直贷，资金用于为加入公司境内外集中收付平台的集团成员单位办理FTU经常项下集中代付，向上游资源方代付能源贸易结算款，并计入成员单位FTU贸易融资，实现以跨境综合金融服务支持集团实体经济。公司积极贯彻绿色发展理念，大力推进绿色金融探索。与财政部清洁基金开展深度合作，成功申请了首单合同能源管理创新融资贷款（EMC创新贷），为引进外部资源支持集团发展积累了丰富经验。2015年，公司在上海环境交易所开立了碳交易账户，与集团内四家电厂签约上海首单借碳交易合同，开展了配额与CCER置换、配额套利等一系列碳金融试点，为集团探索碳的全成本管理打下基础。10月，公司成功建设燃气账务中心与支付机构数据集中交互平台及多银行跨行资金池。为燃气集团提供一点对接多家银行及支付机构，支持各类用户及缴费方式的多功能平台，提高缴费效率，提升公共服务水平。并通过人民银行综合支付系统集团公司功能，为燃气提供多银行资金池平台，提升资金管理效率。

【风险管理和内部控制】公司优化内部信贷审批流程，对原有信用风险管理体系进行升级，改造现有客户信用评级和授信额度模型，建立信用管理大数据。通过打造更为精细、覆盖面更广、行业划分更符合产业链金融客户的新信用评级体系，对信用风险进行专业、科学的管理。公司进一步完善业务连续性管理体系，更新关键业务列表，与 IT 沟通提出改善需求，组织相关部门开展模拟演练，促进公司的业务连续性管理更为系统化和专业化，并逐步将创新业务纳入管理范畴，保障公司关键业务稳健运行。

此外，针对公司近三年信息科技新增业务和模块，公司开展独立第三方信息系统专项审计，利用多种审计方法和审计资源，提升公司信息技术内部控制水平。

【人力资源管理】为保障人才储备，提升人才综合素质，公司逐步建立了一套以公司业务为导向，用人育人一体化的培训模式。在培训内容上，紧贴业务发展的需求，突出全面的风险管理能力、金融创新技术等重点。并创新性地与合作银行建立了覆盖前中后台所有业务的长期、系统的战略合作培训平台，有效地解决了以往系统性培训不足的问题。同时，合理安排成员单位骨干人员轮岗挂职，深入促进与系统企业的交流和了解，增强公司提供全方位服务能力。

【信息化建设】2015 年，公司完成自贸区分账核算单元系统的建设，经过人民银行严格的测试以及现场验收后，公司最终在 6 月获得人民银行分账核算单元系统验收通过，成为首批通过验收的非银行金融机构之一。

为配合集团成员单位燃气集团账务中心的建设，公司建设了燃气账务中心与支付机构数据交互集中平台，将外部金融机构和第三方支付机构接入财务公司平台，并一点接入燃气集团账务中心系统。保证燃气集团在收费效率、账务管理、资金安全、资金归集效率等方面的进一步提升。

【业务研究】公司积极打造学习型组织，骨子里强调创新力，通过全员研究，让创新脚踏实地。紧密结合金融行业改革趋势和集团能源主业发展，深入思考业务。2015 年，公司继续推动课题研究工作，完成 16 项公司课题，涵盖了公司业务创新和精细化管理等多方面内容，为公司业务创新和转型升级提供了重要保障。

【企业文化建设】公司以“绿动申财”活动为抓手，深化绿色企业文化内涵，将企业文化与集团能源主业、与公司绿色营销相结合，加强团队凝聚力建设，保障公司各项工作的平稳开展。公司低碳、创新的企业文化获得集团和社会认可，受集团推荐，2015 年，公司代表国资委参加上海市创新文化品牌选评，最终被评为优秀企业。

潞安集团财务有限公司

【经营概况】2015年，潞安集团财务有限公司（以下简称“公司”）面对煤炭经济低谷煎熬、集团公司困难重重的严峻形势，开阔思路寻求突破、精益管理增强服务，全体员工以高度的责任感和使命感，求实创新、攻坚克难，形成了风险管控科学有效、服务范围全面覆盖、重点项目及时跟进、创新创效再上台阶的经营发展格局，各项经营指标按计划稳步推进，各类业务统筹有序开展，圆满完成了全年工作任务。

截至2015年末，公司资产总额331.47亿元，同比增加68亿元，增幅25.81%；负债总额312.54亿元，同比增加65.98亿元，增幅26.76%；所有者权益18.92亿元；资本充足率17.41%；流动性比率70.07%；实现营业收入4.01亿元，实现利润总额3.46亿元；资本回报率14.04%；不良资产率、不良贷款率均为零。

【信贷业务】面对煤炭市场持续低迷的不利形势，公司主动创新金融工具，拓宽融资渠道，为成员单位提供了适时的、多样化的、低成本的融资服务。一是在做好已有授信客户年度增信的同时，进一步扩大授信覆盖面，开展票据业务专项授信，全年为28家单位进行评级授信，覆盖率已达90%以上；二是有效利用人民银行应收账款融资服务平台，为应收账款债权人、债务人和资金提供方提供信息合作服务，有效盘活了成员单位应收账款资产；三是紧跟利率市场化步伐，下调贷款、贴现等利率，最大限度让利成员单位；四是采用现场和非现场手段加强贷后管理，充分揭示和化解信用风险。2015年末，公司自营贷款余额达到63.39亿元。

【资金和投资业务】经过实践探索，公司建立了“1211”资金配置思路，在严格执行资金计划管理，保证安全性和流动性的基础上，提高资金收益，有效应对了煤炭市场经济下行和利率市场化对公司的经营绩效的不利影响。一是加强同业合作，进一步提高活期账户存款利率；二是在省内财务公司中率先搭建完成了债券买断式回购业务交易平台，为进一步拓宽公司融资渠道、提高资金收益注入了新动力，全年共开展同业拆入29亿元，质押式逆回购26.61亿元，买断式逆回购业务31.03亿元；三是积极开展开展债券买断式回购、债券报价回购和现券投资等新业务。全年短期资金业务实现收益达到1.70亿元。

【票据业务】公司形成了包括银行承兑汇票贴现、电子银行承兑汇票、商业承兑汇票、代签银承于一体的表内外票据融资体系，充分发挥了票据在支付结算、短期融资、增信服务方面的重要作用。全年累计办理贴现3.08亿元，电票7.01亿元，商票1.02亿元。

【资金集中】公司认真落实“应归尽归、

能归则归”的资金归集总要求，创新资金归集手段、加大账户管理、完善结算服务，稳步推进了资金归集工作。一是落实账户审批报备、账户全面清理、账户专项检查要求，加强账户管理力度，促进资金源头归集；二是通过严格执行预算管理、监督资金使用、开展票据代保管、优化产品定价等手段，加大对资金流的监控力度，提升了成员单位资金归集主动性；三是主动与成员单位、同业机构进行沟通，及时提供账户开立、直连和撤销等服务，并满足成员单位特殊资金管理需求，为部分单位开立了契税专户、为集团公司开立大集体改革专户。截至2015年底，集团251家单位中有250家在财务公司开立账户，开户率高达99.60%；250家开户单位共735个账户，其中直连账户521个，直连率达70.88%；年末归集资金112.40亿元，全年日均归集资金77.41亿元。

【业务创新】2015年，公司继续加强同业合作，加快创新步伐。一是推进票据业务创新，开展了电子商业承兑汇票业务，通过电子化签发和流转进一步提高了商票业务的安全性；二是创新性开展了买方付息贴现业务，在保证正常销售结算的同时降低了成员单位的财务费用，实现了成员单位与其下游企业的互利共赢；三是在与招商银行合作的基础上，与建设银行开展电票合作，在建设银行网银系统中开通电票功能，拓宽了电票的承兑通道；四是开展首笔券商报价回购业务，进一步丰富了低风险、期限灵活、收益稳定投资品种，提高了资金使用效率；五是成功开展了现券投资业务，不仅拓宽了公司资金运用渠道，提高了资金使用效率，更成为公司调整资产结构、提高资产质量的有效工具，并为公司开展债券质押式正回购和买断式回购业务提供了条件，全年共投资15笔，金额3.82亿元，实现收益221.87万元。

【风险管理和内部控制】一是强化制度建设和风险点梳理。通过集中自查梳理、调研分析和广泛征求意见，新增制度流程12项，修订制度流程9项；梳理新风险点39个，修改风险点26个。截至2015年末，已经形成190项制度流程，梳理完善各类风险点483个。二是加大风险排查力度防控风险。认真组织开展“密钥使用情况”“员工非法集资”两项风险自查，做到早发现、早处置，把隐患消除在萌芽状态。三是强化员工制度学习和风控意识培养。组织全员进行了两场闭卷制度考试，通过考试的形式，以考促学，强化了员工对公司各项制度流程的学习和运用，提升了合规稳健操作的意识。四是扎实做好案件防控工作。扎实推进了“制度执行年”“加强内控管理有效防范柜面业务操作风险”两项活动；坚持“一把手”亲自组织召集按季召开案防形势分析会；严格执行员工岗位轮换、对账制度执行和员工思想行为排查工作。五是深入开展了“加强内部控制遏制违规经营和违法犯罪”专项自查和“回头看”工作。加大对存款、票据、同业、理财、贷款、担保等重点业务以及账户开立与变更环节、重要空白凭证购买和管理环节、验印环节、大额支付核实环节、银企对账环节、重要岗位员工行为管理、内控制度执行、业务考核机制等重点环节的风险自查和排查并强化问题整改。六是加强稽核、强化监督管理机制。在做好日常稽核和现场稽核的同时，针对票据业务进行了专项稽核，进一步理顺了票据业务相关部门职责，及时发现并有效揭示票据业务存在的风险隐患，规范了票据业务流程和操作。

【人力资源管理】公司继续丰富“一机制，五载体”激励约束机制内涵。一是通过征集全体员工的意见和建议，修订了员工考评管理办法，实现了考评人员全覆盖；二是制定了后备干部管理办法，规范了干部选拔任用程序，建立人才工作考核评价制度；三是组织两次制度考试，强化全员对法律法规和公司制度的学习，推进依法治企；四是以送出去与请进来相结合的方式加大培训力度，员工外出参加各类专业培训达60人次。

【信息化建设】2015年，公司继续加大行业信息化建设调研，先后完成了《公司资金管理信息系统软件供应商比较》《公司资金管理信息系统需求规划》和《公司信息化改造规划》等调研报告，并积极筹备了信息系统招标前的各项准备工作，为下一步信息系统升级改造奠定了基础。同时，在日常运维的基础上，对成员单位规范使用密钥开展了专项检查，督促问题单位积极整改，进一步强化了成员单位网上银行操作人员的风险防范意识。

【企业文化建设】2015年，公司按照集团《潞安文化建设大纲》的要求，重点开展了文化巡查工作，借助文化管理的手段，强化员工对集团理念的认知度，提升全员对集团理念的践行力。同时，持续开展“形势与任务”活动，每季度召开形势与任务宣讲会，使全体员工及时认清了内外发展形势，明确了发展任务，自觉遵章守纪、主动干事创业，为公司完成全年目标任务提供了思想和行动保证。积极组织员工参加各类纪念日、文体和志愿服务活动，搭建了员工交流平台、活跃了公司文化氛围。

淮南矿业集团财务有限公司

【经营概况】淮南矿业集团财务有限公司（以下简称“公司”）以“依托集团、服务集团”为企业宗旨，秉承“依法合规经营、规范业务操作、持续健康发展”的经营理念，致力于为淮南矿业集团成员单位提供存款、贷款、结算、融资等全方位的优质金融服务，积极开展资金集中管理服务，有效管理了集团各成员单位资金，公司已发展成为淮南矿业集团代理融资平台、资金集中管理平台、资金结算平台和资本运作平台。

2015年，宏观经济持续下行，煤炭产能过剩明显，企业经营压力空前，融资任务繁重。公司克服重重困难，统筹做好代理融资、突出资金集中管理，加强资金运作，强化风险内控管理，努力提升自身经营效益，超额完成全年工作目标。截至年末，公司资产总额113.12亿元，较上年增加26.22亿元，增幅30.17%；实现利润3.31亿元；累计代理融资486.68亿元，在集团整体经营较为困难和宏观经济下行的情况下，为确保集团资金安全发挥了重要作用。

【信贷业务】2015年，公司总的信贷政策是：支持集团公司主业发展，将有限资金投向集团煤、电、房地产三大主业上，同时支持成员单位小额资金需求。公司全年累计投放贷款25.59亿元，收回19.01亿元，年末贷款余额为47.54亿元，比上年增加6.58亿元，增幅16%。年末，集团三大主业的贷款规模占贷款总额的82%，有力地保证了集团公司主业资金需求。

【资金和投资业务】2015年，公司根据宏观经济走势，合理把握投资方向。通过优化资产配置、强化价格管理和短期资金运作，提升公司资产盈利水平。保持适度的同业存款规模，确保公司流行性安全。通过充分利用调配集团金融资源，积极与银行议价谈判，同业存款利率在整个行业处于较高水平；加强短期资金运作，开展结构性存款业务，共运作资金102亿元，取得收益0.24亿元；加大理财投资规模及频度，共运作中短期理财产品102.80亿元，取得投资收益0.38亿元；全年累计实现投资及资金营运收益1.19亿元。

【票据业务】公司积极推广电子承兑汇票业务，缓解成员单位资金压力。支持成员单位采用电子承兑汇票对外付款，全年累计开立电子承兑汇票11.03亿元。

【资金集中】2015年，公司巩固联动账户及房地产监管资金账户运行效果，重点做好日常资金的监控、调度；逐步建立健全外行调户等工作机制，及时将融资资金、煤款、集团调户资金归集到财务公司。全年资金集中度保持在85%以上，为集团应对资金紧张局面、提升公司整体效益提供有力支持。

【代理融资】2015年，公司工作重心是做好融资工作，确保集团资金链安全。加强对外宣传。积极主动介绍企业产业优势和扭亏脱困、转型发展的措施和成效，邀请金融机构来集团公司调研，增强金融机构的合作信心。加强融资协调。统筹谋划，早做安排、多做储备，提前部署融资预案，确保特殊时期集团到期债务顺利接续。积极主动与银行、信托、基金、租赁公司、券商等金融机构衔接，努力争取银行续贷，全力推进短融、超短融、中票、企业债等重大融资项目落实，着力拓展新的融资渠道和产品，保障集团生产经营和发展所需资金。全年累计为集团融资486.68亿元，融资成本控制在行业较低水平。

【业务创新】代理集团公司在上海自贸区筹建了淮矿上信融资租赁公司，业务取得了实质性突破，全年累计向集团和西部公司发放融资租赁款6.50亿元。截至2015年末，上信融资租赁公司资产总额7.20亿元，累计实现利润总额0.20亿元。

【风险管理和内部控制】2015年，公司全面从严从紧，加强财务公司内部管理，有效防控风险。建立了线上业务审批流程，实现投资业务、信贷业务、合同审查、价格审查等业务审批流程在线完成；制定了《信贷投放指导意见》，坚持“以存定贷、规模适度”，重点放在“结构调整、敞口控制”上。压缩了房地产信贷，转向发展前景好、风险低、符合集团发展战略的行业和企业倾斜，进一步增加信贷担保措施，降低风险敞口；落实“两加强、两遏制”专项检查，对自查和监管部门的检查结果进行整改，并实施经济处罚；持续加强、规范合同管理，对合同实施专项自查，全过程跟踪要项合同，有效防范法律风险。

【信息化建设】2015年，公司信息化建设整体平稳，信息系统未发生重大运行故障，并对系统硬件设备进行了全面升级。一是完成新购主机的升级。核心信息系统成功迁移后，业务处理性能得到了大幅提高。通过运维监控系统中的指标分析，平均业务日处理时间由原有的每笔200毫秒左右提升至每笔100毫秒左右，用户体验良好，为公司业务创新、业务规模的发展打下了良好的技术支撑基础。二是完全依靠公司现有技术力量，完成房产监管系统的升级改造。系统一次性上线成功，得到了管理机构的好评。新系统上线以来，已增加监管账户4户，新增监管户资金存量已超过0.45亿元。

【企业文化建设】2015年，公司聚焦主业，从严从实推进党建工作，坚持日常工作与党建工作同步谋划，与党建工作同步开展。把党建工作与中心工作相结合，与科学决策、统一思想认识相结合，与内控管理、风险防范相结合，与人才、干部队伍培养相结合，与平时学习、提高理论水平相结合，切实把党建优势转化为推动公司发展的核心竞争力。公司始终把维护职工切身利益放在心中。千方百计完成集团公司下达的利润目标，确保职工工资收入基本稳定；关心职工工作、生活，倾听职工心声，帮助其解决工作中、生活中的实际困难；为职工创造安静舒适的工作环境，搭建丰富多彩的业余生活平台。

日立（中国）财务有限公司

【经营概况】 日立（中国）财务有限公司（以下简称“公司”）至2015年底已成功运营8年。公司以为成员单位提供金融解决方案、服务集团为宗旨，整合集团内各类资源，凭借专业的金融知识与尽责的服务理念，为集团企业客户提供融资、咨询、资金运营等多样的金融服务，以期达到调节成员单位间的资金供求关系，提高集团整体的资金使用效率之目的，同时致力于加强以日立（中国）有限公司为核心的在华日立集团企业的资金集中管理力度与凝聚力。

2015年，在国际国内经济形势十分复杂，国内经济下行压力依然较大的背景下，公司继续坚持“依法经营、优质服务、提高效益、和谐发展”的经营方针，结合实际情况，围绕日立集团的主业和战略目标，积极拓展业务规模。本着“稳健经营、服务高效、客户满意”的经营原则，不断构筑完善合规、稳健的经营管理体制，在日常经营中坚持“依托集团、服务集团”的宗旨，以风控合规为本，以客户利益为上，兼顾自身效益，很好地发挥了公司在集团中的集中资金管理、提升资金利用效率的作用。

截至2015年末，公司资产总额为360 055.81万元人民币，比2014年增长46.05%，负债总额为320 680.15万元人民币，同比增长53.72%，所有者权益为39 375.66万元人民币，同比增长3.88%；公司全年实现营业收入5 222.36万元人民币，比2014年增长5.46%，最终净利润为1 469.02万元人民币，同比减少30.84%。资本充足率为14.45%，无不良资产。2015年度资产质量优良，各项监控和监测指标均符合中国银监会规定。

【信贷业务】 2015年，公司在合法合规、风险可控的基础上，向成员单位发放人民币一般贷款，同时为成员单位之间办理委托贷款业务，信贷业务规模有了一定的发展。公司贷款期限均为短期贷款，截至2015年末，一般贷款余额158 190万元，比2014年末增加了59.43%，均为正常类贷款，无不良贷款。公司根据新修改的《贷款风险分类管理办法》和银监会颁布的《中国银监会关于中国银行业实施新监管标准的指导意见》等文件规定以及信贷风险管理委员会会议的决定，继续对准备金计提比例进行修正，从2014年12月末的1.96%，每月增加0.04%，到2015年12月末计提比例为2.44%。同时，委托贷款余额36 500万元人民币，比2014年末增加了18 500万元人民币。2015年全年共实现贷款利息收入6 286.64万元人民币，同比增长44.84%，委托贷款手续费收入355.72万元人民币，同比增长8.63%。

【资金集中】2015年，公司继续做好成员单位范围扩大工作，加强与新加入成员单位的联系与沟通。由公司总经理牵头，以业务课为中心，主动出击、上门服务，分别前往北京、上海、南京、广州、厦门、武汉、东莞、深圳、郑州、苏州、无锡、合肥、杭州等地拜访了多家新老成员单位，了解成员单位的业务服务需求、生产经营状况，维护彼此良好的关系，解决其系统接入问题，将其纳入公司的系统网络，为业务的深度开发奠定了基础。截至2015年末，公司新增成员单位55家，其中46家企业在公司开户，32家成员单位实际开展业务。2015年末，公司吸收成员单位存款余额为317 481.66万元人民币，同比增长53.44%。其中，共吸收新增成员单位存款138 246.83万元，发放新成员单位6 500万元的委托贷款，并办理了144 658.51万元的代理支付业务。

【业务创新】2015年，公司与株式会社日立制作所充分运用自贸区相关政策支持，成功搭建了日立集团跨境双向人民币资金池，并顺利实施了上海与东京之间跨境双向人民币资金调拨。为日立集团集中调度和统一使用境内外企业自有资金提供了便利，也为实现日立集团全球资源的有效整合、日立集团全球资金的合理调配的目标迈出了重要的一步。全年办理跨境人民币资金池累计流进出资金为560 000万元。

【风险管理和内部控制】2015年，公司坚持风控为先、合规先行的原则，从完善制度着手，进一步强化和完善全面风险管理体制，不断健全相关管理制度，对各项管理办法和业务规定认真进行了梳理，未发现实际业务流程与管理办法和业务规定不符的情况。还通过学习会等形式，组织员工对规章制度进行再学习，充分领会相关规定的内涵。同时，公司对共计22项存贷款业务、支付代理业务以及其他类业务的案件风险进行了排查，所有业务均合法合规，没有发现异常。公司还积极做好内审及外部审计工作，定时接受内审及外部审计公司安永会计师事务所的审计，对于在审计中发现的问题及时予以纠正、解决。2015年公司各项监管指标均符合监管当局的非现场监管要求。

【人力资源管理】公司一向注重员工业务素质的培养，围绕公司经营宗旨，依托公司核心文化，强化员工的服务意识、风险意识和质量意识。2015年，公司在人力资源管理上主抓了培训工作和考核激励工作。在培训工作上，公司内部组织了2次员工教育培训，通过对外部法规规章以及公司内部管理办法的讲解，加强了员工的合规意识及业务操作水平。同时，邀请公司的顾问银行向公司员工进行了3次业务培训。公司还多次分派员工参加集团总部以及中国财务公司协会等组织的外部培训，有效地拓展了培训的知识面，丰富了培训内容，提高了员工的综合素质。在考核与激励工作上，公司实行MBO目标管理考核制度，从公司经营目标到个人目标，层层递进、层层相扣，将个人工作目标计划与公司目标计划有效地结合在一起，目标的设定客观、科学、真实，在具体实施考核时，本着公开、公平、公正的原则，合理地对员工进行绩效评价。在最终评价以及决定激励措施时，充分考虑考核结果，通过定岗定责，将员工升职加薪和年度奖金与绩效考核结果挂钩，进一步提升员工的工作积极性，进而提升工作效率。

【信息化建设】2015 年，根据业务发展需要，公司更换了两台数据库服务器，提高了公司业务系统的稳定性与安全性，完善了信息系统的整体结构。此外，公司及时采取措施满足人民银行、银监局等监管部门对公司非现场监管数据报送系统的升级要求，保证了非现场监管数据能够及时准确地传送到监管部门。公司还认真做好对成员单位的服务工作，及时处理成员单位资金管理系统发生的各类问题，保证了成员单位能够正常及时地使用资金管理系统进行业务操作。

【企业文化建设】公司坚持以人为本，提倡“和、诚、开拓者精神”的日立企业文化，在公司中自上而下地贯彻培养企业文化，使企业文化得到了全体员工的认同。要求员工在工作中要将合法合规作为大前提，所有业务都要在风险可控的前提下开展。在面对成员单位时则强调服务意识与效率标准，尽我所能向其提供高质贴心的服务。在内部员工培养方面，公司重视员工与企业的共同成长，给员工提供各种进修提升的机会，大力提倡员工自我学习、自我提升，在公司中形成了浓厚的学习氛围。同时，注重公司内部的和谐管理，充分发挥工会等组织的作用，听取员工的心声，解决员工实际困难，改善员工福利，并通过旅游以及新年联欢、工会文体活动等形式，提升员工对于公司的归属感，增强企业凝聚力，争建和谐企业。

【高管变更】根据公司2015 年度董事会第一次会议的决议，并经上海银监局发文批复同意，公司的董事由田村博史变更为加藤敬史。

保利财务有限公司

【经营概况】2015 年，保利财务有限公司（以下简称“公司”）受利率市场化改革和宽松货币政策双重影响，利差持续收窄，经营压力大幅增加。面对困难，公司积极应对，提升服务、创造需求，加大业务创新力度，增加新的利润增长点，陆续推出了产业链金融、外汇即期结售汇、二级资金池和人民币跨境通道等一批服务成员企业的举措，取得较好成效。

截至 2015 年末，公司总资产 166 亿元，净资产 15.86 亿元，资本充足率（《巴塞尔协议Ⅲ》）21.51%；全年实现营业收入 4.7 亿元，实现利润总额 2.68 亿元，净利润 2.04 亿元。

【信贷业务】公司积极发挥信贷服务职能，在利率市场化、同业竞争日趋激烈的大环境下，以服务为导向，保持贷款规模稳步增长，信贷业务品种不断丰富：截至 2015 年底，公司自营贷款余额 30 亿元，委托贷款余额 16

亿元，支持集团主业发展；加大对房地产主业优质项目支持力度，房地产贷款投放已覆盖全国24个城市，41个项目；重点推广电子票据业务，累计办理票据承兑12亿元，票据贴现8亿元，有效满足成员企业票据结算需求，票据业务服务覆盖集团多个主业；深挖成员企业需求，不断探索服务创新，成功办理公司首笔保理业务。

【资金业务】首先，公司在严控流动性风险的基础上，积极加大与集团和成员企业的沟通力度，力争提前掌握资金变动情况，做好资金规模和期限的匹配。其次，为提高资金流动性，公司也对资金结构进行了调整，适度加大流动性较强的资金产品规模。此外，公司在原有银行同业授信基础上，进一步扩大非银行金融机构的授信额度，满足公司资金拆借需求。

【外汇业务】为服务集团走出去战略，公司积极向人民银行申请开展跨境双向人民币资金池业务，该业务可帮助成员企业方便快捷进行境内外人民币资金调动，自2015年10月获批该业务资质以来，已为成员企业办理跨境资金业务总计19亿元。

为协助集团逐步实现全币种的资金集中管理，公司确立了以即期结售汇为切入点，逐步开展各项业务的外汇业务发展策略。2015年8月21日外汇局批准公司即期结售汇业务资格，11月30日公司获得外汇交易会员资格，准备工作已全部完成。

【投资业务】2015年公司坚持“严控风险，适度收益，与主业相契合”的操作原则，将投资重点聚焦在集团内部房地产、艺术品经营相关的金融产品，加以货币基金进行头寸的流动性管理，并根据当期市场的投资热点配置了打新基金，为公司带来了较好收益。公司投资业务奉行稳健原则，在操作时严格遵循有关规定，控制投资总规模，取得了较好的投资回报，有效提升了资金收益水平。

【资金集中】集团要求公司突出“资金归集平台、资金结算平台、资金监控平台、金融服务平台”作用，全面提升公司经营能力和服务能力。2015年，公司继续将资金归集作为开展各项工作、发挥服务职能的前提和基础，始终围绕这一中心任务，不断丰富产品、提升服务，2015年日均归集规模达到112亿元，归集度达到24.34%。

【风险管理和内部控制】2015年，公司继续推进全面风险管理和内部控制评价工作，完成《内部控制评价手册》和《全面风险管理报告》。公司根据日常经营管理实际，全年新增制度及流程12项，废止制度2项，基本实现了经营管理的全覆盖，内部控制体系日益完备。积极配合集团公司、北京银监局等开展的各项检查工作，做好沟通协调。针对检查单位提出的问题和意见，组织相关部门及时落实整改，夯实公司稳健发展的基础。

【人力资源管理】2015年，公司人力资源管理工作以“注重人才梯队建设，加强员工业务培训，完善员工职业规划”为目标，通过招聘应届毕业生，调整基层员工职级，加强员工培训等措施，稳定员工队伍、激励员工干劲、提高员工业务素质。

【信息化建设】2015年，公司信息化建设以“提升安全水平、创新软件功能”为目标，一方面，建设“一体化”安全监控系统，实时监控核心业务系统和机房动能指标，有效保障核心业务系统安全稳定运行。另一方面，紧跟业务创新，陆续开发了外汇即期结售汇、虚拟资金池和财企接口等服务成员企业的系统功能。一是外汇即期结售汇，初期在公司核心业务系统中增加外汇基础模块，支持本外币的收付款等业务。在系统中可完成成员单位、财务公司自身的结售汇申请业务，并进行资金平盘交易和相关查询等，同时对业务数据可按外汇局的要求提供规范的报表数据供上传或加工。

二是设计开发了虚拟资金池系统，通过该系统能够实现二级平台公司实时查询池内全部账户的余额和交易明细，全面了解下属公司的资金动向，并支持平台公司在虚拟资金池内进行资金统筹和调剂。三是建立财企接口，将公司网银系统与成员企业财务系统进行对接，实现在成员企业财务系统中实时查询其在财务公司开户的账户余额及交易明细，帮助成员企业及时了解资金动向。

【企业文化建设】公司为了缓解员工工作压力，提高员工身体素质，营造积极健康向上的企业文化氛围，开展了员工健步走活动。同时，员工也积极参加了集团组织的羽毛球等文体活动。

深圳能源财务有限公司

【经营概况】深圳能源财务有限公司（以下简称“公司”）2015 年主要工作：一是资金归集上实现，现金池有突破性增长；二是全力支持清洁新能源，服务集团战略转型；三是积极开展同业市场业务，提升资金收益；四是搭建财票通业务平台，解决成员单位融资难问题；五是确保电厂完成年度配额履约，通过碳排放权交易实现配额保值增值；六是不断提升服务品质，实现高效金融运维；七是扎实推进对标工作，提高公司经营水平；八是统筹落实合规管理，强调业务流程到位，实现风险防控目标。截至 2015 年 12 月 31 日，公司总资产 105 亿元；净资产 14.32 亿元；全年实现销售收入 3.72 亿元，实现利润总额 2.13 亿元。

【信贷业务】截至2015 年末，公司人民币信贷余额为 60.48 亿元，其中贷款余额为 58.44 亿元，票据余额 2.03 亿元。从贷款行业分布来看，环保新能源（垃圾发电、风力发电、光伏发电、水力发电）占 67.50%，传统行业占 29.10%，票据占 3.40%。

【资金业务】为了确保集团公司资金资源、信用资源的高效运作，充分发挥财务公司金融平台的效能，2015 年，公司积极参与银行间资金交易市场，在同业业务方面通过与交易银行多方询价，积极主动地争取最高利率，获取资金效率最大化。同时，为了让公司的资金用好用足，在保障资金流动性的情况下尽可能地扩大资金的使用率，积极协调集团各种资金资源和信用资源，推动供应链融资产品的运用、在信贷规模许可的情况下抓住利率高点及时买入电票、增加同业定期存款的操作频率等多种方式，让资金实现高效运转。最终实现全年资金使用率 92.09%。

【同业业务】2015 年，为最大程度地获取同业资产收益，公司紧盯市场变化，及时开展票据及同业定存等业务，加大了同业定存的操作频率，提升短期闲置资金收益。共获取同业定期存放收益 0.41 亿元、银行间电票收益 0.16 亿元。

【结算业务】2015 年，共完成结算业务量

1 513.50 亿元，结算业务笔数 34 971 笔。截至 12 月 31 日，已在公司开户的成员单位共 68 户，2015 年新增 15 户。

【业务创新】2015 年，公司创新地搭建财票通业务平台，通过分享使用公司信用资源，以成员单位开票、财务公司承兑、收票企业直贴的形式，在供应链上创新运用票据“一头在外”业务，达到既不占用人民银行核定的信贷规模，又能解决成员单位资金需求，更好地服务集团的战略发展。截至 2015 年 12 月 31 日，公司已通过该平台累计为成员单位代开并承兑 3.80 亿元的票据，有效地解决了其融资难的问题。

【风险管理和内部控制】2015 年，公司于 7 月发布了《员工合规手册》，明确了公司合规管理目标，强化了“合规从高层做起”“合规创造价值”“合规人人有责”的合规管理理念，制定了“有规可依、合规上岗；有规必依、全员合规；执规必严、违规必究”的合规管理要求。

【人力资源管理】随着集团近年来的战略转型及跨越式发展，为了充分发挥财务公司金融平台的作用，满足服务集团战略发展需要，结合集团《员工职业发展通道建设课题研究报告》的建议，公司调整了公司组织架构和岗位编制，调动员工积极性，搭建起发现人才、积极培养、帮助成长的平台，为集团的发展提供高水平的金融人才。

【信息化建设】2015 年，建成了以电子商业汇票系统、征信系统、银企直连接口为主的数据备份系统，实现了业务生产系统同城三中心的 4 套数据备份（本地 2 套，同城异地 1 套，同城异地备份 1 套），达到了数据安全性、可靠性、服务高可用性的设计要求，为公司财务数据安全、风险控制及内部治理提供了坚实的保障。

【企业文化建设】2015 年，公司充分发挥党支部、工会、妇联、青联的作用，组织员工参加文体活动，丰富员工业余生活，增强了员工活力和凝聚力。

中化集团财务有限责任公司

【经营概况】2015 年，中化集团财务有限责任公司（以下简称“公司”）积极应对复杂多变的经营环境，坚持“依托集团、服务集团”的定位，按照集团利益最大化原则，落实集团资金集中管理意图，保障资金安全，提高集团战略转型期的资金使用效率，核心能力逐步强化，各项监管指标健康，圆满完成了年度任务目标。2015 年全年实现营业收入 9.22 亿元，利润总额 5.37 亿元，创下历史最好业绩。

【信贷业务】主动契合集团战略导向，坚持以服务集团核心业务板块为重点，有效发挥资金支持与融资保障功能。重点保障集团能源板块运营流动资金需求；不断优化金融服务框架协议，发放首笔外币流动资金贷款，发放过桥贷款有效保障项目资金链安全，提升集团化工板块市场竞争力；助力集团地产板块开发企业融资需求，协助成员单位优化融资方案，发挥内部银行优势，推动协同增效；继续优化集团公司金融板块外部负债环境，拓宽外部融资渠道。

【资金和投资业务】 通过合理配置资金，提高同业存放收益，存放收益均高于预期。积极开辟新的股权投资渠道，实现投资模式的创新尝试，投资拓展业务迈出新步伐。不断丰富金融市场投资品种，品种覆盖信托、债券理财、量化对冲、公募基金、可转债、优先股等多个领域，不断提升各类细分产品收益率，全年完成金融市场日均投资余额13.50亿元，获得财务收入1.32亿元。

【票据业务】 完成首笔电票再贴现业务，增加了再贴现票源种类；成功办理第一笔电子银行承兑汇票转贴现卖断业务，首次与外资银行实现人民币同业业务操作，成交利率低于同期市场利率，增加了公司流动性管理工具。继续深化北京区域票据池建设，为成员单位提供优质服务。出台完善《票据集中托管管理办法》等票据业务管理制度，通过发布《票据反假服务信息简报》《风险防范服务提示信息》、集中开展4期票据专项培训等方式，服务成员单位票据风险防控。

【外汇业务】 公司连续第七年入围中国外汇交易中心“2015年度银行间人民币外汇市场100强”单位。取得中国人民银行“人民币双向资金池”业务资质、外汇局“外汇资金集中运营管理业务试行借用外债比例自律管理”业务资质，形成了“双政策、双通道”模式，为集团公司全球资金一体化管理提供了有力保障。积极跟踪汇率改革与市场变化，加强汇率市场分析与研究，为成员单位及时提供各类汇率与外汇业务服务。

【资金集中】 继续加大统筹协调力度，围绕资金集中度提升目标，提高资金配置效率，公司全口径资金集中度创历史新高。主动与上市公司加强沟通，逐步提升存款规模上限，实现上市公司资金集中度持续提升；积极开拓资金来源，提高成员单位参与主动性和积极性；响应利率市场化政策，形成单笔单议的利率定价机制，引导和扩大成员单位吸收存款规模。

【业务创新】 2015年，公司成为中国人民银行北京地区财务公司利率定价专业委员会首批核心成员。持续加快利率市场化改革步伐，全面实施贷款利率差异化定价和息差管理机制，正式启动全面资产负债管理的精细化和信息化管理，创新性提出基于FTP的存贷款定价决策及流动性管理体系，并得到了集团和监管机构的认可。现金管理业务正式启用，完成了上市公司实体资金池的搭建，实现了第一笔自动归集业务。探索通过公募基金形式参与权益定向增发市场，拓展投资范围，获取定增折价收益。

【风险管理和内部控制】 有效融合质量管理、内控体系及全面风险体系，形成高效、统一的管理保障机制。拓展量化研究与应用，提高风险预判与评估；进行专项业务检查，落实内部管控手段，强化审核监督机制，为监管机构现场检查打好基础。

【内部监督】 从“运营监督、规则维护、协同监管、合规宣导、改善推动”五个维度加强内部监督。开展外汇业务和票据业务审计，检查运营过程、评价经营成果；开展内控评价和质量体系审计，检验两大体系运行情况；应监管要求，进行公司高管经济责任审计、案防自评和风险评级等监管维度自评。发挥内审咨询功能，开展央企监管课题研究，组织内外宣讲，提升管理者监管认知与规则意识。紧跟反腐败形势，开展5次反腐倡廉培训，累计培训125人次。

【人力资源管理】 以服务公司战略发展为

指引，以盘活人才存量为核心，以优化管理机制为抓手，围绕“提升能力、激发活力、强化聚力”三条主线，致力于打造一支“定位明确、规模适度、结构合理、能力匹配、人员稳定”的人才队伍。建立专业序列通道，完成各专业序列员工评审，实现员工双通道发展；持续开展队伍建设工作，加强公司核心人才梯队建设，通过人才盘点客观评估队伍现状，建立人才后备梯队；开展差异化人才培养，基于人才盘点结果、专业序列晋升有针对性设计分梯度、层级的培训项目，通过外派选学丰富培训形式和资源。

【信息化建设】信息化硬件、软件建设不断优化。公司机房顺利通过了等保三级测评；内部结算平台、存款准备金、利率市场化、征信系统、现金管理平台等项目建设取得突破性进展；以易宝支付平台为原型，为成员单位提高支付需求解决方案，进行了初步的互联网金融尝试；统收统付系统深度集成，优化提升石油业务加油站银行收款信息效率40%以上。

【党群工作】认真抓好党建主体责任落实，紧紧围绕思想建设指方向、组织建设夯基础、思政工作抓引领、群团建设聚合力“四个维度”精准发力，进一步发挥党组织的政治核心作用。深入开展“三严三实”专题教育和党的纪律教育，打造“作风优良，纪律严明，忠诚干净担当”的党员领导干部队伍；抓实抓牢作风建设，形成了“总支书记主抓、分管领导重点抓、一岗双责全员抓、贯穿全年持续抓”的工作机制。召开两次职代会，审议涉及职工权益议案11项。“成长”系列兴趣小组特色突出、活动丰富，为员工增进交流、提高技能、丰富业余生活搭建了平台。

【企业文化建设】以“亲情、服务、学习、创新”为宗旨，以培训培养、团队建设活动为抓手，增强跨部门沟通，增强凝聚力。全面参与集团公司成立65周年系列活动，弘扬中化企业文化；组织开展财务公司“最美一线员工”评选，树立职工榜样和典型；开展“优棒团队”棒球素质拓展、举办“思维导图”培训、组织年度优秀员工评选等活动，加深交流，增进互信，促进营造良好组织氛围。

海信集团财务有限公司

【经营概况】2015年，海信集团财务有限公司（以下简称“公司”）持续发挥为集团成员单位提供金融服务的职能，夯实基础管理工作，完善业务功能，创新业务品种，规模不断扩大，收益水平不断提高。截至2015年末，海信财务公司资产总额为90.74亿元，同比增长4.20%；累计实现利润总额2.45亿元，同比增长6.25%。集团全口径资金归集率为77.54%，可归集口径资金归集率为92.76 %。资本充足率为28.08%，流动性比率为64.45%，各项指标均优于监管要求。

【信贷业务】公司主要信贷业务品种有：

流动资金贷款、房地产开发贷款、买方信贷、电子汇票承兑及贴现、保函等业务。2015 年，各项信贷业务稳步发展，信贷业务规模和品种持续增加，期末各项贷款余额为 24.25 亿元，同比增长 115.62%；贴现余额为 6.57 亿元，同比增长 75.13%。

【产品销售信贷业务】2015 年，公司成功开展针对集团产业链下游经销商的买方信贷业务，累计发放贷款 0.02 亿元。该业务的开展有利于缓解经销商的资金压力，满足其融资需求，同时也利于促进海信产品的销售，为提升海信产品市场竞争力提供有效支持。

【资金和投资业务】公司充分发挥同业议价优势，时刻关注并深入研究资金市场利率走势，不断完善同业利率询价机制，拓展同业合作银行范围，结合集团资金收支情况，灵活进行资金配置，有效提高资金收益，2015 年累计实现存放同业利息收入 2.04 亿元。

【票据业务】2015 年，公司持续大力推广电子商业汇票，增加电票营销力度，在成员单位供应商大会上积极推介海信电票，扩大海信电票的接收度和影响力，提高电票对外付款占比，使电票签发规模不断扩大，金融市场接受度和信誉度持续提升。2015 年，各成员单位累计对外签发电票 123.41 亿元，同比增长 24.32%。

【外汇业务】公司积极开展即期结售汇业务，从而有效调剂境内成员单位外汇资金余缺，降低汇兑成本及汇率风险。2015 年，公司累计为成员单位办理代客结售汇共计 155 笔，其中代客结汇 2.41 亿美元，代客购汇 8.08 亿美元；在银行间办理结售汇共计 54 笔，其中银行间结汇 0.14 亿美元，银行间购汇 5.81 亿美元。

【资金集中】公司通过升级结算系统、推行集中收付、完善结算功能等多措并举，使得集团资金归集率明显提升。截至 2015 年末，公司全口径资金归集率为 77.54%，可归集口径资金归集率为 92.76%。

【业务创新】2015 年，公司不断创新业务品种，提高金融服务水平，主要表现在：一是开展跨境人民币业务。6 月 30 日，基于已取得跨境双向人民币资金池业务运营试点资格，公司成功发放首笔跨境贷款。全年累计向境外成员单位发放贷款 5 笔，金额合计 15 亿元，有力支持了境外成员单位在集团国际化发展中对资金的需求，实现资金池内成员单位盈余资金共享，互补长短，减少银行融资，减少利息费用支出，提高集团整体资金使用效率。二是推进产业链金融业务。2015 年，公司经过前期制度制定、考察客户基本情况等准备工作，已于上半年正式开展买方信贷业务，该业务的推进有利于发挥公司金融服务的职能，促进成员单位产品销售，同时提高收益水平。

【风险管理和内部控制】公司持续加强内控建设，有效提升风险管理水平。一是加强公司治理，对风险管理委员会的人员及构成进行调整，委员人数由 3 名调整为 5 名，进一步发挥了风险管理委员会的作用，提高了公司治理的有效性；二是加大内控制度建设，根据业务开展情况，及时修订和发布制度，通过开展专项稽核检查，确保各项制度得到有效执行；三是加强对业务条线的风险排查，将风险防控渗透到各项业务过程和各个操作环节，覆盖所有的部门和岗位，有效提升了风险管理水平；四是推进业务管理的信息化和工作流程标准化，提升各环节的风险管控能力，既要保证传统业务的有效开展，又要加强对新增业务品种的风险评估和控制。

【人力资源管理】2015 年，公司通过社会招聘、校园招聘、内部招聘等多种途径引进具有相关资质的优秀人才，补充了空缺岗位，改善了人才结构，为业务的持续健康发展提供基本的人员保障。此外，公司高度重视培训工作，从加强学习、提高员工文化素质和业务技能入手，开展了多项专业技能和风险防控培训，员工业务素质有了较大的提高。

【信息化建设】2015年，公司通过加大信息化资金投入，推进信息化专项开展等措施，有效提升信息化建设水平，为各项工作的全面提高和长远发展提供有力支撑。11月24日，公司正式通过中国人民银行征信中心验收，开始正式报送征信数据，并申请开通查询权限，从而有效满足各项业务开展中对征信信息的需求，有利于提升工作效率和风控水平；年末公司商业智能系统项目正式上线，通过该系统将业务数据进行有效整合，形成重点突出、直观准确、报送及时的业务报表，便于使用者获取相关信息，提升信息化工作水平和效率。

【企业文化建设】公司始终践行“诚实、正直、务实、向上”的核心企业价值观，发挥党团组织作用，保持企业文化纯净，塑造良好的团队氛围。在集团成员单位间进行财务公司服务满意度调查，了解员工服务状态，及时发现服务短板，调整服务流程，更好地发挥服务产业的职能；针对员工年轻化的特点，建立微信交流群，作为传播正能量的小窗口，交流思想、传播信息，实现同事间的深度交流；通过组织员工登山活动、单身员工联谊活动等方式，增强员工的向心力和凝聚力。

国联财务有限责任公司

【经营概况】2015年，国联财务有限责任公司（以下简称“公司”）以“准确定位、合规经营、严控风险、稳健发展”为宗旨，做好资金归集、信贷资产经营和成员企业金融服务等多项工作，此外，努力拓展创新业务，年内取得固定收益类有价证券投资业务资质，进一步提升了公司综合竞争力及服务成员企业的能力。截至2015年末，公司实现利润总额0.67亿元，吸收存款余额42.41亿元，各项贷款余额18.94亿元，资本充足率22.29%，流动性比例68.81%，存贷比44.67%。

【信贷业务】公司除了加强存量成员企业走访，及时了解客户需求外，对于新设或者新纳入集团的企业，积极配合集团实业投管部，在前期通过调查了解其需求，并根据其特点提前做好服务方案，及时满足企业融资需求。公司提供的授信品种包括贷款、银票贴现、商票贴现、电票、银团贷款、代开银票、代开保函等，授信总额和品种基本能够覆盖成员企业融资需求。2015年，公司累计发放自营贷款49.40亿元，办理贴现2.28亿元。

【资金业务】公司一方面通过与建设银行、招商银行、浦发银行、兴业银行以及南京银行等多家银行建立固定的询价与报价机制，及时掌握货币市场资金价格变动，根据市场走势，合理安排资金运作；另一方面，公司通过向人民银行开展票据再贴现业务获取资金0.68亿元，通过开展资金拆借业务累计向外部银行拆入资金44.50亿元，在不占用公司自有资金的情况下，实现资金业务利差收入89.76万元。

公司充分利用国联集团的企业平台和财务公司的金融平台，根据市场利率形势和公司资金情况，在企业存款利率较高时，集团直接将存款存放银行，在同业存款利率较高时，由财务公司将存款存放银行。通过两大平台同时运作，提高集团整体资金收益。

【投资业务】2015年12月，经中国银行业监督管理委员会江苏监管局批准，公司取得固定收益类有价证券投资业务资格。

【票据业务】2015年，公司继续加大电票业务的宣传力度，鼓励集团内部企业使用电票进行结算，同时针对部分企业回笼票据中小票增加、下游转出存在困难的情况，公司也予以一定的政策倾斜，主动上门为其提供小票贴现服务，帮助企业解决小票流转问题。公司全年办理电票贴现0.40亿元，小票贴现0.45亿元（最小面额5万元），帮助企业节约财务费用2.27万元。

此外，为了降低成员企业的结算成本，降低成员企业的保证金比例，同时加强票据保证金的归集，公司大力推动成员企业在财务公司代开银票业务。成员企业占用财务公司在银行的授信敞口，保证金比例从50%降为30%，公司和成员企业的合作粘性进一步提高，公司金融产品的覆盖率进一步提高。2015年，公司共为成员企业代开银票124笔，票面金额5.29亿元，为成员企业节约保证金约0.54亿元。

【资金集中】2015年，集团对公司和成员企业都下达了资金归集率的考核要求，由公司在充分考虑成员企业实际情况的基础上，制定相应的考核指标计算方案，并明确工作流程和管理要求。公司收集所有成员企业每月报送资金归集情况详细说明，细化分析相关客观因素的影响。截至年末，剔除金融企业自有资金及客户保证金等不可归集的资金后，实际资金归集率为83.65%，比2014年上升2.13个百分点。

【业务创新】2015年，公司与浙商银行合作，在集团内银票收付业务较多的成员企业中大力推广票据池业务，倾力打造银企合作新平台。通过票据池的建立，入池企业可以办理包括票据托收、票据托管、票据池融资等多项业务，一方面加强了对集团内商业汇票的管理，防范票据风险；另一方面盘活了该部分票据资产，提高了资产收益。截至2015年末，无锡市国联金属材料市场有限公司、无锡市恒顺金属材料有限公司、无锡市国联环保科技有限公司三家单位已经正式加入票据池，并开始使用浙商银行涌金票据池的票据保管、票据托收以及票据异常状态查询等功能。

【风险管理和内部控制】2015年，公司继续强化全面风险管理措施提高风险识别、风险监测能力。通过增加调研频度和转变调研视角，有效防范信用风险；通过完善集团资金预算管理体系，合理利用流动性管理工具，有效防范流动性风险；通过落实法务审核、加强合同管理，有效防范法律风险；通过制度建设与落实岗位责任制，做到制度全覆盖、流程标准化、管理精细化，有效防范操作风险。在防范各类风险的同时，积极发挥审计监督作用，2015年共开展9项常规稽核、4项重点稽核、4项不定期稽核、1项针对性稽核、1项离任审计，稽核发现37项，提出稽核建议41条，使稽核工作真正起到防微杜渐的作用。

【人力资源管理】公司编制了《“十三五”人力资源规划》和《人才梯队建设计划》，明确了人才和干部梯队建设方案。2015年，公司经营班子增补了两名总经理助理，公司中层管理干部实行内部竞聘，先后选拔了会计结算部、公司金融部和信息技术部负责人，充分调动了员工的进取心和事业心。公司通过业务培训、轮岗锻炼、对外招聘、对内竞聘等方式来提高员工整体素质，满足公司业务发展和内部管理提升的要求。

【信息化建设】2015 年，公司完成了核心应用和数据库的迁移工作，使得信息系统运行更加快速和稳定，并对管理信息系统进行了优化升级，使业务流程更加严密；公司配合集团财务部正式上线了集团财务管理信息系统，并与公司管理信息系统进行了整合和数据共享，为成员企业财务核算提供便利；根据集团要求，公司对官网进行了升级改造，开通了企业微信号，拓宽了宣传渠道；2015 年末，经董事会审议通过，公司新设信息技术部，以提高公司信息化综合管理能力，协助集团财务部做好财务核算和财务管理的信息化工作。

【企业文化建设】公司坚持党建带群建，凝聚团组织、妇女组织等力量，积极打造和谐向上的企业文化，在广大员工中发起了“推进全员阅读、打造书香企业”活动，建立读书角，并组织了多场读书分享会；组织了演讲比赛、摄影比赛、环保徒步、爱心捐助等各类职工活动，丰富员工业务生活，增强团队凝聚力。此外，公司坚持办好自己的一本刊物、一个网站，并建立公司官方微信，利用宣传阵地为公司企业形象加分。

首都机场集团财务有限公司

【经营概况】2015 年，首都机场集团财务有限公司（以下简称“公司”）一是持续加强资金管理，资金管理系统上线成员企业 235 家，成功归集及监控成员企业账户 923 户，上线率继续双双保持 100%。全年结算量为 1 370.07亿元。二是吸存总量大幅增长。2015 年累计日均吸收存款 108.02 亿元，同比增长 13.91%；12 月末吸收存款余额为 117.87 亿元，同比增长 13.59%。三是信贷规模不断扩大。截至 12 月 31 日，公司共向成员企业发放 68 笔自营贷款，金额共计 59.22 亿元，较年初增加 4.92 亿元；共向成员企业发放 98 笔委托贷款，金额共计 98.03 亿元，较年初增加 6.94 亿元。四是资金收益稳步提升。全年拆出资金 141 亿元，实现利息收入 0.09 亿元；全年存放同业办理定期存款 299.20 亿元，增加利息收入约 0.46 亿元。五是财务预算圆满完成。2015 年实现利润总额 1.92 亿元，完成预算的 103.86%；实现净利润 1.44 亿元，完成预算的 104.80%。六是党建群团工作卓有成效。深入学习贯彻党的十八大和十八届三中、四中、五中全会精神及习近平总书记系列重要讲话精神，形成定期学习机制；扎实推进党的“三严三实”专题教育活动，巩固党的群众路线教育实践活动成果；班子建设持续加强，开展严明纪律教育活动；扎实推进教育实践活动整改落实及建章立制工作，促进作风建设常态化和长效化；举办春游踏青、义务植树等丰富多彩的文体活动，活跃员工业余生活。

【信贷业务】2015年，公司信贷业务主要从三个方面开展工作：一是提升金融服务品质，服务新机场建设。针对国家重点建设项目之一的北京新机场建设项目，公司协助集团开展了银团贷款招标比选工作，确保了银团贷款招标比选工作的顺利完成。在此基础上，公司协助集团并与银团牵头行密切配合，开展了银团合同文本的制定及修订工作，充分履行了财务公司充当集团及成员企业金融参谋的职责。二是深入实地开展调研，合规发放地产贷款。2015年，公司在为地产类成员单位提供了信贷资金支持的基础上，与外部金融机构保持密切联系，引入商业银行创新融资产品，及时为地产类成员单位出谋划策，协助其破解融资困局。三是开展利率定价机制建设工作，应对利率市场化挑战。公司积极走访外部商业银行及其他财务公司，学习其利率定价机制，制定了适合公司的存贷款利率定价方案并优化了评级授信体系。2015年，公司被人民银行营业管理部确定为北京地区财务公司利率定价专业委员会的首批17家核心成员单位之一，在切实提高公司利率定价管理及建设能力的同时，也极大提升了公司在同业机构中的影响力。

【资金和投资业务】2015年，公司根据资金头寸，与同业拆借交易对手紧密合作，持续开展同业拆借业务，全年累计完成了62笔共计141亿元的同业拆出业务，丰富了集团公司现金管理手段，提高了公司存量资金收益。2015年，公司在合作银行累计办理了106笔金额共计299.20亿元同业定期存款，增加利息收入约0.46亿元。

【资金集中】2015年，公司通过加强成员企业银行账户的统计与反馈，加大代理支付业务的宣传力度，调整归集策略，实行成员企业支出户限额管理，上调存款利率高于国有银行等方式不断推进成员企业银行账户的上线及资金集中工作。

【业务创新】2015年，公司进行了制度创新，正式发布了《首都机场集团财务有限公司存放同业管理办法》及《首都机场集团财务有限公司存款利率定价管理办法》两项业务制度，此外公司还拟定了《首都机场集团财务有限公司流动性业务管理办法（初稿）》，为下一步的业务开展奠定了良好的基础。

【风险管理和内部控制】一是公司组织制度健全，运转规范，持续开展完善制度体系建设工作。二是公司制定了风险控制委员会议事规则和审贷委员会议事规则，定期召开风控会和审贷会，审议公司的重大事项和信贷事项。三是公司将加强内控机制建设、规范经营、防范和化解金融风险放在各项工作的首位，建立良好的公司治理以及分工合理、职责明确、相互制衡的组织结构，明确划分相关部门、岗位之间的职责。四是公司结合《银行业金融机构从业人员职业操守指引》，梳理47条员工禁止行为，开展合规建设活动，倡导全员恪守职业道德、遵守法律法规、合规稳健经营。五是公司明确了“零发案率”的案件防控总体目标，制定出台相应的年度案件防控工作方案，提高风险管控能力，使公司持续保持“零发案率”的防控目标。六是按照监管机构的要求，持续开展“两个加强、两个遏制”活动，排查内部控制隐患和漏洞。七是建立并持续开展年度风险评估工作，敢于揭示公司存在的问题。八是公司按照股东会、董事会决议，开展了股权变更申请及高管资格申请等事项，并获得监管机构的批复。

【人力资源管理】一是完成了公司“十三五”人才发展规划，为未来五年公司人力资源制定了方向和目标。制定了《首都机场集团财务有限公司管理人员选拔聘任工作管理规定》和《首都机场集团财务有限公司应届生招聘管理规定》，为相关工作提供了制度依据。二是进一步完善公司绩效考核办法。三是完善薪酬福利体系建设，全面启动企业年金计划。四是规范员工招聘入职落户和离职手续，组织开展中层选拔竞聘工作。五是加强因私出国证照管理、控制区通行证、公章管理。六是规范劳动用工和人事档案管理、领导干部个人事项上报和干部监督管理。

【信息化建设】2015年，公司在对原有的资金管理系统进行了全面评估工作后，开展了更换公司核心业务系统的调研和实施工作。根据《首都机场集团财务有限公司核心业务系统选型立项报告》的批复，公司成立了新系统建设项目小组，陆续开展并完成了机房配电、机柜、网络、KVM等基础设施的扩容改造工作；编制招标文件，按照采购流程，完成新系统软件产品和配套基础软硬件的招标和采购；完成配套基础软硬件的安装、部署、调试，以及备份系统安装部署实施，为系统实施做好准备。软件商入场后，依据招标文件的项目需求书，开展了业务功能需求调研、系统管理功能需求调研、银行接口需求调研、SAP接口需求调研、功能演示、银行接口并行环境准备等工作，进行了软件的客户化开发、测试、用户培训等工作，新系统于2015年10月23日上线试运行，与原有系统进行2～3个月的并行，为新系统正式上线奠定基础。

红豆集团财务有限公司

【经营概况】2015年，红豆集团财务有限公司（以下简称“公司”）持续稳步发展，年末资产总额25.71亿元，较年初增长9.08%；负债总额16.20亿元，较年初下降5.40%，其中吸收存款余额14.91亿元，较年初下降6.10%；各项贷款余额17.48亿元，较年初增长9.79%；表外业务余额1.95亿元，比年初增长47.35%；结算金额2 043.63亿元，比上年同期增长15.64%。2015年实现净利润0.61亿元，较上年增长13.47%。2015年公司获批增资，增资完成后实收资本为7亿元。一年来，公司根据“依法经营、合规经营、稳健经营”经营方针和“审慎性、安全性、流动性、盈利性”经营管理原则，稳步开展各项业务，各项监控指标均符合监管要求，继续保持了“三无”目标，即无重大差错、无不良贷款、无案件发生。

【信贷业务】2015年，公司严格控制信贷投放规模，各项业务做好贷前调查、贷中审查、贷后检查工作，按照授权范围操作业务。2015年，公司着重在新能源、外贸、地产等项目增加了信贷投放（含买方信贷业务）。全年公司授信单位27家，授信总额为26.70亿元；全年公司贷款规模（不含贴现）15.42亿元，较上年新增贷款2.01亿元。2015年各项贷款余额17.48亿元，比2014年增加1.56亿元，同期增长9.79 %；贷款日均余额14.77亿元，2014年10.32亿元，比2014年增加

4.45 亿元，同期增长 43.09%。贷款利息收入 1.09 亿元，比 2014 年增加 0.26 亿元，同期增长 30.49%。

【产品销售信贷业务】一是拓展买方信贷业务。通过与成员单位江苏通用科技股份有限公司合作，公司优选了部分优质经销商，为其提供融资服务，促进了成员单位产品的销售，取得了突破。全年开展买方信贷业务 0.57 亿元，余额 0.42 亿元。二是开展融资租赁业务。集团自 2014 年开始向新能源产业进军，发展分布式太阳能光伏电站，2015 年以来陆续在江苏、浙江等地取得路条指标。公司先后对江苏红日光伏农业发展有限公司、江苏红日新能源有限公司的厂区屋顶项目、红豆杉大棚项目提供了 0.17 亿元的融资租赁，对台州项目提供了 0.70 亿元项目授信，并成功发放了 0.42 亿元贷款，有力推动了集团新能源产业的发展。2015 年末厂区屋顶项目、徐州沛县项目已成功发电并网。

【资金和投资业务】2015 年，公司充分利用闲散资金，提高资金使用效率，增加资金收益。2015 年货币基金理财收益 88.28 万元，平均年化收益率 4.70%。主要结算银行的存放同业利率均已争取到最高水平。全年实现利息收益 0.08 亿元。在股权投资收益方面，2015 年大丰银行实际投资收益为 0.05 亿元，比预期投资收益增加 0.04 亿元。

【票据业务】2015 年，公司快速推进电票业务。一方面鼓励成员单位对外付款使用电票，另一方面通过与银行合作提高电票流动性。同时，通过同业票据专项授信打通了电票流通渠道，为电票业务的大规模开展奠定了基础。2015 年，共开具电子商业汇票 3.08 亿元，较 2014 年增加 1.84 亿元，增长了 148%，余额 1.65 亿元，较 2014 年增长 0.54 亿元，增长了 49%。全年已实现在建设银行、招商银行、浦发银行的电票和商票贴现 140 笔，共计 1.12 亿元。

【外汇业务】2015 年，公司通过国家外汇管理局批准，获得了跨境人民币资金池和跨国公司外汇集中运营的试点，成功搭建了境内外本外币资金池，公司成为两个资金池的主办企业。跨境人民币双向资金池获人民银行批准，并顺利开展人民币双向资金划拨。11 月至 12 月顺利开展 2 笔进出业务：对柬埔寨放贷 500 万美元、柬埔寨划拨国内 42 万美元。“两池”的建立一方面真正实现了财务公司对集团本外币资金的集中管理，另一方面也为集团打通了境内外资金的通道，为集团的国际化发展提供了便利。

【业务创新】2015 年，公司首发供应链票据。与浦发银行合作成功注册了 4 亿元供应链票据，成为继 TCL 之后全国第二笔、江苏第一笔供应链融资票据。12 月首发 0.50 亿元顺利完成，开启了财务公司开展供应链融资的新路径。公司积极开展供应链融资业务，在建设银行、浦发银行、招商银行等银行为成员企业对接供应链融资业务，开展了 E 贷通、应收账款保理、商票保贴等业务 0.30 亿元，在扶持供应商的同时也积累了相关业务经验。

【风险管理和内部控制】一是认真学习监管部门的重要来文，落实公司治理要求。认真学习中国银监会主席助理杨家才在中国企业集团财务公司 2015 年年会上《增强六个意识》的讲话。同时充分重视《关于促进财务公司健康发展有关建议的函》（苏银监转〔2015〕12 号）、《企业集团财务公司监管评级和分类监管指引（征求意见稿）》和《财务公司行业评级办法》征求意见的通知，公司内部积极探讨应对策略，把监管要求落到实处。2015 年拟定了员工合规手册，每位员工签署了合规承诺书。二是新增、修订内控制度，确保制度先行。为了配合新业务跨国公司外汇资金集中运营管理的开展，新增了《红豆集团财务有限公司外汇资金集中运营管理试点业务管理办法》。同时，公司根据业务开展情况新增了《红豆集团财务有限公司存款利率定价管理办法》等6项制度，修改了《红豆集团财务有限公司存款准备金缴存办法》等7项制度。三是加大稽核检查，提升内控制度执行力。公司在开展好日常风险管理工作的同时，根据发展需要及业务开展情况对公司现有制度进行梳理、完善，重点对电票、买方信贷、有价证券投资业务开展内控制度执行评价，并由稽核部牵头对公司代理融资、信息安全开展专项合规检查并跟踪整改落实情况。

【人力资源管理】2015 年，公司加强团队建设，打造专业化队伍，通过人才引进、学习提升等提升团队整体水平和能力。2015 年共引进硕士、博士人才5名，分别充实到公司风险、稽核、信息系统等部门，同时支持集团发展需要，向集团输送7名优秀人才。在引进人才的同时，公司致力于打造学习型组织，提升人才队伍专业化。2015 年组织部门经理参加集团每周六金融学习会共13次。有3名员工参加中层管理班和厂长经理班。针对公司系统的全面升级，多次组织与九恒星软件公司的交流学习；为了让成员单位熟练掌握票据知识，5月9日，公司邀请工商银行票据中心专业团队对集团成员单位财务条线进行票据知识培训和交流。同时，公司通过鼓励自学、依托行业协会及红豆大学的资源平台、组织同行交流学习等方式培养提升员工。

【信息化建设】2015 年，公司全面升级信息系统，支持业务发展。2015 年，公司分三个阶段对多个业务系统模块进行了全面升级。从年初进行信息系统的升级准备工作，调研多个财务公司和多家软件公司，提出系统升级方案，确定外包软件公司。5 月开始第一阶段（结算、信贷、电票等核心系统）的测试、上线，并对试运行中的各类问题进行协调处理。8 月中旬开始第二阶段（融资管控、同业拆借、保险等系统定制化模块）的部署上线。11 月开始第三阶段（1104、融资管控、外币资金管理）的上线。在征信系统推进方面，2015 年已完成了对征信系统的三轮测试，先后通过中国金融电子化公司、人民银行无锡市中心支行的验收，待人民银行总行批复。

【企业文化建设】2015 年，公司充分发挥党、团员先锋模范作用，打造关爱型党团组织，积极开展各项活动，提升团队凝聚力。一年来，公司组织了丰富多彩的集团活动，增强了员工凝聚力。如组织员工集体生日会（全年组织10次），陶艺制作活动，参观锡东新城红豆香江豪庭、红豆电信项目以及组织关爱员工联谊活动，组织员工体检等。公司积极倡导求真务实、爱岗敬业、善于学习、乐于奉献、勇于创新的公司精神，积极推行民主管理，在内部营造有利于员工成长和企业共同进步、和谐发展的环境与氛围，提高员工幸福感、责任感。

海马财务有限公司

【经营概况】2015年，国内乘用车销量增速放缓，市场风险、信用风险加剧，面临竞争激烈的市场环境，海马财务有限公司（以下简称“公司”）一方面推出新产品，拓展业务，扩大贷款规模；另一方面提前风险关口，提高风险识别能力，加强预警，提高员工风险意识，完善奖励和问责机制，不断健全风险管理体系。公司在严控风险的基础上审慎经营，取得了良好的业绩。2015年末，公司资产总额为65.48亿元，全年实现营业收入2.27亿元，利润总额1.70亿元，同比增速20.41%。

【信贷业务】公司年末各项贷款余额37.85亿元，同比增长38.54%，其中个人汽车消费贷款信贷规模达到23.65亿元，同比增长28.49%；公司全年累计发放贷款56.85亿元，其中个人汽车消费贷款全年累计发放3.46万笔，放款19.01亿元。在对公信贷方面，一是业务收入大幅增长，对公总体收入0.65亿元，同比增长40.49%。二是积极响应国家政策，大力支持中小微企业，为经销商网络建设提供金融支持，截至2015年末，中小微企业贷款余额7.24亿元，与公司合作的经销商达110家，较2014年增加34家。三是致力于推进产融协作，走访供应商，深入了解供应商金融需求，研究为上游供应商提供金融服务的方案与可行性，为拓展业务做好准备。

在个人信贷方面，一是推出新产品，为优质客户打造“333极速贷”产品，优先审批，半天放款，满足客户需求，提升服务效率，并积极与互联网公司合作，研究线上金融产品，完善产品体系，促进汽车消费信贷发展，支持汽车销售；二是开通财务公司专属400客服电话，客户问题专人专线解决，提升服务质量，提高客户体验和满意度；三是培训日常化，除了公司内部的交流与培训外，上线了视频培训系统，无需专门组织大型培训，随时可以对全国各地的金融专员进行产品培训和宣传，使公司的决策迅速传导到市场一线，提高了对市场的反应速度，节约成本。

【票据业务】公司一是加入人民银行电票直连系统，可通过电票直连系统开具财务公司承兑票据，为集团和成员单位提供新的支付结算方式，节约开具银行承兑汇票的成本，提高结算效率，同时可开展电票贴现、再贴现、转贴现等业务，开辟了新的业务线和融资渠道；二是推进集团票据集中管理，逐步实现集团内票据信息全入池。

【投资业务】公司投资入股的海南银行股份有限公司于2015年9月1日开业。全年共参与现券买卖、可转债申购、同业拆借、同业存单、货币基金申购五类投资交易，在保证公司流动性需求及资金安全的前提下，全年实现投资收益0.33亿元。

【风险管理和内部控制】在风险管理方

面，一是优化对公贷后管理制度，制定了《贷后管理操作指引》，加强贷后管理力度，提高贷后检查频率，梳理风险信号，提高风险识别能力，严防风险；二是健全预警和问责机制，发布并严格执行《信贷业务风险预警工作指引》，提前风险关口，加快预警处理流程，责任落实到人，切实采取措施防范和化解风险；三是通过制度建设、流程优化、壮大团队、外请培训、人员管理创新等方面进行探索，建立起“提前催收、严格把控、奖励机制、结合外部”的不良资产管理模式，提升了自主催收能力，年末贷款不良率控制在0.38%。

在内部控制方面，梳理公司各部门的业务流程和业务风险点，完成公司内控手册，并优化相关制度，制定了《客户信息保护管理办法》和《洗钱风险自评估办法（试行）》等制度，进一步完善了风险管理体系，落实风险管理措施，有效提高了风险管理水平，全年未发生重大风险事件。

【人力资源管理】一是积极开展招聘工作，扩充人才队伍，截至2015年12月底，公司员工总人数132人；二是关注员工发展，组织了新员工培训、拓展培训、商务礼仪专项培训等多场培训，提高员工的业务水平和服务意识；三是开展员工工作问题研究活动，鼓励员工思考工作中遇到的问题并提出解决方案，向公司提交合理化建议；四是关怀员工生活，针对公司年轻员工比重大的特点，组建了青年活动中心，为公司员工组织工间操，羽毛球、足球、篮球比赛，拓展训练等多种团体活动，活跃公司氛围，提高团队凝聚力。

【信息化建设】一是顺利完成资金管理平台的上线及优化工作，使对账等部分工作实现自动化，减少员工降低预算执行偏差率，更进一步提高了资金管理效率；二是上线了人民银行电票直连系统，该系统上线后，公司可开展开票、贴现、再贴现、转贴现等多项票据业务，推动了公司业务的发展；三是高度重视防范信息技术风险，根据监管部门的要求组织了信息科技外包风险自查、数据库系统排查等自查工作，切实做好信息科技安全保障工作。

南山集团财务有限公司

【经营概况】2015年，南山集团财务有限公司（以下简称“公司”）紧密围绕董事会的决策部署，准确把握复杂多变的经济金融形势，积极推进业务创新，强化内部管理和队伍建设，较为圆满地完成了各项工作任务。截至2015年末，公司本外币总资产达到85.56亿元，负债73.16亿元；实现净利润1.95亿元；资本充足率为20.86%，流动性比率为59.86%，贷款损失准备率为351.22%，不良率为零，各项监管指标均符合要求。

【资金集中】2015年，公司不断拓宽资金来源渠道，负债规模不断提高。加强与集团职能部门的沟通，参与到新设立企业股权设计工作中，使之成为成员单位，为企业开立账户数量达到436个；争取证监部门的支持，将上市公司在财务公司“月末存款余额不能大于贷款余额”的关联交易政策调整为“当月日均余额不得超过上市公司最近一个会计年度经审计净资产的15%”，使其存款量增长达48%；提前做好集团重点打造的青岛金恒力商业地产预售资金监管系统开发工作，为下步销售资金的回笼打下了基础。截至年末，吸收成员单位存款较年初增长76.6%；全口径资金归集度较年初增加9.61个百分点。

【外汇业务】2015年，集团积极参与“一带一路”建设大潮，国际化进程不断加快，为了更加有力地支持企业“走出去”，充分发挥金融机构的专业作用，公司增加了多项新业务，逐步打造了适应集团国际化发展的金融服务体系。通过开办即期结售汇业务，建立了有效管理汇率的平台，在不到三个月的时间里，累计办理结售汇业务89笔，为企业节约汇兑成本220多万元；相继获批跨境双向人民币“资金池”和跨国公司资金集中运营管理业务资格，搭建起了集团境内外资金互联互通的桥梁，跟进了集团国际化的战略布局，成为体现公司战略作用的一大“亮点”。

【金融服务】2015年，公司不断挖掘服务潜力，扩大服务内涵，提供贴心金融服务，服务满意度达100%。充分发挥资金调节作用，支持集团新兴产业发展，助推其起航扬帆，发展壮大，全年累计投放资金达41.60亿元；通过承兑等增信措施，用财务公司信誉架起企业上下游的桥梁，累计办理电子商业汇票43笔，总计达0.23亿元，其中通过开办电票质押转开银行承兑汇票业务，既融通了3亿元资金，又为集团降低成本350多万元；加强与工商银行、农业银行、中国银行、建设银行的合作，资金结算业务全部自动处理，大大提高了结算效率，全年资金往来结算量已达1.70万亿元，企业95%的结算量通过财务公司网上服务办理；加大对保险代理业务管理，为集团节约保险成本270多万元。

【风险管理和内部控制】2015年，公司全面加强内控及全面风险管理体系建设，继续保持了开业七年“零”案件的案防工作成果。一是用制度规范管理，用规则约束行为，对全部业务操作流程进行了重新梳理，确保了“制度先行、与时俱进”；二是将风险管控贯穿事前、事中、事后全过程，事前抓识别、抓预警，梳理风险点200多个，事中抓规则、抓控制，确保“业务从始到终，多岗位、多部门按标准完成，相互制约，道道有关”，事后抓核对、抓稽核，通过业务复原来审核业务的准确性，全年开展各种稽核检查33次，处罚90多人次，通过持续跟踪整改，提高了内控管理水平；三是超额计提拨备，贷款损失拨备率达到351.22%，计提各类准备金达到2.60亿元，增强了抵御风险能力；四是制定严密的应急管理措施，不间断开展应急演练，确保业务连续运行；五是继续推动合规文化建设，通过案例警示教育、差错点评等，促使全体员工警钟长鸣、警示自我，打牢了案防的思想长堤。

【信息化建设】2015年，公司重点规划部署了系统全面升级工作，在项目启动时间里，全员参与设计、论证，组织了四大轮测试，分三阶段实施，解决了“新老系统切换”的难题，8月上线试运行，9月21日正式上线，运行效果达到了设计目标，建立了集“安全性、稳定性、实用性、前瞻性、自动化”“四性一化”为一体的信息科技平台；实行日常巡检、数据异地灾备，完成了各类数据维护上百次，设备巡检维护上千次，使软硬件、通讯设施始终处于稳定的运行状态，保证了系统稳定运行；通过配置公共备份交换机，保证所有关键节点均有备份，实施灾备前置机整合、异地灾备平台搬迁等系列工作，使系统安全性不断提高。

【人力资源管理】2015年，公司紧贴实际，着眼实战，实施多元化人才培养策略，使队伍快速、稳定、健康成长。通过树立以“团结、进取、务实、创新”为核心的企业文化，使队伍经受住了系统升级、筹备新业务等挑战，取得了一场场战役的“完胜”，涌现出一批又一批先进事迹；通过让员工“走出去”，总计达到30多人次，接触前沿知识，开阔眼界，增加专业能力；通过补充血液，优化队伍结构，使队伍更加有活力；通过发挥课题小组作用，激发员工求知精神，使员工成为“专家”，快速提升专业能力；按季度开展形式多样、丰富多彩的集体活动，努力提高队伍的凝聚力和向心力。

国投财务有限公司

【经营概况】2015年，国投财务有限公司（以下简称“公司”）全体员工团结一心，积极应对，攻坚克难，克服了经济下行、存贷款利率持续下降、人民币加速贬值及金融市场急剧波动带来的困难，重点推动落实“四个平台”指导意见，业务发展和公司建设再上新台阶：服务集团落到实处，创新发展卓有成效，拓展产品服务覆盖，多措并举防控风险，作风建设常抓不懈，经营业绩再创新高。截至2015年底，公司资产总额突破200亿元，年总收入突破12亿元，利润总额突破6亿元，全年为集团节约成本费用9.80亿元。

【信贷业务】2015年，公司信贷投放规模稳步提升，全力支持集团产业发展。日均贷款投放规模126.10亿元，大力支持了集团重点项目的经营发展，79%贷款投向集团主力实业板块；为经营困难企业提供资金支持，新增贷款2.80亿元；为多个项目发放搭桥、应急贷款6.20亿元；为成员企业发放10.10亿元法人账户透支贷款用于临时性资金周转，大大提高资金周转便利。公司与国投融资租赁开展深度合作，为其提供33.60亿元的短期贷款用于及时应对汇率风险及获取外部融资，发挥了金融企业内部协同效应。

【资金和投资业务】稳步做好公司资金平衡，积极推进资金计划填报，合理配置短期资金，实现资金高效平稳运营，全年短期资金运营实现收入1.80亿元。保持同业拆借渠道畅通，全年共办理同业拆入业务9笔，总金额71.90亿元。日均投资规模（不含货币基金）12.60亿元，继续加大投研力度，丰富拓展盈利模式，积极参与新股申购和专户投资，果断退出权益类投资项目，有效避开年中证券投资大幅下跌风险，全年实现投资收益3.60亿元（不含货币基金），投资收益率达到29.40%。

【票据业务】积极开展票据再贴现、转贴现业务，累计向人民银行提交再贴现申请14亿元，获批8.50亿元，办理1.20亿元转贴现业务，实现利差收入约14.10万元。沟通完善票据池建设，结合银行票据池服务方案，与重点持票单位沟通票据管理、融资情况，重点解决纸质票据托管、流转等问题，加快推动集团票据池搭建。持续加强产业链金融业务，与上海电气集团密切协作，多次商讨主机设备款项支付方式，共同推介买方信贷联合贷款业务，取得良好成效，并获国资委充分肯定。通过产业链票据创新了支付融资模式，深化了企业集团间的合作，全年对外开出承兑汇票20.80亿元。

【外汇业务】公司全年即期结售汇业务额6.30亿美元。通过延伸结算覆盖、拓展外汇场内交易对手、增加结售汇币种等多种方式，持续开拓结算业务渠道，大幅节约集团财务费用。全年共为集团节省汇划和兑换费用0.08亿元；盘活外币沉淀资金，节省利息费用0.01亿元；配合集团建设跨境人民币资金池，调节跨境营运资金余缺0.33亿元，节约融资费用0.02亿元。

【资金集中】公司继续实行“集团行政推动、公司服务带动、业务合作联动、成员企业互动”的资金集中管理模式，深入挖掘内部潜力，加强上门服务与日常沟通，资金归集稳中有升。全年日均存款180亿元，同比增长11.80%，考核口径月均资金归集率为55.80%。2015年，公司继续落实“一户一策”，充分挖掘内部资源，有的放矢推进工作，重点单位资金归集取得较大进展。同时，协助集团总部发文，研究提出了许多新建议、新要求，以行政促归集。

【业务创新】公司积极开展调研，向国投交通公司发放了0.44亿元并购贷款，拓宽了信贷资金在集团投融资领域的运用空间，也为集团深化改革、转型升级进程中所带来的对并购贷款的需求提前做好准备，积累经验。不断加强信贷产品组合设计，为集团基建项目设计了“短票据—中买贷—长银团”的融资方案，并成功运用于多个项目，在不影响项目单位获得中长期资金保障的前提下，最大程度节约建设期财务费用。创新金融服务模式，配合盘活“两金”，创新开展银团保理业务，研究设计“应收账款银团保理”融资模式，与工商银行组成银团为电力板块的成员企业提供10亿元保理融资额度，为成员企业办理行业内首创的无追索权银团保理业务，金额合计1.50亿元。

【保险经纪业务】集团发文进一步明确国投保险经纪公司（国投财务公司下属全资子公司）作为集团保险集中采购唯一平台的职能和定位。国投保险经纪公司以点对点培训、交流会等为契机，加强营销与推广，促进保险采购集中，重点企业保险集中取得突破性进展。充分发挥专业优势，筹划合理投保方式，优化保险合同条款，扩大保险责任范围，争取保险索赔权益，共节省保费支出149万元。推行零门槛索赔协助服务，高度重视疑难频发案件，及时沟通积极协调，大大减轻了企业索赔压力。全年共协助索赔案件267笔，索赔金额0.36亿元，回款0.21亿元，经手赔案结案率达到74%，同比增长37%。稳步开展需求导向型风险管理服务，组成专业服务团队，推动实施步骤落地，做实合同咨询、防台查验、风险查勘、灾害预警等保险增值服务。

【风险管理和内部控制】持续提升专项风险管理水平，深入推进内控管理落实与检查，建立健全风险防控体系，充分发挥风险“总阀门”作用，为公司稳健经营构筑安全屏障。把控风险关口前移，突出风险管控前置，风险管理紧密嵌入公司业务开展。健全制度建设，编印制度汇编，共收录制度124项。有序开展结算及资金业务内控检查，跟踪落实后续整改。根据外部利率市场变化，继续优化贷款利率风险定价。

【审计稽核】扎实做好各项审计稽核工作，按计划实施专项审计稽核项目，内审服务经营管理的能力进一步提升。全年共完成专项审计稽核项目5个，提出整改建议98项，各部门已按要求全部落实整改；检查评价7个内控流程、35个关键控制点，提出管理建议加以落实，形成整改跟踪常态化，推动监督闭环管理；按时零差错报送机构概览、1104报表等材料，企业年度报告获集团优秀。

【人力资源管理】探索建立适度差异化的内部绩效考核机制，细化分解任务，层层传递压力。利用自主招聘、内部选拔和集团招聘等方式，及时补充人才队伍。持续加强人才队伍培养，员工专业素质进一步提升。全年共组织培训293人次，开展10期创新小讲堂，在集团、中国财务公司协会的刊物及其他杂志上发表业务研究论文24篇，4名员工分别取得中高级职称，3名员工完成在职教育获得硕士学位。

【信息化建设】持续优化核心系统功能，全年系统集中升级9次，上线需求16项、运维148项，无缝集成集团网报系统、电子化采购平台，信息化建设全年投入近0.06亿元，为业务开展、服务集团提供有力支撑。完成机房硬件更新项目采购及组装，为搬迁做好准备。顺利完成接入人民银行征信系统，应用运维监控系统提高软硬件故障预警效率，连续获得集团信息化测评A级。

【企业文化建设】高度重视行业对标，加强交流与调研学习，全年对外交流“走出去”20余次，积极了解资金集中管理、资产负债利率定价、系统优化升级等方面的好经验、好做法，接待来访财务公司交流11次；积极参与中国财务公司协会和银监会课题研究互动，获中国财务公司协会邀请介绍风险管理经验做法和信贷业务授课，受到同行一致好评。加强党建带群团，围绕中心，服务大局，组织开展“走进财务公司”、金点子、读书月、健步走等系列集体活动，增强活力，凝心聚力。

河南能源化工集团财务有限公司

【经营概况】2015年，集团公司面临经济结构调整和转型升级的考验，化解产能过剩问题是产业结构调整的重点。根据集团公司面临的严峻形势，河南能源化工集团财务有限公司（以下简称“公司”）坚持“立足集团、服务集团”的经营宗旨，努力缓解成员单位资金需要，以加强企业集团资金集中管理和提高企业集团资金使用效率为目的，坚持稳中求进、改中求效、积极作为，通过加大信贷资金投入、开展票据贴现、电票业务、加大同业合作力度、快捷高效办理结算业务、加强资金集中管理、降低融资成本让利成员单位等方式助推集团发展，解决成员单位金融需求，最大限度地为成员单位提供资金支持，确保资产安全，案发率为零。

【信贷业务】2015年，公司积极应对严峻的市场形势，优化信贷投放结构，提高资产质量，通过“减收让利”，降低成员单位财务费用，支持集团企业实体经济发展。2015年发放自营贷款16笔，共17.35亿元；发放银团贷款4笔共33亿元；发放委托贷款50笔，共53.28亿元；办理贴现19笔，共17.84亿元；办理保函2笔，共0.19亿元。

【票据业务】受煤炭销售情况的影响，集团成员单位持有大量纸质银行承兑汇票，且无法按期支付职工工资、税款等刚性现金支出，公司根据集团成员单位经营需要，量身定做金融服务。2015年为成员单位办理银行承兑汇票贴现17.84亿元，转贴现14.86亿元，再贴现2.86亿元，解决成员单位生产经营的燃眉之急；签发电子银行承兑汇票12.90亿元，缓解成员单位资金紧张的压力；并为一些成员单位办理买方付息贴现业务，使其在降低财务费用的基础上获得了经营周转资金。

【资金集中】为提高资金集中度，公司针对影响资金集中度的因素进行分析，并采取相应管控措施：一是监控支出账户限额执行情况；二是对在公司已经开立账户但一直未使用的单位逐一进行了解和沟通，部分单位已将存款转入财务公司；三是加大资金归集力度，按照限额对大额资金进行上收，从而增加资金集中度；四是对纳入集团公司合并报表范围内的子公司，没有在公司开立账户的积极催促及时办理开户手续，积极催促投资款验资后及时上存财务公司；五是对部分集团公司参股不控股的成员单位，加大宣传力度，让成员单位充分了解财务公司的性质及功能定位，了解资金存放在财务公司的安全性和流动性。2015年公司服务范围逐步扩大，截至12月31日，结算单位已增加至438家，累计结算量达13.15万笔，结算金额达3 968.75亿元，吸收存款138.90亿元，资金集中度达77.80%。

【风险管理和内部控制】2015年，稽核风险部紧紧围绕公司年度工作目标，积极发挥稽核风险部门的合规、风控职能，加强合规管理、风险管理工作。一是持续推进合规长效机制建设，稽核风险部组织各部门对公司内控制度和业务操作流程进行了梳理完善，对内控制度进一步予以细化，并根据业务发展情况修订了相关制度，增强了内控制度的可操作性。2015年，公司新增反洗钱相关内控制度4个，修订信贷业务及反洗钱内控等3个制度。二是根据年度稽核计划，通过开展日常稽核和专项稽核（4个专项）相结合的方式，查漏纠错，鉴证和评价内部控制的健全性和有效性，针对管理中存在的问题，提出了整改措施，并以“回头看”的形式督促被稽核对象进行整改、落实，以促进公司经营管理目标的实现，有效地控制各类风险和防范案件的发生。三是根据人民银行反洗钱监管要求，进一步完善反洗钱工作架构，引入反洗钱信息系统，提高可疑交易研判水平，有效防范洗钱和恐怖融资风险的发生。

【人力资源管理】2015年，公司人力资源工作紧紧围绕公司工作目标，积极开展各项工作：一是积极支持员工参加人民银行、银监会和中国财务公司协会等组织的各类业务培训，不断提升员工的专业素养；二是加强日常岗位培训，普及金融知识和政策法规，结合河南银监局“学法用法，知法守法”法律知识竞赛活动，组织利用各种时间进行全员覆盖的“普及法律知识，运用法律手段，有效防范法律风险”系列培训活动，活动的开展有力推动了公司合规建设。

【信息化建设】2015年，公司对资金平台系统进行持续的升级和完善，重点是将核心业务系统数据库服务器、应用服务器的操作系统及Oracle数据库软件由32位全部升级为64

位，使得整个资金管理系统的数据处理能力有了质的提升，用户体验极大提高。

【企业文化建设】2015年，公司坚持以人为本、讲求实效、重在领导、系统运作的四大基本原则，围绕“改革创新、进中求优”的总基调和公司中心工作，一是坚持做好舆论导向的宣传和引领，在工作中主要突出宣传好集团公司工作重点、重大部署，宣传好公司各部门工作的推进情况，通过多种形式的形势教育，给干部员工讲清形势，提振信心，围绕不同阶段工作重点，突出抓好针对性强的主题教育活动，形成全员工作合力。二是结合金融工作和专业特点以及金融监管要求，紧紧围绕“合规建设”，建立了“一把手负责、党政工团齐抓共管”的有效机制，加强组织领导广泛发动员工，深刻领悟企业文化文化的内涵。三是本着“立足集团、服务集团”的理念，积极为成员单位开展专项系统培训，认真详细介绍财务公司开展的各项业务及集团公司相关政策，配合集团公司圆满完成了资金归集工作。

【党建工作】2015年，公司积极推进党建工作，健全党组织，发展基层党员。在公司党总支及领导的带领下发展入党积极分子2人，定期开展党员活动，充分发挥党员带头作用，确保企业文化正确的发展方向。根据集团公司统一部署，公司开展了“三严三实”专题教育。活动启动以来，公司党总支认真落实中央、省委和集团公司党委要求，突出问题导向，坚持真抓实做，认真抓好专题党课、学习研讨、查摆整改、民主生活会等各项工作，党员干部党性观念进一步增强，务实作风进一步树立，保生存稳运行促发展的信心和决心不断增强，有力地推动了企业持续平稳发展。

中国化工财务有限公司

【经营概况】2015年，中国化工财务有限公司（以下简称“公司”）紧紧围绕中国化工集团公司（以下简称“集团公司”）结构调整的战略，同时面对存贷利差持续收窄、集团公司部分企业效益下滑等不利因素，始终将服务至上的经营理念贯穿在公司的各项工作中，群策群力，公司资金集中度创历史新高、业务品种得到不断丰富、筹融资顾问业务取得显著成效；公司学习最佳实践，设立了重要客户部，推行客户经理制；引进职业经理人，创新和探索会计服务业务模式；在提高资金使用效率方面，用内部市场化模式满足了客户多样化需求，为集团公司资本优化贡献了力量。

2015年，公司实现营业总收入3亿元，同比增长19.5%；实现利润总额1.72亿元，同比增长18.6%。日均存款61亿元，同比增长31%。各项监管指标符合银监会监管要求。

【信贷业务】2015年，公司发放自营贷款286.24亿元，同比增长60.52%。年末自营贷款余额40.87亿元，比年初增长3.31%。发放委托贷款228.10亿元，同比增长263.91%。年末委托贷款余额89.04亿元，较年初增长85.89%。按五级分类统计口径，公司未出现不良贷款。公司全年向31家成员单位提供了81.80亿元综合授信额度。其中，向10家新增优良客户提供15.50亿元综合授信额度，压缩高风险客户的授信额度12.20亿元。公司与9家银行建立了授信合作关系，授信品种进一步增加，授信总额48.70亿元，同比增加25.20亿元，增幅107%。

公司结合市场行情和同行业标准，及时调整了《贷款利率定价办法》，并根据客户的全口径资金集中度、存款贡献度和对新业务支持度等因素综合计算给予的贷款利率，对每笔贷款进行利率审批，优化了自营贷款结构。为加大与商业银行的合作范围和降低企业的融资成本，开展了银团贷款业务，在各商业银行的支持下，以较低的价格向成员单位提供资金支持，拓宽了企业融资规模。为保证信贷资金安全，严格按照监管机构的要求，加强贷后管理。此外，对于压缩规模后仍存在违约风险的客户，采取追加抵、质押品的担保方式以降低风险敞口。

【资金业务】借鉴商业银行做法，采用市场化利率，吸收稳定的大额存款，累计吸收发债资金120亿元、大额存款62.30亿元。利用银行间市场资金价格较低的机会，积极运用主动负债工具，保证了流动性安全，也获得了一定收益。为应对利率市场化带来的冲击，进一步加强了利率管理，并根据对客户的分类和公司的实际情况，制定了存款利率定价方案，在运行中不断完善。

【票据业务】票据池业务实现了零的突破。通过选取试点企业，设立虚拟账户解决了异地票据入池难问题，年内新增虚拟池入池票据金额0.12亿元，全年入池票据109张，金额0.70亿元，办理超短贷4笔，累计贷款金额1.01亿元。

【外汇业务】国际现金管理取得实质推进。人民币双向通道发挥了作用，集团公司6家境外企业和在国内设立的3家企业加入资金池，完成跨境人民币业务4笔，共计18.40亿元。结售汇业务实现零的突破。全年完成结售汇业务10笔（7笔结汇、3笔售汇），金额1 362万美元。通过深入调研，向集团公司提交的在系统内“集中办理结售汇业务的请示”年底已获批准，重要客户部正在宣传和逐步落实。

【资金集中】为提高集团公司全口径资金集中度，公司与集团财务部紧密配合，发布了若干要求资金集中的文件，设立了账户监控专岗，按月公布各专业公司及三级企业全口径资金集中度排名“红榜和黑榜”。半年评选一次，并在集团公司主办的《信息早报》上公布相关各专业公司的资金集中管理、资金集中度和资金集中贡献度三种类别评选结果的名单。公司还以“大干100天、实现开门红”营销竞赛活动为抓手，客户经理与公司其他员工齐心协力，取得了较好业绩，1月至4月日均存款达50.22亿元，同比增加11.68亿元，增幅30.30%。2015年新增资金归集上线企业13家。

【业务创新】银团贷款是公司2015年增加的业务品种。首家就以0.60亿元的内部资金撬动了银行资金6.40亿元，使两家所属企业年化节约资金0.03亿元和0.06亿元。业务部门心贴心的服务赢得了客户信任，公司与3家企业签订了战略合作协议。

公司借鉴其他财务公司的先进经验，对信贷业务部、资金管理部进行了改革和调整，全公司内部选拔了8名人员进入了新组建的重要客户部，并担任专职客户经理，由坐商向行商转变，主动上门，为重要客户提供“一对一”专属金融服务。

【风险管理和内部控制】做好信用风险防控，为优化信贷资产结构打好基础。公司严格审查交易对手的信用风险，做好资产五级分类和贷前调查工作，并制定了相应的信贷政策。为防范信贷风险，全年取消和压缩高风险客户的授信额度12.20亿元。公司针对部分客户经营收益不断下滑和潜在风险较高的实际情况，加强对即将到期贷款的催收工作，对于压缩贷款规模后仍存在违约风险的客户，采取追加贷款抵押、质押物的方式降低风险。

【人力资源管理】公司CDM项目于第四季度正式落地，已连续5年聘请辅仁致胜公司对全体员工进行每半年一次的考核，对职能部门员工按“德、能、勤、绩”四部分考核。建立了全体员工绩效考核结果反馈机制，坚持考核结果与个人收入和晋级刚性挂钩。继续大力引进职业经理人和职业人才，加强员工的培训工作。共安排37名员工参加了银监局、中国财务公司协会等外部培训机构举办的各类业务课程学习15次；派遣2名青年员工到工商银行、兴业银行学习锻炼；选拔了2名员工参加由集团公司在中央党校举办的第十五期青年干部培训班。

【信息化建设】公司信息系统已经连续运行了7年，为预防设备和系统发生问题，2015年公司先后投入0.05亿元，更换了部分老化硬件设备，并在结算业务部等部门的配合下，顺利完成了软件业务等系统的升级和结售汇、信贷评级报表的上线工作，有效拓展了业务功能，防范了风险，提高了工作效率。公司在中国银行、农业银行、工商银行、建设银行、交通银行5家直连行的基础上，2015年又新增和完成了招商银行、兴业银行、浦发银行、中信银行、广发银行5家全国性股份制银行和北京银行直连上线的工作。

【企业文化建设】公司充分运用集团公司《信息早报》、OA内网等宣传平台，及时刊登公司的新闻及动态，积极介绍各项业务的成效、推介公司各项新业务。全年在《信息早报》发布软性业务广告稿件29篇，其中头版18篇，取得了良好的宣传效果。

为拓展和宣传公司的各项业务，让系统内外的企业更多地了解公司，编制完成了公司形象和业务宣传画册的印刷工作。同时积极参与集团公司“2015年中国化工奖章之敬业化工、感动化工奖项评选活动”。组织开展的公司文化创意“一岗一世界”活动得到了集团公司的高度认可。

紫金矿业集团财务有限公司

【经营概况】2015年，紫金矿业集团财务有限公司（以下简称“公司”）面对有色金属价格持续走低，金融市场波动频繁复杂的局面，坚持立足紫金矿业集团实际，采取多项有效措施积极应对，加强业务创新，细化风险管控，公司金融服务和企业价值不断提升。截至

2015年末，公司资产总额62.91亿元，同比增长10.98%，实现营业总收入3.06亿元，同比增长6.25%，利润总额1.74亿元，同比增长4.82%；公司资产质量和财务状况良好，资本充足率为16.51%，流动性比例为63.39%，无不良资产和不良贷款，各项监管指标均符合监管规定。

【信贷业务】2015年，公司坚持执行绿色信贷政策，将安全环保作为公司信贷业务受理首要前提，结合集团公司对成员单位建设项目“轻重缓急停”的划分以及人行核定的信贷规模细化信贷计划、灵活信贷投放，有效合理投放信贷资金支持集团重点项目建设，全年以优惠的利率累计发放贷款48.49亿元，年末贷款余额39.95亿元，共为成员单位节省贷款利息支出约0.37亿元。

委托贷款业务得以新突破，年末本外币委托贷款余额78.88亿元，有效满足成员单位资金需求的同时，进一步规范了集团成员单位间的资金往来。

【资金和投资业务】2015年公司作为集团资金结算中心的地位功能得以进一步巩固，公司结算网络覆盖全国各区域，全年新增成员单位8家，新增开立账户9户，累计办理结算6.92万笔共1 716亿元，分别同比增长3.29%和14.16%。根据人民银行多次对存、贷基准利率的调整，公司多次及时上浮存款利率、下调维护贷款利率。面对金融市场利率改革，公司积极灵活地调整同业存款结构，全年共开展结构性存款85笔合计66亿元。根据市场利率变化择机开展同业拆借，全年发展交易对手9个，开展同业拆借41笔合计53亿元。坚持安全性、流动性、效益性原则，审慎稳健开展投资业务，全年累计投资7.60亿元，年末投资余额1.20亿元。

【票据业务】票据业务作为公司贷款业务的主要补充类融资业务，公司大力推广电子票据业务，开立的电子票据业务逐步得到商业银行和外部企业单位的认可，票据业务流转通道和出口逐步拓宽。2015年共办理票据业务1 058笔累计21.18亿元，其中开立票据9.97亿元，票据托收3.22亿元，办理贴现5.98亿元、转贴现1.01亿元、再贴现1亿元；年末票据池持有票据余额2.94亿元，票据业务量快速增长。

【外汇业务】公司为成员单位提供优于商业银行挂牌的外汇交易价格，全年累计办理美元结售汇3.99亿元、港元结售汇0.50亿元，外汇交易量快速、大幅增长，为成员单位节省了大量财务费用，得到广泛认可。

跨国集团外汇集中运营试点业务正式发挥作用，各项境外外汇试点业务逐步推进，全年累计归集境外资金1.38亿美元，下拨境外放款资金6.02亿美元，并向2家境外成员单位发放首批自营贷款0.37亿美元，初步实现从境外归集资金和向境外下拨、放款的境内外资金双向流动。获批在香港开立境外账户，为加强管控外汇管制国家地区成员企业的资金提供了更加有利的条件。

【资金集中】通过集团公司对各子公司财务总监资金归集的考核，以及公司执行最高上浮50%的存款利率、坚持执行时点存款和期间存款并重，分部门分层级、每月兑现的考核办法提升资金归集量。截至2015年底，公司可归集资金归集率达91.21%，全口径资金归集率达62.57%，同比增长1.02个百分点。

【业务创新】2015年，公司积极开展业务创新，信贷业务品种进一步充实，服务链条不断延伸。积极拓展固定资产融资租赁业务，发放首批境外外币贷款和首笔抵押贷款，进一步丰富了多元化的成员单位融资业务体系。积极尝试有价证券一级市场投资业务，资本市场的参与度和活跃度有着显著提升。作为福建首家跨国企业集团外汇集中运营试点业务主办企业，获批开立境外账户，各项外汇试点业务稳步推进，实现境内外资金双向流动。

【风险管理和内部控制】2015 年，公司风险管控有效到位，截至 12 月末公司所有资产正常、安全、稳定。公司坚持执行每月稽核检查，检查覆盖前中后台业务，全年执行检查 35 项，完成内部整改 33 项；全年贷款“三查”率达 100%，进行 4 次五级分类，内控工作逐步精细化。积极开展案件防控专项宣传检查，做好反洗钱监控工作，积极防范社会金融风险向公司渗透，全年开展合规检查 5 次，组织资金管理信息系统业务应急切换演练和硬件巡检 5 次。积极配合集团公司、管理部门进行公司年度评级稽查，配合外部审计机构对公司业务的审计检查，及时落实相关整改事项，逐步构建多重风险管控网络。

【人力资源管理】2015 年，公司更加重视员工综合技能培养，全年派员参加各类业务培训 26 人次，员工对外业务联系交流和内部研讨会次数明显增加，团队业务水平和创新服务意识不断提升。通过日常安全和社会案件相结合的宣传方式，深化案件防范教育，整体团队风险防范意识不断增强。员工职业道德素质不断提升，艰苦创业的紫金精神得以进一步发扬。

【信息化建设】2015 年，根据业务部门反馈的意见，公司不断升级完善资金管理信息系统。完成对外汇业务系统的开发上线，为境外资金集中运营管理提供了保障；完成电子票据系统的升级，优化纸质票据模块，实现电子票据和纸质票据线上管理，票据池业务功能进一步增强；对公司资金系统与集团 SAP 系统接口程序升级优化，保证财务数据准确高效传输；完成了人民银行征信系统测试和上线前所需的各项工作。全年系统运行安全、平稳、高效。

【企业文化建设】公司积极发扬“艰苦创业、开拓创新”的紫金精神，多形式多途径地将企业文化建设与员工业务素质技能培养有效融合。通过外派培训、到矿山学习、“五一”和“国庆”趣味运动会等形式提升员工独立思考、团结协作和开拓创新能力；以创造企业价值为出发点，引导员工加强对自身价值的思考和潜力的挖掘；以“金品”立世、共赢通惠的经营哲学为指导积极培养员工廉洁自律、诚信尽职的道德品质。

江苏华西集团财务有限公司

【经营概况】截至2015 年末，江苏华西集团财务有限公司（以下简称“公司”）资产总额为 30.33 亿元，比上年增加 6.69 亿元，增长 28.30%，负债总额 23.42 亿元，比上年增加 6.35 亿元，增长 37.20%，吸收存款为 22.47 亿元，比上年增加 6.38 亿元，各项贷款余额 14.14 亿元，比上年减少 0.56 亿元，下降 3.81%，利润总额 0.83 亿元，净利润

0.62亿元，税前贷款损失准备计提累计0.15亿元，资产收益率为2.31%，净资产收益率为9.24%，流动性比率为67.96%，资本充足率为41.52%，各项指标均符合监管要求。

【公司金融】公司通过客户信用评级、综合授信、五级分类等信贷管理手段，全面提升授信质量，规范信贷业务流程，控制企业信用风险；2015年，公司向人民银行新增0.30亿元的信贷规模，全年信贷规模达到14.14亿元，利用集团企业之间闲散资金、自有资本和外部融入等资金，做足规模，做优服务，提升信贷质量和效率，帮助集团成员企业方便、快捷取得贷款资金。全年共发放贷款32笔，金额达到22.67亿元。

【资金和投资业务】2015年，公司发挥集团品牌、规模等整体优势，统一代理集团与金融机构洽谈融资规模、融资方案、信贷品种、价格水平，进一步提高市场议价能力，降低融资交易成本，全年共计降低集团财务费用0.81亿元；灵活运用资金拆借等金融工具，调剂资金头寸和临时性资金余缺，提高资金使用效率。全年共办理了拆借业务35笔，累计拆借金额53亿元。

【票据业务】在票据业务方面，公司利用集团内部票据资源和集团规模优势，选择最佳交易对手，开展灵活多样的综合票据业务，获取比成员企业更低成本的资金，支持集团成员企业生产经营，实现成员企业与财务公司的共赢。全年累计办理票据业务24笔，金额61.76亿元。充分运用了票据融资功能帮助集团成员企业及公司本身，直接或间接减少支出，增加收入。

【资金集中】2015年，公司继续加大集团资金集中管理力度，紧扣企业账户归集比例和企业资金集中度两个关键指标，不断拓宽资金归集广度和深度。采取的措施包括首先对每一成员企业账户资金归集比例进行排序，逐一分析归集资金占比，查找未归集资金原因；然后对集团所有成员企业进行摸底调查，重新梳理排队，逐项分析未归集账户原因，逐项制定归集计划和措施，并落实专人持续跟踪，直至资金归集到位。2015年新增的华瑞置业、新能源等上线企业5家，已全部归集入户，累计归集企业已达88家，归集账户164户，剔除有关因素后资金归集率达到85%，全口径归集率达到41%以上。扩大了资金归集覆盖面，增强了资金归集的力度。

【业务创新】2015年，公司除了提供资金结算服务、资金配置服务、资金融通服务、资金集约化管理服务等传统服务外，还积极创新服务新模式，提高金融服务水平。公司2015年先后与人民银行等部门沟通和交流，推进申请开办电票业务和外汇结售汇业务，5月，人民银行江阴市支行亲临公司现场专门商议外汇结售汇业务具体申办程序和有关申办事宜，公司还专门起草了《结售汇操作规程》《结售汇业务管理实施细则》等一系列结售汇业务管理制度，为后期实质性开展业务做好铺垫。与银监部门保持密切联系，全力推动“买方信贷”新业务开办工作。公司2015年先后多次深入海洋工程、高线厂、法兰管件厂进行商讨，并提供了相关融资方案和管理建议方案，增强对成员企业有关信贷、结算业务等操作流程的辅导，使其了解熟悉流程和程序，方便其操作。

【风险管理和内部控制】在风险管理方面，强化风险管理意识，提高风险管理水平。2015年，公司又新增一位风险管理专员，加强了风险管理的团队建设。风险管理部门努力做到把防范信用风险、市场风险、操作风险以及流动性风险贯穿于财务公司整个运营和发展的全过程。把握好贷款审批三查、信用评级、资产分类等关键环节和关键控制点，严格审查，认真审批。风险管理人员还亲临成员企业一线调查核实有关财务数据，从严把控，严控风险；同时，公司通过多种渠道加强风险管理培训和教育，培育良好的全员风险管理文化，健全风险管控体系，保障公司经营稳健、持续发展。

在内部控制方面，公司建立了股东会、董事会、监事会和经营管理层“三会一层”的法人治理架构。强化合规建设，提升管控能力，2015 年，公司根据江苏银监局非银处的要求加强合规制度建设，逐级签订合规责任承诺书并且制定合规认知及管理措施计划书，完善了合规风险管理体系。并根据业务发展实际需要，对公司内控制度进行了梳理，新增了《统计数据质量管理实施标准》《存款利率定价管理办法》两项内控制度，修订《统计管理办法》，进一步完善了公司内部管理制度。

【人力资源管理】 截至 2015 年 12 月末，公司从业人员 29 名，经营管理层包括总经理 1 名、副总经理 2 名。公司鼓励和引导员工进行各项专业知识学习，既注重专业知识的学习，也重视国家政策、财务知识、法律知识、管理知识以及行业知识的学习，不断提高员工的职业素养。并且通过引进外部有经验人才，吸收和培养本公司优秀人才，调整、充实、提高经营管理层队伍，使公司管理队伍的整体素质满足公司的管理需求。

【信息化建设】 2015 年，公司按照计算机信息化管理规划要求，积极推进信息系统建设，充分发挥信息系统的功能和作用，顺应公司快速发展的信息化管理要求。2015 年先后完成人民银行大集中报送软件升级、银监系统切换、直连系统的维护与银行间的系统升级以及征信系统准备和接入征信系统等工作，积极与上海宝信软件公司联系和合作开发公司核心系统整体的更新和业务升级，完成华西金融楼至华西 2 号塔数据灾备机房的建设和数据整合，完成灾备数据库数据导入和同步工作。

【企业文化建设】 2015 年，公司充分利用外墙电子显示屏、学习讨论会等多种形式，大力宣传国家有关防范和处置非法集资活动的各项政策措施，教育群众自觉抵制非法集资，从源头治理非法集资滋生和蔓延。推进公司文化建设，加强员工的职业道德教育和廉政建设，建立管理人员学习和教育的长效机制，强化职业道德修养，树立“弘扬华西精神、坚定理想信念、艰苦奋斗创业、不断追求卓越”的企业精神和“敬业、尽职、担当、有为”的员工精神，提高员工的职业修养。

冀中能源集团财务有限责任公司

【经营概况】 2015 年，冀中能源集团财务有限责任公司（以下简称“公司”）在煤炭市场持续不景气的背景下，作为集团资金管理平台，牢记风险防控底线，坚持服务集团资金管理的根本，加强资金计划管理，完成了全年既定经营目标，实现整体平稳发展。全年实现营业总收入1.75亿元，实现利润总额1.15亿元，年末自有资产总额51亿元，为集团整体降低资金成本0.59亿元，各项监管指标全部优于监管标准，无案件及风险事件发生。

【信贷业务】在资金异常紧张、企业市场持续不景气的背景下，平衡资产负债结构，合理筹措利用资金，以高流动性短期贷款和票据贴现为主开展业务。2015年共为成员单位办理贷款40.09亿元、银行承兑汇票贴现26.85亿元。信贷规模总量34.16亿元，较年初小幅上升2.28%，实现了对企业资金支持水平的不降低。充分发挥财务公司服务集团资金管理的作用，不断加强以委托贷款为中间业务主体的业务模式，截至2015年末，委托贷款余额75.88亿元，较年初的68.53亿元增加了7.35亿元，增幅约11%。通过各项业务，节约贷款利息0.09亿元，票据贴现利息0.09亿元，委贷贷款手续费0.08亿元。

【资金和投资业务】2015年，公司积极拓展同业授信规模和渠道，同时在严格的资金计划指导下，控制融资规模和成本，优选低成本融资渠道，降低融资空置水平，累计融入资金32亿元，较上年增加了5亿元。其中，积极向人民银行申请再贴现，获得人民银行低成本再贴现资金1.12亿元。执行高于专业银行5%～10%的存款利率和灵活的定期存款、协定存款等业务形式，提高企业短期备付资金的收益0.17亿元。通过同业业务，使公司归集的企业资金获得高于一般企业存款的收益，较企业活期存款提高集团公司整体收益0.16亿元。

【资金集中】2015年，受宏观经济形势及煤炭市场不景气影响，冀中能源集团及广大成员单位出现不同程度经营困难。公司吸收企业存款平均余额较上年减少28.61%，资金形势日趋严峻。为此，公司从强化资金计划入手，保持高流动性资产结构，有效提高了资金周转速度；保证融资渠道畅通，补充关键时点的资金缺口。累计调拨资金185次共146.07亿元，各种融资22次共32亿元，确保了资金链的安全和关联交易指标的合规。

【业务创新】近年来，商业汇票结算在集团公司及所属子分公司销售收入中所占比重越来越高。针对这种资金来源结构的变化，公司从连接集团内外上下游产业链的角度出发，与银行和集团内相关企业研讨借助商业银行增信功能，开通以商业承兑汇票为主的相关业务创新。2015年12月，公司电票完成首单业务，为华北制药股份公司签发电子银行承兑汇票1亿元，并顺利完成合作行票据贴现，标志着公司电子银行承兑汇票业务正式开通。

【风险管理和内部控制】在票据业务不断发展的过程中，细化业务流程管理，完善交接程序和台账，加强稽核检查力度，实现了票据业务零风险和到期解付资金的零在途。强调严谨的工作作风，在人民银行、银监会、中国财务公司协会、财政厅、国资委等大量数据报送分析中，及时准确，常年保持零差错，获得人民银行石家庄中心支行授予的金融统计工作二等奖。落实银行业“案件防控”工作、业务风险的“两违规、两遏制”工作；对照新增的信息系统1104监管要求，开展全面的业务自查，为内控系统的不断完善，做好基础工作。

【人力资源管理】在人才队伍建设方面，以业务合规为出发点组织内部培训13次；派骨干员工参加高水平的外部培训15次；加入财务公司行业的专业网络群，针对性地交流学习；继续开展课题研讨，《以信息化手段促进大型企业集团资金集中管理平台建设及风险管控》获得两项省级管理成果一等奖；大力开展的综合票据业务模式，入选中国煤炭学会评选的煤炭企业财务管理经典案例。圆满完成人力资源系统的上线，落实集团公司人力资源改革实施方案，进一步完善岗位说明书的编制等基础工作。

【信息化建设】 在冀中能源集团的统一部署下，稳步推进信息化建设。2015 年，建成财务公司网站，面向集团公司成员单位，介绍财务公司功能，推介业务品种，辅助业务办理；完成了财务核算系统的升级，优化了部分业务核算模式。

【企业文化建设】 重视合规企业文化建设，开展内控制度、风控知识的培训考核，营造合规企业文化，促进员工主动防控风险意识的提高，为公司稳健发展创造良好的文化氛围。坚持以人为本的管理理念，保护员工利益，关心员工的成长，倡导积极向上、团结协作的精神风貌，提高员工的凝聚力。此外，积极履行社会责任，落实河北省政府扶贫工作安排，克服困难派驻专职工作人员，并出资 9 万元支持扶贫项目建设。

山西焦煤集团财务有限责任公司

【经营概况】 2015 年是“十二五”发展时期的收官之年，山西焦煤集团财务有限责任公司（以下简称“公司”）努力解放思想、振奋精神、扎实工作，资金集中管理作用有效发挥，金融创新步伐持续加快，各项经济指标全面飘红，全年实现营业收入 7.90 亿元，利润总额 5.03 亿元，年末资本充足率 23.49%，流动性比率 79.07%，无不良贷款。

【信贷业务】 进一步理顺内部市场定价机制，摒弃固定下浮比例的让利政策，改为以金融机构公开挂牌报价为基准，依据“集团转型发展方向和整体资金形势”确定定价策略，并按照成员单位风险评级给予合理浮动。认真分析、科学把握信贷变化新趋势，多次与人民银行沟通增加信贷规模，兼顾资金来源和期限结构，全年累计发放流动资金贷款及办理票据贴现 51.40 亿元，固定资产贷款 4.40 亿元，办理集团统一融资资金内部划转等委托贷款 178.40 亿元。

【资金集中】 努力提高资金归集比例，积极发挥账户监管职责，加强新开账户的统计管理，摸底基层真实情况，防止无序新增账户，保持现有清理成果，降低备付资金的低效率占用。责成专人与成员单位联系沟通，特别对长期未上线的成员单位进行重点协调，努力提供优质金融服务，取得更多的理解和支持，为资金归集创造良好环境，采取有效技术措施和手段扩大资金上收覆盖面，公司资金归集和沉淀量不断增长。

【结算业务】 落实资金集中管理要求，注重提高服务水平，拓展结算覆盖面，结算业务的深度和广度进一步扩大。经过努力，2015 年新上线成员单位 25 家，新增归集和管理商业银行账户 41 个，系统业务操作规范流畅，结算业务办理安全快捷。

【资金和投资业务】 关注银行业流动性趋

势，进行资金价格趋势分析，基本判定同业资金价格将在年内快速下滑并保持在底部运行，基于同业利率走势判断，一是在第一季度最大限度配置了3个月以上较长期限的资金业务，3个月以上期限的占比达57.92%，同比提高16.30个百分点，有效锁定一段时期的资金收益；二是迅速敲定同业活期存款利率，主动与商业银行重新续签同业活期存款利率协议，锁定一年的活期存款利率。

稳步开展有价证券投资业务，拓展投资的新领域，丰富投资品种，分散投资风险。根据市场调查相关情况，撰写《投资分析报告》，组织召开十余次投融资审查委员会，成功完成二十余笔投资业务，累计投资26.70亿元，在保证资金安全的前提下，实现存量资金收益最大化。

【保险经纪业务】2015年，保险业务量稳步持续增长，全年累计为99家成员单位办理各类商业保险195笔，保险金额315亿元，代理收缴保费0.76亿元，实现手续费收入0.14亿元，年末返还成员单位手续费0.13亿元，全年累计为成员单位节约保费支出0.18亿元，极大地发挥了保险集中代理的整体优势。

【业务创新】2015年2月，公司成功加入中国银行间债券市场，分别在中债登公司、上海清算所办理开户手续，具备了交易资格，公司抓紧学习交易规则，制定具体管理流程，加上之前已经加入的中国银行间同业拆借中心，财务公司作为集团公司唯一拥有金融牌照的金融机构，已全面对接国内最主要的三个金融机构间资金、资产交易平台，打通了开展外部市场债券交易、票据交易、资金交易的主通道，成为公司创新业务、主动融资和实现资产增值的主要业务平台。

【风险管理和内部控制】以加强规范经营和合规经营管理为核心，组织多次专项检查，重点对信贷定价、内部控制等项目开展续时稽核，适时监控业务风险状况，促进公司各项业务规范有序开展。积极推进公司“制度执行年”各项活动开展，着力提高公司制度执行力。按照《企业集团财务公司风险评价和分类监管指引》的要求，对公司的管理、经营状况及公司所属集团状况进行定量和定性分析。

【信息化建设】每个季度进行一次全方位应急演练，对网络系统、电源系统、数据库服务器系统的演练尤为重视，发现问题及时改进，使系统的稳定性大幅提高。更新互联网出口策略，达到主/备线路切换可以在5分钟内快速完成。配合山西银监局、建设银行、交通银行进行系统升级改造的模拟测试和调试，保证正式运行环境顺利上线。定期为到期用户及时升级密钥证书，保证密钥正常使用。与系统集成商、软件供应商及施工方多次联系沟通，确定机房搬迁施工、系统升级、异地备份等多项基础设施建设方案，确定公司办公环境网络布线方案，为公司办公地址搬迁工作做好各项基础准备工作。

【人力资源管理】修订完善《山西焦煤财务公司薪酬考核办法》，每月将考核结果与员工的薪酬待遇、岗位调整、培训等挂钩，客观、公正、合理地评价员工业绩，激发员工潜能和工作热情。公司作为集团人力资源管理信息化管理的试点单位，将公司人员信息资料录入人力资源管理信息系统，极大地提高了公司人力资源工作效率和人力资源管理水平。

【企业文化建设】围绕公司党建中心目标，把党员和全体员工紧密地团结在一起，全面开展组织、宣传、企业文化等各项工作。深入开展“学习讨论落实”活动，认真落实“八项规定”精神。组织员工赴西山煤电矿区绿化责任区参加义务植树造林活动，提高员工社会责任意识。坚持以人为本，为全体员工每年进行体检，对劳动模范、先进工作者进行奖励，为员工发放生日蛋糕卡，为女职工办理特病医疗商业保险，为员工办理住院医疗互助金。组织开展乒乓球、羽毛球、跑步比赛，积累丰富图书阅览室书库内容，供员工借阅。

阳泉煤业集团财务有限责任公司

【经营概况】2015 年，阳泉煤业集团财务有限责任公司（以下简称“公司”）积极应对经营压力，努力缓解资金困惑，围绕集团公司经营目标，立足集团公司主业发展，服务集团公司成员单位，充分发挥“资金归集平台、资金结算平台、资金监管平台、金融服务平台”四项功能，强化基础管理，加快资金流转，灵活经营，全年共实现营业收入 4.46 亿元，利润总额 3.02 亿元，资产规模 137 亿元，全年结算量 12.83 万笔，无不良贷款，各项指标符合监管要求。

【信贷业务】2015 年，公司发放贷款 123 亿元，其中自营贷款 72 亿元，委托贷款 45 亿元，代签银行承兑 6 亿元。公司信贷工作紧紧围绕集团公司发展战略，努力克服经济下行的不利影响，积极转变工作思路，不断调整信贷资产结构，深入基层贷款企业，加强贷款管理工作。一是积极调整信贷资产结构。从信贷投放行业来看，煤炭行业信贷资产余额降幅为 14.60%；贸易业信贷资产余额增幅为 5.60%；建设地产业信贷资产余额增幅为 2.90%。通过优化信贷资产结构，降低了信贷资产行业集中度，有效地缓释了信贷资产风险。二是加大对集团煤炭化工等主导产业的信贷资金支持，保障了重点企业正常资金周转。三是加强资金融通，通过流动资金贷款、票据贴现、代签银行承兑等信贷工具，支持小微企业和涉农企业经济发展，全年共为小微企业和涉农企业提供资金支持 3.50 亿元，缓解了企业融资难的困境。

【投资业务】一是同业理财硕果累累。根据头寸管理和利率变化情况，公司择期办理短期同业定期存款业务，既确保了资金流动性又提高了资金盈利能力。全年办理同业定期业务 58 笔，累计金额 150 亿元，实现利息收入 0.28 亿元。二是多渠道调研，合理调度投资项目。全年办理投资产品 33 笔，累计投资金额 52.67 亿元，实现投资收益 0.29 亿元，收益率 5.14%，日均投资量 6 亿元。三是稳步开展债券回购业务。公司及时关注利率变化，开展风险低、流动性好的债券回购业务，全年实现收入 0.09 亿元，日均投资量 2.10 亿元，收益率 4.42%。

【票据业务】一是加强票据管理。借助公司票据管理平台，实现了对成员单位票据信息录入和查询，掌握集团公司票据库存及流转信息。2015 年末公司票据系统中票据库存 9 100 张，余额 96 亿元。二是推动票据的流转，扩大贴现业务规模。公司以低于市场利率价格为企业办理贴现，全年办理票据贴现 26 亿元，重点支持化工产业等股权结构多元化、经营现金流短缺的企业。三是积极利用政策，向人民银行争取再贴现规模。全年办理再贴现2亿元，利率2.25%，低于同期银行利率。四是发挥同业优势，开展代签银行承兑业务，全年累计签发6亿元，有效地缓解了成员单位短期资金周转的困难。

【资金集中】2015年，公司完成39家成员单位基本结算账户的开立工作，新归集的单位日均存款达1亿元，同时对72个闲置账户进行清户。截至2015年末，在公司开户共计454家，同比增加26家，其中，子公司308家，分公司121家，其他单位25家。绑定各类银行账户共计796个，同比增加77个。

同时为应对集团公司紧张的经营形势，公司对预算管理系统进行了完善，将现汇、承兑全部纳入预算管理范围，实现了预算的全口径管理，并设立多级次审批预算程序，由过去单一管理调整为多级次审批管理流程，将多级次预算审批模式在煤炭产业、化工产业、建筑建材地产业、物流贸易业、服务业合计164家成员单位中实施。

【风险管理和内部控制】一是人民银行征信系统正式上线。征信系统是通过独立、专业的第三方机构，为成员单位建立信用档案和基础数据库，依法采集和客观记录客户的信用信息，该系统的上线进一步提高了风险管控水平。二是以制度为准绳，强化内控管理。全年共开展专项检查22次，事中审查233次，进一步规范了业务流程。三是贯彻落实公司员工8小时内外行为排查，加强风险预警，提升了员工的风险防范意识，强化了合规操作的观念。通过加强培训教育，及时强化员工素质提升，实现标准化操作，有效规避操作风险，确保资金的流动性和安全性。用积极健康的兴趣爱好引导员工自觉杜绝不良的行为习惯，监督引导双向管理，形成了向上乐观的工作作风。

【信息化建设】2015年，公司以技术为支撑、以硬件为保障，全面推进信息系统改造提升，为成员单位提供更为便捷高效的电子金融服务平台。一是通过增加附件上传功能，满足成员单位业务新需求，提高了工作效率；二是通过优化指令审批流程，实现内转指令系统自动提交功能，在确保资金安全的前提下，简化了成员单位系统操作流程；三是通过增加对私付款功能，扩大了结算服务范围；四是通过增加报表系统模块，实现了公司23张报表自动生成功能，提高了报表数据的准确性。

【作风建设】一是以“学习讨论落实”活动和“三严三实”专题教育为契机，通过专题党课、观看反腐教育视频、员工自学党章和《习近平总书记系列重要讲话选编》、全文抄录《中国共产党廉洁自律准则》及《中国共产党纪律处分条例》等多种教育形式，用生动的事例敲响警钟，树立正确的宗旨意识，严守党的纪律。2015年共有8人次参加了党风廉政教育培训，提升了加强党风建设的意识。二是强化“一岗双责”，认真抓好责任落实。年初签订了《党风廉政建设责任书》，明确各级领导干部职责，把党风廉政建设与业务工作同研究、同部署、同检查、同落实、同考核，做到两手抓、两促进。三是把好选人用人关，加强干部监督管理。认真执行《中层干部选拔任用方案》，从个人基本情况公示到竞聘，从考试到考核，坚持公平、公正、公开。2015年有一名后备干部竞聘到科级岗位。四是突出源头管理，强化权力制约。全面落实“三重一大”集体决策机制，权力运行规范透明。五是积极推进“双务公开”和企联网建设，强化对权力的制约，进一步规范了信息公开流程，每月将工作简报、案防简报、“三公”经费上墙公示，重大信息上网公示，让权力在阳光下运行。

晋煤集团财务有限公司

【经营概况】2015 年，晋煤集团财务有限公司（以下简称“公司”）紧紧围绕集团“稳中求进，改革创新”的工作主基调，加强资金集中管理，提升金融服务水平，深入开展制度建设，不断优化内部管理，严格控制经营风险，为集团公司转型发展提供有力的金融支持。截至 2015 年底，资产总额 81.26 亿元，实现营业收入 3.14 亿元，利润总额 2.63 亿元，资本充足率 24.77%，不良贷款率为零，资产质量持续优良，各项指标均符合监管要求。

【信贷业务】2015 年，公司通过增加办理临时周转贷款，丰富应收账款保理、订单融资、引入外部担保机构担保等方式，切实帮助成员单位解决融资困难。一是在自营贷款方面，2015 年共向 23 家成员单位发放流动资金贷款 50.68 亿元。二是在委托贷款方面，充分发挥财务公司在信息采集上的优势，密切关注各资源整合主体的还本付息情况，就发现的新问题积极与集团公司协商解决方案，2015 年累计为成员单位办理委托贷款 136 亿元。三是在中间业务方面，通过发挥财务公司的融资担保能力，向成员单位提供商票保贴和代签银承等金融产品，2015 年共为 11 家成员单位办理商票保贴业务 9.55 亿元，为 15 家成员单位办理代签银承业务 22.23 亿元。

【投资业务】2015 年，公司在满足成员单位资金需求的基础上，充分利用暂时闲置资金，坚持稳健的投资策略，加强风险控制，通过分析比较，分别购买了山西证券、邮政储蓄银行的理财产品，共取得投资收益 0.10 亿元。

【资金集中】2015 年，公司作为集团资金集中管理平台，积极开展工作：一是协助集团公司起草并下发《晋煤集团资金集中归集管理办法》，明确归集范围、对象和要求，规定各单位所有货币资金全部归集到财务公司，所有结算业务通过财务公司办理。二是按照资金归集目标制定《资金集中归集管理办法实施方案》，分三组利用三个月的时间对集团公司所有二级单位集中宣贯调研，向成员单位宣传集团资金集中管理政策并就存在问题进行解答，确保成员单位对政策了解到位、执行到位。三是根据集团公司资金集中管理要求下发《2015 年度资金集中管理工作安排》，通过严格账户管理、严格资金支付、强化审查考核等手段进一步规范成员单位资金收付行为，做到账户开立有审批、资金支付有计划，最大限度地帮助集团公司实现资金集约化管控，提高资金使用效率。截至 2015 年末，全口径资金集中度为 28.67%，可归集口径资金集中度为 50.23%。

【业务创新】2015 年，公司积极研究上海自贸区、深圳前海等地的相关政策，拟定了设立融资租赁公司的方案并进行了多次讨论研究，最终完成了《关于在上海自贸区设立外商投资融资租赁公司的建议》的报告，报集团公司审议。在发挥财务公司金融机构平台和专业人员优势，拓宽集团的融资渠道，搭建集团进入资本市场的通道上进行有益的尝试。

【风险管理和内部控制】 在内控评价体系建立方面，根据公司与商业银行在职能分工上的差异，充分借鉴工商银行的内控评价模型，初步建立内控评价体系。按照各部门业务特色设置评价指标，根据指标的重要程度进行测评打分，利用量化手段客观反映内控管理效果，确保公司内部管理长短期目标的实现。在风险审查方面，密切关注集团公司各板块的发展形势，对与公司有业务往来的成员单位，重点对其财务状况和还款来源给予监测，揭示业务风险点。在业务稽核方面，严格依据国家政策、行业标准及公司制度，对业务部门进行业务稽核，审查业务办理的合规性，对发现的问题及时预警。截至2015年末，公司各项风险监管指标均符合监管要求，资本、流动性及拨备充足，无不良资产。

【信息化建设】 2015年公司根据业务需要和监管要求，按照“项目方案科学，项目采购合规，项目质量过硬”的标准，全力推进资金管理信息系统升级改造工程。前期深入开展项目调研，通过密切交流汇总系统开发商、硬件供应商的意见建议，结合系统运行过程中的实际问题，形成系统升级改造实施方案。严格管理项目施工采购，明确软件、硬件供应商，持续监督项目工程质量，按照预期的系统升级目标对施工的各个阶段进行监测，确保工程顺利完工。在完成升级改造后，系统将在公司业务管理、财务及风险管理、集团财资管理、外联接口、外部监管报送等功能性上实现改进，运行的稳定性、安全性得到切实保障，整体性能大幅提升。

【党建工作】 2015年，公司党支部深入贯彻党的十八届五中全会精神，认真学习习近平总书记的重要讲话，深入开展“深入学习讨论落实活动”“落实两个责任，边巡边查边改”和“三严三实”专题教育活动，先后开展了学习教育、征求意见、查摆问题、谈心谈话、撰写对照检查材料、组织专题交流和召开专题民主生活会等活动。通过一系列专题教育活动，公司作风建设不断改进，员工综合素质得到提升，为全面完成年度各项任务目标提供了有力的政治保障。

云南冶金集团财务有限公司

【经营概况】 2015年，面对经济下行、有色金属市场持续低迷的困难，云南冶金集团财务有限公司（以下简称“公司”）牢固树立“向市场找资源，靠服务求发展”的理念，金融服务功能和市场开拓能力不断增强，各项工作有序扎实推进，服务集团产业发展取得新成效。截至年末，公司资产总额突破40亿元，较上年增长27.54%，营业收入突破2亿元，较上年增长5.61%。全面完成集团下达的工作任务和目标。

【信贷业务】坚持服务实体经济的原则，着力集团产业升级转型，服务集团供给侧改革，坚持做好政策性业务，解决集团“急”、“难”资金问题，合理策划信贷方案，确保资金链安全。内引外联，坚持做优市场化业务，发挥公司“银银平台”功能，通过资产交易直接向集团外筹资23.85亿元，全部用于集团的生产经营。在保障资金投放的同时，公司还坚持让利于企，参照市场水平，在存贷利率上给予企业最大优惠，全年让利近0.30亿元。

【票据业务】公司在准确把握集团现金流规律的基础上，把票据业务作为结构调整、业务转型的突破口，在不影响各单位资金使用的前提下，加大票据资产配置比例，资产流动性大幅提升，在保障集团资金安全和解决资金供给问题之间实现平衡。注重票据流转渠道建设，通过加强与金融机构的同业合作，尤其是供应链上下游财务公司（南方电网财务有限公司云南分公司）的业务合作，票据流转渠道更为通畅、广泛，2015年办理票据业务累计近60亿元，筹集资金20余亿元。同时，通过开展票据业务培训，促进了集团各单位财务、销售人员掌握票据实作技能的提升。

【资金集中】公司坚持把资金结算和归集作为立身之本，深入走访企业20余次，征求意见和建议20余条，修订完善结算业务操作流程19项，新定结算业务流程8项，进一步规范业务操作，坚持做好每日资金头寸预报和监测，提升了资金管理效率，就支付退票进行专题梳理和研究，促进了结算支付成功率的提升，全年公司结算量、结算代理率不断提高，集团资金结算成本进一步降低。

2015年末，公司资金集中度（全口径）为37.52%，较上年末提高7.83个百分点；新增成员单位开户18户，银财直连账户新增67户，年结算量1 233.99亿元，较上年增加101.75亿元。

【业务创新】经人民银行批准，公司成功加入全国银行间同业拆借市场，成为云南省第一家加入全国银行间同业拆借市场的财务公司。完成了首笔线上拆入业务，公司流动性管理的工具和手段更加丰富。公司积极研究信贷资产证券化业务，加强与银行、券商、信托公司的业务交流，就业务方案达成一致。

【风险管理和内部控制】公司以“流程控制、流程管理”为抓手，以合规操作、风险可控为目的，深入业务流程、内控体系各个环节，查找风险点，梳理缺陷。树立和贯彻“两个底线”风险观，即“坚守财务公司自身不发生风险的底线，坚守不扩大和蔓延集团产业风险的底线”。风险管理部门主动参与到各项业务流程中，深入查找业务每个环节可能存在的风险点和控制措施，并以此不断完善相应制度及流程，风险关口的前移、下沉既强化了风控的效力，又支持了公司的业务创新和功能拓展。在内控体系建设上，公司对现行的内控体系流程进行二次梳理，发现风险点241个，搭建一级流程框架15个，二级流程框架35个，三级流程框架89个，最终汇总重要缺陷6个，并对其进行风险评估，为重大风险制定管理策略与解决方案，促进业务处理规范化和标准化，持续加强公司内部控制的有效性。在合规管理工作中，公司正有序进行《合规手册》编制，以进一步阐述和明确公司的合规体系和底线，形成可供各条线参照执行的一般性规范管理文件，有效推进流程管控工作的开展，为公司的转型发展打牢合规基础。

【人力资源管理】为进一步深化公司干部人事制度改革，在公司挖掘和发现管理人才方面进行大胆的创新和尝试，按照公开选拔、择优聘任、能上能下的原则，在全公司范围开展竞聘上岗工作，在优化公司干部人事管理构架、满足公司人才需求方面提供新的发展思路，为公司职工职业规划发展和提升自我价值提供正确导向。

公司高度重视教育培训和专业技能提升工作，组织参加培训 22 场；5 人获得了银行间本币市场交易员资格，12 人通过了经济师资格考试，20 人次通过了银行从业资格、证券从业资格及保险兼业代理资格考试，队伍专业素质持续提升。

【信息化建设】 2015 年，公司从信息科技治理、信息科技内外部审计、网络安全管理、信息技术基础设施、业务连续性管理、信息科技外包合同等维度开展自查工作；积极配合监管部门进行信息科技快速巡查工作，就公司在信息科技管理和信息科技风险管理方面存在的隐患，制定整改计划并逐一落实。年内，公司按照人民银行的要求，组织实施了征信系统的接入工作，为实现公司与人民银行全面的资金与信息互联搭建了渠道。

【企业文化建设】 公司鼓励员工参与到公司发展的规划和探索工作中，组织开展风险管理季度讨论、经营情况半年分析、金融热点演讲比赛等多形式的研讨；搭建平台和渠道，就“利率市场化”“营改增”等问题，开展专题研究讨论，干部员工解决问题、驾驭业务、前瞻思维等能力显著提升，营造了“学习型”组织的文化氛围。针对员工关注的“深化改革、部门调整、薪酬与考核”等问题，坚持全面深入了解掌握基层员工的诉求和意见，力求稳步推出员工普遍认同的方案，公司开放、包容的文化氛围逐步形成，和谐、进取的精神得以传递；针对新员工关注的“个人成长、专业培训”等问题，公司领导一对一与新员工交流，结合“师带徒”制度，传授经验，解答疑惑，为新员工提供契合个人特点和岗位需求的学习方法。此外，年内公司成立了团支部，通过积极组织“产业基金专题学习”等兴趣小组活动，引导和鼓励员工将专业知识与实际工作相结合。

工作之余，公司积极举办丰富多彩的文体活动，年内公司组织员工参加了云南省金融系统职工乒乓球比赛、集团篮球比赛及新春送温暖慰问活动。各项活动既丰富了员工的文化生活，也有效拉近了员工间的距离，增强了企业凝聚力。

中海集团财务有限责任公司

【经营概况】 2015 年，中海集团财务有限责任公司（以下简称“公司”）面对复杂多变的境内外经济形势、持续低迷的航运市场、集团大额资金频繁流动等环境，努力降本增效，累计实现营业收入 3.42 亿元，实现利润总额 2.63 亿元，净资产收益率 18.61%。

【信贷业务】 截至 2015 年末，公司自营贷款余额 35.91 亿元，全年贷款平均规模为 39

亿元，人民币贷款平均利率同比下降45个基点，同时公司协助成员单位置换高利率贷款，为成员单位节省财务费用0.40亿元。公司支持集团产业链建设，开展供应链信贷业务，全年向集团供应链物流管理公司提供多币种综合授信额度3亿元，年内已发放363万美元贷款。通过跨境资金融通平台，完成对集团控股境外企业发放自营贷款0.30亿美元，完成集团跨境委托贷款发放12.70亿元，为集团境内外资金融通提供了便利渠道。

【投资业务】全年陆续开展量化对冲型基金、混合型基金的投资业务。截至2015年底，投资业务日均规模6.20亿元，累计实现投资收益（含浮盈）0.54亿元，平均收益率8.64%，所有到期产品均正常收回。

【外汇业务】全年公司累计开展结售汇业务1 157笔共计8.08亿美元，集中度95.40%，为成员单位节省财务费用近0.09亿元。为有效提高对成员单位的服务能力，加强集团外汇风险敞口管理，2015年，公司向银监会申请远期结售汇业务新资质，9月公司获上海银监局批准取得外汇衍生品交易资质。11月公司召开成员单位外汇衍生品推介会，为开展远期外汇业务做好准备。

【利率市场化】2015年，人民银行5次调整存贷款基准利率，公司以最优价格服务成员单位，将存款利率浮动区间的上限由基准利率的1.2倍调整为1.4倍，上浮成员单位存款利率，幅度超过合作银行平均价格50个基点以上，为成员单位节省财务费用0.48亿元。

【预算管理】2015年，公司加强预算管理，精确预算到日，细化预算单元和预算周期，加强预算事中管理。从年初开始实行每日预算，研究分析每日主要业务规模、成本收益，及时总结差异原因、统筹连续一个月内的资金情况合理拟定建议，为保证收益、确保完成公司目标提供更为精细的数据分析支持。

【业务创新】2015年，公司加入SWIFT（环球银行金融电信协会）平台，结合财银和财企直连接口的应用，实现集团资金全球实时可视，有效地推进海外资金管理。截至年底已完成申请SWIFT会员资格，实施平台上线及集团境外公司SWIFT授权查询工作，实现对集团境外账户80%的可视覆盖率。公司已申请取得跨国企业集团跨境人民币资金集中运营业务，统一管理境内外人民币资金。

【风险管理】强化风险管理，确保业务合规稳健运行。密切关注经济形势变化，做好对信贷、投资业务的全流程风险监测；适应利率市场化的要求，建立由公司贷审会集体审议存款利率定价机制，提高公司利率管理科学化水平。建立财务公司行业法律法规库，覆盖各部门、18个业务类别，涵盖与公司经营管理密切相关的法律法规112项，增强公司合规工作的时效性和有效性；组织编写规章制度题库450题，开展全员学习与集中测试，并与个人绩效挂钩，提升全员合规意识与公司合规管理水平。

【人力资源管理】优化公司人力资源体系建设成果，进一步完善全员绩效考核指标，加大战略发展、业务创新在绩效考核中的权重，实现战略、创新工作与绩效考核管理的良性互动。公司将岗位任职资格纳入部门绩效考核，进一步加大员工发展通道转换、岗位交流和复合型发展。建立全体员工考核结果分级偏离率计算排名，确保考核排名的公正、合理。

【信息化建设】启动开发集团全球资金管理系统，充分利用信息化时代数据集中处理的优势，提升财务公司的服务能力。系统全面覆盖公司经营过程，实现全公司信息互联互通、数据共享，与应用、业务全面协同，以更大程度满足集团对全球资金管理的现实需求。

中集集团财务有限公司

【经营概况】2015年，中集集团财务有限公司（以下简称“公司”）持续深化落实三年战略规划，围绕“集团资金集中运营管理者、综合金融服务提供者、资产负债管理协同者、产融结合价值创造者”的战略定位和年初定下的商业计划，以及集团“有质量增长”要求，以创新发展的精神，通过深化资金集中工作、不断提升金融服务能力、增强金融价值创造实力等举措，在资金集中、风险控制、经营管控体系等方面不断努力，开展各项经营管理工作，业务持续增长，开创了各项工作的新局面，全面完成了各项经营目标。

截至2015年底，公司总资产折合人民币59.10亿元，存款余额折合人民币45.63亿元，贷款余额折合人民币42.68亿元，营业收入折合人民币1.40亿元；净利润折合人民币0.49亿元。

【公司金融】2015年，公司根据集团各业务板块和成员企业的经营管理特点，针对不同产业深入沟通和分析企业需求，围绕产业链挖掘业务资源，准确定位营销对象，及时掌握客户信息及需求，创新金融产品和服务方案，强化客户经理“一站式”服务机制，在确保信贷业务持续增长的同时大力拓展中间业务，通过提升服务能力、提供优质服务推动业务全面发展。2015年，公司全年信贷投放总额折算超过100亿元人民币，为集团产业发展和成员企业经营运作提供了有力的支持。

【资金和投资业务】公司在2015年5月取得银行间债券市场准入会员资质后，及时完成一系列准备工作，顺利在全国银行间债券市场开展了债券现券买卖业务，为提高公司资金营运效率、提升资金管理能力和利率风险管理水平、合理配置资源迈出了具有深远而重要意义的一步。

【票据业务】2015年，公司立足集团产业生态圈，继续发挥财务公司优势，着力产融结合，协同成员企业加大市场营销力度，票据业务持续增长，业务覆盖面和客户基础不断扩展。与此同时，继续加强票据中心建设，大力推进票据信息集中和票据贴现业务。票据业务的发展有效地解决了企业特别是小微企业的融资需求，有效地支持了实体经济的发展。

【外汇业务】公司在2015年向集团成员企业提供了更多样化的外汇增值服务，全年代理结售汇业务总额折算超过13亿美元，并通过直接参与外汇市场交易大幅缩小买卖点差，为集团节省了大量外汇交易成本。与此同时，利用自身力量加强专业研究，积极向成员企业提供高质量的外汇业务解决方案、外汇风险咨询建议、市场研究报告以及其他增值服务，帮助成员企业提升应对外汇风险能力。

【资金集中】2015年，公司稳步推进全球资金集中管理工作，有效地支持了集团货币资金管控政策落地。一是遵照集团管理要求，根据境内、境外成员企业特性，以集团利益最大化为原则，通过更有针对性的金融服务手段和方式加大力度处理历史遗留问题，进一步整合集团内部资金资源，以全口径集中度为统计口径全力推进资金集中工作。二是按照集团统一部署，协助集团管理境外资金池运营工作。为进一步发挥财务公司协同效能，2015 年公司开始协助集团资金管理部统一管理和运作境内外两个资金池和跨境互联互通业务。三是协同降低集团资产负债率。在着力提高资金集中度的同时，公司积极落实集团资金管控要求，调节资金总量，合理安排头寸，提高资金运用效率，确保了降低集团资产负债率目标的实现。

【业务创新】2015 年，公司继续创新金融服务产品和手段，进一步丰富业务品种，金融专业能力持续提升。在票据业务日趋成熟的基础上，2015 年，公司根据业务发展需要，设计推出商业承兑汇票贴现业务，收到良好反响。5 月，公司为成员企业成功办理了首笔出口保理融资业务。出口保理融资业务的办理不仅对成员企业拓展国际市场具有积极意义，也为公司进一步拓深产业链下游金融服务、拓展海外业务积累了重要经验。

【风险管理和内部控制】公司在 2015 年继续深入落实“系统性、前瞻性、指导性、规范性、实效性”的风险防控要求，不断加强风险管理文化培育及风险管理能力建设，稳步推进内控信息化项目并顺利通过集团年度内控考核评审，牢牢守住了风险防控“十条红线”，持续完善风险防控体系。一是加强信用风险管控。公司根据客户、行业、地区的不同制定了不同的风险偏好策略，从加强会前审查、信贷资产五级分类管理、贷后管理、风险提示等多环节上加强了对信贷业务的风险管理，着力提升信贷风险管理水平。二是高度重视流动性风险控制。公司进一步完善组织架构和资金计划管理流程，加强跨部门资金供求信息交流和共享，提升流动性风险预测和监测能力，整体流动性水平受控稳定，符合监管要求。三是加强操作风险管控和案件防控。2015 年公司始终高度重视操作风险管控和案防工作，深入贯彻落实监管机构对相关工作部署和要求，进一步完善制度流程，强化内审稽核和培训宣传力度，不断推进案防长效机制建设。

【人力资源管理】2015 年，公司着力加强工作计划及业绩管理，制定了公司 TOP12 重点工作项目，优化部门绩效考核机制，制定并实施了有针对性的部门考核方案，并通过多种综合措施确保了公司及部门工作计划和绩效目标的达成。

【信息化建设】2015 年，公司持续加强信息系统建设，提升金融信息化能力。为了满足业务发展需求，核心业务系统继续升级优化，在确保了各系统正常运行同时，稳步提升了业务运营效率；推动征信系统如期上线，接入人民银行征信系统，丰富了金融风险防控手段；按计划完成票据三期系统建设，为票据业务集中管理和运营打下基础。

【企业文化建设】为提升公司金融服务能力和质量，2015 年公司积极组织开展了“金融服务年”系列活动，从服务意识和能力提升、管理机制优化、改善客户关系等多个方面开展相关工作，“金融服务年”系列活动的开展，有力地促进了公司金融服务水平的提升。

沙钢财务有限公司

【经营概况】沙钢财务有限公司（以下简称“公司”）紧紧围绕集团战略和降本节支、创新挖潜增效这一重点工作，切实发挥好金融服务功能。2015年末，公司资产总额75.53亿元，负债总额61.71亿元，所有者权益13.82亿元。全年实现营业收入1.41亿元，利润总额0.98亿元，公司净资产收益率为5.45%，资本充足率为31.17%，流动性比率74.05%，无不良贷款。2015年度被集团评为先进集体。

【公司金融】公司主动了解成员单位生产经营情况及资金需求，通过为成员单位增加授信、发放流动资金贷款、办理银票贴现等业务，有效地解决了成员单位资金需求。2015年，公司加大了对成员单位的信贷投放力度，累计为成员单位发放流动资金贷款34.71亿元，比2014年增加了16.27亿元。为成员单位“代开银票”2亿元。截至2015年末，公司各项贷款余额29.35亿元，其中流动资金贷款23.93亿元，贴现贷款5.42亿元，累计办理成员单位票据贴现9.94亿元，向商业银行转贴现0.10亿元，向人民银行再贴现3.68亿元，为成员单位承兑电子商业汇票5.81亿元。

2015年，公司紧紧围绕集团压降财务费用目标，认真分解、制定措施，通过严格资金计划管理，进一步提高资金的使用效率和效益。同时，积极创新融资方式、拓宽融资渠道，向银行间交易商协会申请注册了125亿元超短期融资券和60亿元中票，并推进60亿元短融和120亿元公司债的注册。通过推进直接融资，进一步优化融资结构，降低融资成本。2015年，集团本部财务费用（剔除汇兑损益）比2014年同期下降了16%，减少财务费用2.05亿元。

【资金和投资业务】公司不断完善资金预算机制，经常测算现汇资金收支，合理安排资金头寸。2015年，公司存放同业日均由2014年同期13.86亿元上升至15.34亿元，各项存款日均由2014年同期28.33亿元上升至31.93亿元，资金存放收益增加0.11亿元。

公司代理好集团资金计划管理工作。一是严格把控相关条线资金收支计划，督促销售部门加快资金回笼、采购部门控制资金支出。督促销售部门控制内销承兑汇票收取比例，减少票据变现及开票成本。1月至12月，集团本部存货平均占用资金75.83亿元，比2014年同期减少资金占用41.92亿元，按2015年综合融资成本4.45%计算，减少财务费用1.87亿元。二是在保证资金支付安全前提下，加强现汇资金测算，充分利用短期闲置资金，积极向金融机构询价比价，拓宽资金理财渠道，在加强与银行理财合作同时，积极寻找证券公司理财渠道，审阅理财产品，控制理财风险，保证资金安全，争取资金效益。2015年累计购买理财 173 笔，日均理财 32.99 亿元，相比 2014 年同期日均理财增加 17.55 亿元，利息收入增加 0.80 亿元。

【票据业务】2015 年，公司累计办理成员单位票据贴现 9.94 亿元，向商业银行转贴现 0.10 亿元，向人民银行再贴现 3.68 亿元。全年实现贴现、转贴现、再贴现利差收入 0.25 亿元。累计为成员单位“代开银票”2 亿元，办理电子承兑汇票 5.81 亿元，获得“代开银票”及承兑手续费 39 万元。

【外汇业务】理顺跨国公司外汇资金集中运营管理和跨境人民币资金池业务流程，积极开展境内、境外资金归集，提高资金使用效率。2015 年，累计归集境内成员企业外汇 5.74 亿美元，归集境外成员企业外汇 0.91 亿美元、人民币 19.40 亿元，使用境外人民币 5.75 亿元，有效提高了集团资金使用效率。

【资金集中】公司采取多项措施，提高资金集中度。2015 年，公司通过跨境人民币双向资金池，归集境外人民币资金后提高了财务公司的资金集中度，使资金集中度上升 5.57 个百分点。到 12 月底，全口径资金归集率为 58.46%，比 2014 年底 53.82% 上升了 4.64 个百分点。剔除无法归集部分资金归集率为 84.89%，比 2014 年底 76.35% 上升了 8.54 个百分点。

【业务创新】为进一步丰富公司金融服务功能，积极申请除股票投资以外类有价证券投资业务和供应链融资业务。公司成立了新业务申报小组，认真准备新业务申报材料，做好新业务的可行性分析，并起草了新业务管理制度，配备专业人员从事新业务操作。2015 年 12 月，获江苏银监局批准开展除股票投资以外类有价证券投资业务，开展有价证券投资业务可以进一步提高资金使用效率，降低资金成本，优化业务结构，提高留存资金收益率。同时，进一步丰富了公司金融服务功能，拓宽了盈利渠道，增强自身竞争力，并有利于提高资金集中度，为成员单位提供多元化服务。

【风险管理和内部控制】不断完善内控制度及业务操作流程，2015 年制定了《制度制定与修改管理办法》《对公外汇账户管理办法》《跨境资金业务操作规程》《案防工作管理办法》《监事会对董事履职评价办法》等 17 项制度。修改了《授信工作尽职指引实施细则》《贷款业务管理办法操作规程》等 5 项制度，确保制度合规性和简洁性。为加强风险管理，公司狠抓业务操作和制度执行情况的检查。全年共开展稽核检查 15 次，指出问题 43 个，提出 34 条整改建议和意见，及时跟踪督促整改，确保业务合规，风险可控。

【人力资源管理】公司努力做好金融专业人才的引进和培养工作，2015 年共招聘引进了金融、财务管理专业的新大学生 7 人，为公司的发展做好人才保障。公司加强与同业之间的学习交流，积极参加中国财务公司协会组织的风险防范等知识培训，同时，联系银行有丰富经验的人员来公司授课，并开展好内部培训，通过培训和学习交流进一步提升了员工的业务素质和技能，为公司新业务开展提供有力支撑。

【信息化建设】为加强财务公司信息管理系统对本公司业务的全面支持，进一步提高系统的线上管理控制功能，公司确定更换核心业务系统，由软通动力公司开发。2015 年 4 月开始调研、开发，经过充分调研，完善开发方案，组织对核心业务系统中相关业务模块的测试等，于 2015 年 12 月 1 日上线试运行。

【企业文化建设】公司围绕“诚实守信、务实创新，把握细节、追求卓越”文化理念开展好文化建设工作，并通过组织开展各类文体活动、讲座、交流学习等，不断丰富员工的文化生活。2015 年，与中国邮政储蓄银行、中国银行组织开展了乒乓球、羽毛球等丰富多彩的文体活动，并开展了理财、商务礼仪、消防安全知识讲座，组织青年员工参加志愿者服务活动，搭建员工交流平台。通过开展活动，充分调动了员工的积极性和创造性，增强团队凝聚力。

美的集团财务有限公司

【经营概况】2015 年，美的集团财务有限公司（以下简称“公司”）围绕集团战略规划，深化转型，主动调整自身定位，提升服务成员单位能力，认真落实监管政策，严控风险，创新业务运营方式，为集团成员单位提供优质、高效的金融服务，各项业务合规、有序发展。2015 年末，公司资产总额 198.03 亿元，同比增长 48.59 亿元，增幅 32.51%；负债总额 177.87 亿元，同比增长 47.16 亿元，增幅 36.07%。在存贷利差日益缩小、汇率走势复杂多变的情况下，公司实现利润总额 4.57 亿元，总体资产质量良好。

2015 年，公司积极发展、锐意进取，在由金融时报社主办、中国社会科学院金融研究所联合举办的“2015 中国金融机构金牌榜·金龙奖”评选活动中，荣获“年度最佳服务财务公司”奖项；在 2015 年佛山市金融统计工作考评中荣获二等奖。

【买方信贷业务】公司为更好适应互联网金融时代快速变化的大环境，提升买方信贷业务的核心价值，在经济下滑，家电企业普遍面临库存压力大、销售困难的大背景下，为支持销售企业融资需求，积极发展买方信贷业务，致力于实现“销售 + 金融”双驱动。

截至 2015 年末，公司累计办理买方信贷业务 92 亿元，买方信贷余额 24 亿元，同比增长 298%。公司积极开展与客户之间的交流，参与买方信贷客户的推广、实践活动，从客户角度出发，进行业务成本分析，在实践中不断拓展融资、丰富融资业务渠道，丰富融资品种。在提高业务效率的同时，加强买方信贷业务的风险管理，强化贷款监测和管理，保证业务合规、稳健发展。

【投资业务】2015 年，公司继续开展金融机构股权投资业务。年末投资余额 5.66 亿元，比年初增加 0.69 亿元，同比增幅 13.80%，主要是增加了对顺德农商银行的股权投资。

【票据业务】2015 年末，公司贴现余额 79.51 亿元，较年初增加 7.65 亿元，增幅 10.64%。公司电票使用比例进一步提高，同业业务规模持续扩大。公司以“服务成员单位为中心，做好结算服务工作”为目标，持续推广电票业务，充分发挥财务公司金融职能，取得显著成效。2015 年，累计完成票据线上清算 26 916 笔，金额 297 亿元，自主查询查复 10 204 笔。公司通过电票线上清算，自主办理查询查复，解付行签收电票即可实时到账，大幅提升了公司票据业务处理效率和资金回款效率。

【外汇业务】2015年，公司陆续办理对外放款、外债归还及即期结售汇等业务，为成员单位提供资金服务。公司办理即期结售汇8.05亿美元，交易量同比上年增加10%。实现国内、国外成员单位资金流通，有效提升资金周转效率，降低财务成本。

【资金集中】公司在2014年的基础上，继续做好资金集中管理工作，资金集中成效明显。2015年各月资金集中度均保持在50%以上，2015年末全口径资金集中度达58%。

【风险管理和内部控制】2015年，公司在业务开展中充分重视风险管理工作，对制度体系进行了全面修订更新，进一步清晰责权、简化流程。此外，公司加强风险监管指标的监测，各项监管指标均符合监管要求。增设外汇风险管理岗，强化外汇风险管理。着重做好买方信贷业务的风险防范，加强与事业部的合作，严格客户准入标准，采取灵活多样的担保方式，包括股东担保、存货质押、保证金质押、事业部差额退款等方式，保证信贷资金安全。全年公司未发生不良贷款，资产质量良好。

【人力资源管理】2015年，公司匹配业务现状优化公司架构，充分激发业务活力；拓展招聘渠道引进专业人才，从年龄、学历等方面优化人员队伍结构；通过培训提高全员业务能力，全年共组织现场培训16次，参加人员447人次，其中外聘讲师32人次，内训415人次，外出大型培训1人次。

【信息化建设】面对互联网金融对传统金融服务的冲击，公司加强业务和系统创新，为成员单位提供更加便捷和优质的金融服务。2015年，公司在信息化建设方面投入大量资源，全年共投入超过0.10亿元，取得多项成绩，建成优化了多个系统，同时完成了大量零星需求。公司对信息安全工作高度重视，扎实做好信息系统日常监控及运维工作，确保各系统稳定运行，开展了2次系统应急演练，2次前置机切换演练，全年未发生事故。

【企业文化建设】2015年，公司通过持续组织再造与绿色办公理念，推进“绿色、节约、无边界、无纸化”文化。在一年中，公司通过组织再造、业务流程梳理、内控制度规范化，从过去的业务审批需各级领导层层审批签字，改变为线上审批、移动办公，逐步建立了“线下沟通、线上审批”无障碍沟通模式。公司利用既有的办公系统，规范、梳理业务流程，梳理范围涵盖了账户管理、结算管理、票据管理、外汇管理、资金运营管理、财务管理、风险控制等业务模块。公司通过改善业务流程、简化业务模式，推进办公自动化，提高了业务效率，进一步节约业务成本。

宁波港集团财务有限公司

【经营概况】宁波港集团财务有限公司（以下简称“公司”）坚持“依托集团，服务集团”的经营宗旨，充分发挥“集团资金归集平台、集团资金结算平台、集团资金监控平台、集团金融服务平台”四项功能，优化资源配置，保障资金安全，最大限度提高资金使用效率，降低集团财务费用，取得了良好的业绩。截至2015年末，公司总资产规模为76.59亿元，增长6.26%；实现营业净收入2.65亿元，增长8.74%；实现利润总额2.36亿元，增长16.71%，为历年最高水平。公司资本充足率为29.88%，流动性比率为43.01%，不良贷款率为零。

【信贷业务】2015年，公司共为成员单位办理贷款业务340笔，涉及金额82.52亿元。贷款余额50.26亿元，同比增加2.56亿元；利息收入2.30亿元，同比增加0.10亿元；办理票据贴现16笔，合计金额1.66亿元，票据余额190万元，贴现收入268万元；融资租赁余额为0.45亿元，融资租赁收入325万元。公司贷款投放重点支持“一带一路”和长江经济带项目建设。围绕“宁波—舟山港”集疏运网络建设，公司继续通过贷款利息优惠对宁波舟山港一体化项目给予信贷重点支持，减轻企业财务压力。同时，积极配合集团参与“一带一路”建设，大力发展海铁联运，打造“千里国内线、万里甬亚欧”物流大通道的战略部署。

【资金业务】2015年，公司以“控制资金风险、确保流动安全”为主线，努力提高资金使用效率和效益。截至年底，公司吸收存款余额58.19亿元，增长15.18%；同业存放利息收入0.57亿元，增长50.42%。公司抓住人民银行降准释放近4亿元流动资金的利好，积极灵活运用金融手段提高资金效益。一方面继续扩大与同业机构的业务往来，全年累计拆出资金291笔，拆出金额454.80亿元，实现利息收入0.29亿元；另一方面公司严格按照相关规定，在保证成员单位日常结算和公司资金安全基础上，压缩头寸备付资金，对信贷投放、头寸备付及同业拆借外的结余资金，按规定进行同业定期存款操作，全年此项利息收入达0.05亿元。公司以数据采集、情景假设分类等方式为依据，开展流动性风险压力测试，掌握不同阶段影响头寸变动的主要因素，并对存在的问题提出应对方案，防范了公司流动性风险，保证了公司流动性安全。

【票据业务】公司充分发挥为成员单位服务的职能，经过前期大量准备工作和系统建设，并结合集团及各成员单位实际，逐步推进票据管理各项业务。一方面积极推广票据代保管业务，加大已签订代保管协议成员单位的收票频率，全年累计主动上门收票达105次，总金额为8.59亿元；另一方面继续做好票据再贴现和转贴现工作，新增民生银行和宁波银行两家交易对手，以低风险、低成本的融资服务为公司增加现金流，全年累计办理再贴现0.19亿元，累计办理转贴现0.86亿元。

【资金集中】公司积极参与集团关于加强资金管理相关制度的起草，把握资金管理的主动权。通过定期编制成员单位资金归集率统计表，已掌握成员单位各类存款情况，并形成分析材料报送集团领导参考。同时有针对性地加强营销，提高成员单位资金归集率。

【结算业务】支付结算是公司最重要的基础工作，承载着集团对内和对外资金结算的重要任务。为了提升对成员单位的金融服务，同时确保结算系统安全运行，公司一直致力于开发优于银行的个性化结算工具，打造便捷、低成本的、个性化的特色，对系统进行不断完善，资金结算平台已成为成员单位主要结算工具，公司2015年完成结算交易量22.89万笔，合计结算金额2 527亿元，同比增加185亿元。为确保结算平台安全可靠便捷，相关职能部门做了大量工作，加强与客户沟通联系，了解客户对系统的新需求和在使用中存在的问题，及时进行分析并更新完善。

【保险代理业务】2015年，公司进一步整合内部资源，利用规模优势，集团保险在取得更优越的保险条件和保障范围的同时，保险成本进一步下降，取得了一定的成绩。2015年，经公司代理的集团保险标的金额达245.18亿元，同比增加19.90亿元，通过招投标，集团整体保费成本下降0.13亿元（按2014年度同口径计算），公司手续费相应减少69万元，通过代理车辆数的增加及争取到业务部码头营运人责任险等努力，全年手续费收入实际减少22万元。虽然2015年公司保险代理手续费收入有所减少，但在公司的积极参与下，集团的保险成本支出大幅减少，且保障范围更广，集团整体利益有了较大提升，较好发挥了公司保险代理的作用。

【业务创新】一是尝试新票据经营模式。电子汇票最长付款期1年，最大票面金额也放大至10亿元，流动性好、短期融资能力强，有效降低了管理成本，加快了资金周转，提高了交易效率，有助于成员单位降低财务费用。8月公司电子商业汇票系统成功上线，截至年底，共发生电票业务78笔，累计发生额为1.74亿，为成员单位开票18笔，累计金额为0.40亿元。利用公司电子票据平台，提高了集团整体票据的流动性、盈利性及安全性。二是推出大额定期存款。随着利率市场化改革的进一步推进，鉴于工商银行、农业银行、中国银行、建设银行、交通银行五大国有银行，以及浦发银行、招商银行、中信银行和兴业银行共九家银行发行了大额存单产品，且利率多为人民银行制定存款基准利率的1.4倍，公司为稳定成员单位存款，又照顾成员单位需求，推出大额定期存款业务。这项新业务一经推出便得到成员单位的好评与认可。

【风险管理和内部控制】2015年，围绕公司总体发展战略，重点做好关键领域的风险排查和防控工作。一是合规管理工作。全年新增制度6项，修订制度21项，在制度印发之前全部进行合规审查，新启用的合同格式文本全部提交股份公司法律事务部审查。二是案件防控工作。公司将年度案件防控责任逐级落实，与各责任部门签订了案防责任书。根据银监会案件防控要求及公司相关制度规定，2015年对五个部门负责人实施了岗位轮换。三是内部审计。全年组织实施8个审计项目，主要涉及年度全面风险审计、信贷、资金等重要业务领域以及重要凭证保管等专项审计，并对三个部门负责人实施了离任审计。其中“重要空白凭证管理审计”项目被股份公司评为优秀内部审计项目。四是反洗钱管理。完善反洗钱制度建设，制定了《反洗钱报告管理办法》《涉及恐怖活动资产冻结管理办法》《洗钱风险评估管理办法》三项制度，并开展了反洗钱培训。

【人力资源管理】公司治理层面设股东大会、董事会、监事会以及风险管理委员会和战略管理委员会，内设机构包括总经理室、综合部、管理部、营业部、信贷部、资金部和内控部等部室。公司拥有一支专业化高素质的经营运作团队，公司共有员工27名，本科及以上学历占比95%以上，100%具有技术职称，90%以上人员具有银行、证券、保险、本币交易等全部或部分从业资格。同时，公司积极开展员工培训，不断提高员工的业务素质和操作能力。一方面进行了内部专家讲解及外部专家授课，另一方面派遣员工积极参加中国财务公司协会等组织的有关业务培训。

【信息化建设】公司的业务系统使用近六年，已不能完全满足的业务需求。为了更好地服务成员单位，满足公司业务开展的需要，公司决定对现有系统进行升级，结合公司的业务特点，进行客户化改造，打造便捷、高效、安全的资金管理平台，进一步满足客户需求，加强资金管控力度，提升公司的管理水平。新系统已进入测试阶段。

兖矿集团财务有限公司

【经营概况】2015 年，兖矿集团财务有限公司（以下简称“公司”）紧紧围绕“加强资金集中管理，提高资金使用效率”功能定位，严格遵守金融法律法规，强化风险内控，充分发挥金融服务功能，实现规模和效益稳步增长，有力助推集团公司转型发展。

2015 年末，公司总资产 83 亿元，负债 68.70 亿元，所有者权益 14.30 亿元；实现营业总收入 3.14 亿元，利润 2.28 亿元；资本充足率 24.52%，流动性比率 46.74%，不良资产率为零。在山东省 12 家财务公司中，公司资产总额占第 6 位、所有者权益占第 4 位，营业收入占第 3 位，利润总额、净资产收益率占第 2 位。

【信贷业务】围绕集团“产业链”，调整信贷投向，优化信贷结构，为成员单位“量身定制”并提供专业的信贷服务。及时调整贷款利率，大幅降低成员单位融资成本，充分体现“内部银行”的服务优势；审慎开展委托贷款业务，盘活存量资金，实现闲置资金在集团内部有效流动。

【资金业务】以“安全性、流动性、效益性”管理为核心，在足额上缴存款准备金、保留安全备付头寸前提下，合理安排资金头寸，对资金存放期限、结构及利率进行有效分析，科学选择合作金融机构，利用资金使用时间差，提高资金整体收益。

【票据业务】稳步推进电票业务，充分发挥电票管理方便、交付不受时空限制、手续费低廉的优势，2015 年办理电票 3.37 亿元，降低了成员单位交易成本，提高了资金使用效率；构建集团“票据池”，集中代保管成员单位商业票据，实现了对集团商业票据的统一管理。

【保险代理】2015 年，组织成员单位规范保险业务招标流程，促使保险公司提供更加优惠的服务。优选服务质量优良、费率成本低的保险公司投保，有效降低保费支出，财产险保险费率同比降低 0.5‰。

【资金集中】强化账户管理、资金预算管理及支付控制，有效规范成员单位开销户行为，切断资金分流源头。集团公司与成员单位签订《经营目标责任书》，把资金集中度列为年度经营指标考核权重，加大资金归集力度，增强资金归集意识。

【风险管理和内部控制】加大内控合规、案防安保、风险防范、规范管理方面的责任落实，进一步完善内控体系建设，重点加强业务管理、风险合规、审计监督三道防线建设，形成全方位合规管理体系；加强员工职业道德教育，坚持离岗离任审计、重要岗位轮换和强制休假制度，最大限度杜绝操作风险和道德风险。

【信息化建设】资金系统登录证书由 1024

位升级到2 048位，有效防止证书破译风险；资金系统软件升级至GS6.0版本，增强安全性和可操作性，提高实用性，为经营决策提供信息支持。

【企业文化建设】通过定期的教育、实践，使风险合规的观念、意识渗透到每个员工的思想、行动之中，员工能够自觉遵守规章制度，能够做到“人人、事事、时时”合规，在公司内形成一种习惯、风气、精神；公司强调人本管理，培养和开发员工的潜能，充分调动员工的积极性，使员工有归属感和荣誉感，进一步提升了员工对公司的忠诚度。

哈尔滨电气集团财务有限责任公司

【经营概况】2015年，哈尔滨电气集团财务有限责任公司（以下简称“公司”）实现营业收入3.2亿元，同比增长35.5%，实现利润总额1.68亿元，同比增长21.7%，完成资金结算1 150亿元，同比增长70%，办理信贷类业务3 000余笔，金额为18亿元。

【公司金融】为充分了解客户的实际需求，公司对所属企业开展了80余次的实地调研，根据企业2015年的生产经营整体安排与金融业务需求，对接公司可开展的金融业务，帮助解决企业存在的实际困难。一是加强业务创新，助力成员企业改革脱困。针对部分企业银行授信额度不足的实际困难，公司积极与监管部门沟通，将授信额度调整为上限5.3亿元；并按企业需求办理电子汇票，延长了成员企业承兑付款周期。同时，创新推出低风险业务，以票据质押和存单质押等方式弥补授信额度不足的部分，做到既控制风险，又满足了成员企业实际需求。二是拓展业务范围，丰富业务品种。为解决成员企业供应链企业票据贴现和流转问题，公司与工商银行、兴业银行、中信银行等五家商业银行开展了合作，对公司开出的票据进行贴现。三是积极推进委托投资业务，提高成员企业资金收益。为满足成员企业提高资金收益的需求，公司向股份公司申请为成员企业核定了40亿元的委托投资规模，全年办理委托投资业务32笔，预期为成员单位实现投资收益超过0.73亿元。四是进一步扩大产业链上下游金融合作，促进集团主业发展。公司与国投、华电、武钢等集团财务公司签订了战略协议，开展金融合作，促进集团市场开发和业务拓展。五是结合企业需求，充分开展授信工作，共给予成员企业综合授信49亿元，同比增长5%。同时，跟踪企业业务需求，基本做到了能贷尽贷。

【资金和投资业务】2015年，市场资金收益水平不断下降，盈利空间被进一步压缩，经营难度进一步加大，对此，公司积极应对，精细管理，采取多项措施，在归集资金总量增长10%的情况下，实现利润增长21.70%的较好业绩。一是科学研判国家货币政策，主动应对市场变化。针对人民银行五次降息节点，均提前作出预判，并及时匹配了长期产品，提高资金收益。二是精细化运作资金，在兼顾公司流动性的同时做好久期管理和资金错配工作，努力提高资金运作水平，向精细化管理要效益。三是充分利用同业业务的竞价机制，择优选择交易对手，努力实现利润最大化。四是增加资产配置品种，培育新的利润增长点。2015 年办理自营有价证券投资业务 10 亿元，提升了收益水平。

【外汇业务】2016 年 3 月 24 日，在成员企业的支持下，公司成功办理首笔美元外币存款业务，搭建了外币资金池，形成外币存贷、资金代理收付等基础业务能力，丰富了财务公司金融服务手段，拓展了服务币种和业务品种，为外汇业务持续深入的开展打下了良好的基础。

【风险管理和内部控制】一是加强信用风险管理。完成了对 15 家成员单位进行客户信用评级，对总体业务进行综合授信工作，把控整体业务风险。二是加强流动性风险的提示和预警工作，保持同期限档次的主要资产和负债保持在合理比例。三是实时监控各项风险业务的监管、监测指标。公司 2015 年资本充足率、不良资产率、不良贷款率、贷款损失准备率、流动性比例、自有固定资产比率、担保比率、存贷款比率等项监管、监测指标均在监管标准之内。四是加强新业务操作风险管控。对新开办的委托投资、投资业务等新业务品种，加强业务理论学习和同行业调研，经集团法律审查，在符合监管部门资金集中度管理指标之内，送黑龙江银监局备案后方可办理。五是公司对财务凭证档案、公司“三费”及出国人员费用、遏制违规经营、结算业务和信息化管理等方面进行了全面稽核审计，有效地控制公司经营、财务管理、信息化管理和发展中存在的风险隐患，不断提高公司经营的合规性，从而促进公司健康发展。六是顺利通过黑龙江银监局现场检查组“两个加强、两个遏制”专项现场检查暨 2014 年度监管检查，检查内容包括公司治理情况、内部控制制度、新批准的拟开展业务准备情况、经营情况等，检查组对公司的情况给予肯定，这对公司继续推动健全公司管理体系，进一步完善风险管理体系，发挥特有专业优势，审慎开展新业务，合规、稳健发展，起到了积极作用。

【信息化建设】2015 年，经过了近十个月的系统开发、测试等相应准备工作，公司信息系统（三期）优化功能已于 10 月正式上线运行，根据企业的实际业务需求，本着“贴心、贴身”的原则，个性化地增添了网银指令自动接收、发送功能、结算业务的线上审批功能、自动计结息功能、提醒功能的业务全覆盖等一系列业务模块，公司业务办理效率、数据查询质量、降低业务风险方面都得到了较大的提升，其中，新增的电子回单打印功能，可以使成员企业足不出户，即对自己企业所做的新业务品种进行打印、留存，不必再为相关凭证不能打印而去财务公司办理，得到了成员企业的一致好评。

【企业文化建设】2015 年，公司着力培育具有积极、乐观、团结、向上的企业文化，以客户为中心，打造公司良好的服务形象；以人为本，打造和谐的企业文化氛围。根据集团公司党委的统一部署，结合公司实际，开展了“逆势求进，狭路求生”专题形势任务教育，通过集中学习、观看视频等多种方式，进一步推动公司健康发展。同时，积极参加集团公司文化艺术节，并在演讲比赛、羽毛球比赛和棋牌比赛中取得了较好的成绩，展现了公司青年员工的风采，提高了公司凝聚力和向心力。

北大方正集团财务有限公司

【经营概况】2015 年，北大方正集团财务有限公司（以下简称“公司”）继续发扬方正集团“持续创新”理念，秉承公司“融通内外资源，助推集团战略”的宗旨，为成员单位提供法律法规允许范围内的各项金融服务，建立了“差异化”的资金管理体系，在积极应对集团事件对公司经营带来不利影响的同时，实现了“稳步快跑”的业务发展。

截至 2015 年末，公司资产总额 124.03 亿元，各类资产质量均良好。所有者权益总额 60.06 亿元，较上年增长 3%。全年实现主营业务收入 4.34 亿元，净利润 2.03 亿元。成员单位已开户 101 家，全年资金结算超过 9 315 亿元。

【信贷业务】2015 年，公司合理规划了贷款发放进度，尽可能满足成员单位信贷资金需求。截至 2015 年末，公司向成员单位发放自营贷款余额 73.89 亿元，给予成员单位的自营贷款利率多为同期人民银行贷款基准利率下浮 10% ~20%，在一定程度上节省了成员单位的财务费用。公司注重对信贷业务发生企业的持续跟踪，不定期对重点企业进行走访调研，确保了信贷资产质量，全年本息回收率 100%。公司还为成员单位提供委托贷款、担保等业务服务。2015 年末，公司委托贷款及担保余额分别为 11.90 亿元及 37.51 亿元，满足了成员单位的多种融资服务需求。

【资金集中】2015 年，公司资金集中工作稳步推进。2015 年末，全口径资金集中度达到 18.17%，可归集口径资金集中度达到 77.68%，流动性比率始终保持在 80% 以上，全年日均存款超过 41.07 亿元。公司在核心业务系统和银企平台进入平稳使用期后，陆续与发生业务较为频繁的重点成员单位签订自动归集服务协议。通过一段时间的探索，公司归纳总结出了成员单位上拨、下划等业务操作的一般规律，为在成员单位中进一步扩大试点打下了良好基础。2015 年下半年，公司在支付结算费用以及利率政策上最大限度让利于成员单位，开户成员单位数量较前一年有小幅度增加。公司在守法合规的前提下切实加强资金集中管理，加强精细化管理，为成员单位的稳定发展提供强有力的后援保障。

【票据业务】2015 年，公司继续加大票据结算力度，全年累计贴现各类票据约 182 亿元，提高了成员单位的资金周转效率。公司积极与银行沟通联系，全面拓展同业渠道，业务覆盖各重要省会。公司票据业务市场化程度较高，善于对市场利率进行预判，捕捉市场机会，在节约了成员单位融资成本的前提下，获取了盈利。

【风险管理和内部控制】2015 年，公司风险管理政策以“合规、稳健经营”为原则，重点关注公司流动性风险和操作风险管理，通过强化员工内部控制规范化、流程化意识，完善公司风险管控。年内完成财务公司风险管理与内部控制手册，涵盖公司主要业务领域和后台保障职能，以标准化流程、风险识别和防范措施保证业务合规性，降低各类型风险。同时开展多次风险检查、合规访谈，梳理内部控制的薄弱环节，并及时作出风险提示，全年共提示18项需重点关注的潜在风险事件。2015年合规部对公司制度进行全面梳理，修订/新增制度27项，年末财务公司共有制度97项，覆盖了各部门的大部分工作内容，完善了公司制度架构，对公司稳健经营提供了制度保障。

【人力资源管理】2015年，人力资源管理工作继续以公司战略为指引，在人员引进方面，通过重点引进优秀应届毕业生及有经验的专业人士，持续优化公司人才结构，做到“三个提高”（提高人员学历结构水平，提高名校高学历人才占比，提高国际化人才占比），关注实习生引进率。在培训管理方面，以业务为导向，积极开展业务知识分享课堂，同时培训向管理干部以及后备人才倾斜。2015年全员培训总次数达到40次，培训总时长累计达到4 327.50小时，人均培训小时数达90.16小时，其中核心岗位后备干部人均培训小时数263.60小时。在绩效考核方面，公司通过开展全员综合考评，对干部和员工进行业绩考核、综合素质考核、干部管理风格与个人能力倾向风格考评，并将考核结果作为干部选拔、调薪、激励、任免和淘汰等工作的重要依据。通过全员满意度调研，并针对调研结果开展系统性的分析及总结，有效推动了干部、员工之间的交流，同时促进各级干部领导力的提升与管理风格的优化。

【信息化建设】2015年，公司完成了核心业务系统的第二次系统优化工作，增加自动续存、自动入账等系统功能，有效提升系统使用效率。搭建完成征信系统，满足了监管机构对财务公司征信数据的报送要求。同时，根据公司票据业务发展规划，分三阶段完成电子商业汇票项目，2015年已完成冗余专线接入、项目硬件购置及系统集成等工作，且通过了监管机构对电子商业汇票系统的接入端软件、接入端信息系统及接入环境的检测，电票系统已正常使用。在信息安全管控方面，增加了上网行为管理设备，加大对终端用户的访问控制，实现对网络资源的合理分配。同时进一步完善垃圾邮件网关的审核策略，有效增加了对垃圾邮件的识别拦截。在基础设施建设方面，对部分老旧网络设备进行了更新替换。修缮空调排水管道，避免因水垢堵塞造成的空调漏水问题。整合机房KVM切换器设备，实现对机房设备的全面管控，并且优化机房机柜空间，提升空间使用效率。在信息系统日常运维方面，每个工作日查看服务器及系统运行状态，保证对系统的监控检查及时到位；每季末核对备份数据与生产数据是否一致；同时每个月对小型机、核心网络设备等机房设备进行一次详细的巡检工作并进行记录；分别实施网络、核心业务系统突发事件应急演练，提升突发事件的处理能力。

【企业文化建设】2015年，公司组织全体员工开展怀柔拓展培训、奥森健步走活动。在参与中大家深刻体会到如何激发自己的潜能，挑战、超越自我，也更好地认识到团队协作的重要性。2015年12月21日，公司代表方正集团与中国银行在北京大学体育馆举行第四届篮球友谊赛。同时，公司组织开展全员“PPT设计大赛”“最美工位环境大赛”及红螺寺一日游活动，凸显公司的人文关怀，营造和谐、向上的文化氛围。以提供员工间交流沟通为宗旨，深入调研了解员工的工作及生活需求，力求为员工创造舒适、满意并具活力的工作环境，增进企业凝聚力，保障公司各项工作顺畅、有序、高效开展。

通用技术集团财务有限责任公司

【经营概况】2015 年，通用技术集团财务有限责任公司（以下简称“公司”）始终坚持“依托集团、服务成员、规范经营、稳健发展”的经营理念，按照“服务与管理并举，金融与产业协同”的方针，持续深入落实“巩固、完善、提高、拓展”的工作思路，聚焦巩固归集规模、完善服务模式、提高市场适应能力、拓展业务品种，切实加强党的建设和企业文化建设，各项经营管理工作按计划推进，公司持续稳定健康发展。

【信贷业务】2015 年，根据集团公司总体授信安排，公司对集团本部和 16 家二级单位、28 家三级及以下单位进行了信用评级、风险限额的确认和新年度的额度授信。在实际操作中，坚持总额控制、程序审批，严格风险管理，根据资源状况及实际需求，分类有限提供信贷资金。2015 年，公司通过自营贷款、票据承兑、贴现、银行保贴等业务，及时满足成员单位资金需求，支持业务发展。1 月至 12 月，累计发放自营贷款 95.30 亿元，12 月底自营贷款余额 64.65 亿元，不良贷款率为零。

【资金业务】2015 年，公司在同业市场利率整体下滑的市场环境下，严格按照同业授信的范围和规模，紧跟市场、科学预判、抢抓机遇，努力提高资金配置效率，存放同业取得较好收益。

【票据业务】2015 年，在票据业务方面，公司逐步完善包括票据信息、代保管、承兑、贴现、转贴现、再贴现等在内的完整链条，并根据业务需要稳步推进。1 月至 12 月，票据贴现业务累计发生额为 4.03 亿元，承兑业务累计发生额为 2.75 亿元。

【主动负债业务】2015 年，公司以业务需要为出发点，密切关注市场变化，灵活运用转贴现、再贴现、同业拆借等主动负债手段，有效进行头寸调节。

【外汇业务】2015 年，公司积极走访有潜在结售汇业务需求的成员单位，以细致周到的服务和优惠的价格赢得成员单位的好评，取得了较好的效果。

【资金集中】2015 年，公司紧抓集团公司资金归集考核政策实施的良好机遇，有效加强与成员单位的沟通，深入挖潜、盘活资源，归集规模、归集度均得到了较大提升。总体上看，激励机制效果明显，归集渠道不断拓宽，归集范围、归集规模、归集度同比实现较大幅度提升。2015 年，日均吸收存款折合人民币 91.48 亿元。12 月底，按监管口径计算，资金归集度为 47.07%

【业务创新】2015 年，公司认真开展了对已获批的投资类业务的研究工作，从业务范围、监管要求、功能作用、业务准备等方面进行了逐一分析，并初步提出了可行的投资计划。同时，修订了有价证券投资办法和规程、投资业务流程和债券回购业务管理办法和流程，为投资业务的开展做好了制度准备；对主流投资产品进行充分的市场研究和业务调研，为投资业务的开展做好了产品储备。

【风险管理和内部控制】 为服务和促进公司经营发展，2015 年风险管理工作以完善风险体系建设，提升风险管理实效性，增强风险防范能力为重点开展工作。一是不断加强内控体系建设，开展内控咨询工作。聘请经验丰富的中介机构对公司内控管理现状进行全面诊断，识别管理缺陷并提出改进建议，建立风险和内部控制自我评估机制，实现长效管理。二是继续开展重点业务领域专项评估工作。2015 年，公司完成了贷款业务和结算业务的风险评估，对相关制度的完备性及制度执行的有效性进行全面检查，挖掘风险点，查找漏洞并提出改进建议。三是加强风险跟踪，对重点业务评估中发现的问题进行持续跟踪，督促相关部门落实整改，切实提高风险管理的实效性。四是定期开展风险指标监测和风险排查工作，及时发现和揭示风险征兆，有效防范业务风险。

【人力资源管理】 2015 年，公司以做实内功为基础，以培育队伍为路径，以打造专业化团队、提供专业化服务为目的，有序开展人力资源管理工作。一是以巡视整改工作为契机，梳理完善人力资源管理制度。二是充实员工队伍，开展中层轮岗工作。三是积极补充完善人才队伍。四是进一步加强学习型团队建设，有效落实培训计划。

【信息化建设】 2015 年，公司信息化建设稳步推进项目的实施，各项工作有序开展。应用软件系统建设方面：一是围绕核心业务系统稳步进行升级开发，系统需求优化处理工作进一步收到成效；通过对现金池二期项目的开发实施，进一步提升了公司的个性化服务水平；通过对直连银行接口进行升级，进一步夯实了公司资金归集工作的基础。二是妥善安排外部网站进行自查整改工作，并对公司网站进行架构优化和防篡改升级改造，有效提升公司网站安全管理水平。集成项目实施方面：通过堡垒机和双机隔离改造项目的实施，进一步加固了公司信息化安全；完成了网银客户端证书第二批的更新和软件正版化专项工作；启动了移动服务平台建设项目（一期）和 2015 年网络信息系统集成项目相关的采购和实施工作，公司网络和基础硬件平台进一步得到扩展和完善。三是制定完成信息化专项规划，为公司未来三年信息化建设引领方向。

【企业文化建设】 2015 年，积极推进企业文化建设，确定了企业文化要素，为公司探索建立完善的企业文化体系夯实了基础。按照企业愿景、企业核心价值理念、员工行为规范、企业标识及应用四项基本内容设计并发布了企业文化手册，在此基础上组织开展了第一期企业文化宣贯培训会。

铜陵有色金属集团财务有限公司

【经营概况】 2015年，铜陵有色金属集团财务有限公司（以下简称“公司”）全年实现营业收入2.16亿元，平均资产规模48.20亿元。资本充足率为17.26%，流动性比率为66.16%，不良资产率和不良贷款率均为零。

【信贷服务】 最大限度地发挥了财务公司服务成员单位，调剂资金余缺的功能。积极开拓集团主业客户，稳定贷款数量及质量，全年共为27家成员单位累计发放贷款金额43.41亿元，累计为成员单位节省财务费用700余万元。

【外汇集中】 国内外币资金集中业务开展顺利。2015年通过资金集中运营业务共实现归集资金3.23亿美元，下拨资金2.70亿美元。

【资金集中】 2015年，日均吸收存款为35.89亿元，同比增长15%。平均资产规模48.20亿元，同比增长14.76%。累计办理资金结算业务89 183笔，结算金额3 540亿元。与2014年同期相比，结算业务量上涨3%，结算金额上升2%。

【结售汇业务】 2015年，在外汇交易中心业务量达到46.43亿美元，较2014年增长25%，占整个集团结售汇业务总额的80%以上，结售量在外汇交易中心排名74位，安徽省排名第二位。在业务办理过程中能够严格遵照相关外汇制度，未发生风险事件。成员单位利用财务公司平台购汇远低于市场平均价格水平，在业务沟通、操作上也得到成员单位的极大认可。

【风险管理和内部控制】 主动积极配合银监、人民银行、外汇等部门检查，针对检查提出的问题及时整改，责任到人。在系统和业务流程两个方面梳理风险隐患，针对风险点及时进行系统升级和业务流程优化。对所有支付业务全面核实，并与计财、结算、信贷等部门认真核对相关业务信息，重点对大额存款进出情况和票据承兑、贴现进行检查。对委托贷款业务运作程序的完整性及法律文本的合法性进行专项稽核。

【信息化建设】 根据资金管理需要，积极进行软硬件系统升级。实现了由SQLServer数据库向Oralce数据库的整体迁移，实现了外币（美元）国内主账户的资金归集，完成了与人民银行征信系统的对接。

中建财务有限公司

【经营概况】2015 年，中建财务有限公司（以下简称“公司”）面对经济下行和利率市场化的压力，积极采取应对措施。坚持“依托集团、服务集团”的原则，通过不断优化资源配置，创新金融服务模式，为集团提供多元化金融服务，较好地完成了预定目标。

2015 年，公司累计完成营业收入 12.17 亿元，同比增长 27.20%，实现净利润 4.86 亿元，同比增长 7.30%，成本收入比率 44%（不含资产减值损失）。截至 2015 年 12 月 31 日，公司资产总额 743 亿元，其中用于内部发放的贷款及贴现 145.3 亿元，存放同业 426 亿元；负债总额 709 亿元，其中吸收存款 705 亿元；公司流动性比率为 84%，资本充足率为 13%，均保持在安全范围内。

【信贷业务】2015 年，公司继续以全力支持成员单位发展和提高集团资金使用效率为宗旨，继续扩大资金配置平台作用，为成员单位提供融资便利。一是为集团专业化及区域化板块提供信贷支持 161 笔，金额累计 46.50 亿元。二是加强供应链金融服务，为成员单位混凝土、钢材物资及机械设备采购提供支持 170 笔，金额达 8.92 亿元。三是助力集团临建标准化，为成员单位箱式房采购业务提供贷款优惠利率。四是扩大票据承兑、保函、委托贷款等中间业务。全年累计开展中间业务共计 169 笔，金额达 69.22 亿元。五是通过继续提供定向贷款融资支持，并在期满之后给予续贷的方式，为内部单位之间设备采购提供便利的通道，扩大集团建筑机械设备内部销售市场。

截至年末，公司累计共发放贷款和贴现业务 131 笔，金额共计 240.60 亿元，余额为 145.34 亿元，余额比上年末增长 52.89%，日均贷款 121.53 亿元，日均贷款比上年末增长 27.84%。

【资金和投资业务】2015 年，公司在集团批准的投资计划范围内，积极稳健地开展各项投资业务。为了保证流动性，公司继续稳步开展同业拆借业务，其交易品种主要为隔夜和 7 天两种，全年共发生同业拆借业务 521 笔，累计本金 2 003 亿元，获取收益 0.08 亿元。

同时，公司利用 2015 年 3 月新取得的业务资格牌照，积极增加业务新品种：一是开展了国债逆回购业务，交易品种分别为 2 天、3 天、7 天和 14 天，年内共交易 5 笔，累计金额约为 40 亿元，已到期 2 笔，共获取收益 28.2 万元，收益率分别为 4.34% 和 4.21%。二是增加投资业务品种，主要包括银行理财产品 11 笔，累计发生额 27.98 亿元，获取总收益 0.10 亿元；信托产品投资 1 笔共 2 亿元，已获取收益 0.09 亿元。

【票据业务】2015 年，公司在集团内部不断推广电子汇票业务，发挥电子汇票承兑优势，为兄弟单位对外支付采购款项提供便利。

全年累计开展电子汇票业务125笔，金额达1.81亿元。公司对内部票据贴现继续采取较低的贴现利率，提高成员单位之间票据结算的积极性。全年为成员单位办理票据贴现业务68笔，金额累计11.50亿元。

【资金集中】公司作为服务于集团整体战略发展目标的金融服务机构，2015年仍坚持利益共享，通过继续给予集团成员单位各项资金集中优惠政策来调动成员单位资金集中的积极性，公司成功吸收了股份公司大部分沉淀资金包括优先股发行筹集资金以及收缴的利润款项等。2015年，公司吸收存款再次取得新突破，日均余额达311亿元，比2014年同期增长35%；12月31日吸收存款余额更是达到了新的高峰705亿元，与2014年同期相比提高52%，与开业当年相比增长了8倍多。

【业务创新】公司积极鼓励业务部门创新业务品种，以满足集团金融产品的需求。公司针对集团转型和兄弟单位的创新融资需求，提供了创新融资顾问服务，重点就公司参与研究并形成的成熟产业基金模式进行介绍推广、协调服务。2015年，该模式应用于4个投资项目，直接融资规模超过50亿元，带动近百亿元工程项目，而且应用范围还在不断扩大，有力地支持了集团发展。

【风险管理和内部控制】公司全面落实风险监管导向，把握“重控制保稳健、务实中求创新”的指导思想，突出“以点带面、纵横联动、重点覆盖”的工作思路，注重体系建设与控制措施并重。在风险监管方面，注重搭建监管工作平台，确保公司同监管部门在政策信息与风险信息方面双向联动，全面配合开展业务研究和现场与非现场监管：一方面，通过优化业务审查机制、挖掘风险管理信息化应用潜力、创新风险报告机制等组合性举措，提高业务风险防范能力；另一方面，以重文化、管制度、控流程、抓合规为工作抓手，推行合规性测试新机制，风险文化及内控环境进一步得到优化。

2015年，公司将审计与监察工作思维、方法相融合，聚焦核心业务，联动开展审计与纪检监察工作，完成了年度内控评价综合性审计项目；保函、账户管理、成员单位信用评级与授信、信贷业务定价4个专项审计与监察项目，切实发挥审计与纪检工作在内部控制体系中的“第三道防线”作用。2015年，公司积极配合监管机构检查调研，强化内、外沟通，进一步提升内控管理工作成效。北京银监局授予公司2015年非现场监管统计先进单位二等奖，风险管理及金融案防工作分别达到优秀级标准；被人民银行评为2015年金融统计工作A类机构。

【人力资源管理】2015年，公司努力构造“公平、竞争、科学、开放”的人才发展平台，不断完善人力资源管理体系，把握顶层设计人才发展方向，着力打造金融高端定制人才。一是加强干部队伍建设，强化领导干部管理。首先，重新规划组织机构，着重顶层设计，明确职责、调整分工，创新干部“岗位不轮，工作轮”的渗透式工作调整方式，达到保障运营及有效轮岗的统一。其次，继续完善干部的组织建设、能力建设、作风建设，健全管理机制，严格把握选拔任用、考核评价、监督管理、薪酬福利、个人有关事项报告各个环节，把好干部管理的“体检治疗关”。二是细化人力资源基础管理，推动标准化建设。公司将金融人才开发管理摆到发展全局的突出位置，持续规范标准化管理体系，不断推动人力资源业务的两化融合，加强金融专业及复合型人才招聘和储备力度，建立人才“选、用、育、留”的标准工序，着力打造金融专业人才队伍。

【信息化建设】2015年，公司信息化建设主要以业务稳定开展、信息科技成果创新驱动发展为主要任务。一是应用系统建设推广及信息科技研究成果。第一，深入推广应用运营管理系统，进一步提升公司精细化管理和服务水平，该系统获得2015年度中建总公司省部级科学技术三等奖，同时获得了软件著作权。第二，在银监会组织的课题研究中，“中建财务有限公司数据仓库及数据挖掘应用研究”课题荣获2015年度银行业信息科技风险管理研究四类成果奖。该课题的成果实现了对资金运营管理和风险的全面管控。二是信息安全及业务连续性。除了对网络进行优化，还进行了全公司层面的金融核心数据库的容灾应急演练工作，切换后应用系统运行正常，符合监管部门及自身管理的应急响应要求。

【企业文化建设】2015年，公司把党群工作与企业文化建设工作相结合，将工作重点放在：“一个完善，一个推进，一个拓展”。一个完善：完善党委组织机构，积极为公司成立正式党委创造条件。一个推进：全力推进党建工作，一是巩固群众路线教育成果，从整改落实和做好“三严三实”专题教育活动规定动作两个方面着力。二是夯实党建基础工作，完成党建工作专项调研等。三是推进企业文化建设，组织员工参加“书香中建”大讲堂，开展评选优秀员工活动。一个拓展：拓展幸福空间，一是解决员工食堂就餐问题，二是营造健康、舒适的工作环境，三是开展健康保障，为员工建立补充医疗保险和女职工特殊保险等。四是组织温馨行动，利用员工生日会、三八妇女节等慰问员工。通过党建工作与企业文化建设的融合，增强了员工的凝聚力和使命感，提升了公司在集团的良好形象。

江苏省国信集团财务有限公司

【经营概况】2015年，江苏省国信集团财务有限公司（以下简称“公司”）围绕集团的发展战略，坚持将服务于集团和成员单位的发展作为第一要务，以加强资金集中管理、提升资金归集率为核心，在稳健合规中创新金融服务，在提升服务水平中创造价值，进一步提升公司为集团和成员单位提供优质金融服务的能力。公司积极推进有价证券新业务的开展，拓宽公司的业务功能和投融资渠道，提高闲置资金收益；尝试“财财”合作模式，丰富成员企业支付结算方式，缓解其资金周转压力，降低其资金成本；坚持“重服务，轻利润”工作宗旨，在人民银行多次降息的情况下，坚持为成员单位提供最优利率，真正将“实惠”留给企业，促进集团实体经济更好发展；公司各项工作稳健、有序开展。

截至2015年末，公司总资产为121.12亿元；实现营业收入3.46亿元，完成全年目标的109.94%；实现利润总额1.38亿元，完成全年目标的119.63%；成员企业开户数达到155家，完成全年目标的110.71%；净资产收益率达到5.79%，完成全年目标的125.87%；

归集资金余额达到103.10亿元，完成全年目标的239.76%；为成员企业提供融资50.05亿元，完成全年目标的110%；超额完成集团下达的各项任务指标。

【公司金融】截至2015年末，公司为26家成员单位办理了80.50亿元综合及专项授信。公司根据成员的不同特点和资金需求情况，通过贷款、贴现、电票等多种形式的资金运用方式，为成员单位累计提供资金支持59.16亿元，保障了成员单位的日常经营，其中，为24家成员单位办理了57.48亿元的贷款业务，为3家成员单位办理了1.68亿元的票据贴现业务，截至2015年12月末，公司为集团和成员单位提供资金支持余额达50.05亿元；此外，公司还作为受托人为集团本部及成员单位新办理了81.93亿元的委托贷款，年末委托贷款余额173.54亿元。

【资金和投资业务】一是做好资金调度工作，根据集团资金集中管理的要求，公司要求成员单位按年度、月度编制资金预算，逐笔审核成员单位调整追加资金计划的申请并提出修改意见，协调集团内各种资金支付，掌握集团的资金需求，保证成员单位的正常营运。二是积极开展同业业务，指定专人负责，实时关注同业拆借市场利率变化，根据集团和成员单位的资金需求情况，抓准时机开展拆借交易，做到头寸不足时，及时填补资金缺口，保障成员单位用款；头寸充裕时，实现沉淀资金增值，促进集团资金整体使用效率和收益效率最大化，截至2015年12月末，公司金融机构往来利息收入共计0.56亿元，其中公司利用闲置资金积极开展存放同业业务共实现盈利0.22亿元。三是初步开展有价证券投资业务，截至12月末，公司申购0.60亿元南方现金B货币基金，并与平安证券开展1亿元国信集团中票认购业务，进一步提升公司为集团和成员单位提供优质金融服务的能力。

【票据业务】截至2015年末，公司累计为成员单位办理了16.34亿元的票据贴现；公司积极开展电子商业汇票业务，全年开展电子银行承兑汇票、电子商业承兑汇票贴现等业务累计票面金额达1.68亿元。在已开展的贴现业务基础上，公司还对集团票据集中管理工作积极研究，探索以提供票据承兑、贴现、转贴现等一揽子业务为抓手的集团票据池运作模式，力争进一步盘活集团票据资产，提高成员单位支付能力以及资金归集度。

【资金集中】公司主动走访成员单位，加强沟通交流，了解困难需求，共同研究符合成员企业发展的资金归集模式，与舜天集团及其下属舜天机械公司、舜天股份公司等七家子公司进行了面对面的深入沟通，为下一步贸易企业资金归集奠定了良好基础。对天然气公司主动上门服务，促成其资金归集取得零突破。截至2015年末，成员企业开户数达到155家，归集资金余额达到103.10亿元，全口径资金集中度达67.30%；2015年日均归集资金余额55.40亿元，较2014年增加5.75亿元；月均资金归集率47.48%，较2014年提高7.36个百分点。

【业务创新】2015年，公司与潞安集团财务公司开展尝试性“财财”合作，双方分别给予对方意向性综合授信额度，可用于票据互认、票据贴现和同业拆借等业务的同业合作意向。根据双方商定的同业合作框架，国信集团和潞安集团下属相关子公司可持对方财务公司承兑的商业汇票在本集团财务公司办理贴现，回笼资金。此项业务的推出对加强成员单位与产业链上下游企业合作，丰富其支付结算方式，缓解其资金周转压力和降低其资金成本都具有积极的作用。截至12月末，公司已成功为新海发电公司开立一笔承兑票面金额为0.20亿元，期限为6个月的电子商业汇票，用于向潞安集团支付购煤款项。

【风险管理和内部控制】一是推进内控体系建设，编制内控手册。对现有制度进行了梳理，编订了内控手册，明晰了各项业务的流程，提示出各项工作的主要风险点，打造开展各项工作的“法典”，积极推进内控体系建设，增强了公司抗风险能力。公司全年无案件发生，也没有出现安全事故。二是对照监管要求认真开展自查评估工作。认真开展了“加强内控，遏制违规经营”和违法犯罪自查和风险评价工作自评，明确了自我评估工作目标任务、时间安排、主要内容和实施方式，内容覆盖公司所有业务制度和风险防控各流程，对公司法人治理、经营情况、合规管理、案防工作等各方面进行了一次彻底自查，为公司进一步夯实基础，防范风险，稳健发展提供了坚实保障。三是按照集团审计要求加强落实整改。公司进一步完善利率定价制度，拟定了《成员单位信用等级评定办法》和《贷款业务定价管理办法》，明确了对成员单位利率浮动标准的审批流程和审批权限，确保贷款定价有据可依；进一步加强费用列支真实性和会计核算的规范性管理。四是深入开展内部稽核审计。重点抓好常规序时稽核和制度的贯彻执行检查，对公司2015年发生的经营管理事项、会计凭证、账簿、报表等进行了全面序时稽核，对贷款管理、内控制度执行等进行了专项稽核，增强了公司防范风险的能力。

【人力资源管理】一是建立有效激励与约束机制。进一步建立健全绩效考核制度和奖惩制度，形成员工能上能下、薪酬能高能低的人力资源制度体系。二是构建公司员工培训制度，有计划地开展员工培训，提升员工展业能力。全年公司累计开展各类培训调研学习20多场次。三是开展员工职业生涯规划设计。建立公司内部员工职业生涯发展规划体系，促进公司总体发展与员工个人发展相协调。

【信息系统建设】2015年，公司完成了与建设银行的银企直连工作，至此，公司已与工商银行、农业银行、中国银行、交通银行、建设银行五大行全部实现了银企直连，为推进公司业务发展，深化金融服务提供坚实保障；顺利完成与人民银行征信报送系统对接的上线准备工作，为公司优化信贷结构，提高信贷质量，提升信贷资金安全打下坚实基础；对九恒星新版信贷业务模块包括流动资金贷款、票据贴现、项目贷款、委托贷款业务的放款、提前还款等进行了详尽测试，积极推动新系统的上线运行，弥补现有系统的缺陷，为构建电子信息共享平台打好基础。

【企业文化建设】公司大力弘扬企业精神，积极培育符合社会和企业自身发展的核心价值观，建设健康、向上、和谐的集团内部银行企业文化。积极组织“奉献爱心，捐资助学”活动，通过扶贫济困、回馈社会的行动，倡导员工发扬慈善奉献、关爱社会的良好情操，增强员工的社会责任感和爱心互助意识。组织开展纪念抗战胜利70周年系列活动，接受爱国主义教育，使大家铭记历史，不忘国耻。组织员工进行拓展训练和参加集团羽毛球赛等，让员工在挑战极限与互助合作中增强团队意识和责任意识，进一步助推企业文化和精神文明建设。

重庆化医控股集团财务有限公司

【经营概况】 2015年，重庆化医控股集团财务有限公司（以下简称“公司”）以科学发展观为指导，紧紧围绕国家产业政策和化医集团“11+3”改革发展思路，明确“进一步加大资金、票据集中管理力度和提高资金使用效率”的总体工作目标，坚持“立足化医、依托集团、服务产业”的经营宗旨，以提升客户服务体验为基本出发点，积极服务集团实体经济和中小企业。一年来，公司在各成员单位的支持下，努力克服化医集团主业结构调整、国内利率市场化进程加速、全国经济增速放缓等诸多不利因素的影响，及早谋划、提前部署、上下齐心、迎难而上，不断创新工作思路，优化完善内控制度，有效应对宏观经济形势对公司经营和管理的影响，在全面完成集团公司预算任务的同时，相关指标达到了监管要求，取得了良好的经济效益和社会效益，实现了“十二五”的圆满收官，为“十三五”打下了良好基础。截至2015年底，公司资产总额62.97亿元，净资产8.65亿元；吸收存款46.33亿元，发放贷款及贴现39.88亿元，不良资产率和案发率持续为零；实现营业收入2.29亿元，利润总额1.36亿元。

【信贷业务】 2015年，公司完成了对32家集团成员单位年度综合评级授信工作，授信总金额34.65亿元，同比增加11亿元；全年累计向26家成员单位发放自营贷款80笔，累计发放自营贷款23.03亿元。一是在信贷政策上密切配合化医集团总体发展战略及产业布局调整，大力支持企业升级调整产业结构以及混合所有制改革。二是在当期利率下行的趋势下，进一步对成员单位的对外融资情况进行摸底，对其中的高息贷款进行置换，切实降低其融资成本，增强其盈利能力。三是对资金链相对紧张、贷款期限结构严重不合理的成员单位发放“搭桥贷款”，增强其流动性，缓解其资金压力，维护成员单位的信用记录。四是进一步加大对集团中小成员单位和外地成员单位的支持力度，着力解决中小成员单位因为生产经营状况欠佳，对外融资能力较弱的现实困难，为多家外地成员单位提供信贷支持，缓解其资金压力，促进其健康发展。五是通过积极开展融资租赁业务，减轻成员单位还款压力，进一步优化信贷资产结构，解决短贷长投问题。

【票据业务】 公司在成立之初就建立了“票据池”，成员单位将收到的商业汇票归集到“票据池”中由公司代管。开展的票据业务主要包括：成员单位可以用“票据池”中的商业汇票在公司办理贴现，办理质押，由公司代开银行承兑汇票，票据到期由公司代办托收等。2015年，公司累计办理成员单位贴现42.31亿元，办理转贴现23亿元，办理再贴现2.40亿元，代开银行承兑汇票8.62亿元，年末票据余额23.92亿元（含托管票据）。

【资金和票据集中】截至2015年底，在公司开户的单位达到102户，与2014年同期相比基本持平；票据归集数达到57家，比年初增加11家，全年办理票据归集金额62.81亿元。公司切实采取多种措施调动集团成员单位归集资金和票据的积极性。一是加强与集团财务部的沟通协调，加大对成员单位银行账户的监控，做到账户“应归尽归”，监控不留死角。二是科学测算成员单位的日常资金需求量，合理核定每个账户归集限额，做到既方便成员单位日常支付，又不致多余资金闲置。三是加大对成员单位银行账户资金的核查力度，利用年度审计报告对成员单位报送的《资金、票据分析表》进行分析，对虚报、错报、漏报以及故意规避财务公司资金、票据集中的行为给予一定的处罚。四是对于地处偏远、交通不便、人员不足的单位，采取上门收票的方式，尽可能为成员单位交票创造便利条件，加大票据归集力度。五是研究市外成员单位的账户集中，资金、票据归集问题。

【投资业务】2015年8月，公司成功取得投资业务资格，利用暂时闲置资金开展低风险、超短期的投资理财业务4.80亿元，取得投资收益33万元。

【风险管理和内部控制】公司严格执行监管要求，针对柜台业务逐笔进行事后核查，发现问题及时要求进行整改，检查日常账务处理共计10.48万笔，金额1 664亿元。严格开展信贷业务的主体资格、贷款用途、借款人偿债能力、贷款质量、贷款风险等方面审查，共计31笔，授信金额32.75亿元。对26家集团成员单位有贷户进行了全面的贷后检查，涉及贷款金额24亿元。抽查银行承兑汇票实票共计3 597张，严格检查票据贴现业务基础资料完整性。不定期进行现金、支票、空白商业承兑汇票等重要空白凭证实物盘点。开展账户开户资料合规性及银企对账检查。认真开展“两加强、两遏制”活动及“回头看”活动，建立完善制度11项，组织员工认真学习各类规章制度和业务流程，撰写学习心得，认真开展员工行为排查，强化合规意识，确保员工行为合规合法。迎接外部检查5次，配合监事会开展2015年度集中监督检查。监事会认为公司经营层依法履行职责，认真执行国家政策、法律法规及“三重一大”制度，符合重大事项的决策程序，会议程序规范。建立了较为完善的内部控制体系并在逐步健全完善中，而且能得到有效执行。严格执行人民银行重庆营业管理部“反洗钱法人监管三年规划”，加强法制建设工作，加大打击非法集资宣传力度，贯彻落实各项监管要求。

【人力资源管理】公司着眼企业可持续发展，坚持培养与引进并重，注重加强专业技术人才队伍建设，积极打造学习型组织，结合金融行业的实际情况，持续强化岗前培训和轮岗锻炼，积极组织员工参加银监会（局）、中国财务公司协会的业务学习，全年人均参培151人次，同时鼓励员工开展自学，营造“比、学、赶、超”的良好氛围。

【信息化建设】对公司核心业务系统的票据模块、资金模块、报表模块、信贷模块进行了优化升级，新增了融资租赁模块。全面升级视频监控系统，加强工作场所监控力度，确保业务开展全程监控，防范案件风险能力。完成了征信系统的直连测试工作，为信贷和票据工作提供了便利。按监管部门要求对同业拆借专线进行了升级工作，保证了同业拆借工作的顺利开展。认真做好信息科技相关日常管理工作，确保公司核心业务系统正常运转。全年按时上报信息科技月报和年报、网络与信息安全季报和年报等报表，未发生信息科技风险事件。

【企业文化建设】坚持将企业文化建设同经营管理工作有机结合，一方面，突出以“服务”为导向的经营方针，通过真抓实干、苦练内功，不断培养和提高金融服务意识和技能，坚持标准化服务，规范窗口人员行为，实现由传统服务向营销服务的转变，在公司上下逐步建立起热情、周到、主动的服务意识。另一方面，公司大力倡导“人人合规、事事合规”的风控合规文化，通过学文件、学制度、开展警示教育、撰写学习心得等形式，使风险防控意识深入人心，保障了公司日常经营活动的安全高效运转。

金川集团财务有限公司

【经营概况】2015年，有色金属产品价格断崖式下跌，金川集团公司效益大幅下滑。金川集团财务有限公司（以下简称“公司”）紧紧围绕集团的战略规划和“止滑、减亏、增盈”的任务目标，持续推进精细化管理，加强资金管控，保障资金供给，拓展新业务，金融服务能力和经营管理水平稳步提升。全年实现营业收入1.56亿元，利润总额1.02亿元，其中净利润0.87亿元。截至年末，公司资产总额58.63亿元，负债总额46.26亿元，所有者权益12.37亿元。不良资产率保持为零，各项监管指标均符合监管要求。

【信贷业务】在流动性安全的前提下，最大限度配置信贷资产规模，加大对成员单位的信贷资金支持，全年发放流动资金贷款37.77亿元，办理委托贷款业务15.86亿元。加强信贷管理工作，做“实”信贷规模，做“优”信贷质量，密切关注贷款单位的经营状况，动态调整优化评级授信方案，有效管控信用风险。

【资金业务】公司资金运作坚持“安全性、流动性和效益性”原则，以实现集团整体效益最大化为目标，在合规和风险可控的前提下创造效益。精细资金预算，保证合理头寸备付，严格控制各成员单位货币资金存量，有效避免存款、贷款双高现象。同业拆借业务交易对手达11家，资金拆入59亿元，拆出9.50亿元，有效调节资金池短期流动性。公司发挥资金规模优势和议价能力，获取较高资金收益，牵头为成员单位利用闲置资金办理银行理财，增加收益1.18亿元。根据集团整体资金状况，积极为集团制定融资方案，优化金融资源配置，通过选择融资工具、调整币种和期限结构等，协助集团多渠道、低成本融入资金290.97亿元，较一年期人民币贷款基准利率节约财务费用1.16亿元，保障了资金安全供给。

【票据业务】公司稳步推进票据集中管理，发挥票据池作用，盘活成员单位票据资产。持续监控成员单位的票据持有及流转情况，提供优于市场价格的贴现率，引导成员单位及时贴现票据，免费办理承兑业务，2015年办理票据贴现25.93亿元，出具电子承兑票据11.99亿元，有效降低了集团资金占用及资金成本。

【资金集中】成员单位经营效益面临下滑压力，资金沉淀大幅减少，公司深入挖潜，进一步加强对成员单位的账户管理以及对账户资金的限额考核，有效巩固了资金归集水平，全口径资金集中度 47.99%，剔除不可归集因素，资金集中度为 93.47%。吸收存款日均余额 37.78 亿元，全年为 96 家成员单位办理结算业务 79 113 笔，同比增长 11.26%，结算金额 4 059.24 亿元。

【业务创新】公司于 2015 年 1 月开展即期结售汇业务，全年累计购汇 11.28 亿美元，为成员单位节约购汇成本 0.08 亿元；累计结汇 1 335万美元，结售汇收益 114.16 万元。

由公司作为主办企业的金川集团跨境双向人民币资金池业务和全球外汇资金集中运营管理业务分别获得中国人民银行兰州中心支行和国家外汇管理局甘肃省分局批准，并先后于 9 月和 12 月完成业务通道测试，这两项业务的开展加强了金川集团境内外、本外币资金集中运营管理，实现境内外资金双向融通，填补了甘肃省跨境资金集中运营业务的空白。

【风险管理和内部控制】制定学习梳理制度体系方案，对现行制度进行修订完善，共修制订《即期结售汇业务管理办法》《日间稽核操作规程》等 15 项制度，内控制度体系日益完善，有效控制业务关键节点和关键环节，防范操作风险。加强日间稽核工作，实现日间稽核常态化、标准化管理。开展票据业务和外汇业务专项内审，及时纠正偏差，保证业务合规和内控管理的有效性。强化贷后管理，按季度完成贷后检查工作报告及资产五级分类工作，信贷资产质量持续保持优良。加强案件风险排查，定期开展案例分析和警示教育活动，不断增强员工风险意识和合规意识。

【人力资源管理】公司结合监管部门意见和集团绩效考核办法，制定员工绩效考核细则，正向引导和激发员工风险意识和合规意识，完善激励、分配机制，调动员工积极性和主动性。加强员工培训，落实培训计划，聘请银行业务专家举办了即期结售汇、国际结算、融资租赁、全面风险管理、票据池业务等专题培训 13 期，累计 360 人次参加。选派员工参加了中国财务公司协会举办的风险管理等培训和中国银行业协会组织的金融法律法规培训。组织开展实地考察，赴铜陵有色、紫金矿业等 9 家财务公司学习考察信息系统、票据管理系统和跨境外汇业务，加强业务交流合作。定期开展内部业务知识学习和交流，员工综合素质进一步提升。

【信息化建设】加强资金信息系统运维管理，积极与开发商及相关银行的沟通协调，及时解决出现的需求和问题，保障系统安全运行和业务正常开展。公司高度重视信息系统升级与完善，针对现系统部分业务功能模块缺失等问题，组织人员对拟升级版本的系统进行实地考察、调研和论证，为系统下一步升级工作做好充分的准备。

【企业文化建设】公司持续推进具有金川特色的金融企业文化建设，弘扬艰苦奋斗、勇于超越的企业精神。2015 年，公司开展丰富多彩的文体活动，组织球类比赛、登山、徒步行等户外健身活动，增强员工团队精神和凝聚力；开展关爱员工活动，完善员工体检、慰问、互助金等制度，添置健身器材和家用电器，积极为员工创造良好的工作和生活环境，营造和谐的企业文化氛围。

新希望财务有限公司

【经营概况】 截至 2015 年 12 月 31 日，新希望财务有限公司（以下简称“公司”）资产合计 46.35 亿元，负债总额 39.87 亿元，其中吸收成员单位存款 39.57 亿元，净资产 6.49 亿元，较 2014 年末增长 7.80%；资本充足率为 21.71%。2015 年度营业收入 0.80 亿元，利润总额 0.63 亿元，净利润 0.47 亿元。

【信贷业务】 截至 2015 年 12 月，公司累计向 12 家成员单位发放自营贷款 30 笔，金额合计 25.21 亿元；累计向 7 家成员单位发放委托贷款 22 笔，金额合计 27.18 亿元；累计办理票据贴现 49 笔，金额合计 1.04 亿元；累计为 7 家成员单位承兑电子商业汇票 50 笔，金额合计 0.35 亿元。经中国人民银行成都分行营业管理部审核批准，公司于 2015 年 6 月 26 日、7 月 22 日、8 月 14 日分别办理了三笔汇票再贴现业务，金额合计 1.03 亿元。3 月 17 日公司完成了与新华西乳业“利乐冠”项目的融资租赁业务 0.20 亿元，已完成了三期租金回收，融资租赁剩余本金为 0.15 亿元。该笔业务不仅盘活了集团内部固定资产，也提高了公司对成员单位的金融支持力度。

【产品销售信贷业务】 公司的买方信贷业务按照“财务公司 + 担保公司 + 饲料厂 + 合作社 + 农户”的模式，依托集团体系内担保公司合作开展。前期以四川区域为试点，面向四川本地农户，后续逐步将业务扩展到全国集团业务所涉及的区域。流程上由集团下属饲料厂筛选推荐长期合作并有资金需求的优质养殖农户，由担保公司初审之后，公司连同担保公司客户经理共同下户，实地调查、收集资料，在公司内部完成独立审核和风险评估的基础上，对于符合条件的客户发放专项贷款，相关款项直接受托支付至集团下属饲料厂，饲料厂根据贷款到账凭证向下游农户发送养殖所需饲料后，向公司提供该农户的拉料清单以确保专款专用。公司已经制定完成买方信贷业务所需的制度、规程、合同范本、相关协议附件和业务凭证，并多次对流程、文本进行优化，力求业务合法合规和风险可控的前提下实现操作标准化。

2015 年末，公司成功实现买方信贷业务试点落地，并大力推广实施。针对集团下游农户的买方信贷业务，拉动了集团成员企业的饲料销售，更是充分依托新希望作为农牧产业龙头核心企业地位，支持下游农户的发展，做到精准扶贫、支持“三农”。

【业务创新】 为解决供应链核心企业的上下游中小企业融资难问题，公司通过对集团和下属成员单位票据情况进行分析，于 2015 年试点开展针对核心成员单位上游供应商的电子商业汇票承兑贴现业务。该业务基于核心成员单位和上游供应商的真实贸易背景下，票据由成员企业签发依托财务公司电子汇票系统，经财务公司审查同意承兑，票据持有人持未到期票据向财务公司办理贴现。在业务流程的办理上，成员单位在与财务公司签订贴现额度的前提下，开立银行承兑汇票或将持有的未到期银票背书转让给集团外部的供应商，最后由持票人向财务公司申请贴现，财务公司在扣除未到期利息后支付贴现款。

公司2015年完成该项业务的内部制度、流程梳理，连同担保公司到饲料厂实地下户调研，收集资料，并在山东区域公司及其上游供应商之间开展该项业务，截至2015年末，开立财务公司承兑电子汇票0.06亿元，未承兑余额0.04亿元。

【资金和投资业务】公司在2015年积极为集团成员企业直接债务融资提供财务顾问服务，帮助集团成功注册发行超短期融资券、短期融资券和中期票据，全年发行金额70亿元，发行利率全部低于当月市场同评级企业平均发行利率；同时，在证监会公司债审批制度改革后，公司第一时间向事业部推介发行方案，帮助集团房地产事业部成功注册公司债券17亿元，并实现公司开业以来首笔财务顾问收入。

【外汇业务】2015年下半年，公司作为主办企业启动了“跨境双向人民币资金池业务”资格申报，12月1日与农业银行、渣打银行和花旗银行现场签署了业务合作协议。

【资金集中】2015年，为确保资金集中管理工作能够规范、有序运行，有效推进银行账户、资金支付结算规范化管理及集中支付业务，公司充分利用了系统功能，将ERP（或其他业务管理系统）与财务公司“财企通”系统对接。对账户管理类、结算类和综合服务类收费标准重新调整，拟定了《新希望财务有限公司结算服务收费标准》。《自动清算创新方案》于12月初开发完毕，由公司牵头制定并下发了《关于下发新希望集团有限公司资金集中管理细则（暂行）的通知》，牵头拟定了《关于全面加强集团资金风险管控的通知》。截至2015年12月31日，累计543家成员单位在公司开立账户。

【风险管理和内部控制】2015年，公司日常经营管理严格遵守法律、行政法规、部门规章及其他规范性文件、经营规则、自律性组织的行业准则、行为守则和职业操守，并严格在银监会核准的经营范围开展业务。稽核部围绕公司合规经营目标、风险管理与内部控制建设、经营绩效等开展覆盖全部业务品种的合规性全面检查。通过内部控制评价和现场稽核方式对公司各部门内部控制的执行情况进行了常规和各专项自查，内控制度总体执行情况较好。

同时，公司积极主动配合监管机构对公司治理结构、制度建设、内控执行、授权方案、信贷操作、财务管理等的非现场检查工作。各项监管指标均达到了《企业集团财务公司管理办法》和《企业集团财务公司风险监管指标考核暂行办法》的要求，监测指标全部符合监管要求。

【人力资源管理】随着新业务的不断拓展，2015年，公司扩大招聘渠道，主动与西南财经大学对接，参加西南财经大学双选会，为公司选拔更多的优秀人才。同时加大培训力度，为员工组织内容丰富形式多样的各种培训活动，不断提升员工职业素质。

【信息化建设】2015年，公司信息化建设工作依然坚持在安全、稳定、高效原则下开展。在基础设施建设上，公司投入资金对备份系统进行升级改造，重新规划备份策略、升级备份空间，做到全备、增量备，将关键业务数据和文件数据备份到大容量虚拟磁带库，同时在异地构建备份数据，并将两地数据备份周期延长，提高了数据恢复有效性和灵活性。在业务应用系统建设上，针对公司服务成员单位500多家，资金结算笔数多的现实情况，公司在风险可控前提下构建了自动清算系统，极大地提高了资金结算、清算效率，降低了人工成本，成员单位满意度也得到提高。同时，公司对核心业务系统进行了优化升级，在稳固基础、加强安全、保证运行稳定情况下让业务使用更便捷、效率更高、方式更灵活，更能应对公司业务的发展需要。

2015 年，公司新增一家银企直连银行，为公司新增一条头寸清算渠道，同时对集团的资金归集和集中管理提供了又一个实时监控管理渠道。

【企业文化建设】2015 年，通过举办 5 周年庆典，回顾过去、展望未来，加深员工对企业的了解；组织一系列团建活动，营造和谐上进的工作氛围，提高员工对公司的认可度和归属感。

酒钢集团财务有限公司

【经营概况】2015 年，酒钢集团财务有限公司（以下简称“公司”）严格执行集团战略规划和政策方针，紧密围绕集团全年奋斗目标，发挥集团资金集中管理平台的职能作用，坚持“立足集团、服务成员、合规经营、稳健发展”的经营宗旨，进一步强化资金管理能力，加快产品创新力度，提高金融服务质效，提升风险管控水平，圆满完成了各项工作任务，为集团调整创新，深化改革、稳健转型做好助推作用。

截至 2015 年 12 月末，公司资产总额 61.21 亿元，负债总额 47.61 亿元，所有者权益总额 13.59 亿元。全年累计实现营业总收入 2.08 亿元，实现利润总额 1.87 亿元，超额完成全年考核指标。2015 年 12 月末，公司资产收益率 2.34%，净资产收益率 12.44%，资本充足率 23.09%，流动性比率 52.96%，不良资产率为零，短期投资比例 10.50%。公司各项指标均满足监管要求，资产质量良好，盈利能力较强。

【编制规划】在“十三五”即将来临之际，为确保公司的长远发展，公司认真组织研究“十三五”及长期发展规划。以公司发展现状入手，通过分析公司“十二五”时期的经营情况、取得成果及存在问题与不足，对公司经济环境、金融环境、管理文化环境等内外部环境进行评估，确立了公司“十三五”发展方向和目标定位，并提出了“十三五”发展战略和保障措施。“十三五”时期，公司将充分发挥优势，力求搭建集团公司统一的金融服务平台，将自身打造成为集团公司的资金管理中心、资本运营中心、财务咨询顾问中心，建设一个功能定位明晰，经营服务能力强，风险管理水平高的创新型公司。通过整合集团现有金融资源，加深与金融机构多方面合作，进一步充实资本规模，成立各类服务集团的金融机构，打造集团公司金融板块，形成新的利润增长点。

【信贷业务】2015年，面对集团及成员单位严峻的经营形势和复杂的融资环境，公司不断开拓集团公司信贷渠道，将资金取之于集团、用之于集团，通过实地调研等方式，在充分了解成员单位融资需求的前提下，以多样的信贷品种及低于市场价格的利率支持成员单位发展，为成员单位提供票据签发、票据贴现、流动资金贷款、委托贷款等业务，信贷服务能力显著增强。截至2015年12月末，公司信贷规模达39.64亿元，累计实现信贷收入1.76亿元。

【票据业务】为缓解集团公司融资压力，公司积极与商业银行沟通寻求同业合作，扩大同业授信范围，开展低成本票据融资工作，降低集团融资成本，盘活成员单位库存票据，提高票据流通效率，增加了额外收益。2015年公司利用电子票据保贴及同业转贴现等业务，为集团融入低成本资金9.29亿元，全年已有20余家成员单位使用公司电票系统，签发电票金额累计14.24亿元，实现手续费收入71.18万元。

【资金集中】以提升金融服务能力、加强账户管理为抓手，突破公司资金归集瓶颈，进一步提高公司资金归集度。对成员单位开展深入调研，全面总结分析各成员单位资金归集情况，结合各成员单位业务特点，制定个性化的服务方案，将传统的“公司给予服务—客户接受服务”的服务方式转变为“客户需要服务—公司提供服务”的新型服务方式，充分得到了成员单位对公司的认可，发挥了集团资金集中管理平台的职能作用。2015年，公司新纳入成员单位7家，日均吸收存款70.19亿元，年末可归集口径资金归集度为90%。

【投资业务】2015年，公司加快投资业务报批进程，取得了在银行间债券市场的资质，完成了投资业务体系搭建，同时，密切关注市场价格变化，拓展投资业务品种，优化资产结构配置，在风险可控的前提下适度提高投资收益。截至12月末，公司累计投资8.70亿元，实现投资收益393.45万元。

【业务创新】为丰富公司金融产品种类，满足成员单位更加灵活的金融服务需求，公司积极探索创新业务，促进公司可持续发展。2015年为提升集团公司票据管理水平，提高票据使用效率，集团公司授权公司作为集团“票据池”的主办单位，具体负责“票据池”的建立、管理和运作。公司通过对兄弟财务公司走访调研，深入了解“票据池”业务，结合自身情况，制定切实可行的“票据池”业务实施方案，并积极推动此项工作的开展；积极申请结售汇业务，完成了上报材料的撰写和相关制度流程的制定，11月末已获外汇局批准，取得开展即期结售汇业务资格，为集团公司国际业务发展提供优质高效的外汇资金服务打下坚实基础；创新法人账户透支业务，2015年完成了公司法人账户透支业务制度下发及系统配置工作。

【风险管理与内部控制】严格按照监管要求，不断完善“三会一层”法人治理结构和内控机制建设，公司各治理主体独立运作、有效制衡、相互合作、协调运转，公司监事会对董事和高管人员及专业委员会履职情况进行了全面有效监督评价。充分发挥风险管理与内部控制委员会及风险管理部门的职能作用，进一步加强贷款、贴现、投资等主要业务的风险尽职调查和事中审核，密切监测分析，适时预警预报，准确分类风险资产，提升公司资产质量。

根据审慎经营的原则，公司审计委员会及内审职能部门切实加强稽核审计工作，完成了现场检查项目10个，其中：“两个加强、两个遏制”专项检查及“回头看”自查、案件防控评估、监管评级自评、内部控制自我评价全面稽核项目5个，检查覆盖率100%；印章管理、基础管理、风险管理、票据业务、结算业务等专项稽核项目5个，检查覆盖率80%，发现并督促整改存在的问题，进一步规范了操作流程，强化了合规管理。

【人力资源管理】2015年，公司进一步加强员工培训工作，主要从入职指导培训、制度培训、业务培训、管理培训、专业技能培训5个方面开展，全年共参加各类培训40余次，有效地提升了员工的综合素质；公司制定了考勤、津贴补贴、员工违规违纪、雇主责任险、员工异常行为排查等一系列管理制度，并梳理整改了全体员工的人事档案，将标准化的管理模式运用其中。2015年，在集团公司的劳动监察中，取得了优异的成绩，促进公司建立更加规范、全面的人力资源管理体系。

【信息化建设】2015年7月，公司根据集团公司统一安排，实施资金管理信息系统与ERP接口模块的对接和数据传送，经过3个月的配置、调试和测试，10月ERP接口模块正式上线，实现集团公司合并财务报表的要求；为满足集团公司资金统管的需要，保障公司系统运行顺畅，公司决定改造信息系统平台，通过与系统、网络供应商及银行进行洽谈、考察，制定改造方案，12月取得集团公司批复和立项，完成招标并签订实施合同。

【企业文化建设】2015年，公司坚持以“立足集团、服务成员、合规经营、稳健发展”的经营宗旨，紧密围绕公司发展目标，加强民主决策、民主管理和民主监督，不断进行企业文化建设。通过开展民主生活会、总结表彰大会、员工体检、三八活动、五四活动、体育比赛等多种主题活动，提升公司整体运营水平，进一步激发员工的工作热情，增强公司凝聚力和战斗力。

包钢集团财务有限责任公司

【经营概况】2015年，包钢集团财务有限责任公司（以下简称“公司”）为加强同业业务管理，7月增设金融同业部。现有内设部门8个，在册职工44人。公司围绕融资和服务两大中心任务，不断创新金融业务，提升服务质量，强化产融结合。截至2015年底，公司资产总额65.33亿元，负债总额51.66亿元，所有者权益总额13.67亿元。61家成员单位在财务公司开户，吸收存款51.51亿元。全年累计实现营业收入2.12亿元，利润总额1.93亿元，实现各项税金0.57亿元（应交税金）。11个监控性指标及5个监测性指标均在监测范围内，均符合监管规定。

【信贷业务】按照“总量适度、结构优化、节奏合理、防范风险”的要求，合理安排信贷投放。为包钢集团母公司、包钢钢联、包钢西创、包钢稀土等单位综合授信95亿元。开展了票据直贴、转贴、贷款及代签银行承兑汇票等业务。接入人民银行征信查询系统，将成员单位信贷资产录入人民银行征信查询系统，完善金融机构职能。开拓融资租赁、委托贷款等新业务，完善信贷业务品种，信贷资产质量良好。全年新增信贷规划5.20亿元，信贷资产达到35亿元以内。

【资金业务】在经济下行压力加大、行业信贷政策受限的情况下，积极、扎实做好融资工作，确保集团钢铁主业生产、建设和资本运作的需要。在间接融资方面，在争取各商业银行保持现有授信规模的基础上，采取措施积极争取贷款额度；加大直接融资力度，成功发行集团母公司超短期融资券160亿元；发行集团公司短期融资券40亿元，钢联短期融资券25亿元；钢联股份公司债30亿元，全年发行债券255亿元。及时跟进资本运作，配合包钢股份定向增发工作，从7家商业银行以并购贷款及理财融资的方式融入资金174亿元，有力地支持了包钢股份定向增发工作的顺利实施。

公司新增金融同业部。制定《包钢集团财务有限责任公司转（再）贴现业务管理办法》等制度，积极开拓同业业务，同业授信银行增加，获得14家商业银行同业授信，授信额度合计59.20亿元。

【票据业务】2015年，公司同业票据池业务深入推进，通过期限、头寸的错配对接同业资金和同业票据，带动票据、资金流动，将票据职能和收益最大化。新增电商转贴现，代理签发银行承兑汇票。通过票据融资从同业市场取得资金26亿元；通过商票贴现为集团补充流动性10亿元；通过资产管理计划为集团增加资金收益0.05亿元。

【外汇业务】公司代理以包钢国贸公司申请并获得短期外债指标2 500万美元，全部用于进口矿石等原材料采购的贸易融资业务，同比降低财务费用约300万元人民币。首开跨国公司外汇资金集中运营管理业务，并稳步实施。下发《关于开展跨国公司外汇资金集中运营管理的通知》，全年集中收汇7 201.12万美元，付汇2 549.27万美元；上收成员单位资金5 991.93万美元；通过资金池下拨资金5 115万美元。跨国公司外汇资金集中运营管理各项业务共节省财务费用463.27万元人民币。

【资金集中】公司通过提升服务质量，推进资金集中。一是加强成员企业账户管理。完成对财务公司、计财部及钢联股份银行账户的排查，清理和规整账户32个。认真梳理开户、销户资料，完善账户管理制度，规范流程。二是提升结算服务质量，给予成员单位存款最优惠利率，提供多项免费金融服务，设计结算及清算方案，开展“定存”、网上结算等服务方式，吸引成员单位存款。截至2015年末，61家成员单位在公司开户。

【业务创新】一是用好用活票据，进一步拓宽票据支付领域。与包钢销售公司共同努力，将每月现款方式支付铁路运费改为以银行承兑汇票支付。二是依托银行平台开具电子银行承兑汇票，成功支付给钢联下游客户。既节约了签票手续费，又保证了支付的快捷安全。三是制定完善《财务公司征信业务管理办法》和《财务公司征信业务流程》，以互联网方式接入人民银行征信系统，实现财务公司成员单位信用信息进入征信平台，适时查询获取各成员单位征信情况。不断通过寻求业务拓展，增加服务功能。

【保险代理】保险代理工作优化升级，引进保险经纪公司提供保险顾问服务。全面完成集团保险续保工作，实现代理费0.07亿元。优化保险方案设计免费扩展承保险种；增加保险品种覆盖面；保障范围由上一年的30%～50%增至100%；关注职工利益，推出私家车险团购业务。全程跟踪保险赔案36起，2015年底结案10起，取得赔款近0.13亿元。

【风险管理和内部控制】合规风险部严格按照监管部门要求，健全制度，制定《案件防范管理暂行办法》。对外地成员单位开展贷后实地专项检查，发现问题及时督促整改；加强内部管控遏制违规经营和违法犯罪专项检查；完成智能风控管理系统营业日志设置，通过智能系统随时监测流动性指标及其他异常情况。组织召开了贷审会，加强事前事中控制；进行岗位轮换，定时进行员工行为风险排查；严格规范不相容岗位分离，防范系统风险和操作风险。稽核部门对有关部门、有关岗位职责履行情况及部门主要经营业务、工作职责等进行全面稽核，进行部门负责人离岗审计，加强常规监控及监测性指标和重点业务核查，保证各项监控指标均在正常范围之内。

【人力资源管理】完善人力资源建设、加强人才梯队培养，提升员工队伍素质。修订完善《包钢财务公司职工教育培训管理制度》，组织员工培训需求调查分析，制定了培训工作计划。开展职业生涯导航、员工职业发展管理；组织首届财务公司会计大赛，参加包头市金融行业业务培训；紧贴业务开展自主授课，重点突出，注重实效；开展单点授课，促进员工快速掌握知识技能，提高专业知识水平。全年组织员工参与内外部及行业间各类培训活动48次。

【信息化建设】升级主干网络和客户端操作系统，整合多条专线及互联网宽带，全面升级集团公司的资金结算系统，建立与8家商业银行的银企直连；整合了数据资源和接口标准，更换了存在隐患的故障元件；积极协助集团公司资金管理部门建设集团资金预算管理平台，预算管理系统已经进入上线测试阶段；配合集团公司开展老体系财务资金管理、结算等实施ERP工作，促进集团公司ERP总体推进进度。

【企业文化建设】2015年，公司注重构建具有财务公司特色的金融企业文化。一是建立健全企业文化建设相关管理文件，制定符合自身行业特点的企业文化新理念。二是充分发挥新媒体作用，开通“包钢财务公司”微信公众平台。三是建立青年书角，组织“书香让梦想起飞、阅读与人生相伴”主题读书活动系列。四是加强廉洁文化建设，积极开展清风岗、效能监察、警示教育、廉洁谈话等活动。五是开展丰富多彩的文体活动，凝聚和激发职工工作热情；开展员工自主改善活动，获得包钢集团公司“优秀组织单位”奖。六是加大宣传公众力度，建立基层宣传队伍，全面展示经营管理动态，获得包头市银行业信息宣传先进单位称号。七是注重青年职业生涯导航，开展“师徒结对”“青年大讲堂”业务论坛、经验交流畅谈会等活动。一位同志获得了“第五届包钢十大优秀青年”荣誉称号。

新奥财务有限责任公司

【经营概况】2015年，新奥集团经受了国内经济持续低迷、传统产业用能下降的严峻考验，坚持转型升级，经营业绩逆袭增长；新奥财务有限责任公司（以下简称“公司”）面对人民银行5次降息的压力，迎难而上，始终坚守风险合规的红线，积极践行创新发展的理念，为集团事业发展提供全面的金融服务，各项经营指标再创新高。2015年全年实现营业收入3.10亿元，同比增长45.50%；净利润1.05亿元，同比增长10.82%；资产规模突破百亿元大关，达到100.50亿元；客户存款81.24亿元，同比增长45%；不良贷款率为零，净资产收益率达到10.40%。

【信贷业务】公司充分发挥财务公司作为集团内部银行的功能，积极创新业务模式和丰富产品种类，通过主动到一线企业实地调研，加大客户服务支持力度；通过对信贷资金合理调配，满足了成员企业多样化的资金需求。截至2015年末，信贷余额48.04亿元，其中自营贷款39.99亿元，贴现8.04亿元，信贷余额增长56.80%；另外，公司还大胆尝试开展商票保贴业务，在确保风险可控的基础上，既提高了公司的收益又增强了成员企业与下游客户的黏性，为开展供应链金融积累了经验；同时还开展了大额存单质押开具电子银行承兑汇票的业务，探索了“银行—财务公司—成员企业”新的合作模式。

【产品销售信贷业务】为扩大公司的经营范围，持续打造助推集团发展的能力，公司相关部门在深入泉州、东莞、洛阳、青岛、常州等一类成员企业调研上下游客户需求的基础上，认真筹备材料，积极与省、市监管部门沟通协调，2015年12月《河北银监局关于新奥财务有限责任公司新增业务范围的批复》批准公司新增成员单位之间的委托投资、承销成员单位的企业债券、有价证券投资、消费信贷和买方信贷等业务资质。

【资金和投资业务】2015年，公司大力提高资金预测的准确性，有效盘活沉淀资金，实现资金的保值增值。首先是加强头寸管理，统筹安排资金，合理地降低了备付率，极大地提高了资金的使用效率与收益，且全年零差错；其次是增强议价能力，建立紧盯市场报价、择优选择的机制，在存款利率不断下调的环境下，公司同业存款综合收益率达到3.40%；最后是积极开展同业拆借业务，提高公司利息收入，2015年共完成20余家金融机构的同业授信，全年完成同业拆借业务13笔，累计拆出资金18.30亿元。

【票据业务】2015年，公司积极创新票据业务模式，推动票据融资再上新高，有效降低了集团融资成本，全年累计办理票据贴现业务15.50亿元，同比增长38.39%；累计办理票据再贴现12.87亿元，同比增长43.48%，为公司节约利息支出近0.13亿元；为实现集团票据的统一管理，优化系统内资源配置，充分发挥票据的价值，公司与银行机构合作搭建集团票据池，协商确定了集团票据管理模式、服务协议等。

【外汇业务】为搭建公司的本外币“资金池”，打通境内外资金通道，提高公司资金管理的能力。公司积极准备，2015年4月顺利获得河北省人民银行跨境人民币资金池备案批复，7月底成功完成首笔3亿元人民币资金跨境调拨。同年12月公司取得跨国公司外汇资金集中运营管理资质，对新奥能源境内外外汇资金的集中管理取得重大突破，已有17家成员企业参与外汇资金集中管理，其中14家境内企业，3家境外企业；可集中调配的外债额度为1.18亿美元，可集中调配的对外放款额度为5.50亿美元。

【资金集中】公司致力于提升金融服务能力和打造客户满意度，通过制定个性化的金融服务方案，采取差异化的信贷支持手段和优惠政策，在成员单位的资金归集工作方面取得巨大突破，全口径资金归集率达到76%，同比增长72.70%。同时，公司充分发挥财务公司结算平台的作用，提升服务水平，极大地吸引了成员单位到财务公司开立账户，全年开户客户数量达90家，增长16.10%；资金结算量为1 920.91亿元，增长45.90%；面对大幅增加的结算业务量，公司强化风险意识，保障安全，确保了全年资金风险事故零发生。

【业务创新】截至2015年末，在公司开立结算账户的成员企业达390余家，累计结算金额1 920.91亿元。为实现业务审批的线上操作，加强各接口间的衔接，减少人为因素造成的录入失误，保证数据的原始性及准确性，同时降低各项人工成本，公司积极研发了“财易贷”产品，显著提升了业务质效。

【风险管理和内部控制】公司的风险管理工作以“始终满足监管要求，制度体系不断完善，风控能力不断提高，合规意识不断增强”为工作目标，为有效防范重大资金风险，一方面公司大力落实风险管理责任制，严格贯彻落实“审贷分离”的原则，加强对信贷的事中管理，并对各类风险指标进行持续监测，公司的风控水平大力提高；另一方面强化日常稽核管理，通过复合型审查与实质性审查相结合的方式，进一步加大了对自营贷款、委托贷款、票据贴现、资金管理等重点业务的风险稽核力度，确保了公司依法合规运营。

【人力资源管理】2015年初，公司启动薪酬体系改革，探索业务激励机制，制定与金融企业岗位价值相匹配的薪酬激励体系。业务激励的实施，使奖金分配有据可依、有章可循，有效地提高了员工的工作积极性。为确保绩效目标达成，公司对考核目标层层分解，实现了与计划管理体系的紧密配合，通过与员工签订个人年度绩效责任书，明确考核衡量标准，使绩效考评客观公正，做到奖优罚劣；在员工发展方面，大力组织金融职种认证工作，通过率达到77%，促进了企业与员工共同成长，达到双赢。

【信息化建设】在信息化建设方面，为确保数据安全，避免业务数据在录入后避免重放攻击、在保存后数据被篡改，公司启动了对网银端数据加密功能测试，完成了系统上线和二代U盾功能更新；2015年1月公司启动廊坊地区网络隔离项目，通过前期计划方案制定，瘦客户端以及VMware云桌面的测试、业务专用机网络策略制定，隔离软件的测试，经过4个月时间终于圆满完成了网络隔离项目，规范了信息系统的操作使用，保障了公司信息系统主机的安全。

【企业文化建设】2015年，公司积极筹备，顺利完成工会、党支部等组织的设立，并制定了制度流程和活动方案，在组织的层面保证了员工业余生活丰富多彩。通过观看话剧《森林诱惑》、“5·18征文比赛”活动、民主生活会、乒乓球比赛等一系列文化活动的组织实施，实现了从思想上凝聚人，从行为上规范人，从素质上提高人，践行了公司以人为本的管理理念和培育人才的发展战略。

中外运长航财务有限公司

【经营概况】中外运长航财务有限公司（以下简称“公司”）由中国外运长航集团有限公司（以下简称“集团”）及其所属6家成员单位共同出资组建，成立于2011年5月，注册资金为5亿元。公司以实现集团“成为客户首选的综合物流供应商”为核心目标，以“诚信、笃行、专业、创新”为企业文化，以“集团为先、服务为重、规范稳健、开拓创新”为经营理念，以“依托集团、服务产业、规范治理、审慎经营”为经营方针，用科学发展观统揽公司工作全局，以金融多业经营为基础，以高效规范的经营机制为手段，努力培育“战略决策能力、人力资源、信息系统、企业文化”四位一体的核心竞争力，不断进行业务创新，发展与集团需要相适应的金融服务，为集团的产融结合提供全方位的服务，努力成为“服务能力强、资产质量优、风险控制好、盈利水平高、可持续发展”的现代金融企业。2015年，公司累计实现营业收入1.06亿元，累计实现利润总额0.35亿元。

【信贷业务】2015年全年，公司累计发放自营贷款14.40亿元（含融资租赁和票据贴现），累计开立保函225万元，累计发放委托贷款12.10亿元，开立法人透支账户15户，累计透支额度0.24亿元。2015年度，公司除续做集团（20亿元等值人民币）、中国外运股份有限公司（20亿元等值人民币）、中国租船有限公司（2亿元等值人民币）、中外运久凌储运有限公司（0.80亿元人民币）授信外，新开拓了中外运国际贸易公司（0.20亿元人民币）、中外运阳光速航运输有限公司（0.50亿元人民币）授信，并与中国长江航运集团南京油运股份有限公司就美元贷款授信进行了沟通。

【资金和投资业务】一是资金同业存放业务。公司按照头寸管理要求，密切关注市场，在合规的前提下，依据最佳资金期限结构要求和市场同业拆借利率变化情况合理调拨资金，在保证公司资金安全及流动性要求的前提下，追求资金盈利最大化。2015年共完成人民币资金调拨357笔，累计金额611.14亿元，美元调拨94笔，累计金额4.83亿美元，实现利息收入1.28亿元。二是同业拆借业务。2015年，公司正式开展同业拆借业务，拆入拆出业务均正常开展，2015年拆借总规模达5.10亿元。公司拆借工作涉及到的人员操作流程、系统操作流程，相关管理制度健全，具备大规模开展同业拆借业务的技术条件。

【票据业务】2015年，公司正式开通票据贴现业务，进一步丰富了信贷服务种类。2015年7月，公司与中国长江航运集团（总）公司开展了50万元的票据贴现业务。

【外汇业务】2015年4月，公司取得跨境人民币资金集中管理资质，净流入额度为

22.49 亿元，对外放款不设限。2015 年 4 月，公司取得国家外汇管理局北京外汇管理部新增试点成员单位及调增外债和对外放款额度的备案批复，试点成员单位增至 47 家，外债额度增至 3.28 亿美元，对外放款额度增至 24.75 亿美元。2015 年 12 月，公司取得跨境外汇试点项下外债比例自律管理资质，纳入跨境外汇试点的成员单位增至 88 家，集中的外债额度提高至 23.28 亿美元。截至 2015 年 12 月底，公司吸收境外公司资金余额 0.61 亿美元，通过跨境通道累计调入资金 0.81 亿美元，调出资金 1.19 亿美元，代理境内外公司收付汇 0.13 亿美元。2015 年，公司共办理代客即期结售汇 273 笔，结售汇金额 1.61 亿美元，为成员单位节省财务费用约 0.07 亿元。

【资金集中】一是推进 SWIFT 上线进程。2015 年，公司按计划完成香港地区可挂接账户上线可视的任务，为集团推动全球司库建设提供专业化的技术手段。二是深化跨境资金集中管理。2015 年，公司取得跨境人民币试点资格、外债比例自律管理资格，拓展了通道额度。积极运作集团境内外资金，提高集团全球资金管控能力。三是加强结算集中。2015 年，公司开展代理收款业务，并逐步推进外汇及境外公司集中结算，将结算业务延伸到多个币种、覆盖境内外成员单位，实现本外币收付结算一体化。四是不断深入与上市公司合作。2015 年 4 月，公司与中外运股份有限公司重新签署金融服务协议，约定的日终最高存款上限从 5 亿元提高至 9 亿元。同时为其量身订造并开发二级资金池及账户透支功能，增强与上市公司业务合作。五是不断丰富结算产品。2015 年，公司为成员单位提供结算服务 17.82 万笔，总计 1 010.61 亿元；截至 2015 年 12 月底，公司吸收存款 64.48 亿元，日均存款余额 39.56 亿元，全口径资金集中度为 31.24% ，可归集口径资金集中度为 92.14% 。

【业务创新】一是融资租赁业务。2015 年度，公司信贷业务部与中国外运股份有限公司、集团航运事业部就融资租赁业务进行深入沟通和调研，精选了长航武汉汽车物流有限公司两条 1 000 车位滚装船项目开展融资租赁（直租）。公司开展了成立以来第一笔融资租赁业务，该项目所涉及方均为集团内部成员单位，造船总价 0.60 亿元，总融资额为 0.41 亿元。二是 SWIFT 直连工作。截至 2015 年 12 月 31 日，香港地区三大主要合作银行 170 个可挂接账户已全部完成授权，成功通过资金管理系统实现树形结构查询。第一，项目启动。2015 年 4 月正式启动境外单位 SWIFT 上线工作。第二，项目组成立。与集团确定的合作银行进行对接，组成 SWIFT 专项项目组，明确分工及沟通协调机制。第三，银行账户梳理。收集梳理最新境外单位银行账户情况；进行账户清理，督促引导成员单位将银行账户向主要合作银行转移。第四，协议签署。分别与中国银行总行、工商银行北京市分行、汇丰（中国）签署总对总 SWIFT 直连业务服务协议。第五，SWIFT 账户授权。协调成员单位、合作银行有序办理 SWIFT 账户授权。第六，SWIFT 系统测试及维护。对资金管理系统中外汇支付模块进行多轮测试并进行境外单位信息维护。

【风险管理】一是制度建设。根据业务发展和管理需要，公司风险管理部继续进行制度梳理，2015 年 11 月完成修订《中外运长航财务有限公司授权管理办法》等制度，切实实现工作与制度的紧密结合。二是风险管控。公司通过风险审查、贷审会审议等既定流程，完成对集团、成员单位各项授信额度及贷款项目的审查审批；按照公司制度规定，按季度开展资产风险分类工作，夯实底稿数据核实工作；开展法律合规工作，2015 年完成 60 余项法律审查和咨询工作；2015 年底完成上年度风险与合规管理工作报告及本年度全面风险管理报告。

【内部控制】一是常规稽核和专项内审。2015年公司重点针对金融市场风险、客户信用风险、操作风险和合规风险等按季度开展了常规稽核工作；开展了针对档案管理的专项内审工作；开展了存款准备金管理专项内审。二是内部控制体系建设和内控评价。公司根据内控手册修订流程，及时将新增业务控制补充进内控手册，并完成了对相关流程的审核工作；成立了内控评价领导小组和工作小组，独立完成了对公司2015年度内部控制的预评价工作，评价结果良好。三是制度管理。2015年度公司完成了对多部门多项新设或修订制度的审核，并结合常规稽核和专项内审工作，检查了制度执行的有效性。四是专项排查。2015年度公司组织开展了加强内部管控遏制违规经营和违法犯罪的专项检查系列工作，并及时向监管部门报送了专项排查报告。

【信息化建设】一是信息化系统开发建设。2015年4月公司正式启动SWIFT网络接入与业务系统接口开发实施工作，并于2015年12月完成与中国银行（中银香港）、工银亚洲、汇丰银行SWIFT接口开发项目的开发、实施及上线工作，针对不同银行分别开发了支持FIN及FILEACT不同版本的报文传输体系。完成应用部署和系统账户设置、流程监控等初始化工作，实现了隔日查询、当日查询等银行交易明细及余额查询业务功能，并已支持通过使用中国银行、汇丰银行账户跨境支付。二是在制度建设与信息科技治理方面，制定了《中外运长航财务有限公司金融城域网接入网运维管理办法》，配合完成调研、检查汇报等10余项工作。三是在信息安全保障与规划方面，积极开展资金系统年度应急演练及系统与数据库性能优化管理工作，落实公司信息化建设的“十三五”规划编制工作。

青岛啤酒财务有限责任公司

【经营概况】2015年，青岛啤酒财务有限责任公司（以下简称“公司”）本着“立足集团，服务主业”的宗旨，积极调整和优化业务结构，探索稳健增效新路径，在强化风险与内控管理的基础上，努力提升资金运营水平，确保业务运行稳健中有所突破。公司头寸运营成效显著，自营贷款、有价证券投资业务稳步增长，电子票据业务规模同比成倍增加，买方信贷业务进一步优化，供应链保理融资业务申办和准备工作持续推进，多品种业务运作格局已经显现。截至2015年末，公司资产总额86.41亿元，实现经营利润2.34亿元，资金集中度97.32%。

【信贷业务】2015年，公司继续坚持“服务为先，盈利为辅”的信贷业务理念，对成员单位贷款实行同期贷款基准利率下浮10%的优惠政策，为成员单位重点项目建设和生产经营活动提供了有力的资金支持。全年累计发放自营贷款8.21亿元，委托贷款8.50亿元，有效缓解了成员单位的资金压力，实现了集团资源的有效配置，促进了集团主业的持续发展。同时，公司积极探索不动产抵押、费用控制和实际控制人连带责任担保等多种担保方式的买方信贷业务模式，并展开供应链保理融资业务的调研和制度流程及系统建设准备工作，努力加强对集团产业链上下游客户的金融支持，促进集团主业发展。

【资金和投资业务】2015年，面对市场利率大幅下行，利差不断收窄的不利形势，公司有重点地进行资产结构调整以有效应对利率市场化带来的挑战。一是在保证合理流动性的前提下，优化存放同业期限结构，提高存放利率水平；二是在满足成员单位资金需求的同时，积极促进委托贷款转为自营贷款，提高盈利能力；三是加强与集团相关部门协作，打通上下游渠道，加大电子票据业务比重；四是适时调增年度投资理财业务规模，全年累计实现理财产品投资8.80亿元。通过资产结构优化和调整举措，有效削弱了利率下降对公司收益的影响，提高了公司的盈利能力。

【票据业务】2015年，公司持续加大电子票据业务推广力度，实现所有制造工厂全部开通电子票据系统。全年累计办理电子票据承兑业务170笔，金额1.87亿元，同比增长26%；累计办理票据贴现业务129笔，金额4.09亿元，是2014年同期的2倍，贴现利息收入同比增长156%。通过实行电子票据承兑手续费减免政策，累计为成员单位节省承兑费用13万余元。票据业务的不断发展，增强了青岛啤酒电子票据的流动性，有效提升了公司资金的综合效益。

【资金集中】公司始终将资金集中度作为资金管理工作的重点内容，并将其作为衡量公司以及成员单位工作质量的重要考核标准。在推进资金集中管理过程中，对成员单位实施资金集中情况跟踪检查，锁定集中度较低的单位，通过跟踪分析、沟通督导、考核政策、激励方式等管理方法，加大与集团总部和成员单位沟通力度，结合成员单位实际情况，梳理调整成员单位基本户资金余额控制线，进一步压缩多余沉淀资金。截至2015年末，公司可归集资金集中度为97.32%，居行业前列。

【风险管理和内部控制】2015年，公司继续深化和加强风险管理及内部控制体系建设工作，各项业务合规、稳健运行，内外部检查均未发现重大违规行为和显著风险隐患。一是加强合规管理。根据监管要求和业务实际，组织开展了“合规管理月”活动，全面梳理内部规章制度和业务流程，2015年新制定8项，修订55项管理制度，并通过对主要业务流程开展内部控制自我评价、内部专项审计和突击检查等工作，评价制度流程设计和执行的合规性、有效性，针对发现的问题及时整改和完善；通过开展员工异常行为风险排查、合规及案防警示教育、签署合规责任承诺书、实施关键岗位轮岗及强制休假等工作，进一步加强员工行为管理，防范操作风险。二是强化信贷业务风险防控。针对买方信贷业务制定了不动产抵押、费用控制和实际控制人连带责任担保等多项风险管控措施，规范了买方信贷业务流程，并本着“内控优先、制度先行”的原则，积极开展供应链保理融资业务调研，进行制度流程建设、系统搭建和测试，确保信贷业务流程合规有效、信用风险可控。三是有效应对市场风险。2015年公司密切关注宏观经济政策，及时监测和分析市场风险、各要素价格变化趋势及对公司的影响，不断优化和调整资产负债结构，合理制定公司各业务产品价格，在保证资金安全和流动性需求的前提下，拓宽资金运营渠道，增强比价、议价能力，有效提升了公司的资金收益。

【人力资源管理】2015年，公司人力资源管理持续完善，关键岗位人员轮岗、人才培训、绩效激励及团队建设稳步推进，有力支撑起各项业务的发展和公司战略目标的达成。

公司全年共完成3个关键岗位的岗位轮换，有效提升了岗位风险防控能力；组织员工参加内外部培训19次，进一步提升了员工岗位胜任能力；绩效管理机制进一步完善，将绩效目标季度回顾和考核与绩效奖金有效对接，提升了岗位绩效推动力。人力资源管理体系的优化和完善有效保障了公司快速健康发展。

【信息化建设】2015年，根据公司整体信息规划和业务开展需要，在集团总部的支持下稳步推进信息化平台建设。信息管理模块新增供应链融资平台模块和全科目数据采集模块及反洗钱管理模块；业务流水模块增加同业、票据摊销凭证功能，同时对事后监督模块、同业模块和1104报表系统进行了升级优化，为公司业务的正常高效开展提供了有力支撑。同时，2015年公司结合自身实际，严格落实监管部门的信息化要求，顺利通过了人民银行济南分行金融城域网联网机构检查、青岛银监局信息系统安全漏洞排查等信息系统排查工作，组织进行了银监局VPN、人民银行文件交互系统两个项目的升级工作，各类信息化建设举措确保了公司信息系统安全、稳健运行，为各项业务连续、高效开展提供了有力的支撑。

【企业文化建设】2015年，公司以“努力打造业务强、纪律严、诚实守信的专业团队”为目标，认真践行“凝心、审慎、自律、效率”的公司文化精神，党支部、工会以及团支部充分发挥自身作用，结合新形势、新任务和新常态，在公司范围内努力营造积极向上的正能量风气，积极推动公司文化建设。认真贯彻执行党风廉政建设责任制，制定了《廉洁从业管理制度》；组织开展“学党史、讲理想，学党章、讲纪律”主题教育活动；以送温暖活动为载体，关怀员工、凝聚人心，全方位开展节日送温暖慰问困难员工活动；以健康向上的文体活动为平台，塑造优秀职工团队，在引领职工素质提升上出新招，组织开展陶艺制作活动、羽毛球比赛、慰问防空二旅及参观团岛百年灯塔等活动；通过青啤集团内刊《青岛啤酒报》，结合青岛金融青年微信平台、中国财务公司协会宣传平台等渠道开展宣传活动，在行业内外树立了良好的公司形象，达到以宣传促发展的效果，有效推动了公司经济效益的提高和各项事业的健康发展。

上海复星高科技集团财务有限公司

【经营概况】上海复星高科技集团财务有限公司（以下简称“公司”）于2011年6月20日经中国银行业监督管理委员会批准成立，同年9月正式开业。公司现设立三个委员会和七个部门，分别是预算管理委员会、风险管理委员会、授信业务审核委员会、市场拓展部、营业部、计划财务部、风险管理部、综合管理部、信息技术部以及稽核审计部。截至2015年12月末，公司共有员工22人，与131家成员单位开展了业务往来，加强了复星集团资金集中管理，提高了资金使用的效率。年末报表显示，公司资产总额52.77亿元、负债总额35.05亿元、所有者权益17.72亿元、净利润0.88亿元。与2014年12月末相比，2015年12月末总资产增加13.10亿元，增幅33%；总负债减少0.16亿元，降幅0.45%；所有者权益增加13.25亿元，增幅196.44%；净利润减少0.17亿元，降幅为16.43%。

【信贷业务】2015年，公司的信贷业务都是流动资金贷款，主要是为了归还到期银行借款和股东借款，以及满足企业日常营运需要，缓解企业短期资金紧缺，例如包销业务的保证金筹措，采购款和货款的筹措等。

【资金业务】2015年，公司继续强化资金计划管理，在确保流动性安全的基础上，做好资金头寸管理，确保结算，信贷业务的开展，完善资金备付体系，加强资金使用效率，提高资金收益率，并通过同业拆借的流动性弥补手段，加强流动性管理。做好流动性预测分析，通过开展分析资产及负债端的期限结构，结合资金计划，进行流动性检测及预警提示，确保流动性充足。公司和集团各分支财务中心密切配合，以月度预报计划、周滚动计划为主要推手。在挂接企业定时汇报资金安排后进行统计和整理，对有冲突或不符合集团对外支付规定的进行反馈和协商，并重新排定。对企业合理的资金调拨进行统计及调配，确保每一笔款支付及时到位，不影响企业正常的业务营运。

【票据业务】公司市场部了解到成员单位中的南京钢铁股份有限公司有大量的票据业务的开票需求，但因市场环境等因素，直接在银行开票，保证金比例较高。公司经过和多家商业银行沟通，通过公司代理向银行申请开票的模式，可以适当降低保证金比例，既满足了客户降低融资成本的目的，也达到公司增加吸收存款的目的。南京钢铁股份有限公司通过公司向华夏银行开具了6个月的银行承兑汇票，公司也取得了相应的保证金存款。本次代开票业务使公司在此方面的业务取得了零的突破，丰富了公司的业务品种，也为公司吸收一定量的存款。

【资金集中】公司资金运用主要用于信贷业务及结算需要，剩余资金除缴纳准备金外，主要用于银行间同业存款及少量的授信范围内的同业拆放。集团下属板块分为地产、医药、钢铁、金融、矿业、投资等，涉及多行业多地域。考虑到不同行业的特殊性，在资金集中时无法做到“一刀切”。由于资金受到各方监管，地产板块资金管理主要是对销售的回款和项目公司对外支付的工程款、土地款进行管理；医药板块、钢铁板块和矿业板块的资金管理比较类似，主要是涉及对外原材料采购支付、销售款回款周期管理及分销商款项管理。根据各自行业的特性，根据各自公司不同的付款周期和收款周期，排定不同的资金管理办法。

【风险管理和内部控制】公司注重健全公司内部控制，提高风险管理的能力和手段。2015年一是完善企业内部管理制度。公司2011年成立，不断摸索适应复星文化的财务公司道路，制定符合实际需要又能满足各项监管要求和严格的风险管理的制度规定，使其全面覆盖到企业业务的各方面，使流程更加明晰，使各种背景的员工能迅速融入并掌握公司的工作方式。公司共制定了75项规章和明细。二是加强了高管层的管理。公司全面启动了总经理室会议制度和风险管理委员会的定期召开机制，使高级管理层更加参与到风险管理和内部控制里。三是在系统方面的整理。风险管理部与信息技术部合作，进行了系统职权的全面的梳理，既要岗位间相互牵制，又要在人力有限的情况下满足工作需要。四是档案管理完善计划。业务的发展使得文档资料越来越多，流程需要经过多个部门，为协调统筹控制好各部门的效率与风险，公司在2015年开展了“档案管理完善计划”。邀请各部门职工展开头脑风暴，作出最适应情况的流程图，明确个人分工。五是授权管理。通过《业务授权实施细则》的修订，重新明确了公司各级管理层的职责权限，确保公司业务顺利有序开展。

【人力资源管理】2015年，公司加强人员编制管理，在业务规模和经营效益显著增长的同时，维持组织瘦身，坚持以精简、效率为原则，实行扁平化管理，人均效能大幅提升。强化考核淘汰机制，及时调整人员，充实了风险管理和市场拓展团队。注重人才梯队建设，依照“年轻化、专业化、国际化、名校化”选用标准，重视对实习生和应届毕业生的招聘录用、带教培养，为团队补充生力军。重视内部人员培养选拔，关注中层干部和业务骨干的成长，提供发展空间。通过员工挂职轮岗、银企交流学习、同业互访对标等多种方式，鼓励员工学习，促使团队成长。

【信息化建设】2015年，公司在硬件网络方面，全年未出现过任何因故障造成的业务中断，与人民银行、银监、各银行间的网络正常运行，确保了其他部门日常工作正常开展。在系统建设方面，为了配合代理开票的业务，实现了通过财务公司划转成员单位资金至开票银行的功能，实现了对成员单位进行保证金的扣收及管理。公司开发了代理支付模块和保证金模块。在信息安全方面，公司相关部门员工参加并通过了信息安全的认证培训，取得了信息安全相关资质。

【企业文化建设】公司注重企业文化价值观，以文化价值观作为人员招聘录用、考核晋升的首要判断条件，坚持志同道合共同创业的理念。在企业内部积极开展企业文化建设，营造良好的工作氛围，组织年度员工体检、春游、生日会、六一活动、三八活动等多种主题活动，激发热情、传递尊重、快乐和关爱。

中铝财务有限责任公司

【经营概况】中铝财务有限责任公司（以下简称“公司”）2015年全年实现营业收入4.86亿元，综合效益5.50亿元，其中，利润总额2.28亿元，间接贡献3.24亿元，分别较上年增长47%、17%、4%和30%。管理资产总额371亿元，较上年末增长64%。各项风险监管指标良好，不良资产率持续为零，继续保持了安全性、流动性和收益性的动态平衡。同时，公司紧紧围绕经营和发展两条主线，在业务创新和金融牌照申请方面取得多项突破。

【信贷业务】公司全年为成员企业调剂内部资金，部分解决成员企业融资难、融资贵问题，助力成员企业优化债务结构、降本增效、保值增信。一是灵活有效扩大信贷投放，优化调整信贷结构。公司努力扩大信贷规模，累计为成员企业调剂资金249亿元。信贷投放点面结合，新增贷款企业20余户，实现各业务板块全覆盖。同时，找准重点，加大了对集团战略项目和融资困难企业的贷款投放，建立风险资金池，为资金接续困难企业紧急提供过桥资金，基准或下浮利率贷款占全部贷款74%。二是积极采取多项措施，为信贷业务开展提供保障。修订、制定相关制度，使业务流程在满足风险监控的需求下更加符合实际需要。同时，完善业务系统功能，提高业务操作效率，为信贷业务的开展提供了系统保障。三是积极开展多项金融研究工作，落实公司战略发展要求。

【资金和投资业务】公司着力扩大主动融资能力，积极“走出去”，广泛联系银行、财务公司、保险、证券、信托、基金公司，先后与20多家金融机构建立合作关系。拆入短期资金1 307亿元，票据转再贴3.60亿元，多种低成本融资渠道并用，有力保障了结算和信贷规模，提高流动性管理能力。

【票据业务】2015年，公司深入调研走访，组织座谈培训，电票推广初具规模，已有42家成员企业加入公司电票系统，承兑业务量14亿元，在近百家集团内外企业间流转。电票承兑费率低，免收保证金，释放成员企业在银行的不可动用存款超过3亿元。充分发挥同业授信优势，灵活搭配保贴、保兑、转再贴、代理贴现等票据产品，实现了电票在产业链上中下游的贯通，成为成员企业新的低成本融资渠道。

【外汇业务】公司搭建人民币双向资金池和外汇跨境资金池，为集团统筹配置境内外资金提供了新的金融通道，截至2015年末，已有22家成员企业加入跨境资金池，办理跨境外汇业务8 000万美元、跨境人民币业务8.80亿元，成为北京地区开展跨境人民币业务的首家财务公司，作为典型案例在同业中推广。结售汇业务取得阶段性成果，实现9 000万美元业务规模，为成员企业节省财务费用200余万元，逐步满足成员企业“走出去”对跨境资金运营管理的需求。

【资金集中】2015年，公司资金集中工作实现重大突破。中铝公司党组高度重视财务公司平台作用，将全口径资金集中度纳入2015年度考核体系，进行顶层设计，组织金融专家讲座，研究专题报告，逐月盯紧关键指标。同时，主动作为，坚持“四优”服务，深入了解企业需求，点对点解决客户难题，满意度问卷调查获得了成员企业高度评价。各板块和实体企业鼎力支持，存款、结算、贷款规模逐月增长，关联交易限额稳中有增。在总部及各级财务部的大力支持下，公司资金集中度大幅度向上突破。2015年末，存款余额和全口径资金集中度较上年末增长98%和66%，全年日均存款同比增长80%。

【业务创新】公司在巩固扩大传统业务规模的基础上，积极拓展新业务领域，获批五项新牌照，新产品、新工具、新渠道作出规模、形成特色。一是取得新业务资格。积极与监管机构沟通，获取跨境人民币资金池、有价证券投资、委托投资、承销成员企业债券四项业务资格。二是构建中铝跨境金融网络。搭建人民币双向资金池和外汇跨境资金池，为集团统筹配置境内外资金提供了新的金融通道。结售汇业务取得阶段性成果，逐步满足成员企业“走出去”对跨境资金运营管理的需求。三是推出多项票据业务新产品。深入调研走访，组织座谈培训，电票推广初具规模，在近百家集团内外企业间流转。电票承兑费率低，免收保证金，释放出成员企业在银行的不可动用存款。

【风险管理和内部控制】公司高度重视风

险管理，着力加强合规安全运营。治理重点领域，制定管理策略。着重治理重点风险领域，制定重大风险管理策略，增强预警控制能力，业务风险审查覆盖率达100%，加强信用风险、操作风险管理，按月监测重点风险指标，筑牢三道风控防线。加强合规管理，制定合规政策。2015年新增、修订制度38项，历年来监管机构提出的内审职能不独立、风险内审人员配备不足等问题已全面整改完毕。强化专项审计，推进问题整改。开展了7个专项审计，发现的28个问题均已有效整改。按照银监会、中国财务公司协会评级指标体系，对标同业先进，制定提升方案，分解落实。完善风控体系，确保安全运营。根据《中铝财务有限责任公司风险指标监测与预警办法》，公司对风险水平类指标、风险迁徙类指标和风险抵补类指标三大类33个具体指标以及七大类重大风险监测指标设置阈值进行监控，定期向管理层报告风险指标监测和预警状况，并向中铝公司审计部及财务部报告，当发现指标偏离正常值时及时预警，并对偏离指标查找原因提出整改方案。

公司在保持业绩稳定增长的同时，各项风险监测指标优良，较好地实现了收益与风险的平衡，主要风险的影响总体可控。

【人力资源管理】公司从定岗定责、绩效考核、优化薪酬体系、夯实基础管理等方面入手，突出重点，关注细节，全面提升人力资源管理水平。首先，坚持以用为本、建立公平竞争的用工机制。公司按照国家的有关规定，为全体员工办理了养老保险、医疗保险、失业保险、工伤保险和生育保险，并缴纳住房公积金。采取面向社会公开招聘的形式，引进了有丰富同业经验的员工。其次，优化绩效考核体系，激发员工活力。公司建立起全面覆盖、层级清晰、定义明确、考核科学、优升劣降的岗位考核机制，深化了人事制度改革，健全了分配激励机制，激发了职工内在活力，得到干部员工的高度认可。最后，强化员工培训，全面提高员工素质。公司对全体干部员工进行合理培训规划，从业务及管理能力提升、新业务、新制度、新监管要求等方面开展培训38次。

【信息化建设】着力提升信息科技保障水平，保持信息系统安全稳定运行是公司全年的重要基础工作。公司不断提升信息风险防控能力和应急处置能力，通过定期巡检、验证备份、单点设备冷备、机房智能检测等手段，提升系统的稳定性和冗余性，实现全年安全运行。异地灾备系统运行稳定，完成灾备演练，验证业务系统灾难恢复能力。紧跟业务需求，完成结售汇业务等三个模块开发上线。持续完善核心业务系统功能，完成60项优化，提高系统操作便捷性。

中兴通讯集团财务有限公司

【经营概况】2015年，中兴通讯集团财务有限公司（以下简称“公司”）始终坚持集团利益最大化的服务宗旨，积极进行业务拓展和产品创新，在遵循集团整体战略部署，支持集团产业发展的过程中，逐步完善金融服务平台功能，着力培育市场化经营能力、专业化服务能力，全面完成集团年初下达的经营任务，各项监管指标均符合监管部门的要求。截至2015年12月31日，在公司开户并办理业务的成员单位93家，公司资产总额242.42亿元人民币，各项存款余额227.99亿元人民币，所有者权益13.12亿元人民币，实现净利润0.75亿元人民币。

【信贷业务】2015年，公司坚持对集团新兴产业和战略产业发展提供金融服务方面支持。全年累计提供贷款支持11.09亿元，年末贷款余额10.40亿元。年末信贷资产分类全部为正常类资产，根据银监发《中国银行业实施新监管标准的指导意见》的要求，结合公司实际情况，从2015年第四季度开始，将正常类信贷资产损失准备金比例提高为2%并已足额提取贷款损失准备；2015年通过对成员单位开展保理业务试点，重点解决资金不足的中小成员单位与核心成员单位之间应收账款融资需求，通过开展首笔出口退税托管账户质押融资业务，支持集团跨境外向型中小企业的发展等；通过以上新设立融资品种，丰富了集团内部成员单位融资手段，节省了集团整体融资成本，实现财务公司与成员单位共同成长。

【产品销售融资业务】2015年，公司产品销售融资业务得到快速发展。秉承金融创新的理念，公司结合融资租赁和信贷等金融产品为下游客户提供资金支持，并加强产业链产品创新能力，提升品牌知名度，有效促进成员企业产品销售。公司融资产品设计逐渐完善，融资标准化产品逐渐形成，业务模式、业务流程已经成熟。同时，公司借助金融牌照，充分发挥成员单位与商业银行乃至资本市场之前的桥梁和纽带作用，以多种方式促进集团利益最大化。产品销售融资业务的发展进一步提升了公司的金融服务能力，增强了公司持续发展的能力。

【资金业务】2015年，在历经人民银行5次降息的情况下，公司同业存放业务继续保持稳定增长。公司通过加强流动性管理及宣贯、梳理交易对手、深挖合作潜力等举措，强化资金业务的经营职能和盈利能力，在确保资金安全性及流动性的前提下，提高同业存放收益。同时，持续拓展主动负债渠道，积极利用同业拆借以及收缩资产等方式来满足流动性需求。2015年，公司利用同业拆借、转（再）贴等方式累计解决融资需求80亿元。

【票据业务】为解决成员单位结算和资金占用问题，降低成员单位财务费用，公司继续推广财务公司承兑的电子汇票，2015年共计签发财务公司承兑汇票金额3.97亿元，同比增长近1亿元，其中累计签发电子汇票金额3.30亿元，占比82.92%，电子汇票得到较好推广和使用，发挥了电子汇票在支付结算方面的安全性、便利性。

【资金集中】2015年，集团高度重视银监的分类监管政策，进一步加强了行政要求并牵头组织提升资金归集度。公司在集团的支持下资金归集业务得到了迅速发展，全口径资金集中度从2015年第一季度末的19.55%跃升为2015年第四季度末的71.84%。年底归集金额达到227.99亿元，资金归集度较2014年同期提升39.55个百分点，较第三季度提升20.51个百分点。

【业务创新】2015年，为顺应“中国制造2025”和“互联网+”的发展趋势，公司依托集团在信息产业的强大优势，深度为产业链下游的“中国制造2025”重点发展的行业领域提供定制化综合金融解决方案，主要业务领域涵盖智慧城市、互联网数据中心、供应链金融、智能终端、无线充电新能源汽车等，公司通过融资租赁、项目贷款等多元化金融服务方式，为集团公司传统产业向智能制造和绿色制造转型。与此同时，公司以车险为例的保险代理业务规模，实现了快速增长。

【风险管理和内部控制】2015 年，在公司在风险管理方面，紧跟集团战略方向，有效评估集中度风险，分散资金投向，合理配置信贷资源；通过丰富信贷业务种类，优化公司信贷资产结构配置；建立流动性风险监测机制，守住流动性风险的同时，提高资金使用效率；结合业务和管理实际，灵活运用各种风险计量手段，提高风险评估的合理性和有效性；建立合规文化宣传教育机制，提高人员的专业技能和合规文化意识，防范操作风险的发生。在内部控制方面，全年新增和修订制度 60 余项，涉及招标、信贷、租赁、保理、资金预算、调拨、同业、结算、综合等各个方面；同时，通过各种形式的研讨，推动内部流程的优化，双管齐下，进一步优化公司的内控控制体系。通过全面自查和内部审计，对历史业务和管理查缺补漏，有效地提升了业务发展和管理的水平。

【人力资源管理】2015 年，通过建立内部宣传平台“兴通告”激活队伍状态，扁平化员工与干部的沟通，面向每一个员工正向传递管理价值体系，使员工在公司的发展蓝图上找到自己更有价值的工作意义。在薪酬激励方面，通过以岗定级、对标调薪、沟通贯穿调薪流程，进一步明确激励导向、强调价值牵引：公司资源向核心岗位、高能力、高绩效员工倾斜，并开展易岗易薪。通过价值传递，每一个员工深刻认知公司传递的管理理念：在本职工作上追求极致，不断挖掘现有岗位的价值空间或跨岗位横向发展成为复合型人才与组织发展相匹配。内部管理环境建设带来的员工状态改变——怡安翰威特对公司员工的调查结果显示：员工敬业度提升 32%，员工满意度提升 50%。在人才引进方面，全面开展各类渠道的人才招聘工作，通过校招行程传递财务公司的产业金融使命和发展远景。建立内部举荐机制，将内部岗位对全员开放，接受员工报名，使员工了解组织对人才的需求、不断对标自己，有方向地提升自己，使有能力、有意愿的员工有机会在内部路径发展。

【信息化建设】2015 年，公司对原有的核心系统进行持续的优化改进，新上线了电子回单模块，进一步为成员单位提供了便捷的服务。在新系统建设方面，公司完成了征信系统的实施；完成了人事行政管理系统二期开发，实现对固定资产、员工保险等信息进行管理。在基础设施建设方面，公司新租用中兴云服务公司 IDC 机房，并完成了设备的整体迁移，为公司业务的快速发展奠定了新的基础。

【企业文化建设】2015 年，公司在加强企业文化宣传上，通过制定员工手册，进一步使员工了解企业历史、执行企业战略、遵守企业规章制度；在践行企业文化理念上，组织员工参加了“前海杯”三人篮球赛，并取得团体前六名的佳绩；在贯彻企业文化精神上，公司微信、官网平台定期推送相关文章，宣传公司的企业文化。与此同时，公司关心员工成长，管理层定期与员工沟通，了解员工思想动向，正向引导员工保持良好、健康的心态，坚持把以人为本的原则落实到具体工作当中。

福建省能源集团财务有限公司

【经营概况】2015年，福建省能源集团财务有限公司（以下简称“公司”）认真贯彻福能集团的工作部署，持续开展对标管理，深化四项平台功能作用，严格资金管控，高效配置资金，全力满足集团、成员单位金融需求，有力促进集团发展。2015年末公司资产总额68.83亿元，比年初63.84亿元增长7.82%；负债总额56.27亿元，比年初增长8.67%；营业收入2.81亿元，实现利润1.75亿元。公司资产质量及财务状况良好，流动性比率为56.70%，资本充足率为24.61%，存贷款比率为61.86%。无不良资产，各项风险监管及监测指标优良。

【公司金融】公司加强与集团和成员单位的沟通，及时掌握好集团最新的项目进展情况和成员单位的资金需求，做到了集团新上项目达到放款条件立即投放，成员单位有资金需求时即刻到位，实现了资金与需求的无缝对接，最大限度降低成员单位融资成本。2015年，公司共发放自营性贷款112笔（含贴现），金额47.49亿元。其中流动资金贷款44笔、金额42.37亿元；项目贷款2笔、金额1.80亿元；办理贴现66笔，金额3.30亿元；发放委托贷款6笔，金额2.60亿元；开立电子银行承兑汇票147笔，金额5.41亿元；开立保函6笔，金额5.61亿元；截至12月末，信贷业务余额总计32.41亿元，实际新增信贷投放16.27亿元，公司信贷服务能力大幅提升。

【投行业务】公司遵循保本、保流动性优于盈利性的谨慎投资原则，稳健开展投资业务。一年来，投资业务实现了从无到有、从小到大的发展，投资收益率达5.57%，为公司创造了新的经济增长点。截至2015年12月末，累计实现投资收益0.45亿元，其中，信托受益权收益为0.24亿元，银行理财产品收益为0.14亿元，其他产品收益0.07亿元。

【票据业务】2015年，公司大力挖掘票据业务潜力，深入推进票据业务发展。在结合集团产业链优势，对成员单位的上下游行业、销售模式、现金流、支付习惯等各方面情况进行全面分析后，根据产业链特征，将分公司、子公司之间的业务充分整合，使电票业务与公司的各个支付环节紧密结合。全年共计开立电票147笔，金额5.41亿元；办理贴现66笔，金额3.30亿元；向人民银行办理再贴现1.90亿元。并成功实现了公司电子承兑汇票的跨省跨机构流通，取得电票业务的新突破。

【资金集中】2015年，公司深入开展银行账户清查，全力消除账户多头现象，持续提升集团资金管控能力。截至12月末，公司及结算中心吸收存款余额为62.37亿元，共归集成员单位各项资金52.40亿元（日均48.15亿元），比年初增长2.66亿元，增长5.35%。银监全口径资金集中度为79.65%，年度集团平均考核归集率达96.37%，同比增长0.82个百分点。截至12月末，成员单位在公司的开户数达240户，资金结算量累计达2 613.70亿元，结算笔数累计为137 307笔，结算业务量再创新高。

【业务创新】公司持续深化金融创新，保函业务创新荣获福能集团特殊贡献三等奖。2015年，经过多方努力，成功发放了1.80亿元的漳浦美伦房地产开发公司贷款，打破了房地产业成员单位在外部金融机构“项目准入难、对接效率低、融资成本高”的不利局面，实现了对集团煤炭、电力、港口物流、建材、建工房地产、金融六大主业的金融服务全覆盖，在深化推进“以融助产、产融结合”的征程中迈出了新的一步。10月，为可门港物流有限公司开出金额1亿元人民币的首笔融资性借款保函，用于该公司向中国农业银行连江支行申请开立国际进口信用证提供保证担保，财务公司保函首次被金融同业接受，公司的影响力进一步提升。2015年，公司获中国银行间市场交易商协会会员资格，成功办理首笔债券业务，为下一步能更好地进行银行间债券市场买卖奠定了扎实的前期基础。

【风险管理和内部控制】2015年，公司将全面风险管理理念的培育作为公司的核心竞争力之一。制定出台了《法制工作第二个三年目标实施方案》《2015年度法律事务工作贯彻实施方案》等文件，层层签订了《高管合规认知及管理措施计划书》《员工合规责任承诺书》《部门案防工作责任书》《员工案防工作责任书》等责任状，组织开展了金融法规学习、高管授课、“六五”普法考试等活动，积极参加了福建省反洗钱协会会议及专题讲座，全面培育“全员合规”“主动合规”的健康风险管理文化氛围。修订和出台了《内部控制管理制度》《关于反洗钱数据报送质量内部责任追究制度》《反洗钱自评估管理办法》等十多项管理制度，把法律风险防范、内控机制建设、合同管理工作有机结合起来，初步构建了面向全员、囊括全部业务品种、覆盖业务全过程的内控合规体系。

【人力资源管理】2015年，公司以“三严三实”活动为契机，深入学习十八届四中、五中全会精神，通过组织参加“福能集团大讲坛”、银联协会培训、福能集团技能比武以及同业间交流等形式进一步提升职工业务素质。鼓励职工参加银行业专业人员初级、中级职业资格考试，每年举行全员业务知识测试，以考促学，建立学习型财务公司。同时，公司持续推进人力资源信息化建设，陆续完成了职工档案、薪酬管理、人员招聘等系统，基本上实现了人力资源信息化管理，公司信息系统建设日趋完善。

【信息化建设】公司加大信息化的建设投入，2015年组织开展了信息系统的升级改造，实现了信贷系统与电票系统的融合，新增了贷前、贷中、贷后管理及保函、保理等业务，上线了征信系统，完善了银企互联接口，等等，实现了从满足结算、信贷、财务等基础业务到保理、投资等创新业务需求的转变，为公司的创新业务发展提供了更强劲的支撑。10月，利用公司场所搬迁之机，公司全面重新规划信息化建设，严格按照国家三级标准建设机房，完善了机房各项监管、监控设施，进一步提升了系统的安全性。

【企业文化建设】2015年，公司班子连续四年荣获福能集团“四好领导班子”称号。企业文化建设有序推进，“心怀感恩，创造感动”“福相伴，能永远!”集团企业文化深入员工，营造出了亲如一家的企业文化氛围。公司工会女工委、团支部举行了“成长、成才、成功”主题座谈会。组织员工参加集团“福相伴，能永远”主题演讲比赛、财务知识竞赛、新闻写作竞赛等活动，获得了演讲比赛最佳团体、财会知识竞赛最佳组织奖团体二等奖及个人二等奖等诸多荣誉，群团组织的作用进一步彰显。工会组织开展了困难员工帮扶、大病医疗互助和育才关怀等活动，传递了温暖、创造了感动。同时加强金融从业理念的培养，树立“合规创造价值”“没有一个客户、一笔交易比公司声誉更重要”的公司金融亚文化理念，进一步被员工所理解、接受和践行。

湖南高速集团财务有限公司

【经营概况】2015 年，湖南高速集团财务有限公司（以下简称“公司”）围绕年度目标任务，早计划、早布局，以服务集团为中心，以抓资金归集为重点，以完善业务结构为主线，以合规管理为抓手，全体干部职工砥砺前行、真抓实干，克服经济增长下行、国家多次降准降息、企业经营业绩普遍下滑等不利因素，取得了发展史上的新业绩。截至 2015 年 12 月末，公司实现总收入 1.42 亿元，较 2014 年同期增长 8.93%；净利润 0.98 亿元，较 2014 年同期增长 0.38%；各项存款余额 60.57 亿元，较 2014 年同期增长 282.81%；各项贷款余额为 10.50 亿元；总资产余额为 74.02 亿元，较 2014 年同期增加 143.98%；净资产 12.70 亿元，较 2014 年同期增长 5.20%；资本充足率 46.38%；资产流动性比率 102.63%；不良资产率和案发率持续为零。

【信贷业务】2015 年，公司注重健全各项信贷制度，强化了贷款“调查、审批、发放、收回”等环节的管理，从制度上保证了信贷管理的科学化、规范化，在服务集团发展的同时，很好地控制了信贷风险。公司贷款基本都落实了有效的保障措施，贷款结构稳定合理，能做到及时调整贷款形态，准确反映信贷资产质量，所有信贷业务均未产生不良，也没有发生贷款逾期和拖欠利息的现象。

【资金和投资业务】2015 年，公司强化资金运营与管理，提高资金使用效率，重点开展同业定存、同业理财、同业拆借业务。工作中注重同业合作，结合公司的资金状况、资产结构，灵活配置并适时调整业务品种、金额、期限，在保障公司资金流动性的同时，实现资金收益最大化。与此同时，积极拓展业务、改善收入结构，提高公司利润，在风险可控的前提下，公司有序开展投资业务，投资品种包括信托产品和资管产品。公司初步形成了各业务相互依托、协调发展的良性布局。

【票据业务】2015 年，公司完善了票据中心，搭建好了票据内部交易平台；修订了《商业汇票管理办法》《商业汇票操作流程》等各项有关制度、流程、风险控制制度及措施，强化员工的业务培训；制定了业务拓展方案，打通了集团“产业链”上下游的票据融资渠道。通过票据业务，降低了高速“产业链”资金占用，缓解了资金压力，节约了融资成本，从而促进高速“产业链”更好地发展。2015 年办理票据贴现 0.55 亿元，票据到期解付 0.98 亿元。

【资金集中】2015 年，公司资金归集工作进一步强化。一是继续实行资金归集目标管理。二是积极调研，借鉴同行资金归集、筹融资先进经验，切实提高资金归集度。三是切实做好支付结算系统融合的各项基础性工作。全年日均归集资金 21.78 亿元，比上年日均增长 30.65%。

【业务创新】2015 年，公司开展“产业链”金融服务，办理“一头在外”的票据贴现业务和“一头在外”的应收账款保理业务。通过开展“产业链”金融服务，使集团“产业链”上下游企业借助其与集团核心企业的真实交易，获得必需的流动资金，保证其生产经营活动的正常进行，从而缓解集团“产业链”上下游企业普遍存在资金紧张、融资难、融资成本高的情况。

【风险管理和内部控制】2015 年，公司坚持审慎的风险政策，以做实做细风险管理工作为主线，继续以“夯基础、抓落实、强监督、重检查、增质量、提效率”为重点，全面提升风险管理的主动性。一是根据业务发展的需要，进一步健全和完善了内控制度和操作流程，构建了内部控制制度的整体框架，将风险控制措施渗透到各个业务领域和各个操作环节，为公司有效实施全面风险管理提供了基础与保障。二是按照“风险为本、资本约束”的监管要求，从思想上强化了风险意识，认真履职尽责，努力构建风险防范防线。三是认真做好反洗钱工作，明确了反洗钱管理规程、反洗钱内控制度等一系列规章制度，使员工认识到了反洗钱工作的重要性，进一步提高了反洗钱工作能力。

【人力资源管理】2015 年，公司进一步完善考核评价体系，将绩效考核与员工合同签订相结合，完成了全员劳动合同的续签，有效地增强了全员工作的主动性、责任感和紧迫感。公司注重人本管理，培育员工的归属感、凝聚力、荣誉感与创新力，促进公司内控管理尽快规范、运营效益迅速提升、经营事业跨越发展。此外，公司以建设学习型团队为目标，采用送训与自训相结合的方式，通过分层次、多渠道、系统性地专业培训，提高员工专业水平，突出专业技能的提高。

【企业文化建设】公司始终坚持构建“规范、安全、创新、发展”的企业核心价值体系，积极推进具有时代特征和企业特色的企业文化体系建设。一年来，公司狠抓网站建设，突出员工素质拓展；充分发挥党工团等群团组织作用，广泛开展各类丰富多彩的活动，组建了职工篮球队、羽毛球队和登山队，让员工工作安心、开心，有力地增强了公司的向心力和凝聚力。2015 年公司荣获“全省高速公路系统高速公路杯劳动竞赛先进单位”称号。

【党建工作】2015 年，公司按上级党委的安排，完成了党支部改选；工作中实行“一岗双责”，层层分解党风廉政建设责任；广泛开展党员干部思想政治教育和理想信念教育，组织全体党员干部学党章、知党史，认真学习党的十八届四中、五中全会精神和《中国共产党纪律处分条例》，观看廉政警示教育片《高速路上的腐败陷阱》，赴湖南禁毒教育基地开展警示教育，去芷江抗战受降纪念馆开展爱国主义教育，增强党员干部反腐倡廉的自觉性；持之以恒落实中央八项规定、省委九项规定精神，持续加强党风廉政建设和反腐败工作，对隐藏在工作和生活细节的“四风”问题不遗漏、不放过，注重盯节点、抓实事，公司党建工作实现了齐抓共管的良性互动。2015 年，公司党支部荣获湖南省高速公路管理局“2013—2015 年先进基层党组织”荣誉称号，公司荣获“全省高速公路纪检监察工作先进单位”荣誉称号。

马钢集团财务有限公司

【经营概况】 2015 年，马钢集团财务有限公司（以下简称“公司”）面对多重不利因素的挑战，通过精细资金运营、优化资产配置、创新金融业务和完善服务功能等措施提升公司资金精细化管理水平。在吸收存款日均余额同比下降 28.23% 的情况下，全年实现综合效益 2.95 亿元，其中，报表利润 1.44 亿元，为成员单位节约财务费用 1.51 亿元。日均资产收益率为 3.73%，同比增加 13.03%，上缴各项税款 0.84 亿元，年末资本充足率为 19.03%，流动性比率为 54%，不良贷款率为零，各项监管指标均符合监管要求。

【资金和投资业务】 公司扎实开展资金运营各项工作，紧抓运营工作重点环节，加大资金归集力度、完善资金预算体系、拓宽融资渠道、最大化集团资金收益，资金精细化运营水平得到进一步提升。一是不断加大资金归集力度，提高资金归集率。2015 年度新增 2 家直连银行，新增 23 家成员单位初始存款 6 亿元；延迟下班并在关键时点加班，提前归集资金，累计收款操作 28 次，上划总金额 20.73 亿元；累计归集外币资金折合人民币 12.95 亿元。截至 12 月末，可归集口径资金集中度达 92%，全口径资金集中度接近 58%。二是公司应对资金规模和资金价格的双重不利因素的影响，完善资金预算体系，建立“月计划、周预算、日申报”的资金预算管理模式，大额支付准确到具体工作日，为公司在安全的前提下降低备付金头寸奠定了基础。备付金比 2014 年日均降低 7.76 亿元。三是公司拓宽融资渠道，新增铜陵有色财务公司、金川财务公司、和县农商银行、合肥科技农商银行等同业拆借交易对手，取得 18 家金融机构的综合授信及电票直贴专项授信共 39.72 亿元，推动了公司电票的流通范围，拓宽了集团低成本融资渠道，提高公司电银票的流动性及可变现能力。四是公司努力实现集团资金效益最大化，根据资金因不同市场、不同形式而出现价格不同的特点，科学合理配置资金，提升整个集团的资金收益率。对于可用的短期资金安排了结构性存款、银行理财产品、同业存款等，最大化获取收益，2015 年此类业务贡献了 1.20 亿元的营业收入，该收入为公司从外部单位获取，占总收入的 40%。

【信贷业务】 公司克服吸收存款大幅下降对贷款能力的影响，加大信贷投放力度，奋力推进电票业务，缓解成员单位在外部银行融资难、融资贵的压力，持续支持成员单位的发展，同时做好保险代理工作，提供便捷、优质服务，降低集团财务费用。一是提高存贷比，全年累计信贷资金投放 54.17 亿元，平均存贷比约 90.95%，比上年提高了 10.73%；贷款日均余额 34.35 亿元，比 2014 年增加 1.20 亿元。为支持欣创佰能长钢余热发电项目，公司首次发放了近0.26亿元的项目贷款，保证了该项目按计划顺利投产，受到了成员单位的好评。二是公司全年累计为成员单位开具电票24.50亿元，比上年净增23.07亿元。为大力推广电票，增强公司电票的流通性，公司争取了16家商业银行支持，对公司开出的电票予以贴现。通过推广，已有140多家外部单位接收公司电票。外部客户推广数量及开票量均位列省内财务公司行业第一；部分成员单位利用财务公司电票在银行融资，融资金额7亿元，与同期贷款利率比节约融资成本近0.05亿元。用于支付结算的电票承兑18亿元，减少外部银行开票保证金5亿多元，节约保证金占用利息支出0.07亿元，有效发挥电票便捷的支付结算功能和为集团创造货币功能，降低了集团财务费用。三是公司配合集团公司完成保险合同执行评价工作及各险种的招标、议标及续标工作。在公司网站设置保险代理专栏，为成员单位提供便捷服务。全年累计代收代付各类保费0.48亿元，较2014年降低保费0.07亿元，降幅12.45%，实现保险代理手续费比上年同期上升11.93%，保险代理更上台阶。

【业务创新】公司2015年开展了集团票据集中管理工作，获批有价证券投资、买方信贷和承销债券三项业务与跨境外汇集中运营业务资格，丰富了金融功能，提升了服务集团能力。一是公司为盘活票据资产，减少票据风险，逐步对全集团票据实行集中管理，截至2015年末，60家成员单位正式上线，实现了全集团票据的90%以上的信息集中。二是公司于2015年10月获批有价证券投资、买方信贷和承销成员单位企业债券三项业务，并立即开展了相关业务，其中买方信贷业务使公司金融服务延伸到下游产业链，能部分缓解马钢经销商融资难、融资贵的问题，增进客户与马钢合作的意愿，12月28日已为销售公司经销商发放了第一笔100万元的贷款。同时，成功开展了低风险理财产品业务，收益较同期同业存款上升1.1个百分点，提升了短期备付资金的收益水平，改善了资产负债结构，提高了财务公司的流动性，年末流动性比率较上年提升80.24%。三是5月11日，经中国人民银行合肥中心支行备案，公司作为马钢集团主办企业取得开展跨境人民币资金集中运营业务资格，并成功办理跨境人民币集中收付业务和委托贷款业务，打通境外人民币资金为境内成员企业提供资金的渠道；跨境外汇集中运营业务资格也于12月31日获批，为马钢集团统筹境内外外汇资源，集中外债额度调配使用，提高集团资金运营效率提供有力支持。

【风险管理和内部控制】公司随着业务范围和业务品种的增加，不断建立和完善内控制度，加大风险排查，强化内部管控。2015年建立和完善了40多项内控制度，内容涉及信贷、资金、投资、反洗钱、票据和财务等方面。通过制度的建立和执行，充分保障了各项业务的合法、合规开展。通过层层签订《案防与风险防范责任书》和《合规责任承诺书》，明确各层级案防与风险防控目标和尽责要求，有效落实风险防控责任。同时，公司通过全面开展“两个加强、两个遏制”自查及“回头看”工作，通过季度风险排查，查找业务流程和操作环节的疏漏，切实防范操作风险。通过合理安排资产负债比例，强化资金长短期错配，加强流动性指标监测，有效防范流动性风险。通过加强资管类产品管理，使同业和短期投资资金流动始终能够“管得了、控得住”。通过适度授信，坚持贷款“三查”，严格审贷分离等，切实防控信贷风险。

【人力资源管理和信息化建设】公司稳步推进信息系统建设、建立全员绩效考核体系、制定公司三年发展规划，通过高效的综合管理工作，有力保障业务开展。一是2015年信息系统运行基本平稳，保障了各项业务的顺利开展，尤其是征信系统和票据池系统的建立及时满足了政府部门和业务的需要，综合部、结算部和信贷部在这些系统的搭建、调试及测试中加班加点，投入了大量的精力。二是根据集团部署，公司建立了全员岗位绩效管理体系，按月度和年度对员工进行考核评价，考核体系一次性顺利通过了人力资源部预验收。三是按集团公司要求，从发展环境、职能定位、业务创新及新业务开展等方面，科学合理地参与制定了财务公司和金融与投资板块“十三五”发展规划。

湖北宜化集团财务有限责任公司

【经营情况】2015 年，湖北宜化集团财务有限责任公司（以下简称“公司”）紧紧围绕“依托集团、服务集团、稳健经营、持续发展”的经营理念，完善公司治理，强化风险防范，加强内部管理，加大创新和服务力度，认真履行金融服务职能，保持效益指标和监管指标均衡协调增长，保证了公司持续、稳定、健康发展。公司资产总额 22.22 亿元，同比增长 38%；公司负债总额 16.95 亿元，同比增长 31%；实现利润 0.23 亿元，同比增长 40%，较好地完成各项任务指标。

【信贷业务】优化存量，用活增量，加大对成员单位信贷支持力度。2015 年，公司调整信贷资产结构，进一步加大对节能环保、科技创新的金融支持力度，推动传统产业改造升级，信贷投放行业由过去单一制造业向制造业、物流运输、矿山开采、农药、机械制造、房地产等多元化发展。全年累计向成员单位发放短期流动资金贷款 36.90 亿元，项目贷款 2.80 亿元，贷款余额 20.95 亿元，较同期新增 6.73 亿元；同时，大力拓展委托代理业务，2015 年公司接受成员单位委托，累计向成员单位发放 4.10 亿元委托贷款，较好地支持了成员单位的发展。同时公司积极开展“信贷行为审慎年”活动，通过工作流程再造实现管理职责分离，实现信贷业务全方位全流程审慎精细化管理，从源头上控制信贷风险，提高贷款的质量和效益。

【资金业务】在资金管理方面，一是统筹安排，加强与银行的沟通议价，通过协议存款、结构性存款等方式提高同业存款收益，全年实现金融往来收入 476 万元。二是利用同业拆借工具保证了公司资金临时周转需要，全年累计拆入资金 108 亿元，提升了资金使用的安全性和流动性。下半年向人民银行成功申办再贴现业务，增加了新的融资渠道，节约了资金成本。

【票据业务】2015 年，公司为成员单位办理贴现 61 笔共计 1.10 亿元，向人民银行办理再贴现业务 7 笔共计 0.97 亿元，满足了成员单位资金需求，降低了融资成本。

【资金集中】2015 年末，公司加强资金归集管理，成员单位存款大幅上升，成员单位存款余额 13.20 亿元，较年初增加 3.40 亿元，增幅34%，资金归集率较上年末上升 7 个百分点。一是积极吸纳成员单位，通过每季度梳理国有系列子公司，对新增符合条件的子公司及时纳入成员单位管理，2015 年新增成员单位 9 个，达到 88 个；二是加大对各成员单位资金监测，建立资金监测台账，实施专人管理，并对成员单位进行比较管理，同时公司制定了对所有成员单位的存款利率上浮、贷款利率下浮的方案，让利于成员单位；三是提高对成员单位的服务效率和水平，实现成员单位资金高效流转。

【业务创新】2015 年，不断提高业务许可范围内信贷产品运用，增强服务成员单位水平，公司根据企业集团的现状和需求，研究产业发展规律，打造自身优势业务，提高业务定制化程度，深挖业务许可范围内开办率，先后开办了再贴现、履约保函等新业务，满足成员单位各类金融服务需求。全年共办理再贴现业务 7 笔，金额 0.97 亿元，履约保函业务 1 笔、金额 62.60 万元。

【风险管理和内部控制】2015 年，公司不断健全内控体系建设，先后完成了《湖北宜化集团财务有限责任公司反洗钱和反恐融资管理制度》《湖北宜化集团财务有限责任公司房地产开发贷款管理办法》《湖北宜化集团财务有限责任公司非融资类人民币保函业务管理办法》《湖北宜化集团财务有限责任公司票据贴现管理办法》《湖北宜化集团财务有限责任公司再贴现业务管理办法》等制度修订，完善业务流程；加大内审力度，强化案件防控；适时关注主要风险指标变化情况，各项监管指标均符合监管部门规定，全年实现了无经济案件和安全事故。

【信息化建设】2015 年，公司在完成“整体规划方案一期工程”的基础上，持续对软件、硬件、通讯、安全系统维护建设，增加信息科技投入。先后完成了人民银行、银监会专线及相关设备迁移工作、增加了同业拆借平台 UPS 后备电源，改造原有数据备份方式，部署了基于 Windows 平台 Oracle 数据库服务器备机，新增中国邮政储蓄银行银企直连接口，完成公司结算部至核心机房的直联光缆敷设工作。同时，公司开展外包活动检查及重要信息系统上线安全性评估排查工作。

【企业文化建设】2015 年，公司坚守宜化集团“实事求是、从严治厂、艰苦奋斗、争创一流”核心价值观，将企业精神内化于心、外化于行。一是加强职工培训，不断提升员工综合素质；二是加强党风廉政建设，组织学习十八届三中全会精神，制定《员工行为准则》，培养合规文化；三是组织开展各种有益的文体活动，培养健康的文体生活，营造积极向上的企业文化氛围。

北京汽车集团财务有限公司

【经营概况】2015年，北京汽车集团财务有限公司（以下简称“公司”）坚持以服务集团为宗旨，以提高财务公司金融服务能力为目标，紧跟集团战略转型步伐，推动产融深度融合，公司各项业务取得了良好成绩，实现了集团资金价值的增值和资金使用效率的提高。年末，公司资产总额达到140亿元，全年实现营业收入4.94亿元；实现利润总额1.96亿元。各项监管指标均符合监管规定。

【公司金融】2015年，公司金融业务围绕集团加快转型、加速发展、质效并重的总基调，以稳定增长、优化结构为目标，实现了平稳增长。全年累计发放贷款金额114.59亿元，同比增长25%。

【产业链金融】2015年，公司由传统信贷向产业链金融产品转变，延伸产业链金融授信总额54亿元，涉及“一头在外”潜在客户数780户。根据产业链客户交易结构和需求特点，发布四款“财宝”系列产业链金融产品——“财票通”“易票通”“财单通”“财保通”，契合了产业链客户的需求，公司支持集团主业发展的力度不断增强。

【汽车金融】2015年，公司累计完成抵押登记备案城市245个，累计开通经销商807个。全年完成新增消费信贷业务3万余笔，累计发放贷款金额14.70亿元。公司认真研究目标客户群，根据客户细分，推出了“保养贷”“精英贷”“一证贷”“双享贷”等汽车消费信贷产品，满足不同客户的个性化需求。公司按“操作合规、风险可控”的工作要求，引进了具人脸识别功能的远程合同面签系统及呼叫中心系统等，从而提高了汽车金融业务的服务质量及防范风险能力。通过业务的开展，有力地促进了集团车辆的销售。

【资金业务】2015年，面对错综复杂的经济形势，公司加强了对金融市场形势和政策走向的研究，提前谋划，适时调整资金业务结构，加强流动性序时监测和用款调度，力求通过资金精细化管理，降低备付率，提高资金业务收益性，有效冲抵利率市场化带来的吸收存款成本压力。努力开展金融市场工具的探索与应用，力求通过同业拆借、票据转贴现、票据再贴现等业务的开展，为公司打通外部资金融通的渠道，实现资金业务安全性、流动性、盈利性的有机统一。

【票据业务】2015年，公司累计办理票据贴现业务46.70亿元，为集团重点支柱企业提供了有力的资金融通支持。同时，年内大力推广公司承兑汇票，为“一头在外”的链属非成员单位和经销商提供了资金支持，在提升集团产业链竞争力方面发挥了积极作用。

【风险管理和内部控制】2015年，公司以稳增长、调结构、防风险为目标，加强内部控制管理，着重围绕“编制内部控制手册、完善内部制度体系、加强风险监测、重点推进专项检查”四个方面开展工作并取得显著成效。年内，完成内部控制手册编制；优化公司制度流程和体系；相继开展了信贷、资金、结算、财务管理、合同管理等重点领域专项检查；逐步完善信用风险、流动性风险、操作风险的监测内容；为消费信贷业务、产业链延伸业务拓展出台了指导意见。通过强化内控与风险管理举措，助推公司业务健康发展。

【人力资源管理】2015 年，为满足业务发展需要，公司加强人力资源的科学配置和有效管理。通过引入猎头公司等措施优化招聘渠道、采取内部竞聘等形式完善人才发展机制；采用建立专项奖励等手段提升绩效管理效果。通过以上措施，增强了公司的市场竞争力。

【信息化建设】2015 年，公司通过加强业务系统功能建设全面支持各项业务发展和金融创新，逐步建立完善的运维管理体系，发挥自主运维的快速响应优势，确保系统稳定运行；重点提升灾备系统应急保障能力，创造性地引入虚拟化技术并提出建设“准应用级”灾备中心的技术方案，并获得银监会 2015 年度银行业信息科技风险管理课题研究成果四等奖，为财务公司行业的灾备系统建设模式提供了范例。

【企业文化建设】2015 年，公司以促进员工全面服务意识提升为主线，以建设“幸福财务公司”为目标，深化公司企业文化体系内涵。一是进一步加强对“全面服务意识”的宣传，组织“服务提升月”活动，促进员工服务意识提升。二是夯实“践行北汽梦 实现中国梦”双梦主题教育活动成果，灵活运用海报、微信等员工喜闻乐见的媒体形式，通过讲述榜样典型的正能量故事，形成正引领。三是进一步落实“两个责任”，结合“三严三实”专题活动开展，加强廉洁文化建设的引领作用。四是弘扬“家”能量，凝聚“家”温暖。进一步推进职工之家建设，添置图书、健身器械等设备设施；冬送温暖、夏送清凉，提高职工幸福指数。2015 年公司在获北汽集团工会“优秀职工之家”称号基础上再上台阶，荣获集团工会“模范职工之家”称号。五是发挥共青团组织凝聚青年作用，创建市级青年创新工作站 1 个，开展“创业有你，青春有梦”“忆成长，话梦想”新老大学生座谈等活动，积聚青春正能量。

大连港集团财务有限公司

【经营概况】2015 年是大连港集团财务有限公司（以下简称“公司”）创新发展的关键之年，同时也是公司迎难而上、砥砺前行的一年，一方面在经济下行期，考虑到成员单位普遍经营困难，公司通过“一事一议”方式，深入成员单位内部进行调研，了解其融资需求及风险管控能力，积极为其提供多种融资方式，确保成员单位正常经营，实现了贷款规模增加；另一方面，公司积极转变盈利模式，在加大同业定期存款运作频率的同时，利用新批准的投资业务，在风险可控的前提下，进行信托投资，提高资金收益。2015 年两大股东对公司进行增资，公司资本金达到 20 亿元，有效支持了公司信贷投放，为防范风险奠定坚实基础。截至 2015 年末，公司资产总额为 98 亿元，负债总额为 74.50 亿元，所有者权益为 23.50 亿元，全年实现营业收入 2.25 亿元，净利润 1.42 亿元。

【信贷业务】公司本着建设集团金融板块，积极为成员单位服务的理念，对集团内成员单位借款需求深入调研分析，对外积极争取信贷规模，在保证信贷资金安全的前提下，通过多种举措开展信贷投放。对 12 家成员单位投放流动资金贷款、项目贷款、融资租赁、法人账户透支等自营贷款；开展贸易类循环贷款，通过利息收入努力为公司创造利润。截至 2015 年末，贷款余额 30.77 亿元，完成利息收入 1.63 亿元，占公司营业收入 84%。发放委托贷款 43 笔，发生额 61.22 亿元，累计余额 155.31 亿元。累计办理 25 笔非融资类保函业务，累计担保金额 1.71 亿元，通过费率优惠切实为成员单位节约经营成本。

【资金和投资业务】在资金运作方面，公司坚持安全性、流动性和效益性相统一，在做好头寸资金预留筹划和成员单位贷款需求的基础上，尽最大限度安排富余资金进行同业存款（同业定期、保本型理财）运作，并根据多家合作银行的利率报价，参照同业拆借市场的基准价格，选择银行进行资金运作。2015 年实现同业利息收入 0.57 亿元，占主营业务收入的 25.37%，公司 2014 年取得有价证券投资资质，在 2015 年 5 月，根据公司资金状况，在权衡资金流动性和收益性的前提下，认购陕国投信托产品 4 亿元，该投资项目预计收入 0.34 亿元。

【票据业务】针对成员企业开立银行承兑汇票限制多、额度紧等困难，2015 年，公司推出票据承兑业务，为成员单位授信 400 万元，并通过银行为成员单位开具首笔 73.08 万元银行承兑汇票，提高了成员单位的融资效率，减少开票保证金的缴纳，避免过多占用企业的资金，从而降低融资成本。

【外汇业务】2015 年 9 月，公司获得国家外汇管理局大连市分局关于开展即期结售汇业务的批复，截至年末，开展即期结售汇业务的准备工作已基本完成。

【资金集中】公司在资金集中管理方面，主要采取三个方面措施：一是定期查询成员单位外银行存款余额，积极与外银行存款规模较大、无特殊用途的单位沟通，促使其将外银行款项转回；二是关注集团新开立单位进展，争取将符合财务公司开户条件的成员单位吸收至财务公司开户，提高开户率；三是主动与集团、股份公司资金管理人员联系，争取两大股东对财务公司的资金支持。截至 2015 年末，共有开户成员单位 129 家，较上年底增加 11 家成员单位，开户率达 70.49%，吸收成员单位存款 74.35 亿元，资金集中度（全口径）有所提高，达到 54%。

【业务创新】2015 年新开展了以下业务：一是代开银行承兑汇票业务。公司获得了农业银行、光大银行和招商银行的代开银行承兑汇票业务的授信。二是售后回租业务，6 月，公司与大连长兴岛港口有限公司开展了以新型电力设备和门式起重机为标的物的 0.50 亿元融资租赁（售后回租）业务，期限三年，并在中登网完成了融资租赁业务的登记工作，极大程度地降低企业的融资成本。三是综合性贸易服务贷款，针对成员单位的内外贸行业特性及实际需求，推出了综合性贸易服务贷款，顺利实现了国际业务人民币化的信贷承接，同时极大地解决了后续税款垫资的融资缺口。四是信托投资业务，信托投资业务在风险控制上和项目选择上都具有把控性，且风险低、收益高。5月，认购信托产品——陕国投·大连旅开建设控股有限公司贷款单一资金信托计划。

【风险管理和内部控制】公司高度重视风险管理，主动实施以信用风险、操作风险、流动风险和市场风险为核心的全面风险管理，从风险管理关键环节入手，为公司依法合规经营提供保证。一是2015年上半年对公司董事、监事、高管进行了变更，增加了职工代表董事、职工代表监事和监事长。7月末，召开了股东会、董事会、监事会及风险控制和审计委员会会议，会议严格按照公司议事规则，审议通过了27项议案和议题。二是组织开展以“内控制度梳理、完善业务流程”为主要内容的公司管理后评价工作。根据公司业务变化及管理的要求，对原有制度及流程进行重新梳理和修订，共梳理制度111个，流程85个。三是制定实施《公司2015年“内控合规管理年”实施方案》。结合银监局“两个加强，两个遏制”的要求，开展风险自查，深刻剖析形成原因。充分揭示存在的制度缺失、执行偏差、行为失范等问题，通过实施提交风险排查确认单，限期整改考核等措施，使内控合规年活动融入到公司各项管理工作中，提升了公司全面风险管理水平。

【人力资源管理】2015年，结合公司“十三五”人力资源发展规划，一是制定并实施《员工职业发展规划》，建立员工职业发展的双通道（管理系列和专业系列），鼓励员工向专业方向发展，发挥规划的牵引作用，让个人发展诉求和公司发展要求形成合力，打造高素质的员工队伍。二是不断推进学习型组织建设，将自主学习与外部培训相结合，扎实做好全体员工的教育培训工作。全面提高员工整体素质和专业素质，满足公司发展需要。三是公司开展全员绩效考核，突出绩效管理的约束作用。根据公司业务、岗位、人员的变化，及时调整绩效考核内容，考核结果向想做事、做实事的员工倾斜，强调督办考核的权威性，实行周督办、月考核，充分发挥督办在绩效考核中的督促和约束作用，在确保公司各项工作稳步推进、提质促效的同时，达到培养锻炼队伍、提升员工综合素质的目的。

【信息化建设】2015年，公司通过信息化建设，提升客户服务质量，优化业务流程，促进公司经营管理水平又上一新台阶。一是电子对账业务，在功能上线前，公司结算人员定期打印账单，并逐一送到客户手中，客户通过纸质账单进行账务核对，消耗了大量人力、物力、财力，为了给客户提供一个轻松、便捷的对账方式，公司与软件开发商合作开发了电子对账功能，该功能上线后，客户可足不出户便实现网上对账，并直接打印对账单，既方便了客户又为公司节省了资源，得到了客户一致好评。二是短信平台业务。为提高客户满意度，公司借鉴银行短信平台的方式，搭建了一套适合公司业务的短信服务平台，该平台可根据客户需要，制定不同的提醒额度，在客户资金发生变化时，可通过短信提醒方式，方便客户了解对本企业资金的变化动态。

【企业文化建设】2015年是公司实现创新、跨越式发展的重要一年，公司结合信息上报工作、公司网站建设，开展党建载体活动等，弘扬老码头精神，全面展示公司的良好形象，提升公司影响力。并以载体活动促进企业文化宣贯，积极传播正能量。组织公司青年团员开展“金融进万家，我们伴您行”反洗钱义务宣传活动；五四青年节组织公司全体员工参观旅顺日俄监狱旧址，参观关向应纪念馆，进行爱国主义教育；组织全体员工参加大连市首届金融系统职工运动会，全面展示公司员工的精神风貌；组织全体员工观看影视作品：《焦裕禄》《筑梦中国》《为了这片土地》和

《我是共产党员》等。通过开展丰富多彩的活动，推进党建，团建文化，提升团队凝聚力。

大唐电信集团财务有限公司

【经营概况】2015 年，大唐电信集团财务有限公司（以下简称“公司”）全力践行“立足集团要有新内涵，创新发展要有新步伐”的工作要求，在将传统业务做精、做实的基础上，积极推动业务深度拓展，票据业务再上新台阶、外汇业务取得新突破、投资业务开局良好，同时，与中芯国际集成电路制造有限公司（以下简称“中芯国际”）订立了为期三年的金融服务协议，开启了公司与中芯国际互利共赢的金融合作新局面，实现了“十二五”规划的业务突围目标。截至 2015 年 12 月 31 日，公司资产总额 29.86 亿元，所有者权益 11.51 亿元，实现营业总收入（含投资收益）0.99 亿元，税前利润 0.63 亿元。

【公司金融】2015 年，公司努力探索新的服务手段，累计发放循环贷款 8.20 亿元，并办理了首笔融资租赁业务和买方信贷业务，在为成员单位提供高效、便捷的金融服务的同时，进一步降低了成员单位的融资成本，助推了成员单位在产业链中竞争力的提升；大力推动票据业务，使票据结算手段和资金融通的优势得到成员单位的认可，2015 年票据业务规模同比增长 20% 以上；发挥副牵头行协调、沟通作用，全力配合、积极促成大唐电信科技股份有限公司（以下简称“大唐股份”）提前归还银团贷款 B 段 5 亿元人民币，替换为较低利率贷款资金。

【投资业务】2015 年，在既往主要投资货币基金、国债逆回购等流动性产品的基础上，公司尝试进行了债券基金专户和以信托产品为通道的成员单位融资产品投资，并取得了良好的成果，全年共完成投资收益 0.21 亿元。通过金融中介通道向成员单位提供融资租赁资金 0.20 亿元，有效帮助成员单位盘活存量资产，降低融资综合成本。增加朝招金同业版、日日盈（A 份额）、天天理财三款 T+0 产品，将部分闲置的活期资金收益率由 2.4% 提高至 3%。

【外汇业务】自大唐电信科技产业集团（以下简称“集团”）2013 年 9 月获得国家外汇管理局北京外汇管理部跨国外汇管理资质以来，公司办理跨境资金交易 180 多笔，累计交易金额折合人民币约 8 亿元。公司已为成员企业提供外汇存款、外汇贷款、境内成员单位代理付汇、境外成员单位代理收付汇以及外汇管理政策信息咨询等服务。2015 年，公司办理 2 笔境外成员单位的人民币外债资金回流和 2 笔境内企业对外放款，满足了境内外企业本外币资金按需调剂的需求，标志着公司初步打造了集团跨境资金融通的服务平台。

公司积极协助集团中关村高新技术企业拓展境外融资渠道、降低财务费用，在大唐股份与大唐高鸿信息技术有限公司向境外银行进行中长期国际商业贷款的融资过程中，提供财务顾问服务，预计为成员单位节省财务费用累计约0.07亿元。此外，即期结售汇申请已获国家外汇管理局北京外汇管理部初审通过。

【资金集中】2015年，公司通过提升信息系统对业务的支撑能力，定期了解成员单位业务需求，交流网银业务操作，实施结算积分奖励计划等举措提高成员单位对结算业务的熟悉度和信任感。截至2015年底，公司办理结算业务64 985笔，同比增长13%。超过89%的关联交易在公司平台进行封闭结算。2015年，日均吸收人民币存款8.51亿元，同比增加0.28亿元，剔除两总部后，成员单位存款同比增加1.05亿元。公司作为资金集中平台的作用得到充分发挥。

【流动性管理】全年完成同业拆借业务共26笔，与上年基本持平，累计拆入金额23亿元，同比增长28%，平均拆借利率为2.57%，较上年下降82基点。2015年公司新增北京银行、光大银行共11亿元的授信额度，并向中国邮政储蓄银行等递交了授信申请材料，争取更多的融资渠道；通过改进成员单位资金计划获取方式，降低了沟通成本，充分利用同业拆借和再贴现业务，努力压缩备付金留存比例，努力减少由于资金计划不确定造成的闲置资金占用；灵活操作短期闲置资金，通过招朝金等同业短期理财产品、货币基金、同业定期等流动性管理手段，提高资金使用效率。

【风险管理和内部控制】2015年，公司持续完善内部控制监测与评价机制，分解落实风险管控主体责任，完成岗位规划建设、内控评价、风险自评和法制工作五年规划等工作，实施资金安全、信息安全和检查整改问题“回头看”等事项的专项稽核。公司已形成管理制度较完善、治理结构和权限管理清晰、业务流程覆盖基本到位的内部控制与风险防控体系。

【人力资源管理】2015年，公司在以往培训渠道、培训形式的基础上，新增集团主业培训和金融市场研究小组培训。2015年围绕集成电路产业、大唐移动新产品及业务、特种通信产业共组织了三场培训，进一步增强了全员对集团主业的了解，为后续金融服务水平的提升奠定了基础。金融市场研究小组全年共开展课题研究11项，并在公司内部组织了内容涉及新三板、资产证券化、利率市场化等多个金融热点的分享活动，有效带动了员工学习热情，对公司业务发展起到了良好的助推作用。

【信息化建设】公司在业务系统开发方面持续投入，新建财企直连和外汇业务系统（存款、结售汇）两大功能模块，其中财企直连模块已经上线；通过驻场开发满足业务对系统的优化需求，通过自主开发完善了业务数据实时异地转存等功能；完成了对公司网络结构的全面梳理，根据业务需要和信息安全要求对网络结构进行了优化，对网络中关键节点进行了冗余设备替换机制的建设，提高了网络连续运行的运维保障能力，并对网络安全设备的策略进行了全面调整和优化。

【企业文化建设】公司通过系列专题活动的开展营造团结向上和干事创业的文化氛围。公司党支部以“三严三实”专题教育活动为契机，通过加强政治理论学习，参观抗日战争纪念馆，开展党章知识竞赛，观看爱国主义教育影片，召开专题学习研讨会等一系列活动，提升党员的政治修养。公司工会通过首届羽毛球比赛的成功举办为员工提供了增强体质、交流切磋的平台。

开滦集团财务有限责任公司

【经营概况】 2015年，开滦集团财务有限责任公司（以下简称“公司”）认真贯彻落实集团公司战略，牢牢把握服务集团这一宗旨，积极应对宏观金融环境变化，强化资金安全运营，提升金融服务水平，在集团公司经济运行困难形势下，公司经营业绩创出历史最好水平。

截至2015年末，公司资产总额为72.27亿元，比年初增加5.16亿元；负债总额为60.21亿元，比年初增加4.59亿元；所有者权益12.06亿元，比年初增加0.57亿元。2015年公司实现营业收入2.28亿元，同比增加0.08亿元，增幅为4%；完成利润1.58亿元，同比增加0.28亿元，增幅为21%；资金集中度为75.48%；各项监管指标均优于监管部门的要求。

【信贷业务】 2015年，公司充分发挥金融服务平台作用，积极推进信贷业务，不断优化信贷结构，为成员单位提供资金支持。截至年末，公司信贷余额为40.28亿元，品种涵盖项目贷款、流动资金贷款、技改贷款、票据贴现等，期限包括长期、中期、短期，投放对象覆盖集团总部、煤炭、煤化工、物流、电力、建筑等板块，通过优化信贷结构支持了集团转型升级。同时，制定了存贷款利率管理办法，依照资金集中度和不同的信用评级对贷款实行了差别定价。

【资金和投资业务】 细化资金预算和头寸管理，根据支出项目、时间、金额等要素，实行ABC分类控制，实现了月预算、周计划、日头寸控制。2015年，公司创新开展的有价证券投资业务，在确保安全性、保障流动性的前提下，最大限度提高资金收益。通过投资实时赎回理财、固定期限理财和基金等金融产品，取得了较好收益。2015年累计实现理财收益0.37亿元。

【资金集中】 巩固和加强资金集中管理，多措并举归集资金，2015年末公司资金集中度完成75.48%，继续保持行业领先水平。坚持按月调度，狠抓落实，扩大资金归集范围，及时将未归集单位资金整合到位，年末纳入财务公司归集资金的成员单位127家，同比增加24家，覆盖率为90%。

【票据业务】 多措并举，充分利用好票据再贴与转贴等再融资手段，取得了突破性进展。2015年全年以2.25%的低利率办理再贴现5.98亿元，以低于市场利率的价格办理转贴现0.67亿元。票据再贴与转贴业务的成功开展，开辟了公司新的融资渠道，丰富了公司流动性管理工具，降低了公司融资成本，缓解了成员单位资金压力。

【同业业务】 2015年，公司进一步加强同业沟通合作，在前期获批进入全国银行间同业拆借市场和10亿元额度的基础上，与民生银行、兴业银行成功打开拆借通道，并与多家金融机构达成合作意向，全年累计拆入资金10亿元，有效缓解了流动性压力。同时，积极开展同业授信，截至年末，公司获得同业授信20亿元。

【外汇业务】2015年6月，集团公司外汇资金集中运营资质获得国家外汇管理局批准，成为河北省首批也是国资委出资企业中唯一获此资质的跨国公司。公司完成了实施方案的制定和备案申请上报，2015年末获国家外汇管理局河北省分局备案通过。

【业务创新】2015年，公司以开展新批业务为契机，推动创新发展，提高金融服务水平，增强市场竞争力。一是在获批央行电票业务资质基础上，通过优化设计、调整测试，4月27日公司电票系统成功上线，截至年末累计开出电票7.38亿元，到期承兑1.53亿元，财务公司电票逐步得到用户的认可。电票业务的开展，进一步提高了集团资金使用效率，降低了付现成本。二是为盘活全集团票据资源，推进票据集中管理，与集团公司财务部共同制定下发了《开滦（集团）有限责任公司商业汇票集中管理办法》，并自7月1日起启动运行。截至年末，集中全集团票据20.39亿元，集中度达到90%。通过半年的试运行，初步实现了票据信息与票据资源的集中管理，大大降低了票据风险，进一步提高了集团票据资金的使用效率。

【风险管理和内部控制】进一步完善公司治理，及时召开“三会”，审议批准了公司重大事项，并对公司章程进行了修订；同时增设了投资决策委员会，变更了相关董事、监事和高管人员，公司治理结构更加完善。通过开展“内部规范建设年”活动，公司合规管理水平进一步提升。修订和新增各类管理制度16项，制度体系更加完备；做好“两加强、两遏制”及全面业务现场检查的整改落实；系统开展了负债管理现场评估工作，得到了人民银行高度评价；强化风险管控，通过定期组织压力测试、层层签订案件防控责任书、严格落实业务管控流程等措施，超前做好风险防范与控制，进一步增强全员风险意识。公司运转四年来未出现不良资产和案件风险，风险管控得到监管部门高度认可。

【人力资源管理】不断加大培训拓展力度，调整充实了人员力量，通过落实学习计划、积极参加各类培训、鼓励参加从业资格考试和技能比武等措施，不断提升从业人员专业化履职水平。

【信息化建设】2015年，公司完成电票系统、票据集中管理系统的建设应用，为票据业务的安全开展提供了系统保障；完成了指纹系统开发，在行业内率先推行人证合一的系统控制；并对资金结算中心系统、财务核算系统、财务公司系统进行了优化升级。

【企业文化建设】公司坚持开展课题研究，全面总结回顾公司四年来的运营成果与经验做法，以《基于财务公司平台企业集团资金管控模式研究与探讨》为课题，形成涵盖六个章节8万余字的文字材料，为公司及行业发展提供借鉴；做好宣传交流，全年在《开滦要闻》《开滦日报》、开滦电视台、开滦内外网、河北省国资委网站、中国财务公司协会网站刊发稿件93篇，在公司网站上传各类信息2 800余篇，公司的品牌和形象在行业内进一步提升。同时，迎接了重庆化医财务公司、皖北煤电财务公司、新奥财务公司、河北建投财务公司等单位的参观考察，促进了同业交流。

中国航油集团财务有限公司

【经营概况】 中国航油集团财务有限公司（以下简称“公司”）按照2015年为“管理提升年”的各项工作部署，以做好为成员企业提供安全高效的金融服务为抓手，公司基础业务管理水平得到有效提升；以落实年度监管评级提出的各项标准和要求为抓手，公司风险管控基础得到进一步加强；以加快推进新业务资质申请为抓手，公司业务范围拓展取得新成绩，服务成员企业的能力有了新提升。2015年，公司累计实现营业收入1.25亿元；实现拨备前利润总额0.85亿元；实现各项税收0.27亿元。吸收成员企业存款余额46.30亿元，年末信贷资产余额18.50亿元。公司资产总额达到59.95亿元，集团2015年全年月均全口径资金集中度达47.81%。

2015年，公司新增外币结算业务；外汇跨境资金集中管理业务资质和跨境人民币双向“资金池”业务资质双双获批；开展了首笔纸质票据贴现业务；正式获得北京银监局批复：获准增加承销成员单位的企业债券和固定收益类有价证券投资两项新业务资质。

【信贷业务】 2015年，在上年底信贷规模偏离度达70%的情况下，公司积极与人民银行营业管理部沟通，建立了良好有效的信息交流机制，在稳健进行货币投放、合意贷款与实际投放准确度方面得到了通报表扬，合意贷款管理工作成效显著。2015年，累计为成员单位发放贷款40笔（含票据贴现1笔），金额累计34.12亿元，信贷资金余额18.77亿元，信贷资金余额再创新高。

【资金和投资业务】 2015年，公司新增外币结算业务。全年累计完成结算业务4.23万笔，结算金额7 975.58亿元，日均吸收存款18.02亿元，日均存放同业17.20亿元。其中，累计新增外币结算业务77笔，外币结算金额7.89亿美元。

公司从合理筹划资金存放同业的规模与结构入手，积极与银行同业沟通，分期、分量将资金存放同业，在确保流动性安全的前提下，通过资金运作，提高存量资金收益。

公司同业拆借业务全面开展。为提高短期资金收益、增强盈利能力，年内公司向集团公司申请并获批开展同业拆出业务。截至12月底，开展同业拆入拆出业务共计9笔，累计拆入拆出资金39亿元。同时持续推进同业授信业务。年内上报获批的同业授信总额度增至149亿元，其中同业拆入授信总额度为129亿元，拆出授信总额合计29亿元。

【票据业务】 积极参与票据转贴现、再贴现等创新业务研究，探索通过票据方式打通集团资金融通渠道，并顺利开展了首笔纸质票据贴现业务。

【外汇业务】 公司获批人民银行跨境人民币双向资金池业务资质。该业务进一步便利了集团公司内部资金集中管理和调配工作，充分利用境内和境外两个市场的资源，提高整体财务资源的运营效率，有效降低经营和融资成本，提高资金全球化管控水平。2015年完成首笔跨境外汇资金集中管理业务，推进集团全球资金一体化管理。年初完成了新加坡公司首笔跨境外币资金的集中业务，为跨境外汇业务的开展积累了宝贵经验，标志着集团公司全球外汇资金一体化管理工作开始正式运营，也意味着公司将金融服务的范围拓展到了海外成员企业。2015年公司完成外汇汇划、通知定期等业务77笔，累计交易金额7.89亿美元。其中与新加坡公司、香港公司和进出口公司通力合作，于2015年底首次开展跨境通道业务，实现了境外资金在境内的运用。

【业务创新】公司通过创新金融服务，提升服务水平。一是创新金融思维，提升公司信贷服务层次。基于年内人民币贷款与美元贷款利差逐步缩小的市场情况，通过对外币综合融资成本进行测算，提出了以人民币贷款置换外币贷款的融资思路并付诸实施，从总体上降低了集团公司整体财务费用。二是主动创新服务品种，开展循环贷款业务。根据石油公司、航油公司存在借款期限短、资金需求迫切的业务特点，有针对性地提出了循环贷款业务个性定制方案，便于成员单位可以结合其资金需求随借随还，合理安排资金头寸，大大提高了两公司资金使用效率。三是创新金融服务，探索票据融资方式。积极参与票据转贴现、再贴现等创新业务研究，探索通过票据方式打通集团资金融通渠道，并顺利开展了首笔纸质票据贴现业务。四是深耕细作保险代理业务，践行金融服务职能。经与保险公司协商，针对泽胜公司抵押及租赁船舶小额保险赔付有关事宜，委托保险公司将赔偿金额直接支付至投保人，提高了投保客户单位的服务体验。五是审时度势，以锁定利率浮动类型为手段对冲贷款利率下调对公司效益的影响。通过对利率市场化进程研究预判，积极提出应对方式，通过对中长期贷款采用固定利率及按年浮动的方式锁定成员单位中长期贷款利率，有效地对冲了贷款基准利率下调对公司的不利影响，提高信贷业务收益。

【风险管理和内部控制】公司以加强业务风险预警能力建设为抓手，“三道防线”建设进一步巩固。一是严格业务审查，实现信贷业务及经济合同100%法律审核。二是夯实制度基础，全年共组织召开7次制度评审会，修订评审21项制度。三是设备巡检和业务专机的日常维护机制进一步健全。在集团公司的积极配合下，运维工程师每日坚持按照核心业务系统运维合同要求，完成公司中心机房、财银直连设备、核心业务系统数据库和应用服务器性能、业务专机运行情况的巡检工作，全力保证了公司业务持续开展，有效地防范了操作风险、系统风险等各类风险。

【人力资源管理】2015年公司加大人力培养，响应公司金融人才培养和储备中心以及建设“五型人才”的号召，结合公司发展需求和个人工作需要，按照全体员工立足公司实际，总计组织和参加各类培训47次，其中公司组织业务培训12次，组织党中心组学习16次（包括党课教育12次），组织公司董事长、总经理等亲自授课培训10次，有21人次参加了会计人员继续教育，参加集团公司组织培训4次，参加中国财务公司协会组织培训3次，参加其他组织培训2次。共计参加各类培训1127人次。培训类型包括业务培训、经济政策培训、党员培训、专业技能培训等。2015年，公司共计9名新老员工分别获得政工师、注册会计师、注册风险管理师、CMA（美国注册管理会计师）、银行间本币市场管理人员、银行业从业资格、证券从业资格、会计从业资格。

【信息化建设】公司在 2015 年完成了《中国航油集团财务有限公司信息化项目管理办法》的编写与修订工作，从制度上保证了信息化建设。公司每日坚持完成财务公司中心机房、财银直连设备、核心业务系统数据库和应用服务器性能、业务专机运行情况的巡检工作，全力保证公司业务持续开展。公司各项运维服务指标都有所提升，运行问题和财银设备的故障大幅度下降 50%。系统缺陷投产降为两次。同时，对信息系统进行优化处理，完成了“冻结账户拦截功能”和“支付统计功能”的系统优化工作。

【企业文化建设】2015 年，公司以“职工之家”建家为契机，大力加强企业文化建设。公司邀请中国总会计师协会民航分会会长、中国航油集团原党委书记、总经理海连成到公司授课，增强新员工的归属感；邀请了历史作家、文化学者李强先生与公司员工进行读者见面会活动，推动员工读书活动，丰富公司员工业余文化生活；以举办职工运动会的方式成功举办了公司成立四周年庆祝活动，体现了“全员参与、团队精神、集体荣誉”的活动主题；结合员工队伍年轻、富有活力的特点，年内多次组织举办徒步健身、登山、参观抗战 70 周年展览等活动；积极组织员工参与集团公司“青年创新创效”和“职业达人”活动，公司团委获得集团公司优秀组织奖；制定并组织实施了公司全员大讨论活动，要求全体员工在工作实践和业务开展中“听党的话，跟市场走，按经济规律办事”，员工思想认识有了很大提高，在实际工作中能够自觉实践上述要求，取得了预期效果；加强新闻报道宣传工作，分别在《中国民航报》、中国财务公司协会网站、集团平台刊稿，有效宣传了公司和经营管理中的理念和重要成绩；2015 年 12 月 29 日，“中航油财务公司 e 家”微信公众号正式上线运行，开拓了公司服务成员单位和金融同业交流的新渠道、新平台。

海南农垦集团财务有限公司

【经营概况】2015 年，海南农垦集团财务有限公司（以下简称“公司”）紧紧围绕集团深化新一轮农垦体制改革目标，坚持“规范经营、稳健发展、专业服务”的经营方针，充分发挥金融服务职能，积极为成员单位提供资金支持和结算服务。

面对人民银行 2015 年的五次降息、资金市场收益率走低及集团整体资金规模持续下降等多重压力，公司及时调整经营思路，采取有效措施积极应对，大力拓展各项业务，继续保持盈利局面。全年实现营业收入 7 543 万元，实现净利润 3 324 万元，提前 1 个月完成全年预算目标。通过公司集中管理的资金，全年资金综合收益率为 4. 58%。

【信贷业务】坚持以服务集团主业资金和降低融资成本为主导，运用动态管理模式应对流动性管理和信贷资金管理。一是密切关注集团重点项目建设进度，积极了解成员单位资金需求，加大信贷投放力度，调整信贷投放结构，为成员单位提供及时有效资金支持。全年累计发放自营贷款 77 400 万元、委托贷款 5 800万元，有力保障了成员单位的信贷需求。同时，从降低成员单位融资成本、支持各成员单位发展的角度出发，在监管政策许可范围内，采取大部分贷款利率较基准利率下浮的优惠措施，既节约了成员单位利息支出，也为向商业银行争取集团化融资优惠贷款利率奠定了基础。二是不断优化业务流程，提高业务办理时效。例如对新增客户的贷款业务不满 1 个月即审查发放完毕，对存量客户的贷款业务仅用时 7 天。

【资金和投资业务】充分根据贷款资金收付等情况制定资金收支计划，确保结算备付金及人民银行准备金的足额储备，合理安排存放同业资金和同业投资。

一是把握市场趋势，科学安排存放同业资金。积极抓住特殊时点市场利率波动抬升的机会，合理配置同业定期存款的金额和期限，实现存放同业收益最大化。在同业市场利率大幅下降期间，适时调整资金配置策略，使存放同业与同业投资形成业务互补，确保了资金收益率的持续提高。二是依照风险可控的原则，稳步开展同业投资业务。密切关注市场动态，不断调整投资策略，优化投资结构。产品配置向中长期限产品倾斜，以规避不断下行的市场利率，提高资金效益，争取效益最大化。截至 2015 年 12 月末，投资收益较上年同期增加 286. 74 万元，综合收益率 5. 35%，所有同业投资业务均实现了预期最高收益。三是注重跟踪同业投资市场风险，逐步调整同业投资模式。陆续对重点合作的券商总部开展业务调研，根据公司的风险偏好专项定制投资组合、投资范围、金额、期限、收益率等。做到在风险可控的前提下提高收益，同时使同业投资业务更能满足公司的资金管理特点。

截至 12 月末，同业投资及存放同业业务的综合收益率达到 5%，较上年同期上升 22 个基点，在资金市场利率大幅下行的形势下，公司综合收益率不降反升，创造效益显著。

【资金集中】2015 年，受集团整体资金总量持续下降、时点分布不均等因素影响，资金归集工作面临较多困难。公司采取措施，积极拓宽资金归集面，稳定可归集资金归集率，尽力提高资金归集量。截至 12 月末，成员单位归集面为 90%，账户归集面为 69%，全口径资金集中率为 50%，高于行业评级同类目标值。

为充分发挥资金结算功能，缩减资金划转时间，提高资金结算效率，公司通过业务座谈会、现场业务交流及日常电话沟通等方式，积极向成员单位宣传代理支付业务。同时对已开户成员单位全部免收结算手续费和账户管理费，有效降低成员单位财务费用支出。

【风险管理和内部控制】稳步推进风险管理体系建设，研究完善符合公司发展现状的风险管理措施，夯实风险内控建设，持续提升风险管控能力。不断优化业务操作流程和审批流程，加强信贷、同业投资、存放同业等重点业务领域的风险研究和风险监控，定期开展各项业务评级指标的测评，为顺利完成年度经营任务和评级目标保驾护航。积极推进依法治司工作，将深入开展“加强内部管控遏制违规经营和违法犯罪”作为贯穿全年的主线，不断加大案件防控力度，加大对重点业务的专项审计和日常稽核频率，有效规范了业务经营行为，进一步提升了公司的业务管理水平。

【人力资源管理】通过建立灵活的用人机制，优化人才资源配置。组织了部分岗位竞聘工作，对个别员工岗位进行了适当调整，提高了人岗匹配度和员工满意度，使员工充分发挥自身潜能，实现自我价值。同时，重视对年轻员工的培养，从德能勤绩廉五个方面进行选拔任用，将年轻员工选聘到中层管理岗位，为公司的长远发展储备了人才。重视员工与公司共同成长，大力提倡开展形式多样的业务学习，内部培训与外部培训有机结合，有效提高了员工的业务能力和综合素质。

【信息化建设】认真做好核心业务系统维护工作，不断提高系统的安全性和稳定性。在机房安全管理、防病毒管理、数据库管理、业务系统证书管理等工作中，始终严格按照制度要求进行操作并定期巡检，确保了信息系统全年运行无安全事件。在信息科技开发上，投产了新一代协同办公系统，有效提升公司办公效率。同时，加入人民银行FTP系统，解决了公司与监管机构间文件电子传输问题。

【企业文化建设】一是以开展“三严三实”对照学习活动为载体，结合公司金融特性，把作风建设与廉政建设有机结合起来，教育引导党员干部有担当、敢做事、会做事，通过作风建设，树立正确经营观和廉洁观。不断充实党员队伍，全年累计发展新党员2名、预备党员2名。二是举办“我为公司做点事”主题征文活动，鼓励员工在工作中思考并提出建议，进而激发员工的主人翁意识。积极组织员工参加登高、文体活动、户外拓展等活动，增强员工集体意识和友爱互助精神，提升员工责任感和凝聚力。三是进一步增强宣传工作力度，圆满完成了接待海南省委副书记的调研和参展北京国际金融博览会的组织工作。充分利用集团要情、省市媒体平台，及时反映财务公司经营管理动态，着力宣传推广财务公司业务，累计发表通讯稿件13篇，树立了较好的金融机构形象。

西部矿业集团财务有限公司

【经营概况】2015年，西部矿业集团财务有限公司（以下简称“公司”）围绕“把握形势、开拓市场、优化机制、创新升级”的经营方针，加强资金管理及运用，提升金融服务，拓展业务范围，加强风险管控，较好地完成了全年各项经营目标和重点工作任务。截至年末，公司资产总额74.60亿元，负债总额65.50亿元，所有者权益9.10亿元，当年实现营业收入2.93亿元，利润总额1.60亿元，连续4年超额完成集团公司下达的经营目标任务。全年各项业务保持稳健发展，公司服务、创新、盈利能力进一步增强，获得集团公司“先进集体”等多项荣誉。

【信贷业务】2015年，按照青海省委省政府关于金融支持实体经济的部署和集团公司结构调整安排，加大对集团公司重点项目的信贷支持，保障成员单位生产经营需要。根据贷款单位的信用等级、资产状况、现金流、偿债能力等财务指标研究确定贷款利率。各项贷款平均利率低于贷款基准利率，存贷款利差低于商业银行平均水平。为成员单位及时、高效地做好服务的同时，降低了成员单位融资成本。全年累计发放贷款（含贴现）46.60 亿元，贷款（含贴现）余额 27.84 亿元。

【资金和投资业务】 2015 年，面对资金市场流动性宽裕、同业市场利率低迷、资金归集总量减少的特殊情况，通过准确研判和把握市场机遇，扩大银行合作面，提高议价谈判范围，及时掌握成员单位资金使用计划，在确保流动性的情况下，最大限度地提高资金使用效率。全年实现金融企业往来收入 1.33 亿元；公司审慎稳妥开展有价证券投资业务，累计办理投资 33.40 亿元，同比增加 27.25 亿元，实现投资收益及公允价值变动损益 0.28 亿元，同比增加 0.27 亿元。

【票据业务】 针对成员单位采用票据结算量小、票据操作模式单一、票源不足的情况，积极与合作银行及成员单位沟通，围绕成员单位产业链，建立新的票据运作模式。全年为成员单位累计办理贴现 20.90 亿元，贴现余额 12.54 亿元，同比增加 4.89 亿元。同时，在此基础上积极争取人民银行再贴现规模，全年累计办理再贴现 18.82 亿元，再贴现余额 11.35 亿元，同比增加 4.40 亿元。为适应集团公司“T + 3”延期付款要求，公司积极与成员单位沟通协调，开立商业承兑汇票 1.13 亿元，同比增长 0.53 亿元。

【资金集中】 公司通过持续优化“资金池”系统，保持成员单位资金的“零余额”归集，并通过优化资金归集模式，加大成员单位大额资金监控，防范集团资金运营风险。截至 2015 年 12 月 31 日，吸收成员单位存款余额 53.87 亿元，资金归集率（可归集口径）达 99%。受成员单位资金总量和再贴现规模增加的影响，归集成员单位资金总量日均达 44.55 亿元，较 2014 年增加 7.18 亿元。

【业务创新】 电票业务取得重大进展，代理行模式下的电票贴现业务实现零突破，完成电票贴现 0.21 亿元，并成功办理首笔 0.05 亿元电子银行承兑汇票再贴现业务，成为青海省第一家办理电子商业汇票再贴现业务的金融机构。

【风险管理和内部控制】 2015 年，公司将风险合规管理摆在更加突出的位置，确保各项业务依法合规经营。一是认真落实监管工作意见和集团公司、股份公司新的制度规定要求，进一步修订完善相关制度。二是加强合规管理。开展合规建设情况全面自查，逐层、逐级、逐岗签订《合规责任承诺书》。三是加强内控管理。对风险管理体系中制度体系、授权体系、岗位职责及重点业务流程进行全面梳理及风险评价，对存在的问题及时进行了整改。四是扎实开展“两加强、两遏制”专项检查及“回头看”自查工作，对公司开业以来各项业务开展情况和经营管理情况进行了全面检查及“回头看”，对检查中发现的问题制定了整改方案及时进行了全面整改。五是加强审计稽核工作。进一步加大审计稽核力度，开展 2014 年度全面内部审计，共发现问题 31 项，提出 6 大项审计意见。六是完善案件防控和反洗钱工作体系，以及数据的同城灾备项目，杜绝数据单点存放产生的风险隐患。通过以上风险管控措施，确保了各项业务的合规稳健发展和零案件的发生。公司监管风险评级为二级（良好）。

【人力资源管理】 2015 年，重视员工继续教育培训，支持员工参加监管机构、行业协会和集团公司组织的各类学习培训，并结合公司实际有针对性地举办相关培训，同时鼓励员工参加学历、职称及业务资格考试，全年累计培训达 290 多人次。进一步优化全面绩效考核体系，重视员工职业发展，积极推进与公司业务发展、市场化运作机制及员工业绩相匹配的薪酬机制和绩效考核体系搭建工作。

【信息化建设】全年信息系统整体运行平稳，未发生重大安全事故，保障了各项业务的安全、高效、稳定运行。一是完成了综合营业系统的升级上线工作，通过积极与公司各需求部门沟通，并与应用开发商协调完成了综合营业系统的切割工作，确保了账务的无缝对接，实现了数据的整体迁移。完成升级项目中的主要工作，升级后的综合营业系统达到了预期效果，满足了各项业务的及时开办。二是完成了电票系统上线前的调研、方案制定、论证工作。三是完成数据同城灾备项目，杜绝了数据单点存放产生的风险隐患。四是完成运维项目的流程梳理工作，针对2014年运维中的不足，在运维服务的范围、方式及服务内容方面重新进行了梳理。五是加强信息安全管理，加大信息安全排查力度，强化员工信息安全意识，确保信息安全工作落到实处。

【企业文化建设】2015年，公司重视并加强员工队伍建设。重视员工思想政治教育，强化员工对十八届三中全会精神、党和国家重大改革政策措施、集团公司工作会议精神的学习贯彻，深化对宏观经济及集团公司发展改革形势的把握和认识，以更好地推动业务发展。在集团公司党委的统一安排下，扎实做好党的群众路线教育实践活动整改落实工作，持续推进党风廉政建设。

江苏交通控股集团财务有限公司

【经营概况】2015年是江苏交通控股集团财务有限公司（以下简称“公司”）由重点打基础转向重点谋发展的启航之年，各项工作均上了一个新的台阶。截至2015年末，公司各类存款余额72.99亿元，自营贷款余额39.52亿元；委托贷款余额97.28亿元。公司总资产85.83亿元，负债73.14亿元，净资产12.69亿元，资产收益率为1.37%，净资产收益率为9.15%。2015年实现营业收入2.98亿元；利润总额1.50亿元，为集团节省财务费用2.60亿元。公司资本充足率24.81%，流动性比率66.44%，自有固定资产比例0.15%，短期证券投资比例35.90%，不良资产率、不良贷款率、长期投资比例、拆入资金比例均为零，各项监控、监测指标均符合监管要求，各项行业评级指标均在全行业、区域和交通运输行业内部有较大幅度提升。

【信贷业务】2015年，公司完成集团融资总额1 320亿元，其中，内部融资137亿元，外部融资1 183亿元。扩大对成员单位项目建设资金的信贷支持，与中国银行、农业银行组成银团为泰高高速和盐丰高速提供共计21亿元的项目贷款。积极参与集团内部资产并购重组，顺利完成宁沪公司对宁常镇溧公司、广靖锡澄公司对锡宜公司的债务转移工作。

【资金和投资业务】2015年，公司存放各金融机构的同业活期存款陆续执行协定存款以上的存款利率。全年办理定期存放同业33笔，累计金额394亿元，取得收益1.30亿元，约占公司总营业收入的45%，有力提高了存量资金收益。2015年，公司进一步深化金融同业合作，积极增加同业融资渠道和品种。全年共获得13家同业机构67亿元同业授信，完成19家同业机构授信工作。全年累计发生拆借业务38笔，累计金额235.80亿元，其中，拆入资金7笔，累计金额19.40亿元；拆出资金31笔，累计金额216.40亿元。同时，公司进一步完善有价证券投资管理制度，成立投资审查委员会，健全有价证券投资审议、决策机制。编制和实施年度有价证券投资计划和投资方案，全年累计开展投资业务9笔，累计金额19.75亿元，其中银行理财2笔，累计金额4亿元，货币基金2笔，累计金额2.75亿元，债券逆回购5笔，累计金额13亿元，实现投资收益125万元，综合收益率3.12%。

【票据业务】2015年，公司累计开展票据贴现0.13亿元，并与交通银行办理首笔金额250万元的票据转贴现业务，实现转贴现业务零突破。

【资金集中】2015年，公司强化了资金预算和集中度预测管理，及时掌握成员单位资金动向，努力降低集中度波动幅度。针对集中度偏低的单位，主动介入，及时沟通，了解原因，积极协调，尽最大努力归集资金。年末公司全口径资金集中度76%，调整后资金集中度92%，处于行业领先水平，月均资金集中度也显著提升。2015年，公司对集团存量资金分布状况进行了重新摸底、排查和分类，对各户各类资金的性质和可归集性进行了逐项论证、测算，首次编制“资金集中度提升方案”和“ETC资金划拨方式调整方案”。针对上市公司资金归集事宜，开展广泛实地调研，撰写了《财务公司与宁沪公司开展金融服务合作调研报告》和合作协议文本。

【业务创新】2015年，公司投资业务平稳起步；协助集团和成员单位积极引进创新型融资产品，成功发行首单资产证券化项目。发行总规模11.22亿元，综合融资成本5.38%，低于同期贷款基准利率2个基点，有效盘活了集团存量资产。

【风险管理和内部控制】2015年，公司严格落实江苏银监局“两个加强、两个遏制”专项检查整改意见，首次开展员工“合规档案”工作，有效开展洗钱风险自评估，组织案件风险排查及案防自评估工作。规范结算、信贷、同业等重点业务操作，细化操作流程，编制结算业务、信贷业务合规手册，加强对关键环节的风险管控。2015年，公司进一步落实集团内控体系建设各项要求，根据风险管理和合规管理需要，修订、新增18个管理制度，公司已形成四大类十五小类共114个内控制度，内控合规体系不断完善。全员签订合规责任承诺书，不断增强员工合规责任意识。

【人力资源管理】2015年，公司健全经营班子，新增高管人员1名。首次编制完成《岗位说明书》，有序做好员工轮岗，进一步完善了人力资源管理架构，优化了岗位设置和管理。全年引进金融、财务专业人才5名，进一步充实了人才队伍。完善经营绩效考核机制，量化考核指标，优化1 000分考核记分制度。继续加强教育培训工作，全年组织全体员工内部培训18期，外部培训27期，培训工作达到全覆盖。

【信息化建设】2015年，公司不断完善业务系统功能，先后完成了票据管理、重空凭证、预算系统等系统建设；实施了4次系统版本升级、62个功能点更新；稳步推进融资管理系统高标准开发，项目主体功能开发基本完成。同时，先后完成人民银行征信系统、利率系统、金融城域网、银行间市场债券交易系统、综合报表管理系统等建设、接入工作。截至2015年末，公司自建和接入外部系统共18

套，连接专线11条。

【企业文化建设】2015年，公司认真学习贯彻党的十八届三中、四中、五中全会和习近平总书记系列重要讲话精神，深入学习《中国共产党廉洁自律准则》《中国共产党纪律处分条例》等文件，扎实推进“三严三实”专题教育活动，继续强化组织建设。组织开展2015年“管理提升年”活动，查找管理薄弱环节，优化业务操作流程，制定整改措施32个，有效提升了经营管理质效。开展跨部门课题研究小组活动，完成三个课题研究项目，激发了员工工作积极性和创造性。此外，进一步丰富团队活动：组织参观淮安爱国主义和廉政教育基地；参与“青春风景线”微刊讨论活动；开展合理化建议、读书征文活动；参加“遵法守法、学法用法”法律知识答题活动；参与承办2015年“绿茵控股”全系统男子足球邀请赛；参加玄武湖“环湖跑”、秋季健身登高活动；开展员工才艺展示等活动，提升了企业精神面貌和员工职业素质，营造了积极向上的企业文化氛围。

中国移动通信集团财务有限公司

【经营概况】2015年，中国移动通信集团财务有限公司（以下简称“公司”）围绕公司2015—2017年战略规划，坚持“依托服务集团，审慎稳健运营”的经营方针，强化服务、创新发展，持续提升基础业务能力，完善资金集中体系，夯实结算平台功能，丰富信贷产品种类，有力支撑成员单位主业发展。同时积极适应利率市场化要求，探索金融服务新模式，开拓资金运用新途径，审慎开展银行理财投资，试点开展委托投资，为优化集团整体资金结构、提升资金收益作出积极贡献。2015年末，公司资产总额793.23亿元，较2014年末增加105.03亿元，增长15.26%；2015年，公司优化股权结构，增加注册资本金，增资后所有者权益为189.63亿元，较2014年末增加118.63亿元，增长167.10%。公司全年实现营业收入15.06亿元，同比增长9.69%；实现利润总额13.25亿元，同比增长1.86%，超额完成集团公司下达的年度预算目标。同时，公司严格把控风险，平稳运行，资本充足率、流动性比率等各项监控指标均符合监管要求，不良资产率及案件发生率均为零。2015年，公司因自身快速的业务发展、稳定的经营业绩增长和持续的专业化服务能力提升，在“中国金融机构金牌榜·金龙奖”评选中荣获“年度最具成长性财务公司”奖项。

【信贷业务】2015年，公司持续提升信贷业务管理水平，丰富信贷产品种类，研究开展固定资产贷款和委托贷款业务，开发短期流动资金贷款产品，同时不断拓展信贷业务客户范围，更好满足成员单位融资需求。公司全年审批成员单位综合授信共计198亿元，累计发放自营贷款 121.30 亿元、委托贷款 269.70 亿元，有效缓解成员单位资金压力，助力成员单位业务发展。

【资金和投资业务】2015 年，公司重点筹划、精细测算，加强头寸精细化管理，优化存量资金结构，逐步搭建集团统一的多主体“资金池”，提高资金使用效率。在年内央行多次降息降准的情况下，通过及早操作较长期限资金，提前锁定了部分相对较高的资金收益率，有效对冲利率下行影响。深入开展业务调研，强化资金投向研究，在严控风险的前提下，规范开展自营银行理财类投资 86 亿元。根据集团整体资金安排和授权，统筹管理和运作全集团资金，全年累计为集团公司开展银行理财类投资 270 亿元，申购国有大型商业银行优先股 400 亿元，进一步提升集团整体资金收益。同时，参与设计集团相关资产收购业务方案，积极提供专业意见，提前规划资金安排，为集团决策提供支撑，实现资金管理与主业发展的协同促进。

【资金集中】2015 年，公司继续拓展资金集中体系的广度和深度，资金集中体系成员单位数量达 69 家，较 2014 年底增长近一倍，结算业务范围及数量呈现较大幅度增长，资金集中体系平稳高效运行，进一步发挥“司库”功能。公司有效发挥平台优势，为成员单位量体优化设计资金结算方案，积极推广内部结算及对外收付业务，全年累计完成结算金额 8 425.04亿元，是 2014 年的 2.44 倍。研究平台创新发展，针对成员单位资金管理特点设计资金集中管理综合服务方案，满足成员单位总部对其子公司资金结算、资金监控、资金管理等多方面需求。

【业务创新】2015 年，公司积极探索创新业务模式，主动发挥专业化资金运作优势，面向部分省级公司试点开展委托投资业务，2015 年，共为 9 家成员单位开展业务，规模累计 65 亿元，促进各成员单位资金使用效益和效率明显提升。公司密切关注产业链动态，积极开展实地调研，深入了解产业链业务特点及不同主体融资需求，积极探索与合作银行金融渠道的有效整合，实施以保理为基础的创新产业链金融服务方案，为集团上游供应商提供约 0.56 亿元的保理融资支持。同时公司立足于长远发展，稳步开展债券投资及同业拆借业务，进一步优化公司业务结构和资产配置。

【风险管理和内部控制】2015 年，公司继续推进全面风险管理体系和长效内部控制机制建设，严格执行年初制定的审慎稳健的风险偏好策略和各项风险容忍度指标，强化合规底线意识，有针对性地制定风险防范措施，支撑业务持续健康发展。公司结合实际需要，新增或者修订相关制度，并先后两次全面更新完善内部控制手册和矩阵，持续提升内部控制的规范性和可操作性。公司开展多次风险检查和内部审计，范围覆盖主要业务和新业务，持续强化内控执行力。2015 年，公司未发生重大风险和合规风险事件，未发现公司经营存在重大违法违规情形和重大内部控制缺陷。

【人力资源管理】2015 年，公司紧密围绕发展战略，进一步完善选人用人管理机制，建立健全人力资源制度体系，优化绩效考核管理，充分发挥薪酬激励作用，有效激发组织活力。强化培训管理工作，全年开展涉及行业研究、业务能力、综合素质等方面共计 11 次公司内部培训，积极组织各级员工参加集团公司、监管机构等外部培训共计 79 人次，持续推进人才队伍建设。

【信息化建设】2015 年，公司稳步推进系统建设，全面建立委托投资、自营投资业务支撑能力，持续优化信贷业务、结算业务与系统管理支撑功能，扩展报表分析功能，积极推动公司与合作银行以及成员单位等系统互联互通，有效提升业务支撑能力。同时进一步提升内控IT固化程度，全面支持公司综合、预算、薪酬、合同、邮箱等管理信息系统建设与升级，促进公司内部管理水平提升。

【企业文化建设】2015年，公司着重加强对员工品质、诚信和基本价值观的塑造，组织4期公司内部论坛，开展公司优秀员工评选活动，促进发挥员工主观能动性，探索建设团结、信任、尽职、高效的企业文化，不断提升凝聚力。严格执行休假制度，进一步提高工作效率，减少加班时间，鼓励参加健身活动，做好员工关心、关爱，维护和发展员工利益，促进公司与员工的和谐发展。

山东钢铁集团财务有限公司

【经营概况】2015年，山东钢铁集团财务有限公司（以下简称“公司”）面对错综复杂的经济形势和集团艰巨繁重的改革发展任务，克服吸收存款下降、贷款利率下调、专业人员减少等困难，尤其是针对金融机构持续压缩钢铁行业的信贷规模，主动适应经济发展新常态，继续秉承“依托集团，服务集团”的宗旨，立足“加强集团资金管控力度、提升资金收益水平、支持成员企业发展”三大基本职能，紧紧围绕全年各项任务目标，创新思路、精细管理，不断提升金融服务实体经济的能力和水平，实现了公司与集团的共创共进共赢，取得了较好成效。截至2015年末，公司资产总额113.18亿元，负债总额95.66亿元，所有者权益17.52亿元。各项存款余额95.43亿元，较年初增加62.95亿元，增幅194%，全口径资金集中度32.72%，可归集口径资金集中度69.83%；各项信贷资产余额52.55亿元，较年初增加26.81亿元，增幅104%，不良贷款率为零。2015年全年累计实现营业收入3.01亿元，实现考核利润1.77亿元，同比增加0.17亿元。

【信贷业务】针对钢铁行业经营困难、资金紧张的实际，加大对集团的资金支持力度，促进了全集团的平稳健康发展。加大贷款力度，全年累计发放流动资金贷款40.99亿元，余额27.65亿元，较年初增加6.44亿元；办理委托贷款5亿元，余额5亿元，满足了集团成员单位资金需求。积极开展同业拆借业务，全年累计办理同业拆入资金65亿元，及时为公司提供了流动性，在关键时刻发挥了重要作用。

【票据业务】积极开展票据贴现业务，形成了票据—贴现—转（再）贴—资金的快速流转渠道，全年累计为成员单位办理贴现76.68亿元；办理转（再）贴现50.21亿元，转（再）贴现余额27.90亿元，增强了集团资金流动性。开办了电子商业汇票业务，2015年3月接入人民银行电子商业汇票系统，将电票作为结算和融资工具，全年为成员单位签发电票19.29亿元，电票余额16.10亿元，缓解了集团资金压力。

【资金集中】积极采取多种措施，着力为集团成员单位提供专业化的资金集中管理和结算服务，放大资金池。一是创造性地为成员单位提供一揽子综合服务，将其贷款、存款、保险代理等业务统筹安排，实施一对一的专项服务，增强了成员单位的满意度，提高了资金归集的积极性。二是加大了对重点客户的营销力度，在巩固原有客户，提升服务质量和水平的基础上，紧盯日照公司、金控公司等新设单位账户，进一步扩大了资金归集范围。三是积极利用新产品，增加了保证金存款。通过开展电子商业汇票和委托代开银行承兑汇票业务，将成员单位原本存放到商业银行的保证金集中到财务公司，至年底共吸收保证金存款余额3.27亿元。四是主动协调集团对资金归集加强专项审计，针对发现的问题，及时下发意见，促进问题整改，促进了资金归集度的稳步上升。

【降本增效】积极采取多种举措，助力集团降本增效。一是充分发挥金融平台作用，加强资金头寸管理，周例会、日调度，利用结余资金发放贷款，减少了集团外部融资，提高资金使用效率，有效降低了财务费用。二是利用商业银行的同业转贴利率低于对实体企业贴现利率的优势，积极开展票据转贴业务，全年累计增加外部创效0.20亿元。三是加强与商业银行的谈判协商，合理调配存放同业资金，提高存放同业利率，增加了存放同业收入。四是拓展保险代理业务，基本覆盖主要二级单位，全年共计代理投保资产518亿元，保额（保险责任）663亿元，总保费近0.10亿元，索赔到位312万元；全年可比口径测算保险费率下降66.64%，节省保费0.20亿元。

【业务创新】不断提高服务集团发展的能力和水平，将开发推广新产品新业务作为重点工作。在银监局、人民银行的支持下，批复了同业拆借、电子票据、债券承销、有价证券投资、买方信贷等业务，开发了代开银行承兑汇票等产品，为维护集团资金健康稳定发挥了积极作用。

【风险管理和内部控制】遵循“风险控制一流”的经营方针，全面推进风险管理和内部控制工作。一是进一步完善风险管理制度，有效落实风险防控责任，推进各项业务合规操作。二是坚持风险预警月度例会制度，对影响信贷资产安全的因素进行监控和分析，掌握风险动态，及时发现早期预警信号，把风险管理的各项要求融入公司管理和业务流程中，真正实现过程控制。全年召开风险预警会议6次。落实风险应急预案，确保各类风险处于受控状态。三是组织召开信贷审查委员会会议，统一决策贷款业务，保证决策的科学性、合规性，全年召开信贷审查委员会会议10次。四是进一步加强内控管理。定期对线上业务进行审计检查，包括大额资金调度监管、在线逐级审批、财务收支等各项业务检查，并对存在的问题进行监督整改。

【信息化建设】一是开展信息系统综合改造，加快票据管理、投资管理、买方信贷、预算执行、账户体系改造、代开银行承兑汇票等系统的开发建设，预算执行、账户体系改造、代开银行承兑汇票模块已完成设计并上线运行，其他模块正在开发过程中。二是自主设计开发了保险代理系统，正在进行系统测试，以实现保险代理流程的可查可控，以及各项统计指标的同比、环比等数据统计和图表展示功能。三是根据银监局要求，开发了EAST数据采集平台系统，实现了符合银监会要求的报送数据生成功能，完成了统计报表处理业务，通过了银监局联通测试。四是从安全控制、安全技术、安全管理等方面实施了信息安全等级保护测评项目，提升了公司信息系统安全水平。五是依托集团“十三五”信息化建设发展规划，完成了公司信息化建设规划。

【人力资源管理】2015年，8名人员调离，11月公司招聘11名新员工，从业人员35人。公司始终高度重视并不断加强职工培训工作。建立培训计划，通过同业交流、专家授课、集体学习、监管机构讲解等形式，在同业拆借、电子票据、票据池、风险管理、保险知识、投行业务、结算管理等方面进行重点培训，提升了从业人员的理论水平和业务素质，有效提升了工作质量和效率。

国药集团财务有限公司

【经营概况】2015年，国药集团财务有限公司（以下简称“公司”）顺应我国经济金融形势变化并结合年度工作重点，突出“服务实体，创新发展”主题，从“苦练内功强基础”和“深挖潜力推创新”两点着手，在做好传统的“存贷汇”业务、稳固公司生存发展基础的同时，根据市场变化调整资产负债结构，扩展业务新领域和创新的利润增长点，资产负债规模和经营收入、利润继续增长，资金集中度稳中有升，流动性充裕，资本充足率稳定，资产质量持续优良，监管指标总体良好，顺利完成年度经营目标。

截至2015年末，公司资产规模为85.90亿元（不含代理业务资产），负债79.55亿元（不含代理业务负债），所有者权益6.35亿元，累计完成营业净收入1.90亿元，实现利润总额0.81亿元，资本充足率21.41%。无不良资产及不良贷款，减值准备余额0.57亿元，拨备充足，资金流动性充裕，流动性比率为86.84%，各项监管指标均符合监管要求。

【信贷业务】截至2015年末，公司为成员单位授信金额合计为64.50亿元，较上年新增13个授信客户、新增授信金额15亿元。全年累计发放各类信贷资金51.03亿元，累计办理承兑2.60亿元，发放委托贷款38.67亿元，自营类信贷投放最高峰值达到26.20亿元，日均信贷规模为20.70亿元，较上年增长3.20亿元，增幅为18.20%。

在原有存贷业务、票据贴现等业务的基础上，公司坚持让利主业，以优于同业的价格持续增加保理等业务投放，在吸存成本上升、利差趋窄的情况下公司通过信贷投放规模的增长和信贷业务品种的优化稳定了信贷收入，全年实现信贷业务收入1.03亿元。

【资金集中】2015年，公司以跨地域、跨行别、安全快捷的结算体系为支撑，通过“流量引来存量，服务推动发展”积聚闲置资金。公司区别各子公司不同情况，采取主动上存与账户授权自动归集相结合的资金集中模式，初步形成了客户分区管理和差异化营销体系，结算服务客户数量和资金集中管理规模稳步增长。全年结算业务量21 767笔，结算金额2 361.96亿元，较2014年同期分别增长11.55%和9.77%。截至2015年末，共计125

家成员单位在公司开户，其中102家成员单位使用综合业务系统办理业务，通过自动授权账户累计归集资金78.80亿元，年末吸收成员单位存款余额79.25亿元。

公司资金归集度较2014年有一定程度的提升：按照监管要求全口径资金归集度公式计算的资金归集度为20.24%，比上年末增加1.57个百分点；剔除上市公司、集团外汇资金及票据保证金等不可归集因素的资金归集度达60.75%，比上年末增加15.69个百分点；全年日均存款规模达到38.02亿元，较上年31.71亿元增长6.31亿元，增幅19.90%。

【业务创新】2015年，集团管理升级与企业需求转换对财务公司提出了新的、更高的要求。此外，传统运营模式日渐受到挑战，公司利用自身熟悉产业、熟悉客户、熟悉金融市场等优势，在充分研究、多方沟通的基础上，开展了联合租赁、贸易融资、商票贴现等创新业务，加速了资金流转，满足成员单位结构性融资需求，也得到了集团及各子公司的一致认可。同时，公司与多家银行建立了转贴现合作关系，不断优化“医院出票—企业收票—财务公司贴现—同业转贴现”的业务模式和流程。全年实现创新业务收入0.11亿元，同比增长达到37.10%，缓解了传统信贷利润下滑的冲击。

【风险管理和内部控制】为适应利率市场化环境下的监管新政，有效控制服务下沉和新业务开办等可能产生的金融风险，公司及时修订补充《资产质量分类管理办法》《用户权限管理办法》和《企业征信管理办法》等内控制度；结合集团各板块成员单位特点及经营情况，在调研、测试的基础上对现有评级体系进行优化；针对服务下沉中发生客户资质分化现象，分别采用票据质押、股东出具担保函、回款监管账户等不同的风险防范措施，保证风险管理与市场扩展同步进行；内审工作以防范各类经营风险为导向，将关键业务、关键流程、创新业务首单作为审计重点，针对检查发现问题制定并落实整改方案；完善差错自查工作机制，开展上下衔接作业环节的系统性分析，切实形成“以小见大”“利于长远”的差错整改机制。一年来，公司实现稳健经营，无任何不良及违约事件发生。

【信息化建设】2015年，公司信息化建设工作以“保障公司业务稳健开展”和“构建集团资金集中管理平台”为核心，紧紧围绕“信息工作规范化”和“信息建设专业化”的工作主线，为集团资金集中管理提供有力支持，为广大成员单位提供优质金融服务。结合业务发展需要和成员单位反馈的相关意见，公司开展了综合业务系统新需求开发项目。该项目自实施以来，相继完成了软件开发、功能测试、系统测试等工作，系统增加了网银业务批量导入、票据到期提醒等功能，并根据银监局1104报表报送格式和内容的调整对1104报表系统进行了升级，同时还解决了网银电子单据打印不完整、IE 10浏览器不兼容等29个遗留系统BUG。新需求功能于2015年6月切换上线，上线后系统运行平稳，无重大事故发生。在信息化管理方面开展了信息安全风险自查、信息系统应急预案演练、信息化制度完善修订工作，有效提升了公司信息化管理水平。

郑州宇通集团财务有限公司

【经营概况】 2015 年，人民银行多次降准降息，利率持续下行，息差进一步收窄。面对新形势，郑州宇通集团财务有限公司（以下简称"公司"）主动优化资产配置结构，积极扩大新业务规模。截至 2015 年末，公司资产规模 58.66 亿元，全口径资金集中度为 50.01%；自营贷款 40.66 亿元，委托贷款 1.75 亿元；实现营业收入 2.60 亿元，净利润 1.73 亿元。

【信贷业务】 2015 年，公司进一步加大了产品创新及对成员单位的信贷投放力度，全年累计对成员单位综合授信额度达到 100 亿元，年末自营贷款余额 40.66 亿元，较 2014 年底增加 4.49 亿元。2015 年，公司开发了循环额度贷款等金融产品，有效地满足了成员单位日益多元化的金融需求。

为促进集团主业发展，支持成员单位客车及工程机械产品的销售，公司持续推进汽车金融业务，年度内消费信贷业务实现稳健发展，截至 2015 年末，累计办理汽车消费信贷业务 792 笔，发放贷款金额共计 6.64 亿元，有效地支持了成员单位产品的销售。

【投资业务】 2015 年，公司投资业务持续稳健开展，全年累计实现收益 0.36 亿元，已与八十多家金融机构建立了合作关系，大幅提升了在同业间的知名度和影响力，为公司投资业务后续发展创造了良好的环境。

【票据业务】 2015 年，公司积极拓展电子银行承兑汇票业务，累计办理承兑 7.94 亿元，较 2014 年增加 1.64 亿元，为成员单位支付结算提供了安全、快捷支付方式。

【资金集中】 2015 年，公司继续加强对成员企业的资金精细化管理，细化账户管理制度，规范开销户流程，进一步减少了集团冗余账户。同时，公司针对集团成员单位不可归集资金持续分析跟踪，并针对性地采取措施，通过内部挖潜使管理口径资金集中度达到了 99.08%，充分发挥了提高集团资金使用效率的作用。2015 年，公司共办理结算业务 11.75 万笔，累计结算金额 4 985 亿元。

【风险管理】 公司坚持"内控优先、制度先行"的原则开展各项业务，始终把风险管理放在第一位。2015 年初，公司接受了河南银监局"两个加强、两个遏制"的现场检查和回头看，检查结果良好，针对存在的不足进行了积极有效的整改，公司的合规经营意识与合规管理能力进一步提高。为保证各项业务审批的一致性、规范性，组织制定了消费信贷、票据贴现、投资等业务的风险审批操作细则，规范了业务准入条件和各类风险的评审标准；为提高流动性管理水平，公司自主设计开发了流动性监测模型，实现了流动性比率的实时测算预警，公司的风险管理水平稳步提升。

【内部控制】 2015 年，结合《商业银行内部控制指引》要求，在对业务风险评估的基础上，公司内控建设围绕重点业务和相对较高风险业务开展，全年修订、新增了消费信贷业务、投资业务、结算管理等56项内控制度，制定了各项关键业务审查规范，确立了贷（投）后检查工作机制，进一步提高了公司内控制度的合规性、适用性。年内全面开展了信贷业务、投资业务、同业业务、中间业务、结算业务、资金管理等业务审计检查工作，保证全部业务能够遵守国家法律法规、公司内控制度办理，全年无违规事件发生。

【人力资源管理】2015年，以公司年度重点工作计划的制定执行为主线，合理设置、分解绩效指标，通过月度/季度绩效回顾汇报，保证各项工作的有效落地；以“员工获取金融专业资质、业务专业能力提升和基层干部管理能力提升”为重点制定了公司培训计划，通过鼓励员工参加专业考试和专业培训、外部交流学习、案例分享、易学堂学习等方式实现了培训学习目标。

2015年，公司持续完善薪酬管理制度，全面落实按岗位、职级、专业能力定薪和业绩奖励分配机制，使个人回报和组织发展有机结合，更好地发挥了激励导向，员工敬业度与稳定性提升明显。截至2015年末，公司员工36人，本科及以上学历占比为86%，平均工作年限为11.17年，金融业平均工作年限5.65年。

【信息化建设】2015年，公司汽车金融业务信息化项目成功上线，汽车消费信贷业务的工作效率明显提升；全年公司核心金融信息系统运行平稳；新增银企直连银行5家，使银企直连银行达到10家，资金结算服务能力进一步提升。在信息安全方面，调整安全设备策略及特征库，实施了信息安全数据防漏系统建设，对公司数据进行分层分类管理，增强信息安全管控能力；在数据安全方面，实施了容灾机房项目建设，实现了同城灾备，保证了公司业务开展的连续性。公司全年未发生运营中断事件，信息化建设有效地支持了业务的正常开展，促进了年度经营目标的实现和战略落地。

【企业文化建设】2015年，公司按照集团文化推进要求和年度文化推进计划，进一步落地“统一思想、融入业务、固化提升”的文化管理三步法，紧扣“抓思想、抓干部、抓行为、重实效”的文化落地思路，持续开展主文化落地、干部文化管理能力提升、“树正气、刹歪风”等工作，推动文化融入制度、文化融入业务。在全体员工的共同努力下，公司文化氛围持续向好，员工队伍稳定、凝聚力增强，在集团2015年度文化评估工作中，取得了综合体系排名第一的优异成绩。

中国铁建财务有限公司

【经营概况】2015年是中国铁建财务有限公司（以下简称“公司”）的“全面建设年”，

公司坚持稳健发展总基调，一方面扎实开展资金集中、资金结算、信贷、保函、票据、同业拆借等基础业务，另一方面资质申请工作取得重大突破，获批有价证券投资、承销成员单位债券、对金融机构股权投资、成员单位产品买方信贷和办理成员单位委托贷款五项新业务。

截至年末，公司资产总额 726.67 亿元，同比增长 71.71%；所有者权益 71.41 亿元，同比增长 2.53%。公司完成营业收入 18.06 亿元，实现利润总额 7.76 亿元。单日存款余额峰值 593 亿元，资金集中额和集中度指标均创历史新高，较好地完成了年度主要经济指标和工作任务，金融平台作用愈加明显。

【信贷业务】2015 年，公司信贷业务稳健发展，票据业务取得实质性进展，信贷制度不断优化，同业合作继续深化，服务质量不断提升，信贷投放规模和收益又创新高。主要措施是通过丰富授信种类，增加授信额度调整授信结构；通过业务模式、完善业务制度和规程、修订业务合同和严格执行“审贷放三分离、前中后三独立”强化内控管理。

截至 2015 年末，公司已为 48 家成员单位批复授信额度共计 784 亿元，信贷投放余额 271.40 亿元，覆盖集团六大业务板块，信贷投放日均余额 188.93 亿元，同比增加 74 亿元，增幅 65%。全年开立各类非融资性保函 55 份，金额 19 亿元，年末保函余额 19.96 亿元；发放委托贷款 154 笔，金额 157.82 亿元；办理票据承兑 6.44 亿元，期末余额 4.44 亿元。全年实现信贷业务收入 9.07 亿元，同比增长 48.60%，占总营业收入的 50.14%。

【资金和投资业务】2015 年，公司进一步加大资金运作力度，不断丰富金融产品品种，扩大收入利润来源，对冲息差收窄造成的不利影响。公司分别与 13 家大型商业银行开展同业合作，拆借授信总额度 246 亿元；累计拆入同业资金 513 笔，总金额 3 047 亿元，极大地增强了公司资金流动性，同时获得拆借利差 0.13 多亿元。公司充分利用同业优惠政策，累计存放同业 14 126 亿元，获得利息收入 8 亿元，占公司营业收入的 44.44%。公司已取得有价证券投资和对金融机构股权投资业务资质，并就业务开展进行了研究。

【票据业务】2015 年，公司将票据业务列为年度重点工作，建立试点运行，根据成员单位个性化需求，设计开发 7 项具有铁建特色的票据产品，办理承兑、贴现的客户涉及 13 家成员单位，持票人涉及数十家内外部单位，并与两家商业银行成功开展同业合作，票据业务开局良好。一是纸票承兑业务得到全面推广。根据成员单位需求，以纸票承兑为突破口，确立了“以自身特色产品提升服务能力”的发展方向。二是同业合作取得突破。公司与多家商业银行建立合作，借助同业通道，拓展产品外延，与银行合作设计财票保贴产品，纸票、电票累计保贴 0.38 亿元；与银行合作转贴现业务，累计转贴 0.25 亿元；与四家银行合作设计了共享额度产品，为成员单位办理银承、保函等业务，累计办理银承 0.40 亿元。三是“现金 + 财票”模式得到推广。以财票替代部分成员单位存量商票和银票为基础，实现以财票结算替代部分现金支付，拉动票据支付增量，减少内部现金结算，为集团释放流动性。四是电票业务试点初见成效。电票业务于 11 月 2 日获人民银行审批上线，全年累计开立 137 笔，金额共计 1.47 亿元，实现保贴 0.25 亿元，转贴现 0.25 亿元。

【资金集中】2015 年，公司以“一流的营销服务、一流的金融产品和到位的优惠政策”为抓手，完善营销服务体系和运行机制，构建“以点带面、纵横联动、重点覆盖”的区域营销服务格局，强化“统一领导、分级管理；细分市场、分类服务；全面覆盖、重点营销；目标考核、稳步推进”营销服务体系，坚持“以市场为导向、以客户为中心、以共赢为目标、以服务促发展”的营销服务理念，不断提高资金集中度和资金管控水平，努力开创资金集中工作新局面。

【风险管理和内部控制】公司牢固树立风险意识，不断构筑稳健审慎的风险管控体系。坚持前中后台分设，建立不兼容岗位职责分离机制，组织全业务风险评估，完善风险预警机制，制定风险处置应急预案。2015 年，根据银监会下发的《关于加强内控管理和防范柜面业务风险的通知》要求，公司重点强化业务管理条线首道防线作用、柜面业务流程控制和开户管理、后督岗位对账和印章凭证管理，全年未发生任何内控管理和柜面业务事故。开展了“两个加强、两个遏制”专项检查，对重点业务环节进行风险排查。针对股份公司独立评价组、会计师事务所和北京银监局提出的各类风险缺陷和意见，认真整改落实，提升公司总体风险防控能力和管理水平。通过信息化手段实现核算系统与非现场监管信息系统的数据对接，定期监测各项监管指标，确保月末时点监管指标保持优异。

2015 年末，公司资本充足率为 18.5%，超过监管指标值 8 个百分点；不良贷款率为零，贷款拨备率为 1%，信贷资产质量较高；流动性比例和存贷款比例分别为 67.39% 和 45.83%，符合监管要求；风险资产利润率为 1.93%，资产利润率为 1.01%，成本收入比为 3.86%，成本管控和资产盈利能力较强。在中国财务公司协会公布的 2014 年度行业评级中，公司被评定为 B 级，属于发展型财务公司。

【人力资源管理】2015 年，公司立足储备、培养金融人才，进一步规范实施员工晋级、招聘、绩效考核、培训、专业技术职务评聘等工作。一是完善人才晋级通道，7 名员工职级晋升；二是强化干部监督管理，严格个人事项申报，规范干部人事档案，为人事精细化管理奠定基础；三是加大教育培训力度，丰富培训方式，全年 55 人次了参加 27 项内外部培训，全面提高员工综合素质和业务技能；四是优化全员绩效考核管理体系，健全综合考评和奖惩机制，强化考核兑现和结果运用，加大激励约束力度；五是加强请（休）假管理，提高考勤效率，对员工良好工作行为的养成起到了积极作用；六是编印《员工手册》，帮助新员工尽快熟悉了解公司现状、战略及日常规范等。

【信息化建设】2015 年，公司加强日常安全和信息数据管理，重点开发新业务模块，审慎开展核心系统的选型工作。一是通过“支付业务不落地处理”、公对私银联批量支付自动化清算网银历史明细账、对账单和回单签章采用分离服务器单独运行处理等方式，有效提高业务处理效率和客户使用满意度。二是通过压力测试获取系统各项关键性能指标，为核心业务系统的后续改造提供数据支撑和优化重点，保证业务系统处理稳定性和可扩展性。三是联系市场主流系统供应商进行演示和讲解，配合环境搭建和性能测试，重点跟踪金融机构信息系统的选型动态，扩大产品选型视野和建设思路，稳步推进系统选型升级。四是积极解决各类系统需求，不断优化核心系统，解决各类异常业务，保障系统可靠运行。五是坚持日检和备份制度，数据库灾备成功率 100%，通过数据库优化提升日结效率，加强网络安全管理，封堵恶意攻击。

【企业文化建设】2015 年，公司党委结合企业实际，积极探索企业文化建设的新途径、新方法，推动企业文化宣贯、推广和落地，努力打造铁建金融企业文化品牌。一是着力打造“企业文化建设讲堂”特色文化活动，邀请国学大师、企业精英等专家进企授课，开阔员工视野，提升企业活力。二是拍摄制作企业宣传片，将企业文化理念融入其中，用公司三年的发展历程诠释企业文化，讲好企业故事，发挥文化引领作用。三是以“爱岗、敬业、忠诚、奉献”为主题，继续开展道德讲堂活动，教育职工热爱企业，奉献企业，营造学先进、赶先进的良好氛围。四是积极扶持兴趣小组发展，通过“健财杯”羽毛球比赛等丰富的文体活动，倡导和践行“快乐理念”。五是加强企业文化研讨，通过参与股份公司党委组织的“主文化与亚文化”课题研讨，不断提升宣传干部的企业文化理论水平。

山东省商业集团财务有限公司

【经营概况】 2015年，山东省商业集团财务有限公司（以下简称“公司”）以产融结合为战略，以全面提升年为主题，在坚持审慎合规经营的基础上，扎实推进各项工作。截至2015年底，公司资产总额为38.70亿元，负债总额为30.10亿元，所有者权益总额为8.60亿元。公司2015年累计实现营业收入1.34亿元，同比增长11.09%；累计发生营业支出0.24亿元，同比增长16.80%；累计实现报表利润总额1.10亿元，同比增长10%。截至2015年底，公司资本充足率为29%，全年平均资本充足率为31.69%，各项监管指标均符合监管部门要求。

【信贷业务】 公司通过科学预测日常头寸变化，在保证流动性的前提下，加大长期资产配置。截至2015年底，公司信贷资产余额23.41亿元，较年初增加5.60亿元。其中，流动资金贷款22.21亿元，房地产项目贷款1.20亿元。此外，公司大力推动延伸产业链金融服务，积极践行“普惠金融”职能。2015年全年发放产业链融资贷款0.16亿元，办理产业链贴现0.28亿元，完成产业链金融业务年度计划的150%。

【资金业务】 2015年，公司进一步加强资金的头寸管理，积极预判市场态势，灵活应对流动资金波动，合理利用同业拆借资格，均衡调控资金运用，提高资金使用效率。截至2015年底，公司累计办理定期存放40笔，累计金额44.70亿元。

【资金集中】 资金集中是财务公司赖以生存和发展的基础，2015年，公司多措并举，重点加强资金归集，全年日均吸收存款为25.05亿元，同比增长25.06%，为公司发展提供了强有力的保障。一是加强成员单位账户管理，全面推进“收支两条线”工作。截至2015年底，公司累计归集房地产监管资金13.87亿元，在一定程度上缓解了公司的流动性。二是继续探索鲁商一卡通客户备付金归集方案。2015年，公司与人保公司提出了“合同履约保证保险+特别约定”模式解决备付金归集后的安全保障问题，该模式已获得人民银行总行肯定，正积极沟通，协调推进。

【业务创新】2015年，公司根据早布局、早谋划、抓落实的工作要求，积极推进新业务。一是开展同业拆借，强化主动负债管理。2月，人民银行上海总部正式批准公司加入全国银行间同业拆借市场，截至年底，公司累计办理资金拆入业务5笔，共计9亿元。二是全面布局电子票据业务。公司成功通过了人民银行总行的电子商业汇票系统验收测试，取得了人民银行同意正式加入电子商业汇票系统的批复。电子票据业务的开通标志着公司票据业务进入了电子化时代，是公司金融信息化、电子化进程中的重要里程碑。三是公司首次为成员单位办理财务和融资顾问业务，实现财务顾问费收入283万元。

【风险管理和内部控制】2015年，公司继续狠抓风险管理工作，进一步加强内部控制体系建设。一是落实全面风险管理，确保稳健经营。2015年，组织召开贷审委工作会议18次，风控委员会工作会议4次；开展操作风险关键风险点检查2次，全面审计2次，反洗钱等专项审计3次，员工离任审计2次，通过前台、中台、后台密切配合，相互制约，切实保证公司稳健经营。二是进一步修订公司规章制度。2015年，结合最新监管法规，对内部规章制度和操作流程进行了梳理修订，针对新业务，制定了《延伸产业链金融服务管理办法》等10项管理办法；重新修订了《委托贷款管理办法》等4项原有制度。三是建立同业授信管理办法。为确保公司资金安全，制定了《同业业务综合授信管理办法》，并完成对合作14家金融机构的授信工作，在办理同业业务时，严格按照管理办法规定，兼顾盈利性与安全性，打出组合拳，加强与各金融机构间的风险隔离，防范风险传染和叠加效应。

【人力资源管理】2015年，公司加快人力资源管理步伐，一是全面启动绩效考核管理方案，将绩效考核的结果将运用于员工薪资及职位晋升，提高员工工作积极性、主动性；二是推进公司专业化人才队伍建设，通过社会招聘的方式，引进了有金融工作经验的专业人才，改善了公司人员结构；三是积极开展培训工作，协同相关部门开展内部培训8次，内容涉及电子票据、反洗钱、内部控制等多方面，组织参加银监局、人民银行等组织的外部培训25次，通过内外部培训拓宽了员工视野，提高公司员工的业务水平和合规意识。

【信息化建设】作为集团资金集中管理平台，公司高度重视信息化建设。一是设计完成金融产业链项目建设，该项目已投入使用；二是进一步推进资产负债管理、关键业务指标的实时监控和风险管理分析体系，为建设集风险预警分析、综合信息查询、辅助决策支持为一体的综合分析系统奠定了良好基础；三是设计完成征信系统及同业拆借系统的接入工作，系统已经正常使用；四是积极推进电子票据系统建设，该系统已经中国人民银行总行验收，系统建设得到了上级主管部门的充分肯定。

【企业文化建设】2015年，公司按照文化建设的总体要求，不断创新活动方式，激发员工的工作热情和企业文化认同感。一是关爱员工身心健康，组织员工进行年度全面体检；二是组织员工进行“慈善一日捐”，培养了员工关心公益的公德意识。通过一系列活动增强了员工凝聚力和向心力，努力创建“快乐工作、健康生活”的文化氛围。

深圳华强集团财务有限公司

【经营概况】 2015年，深圳华强集团财务有限公司（以下简称“公司”）秉承“依托集团、服务集团、稳健经营、规范运作”的经营方针，一方面围绕集团产业发展的需要，稳步开展多样化金融服务；另一方面严格按照监管要求，加强风险管理和内部控制，各项业务得到较好发展。2015年，公司资产总额达到45.84亿元，实现营业收入1.06亿元，利润总额0.56亿元。

【信贷业务】 为满足成员单位资金需求，公司结合成员单位实际情况，制定信贷方案。2015年累计发放贷款39笔，总金额为54.75亿元，贷款余额32.60亿元。

【资金和投资业务】 公司充分利用金融牌照优势，积极把握利率走向，及时将闲置资金及同业拆入资金进行合理存放，实现利息收入最大化；同时，在梳理完善投资流程，加强产品分析研究的基础上，开展固定收益类产品投资，确保投资安全并实现了投资收益的扩大。

【票据业务】 2015年，公司经过充分准备，于第二季度成功通过中国人民银行的电子票据业务系统现场验收。截至12月底，公司通过电票系统成功开票金额共计0.87亿元。公司电子票据业务的顺利开展促进了成员单位结算习惯的转变，有效盘活了集团原有存量票据，拓宽融资渠道，并且为票据贴现、转贴现、再贴现业务的开展奠定了坚实基础。

【资金集中】 公司高度重视资金归集工作，在集团的大力支持下，逐年稳步提升资金归集率。2015年末全口径资金集中度达到51.87%。

【风险管理和内部控制】 2015年，公司在原有风险管理体系的基础上，全面检视相关规章制度及各项操作规程，并在工作中进行完善，重点落实流动性监测、业务风险排查、合规文化建设等多项风控措施，大力推进全面风控体系建设，有效确保公司运营的合规性。同时，通过健全各项内部稽核制度，加强对会计凭证和贷款资料的事后监督，有效保证公司资产安全。

【人力资源管理】 2015年，公司共进行了七次专题集中培训，内容覆盖票据、审贷、拆借业务、合规宣讲，通过邀请银行资深专家开展专题讲座及组织员工进行业务讨论，促进了员工业务水平的提高；同时，公司派出骨干员工到上海同业拆借中心等地参加培训学习，共有七人获得拆借交易资质、五人获得保险代理资质；组织中层干部及骨干员工赴同业单位交流学习，有效拓宽了公司的经营管理思路。

【信息化建设】 2015年，公司持续加大信息化建设力度。通过与监管部门、集团信息技术部、外部专业机构的通力合作，成功上线同业拆借系统、电子票据系统、人民银行征信系统等多个信息化系统，并实现与公司业务系统的无缝对接，有效满足公司业务发展的科技化需求。同时，公司完成了对机房的整体搬迁及配套信息化设备的整体维保，加强了对银监和人民银行专线与信息科技设备的管理，有效确保公司信息化环境安全稳定及风险可控。

【企业文化建设】公司坚持以人为本，在“诚信、创新、和谐、共赢”的企业文化指引下，致力创造和谐、友爱、团结、互助的人文软环境。通过开展丰富多彩、健康有益的各类活动，将活动开展与企业文化建设有机结合，加深了员工对企业文化的了解，激发了员工的归属感及凝聚力，营造出积极向上的企业氛围。

诚通财务有限责任公司

【经营概况】诚通财务有限责任公司（以下简称“公司”）成立于2012年6月，注册资本金10亿元人民币，公司拥有结算、存贷、担保及咨询、有价证券投资等十项经营许可。2015年，公司一手抓经营，一手抓改革，业绩稳步提升，同时基本理清服务集团资本运营思路。全年收入总额2.11亿元，利润总额1.03亿元，超额完成年度预算。年末资产总额72.23亿元，负债总额60.64亿元，所有者权益总额11.59亿元，资产负债率83.96%。

【资金集中】2015年，资金集中度从上年末的40.18%提高到46.62%，提高6个百分点；吸收存款从上年末的35亿增长到58亿，增加23亿元，同比增长39.65%；日均存款40亿元，比上年增长20亿元，同比增加50%；全年结算量5 800亿元，同比增加2 723亿元，结算笔数14.83万笔，同比增加10万笔；总分账结算系统上线率达到50%，为掌握结算信息、加强资金监控、保障资金安全发挥重要作用。

【信贷业务】2015年集团资金面整体平稳，但是呈现季节性紧张局面，公司充分发挥资金融通作用，全力安排资金支持成员单位融资。全年日均贷款20.31亿元，同比增加5.37亿元，增幅35.90%，为集团融资结构调整、降低成本作出了重要贡献。一是全年发放自营贷款55.43亿元，同比增长85.4%，年末贷款余额17.72亿元，同比增长6.70%；二是全年接收银行承兑汇票贴现477笔，贴现金额5.75亿元，与上年基本持平；三是全年办理委托贷款69.90亿元，余额96.36亿元，同比增长221.95%，发挥了桥梁纽带作用。

【票据业务】公司除开展贴现业务外，于2014年开始办理纸质商业汇票业务，2015年累计承兑4笔金额0.69亿元。根据票据业务发展规划，公司于年初启动了电子商业汇票（简称电票）业务的筹备，通过完善制度、调配人才、开发系统、联网测试，于年末顺利通过央行最终验收，正式上线运行。

【外汇业务】公司已取得全国银行间外汇

交易市场的会员资格及国家外汇管理局跨境外汇资金集中运营业务备案资质，全年为集团及成员企业办理即期结售汇业务 1.24 亿美元，其中结汇 3 425.89 万美元，购汇 9 007.18 万美元，为集团降低汇兑成本 164.50 万元，为公司增加中间业务收入 56.92 万元。

【资金和投资业务】做好资金集中和同业存放业务，成功取得有价证券投资资质（股票投资除外），为公司扩大收入来源、拓展资金使用渠道奠定基础，按照确保支付、风险可控、收益最大化的优先顺序进行资金和投资业务。

【业务创新】以做好集团资本运营金融服务为核心，从战略高度推进公司业务创新。与知名高校合作，以面向资本运营业务不同环节提供多元化、定制化金融产品为目标，探索在"资本、资金、资产"相互转化过程中，公司金融服务的方式方法，逐步在支持集团持股管理、资本运作和资产经营方面发挥特殊作用，已形成《财务公司改革创新方案》，确定了健全资质、深化改革和锐意创新三步走工作思路，其中锐意创新部分包括对发行短期票据融资工具、股改、基金托管、金融云、不良金融资产处置等内容的思考。

【风险管理和内部控制】对标行业先进，全面风险管理体系建设工作扎实推进。制度建设方面，制定完善公司新制度、流程 18 项，制度设定更加合规、可操作性更强；审计稽核监督方面，严格执行年度计划，全年组织专项审计、稽核 5 次，及时发现问题并整改；风险自查和评价方面，编制《内部控制管理手册》，对信贷、结算等业务流程逐一排查风险点，同时配合新业务开办和新资质申报对其面临的市场风险、操作风险、信用风险、流动性风险等进行了系统分析、评估。

【人力资源管理】2015 年，公司人才队伍保持稳定，年末人数为 38 人（含董事长）。从学历构成看，经济学博士 2 人、硕士 19 人、本科 13 人、专科 4 人；从执业资质情况看，高级职称 6 人，中级职称 12 人，初级及取得银行、证券、财会从业资质共 43 人次。公司坚持内部培养与外部引进相结合的队伍建设策略，逐步加资本运营金融人才储备。

【信息化建设】随着业务的发展、经过三年的建设，资金网已成长为综合金融服务的载体平台，扩展性强、运算速度快、安全可靠，整体由 53 台设备、14 条通讯专线支撑，服务集团 200 余家成员企业的本外币结算、授信融资需求，支撑公司行政、财会、风控等管理工作，功能较完善。其中自主研发的总分账结算系统（业内领先）、征信数据报送系统（业内唯一）获国家版权局软件著作权认证，成果显著。

【企业文化建设】丰富群团组织生活，构建有价值有内涵的企业文化。建立工会组织，开展了形式多样的群团活动，激发活力：组织观看历史文献纪录片《筑梦中国》，通过纪录片的直观讲述，让职工感受中华民族复兴之路的艰辛，加深干部要有担当、有责任、有能力的思想认识。承办集团牌艺大赛，开展了篮球、羽毛球等团体活动，大力培养职工兴趣和爱好，挖掘职工文体才能，公司团支部荣获中国诚通集团五四红旗团支部称号。安排职工体检等活动，关心职工健康。组织职工集体活动，如参观 APEC 会址等，活跃公司文化氛围，提高员工凝聚力。

山东重工集团财务有限公司

【经营概况】2015年，山东重工集团财务有限公司（以下简称“公司”）紧紧围绕“巩固基础、开拓业务、改革机制、协同发展”的总体指导方针，以存贷款业务为基础，以产业链金融、国际业务、电票业务为工作重点，着力深化机制建设，提高风险管理水平，创新服务理念，转变服务方式，认真务实地推进各项工作，全面实现了各项工作目标。截至2015年末，公司资产总额162.98亿元，同比增长15.74%，负债总额151.11亿元，同比增长16.76%，所有者权益11.87亿元，同比增长4.14%；各项存款余额150.03亿元，同比增长17.50%；各项贷款（含贴现）余额46.57亿元，同比增长45.99%；资金交易类业务余额115.80亿元；利润总额1.52亿元，同比增长3.98%；提取各类风险拨备1.92亿元，贷款损失准备充足率达到200%。

【信贷业务】公司适时调整信贷政策，加强客户管理，提升贷款资产质量。对于集团核心企业、战略性企业加大信贷支持力度，对于集团改制企业、困难企业的贷款需求，认真落实还款来源，追加抵质押担保措施，在控制风险前提下为企业提供融资，维持企业信用。2015年发放贷款68.56亿元，年末贷款余额46.57亿元，比年初增加14.68亿元。在做好一般贷款业务的基础上，公司积极发展产业链金融业务，在产业链供应端以核心成员单位为中心，产业链销售端以集团核心产品为中心，沿供销两端做大做实产业链金融业务。2015年末，产业链融资余额13.26亿元，占信贷余额的28.47%，其中集团外产业链融资达到6.50亿元。

【资金和投资业务】在资金交易业务方面，公司以平衡资金“三性”管理为核心，以流动性管理为重点，努力提高资金业务收益。建立了年度资产负债比例管理计划、月度资金运营计划、周资金计划等管理体系，合理确定了资金头寸限额，确保支付。建立了资金交易审查、审批制度，确定了交易对手名单和授信额度，实行了前中后台操作分离和事后评估审计制度。建立了金融市场信息收集分析制度，及时掌握金融和资金市场走势，提前预判，选择交易品种，合理安排资金，提高资金收益。2015年，同业存款累计办理86.10亿元，理财业务累计办理115.66亿元；办理逆回购业务0.20亿元；办理转贴现0.91亿元；办理再贴现0.22亿元。

【票据业务】公司继续完善潍柴动力票据池业务，确保成员单位收票按时入池，并实现质押开票，票据托收资金到期及时归集到财务公司。2015年末，潍柴动力票据池共办理票据入池金额为289.16亿元，质押池票据金额为200.73亿元，潍柴动力质押开票10 254张，金额134.68亿元。在电票业务方面，公司对山东重工集团内部成员单位之间的关联交易进行了梳理，打通了电票在集团内部的流通渠道，逐步提高成员单位电票付款的比例。加强同业合作，开展合作银行授信，公司票据同业授信额度达到56.90亿元，其中全辖可用额度为13.40亿元，电票的流通性及可接受程度在日益提升。

【外汇业务】公司以即期结售汇业务为抓手，努力拓宽国际业务服务范围，积极研讨跨境人民币结算、跨境资金池等山东重工集团国际业务课题，积极申请外汇拆借业务资格，并于2015年2月4日正式获批，解决了公司外币资金来源，提升了外汇贷款能力，参与制定成员单位内保外贷业务方案，牵头组织山东重工集团海外企业融资等工作。全年累计办理即期结售汇业务1.79亿美元。

【资金集中】继续深化和完善潍柴集团、山推股份资金池，开展账户授权，落实限额管理，及时上收下拨成员单位资金。加强存款和结算产品创新，开发并推广了靠档计息存款产品和批量支付结算业务等，开发上线了结算业务短信提醒系统等，显著提高了结算服务水平。2015年，公司共办理各类结算10.97万笔，结算金额3 684.45亿元，充分发挥了结算业务功能，以资金结算的流量有效带动了成员单位在财务公司的资金存量。2015年末，公司存款余额达到150.03亿元，同比增长17.50%。

【风险管理和内部控制】公司制定了2015—2017年风险管理三年规划；在信用风险管理方面，制定了2015年信贷准入政策，完善了信贷审批权限及审批流程；在市场风险管理方面，成立了投资管理委员会，加强价格管理工作；在流动性风险管理方面，开展资产负债比例管理，制定月度、周资金计划，发挥同业拆借的资金调剂作用，提高流动性管理水平；在合规风险方面，开展年度制度修订，编制业务操作手册，按季度开展关键风险点检查。开展常规审计5项、专项审计3项、个人审计3项，对主要业务实现了审计全覆盖。

【人力资源管理】公司开展了人力资源管理改革，理顺了部门职责和岗位设置，建立了管理和专业技术两条职业发展通道，确定了各岗级人员的任职条件，完善了评价体系，明确了不同序列、不同职级人员的评价内容和标准。在此基础上，对公司全员进行了职级评定。

【信息化建设】公司按照“小核心、大应用、标准化”的信息系统架构，不断完善资金结算和账务处理核心系统，新开发上线了同业拆借系统、金融统计系统、结算业务短信提醒系统等11个信息化项目。信息化工作制度体系、技术开发体系、运维体系、检查监督体系“四个体系”建设不断完善，信息化工作机制不断健全。

【企业文化建设】在文化建设方面，公司建立了公司工会组织，充分发挥党、团、工会组织在企业文化建设中的作用，开展了丰富多彩的文化活动，建立了公司图书室，开展了评先树优活动。2015年末，公司被评为省管企业文明单位，公司企业文化建设工作得到上级部门的肯定。

湖北能源财务有限公司

【经营概况】2015年，湖北能源财务有限公司（以下简称“公司”）实现收入总额0.98亿元，同比增长21.70%；实现利润总额0.69亿元，同比增长51%。各项监管指标符合要求，资本充足率32.91%，不良资产率为零，资产损失准备充足率241.38%，流动性比率43.87%，继续保持零案件、零不良资产的良好局面。

【信贷业务】2015年，公司发放贷款93.83亿元，90%以上新增贷款投向集团内中小企业。调整贷款利率定价机制，下浮贷款利率，减少成员单位利息支出。协助集团对外间接融资78亿元、债券额度注册50亿元及债券融资20亿元。首次开办17亿元信贷资产转让业务及5亿元履约保函业务等。

【资金和投资业务】公司综合运用同业拆借、存放同业、投资理财等多种金融工具，兼顾流动性安全及资金管理效益，实现非集团内部关联交易收入的较快增长。公司投资业务稳步开展，投资决策体系初步形成，风险防控机制初步建立，投资研究能力进一步提升，现金理财及固定收益类投资业务取得可观效益。

【保险兼业代理业务】公司受托管理集团保险资产，提供保险咨询服务。量身定做保险服务，投保信息台账化管理，提供续保与理赔全程跟踪服务，维护集团保险资产权益安全，开展保险知识专题培训提升集团保险人员专业素质。全年保险兼业代理收入较上年增长40%。

【风险管理和内部控制】实施流动性动态监测机制，加强每日资金动态管理、每周资金计划调整和每月资金计划预测，提高流动性管理的前瞻性及科学性；加强信贷业务风险管理，开展“信贷行为审慎年”活动，落实“一户一策”授信政策，做好客户信用风险评估；防控信息科技风险，加强技术管理与风险控制，完善信息科技系统控制体系。

【企业文化建设】落实集团责任文化，创建和谐团队。公司开展财务大检查、“四项专项整治”等活动，修订完善财经管理制度，建立反腐倡廉长效机制；开展“三严三实”专题教育活动，推进支部作风建设；积极开展文体健身活动，展现公司青春活力；组织青年员工赴鄂西贫困山区开展捐资助学活动，为41名小学生捐赠课桌、打印机、饮水机、图书资料、书包文具用品，开讲能源课；为贵州贫困地区捐赠冬衣，履行企业社会责任。

港中旅财务有限公司

【经营概况】2015年，港中旅财务有限公司（以下简称“公司”）紧密围绕集团产业结构调整规划，坚持“严控风险，合规经营”经营宗旨，积极开展各项业务工作，持续提升服务实体经济能力，圆满完成集团和金融板块下达的经营目标和各项重点工作。截至2015年末，公司总资产51.33亿元，比年初增加14.53亿元，增幅为39.48%；负债总额40.59亿元，比年初增加9.27元，增幅为29.60%；所有者权益10.74亿元，比年初增加5.26亿元，增幅为95.99%（2015年股东增资5亿元）。表外业务主要为委托贷款，截至2015年末，委托贷款余额为4亿元，比年初减少7.03亿元，降幅为63.74%。

2015年，公司实现营业收入0.94亿元，其中利息净收入0.70亿元，占营业收入的74.42%，利息净收入占比下降24.90个百分点，营业收入同比增长43.15%；实现投资收益0.23亿元，占营业收入的24.42%（2014年同期为零）；手续费及佣金净收入0.01亿元，占营业收入的1.14%，同比增长42.29%；全年实现净利润0.56亿元，较上年增加0.22亿元，增幅为65.56%。

【信贷业务】公司严格执行监管部门有关规章制度，进一步加强信贷风险控制，规范授信行为。2015年，累计发放自营贷款66笔（含贴现），累计发放贷款金额29.10亿元，贷款余额19.34亿元，较2014年底增长3.92%，本年度利息收入为1.04亿元；累计发放委托贷款8笔，累计发放委托贷款9.30亿元，余额4亿元。公司2015年加大了深度挖掘成员单位需求的力度，针对成员单位的个性化金融需求，量身定制提供金融服务方案，如协同资产板块，顺利实现“休闲农庄项目”产融协同落地，助力集团成员单位业务开展。

【票据业务】2015年，公司继续大力开展票据业务，共办理票据贴现0.50亿元，实现利息收入11.37万元。贴现业务的拓展，不仅成为新的收入增长点，同时也为集中成员单位资金增加了一条新的途径。

【资金和投资业务】资金业务坚持流动性、安全性为先的基本原则，在满足成员单位资金需求、人民银行准备金缴纳需求等的基础上，在风险可控的前提下开展同业存放、同业拆借及投资业务。在投资品种选择上以低风险的货币基金及银行理财为主，在投资期限配置上以中短期为主。2015年，公司资金业务规模总计32.08亿元人民币，比年初的18.30亿元增加13.78亿元，增幅75.30%。实现利息收入总计0.38亿元，较2014年同期的0.09亿元增加0.29亿元，增幅322.22%。2015年，公司获准开展有价证券投资业务，并申请加入了银行间债券市场，资金业务范围扩大，盈利能力提升；同时大力推进同业授信申请工作，截至年末共获得同业授信21.20亿元，较年初的7亿元增加14.20亿元，增长率202.86%。

【资金集中】2015年，在集团资金支持及管理政策的帮助下，积极贯彻“深入一线、发掘需求”的业务拓展理念，组成以公司高管及部门骨干为核心“产融协同”专责小组，通过专责项目管理的方式制订工作方案，积极联系和主动走访集团下属各板块，进一步了解各板块的业务状况与资金需求，找准业务合作切入点，明确业务的拓展方向和重点，资金集中取得一定成效。2015年末吸存存款余额40.39亿元，比上年末的30.81亿元增长31.09%。扣除口径（剔除上市公司资金、境外资金、境内的外币资金、特殊用途资金）资金集中度71.33%，比上年末的70.38%提高0.95个百分点；全口径资金集中度20.05%，比上年末的28.4降低8.35个百分点。

【业务创新】2015年，公司积极拓展业务范围，提升服务成员单位的能力，包括：以公司为主办企业，充分运用跨境人民币资金池渠道，实现集团打通境内外资金池的诉求，促进了集团境内外资金融通，提升了集团跨境资金运作能力和资金配置效率，有效降低了集团整体资金风险，也为资金跨境集中提供一条重要通道；以公司为金融结算平台，推进集团“费控系统”的实施，实现资金管理、财务管理与资金集中、结算集中的完美结合，提高集团整体财务管控与资金收益；以融助产，延伸集团产业上下游金融服务，助推实体经济；提升服务能力，拓展服务对象，与境外上市公司合作取得新突破。

【风险管理和内部控制】2015年，公司严格贯彻“严控风险，合规经营”的理念，认真执行集团全面风险管理的要求，不断完善公司全方位、多层次风险防控体系。一是风险管理前移。跟随业务部门深入贷款客户和投资交易对手，实地了解情况，判断风险状况；二是充分发挥内审稽核的事后监督作用，查漏补缺；三是定期对公司业务风险进行评估，发挥预警作用，针对出现风险苗头的业务，风控部及时进行评估，提出风险防范措施，力争将苗头控制在萌芽状态；四是与专业律师事务所联手，打造“强强联合”的风险防控体系，与知名律师事务所签订合作协议，借助专业律师力量，对公司法律风险进一步把关；五是落实案件防控管理和安全保卫，强化追究问责，保证业务平稳开展。

2015年，公司认真执行“内控优先”的方针，不断完善内控体系。建立了“三会一层”的法人治理架构，对公司经营管理、风险防范、守法合规等进行全面指导、决策，保障公司内控体系有效运行；夯实内控“三道防线”，形成了一线岗位双人、双职、双责为基础的第一道监控防线，相关部门、岗位间相互监督制约的工作流程的第二道防线，风控部对各业务部门、岗位实施全面监督的第三道防线，筑牢内控篱笆墙；完善公司内控管理制度，使公司内控制度覆盖到所有部门和岗位、所有业务和环节，满足公司发展的需要。

【人力资源管理】2015年，公司对企业文化和团队精神不断丰富与实践，对员工队伍和人力资源管理进行持续优化。一是优化现有人员配置，引进外部优秀人才，充实前台业务队伍，支持业务发展。二是加强培训和学习，2015年，公司人均培训学时达到68.2小时，有效促进员工综合素质和业务能力的提升。此外，2015年6月成立了公司课题研究组，积极参与深圳金融学会组织的课题研究，并形成工作机制，对重点工作项目进行总结提炼，提高工作水平。三是推行月度绩效考核，充分发挥激励与约束作用，确保重点工作得到落实。四是积极开展团队建设培训和员工拓展活动，增强团队凝聚力和战斗力。通过上述举措，有效确保了集团和金融板块下达的年度经营目标的实现。

【信息化建设】2015 年，公司通过强化运维管理，不断提升信息化服务水平，完成公司官方网站的设计与上线，增加了对公司业务、行业动态、公司事项等信息的发布；上线了企业征信系统，实现对客户的征信信息查询的功能。同时，优化核心业务系统的网络环境，加强信息系统高可用性和安全性，保障业务信息系统的稳定运行，并扩展系统功能，增加了业务产品，包括智能存款、资金代理结算、存款利率和产品个性化的定制；结合业务开展的需求，实施上线同业拆借项目。公司信息化建设始终围绕业务拓展需要做好配套，为公司业务开展铺垫坚实基础。

【企业文化建设】2015 年，公司通过开展团队建设培训、员工拓展、文体活动、沟通会等多种形式的主题活动，加强团队成员之间的沟通、协调与合作；通过丰富企业文化内涵，强调团队的主体意识，实践狼性文化，强化纪律规矩意识，营造风清气正的良好氛围，发挥企业文化的凝心聚力作用。此外，公司于 2015 年 9 月成立了党支部，并开展了多次集中学习和交流活动，有效提高党员和业务骨干的政治觉悟与形势敏感度，并指导实际工作，发挥组织保障作用。

陕西煤业化工集团财务有限公司

【经营概况】2015 年，是陕西煤业化工集团财务有限公司（以下简称“公司”）经过的第三个完整的年度，是从成长走向成熟的关键一年。公司按照集团公司的统一部署，积极把握服务与管理双重属性的职能定位，功能发挥更为全面，业务规模大幅增长，整体迈上了一级新台阶。

2015 年末，公司资产总额 145.75 亿元，同比增长 74.10%；实现营业收入 3.53 亿元，同比增长 17.90%，利润总额 1.54 亿元，同比增长 10.30%，净利润 1.14 亿元，同比增长 10.20%。存款余额 130.16 亿元，同比增长 97.60%，日均余额 76.54 亿元，同比增长 58.50%。各项贷款余额 75 亿元，同比增长 39.20%，日均余额 44 亿元，同比增长 30.60%。

【结算业务】截至 2015 年底，共有 482 家核算单位在公司开立了 1 643 个账户，其中 2015 年新增 72 家核算单位，新增 333 个账户。全年累计结算量 21.67 万笔，同比增长 17.1%；结算金额 4 108.28 亿元，同比增长 50%；代发工资 12 565 批次，122.56 万笔，金额 40.03 亿元，同比增长近 300%。

【信贷业务】截至 2015 年底，公司与 14 家银行开展了同业授信，授信额度达到 77 亿元；年末贷款余额 49.5 亿元；委托贷款累计发生额 47.65 亿元；国内信用证业务累计发生额 14.5 亿元；保函累计发生额 1951 万元；自营贷款累计发生额79.50亿元。其中，为了满足成员单位短期融资的需求，向成员单位累计提供了超过12亿元的短期贷款（三个月内）。此项业务是公司充分发挥金融服务职能的重要表现，通过专业化的服务弥补了银行信贷产品的不足，及时、有效地缓解了成员单位在短期资金层面上的燃眉之急。

【票据业务】 在煤炭行业下行，集团成员单位使用票据结算量显著增加的现状下，公司大力发展具有陕煤化特色的票据业务，并取得了以下成绩：票据业务综合服务量达到224.50亿元，同比增长40.30%，其中，办理贴现53.19亿元，贴现余额25.56亿元，转贴现9.72亿元，再贴现6.26亿元，商票签发55.76亿元，代签银承27.08亿元，托管托收票据49.83亿元，商承解付22.64亿元。在商业承兑汇票方面，成员单位经由公司签发的商票流通性良好，有三分之二的商票在市场上作为支付手段流通，并能够跨省流通。

在票据服务方面，2015年初，公司开始为成员单位提供票据上门托管、托收及集中管理的服务，并作为一项切实服务于集团成员单位的重要措施，既是协助集团执行票据集中管理的具体表现，也受到了集团成员单位的一致认可：一是大大降低了各单位“票据在途”的风险；二是为客户提供了专业的票据鉴真、查询和瑕疵票据判别服务；三是有效地减轻了成员单位财务人员的工作压力。

【资金集中】 公司根据集团的统一安排，联合集团多个部门，历时近两个月，先后对集团三百多家成员单位的近九百个外部银行账户进行了核查，对不符合规定的外部银行账户进行清理。通过这次账户清理专项活动，强化了集团各所属单位对资金归集及集中管理的认识，落实了集团资金集中管理的制度要求，有效地提高了成员单位资金集中水平。成员单位可归集的资金90%以上已归集至财务公司，对保证金、社保、纳税等外部银行账户，也实现了有效监控，在线实时监控账户率达到75%，其余账户通过NC系统进行监控。

【业务创新】 2015年，公司与陕西煤业股份公司就具有陕煤化特色的司库管理模式展开积极探索，通过结算平移，“财司结算—股份资金管理”岗位融合，资金与票据统一管理等方式，建立了股份公司资金管理模式，并实现了股份公司绝大多数成员单位在财务公司结算，且运行效果良好。

在新业务资格申请方面，同业拆借业务已经通过人民银行总行的审批，2015年底开展了首单业务；同期，人民银行西安分行已批复公司加入电子商业汇票系统。

【风险管理和内部控制】 公司制度体系建设已基本覆盖各业务领域。2015年，为加强制度落实，针对已下发制度执行情况开展了“回头望”活动。全年共制定及修订制度51项，保证制度建设工作配合业务开展。结算业务中断应急处置预案的制定及信息系统安全评估工作的开展，有效提高公司风险管理能力。逐层、逐级、逐岗签订合规责任承诺书，不仅严格落实了监管部门提出的“定规矩、明职责、严问责”的工作要求，还将各项合规内容具体化、制度化，使全员树立合规意识，明确合规责任，规范合规行为。

2015年初，公司推行了“业务流程与岗位操作标准化”活动。全年，累计开展业务流程及操作现场描述会16场，梳理完整大类业务流程77项，并进行了逐人、逐岗的现场答辩上岗考核，公司全员达标率为100%。通过该项活动的开展，员工业务能力显著提升，业务运行效率和质量得到改善。同时，使公司每项业务的流程与操作有依据可循，有制度可依，让标准化管理体系填补制度与实际操作的空隙，确保制度执行到最后一个环节不出问题。

【人力资源管理】在人才队伍建设方面，2015年公司开展了中层管理人员岗位竞聘活动，按照竞聘方案的总体安排，依次组织完成了报名与资格审查、基础知识考试、竞聘报告撰写与评审、演讲与面试以及公示等工作，经研究决定，选拔了多名部门负责人，对中层管理人员队伍进行补充，为部门工作顺利开展提供了支持和保障。

在员工培训方面，公司与西安交通大学合作举办了“业务能力提升大讲堂”活动，共组织了16次专项业务知识课程，参观走访了3家集团下属单位，与中信银行、兴业银行进行了深入交流，并通过体验式拓展训练，凝聚了公司的团队精神，加深了员工之间的友谊。

【信息化建设】2015年，公司结算平台与长安银行建立了直连关系，至此结算平台直连银行增加到7家。代理银行的多元化为成员单位提供了更多结算便利，也为加强资金安全管理提供了有力的保障；同时，还对核心业务系统进行了“结算网银指令自动接收”“批量对私”“柜台打印”“银行接口”等功能升级，有效支持了各项业务开展；数据分析系统（BI系统）于2015年3月上线试运行，实现了集团财务核算系统与财务公司核心业务系统的融合，为集团和公司的经营分析和决策提供了保障。

【企业文化建设】2015年，公司以提升公司整体服务水平为目的，开展了“服务标准化”活动。通过该项活动，使员工深刻认识到：产品质量是企业生命的源泉，是市场竞争的集中体现，是客户利益所在，对金融机构来说，服务就是产品，服务的质量决定了企业的声誉，只有通过服务价值的最大化才能稳步发展。经过一年的努力，全体员工在服务态度、仪容仪表、工作效率等方面都取得了长足进步。2015年底，公司对全集团135家成员单位进行了“客户服务满意度问卷调查”，各项业务的综合满意度达到98.47%。

【党建工作】2015年，公司加强了党支部建设工作，党员占全员人数的三分之一多。在党支部的领导下，全体党员充分发挥党员干部的先进性和模范带头作用，按照“三严三实”专题教育活动要求，从“严”和“实”两个方面下工夫，做好本岗位工作，促进各项业务开展。

上海华谊集团财务有限责任公司

【经营概况】2015年，上海华谊集团财务有限责任公司（以下简称“公司”）以加强集团资金集中管理和提高资金使用效率为目标，自觉贯彻各级金融监管政策，执行股东会、董事会决议，按照集团和董事会总体要求，完善制度管理，夯实业务基础，拓展服务内容，创新金融产品，不断巩固财务公司金融服务平台。2015年，公司继续通过广泛深入调研，多方开拓信息渠道，着力研究行业发展，对标同业优秀企业，在2014年五年规划的基础上制定了公司“十三五”规划，定位“集团的全球化的金融管理和服务平台”。

2015年，公司实施股权调整和增加注册资本事项，注册资本从6亿元人民币（含500万美元）增加至10亿元人民币（含500万美元）。截至年末，公司资产总额73.31亿元，上线企业逾167户，资金集中度52.75%，资本充足率32.25%，不良资产为零，营业收入1.08亿元，净利润0.71亿元，同比增长68.30%，各项监管指标持续动态达标。

【信贷业务】作为集团金融服务平台，信贷业务是公司立身之本，也是服务集团、支持集团企业发展的基础。公司按照银监会“三个办法、一个指引”，严格贷款管理，在做好授信、贷款额度核准、信贷发放等基础业务的同时，立足企业需求，规范业务执行，提倡服务创新，深化用心服务，逐步创新业务品种，通过服务发展业务。2015年，公司进一步挖掘信贷业务需求，扩大授信业务范围，扩大对集团内中小企业的融资范围及规模。面对复杂多变的经营环境以及愈发激烈的市场竞争环境，公司加快创新步伐，以创新求发展，紧紧围绕集团发展战略，突出创新驱动，通过创新产品和服务进一步支持集团主业的发展，全力服务于实体经济。全年业务拓展品种有：境内外人民币集中收付项下代理支付业务、电子银行承兑汇票贴现业务、国际贸易融资项下的预付货款融资业务等。公司的贷款币种也由原先的单一人民币扩展至外汇贷款，主要是美元贷款。

除了对成员企业进行信贷业务支持外，公司向成员企业提供融资建议方案、多项非融资类保函业务，主要包括项目融资建议方案、银团贷款、工程招投标履约保函等；在协助集团落实项目资金过程中，发挥服务平台作用，初步显现财务公司金融服务优势。

【资金业务】受国内经济下行的影响，2015年集团和成员企业资金需求波动加大，对公司资金安排造成了一定困难，公司通过认真分析企业需求、科学研究市场状况、及时把握市场机会，合理稳妥地安排好资金，支持企业业务发展，同时，合理运用同业拆借、票据转贴、信贷资产转让等手段保证公司流动性，特别是完成了首单信贷资产转让业务，拓宽和丰富了公司资产负债管理的手段。认真研究和尝试境外融资，并且打通了境内成员企业资金的集中收付通道，提升公司综合服务能力。

随着人民银行数次降准降息，公司积极响应人民银行号召，降低企业融资成本，支持实体经济发展，并且及时上报公司存贷款利率价格，获得了人民银行上海总部的嘉奖，被评为信息披露良好企业。

【资金集中】公司继续通过量化资金归集目标，加强日常数据跟踪分析，及时跟进新增单位上线、持续开展对未上线企业跟踪等系列举措，对资金归集工作常抓不懈。至2015年末，累计完成167家企业上线，基本覆盖了集团控股二级、三级成员单位。由于宏观经济增速下调，市场需求不振，影响了成员企业的盈利能力和经营现金流，集团总体资金量呈下降趋势；另外，由于集团海外发债以及集团内上市企业定向增发等原因，不可归集资金量权重上升，导致资金集中度较2014年同期略有下降，年末全口径资金集中度为52.75%。

公司继续发挥结算平台重要作用，根据运营实际优化系统，提升结算效率和服务水平。通过调整系统运营时间，将系统结算指令的接收时间延长至24小时，以满足成员企业的实际结算需求。通过承担企业汇划手续费以降低成员企业的结算成本，公司全年承担企业汇划手续费业务共计732笔。

公司发挥作为自贸区内企业的优势，试点完成“境内外人民币集中收付项下代理支付业务”，顺利打通集中收付渠道，为境外资金的融通、归集奠定了基础。

【风险管理和内部控制】公司十分重视风险和内部控制管理工作，始终把控制风险作为工作的第一要务，在严格执行监管部门各项规章制度的前提下，针对公司实际，努力完善、细化内部风险管理制度，落实风险管理措施，做精做细各项内控管理工作，确保风险可控。一是严格公司业务授信和授权管理，对风险资产业务通过前中后台的操作环节制约和逐级审批、集体审议机制，杜绝逆程序、超授信额度和超权限现象发生。二是制度规范化、操作流程化，流程信息化。三是继续完善业务核心系统，强化信息系统对业务连续性的保障功能，对核心系统进行了二次优化。四是完善合规绩效考核办法，本着鼓励员工主动发现问题隐患，提高主动合规积极性的目的，强化对风险事项报告的时效性要求，使制度更好体现出刚性约束、激励管理作用。

【人力资源管理】公司员工队伍逐年壮大，支撑公司业务拓展与创新，整体人力资源素质得到提高。2015 年，公司修订各部门岗位说明书，明确部门职能与岗位职责；完善薪酬绩效考核体系，有效激励员工，明确自身短板；设计员工福利无缝对接体系，体现公司对人力资源的珍惜与关爱；逐步建立员工培训体系，培养并储备企业内部培训讲师。

【信息化建设】公司优化核心业务系统，提升核心系统功能，加强信息风险管控。一是加强运维管控，确保信息系统稳定运行，完成安全审计网关项目的实施。二是加强信息安全管理，着手开展信息系统等级保护项目。三是根据业务发展需求，进一步优化核心业务系统，进行了二十个以上的系统功能优化，提升业务系统功能。为满足公司新业务申请及开展的需要，构建投资系统。

河钢集团财务有限公司

【经营概况】2015 年，河钢集团财务有限公司（以下简称“公司”）秉承“立足集团，服务产业，规范运营，稳健发展”的经营宗旨，牢牢把握改革创新创效和提升基础管理两条工作主线，充分发挥集团资金集中管控平台和全方位金融服务平台功能，通过全面树立市场化金融服务理念，引入银行客户经理服务模式，推行全方位、一站式“贴心”服务方式；创新打造“票据金融综合服务体系”特色品牌；夯实基础管理建设，提升风险管控水平；拓展新业务资质，提升金融服务能力等重点工作的深入推进，进一步破解发展瓶颈问题，全面提升公司金融服务创新创效能力，实现以优质服务促进产业和金融协同发展、多方共赢的目标。公司全年实现营业收入 4.39 亿元，利润总额 1.80 亿元，净利润 1.35 亿元，分别比上年增长 90.87%、9.09%、9.37%；全年综合资金运营创效 2.03 亿元，比上年增长

3.60%。公司信贷资产运营良好，利息回收率100%。无不良贷款、不良资产，全年各期监控指标均符合监管要求。

【信贷业务】 2015年，公司持续深化“产融协同，共赢发展”的市场化金融服务理念，扎实推进基础信贷投放业务，为有效服务钢铁主业发展，提供强有力的金融支持。公司灵活利用贴现、循环贷款、短期贷款、委托贷款等多元组合方式为成员单位提供资金支持，全年累计办理信贷业务763.01亿元，比上年增长141.02%，年末信贷资产余额88.86亿元；努力拓展同业合作，获取同业授信28亿元，比上年增加17亿元。

【资金和投资业务】 2015年，公司进一步完善集团资金统一计划、统一调度、统一备付的资金协同管理机制，坚持以日监测、周计划、月平衡的方式做好资金头寸动态调配，建立货币市场价格跟踪监测制度，积极捕捉资金市场运作时机，实现资金安全性、流动性、效益性相均衡目标。全年累计循环办理定期存单业务140.2亿元，提高存量资金收益393万元，资金头寸精细化管理水平大幅提升。

【业务创新】 2015年，公司深化推进金融服务改革创新，充分发挥专业优势、品牌优势、特色优势、资源优势，切实担当起金融服务创新创效的责任和使命。首先，深化推进“票据金融综合服务体系”特色主打品牌建设。搭建起包括票据核心业务处理系统、票据管理信息系统和人民银行直连电子商业汇票系统在内的票据管理信息技术平台，并着力实施三大系统集成开发，实现票据业务全程处理的电子化、流程化、规范化，“企财银”无缝对接；持续研发利用更加灵活多样的票据金融产品，构建起三大票据金融产品系列、12个具体业务品种，多元化、特色化的票据金融产品体系，多维度拓宽票据融通运营渠道，帮助成员单位以远低于其同类业务成本融通资金，有效节约财务费用。全年累计开展票据融通运作269.38亿元，票据运营收入1.85亿元，直接为成员单位节约财务费用7 126.96万元。其次，积极拓展新业务资质。公司经人民银行批准于3月30日正式接入电票直联系统。上线以来，帮助成员单位以低于同类商票贴现融资3~5个百分点的超低成本融通资金30.70亿元，节约财务费用0.49亿元。同时，公司电票系统为集团成员单位提供了高效、安全的电子化支付结算手段，截至年末，各单位运用电票系统签发电子商业票据40.40亿元等。9月，公司经人民银行批准进入全国银行间同业拆借市场，11月与兴业银行携手成功开展首笔同业拆借业务2亿元，助力公司进一步提升资金头寸管理水平及抵抗流动性风险能力，拓宽资金运营渠道，提高运营效率和效益。

【资金集中】 2015年，在集团强有力的政策保障下，公司充分考虑合作银行特点、各层级成员单位个性化需求及财务公司发展需要，克服跨省、异地资金归集技术等方面难题，优化账户管理流程、研究新的归集方式、丰富归集手段、拓展归集范围，资金集中度大幅提升。2015年末，全口径资金集中度43.13%，可归集口径资金集中度达78.78%，分别比年初提高了23个和34个百分点；归集覆盖17家成员单位，上线账户52个。

【风险管理和内部控制】 2015年，公司以管理体制机制创新为契机，以深入开展金融顾问合作为抓手，进一步完善基础管理制度体系建设，优化业务流程，全面提升风险管控水平。首先，完善风险管控基础环境。按照“扁平、合规、高效”的组织架构建设原则、金融行业规则及业务发展需要，公司健全了“三会一层”组织架构及运行管理机制；重新调整部门设置，梳理界定部门职责，设置岗位及定员，实现部门设置合理，岗位职责清晰，人员配置科学，运行合规高效；全面梳理、修订、补充基础管理制度十大类147项，完善了囊括全员、全部业务品种的基础管理制度体系，辑印成册《制度汇编》，为公司稳健、良性运营奠定基础。其次，全面提升风险管控水平。通过完善“三层三道防线”管理架构，明确风险管理目标策略，规范风险管理流程，加强考核问责，健全“横向到边、纵向到底”的全面风险管理体系，编印《全面风险管理手册》；以完善的公司治理和健全的运行机制为前提，以完备的制度体系为基础，构建起囊括全员、全部业务品种，覆盖业务全过程的内控合规体系，编印《内控手册》，形成防范排查、监督控制、评估评价、应急处置、责任追究机制，为进一步强化合规意识、固化操作行为、营造合规文化氛围奠定坚实制度流程基础，为公司稳健合规经营保驾护航。

【人力资源管理】2015年，公司大力实施人才引进培养战略，深化推进市场化人才选聘机制，建立健全业务管理序列和专业技术序列双轨晋升机制，建立实施人才教育培训长效机制，努力肩负起集团金融人才培养基地的责任与使命，为做大、做强集团金融板块做好金融专业人才培养储备。

公司以构建学习型金融机构，着力打造高素质金融专业团队和“3+n型”综合人才为培育目标，以“全员性、计划性、多样性、实效性、长效性”为培训原则，开展外聘金融专家授课、部门轮训竞赛、新员工入职专题培训、定期读书交流等活动，全面提升员工综合素养。全年累计组织40人次参加中国财务公司协会及监管部门培训，组织公司内部培训18次。同时，依托公司网站平台，开设员工风采、学习园地等栏目，为全员搭建学习交流的多功能平台。

【信息化建设】公司秉承“科技先行”理念，以健全的信科制度为前提，以标准化项目管理为基础，以保障业务需求为目标，通过信息技术平台创新与金融服务创新的深度融合，持续升级与完善信息化建设，促进公司金融产品服务的延伸拓展和信科风险防控水平的全面提升。年内修订、补充信息科技制度12项，形成完善的信科风险防控制度体系；重点实施了电票直连系统、同业拆借专网系统、同业业务核心处理模块、票据管理信息技术平台三个系统集成优化、人民银行征信系统以及核心业务系统完善升级等项信息化建设，同时多次组织成员单位网银用户系统培训等。

【企业文化建设】公司以“服务、创新、稳健、增值”的核心价值观为引领，立足金融服务改革创新发展大局，大力推进企业文化建设，积极为集团主业发展贡献金融新动力。2015年先后组织开展“三严三实”专题教育党课、“中国梦、赶考行”“学习久强精神、争做最美职工”等专题教育活动；积极组织青年员工参加省金融系统青联“牢记党的宗旨、践行三严三实”专题演讲比赛、“学雷锋·公益行”系列微行动等，有效激发广大青年员工热情与活力，将青春能量汇聚转化为推动公司稳健发展、服务集团钢铁主业的无限力量。

安徽省能源集团财务有限公司

【经营概况】安徽省能源集团财务有限公司（以下简称“公司”）是由安徽省能源集团有限公司和皖能股份公司共同出资设立的非银行金融机构，于2012年8月28日依批准成立。作为皖能集团金融板块业务的基础，以“整合内部资源、发挥集团优势、强化资金管理、服务集团发展”为指导思想，以实施集团“四大战略”为核心支撑，以服务于集团“千亿皖能”为发展目标。2015年实现营业收入0.51亿元，利润总额0.21亿元。2015年末公司的资产总额为14.71亿元，负债总额为11.21亿元，所有者权益3.50亿元。

【信贷业务】2015年，公司累计发放自营贷款11笔，金额为8.54亿元；累计收回12笔，金额为3.63亿元，自营贷款余额9.45亿元。公司贷款利率条件均不低于商业银行同期优惠水平，2015年公司贷款综合利率为4.76%，低于同期银行贷款综合基准利率约1个百分点。在为集团节省财务费用和降低资金成本方面发挥了显著作用，有效提升了部分成员单位与商业银行的议价能力。

【资金和投资业务】公司对同业存款程序进行重新梳理，规范操作流程，以“同业业务审议会”审议存放同业业务，对各商业银行进行公开询价，每笔业务均采取发起、审核、审查、审批四级权限管理模式。2015年度日均存放同业资金平均收益水平达到3.01%。

【资金集中】为稳定成员单位在公司的存款，适应利率市场的变化，提高成员单位的资金收益，提升资金归集率。公司根据各商业银行的通行做法，将存款利率上浮10%～20%，使得存款利率高于本地银行对公存款利率水平。2015年公司新增9家成员单位，现共有47家成员单位完成了开户工作，符合条件的成员单位基本户和一般结算户已完成上收。40家成员单位开展了存款业务。截至2015年末，为成员单位办理结算业务7 470余笔，交易金额112.71亿元，存款余额约11.16亿元，日均吸收存款余额约10.02亿元。全口径资金归集率较年初提升了11.26%。

【风险管理和内部控制】2015年，公司继续高度重视风控工作，抓好案件风险防控工作。风险控制委员会全年共召开会议4次，按季开展公司资产风险分类工作，审议公司风险报告、制度共计5项，进一步完善了风险管理职能。全年开展合规、案防等各类风险排查工作共4次，有效防范了合规风险。2015年公司共开展了4次专题培训，培训范围涵盖全体员工，培训内容包括风险管理、合规及案防知识，培养员工自觉增强合规意识。2015年，公司开展了一系列内部审计及稽核检查工作，规范公司经营管理。根据年度计划要求，审计委员会先后对公司2014年度反洗钱工作、合同管理、信贷业务、同业业务、结算业务、授权管理、财务管理、金融许可证管理、违规经营及违法犯罪活动等进行了督查，进一步保障国家财务法规和公司管理规定的执行，健全公司内部控制制度，增强公司风险防控能力。

【人力资源管理】2015 年，公司从三个方面全力推进人力资源基础管理工作：一是按照监管机构的要求，结合实际情况建立一套科学合理的绩效考核体系，同时完善薪酬发放制度，保障员工的利益。二是根据业务需求，积极组织开展培训工作，选派人员参加集团公司、监管机关、行业协会等组织的培训，不断提高员工技能水平。三是以党的群众路线教育实践活动为契机，开展内部对照检查，进一步整顿工作作风，提升了内部管理水平，完善了民主决策机制。

【信息化建设】为进一步提升公司各项业务的信息化水平，保障各环节信息系统的安全运行，提升用户和操作人员的使用体验。2015 年，公司主要做了三个方面的工作：一是根据资金管理需要，配置系统归集策略设置归集额度，及时调整存贷款利率。二是针对业务系统出现一系列问题，积极联系系统开发商及相关银行，完善公司系统建设。三是积极协助成员单位公司进行网银安装、调试工作，在第一时间帮助解决各种使用问题。

【企业文化建设】“社会动力之源、安徽发展之源、员工幸福之源”的“三源”文化是安徽省能源集团的企业文化核心理念，是在总结梳理皖能文化发展历史和现状的基础上，经过科学、客观、准确的定性和定量分析而提炼形成的。2015 年，公司以“三源”文化核心理念引导全体员工的价值取向，规范了企业标识，树立皖能整体形象，成为财务公司凝聚共识、激发力量、鼓舞斗志、推动发展的精神动力。4 月组织公司员工参加“大湖名城 青春毅行”——2015 环巢湖金色踏春毅行大会。7 月 30 日参加由集团公司组织、皖能合肥发电公司承办的“铭记历史 圆梦中华——皖能青年职工纪念抗日战争胜利 70 周年”演讲比赛决赛。积极开展“书香安徽阅读季”活动，以书为伴、聚能文化、奉献皖能、圆梦中国。

中化工程集团财务有限公司

【经营概况】中化工程集团财务有限公司（以下简称“公司”）于 2012 年 9 月 17 日挂牌成立，2012 年 10 月 16 日正式开始运营。自成立以来，公司在各方面支持下，取得了较好的经营业绩。截至 2015 年 12 月 31 日，公司吸收成员单位存款 75.57 亿元，资金集中度 44.10%；不良资产率为零；实现营业收入 3.41 亿元，利润总额 0.82 亿元，净利润 0.61 亿元。

【信贷业务】2015 年，公司共为 6 家成员单位办理了自营贷款业务 29 笔，贷款发生额为 8.47 亿元。公司为 11 家单位办理非融资类保函业务，全年保函发生额为4.5亿元；共为17家成员单位办理了银行承兑汇票贴现业务，共990张，总贴现金额15.06亿元；为11家成员单位办理票据承兑，共1 025张，累计金额为4.39亿元。

【资金和投资业务】2015年5月，公司获得“固定收益类有价证券投资”新业务资质。通过对货币市场基金产品的深入研究，2015年12月24日，公司根据资金安排购买0.50亿元货币市场基金产品，成功办理第一笔有价证券投资业务。2015年累计办理7笔货币市场基金业务，金额累计5.50亿元。

【票据业务】2015年，公司共为17家成员单位办理了银行承兑汇票贴现业务，共990张，总贴现金额15.06亿元；为11家成员单位办理票据承兑，共1 025张，累计金额为4.39亿元。办理商业汇票到期托收、解付、销账共计1 424笔，金额15.50亿元。全年共审验票据1 540张，金额16.90亿元。

【结算业务】结算业务包括日常资金划拨、代理支付、内部转账、账户管理和系统维护等内容，是成员单位实现资金收付所依赖的最重要途径。截至2015年12月31日，公司吸收存款75.57亿元，资金集中度44.1%。2015年，公司共办理结算业务21 536笔，结算金额3 374亿元，为成员单位节省财务费用1.40亿元，其中，在存款利率上给予10%～50%的让利，为成员单位节约利息1.30亿元，为成员单位节约手续费38万元。

【业务创新】2015年，公司积极探索并开拓与集团主业需求相适应的各类信贷、金融业务，拓展了财务公司经营范围，更大程度满足集团及成员单位的发展需求。

2015年8月6日，公司与中国化学工程第十四建设有限公司做成第一笔代开信用证业务，金额54.26万美元；年内为集团成员企业持有的由中海油财务公司、京能财务公司承兑的电票办理买方付息票据贴现，金额各为2.03亿元、0.03亿元；年内累计开展同业拆入业务3笔，拆入金额累计2.50亿元，拆出金额0.20亿元，既在一定程度上缓解了流动性压力，又为公司提高资产收益、多样化资产配置开创了新渠道。

【风险管理和内部控制】2015年，公司继续强化全面风险管理体系建设工作，完善内控制度及业务规范，开展合规管理、稽核审计，规范业务经营行为，实现全年无违规风险事件发生，为公司实现良好的经营业绩提供了有力保障。2015年，公司资本充足率为31.53%，流动性比率为66.17%，存贷比为18.89%，不良贷款率为零，各项指标均优于商业银行平均值，显示出较强的风险抵御能力和稳健的经营状态。

【资金计划管理】资金是公司正常运营的血液，资金计划工作必须在确保公司各项指标符合监管要求的前提下，合理配置公司资源，不断提高盈利水平，实现资金流动性、安全性、效益性的协调统一。成员单位计划报送的准确与否，对公司的资金计划起着举足轻重的作用。经过与成员单位的多次沟通了解，已基本形成按旬、月周期报送的工作方式。

【人力资源管理】公司高度重视员工的学习与教育培训工作，多管齐下、有效利用各种资源开展各类学习培训，提高了现有人员的业务操作技能、金融风险防范意识。2015年，公司继续坚持“走出去、请进来”的工作思路，全年组织外出培训学习近70人次，与10余家财务公司进行业务交流，组织人员报名参加中国财务公司协会、银监局举办的各类培训班次17个、累计28人次。同时外请10余家银行来公司开展各项业务培训。

2015年，通过与京能财务公司、中海油财务公司等十余家财务公司交流，公司最终形成了由绩效业绩评价、部门互评、管理层评价三部分构成、定量定性相结合的考评体系，完善了绩效考核制度。新修订的绩效考核制度与工资体系相关联，实现了考核成绩与员工年度工资奖金、定岗定级的联动，是公司考核工作的一大突破。

【信息化建设】2015 年，公司信息科技部由兼职岗变成专人专职岗，强化科技支撑，加强安全管理，在确保各项业务系统安全、稳定运行的基础上，以信息安全体系建设为重点，从六个方面全面加强信息化建设，为公司业务的发展提供强有力的技术保障：加强信息安全建设，确保业务系统稳定运行；推进业务系统应用，促进业务部门信息化建设；完善规章制度制定，促进管理的规范化和科学化；对公司信息化程度摸底，做好信息系统和网络安全自我监管，排查风险隐患；做好与外界网络公司的对接，保障通信线路的正常运行；做好日常运维工作，为各部门提供技术保障。

【企业文化建设】公司自成立之初重视企业文化建设，致力于打造具有自身特色的企业文化，创建和谐团队、学习型团队。一方面，公司采取多种方式丰富员工文化、体育生活，组织开展户外活动、篮球联谊赛，及时更新宣传栏，购置书籍和报纸期刊，举办读书分享活动，为员工创造良好的学习和休闲氛围。另一方面，公司组织多次集体活动和全员拓展训练，引领员工发掘自身潜质，不断进行自我超越。此外，公司积极倡导“积极工作、健康生活”理念，组织员工集体做工间操，劳逸结合，打造高效率的工作团队。

天津天保财务有限公司

【经营概况】2015 年，天津天保财务有限公司（以下简称“公司”）围绕资金管理和融资服务两条业务主线，内外兼修，创新突破，充分发挥“金融牌照”优势作用，全力拓展各项内外部业务，初步搭建起了天保控股集团内部“资金归集平台、资金结算平台、金融服务平台”，形成了为所属企业提供金融支持的精细化服务体系，承担起了天保控股系统“内部银行”职能，全年各项工作成果显著并呈现出持续强劲发展态势。

截至 2015 年底，公司注册资金 30 亿元，资产总额 60.45 亿元，负债总额 25.58 亿元，所有者权益合计 31.88 亿元。实现营业总收入 2.90 亿元，利润总额为 1.60 亿元。年末贷款余额为 41.94 亿元，存款余额为 26.86 亿元，取得商业银行同业授信额度 66 亿元。

【信贷业务】2015 年，公司坚持服务与效益并重理念，为所属企业提供了优质高效的信贷服务。在信贷服务方面，深入分析借款公司资金需求，审慎研究借款风险，合理支持集团主业发展；同时全力支持集团内部重点企业，保证所属企业综合借款成本优于外部银行，期限灵活，根据需要随借随还，既满足了所属企业经营资金需求，又有效地节约了财务成本。

2015年，公司共为7户符合信贷条件的借款企业累计发放贷款33笔，金额44.75亿元，其中，流动资金贷款25笔，金额共计44.30亿元；固定资产贷款8笔，金额共计0.45亿元，年末实现利息收入2.44亿元。

【融资管理】公司立足“统一运作、专业经营、集成管理”的融资思路，切实降低融资成本，保障所属企业资金需求，初步搭建起了集团内部“金融服务平台”。对内主动了解所属企业的融资需求，及时与合作银行沟通谈判，设计融资方案，争取优惠贷款条件；对外运用金融牌照信用优势，为所属企业提供融资担保，缓解集团担保压力。

2015年，公司凭借扎实的融资管理服务，成为深受所属企业信赖的专业融资顾问。公司从集团所属物流集团和热电、商业保理及小额贷款公司入手，深入了解各公司业务规模、种类、占用资金量、循环周期、业务峰值，设计融资方案，广泛与合作银行沟通、谈判，争取优惠条件，涉及合作银行26家，全年提供担保额度23亿元，落实授信额度41.82亿元，有效支持了集团实体产业发展。

【投资业务】公司利用“二十九条”多项创新类业务获批机遇，在保证资金安全性、流动性的前提下，积极开展投资业务，努力拓展外部市场，主动获取投资收益。年度内创新类业务全面铺开，与银行、证券、信托、保险、基金等各类金融机构深入合作，利用资金集约化、规模化效应，掌握谈判主动性，提升业务收益；同时建立创新类业务预警反馈机制，准确把握金融市场形势，审慎把控业务风险，稳健推进投资业务项目储备，适度拓展投融资渠道，持续优化投资结构。

【电票业务】2015年，公司克服集团所属企业主营业务差异大、业务需求多样等困难，通过分类管理、创新业务方式，电子银行承兑汇票业务实现零突破。全年围绕集团“区域开发建设、商贸物流、基础设施运营”板块有序开展电票服务，充分发挥电票付款期限长、安全性强、融资成本低等优点，有效缓解了所属企业融资压力，丰富支付手段，改善支付习惯，有力推动了天保控股集团实体产业发展。

公司为推进电票业务开展，专门成立了工作小组，审慎研究业务开展思路，并针对全部所属企业业务需求情况进行逐户了解、分析，根据实际情况，为每家企业分别制定了电票使用方案，确定了以所属物流集团为试点有序推进业务落地的实施方案；同时实施核心业务系统优化升级，确保与电票业务需求无缝衔接，电票业务规模实现快速增长，全年开具电票18张，开票规模达到1.5亿元。

【资金集中】2015年，公司在原有资金归集业务基础上，主动扩大资金归集范围，将更多所属企业纳入归集管理范畴，资金归集工作稳中有升，同时积极提升账户管理水平，继续提供优质资金结算服务，集团内部“资金归集平台、资金结算平台”初具雏形。

截至2015年12月31日，公司全年新增资金归集企业3家，共为42家成员企业开立各类结算账户183个，吸收存款26.86亿元，年度内办理结算业务笔数16 389笔，资金结算量1 605亿元，为其他业务开展提供了稳定的资金来源，实现了所属企业资金归集与结算服务相统一，充分发挥了集团“内部银行”职能。

【业务创新】2015年，公司主动发挥金融牌照优势功能，积极进行业务创新，在取得新业务开展资格、服务区域产业发展方面取得了新突破。一是获得银行间同业拆借市场席位，全年共开展同业拆借业务16笔，拆入外部资金23亿元，增强了天保控股集团快速融资和流动性补偿能力；二是取得企业及个人征信查询资格，为所属企业提供征信查询服务，具备直接、实时查询合作企业征信记录的能力，实现了对客户信用信息的即时查询与资源共享；三是加入中国银行间市场交易商协会，为承销天保控股集团各类债券奠定基础；四是开办委托投资业务，满足所属企业各类资金投资需求，全年累计受托资金10.91亿元，资金平均收益率达到5.60%，充分体现了公司的金融服务职能；五是独家管理天津空港自贸区“空中客车A330项目”专项资金，间接吸收境外低成本资金8.80亿元，直接服务区域航空航天产业发展。

【风险管理和内部控制】2015年，公司在全面推动制度体系建设基础上，落实法务集中管控，夯实合规管理基础，有效提升了内部管控水平。一是吸收借鉴先进理念，着手搭建全面风险管理体系，年度内编写完成《全面风险管理办法》，初步构建了符合公司业务特点的全面风险管理架构；二是建立创新类业务管理制度，规范业务操作流程，新增资金管理、固定收益类有价证券投资、委托投资、电票等业务制度16个，为完善公司制度化管理体系奠定基础；三是审慎完成各项贷款及融资担保业务审查，充分保证信贷业务风险可控，同时强化五级分类管理，动态监测贷款质量，及时反映贷款风险，保障了主营业务审慎合规；四是落实法务集中管控，内控流程覆盖公司经营管理各个环节。2015年公司所有合同全部形成批复修改意见，有效减少公司因合同条款不利产生的涉诉或其他法律风险。

【人力资源管理】2015年，公司人力资源管理各模块工作持续深化，逐渐打造出了天保控股集团内部专业金融团队。一是抓住创新类业务获批机遇重塑组织架构，组建投行同业部，从外部引进专业金融人才3名，从事创新类投资业务，初步实现人岗匹配、人尽其职；二是修订完善现有人力资源制度，实现了人力资源流程全覆盖，为各项创新类业务的顺利开展提供了人力支持；三是持续优化专业人才市场化激励机制，按照“依据考核、按劳分配、效率优先、兼顾公平”原则，完成了公司绩效考核体系设计及试运行工作，通过将员工工作绩效与薪酬挂钩，激励员工不断进行自我完善。

【信息化建设】为确保核心业务系统安全、高效运行，在扎实做好核心业务系统日常运行维护基础上，公司持续优化信息化业务流程，并结合各项新业务开展特点，针对业务系统进行系统完善和需求跟踪，为主营业务持续、稳定、快速发展构筑起了坚实后盾。一是对公司内部及所属企业的实际使用情况进行持续跟踪，整理、提取有效的业务需求，不断完善核心业务系统；二是协调系统供应商，及时增加资源投入，提供持续高效运维保障，确保核心业务系统安全、平稳运行；三是协助天保控股集团进行统一的财务信息平台建设，调配专业金融信息系统资源，组织需求分析，整理提供相应系统建设方案，为搭建集团内部“资金监控平台”奠定信息化基础。

亿利集团财务有限公司

【经营概况】2015年，亿利集团财务有限公司（以下简称“公司”）在严格防范信用、流动性、市场、操作和信息科技等风险的前提下，积极推进“资金管理、资金运营、金融服务”一体化发展。截至2015年末，公司资产总额51.04亿元，同比增长74.20%；负债总额30.29亿元，同比增长30.56%；所有者权益总额20.75亿元，同比增长240.16%；实现营业收入1.54亿元，净利润0.64亿元。

【信贷业务】2015年，公司依据集团及成员单位的信贷需求，积极开展信贷业务。一是综合授信，为提升对集团的金融服务，更好地为成员单位提供信贷支持，公司全年共通过18家成员单位的综合授信申请，金额合计132亿元，为成员单位开展的业务包括流动资金贷款、委托贷款、票据贴现、票据承兑等。二是流动资金贷款，2015年公司共为11家成员单位发放73笔流动资金贷款，金额合计117.89亿元，截至2015年末，公司各项贷款余额37.04亿元。三是委托贷款，全年共为9家成员单位办理27笔委托贷款，金额合计9.58亿元，截至2015年末，公司委托贷款余额5.91亿元。

【资金和投资业务】2015年，公司新增两家银行的同业授信，并新增一家公司的同业授信。截至2015年末，公司共获得7家银行及财务公司给予的共30亿元授信额度，为公司开展同业业务提供了有力支撑。2014年末，公司取得了同业拆借资格，2015年4月，公司办理了首次同业拆借业务，为开展同业拆借业务积累了经验。

【票据业务】2015年，公司通过开展票据承兑、贴现业务，及时为集团各板块成员企业提供了信贷支持；同时，公司还开展了票据再贴现业务，拓宽了票据业务模式。

【资金集中】2015年，公司资金集中度持续提升。通过拓宽归集范围、扩大归集渠道、提高存款利率、执行实时归集及个性化归集策略和配合集团共享中心建设，加强“收支两条线”资金管理，公司的全口径资金集中度2015年第一季度至第四季度季度末分别为34.23%、31.11%、29.35%、46.44%，持续提升并达到2014年行业平均水平，全年的小口径资金集中度（剔除保证金等）平均85%以上。

【业务创新】2015年，公司根据中国人民银行支持高新科技、小微企业的产业政策，推进再贴现、再贷款等业务快速发展，有效支持实体经济的要求。先后为集团内张家口申奥绿化项目、生态农业产业项目、洁能环保项目的主要成员单位提供了信贷支持，适时开展了首笔再贴现业务，推动集团实体经济的发展，降低了实体企业的融资成本。

【风险管理和内部控制】一是实现了监管指标的实时监测，2015年公司风险管控系统正式上线运行，实现了流动性比例和流动性风险限额的实时监测，以及包括全部监管指标在内的18项指标的按日监测。二是优化了内控体系的完善机制，公司指定风险管理部牵头组织各部门分三个阶段对成立以来的全部制度进行了梳理。从合规性、完整性、一致性、可操作性等方面，重点对照监管机构提出的监管意见，全面进行了内控体系的全面完善。

【人力资源管理】公司始终本着准入从严、高规格高标准的招聘原则，积极吸收符合公司岗位要求、具有丰富金融从业经验和良好职业操守的各类专业人员。为配合做好公司经营业绩和员工绩效考核工作，加强人工成本控制，根据精干、高效的原则，公司结合外部监管要求及主要业务情况进行定岗定员。

2015年，公司从北京银行、中信银行、浦发银行、信达金租、中财财务等金融机构引进6名专业人员，为助推公司发展增添一份原动力。同时为加强员工专业素质，不断提高员工工作技能，公司组织员工参加北京银监局、人民银行、西城区税务局、西城区社保局、中国财务公司协会、公积金管理中心、西城区人才交流服务中心等外部机构培训不低于20次。

【信息化建设】2015年，为配合公司业务发展和监管要求，正式完成电子商业汇票系统的上线工作，同时完成与人民银行征信系统的对接。为降低系统运行风险，续签了硬件设备的维保服务。为减少手工错误，提高数据报送质量，实现报送数据信息化管理。历时三个月，经过不断测试、调试，非现场监管系统已于2015年11月正式上线。非现场监管系统既满足了监管机构数据报送信息化管理要求，又能够有效提高数据采集效率，节省数据采集时间，减少手工失误，极大提高了数据采集准确性。

【企业文化建设】公司始终秉承亿利资源集团“厚道、共赢、领导力”的核心价值观，全面贯彻落实集团关于“十三五企业新常态”的重要讲话，从而进一步明确“十三五”规划下企业可持续发展的重中之重和长远目标。公司同时延续了亿利“生态立企，现金生成”的基本使命，以传统制造业向制造服务业（资源+技术+服务+金融）大转型为目标，全面实施“互联网+三绿（绿土地、绿能源、绿金融）”的产业战略，最终实现品牌、营销、技术与管理的互联网化与智能化，融资模式证券化等模式创新，同时以机制创新为支撑，全员共进的亿利“十三五”新常态。2015年，公司开展丰富多样的企业文化及体育文娱活动，组织员工为绿化库布其沙漠进行植树捐款活动，在宣贯企业文化的同时，给员工营造了和谐温暖的文化氛围。

厦门海翼集团财务有限公司

【经营概况】2015年，厦门海翼集团财务有限公司（以下简称“公司”）围绕“稳健发展，创新提升”的年度主题，认真完成各项工作任务。在“稳健发展”方面，公司各项业务平稳发展，未发生任何风险事件；在“创新提升”方面，公司2015年开展了两项新业务——电子票据业务以及同业拆借业务，为集团及成员单位提供了更多的金融服务。截至2015年末，公司资产总额达到172 400万元，净资产57 800万元，全年实现营业收入4 233.14万元，净利润2 752.81万元。

【信贷业务】2015年，公司完成审批授信额度为353 000万元，其中贷款额度不超过351 000万元。累计对成员单位发放372笔授信，金额为294 788.46万元，其中，流动资金贷款40笔，金额为147 217万元；房地产开发贷款11笔，金额为23 200万元；贴现158笔，金额为54 767.11万元；承兑汇票162笔，金额为67 971.34万元；保函1笔，金额为1 633.01万元。截至2015年末，表内授信余额为102 646.56万元，表外授信余额为55 578.34万元，合计余额为158 224.90万元。

【资金业务】2015年，公司积极与金融机构合作，累计开展了三笔同业拆借拆入业务，合计拆入资金30 000万元。公司通过主动负债，增强主动管理流动性的能力，有力地促进了公司对成员企业放贷的能力。

【票据业务】公司在2015年推出电票业务，秉持服务成员企业的宗旨，对集团全资企业申请开票给予免保证金、免承诺费的支持。2015年，公司为成员企业累计对外开出电票67 900万元，为成员企业节省约6 700万元的保证金，有效协助成员企业盘活了资金。公司电票业务开展品种较为全面，在开票、直贴、转帖、再贴、转背等方面都已尝试突破，并取得实质性的进展。2015年，公司与中国工商银行票据营业部上海分部叙做了2笔累计金额为7 887万元的电票转贴现，开辟了一条盘活存量资产的新途径，通过业务创新主动调整资产结构，获取现金有效解决公司的短期流动性困难。此外，在电票再贴现方面，公司已走在厦门同业的前列，2015年公司通过积极努力地向人民银行厦门市中心支行申请，取得人民银行厦门市中心支行的大力支持，共叙做了22950万元再贴现。公司的电票业务正式成为成员企业的融资工具，为成员企业降低融资成本、保证金等起到很好的作用。

【资金集中】2015年，公司克服制造业对银行资金需求大的困难，依托集团统筹管理成员单位月末在各银行的资金余额，每月分析成员单位的资金归集率，确保公司流动性符合监管要求。公司营业部门加强与各直连银行联系，提高结算效率。根据成员单位资金使用特点，引导成员单位合理安排活期、协定、通知、定期等存款结构，提高成员单位对公司存款品种粘度。公司信贷部积极宣传推广电子商业汇票业务，本年新增保证金存款，提高了资金集中度。2015年全年完成结算28 395笔，金额863亿元。

【风险管理和内部控制】2015年，公司各项监管指标均符合监管部门要求，全年没有发生重大风险和重要风险损失，总体风险管理和内部控制情况良好。在信用风险方面，公司对授信业务更加审慎和严谨，在充分了解客户授信需求及企业实际情况的基础上，进一步约定用款条件，加强贷款三查，严控风险。截至2015年末，公司全部信贷资产五级分类均为正常类，没有出现不良贷款，没有发生风险事件。在流动性风险方面，公司积极开展同业拆借业务、电票转（再）贴现业务，缓解资金压力，提高流动性。在市场风险方面，公司已经成立价格管理委员会，审议制定公司相关业务定价或定价规则，同时公司加入了厦门市市场利率定价自律协会。在操作风险方面，公司正式启动核心系统升级优化项目，进一步优化核心业务系统和电票系统，同时继续做好制度、流程、合同文本的梳理工作。在法律合规风险方面，公司积极与集团法务部及聘用律所配合，规范公司法务工作，同时注重提高员工的案防、合规、反洗钱意识，陆续组织了案防新规培训、合规座谈会、反洗钱培训活动等，安排员工签署各项责任书，将风险意识和风险责任逐层、逐级、逐岗落实到位。

【信息化建设】2015 年，公司电子商业汇票系统成功上线，并顺利办理了多笔电子票据承兑及贴现业务。为进一步提升公司的信息化水平，2015 年公司接入了人民银行厦门市中心支行金融信息服务平台以及人民银行征信系统。为加强信息化安全管理，公司对核心系统进行优化升级，更新了交通银行、建设银行银企直连前置系统，并完成多家银行数字证书的更新。

【企业文化建设】公司坚持海翼集团“创见、敢为、协动、超越”的核心价值观，紧紧围绕公司“立足集团、规范经营、创新服务”的经营方针，积极推动企业文化建设。2015 年，公司组织员工参加三八节大嶝战地观光园游览、参加海翼集团企业文化节活动、开展公司第一届职工运动会、组织重阳节登山活动、参加厦门市金融工会第一届职工运动会等有益员工身心健康的文体活动，对公司团队的凝聚力和向心力起到了很好的提升作用。公司还加大力度推进图书角的建设，选购了一批与工作、生活相关的书籍，公司全体员工也积极将闲置的书籍分享出来，供大家相互借阅，在公司内部营造了浓厚的学习氛围。

中信财务有限公司

【经营概况】2015 年，中信财务有限公司（以下简称“公司”）主动对接并有效融入中信集团全面深化改革，坚持客户至上，积极培育客户关系，巩固并提升资金集中的范围、深度和质量，不拘一格地推进创新业务以进一步丰富商业模式和盈利结构，抓住基础性管理的重点和要害做好自身的改革创新工作，为公司的后续发展奠定坚实基础。一年来，公司吸收存款再上台阶，资产规模大幅增长，在客户基础、业务规模和盈利模式上均取得了长足进步，全面完成了各项经营计划指标和重点工作任务。

截至 2015 年末，公司资产总额为 309.52 亿元，较上年末增长 98%；负债总额为 296.97 亿元，较上年末增长 105%，主要是吸收存款 292.46 亿元；净资产额为 12.55 亿元，较上年末增长 8%。公司实现营业总收入 5.37 亿元，较上年增长 40%，完成营业利润 4.91 亿元、利润总额 4.92 亿元和净利润 3.74 亿元，分别增长 285%、258% 和 255%。

【信贷业务】2015 年，公司全年获批新增贷款额度 27.10 亿元，实际新增贷款 25.60 亿元，年末自营贷款余额 87.20 亿元，实现利息收入 5.45 亿元。2015 年新签委托贷款业务 43

笔，年末本金余额438.94亿元。

【资金和投资业务】公司从事的投资业务，从资金投向上主要区分为短期投资和中长期投资。短期投资以货币资金或短期银行理财产品等工具为主，在满足流动性的前提下，提高闲置资金收益率。中长期投资以信托产品、资管计划等理财产品为主。2015年累计完成自营投资8.05亿元。

【外汇业务】2015年，在获批跨境双向人民币资金池和即期结售汇等新业务资格后，公司实质性启动了人民币跨境资金集中和外汇资金池业务。2015年发放人民币跨境委托贷款4笔，累计金额约90.90亿元；办理结售汇业务4笔，累计金额0.22亿美元。

【资金集中】2015年，公司在资金集中管理上取得多项新的突破。公司进一步巩固并扩大了与原有成员单位业务合作的范围、深度和质量。成功开展了中信泰富集团境内多家机构的存款业务。与中信建投证券、中信信托、信诚基金等多家集团内金融机构成功开展存款业务合作。公司在资金集中管理上取得多项新的突破。进一步巩固并扩大了与原有成员单位业务合作的范围、深度和质量。截至2015年末，公司吸收成员单位存款余额达到292.46亿元，较上年末增加104.5%。年底全口径资金集中度达25.50%，较上年末增加23.50个百分点；调整口径后资金集中度达65.80%，较上年末增加15.40个百分点。

【业务创新】2015年，公司积极推进新业务资质的“落地”和业务创新工作，进一步丰富了商业模式、业务种类和盈利结构。深入发掘客户需求提供定制化委托投资业务，是本年度业务创新的一个亮点。公司积极与中信建设、中信金属、中博世金、中信出版、瑞博置业等成员单位对接，累计完成委托投资73.04亿元，手续费收入0.07亿元。公司以财务顾问身份参与了集团短期融资券及公司债的发行工作。公司还为中信地产提供担保，实现手续费收入0.03亿元；参与地产私募债发行，获得收入0.02亿元。

【风险管理和内部控制】2015年，公司鼓励风险部门发挥独立性，积极落实银监会现场检查和集团专项审计的整改要求，着眼于全面风险管理体系建设，稳步推进公司风险管理工作。稽核审计部门开展了成员单位内部利息核算等专项审计，公司根据审计结果处罚了责任部门和相关人员。

公司继续推进制度化管理，本年度修订制度23项，新订制度12项，编印了《中信财务公司管理制度汇编（2015版）》，并组织了相应的规章制度考试和行业制度考试。公司在公文水平、会务管理水平、车辆和驾驶员管理、办公区域环境管理诸方面，既保持了较高的水准，体现了较高的行政管理和服务水平，也严格遵循了“八项规定”和反“四风”精神。

【人力资源管理】2015年，公司一是坚持从清华大学、北京大学等国内一流高等学府、留学归国人员及外部人才市场严格挑选优秀人才。公司人才队伍从年龄、学历、专业、能力、经验诸方面得到了显著提升，为公司“十三五”发展前瞻性地奠定了人力资源基础。二是推行内部讲师制度，花小钱办大事，开展了“告诉大伙儿我在干啥”、公司金融专题、战略管理头脑风暴、外汇新知识及管理制度等多轮次、富有特色的员工培训活动，促进了干部人才队伍的融合和专业能力的提升。公司领导重视与干部员工的沟通交流，细致做好干部员工的思想政治工作和心理疏导，及时化解工作过程中矛盾及人际关系壁垒，倡导简单、透明、专注于做事的和谐人际关系。三是进一步调整了绩效考核方案，突出重点任务考核并以能力素质基本面扣分项方式开列了负面清单。试行了专项业务激励方案，着重于内部公平性逐步完善薪酬激励机制，极大地调动了干部员工的主动性、积极性和创新潜能。

【信息化建设】2015年，公司顺利完成“存放同业”和“子公司资金池”新功能模块的开发和上线运行，优化和升级核心业务系统。为36家成员单位开立网银，创建网银用户和发放U－Key证书133个。全年通过系统操作各类结算业务75 294笔，累计金额5 051.30亿元。

【企业文化建设】公司贯彻落实党的群团会议精神，支持工会和团支部组织的健步走、五人制足球联赛、“互联网金融”征文活动、推选“中信故事”“寻找中信最美的青春”微视频大赛和青年志愿者等多项群团活动，提高了公司员工和团员青年对中信文化和社会主义核心价值观的认知，有效推进了精神文明和企业文化建设。

浙江省交通投资集团财务有限责任公司

【经营概况】2015年，浙江省交通投资集团财务有限责任公司（以下简称“公司”）上下一心、抢抓机遇，沉着应对国内经济下行压力进一步加大、利率市场化加速推进等因素带来的挑战，实现了“一个提升、三个推进、两个加强”。一个提升：行业地位显著提升。在17家交通运输行业财务公司中，公司的利润总额、资产收益率、净资产收益率分别位列第6位、第3位和第4位；在4家高速公路行业财务公司中，公司的利润总额、净资产收益率等关键性指标均位列第一。三个推进：管理会计试点工作得到推进，公司作为浙江省财政厅企业管理会计应用试点单位之一，将优化和完善“动态预算管理”作为试点工作的主要内容，成功构建了基于公司关键指标的动态预算模型。撰写的《基于网络时代的动态预算管理系统建议中期回顾》得到了浙江省财政厅评审组的一致好评。新业务得到推进，同业拆借、承销成员单位企业债券和有价证券投资（不包括股票投资）三项新业务相继获批，同业拆借和有价证券投资“试水”成功，并成功开展了国债逆回购业务，集团整体资金运作能力获得显著提高。行业交流得到推进，先后前往浙能集团财务公司、万向财务公司、中电集团财务公司、航天科技财务公司、中核财务公司等“行业精英”调研取经，并接待了浙江省物产集团、河南交投集团、湖南高速集团财务公司等单位的来访。两个加强：一是协同发展能力得到加强，向集团无条件输送骨干力量，除了上借两名员工外，按照集团要求，完成了集团的融资规划、统一融资和债务融资工具中介机构选择等制度设计，为服务集团战略发展贡献力量。二是服务集团效能得到加强，按照集团要求完成了“风险预警平台”和“1533投融资平台”的设计，并受托对“两个平台”进行信息化开发，为集团风险控制和持续发展提供数据支撑。

【信贷业务】一是自营贷款发放稳妥高

效。2015年，人民银行5次降准、5次降息（包含双降），流动性进一步释放。在此背景下，公司紧跟形势，加大贷款资产的配置比例，累计发放自营贷款67.76亿元，其中，向高速公路板块（含集团本部）发放45.40亿元，占比67%，有效支持了集团核心主业发展。公司切实提高服务效率，及时审批和发放符合条件的贷款，通过合理平衡资金余缺，为集团整体节约了可观的财务费用。二是同业交易开展稳健。在精细分析资金市场走势、严谨预测剩余头寸分布结构的基础上，全年累计开展同业存放（定期）业务88笔，累计存放金额201.70亿元，累计获得定期利息0.29亿元，实现平均定期存放利率4.26%，高出活期同业利率219个基点，获得超额利息收入0.15亿元。三是有价证券投资顺利进行。通过银行间债券市场完成了两单有价证券投资业务，在进一步提高资金使用效率的同时，切实优化了公司的业务结构和资产配置。

【资金和投资业务】2015年，公司进一步完善资金预算管理，通过周预算、月度滚动预算和年度预算相结合的方式，开展短期、中期、长期的资金头寸管理，全面掌握成员单位大额资金收支情况。在此基础上，通过对成员单位资金缺口进行分析汇编，实现了公司及集团本部资金计划的动态管理，基本建立了集团资金缺口提前预警机制，强化了资金弥补方案的同步提交措施和对集团批准方案的快速实施能力，进一步加强集团整体资金流动性管理能力。同时，公司继续推动集团统一对外结算支付平台的建设工作，全年累计为成员单位办理各类结算业务5.32万笔，结算金额800.17亿元，并已实现了除沪杭甬外高速公路公司资金预算的刚性管理，大幅提升了集团整体资金管控能力。

【票据业务】公司在传统“存、贷、结”业务的基础上，陆续开展电子银行承兑汇票、非融资类保函、票据贴现、信贷证明等业务，涉及的资金量累计达42亿元，提高了公司对成员单位短期流动性和市场增信支持的能力。

【资金集中】公司继续加大存款吸收力度，把提升集团整体资金集中度作为一项重点任务抓紧抓实。一方面，协同集团修订《资金集中管理办法》《统一融资实施细则》《统一支付实施细则》，逐步去除资金归集障碍，不断提升经营性板块的资金归集率；另一方面，通过不断创新业务品种、加强配套服务、提供利率倾斜等市场化手段，有效提升成员单位的主动归集意愿。截至2015年末，成员单位开户数达148家，占集团各级子公司总数的64.89%，集团资金集中度达78.52%，较上年上升了22.62个百分点。此外，2015年集团整体货币资金日均总额虽然较上年下降了19.18亿元，但得益于资金集中度的大幅提升，公司日均吸收存款量同比仅下降5.76亿元，为实现集团资金资源的合理、有效配置和公司预期营收奠定了坚实基础。

【业务创新】2015年，公司同业拆借、承销成员单位企业债券和有价证券投资（不包括股票投资）三项新业务相继获批，其中两项成功开展。在同业拆借方面，完成了首笔与兴业银行的0.20亿元资金同业拆借业务，并通过交易所市场成功开展了累计6亿元的国债逆回购业务；在有价证券投资方面，在完成北京金融资产交易所和上海清算所开户的基础上，通过银行间债券市场先后完成了两单有价证券投资业务，分别为具有AAA级信用评级的央企龙源电力、中船集团发行的180天期和8天期的超短期融资券，投资金额均为0.10亿元，票面利率分别为3.07%、2.57%，综合到期收益率分别为3.14%、2.62%。

【风险管理和内部控制】一是内控制度体系建设进一步完善。针对公司部分规章制度与现实脱节、操作性不强、内控措施不足等情况，着力开展系统性梳理工作，全年新增、修订管理制度12项，进一步规范了内部管理。二是风险管理流程体系建设继续加强。严格开展新业务风险评估、风险指标设定、风险监测和预警、风险报告等具体工作，做到查漏补缺、杜绝隐患。三是内审稽核务实高效。开展了“两违”风险排查，涵盖结算、资金等主要业务板块的专项检查，内审稽核“三年回头看”等活动，对于发现的问题，做到整改及时、彻除隐患。

【人力资源管理】一是绩效管理稳步开展。在2014年公司绩效考核管理办法成功开展的基础上，继续做好办法的再优化、再完善工作，维护公平稳妥、积极向上的企业氛围。二是人力资源潜力不断激发。全年共有2名员工实行换岗（占全体员工总数的7%），在深入挖掘员工潜能、培育“一岗多能”复合型人才的同时，鼓舞带动了周围其他员工在本职岗位上奋勇争先的干事热情。

【信息化建设】公司在严格把控集团资金支付风险的基础上，结合实际拟定完成集团统一支付结算实施细则，持续完善和优化恒生、九恒星系统的相关功能与流程，全面加强平台支付安全。系统需求已全部确认完毕并完成商务洽谈，进入开发实施阶段。

【企业文化建设】公司鼓励员工积极参与集团“万人文化建设年”活动（活动参与率达77%），着力丰富员工的业余文化生活，激发员工干事创业的热情，并精心筹划举办了“书香伴我行，我与公司共成长”读书活动，构建具有公司特色的书香文化，进一步提升学习型企业建设水平。

中国北车集团财务有限公司

【经营概况】截至2015年末，中国北车集团财务有限公司（以下简称“公司”）资产总额1 415 673.31万元，营业收入36 167.23万元，同比增长53.81%，利润总额31 854.86万元，同比增长88.83%。公司注重内部管理，在风险管理、资金效率管理、经营与服务、效益管理中注重齐抓共管，协同管理，在中国财务公司协会对全国222家财务公司2015年度行业评级中，被评为最高级“A”级。

【信贷业务】2015年，公司累计发放自营贷款（含法透）约1 000 000万元；开立汇票1 000余张，累计金额约200 000万元；开立保函6笔，担保金额共计3 088万元，实现中间业务手续费收入3.2万元；2015年，公司按季度分别完成贷后检查和五级分类工作。信贷资产全部划为正常类贷款，资产质量优良。为满足优质成员单位业务需求，开发业务品种，提高公司服务成员单位能力，公司根据国家有关法律法规及监管部门的监管要求，开展法人透支业务。全年共办理法透业务8笔，累计金额359 500万元，实现收入257万元。本着“扩大保障范围、降低保费成本”的原则，

2015年，公司积极为成员单位设计保险方案，完成济南厂保险业务，保险金额47 000万元，较2014年同期保费降低50%，实现保险手续费2.58万元。此外，公司根据监管部门的要求，结合实际业务需要，修订并发布了《信贷审查委员会工作制度》，修订了《自营贷款业务管理办法》等10个业务制度。

【资金业务】公司坚持稳健经营的原则，多种途径发挥资金效率。按业务口径统计，公司2015年在同业金融机构获取利息收入达25316.95万元，超额完成预算T5指标（23252万元）的8.88%，其中，拆出利息收入63.43万元，占比0.25%；定存利息收入20 133.66万元，占比79.53%；活期利息收入5 119.85万元，占比20.22%。公司活期存款加权平均利率约为2.61%，高出T4指标（2.45%）16个基点，与企业资金存放银行取得同期协定存款利率最高档1.05%相比，高出156个基点；公司定期存款加权平均利率约为4.89%，低于T4指标（5.16%）27个基点，较企业资金存放银行定期存款（3个月期）利率1.6%相比，高出329个基点。公司继续保持良好的同业报价及择优机制，全年稳步扩大合作银行范围，拓展报价银行至23家，业务合作银行15家。在广泛合作的基础上持续严格执行报价机制，以市场优势价格为业务导向，通过广泛询价及市场导向，存放同业利率基本高于市场平均价格。公司积极拓展融资渠道，完善头寸管理工作，以提高财务公司的支付保障能力与收益实现能力，2015年公司共取得11家银行共108亿元同业综合授信额度，3家财务公司共34亿元综合授信额度。

【资金集中】2015年，公司实现日均本外币存款余额98亿元，较2014年同期增长78%，全口径资金归集率66.60%，可归集口径资金归集率为84.76%。公司积极为成员企业提供高效的资金结算服务，2015年结算笔数近4.2万笔，结算金额近16 000亿元，同比增长86%。公司积极与商业银行探索先进的合作模式，已与工商银行、建设银行及中国银行开展资金池管理平台，使成员单位能够在账户零余额的情况下实现资金支付。截至2015年12月，在公司开立账户的成员单位达139家，开立本外币账户合计171个，纳入归集的联网银行账户419个。公司继续大力拓展银企互连合作渠道，已实现包括工商银行、农业银行、中国银行、建设银行、交通银行在内的九家联网银行直连，其中六家银行实现本币、外币业务互联。

中国电子科技财务有限公司

【经营概况】中国电子科技财务有限公司（以下简称“公司”）坚持以金融服务能力为核心，以服务集团、优化管理、创新业务为重点，顶住宏观经济下行压力，主动上调并超额完成年度指标，核心金融平台建设取得重大进展，全面完成“三年打基础”阶段目标，为“十三五”开局奠定坚实基础。截至2015年底，资产规模达475.96亿元，同比增加35.8%，实现营业收入12.01亿元，同比增加15.37%，利润6.30亿元，同比增加16.83%，资本净收益率17.39%，不良资产率为零。

公司在中国财务公司协会首次行业评级中，被评为最高A级的创新型财务公司；入选人民银行利率定价委员会“核心成员”；获得新业务资质6项，建立起包括贷款、票据、融资租赁、消费类金融、结算、担保、保函等在内的完整金融服务体系，金融服务对象扩大至351家，同比增加24.47%，覆盖了72.50%的集团全级次单位，满足成员单位的资金多样化需求。

【信贷业务】公司围绕集团五大业态，着力提升资金保障能力，扩大信贷支持。截至2015年底，累计发放贷款173.54亿元，贷款余额170.04亿元，同比增加10.80%；其中民品102.23亿元，国际化业务4.90亿元，满足了全部筹资预算内的资金需求，累计为集团和成员单位节约7.63亿元金融成本，重点支持了集团81个重大项目，仅就光伏产业一项，已提供20.58亿元贷款和贴现、结算等一系列综合金融服务。同时，完善信贷业务制度，强化审贷流程，采取行之有效的风险防控手段，全年风险基本可控，未出现一笔不良贷款。

【资金和投资业务】公司积极稳妥地探索“投资和投资银行”类业务，出台了5项制度，建立了清晰、明确的投资决策体系并有效运转，实现信托产品投资和ABS创新产品投资零突破。2015年办理16笔累计55.40亿元的理财产品。同时，为多个重大项目提供财务顾问咨询服务。公司充分考虑期限错配，积极与银行议价，完成了24家同业授信，实现了资金收益最大化。2015年，实现同业利息收入4.84亿元，综合收益率达4.28%。

【票据业务】公司积极推广票据结算、票据承兑、票据贴现融资，大幅让利成员单位，缓解资金压力，改善负债结构，明显降低集团和成员单位的“三金”，提高资金使用效率。2015年票据业务呈加速发展态势。

公司全年累计为50家成员单位提供空白纸质商业汇票5 854张，同比增加168.41%。280家成员单位利用电票系统结算，46家成员单位开立电子商业汇票，涉及金额54.45亿元。办理票据贴现2.23亿元，票据贴现余额0.87亿元，同比分别增加67.70%和73.10%。为成员单位办理70笔承兑业务，金额1.59亿元，票据承兑余额0.96亿元。

【外汇业务】公司2015年积极开展即期结售汇业务资质申报工作，配合集团国际化经营发展规划，前瞻布局外汇业务，编制制度5项，引进专业人才，加强专业培训，为业务正式启动提供完整的人才、组织和制度保障。

【资金集中】公司以三级及三级以下成员单位、上市公司为重点，同时深挖二级成员单位存量资金，推广实名收款功能，资金集中取得重大突破。截至2015年底，共有351家单位完成开户，归集316家单位446.12亿元资金（含存入保证金，下同），资金集中度66.29%。三级及三级以下成员单位开户，开户完成率99.3%，归集率52.12%，同比增长16.17%。公司出台了“上市公司资金集中工作方案”，实现集团87.50%的上市公司在公司开户结算，并完成了所有二级成员单位的开户和归集工作。

【业务创新】公司搭建起集团资金监控平台，成为集团资金集中与监控的重要手段。一是完成了237家单位按月分周的资金计划管理；二是上线大额资金监控系统，实时动态监测大额资金的流向，监控账户数同比增长48.57%；三是搭建了账户管理系统，全程管理所有银行账户的开户、结算、注销等活动，全面掌握资金分布、收支情况、管理效率等；全年归集账户数同比增长43.64%，定时归集316家企业资金，查询监控208家单位账户，日均归集244.30亿元。

公司创新增信功能，提高成员单位信用，使各成员单位的商票更易被接受。至2015年已与7家银行签订了合作协议，商票保贴额度达100亿元。为成员单位办理代开银承、票据保贴、贷款承诺函、信用评级、资信证明、资金证明等增信业务，累计开具各类函证业务323份，助力成员单位获得重大项目。

公司积极响应北京银监局建议，成立产业链金融课题组，开展监管政策、保函、国际信用证、分离式保理、银团保理、融资租赁、消费信贷、买方信贷等的研究，促进了集团产业链健康发展。

【规划管理】公司坚持“规划引领发展”，科学分析公司“十三五”面临的战略机遇期、创新发展期和重大考验期，一是集团聚焦安全、智慧两大事业持续优化结构，监管机构重视发挥财务公司支持实体经济的功能和作用，业务许可范围逐步放开，为业务发展提供广阔空间；二是金融创新日新月异，传统金融转型升级，互联网金融、产业链金融等创新层出不穷；三是集团持续快速发展和金融服务的多样化需求对综合服务能力提出了重大考验。在此基础上前瞻布局“十三五”，提出了“一五三三”（一个目标：建设具有核心竞争力、国内一流财务公司；五大功能：资金集中、资金结算、资金监控、金融服务、金融投资；三项机制：市场化选人用人机制、科学的激励约束机制、现代高效的内部运行机制；三项保障：信息建设、风险管控、党的建设）发展战略。

【风险管理和内部控制】2015年，公司强化制度和规矩意识，紧盯“合规、投资风险”两大主线，提升合规管理水平，加强投资业务风险审核，成功上线管理驾驶舱，自动监测60项指标，比2014年增加17项，提升了风险管理监测的自动化水平。全年新制定19项、修订23项制度，汇编122项制度，覆盖了所有业务和管理活动，推进业务和管理工作标准化、流程化，有效地防范和控制了经营风险和操作风险，保障了公司各项业务的健康发展。

公司积极开展内控评价工作。参照《企业内部控制基本规范》以及《商业银行内部控制指引》，按照全面覆盖突出重点的原则，于2015年第一季度开展面向20项业务循环的内控评价工作，促进公司内部控制的设计与运行。2015年全年无不良资产，不存在重大风险。十六项监管指标均优于银监会的要求。北京银监局现场调研时充分肯定了公司的风险管理体系。

【人力资源管理】公司初步建立起市场化人力资源体系，完成了以“岗位价值和年度考核”为核心的员工薪酬机制、以“岗位匹配度和年度重点任务”为核心的考核机制、“双通道、四序列、五层级”的员工职业发展通道等的平稳落地运行，修订了公司人才队伍建设中长期发展规划（2014—2020年）和教育培训规划（2014—2020年），进一步加强公司人才队伍建设。

【信息化建设】公司高度重视信息化建设，顺利通过有关机构严格攻防测试，取得网络与信息系统安全性测试证明，整体安全性能达到CC标准五级水平，达到同业先进水平，为业务高速安全发展、管理效能提升提供坚实保障。一是创新大额资金监控系统，由事后监管改为大额拨付自动预警，逐级审批，极大增强了集团对成员单位的资金管控和风险控制。二是创新账户年检系统，实现集团实时在线查询账户，全面掌握成员单位资金分布和收支，规范账户开立、撤销等活动，并能通过大数据分析其资金运行规律。三是创新对私支付系统，极大提升了付款速度和便捷性。四是创新1104报表管理系统，自动取数率高达99.6%。五是创新了结算系统功能。优化了资金计划、电子票据等模块，上线了网银、短信提醒功能。六是完成了外汇系统的开发建设。七是上线企业征信系统。八是优化办公系统。九是上线督办管理系统，显著提升了公司的执行力。十是设计了电科特色的“两地三中心”灾备系统，保障信息数据安全。

【企业文化建设】公司坚持围绕中心抓党建，深入推进“量化有效型”党建工作体系建设，为建设“国内一流”财务公司提供强有力的思想政治与组织保障，并在党建工作中凝练企业文化，宣贯公司和谐友爱的大家庭文化，团结协作的奉献文化，客户至上的服务文化，规范严谨的合规文化，务实担当的执行力文化，追求卓越、崇尚优秀的竞争文化。

重庆机电控股集团财务有限公司

【经营概况】2015年，受金融市场改革持续深化影响，贷款利率连续5次下调，存贷利差进一步收窄，同业市场资金价格持续走低。重庆机电控股集团财务有限公司（以下简称“公司”）收入来源单一的特点进一步凸显。面对挑战与困难，公司开源节流，增收节支，积极调整经营策略，不仅连续3年超额完成了董事会下达的经营目标，还被评为“2014年度金融贡献先进单位”，成为重庆地区唯一获此荣誉的财务公司。截至2015年末，资产总额25.86亿元，负债18.08亿元，所有者权益7.78亿元。全年累计实现营业收入1.06亿元，完成年度经营计划的117.80%；累计实现利润总额0.71亿元，完成年度经营计划的142.27%；累计实现净利润0.61亿元，完成年度经营计划的163.85%。

【信贷业务】2015年，受经济持续下行影响，市场需求不振、价格持续下降、成本居高不下，库存和应收账款持续偏高，集团公司和成员单位经营效益普遍下滑，转型升级压力增大，公司较早加大了对成员单位的信贷支持力度。截至2015年末，存续贷款项目102笔，存续贷款余额14.40亿元（含贴现）。日均贷款投放额为12.99亿元，同比增长3.53亿元，增幅35.06%。

【资金和投资业务】2015年，公司成功获得银行间同业市场拆借资格、固定收益类有价证券业务资格，为加强流动性管理、提高资金使用效率提供了有力补充。

【票据业务】2015年，公司累计办理各类票据业务16.58亿元，较2014年增加1.48亿元，增幅9.80%。其中，代开票业务累计发生5.49亿元，较2014年增加2.83亿元，增幅达106%；换票业务累计办理3.41亿元，较2014年增加0.56亿元，增幅达19.65%；贴现业务累计办理4.48亿元，较2014年增加

0.69亿元，增幅达18.21%；自9月办理第一笔电票业务以来，共开出电票1.04亿元，电票业务推进顺利，有力地满足了成员单位的需求，进一步降低了企业财务费用，得到了成员单位较好的反响。

【资金集中】 截至2015年12月31日，归集成员单位资金总额为17.27亿元，全年日均资金归集额为12.88亿元，同比增长11.30%。2015年，公司利用重庆市国资委和机电集团集中清理子公司银行账户、加强资金管理的契机，积极配合完成成员单位的银行账户清理、账户授权和资金归集工作。截至2015年12月末，已有73户成员单位在公司开立或正在开立内部结算账户，与年初相比新增了12户。

【业务创新】 2015年，公司共推出“贷贷通”、法人账户透支、电子汇票、贷款承诺、履约保函5项新业务。“贷贷通”业务是公司积极响应监管部门“金融企业为实体经济服务、切实解决实体经济困难”的号召，在还款方式上进行创新推出的业务品种，不仅能大大缩减成员单位续贷手续，提高续贷效率，而且能为成员单位节省高额的过桥资金利息。法人账户透支业务的主要对象为内部商贸流通企业，该类企业具有产品快进快出，资金快速周转的特点，要求财务公司能够随时为其提供资金，并且也允许其随时归还。公司根据企业的资金流动特点为其量身定做了法人账户透支业务，允许成员单位在规定额度内随借随还。为成员单位提供了充足流动资金的同时，也为其节约了财务费用。

2015年9月，公司首次实现电票直连出票，完成了出票信息在企业和财务公司间的无缝对接。电票手续费费率为0.30%，与开立纸质银行承兑汇票的手续费费率0.45%相比，为成员单位节约不少财务费用。

【风险管理和内部控制】 2015年，公司启动了全面风险管理和内部控制体系规范化、标准化建设工作，共完成了49个主要业务流程详解，清晰界定了各个部门、岗位的职责，明晰了控制要点；建立了7个业务风险控制矩阵，查找与描述确定了78项固有风险点，并分别对其发生频率、风险等级、控制措施、执行部门和岗位、控制证据以及标准依据等进行风险控制和评估分析。同时，启动了包括公司治理、行政综合管理、信息系统管理、财务控制管理等全面内部控制体系建设，编制形成了《内控手册》。

【人力资源管理】 2015年，公司根据机电集团部署启动人力资源管理改革工作，全面推行从业资格持证上岗，推动绩效考核系统化、规范化建设，建立了历年人力资源数据基础台账，为公司经营决策提供人力资源数据支撑。进一步分离前中后台工作职责，对财务结算部职能进行调整。

【信息化建设】 2015年，公司完成了征信系统、电票系统、同业拆借系统的测试及上线工作，并建立了系统项目及需求管理跟踪反馈机制，理顺系统故障应急管理流程，建立了较为完善信息科技管理体系。

【企业文化建设】 积极发挥党、团、工作用，多平台加强文化融合，展现公司积极向上的精神风貌，鼓励员工参加重庆市金融团工委爱心助学活动、机电集团金点子活动。通过员工运动会、户外拓展等寓教于乐，培养员工健康向上、积极进取的精神；通过工作研讨会、员工代表座谈会、员工意见箱等鼓励员工参与公司管理，为公司发展进言献策，多载体让员工感受到企业文化带来的正能量，促进公司健康发展。

河北建投集团财务有限公司

【经营概况】河北建投集团财务有限公司（以下简称“公司”）始终强调大局意识、服务意识、担当意识和创新意识，围绕集团发展战略和公司规划，强调执行力，提高工作效率，提升服务能力，为集团和成员单位提供多方位、高效率的金融服务。2015年，公司圆满完成各项任务。截至2015年末，公司资产总额65.75亿元，实现营业收入2.73亿元，拨备后利润1.16亿元。

【信贷业务】在业务规模方面，2015年累计完成信贷投放83.22亿元，同比增长49.1%；实现信贷余额39.30亿元，同比增长85.2%；2015年完成新增评级授信22家，授信总额15.94亿元。在业务管理方面，对部分成员单位重新进行信用等级评定，对10家成员单位实施了降级处理，对3家成员单位予以升级。公司深度挖掘大量行业数据、各单位经营和财务数据，对系统内10家主要火电企业进行了运营分析与对标，对行业的未来发展进行展望，结合公司信贷产品予以对接，为下一步更好地服务火电企业提供参考。

【资金业务】一是利用资金计划模块的上线运行，有效提高资金计划准确度。严格执行集团资金计划审批调整机制，合理安排资金头寸，做到了“月安排、周计划和日调整”资金计划模式，资金计划执行偏差率同比下降21.40%。二是合理配置资产，积极应对降息带来的不利影响。为应对年内人民银行五次降息、降准等影响，积极争取信贷规模，合理配置资产，为集团提供有力融资支撑，同时提高了资金整体盈利能力。三是加强与各合作银行沟通，保证同业资金最大限度保值增值。细分各合作银行特点，采取不同的合作策略，在各商业银行下调活期存款利率的不利形势下，保证了活期利率的“全部不下调，个别有提高”，保证了资金收益。四是加强对资金运动规律的分层管理，合理匹配吸收存款期限，实现资金的有效错配，保证沉淀资金的长期使用天数，将同业定期存款的期限适当放宽，提高资金获利能力。五是积极了解市场相关信息，综合考虑资金风险和收益，在规定额度内投资理财产品，丰富公司业务品种，提升资金整体运营效益。

【票据业务】开展“票据池融资平台”业务，与建设银行、农业银行进行了多次深入讨论，初步确立了票据池信息系统替代的实施方案，减少了大量手工传递的中间环节，为外地成员单位客户提供了便利。截至2015年底，已经与建设银行签订《票据池融资服务协议》，积极准备票据池信息系统上线。

【资金集中】2015年，公司积极推进资金集中工作的开展，进一步提升资金集中度。一是落实成员单位开户、销户备案制度；二是配合集团要求系统企业做好银行账户清理整改工作，直连银行账户应归尽归，直连银行外账户如无特殊情况即做销户处理；三是多次与上市公司沟通协调，促成其履行相关法律程序后提高资金归集额度上限；四是与成员单位所在的贷款银行沟通协调，使成员单位能将贷款资金及时转回至财务公司归集户；五是与国家开发银行多次沟通讨论达成协议，促成了成员单位国家开发银行自有资金及项目贷款资金的定时归集。

截至2015年末，成员单位在公司开立账户168家，现存账户153家，2015年新开户27家，吸收存款54.29亿元，全口径资金归集率达到59.47%（未归集资金基本受制于政策规定或业务办理要求）。显著增强了集团对系统企业的管控能力，在节约各项财务费用的同时，为成员单位提供了有力的信贷支持，有效缓解了“存贷双高”的困境，极大地提升了资金的使用效率。

【业务创新】2015年，公司一方面立足成员单位需求，开发新的信贷产品；另一方面增强业务营销水平，促进服务创新，提高公司核心竞争力。一是开发“并购贷款”产品。集团及下属大多数二三级公司均属投资公司，为解决收购项目公司过程中遇到的融资难题，公司开发了“并购贷款”产品，并对集团二级公司在某县供排水的股权收购中提供了0.10亿元资金安排。二是开发“项目循环贷款”产品。为解决部分成员单位建设期存在的临时性资金急需，公司开发了“项目循环贷款”产品，为多个成员单位提供急需的搭桥资金，促进项目建设的顺利推进。三是增强信贷业务营销水平。2015年，公司针对电厂、天然气等单位开展“面对面”交流活动，深入了解最新的融资需求，推荐公司的“快循贷”“法人账户透支”“并购贷款”等新型产品，形成良好互动，构建双赢格局。

【风险管理和内部控制】公司如期完成全面风险管理的各项工作。一是风险部牵头审核各部门制度的修改，注重结合风险、稽核审计管理工作实际，优化了相关制度的流程和格式文本。修订后的制度将风控工作流程融入业务管理制度之中，使风控工作变得日常化与具体化。二是完成了年度风险识别及量化评估，编绘出风险图谱，为年度风险应对工作提供工作导向。三是公司对39项指标进行了量化预警，根据实际资金归集状况及存贷款水平等因素，修正了部分指标的预警阈值，避免了风险预警指标过于频发和风险指标不敏感，有效提升了公司事前风险事前管理的水平，完善公司预警体系。四是结合公司业务发展情况，针对流动性风险开展了压力测试工作。通过制定压力测试方案，设计测试模型，确定调整后流动性缺口作为测试指标，分析了在假定的、极端但可能发生的不利情景下对公司整体或资产组合的冲击程度。五是公司不良资产率及不良贷款率始终保持为零。信贷资产未出现逾期。公司资本充足率、流动性比率及存贷比等各项指标控制良好。生产信息系统运行稳定，成员单位资金收支、定时归集正常，各项业务按照审批权限稳定执行，员工操作能力及职业道德持续提升。

【人力资源管理】公司始终注重人才培养和梯队建设，2015年公司继续实施多层次、多方面的培训计划。一是积极参加行业协会、银行组织的专业培训，参加集团组织的各项业务知识培训，拓宽员工的知识面，提高专业能力；二是继续推进公司内部授课机制，组织各业务部门助理对本部门的工作内容及需要部门协调的工作进行讲解，增强部门之间的沟通；三是鼓励自学，营造积极向上的学习氛围，提倡员工自我提高，积极报考行业类资格考试，共计12人次顺利通过证券、期货、银行从业资格考试，1人通过注册会计师资格考试；四是创新学习形式，为员工提供更方便、快捷的网络学习平台。

【信息化建设】2015 年，公司信息科技建设处于基础平台构建向平台应用扩展的转型阶段。一是排查业务系统瑕疵，升级结算、信贷等模块，使业务系统更加贴合业务需求，通过信息化控制进一步优化业务的内控手段；二是加固信息安全建设；三是强化机房建设，为信息科技设备搭建更优的运行环境。2015 年，核心业务系统功能升级，法透、资金计划扩展应用功能上线，核心业务系统、主机、网络运行安全、平稳。

【企业文化建设】2015 年，公司积极打造"团结、责任、理性、创新"的企业文化，强调担当，鼓励创新，提升服务，激情工作为公司发展共同努力。全面加强党风廉政和领导班子建设，为实现公司跨越式发展提供良好的发展环境和动力源泉。深入开展反腐倡廉教育，强化领导班子廉洁自律意识，结合权力运行机制建设，全面落实"三重一大"决策制度。根据集团部署，积极组织开展党的"三严三实"专题教育、"把纪律和规矩挺在前面"学习活动，加强宣传教育，提高全体党员干部遵规守纪的认识，使党风廉政工作落实到日常工作中。

太钢集团财务有限公司

【经营概况】太钢集团财务有限公司（以下简称"公司"）于 2013 年 1 月成立。2015 年，公司围绕集团公司下达的年度预算目标和"砍成本、增效益、应对危机"工作要求，尽力优化资产配置，在风险可控的前提下适度开展投资与理财业务，重点研究并尝试开展集团产业链金融业务，挖掘新的效益增长点，持续提升金融服务能力，实现集团整体利益最大化。

2015 年，公司实现营业收入 2.60 亿元，利润 1.64 亿元，资产收益率 2.09%，资本充足率 20.45%，各项监管指标均符合银行监管部门要求。

【资金计划】按照"引领、统筹、协调、推进"工作理念，加强资金计划及头寸管理，统筹安排资金；完善存贷款（含贴现）价格形成机制，根据市场变化按周发布财务公司票据贴现利率指导价；建立金融同业评级授信体系，对证券、信托、基金、商业银行及其他财务公司开展评级和授信，建立机构、产品双准入机制。

【资金集中】继续加大资金归集力度，截至 2015 年末，共有 88 个集团成员单位 229 户银行账户纳入资金归集，日均归集率达到 95% 以上。

【信贷业务】2015 年，公司累计发放人民币贷款 10 亿元，贷款利率为基准下浮 10% ~ 20%；累计发放外币贷款 1.29 亿美元，外汇贷款资金全部来源于外债，保值后低于境内人民币融资成本；累计为成员单位办理经营性委托贷款 42.94 亿元。积极研究开展供应链融资业务，形成公司新的盈利增长点。

【票据业务】 票据资金全部集中管理，2015 年票据池票据收支 182.21 亿元。提供资金支付手段，签发电子银行承兑汇票 38.63 亿元；满足融资需求，办理票据贴现 24.02 亿元；获取低成本资金，办理票据再贴现 2.75 亿元；尝试流动性管理工具，办理票据转贴现 9.03 亿元。推广电子商业承兑汇票业务，建议采购单位尝试使用电子商业承兑汇票，财务公司保贴，并协调办理再贴现，增加融资渠道，加速资金周转，缓解支付压力。

【外币业务】 2015 年，公司累计办理结售汇 12.50 亿美元，其中代客结售汇 6.16 亿美元，市场平盘交易 6.34 亿美元；根据外汇市场动态，对集团面临外汇业务风险进行分析、提示、建议，及时出具管理咨询报告。

【结算业务】 2015 年，公司累计结算量 62 469笔，其中人民币结算额 5 356.48 亿元，美元结算额 75.96 亿元，欧元结算额 13.49 亿元。持续优化结算业务系统和结算业务流程，调整及优化结算岗位，提高了结算效率。有针对性地开展三次成员单位结算业务培训，对 28 家成员单位提供了上门服务，提高结算支付指令电子化覆盖率和结算服务能力。

【业务创新】 2015 年，公司共获批七项新业务资格，分别是有价证券投资、承销成员单位企业债券、成员单位产品买方信贷、中国银行间债券市场会员、中国银行间同业拆借市场会员、企业集团跨境人民币资金集中运营管理业务资格及跨境外汇资金集中运营管理业务资格。

开展投资业务研究，制定投资业务制度和流程；加强投资品种研究，与商业银行、基金公司、证券公司及信托公司等机构合作，陆续建立“投资产品池”；2015 年累计开展投资业务 100 亿元。同时，获批 0.70 亿美元低成本短期外债融资指标，支持成员单位。拟定跨境资金集中运营管理业务方案，获得集中外债额度 3 亿美元，对外放款额度 10 亿美元备案；开展跨境资金运作，实现外债借款、对外放款，提高了跨境资金运作能力。

【风险管理和内部控制】 结合山西银监局“制度执行年”安排，公司开展“合规文化推进年”活动；根据人民银行的要求，组织开展了“两管理、两综合”自评工作；根据 2015 年常规稽核工作计划，完成 7 次常规稽核和 2 次专项稽核；2015 年共新增下发制度 22 项，修订下发 5 项。

【人力资源管理】 根据员工绩效考核管理办法，完成岗位分解手册的编制和岗位绩效责任书的签订。2015 年分层次开展各项培训，提升全员金融职业素养：根据集团公司管理者上讲台的相关要求，开展管理者上讲台培训；开展 5 期青年人讲课题培训；开展了 11 期员工讲工作培训；开展金融政策解读等 7 期全员培训；开展了集团外汇风险管理体系模式设计等 5 项课题研究；政策法规学习常态化，组织了 5 次政策法规“周周学”考试。

【信息化建设】 2015 年，公司组织完成信息系统二期建设项目验收，组织三期项目推进实施：完成征信系统的开发和测试，完成人民银行金融统计报表测试和上线运行，完成银监会非现场监管部分报表的测试和上线运行，同步推进其他非现场监管报表及内部管理报表的开发。持续优化、完善信息系统，为新业务开展提供科技支撑。

【企业文化建设】 以太钢集团企业文化体系为指导，继续推进公司企业文化建设。根据山西银监局“金融知识进万家”宣传服务月活动的安排，在太钢集团公司十八广场设置咨询台，发放宣传资料，进行答疑解惑，提升了太钢职工维护自身资金和信息安全的意识和能力。2015 年 12 月，继续开展“我为公司进言献策”，组织开展“建言献策”活动，共收集82条涉及企业文化、制度流程、公司发展等有针对性的建议，并逐条落实。该活动建议条数多，涉及内容范围广，而且具有针对性和建设性，真正体现了全体员工集思广益、群策群力，一心为公司谋发展的主人翁精神。

大同煤矿集团财务有限责任公司

【经营概况】大同煤矿集团财务有限责任公司（以下简称“公司”）经中国银行业监督管理委员会山西监管局批准，山西省大同市工商行政管理局登记注册，注册资本30亿元人民币，由大同煤矿集团有限责任公司（出资18亿元人民币、控股60%）、大同煤业股份有限公司（出资6亿元人民币、参股20%）、山西漳泽电力股份有限公司（出资6亿元人民币、参股20%）共同出资组建。公司以加强集团资金集中管理和提高资金使用效率为目标，是为集团成员单位提供金融服务的非银行金融机构。

【信贷业务】公司通过合规高效办理委托贷款业务，大力拓展电子票据承兑业务，积极尝试金融创新，稳健开展中间业务。成功打造“同煤电票”品牌，充分利用人民银行推广电子承兑票据的契机，积极拓宽票据融资渠道，成功打造完整的票据产品线。成功完成了纸质商业汇票的过渡和电子票据的推广，并全面开展了票据承兑、贴现、转贴现和再贴现业务。公司的票据产品已经涵盖了全部票据业务类型，成为省属五大煤炭集团财务公司中票据产品最为丰富的一家。

【融资创新】集团公司于2014年5月在董事会层面成立了融资委员会，融资委员会办公室设在财务公司。充分利用财务公司的融资平台，统筹管理集团公司的筹资活动，拓宽融资渠道，创新金融工具，开创了产融结合量身定制的新局面。为了防范融资风险实施了贷前可研、贷中督办、贷后监控的全过程管理。截至2015年12月，融资委员会共计召开融资委员会会议28次，研究融资事项共计337项，已融资734.98亿元，完成2015年融资计划600亿元的122.50%。

【资金集中】2015年，集团公司成立了由纪检、审计、财务及财务公司四家联合组织的对成员单位银行账户进行清理整顿检查组。对每一家成员单位的银行账户进行的清理归集，取得了良好的效果。印发了《关于成员单位在财务公司资金归集率考核办法的通知》，从5月开始，集团公司严格按照《资金归集率考核办法》对成员单位资金归集率进行考核，有效地提高的各成员单位的资金归集率。截至年底，在同煤集团财务公司开立资金结算账户的成员单位达到238家，归集账户417个。资金归集率处于同行业前列水平。

【业务创新】随着公司不断地发展壮大，新业务的开展已经具备条件，2015年1月27

日，公司申办有价证券投资、承销企业债券两项新业务获中国银监会（银监复〔2015〕62号）批复；2015年7月24日，公司增资扩股项目获山西银监局（晋银监复〔2015〕130号）批复；2015年7月31日，公司同业拆借业务获中国人民银行上海总部（银总部函〔2015〕74号）批复；2015年11月17日，获得山西省国资委《关于设立上海同濬金融信息服务有限公司的批复》（晋国资改革函〔2015〕765号）批复文件。

【公司金融】2015年，公司不断强化服务集团、服务成员单位的意识，已与工商银行、农业银行、中国银行、建设银行、交通银行、中信银行、浦发银行、兴业银行、北都银行9家商业银行实现系统直连，在公司开户的各级成员单位共有238家，开设各类账户417个。截至2015年12月，累计为集团公司节约财务费用7.40亿元；累计为集团公司及成员单位直接贷款123.33亿元，委托贷款26.85亿元，提供担保12.86亿元，票据贴现11.85亿元，代开商业承兑汇票19.47亿元，代开银行承兑汇票0.80亿元。多元化的金融服务丰富了集团公司及成员单位的融资方式，提高了成员单位与商业银行的议价能力，在煤炭行业逐步下滑的局面下，降低了财务费用，保证了集团公司现金流的安全，使集团公司及成员单位的经营风险得到进一步管控，有力地支持集团公司的转型发展。

【风险管理和内部控制】在制度层面，按照“内控有制度、部门有制约、岗位有职责、操作有程序、过程有监控、风险有监测、工作有评价、责任有追究”的内部控制体系管理原则，组织讨论制定与修订各项业务管理制度，提高公司内控管理能力。2015年，公司开展了制度及流程的标准化工作。通过梳理，进一步强化了“制度到位，内控到位”，强化内部控制管理的目的。9月，完善公司各类规章制度90多项，并印制了《大同煤矿集团财务有限责任公司制度汇编》（试行），规范了支付结算、贷款发放、内部控制、内部审计、信息科技、融资担保、后勤管理等业务流程，努力防范和降低经营风险，确保了资金安全，从制度层面上减少管理漏洞，促进公司管理脉络更加清晰，管理体系更加优化、完善，为高效、规范地运行各项工作奠定了坚实基础。

在执行层面，公司各项风险管理指标情况均遵循中国银监会的规定，每日对安全性指标、流动性指标、合规性指标等进行风险监测，及时进行风险提示，并按季进行风险分析。日常风险工作中将上述指标分别融入公司各项制度进行管理，并将其完成情况纳入全员绩效考核中。同时以推进绩效考核管理为契机，以切实提升制度执行力为总目标，落实监管要求，强化内部控制，规范经营管理，强化“合规创造价值，违规就是风险”的理念，切实提高公司制度执行能力。

【人力资源管理】坚持严选拔、重培育的干部队伍建设，积极加强人才培养工作力度，搭建合理的人才梯队，加大干部选拔、培养、交流工作力度，为集团公司金融板块培养了大批人才。加强人才交流，开展与集团公司职能处室、成员单位的人才交流，促进了员工多视角、全方位的成长。重视岗位培训，创办党支部中心组“金融讲堂”，实施“领导干部上讲台”计划，促进员工综合素质提升。推进绩效管理，修订完善了公司绩效考核办法，突出业绩考核，推进了员工职业规划建设，进一步夯实了全员绩效考核机制。优化部门设置，加强岗位管理，促进人岗匹配，人尽其才。

截至2015年12月，公司在册人数59人，其中40岁以下员工占比78%；硕士7人，本科45人，本科以上学历占比88.14%，硕士以上占比11.86%；拥有高级专业技术职称9人，中级专业技术职称20人；19人通过银行业从业资格考试，17人通过保险从业资格考试，4人通过证券从业资格考试，2人通过保险经纪从业资格考试。

【信息化建设】公司遵循“统一领导、统一规划、统一设计、分步实施”建设方针，坚持“以需求为导向，高效实用”的建设原则，以核心业务信息系统——资金管理系统NC6.1版本为核心，完成改造电子商业汇票系统，OA办公自动化系统、征信系统的上线及同业拆借系统的接入工作，全力构建“安全、稳定、高效、及时、准确、全面”的信息化金融服务平台，持续提高“资金集中管控能力、统一结算支付能力、统一预算控制能力、统一风险防控能力”，为公司可持续发展提供了科技支撑。

【企业文化建设】公司在运营过程中，与各商业银行的合作不断深入，并结成了战略合作伙伴关系，双方开展了多层次的交流和合作。同时，还聘请香港中文大学教授在同煤党校进行专题授课，对集团公司员工业务能力的提升起到了较好的推动作用。

【党群工作】公司党支部牢牢把握从严治党的要求，认真贯彻落实中央、山西省委的精神和集团公司党委的决策部署，严守党的政治纪律和政治规矩，不断加强领导班子和员工队伍建设，为实现集团资金价值最大化、促进公司持续稳健发展提供坚强的政治保证和组织保障。群团组织深入贯彻落实《中共中央关于加强和改进党的群团工作的意见》及中央、省委群团工作会议精神，创新开展普惠金融工作，取得了一定成效。2015年，公司健全了党组织、工会、共青团组织架构和制度规范，调整充实了党群工作队伍，实现了党群工作横到底、纵到边、规范化、正常化。通过紧紧围绕公司发展主题主线，扎实开展“学习讨论落实”“三严三实”专题教育工作，积极推进学习型党组织建设，建立全员参与、学用相长的学习新机制，使党组织在企业发展中有效发挥思想政治的核心作用，群团组织有效发挥联系职工、联系青年的桥梁纽带作用。

贵州茅台集团财务有限公司

【经营概况】2015年，贵州茅台集团财务有限公司（以下简称“公司”）坚持以“依托集团、立足集团、服务集团”的发展宗旨，积极应对复杂的经济金融形势，圆满完成董事会提出的“一年打基础、两年上台阶、三年大发展”的战略目标，截至2015年12月31日，公司资产规模突破300亿元，资金集中度达到70%以上，实现营业总收入7.90亿元，利润总额3.11亿元，共计为92家成员单位开立了内部账户，茅台集团金融板块的建设也获得长足进步。12月18日，“2015中国金融机构金牌榜·金龙奖”颁奖典礼在北京举行，公司荣获“2015年度最具成长性财务公司”荣誉称号。

【信贷业务】2015年，公司大力支持集团主业发展，在政策允许、严控风险的前提下，加强对集团成员单位的信贷支持，严格执行贷款五级分类和贷后管理制度，信贷业务制度化建设有序推进，截至2015年12月31日，委托贷款余额3.75亿元，自营贷款余额0.20亿元，票据贴现金额5.31亿元。2015年，公司建立了全集团的票据池业务，6月与工商银行签订票据池业务合作协议，以此为成员单位提供银行承兑汇票托管、托收、拆分等服务，截至12月31日，票据池托管票据约5.50亿元。

【资金集中】2015年，以资金归集的“制度化、系统化、标准化”三化要求，强化了资金集中管理的专业化和精细化水平，一是通过对资金集中管理的顶层制度设计制定了《资金集中管理办法》和《账户管理办法》，为资金归集提供制度保障；二是优化资金管理运作流程，明确资金集中管理中的职责权限，对资金集中管理进行科学的梳理，使得资金管理最大限度地适应集团战略发展的需要；三是健全财务信息集中管理系统，通过财务信息管理系统最大限度地平衡和利用资金，通过自动化的资金管理流程，提高资金使用效益，实现财务管理集中化；四是抓紧与各商业银行系统直连事项的跟进与管理；五是进一步完善与合作银行的综合考评机制，建立按月度、按季度提供资金利用情况（资金结构、存贷比、存款金额、预期收益等资金运作情况）的汇报，并进行风险评估，出具风险评估报告。截至2015年12月31日，公司共吸收成员单位存款（归集资金）285.71亿元，资金归集率达到70%，1－12月日均存款余额为179.40亿元。

【业务创新】为充分发挥集团金融资源统筹运作中心、集团产融结合的核心平台作用，公司努力向集团建言献策，并积极参与各项投融资活动。一是建议集团增资参股贵银金融租赁公司，公司牵头参股租赁公司前期调研工作，完成该项目的可行性研究报告，向集团提出作为发起人与贵阳银行股份有限公司、贵州长征天成控股有限公司共同设立贵银金融租赁有限公司的建议，获得集团的肯定与支持，决定投资4亿元入股成为贵州省第一家金融租赁公司的股东，促进了集团在金融领域的业务拓展。二是建议集团增资相对控股贵州银行，公司经过前期论证评估后向集团递交了建议增资相对控股贵州银行的建议书，截至2015年末该项建议已获得集团公司董事会通过并成功完成增资，茅台集团成为贵州银行第二大股东。三是正式进入全国银行间同业拆借市场并开展业务。公司于2015年7月15日获得中国人民银行上海总部（银总部函〔2015〕68号）批复正式进入全国银行间同业拆借市场，制定了《贵州茅台集团财务有限公司同业拆借管理办法》及操作流程，对同业拆借业务的交易原则、交易期限、限额管理等方面进行了详细规定，截至2015年12月31日，共计开展同业拆借业务金额合计4亿元。

【风险管理和内部控制】2015年，公司扎实推进风险管控体系建设，严格遵守监管法规，坚决守住不发生系统性风险、信用风险、操作风险的底线。一是扎实推进“两个加强、两个遏制”专项检查，全面覆盖公司各个部门、各业务条线；二是发挥操作风险监控分析平台作用，加强非现场监控，进一步提升识别和缓释风险的能力；三是加强授权与转授权管理，优化交易监控系统；四是建立重大风险事件报告制度，完善风险事件应急处理流程，坚持问题导向，加大稽核督查力度，加大内控审查投入，持续提高稽核发现问题、揭示风险的能力。

【公司治理】2015年，公司强化了公司治理结构的完善和优化，规范了董事会建设试点工作。一是设立了董事会提名与薪酬委员会并制定相关议事规则，进一步规范了董事会提名与薪酬事项的组织和程序；二是完善公司治理制度建设，根据国资委和集团公司国有企业改革的相关要求，制定了公司章程（2015 修改）草案，制定《重大事项报告制度》并对现行公司治理制度开展后评价；三是梳理公司治理运行现状，总结存在的问题并进行评估和改进；四是开展了董事、监事的履职评价工作，并探索建立董事履职自我评价与相互评价相结合的履职评价体系；五是完善投资者关系管理，全力以赴促进贵州茅台酒股份有限公司《关于子公司向公司控股股东及其下属子公司提供金融服务的议案》获得通过。公司就本次议案涉及的财务公司功能、提供金融服务的价值、公司如何避免不正当关联交易撰写报告、情况说明，并采取面谈、电话沟通、给投资者的一封信等多种形式沟通协调，最终促使该议案成功获得通过。

海亮集团财务有限责任公司

【经营概况】2015 年，海亮集团财务有限责任公司（以下简称“公司”）紧紧围绕集团“加强资金集约管理，服务支持实体经济”的核心理念，着力打造“资金归集平台、资金监控平台、融资运营平台、金融服务平台、产业调控平台”五大平台，为海亮集团及旗下成员单位提供便捷金融服务。截至 2015 年末，公司资产规模 59.60 亿元，全年实现营业净收入 2.98 亿元，利润总额 2.61 亿元，净利润 1.96 亿元，资产质量良好，各项指标均符合监管要求。

【公司治理】公司按照章程定期召开董事会、监事会等会议，商讨重大议案、听取工作汇报、发表独立意见、形成重大决策。积极发挥专业委员会作用，完善治理架构，成立审计委员会，制定《审计委员会工作规则》和《独立董事工作制度》。公司治理各项工作稳步开展，“三会一层”尽职履职，内控组织体系健全，执行与监督有效。

【信贷业务】截至 2015 年末，公司一般性贷款余额 48.20 亿元，新增贷款 11 亿元，全年累计发放贷款 53.50 亿元，其中支持集团贸易板块 13.40 亿元、地产板块 10.20 亿元、农业及食品板块 10 亿元、教育板块 8 亿元等，有效缓解了成员单位的资金压力，助力成员单位业务发展，支持集团重点产业和重要项目发展。

【资金集中】公司以提高资金集中度、提高资金使用效率为主要经营管理目标，通过合理调度资金，积极采取各项措施提高资金集中度和资金使用效率，年末全口径资金集中度 57.17%，可归集资金集中度 79.63%。一是积极推进资金计划管理、资金集中定日支付和票据定向支付等业务。二是试行《成员企业考核激励方案》，引导、督促各成员企业严格执行资金集中管理各项规定和业务操作规范，大力倡导成员单位提出服务需求和工作建议，提高公司创新动能，成员单位资金归集与业务合作的积极性逐渐提高。三是建立外币资金池和跨境人民币资金池，健全集团资金管理架构，完善资金管理体系，助力实现集团境内外、本外币资金一体化管理。

【业务创新】公司加大新业务拓展力度，以创新推动发展和服务提升。一是推动集团保险业务集中管理，与太平洋保险公司签订总对总战略合作协议，当年存量保险项目保费节约过半，资产保障程度扩大一倍；二是加强新业务准入申请和业务准备，顺利获批银行间市场拆借业务资格，与银行、财务公司开展同业授信，合理补充公司流动性；三是参与集团及成员单位境内外发债、上市、资产证券化等多元化金融服务工作，优化集团资产负债管理。

【风险管理和内部控制】2015 年，公司不断强化、深化风险管理工作，坚持依法治企、合规经营。一是完善制度体系建设，全面梳理公司制度文件，按照业务管理分类修订、新建共 69 项制度；二是落实稽核审计，对重点业务、新业务、业务操作规范、经营行为、制度和内部控制、关键岗位人员管理、业务资料管理、责任追究及整改有效性等进行检查，对发现的各类问题及时制定整改跟踪一览表，督促、落实整改，并及时规范业务操作流程；三是发挥集团内部审计和外部审计作用，对公司经营管理、信息系统风险、内部控制等进行全面审计，对发现问题和管理建议及时整改和优化。

【人力资源管理】公司不断完善提高人力资源建设，加强人才储备和梯队建设，鼓励员工一专多能，加大人才自我培养力度。一是开展“小周”计划行动，周六为工作日时安排不同主题业务知识培训、员工素质拓展等活动，做到每次活动都有收获；二是分级分类进行员工培训，鼓励员工参加人民银行、中国财务公司协会和银监会等机构组织的业务培训，全面提高不同岗位、层次员工素质，促进员工成长成才；三是强化职业资格认证与鼓励员工参加学历、职称考试，激发员工学习的内在动力和潜能，公司 90% 的员工已取得了岗位任职资格，分别有 9 人取得证券从业资格证，3 人取得统计资格证，2 人取得同业业务资格等；四是提倡一人多能，适时进行合理的岗位轮换，拓宽员工知识视野，丰富员工业务技能，为公司业务开展提供了有力支撑。

【信息化建设】2015 年，公司为进一步推进集团资金集中管理，提升业务处理效率和客户服务能力，持续加大对业务信息系统的建设投入。一是开发外汇管理系统，实现外币资金业务线上处理；二是完善信贷管理系统，对信贷业务的贷前、贷中、贷后管理进行了优化改进；三是启用 I8 管理系统，为信息管理、业务分析提供基础；四是继续推进成员单位的 ERP 建设，提高资金结算便利和信息集中度；五是成功接入同业业务系统，保障同业拆借业务顺利开展；六是对资金计划管理、融资管控、电票系统和灾备系统等进行需求确定和立项建设。全年各项信息化系统建设有序进行，信息系统运行安全、稳定。

【企业文化建设】公司秉承海亮集团“以人为本、诚信共赢、高薪高效、阳光坦诚”的核心价值观及“责任、踏实、无私、服务”的用人理念，通过组织各类文体活动，加强企业文化宣传，营造积极向上、团结协作的工作氛围，增强公司凝聚力。公司管理人员关心员工成长，不定期与员工沟通，了解员工思想动态，正确引导员工保持良好、健康的工作生活状态，坚持把以人为本原则贯彻落实。

中材集团财务有限公司

【经营概况】2015 年，中材集团财务有限公司（以下简称“公司”）继续贯彻执行“依托集团、服务集团、规范经营、稳健发展”的经营方针。利率市场化进程的加速，对公司经营能力和风险管理能力形成新的挑战，经过公司全体员工共同努力，进一步加大了服务成员单位的力度，并在原有业务基础上，陆续启动开展了保函、银团贷款、外汇等新业务品种。通过扩大授信范围、协助成员单位过桥贷款、财务顾问等方式积极为成员协调解决有关问题，从而较好地发挥了财务公司金融服务平台作用。

【信贷业务】2015 年，公司积极向中国人民银行营业管理部申请合意贷款规模，向成员单位提供授信服务规模、自营贷款服务年度累计金额同比增长均超过 100%，贷款利率均执行人民银行基准利率。积极为成员单位提供过桥贷款服务，最大限度为成员单位节约了财务费用。同时，公司严格按照有关规定，对每笔贷款进行贷款首次检查和以季度为单位的贷后审查，确保成员单位按照合同约定用途使用贷款。

【产品销售信贷业务】公司结合业务开展的需要，2015 年 11 月申请取得全国银行间同业拆借市场会员资格，进一步丰富业务品种，扩大收益空间，争取更好地为成员单位服务。

【资金和投资业务】2015 年公司根据人民银行历次降息的通知，比较国内主要商业银行的利率调整水平，并根据自身经营的需要及时确认公司存款利率的浮动区间，历次调息均能够做到高于国内主要商业银行的存款利率水平，成员单位在财务公司的日均存款额逐年稳步上升。

【票据业务】2015 年，公司在上一年度开展银行承兑汇票贴现业务的基础上，积极与同业机构开展业务交流与学习，不断总结经验，优化流程，多次与商业银行联系，通过分析筛选目标客户、主动上门营销等方式，使票据贴现业务规模进一步扩大。

【外汇业务】公司与建设银行、中国银行合作，实现了对部分成员单位在境内商业银行外币账户资金的归集。丰富了公司业务品种、推动了资金池建设，有效地提高了公司资金归集度。

【资金集中】公司继续为各成员单位办理开户、联网授权，提供资金上收下拨、对外付款、内部转账等资金结算服务，免收各类代理结算费用；办理存款存入、支取、结息等资金服务，提供电子凭证，按时邮寄对账单。2015 年度日均存款同比增长 36%，资金池规模稳步扩大。

【业务创新】一是开展银团贷款。公司与银行合作组建银团贷款，为成员单位提供中长期贷款，较好地发挥了财务公司金融功能，利用杠杆，为成员单位取得较好的授信贷款支持。二是开展保函业务。财务公司与银行合作，向成员单位开具分离式质量保函业务，既节约了保证金，又释放了部分授信额度，为成员单位对外销售提供了保障，有力支持了成员单位的发展。三是开展财务顾问服务。公司与两家需求单位就提供财务顾问咨询业务深入交换意见，并正式签署了《财务顾问服务协议》，为其提供日常财务顾问服务。财务公司为成员单位提供的业务种类更加多元化，有利于更好地推动新业务发展。

【风险管理和内部控制】一是针对财务公司行业特点及监管要求制定了日常监测指标，建立了常态化风险监测机制体系，并按月对监管机构确立的16项指标进行监测分析，确保公司各项监控监测指标符合监管机构要求。二是在全公司范围内开展合规认知管理、防范柜面业务操作风险、“两个加强”“两个遏制”专项检查“回头看”等工作，并与每位员工均签署了《中材集团财务有限公司合规责任承诺书》，明确依法、合规履行工作职责，并形成专项报告，促进公司法律事务的有效开展，进一步提升公司全面风险管理水平。三是开展专项法律风险项目评估工作，聘请具备资质的律师事务所专职律师作为项目顾问，对公司现行的经营管理制度与经营活动领域潜在的法律风险和已有的法律风险管理方法进行考察和评估，梳理出公司法律风险点，分析了法律风险的危害，形成了《法律风险评估报告》以及《财务公司法律风险清单——整改落实计划》。为公司遏制法律风险，制定风险管理策略提供了有效的决策依据。

【人力资源管理】构筑人才成长的绿色通道，大力推进公司培训工作。公司把人才职业发展前景和专业培训作为吸引和留住人才的一项重要措施，采取“职业技能”培训、岗位轮训等形式多样、内容丰富的素质提升方式，加大多层次、多结构、多方面的人才培训力度。2015年共组织近150人次参加，内容包括信息安全、风险合规、专业技能等各类培训、考试、取证工作。

调整岗位职级，发挥激励与导向作用。公司根据实际情况，进行岗位职级调整，并依此进行薪酬管理，注重向关键岗位倾斜，真实客观地反映人才的自身价值。公司结合企业实际进行多样化操作，做到人才报酬与其自身工作效率相结合，与企业发展和企业效益相联系，促使员工关注自身能力结构的塑造以适应工作需求和捕获向更高层次发展的机会，为公司创造最佳的经济效益和发展成果。

【信息化建设】启动网上金融服务系统升级改造工作。结合金融信息技术发展变化特点，进一步提升系统的金融服务和管理能力，优化系统架构，提高业务处理效率，加强系统的稳定性、安全性、高效性。完善公司资金管理平台功能，充实业务品种，以便为成员单位提供更好的服务，公司为此对网上金融服务系统进行全面的升级改造。

开展重要信息系统自查工作。2015年开展了2次重要信息系统自查工作，内容包括网络与信息安全工作管理职责落实、信息系统安全保障等情况。公司信息安全自查工作启动后，结合自身实际，认真贯彻落实相关工作机制，明确相关人员职责，遵照制度流程依规开展自查，对发现的问题进行梳理，稳步有序地推进公司信息安全建设工作。

【企业文化建设】做好政治思想工作，扎实推进企业文化建设。认真贯彻落实党的十八大三中、四中、五中全会精神，引导员工树立高度的爱国、爱企、爱岗的情操。不断提高员工的思想政治素质，将企业文化更深层次地融入到公司管理体系与发展战略中，完善、调整公司各项管理制度，扎实推进企业文化建设工作。

开展党群共建工作，营造良好工作氛围。2015年，组织开展趣味竞赛、摄影比赛、猜谜、春秋游等多项文体活动，冠名承办了中材集团“中材财务杯”乒乓球比赛。除组织员工参加监管机构的业务培训外，还多次组织信息安全、风险合规、法律、专业技能、员工管理制度、业务流程等各类内部培训。公司安全管理小组获得中材集团“青年安全生产示范岗”荣誉称号，公司财务报表、劳资报表工作受到中材集团通报表扬。

贵州盘江集团财务有限公司

【经营概况】2015年，贵州盘江集团财务有限公司（以下简称“公司”）在煤炭产业结构调整，煤价和经济效益下滑，资金紧缺，存款、贷款基准利率连续下调的不利形势下，紧密结合盘江集团的战略发展要求和成员单位实际，努力发挥金融机构服务实体经济的功能，严守风险底线，不断提升服务能力和质量，在帮助成员单位解决融资需求、化解资金断裂风险、维护企业信用、实现增收节支等方面发挥了显著作用。

截至2015年末，公司吸收存款余额16.89亿元，较年初增加9.07亿元，增长116.02%；发放贷款余额11.32亿元，较年初增加3.84亿元，增长51.23%；资产总额22.37亿元，较年初增加8.60亿元，增长62.50%；所有者权益5.41亿元，较年初增加0.07亿元，增长1.23%；资本充足率38.89%，流动性比率64.83%，贷款拨备率3.45%，均符合监管要求。公司保持无不良资产及不良贷款、无各类案件和重大差错事故的良好形势。

【信贷业务】2015年，面对盘江集团成员单位贷款需求增多和资金链断裂风险增大的情况，公司加大信贷期限结构调整和规模控制，增加短期贷款占比，提高贷款流动性，增大保证贷款比例，降低信用贷款比重，贯彻人民银行货币信贷政策，及时下调贷款利率，全年为34户成员单位办理贷款业务133笔，发放贷款13.45亿元，累计为成员单位节约资金成本约0.05亿元，减轻了成员单位的财务负担。

在做好自营业务的同时，公司及时落实盘江集团“强化业务协同、抱团取暖、共渡难关”的总要求，出台相应制度和办法，为成员单位提供贷款搭桥、应急融资等特定贷款服务，化解成员单位资金链断裂风险，有力地维护了盘江集团整体信用。

此外，利用财务公司金融平台，为成员单位办理委托贷款业务，规范了成员单位间的金融行为，更加灵活地帮助成员单位调剂资金。全年为11户成员单位办理委托贷款28笔，委贷金额3亿元。

【资金和票据业务】2015年，公司加强与盘江集团财务部的沟通、配合，切实在加强集团资金集中管控、配合集团融资管理、提高集团资金使用效率上发挥作用，利用财务公司金融机构平台全年为盘江集团创造效益约0.34亿元。一是持续做好账户开立及资金集中工作，2015年新增开户6户，累计开户达83户，归集资金账户102个，资金归集度较上年明显提高。二是进一步盘活成员单位存量票据，快捷办理票据贴现业务81笔共计3.39亿元，并通过办理票据再贴现业务引进低成本资金0.48亿元。三是加强资金计划管理，注重资金预算，合理调控头寸、安排支付顺序，在确保头寸和支付的基础上，最大限度提高资金收益，全年未出现资金流动性问题。2015年累计办理同业存放业务66笔共计20.3亿元，在年内连续降息且同业存放利率大幅下降的影响下，实现存放同业利息收入0.12亿元。

【风险管理和内部控制】2015年，公司配备了具有良好专业背景和专业业务技能的总经理助理2名，公司经营层初步形成了制衡有效、职责清晰的管理模式，公司经营决策能力和风险防控水平进一步提高。根据工作需要和监管新规，组织制定公司《洗钱和恐怖融资风险评估及客户分类管理暂行规定》等3个管理制度，修订和完善公司《风险责任追究办法》等12项制度，有效促进公司的各项工作逐步走向规范化和标准化。

为确保公司资产的安全性和流动性，防止信贷资产风险和业务操作风险的发生，公司加大信用风险防控力度，密切关注行业动态、成员单位经营情况和现金流情况，增强风险预判，加强贷后监督管理，防范信贷资产逾期风险。注重发挥公司风险管理委员会、信贷审查委员会和公司内部风险管理、审计稽核部门的职能作用，定期或不定期对重要空白凭证、印鉴、系统授权、大额存款、票据贴现、银行承兑汇票及信贷业务等重点领域开展监督检查，防控操作风险的发生，有力地推动公司资产质量和效益的双提升。

【人力资源管理】公司始终致力建设一支责任意识强、符合公司发展的金融人才队伍。2015年为进一步提高员工业务技能和综合素质，公司采用内部交流、网络教育、外部培训相结合的方式，对同业拆借、银行业应用安全可控信息、风险管理、财务公司基础业务、反洗钱、利率市场变化分析等方面组织内部交流9次，参加外部培训7次，网络培训1次，累计培训110人次，6名员工考取本币交易员资格，为公司申报新业务储备了人才。

【信息化建设】为确保公司资金集中管理和内外部结算的安全高效运行，2015年公司加强机房安全，强化对防病毒、数据库、非法外联、漏洞扫描、入侵监测、核心系统证书等方面运维管理；对再贴现、业务查询、利率审批、票据回购、扣收利息等系统模块进行了更新、优化。根据工作需要，采购并加入人民银行“征信数据综合报送系统”，该系统的使用对掌握成员单位贷款信息，加强公司信贷管理起到积极作用。

【企业文化建设】公司以充分发挥党员和干部在经营管理中的模范作用，提高员工服务意识、合规意识为着力点，深入开展“三严三实”专题教育、“四风”整治和员工互评活动，积极参加金融监管机构组织的打击非法集资现场宣传活动，公司员工的服务意识、合规意识明显增强，党群、干群关系进一步密切，有效促进公司经营管理水平的进一步提升。2015年，公司荣获盘江集团“先进集体”称号，1名员工荣获盘江集团“先进工作者”称号，2名员工分别荣获盘江集团机关“先进工作者”“党风廉政先进个人”称号。

北京首都旅游集团财务有限公司

【经营概况】2015年度北京首都旅游集团财务有限公司（以下简称“公司”）深入贯彻集团“经营突围、机制翻墙、发展增力、管理精细”的总体要求和集团经营工作会各项部署，抓好各项工作，通过丰富金融产品、实施优惠利率等措施加大对成员企业支持力度。同时，公司不断加强管理的精细化，克服存贷利差大幅收窄等不利因素，确保完成首旅集团（股东）和公司董事会下达的各项经营管理目标任务。

截至2015年末，公司资产总额50.08亿元，比上年增加2.93亿元，增长6.21%。2015年公司实现营业收入1.94亿元，实现利润总额0.88亿元。公司年末资本充足率为25.07%，无不良贷款，流动性比率为37.50%，均符合监管要求。

【信贷业务】2015年，公司紧密围绕集团主业，优化贷款审批流程，缩短放款时间，有力地发挥了公司作为集团内部金融平台通过及时发放信贷资金所起到的杠杆支持作用。全年累计发放各项贷款41.59亿元，年底公司信贷规模为36.95亿元，信贷规模较年初增长17%。截至年底，公司短期流动资金贷款余额32.08亿元、中长期流动资金贷款余额2.93亿元、房地产开发贷款（银团贷款）余额0.23亿元、票据贴现1.70亿元。除传统贷款业务外，2015年公司大力推进中间业务，成功办理了委托贷款、履约保函、票据承兑、票据保贴等业务，为成员单位提供了全方位信贷服务。

【资金业务】2015年，公司合理调配资金，做好流动性管理，开辟新的融资渠道，认真规范与银行开展的包括同业拆借、存放同业、同业授信、信贷资产转让、票据转贴现等同业业务；并制定完善了同业拆借业务、同业存放业务等相关制度。经中国人民银行批准，公司于7月获准加入全国银行间同业拆借市场，拓宽公司资金融通渠道。12月经北京银监局批准，公司获得固定收益类有价证券投资和承销成员企业债券业务资质。

【票据业务】2015年，公司共开立1.95亿元的承兑汇票，其中电子承兑汇票0.25亿元、纸质承兑汇票1.70亿元。电子承兑汇票业务为首次以集团外企业作为收票人，为解决产业链融资的需求，以占用财务公司同业授信额度的基础上，由商业银行对财务公司承兑的电子汇票以较低的贴现利率办理了保贴，成功为集团外产业链企业提供融资服务。2015年，公司办理票据贴现1.70亿元，并以贴现的票据池为基础，向人民银行申请了0.70亿元的再贴现业务。

【资金集中】公司持续推进资金集中管理工作，新增完成了部分下属酒店门店在财务公司开户，推动了公司资金集中度的提高。截至

2015年末，公司资金集中度达到39%。一是走访成员单位，维护客户关系。为了进一步了解客户的需求，提高资金归集度和结算量，组织人员分批次对成员单位进行了走访，共计走访单位24家。二是实施系统升级项目。系统升级主要涉及了代理支付网银自动接收、自主对账等功能。三是变更资金归集策略。为了提升资金使用效率，提高资金归集度，把每日定时进行的按定额自动上划和下拨改为只上划，下拨改由成员单位根据自己日常资金计划自我调配，公司根据成员单位的网银划拨指令进行资金的划转。

【业务创新】2015年，公司积极探索新的业务模式，通过与交通银行合作成功组建银团，为成员企业发放房地产开发贷款。公司作为参与行签订了《固定资产银团贷款合同》，银团合同总金额10亿元，其中公司承贷额为3亿元。截至2015年底，共发放了0.78亿元的银团贷款，其中公司贷款金额为0.23亿元。银团贷款满足了成员单位长期、大额的资金需求，克服单家银行资金和贷款规模限制，并且成员单位因融资所花费的时间和精力较少，在贷款的执行阶段，无须面对所有的银团成员，相关提款、还本付息等贷款管理工作由代理行完成。公司成功开展银团贷款，拓宽了成员单位融资渠道，并且公司作为参与行，为成员企业争取了更多有利的贷款条件。

【风险管理和内部控制】2015年公司不断完善法人治理，制定了《“三重一大”决策制度实施办法》《高管人员绩效考评管理办法》；履行新业务申请、高管变动等行政许可报批；适时在经营层下设立投资业务审查委员。公司继续加强风险管控，进行业务合规审查，开展合规案防知识答题，全员签署《合规责任承诺书》；准确进行资产分类审核，做好监管指标的监测预警；加强监管沟通，做好风险排查，及时呈报各类监管报告报表，做好风险自评估。公司按集团内控体系建设要求，修订完成制度汇编和改版工作。

2015年度公司还全面开展了内部审计工作，涵盖前中后台，实施了3个常规审计、4个专项审计稽核项目，形成稽核报告，及时跟踪落实整改措施，发挥事后监督作用。

【人力资源管理】2015年，公司以加强人力资源管理、完善全员培训体系、提升员工素质为目标，根据岗位需要，以市场化管理为导向，结合自身实际情况，公司通过集团选拔和市场化招聘，补充重要岗位人员，优化人力资源配置，建立科学的人才梯队体系；同时，公司以开展企业文化建设，采取同业调研、业务培训、交流学习等多种培训形式，提升员工素质，保障骨干员工的稳定，公司组织员工全年参加各类培训共计52次，其中，北京银监局培训11次、中国财务公司协会培训7次、集团培训17次、同业调研1次、内部学习11次、人民银行培训5次。通过培训提升了公司团队的业务能力，实现企业与个人的共同发展。

【信息化建设】2015年，公司突出信息化建设重点，为提升信息系统的灾备能力，公司完善了磁带机备份优化的建设，并对磁带库进行了相应的升级；根据国家密码管理局有关通知要求，公司及时实施了Usb－Key证书2048位密码算法升级工作，保障了系统安全。公司还制定了信息化建设“十三五”规划（草案）；尤其是根据业务发展需要，实施了核心业务系统功能优化，增加了指令自动接收、网银电子对账、客户查询银行账户余额等功能。公司努力做好系统运维管理，确保机房、网络、软硬件等的安全。

【企业文化建设】2015年，公司着力加强党团工会工作，推动企业文化建设。公司开展了“懂法、知规、守纪”专项治理、“三严三实”教育活动，组织了专题党课、观看教育片，参观了焦庄户地道战遗址、重温入党誓词，参加爱心捐款；强化了廉政建设、签订责任书、完善廉政制度、参加集团廉政检查；规范了高管人员各项管理；成立了团支部。公司还积极参加了集团“最美首旅人”、先进个人、“首旅风范”等的评选并获部分奖项。尤其是公司通过送温暖、落实福利、组织摄影大赛、团队拓展融炼、参加集团羽毛球赛等方式，传递了组织关怀，丰富了员工文化生活，体现了人本和谐的企业文化，切实起到凝心聚力的作用。

广西交通投资集团财务有限责任公司

【经营概况】2015 年，广西交通投资集团财务有限责任公司（以下简称“公司”）根据集团公司发展的现状和需求，打造自身优势业务，向做专做精方向发展，努力在经济发展“新常态”下抓机遇、迎挑战、兴产业，为集团公司转型升级注入了强劲动力。截至 2015 年末，实现营业收入 1.79 亿元，较 2014 年增长 45.42%；利润总额 1.37 亿元，较 2014 年增长 59.29%；不良贷款率保持为零；获得集团公司 2015 年先进单位称号，实现了经营业绩和风险防控双丰收。

【信贷业务】2015 年，公司积极落实政府关于支持经济稳增长工作部署，全力推进各项信贷业务开展，全年累计发放贷款金额合计 54.65 亿元。截至 2015 年末，公司贷款余额 32.45 亿元，较年初增长 149.62%，实现业务收入 1.26 亿元，同比增幅达 93.06%，合理配置金融资产，帮助集团达到降本增效的效果。

【金融服务】2015 年，公司一是深化金融服务，加大财务顾问力度，在债券发行和项目资金回流方案设计等方面提供可行性评估、调研分析、材料编制等顾问服务。二是运用同业信用为实体产业增信，通过向成员单位提供融资性担保，实现单笔融资成本下降 24%。三是突破原有信贷模式，根据成员单位资产结构特点，开展首笔融资租赁业务，有效盘活成员单位固定资产，拓宽了融资渠道。

【资金和投资业务】2015 年，公司积极应对市场资金收益率不断下行的不利形势，在满足集团内部融通和流动性需求的前提下，加大同业资金运用，通过资金计划的精细化管理，结合收益率短期波动走势，合理搭配同业期限，努力克服同业收益率下滑的困难，确保全年同业收益的完成。取得同业收入 0.62 亿元，实现了资金的安全性、流动性、收益性的结合。

【票据业务】2015 年，公司结合成员单位资金使用特点，探索设计出具有集团公司特色的票据融资业务。通过外部金融机构代理承兑、代理贴现、转贴现的组合业务模式，突破了公司承兑商业汇票的流通障碍，使公司票据业务能真正与同业市场顺利接轨。同时，为成员单位设计出“零”保证金的票据承兑模式，通过票据业务延长付款期限，减轻成员单位融资压力，降低融资成本。自2015年8月该业务模式开展以来，票据业务量规模已达2.61亿元，其中，票据承兑0.67亿元，并减少成员单位保证金资金占用0.20亿元，节约财务成本0.02亿元；票据贴现1.94亿元，直接为成员单位降低了10%的融资成本。

【资金集中】2015年，公司一是通过银企直连加大了对成员单位各类结算账户的集中管理，并形成规范化的账户管理体系，实时掌握成员单位的账户资金变动情况。紧抓集团公司月度资金调度会工作机制契机，对成员单位资金支付和外部银行账户加强了集中监管，进一步拓宽资金归集面。加强与国家开发银行沟通，归集资金余额52.26亿元，成功开展了固定资产贷款代理结算业务，扩大了资金集中规模。年末资金集中度50.72%，年平均资金集中度比2014年提高了4.50%。二是积极向中国人民银行申请，获得了开展跨境双向人民币资金池业务资格，公司作为主办企业，选定中国建设银行、中国工商银行及招商银行作为跨境双向人民币资金池的结算银行。

【业务创新】2015年，公司除做好金融管家外，还根据集团产业的发展，尝试进行资本运作，积极提供财务顾问服务，如设计集团公司的产业基金募集方案并报省政府审批，主导投资入股地方城市商业银行的尽职调查与谈判工作，参与集团公司其他股权并购尽职调查及可研报告撰写工作。

【风险管理和内部控制】2015年，公司一是加强业务控制，构筑三道内控防线。为加强内控管理、防范风险，公司构筑了业务流程“三道防线”并有效实施。一道防线即业务经办部门和岗位对业务的风险防控；二道防线即业务管理部门对业务的把关和检查；三道防线即业务后期稽核和审计。通过加强事前防范、事中检查、事后监督工作力度，确保立体交叉的防控效果。二是严格审核把关，履行资金监管职能。2015年以来，公司充分发挥资金管理功能，通过对成员单位资金计划执行的有效监管，把好资金计划执行关口，严格控制和督促成员单位资金计划的执行，严控无计划及超计划支出，有效地防范资金风险，努力提升公司资金管控能力和管理集约化、精细化水平，提高了资金使用效益。同时，加强资金计划执行情况的分析评价，及时了解和掌握资金收支情况及资金计划执行情况。三是加强资金管理，防范控制流动性风险。2015年以来，公司加强对资金运用的精细化管理，根据集团公司资金调度工作计划，认真制定公司月度资金计划并细化到周计划，提前预判资金走势，及时向集团财务部汇报和反映，采取相关措施；每日监测流动性比率、存贷比等流动性指标，确保满足监管部门要求；规范资金用款，严格执行资金运用计划。

【人力资源管理】以绩效考核为抓手，助推经营业绩和综合管理上新台阶。在每月检测财务维度指标的完全率同时，重点加强了工作过程和质量的考核，确保在经营目标完成的同时，各项管理工作优质高效。以“金融讲堂”为平台，邀请了外部资深金融专家、银行高管及公司业务骨干对员工进行培训授课，培训内容涉及金融政策、投资业务、风险防控、团队建设等多方面，共组织开展集中培训、团队拓展等共13次，培训人次达390余人，培训覆盖率100%。采取随堂测验、讲师评分、闭卷考试等方式进一步巩固培训成果。

【信息化建设】2015年，成功完成了公司“核心业务系统”平台设备扩容升级，提高了系统运行可靠性和数据安全性，业务系统运行全年安全稳定。

【企业文化建设】通过集中授课、集体研讨、支部辅导、个人自学、专题板报等多方式，丰富了“三严三实”专题学习教育与公司经营管理相结合的形式。组织开展了“克难攻坚党员先锋模范活动”，公司全部党员、预备党员和入党积极分子均认领了“先锋岗位”，逐步形成了《财务公司资金集中管理难题及对策探究》等一系列攻坚报告，有效激发党员为公司发展出谋划策、破解难题的责任意识。

徐工集团财务有限公司

【经营概况】截至2015年末，徐工集团财务有限公司（以下简称“公司”）资产总额72.08亿元，较年初增长23.88%；负债总额59.80亿元，较年初增长28.19%；所有者权益12.28亿元，较年初增长6.47%；表外业务余额21.46亿元。全年累计实现营业收入2.43亿元，同比增长19%；拨备后利润总额1.69亿元，同比增长2.08%。截至2015年末，公司吸收存款余额55.04亿元，较年初增长105.19%；贷款全年累计投放93.88亿元，同比增长38.40%。不良资产和不良贷款率为零。

【信贷业务】公司对16家成员单位开展企业信用评级和授信工作，内部授信总额75.30亿元，完成表内外信贷产品累计投放136.52亿元，有力地支撑集团严峻形势下转型发展的需要。公司2015年正式推行信贷专管员制度，通过有效的激励考核与晋升通道机制，激发了员工的潜能、创造力，信贷专管员主动深入了解成员单位需求并进行信贷服务，对成员单位经营情况、财务状况和融资情况进行综合分析并予以积极管控，大幅优化了集团融资及负债管理。

【产品销售信贷业务】公司于2015年12月29日成为省内首家同时获批消费信贷、买方信贷及融资租赁业务资格的财务公司，截至12月31日，公司累计为几十家经销商和终端客户办理7.53亿元融资支持，支撑主业近10亿元销售金额。2015年，公司开立5笔保函，金额累计达到0.70亿元，保障了近亿元的贸易合同。

截至2015年末，公司已同包括中交财务有限公司在内的五家财务公司建立了同业合作。在规范合规的前提下，双方在同业授信、资金融通、商票互认等方面展开广泛而深入的金融合作，以此为纽带，带动双方主业的合作，实现以融促产的目的。

【资金和投资业务】2015年，公司加强对资金余缺的高效管理运作，累计办理转贴现8.82亿元，再贴现5.31亿元，办理2.60亿元拆入，全年累计实现同业利息收入约0.48亿元。

2015年，公司初步建立了流动性计量模型和预测交互平台。该工具通过大量测试检验后投入应用，并取得了预期的良好效果。同时，公司建章立制，精益化流动性风险管理流程，对全集团、各业务条线、不同期限内的流动性风险进行有效识别、计量、监测和控制，确保流动性需求及时以合理成本得到满足。

【票据业务】2015 年，公司累计承兑商业汇票 12.17 亿元，并进一步拓宽了对上游客户的支付范围，有效提高了市场认可度；累计办理商业汇票贴现 35.27 亿元，以优质高效服务大幅提高了商业汇票贴现业务的办理规模；累计办理代开银行承兑汇票 15.33 亿元，显著提高了资金归集和收益水平；同时，公司设计推出了以同业存单等自有资产向银行提供质押担保，由成员单位开立银承的第三方质押开票业务，全年累计办理 1.21 亿元。

【外汇业务】2015 年末，公司获国家外汇管理局批准，成为江苏省首家获得即期结售汇业务资格的财务公司。同时申报银行间外汇市场交易会员资格。公司通过外币资金池开展全球外汇资金余缺调剂，累计办理境外放款 2.36 亿美元，调入外债 1.15 亿美元；通过积极争取政策红利，增加外币资金池外债额度 11.77 亿美元，跨境双向人民币资金池净流入额度 123.70 亿元，为集团引入境外低成本资金做好额度和通道准备；通过跨境双向人民币资金池首次实现调入境外成员单位 1.38 亿元人民币，打通了境内外人民币资金流通渠道，降低了集团资金运营成本；通过操作交叉货币掉期业务，获利 500 余万元，在实盘操作中，提升应对汇率波动的能力。

【资金集中】公司通过建立健全资金管理制度，严格落实成员单位考核标准，增强对成员单位的资金管控能力。截至 2015 年末，全口径资金集中度达到 71.46%；通过信贷产品创新，满足成员单位融资需求，减少成员单位对外部融资的依赖，在为集团降低财务费用的同时促进外部保证金存款回归，不可归集保证金余额比 2014 年同期下降 1.58 亿元，进一步提高了资金集中度；通过申办跨国公司资金管理业务，使公司具有归集国外成员单位外币资金的资格和能力，降低不可归集外币资金的占比，不可归集外币资金比 2014 年减少 2.82 亿元。

【业务创新】2015 年 8 月 18 日，公司企业及个人征信系统对集团及所有成员单位开通查询功能，全年公司累计办理征信查询 103 笔；6 月 28 日，公司获准进入全国银行间同业拆借市场，2015 年与三家金融机构开展同业拆借业务，累计拆入资金 2.60 亿元；12 月 25 日，公司结售汇业务资格获批，可为成员单位提供比银行更有优势的结售汇价格；12 月 29 日，公司获批办理消费信贷、买方信贷、融资租赁业务。

【风险管理和内部控制】公司根据成员单位评级情况，在单笔信贷业务中增加了连带责任担保、抵押等多项风险防控措施，着力将信用风险控制在最低点。全力推动征信系统上线运行和查询开通，将风险防控措施前置，强化客户风险管控手段。同时，在产业链金融业务方面新增买方信贷、消费信贷等管理办法，形成事前、事中、事后管理的良性运行。

公司不断完善集团融资还款计划的统筹管理，编制集团年、月、旬、日资金收支预算，确保做到每日监测资金头寸，控制、监测资金流动，调节资金头寸，合理安排资金存放结构，防范和控制流动性风险，提高资金使用效益和效率。公司不断夯实国际业务队伍建设，并针对外汇市场持续波动的特性，为成员单位及时更新本外币汇率走势变动信息，并根据成员单位需要，进行结售汇、掉期对冲等专业化产品服务，尽最大努力满足成员单位规避汇率风险、控制财务成本的需要。

【人力资源管理】2015 年，公司进一步完善人力资源基础管理工作，优化部门及岗位职能，加强员工培养，优化薪酬激励体系，为公司的快速发展提供了强有力的人力资源支撑。

首先，完善培训管理体系，下发了《员工培训管理制度》《关于鼓励员工获取岗位职业资格证书的通知》《关于进一步鼓励员工考取资格证书的通知》等系列制度，规范公司的各类培训管理工作。其次，下文聘任财务公司首届内部兼职培训师，组织兼职培训师进行课程开发，持续完善公司的课程资源库。再次，建立金融专业人才职业发展路径，制定了《信贷专管员管理办法》，推行 AB 角管理制度。最后，修改完善了《绩效管理办法》，根据战略发展需要，制定了绩效指标库，科学地将公司的战略目标进行分解，每月及时通报各部门绩效执行情况。

【信息化建设】2015 年，公司实施了系统安全整体提升项目，增加了防火墙、核心交换机、存储等设备。同时，增加了入侵检测防御及漏洞扫描设备，防止来自系统内部的恶意破坏及来自外部的恶意攻击，有效防止人为误操作带来的影响。项目的完成为将来信息系统生态的扩展进化升级奠定了坚实的基础。2015 年，公司持续优化核心系统，实现了各业务模块之间的互通共享，自主开发了多项报表模块，达到了各项监管数据自动抓取以及风险监管指标自动预警的目的，确保了业务操作的规范性，防范了业务风险，提高了工作效率。

【企业文化建设】2015 年，一是充分利用《徐工集团报》《徐工财务公司简报》、中国财务公司协会开设的官方网站和主办的杂志以及其他报刊及网络平台作为宣传渠道，传播公司在经营管理、业务创新和重大活动等各个方面取得的实绩和成果，在集团、监管机构、同行业及合作伙伴中树立了良好的企业形象。二是开展系列人文素养提升活动，如英文演讲比赛、跳绳比赛、竞走比赛等活动，进一步提升员工的精神面貌和身体素质。三是开辟了风险园地专栏，宣扬合规文化，进一步建立健全公司全面风险管理工作。四是通过举办员工自编自导自演的文艺晚会、公司领导为员工书写生日祝福、关心新进员工生活等方式，增强公司的集体向心力和员工的归属感。五是通过喜报表扬、专项奖励、劳动竞赛评比等方式，提高员工的工作积极性和工作热情。

百联集团财务有限责任公司

【经营概况】2015 年，百联集团财务有限责任公司（以下简称“公司”）通过行之有效的金融创新举措，强化营销拓展、运营服务、风险防控、队伍建设以及管理质效，实现营业收入、利润双增长，圆满完成全年经营指标。2015 年末，公司资产总额为人民币 87.35 亿元，实现营业收入人民币 2.84 亿元，利润总额人民币 0.57 亿元。

2015 年，公司新增四项资质：加入全国银行间同业拆借市场从事同业拆借业务、以直连方式加入人民银行电子商业汇票系统、固定收益类投资与征信系统四大业务资质申请先后获批，为发展成为集团综合金融服务商的目标夯实了基础。

【信贷业务】2015年，公司一方面通过加强多方协作，积极参与集团重点拓展项目的银团并购贷款、有序开展应收账款保理、异地贷款等多品种信贷业务；另一方面通过增加实地调查频度，强化贷后检查力度，及时了解成员企业逾期贷款情况，严格按照业务流程规定跟踪逾期企业的经营情况、融资情况、诉讼执行情况，并针对钢贸、房地产等重点业务领域开展专项检查，确保公司发放贷款的资产质量。截至2015年末，公司贷款余额37.48亿元（含票据贴现），较年初新增贷款7.82亿元，增幅为26.37%。

【票据业务】公司以大力推行电子票据为抓手做全集团票据中心，做活集团存量金融资源整合：公司通过深入调研了解到集团成员企业存量票据大多闲置、票据面额较小且持票企业分散的实际情况，创新符合百联集团商贸流通行业特色的集支付结算、投融资、资产管理等功能于一体的票据“一站通”，采用“票据中心”运营模式以及资金池与票据池“双池”联动模式，开展多元票据业务，为成员企业及其上下游供应商提供票据的统一保管、集中代理开票、真伪辨别、信息查询、置换、委托收款、承兑出票、贴现等服务，与银行端开展票据的转贴现、质押融资、卖出回购、买入返售等一站式、全流程、一体化的金融票据一揽子综合服务与产品，聚合银行、成员企业及其上下游供应商，共同打造具有百联特色的票据生态圈。2015年下半年，公司克服时间紧迫、业务复杂等困难，顺利获批以直连方式加入电子商业汇票系统，为公司建设集团票据中心提供强有力的平台支持。公司为成员企业办理票据查询查复543笔，金额2.16亿元；票据代保管263笔，金额达到0.33亿元；办理票据贴现业务281笔，金额达到2亿元。

【资金集中】公司聚焦资金集中主线，坚持创新驱动、多管齐下，做强资金结算清算中心：一是创新票据、信用证、百联通积分通存通兑统一管理模式，实现各类结算工具全面运用，内部结算、国内结算、国际结算已全面开展；二是创新符合超商、百货行业特色的资金集中管理个性化方案以及独具百联特色的“台中台，池中池”现金管理模式，打破了原先市外结算业务受限的瓶颈，顺利代办市外企业在市内银行的账户衔接，为成员企业解决外埠企业资金管控乏力的瓶颈，加快集团主业资金归集速度；三是聚力打通线上线下全渠道支付，构建契合集团商务电子化战略实施的结算清算新网络。

2015年，公司结算笔数约65.03万笔，结算金额约为人民币6 911亿元。公司紧跟集团发展步伐，以不断延伸的服务网络、不断强化的金融创新，铺就资金结算清算“高速公路”。

【业务创新】根据《关于企业集团财务公司试点产业链金融服务的指导意见》，为充分发挥财务公司支持实际经济发展的作用，解决中小微企业融资难、融资贵的难题，公司积极探索“互联网+金融”的供应链金融服务平台新模式，充分运用互联网思维，依托核心企业供应链数据，发挥财务公司金融牌照及专业优势，进行统一开发、统一营销、统一授信、统一贷款管理、统一风控和分润机制，为成员企业上游企业提供应收账款保理及票据融资服务。配套系统建设已完成，为供应链金融服务平台的运营提供了有力支撑。

【风险管理和内部控制】公司获批以接口报送方式加入中国人民银行征信系统（金融信用信息基础数据库），可进一步提升公司风险识别和管控能力，有效释放信用风险，更为完善供应链金融风控管理提供有力支撑。公司强调业务开展制度在先，以制度文化对业务操作固本清源。传统业务通过业务实际操作映射已有制度的有效性，创新业务通过制度拟定在先，规范业务操作、岗位设置，确保业务流程全覆盖。如拟开展的投资类业务，已数次修订完成包括交易对手管理办法、固定收益业务管理办法、债券管理办法、理财信托资管资产管理办法等在内的制度规范 11 项，真正发挥制度的规范效应。

2015 年，公司荣获中国人民银行上海分行年度中资金融机构金融机构统计考核三等奖，并蝉联上海市金融机构会计报表考核评比优胜奖，彰显了公司审慎负责、质优高效的工作作风，对外树立了良好的企业形象。

【人力资源管理】公司组织开展了“小创新大变化”的主题活动，旨在激发员工务实创新意识，提升公司创新发展动能。此次活动打破行政管理级别限制，增强了员工、部门间的协作，小到为节约一张纸而改进对账单打印格式的建议，大到年创利数百万元的票据业务模式创新，为公司业务拓展、风控合规、日常管理等诸多方面提供了创新转型的内生动力。

【信息化建设】公司遵照监管要求严防信息科技风险，于年内成立信息科技管理委员会及安全可控信息技术推进领导小组，有组织、有计划、分步骤循序开展渗透各业务环节的风险排查、包括异地备份、金融统计、城市金融网在内的应急演练，及时发现科技管理或有风险，完善极端情况的补救措施，确保业务稳定运营。

【企业文化建设】公司党群工作扎根企业文化土壤，通过组织员工运动会、摄影展、“活力团组织”等丰富多彩的活动加强员工交流，为参加集团“i 百联，秀风采”情景主持大赛，公司拍摄了《百联的“S2S”金融》企业形象宣传片。

中交财务有限公司

【经营概况】2015 年是中交财务有限公司（以下简称“公司”）实施三年规划的收官之年。公司按照全年工作部署，紧紧围绕中国交建生产经营管理中心，坚持以资金集中为主线，以控制风险为底线，巩固存量，发展增量，实现了经营规模快速发展和各项管理活动的稳健提升，较好地完成中国交建下达的各项经营目标，公司服务“五商中交”的能力和作用显著提升。截至 2015 年 12 月 31 日，公司资产总额 531.62 亿元，利润总额 2.44 亿元。

【信贷业务】公司注重合理配置信贷资源，创新金融服务品种。侧重支持集团的重点单位以及建设项目，为鹤大、港珠澳大桥、哈尔滨地铁、凤凰岛、福清、福州地铁等中国交建重大项目累计提供资金约 30 亿元。截至 2015 年 12 月 31 日，公司自营贷款余额 121 亿元，日均余额 81.50 亿元，分别较 2014 年底增长15.40%和16.70%。年内实现电票承兑业务重大突破，为集团优化负债结构、降低负债成本作出贡献。完善和优化信贷制度设计，为各主要成员单位增加授信额度，满足了其所属三级成员单位用信开票的需求，通过集中培训、宣传推广等措施，共计为成员单位开具电子汇票184笔，金额约12亿元，累计节省财务费用及融资费用超过0.17亿元。

【保险兼业代理业务】2015年，公司境内统保工作进展良好，实现了从局层面统保工作到区域层面统保工作的跨越。完成施工人员意外险、中小工程险和区域施工人员意外险统保创新试点工作。创新统保模式大幅推动了统保标准化进程。降低了保费支出，提高了投保效率并通过引入服务竞争的模式，保证了保险公司的服务质量。截至2015年12月31日，已完成项目218个，总体保费规模人民币3.74亿元，沟通赔案总计1 011件。已获得工程、人员意外赔付0.27亿元，船舶险赔付超过1亿元。实际发生业务应收保险兼业代理收入0.21亿元，完成实收代理费0.11亿元。

【资金和投资业务】公司坚持每周编制资金周报表和资金头寸表，及时调拨资金，保障了支付结算、存放同业以及缴存准备金等业务的顺利进行。各部门之间相互协调、相互监督，及时对准备金进行动态调整。2015年完成同业定期25笔，总金额94.50亿元，实现同业利息收入1.86亿元。

【资金集中】公司采取多种手段强化服务意识，提升服务质量，在巩固存量的基础上，着力发展增量，提高成员单位在财务公司进行资金归集和结算的意愿，上线自动支付系统，改变过去纯依靠人工处理付款业务的操作模式，由系统自动接收客户付款指令并匹配银行，大大提高了结算效率。加强与三级单位全面对接，全方位营造便利结算条件，培育结算习惯。从2015年9月开始，连续4个月实现公司资金集中度保持在30%以上。截至2015年底，在公司开户单位数达221户，较2014年底增加103户。全年完成结算20 174笔，金额6 292.60亿元，比2014年分别增加248%和170%。

【风险管理和内部控制】公司按照全面风险管理的要求，系统进行流程梳理，完成风险手册编制。搭建公司风险提示总体框架，明确公司基础业务标准流程。以月度为频率进行风险的定量指标限额监控，编写风险监控报告，进行风险提示和风险预警。制定风险识别方案，进行业务基础风险点识别。加强与对口监管部门沟通联络工作，按照人民银行的要求完成征信系统上线工作，顺利通过人民银行的现场与非现场验收。逐步加强内部控制，对公司多项业务、管理进行了专项审计，对内控制度的健全性、制度执行有效性的全面审计和评价；配合中国交建审计组对公司的首次审计，对审计中发现的问题，专门召开会议制定整改措施，落实整改责任。同时，组织工作人员对公司和办事处应该适用的制度体系、业务流程进行全面的梳理，消除制度的空白点，提高制度的适用性。

【人力资源管理】公司2015年共引进各类专业技术人才6名。有1名员工被评为高级会计师、3名员工获评中级职称，2名员工获评初级职称。选派301人次参加集团、行业协会等组织的各类培训班。同时，组织人员到优秀财务公司交流学习，不断提升员工的专业素质和工作能力。

【信息化建设】优化系统结构，重点解决公司原有系统分散、功能不完善、维护困难的问题。启动信息系统整合项目，实现原有资金结算系统与财务公司核心系统的硬件整合。从整体设计出发，建立了统一数据报送平台，在此平台上完成了1104报表、征信数据报送、人民银行数据报送系统，有效地保证了各项数据一致性及准确性。积极进行新系统建设。先后开发上线了票据承兑系统、网银指令自动处理系统、电子对账与回单系统。搭建公司远程视频会议系统。满足业务发展需要。启动数据备份项目，在保证业务数据本地备份的同时，实现了每日自动的异地备份，从而有效地防范了数据缺失的风险。

【企业文化建设】公司积极开展学习型组织创建活动。坚持以“财务公司大讲堂”活动为载体，对员工进行金融、债券、保险等方面业务的专题培训与学习，努力打造中交特色金融文化。加强对公司重点业务及工作动态的宣传，丰富公司内外网站和文化墙宣传栏建设。组织园博园健走活动，羽毛球、篮球比赛、“书香中交”征文、趣味运动会等形式多样的文体活动，加深了员工之间的交流，增强了员工们对企业的认同感和荣誉感，展现了公司员工良好的精神面貌。

山东黄金集团财务有限公司

【经营概况】2015 年，山东黄金集团财务有限公司（以下简称“公司”）依托“资金运营、金融服务、价值创造”三大平台的互助耦合，不断提升“四池一链”（现金池、票据池、保险池、投资池、贸易链融资）业务层次，为实现集团“十二五”规划圆满收官、推进集团快步迈入全球一流矿业公司提供了厚实可靠的金融支撑。截至 2015 年底，公司累计实现利润总额 1.03 亿元，归属母公司的净利润 0.76 亿元。资产总额 46.38 亿元，较年初增长 22.54 亿元，增幅 94.58%；负债总额 34.93 亿元，较年初增长 21.78 亿元，增幅 165.72%；吸收存款 34.47 亿元，较年初增长 21.45 亿元，增幅 164.54%；贷款（含贴现）22.41 亿元，较年初增长 7.21 亿元，增幅 47.42%；利润总额 1.03 亿元，同比增长 0.28 亿元，增幅 38.28%。

【信贷业务】2015 年，公司对成员单位发放贷款（含贴现）22.41 亿元，较年初增长 7.21 亿元，增幅 47.42%。同时，公司坚持以“绿色信贷”为抓手，积极调整信贷结构，为防范环境与社会风险作出了应有贡献。一是对集团矿山类成员单位的环境和社会风险进行动态评估与分类，并将相关结果作为其评级、信贷准入、资金管理的重要依据。在贷款“三查”、贷款定价等方面采取差别化的利率政策和风险管理措施。二是建立健全绿色信贷统计制度，完善了相关信贷管理系统，对从业人员和成员单位加强了绿色信贷培训和宣讲。三是密切跟踪已授信项目的设计、施工、竣工、运营等各环节，对不符合监管要求和环境准入的及时给予警示提醒。截至 2015 年 12 月底，公司为矿山企业提供的 19.85 亿元信贷资金，均未引发环境和社会风险。

【资金业务】一是融资授信规模继续放大。公司充分发挥集团统一融资授信和资金集中管理职能，资金协同效应不断增强。截至2015年底，集团整体授信总额达1 500亿元，公司同业授信总额达87亿元。二是存款及结算规模大幅增长。截至2015年底，存款规模达34.47亿元，较年初增长164.54%，资金结算量较同期增长87%，全年平均存款规模为28.04亿元，较上年增长105.42%。随着票据承兑及贴现业务的开展，票据保证金类存款逐步成为现金池资金稳步增长的重要来源。三是资金归集水平不断提升。对成员单位推行内部考核计价政策，针对央行连续降息，全面上浮各期限存款利率，最大程度让利于成员单位。推出资金多档次、期限多种类的存款产品，调动了成员单位的存款积极性，覆盖了归集盲点，新增15家归集单位。不断深化服务，实现对上市公司所属成员由间接到直联归集的方式优化。四是流动性管理更加积极主动。截至2015年底，累计完成头寸调拨370笔，人民币超额备付金率压缩至55.07%，较年初下降8.11%。五是同业存放收益得到有效提高。在全年同业利率大幅下降的情况下，积极寻找替代投资路径，切实增加了资金收益。截至2015年底，操作存放同业定期37笔共计43.80亿元，隔夜存款3笔共计6亿元，购买银行非固定期限保本保收益型理财产品7份共计10.40亿元，实现同业利息收入0.42亿元。

【票据业务】2015年，公司完成了票据池的搭建及运营，先后实现贴现、再贴现、转贴现、票据池及电票承兑等业务的突破。截至12月底，累计入池票据1.26亿元，办理质押开票近0.10亿元；办理票据直贴6.96亿元，加权平均贴现利率为4.95%，在利率下行的市场环境下保持了相对较高的水平，实现利息收入0.13亿元；办理再贴现0.70亿元、转贴现1.80亿元、电票承兑4.07亿元。一是优化票据池建设方案，明确成员单位在合作银行就近入池、集团统一调度的业务模式。二是从9家参评银行中优选出合作伙伴，为业务办理争取到最优惠条件，同时选取票据量大的赤峰地区为首个重点突破区域，于6月30日完成首期0.47亿元的票据入池。三是逐步丰富业务品种和扩大范围。赤峰地区除办理票据入池外，于9月开办票据质押换开业务。省内已选定盛大矿业为首批票据池运营单位，并协调中国银行莱州支行与其进行业务对接。四是6月23日获得中国人民银行电子票据业务的上线批复，可直连人民银行电票系统，实现票据业务的线上操作，公司票据业务的支付信用升级为银行信用，更有利于实现集团票据资源的集中管理和降低纸质票据管理风险。

【资金集中】2015年6月，全口径实际归集率首次突破50%，年底为60.10%，年内最高达74.02%，剔除客观不可归集资金后的归集率平均为88%，年底全口径归集率为88.36%。

【业务创新】一是“投资池”业务效益明显。公司进一步完善有价证券投资制度，拟定了有价证券投资业务的“五不准八不投原则”，建立了公司有价证券投资业务风险评价标准体系。2015年，公司用自有资金投资了保险兜底型保理理财产品及证券公司收益凭证等低风险的保本类产品共计5.25亿元，投资收益超过0.10亿元。为公司取得了良好的经济效益，提高了资金使用效率。二是“贸易链”业务实现突破。公司结合黄金矿山企业生产特性，主动与成员单位上下游客户联系，强化贸易链融资服务和推广力度，通过筛选资信良好的客户，了解融资意向，适时推出了保理业务。帮助成员单位降低融资成本的同时，优化了公司信贷产品结构，提高了议价能力，丰富了中间业务收入来源。截至2015年12月底，公司成功办理7笔国内保理业务，融资金额0.90亿元，实现中间业务收入45万元，利息收入531.08万余元，至少为成员单位节约了432万元（以基准利率测算）融资成本。

【风险管理和内部控制】一是继续优化公司治理。完成公司董事长、法人代表的变更工作，对高管人员进行调整补充，选举新的公司董事会和专业委员会。截至2015年12月底，共召开股东会1次、董事会19次、监事会1次、总经理办公会119次。二是启动内控体系建设。密切配合北京兴华咨询公司实施内控现状调研，建立了内部控制体系建设领导机构，明确体系建设责任部门，配置专（兼）职人员，明确了公司内部控制体系建设的具体内容、职责分工和工作程序。三是全面强化风险管理。组织撰写了《财务公司2015年风险指引》《财务公司2014年风险管理报告》《财务公司2014年审计稽核工作报告》《财务公司重大决策社会稳定机制建设方案》。四是开展日常业务自检。公司对照行业标准，在内部分部门、分业务条线开展自查自检工作，对发现的问题及时整改，对各项制度及风险点进行了全面梳理，形成整改报告报送监管部门。五是做好纪检监察工作。结合"一行三会"从业人员管理办法，建立健全公司廉洁从业档案，并开展了案件防范工作测试、反洗钱工作自查等工作。同时，加强纪检监察和廉洁从业的信息交流，定期收集经济信息、行业信息、监管信息、廉政信息，并编发电子专刊供全员警示学习，真正做到严以修身、严以用权。

【人力资源管理】一是圆满完成有价证券投资、票据业务等管理岗位招聘工作，为公司储备了实用型人才资源；二是积极完成集团交办的财务顾问项目，为集团提供了高质量的关于设立小额贷款公司、融资租赁公司的可行性研究报告以及地产旅游基金设立方案等；三是在《金融理论与教学》《中国财务公司》《山东国资》等核心期刊以及中国财务公司协会官网上刊发了有关财务公司职能及创新、"四池一链"建设、投资银行业务模式探讨等学术文章和信息通讯，有效提升了"山东黄金"品牌在财务公司业内的影响力和美誉度；四是参与配合人民银行济南分行进行"企业集团财务公司在山东经济发展中的作用"等课题的研究工作。

【信息化建设】一是根据监管要求和业务开展实际，整体完善信息系统建设，实现九恒星系统二期模块上线、电票系统、集团NC系统对接、人民银行大集中报表系统等项目落地；二是启动网络安全优化建设，对网络系统进行加固优化，清除巡检死角，进一步增强网络安全防护措施，增置桌面管理系统、文件加密系统、漏洞扫描系统、日志审计系统、数据库审计系统，并加强日常巡检运维，有效降低操作风险，不断提高内部管控水平和刚性约束力。

【企业文化建设】一是注重弘扬集团文化，积极宣贯集团新的文化价值体系；二是成功举办两期"员工成长讲坛"，全员对保险规划、投资理财、黄金租赁业务、风险管控、合规运营等进行了系统学习，开拓了员工视野，拓宽了员工知识面，对提升员工综合素质、改善知识结构起到了促进作用；三是开展了主题为"缅怀五四精神，凝聚团队力量"的户外拓展活动，进一步培养了员工的团结协作能力和创新思维能力，凝聚了全体员工干事创业的良好团队风貌。

中国平煤神马集团财务有限责任公司

【经营概况】2015 年，中国平煤神马集团财务有限责任公司（以下简称“公司”）贯彻落实集团公司工作会议部署，主动适应经济发展新常态，以提高发展质量效益为中心，充分发挥“金融服务平台、资金集中服务中心、产业融资服务中心、金融投资服务中心”四项职能，全力防范化解风险，全力推进资金集中，全力拓展业务范围，全力推进工作创新，着力做好经营管理各项工作，推动了各项业务又好又快发展。2015 年末，公司资产总额 77.90 亿元，负债66.83 亿元，所有者权益 11.08 亿元，全年实现营业收入 1.58 亿元，利润 1.16 亿元，各项监管指标持续达到监管要求。

【信贷业务】2015 年，公司积极贯彻国家宏观调控政策，持续加大对集团公司优势产业、重点项目的支持力度，全年授信单位 18 家，贴现业务覆盖成员单位由年初的 22 家增加到 40 家。办理各项贷款 50.44 亿元，其中流动资金贷款 11.4 亿元、票据贴现 39.04 亿元，缓解了成员单位贷款难、担保难、融资难等多重问题，支持集团公司完善多元支撑、协同发展的产业新格局。截至 2015 年末，财务公司贷款余额 28.70 亿元。

【票据业务】2015 年 1 月成功签发了首张 0.30 亿元电子银行承兑汇票，实现了电票业务零的突破。围绕电票业务平台，2015 年公司开展了电票承兑、电票贴现、电票质押拆分等新业务，累计为平顶山天安煤业股份有限公司、平煤神马机械装备集团有限公司和中国平煤神马集团平顶山信息通信技术开发公司等成员单位签发电票 4.83 亿元，办理电票质押拆分 1.01 亿元，降低集团票据保管成本，提高资金结算效率，推进公司业务发展升级。

【资金集中】一是结合集团公司实际，制定了集团资金集中管理、票据集中管理和票据安全管理补充措施，进一步规范资金集中管理，规范集团票据池运作秩序，确保集团公司资金安全。二是配合集团资金结算中心，对河南省许平煤业有限公司、平顶山市瑞平煤电有限公司和平煤神马建工集团有限公司等成员单位开展了货币资金专项检查，及时清理各类长期休眠和非直连银行账户，确保成员单位银行账户实时受到集团监控，落实集团资金集中管理措施，巩固提升资金集中度。截至 2015 年末，财务公司开户单位 234 家，开立账户 279 个。

【风险管理和内部控制】一是根据业务发展需要和监管部门最新法规及要求，进一步建立健全了各项管理制度和业务操作规程，出台了《签发电子商业汇票业务操作流程》《洗钱风险自评估办法》《融资性担保公司信用风险管理办法（暂行）》和《存款利率定价管理办法（试行）》，为有效防范风险提供了制度保障。二是根据平顶山银监分局安排部署，陆续开展了加强内部管控遏制违规经营和违法犯罪工作自查、防范不法分子采用非正常手段转移挪用企业存款风险专项检查、营业区消防安全管理全面排查、不稳定因素风险排查、柜面业务操作风险排查等工作，提升内部管控水平和员工的合规经营理念，消除安全隐患，防范各类不稳定因素发生。三是按照《事后审查业务开展办法》要求，开展事后审计10余次，对资金结算业务、信贷业务、票据池业务、计财业务、信息科技业务和对账管理业务进行了事后审查，规范资金运作，监控前台业务操作性风险。

【人力资源管理】在对外交流方面，与一拖集团财务公司、马钢集团财务公司、酒钢集团财务公司、天瑞集团财务公司和双汇集团财务公司筹备组进行了广泛的业务交流，增进同业间交流与合作，拓宽发展视野。

在培训管理方面，一是建立了集中学习制度，2015年以来组织了商业银行票据贴现业务培训、《河南银行业金融机构从业人员三十个严禁》解读等各类培训学习11次，研究学习监管部门、集团公司最新出台的政策、文件，把握最新理论知识和经济走势，进一步提高服务水平。二是参加了中国财务公司协会组织的行业统计分析系统培训、“全球企业财资管理—国际司库管理最佳实践”培训、全面风险管理培训，学习行业先进管理经验，不断提高员工综合素质。

【信息化建设】一是制定2015年重要信息系统应急演练计划，开展了信息科技系统应急演练，涵盖应用服务器切换、消防、电源、模拟网络攻击等内容，进一步提高应对突发事故的处置能力，确保集团公司支付结算安全、流畅。二是补充采购了安全网关、备用防火墙等机房设备和配件，持续完善基础设施建设，进一步提高信息科技系统的运行连续性和整体稳定性。

中开财务有限公司

【经营概况】2015年，中开财务有限公司（以下简称“公司”）紧密围绕集团发展战略和公司经营目标，牢固贯彻“立足集团、服务集团、规范运营、稳健发展”的经营方针，对内加强管理，在不断提高资金归集率的同时提升资金管理水平和运营能力，对外寻求突破，积极研究探索新业务，大力支持集团转型升级，充分发挥自身非银行金融机构的职能，为集团和成员单位提供了优质、高效、全方位的金融服务。截至2015年底，公司资产总额42.28亿元，吸收存款余额36.50亿元，贷款余额9.31亿元；实现营业收入0.96亿元，净利润0.32亿元；全口径平均资金归集率62.30%，同比增长了4.60个百分点；不良贷款率和不良资产率均为零，各项监管指标均符合监管要求。

【信贷业务】2015年，公司根据集团发展战略和相关业务发展的需要，不断丰富业务品种，为集团成员单位和集团重要项目提供了及时有力的资金支持。公司全年累计发放自营贷款29笔，共计12.58亿元；全年累计新增授信客户3个，新增授信额度4.98亿元；截至2015年底，公司贷款余额9.31亿元，同比增加1.20亿元。

【资金和投资业务】公司在保证成员单位付款流动性的基础上，继续开展存放同业业务。截至2015年底，公司全年共开展存放同业业务65笔，总交易金额达105.50亿元，取得金融机构往来利息收入0.41亿元，最高年化利率5.60%，综合年化利率3.58%。同时，为提高沉淀资金收益率，提升集团资金整体使用效率，在取得相关业务资格及确保风险可控的前提下，公司合法合规地开展了投资业务。公司专门设立了投资决策委员会，并制定了《投资决策委员会工作规则》《投资业务管理办法》等规章制度，对投资业务进行了规范。截至2015年底，累计开展投资业务25笔，平均投资期限49.89天，累计交易金额共计16.73亿元，取得投资收益0.06亿元，投资业务品种及投资业务规模均符合监管要求。

【票据业务】2015年，公司进一步推广电子商业汇票业务，全年累计为成员单位开立电子商业汇票223笔，累计金额1.61亿元，同比增加1.18亿元；办理票据贴现业务64笔，累计金额0.47亿元，同比增加0.29亿元。

【资金集中】2015年，公司继续强化资金集中管理，优化资金管理系统功能，提升金融服务水平，夯实业务发展基础。一是高效地完成了与农业银行的银企直连工作，将直连银行数量提高到7家，为提升成员单位的资金归集率奠定了基础；二是针对部分成员单位提出的个性化需求进行公司业务系统的深度开发，并在2015年底完成了现金管理系统项目的上线测试和业务培训工作，提前达成工作目标。截至2015年底，全年累计办理各类结算业务3.65万笔，累计结算金额1272亿元；全年日均存款19.93亿元，同比增长29.7%；全口径平均资金归集率为62.30%，同比增长了4.60个百分点。

【业务创新】2015年，公司加快业务创新发展研究步伐。一是成功获批加入全国银行间债券市场和同业拆借市场，进一步拓宽了公司的投融资渠道；二是成功加入了中国人民银行电子商业汇票系统，提高了业务处理效率，更好地为集团成员单位服务；三是积极探索研究供应链金融业务，完成了针对集团成员单位供应链管理的调查问卷工作，并在此基础上筹备召开“中开财务供应链金融业务研讨会”，为后续的金融服务产品研发、落地和推广打下了坚实的基础。

【风险管理和内部控制】2015年，公司继续强化风险管理和内部控制工作，制度体系更加完善，内控管理制度基础更加牢固。首先，公司根据《企业集团财务公司管理办法》等法律法规及业务发展需要，对现有制度进行了补充、完善。截至2015年底，公司梳理、补充、完善各类制度共计87项，全面覆盖了各项经营、管理活动，且具有一定的前瞻性。其次，公司对2014年度信贷类及非信贷类资产五级分类流程进行了审计，对截至2014年末在公司贷款尚有余额的十家成员单位的信贷类资产进行了核查，达到了外部监管要求；同时，强化事后监督机制，监督日常业务的各个环节，及时纠正差错，防范风险事故的发生，保证公司日常业务的合规运行。公司还根据监管机关对公司检查提出的要求，对相关制度进行了完善，确保了公司内部审计稽核流程的完整性和合规性。

【人力资源管理】2015年，公司根据业务发展需求，通过外部引进、内部轮岗、培训交流等多种方式，不断优化人才队伍，持续打造精简高效的专业化团队。公司积极组织员工参加各类基础业务培训，并通过邀请专业银行、软件技术公司等外部机构开展一系列的业务培训与业务交流，提升了公司员工的专业技能和职业素养，增强了工作的针对性和前瞻性。同时，公司还研究及制定了更为科学和市场化的薪酬激励机制来吸引人才和留住人才。

【信息化建设】2015 年，公司信息化建设在“安全、稳定、高效”的基础上和“业务需求主导”的原则下开展。一是根据集团财务系统一体化的思想，进行资金管理业务系统与财务系统的数据对接；二是按照中国人民银行的要求开发企业征信系统；三是根据集团成员单位的实际需求，开发与中国农业银行的直连接口，拓展了新的平台；四是为了提高成员单位的办公效率，公司还开发了支持移动端办公的服务平台；五是完成了现金管理平台项目的上线测试和业务培训工作。

【企业文化建设】2015 年，公司秉承中国南山集团“敬业、务实、创新、卓越”的企业精神，坚守“客户至上，追求卓越”的服务理念，不断地通过金融创新、价值创造为集团和成员单位提供便捷、灵活、高效、优质的金融服务，践行中国南山集团产融结合之路。为了加强公司与成员单位沟通交流，宣传公司的服务品牌，普及前沿金融知识，2015 年全年公司共编辑内部刊物《中开金融》6 期，内容包含金融资讯、行业新闻、宏观经济数据、中开大事记等数个板块，受到各成员单位的好评。此外，为了打造“快乐工作、幸福生活”的文化氛围，公司先后组织了体检、旅游、员工生日会、扑克比赛、登山等活动，有效宣传了企业文化，提升了团队凝聚力，加强了与成员单位之间的沟通，为丰富员工业余文化生活、建设积极向上的企业文化起到积极推动作用。

四川长虹集团财务有限公司

【经营概况】2015 年，四川长虹集团财务有限公司（以下简称“公司”）继续围绕“依托集团、服务产业、规范经营、稳健发展”的经营方针，不断提高资金集中度，全面提升资金运营能力、取得了良好的经营业绩，截至 2015 年末，资产总额 92.76 亿元，比年初增长 32.50%，其中各项贷款余额（含贴现）64.06 亿元，比年初增加 37.35 亿元，增长 139.84%；负债总额 81.49 亿元，比年初增加 22.11 亿元，增长 37.23%，其中各项存款余额 71.84 亿元，比年初增加 19.62 亿元，增长 37.57%；资金归集度达 60.68%，比年初增长 27%，创历史最好水平；实现净利润 0.65 亿元，比上年增加 0.16 亿元，增长 33.92%；所有者权益 11.26 亿元，比年初增加 0.65 亿元，增长 6.13%。

【信贷业务】公司在信贷政策上围绕集团智能战略，积极支持产品有市场、有效益、有发展前景的科技型产业的发展。截至2015年12月31日，共对42家成员单位开展贷款、贴现、开票等用途的授信，共计124.90亿元，授信面占在财务公司开户单位的42%，授信单位和授信金额分别比上年同期增长27%和168%。累计发放贷款85.10亿元，贷款余额64.06亿元，分别比2014年同期增长176.30%和139.80%。

【资金和投资业务】公司充分发挥金融职能，利用各种手段，为集团产业发展筹措更多的低成本资金。积极加入全国银行间同业拆借市场，多次到人民银行上海总部汇报，用最短的时间获得了加入同业拆借市场的资格，从7月上旬加入后到年底累计拆入资金275亿元，日均1.79亿元。与国家开发银行、农业银行、工商银行、中国邮政储蓄银行、绵商银行等金融机构联系同业拆借事宜，进一步扩大同业拆借合作对象；同时积极贯彻执行人民银行的货币政策，大力支持科技型实体经济发展，被人民银行确定为“科技金融服务中心”“科票通”试点金融机构。

【票据业务】2015年，财务公司将发展票据业务作为工作重点。积极推广公司电票，发行长虹信用。通过建立票据池、免收开票手续费、召开培训会、印发宣传资料、在客户商大会上专题宣讲等方式推广财务公司电票。全年共签发承兑汇票3 573笔，金额38.80亿元，余额21.80亿元，分别比上年增长250%、410%、166%；同时大力开展票据贴现业务，全年共办理票据贴现58.43亿元，余额18.82亿元，分别比同期增长106%和85%。努力提升金融机构对财务公司电票的接受度，积极与外部金融机构合作，通过开展同业授信、同业存放、票据转贴现等业务，推广、宣传财务公司电票业务，截至12月31日有21家外部金融机构接受财务公司票据，比年初增加了10家，增长91%。

【外汇业务】公司外汇管理系统正式上线，实现了外币的收款、付款、贷款、归集等方面的核算以及结算售汇的管理。

【资金集中】资金归集工作是公司发展的基础。集团高度重视资金归集工作，为了充分利用上市公司资源，提高归集度，年初对公司董事长进行了调整，加强对资金归集工作的领导；8月又将集团财务部资金处的职能和人员整体划转到财务公司管理，增强公司在集团资金管控能力。公司董事长坚持按月听取工作汇报，按月调整制定资金归集策略，按月确定资金归集目标；制定了详细的资金归集方案，实行按时间倒排方式，逐项落实推进。年末资金归集度达60.68%，创造了公司开业以来的新高，远远超过了全国平均水平。

【业务创新】一是创新票据融资业务，成功开通电子商业汇票再贴现业务，2015年共做电票再贴现18.06亿元；二是票据池业务创新，公司托管成员单位票据池，有效降低监管担保比指标对公司开票规模的影响，为公司增开16亿元承兑规模；三是正式开通全国同业资金市场拆借业务，6月，公司成功加入全国银行同业资金拆借市场，顺利完成全国同业资金市场拆借业务的线上线下贯通，正式办理拆借业务，大大有利于公司资金头寸管理和业务的快速发展。

【风险管理和内部控制】2015年，公司始终把风险防范作为工作重点，起到了为业务发展保驾护航的作用。充实了风控人员，年初从其他金融机构和集团审计部选拔了长期从事风险管理、审计工作的人员充实到风险管理部和审计稽核部工作，增强了风险防控力量；由风控牵头组织各部门制定、审核、修订、审查各项规章制度，共完成新增规章制度16项，审核修订规章制度14项，使每项工作都在制度的约束监督之下，做到了制度先行原则；与集团审计部联系，开展了对公司法人治理、信贷业务合规性审计，保证了业务的审慎、合规发展；风控部定期检查并分析业务部门的风险管理情况，提出健全制度、规范流程、堵塞漏洞的措施和方案，并协调相关部门制定相应的整改措施切实整改；严格授信、贷款、贴现业务的审查，全方位了解收集成员单位各种生产经营信息和金融需求情况，全年共完成了47项贷审会工作，未出现一笔不良贷款或不良资产；加强对重控的盘存，做到每周不定期对结算部票据业务进行监盘，其中自有票据盘存每周达100%，托管票据按月达60%，保证了公司重控账实相符；层层落实案件防控责任，保证了全年无案件发生。

【人力资源管理】积极鼓励职工结合岗位工作，开展创新思考，在每周一的晨会上与全体职工分享，年终根据创新落实后给业务带来成效大小给予一定的奖励，在公司形成人人创新的氛围；按照缺什么补什么的原则，加强对职工的业务技能培训，推荐部分员工参加中国财务公司协会、人民银行、银监的业务培训，组织业务骨干到先进的财务公司学习，以此提高全体员工的业务水平；严格管理，提高服务质量，继续实行周晨会、周例会制度；重新制定了考勤管理办法、绩效考核办法，坚持上下班打卡；对违规违纪严格考核，起到了警示和惩处作用。

【信息化建设】公司于2015年7月成功加入全国银行间同业拆借市场，接入操作系统，正式开办同业拆借业务。8月，公司通过拜特系统实现了与人民银行征信中心系统接口直连；完成了银监的贸易背景真实性系统的接入和使用。在安全方面，2015年，公司进一步细化了运维服务管理，重点抓好“三大安全”排查。首先是硬件安全，包括防雷、防火、防盗和电源连接等；其次是网络安全，包括网络结构、安全日志管理、密码管理、IP管理、互联网行为管理等；最后是应用安全，包括网络、邮件系统、资源库管理、软件管理等，确保了全年信息系统安全稳定运行。

【企业文化建设】积极把长虹“让客户、员工、股东三满意”和“岗位有我就能、不作为就下位”“刚性绩效考核”等企业文化传输给员工，让员工真实感受到四川第一大型国企丰富的企业文化；督促公司党支部发挥战斗堡垒和带头引领作用，先后开展了党员承诺践诺、党员示范班组和党员示范岗、师带徒结对子、义务植树、送金融知识进工厂等具有特殊意义的活动，以此增强员工的责任感、使命感，激发员工奋发有为、刻苦工作的活力；工会积极开展爬山、乒乓球、跳绳、羽毛球、广场舞等健康有益的集体活动，增强员工的归宿感及团结互助、和谐共事精神，提升员工身体素质，从而以昂扬的斗志、饱满的热情、旺盛的精力投入到工作当中。

创维集团财务有限公司

【经营概况】2015年，创维集团财务有限公司（以下简称“公司”）始终坚持“立足集团、服务成员、产融结合、共赢发展”的宗旨，为成员单位提供金融专业服务，有效促进了集团产业与公司金融服务业的优势互补，实现共同发展。截至2015年末，公司从业人员44人，比年初增加10人，在公司开户并办理业务的成员单位65家。2015年3月，公司获得银监会批复新增“承销成员单位的企业债券”“固定收益类有价证券投资”及“成员单位产品的消费信贷及买方信贷”三项业务范围资格。9月，创维产业链金融平台系统投入使用，实现了买方信贷业务线上化。9月，获批接入中国人民银行征信查询系统，有助于提升客户信用风险识别能力。截至2015年末，公司资产总额64.14亿元，负债总额52.63亿元，表外业务105.87亿元，净利润1.09亿元，各项监管指标均符合监管要求。

【信贷业务】2015年，公司为集团成员单位量身打造、提供综合授信服务，即根据成员单位经营特点、资金需求及未来发展方向，依据成员单位财务报表、经营状况等进行综合评估，对成员单位核定年度综合授信额度，在授信额度内成员单位可申请流动资金贷款、项目贷款、开立承兑票据、保函等业务。截至2015年末，公司共向31家成员单位合计综合授信134亿元，2015年累计放款86.80亿元。

【买方信贷业务】2015年3月，公司获得了银监会批准的买方信贷业务资格，不仅为创维产品经销商提供资金支持，解决了中小企业贷款难的问题，而且为拓宽创维产品销售渠道提供有力支持，体现了服务集团、产融结合的理念。创维产业链下游经销商超过10 000家，且大部分客户为中小企业，在经济整体下滑的情况下，银行信贷趋于紧缩，这些企业陷入“融资难”困境，极大阻碍了下游企业进一步发展壮大。而买方信贷能有效突破传统银行对此类中小企业的贷款局限性，拓宽融资渠道，提供强有力的资金支持。截至2015年末，买方信贷贷款余额突破5.80亿元，申请贷款经销商达500余家。

【资金业务】为实现集团资金的集中管理，公司陆续建立了本币池、票据池及外币池三大资金管理平台，实现了本外币跨境融资、双向调拨、流通，提高资金使用效率，拓展融资渠道，降低财务成本，资金集中管理水平进入全国同行业前列。成员单位资金集中度大幅提升至95%以上、成员单位负债总额大幅降低近30亿元。

【票据业务】自2014年公司取得直连人民银行ECDS系统资格、公司实行票据集中管理以来，票据池管理成效突出，效率和质量持续改进，财务公司电票推广率达到98%，2015年累计电票约1.6万张，不仅节约了大量的人力成本，而且在节省敞口费和降低集团财务费用方面成效显著。公司开立的电子承兑汇票已在全国流通，进一步提升了创维品牌的整体形象，强化了创维品牌的信用。

【外汇业务】外币集中收付汇系统于2015年3月底上线，外币资金集中收付汇比例超过95%。公司实行外汇集中管理后，打破了成员单位之间的外汇管制，全面提升了集团外汇资金的使用效率，同时在避免汇率波动对融资的影响、降低成员企业的资金成本方面发挥了巨大作用。2015年8月汇率新政实施后，人民币贬值超过3%，为有史以来最大单日贬值，公司凭借准确判断汇率走势，提前完成债务置换，规避了重大汇兑损失。

【业务创新】2015年，公司创新业务品种，提升金融服务水平。一是开展买方信贷业务，买方信贷业务是产融结合的一大创新，在服务实体经济，降低下游企业融资成本，缓解中小企业融资困难，提升产业链整体竞争力方面发挥巨大作用。2015年3月，公司获得了银监会批准的买方信贷业务资格，核准当月即开始组建买方信贷团队；同年5月公司深入全国各地营销分公司开展买方信贷推介会，现场为经销商服务；同年9月互联网金融平台——创维产业链金融平台系统上线，实现了买方信贷业务线上化。通过买方信贷业务的推广，公司实现了规模与利润的增长，分公司实现了经营业绩的提升，经销商实现了转型与发展，真正实现了“产融结合，共赢发展”的局面。二是大力推广电子承兑汇票业务，设立银行虚拟账户等，通过采取系列创新工具与措施，为各成员单位提供了专业、方便、快捷的资金管理服务。

【风险管理和内部控制】2015年，公司对《制度汇编》进行了两次重大修订，新增或修订的制度共计60多项，全面涵盖公司治理、结算、信贷、风控、信息科技等方面，为合规经营、稳健发展、防范风险提供了有力的保障。公司治理方面，明确了董事会及各委员会构成、职权及议事规则，并严格落实执行；建立了新的绩效考核体系，将合规经营类指标纳入绩效考核体系，与薪酬相挂钩。风险控制方面，确定了“信用风险”“流动性风险”“市场风险”等各类风险动态监控指标。2015年，公司接受银监局现场检查一次，公司整体的依法合规经营水平得到提高。

【人力资源管理】公司构建了以结算、信贷、风控为核心组织模块，以计财、IT、行政人事为辅助组织模块的公司组织管理架构。截至2015年末，公司在编共44名员工，其中海归3人，硕士8人，本科及以上学历占90%以上。2015年新引进高管2名，经理级人员3名，公司专业金融团队的构建已初具成效。在薪酬激励方面，参照金融行业经验，制定薪酬制度及激励机制，以人为本，积极改善员工福利，建立业绩导向的激励机制，形成公平公正文化。

【信息化建设】2015年，公司持续加大信息化建设的投入与步伐。一是投入虚拟化体系的平台应用，逐步迁移核心系统到虚拟化环境，提升系统稳定性和安全性；二是公司自建CA证书中心，降低企业内部数字证书使用成本，提升数字证书的综合性使用能力；三是上线外汇资金系统，实现了外币统一支付；四是上线产业链金融平台系统，将创维集团ERP系统与财务公司资金系统、信贷业务系统相结合，从而实现买方信贷业务从贷款申请、贷款审批到最终完成放款的在线办理，有效地节省了时间成本、提高了业务效率，实现了信贷业务互联网化，助力成员单位业务的良性发展。

【企业文化建设】2015年，将文化建设作为公司的软实力打造，采取了一系列创新。一是通过设置业绩为导向的增长奖与晋升机制、建立员工在职学习奖励措施与学习乐园、统一着装与对外形象、设立总经理接待日等一系列措施，初步建立了竞争文化、学习文化、创新文化，形成了互助互爱、积极乐观的团队文化氛围。二是福利体系的构建。公司员工福利除节假日福利、交通、餐饮、住宿补贴外，还设立了文化墙、每周下午茶、每月生日会、一年两次旅游、一次拓展等。

江苏国泰财务有限公司

【经营概况】 江苏国泰财务有限公司（以下简称“公司”）通过提供优质的金融服务，提高集团资金集约化和资金营运效率。2015年，公司存款、贷款、保险代理、票据、海关税款保付保函和代理进口信用证、外汇等各项业务稳步开展。截至2015年12月31日，公司资产规模23.33亿元，存款余额17.88亿元，贷款余额5.60亿元，实现利润0.29亿元。

【信贷业务】 2015年，公司共发放自营贷款共计7.80亿元，年末余额5.60亿元；发放委托贷款共计7.18亿元，年末余额4.58亿元。贷款业务的开展降低了集团整体资金成本，增强了集团成员单位资金流动性，有效提高了资金利用率。

【资金和投资业务】 2015年，公司通过合理调度资金，开展存放业务67笔，存放资金量达到87.55亿元，实现定期利息收入0.12亿元。公司及时与同业互动，实时捕捉市场敏感价格信息，落实存放同业询价机制，通过有效控制和统一调度，利用沉淀资金积极办理同业存放业务，提高了冗余资金的效益，发挥了财务公司资金池作用。

【票据业务】 2015年1月，公司与中信银行合作开具了首张电子银行承兑汇票，并于6月顺利承兑，实现了公司电子商业票据承兑业务零突破。通过为成员单位开出电子银行承兑汇票，丰富了成员单位的结算方式，提高了票据保证金存款的归集率，同时也缓解了成员单位的资金压力。

【外汇业务】 公司2014年4月正式试点运作跨国公司外汇资金集中运营，累计实现外币资金结算量68.96亿美元，2015年末境内外币资金归集量30.16亿美元，提高了公司资金归集率。外币资金池的建立，使公司在提高资金归集率的同时，取得了一定的外汇业务操作经验，为申请及开展外币开证业务和取得外汇结售汇资格奠定了基础。

【资金集中】 截至2015年末，公司存款余额17.88亿元，资金集中度为55.62%，比2014年末提高了5%。公司积极推进系统直连、NC内部网银支付，扩大资金归集范围，截至2015年末，归集成员单位银行账户150个（其中人民币户124个，外币户26个）。公司大力推行海关保函，代开银票业务，积极推进电票业务，通过中信银行系统间联接入人民银行电子商业汇票系统，逐步归集成员单位保证金存款。通过外币资金池的建设，吸收大量外币资金，2015 年末存款余额中外币折算人民币为 2.52 亿元。

【业务创新】公司作为跨国公司总部外汇资金集中运营试点单位，通过开展外币资金归集、申请营运资金购汇资格、扩充试点合作银行范围，实行外债比例自律管理等工作，提高了公司资金集中度，深化了银企战略合作关系，并逐步为将来公司结售汇业务的开展打下坚持的基础。积极开展代理同业开证业务，突破同业外汇代理合作新模式，2015 年 12 月成功开出了首笔代理进口信用证，实现了公司在代开信用证业务领域零的突破，为进一步拓展公司外汇业务奠定了基础，并为集团成员单位提供了全新的国际结算工具及短期融资渠道。创新融资渠道，丰富服务手段，进一步解决成员单位中小企业融资难、融资贵问题，拓宽融资渠道，2015 年 9 月公司顺利通过中征应收账款融资服务平台，以应收账款债权作质押，实现了公司对成员单位贷款的发放，开辟了成员单位融资新渠道。

【风险管理和内部控制】公司持续完善内控制度建设，2015 年制定、修订了 14 项制度；同时公司持续更新完善《财务公司法律法律汇编》，更新后公司共收编 43 项财务公司及商业银行相关法律法规。充分发挥稽核部门后台稽核职能，加强对业务部门和业务环节的合规检查，2015 年共开展 15 次稽核检查，并提出整改意见，持续跟踪、督促整改，确保风险可控。积极开展合规建设，有效推进公司业务风险的防范和管理水平的提升。

【人力资源管理】公司积极推进人员持证上岗制度，鼓励新员工参加会计、银行业从业资格考试，全面提升公司员工人员专业素质。建立定期学习培训制度，坚持周末全员集中学习制度，考学结合、以考促学，通过集中学习，加强员工合规意识，全面提升员工综合业务素质。加强与同行、同业的学习交流，积极参加银监、人民银行和中国财务公司协会等部门组织的各类培训活动，参与行业间交流及课题研究，充分利用各种学习机会，提高公司从业人员的专业性。

【信息化建设】积极做好信息系统的维保工作，不断完善信息系统功能，改善系统的可操作性、安全性与稳定性，提高成员单位的资金流转效率。全面推广公司网银系统，严格按照客商导入、操作培训、ERP 系统对接、上线实时指导、正式上线的步骤有序推进，于 11 月顺利实现全面上线，进一步促进了集成网银支付的稳定性和成功性。根据信息安全等级评测专业公司的建议，制定了切实可行信息安全整改方案，并按照整改方案进行了机房线路、设备与网络环境整顿，加强了后台监控和记录操作，开展机房日常巡检，组织安全演练和报警测试，确保公司信息系统的稳定、便捷、安全。

【企业文化建设】公司致力于营造和谐美好的工作氛围，积极组织员工参加集团举办的运动会、书法绘画大赛等各类文体活动，丰富员工业余生活，增强组织力、凝聚力。同时，组织员工投身于义务献血、爱心捐赠等社会公益活动，为建设美好国泰营造良好的企业文化氛围。

亨通财务有限公司

【经营概况】2015年，亨通财务有限公司（以下简称“公司”）认真贯彻集团“进一步提升资金管控能力，通过财务公司合理确定各公司正常流动资金需求，严格控制不合理资金占用”精神，以服务于集团经营发展和资金统筹管理为主线，不断完善法人治理结构、健全制度、完善流程、管控风险，推动业务体系和平台体系建设，巩固提升了作为集团资金归集平台、资金结算平台、资金监控平台和金融服务平台的职能作用。

截至2015年末，公司总资产19.84亿元，负债总额16.32亿元，所有者权益3.52亿元；全年实现营业收入0.50亿元；营业利润总额0.39亿元，净利润0.29亿元；资本充足率为24.86%；流动性比率为64.51%；资产损失准备充足率和贷款损失准备充足率均为100%；不良率为零。各项指标均符合监管要求。

【信贷业务】在履行好集团资金集中管理职能、确保集团资金链畅通的同时，全力以赴抓好自营业务。2015年累计为18家成员企业授信，授信额度19.10亿元；发放自营贷款27.56亿元，年底余额9.19亿元；发放委托贷款10.27亿元，年底余额2.75亿元；2015年新增商票保贴、代开电票、代开银票等新业务，累计办理银票贴现34.22亿元，办理商票贴现0.86亿元，办理转贴34.17亿元。

【资金管理】发挥公司“金融”牌照的优势，在确保资金安全性和流动性前提下，开展同业往来业务，2015年实现存放同业活期利息收入0.08亿元，加权平均年化利率1.91%，办理同业定期存款21笔，合计17.90亿元，取得利息收入近0.02亿元。公司存放同业定期存款平均年化收益率达3.51%，极大提高了冗余资金效益。

【资金集中】截至2015年末，公司开户成员单位44家，归集资金账户112个；年末成员单位存款余额16.21亿元；全年日均归集额为9.75亿元，同比增加2.31亿元；资金集中度进一步提高，全部资金归集率37.18%，可用资金归集率达63.11%。明确统一代理支付原则，2015年为集团成员代理支付交易量597亿元、44 285笔，其中内部转账交易量224.37亿元、1 909笔，为成员单位节省往来交易手续费30余万元。

【风险管理和内部控制】公司建立了股东会、董事会、监事会，法人治理结构健全，分工合理、责任明确。完善的授权体系可以有效地防范公司业务开展过程中的各类风险。2015年累计召开2次股东会、4次董事会和6次专门委员会会议，对公司的发展战略、内部组织架构、授信额度、管理规则、制度流程等进行充分研究并形成决议。

按照全覆盖、分级授权、严防风险的理念，全面制定了公司管理、业务制度。2015年，公司对制度汇编进行了梳理修订，共修订相关制度59个，新增制度3个。本次制度梳理后，公司现有制度汇编共计5类77项，其中法人治理类11项、业务管理类19项，风险合规类18项、会计类12项、综合管理类17项。

加强日常风险管控工作，认真做好经营风险指标监测和客户风险评级，做好授信、放款、贴现等审查与合规检查工作，全年共召开贷审会议14次，风控会议2次，完成12家放款企业的贷后走访工作。总体上，初步建立了结算业务、信贷业务、风险管控、内部稽核、信息系统多位一体的内部控制体系，建立了审贷分离、分级审批的贷款业务流程，在风险控制上符合监管机构的内控合规要求，合规风险和操作风险处在可控范围之内。

【人力资源管理】贯彻执行集团“引得进、育得出、用得好、留得住”的人才理念，制定人才培养计划和后备梯队方案，修订出台了薪酬管理办法，利用员工生日会和各项文体活动增进员工感情交流，员工凝聚力和归属感进一步增强。2015年，从外部银行金融机构新引进3名管理人员，拥有银行从业经历员工比例占比达三分之一。注重学习培训工作，建立了培训制度和内训师队伍，利用网络在线学习平台和内部培训加强企业文化及业务知识学习，2015年先后安排5人次参加中国财务公司协会组织的风险管理、结算基础业务和信贷基础业务培训，提高从业人员专业能力和业务技能。

【信息化建设】依据核心系统建设的总体规划，顺利完成软通动力项目二期第一阶段工作，实现同业往来、票据管理、征信报送、电子签章、领导查询、人民银行反洗钱系统上线应用。同时随着新业务的推进开展，在原定项目计划基础上，新增存放同业、电子票据以及代开银票的业务梳理及实现的确认。完成全集团各成员单位的网上银行系统的推广应用，代理支付模式推广率达90%以上，进一步提升集团资金使用效率。完成了OA系统和人民银行征信系上线工作，提高了管理工作的信息化水平。

【企业文化建设】积极落实集团“眼及之处有文化”要求，将企业文化理念制作成宣传板悬挂在走廊和办公区，每季度制作一期文化墙，设计制作了公司宣传手册，成功摘得了2015年度“陶朱奖”最佳财务公司重点推荐奖。加强同业学习交流，赴徐工财务公司学习制度建设、合规建设和经营管理等先进经验。以承办第九届财务公司高管沙龙暨“促进财务公司健康发展、更好服务实体经济”座谈会为契机，加强与兄弟公司交流探讨如何管控风险、改善管理、服务发展。

珠海华发集团财务有限公司

【经营概况】2015年，珠海华发集团财务有限公司（以下简称“公司”）以依托集团、立足集团、服务集团为宗旨，以创建国内一流财务公司为目标，以结算服务为手段、以资金运管为纽带，努力打造华发集团“资金结算中心、融资管理中心、资本运营中心、金融服务中心”，全力支持华发集团跨越式发展。2015年，公司稳步、有序开展各项业务，通过新业务资质的申办与创新业务品种，持续提升公司金融服务水平与能力，为打造全面金融平台功能打下坚实基础，较好地完成各项服务目标与经营目标。

截至2015年12月31日，公司资产总额107.86亿元，所有者权益13.25亿元；全年实现营业收入5.02亿元，净利润1.99亿元，净资产收益率15.02%。

【信贷业务】2015年，公司紧跟集团发展战略，在认真执行人民银行信贷规模调控政策的基础上，积极支持集团发展，稳健有序地开展各项信贷业务，满足成员单位信贷服务需求。截至2015年12月31日，公司自营贷款余额30.54亿元，委托贷款余额95.01亿元，担保余额8.83亿元，无不良贷款产生。全年为成员单位上报授信额度84.35亿元，累计发放自营贷款41.85亿元，累计收回28.28亿元，累计发放委托贷款111.05亿元，累计收回99.92亿元，累计开立承兑汇票3.90亿元，累计提供担保3.17亿元，实现贷款利息收入1.32亿元，委托贷款手续费收入191.31万元。较好地满足了成员单位的融资需求。同时，高效完成了与人民银行征信系统的接入工作，及时准确处理成员单位征信数据的报送。

【资金业务】2015年，在用活资金的基础上，积极拓展资金来源渠道。公司与30家银行开展了同业业务合作，涵盖国有银行、全国性股份制银行、外资银行、地方性商业银行和农村商业银行，其中2015年新增5家法人银行机构。向多家银行递交了同业授信申请资料，申请业务涉及同业借款、票据转贴、票据保贴、信贷资产转让、法人账户透支、代理承兑和代理开具信用证及为成员单位提供担保等。截至12月31日，公司获得的同业授信的总额达29.50亿元，全年为集团及成员单位融资15笔，累计金额达94.81亿元，较为明显地扩大了集团的外部融资渠道，为集团资金管理的流动性和安全性提供了保障。

【资金集中】2015年，公司进一步拓展结算业务手段，拓宽结算业务平台。公司已与七家银行实现了银企直连，成员单位银企直连银行账户达343户，截至12月31日，公司全年共办理各类结算业务19 166笔，较上年增长48.53%；全年结算金额9 539亿元，较上年增长27.78%，结算差错率保持为零。公司全年日均吸收存款79.82亿元，较上年增长90.86%；年末全口径归集率达48.68%，剔除不可归集因素归集率75.43%，较上年增加3.68%。公司资金结算与管理平台不论在深度还是广度上均得以进一步扩大，资金归集功能日益增强，有力地支持了集团公司转型升级与跨越式发展。

【业务创新】2015年，经广东银监局批准，公司获得开展成员单位之间的委托投资、承销成员单位的企业债券和有价证券投资三项业务资格。新业务资质的成功申办，为公司丰富为集团成员单位服务手段、增强金融平台功能以及拓展自身新的利润增长点打下了坚实的基础。同时，公司已取得银行间拆借市场和债券市场的准入资格，为新业务的开办做好了准备。

2015年公司开展了跨境双向人民币资金池业务，累计办理资金池跨境入池业务8笔，合计金额25.95亿元；资金池跨境出池业务9笔，合计金额12.56亿元。跨境双向人民币资金池业务实现了集团境内账户和国际账户的有效融合，在一个资金池内完成集团内部境内外资金流动和对外收支，提高集团资金的流动性和便利性，促进贸易投资便利化。

积极创新信贷业务品种，满足成员单位多样化的信贷需求。根据成员单位的业务发展需求，公司开通了商业汇票承兑业务，成功申办了现贴现业务，加入人民银行电子商业汇票系统，在公司核心业务系统中增加开立商业承兑汇票的业务模块和房地产开发贷款的业务模块。

【风险管理和内部控制】 2015年，公司建立“三会一层”的法人治理结构和内部控制机制，各级机构各负其责、规范运作、相互制衡，为风险管理和内部控制提供了有效保证。2015年，公司对相关制度进行了修订和增补，修订涵盖资金业务管理制度、财务会计制度、结算业务管理制度、信贷业务管理制度、信息系统管理制度、行政管理制度、反洗钱等7类23项制度，新制定5类19项制度。形成了全面、完善的、操作性较强的内控管理制度，保障了各项业务的健康发展。

公司不断完善内部监督流程和机制，审计管理部和风险管理部分别对重点业务和关键环节开展了5次专项审计和4次合规检查工作，并开展了多次日常稽核和常规排查工作，对发现的缺陷及时整改完善，做到了前台、中台、后台职能部门的有效协作，全员参与防范风险。同时，积极配合广东银监局、会计师事务所等外部机构对公司进行的检查和审计，充分发挥内外部监督检查对公司各项业务的保障和推进作用。公司在内部控制的体系建设、制度设计和执行效果方面能够符合风险管控的要求，各项监测和监控指标完全符合监管要求。

公司在2015年度陆续开展了一系列风险管理相关培训，包括资金安全管理培训、业务系统培训、合规培训、反洗钱培训及消防安全培训等，进一步提升了员工的内控意识和风险防范意识，确保各项业务合法、规范、稳健发展。

【人力资源管理】 公司通过面向全球招聘和在集团公司内部选调方式精选从业人员，精心打造人才队伍。截至2015年12月末，公司从业人数37人，平均年龄36岁，其中，本科及以上学历的员工35人，占95%；金融或财务从业年限超过五年的员工28人，占78%；获中级、高级专业技术资格或职业资格的员工19人，占53%。

2015年，公司持续开展员工培训和企业文化建设，培养主人翁精神，提升人才思想境界、专业水平和服务水平，打造专业金融服务团队。培训内容一是以团队能力提升为重点的培训课程：企业战略与执行、企业文化、团队合作、绩效管理等；二是以提升核心业务能力为重点的培训课程：资产风险五级分类固定收益概论、企业债业务介绍、结算、信贷、审计相关业务知识；三是以提升全员基本职业素质为重点的培训课程：公文写作、职业礼仪等；四是其他外部培训课程。

【信息化建设】 2015年，公司信息化建设围绕“支持业务发展，系统安全稳定运行”开展。在信息安全方面，通过了公安部信息安全等级保护三级测评，构建了公司纵深防御体系，健全信息安全保障体系框架；建设了数据分析平台，逐步开展公司数据分析应用；2015年公司网站上线运营，拓宽了公司的服务渠道。在技术应用方面，公司积极开展新技术的应用探索工作，应用虚拟化技术，将公司测试环境和非核心应用迁移至虚拟化主机上，降低运维成本的同时提升运维效率；建设完成公司级云存储系统，在提升公司员工资料安全性的同时提高了协作能力。

【企业文化建设】 2015年，公司通过多种形式开展企业文化建设，一方面在公司内部组织教育培训、多种文体活动、员工关爱等活动，如组织全体员工进行户外拓展训练、组织全体员工向西藏贫困地区捐款捐物、组织生日庆祝等，加强了员工之间的积极进取、团结友谊、沟通合作和团队意识；另一方面加强与集团和成员单位、同业协会、银行及其他金融同业的沟通交流，如参加珠海金融系统足球赛、集团运动会、足球比赛、篮球比赛，组织与监管机构、合作银行的多种友谊比赛等活动，营造团结协作、共同进步的人文环境。

北京金隅财务有限公司

【经营概况】2015 年是北京金隅财务有限公司（以下简称“公司”）各项业务快速发展的一年，公司稳扎稳打，开拓创新，在做好传统银行业务的基础上，公司利用自身金融机构的优势，加强同业合作，不断探索金融服务新模式，综合服务能力稳步提高。2015 年底，公司资产总额 133 亿元，吸收存款余额 121 亿元，贷款余额 40 亿元，实现利润（拨备前）1.89 亿元，综合资金归集率达 57.45%，同比提高了 14.35%，可动用资金归集率 87.61%。

2015 年 11 月公司获批了承销成员单位的企业债券、同业拆借、有价证券投资（固定收益类）业务资格。

【信贷业务】创新融资授信管理，促进金隅集团主业发展，公司充分发挥融资平台功能，进一步扩大为集团和成员单位直接或者间接服务的范围，融资服务中心作用进一步加强。在定价方面，公司制定了《2015 年经营业务定价管理办法》，使贷款定价实现了与市场融资利率、集团融资成本、企业资金管理水平和经营质量的联动，完成了每笔贷款单独定价的目标，既提高了成员单位对利率的市场化反应，也有效降低了成员单位的融资成本。在产品设计方面，及时把握国家产业、货币信贷政策导向，制定了《创新贷款产品管理办法》，针对中小企业、绿色环保企业提供借新还旧、三年期循环贷等产品，解决其到期贷款资金周转难题。2015 年累计为 22 家成员单位放款 41.34 亿元，共计 123 笔，期末各项贷款余额合计 39.96 亿元。贷款收息正常，到期票据款项均已顺利回收，各项信贷资产的五级分类均属正常类，信贷资产质量优良。

【资金和投资业务】以资金预算为抓手，采用资金动态监控的模式，持续进行流动性管理，达到了防范流动性风险的目标；每日对公司资产负债情况进行统计分析，跟踪资产端投向，预估负债端变动，保证公司资产负债搭配合理；密切跟踪货币市场动态，抓住市场机会，加强同业存放的管理，在保证流动性的前提下，实现了资金年化收益率最大化。在资金价格不断下行的大趋势下，公司存放同业加权利率为 3.01%。

【票据业务】充分挖掘商业汇票的支付、信用、融资、投资、流动性、资产配置等功能，公司通过财务公司承兑、商业银行保贴、金融同业授信、贴现价格集团定价等多项措施，充分发挥多级金融平台联动作用，提高金隅集团商业信用的市场认知度，2015 年共推广财务公司承兑商业汇票 1.60 亿元、保函 1.73 亿元，既为成员单位节约了资金，也使得合作的供应商能享受到与金隅集团所属企业同等优惠的融资成本，促进产业链金融的发展；利用公司与中铁财务公司、中交财务公司、中建财务公司、中铁建财务公司信用互认，推广各方产业集团企业在商业合作中保函、商票结算、保理等金融工具的使用，提高了实体企业支付结算效率，避免资金占压。

【资金集中】为了推进资金归集工作、强化资金归集意识，公司将存贷款和贴现利率与资金归集率挂钩，带动了大部分成员单位对资金归集工作的重视。2015 年底，公司已实现金隅股份全部成员单位的资金归集准入工作。大部分成员企业的综合日均资金归集率达到 80%以上，可动用日均资金归集率超过 87%。截至 2015 年 12 月，公司在资金管理信息系统内为 233 家成员单位办理开户，各类账户总数累计为 831 个，在资金管理信息系统内维护各成员单位的外部银行账户总数累计为 626 个，并通过日均资金归集率统计模块实现了对成员单位银行账户 100%可见的管理目标。2015 年全年，公司为成员单位办理代理支付业务累计交易笔数为 7.96 万笔，交易金额累计 1 576.95亿元，节约支付手续费 78.93 万元。

【业务创新】为了活跃内部票据市场，解决集团内成员单位商业汇票“双高”问题，公司主导在工商银行、建设银行建立了“票据池”，并在集团层面制定了《票据池管理办法》，统一了开票企业与持票企业在质押环节的期限匹配、费用结算规则，为票据池持续、稳定运营打下了坚实的基础。2015 年，公司通过工商银行票据池为成员单位日均开具银行承兑汇票 0.5 亿元，日均释放受限资金 0.15 亿元，代开保函近 0.09 亿元，为成员单位盘活更多受限资金，借助同业渠道将财务公司的信用充分应用于对企业生产经营的实际支持，实现产融结合。

公司制定《北京金隅财务有限公司 2015 年度经营业务定价管理办法》，信贷业务综合考虑贷款资金成本、成员单位信用评级和资金集中度等因素，吸收存款定价综合考虑人民银行基准利率、成员单位资金集中度及市场情况等因素，并搭建了存贷款定价模型，2015 年被选为人民银行北京地区财务公司行业定价专业委员会核心定价单位之一。

【风险管理和内部控制】公司严格主体资格、授信额度、偿债能力、资金用途和流向等审查，坚持审查中的独立性。公司风险管理部 2015 年共计为 60.31 亿元的信贷业务出具风险审查意见，提出合规性审查建议和规范性方面的修改意见，以加强规范性管理，确保业务合规性。截至 2015 年底，公司各项监管指标均处于正常范围内，并荣获北京银监局 2015 年辖内银行业金融机构非现场监管统计工作考核评比三等奖。

公司按照“规范管理，制度先行”的原则，根据新业务资格申请的需要，制定了有价证券投资、同业拆借等相关管理办法，并进一步完善内部控制制度，补充修正了《董事会议事规则》《内部控制制度实施办法》《审计委员会工作规则》。

【人力资源管理】公司根据经营发展需要及时完善组织架构，调整职能部门设置以及部门职责。公司建立了科学的薪酬体系和绩效考评制度，根据公司的实际情况，紧密结合公司的战略和文化，充分发挥薪酬的激励和引导功效，为公司的生存和发展起到重要的制度保障作用；公司建立学习型企业，将员工薪酬与职称、从业资格挂钩，鼓励员工参加相关职业资格考试和职称考试；加强员工队伍建设，通过“走出去、请进来”的方式，邀请专家为员工进行业务知识培训，组织员工参加中国财务公司协会、监管部门等各方面组织的业务培训和行业交流活动，提高员工的职业技能，给员工创造培训机会和条件，为公司的进一步发展提供强有力的人才保障，打造忠于企业、业务精良的优秀团队。

【信息化建设】公司制定了“十三五”IT系统战略规划，为公司IT未来发展提供了科学依据。为提升公司信息化水平，妥善解决内部流通的需求，2015上半年完成OA系统的测试及正式上线，实现公司内文件线上流转、各类事项的线上审批等功能。在资金系统维护方面，完成了600多个用户UKEY的到期集中更新。2015年底前公司完成信息化二期项目的正式验收，电子对账模块正式上线，同时完成对系统600多个账户对账人的系统授权工作，从而更好地支撑业务的发展。

【企业文化建设】公司加强员工思想道德建设和职业操守教育，积极开展反腐倡廉、“三严三实”教育，进一步增强党性意识、法纪意识，与全体员工签署了“廉洁从业承诺书”。根据员工年龄构成年轻化的特点，鼓励争先创优，2015年获得集团团委“青年文明号”称号。通过为员工举办生日会、组织参与台球比赛、职工书画作品征集等活动，开展丰富多彩的文体活动，增加企业凝聚力和集体归属感。公司关心员工身心健康，定期组织健康体检，为员工送去人文关怀。

云南云天化集团财务有限公司

【经营概况】2015年，云南云天化集团财务有限公司（以下简称“公司”）是成立后的第二个完整经营年度，也是公司夯实基础、稳步推进各项工作的关键一年。面对纷繁复杂的国内国际经济金融形势，针对集团公司所处行业，主要产品化肥、玻纤国内外产能仍在持续释放，产能过剩问题突出的现状，将“立足集团，服务集团”作为首要目标，努力开拓业务渠道，创新金融工具，不断提升服务能力。全年实现营业收入3.70亿元，实现会计报表利润总额0.32亿元，为贯彻国家信贷政策和货币政策导向，对涉农贷款和小微企业贷款执行优惠利率。按公司实际执行利率与相关成员单位同类同期融资利率相比，经测算直接减少成员单位融资成本0.50亿元。恢复同口径后2015年实现利润总额0.83亿元，资产总额44.38亿元。

【信贷业务】2015年，公司综合考虑集团融资成本、成员单位信用评级和资金集中度等因素，对成员单位申请办理的贷款、贴现等业务进行差别化利率定价，以提高公司信贷业务定价的科学性和专业性，引导成员单位提高自身信用等级，鼓励成员单位提高资金集中度，合理降低优质成员单位融资成本，并不断提高公司的综合服务能力。截至2015年末，累计发放流动资金贷款14.35亿元，公司为成员单位办理票据贴现业务97.54亿元，融资租赁租金收益权保理业务2亿元。

【资金和投资业务】在资金业务方面，2015年公司通过加强资产负债管理和资金计划管理，运用调控信贷规模，通过办理同业法人账户透支、卖出回购金融资产、票据再贴现、票据转贴现等手段，融入外部资金104.37亿元。

【票据业务】2015年7月6日，公司电子商业汇票系统成功以直连的方式接入人民银行，在较短时间内全面实现各类票据业务的全面开展。截至2015年12月31日，成功为成员单位办理电票业务累计达30.57亿元。通过电子商业汇票业务的拓展，支付期限延长至1年，有效降低票据保管成本，规避票据遗失、毁损和假票风险，增强了业务的安全性，大大提高了效率，丰富了为成员单位服务的业务品种。

【资金集中】2015年，公司通过对成员单位清理账户，重新核定成员单位留存资金限额等工作措施，全年日均集中资金24.40亿元。2015年全口径资金集中度36.03%，比上年同期增加18.83个百分点；可归集口径资金集中度达到85.03%，较上年同期增加13.79个百分点。

【业务创新】2015年，公司为满足成员单位的融资需求，启动了与重庆国际复合材料有限公司的融资租赁业务谈判，并同步启动了与农业银行办理融资租赁租金收益权保理（银赁通）业务的谈判。9月30日，公司第一笔融资租赁业务和第一笔融资租赁保理业务同时落地，在公司集中资金十分有限的前提下，为成员单位成功融入外部资金2亿元，期限5年。丰富了公司信贷业务的品种，调整了财务公司和成员单位的融资期限结构和品种结构，发挥了公司作为集团内金融机构的优势和作用，提高了服务成员单位的能力。

【风险管理和内部控制】2015年，公司开展“规范年”活动，一是总经理亲自负责撰写合规认知及管理措施计划书，并带头全员签订岗位合规责任承诺书，营造“全员合规”“主动合规”的良好合规文化氛围。二是持续梳理、细化、完善管理制度，要求按照“制度”“管理办法”“实施细则”的制度体系来推进公司的制度建设工作；公司全年修订及新增制度32项，其中新增23项、修订9项，建立了覆盖公司主要业务领域和重大事项的规章制度体系，确保了公司各项业务的有章可循、有法可依，为各项业务的开展提供了制度保障。三是全面开展公司内控自评价工作，梳理业务流程、查找业务制度和实际操作中存在的缺陷和问题，进行整改落实，进一步夯实了公司的内部控制工作。四是以“云南银监局关于加强内部管控遏制违规经营和违法犯罪专项检查工作”以及“专项检查回头看工作”为契机，开展合规管理工作，规范公司各项经营活动。

【人力资源管理】2015年，公司加强了人力资源的合理配置和有效管理，充实了业务人才队伍和信息管理专业人才。积极组织各类业务人员和干部培训，公司年内组织各类培训30余次，极大地促进了员工素质和业务能力的提高。同时，继续完善薪酬、绩效管理，以业务为导向，制定富有竞争力的薪酬机制。继续执行业务、管理、职能三条晋升通道，并实现三通道间合理转换。

【信息化建设】2015年，公司信息化建设在不断完善基础模块的基础上，重点围绕新业务进行系统建设工作，并特别针对系统安全请第三方机构进行了为期一个月的渗透检测，及时发现问题，解决问题，排除安全隐患。2015年，公司新建了电子商业汇票系统和外汇业务系统，增强了公司多渠道、多币种开展业务的能力。在确保系统安全、稳定运行的基础上，全面实现与集团 SAP ERP 系统的有效对接，打通信息资源的互联互通，发挥集团信息系统的集约效应。为业务的持续、不间断运行提供了有力的保障，有效支撑了公司各项业务的顺利开展。

北京控股集团财务有限公司

【经营概况】2015 年，北京控股集团财务有限公司（以下简称“公司”）累计实现营业总收入 2.18 亿元，同比增加 1.18 亿元，增幅为 118.60%；利润总额 0.60 亿元，同比增加 0.29 亿元，增幅为 98.02%；净利润 0.38 亿元，同比增加 0.15 亿元，增幅为 69.34%。各项指标均超额完成集团及公司董事会下达的任务。截至 2015 年末，公司资产总额 124.96 亿元，较年初余额增加 25.44 亿元，增幅为 25.56%；负债总额为 116.51 亿元，较年初增加 25.27 亿元，增幅为 27.70%。净资产总额为 8.45 亿元，较年初增加 0.17 亿元，增幅为 2.05%。各项监管指标均符合监管要求。

【信贷业务】2015 年，公司紧紧围绕集团主业及成员单位业务需求开展信贷业务和中间业务，积极与各二级企业集团总部沟通，了解成员单位业务需求，通过一对一的沟通、召开业务座谈会等方式与成员单位进行业务对接，在控制风险的前提下，满足了成员单位的业务发展需要。同时，公司还不断优化自身审批流程，提高审批效率，及时满足各单位信贷需求。

2015 年，主要开展的业务包括自营贷款和委托贷款。截至 2015 年末，各项自营贷款余额折合人民币 61 亿元，其中，人民币自营贷款余额 30.50 亿元；港元自营贷款折合人民币 30.50 亿元；委托贷款余额人民币 4.86 亿元。通过为成员单位提供方便快捷的信贷服务，节约了成员单位的时间成本以及降低了融资成本，满足了成员单位业务及时性的要求。同时在信贷管理方面，公司也通过实际的业务检验了信贷工作体系的完整性、严谨性以及可操作性。

【资金业务】2015 年，公司定期对资金来源和资金运用进行各期限流动性缺口及流动性比率测算和监测，在优先保证为成员单位贷款、支付及留足备付金的前提下，公司对富余资金统一调度、统筹使用，兼顾了流动性和盈利性，取得了较好的收益。全年累计调拨存放人民币资金 343 笔，累计调拨存放外币资金 46 笔，全年资金流转总金额折合人民币约 558 亿元，取得同业利息收入折合人民币 1.41 亿元。

【外汇业务】公司配合集团计划财务部，多次和国家外汇管理局北京外汇管理部进行业务对接，完成并递交备案材料，出台《北京控股集团财务有限公司客户代理结售汇业务操作规程》。2015 年 11 月 6 日，跨境人民币资金管理业务正式获批，扩展了外汇业务服务功能。为充分利用成员单位境外资金，公司积极推动跨境资金集中管理业务，截至2015年末，通过财务公司跨境资金通道共借入外债19笔，累计金额9.40亿美元；归还外债19笔，累计金额9.20亿美元；为成员单位代理结汇5笔，累计金额3.20亿港元、0.60亿美元。

【资金集中】2015年，公司本着“依托集团、服务集团”的宗旨，推动资金集中管理工作取得了显著进步。一是公司不断提升自身业务能力和服务水平，加强队伍建设、提升人员素质、丰富服务品种、增强核心竞争力；二是公司主管领导带队逐一到各直属单位及重点成员单位进行上门走访，宣讲集团资金管理政策，了解成员单位金融需求，制定专属金融服务方案，促进集团上下认识的进一步统一，推动集团资金管理要求贯彻落实；三是公司主动与成员单位进行具体工作对接，办理成员单位账户开立、资金归集等业务，并积极提供优质专业的存款、结算、融资贷款等金融服务。截至2015年末，集团内已有112家成员单位纳入资金集中管理范围，财务公司吸收存款余额折合人民币为115.87亿元，集团资金集中度达到33.58%。

【业务创新】2015年，公司成立新业务申请工作小组，将新业务申请不同阶段需完成的工作任务细化，制定推进时间表并分部门实施。为申请同业拆借业务资格，公司领导先后赴上海全国银行间同业拆借中心、北京银监局等部门汇报沟通，公司计划财务部也做好了人员培训、资格考试等工作。在各部门的共同努力下，11月9日，承销成员单位企业债券资格正式获批；12月4日，同业拆借业务资格正式获批。

【风险管理和内部控制】2015年，公司各项工作有序开展，抵御风险能力逐渐加强，管理水平不断提升，风险合规工作日趋完善。在制度建设方面，公司拟定《北京控股集团财务有限公司2015年制度及操作规程建设实施方案》，并按照方案对公司现有全部制度进行重新审视，对不符合业务发展现状的制度进行修订，对尚未制定的制度及操作规程进行补充、完善。在风险防范方面，公司已初步建立风险防控体系，制定并颁布18项风险管理相关制度，覆盖了现阶段公司风险管理的主要方面。在部门及岗位设置方面，公司结合业务特点和内部控制要求设置内部机构，明确划分部门与岗位职责，明确权责分配，正确行使职权，建立报告关系清晰、不相容职责分离、横向与纵向相互监督制约的机制。同时，2015年，公司加大了对风险指标的监测工作，确保各项风险指标合规。在授权方面，公司建立了较为科学的授权体系。授权管理体系以公司章程为基础，以公司授权管理办法为依托，做到授权明确、管理边界清晰。

2015年，公司努力加强内控体系建设，不断完善各项业务内部控制机制，提高风险防范意识。同时，公司狠抓安全责任制落实，强化安全责任，加大各类安全事件的检查和防控力度，实现安全经营。

【人力资源管理】2015年，公司紧密围绕战略方针和年度经营目标，坚持以科学发展统领全局，高度重视人才队伍建设，不断加强人力资源管理工作，有力地保障了公司正常的经营发展需要，并为长远发展储备了一定数量的高素质人才。通过丰富招聘渠道，多方面引进各类人才；建立培训制度，创新尝试部门轮岗、领导座谈会等培训方式；完善绩效考核方案，发挥绩效考核的激励作用；建立企业年金制度，完善了员工的薪酬福利体系。在提高公司凝聚力的同时，不断提升员工的职业技能和水平，激励员工快乐工作，与公司共同成长。

【信息化建设】2015年，公司主要围绕防范信息安全风险、夯实信息建设基础、深入推进信息系统建设、保障信息系统安全运行、规范信息安全管理等方面开展信息化建设工作，除了完成信息系统的日常维护工作之外，还根据业务需要，多次对信息系统进行功能更新、系统升级，不断完善公司信息系统建设。完成了外汇管理系统的开发上线，为境外资金集中管理提供了保障；完成了接口版征信报送系统的开发上线，自动生成征信报送数据；完成了财企直连系统的开发上线，与二级集团资金系统实现对接，实现资金实时划转、记账。按照《北京控股集团财务有限公司信息系统突发事件及应急响应预案管理办法》的要求，进行了灾备恢复应急演练，确保成员单位资金安全使用和信息系统安全运行。

【企业文化建设】为完善公司企业文化理念体系，切实发挥企业文化在公司发展中的引领作用，公司党支部及工会组织开展公司企业文化核心理念征集活动，面向全体干部职工征集企业文化口号；公司工会还开展了“五月读书月”活动，丰富公司员工业余生活，提高员工文化素养，鼓励员工多读书，读好书，提高业务素质和综合能力。制定完成《北控集团财务公司员工行为守则》，并将其作为企业文化建设的重要组成部分，全体员工要努力做到“诚实守信、服务奉献、专业创新、团结高效”，为公司发展作出应有的贡献。

陕西延长石油财务有限公司

【经营概况】2015 年，陕西延长石油财务有限公司（以下简称“公司”）始终把握“保资金、控安全、夯基础、促发展”的年度工作总基调，持续推进资金集中管控，全面构建多元化金融服务，开创了凝心聚力、蹄疾步稳的良好局面。截至 2015 年底，实现资产总额 108. 54 亿元、负债总额 95. 67 亿元，营业收入 4. 29 亿元，利润总额 3. 08 亿元，其中净利润 2. 31 亿元。

【信贷业务】2015 年，公司发挥集团金融平台作用，对内履行专业职能，高效作业。一是积极开展自营贷款等业务，表内外业务全面开花。二是拓宽信贷产品种类和多种担保方式贷款，优化融资结构。针对成员单位的差异性，以票据融资为创新服务的切入点，开展票据业务需求专项调研，积极拓展表外业务。三是创新开展成员单位应收账款质押融资类的供应链融资业务，延伸服务范围。截至 2015 年底，公司累计发放各项自营贷款金额 187. 10 亿元，累计发放委托贷款 17. 71 亿元；代开银行承兑汇票 1. 49 亿元；内源性资金的有效调配，有效提升了集团资金的使用效率和效益。

【同业业务】2015 年度，公司克服销售回款及同业利率下降的压力，对各成员单位加强资金管理，执行按周报送资金计划的管理制度，在保证流动性的基础上，合理配置同业存款期限，采取紧盯同业市场交易价格的方法，加大与各银行交易对手谈判力度，大力拓展交易对手范围，建立了市场化的同业合作机制，不断提高资金使用效率。2015 年度，累计实现金融企业往来利息收入 1.85 亿元，取得了较好的资金收益水平。

【资金集中】2015 年，公司以“做好资金归集，压缩资金沉淀，调配内源性资金”为工作重点，资金归集率不断提高。一是通过加大宣传和沟通力度，树立精良服务形象，打消部分单位对归集的误解以及支付时效性不强等顾虑，降低了资金归集的阻力；二是加大资金归集检查力度，严肃资金归集纪律；三是形成资金归集长效机制，杜绝资金流入体系外循环。多措并举确保资金集中管理和内外部结算的高效平稳运行，2015 年，全年结算量 148 402 笔，共 10 756.19 亿元，可归集资金归集率达到 95% 以上，全口径资金归集率达到 60% 以上。资金池统一结算模式得以顺利实施，资金管控的平台作用初见成效。

【风险管理和内部控制】2015 年，公司注重风险管理和内部控制工作，充分发挥业务部门、风险合规部门和审计稽核部门“三道风险防线”作用，定期开展风险自查和案防排查工作，强化对各类风险的事前防范、事中控制、事后监督。一是做好制度梳理及汇编工作，细化业务操作流程，关注业务关键风险点，强化制度的可操作性，不断完善公司内控制度体系。二是强化信用风险管理，严把客户准入关，结合客户实际经营情况设计金融服务方案，确保在风险可控的前提下支持集团及成员单位的融资需求及经营发展。三是强化资金管控力度，统筹集团资金需求，优化融资结构，持续稳定提高资金池总量，流动性比率等指标保持在适度水平。四是不断完善核心业务系统功能，在提高集团成员单位间资金结算效率的基础上，通过推进金融标准化系统上线，强化机房管理和网站安全整治工作，实现公司业务信息系统的稳健运行。五是逐级、逐层、逐岗签订了《合规责任承诺书》，将合规工作内容、考核标准、责任追究及违反合规责任而自愿接受处分等内容纳入承诺，确保风险防控责任层层落实到人，促进公司各项业务规范有序运行。

【人力资源管理】2015 年，公司进一步加强人力资源管理工作，一是建章立制，修订完善人力资源基本制度；二是定编定岗定责，梳理部门岗位职责；三是试点薪酬改革、搭建绩效考核框架为真正实现“收入能增能减”“职位能升能降”奠定制度基石；四是积极开展培训工作，强化培训效果。公司紧紧围绕集团发展战略进行人力资源管理，优化人员结构，着力培养优质人才，努力打造一支高素质、高效能的优秀团队。

【信息化建设】2015 年，公司加强运维管理，积极优化业务系统，保障业务系统稳定运行。一是大力推行全面预算管理，有效提升公司经营管控水平；二是加大核心业务系统流程优化，使之能更好地处理业务；三是根据业务发展进行信息科技制度修订，加大风险管控，明确应急处理流程与责任；四是推进虚拟化应用，有效提高资源的利用率。

【企业文化建设】2015 年，公司提出了“凝聚发展正能量，提升效能正精进，密切协作正相关，提高工作正品率”的四正从业理念，着力培育一支专业过硬、朝气蓬勃的“四正”延长金融团队，打造公司特色文化品牌。结合“三严三实”学习教育活动，不断强化员工的归属感和使命感，增强责任心，凝聚向心力，努力把公司建成客户满意、员工敬业、同行敬重、社会认可的精品企业。

山东能源集团财务有限公司

【经营概况】山东能源集团财务有限公司（以下简称“公司”）紧紧围绕年初制定的各项目标任务，扎实推进业务开展，不断推动业务创新，努力提升经营管理水平、资金创效能力和金融服务质量，各项工作齐头并进。

2015年全年实现营业收入2.59亿元，同比增加0.16亿元，增幅6.40%。实现利润总额1.79亿元，同比增加0.24亿元，增幅15.50%。截至2015年12月末，公司资本充足率达到49.17%，流动性比率为89.32%；不良资产率、不良贷款率均为零，资产损失准备充足率、贷款损失准备充足率达100%。

【信贷业务】公司积极加强与成员单位的联系沟通，实地走访成员单位，了解其生产经营现状及资金需求；加强与监管机构的联系沟通，争取监管政策支持。全年发放贷款28.60亿元。其中，为煤炭板块企业投放贷款18.80亿元，占比达到76%，充分满足成员单位迫切资金需求，有力支持集团煤炭主业发展；分别向装备制造业板块和医疗器械板块企业投放贷款2.80亿元与2亿元，满足集团专业化公司转型发展的需要。

【资金业务】加强与同业机构间协作，密切关注金融市场变化，实时掌握资金价格走势，争取同业优惠政策，积极办理同业业务，2015年共办理同业定期业务40多笔，累计金额62亿元；同时，积极推进同业授信业务，截至年底在各家银行授信达到40亿元，为流动性管理和信贷业务拓展创造了有利条件。

【票据业务】公司通过拓展票据贴现业务，满足成员单位的阶段性资金需求。1－12月，累计办理银行承兑汇票贴现0.90亿元。

【资金集中】继续扩大资金集中范围。对各矿业集团未上线单位，进行进一步梳理，除部分业务量极小、参股企业外，均纳入集中范围。截至2015年12月底，已完成310家成员单位上线，开设419个账户；强化资金预算管理。对资金预算模块进行流程优化，增加成员单位周报预算，突出重点单位资金管理。针对不同矿业集团资金集中管理不同状况，公司通过系统升级、增加管理报表等手段，进一步加强对成员单位账户和资金的监控。

【业务创新】一是搭建集团票据池。向行业内财务公司学习管理经验，到成员单位实地调研需求，与合作银行及软件开发商进行沟通交流，形成了具有前瞻性、可操作性的票据池建设方案。系统已开发完毕，上线试运行。二是推动跨境资金池建设。2015年初，公司与商业银行协作，积极与国家外汇管理局山东省分局进行沟通协调，已争取到将山东能源集团作为下一批外汇资金集中运营管理试点单位。公司对集团整体外汇资金管理情况进行调研，确定了试点企业和外汇资金集中管理主要思路。

【风险管理和内部控制】公司着力抓好风险管理工作。一是风险管控。实行全面风险控制，强化全员风险意识，建立部门、岗位相互制约的风险防控机制。建立内部兼职风险管理员制度，各部门各设一对风险管理员A、B角，12名风险管理员定期召开“挑刺会”。同时，开展风险清单编制工作，对各业务条线面临的风险、关键控制节点、防控措施进行了全面梳理与总结，建立了风险处置应急预案。二是内审外查。以银监局现场检查为契机，制定公司自检自查工作方案，在公司内部分部门、分业务条线开展流程梳理和业务自查工作。同时，充分发挥专职内审人员的作用，按业务板块开展内部巡视审计，从资产管理、资金结算、信贷业务、资金调度、信息系统安全和内部控制六个方面进行了内部审计。结合银监局现场检查意见，制定针对性措施，强化落实整改，及时修订各业务条线管理不到位问题。

【人力资源管理】2015年，公司以考核促提升，以学习提能力，以活动验成果，不断加强人力资源管理。一是以考核促提升。修订完善员工绩效考核办法，制定下发2015年度指标分解和重点工作安排方案，将任务指标层层分解，层层落实，以考核确保工作质效；狠抓重点工作督查督办，全年共督办重点工作80余项，切实提高工作执行力。二是以学习提素质。继续开展“员工上讲台”活动，每周组织集中学习，员工人人上讲台，推动政策法规、管理制度、宏观经济形势、监管最新动态等内容的学习，提升员工业务技能。三是以活动验成果。组织员工参加了山东银监局组织的劳动竞赛，在与国有大型银行及股份制银行的同台竞争中，取得集体三等奖和个人二等奖的优异成绩，是省内财务公司唯一一家获奖的单位和个人；荣获2015年山东银监局直报机构监管统计工作先进单位三等奖。

【信息化建设】公司2015紧紧围绕自主可控、持续发展及科技创新三大战略，发挥好信息科技的支撑作用，积极做好信息化建设的各项工作。一是稳步推进系统建设。在硬件建设方面，进行了网络安全优化项目建设工作，购置了WEB应用防火墙、漏洞扫描、配置核查等专业设备，进一步增强了系统安全管理工作，降低了资金等敏感数据泄露的风险。在业务系统建设方面，实现了票据池管理系统的试点运行，拓宽内部融资渠道，提高了票据使用效率；积极推进电子商业汇票系统建设；完成了票据池系统与资金系统的接口开发工作，实现了互联互通、数据共享及自动化传递。2015年，共投入信息系统建设资金近600万元，不断夯实了公司信息科技管理基础。二是不断完善规章制度。制定数据管理办法和电子商业汇票系统运行管理办法等15项规章制度，通过制度建设，确保各项业务规范有序运行，加强刚性约束。三是不断加强业务连续性建设。加强系统运维，聘请专业机构进行系统评估，开展专项自查工作，排查系统存在的风险及安全隐患，并根据检查出的问题积极整改落实，不断提升了业务能力及知识水平。积极开展灾备体系建设，修改信息系统应急预案，积极开展应急演练，强化突发事件应急管理，有效提高了应急处置能力。四是加大科研创新力度。积极开展公司信息系统一体化安全建设探索与实践项目研究，并获得银监会批准立项和验收，项目获得山东银监局二类成果奖。

【企业文化建设】公司以打造团结、协作、向上的企业文化为目标，积极开展各项活动。在能源集团总部机关举办的首届“聚力杯”男子篮球比赛中勇夺桂冠；在能源集团总部机关举办的“四新”演讲比赛中，公司员工以优异的表现荣获一等奖。各项活动优异成绩的取得，充分展现了公司员工奋力拼搏、勇争第一的精神面貌。

鄂尔多斯财务有限公司

【经营概况】 2015 年，鄂尔多斯财务有限公司（以下简称“公司”）稳步开展结算、存贷款等基础业务，逐步提升资金归集水平，在严控风险的前提下，拓展了票据贴现和再贴现业务；扩大票据池建设，搭建完成中国银行、建设银行、农业银行、乌海银行票据池；成功开展了电子商业汇票业务；同时积极申办跨境人民币结算业务。2015 年末，公司累计实现营业收入 1.03 亿元，实现营业利润 0.65 亿元，净利润 0.54 亿元；公司资产总额 35.27 亿元，负债总额 14.46 亿元，资产负债率为 40.99%，资本充足率为 61.26%，资产质量良好，各项指标均符合监管要求。

【信贷业务】 公司遵循为集团成员企业提供优质金融服务的经营方针，通过加强员工业务技能培训、科学设置业务流程、不断完善业务系统来提升服务效率，通过召开业务培训会、产品推介会等形式向成员单位宣传推广公司业务，综合运用业务品种，确保公司资金用于解决成员单位生产经营实际问题。2015 年，公司向成员单位发放贷款 21.90 亿元，为成员单位办理票据贴现 8.49 亿元。

【票据业务】 2015 年，一是公司积极选取成员单位推广商业承兑汇票的开具和使用，使得商业承兑汇票成为集团及成员单位对外支付的主要手段之一。截至 12 月底，全集团 12 家成员单位累计开出商业承兑汇票 21 亿元。二是成为自治区首家办理央行票据再贴现的财务公司，2015 年，公司累计向人民银行呼和浩特中心支行申请办理票据再贴现 5 批，共计 429 张，累计办理票据再贴现金额达 5.02 亿元，全年日均再贴现余额 1.56 亿元，成功为集团引入低成本资金。三是 2015 年公司以“间联”方式依托中信银行的网银开通了电子商业汇票系统，成功开出了财务公司承兑的电子商业汇票，累计金额近 1.50 亿元，一定程度上缓解了集团向银行质押票据票源不足的问题。

【资金集中】 2015 年，公司与 9 家银行开展业务合作，建立了银企直连，办理成员单位资金归集、同业存放等业务。截至 2015 年底，成员单位已在财务公司开立一般存款账户 122 户，签约协定存款账户 57 户；累计维护银行账户 309 户；2015 年 11 月底，公司累计办理结算业务 66 405 笔，结算金额超过 2 023 亿元。

【风险管理和内部控制】 内控合规体系建设是公司风险管理工作的重中之重。公司对风险的识别和计量主要由业务所在部门和风险管理部负责。风险限额的确定和分配由公司贷款审查委员会通过召开贷审会审议表决的方式确定，由风险管理部具体执行。风险的跟踪、控制及处置由风险管理部牵头，相关业务部门配合执行。风险管理工作全程在公司管理层的领导下进行，内审部门负责对风险管理工作实施监督检查。2015 年，在筹建期制定制度的基础上，结合实际经营情况对部分业务管理制度进行修订，内容涵盖内部管理、结算业务、信贷业务、财务会计及稽核审计等各类业务处理及管理流程。

【人力资源管理】2015 年，公司为了人力资源工作更加科学合理，为薪酬调整、培训发展、人员任用等工作提供依据，同时有效地激发员工的工作积极性和创造性，不断改善员工工作绩效，提升员工工作能力，公司初步建立了涵盖公司六个部门各个岗位的员工绩效考评办法，主要通过工作业绩、工作能力、工作态度三个维度进行评价，不同层级员工考评时三个维度会有不同的调整。考评采取统一时间、集中评价打分的方式，除领导对下属的评价打分外，其他评价打分均采用不记名方式。

【信息化建设】公司开业后，设立了以法定代表人为第一责任人的信息科技管理体系，董事会授权履行相关信息科技管理职责。在信息科技日常工作开展方面，设立了由副总经理分管的综合业务系统管理小组，主要负责公司办公区硬件网络维护、公司运营系统维护、核心机房设备、网络维护、数据备份以及信息安全管理等工作。在信息科技风险管理方面，由公司风险总监直接分管的风险管理部对信息科技相关风险进行全面管理。综合业务系统管理小组组员共 5 人，设专职 1 人，负责信息网络、监管、维护。在应急管理方面，成立了以公司副总经理为组长、各部门负责人为成员的综合业务系统管理小组，并详细制计了综合业务系统故障应急预案，详细把故障分为网络故障（具体又分为财务公司与服务器间网络故障、成员单位与服务器间网络故障）、服务器设备故障、系统软件故障、直连银行及接口端故障、电力设施、其他六大类故障。详细介绍了面对各种故障申报处置程序及各种故障的应急处置措施，并严格对各部门各岗位进行了周密的职责分工，确保应急事件一旦发生从技术、通讯、风险以及后勤保障各角度全面保障应急管理工作的开展。

【企业文化建设】公司奉行“立足集团、依托集团、服务集团”的经营理念，以为成员单位提供全面、优质、高效的金融服务为宗旨，倡导全员树立“敬业、服务、高效、创新、合规”的意识。以建立健全党群组织，充分发挥其作用，通过开展形式多样、丰富多彩、健康向上的活动统一思想，振奋精神，形成合力，促进公司健康、和谐发展。

伊利财务有限公司

【经营概况】2015 年，伊利财务有限公司（以下简称“公司”）制定了《公司 2015—2020 年度发展规划》并提出“立足集团、服务产业链、依托信息技术、打造一流财务公司”的发展目标。截至2015年末，公司资产总额128.96亿元，负债总额112.72亿元，所有者权益16.24亿元，营业收入5.30亿元，实现利润总额3.73亿元。

【资金集中】公司通过对运营系统各项结算功能的完善和优化，实现公司结算系统全业务线上操作，在提升客户满意度的前提下，吸纳各成员单位在财务公司开立账户。由于对公结算业务、批量对私支付、成员单位之间资金往来清算业务等方面的改进，实现成员单位开户率达到84%。公司通过要求成员单位以在公司开立的账户为主要结算业务办理账户和清理闲置外部商业银行账户等措施加强对成员单位的银行账户管理，同时对成员单位外部商业银行账户资金实行账户日均余额限额管控的措施，2015年，公司成员单位的资金归集率达到90.66%，年末吸收存款余额112.33亿元，资金集中管理实现了除海外资金及企业保证金等受限资金外的全归集。

【信贷业务】2015年，公司积极为成员单位制定外部金融机构融资方案，协助成员单位沟通和解决银行融资过程中的问题，累计协助成员单位完成融资12.70亿元。其中有两家成员单位外部银行融资时公司为其提供担保服务，累计担保金额为2.38亿元。公司全年受理成员单位授信申请20笔，金额15.75亿元；批准成员单位授信18笔，金额15.40亿元；发放成员单位流动资金贷款15笔，金额11.35亿元；办理委托贷款业务一笔，金额0.50亿元，为成员单位购买乳制品及原材料提供流动资金支持。

【资金业务】2015年，公司吸收成员单位存入的资金主要办理同业存放业务。公司在引入交易对手准入制度后，采用准入银行线上招标公开竞价的形式，择优办理同业存放业务。通过采用公开竞价的电子采购招标模式有效提高公司的同业议价水平，截至2015年末，公司共办理106笔存放同业业务，实现利息收入4.96亿元。

【外汇业务】在集团国际化战略背景下，公司负责集团的汇兑管理、外币授信融资管理、集团直管海外子公司日常事务管理等工作，为方便境内外资金流通，已建立跨境双向人民币资金池并初步建立了集团外汇风险管理体系。

【业务创新】2015年，公司工资发放模式由以前向成员单位要求指定工资发放银行模式变更为员工个人自主选择工资业务收款银行，再通过财务公司结算通道进行工资发放。为保证集团所有员工工资能准确、及时发放，公司建立了与商业银行、第三方机构合作两种模式的同时，还在商业银行合作模式中建立高效率的超级网银通道及覆盖所有银行的小额支付通道。通过以上模式的转变，2015年公司累计完成结算业务97万笔，金额2 733亿元，结算业务量较2014年度的35万笔增长了近3倍。

【风险管理和内部控制】2015年，公司坚持以合规建设为主线，以加强内控管理为重点，以建立健全各项规章制度为保障，切实加强公司全面风险管理水平。一是制定覆盖主要业务及管理活动的合规检查方案及工作计划，并将日常与专项合规检查相结合开展高频率及高覆盖率的合规管理监督。二是按季度发布监管重要政策法规及资讯解读分析报告。三是建立风险指标监测与预警报告机制。主要对资本充足率、流动性比率、年度资本利润率、年度资产利润率、月度平均资金归集率等26项指标进行监测并按季度出具风险指标监测分析报告。四是强化内控制度建设。对公司现有的制度和制式合同进行内部评审，评审了涉及结算业务、信贷业务和信息科技业务的7个制式合同，评审了61个制度，在制度评审时与制度中涉及的内控业务流程与管理活动对比，以评审报告的形式详细对制度评审工作进行评价。五是开展结算业务的风险评估。组织召开每半年一次的结算业务风险评估会议，明确结算风险事项（事件）报告机制，总结归纳结算风险事项类别及原因，并提出相应的控制措施。

公司的内部审计依据2015年度审计计划开展专项审计，对发现的审计问题提出审计建议，年度内部审计建议的采纳率为89%，并定期对审计问题整改情况进行追踪，2015年整改排期内的审计问题均已整改完毕。公司内部审计在专项审计和合规检查等方面的有效履职，为公司识别、监测和评估合规风险提供信息来源和管理依据。

【信息化建设】一是业务运营系统结算渠道建设方面，2015年公司完成了工商银行、渤海银行银企直连接口的开发及上线工作，业务运营系统进一步完善。结算系统已覆盖对公和对私支付业务，支持成员单位在客户端上完成所有结算业务的线上操作，并在客户端上实现电子回单处理及电子对账。二是基础设施建设方面，完成了业务运营系统虚拟化改造，并在此基础上完成了同城应用灾备中心、北京数据中心的启用，两地三中心灾备体系初见成效。三是电子商业汇票系统建设方面，完成了汇票专用章的刻制与备案以及电子商业汇票系统搭建与测试，全面通过了中国人民银行支付结算司的系统接口以及接入环境验收，为系统正式上线奠定了基础。四是买方信贷业务准备工作方面，完成了征信数据综合报送系统上线，同时向中国人民银行征信中心申请并开通了企业征信数据自主查询功能，以便为买方信贷业务提供数据支撑。五是信息安全建设方面，首次开展了业务运营系统等保测评工作，完成了业务运营系统在公安机关的相关备案，取得了计算机等级保护二级证书，公司信息安全建设工作由此迈向新台阶。

【人力资源管理】2015年，公司加快各岗位人员的配置工作，引进优秀的金融人才，优化人员结构、充实人力资本，提高业务操作的专业水平。采用“外部机构培训、内部培养转训、自我学习提升”的组合方式，初步搭建了公司的培训体系。全员广泛学习金融知识、技能与政策法规，同时多次组织公司管理人员去先进的财务公司对标学习，学习和借鉴先进经验，提升公司整体的专业化水平。

【企业文化建设】公司坚持将企业文化建设与经营战略有机结合，以“立足集团、服务产业链、依托信息科技、打造一流财务公司”为信念，建设具有金融行业特色的企业文化。2015年，公司结合集团“卓越、创新、担当、共赢”新企业文化，努力打造一支高素质的金融团队。通过组织内控制度学习、预防职务犯罪培训等活动促进员工自我约束，养成自律自省的职业习惯。通过公司春雨计划改善方案的实施、员工激励认可奖金包发放、团队协作专项拓展活动等措施，有效提升了员工的归属感、增强了团队凝聚力。通过定期民主生活会和职工大会加强管理层与员工的沟通，解决员工提出的实际问题，提升员工满意度。根据员工需求和公司业务特点订购书籍和刊物，以此丰富员工的知识结构和满足个人兴趣爱好。

大冶有色金属集团财务有限责任公司

【经营概况】2015 年，大冶有色金属集团财务有限责任公司（以下简称“公司”）围绕“改革创新、提质增效”的总要求，坚持“立足集团、服务集团”的宗旨，按照打基础、强服务、防风险、促发展的经营思路，着力推进资金集中管理，在宏观经济整体下行、有色金属行业持续低迷的巨大压力下，实现了平稳运行和快速发展。全年实现资产总额达到 32.25 亿元（含表外资产 9.24 亿元），同比增长 59.81%；负债总额 26.69 亿元，同比增长 78.89%；所有者权益总额 5.56 亿元，同比增长 5.70%。实现利润总额 0.40 亿元，同比增长 15.50%；税收 0.13 亿元，同比增长 12.06%。

【信贷业务】一是通过合理运用流动资金贷款、法人账户透支、票据贴现等短期信贷产品，有效地支持了成员单位业务发展需求。全年累计为 15 家成员单位投放自营贷款 18.05 亿元，同比增长 10.53%；办理成员单位之间的委托贷款 9.12 亿元，同比增长 9.22%。截至 2015 年末，公司自营贷款余额 10.05 亿元，委托贷款余额 9.24 亿元。二是加大重点和薄弱领域信贷投放，2015 年，公司累计向铜冶炼、铜加工等核心主业投放贷款 15.84 亿元，占比 87.76%。为配合集团公司推进产业转型升级，逐步加大对环保企业的资金支持力度，全年向博源环保公司等环保企业提供贷款 1.37 亿元。三是积极响应中央号召，加大小微、“三农”企业支持力度，为多家中小微企业提供综合授信 1.80 亿元，发放低利率贷款 1.25 亿元。四是积极开展保函、资信证明、信用鉴证、财务顾问与服务等中间业务，满足成员单位实际需求。

【资金业务】积极主动了解成员单位资金需求情况，合理调配资金头寸，确保成员单位资金支付。加大了资金市场分析研究力度，积极开展存放同业等资金业务，盘活沉淀资金，2015 年实现资金创利 0.19 亿元。

【票据业务】一是扩大票据贴现业务规模，全年为成员单位办理银行承兑汇票贴现业务 1.19 亿元，有力支持了成员单位发展。二是积极开展票据再贴现业务，争取了人民银行支持，开展了低利率（2.25%）的票据再贴现业务 1.04 亿元，拓宽了融资渠道。三是探索开展商业承兑汇票业务，取得 4.50 亿元的商业承兑汇票、法人账户透支等同业授信规模，完成 3 家成员单位签发商业承兑汇票资格公示，为开展商业承兑汇票业务创造有利条件。

【资金集中】一是积极争取集团公司支持，切实采取严格有效的措施，加强成员单位资金归集率考核，存款规模大幅增长，资金集中度稳步提升。二是做好客户服务，践行“主动、热情、周到”服务理念，推行免费用、升存息、降贷息等优惠政策，完善存款利率与资金集中度挂钩的机制，存款利率普遍上浮30%，努力降低成员单位财务成本。三是积极推进银企直连，实现与本外地54家成员单位133个银行账户直连，为成员单位开展业务创造有利条件。截至2015年末，成员单位通过财务公司日均办理结算195笔，日均结算金额11.51亿元，业务差错率为零；累计办理转账结算近5万笔，结算资金近3 000亿元，占集团资金流量的60%以上。全年日均吸收存款8.36亿元，较2014年的5.52亿元增加2.84亿元，同比增长51.45%。年末存款余额16.96亿元，较2014年末的7.35亿元增加9.61亿元，同比增长130.75%。单日最高存款超过23亿元。全口径资金集中度20.75%，同比提高12个百分点。

【业务创新】一是充分利用中征应收账款融资服务平台，积极推进一头在外的国内保理业务，完成中征应收账款融资平台交易1亿元。二是开发收益权抵押贷款产品，结合成员单位实际，向博源环保公司发放了收益权（环保部补贴基金）抵押贷款0.57亿元，有效缓解了成员单位的资金困难。

【内部管理】一是完善法人治理结构，按照《公司法》及监管部门要求，规范“三会一层”职责履行，4月召开了第一届董事会第三次会议，审议通过了年度工作计划和20多项基本管理制度，明确了风险管理目标和相关措施，确保公司稳健发展。二是深化5S精益管理，结合业务发展和管理深化情况，不断完善制度体系，优化工作流程，确保各项业务规范操作。三是贯彻落实监管要求，积极配合省市银监局开展信贷行为审慎年活动、“两加强、两遏制”专项检查、开业一周年全面现场检查、“两加强、两遏制”回头看等现场检查和非现场检查工作，公司的经营成效得到了监管部门肯定，实现了规范经营。

【企业文化】一是坚持开展集中学习。每周安排1～2小时集中学习监管部门规章制度、基础金融理论、实际业务操作等知识，由员工主讲，全员参与，集体讨论，提高学习效果。全年开展集中学习42期，成效明显。二是开展“服务明星”和“学习明星”评比活动。通过民主推荐和组织审定相结合的方式，每季度树立1名学习明星和1名服务明星，表彰在季度工作学习成效明显、服务质量突出的员工，在公司范围内形成全员积极参与、主动创先争优的良好氛围。

巨化集团财务有限责任公司

【经营概况】2015年，巨化集团财务有限责任公司（以下简称“公司”）紧紧围绕资金账户归集，依托支付结算，强化金融服务，狠抓管理提升，有序推进公司各项经营与服务的良好发展，收到一定成效。截至2015年末，公司累计归集集团及其成员单位118家，完成结算业务量13.19万笔，结算总额1 099.49亿元，吸收集团与成员单位存款余额19.34亿元，发放各类贷款余额19.64亿元。公司资产总额30.92亿元，实现营业收入0.80亿元，实现利润0.50亿元，资金归集率为53.32%。

【信贷业务】2015年，公司稳妥开展成员单位综合授信工作，全年完成授信单位19家，授信总额31.85亿元，所有授信项下的贷款均不超过基准利率；根据集团资金预算发放贷款，截至12月31日，公司各项贷款余额21.29亿元，其中，自营贷款16.17亿元，贴现3.47亿元、委托贷款1.58亿元，非融资性保函0.07万元。

【资金和投资业务】公司加强资金头寸管理，通过多方询价比价，筛选合作银行，开展同业存放竞价业务。2015年，公司同业存放利息收入0.14亿元，提升了资金头寸管理效益。

【资金集中】2015年，公司继续强化资金归集工作，3月启动菲达环保的资金归集，5月末完成菲达环保账户梳理，8月末实现菲达环保第一批10家单位的资金归集，10月完成菲达环保第二批6家单位的资金归集，12月末实现菲达环保本部及所属19家单位的资金归集，较好地完成异地并购企业的资金集中管理工作。积极争取集团保险和公积金服务中心保险资金的归集，实现吸收存款5.17亿元。

【业务创新】与中信银行成功完成首单回购式转贴现业务，为提高公司和集团整体资金流动性打下了基础。实现跨境人民币资金池双向稳健运行，2015年，公司积极与人民银行等监管机构沟通协调，及时准备申报材料，并于7月22日一次性备案成功，10月，成功将香港公司300万元境外资金调入国内公司主账户，为衢州市首单跨境人民币资金集中运营业务，对推动集团境外资金的集中运营和人民币国际化，都具有一定的示范性作用。

【风险管理和内部控制】2015年，公司紧紧围绕“运作规范、管理优秀、稳健发展”的经营理念，不断加强岗位分工、部门职责、报告关系、前中后台相互制约的组织结构建设，创新工作方法，提升管理质量，持续营造合规管理与内部控制的良好环境。按照决策、执行和监督相互制衡的原则，合理调整业务运营组织架构，有效控制资金流动性风险，资产质量等整体运营风险控制在合理水平。提升综合资金管理系统平台的质量和效率，增强系统平台的处理能力，全年实现13.19万笔的收付结算量，未发现延迟收付及结算差错事故，有效地防范和控制了资金运作风险。按照中国银监会颁布的《企业集团财务公司风险评价和分类监管指引》要求，将风险控制的内容通过信息化手段落实到公司经营的每一个环节中，并定期进行内部稽核检查，并将检查结果形成《内部稽核检查报告》，报请董事会风险管理委员会审议，针对存在的薄弱环节和问题，要求全面整改完善，以实现全方位与全流程风险管控。加强日常风险审查，开展内部风险排查和贷后检查，充分掌握公司业务基本状况，摸清风险底数，达到在发展中及时发现并消除风险隐患的目的，长效保障公司安全稳健运营。

【人力资源管理】2015年，公司根据业务发展需要，新招了两名综合素质较高的员工，进一步优化了人才队伍，提高了员工整体素质水平。公司逐步建立了内外部、培训与自学相结合的培训体系，加大了员工培训的投入，参加中国财务公司协会等外部培训，提升员工专业知识水平，主动与同业单位和金融机构交流，增强员工业务工作能力。2015年，通过全面梳理优化公司制度流程，全体员工都熟悉和掌握了各项业务管理制度，确保了合规经营，防范了操作风险。

【信息化建设】2015年，公司根据成员单位的需求以及系统完善的需要，开展了“综合资金管理系统深化应用”项目的建设，主要有巨化股份资金池、云商网接口、电子报账接口和SAP接口等模块。一是实现了巨化股份内部资金的集中、调剂、计划管理等一系列管理功能，从而提高了巨化股份内部资金流转效率，降低了财务费用；二是使公司数据和集团相应信息系统的互通，实现了公司信息化系统与集团智慧巨化信息体系的融合，从而发挥更大的作用。

【企业文化建设】梳理优化制度流程，营造“文化引领管理”理念。公司在全体员工中开展制度文化建设和优化完善工作，全面营造制度文化引领公司发展的核心价值观。公司已对法人治理、综合管理、信贷业务、支付结算、财务核算、风控合规、稽核审计等90余个专项管理制度和办法，按照8月、10月、12月三个时间节点分阶段有序推进，加以讨论梳理优化完善，通过制度修订和重新“回炉”来指导和引领公司各项业务的规范、有序、合规发展。2015年，公司还积极发挥“开拓进取、争创一流、勇于奉献”的集体精神，组织“两个文明”建设及争先创优活动，激发团队力量，2015年度被中华全国妇女联合会授予“全国巾帼文明岗”荣誉称号，被中华全国总工会授予“全国五一巾帼标兵岗”荣誉称号。

供销集团财务有限公司

【经营概况】2015年，供销集团财务有限公司（以下简称“公司”）在确保集团资金链安全、支持各产业日常运营、提升整体财务效益等方面，取得良好业绩。2014年、2015年连续两年被中华全国供销合作总社评为“先进集体”。截至2015年末，公司资产总额40.82亿元，其中存放同业款项22.80亿元，各项贷款余额16.06亿元；公司负债总额35.65亿元；全年实现净利润0.15亿元。

【信贷业务】公司不断优化信贷结构、积极开拓运作渠道、努力创新发展。根据成员单位的偿债能力、盈利能力、资产管理及发展能力等相关指标，对成员单位进行评级，并在综合授信额度内办理授信。2015年，公司为10家出资企业授信共计31亿元。全年发放自营贷款23笔，累计金额19.30亿元（同比增长11.62%），贷款余额9.50亿元。2015年，全年累计发放委托贷款107笔，累计金额45.85亿元（同比增长100%），余额37.82亿元。

【票据业务】公司开展票据承兑、代保管、贴现和转贴现及再贴现业务，推进票据池业务，促进集团票据流转和再融资。2015年，公司办理票据贴现业务9笔，累计金额2.62亿元（同比增长49.71%）；开具商业承兑汇票26张，累计金额2.50亿元（同比增长316%）；向人民银行申请再贴现4笔，累计金额2.62亿元（同比增长108%）。

【资金集中】截至2015年末，公司全口径资金集中度 29.82%，可归集口径集中度 48.69%。公司通过发放各类长短期贷款、票据贴现、票据承兑等方式，为企业累计提供资金支持38 亿元。公司与农业银行合作上线了代理实名收款产品，方便企业日常结算；开发了积分计划功能并完成 2014 年下半年和 2015 年上半年积分兑换，对资金归集工作起到了促进作用；开发了二级资金池产品，以提供一级企业对其下属企业的资金集中管理手段，该产品免费提供给各企业并由财务公司提供人员和技术服务，正在与各企业进行路演推广。公司全年免费为企业办理结算业务 9 800 笔，较 2014 年增长 136%；累计结算金额 800 亿元，较 2014 年增长 160%；办理资信类询证函业务 51 笔，较 2014 年增加了 6 倍。公司最大限度利用市场化手段吸收企业存款，实现月均资金归集率 15% 以上。

【业务创新】2015 年，公司推广二级资金池产品，开展成员单位二级资金池试点工作，免费提供技术设备和服务支持帮助成员单位归集下级企业资金，通过帮助成员单位加强下属企业资金管控，达到账户集中、资金集中、管理集中的目的。预计二级资金池产品全面推广后，可提升资金归集度 15 个百分点。同时，公司申请新业务资质，以更丰富的业务手段去吸引成员单位。2015 年，公司已向人民银行提交加入电子商业汇票系统的申请，并与商业银行洽谈票据池合作，拟以票据集中来促进资金集中。

【风险管理和内部控制】2015 年，公司主要从以下四个方面进行风险管理：一是控制授信风险结构。公司只对一级企业进行授信，对于二级企业采用担保授信方式。二是做好流动性风险管理。通过建立资金计划月度报送和周碰头会机制，减少资金闲置。建立大额结算付款通知机制，确保企业结算安全高效。三是组织针对信息科技风险的压力测试，建立异地数据中心、本地多重备份、应急处理机制三个层次的灾备管理体系，评估公司风险承受能力，查漏补缺。四是加强制度建设。2015 年，公司修订了公司章程；组织各部门对公司制度进行全面梳理和修订，全年共修订制度 31 项、新增 18 项，并编印了《供销集团财务有限公司制度汇编》，制度体系进一步完善。

【人力资源管理】2015 年，公司出台了《从业人员基本任职条件》《财务公司绩效与考核管理办法》等相关制度，采用短中长期相结合的激励方式。设立董事长奖励基金，根据员工个人表现予以奖惩；制定年终考核、职位晋升机制，为员工发展提供更广阔的发展空间。为了提高团队专业能力，每周定期组织员工进行专业技能培训。公司组织员工参加银行业从业资格考试及公司内部组织的金融法律法规考试，考试成绩直接与年终绩效考核挂钩。

【信息化建设】2015 年，公司主要从以下四方面开展信息化建设：一是核心系统升级工作。2015 年，公司共完成 5 次核心系统升级，涵盖二级资金池、票据承兑、资金部分冻结等功能。二是完成远程监控系统的上线验收，综合利用堡垒机和监控系统对各类硬件设备故障进行分析和及时处理。三是完成冗余网络设备增补，进一步降低系统运行风险，基本消除了业务系统硬件环境的单点故障风险点。四是与硬件服务商积极探讨，利用现有设备资源提出了本地数据实时备份方案，为数据安全提供了更为坚实的保障。

【企业文化建设】公司以党建为龙头、抓团队建设，强化“定制服务、稳健规范、开拓创新”的金融企业文化。公司在强化企业文化时，注重培训和考核结合来抓团队建设。公司组织员工进行法律法规的培训和考试，使全体员工建立“金融企业就是经营风险和信用的企业”的思想，保证公司经营稳健规范；抓住考核作为指挥棒，通过奖惩机制激励员工加强专业技能学习，培养员工开拓创新的意识；每月安排不同的团队编写资金分析、汇编成册，拓展员工金融视野。企业文化与团队建设有机融合、相得益彰。

中铁财务有限责任公司

【经营概况】2015 年，中铁财务有限责任公司（以下简称“公司”）坚持合规展业、创新发展，强化资金集中，加大新业务开拓，做长业务链条，加强风险控制，推动各项业务稳步发展，重点工作不断突破。同时，着力夯实基础，强化内部控制，健全制度体系，内部管理有序提升。

截至 2015 年末，公司资产总额达 496.27 亿元，吸收存款余额 476.49 亿元，资产总额和吸收存款同比均增长 148%；时点资金集中度达到 42.17%，同比增长 146 %；实现营业收入 6.63 亿元，同比增长 60.50 %；实现利润总额 3.79 亿元，同比增长 79%；实现净利润 2.84 亿元，同比增长 79%。

【信贷业务】保持与监管机构的良好沟通，积极扩大信贷业务规模。建立健全信贷业务贷前调查、贷中调查、贷后调查等管理制度，进一步完善了信贷审批流程。结合各成员企业需要，办理成员企业信用评级和综合授信，以流动资金贷款和票据贴现等基本业务为基础，满足成员企业对资金的需求。

截至 2015 年末，公司完成对中国中铁所属 36 家企业集团的综合授信，累计授信金额 298 亿元；公司发放自营贷款 97 亿元，发放贷款峰值达 100 亿元；为成员单位间办理各类保函 14 笔；结合成员单位在其他金融机构的信誉情况，履行了初评、复评、审核和审批程序，给予 7 个成员单位 AAA 评级，21 个成员单位 AA 评级，6 个成员单位 A 评级。

【资金和投资业务】准确预测了 2015 年市场利率趋势，在保证成员单位用款安全与公司流动性安全的前提下，结合市场利率波动规律与母公司行业收付款特点，压缩活期资金，配置期限较长的同业定期存款，锁定高息，提高资金收益率。全年共安排 226 笔同业定期存款，金额合计 650 亿元，获得同业和准备金收入 2.49 亿元，年度同业收益率达 3.20%。成立流动性风险应急领导小组，对公司流动性指标进行实时监控，并制定了较为完善的流动性预警与处理机制，确保流动性安全。

【票据业务】促进成员单位与上游供应商财务公司间票据结算业务，年内实现了供应链金融项下的首笔票据承兑业务落地。制定了票据承兑业务流程以及相关流程图。年内办理票据承兑业务 0.11 亿元，累计办理票据贴现 1.47 亿元，有效支持了成员企业的发展。

【外汇业务】正式获得北京银监局同意开展外汇资金集中运营管理业务的监管意见书；取得中国人民银行营业管理部《跨境双向人民币资金池结算业务备案通知书》（〔2015〕跨

境备第028号），同意公司开展跨境双向人民币资金池结算业务，获得业务资格的成员企业共有38家，其中境外5家，境内33家，已获批净流入额度人民币751亿元。同时加紧内部相关制度、体系建设，正式下发了《中铁财务有限责任公司外汇及跨境人民币资金集中管理暂行办法》《中铁财务有限责任公司外汇资金结算业务操作规程（暂行）》《中铁财务有限责任公司外汇资金结算账户管理暂行办法》《中铁财务有限责任公司外汇资金存款业务管理暂行办法》等配套管理办法，境外资金管理系统搭建也于年内上线试运营。

【资金集中】公司促进各成员企业全级次资金归集和集中结算，强化系统培训和银行账户银企直联授权力度，不断创新和优化结算系统功能，为成员企业提供高效便捷的网上结算服务。2015年内新拓展客户156户，新开立各类结算账户526个，开业以来累计开立各类结算账户1 107个，完成了7家二级企业的上门系统培训工作，上线了5家二级企业“池中池”系统，完成银行账户授权1 340余户，头寸预约系统正式上线运行，优化了成员企业客户级次码，构建全级次账户体系，开展委托收款第三方确认试点工作。截至年末，公司年度累计结算流量9.2万笔，涉及资金17 777亿元，内部封闭结算11 956亿元，吸收存款规模476.50亿元，是2014年的2.5倍，全口径资金集中度达到42.17%。

【业务创新】拓展中国中铁产业链上游企业金融业务，与北京金隅财务有限公司签署了《战略合作协议》，通过在同业授信、票据保贴、票据托收、票据转账、担保业务、代理收付款等业务方面进行深层次同业合作，促进双方所属企业集团成员单位之间的实体经济往来。公司于2015年12月31日与北京金隅财务有限公司成功完成首笔票据互认业务。

【风险管理和内部控制】一是搭建风险管理组织架构，将董事会对全面风险管理工作落到实处；二是完善风险偏好管理框架，监督各项风险偏好和风险目标的执行，使风险管理与各项业务深度融合；三是对全公司业务按照风险识别、风险评估、风险监测、风险报告、风险应对策略等风险管理流程，开展风险管理工作；四是针对主要业务，制定了《中铁财务有限责任公司信贷业务全流程风险管理机制》《中铁财务有限责任公司流动风险应急预案》《中铁财务有限责任公司结算业务突发异常情况应急预案》和《中铁财务有限责任公司信息系统应急演练预案》等，开展专项风险管理；五是对信贷业务、投资业务、合同审查、新业务、新制度、重大事项等开展专项风险评估程序性审核工作；六是内部控制建设，从业务维度出发，通过制定116项中铁财务有限责任公司业务流程图和116项中铁财务有限责任公司作业指导书，对每一项业务、每一步骤建立相对清晰固化模型；七是结合模拟评级工作，制定相应的工作方案，满足评级需要，提升工作质量；八是建立风险事件库，提升风险防范意识。

【人力资源管理】一是严把人才引进关，优化招聘流程，提高招聘质量，2015年引进海外留学生2名，招聘紧缺和急需人才6名，进一步充实了员工队伍。二是健全人才考核评价机制，制定员工业绩考核实施方案，严肃考核程序，充分发挥绩效考核提升业绩、激发员工活力的作用。三是加大培训力度，提升人才素质。全年共组织内部培训200余人次；积极参加监管机构、中国财务公司协会等组织的外部培训，全年参加27批次。四是根据中组部干部人事档案专项审核工作要求，对公司除班子成员以外员工的人事档案进行了全面审核。

【信息化建设】围绕资金集中这一核心职能，积极推进信息化管理体系建设、业务信息系统建设和信息技术应用研究。在管理体系建设方面，完成信息化管理体系总体框架建设，梳理了主要流程、作业指导书、审批单据，制定了应急预案、开关机操作手册，并按计划完成了应急恢复演练和开关机操作。在业务信息系统建设方面，完成了中铁国际等六家二级单位现金池上线；完成境外资金管理和资金分析监控系统上线；完成了接口平台技术验证；完成网络改造项目建设；成都异地灾备中心建成投入运行；完成OA系统上线，与股份公司各单位建立互信。在应用研究方面，顺利通过银监会2015年度银行业信息科技风险管理课题验收，建立了资金分析和风险监控指标体系，建立了资金数据仓库，提升了资金数据分析应用水平。

【企业文化建设】探索打造符合企业发展实际并为战略服务的核心价值体系，明确了企业使命、企业愿景和企业经营方针，用共同价值理念凝心聚力。注重将企业文化理念融入制度体系中，促进文化“柔”性与制度“刚”性的相互融合与和谐统一，重点建立并不断完善合规合法、精细执行、运转高效的制度体系。不断丰富企业文化载体，开展了以“我与企业共成长”为主题的演讲比赛；以宣传企业经营和文化为主要内容，将公司网站打造成为对外宣传和交流的窗口；出台了新闻宣传工作实施办法和稿酬管理办法，进一步规范新闻宣传工作；党纪工团联合开展了5期“中铁财务公司诚信敬业道德讲堂”，被股份公司授予“中国中铁示范道德讲堂”称号。进一步拓展宣传形式，及时更新宣传展板9期，向《中铁简报》《中国中铁报》和中国财务公司协会等投稿近30篇，对公司深化改革、精细化管理、经营业绩和“三争一保”主题实践活动、“三严三实”专题教育等进行了宣传。

重庆力帆财务有限公司

【经营概况】2015年，重庆力帆财务有限公司（以下简称“公司”）紧紧围绕“依托集团、服务集团、规范运作、稳健发展”的经营理念，积极配合力帆控股集团“新能源汽车+互联网金融”的转型升级发展战略，不断加强内部管理，提升公司风险控制水平，在资金集中、信贷服务、资金结算等方面取得了良好业绩。截至2015年12月底，公司资产总额65.03亿元，比年初增长52.05%，其中贷款31.17亿元，比年初增长19.30亿元，新增贷款重点投向集团新能源产业。公司总负债56.29亿元，其中存款55.93亿元，比年初增长62.87%。公司实现营业收入0.98亿元，同比增长61.06%，净利润0.47亿元，同比增长67.81%。全口径资金归集率达62.41%，资本充足率30.48%，其余各项指标均符合监管要求。

【信贷业务】2015年，公司利用财务管理、机制上的优势，充分发挥了集团资金融通桥梁和通道作用，最大限度地满足了成员单位的资金需求。为较好地提供信贷服务，公司一是加强与集团资金部的合作，定期参加集团资金会，准确掌握成员单位的资金需求，制定详实可行的信贷投放计划，针对变化及时动态调整。二是积极争取人民银行信贷额度，力争投放与额度相匹配。三是加强与成员单位交流沟通，积极收集有关资金落实、信贷投放、临时需求等反馈信息，提高对成员单位支持的针对性和有效性。截至2015年末，贷款余额31.17亿元，较年初新增19.30亿元，全年累计发放贷款44.57亿元，新增银行授信6亿元，累计办理委托贷款2.68亿元。

【产品销售信贷业务】 为促进集团汽车销售，2015年，公司积极申报消费信贷、买方信贷和融资租赁业务，并为新业务的开展做了扎实的准备工作。一是深入开展调研，积极展开与经销商、集团相关成员单位的沟通，详细了解汽车板块产销状况、汽车金融业务的需求情况。二是借鉴同业经验，向兄弟财务公司学习取经，在资质申请、业务开展、机构设置、人员编制、管理制度、业务流程、系统开发等方面，都获得了有益的借鉴。在与监管部门多次沟通后，申办新业务的各项准备工作也在有条不紊地进行。

【资金和投资业务】 在市场利率波动、流动性不足的情况下，公司进一步加强资金规划，提高资金使用效率。一是积极争取银行授信，2015年公司通过占用自身银行授信为成员单位签发票据，向集团提供有力的融资支持。二是精细化资金头寸管理，在保障资金流动性需求前提下，动态调整资金计划。三是面对市场利率下行，公司加强与银行谈判，保持资金同业存放收益率稳定，降低市场负面影响。2015年末，公司同业存放余额突破30亿元，全年同业存放利息收入0.55亿元，较上年同期增长61.76%。

【票据业务】2015年，公司一是优化票据流程，通过与集团资金部的沟通，主动优化票据办理流程，缩短票据办理时间。二是灵活利用票据池业务，集中小、散票据，以小开大、以短变长等形式开立票据，降低票据成本，提高支付和托收效率。三是丰富业务品种。利用公司专业优势，开展商票、贴现、转贴现等业务，较好地满足了成员单位不同业务需求。四是抓紧申办新业务。公司电票业务已完成流程梳理，并通过银行进行了业务模拟。2015年末，公司票据业务余额45.80亿元，较年初增加8.80亿元，全年累计办理票据89.90亿元，办理商票2.90亿元。

【外汇业务】2015年，为整合集团外币资源，公司成功申办了跨境双向人民币资金池业务，打通了境外人民币归集渠道。公司全年归集外币资金1.06亿美元。

【资金集中】2015年，公司一是召开成员单位资金集中工作会，明确资金集中管理方式和操作模式。二是全面推开代理支付业务，提高公司资金归集沉淀。三是加强归集激励，落实资金归集责任部门，并按归集情况进行激励，充分调动归集的积极性。四是加大考核力度，结合中国财务公司协会的评级方案，将资金归集率、账户集中度、结算集中度纳入对成员单位的考核。通过以上各项措施的有效实施，2015年末，公司吸收存款达55.93亿元，较上年末增长21.59亿元，实现结算金额2405.08亿元，充分发挥了司库型财务公司资金集中管理中心的作用。

【风险管理和内部控制】2015年，公司坚持全面风险管理的原则，开展了大量具体工作，有效预防和化解了公司面临的主要风险。一是制度的完善，由公司风险合规部牵头，对公司原《制度汇编》进行了梳理和修订，完善了规章制度和业务规程计113项，对保障公司经营活动的合法合规提供了制度依据。二是结合监管要求，持续做好专项排查工作。针对监管部门开展的“两加强、两遏制”专项排查和“回头看”专项自查工作，公司制定了详细的实施方案，并认真组织落实，对重点业务和重点操作环节进行了重点检查，切实控制了业务操作风险。三是加强员工尽职问责，按照“权责统一，错责相当”的原则，人人签订风险责任书，增强了制度执行的后评价内容。四是强化员工合规理念。结合监管部门开展“员工行为管理强化年”方案的要求，通过走访、座谈等多种形式开展员工行为管理调查，强化员工合规理念。2015 年，公司各项业务稳定增长，风险控制良好，无任何违规行为发生。

【人力资源管理】2015 年，公司进一步优化岗位设置和明晰岗位职责，强化人才队伍建设，提升人力资源管理水平。一是结合公司需要，调整部分岗位，在关键岗位设置 AB 角，优化了公司人员配置，另外，本着“相互独立、相互制约”的原则，重新明确了员工岗位职责，使公司运行效率有了很大提高；二是人才按需引进，在充分利用现有人力资源的基础上，公司面向市场聘用了具有丰富同业经验的员工，以老带新，培养复合型人才；三是采取多种方式，加强员工培训，鼓励员工业余时间进行学历、证书教育学习，部门内部采用授课、考试等形式，组织员工岗位学习，让员工定期参加人民银行、银监、中国财务公司协会的专项培训，提升职业素质；四是加强员工绩效考核，将员工岗位履职、培训结果、员工自评和他评等纳入日常考核，考核结果与员工薪酬挂钩，大大激发了员工积极性。公司人力资源得到了进一步的优化，人力资本得到了充分的发挥，为公司更好地服务集团、服务实体经济提供了良好的智力支持。

【信息化建设】为确保公司信息化服务体系安全、平稳、高效运行，2015 年，公司一是切实推进系统建设，完成了九恒星核心业务系统二期部分功能的测试及上线，人民银行征信系统环境测试及正式上线；二是加强机房环境的投入与管理，采购机房网络设备和安全设备，大大提高了机房的安全性和可靠性；三是制定系统管理规章制度，制定了《综合业务系统故障应急管理办法》《综合业务系统数据备份管理办法》等，规范了信息系统业务操作。公司核心业务系统运行稳定性和处理效率有较大的提高，有力促进了公司各项业务的发展。

【企业文化建设】2015 年，公司以“合规、责任、创新”的核心价值观为指导，紧紧围绕“依托集团、服务集团”的宗旨，加强企业文化建设。一是加强组织领导，公司成立党支部和工会小组，统一协调党群工作，党员发挥模范带头作用；二是加强企业文化传播，把企业文化建设融入到公司党课、党组织活动等培训体系中，组织开展“珍惜职业生涯、远离违法违规”的主题演讲，将统一的价值理念深入人心；三是定期召开季度职工大会，就员工关注的热点问题，领导层主动征集职工意见，认真讨论研究，受到员工的一致好评；四是踊跃参加社会金融知识和反洗钱宣传活动，提高广大职工的金融常识和反洗钱意识，更好地维护自身权益。这些活动生动体现了公司企业文化内涵，充分调动了员工的积极性，共同营造了公司严肃认真、轻松活泼、快乐工作和快乐生活的良好氛围。

中煤财务有限责任公司

【经营概况】2015年，中煤财务有限责任公司（以下简称“公司”）继续探索功能定位，认真贯彻各项监管要求；进一步提升资金集中管理水平，扩大内部结算，试点代理支付业务；积极让利成员单位，为成员单位改善经营局面提供资金支持；稳步开展票据承兑试点，研究探索建立票据池；努力拓展中间业务，提早筹备新业务申请；加强风险和内控管理，不断强化内部审计监督；在保证公司风险可控、合规运营的基础上超额完成各项经营指标。截至2015年末，公司总资产219.61亿元，归集资金184亿元，全口径资金集中度47.98%，贷款余额（含票据贴现）58.38亿元，2015年营业收入6.89亿元，净利润3.06亿元，为集团公司合计增收和节约财务费用达4.43亿元。

【信贷业务】2015年，公司充分发挥企业集团内部金融机构的价值，积极开展自营贷款业务，全年发放流动资金贷款25笔，共计62.50亿元。面对成员单位资金需求增大与外部信贷支持减少的情况，公司让利于成员单位，提供低成本融资渠道，自营贷款利率普遍执行基准利率，为成员单位改善经营局面提供支持，助力集团公司减亏脱困。一是扩大信贷服务范围。统筹安排信贷资源，合理控制信贷投放节奏，贷款服务对象覆盖了集团公司重点单位，并延伸至三级单位，全力保障企业资金需求。二是不断提升信贷服务水平。树立主动服务思维，加强业务沟通，上门走访成员单位20余次，充分调研成员单位信贷需求，力求供需匹配。三是有效控制信贷风险。坚持信贷“三查”和审贷分离原则，完善信贷业务流程，组织召开贷审会会议19次，预审、审议信贷业务31笔，确保信贷业务流程合规、风险可控；累计收回贷款12笔36.20亿元，无逾期情况发生。

【资金业务】2015年，公司制定了《存放同业业务管理办法》，规范和优化了同业业务管理；在充分保证资金安全性、流动性的前提下，合理安排存放结构和期限，最大化发挥同业存放的价格优势。公司全年累计办理同业存放522亿元，同业存款利息收入达4.16亿元。

【票据业务】2015年，公司不断拓展票据业务，提升票据业务水平，办理银行承兑汇票贴现金额6.87亿元，同时开展票据承兑试点，实现了票据承兑业务零的突破。一是提升票据贴现业务水平。针对煤炭市场形势严峻带来应收票据大幅增加的情况，公司进一步扩展票据贴现服务范围，帮助成员单位及时回款，增加经营活动现金流量；本着让利于成员单位的原则，贴现率均低于商业银行同期水平。通过购置针式打印机和票据鉴定仪，邀请合作银行专家进行培训等方式，不断提升票据业务水平。二是开展票据承兑业务。进一步优化完善相关制度和流程，按照“先试点，再推广”的方式稳妥推进票据承兑业务，充分研究成员单位开票需求，实现了公司票据承兑业务的突破，有效减少资金占用，推动集团公司产业链内部资金良性循环。三是加快研究票据池建设。为进一步发挥票据价值，开展了票据调研活动，在充分了解集团票据管理现状和成员单位票据业务需求的基础上，积极探索票据集中管理模式，形成了票据池建设方案。四是启动电子票据系统建设。根据票据市场发展趋势，结合公司业务安排，将电子票据系统建设作为重点工作推进。

【资金集中】2015 年，公司将资金集中工作作为年度重点工作来抓，全年资金归集量和资金集中度较 2014 年均有大幅增长，年末集中资金余额 184 亿元，全口径资金集中度达到 47.98%。一是加强与集团总部财务部门和各成员单位日常沟通，提前掌握大额资金收付动向，确保日常经营资金使用，积极协调成员单位落实好资金归集工作。二是积极与各商业银行建立合作关系，扩大银企直连银行范围。截至 2015 年已与工商银行、农业银行等 12 家国有银行、股份制银行建立银企直联关系。三是积极为集团各级次企业办理内部账户开户和银行账户授权，将集团全部外部银行账户纳入公司资金系统，为逐步实现对全级次企业的资金归集创造条件。四是面对存贷款基准利率多次下调的形势，公司始终坚持让利于成员单位，在人民银行规定范围内将各期限品种的存款利率普遍上浮至较商业银行更高的水平，以市场化手段赢得成员企业支持，提高归集资金比例。

【业务创新】2015 年，公司成功办理首笔商业汇票承兑业务，开具商业承兑汇票 0.07 亿元。公司根据“循序渐进、风险可控”的原则，按照“先试点，再推广”的方式，推出了票据承兑业务，主要目的在于降低企业资金成本，促进集团公司内部应收账款向应收票据转化，帮助清理内部清欠。公司代理支付业务于 12 月正式开展。

【风险管理和内部控制】2015 年，公司完善全年风险管理体系建设，针对重点业务、关键环节不断加强风险管控和监督。一是进一步完善全面风险管理体系和内部控制体系。修订和增加了全面风险管理办法、案防管理办法、合规管理办法等制度，组织董事、监事、高管和所有员工签订合规责任书，初步明确了公司风险偏好和各类风险容忍度。二是加强信贷和同业业务风险控制。制定年度信贷政策指引，加强信贷业务预审和贷审会会务工作，确保业务流程合规、风险可控。在存放同业业务中，嵌入额度管控和银行准入等风险控制措施，并核定了各合作银行的存放限额。三是加强法律事务及合同管理。及时组织完成需求确认、流程确定、业务培训、系统测试等准备工作，实现合同管理流程的线上运作。严格防范潜在风险，年内审查各类合同约 70 份。四是强化风险监控和审计稽核监督检查。组织定期监控资本充足率、流动性比例等各类风险监管指标，实现流动性比率的系统实时监测，确保监管指标合规。组织开展案件、印章管理等各类风险排查，及时排除风险隐患。

【人力资源管理】公司坚定实施“人才强企”战略，高度重视提高员工素质，促进管理效率提升。一是加大“引进来”和“走出去”力度，邀请银行有关专家，在业务操作、风险管理等方面加强培训，与宝钢财务公司、中交财务公司开展业务交流，学习先进经验；二是鼓励员工通过在职继续培训和参加各种职业资格考试，成长为复合型人才；三是努力完善多层次考核评价和薪酬体系，建立了薪酬与考评打分挂钩的联动机制，积极表彰先进，调动员工积极性。

【信息化建设】2015 年，公司高度重视信息管理系统建设，以信息科技治理为保障，基础设施建设、信息化运维和信息系统安全为支撑，紧紧围绕“全业务信息化”的目标，有效支撑公司业务发展。一是按照监管要求，建设了公司征信数据报送系统，并与资金管理系统进行了集成，实现信贷业务征信数据自动抽取、自动校验、报文自动生成等功能，提高了信贷业务人员的工作效率和信贷风险的管理水平。二是公司继续优化资金管理系统各项业务功能的同时，完成代理结算业务系统功能开发，重新设计系统菜单界面，顺利通过了各项测试。12 月中旬，代理支付模块正式转入试运行。

【企业文化建设】 2015 年，公司通过组织业务培训、学习内控制度、举行务虚会等方式推进以“专业、高效、和谐、创新”为核心的企业文化建设；通过参与集团健步走活动、参加朝阳区羽毛球比赛、生日贺卡、员工卡通形象等活动形式，丰富员工业余生活，传递温暖，增强员工归属感和凝聚力；公司金融动态、微信公众号坚持全方位反映金融市场动态、监管政策、行业发展及公司风采，为构建健康企业文化打下了良好基础。

安徽省皖北煤电集团财务有限公司

【经营情况】 2015 年，安徽省皖北煤电集团财务有限公司（以下简称“公司”）始终践行“依托集团、服务集团”的经营理念，完成了全年的各项经营计划与考核指标，为以后公司的发展壮大奠定了坚实的基础。2015 年，公司实现营业收入 0. 72 亿元，利润总额 0. 36 亿元，实现资金归集度 46. 19%（可归集口径）。累计为成员单位代理付款 1. 94 万笔，交易金额 283. 92 亿元，为成员单位办理内部转账 1 447 笔，交易金额 107. 36 亿元，帮助成员单位初步实现付款、转账等资金业务的高效快捷；自营贷款年末贷款存量 13. 30 亿元，委托贷款 2. 30 亿元，委托贷款利率 5. 41%，办理票据贴现 0. 15 亿元，在一定程度上缓解了成员单位“融资难、融资贵”的压力，为成员单位的发展提供了融资支持；累计为成员单位支付利息 0. 16 亿元，其中按协定存款方式计息的活期存款利率达 1%，远高于同期银行存款活期利率，营造了财务公司和成员单位“双赢”的良好局面。截至 12 月 31 日，公司拥有总资产 18. 62 亿元。其中负债 13. 19 亿元，所有者权益 5. 43 亿元。

【资金业务】 在资金运作方面，公司专门成立了存放同业资金管理小组，负责资金的存放管理。由计划财务部实时监控资金运行情况，将资金情况及时、准确的汇报存放同业资金管理小组，由存放同业资金管理小组根据成员单位资金使用时点的不同，合理测算公司资金头寸存量的高峰和低谷。在尽力满足成员单位资金需求的同时，调剂资金头寸，以存放同业资金的产品和期限的多元化为手段，合理地进行期限错配，最大限度地提高资金使用效率，获得最高的资金效益。另外，为防范金融风险，积极与多家商业银行合作，建立互惠互利的伙伴关系，2015 年全年实现存放同业收入 0.41 亿元，实现了存放同业资金的高效运营。

【信贷业务】公司严格按照《贷款通则》、“三个办法、一个指引”和《企业集团财务公司管理办法》等法律法规的规定，符合中国人民银行的货币政策和信贷政策，遵循安全性、流动性、效益性的原则，以资产负债比例管理和风险管理为中心，紧紧围绕集团公司发展战略目标，为集团成员单位提供高效、优质的金融信贷服务。积极发挥财务公司金融服务功能，助推集团战略发展。2015 年，公司发放自营贷款 17 笔，发放贷款金额 13.30 亿元，办理委贷业务 4 笔，金额 2.30 亿元，票据贴现 0.15 亿元。同时，公司加强信贷资产管理，强化贷前调查、上会审查和贷后检查的监管机制，持续跟踪贷款企业状况，确保贷款的安全。2015 年各项贷款利息回收率 100%。

【资金集中】自 2015 年以来，按照集团公司资金归集的要求，以集团内上市公司为重点，积极推动成员单位加入资金池，同时开展各成员单位在外行开立账户的清查工作，加强对集团控制能力相对较弱的参股单位以及其他成员单位的存款营销工作，同时做好资金集中管理和调度工作。截至 2015 年底，有 70 家成员单位在公司开立账户近 120 户，办理结算 2.91 万笔，资金结算量约 782.58 亿元。

【风险管理和内部控制】2015 年，公司立足于企业持续、健康、稳定发展的高度，开展风险管理建设。以风险防范为第一要务，积极落实操作有规、管理有序、授权有度、风险有控、责任有人、监管有效的原则，建立了具有自身特色的风险管理体系。第一，积极构建领导重视、员工参与的全员风险管理文化，让风险文化成为企业文化的重要组成部分，不断巩固和加强全体员工牢固树立风险意识、自觉辨别经营风险、确保企业健康发展的理念。第二，加强规章制度体系建设，健全内部控制制度。坚持“业务开展、制度先行”，建立了包括法人治理、综合管理、财务与资金管理、信贷业务管理、结算业务管理、投资业务管理、风险和稽核管理、岗位职责等多项制度和业务流程的规章制度体系。第三，重视和加强信息系统建设，防范信息系统风险，为公司健康运作奠定坚实基础。第四，构建前、中、后台三道风险管理防线，理顺公司在风险管理中不同员工、不同部门、高级管理层、董事会的风险管理职责。第五，重点防控好信用、市场、操作、流动性四种主要风险，同时关注声誉风险、战略风险等风险隐患。第六，加强日常风险隐患排查和内控、合规检查，利用风险指标监控表、合同审批表、业务风险审查表等风险管理工具开展风险管理工作，让风险管理真正发挥作用，充分体现风险管理的价值。

【内部稽核】2015 年，按照相关法律法规和监管部门的要求，对照相关法律法规对公司全部规章制度、办法和业务流程重新进行了梳理，共计 128 个。对结算业务部、信贷业务部、计划财务部、风险管理部等部门进行了专项稽核审计，针对制度及操作中存在的疏漏，提出了建议和意见，并跟踪整改。落实岗位责任，确保各项业务的规范运作与公司的健康发展。

【信息化建设】2015 年，公司与 6 家商业银行实现了银企直连。同时对银行前置机进行单独布置、升级，提高了系统的稳定性。经过近两年的发展，公司的信息化建设取得了巨大的进步，满足了成员单位的业务需求。加入了银监局的 OA 办公系统，实现了网上办公。2015 年加入安徽省金融城域网，实现了征信网上报送。在信息安全方面，实现了数据的同城备份，核心数据实时备份，保证业务数据的安全性和连续性。

【人力资源管理】在职工薪酬方面，积极开展全员绩效考核，激发了员工的工作热情。激励员工加强业务学习，提高自身素质，公司设立专项奖励，对取得优异成绩的个人，从物质和精神上予以鼓励。在业务培训方面，公司每月组织一次业务集中培训，并不定期安排员工参加监管部门、中国财务公司协会、集团公司等组织的专题讲座与业务培训，为员工提供了良好的学习平台，激发团队活力。

【企业文化建设】2015年，公司加强企业文化基础建设，倡导“依托集团，服务集团，规范经营，稳健发展”的经营理念，重视岗前培训，资格认证等技能教育。形成了一套符合公司实际的企业文化体系：

一是中长期发展战略：公司以“依托集团，服务集团，追求集团整体利益最大化”为经营目标。加强资金集约管理，优化资源配置，提高资金使用效率，控制资金风险，规范经营，创新服务。力争在“十三五”时期末，使各项经济指标、业务品种及管理水平达到一流财务公司水平。

二是使命：依托集团，服务集团，规范经营，稳健发展。

三是愿景：建成一流财务公司，提供专业金融服务。

四是战略：整合集团金融资源，打造集团资金管理、资金结算、金融服务三大平台，助推集团产业发展。

五是价值观：诚信，协同，创新，稳健。

淮北矿业集团财务有限公司

【经营概况】淮北矿业集团财务有限公司（以下简称“公司”）2015年度实现营业收入1.31亿元，实现营业利润0.89亿元，为成员单位节约财务费用0.2亿元，加上计提的拨备，实现综合收益1.22亿元。截至2015年末，公司资产总额42.86亿元，其中贷款（含贴现）余额15.95亿元；负债总额34.01亿元，其中吸收存款33.73亿元；所有者权益8.85亿元。

【信贷业务】2015年度，公司先后为10家成员单位发放信贷18笔，计13.51亿元。年内收回到期贷款15笔，计11.55亿元。全年实现贷款利息收入0.69亿元，占营业收入的52.63%。面对煤炭行业低迷、实体经济风险加大的现状，公司严格信贷管理，加强信贷投放的审查，减少集团对公司信贷投放的干预，增强公司独立性。对于风险不可控的，坚决不贷，筑牢与实体经济的防火墙。现有存量贷款全部为正常。

【资金业务】针对投资业务尚未获准、资产配置单一的现况，公司深耕同业业务，充分利用公司对成员单位管控能力强的优势，强化集团预算管理，加强资金支付计划管理，最大程度降低资金备付率。在各商业银行间开展询价，精准调拨资金，实现结构存款的期限错配，既保证流动性又争取最大收益。2015 年，在同业存放利率持续走低的情况下，实现收益 0.61 亿元，占营业收入的 46.15%。

【票据业务】公司积极推进票据业务，2015 年 10 月获准加入电票系统后，公司集中力量进行系统建设、软硬件配置、人员培训等，年内已向人民银行总行提出验收申请。已开办了纸质票据业务，满足成员单位内部结算需求。

【资金集中】开展账户清查，减少外部账户数量，减少资金沉淀。在核心系统中开发账户监控模块，对集团所有成员单位的外部资金收支实现实时监控。代管集团外部账户，对于除因融资需求和用途受限的资金外，全部及时归集。2015 年末全口径资金归集度完成 50.93%，管理口径资金集中度完成 73.24%。

【业务创新】2015 年，公司以客户需求为导向，有序推进新业务的开办。一是根据物流类子公司的信贷需求特点，推出循环贷信贷产品；二是为有需求的客户出具工程履约保函；三是开办了银团贷款业务；四是开办纸质商业汇票业务；五是开展了同业授信。

【风险管理和内部控制】公司把 2015 年确定为基础管理提升年，以场所搬迁和监管现场检查为契机，着力提升各项基础管理工作。一是在新的场所建设标准化的档案室；二是以监管现场检查为契机，全面梳理制度和流程，结合实际业务，对制度进行再修订，对流程进行再优化；三是加大稽核审计工作力度，做到稽核业务全覆盖；四是召开风险管理委员会和审计委员会会议，听取专业委员的意见，为公司风险把脉。

【人力资源管理】在人员结构上，择优选择两名大学生到公司挂职锻炼，增添新鲜血液；在培训方面，邀请当地银行业协会专家、商业银行专家前来讲授金融知识，灌输金融理念，更新员工知识结构。多次参加中国财务公司协会举办的各类培训，提高员工理论水平和操作能力；加强行业交流，先后多次到先进财务公司取经学习；鼓励通过自学参加资格考试，年内有 6 人通过银行业资格考试，8 人通过证券业资格考试，为申办新业务提供人才支撑。

【信息化建设】持续推进信息系统建设，完善系统功能，年内完成了纸质商业汇票管理、反洗钱和征信管理等系统项目的建设以及 1104 报表、同业业务、资金计划、账户监控等功能模块的升级改造。投入一定资金购置软硬件，系统的稳定性和安全性得以提高。

【企业文化建设】以公司文化建设为载体，提高公司的凝聚力。一是组织参加行业运动会，提升形象，扩大影响力；二是建成公司 LG 和文化墙；三是建立微信平台，分享知识信息，交流心得；四是鼓励员工自学，参加金融类资格考试，形成浓厚学习氛围；五是通过各种方式，培育公司风险管理文化。

湖南出版投资控股集团财务有限公司

【经营概况】 2015年，湖南出版投资控股集团财务有限公司（以下简称“公司”）以“立足集团，服务集团”为宗旨，积极应对宏观经济形势变化，围绕全年中心工作，稳步夯实基础业务，有序布局新业务，全面完善制度流程体系，持续强化风险控制能力，保持了稳中有进的发展步伐。截至2015年末，公司归集资金余额70亿元，可归集口径的资金集中度达87.48%；实现营业收入2.96亿元，同比增长118.43%；实现利润1.44亿元，同比增长107.12%；总资产收益率为2.16%，成本收入比为9.76%，不良资产率为零，实现了安全性与收益性的动态平衡，圆满完成了全年经营管理目标。

【信贷业务】 在充分调研成员单位业务需求的前提下，2015年完成集团及成员单位综合授信业务6户，其中续授信4户，新增授信2户，累计发放贷款9笔，贷款投放分布合理有序，充分满足了出版、印刷等多个板块成员单位资金需求；截至年底，贷款余额为4.31亿元，累计办理贴现0.50亿元，拓宽了融资渠道，及时解决了成员单位资金需求，增加了资金流动性。2015年贷款利息收入0.14亿元，贴现利息收入138.73万元。

【资金和投资业务】 积极应对同业市场利率水平直线滑落的趋势，一是继续扩展交易对手，2015年新增银行合作机构4家，交易对手3家，使已开展实质业务的银行达10家；二是合理配置存放期限，在严格筛选交易对手和交易价格，保障流动性的前提下，全年办理存放同业定期业务38笔，较2014年增加46%，涉及金额148.70亿元，实现收益2.49亿元，平均收益率达4.67%，远超Shibor同期水平。2015年9月，公司获批有价证券投资（股票二级市场投资除外）、对金融机构的股权投资及成员单位买方信贷三项业务资质，同时以最快进度完成银行间债券市场准入备案，以及中国外汇交易中心、上海清算所、中央国债登记结算有限责任公司开户联网工作，为投资业务继续开展做好了充分准备。

【资金集中】 2015年，公司继续推进成员单位资金归集工作，通过量身定做个性化账户管理服务方案，反复调整业务系统，积极推动集团内结算量最大的新华书店及其下属4家公司先后上线，圆满完成了资金归集任务，可归集口径的资金集中度达87.48%。截至12月底，成员单位上线覆盖率达85.19%，其中，省内企业上线率达到100%。全年累计办理结算业务47 162笔，较2014年增长53%，结算金额776.08亿元，未发生结算风险，实现了盈余资金的高度集中。

【风险管理和内部控制】 依托“立足当前，面向未来”的基本思路，积极推动全面风险管理。一是与德勤合作建立动态拓展型全面风险控制体系，编制完成72项工作流程图，排查梳理每个岗位和节点的风控要点，建立全覆盖、无死角的风险管理网络；二是研究制定2016年度投资业务风险管控措施，以业务规划、风险管理方案及制度为基础，构建起标准、规范、合理的投资决策机制，确保业务开局稳健高效；三是积极推动风控检查和日常审计，定期严格审计资金结算、资金调度、信贷业务、信息技术等流程，持续关注整改，确保内控流程不留“真空地带”，为资金安全构建坚固的防护墙。

【人力资源管理】以建立“平等、创造、奋进”的团队文化为出发点，注重广纳专才，重视人才培养与成长。一是从政治修养、业务素养、从业道德等方面严格选拔面试，寻聘投资专业人员1名，引进审计稽核专员1名，为业务开展提供专业人才保障；二是克服机构小、人员少等局限，结合多渠道、多形式培养方式，组织集中全员内训三次，有针对性地参加各类外训40余人次，逐步建立合理有效的培养机制；三是根据业务发展需要积极引导，5名员工获取证券从业资格，6名员工获取债券交易从业资质，形成学习型团队氛围，推动员工个人职业发展与公司可持续发展的价值统一。

【信息化建设】继续优化业务系统，全力保障系统的安全性、不间断性。通过建立以日、周为区间的排查和机房巡检登记机制，形成实时、完备的运维档案，通过在网络和程序设置上阻断测试系统与正式系统，为业务数据的安全提供了强有力的保障；定期收集业务需求，持续完善系统设置，实时进行各类升级和优化，全方位为业务运营保驾护航。

【企业文化建设】大力弘扬“因工作而快乐，因创造而富有，因团队而荣耀，因良善而崇高”的企业核心价值观，以党建活动为契机，先后开展“专题教育知识抢答赛”“‘三严三实’精神风范展览”“重温革命精神主题红歌比赛”等活动；在做好党建工作的同时，积极发挥工会能量，通过精心策划周年活动、羽毛球俱乐部活动、圣诞活动，组织参加集团拔河比赛、水球比赛、荧光夜跑等活动，进一步丰富了员工精神文化生活，增进了员工的归属感与凝聚力。

四川省宜宾五粮液集团财务有限公司

【经营概况】2015年是四川省宜宾五粮液集团财务有限公司（以下简称“公司”）开业运行的第一个完整年度，也是全面承接五粮液集团战略转型的一年。公司克服了经济下行的严峻形势，圆满完成了经营目标任务。截至2015年12月31日，公司总资产140.99亿元，总负债119.68亿元，所有者权益21.31亿元；吸收存款113.98亿元，发放贷款21.16亿元，其中贴现7.82亿元；实现营业总收入4.75亿元，拨备后利润1.25亿元。

【信贷业务】2015年，面对复杂多变的内外部环境，公司坚持“服务集团、支撑多元”的经营理念，审慎稳健地推进信贷投放工作。一是加大对成员单位生产经营状况的实地调研，加强信贷管理做足准备。二是积极通过信贷业务创新，合理优化成员单位融资抵押、评估、登记方式，简化成员单位贷款手续，提高办贷效率，并通过多种信贷产品支持成员单位融资，积极满足成员单位有效信贷需求。三是坚持服务集团、让利成员单位的经营宗旨，在大力满足成员单位有效信贷需求的同时，各类贷款全部实行让利服务，支持集团主业及多元产业发展。四是努力争取股份公司的支持，积极申请试办买方信贷和消费信贷业务。截至2015年12月末，公司累计发放贷款34.36亿元，贷款余额21.16亿元，大力支持集团和成员单位生产经营发展。

【资金业务】2015年，在人民银行连续降息、同业市场利率大幅下滑的情况下，公司积极拓展同业业务，平滑价格下跌对收益的影响。一是在完善存放同业资金操作流程相关制度的前提下，公司紧盯市场金融机构同业资金报价情况，择优拓展同城合作银行和异地存放同业合作银行，打破了同城市场面窄、价格提升较为有限的局面，最大限度提高资金创利能力；二是密切关注人民银行定向宽松政策对同业市场利率的影响，保持存放同业资金获利水平或尽量控制资金价格的下滑幅度，采取有效措施提高了全年存放同业约期款项收益率，降低了对公司收益的影响。全年存放同业资金新增及重定价各期限约期款项价格，除临时存放2万元及1年期限外，全部高于同期限Shibor平均水平。

【票据业务】为切实提升公司金融服务能力，加强对成员单位及产业链的信贷支持，帮助其优化流动资产结构，公司主动为成员单位及上下游企业办理票据贴现服务。同时积极争取人民银行信贷政策扶持，主动申请开展再贴现业务，争取低成本资金，最大限度地用好人民银行再贴现工具，充分发挥其信用创造和价值创造的功能作用，为金融支持实体经济作出努力。2015年，公司成功为成员单位及上下游产业链办理贴现票据229张，贴现金额15.43亿元，在优化成员单位资产结构的同时，为集团及上下游企业创造价值数百万元。

【资金集中】2015年，公司结合实际，推动资金归集度稳步增长。一是积极争取集团及股份公司的支持，按集团及股份公司资金调度安排，有序推进资金归集工作。二是积极用市场化手段吸引成员单位的资金，切实做好金融服务工作，采取多种多样的方式和渠道开展业务宣传。三是主动加强与商业银行合作，不断完善资金集中管理实施方案，以服务质量吸引成员单位加入财务公司服务体系，推动资金归集度稳步提升。2015年，公司新增自动归集账户24户，自动归集账户达38户，比上年增长171.43%。共归集资金1394笔，金额63.15亿元。截至12月末资金集中度达到32.38%，较年初提高3.13个百分点。

【风险管理和内部控制】公司坚持审慎经营，有效防范和管控经营风险。一是完善公司治理机制和授权管理体系。按照《公司法》和《公司章程》的规定，确立股东会、董事会、监事会和经理层之间各负其责、规范运作、相互制衡的公司治理结构，开展各项法人治理工作，加强公司治理管理，完善和规范相关程序。二是坚持重大事项事前审批和集体决策。公司各议事机构严格按照制度履行职责，不断提高制度执行力。公司信贷业务、费用支出、利率定价、物资采购等项目均经信贷业务审查委员会、财务审查委员会、定价审查委员会、物资采购领导小组等机构集中讨论，集体决策。三是全面开展风险审查和管理。严格贷款审查、合同审查、事后监督工作。四是严格稽核检查，控险防案，切实开展专项稽核检查、风险排查、业务条线检查、重大事项稽核前置等监督检查工作。

【人力资源管理】2015 年，公司切实加强人力资源管理和员工队伍建设，努力提升业务经营能力。一是加强员工培训，公司采取了形式多样的培训形式，包括：开辟“高管开讲”专题，邀请业内资深专家授课，开展网络教育培训，组织相关人员外出学习等，开拓员工视野，提升业务能力和创新意识，打造学习型组织。二是加强人力资源和员工薪酬管理，合理配置人力资源，开展员工及中层管理人员的引进和招聘工作，引进人才。三是不断加强人才队伍建设，极力为员工搭建事业成长发展的平台。公司制定和修订了《后备人才管理办法》《中层管理人员选拔任用管理办法》，完成了对后备人才的推荐选拔工作。

【信息化建设】核心业务系统建设是业务开展的硬件支撑保障，为了紧密结合成员单位的业务需求，推进金融服务平台功能建设，公司在积极调研需求的基础上，经过不懈努力，完善和优化了核心业务系统建设项目。2015 年，一是积极推进“电子商业汇票系统”建设，完成了电票系统的开发；二是积极推进“现金管理系统”建设，完成业务需求调研、确定了技术开发方案，并进行程序功能开发工作；三是完成核心业务系统二期一阶段程序功能开发；四是完成“征信数据报送系统”的开发建设并上线运行；五是增加银行机构的银企直连，拓宽了成员单位结算通道；六是完成“网络安全加固”建设，进一步增强公司网络系统安全；七是完成公司“灾备系统”一期建设，实现公司数据本地及同城异地（集团机房）备份和存放，提升数据安全管控水平；八是配合集团公司 NC 系统建设，对接财务部会计科目需求，为顺利达成集团财务部信息化建设目标打下良好的基础。

【企业文化建设】为了全面打造公司的企业文化建设，营造“团结和睦、积极向上”的团队氛围，使企业形成强大的凝聚力和向心力，公司着力构建以五粮液集团文化、财务公司领导班子建设、党组织建设、员工队伍建设与金融文化建设多要素相融合的特色企业文化。一是强化“五粮液”特色文化建设，让员工牢固树立“创新求进、永争第一”的五粮液精神，做一个合格的“五粮液人”。二是认真研究企业文化与金融文化的结合点，努力做到融会贯通，以文化引领公司的发展。三是加强公司风险治理文化建设，培养全员的制度意识、责任意识和风险意识，让内部控制、风险治理深入人心，使风险防范成为一种自觉意识和自觉行为。四是加强企业文化阵地建设，在现有企业文化阵地“财务公司咨询与参考”的基础上，建立统一的企业文化实施方案。五是充分发挥党工群团的作用，开展丰富多样的员工活动、业务技能竞赛、劳动竞赛、体育比赛等，进一步增进团结、培养团队精神。

山东晨鸣集团财务有限公司

【经营概况】 截至2015年12月末，山东晨鸣集团财务有限公司（以下简称“公司”）总资产52.60亿元，较年初增长312.50%；实现营业收入1.50亿元，较去年增长532.30%，实现净利润0.60亿元，较2014年增长797%；累计向集团及成员单位发放贷款24笔，贷款余额30.20亿元；累计提取的贷款损失准备金0.36亿元，不良资产率、不良贷款率为零，各项监管指标均达到监管要求。

【信贷业务】 截至2015年12月末，公司向集团及成员单位发放贷款24笔，金额共计32.80亿元，陆续开办了承兑汇票直贴、代开银承、代开保函、代开信用证等各项业务，利用银行授信额度，为集团解决资金需求。

【资金业务】 2015年，在资金市场剧烈波动、融资渠道有限的情况下，公司积极管理资金头寸，全力满足成员单位资金需求，合理利用存放同业和银行理财，提高资金效率和收益。同时加强与同业的沟通合作，积极争取新的授信额度，截至2015年末，公司共取得12家金融机构57亿元综合授信额度，有效提高了流动性管理水平，降低了流动性风险，弥补了资金缺口。

【票据业务】 一是资金集中管理工作不断加强，2015年，公司通过与银企直连银行做好资金结算工作，结算总金额2 465亿元，日均吸收存款16.70亿元，全口径资金归集率达到46%。全年为成员单位办理贴现17笔，金额26.44亿元。二是按计划推进电子商业汇票业务，2015年8月公司电票业务机构代码获批，12月加入申请获批，公司内部电票系统软硬件已经上线，内测工作基本完成，已经形成了完善的实施方案。三是票据池业务运行提速，陆续完成了同有关银行的谈判、协议签订、整体业务框架搭建等工作，票据池投入使用后已取得明显的成效，进一步提高了公司资金归集率及留存量，有效地盘活了集团的票据资源。截至2015年12月末共计入池15.41亿元。

【风险管理与内部控制】 2015年，公司不断完善公司法人治理结构，加强完善公司内部管理，经营管理更加精细化、规范化。结合公司实际，调整了公司信贷审查委员会和风险内控委员会，对绩效考核管理办法等14项制度进行了修订，新制定了电子商业汇票业务管理办法等9项制度。公司本年度开展内部审计3次，涵盖公司业务的各个条线，基本达到了无死角、全覆盖。通过多种形式组织内部培训8次，员工业务水平和风险意识、合规意识有了明显提升。

【人力资源管理】 2015年，根据集团公司“打造团队、严细管理、业务精湛、创出佳绩”的工作方针，公司开展了一系列培训活动。每个季度进行一次职业礼仪培训；每个月不定期大检查，查出问题及时改正，下次培训重点讲解；每周五开展业务交流会，由各个部门负责人讲解一周业务，并与其他部门人员交流沟通，有效地提高团队意识及部门之间的配合力。

河北港口集团财务有限公司

【**经营概况**】2015年是河北港口集团财务有限公司（以下简称“公司”）运营的第一个完整会计年度，公司将风险控制与业务拓展作为经营管理的主题，努力夯实基础，稳中求进，在合规体系建设、实现资金规模效益等方面取得实效。截至2015年末，资产总额31.05亿元，净资产5.28亿元，资本充足率65.35%，不良资产率和案发率持续为零，全年累计实现收入0.82亿元，利润总额0.27亿元，并为成员单位节约财务成本0.24亿元，全面完成了董事会既定目标，相关指标全部符合监管要求。

【**公司金融**】2015年，公司在业务发展方面确立了培育个性化金融服务试点，以点带面推动业务发展的模式。通过业务沟通，首先选择了邯郸陆港公司，为其制定了流动资金贷款、银团项目贷款、承兑汇票相结合的综合融资计划。2015年为其发放流动资金贷款1亿元，协调工商银行达成6亿元银团贷款协议，品种为信用项目贷款，其中公司提供1亿元，为有效缓解邯郸陆港公司的融资压力创造了有利条件。此外，还为沧州矿石公司发放流动资金贷款0.90亿元（年内归还0.50亿元）；受集团公司委托发放委托贷款1.42亿元；与河北银行等多家商业银行合作开发“银港票”结算产品，办理票据承兑业务0.36亿元，逐步将内部资金融通的作用发挥出来。同时，积极为曹妃甸实业公司等单位2016年的融资需求制定综合服务方案，为后续业务发展奠定基础。

【**资金集中**】2015年，公司多措并举，加强平台建设，积极吸收存款，努力归集资金。一是按照《金融服务框架协议》，吸收了股份公司存款；二是增加银企直连银行，扩展归集平台；三是对成员单位实行定期存款按基准利率上浮50%、活期存款零起点协定计息以及融资支持等方式扩大吸收存款，取得较大进展。截至12月末，开户单位在2014年26家的基础上增加了14家；吸收存款由2014年末的9.31亿元增长至25.76亿元；资金归集度由2014年末的22.18%上升为61.84%。在此基础上，积极与商业银行合作，多渠道努力提高资金效益，2015年全年为集团增效0.51亿元。

【**风险管理和内部控制**】2015年，公司健全风险管理体系，提高风险防控能力。公司在经营管理过程中逐步建立了“公司治理、合规文化、内部控制、案件防控、监督检查”五位一体的风险管理体系，为规范、健康发展提供了有力保障。一是严格执行总经理办公会、资金调度会、信贷审批委员会及“三重一大”决策制度，进一步巩固事前防控、事中把关、事后监督三道风险防线。二是在财务公司行业率先建立合规文化，制定了《合规文化手册》，促进员工增强合规意识，恪守经营原则和风险底线。三是健全内部控制体系，在组织开展首次内部控制测试与评价的基础上，制定了《内部控制手册》，不断完善管理制度。四是实施有效的案件防控，建立了案件防控领导小组，逐级逐层签订《案防责任书》，将案件防控工作落实到人，达到全覆盖。五是强化监督检查，按月开展稽核审计，严格事后监督。

【信息化建设】2015 年，公司强化创新驱动，提升信息系统服务功能。公司始终将信息安全作为重中之重，制定了“业务连续性应急演练方案”并进行了实际演练；加强设备巡检外，保障安全稳定运行；加紧实施同城异地灾备数据中心建设，建立系统安全防火墙。在此基础上，致力于信息系统的功能提升与技术创新。一是定制开发了“账户防透支额度控制”功能模块，解决了成员单位账户空头问题，提高了资金安全性；二是增加了“电子银行回单打印”功能，使成员单位可以通过资金系统直接获取银行回单，完善了结算功能；三是将多项需要手工处理的功能改为系统自动处理，并增加了系统自动任务预警功能，进一步提升了系统安全性、便捷性与实用性。

【企业文化建设】2015 年，公司强化职工队伍建设，建立金融人才储备。公司制定了《企业文化手册》，进一步细化和明确了企业文化的内涵和要求，引领员工爱岗敬业、团结协作、钻研业务、开拓创新。实行员工绩效考核，建立了有效的激励和约束机制。经常性开展金融知识、规章制度、操作规程、风险防控等方面的培训、讨论和答卷，提高团队整体素质。积极鼓励员工考取相关职业资格，已有 4 人具备证券从业资格，5 人具备本币交易员从业资格，2 人具备反洗钱岗位资格，为公司业务拓展建立了人才储备。

中节能财务有限公司

【经营概况】2015 年是中节能财务有限公司（以下简称“公司”）第一个完整经营年度，公司按照“两个方向、五个平台”的功能定位，坚持标准化、信息化、专业化的工作思路，以资金集中管理工作为重点，内部管理和经营业绩大幅提升，对集团公司综合贡献更为明显。公司以精益财务管理、集团利益最大化为目标，以“资金结算平台、资金监控平台、资金归集平台”为载体，稳步推进集团司库管理；以优质服务和产品创新为依托，以提高资金集中度为核心，不断深化集团资金归集平台的建设，资金集中工作取得显著成效；以降低集团存贷双高为目标，加大贷款投放力度，扩大投资银行业务，金融服务深度不断提高，“内部资金融通平台、投资银行业务平台”内涵不断丰富；同时，坚持独立客观的风险管理原则，审慎管理各类风险，确保集团资金安全。2015 年 8 月，北京银监局批复公司开展承销成员单位企业债券，委托投资，成员单位产品的买方信贷、融资租赁和消费信贷业务，以及有价证券投资（固定收益类证券）四项新业务。公司还按照集团公司标准化工作部署，紧密结合金融机构内部控制要求，以优秀财务公司为标杆，通过标准化工作持续夯实公司基础管理，效果显著。

【信贷业务】2015 年，公司在严格把控风险的前提下，大力推进系统内企业评级授信，迅速切入成员单位的融资需求，信贷投放显著提升，有效盘活了集团存量资金，降低了集团财务费用。公司加快综合授信进度，授信业务涵盖了主要二级公司及重点三级公司的流动资金贷款、汇票、保函、担保、项目贷款等融资需求，授信总额 420 亿元，为信贷业务开展奠定了良好基础。全年公司共发放各类贷款 126 笔，金额共计 151.62 亿元，有效支持了成员企业发展。为最大化利用财务公司的资金，发挥金融纽带作用，公司积极开展银团贷款业务，通过财务公司牵头银团贷款，引入外部资金支持集团发展，提高项目融资议价能力，2015 年，公司已沟通银团贷款约 52 亿元。通过公司信贷业务的开展，降低集团资产负债率 2.78 个百分点，节约集团财务费用 3.67 亿元，显著改善了集团存贷双高的局面。

【资金和投资业务】2015 年，公司逐步完善同业业务相关制度和流程，实现了资金业务的授权授信管理。

【票据业务】2015 年，公司根据客户开具银行承兑汇票的业务需求，积极与主要合作银行协商，开展票据换开业务或财务公司担保的代开票业务。已与建设银行、招商银行、浦发银行在银行承兑汇票开立业务开展了深入合作，开具银行承兑汇票 31 笔，金额 17.29 亿元。公司还积极与银行探讨票据池业务合作模式，力争可以利用财务公司以及成员单位在手银行承兑汇票进行质押办理代开业务，最终实现同业保证金的解活。2015 年第四季度累计向中国人民银行申请再贴现业务 1 亿元。

【资金集中】公司科学搭建账户管理体系，确立了新的收支两条线模式，通过推出网上银行和代理支付服务，进一步优化结算支付路径。一是通过授信额度共享项下的代开业务归集保证金。通过公司在商业银行的同业授信为成员单位开出银行承兑汇票、保函，2015 年内开具银行承兑汇票 31 笔，金额 17.29 亿元，归集保证金 8.32 亿元；开具保函 12 笔，金额 3.70 亿元，归集保证金 0.46 亿元，有效解决了成员单位保函业务造成的资金沉淀。二是金融合作推动上市公司资金归集。以综合金融服务方案为抓手，在上市公司资金归集中实现了较大突破。截至 2015 年末，系统内主要上市公司资金集中度已达 60%。

【业务创新】2015 年，公司高度重视并积极推动业务创新，在学习商业银行和财务公司同业基础上，结合节能环保产业和成员企业特点，主导开展基于成员单位未来现金流的 ABS 等，有效帮助客户盘活存量资产。高度重视中间业务拓展，在集团成员单位组合融资、债券融资等领域发挥了重要作用。公司作为财务顾问协助集团发行第一笔永续债，优化了集团资产负债结构。2015 年，公司中间业务收入已占公司总收入的 10% 以上。

【风险管理和内部控制】2015 年，公司开展标准化工作，形成系列标准化制度、内控手册、部门岗责说明书；进行全面风险管理体系建设，完善内部控制体系、法律风控体系、合规管控体系建设；落实贷审会管理、五级分类等信贷风控制度；加强信用风险、流动性风险、操作风险、市场风险管理；及时准确报送各类监管报表报告；公司不良资产率和风险事件发生率保持零纪录。

【信息化建设】2015 年，公司信息化建设以“建设行业一流的信息技术体系”为目标，以“合理规划、功能完备、运行稳定”为宗旨，围绕着基础硬件环境、网络环境、系统环境和办公环境建设方面开展信息化建设，为业务开展、财务管理、监管报送提供了可靠保障。完成了核心业务系统优化和升级；加强公司网络建设、数据备份等。在数据安全方面，公司利用 EMC Networker 备份软件通过 RMAN 将所有数据及归档日志备份至 EMC 虚拟带库当中，灾难发生时可充分保证公司拥有可用数据；为更好地服务于集团内部企业，提高企业访问核心业务系统的网络条件，解决业务系统 VPN 单入口的运行现状，显著提升公司业务系统的高可用性，进行了 VPN 备份入口建设。VPN 备份的建设，为集团内部成员单位访问核心业务系统提供了强有力的网络保障。

【企业文化建设】公司按照企业文化建设“五维模型”，以建立高效能的团队和有效提升客户感知为目的，着力强化“团队文化”和“服务文化”，推动企业软实力的提升；以“创学习型组织，做学习型员工”为主题，鼓励员工不断学习、处处创新；在关爱文化建设方面，围绕思想、情感、安全、生活、身心“五关爱”，积极构建员工关爱的长效机制。

青岛港财务有限责任公司

【经营概况】2015 年，青岛港财务有限责任公司（以下简称“公司”）以“服务集团、严控风险、有效经营、产融结合”为宗旨，不断扩大服务范围，丰富金融产品，拓展“创新”“创效”渠道，夯实产融结合基础，加快人才培养，完善风险管理体系，全面提升公司金融服务能力，全力支持集团主业发展，打造“港口金融”品牌，经营管理水平取得了长足进步。2015 年，公司实现营业收入 1.93 亿元，较上年增加 1.29 亿元；利润总额 1.45 亿元，较上年增加 0.87 亿元。截至 2015 年末，各项存款余额 81.38 亿元，日均存款余额 55.05 亿元，存放同业余额 67.10 亿元，贷款余额 22.31 亿元；资产规模达到 93.13 亿元，较上年增加 18.10 亿元。2015 年底荣获青岛港集团突出贡献单位奖。

【信贷业务】公司加强与监管部门的沟通协调，深入成员单位了解融资需求，努力提升服务质量和效率，2015 年累计向 11 家成员单位投放贷款 35 笔，金额合计 21.52 亿元，较 2014 年增加 19.96 亿元，有力支持了集团主业发展战略。

【资金业务】公司抢抓市场机遇，合理做好同业资金管理，扩大询价范围和议价谈判能力，提升同业存放收益水平。2015 年全年叙做同业 243.50 亿元，实现利息收入 2.02 亿元。

【票据业务】公司采用“先间连、后直连”的模式，借助合作银行与人民银行电子商业汇票系统间连，并同步推进直连电票系统建设，2015 年 3 月成功签发第一张财务公司承兑的电子银行汇票，并不断加大电票推广力度，全年共签发电票 697 张，金额合计 5.40 亿元。

【资金集中】公司以经济效益为中心，以全面预算管理为抓手，打造精细化管理体系，合理筹划资金配置，降低低息备付金额度，提高资金利用效率；积极跟进新成立单位的开户及资金归集工作，成功纳入 4 家低持股比例合资单位。2015 年新增成员单位 23 家，新增账户 100 户，开户率达到94%；对成员单位银行账户、资金余额以及票据存量进行跟踪评价和考核，定期开展对资金使用及分布情况的定量分析，提升资金集中管理决策的科学性、有效性。

【业务创新】2015 年，公司在整合集团票据池的基础上，加强制度建设，完善业务流程，3 月正式开展电票承兑业务，增加沉淀资金利息收入约 487 万元；4 月正式开展保函业务，截至 2015 年末，公司共开立 8 笔保函，金额共计 0.86 亿元，为成员单位节约费用 13 万元。

【风险管理和内部控制】公司将 2015 年作为“合规运营年”，组织全面业务风险梳理，建立业务环节内控管理矩阵；强化内审工作，并对重要经营领域、重点管理环节、员工异常行为等开展审计、检查 28 次；组织进行两次全面制度修订，实现对公司现有业务的全覆盖；完善风险识别和监测体系，建立 16 项监测指标，规范监测及预警机制；初步实现风险量化管理，将信贷资产质量分类由五级分类细化为十三级分类，实现更加准确的资产质量分类映射。

【人力资源管理】公司采取“引进一批、培养一批、选拔一批”的人才培养模式，有计划地引进、储备、培养、调剂一批公司业务拓展急需的人才资源并进行动态管理，实现人才资本管理效益最大化；致力于打造学习型团队，对新业务、金融热点进行深度解读和研究讨论 38 次，并邀请外部专家开展专题培训 4 次，进一步提升了员工专业素质；实施员工收入与公司经营绩效挂钩的绩效工资制，按季度考核兑现，进一步提升员工绩效意识；对新入职人员实施岗位轮换，优化人岗匹配度，提升工作质效；加强公司内部优秀后备人才选拔，组织进行职务职称评聘工作。2015 年末，公司中高级职称人员占比达到 55%，有金融行业从业经历的人员占比达到 30%，初步建立了一支高效专业的金融人才队伍。

【信息化建设】2015 年，公司根据年度规划和业务发展需要，扎实开展信息化各项工作，在维护现有系统的同时积极进行二次开发与升级，在确保安全运行的基础上，提升运行效率，提高客户使用体验，对业务发展提供了有力支撑。

【企业文化建设】公司积极塑造“金智惠港、互利共赢”的公司文化，打造独具特色的文化体系。2015 年，公司先后组织员工“三严三实”主题教育两次，职业道德、反腐倡廉教育三次，运用党课、团课、微信平台等方式广泛开展形式多样、生动活泼的主题宣传教育，组织集体观看抗战胜利 70 周年大阅兵、《国企党员干部违纪违法案件警示录》，参观反腐倡廉教育基地等特色活动，不断加强形势任务教育，开展“‘乐’读越乐”读书会、关爱新市民子女志愿服务、“登高望远，一路同行”联谊以及大型趣味拓展活动，进一步增强团队凝聚力、执行力和战斗力，充实员工文化生活，营造积极向上、团结一致的氛围，开拓创新、锐意进取，进一步树立和提升公司的品牌形象。

上海上实集团财务有限公司

【经营概况】 2015 年是上海上实集团财务有限公司（以下简称“公司”）开业以来的第一个完整会计年度。公司坚持“依托集团、服务主业、规范经营、稳健发展”的经营宗旨，紧紧围绕集团“融产结合”发展战略，积极应对利率市场化和金融市场日趋激烈的竞争和挑战，狠抓重点工作，在资金统筹、金融服务及风险防控等方面都取得了阶段性成果。截至 2015 年末，公司资产规模达 82 亿元，实现营业收入 0.91 亿元，净利润 0.31 亿元。

【信贷业务】 公司不断优化信贷资源配置，资金统筹规模日益扩大，贷款规模快速上升，信贷品种逐步增加，信贷服务功能得到较大提升。全年发放流动资金贷款、项目贷款及银团贷款等累计 45.73 亿元。公司围绕集团主业和新兴产业项目，利用跨地区经营优势，通过差异化营销策略，有效降低了异地高利率地区成员企业的融资成本，全年向医药、房地产、养老、光伏产业累计发放贷款额占贷款总量的 55.34%。

【资金业务】 在保证流动性的前提下，公司按照“价格优先、兼顾合作行”的原则，克服市场利率下行的困难，利用同业存款市场，有效提高资金收益。人民银行 5 次降息降准，在市场资金宽松、利率大幅下降等因素的影响下，公司通过与多家商业银行开展同业业务合作，2015 年同业定期加权利率达到 4.26%，并维持了较高的同业活期存放利率（约 2.84%）。

【资金集中】 2015 年，集团出台了《资金集中管理实施办法》和《成员单位纳入财务公司金融服务平台的操作细则》两项制度，构建起集团、财务公司、成员单位“三位一体”互利共赢的架构，为公司资金集中管理、运作及防范资金风险提供了有力保障。截至 2015 年末，公司实现年末存款 71.42 亿元，同比增幅 119.82%；日均存款 26.90 亿元，同比增幅 349.83%；全口径资金集中度为 38.30%；成员单位开户 68 家，账户挂接 91 户，实现集团二级成员单位全覆盖，账户挂接工作已逐步向三级四级单位深入，并从本市向异地拓展。

【业务创新】 2015 年，公司逐步丰富信贷品种，开展了委托贷款、并购贷款、代开证、银团贷款、电子票据贴现等新业务。在创新发展理念的指导下，进行了金融产品创新等方面的实践和探索。2015 年 7 月，公司与浦发银行上海分行合作完成了首笔异地代理开立国内信用证业务并续作福费廷业务。该业务操作流程简便高效，既不占用财务公司头寸，又顺利解决了将上海低成本资金引入异地企业的渠道和授信问题，走通了透过财务公司由浦发银行上海分行代理为外地企业开立国内信用证并叙作福费廷的新模式，有效降低了外地成员单位融资成本，此项业务是公司与浦发银行上海分行创新型融资产品的首次落地。

【风险管理和内部控制】2015 年，公司以建立健全风险管理体系为核心，结合监管要求，密切关注风险动向，不断完善内控管理机制。一是对业务制度进行全面修订，新增和修订制度 37 项 43 次。结合实际业务操作，全面梳理主要业务流程，编制了 62 项业务流程图，建立了以业务项目为管理清单，以各部门岗位角色设置为管理板块，以资金流、信息流、内控流集成为流程化管理渠道，实现职责清晰、流程明晰、内控有序的“三流集成”正面清单内控管理。二是进一步加强信用风险管理，做实贷前调查、贷时审查和贷后检查各项工作。全年召开了 35 次贷审会，累计核定成员单位综合授信额度 99.33 亿元。贷前进行实地走访，开展信用等级评定，全面衡量成员企业风险承受能力；贷时按照合规要求严控审批流程；贷后跟踪资金流向，确保资金安全、用途合规。三是高度重视操作风险控制和隐患排查，通过规范系统升级操作流程、完善业务连续性管理、加强系统测试及业务人员培训等方式，有效化解和控制了操作风险的发生。

【人力资源管理】2015 年，公司加大人才队伍建设，明确了核心人才、关键岗位以内部培养为主、外部引进为辅的培养机制。采取内外部培训相结合、在岗与脱产培训相结合、重要岗位与全员培训相结合等方式，着力提高员工专业技能水平，满足业务发展对人力资源的基本需求。同时，为契合公司未来发展对人才的需求，公司与上海 4 所专业院校对口联系，建立起了人才储备渠道。

【信息化建设】2015 年，公司大力推进业务连续性管理体系建设，并进一步完善核心业务系统。一是制定了《业务连续性管理制度》《灾难恢复预案》及相关预案，根据灾难程度和性质不同，细分五个等级 17 个种类。二是对核心业务系统进行全面统测，解决了异常情况及漏洞，进一步提高系统稳定性；启动核心业务系统与集团财务系统对接，以简化成员单位结算业务的操作、提升使用体验。

公司积极参加了中国银监会组织的银行业信息科技风险管理课题研究，以“财务公司信息系统架构实践与探讨”为题，探讨研究了系统风险防范和投入产出之间的平衡，对初设财务公司具有较好的借鉴意义。经上海银监局、中国银监会两级评审，获得非银行类金融机构四类成果奖，该奖是全国财务公司在此次评选中获得的最高奖项。

【企业文化建设】以集团“崇德尚实·恒业至善”的企业精神及“坚韧、诚信、创新、共赢”的核心价值观为指导，推进公司企业文化建设。公司党支部深入开展“三严三实”专题系列教育活动，切实提升了党员干部自觉践行“三严三实”，落实中央八项规定要求的能力，加强了全体党员理想信念和党性修养。工会还开展了“一日捐”等多项爱心活动，将温暖送到了成员单位结对困难员工手中；并组织员工参加丰富多彩的“午餐论坛”、徒步、摄影、体育比赛等文体活动，不但增强了公司的凝聚力，更提升了员工的幸福感和归属感。

重庆市能源投资集团财务有限公司

【经营概况】2015年是重庆市能源投资集团财务有限公司（以下简称“公司”）开业运营第一个完整的会计年度。一年来，公司以“依托集团，服务集团”为经营宗旨，深入贯彻落实监管指导意见，不断夯实基础管理，稳步推进基础业务，积极服务集团主业，发挥集团金融平台作用，顺利完成全年发展目标任务，实现了良好开局。2015年，公司实现营业收入1.17亿元，实现利润0.47亿元，各项监管指标均符合监管要求。截至2015年末，公司资产总额79亿元，吸收存款69亿元，资金归集率达53%，累计使用贷款规模23.60亿元。

【信贷业务】2015年，在国内经济下行压力大，实体经济普遍融资难、融资贵的情况下，公司立足自身职能，充分发挥金融机构作用，积极向人民银行争取贷款规模20亿元，大力开展融资服务。公司以最为优惠的利率为成员单位经营发展提供资金支持，让利于成员单位，一定程度上降低了成员单位外部融资成本，减少了成员单位财务费用，缓解了集团资金压力和成员单位的融资难困局，为集团实体经济发展提供了有力支撑。2015年全年累计使用贷款规模23.60亿元，人民银行核定的贷款规模全部使用完毕，与公司发生信贷业务往来的集团内部企业达24家。同时公司积极开展代理开票、贴现等业务，丰富公司的服务手段，公司服务集团实体经济的能力不断提升。公司还强化信贷风险管控，严格按照贷前调查、贷中审查、贷后检查的“三查”制度开展贷款业务，确保公司信贷资金安全。

【票据业务】公司自2015年7月正式开展票据池业务，集团统销票据直接交由公司托管，每月票据业务结算量稳步增加，全年票据业务结算量达37亿元，票据集中作用突显。一是降低了集团票据管理风险。集团成员单位托管进入财务公司票据池的票据，由财务公司进行票据验证、托收及统一规范化管理，规范了成员单位票据管理行为，有效降低了集团票据管理风险。二是为成员单位提供了新的融资来源。成员单位票据质押至财务公司，形成总额度，质押额度可用于成员单位敞口开票及超短贷，由财务公司统一调度管理，为成员单位提供了新的融资来源。三是增强了资金流动性。通过财务公司票据池，成员单位获得了旧票新开时间差的资金价值，也可通过票据质押置换保证金增加企业资金流动性。四是降低了财务费用。拥有票据的成员单位在急需现金时，可将票据贴现给财务公司，公司以比银行优惠的条件对成员单位进行贴现，减少了成员单位贴现费用，并且快捷迅速，为集团及成员单位节约了财务成本，降低了财务费用。五是合理利用资金市场价格趋势，通过转贴现方式可补充流动性及获取价差。

【资金集中】2015年，在集团公司资金集中管理政策支持下，公司积极推进银企直连、成员单位开户，搭建好资金归集平台，积极寻求政策支持归集上市公司资金，并突破代存成员单位开票保证金。全年实现了与8家银行的银企直连，集团成员单位在财务公司开户90家，实现账户直连194家，扩大自动归集范围，同时开发资金查询系统，监控成员单位账户及资金情况，推动手动归集。通过自动归集和手动归集，公司2015年末吸收存款69亿元，全口径资金归集率达53%。开业第一年公司资金集中工作取得重大进展，资金归集能力不断提升，为公司持续稳健发展打下了基础。

【风险管理和内部控制】2015年，公司严格贯彻执行《企业集团财务公司全面风险管理指引》精神，加快全面风险管理体系建设，强化风险约束意识和合规经营意识，不断提高风险管理水平，公司风险整体可控。一是信用风险、市场风险、操作风险、流动性风险整体可控。一年来，公司信贷资产稳健增长，贷款质量较高，未出现不良资产，信用风险发生可控；全年经历了人民银行五次降息，公司及时关注利率变动情况，积极采取措施应对，市场风险可控；2015年，公司未发生信息系统、流程管控等操作风险事件，无案件风险发生，公司操作风险可控；公司加强流动性资产储备，流动性管理全面涵盖各类表内外业务，2015年流动性风险可控。二是内控体系进一步健全。2015年结合业务开展情况，公司梳理业务流程，全面修订完善管理制度共计78项，覆盖了公司的管理及业务领域，强化对关键业务的风险管控，各项业务严格按照规章制度执行，实现了有规可依，并发挥第三道防线作用，开展内部专项审计，对制度的执行情况进行监督检查，确保有规必依、违规必究。

【人力资源管理】一是根据公司业务需求，科学制定培训计划，积极开展内外部培训工作。2015年公司选派人员参加集团公司、行业协会等组织的培训，公司内部组织业务培训、风险培训、金融知识培训等，总培训达209人次，有力地推动了员工素质的提升。二是严格实施绩效考核。公司根据工作目标制定绩效考核办法，将公司的经营目标与部门绩效、员工绩效挂钩，实行量化考核、分级管理，科学有效地评估员工绩效，推动公司所有员工为实现公司的战略目标努力。三是积极引进优秀人才。2015年公司通过社会公开招聘、集团内部选拔，引进了三名优秀的成熟人才，为进一步推动公司各项业务开展提供了人才保证。

【信息化建设】一是公司核心业务系统实现了安全、高效、稳定运行，2015年未出现因系统故障影响业务开展的情况。同时还根据公司实际需要，进一步完善现有核心业务系统功能，实现核心业务系统与集团财务系统有效对接，推进1104报表自动取数，成功率已达70%，通过信息化手段进一步提高了工作效率。二是积极着手公司业务系统二期开发。就二期开发同软件供应商进行了商谈，处于二期开发的业务需求征求意见阶段。三是积极融入集团ERP建设。公司已纳入集团ERP建设首批试点单位，努力配合、及时跟进，积极融入集团ERP建设之中。

【企业文化建设】2015年，公司深入开展企业文化建设，积极培育富有自身特色的企业文化体系。一是扎实开展“三严三实”专题教育。公司经营班子带头践行“三严三实”，将“三严三实”与企业中心工作相结合，并开展主题课教育，三位经营班子亲自授课，对公司全员开展培训，切实提升全体员工的责任意识、廉洁意识、合规意识。二是积极推进公司合规文化建设。公司与全员签订合规责任承诺书，推动各级管理人员按照规定开展业务和经营管理活动。公司积极开展案件防控工作，公司高管参加并全部通过监管部门组织的案件防控考试，公司组织全体员工进行案件及制度测试，合格率为100%。三是党支部、工会积极组织各项活动，激发全体员工的工作热情，提高企业凝聚力。

广东省交通集团财务有限公司

【经营概况】2015年，广东省交通集团财务有限公司（以下简称“公司”）紧紧围绕“立足集团、依靠集团、服务集团”的经营宗旨，不断完善公司法人治理结构，牢固树立依法合规经营意识，积极推进资金归集工作，扎实开展各项信贷业务，全面加强风险防控，高度重视党建工作，大力加强人才队伍及信息化建设，不断完善内控制度，圆满完成了各项工作目标。截至2015年末，公司资产总额110.15亿元，负债总额89.81亿元，所有者权益20.34亿元；全年实现营业收入1.46亿元，利润总额0.50亿元；不良资产率和不良贷款率为零；资本充足率、流动性比率等各项监管指标均符合监管规定，各项业务依法合规健康发展。

【信贷业务】公司主动为集团成员单位提供高效金融服务，有效满足成员单位的短期资金需求，并通过利率优惠降低了成员单位的财务成本。2015年，公司共办理自营贷款金额182.80亿元，委托贷款金额32.61亿元，保函金额0.19亿元。

【资金运用】2015年，公司日均存款25.55亿元，日均头寸22.48亿元，日均贷款约23.07亿元，实现贷款利息收入0.96亿元。在资金盈余的情况下，公司全年办理同业定存累计金额为46.50亿元。

【资金集中】2015年，公司在资金集中与结算方面积极发挥作用：一是以吸收存款的方式把集团内各企业暂时闲置和分散的资金集中起来，实现了资金集约管理的规模效益；二是集团内各企业的资金收付都通过公司办理，企业的资金运作完全置于集团监控之下，促进了企业资金管理的规范化；三是通过盘活集团内部的闲置资金，实现集团内资金相互调剂余缺，提高了资金使用效率。在同等投资和生产规模情况下，对银行的资金需求减少了，特别是可以减少长期信贷，从而降低了因对外借款而支付的利息成本。截至2015年末，公司吸收存款余额为89.65亿元，全口径资金归集率约44%，可归集口径资金归集率约71%；集团成员单位账户总数2 691个，其中在公司开户数367个，公司归集户303个，公司监控户数2 021个，账户归集率约36%。

【风险管理和内部控制】2015年，公司建立了良好的风险管理和内部控制组织架构，明确了职责分离、相互制约的风控机制，制定了一系列相关制度，不定期对风控和内控工作情况进行监督检查。第一，建立健全授权管理机制，各项业务均严格按相关权限规定审批办理，未出现任何违规越权情形。第二，建立有效的动态风险监控机制，各项监管指标均符合监管要求。第三，设立三道风险管理防线，注重做好事前风险预防、事中风险控制、事后风险管控，严防合规风险、操作风险、流动性风险和信用风险等，确保公司各项业务依法合规经营，防止不良资产等实质风险的形成，做到风险管理关口前移。公司内部控制贯穿于公司经营管理活动的各层面和各环节，并得到有效执行，达到了内控目标。

【人力资源管理】2015 年，公司本着精简高效的原则，优化配置人力资源，重点从人民银行广州分行和建设银行广东省分行引进了具有丰富经济金融业务和管理经验的专业人才，充实队伍力量。启动对中层及以下员工的 360 度绩效考评工作，形成正向有效的激励约束机制，促进员工和企业共同成长，更好地实现内部挖潜增效。从考核结果来看，公司团队作风在持续改进、整体效能不断提升。进一步严肃劳动纪律，每季度公示员工考勤情况，建立项目管理和定期督办通报机制，形成务实、高效的工作作风。组织高管和员工参加中国财务公司协会、银监、人民银行、广东省国资委、集团等组织的各类业务培训八十余人次，有效提升员工工作技能。

【信息化建设】在充分利用原有较高的信息化管理水平和先进的软硬件设施基础上，公司以高效率实现开业后 2 个月内与银监、人民银行系统专线对接工作，顺利完成核心业务管理系统的测试验收、初始化及业务上线运行工作，确保了开业首年就有稳定、可靠、高效率的信息化系统支持业务开展。完成公司前台、14 楼机房网络摄像头安装工作，可通过手机在线监控重要区域，防范安全风险。更新国密加密技术的 VPN 接入设备，为网银用户配发了国密标准的数字证书，大大增强了信息系统的安全性。

【党群工作】2015 年，公司以开展“三严三实”专题教育活动为载体，通过领导班子讲党课、开展专题学习研讨、上级领导专题辅导、集中观看专题纪录片、参观黄埔军校旧址、召开领导班子民主生活会、建立整改台账等措施，党员干部真正在思想上、工作上、作风上严起来、实起来，努力当好忠诚、干净、担当的标杆，以实际行动释放“上行下效”的正能量，引领公司形成积极向上、务实创新的良好氛围。公司认真落实党风廉政建设责任制，坚决执行中央八项规定，筑牢拒腐防线。成立工会组织，组建足球、篮球、羽毛球及乒乓球等运动队，每周组织常规体育锻炼，开展节日慰问及植树、登山、春秋游等各类活动，参加 2015 年农业银行广州东城支行举办的“东城杯”篮球联赛，取得冠军的好成绩。

光明食品集团财务有限公司

【经营概况】2015 年是光明食品集团财务有限公司（以下简称“公司”）成立和起步之

年，围绕光明食品集团“平稳起步，规范运作，服务大局，担当使命”的工作要求，以搭建安全稳定的资金结算平台，为成员单位提供优质的金融服务为首要任务，努力将公司建设成为光明食品集团的资金结算中心、融资服务中心和金融服务中心。公司2015年总资产128.69亿元，吸收存款118亿元，发放贷款9.60亿元，利息收入0.87亿元，利润总额0.27亿元，净利润0.20亿元，计提坏账拨备0.24亿元，年末全口径资金归集率为35%。

【信贷业务】为了全力支持光明食品集团成员企业的业务发展，努力搭建为成员企业提供成本低、使用灵活的融资平台，公司通过对光明食品集团成员企业的实地调查与沟通，与有信贷需求的企业建立信贷关系。本着规范运作、控制风险的原则，将产融结合做到实处，到年末与7家企业建立了授信关系，并发放了20笔贷款，累计贷款余额9.60亿元，贷款利率下浮5%～10%。收回贷款本金0.50亿元，到期贷款回收率100%，收回贷款利息收入0.14亿元，贷款收息率100%。

【票据业务】2015年，公司积极开拓信贷业务，拓宽成员企业融资渠道，开展了银行承兑汇票的贴现服务，为成员单位贴现金额0.33亿元，期限半年，贴现利率3%。

【资金集中】2015年，公司努力做好成员企业资金归集工作，年末集团全口径资金归集率达35%。主要工作措施：一是共梳理822家企业共3 284个账户，了解企业的业务特点与需求，制定符合企业实际的资金归集方案。向二级子公司下达了《账户清理通知书》《贷款置换通知书》《非挂接账户限额通知书》，全年各成员企业共完成销户414个，完成贷款发放9.60亿元，其中置换非核心银行贷款3.15亿元。二是完成了12家二级子公司共计557家单位650人次的资金集中管理业务推广培训和开户上线培训工作。年内已在公司完成开户的企业户数496家，已开立账户数714个，完成与三家核心银行挂接的账户571个。三是与4家上市公司就资金归集方案进行沟通和协商，明确金融服务内容，确定资金归集额度及具体工作要求，签订了三方金融服务框架协议并提交上市公司董事会及股东大会审议通过，部分企业已完成上线。四是为提高成员企业做好资金归集工作的积极性，协助光明食品集团财务部和人事部共同制定了《光明食品集团资金集中管理考核办法（试行）》《年度资金集中管理考核实施细则》《年度资金集中管理考核打分标准》等规章制度，激励成员单位共同做好集团资金集中管理工作。

【风险管理和内部控制】一是对制度汇编进行整理和修订，修订了包括公司法人治理、业务规章、内部控制及风险管理、财务会计管理、计算机系统管理、行政人事管理六大类69项。二是根据银监会印发的《银行业金融机构案防工作评估办法》和《银行业金融机构案件防控工作考核评价办法》，构建了公司的案件防控管理体系。三是针对各项业务的内部控制组织培训，包括风险管理、内部控制、合规管理、案件防控、法律法规等，提高员工的业务水平、强化员工的风险管理意识。四是开展审计稽核项目三个。对综合管理部信息系统稽核，范围包括岗位设置、信息安全、机房管理、操作记录和文档管理等方面；对财务部会计科目设置和财务系统运行情况审计；对营业部用印管理审计，要求各部门进行限期整改。五是信贷审查委员会召开信贷审查会议，针对每次授信可能产生的风险作出提示，履行审贷职责。六是客户经理与风险部门共同参与对客户贷款业务的考察和评估，提高审批通过率，并设置有效的风险控制措施。在贷后环节，通过贷后管理和对客户进行回访，了解企业后续经营中的变化，为管理贷款风险提供有利支持。

【人力资源管理】2015年，公司一是结合经营理念和管理模式，于上半年制定了薪酬管理制度。二是引入市场化人才选聘机制，招聘了风险管理审贷、公司金融部客户经理、综合管理部行政管理等岗位人员，加大人才引进力度，拓宽人才发展通道，做好公司人才储备工作，为业务协同和管理融合提供担保保障。三是为了调动员工的工作积极性，制定了绩效考核办法，绩效考核将与员工的绩效工资及职务晋升挂钩。

【信息化建设】一是核心机房严格按照国家B级机房要求建设，以安全性和稳定性为前提选择网络设备、安全设备、核心服务器及核心数据库，并通过了人民银行及银监局的检查。二是石化盈科系统为公司的核心系统，经过不断地完善和开发实施，2015年3月2日正式投产。并完成了浦发银行、工商银行、农业银行三家核心银行的上线调试和挂接工作。三是开发完成了核心系统与集团财务会计核算系统、资金管理系统的对接工作，隔日同步会计业务系统数据，实现业务数据共享。四是由石化盈科采用接口方式进行与人民银行的系统联调，2015年征信系统处于调试阶段。五是选用南京科隆报表专用软件完成大集中数据平台的布置，并与石化盈科的报表模块进行对接，对抽取的数据、传输进行验证，在年报试运行后转入正式环境。为减轻数据填报工作，提高工作效率及数据报送的正确性、及时性提供了系统保障。

忠旺集团财务有限公司

【经营概况】忠旺集团财务有限公司（以下简称“公司”）于2014年7月8日经中国银监会批准筹建，2014年12月25日获大连银监局批准成立，2014年12月29日正式开业运营，注册资本30亿元人民币。开业以来，公司秉持“服务集团、规范经营、稳健发展、提高集团资金运营效率和效益”的经营方针，严格按照监管要求开展各项业务，不断完善公司治理结构，在第一个完整会计年度取得了良好的经营业绩。截至2015年12月底，公司资产总额80.71亿元；负债总额50.71亿元；实现营业收入2.20亿元；利润总额1.24亿元；净利润0.94亿元；公司资产质量良好，各项指标均符合监管要求。

【信贷业务】公司努力搭建信贷与融资服务平台，为成员单位提供高效便捷的金融服务与支持。2015年，为9家集团成员单位核定综合授信额度累计185.20亿元；为4家集团成员单位办理自营贷款业务15笔，金额总计62.80亿元，年末余额50.51亿元；办理银行承兑汇票贴现业务1笔，金额0.49亿元；操作融资租赁业务1笔，金额7亿元。针对信贷业务，公司先后制定了多项操作规程规范业务操作，并严格按照制度要求开展业务。公司信贷业务管理部门建立并不断完善成员单位基础档案，严格执行贷款五级分类和贷后管理制度，截至2015年底，不良贷款率为零。

【资金和投资业务】2015年，公司根据市场利率水平，合理调配资金头寸，提高资金使用效率，不断提高与商业银行的议价能力。公司全年获得10家商业银行同业授信额度87.50亿元；全年办理存放同业总计17笔，存放同业金额合计57.96亿元，日均余额5.47亿元，全年实现存放同业利息收入0.30亿元。由于公司成立时间未满一年，资金和投资业务还未能完全开展。

【票据业务】2015年，公司根据集团资金预算和票据市场行情，借助集团产业背景和行业影响力，充分利用金融机构的平台优势和专业能力，积极开展票据转贴现业务。公司全年共办理票据转贴现业务33笔，金额合计292.50亿元，年末未到期转贴现票据余额187亿元，本年实现票据转贴现利差收入0.25亿元。公司充分发挥与商业银行等金融机构的良好合作关系，通过大力开展票据业务切实为成员单位拓宽融资渠道、减少财务费用支出作出显著贡献。

【资金集中】公司着力于构建资金集中管理服务平台、不断丰富结算业务品种、优化服务手段，促进公司资金集中管理工作的稳步发展。2015年公司完成资金集中管理服务平台的建设工作，开展了“以财务公司结算账户为主、以商业银行存款账户为辅”的账户体系建设，巩固公司结算账户在资金集中管理和结算业务中的主导地位。公司全年共归集成员单位资金账户20户，占各成员单位在财务公司开户数90.91%，日均归集资金9.57亿元，年末余额49.49亿元，资金归集率为25.90%。

【风险管理和内部控制】2015年，公司从信用风险、市场风险、流动性风险、操作风险和长期战略风险五个方面逐步构建全面风险管理体系，严格按照风险管理及内控各项规章制度与流程开展业务，加强对业务资料审核与贷后管理，跟踪落实信贷资金使用，平衡业务操作效率与风险防范，初步形成了满足监管要求并符合成员单位实际的风险管控机制。公司按照全流程授信管理要求，建立了《授信业务调查管理办法》《授信审查审批管理办法》《授信业务档案管理办法》等全面授信管理制度体系；对各项业务操作规程、《案防工作管理办法》《贷款与投资审查委员会管理办法》《内部审计管理办法》及《反洗钱管理办法》等进行修订，提高了制度的刚性和可执行性。公司各项风险指标均按照《企业集团财务公司风险监管指标考核暂行办法》的规定进行严格控制，2015年末的各项风险指标均满足监管要求。

同时，公司加强合规管理体系建设，完善授权管理和内控、问责制度，从业务、管理及监督三个层面入手，强化三线防控效果。通过常规业务审计、专项管理审计和稽核检查等措施，发现问题，改正不足，不断提高公司内部管理水平和风险防控能力，达到合规管理和监管工作要求。

【人力资源管理】公司始终坚持“以专业人才队伍支撑专业化发展”的人力资源管理理念，充分发挥集团的品牌号召力，通过建立完善的薪酬体系、合理的绩效考评、适当的轮岗机制和明确的奖惩制度，激发员工的能动性，提高工作效率。截至2015年底，公司正式员工36人，其中有金融行业从业背景的人员超过三分之二，行业工作经验超过五年的人员接近半数；年龄在30岁、30~40岁、40岁以上的人员占比分别为42%、38%和20%；本科以上学历占比超过70%，研究生以上占比为25%。

【信息化建设】公司始终秉承前瞻性原则，以“满足业务需要、满足发展需求、满足监管要求”为前提，应需而变，确保信息保障机制与公司业务规模、发展速度、复杂性相适应。2015 年陆续启动并实施运行了核心业务系统、银企互连平台、金蝶财务系统和人事系统，电子商业汇票系统也于第四季度开始有序推进；陆续建设了网络系统、监控系统、信息安全系统、RTX 和 FTP 系统、OA 办公系统；按照人民银行、银监局、中国财务公司协会的要求共计接入 10 套监管类系统。信息化领域的投入建设与应用为公司各项业务开展提供了技术保障，为控制和防范各类风险提供了强大技术支持，并且为基于“大数据分析，精细化服务”业务创新打下了坚实基础。

【企业文化建设】公司高度重视企业文化建设，在集团“人忠业旺、忠诚兴旺”核心理念的引领下，通过多种多样的文化活动，营造积极向上的企业文化。2015 年，公司先后组织参加了新年晚会、野外露营、金融系统运动会等文体活动，通过这些活动促进了交流与合作；公司在办公楼划出专门区域用作健身中心，免费向员工开放；通过单列预算聘请老师为员工开设瑜伽和普拉提课程，赢得了员工的广泛好评。每周五下班后全体员工沿海边徒步已经成为企业文化建设的一项常规性活动。公司通过开展多种多样的文化体育活动，锤炼了员工的意志品质、增强了员工身体素质，同时也极大地提高了团队的凝聚力和战斗力。

本钢集团财务有限公司

【经营概况】本钢集团财务有限公司（以下简称“公司”）于2014 年12 月25 日注册成立，注册资本为 10 亿元人民币。一年来，公司建立了以股东会、董事会、监事会和公司经理层为主体的法人治理结构，逐步建立、完善各项业务操作、风险管控、经营管理制度体系。2015 年，公司秉承“依托集团、服务集团”的宗旨，贯彻落实“稳健开局、夯实基础、规范运作、分步实施”的经营方针，开展了吸收成员单位存款、内部结算、代理支付、自营贷款、委托贷款、票据贴现、同业授信等基础性业务，较好地实现了“开好局，起好步”的经营管理目标。公司年末资产总额达到 50 亿元，全年实现营业收入 0. 92 亿元。公司不良资产率为零，各项指标均符合监管要求。

【信贷业务】充分调研集团成员单位的资金需求，结合公司实际状况，从 2015 年 2 月开始，公司相继开展了授信业务、自营贷款、委托贷款及贴现业务。全年公司共开展信贷业务 31 笔，其中，自营贷款业务 14 笔，贴现业务 15 笔，委托贷款业务 2 笔，切实履行了内部信贷服务职能，有效满足了集团成员单位的融资需求。公司年末信贷余额 18. 80 亿元，年实现利息收入 1. 04 亿元。

【资金业务】2015 年，公司与多家银行合作，通过开展精细化的资金头寸管理工作，在保证流动性和安全性的前提下，灵活调剂资金余缺，最大限度与银行做存放同业业务，通过引入商业银行内部竞争机制，最大限度与商业银行进行同业存款议价，不断寻求资金增值配置机会，有效提高了闲置资金使用效率。

【资金集中】公司重视资金集中工作，并得到了集团公司的大力支持。一是成立初期就组织集团成员单位资金管理人员召开资金归集动员会，宣传财务公司的服务宗旨、作用、目标，从上到下形成统一思想，为资金集中管理扫清障碍；二是通过网络平台，建立公司与成员单位之间的沟通协调机制，确保成员单位在办理业务过程中所遇到的各种问题都能够得到及时有效的解决；三是为成员单位提供价格优于市场的结算服务和存款服务，提高成员单位存款的积极性。2015 年，公司全口径资金集中度达到35%。

【业务创新】2015 年，公司在稳健经营的基础上，积极拓展业务领域，对电子票据业务、保理业务、项目贷款、银团贷款、投资业务等新业务品种都进行了前期调研和申报准备，系统和制度建设也逐渐完善，尤其在电子票据业务方面，已经与中信银行、浙商银行达成合作协议，系统建设已经完备，具备开具电子银行承兑汇票的条件。

【风险管理和内部控制】公司建立以“三会一层”为主体的公司治理架构，形成董事会、风险管理委员会、信贷审查委员会、风险管理部、审计稽核部为一体的风险监控体系。建立、完善了公司治理类、公司管理类、业务管理类、风险防范类等各项管理制度，构建了独立监控、贯穿全程、指标量化、审贷分离、分级审批、奖惩分明的风险管控制度体系。实行业务部门、风险管理部门、稽核部门联防机制，设置了事前、事中、事后三道风险防线。风险管理部门全程参与业务开展过程，分环节、分节点控制。稽核部门针对已开展的业务进行专项稽核，及时发现、解决问题，强化合规管理工作。风险管理部设置了合规管理岗，在业务流程的关键节点设置了合规审查环节，并配置具备相应能力的人员开展合规管理工作，确保公司合规经营。

公司审计稽核部门负责公司内部审计稽核、案件风险防控和反洗钱工作。2015 年，审计稽核部对公司内部控制制度、信贷业务、结算业务、档案管理等方面进行了审计稽核，并定期出具审计稽核报告，有效地促进了流程和制度的落实。

【人力资源管理】为了不断提高经营管理水平，促进公司健康、持续、稳定发展，公司坚持以人为本的指导思想，把加强职工队伍建设，提高职工队伍素质当作一项战略性工作来抓，积极开展员工培训和人才培养工作。公司内部定期组织业务学习培训，选派业务骨干外出学习考察，鼓励职工参加银行业从业资格考试，邀请监管机构的领导和专业人员来公司对员工进行法律法规和知识技能培训，从集团公司金融板块各单位和金融机构选聘有金融从业经验和管理能力的人员充实到公司关键岗位，努力使员工队伍素质技能尽快适应公司创新发展的需要。

【信息化建设】2014 年 8 月 28 日获得银监会筹建批复之后，公司开始软件、硬件和机房建设工作。2014 年 10 月完成机房基础设施施工，11 月完成硬件和网络设备的安装调试，12 月完成软件实施培训、部署以及调试工作，上线开始运行。2015 年 12 月，软件、硬件、机房各项工程完成验收。公司开业第一年初步建立了信息科技治理架构、信息科技管理制度，建立了基本满足业务需求的机房设施、硬件网络设施和应用软件系统，为保障公司正常运行奠定了基础。

天津物产集团财务有限公司

【经营概况】天津物产集团财务有限公司（以下简称“公司”）成立于2015年2月28日，以“平衡集团系统金融需求，延伸集团产业链金融服务”为使命，致力于“做集团转型升级的催化剂”，对内保证集团资金链安全，实现集团资金高效运用，引领集团资本向优质行业流动；对外为集团产业链上游、下游企业提供全方位金融服务，协助集团产业发展。截至2015年末，公司实现利润总额2亿元，收入2.80亿元，缴纳税款总额0.67亿元，各项监管指标均符合监管部门要求。

【信贷业务】借助人民银行征信系统，完成具备查询条件的集团全资、控股及参股的333家企业的征信查询工作，并形成调研报告。截至2015年12月末累计给集团成员单位发放贷款33笔，发生额65.68亿元，余额36.65亿元。累计完成委托贷款5笔，发生额4.85亿元，余额2.15亿元，进一步理顺了集团与二级公司的资金往来，同时也为集团整体节约了中间业务支出20余万元。

【票据业务】2015年11月19日，通过中国人民银行“接入电子商业汇票系统”的现场验收，公司成为天津市首家“以直连方式接入人民银行电子商业汇票系统”的财务公司。截至2015年末，公司成功签发用于支付上游供应商货款电子商业承兑汇票1.31亿元。标志着财务公司开具的电子商业承兑汇票已正式进入市场流通，提升了天物集团的社会信用，增强了成员单位与供应链上下游企业间的粘性。同时盘活成员单位资金，减少资金占用；提供成员单位新的融资方式，降低财务费用。通过不断的宣传和推广，财务公司票据在产业链得到了广泛应用。截至2015年末，以低于银行贴现率完成贴现业务2.03亿元，降低了企业贴现成本；积极开展票据转贴现业务，累计金额11.50亿元，为成员单位节省利息约178万元。

公司开立的商业承兑汇票，保证金综合比例低于银行同期水平，开票手续费参照银行最低标准收取，减少了成员单位现金支出，降低了财务费用。累计开立商票109笔，相比较银行开票节约保证金6.50亿元左右。2015年，公司代开银行承兑汇票86笔，余额12.70亿元，通过与同业授信银行沟通，银行收取的保证金比例均不高于30%。

【资金集中】截至2015年底，完成全系统728个账户授权工作，为新系统实现资金归集奠定了基础。公司在资金归集的基础上，主推“集中代理支付”。将成员单位在银行的实体账户作为收入户，直连银行主账户作为支出户，统一支付渠道，成功实现集中代理支付功能。一方面由公司统一调度集团资金头寸，降低流动性风险；另一方面由公司统一对外付款，集中与银行商谈划款手续费，进一步为成员单位节约成本。

【业务创新】2015年，公司积极创新业务模式，实现整合金融资源全链条运作。公司成立以来，积极开展金融创新。为进一步集中调配集团内票据资产，优化票据资产使用，减少票据资产闲置，降低企业资金成本，公司积极与银行开展票据池业务合作。截至2015年末，集团内累计58家成员单位已签署票据池合作协议，累计入池票据质押托管总计共474张，累计票面金额56.13亿元，票据池建立后公司完成质押调剂额度8.57亿元，通过建立集团式票据池节省超短贷利息金额38.92万元，公司净利润为72.78万元。通过与监管机构深入沟通，积极开展创新业务，2015年9月25日公司开业仅半年，正式获批即期结售汇业务资质。取得了批准公司成为银行间外汇市场会员和外币拆借会员的批复，并按照中国外汇交易中心的要求完成了“外汇买卖交易”和“外币拆借交易”的交易机和交易系统的搭建工作，对交易系统进行了简单测试，基本可用做外汇相关交易的平台。

【风险管理和内部控制】培育良好的风险管理文化，建立健全风险管理体系，包括风险管理策略、风险管理措施、风险管理的组织职能体系、风险管理信息系统和内部控制系统，为实现风险管理的总体目标提供合理的保证。建立健全全面管理的三道防线。第一道防线为业务部门；第二道防线为风险管理部门；第三道防线为内部审计稽核部门，是独立于业务部门的，监控企业内控及其他管理层关心的问题。继续建立全面管理基本流程。截至2015年末，公司在已完成收集风险管理初始信息的基础上，依据风险发生可能性、风险影响大小等对风险进行评估，制定风险管理策略，提出和实施风险管理解决方案，并进行持续监督与改进。

【人力资源管理】参照同行业的标准，结合公司实际，坚持“能上能下”“能进能出”的原则，以德行为准绳、以业绩为阶梯、以创新为目的，制定了《财务公司薪酬绩效管理办法》试行稿、《关于财务公司员工奖金计提方案》等制度。同时加快人才引进，公司成立以来，按照相关监管机构的要求和岗位人员需求，共引进各类专业人才22名，分别充实到各个岗位，基本满足了业务开展的需求。公司职工平均年龄32岁，中层领导平均年龄35岁，大学本科及以上学历47人，占员工总数的90%，中高级职称人数占职工总数的27%，打造了一支高学历的年轻职工队伍，为公司的快速发展奠定了人才基础。

【信息化建设】配合公司票据池业务的开展，自主开发“票据池”业务信息系统，并根据业务需求不断完善和优化，达到了预期的效果；逐步开展公司信息系统规划。从核心系统、业务系统、财务系统、管理信息系统、大数据平台、门户与渠道6个功能区域完善应用系统；引入虚拟化技术和IT系统运行维护监控平台，提升运行维护水平。建立了IT系统运行维护监控平台，通过信息化手段实现对上述设备的实时监控告警，压缩了问题发现的时间，降低了系统运行风险。

【企业文化建设】2015年，公司建立健全了党组织。经天物集团批准，公司成立了党支部，逐步规范了党组织。积极为社会作贡献，2015年获得“榜样天津”中小企业金融服务奖；加大员工企业文化培训，积极参与集团企业文化征文比赛，加强员工企业文化认知；组织员工参与集团会计大赛、“天物好声音”等各项活动，并均取得好的成绩。积极走访财务公司同业，先后走访3家财务公司，交流资金归集、票据、系统运维等相关业务知识，加强公司自身业务发展。

福建七匹狼集团财务有限公司

【经营概况】福建七匹狼集团财务有限公司（以下简称“公司”）于2015年3月27日开业。截至2015年末，公司资产总额9.99亿元，比年初增加9.99亿元；存款余额6.89亿元，比年初增加6.89亿元；贷款余额5.03亿元，比年初增加到5.03亿元；营业收入0.13亿元；利润总额75.75万元；净利润110.34万元。

【公司金融】截至2015年末，公司对成员单位发放流动资金贷款4.95亿元，开展票据贴现0.08亿元，开立履约保函0.34亿元，办理委托贷款业务16亿元。通过办理各种信贷业务产品，满足成员单位业务发展需要，提升了公司在成员单位中的知名度。

【资金和投资业务】截至2015年末，公司共完成对18家银行机构的同业授信，授信银行包括四大国有商业银行、12家主要上市股份制商业银行和厦门晋江本地的银行业金融机构；完成存放同业业务16笔，金额累计7.35亿元，实现利息收入460.80万元。

【票据业务】截至2015年末，公司办理贴现业务1笔，涉及银行承兑汇票5张，票面金额共计0.08亿元。通过银行承兑汇票贴现业务，满足了成员单位融资需求，降低了其财务成本。12月16日，公司获人民银行支付结算司批复加入电子商业汇票系统。

【资金集中】2015年，公司走访部分成员企业，同时深入剖析成员企业货币资金分布情况，加快推进成员企业账户清理和资金归集工作，持续提升资金归集率。截至2015年末，公司资金集中度为22.55%，归集率为42.18%。

【风险管理和内部控制】2015年，公司根据各项制度安排，严格董事会、监事会以及经营管理层的各项工作和权限，构建了董事会领导下的总经理负责制，建立了较为严谨的内控制度，各项经营决策均符合制度要求。针对信用风险、操作风险、内部稽核、流动性风险和信息科技风险，公司编制完成了85项内部控制制度，完善了风险管理体系；同时，公司设立了对董事会负责的内部审计部门，对公司的经济活动进行内部审计和监督。各部门、机构在职责范围内建立风险评估体系和项目责任管理制度，根据各项业务的不同特点制定各自不同的风险控制制度、标准化操作流程、作业标准和风险防范措施，各部门责任分离、相互监督，对自营操作中的各种风险进行有效预测、评估和控制。公司制定了《合规手册》和《岗位职责》，全体员工签署了合规承诺书，并严格按照《合规手册》和公司制度要求执行，增强了全体员工的合规意识和内控意识，未出现违规行为，未有违规记录。

【人力资源管理】2015年，公司设立了金融市场部、营业部、风险管理部、财务部、综合部、审计部等部门，截至2015年底，公司共有员工16人。完善的组织架构和专业人才团队为公司的顺利开业和首年的平稳运营打下坚实基础。

【信息化建设】2015年，公司信息系统建设投入559.50万元，其中，基础设施建设投入35.50万元，电子设备采购投入266.50万元，软件采购投入82.50万元，系统开发项目投入165万元，完成了“核心业务系统”一期和二期建设。上线产品包括财司系统管理、客户系统管理、资金结算系统、信贷管理系统、网上金融服务系统等功能模块。此外，公司还完成6家商业银行的银企直连接入，包括工商银行、农业银行、中国银行、建设银行、交通银行和兴业银行。实现成员企业资金归集和代理支付等功能。公司系统运行稳定，未出现重大事故。

【企业文化建设】开业伊始，公司就设立了微信公众号，通过微信公众号向企业推送财务公司业务类型、动态、管理研究等信息资讯；同时，公司在中国财务公司协会和泉州市银行业协会网站发布动态新闻，加强信息宣传报道。另外，公司通过在办公场所设置文化墙、阅览角及组织团队拓展活动，不断推进公司企业文化建设和团队凝聚力的提升。

清华控股集团财务有限公司

【经营概况】清华控股集团财务有限公司（以下简称“公司”）于2015年4月取得中国银监会下发的批准开业文件，5月正式营业，2015年实际经营期间为5－12月。截至2015年12月31日，公司资产总额102.79亿元，负债总额92.53亿元，所有者权益总额10.26亿元；贷款余额13.97亿元，吸收存款余额92.45亿元。全年实现营业收入0.94亿元，实现利润总额0.34亿元，净利润0.26亿元。

【信贷业务】公司通过定期走访了解成员单位融资需求，按照《企业集团财务公司管理办法》的规定，先后为成员单位开展了流动资金贷款、委托贷款、担保及票据承兑与贴现等业务；在开展信贷业务的过程中，通过学习监管机构各项政策法规，结合同行业经验，制定了《综合授信管理办法》《流动资金贷款业务管理办法》等，以确保信贷业务展开的合法、合规。公司作为清华控股集团成员单位的金融服务平台，以最大程度贡献集团为目标，对成员单位发放信贷，坚持“办理效率高、融资成本低”的原则，截至2015年末，已向集团旗下11家成员单位办理授信业务12笔，累计发放贷款19.98亿元，有力地支持了成员单位的经营发展。

【资金业务】开业初期，公司从各方面加强资金业务工作：一是资金头寸精细化管理，不间断测算、磨合资金头寸，确保成员企业日常用款，并在资金头寸安全的前提下，进一步降低备付金水平。二是有效进行资金运作，根据企业不同的用款周期，利用沉淀资金，进行高效的资金投放，配置各种期限的同业存款，获取最大化收益。三是积极与各银行开展同业授信业务，为开通外部融资渠道做好准备，确保资金链条安全。四是与成员企业、银行、信托等机构开展业务调研，探讨业务创新的可行性，拓展融资业务。

【票据业务】公司开业后，成立了票据业务研讨小组，多次走访同行业，并外请招商银行、交通银行和北京银行等业内票据业务行家至公司讲解，传授有益经验；根据中国银监会和人民银行相关票据业务政策，结合同行业和市场经验，制定了《票据授信业务管理办法》和《商业汇票转贴现（回购）业务管理办法》等。截至2015年末，已累计为成员单位办理票据贴现业务0.80亿元。

【资金集中】积极与成员企业接洽，拓展开户和银企直连，最大化吸收成员企业资金。与上市公司签署金融服务协议，提供竞争性利率和优惠结算服务，吸引上市公司资金进入，促进资金集中度不断提升。利用好集团原有的资金归集平台，对于不能由公司直接归集或不愿在公司归集的客户，由集团归集后进行二次转入归集。通过贷款促存款，以及吸引成员企业银行贷款资金进驻和保留在公司，扩大资金集中。

【风险管理和内部控制】2015年，公司风险管理和内部控制完善有效。截至2015年12月31日，公司所有资产正常、安全、稳定。公司成立以来，成功搭建了完善的公司治理结构和内部控制体系，明确公司董事会是全面风险管理工作的最高领导机构，对公司全面风险管理的有效性负最终领导责任；公司风险管理委员会，负责公司重大风险事项的集中审议；公司风险管理部为风险管理职能部门，负责公司全面风险管理体系建设的组织协调和综合管理工作。公司建立了层次分明、权责相对清晰、具有可操作性的非银行金融机构内部控制体系。内部控制工作在公司经营管理各个关键环节、重点风险控制等方面已发挥了较好的管控作用。在内控机制方面，公司已建立起由一线部门、风险管理部、稽核审计部组成的内控管理三道独立防线，“三道防线”作为公司内控体系的基础，保障了公司内部控制的有效性；在内控制度方面，公司自2015年7月开展公司全业务部门规章制度修订工作，至2015年底完成公司第一版制度汇编，共83项，3大级次，9大类，构筑了分级、分类管理的内控制度体系，确保了各项经营活动有明确的操作依据。总体来讲，公司已形成了健全的风险管理体系和良好的内部控制环境。

【人力资源管理】为适应开业初期的发展需要，建立科学的组织架构，公司设立了综合管理部、计划财务部、资金结算部、信贷业务部、风险管理部、稽核审计部为主要职能部门。2015年通过开展全员竞聘，梳理了各部门岗位设置，并进行了员工定岗、定级、定薪，建立并完善了员工薪酬与绩效考核体系，实现对员工的有效激励。公司始终关注员工素质和业务能力的提升，组织员工积极参加监管部门、金融同业及中国财务公司协会组织的各种业务交流、培训班，充分利用各种学习机会，提高公司从业人员的专业性和业务素养。

【信息化建设】一是完成了信息系统基础网络架构的建设，先后完成与4家银行的网络互联，以及银监局专网、北京金融城域网的接入，为公司的顺利开业和业务快速开展，提供了重要的支撑。二是完成了核心业务系统建设，实现了核心业务系统的独立性、安全性和高效性。使公司结算、存款、贷款、票据等各项业务全部实现了信息化管理。对资金管理系统不断优化完善，先后完成了资金系统域名配置、征信系统建设。三是完成了基本信息安全架构的建设，建立了涵盖边界防护、区域划分、访问控制、病毒防御、入侵检测、身份验证、冗余备份等方面的基本的信息安全架构，保证了公司业务系统和业务数据的安全可控。四是建立了基本的办公自动化系统。2015 年，完成了办公系统的需求清单，为办公系统的实施进行了充分准备；采购并实施了邮件系统，为公司内部文件交换和对外交流提供了有效的工具。五是建立了信息化管理制度体系。从机构设置、岗位职责、运行维护、网络管理、安全保密、上网行为、机房控制、应急响应等方面对公司的各项信息化工作进行了较为详尽的规定，为公司信息化工作的开展提供了指引。

【企业文化建设】2015 年，经集团公司批准，公司党支部、工会分会相继正式成立，进一步完善了工会相关制度，落实了党组织和工会活动。公司通过组织实施员工职业培训、举办员工生日会等活动，将公司的关怀以多种方式传递到每一名员工心里，不断丰富员工的文化工作生活。坚持以人为本的经营理念，不断地增强员工的凝聚力、归属感和责任感，公司员工展现出良好的精神面貌。

中国核工业建设集团财务有限公司

【经营情况】中国核工业建设集团财务有限公司（以下简称“公司”）成立于 2015 年 5 月 13 日，作为集团内部金融机构，发挥自身金融功能，融通集团内外部金融资源，最大限度降低交易成本、提升资源配置效率，确保集团资金安全稳定供给；作为集团金融服务平台，为核建集团优化产业结构、开拓市场、提高竞争力提供有力的金融服务支持。致力成为综合型、流程型、创新型、和谐型的现代财务公司。

2015 年，公司坚持以资金集中管理为重点，围绕提升资金运作效率开展工作，顺利完成了各项经营目标。截至 2015 年 12 月 31 日，公司资产总额 76.33 亿元，负债总额 65.97 亿元，发放贷款 15.08 亿元，吸收存款余额 65.87 亿元，实现营业收入 0.53 亿元，利润总额 0.49 亿元。

【信贷业务】以授信工作为基础，积极争取信贷额度，稳步开展信贷业务。根据集团成员企业不同的业务性质，通过设置定量、定性指标，设计了建筑施工类和发电类企业信用等级评估模型，对主要成员企业进行了初步信用评级，较好地满足了公司信贷业务工作需要。截至 2015 年 12 月 31 日，发放自营贷款 7 笔，累计金额 14.85 亿元；开出履约保函及预付款保函 4 笔，累计金额 0.15 亿元；完成保理业务 1 笔，金额 0.10 亿元；完成票据承兑和贴现业务各 1 笔，合计金额 0.13 亿元。

【结算业务】以资金归集为抓手组织开展资金集中管理工作。在充分调研的基础上，结合集团成员企业实际，明确了收支两条线、集团账户、限额管理相结合的资金归集模式，实现了五大商业银行账户联动、核心业务系统自动归集、企业网银客户端全面上线。为成员企业办理上收下拨、自营贷款、委托贷款、保函、保理、票据、跨境双向人民币资金池等业务，累计办理业务 12 000 笔，累计交易金额 772.40 亿元。

【风险管理和内控控制】公司与员工逐层、逐级、逐岗签订《合规责任承诺书》，明确员工的合规工作内容、工作要求、考核标准、责任追究。利用核心业务系统开展反洗钱监测，严守合规义务，严控合规风险；严格审查授信业务，建立资产风险分类管理制度，严控信用风险；建立以结算管理、风险管理、审计稽核为核心的“三道防线”机制，开展信贷、资金、结算业务内控评价，及时发现内控薄弱环节，立行立改，严控操作风险；开展全面风险评估工作，通过对风险的辨识与评价，形成公司风险事件库，明确公司面临的重大风险，为进一步加强风险管控，提高风险防控能力奠定了基础。

【信息化建设】搭建核心业务管理信息系统，为各项业务开展提供支撑和保障。初步搭建了公司资金结算、信贷管理、票据管理、保险代理、征信系统等 18 个功能模块的核心业务系统，完成了银企直连、账户挂接、资金归集等工作；建立了信息系统周例会及日报告制度；组织业务部门开展系统功能需求分析 100 余项，完成系统二次开发 41 项；开通工商银行、农业银行、中国银行、建设银行、交通银行以及人民银行、银监会等网路专线，基本满足了各类业务开展需要；开通了公司互联网线路，实现了内网、外网物理隔离。

【人力资源管理】为提升公司人力资源工作执行效率，发挥人力资源的规范与支撑作用，公司编制了各项规章制度，涵盖了组织管理、薪酬福利管理、绩效管理、岗位职级管理等内容，促进了人力资源管理的流程化、规范化。基于财务公司性质特点、未来发展定位及与同行业对标，结合业务流程、岗位特点和工作性质，建立了多层次、差异性的岗位职级体系，制定了符合实际、相对合理的薪酬体系。根据公司发展战略，结合集团公司对财务公司的年度经营业绩考核指标，将目标进行层层分解，逐级承诺，落实到部门，落实到岗位，搭建了财务与非财务、短期与长期、定量与定性相结合的基于部门组织绩效和员工个人绩效的两级 KPI 考核指标体系，有效贯彻和推进公司以战略为导向，以价值为核心的目标管理体系，确保公司年度目标的实现，真正发挥绩效考核激励的作用。

【企业文化建设】为做好公司党建及思想政治工作，维护员工合法权益，丰富青年员工活动载体，公司先后申请成立了党支部、工会和团支部，为公司党建及群团工作提供了组织保障。根据“三严三实”专题教育要求，组织全体党员及中层领导干部学习《习近平谈治国理论》《中国共产党廉洁自律准则》《中国共产党纪律处分条例》等精神和内涵，组织参观反腐倡廉警示教育基地，聆听核建大讲堂专题讲座，开展公司党支部书记讲党课等专题教育活动，进一步增强全体党员和领导干部的党性修养；组织员工参观国际金融博览会，为员工了解金融领域改革前沿提供学习和交流的平台；召开青年员工座谈会，关心和关注青年员工思想动态，鼓励立足岗位成长。

中国黄金集团财务有限公司

【经营概况】 中国黄金集团财务有限公司（以下简称“公司”）是经中国银行业监督管理委员会于2015年5月12日批复成立（京银监复〔2015〕270号）的非银行金融机构，是中国黄金集团公司的第一家金融机构，6月26日正式开业运营。作为集团公司的“资金归集平台、资金结算平台、资金监控平台和金融服务平台”，公司秉承“依托集团、服务产业、稳健经营、创新发展”的经营方针，积极开展吸收存款、资金结算、发放贷款、同业存放、票据和中间业务等专业化金融服务，为集团公司优化整合各板块资源、提升资金综合效益、有效推进产融结合、建设“世界一流矿业公司”作出重要贡献。

截至2015年底，公司资产总额50.71亿元，吸收存款40.42亿元，贷款余额17.51亿元，营业收入0.62亿元，账面利润0.21亿元，实现了当年开业、当年盈利，初步取得了较好的经营业绩和资金集中效果。

【信贷业务】 公司为成员单位提前评级授信，使贷款更加方便快捷，支持生产经营和资金链安全。截至2015年底，授信总额过百亿元，已发放贷款总额超过20亿元，办理委托贷款1.45亿元，为成员单位开具授信和资金证明共29份。通过贷款利率下浮和费率优惠，成员单位降本增效效果明显，充分体现了“内部银行”的服务优势。

【资金集中】 公司分七批组织成员单位近四百多名财务人员进行资金系统培训，集团正式下发《资金集中管理办法》，为资金集中工作打下坚实基础。截至2015年底，在财务公司开立账户的成员单位占集团全部子公司的85.65%，实现直连的成员单位银行账户占所有子公司银行账户的44.38%。资金集中规模达到40.42亿元，全口径资金集中度约为41.71%，开业当年集中度超过行业平均值。凭借公司资金系统，成员单位实现了“足不出户、动动鼠标”就能付款，堪称一次“结算革命”。截至2015年底，累计办理结算业务5.87万笔，结算资金1 047亿元，无一差错。结算业务部获得2015年度集团公司先进集体荣誉称号。

【资金业务】 凭借金融牌照、同业身份和规模优势，尽力提升同业存放资金利率，实现资金收益大幅提升。截至2015年底，同业存放资金余额30.45亿元，成为公司收入、利润的重要来源，充分体现了“内部银行”的服务优势和金融机构的牌照优势。

【风险管理和内部控制】 自成立以来，公司始终把抓基础、练队伍、保安全作为工作重心，加强机制建设，提升风险管理水平。公司根据现代公司治理结构要求，设立了“三会一层”公司法人治理架构，董事会下设审计委员会和风险控制委员会。在年初向监管部门报送的138项共95万字制度基础上，结合运营中实际，公司持续对内部管理制度进行完善、修订、细化，下发第一次制度汇编，使制度流程与业务实际相适应，更具有可操作性。

在公司内部建立起由业务部门、风险管理部门、稽核审计部门组成的风险管理“三道防线”，各道防线之间分工明确，职责清晰，有机配合，分工协作，形成业务部门主动管理、风险管理部门检查监督、稽核审计部门审查评价的涵盖全部业务全部部门全员参与的架构体系。每月对资本充足性、流动性、信用风险等七个方面共20个指标测算预警，对流动性比例能够实现按周测算，确保流动性比率不低于25%，资本充足率不低于15%，各项指标均达到监管要求。

【人力资源管理】公司完成注册后，及时完成工资套入、社保、公积金、人事档案等规范管理工作，与员工签订《劳动合同》；按照金融机构标准，签订了《员工承诺书》和《保密协议》，完善并落实员工管理制度，明确岗位职责，规范操作流程，不断磨合员工队伍，加强风险意识、合规意识、服务意识和效率效益意识培养，使员工尽快向金融从业人员转变，为将来服务升级打基础。严格进行员工上岗操作和制度考试，采购专业书籍、建立阅览室，组织“金融课堂”讲座12期，开展消防演练和应急预案2次，多次组织到优秀财务公司学习，鼓励员工向远处看、向高处努力，努力为员工素质提升创造条件。

【信息化建设】公司的核心功能是资金集中管理，资金集中管理的“心脏”是资金管理信息系统。因此，从系统招标开始，公司就特别重视信息化建设，并为此引进和招聘两名专业人员。在服务保障方面，系统管理员和软件供应商驻场工程师对网银系统操作做好贴身服务，出现问题立即解决，提升终端用户的满意度；在日常维护方面，每日两次对系统数据文件备份，每隔一小时对数据库镜像进行快照操作；每日对机房空调、环境监控、视频监控、硬件设备、消防系统进行例行巡检并登记；组织集成厂商按月对财务公司机房进行全面巡检。

截至2015年底，共按业务制度要求完成系统授权508次，办理195家集团成员单位U盾485个，完成系统BUG与优化修改101项，系统更新升级12次，确保资金管理信息系统与网上金融服务系统安全、稳定、高效，数据全面、及时、准确。

湖北交投集团财务有限公司

【经营概况】湖北交投集团财务有限公司（以下简称“公司”）于2015年2月2日经中国银监会批准筹建（银监复〔2015〕74号），6月19日获开业批复（鄂银监复〔2015〕243号），6月29日举行了开业揭牌仪式，10月26日正式加入中国财务公司协会。公司投入运行的第一年，以“打基础、建制度、合规审慎经营”为主要工作思路，资金归集、支付结算、风险监控、金融服务等工作顺利开展，较好满足了成员单位金融服务需求，降低了财务成本，提高了集团资金使用效率。截至2015年末，公司资产总额121.61亿元，负债总额116.50亿元，所有者权益5.11亿元，实现净利润0.11亿元；资本充足率为24.90%；流动性比率为94.59%，各项指标均符合监管要求。

【信贷业务】公司立足集团主业发展需要，主动上门走访成员单位，积极开展信贷业务。在制定优惠业务定价的基础上，将企业信用评级、授信调查、利率定价、业务合同进行了标准化流程设计，最大程度提高工作效率，为集团成员单位和集团重要项目提供了及时有力的资金支持，并针对成员单位特点积极开展业务创新，开办了保函、商业汇票及贴现等业务。截至2015年末，已完成对7家子公司的授信工作，共计授信23.50亿元人民币；全年累计办理发放自营贷款12笔，共计7.87亿元；办理委托贷款18笔，金额29.50亿元；开立5笔保函，金额5亿元；办理票据贴现业务1笔，汇票金额0.49亿元。

【资金集中】在集团公司高度重视和支持下，公司强力推进资金归集各项工作。全面开展账户清理和成员单位开户工作，实现成员单位账户规范化管理。积极打通归集渠道。经与各大银行多方协商，2015年底实现国家开发银行、工商银行、农业银行、中国银行、建设银行、中信银行、浦发银行、招商银行等8家银行资金归集渠道，并与9家银行实现了银企直连。截至2015年末，开立结算账户127户，成员单位开户的覆盖率达82.91%。归集资金时点余额116亿元，资金归集率49.54%。

【风险管理和内部控制】公司将建立制度体系、完善业务流程作为风险管理的业务核心，按照制衡性、审慎性、匹配性原则，建立了覆盖全部门、全人员、全业务、全流程的内控制度体系和业务流程体系。以制度建设为重要推手，以监管要求为基础，同业制度为范本，银行制度为参照，结合成员单位的经营特点，2015年及时增补、完善制度共计74个。采取座谈、询问、现场检查、抽查等方式，对公司开展了全方位的内控检查。根据业务经营情况，及时查漏补缺，并有针对性地提出了整改意见，有效保障了公司合规经营。及时准确报送各类监管报表报告，保障非现场监管的有效性，促进公司在监管要求内合规有序地开展各项业务。

【人力资源管理】2015年，公司积极开展人力资源管理工作，加大人才引进、培养、考核力度。引进和招聘有金融从业经验人员来充实人才队伍；积极建立学习型企业，鼓励员工参加相关职业资格考试和职称考试，组织员工参加各类业务培训和行业交流活动，不断增加员工风险防控意识；并通过对组织构架、部门分工及员工定岗定责进行全面梳理和优化，建立健全公司薪酬制度和激励约束机制，有效提高员工的工作积极性和责任心。

【信息化建设】公司以支撑运营业务开展为核心目标，围绕稳定、安全、高效、易用等特性，涉及核心业务系统、网络基础环境、应用弹性架构等方面，构建公司信息化运营平台。一是与银监局专家、人民银行技术人员就公司基础环境安全性构建方案进行多次沟通论证，最终形成基础双设备、双链路冗余两层网络架构。二是与软件外包公司协调，按照分阶段、分步骤的信息化系统建设理念，已基本完成核心业务系统的一期建设目标，成功上线结算及信贷核心业务模块。三是为成员单位提供便利，并面向成员单位提供网上银行系统，提供成员单位围绕结算、信贷等业务的信息化服务窗口。

【企业文化建设】2015年，公司着力抓好党建工作，全面提升企业文化建设。一是落实“三严三实”要求，加强员工思想文化建设，多次组织全体员工集中学习党的相关文件精神，并通过“以案说法、以案说纪”警示教育活动，以“大家谈”等多种方式，不断强化员工廉政意识。二是严守廉政纪律，加强反腐倡廉。公司成立之初就力倡坚持党要管党、从严治党，正风肃纪、反腐惩恶，并以省委巡视检查为契机，强力推进“两个责任”落实，不断强化纪律规矩意识。三是深化民主管理，激发员工活力。对涉及企业重大经营决策、员工重大利益的问题，广泛征求员工意见和建议，组织开展了2015年度民主投票评先评优，积极建立融洽和谐的工作环境，关心员工切身利益，增强员工归属感，不断提升团队凝聚力和向心力。

新凤祥财务有限公司

【公司概况】新凤祥财务有限公司（以下简称“公司”）于2015年6月24日经中国银监会山东监管局批准开业（鲁银监准〔2015〕235号）。公司注册资本8亿元（含1 000万美元），是新凤祥控股集团有限责任公司的控股子公司，由新凤祥控股集团有限责任公司、阳谷祥光铜业有限公司、长城国融投资管理有限公司三家公司共同出资成立。公司下设计划财务部、信贷管理部、结算业务部、风险（审计）部、综合管理部5个职能部门，负责公司日常经营管理。

截至2015年底，公司共有职员27人，其中从事金融或财务工作五年以上的人员有23人，占在编人员的85.19%。公司的成立主要是对集团内部资金进行专业化的集中管理，发挥资金监控中心、资金集中和结算中心、金融支撑中心、金融咨询中心以及金融人才培育中心的功能，通过产业资本与金融资本的有效结合实现新凤祥集团从优秀走向卓越。

【经营概况】截至2015年12月末，公司总资产为15.30亿元，其中贷款余额7.35亿元；总负债7.23亿元，其中吸收存款余额7.18亿元。累计各项收入0.31亿元元，其中，贷款利息收入0.14亿元，资金运用收入0.12亿元，汇差收入0.04亿元。实现考核利润0.17亿元，提取拨备0.07亿元，缴纳所得税0.02亿元，账面净利润0.07亿元。

截至12月末，公司获批同业授信8亿元，为集团创造融资6亿元。通过财务公司平台有效运作累计为集团降低成本0.07亿元，其中，日均归集资金6亿元，同业存款平均利率2.90%，增加收益0.04亿元；利用银行同业资金划转，节约结算手续费50万元；利用银行同业授信，降低融资成本0.03亿元。

【信贷业务】争取获批扩大合意贷款规模，满足集团成员企业的融资需求，截至12

月末，完成4家集团成员企业授信批复，向成员单位发放人民币贷款5.80亿元，发放美元贷款1 000万美元，办理贴现1亿元。

【资金归集】 截至12月底，公司日均归集资金6亿元，可归集口径日均归集率76%；将归集资金存放同业，提高了公司的存款议价能力，与成立公司前相比为集团增加收益约0.04亿元。

【风险管理和内部控制】 公司建立健全了内控制度，包括公司治理、财务管理、信贷管理、风险管理、中间业务、内部控制、结算管理、综合管理和信息科技管理九大类共105个制度，初步形成了财务公司内控制度体系。

【企业文化建设】 2015年是新凤祥集团企业文化建设元年，公司在集团企业文化委员会的领导下，组织学习了《新凤祥集团2015年度工作报告》《新凤祥企业文化大纲》和《新凤祥经理人行为规范》，引导员工了解新凤祥企业文化，理解企业文化的内涵。通过培养“金融服务意识、审慎合规意识和忠诚集团意识”，积极建设财务公司子文化，把企业文化的理念、价值观融入到每一名员工的实际工作中。

山东招金集团财务有限公司

【经营概况】 山东招金集团财务有限公司（以下简称“公司”）成立于2015年7月1日，注册资本5亿元，由山东招金集团有限公司、招金矿业股份有限公司、山东招金集团招远黄金冶炼有限公司三家股东共同出资组建。截至2015年末，公司总资产15.10亿元，总负债10.06亿元，所有者权益5.04亿元；存款余额10.02亿元，贷款余额4.91亿元；当年实现净利润0.04亿元，利税近0.07亿元，计提贷款损失准备近0.10亿元，拨备率200%，不良率为零。各项指标均符合监管要求，年内无违规和不审慎经营行为出现。

【信贷业务】 开业以来，公司牢牢把握“立足集团、服务集团”的经营宗旨，以资金集中运营体系为依托，积极向企业投放贷款，审慎切实地解决企业资金需求。2015年成员单位发放贷款9笔，发放金额8.30亿元，累计为15家企业和16家金融机构核定了授信额度，为15家企业进行了信用等级评定，为下一步业务开展提前进行了储备。

【资金和投资业务】 在资金运作方面，主要从内部管理和外部增收两方面做好工作。一是内部管理依据企业会计准则和公司制度要求做好各种款项的收付记账、财务收支和费用成本的计算、债权债务的结算以及经营成本的计算处理。每天监控流动性指标，资本充足率、自有固定资产比例和拨备覆盖率指标保持在合理标准范围内，在此基础上完成税务申报、利率调整、价格管理等工作。二是外部增收加强同业业务营销，通过资金安排存放，提高同业收入利润贡献度。与已开立账户的8家银行进行利率询价、资金存放和费用减免谈判。每天做好头寸安排，在满足成员单位资金需求的前提下，通过存放定期来提高利息收入。

截至2015年末，公司存放人民银行准备金0.23亿元，存放同业活期6.97亿元，存放同业定期2.72亿元，贷款4.90亿元，全部为一年期；票据贴现88万元，全部为6个月期；其他非生息资产0.37亿元。公司总负债10.06亿元，其中吸收成员单位活期存款余额为9.86亿元，通知存款0.16亿元；其他非付息负债余额455万元。由于业务种类较少，经营范围受限，收入结构相对单一。因公司对成员单位的资金收付免收结算费用，同时财务顾问及信用鉴证等业务尚未实际发生，所以中间业务收入较少。

【票据业务】利用财务公司的信用，在成员单位研究推广票据业务，年内协助成员单位开出商业汇票16笔，开票金额1.06亿元，办理商业票据贴现2笔，金额88万元，将服务的窗口延伸到了产业链条上游。同时，为拓展企业融资渠道，降低企业融资成本，公司启动电票业务的上线工作。

【资金集中】开业以来，公司“多管齐下”，一是加强与合作银行的沟通，打通资金归集、汇划渠道，真正做到高效快捷；二是“服务为先”，通过协助企业开户、上门讲解等系列方式，使开户工作顺利进行，当年完成成员单位开户78个，其中建立归集关系76户；三是立足企业需求，采取不同的资金集中管理模式，更加便利企业。截至2015年末，全口径资金归集度40.22%，扣除口径资金归集度达到61.26%。

【业务创新】公司电票业务、结售汇业务、外币跨境业务、保险代理四项业务稳步向前推进，已完成申请材料准备、内部制度和操作流程制定等前期筹备工作，并完成了500万美元的外汇资本金的购买审批工作。

【风险管理和内部控制】在风险管理方面，公司对流动性风险、操作风险、市场风险、声誉风险、信息科技风险、信用风险均有专门的管理办法，并制定了相应的应急预案。一是公司按照《公司法》的要求成立了股东会、董事会和监事会，实行董事会领导下的总经理负责制，建立并完善了股东大会、董事会、监事会和经理层之间各负其责、规范运作、相互监督与制衡的现代公司治理结构。二是通过员工日常行为监督、不相容岗位的设置、核心业务系统的权限和角色分离、审批权限的明确等手段，已建立起上级监督下级、后手监督前手的纵横交错的管理体系。三是通过法律审核，避免对外签署的合同发生法律风险；通过建立查库制度、对账制度和差错认定制度，通过以上手段有效地防范可能出现的操作风险。

在内部控制方面，公司出台了专门的内部控制管理办法，建立了包括公司治理和各业务的内部控制措施。一是公司按照前中后台分离的原则设立了七个职能部门，其中前台是结算业务部、信贷业务部，中台是计划财务部、信息科技部和风险合规部，后台是审计稽核部和综合管理部；二是公司建立起凡事制度先行的管理模式，各部门的运行均在制度的框架内，全年出台制度100多项，涵盖业务开展的各个方面；三是公司建立了后手监督前手、上级监督下级，重要科目每日对账、业务传票次日全面监督，主要风险点定期专项检查的纵横交错的内控风险防范体系；四是对监督检查发现的问题开展专题谈论，并及时形成专题会议纪要予以指导，全年形成专题会议纪要33个。

【人力资源管理】公司现有员工28人，均具备本科以上学历，平均年龄34岁，其中高级、中级管理人员均具有较长的金融从业工作经历，既使得公司整体经验丰富、专业性强，又充满活力、朝气蓬勃。

公司着力营造“在学习中工作，在工作中学习”的氛围。2015 年共组织全员集体制度学习 44 次，建设了拥有 6 000 多道题的制度题库；组织全体员工户外拓展训练 1 次、组织执行力培训 1 次；组织中层干部参加集团中层干部培训 7 人次；加强员工上岗资格管理，2015 年公司先后有 33 人次通过银行从业资格、证券从业资格等考试。

【信息化建设】 开业以来，信息系统机房建设和核心业务系统网络架构已通过了人民银行和银监部门的验收；通过建立双线路、异地灾备、应急预案等机制，保证连续性生产的需要；通过建立核心系统问题管理办法，有效地屏蔽了购买外部软件带来的风险；通过核心系统设定权限管理，有效地对系统进行了隔离；建立了对机房环境、服务器及存储硬件环境、银企直连专线、网络专线的每日巡检制度和计算机设备的定期维护制度，确保系统安全稳定运行。公司在征求客户意见的基础上，不断完善核心业务系统服务模块和服务功能，最终搭建起能够基本满足企业服务需求的一期核心业务系统平台。

中联重科集团财务有限公司

【经营概况】 中联重科集团财务有限公司（以下简称“公司”）2015 年 6 月 15 日正式开业，坚持立足集团、服务集团的经营理念，致力于打造中联重科“集约资金管理中心、产业银行服务中心、产融协同利润中心”。开业第一年，在获批业务范围有限的情况，公司在业务资质范围内积极开展各项业务，主要包括办理成员单位开户及结算、吸收存款、发放贷款、办理票据、存放同业等业务。2015 年营业收入 0. 56 亿元，利润总额 0. 35 亿元，资产总额 57. 57 亿元。

【公司金融】 2015 年，公司累计为成员提供融资 17. 79 亿元（其中贷款 16. 56 亿元，票据贴现 2. 14 亿元），实现信贷业务收入 0. 20 亿元，信贷资产平均收益率 4. 41%。为满足成员企业个性化的资金融通需求，公司不断开发出循环贷款、存单质押贷款等贷款产品，积极推进财务公司电子商业汇票业务，提升信贷服务品质。

【资金和投资业务】 公司与 7 家银行建立合作关系，签订同业存款协议，极大提高了集团备付资金的收益率。建立集团大额资金头寸管理、资金收支计划管理体系，有效实现同业资金的长短期配置，不断提高资金收益。

【票据业务】 2015 年 9 月，经人民银行批复，获批财务公司承兑汇票开票业务资质。组织专项小组完成制度流程建设、业务模式确定、代理行选择等全部准备工作，做好开票业务的全部前期准备工作，为丰富集团结算方式、降低银票保证金占用奠定了基础。

【外汇业务】2015 年，公司承接了代理集团外汇风险管理的职能，研究利用人民币、外币资金池，有效打通境内境外资金流通，加强对外汇风险的研判，积极主动调整集团负债币种结构，优化融资成本。

【资金集中】截至 2015 年 12 月 31 日，对 26 家成员单位开立了财务公司人民币一般结算账户，对 12 家分公司开立了结算账户，开通 8 家国内主要合作商业银行的银企直连，12 月中旬实现了各成员单位在统一财资平台办理支付结算业务。截至 12 月 31 日，公司吸收存款 41.25 亿元，全口径资金归集率 30.22%。

【业务创新】以公司为集团资金管理最高层级，内嵌集团资金管理需求，开发构建财资系统，统一对接各主要合作银行网银平台，实现高效、便捷的内外部转账，各成员单位“一 Key 在手，转账无忧”；同时，整合资金收付、财务审批、业务核算、现金流管理等多项功能，为集团各成员单位提供优质的金融管理服务平台。

【风险管理和内部控制】公司着力建设三大内控管理体系：一是覆盖全业务和全员行为管理的规章制度及操作审批流程，二是常规、专项内审稽核和问责机制，三是独立而有市场竞争力的薪酬与绩效考核机制。按照金融机构“内控优先，制度先行”的经营原则，建立涵盖公司治理、业务管理、财务管理、风险管控和内部监督等在内的 70 项内控制度、13 项操作规程，整理形成合规手册并组织全员培训学习。以培训及考试激励等方式培育风险及金融意识；从业务开展实际出发，以监管评级为导向，完善内控体系；以审计稽核为抓手，以日常问题分析为切入，促进内控问题解决；跟踪监测风险管理情况，根据风险指标衡量结果作出风险提示。关注监管政策变动，为业务开展提供合规指导。保证全方面提升风险防范能力。

【人力资源管理】公司设立结算、信贷、中间、财务、风控、审计、综合七个职能部门，初步形成分工明确、职责清晰、相互制约、前中后台分设的组织架构；通过内外部招聘，引进具有丰富金融从业经验的优秀人才；积极调研学习同业薪酬及绩效管理模式，为建立具有金融机构特色的薪酬管理体系与激励约束机制奠定基础；加强员工金融专业知识与能力的培养，定期组织专项培训，打造一支具有专业、高效、有责任心和使命感的人才队伍。

【信息化建设】2015 年 6 月，完成新财资系统财务公司部分的上线，顺利通过监管验收；12 月，完成新财资系统二期上线，实现票据、结算、现金流、重要空白凭证等业务的信息化管理。推进同业业务、集团授信管理、担保业务、融资业务、保函业务、投资理财和国际结算业务等模块的开发。

【企业文化建设】采取自媒体形式，开发公司微信平台，通过推送公司信息、企业文化、活动报道等，营造公司积极向上的企业文化氛围。传承和弘扬中联企业文化，积极组织员工开展各类党工团活动，弘扬精益求精、追求完美、极致向上和科学创新的极致“工匠精神”。组织骨干员工培训，积极引导和鼓励员工做有“正能量”和极致“工匠精神”的中联人。

内蒙古伊泰财务有限公司

【经营概况】 内蒙古伊泰财务有限公司（以下简称“公司”）2015 年 1 月 8 日获得中国银监会的筹建批复，7 月 1 日获得内蒙古银监局的开业批复，7 月 7 日取得内蒙古银监局的金融许可证，7 月 21 日办理工商登记，取得了营业执照。公司由内蒙古伊泰集团有限公司及其控股的内蒙古伊泰煤炭股份有限公司共同出资组建，注册资本金 10 亿元，其中内蒙古伊泰集团有限公司出资 6 亿元，占比 60%，为公司的控股股东。

公司一致秉承“立足集团、服务集团、规范经营、稳健发展”的经营理念，9 月 10 日开展了第一笔同业存款业务；9 月 25 日开展了第一笔吸收存款业务；10 月 23 日发放了第一笔流动资金贷款业务。截至 2015 年底，纳入财务公司资金归集的成员单位有 32 家，资金归集余额为 19.30 亿元；累计发放流动资金贷款 10.82 亿元，办理票据贴现业务 0.06 亿元；累计实现利润总额 0.02 亿元，实现净利润 0.02 亿元。

【信贷业务】 2015 年，公司信贷业务有序开展。第一，初步建立了客户信用评级和综合授信体系，累计完成 5 家客户的信用评级和综合授信，累计授信额度 73 亿元；第二，严格按照银监会“三个办法、一个指引”的要求，坚持贷审分离的原则开展贷前调查、信贷审查、贷后管理；第三，结合成员单位的资金需求，累计发放流动资金贷款 10.82 亿元，办理票据贴现 0.06 亿元。

【资金集中】 2015 年，资金集中管理及结算工作步入正轨。第一，采用分批授权归集的方式提高资金集中度，归集成员单位 32 家，归集账户 70 个，可归集口径资金集中度达 31.49%；第二，稳步推进银企直连工作，工商银行、农业银行、中国银行、建设银行、交通银行、招商银行、浦发银行、华夏银行、光大银行、平安银行 10 家重点合作银行已经上线运行；第三，为了提高成员单位存款收益，为成员单位办理定期存款、通知存款业务；第四，集中力量提高资金结算能力和质量，保持年内零错误，为各项业务的开展奠定了坚实的基础。

【风险管理和内部控制】 自成立之初，公司特别重视风险管理和内部控制。第一，制定各项规章制度和操作规程，通过常规检查和专项检查掌握制度的实施效果；第二，明确人员编制和岗位职责，通过岗位制约和权限分配相结合的方式实现内部控制；第三，开展稽核工作，对结算凭证和经费凭证按时进行检查；第四，建立风险例会制度，传达监管机构和公司管理层对风险工作的要求。

【人力资源管理】 公司拥有员工 30 人，其中，拥有中级以上职称 10 人，从事金融和财务会计工作 5 年以上的有 21 人。公司高度重视人员培训和绩效管理。第一，积极与周边财务公司、上下游合作企业所属财务公司进行调研交流，不断提高员工专业素质和工作能力；第二，加强公司与监管机构、中国财务公司协会等机构的沟通，提高员工的合规意识；第三，鼓励员工参加各类金融培训和考试，强化员工的金融从业能力；第四，建立健全绩效管理和考核方案，提高员工的积极性和创造力。

【信息化建设】从筹建工作开始，公司积极组织信息系统建设，通过与监管部门及银行专业人员座谈，按照银监局、人民银行的要求建设标准化机房，选择适合公司运营的业务操作系统，稳步推进公司核心资金管理系统建设。截至2015年9月底，完成了结算、信贷、核算等系统模块的上线工作。为了保证数据安全，建立了数据异地灾备系统，配置了消防、安防、视频监控等安全防护措施；建立了以有效身份验证为基础的管理机制，加强网络系统访问的控制和安全管理，加强对系统操作人员的培训和U盾及密码管理，确保不出现操作风险；建立信息科技制度及信息安全保障沟通机制，确保信息化服务体系安全、平稳、高效运行。

【企业文化建设】公司重视企业文化建设和团队建设，多次组织提高公司凝聚力、促进员工交流的主题活动，包括九成宫旅游景区滑雪、扑克比赛、年度大联欢和撕名牌等多种形式。通过这些丰富多彩的活动，进一步激发全体员工“我的伊泰我的家”的工作激情和氛围。

上海外高桥集团财务有限公司

【公司概况】上海外高桥集团财务有限公司（以下简称“公司”）是由上海外高桥集团股份有限公司（以下简称集团）发起设立的，经中国银行业监督管理委员会批准设立的非银行类金融机构，公司实缴注册资本5亿元人民币，于2015年7月28日正式启动营业。

公司围绕集团发展战略，逐步形成以依托集团为主线、以集团化运作为支撑、以资金集中化管理为基础、以提升金融服务为手段，探索金融与商业结合的经营道路，成为外高桥集团的资金结算中心、融资服务中心，以及资金管理的信息中心，践行外高桥集团资金集约化管理的执行平台的功能。

【信贷业务】信贷工作制度先行，作为2015年度新成立的财务公司，当年主要信贷工作任务是建立合规、有效、符合集团成员企业的评级、授信模型，并根据实际需要制定常用表内外信贷产品管理规范及业务流程，包括流动资金（含循环贷款）、法人账户透支、固定资产贷款、并购贷款、委托贷款、保函等，同时还建立了与业务相关的包括信贷业务担保管理办法、信贷审查委员会工作制度、资产风险分类管理办法、信贷业务档案等相关制度办法。

公司成立于2015年7月末，通过近2个月时间的制度准备，于9月发放了首笔流动资金贷款人民币0.20亿元，截至2015年末已累计发放流动资金贷款人民币7.78亿元，委托贷款人民币0.12亿元，并开立人民币履约保函1.88亿元。

【外汇业务】公司管理层及上级公司自公司成立即高度重视外汇业务的发展，计划通过搭建跨境外汇双向资金池实现境内外成员企业外汇资金的集中运营。2015年公司已通过与建设银行的合作，向外汇局递交了外汇资金集中运营申请，正在审批过程中。

【资金和投资业务】作为开业不足一年的财务公司，公司在2015年度实际开展的资金业务内容主要包括成员单位开户、核心系统转账结算、成员单位信贷业务（包含自营贷款、委托贷款）、成员单位非融资类履约保函业务、吸收存款（人民币）、存放同业等业务。公司逐步上线并完善资金归集平台，加入资金池的成员单位数量逐步增加，在保证资金适度流动性的前提下，加强资金集中，提高资金使用效率，缓解流动性压力。截至2015年末，公司在第四季度内签发的非融资类履约保函金额为1.88亿元已经提前收回及撤销；公司对成员单位已开展委托贷款业务余额为0.12亿元。

【资金集中】公司2015年末全口径资金集中度为34.44%、可归集口径资金集中度为55.27%，完成情况良好。公司资金集中度不高，一方面原因是公司核心合作银行共有四家，各成员单位因历史原因有部分账户未在这四家银行开户，造成闲置资金沉淀，各企业成员单位银行账户逐渐清理、向四家核心合作银行申请过程中；另一方面是不可归集资金主要为期末存在抵押、质押、冻结等对使用有限制的款项及境外款项，其中不可归集资金占货币资金总额的37%。资金集中管理与治理结构、资金管理机制、资金集中相关制度措施密切相关，集团大力推进资金集中工作，逐渐取得成效。

【风险管理和内部控制】2015年，公司积极推进业务制度建设，强化风险管理，建立了事前、事中、事后全覆盖的风险管理体系：对风险的识别、计量、限额分配、跟踪、控制、处置由参与业务的各部门、内在专职机构协调进行，由总经理室进行审批控制。

2015年末，公司进行了开业以来第一次内部审计检查，检查范围覆盖综合授信、自营贷款、保函业务、资金结算、账户管理、资产风险分类、费用管理和印章管理八项经营活动，稽核过程中实施了包括抽查、复算、穿行测试等必要的稽核程序，对其内控制度和操作流程执行情况进行了检查。另外，对公司反洗钱情况、信息系统管理情况、固定资产管理情况进行了检查。总体状况良好，各项工作按照规章制度执行。

【人力资源管理】2015年，公司根据开业规模和经营方向，组织规划所需要的人力资源，满足公司业务对专业岗位的需求。同时，分析外部人力市场中专业岗位人员未来的发展变化与公司业务发展的匹配情况，为在职人员的有效管理打下良好基础。此外，建议员工在企业经营战略目标下规划好个人发展目标，鼓励员工提高岗位专业能力、积极学习行业专项知识及职业资质认证，激发员工自发、持久的学习动力，杜绝行业违规风险，提高公司全员职业素质。

【信息化建设】公司初步建立了财务公司金融业务信息管理系统，满足了初期核心业务需求和支撑运作。基于财务业务核心系统软件的范围，从需要的全局出发，总体规划、分步实施。项目实施分两个阶段完成：第一阶段，满足公司开业及初期发展的需要，在充分调研和分析业务需求的基础上，首先部署系统基础架构，同时实现统一登录管理、系统管理、客户管理、账户管理、存款管理、贷款管理、结算管理、综合授信管理、纸票管理、报表管理、资金预算和计划、风险报表管理、工作流管理、会计核算系统、1104 报表、反洗钱接口、征信接口、自贸区业务等。第二阶段，随着公司业务范围的扩展，逐步完成其他系统或模块的上线，包括资金池管理、短信平台、投资台账管理、电票系统、外汇局接口、外高桥集团 ERP 系统接口等。

中国铁路财务有限责任公司

【经营概况】中国铁路财务有限责任公司（以下简称“公司”）于 2014 年 12 月 8 日经中国银监会批准筹备（银监复〔2014〕885 号），2015 年 7 月 10 日获批开业（银监复〔2015〕446 号）。公司注册资本 100 亿元人民币，由中国铁路总公司及其全资子公司中国铁道科学研究院共同出资设立，出资比例分别为 95% 和 5%。公司的经营宗旨是：在中国铁路总公司总体发展规划下，以加强企业集团资金集中管理和提高企业集团资金使用效率为目的，为成员单位提供完善的规范化、市场化金融服务。自 9 月末开展业务以来，至 2015 年底，公司总资产 323.30 亿元，实现营业收入 1.34 亿元，利润总额 0.48 亿元；计提贷款损失准备 0.50 亿元，资本充足率为 159.17%。

【信贷业务】公司根据铁路总体发展战略和中国铁路总公司业务发展需要，在调查成员单位经营状况的基础上，快速开展信贷业务，对部分单位进行了信用评级和综合授信，为中国铁路总公司及所属单位重要项目提供了及时有力的资金支持。截至 2015 年末，公司累计发放自营贷款 50 亿元，全部为固定资产贷款。

【资金业务】公司通过加强集团资金集中管理，加强资金活动规律的分析，根据资金计划合理安排资金头寸，在满足成员单位日常资金需求的基础上，与多家银行加强合作，准确把握市场信息，逐步形成了询价、沟通协商、方案制定、业务存放的模式，2015 年末存放同业存款 264 亿元。

【资金集中】2015 年，自 9 月末至年底，公司为成员单位开立账户 61 个，年末吸收客户存款余额 223 亿元，资金集中率为 12.40%。

【人力资源管理】截至 2015 年末，公司共有员工 24 名，其中，中国铁路总公司调入 8 名，在成员单位公开招聘 7 名，其他单位调入 4 名，应届生招聘 5 名。除应届生外，其余员工均具备 5 年以上金融或财务工作经验，平均年龄 37.6 岁，50% 的员工具有高级职称。

【风险管理和内部控制】为强化依法经营、优化管理流程、提高管理效率、保障公司经营方针与经营目标的实现，公司依据有关法律法规的规定，结合铁路总公司和自身实际，制定出公司治理规则、行政管理制度、信息管理制度、结算管理制度、资金运用制度、风险控制制度、财务管理制度、审计稽核制度共八大类83项制度及办法，同时根据具体业务的开展情况对上述各项制度进行了梳理和完善。

【信息化建设】公司核心业务系统采用北京九恒星科技股份有限公司开发的财务公司信息系统，包括客户管理、资金结算、信贷管理、风险监控、银行接口、同业往来等多项业务功能。同时，公司还上线了银监局监管信息和公文系统、1104报表系统以及人民银行金融城域网等，满足了业务运行需要及监管部门的要求。

首钢集团财务有限公司

【经营概况】首钢集团财务有限公司（以下简称“公司”）于2014年12月19日经中国银行业监督管理委员会批准筹备（银监复〔2014〕949号），2015年6月29日获得北京银监局开业批复（京银监复〔2015〕407号），7月21日取得北京市工商行政管理局颁发的企业法人营业执照，9月24日在首钢集团举办了开业仪式，正式挂牌营业。公司注册资本金20亿元人民币，其中，首钢总公司出资16亿元，持股比例80%；北京首钢建设投资有限公司出资4亿元，持股比例20%。公司实行独立核算、自主经营、自负盈亏，是具有独立法人地位的非银行金融机构。

截至2015年12月31日，公司资产总额175.87亿元，负债总额155.85亿元，所有者权益20.02亿元，实现收入0.37亿元，资本充足率为51.17%，流动性比率为107.32%。

【信贷业务】在筹建期间对系统测试、制度建设、业务流程梳理、同业调研、业务学习等方面做了充足的准备工作，并顺利通过现场验收检查，为之后的信贷业务运营打下了坚实基础。公司正式运营后，为切实了解集团成员单位财务状况，便于公司有效实施资金集中管理工作，公司对境内271家成员单位开展了财务数据及银行账户情况调查，建立一套适合首钢集团成员单位业务特点、能反映各单位真实信用水平和与集团发展战略匹配度的内部信用评级体系。积极为成员单位开展营销、咨询、评级授信、委贷、自营贷款、贴现等信贷业务，2015年对三家成员单位开展评级授信额度总计33.30亿元，累计发放流动资金贷款15.25亿元，为四家成员单位办理委托贷款业务总计金额5.38亿元，超前为改制企业首自信公司办理0.25亿元的电子银行承兑汇票贴现业务。

【票据业务】首钢集团的行业特性决定了集团公司收付款多以票据为主的特点，公司在开业初期就高度重视规划票据业务，通过搭建银行—财务公司票据池的方式，完成集团票据的管理与使用，并实现票据集中管理、内部调配和对外支付、集中贴现、代理贴现、新开承兑、票据质押、大小额错配、长短期错配、利用票据池额度申请贷款及保函等功能。

【资金集中】为了加强集团资金集中管理，集团主要领导亲自部署资金归集工作，并得到了各单位的坚决贯彻和大力支持。截至2015年12月31日，完成归集资金155.82亿元，可归集口径资金归集度达到100%；各成员单位在公司开立内部结算账户258户；累计办理各类结算业务1 902笔，日均结算笔数为82笔；累计结算金额633.67亿元。

【风险管理和内部控制】一是组织结构控制保障体系。完善法人治理结构，在董事会下设立风险管理委员会和审计稽核委员会，建立健全符合公司发展需要的组织机构和运行机制，并完善相应的议事规则。二是业务风险控制保障体系。公司经营层下设信贷审查委员，负责对授信业务（包括贷款、融资租赁、票据贴现和承兑、担保等）及相关事宜进行审查和决策。同时，制定各项业务规则、操作流程、岗位手册和风险控制制度，并加强对业务人员风险意识宣贯和合规管理。三是会计控制保障体系。结合公司自身的经营特点，制定会计核算制度、财务管理制度、会计工作操作流程和会计岗位手册。四是内部稽核制度保障体系。设立审计稽核部门，实行内部稽核制度，建立内部稽核管理办法和操作规程，完善公司第三道防线，对公司的业务经营活动进行稽核、监督。五是信息系统风险控制保障体系。建立科学的信息系统风险控制制度，对信息系统的项目立项、设计、开发、测试、运行和维护全部过程实施严格管理，明确业务主管部门和内部审计监督部门的职责，严格划分软件设计、业务操作和技术维护诸方面的责任。六是综合管理制度保障体系。制定和完善综合管理制度，加强公司在印鉴、介绍信、档案、安全保卫等方面的管理，防止和控制在综合管理方面出现的管理风险。

【人力资源管理】公司利用多种招聘渠道和媒体，发布招聘启事，并组成联合面试专家组，对招聘人员进行了现场面试，最终在结算、信贷、风险、财务等关键岗位上引进了具有金融从业经验的专业管理人才。公司积极组织与外部金融机构开展交流学习，针对信贷、结算、会计、风险等业务流程及风险控制要点进行全员业务培训；先后调研了具有代表性的央企财务公司（国家电网财务公司、中电投财务公司、中化财务公司、中海油财务公司、中国中铁财务公司、大唐财务公司、中国铁建财务公司、中粮财务公司）、市属优秀财务公司（京能财务公司、北汽财务公司）、钢铁行业财务公司（武钢财务公司、太钢财务公司、沙钢财务公司）等17家财务公司，为公司开业运营积累了经验，打下了基础。公司建立了科学的人才梯队管理体系，通过建立市场化薪酬管理机制，为首钢引入高端金融管理人才，通过建立岗位职级晋升机制为人才搭建上升通道，通过组织定期轮岗、业务知识培训为首钢培养金融人才，成为首钢金融人才的培养基地，为集团快速搭建金融板块提供人才保障。

【信息化建设】公司核心业务系统资金管理系统于2015年9月1日正式上线运行，由网银业务、结算业务、贷前管理、信贷合同管理、贷后管理、价格管理、电子交易、财务核算、风险日常处理等14个子系统构成，实现了资金归集、资金结算、内部信贷（含贴现）、票据承兑、转贴现、财务管理、报表管理、风险监测等75项核心功能，建立了与工商银行、农业银行、中国银行、建设银行、交通银行、华夏银行六家商业银行核心业务系统直连接口，实现公司业务处理自动化、信息网络化、管理规范化、决策科学化。

公司作为非银行金融机构，高度重视与监管部门的业务对接，通过铺设两条专用网络，分别于2015年8月初和9月底成功接入中国银监会电子政务系统和中国人民银行金融城域网。监管渠道的贯通实现了1104非现场监管报表、核定存款准备金缴存、开立存款准备金账户、中央会计电子对账、金融统计数据交换、反洗钱非现场监管和电子政务文件交换的互联互通，为公司的合规经营、风险防范提供了有效支撑。

【企业文化建设】公司以深入学习习近平总书记系列重要讲话精神为主线，深入开展各项党建工作。一是加强基层党组织建设。在新形势下公司把培训和教育好干部作为重中之重的任务，作为高风险的金融机构，公司坚持把党性教育作为必修课，坚持将党的信仰、公司经营理念以及职工思想的协调一致，坚持理论武装、党性锻炼和提高领导力，使讲党性、讲道德成为公司干部的职业操守。二是深入开展党风廉政建设。公司完善反腐倡廉基本制度，健全监督制约机制，加强对党员领导干部和有业务处置权人员的教育，规范领导干部廉洁从业行为；优化业务流程，完善防范机制，提高防范能力；落实党风廉政建设责任制，完善反腐败领导体制和工作机制。三是充分发挥工会和共青团的作用。坚持和完善民主管理制度，开展劳动竞赛、群众性经济技术创新活动。深入调查研究，反映职工群众愿望，维护和谐稳定的劳动关系和职工合法权益。努力为职工做实事，办好事，解难事。做好青年的思想引导，制定和落实党建带团建实施细则，激励广大青年不断创新，敢于突破，发挥生力军作用。2015年组织系统业务实操培训3次，累计培训人数达到180人次。

天瑞集团财务有限责任公司

【经营概况】天瑞集团财务有限责任公司（以下简称“公司”）于2015年7月开业，是国内首家获批的以水泥为主业的企业集团财务公司。截至2015年末，公司资产总额6.15亿元，负债总额3.14亿元，所有者权益3.01亿元，全年实现营业收入575.38万元，净利润77.48万元，不良贷款率和不良资产率均为零，各项监管指标均符合监管要求。

【信贷业务】公司通过走访、座谈，积极了解成员单位生产经营状况、资金需求情况，设计融资方案，提供个性化、专业化的金融产品。通过创新业务产品、提升人员素质、提高服务效率等方式，为成员单位提供优质、高效、便捷的金融服务。根据集团战略规划和资金计划，全年投放贷款2.90亿元。为确保业务合规、高效办理，公司整理了信贷资料清单与格式文本，为成员单位提供上门服务，收集信贷资料，指导规范填写。

【资金和投资业务】受投资业务、同业拆借等资质限制，公司资金业务主要以存放同业为主。与银行保持密切联系，充分利用结算资金时间差，建立同业报价竞价机制，提高集团资金收益。同时，走访各家金融机构，推介集团公司和财务公司，寻求业务合作空间，发挥财务顾问作用，开展金融创新业务，引入外部金融资源，为集团构建良好的外部筹融资环境。

【票据业务】 2015年9月，公司着手申请筹建电子商业汇票系统，并于年底获人民银行筹建批复。前期，公司与三家主要的电票系统软件商进行沟通交流并考察了省内外三家财务公司的电票系统，形成了电票业务系统选型分析报告。

【资金集中】 根据集团资金结算需求，公司与四大国有银行建立了资金归集关系，基本能够满足成员单位的结算业务需要。在调研中石化等财务公司的基础上，提出了结算中心与财务公司直连以及账户资金"联动支付"结算模式的系统优化需求，已完成开发测试。全力推进与上市公司关联交易的申报审批工作，关联交易解决后，将大大提高财务公司对成员单位金融服务的覆盖率，公司资金运作实力将进一步增强。

【风险管理和内部控制】 在公司治理方面，建立了以"三会一层"为核心的现代公司治理结构，董事会、监事会、高管层各司其职，有效制衡。根据业务及风险管理需要，设置了风险管理部、计划财务部、资金结算部、信贷管理部、信息科技部、综合管理部、稽核审计部七个职能部门以及贷款审查委员会、风险管理委员会、审计委员会三个专门委员会。在内控制度方面，根据国家金融法律法规和监管要求，制定了公司治理、计划财务、信贷管理、风险管控等九大类、152项管理制度，初步建立了较完备的规章制度管理体系。在风险管理方面，建立了风险指标监控台账，定期评价业务和风险状况，及时发现并化解风险隐患，确保业务合规、稳健开展；按时填报1104等各类报表报告，无迟报、漏报、错报。

【人力资源管理】 一是加强员工考核管理。依据集团相关制度，制定了公司《考勤管理办法》《KPI考核管理办法》，并严格执行。二是开展员工学习培训。通过内部讲师授课、案例分析、外派培训等开展学习培训，提高全员的金融理论知识水平和业务实战能力。三是制定职业发展规划。设置管理和专业晋升的双通道，帮助员工制定职业发展规划，形成年龄和专业结构合理的人才梯队。

【信息化建设】 公司核心系统采用了用友网络科技股份有限公司研发的NC V6.13版系统，覆盖了公司经营管理的各项领域，业务、数据紧密集成，为公司提供完整、整合的解决方案。系统能够满足集团资金管理、各项业务开展的需要，有力支持公司经营管理，有效防范信息科技风险。

【企业文化建设】 公司牢固树立天瑞集团"建家兴业、知恩感恩、忠诚团结、拼搏创新"的企业精神，始终秉持"依托集团、服务集团"的经营宗旨，紧紧围绕"创新业务、做大规模、增加效益、控制风险"的经营方针，进一步夯实经营基础，提高业务能力，加强团队建设，全面完成各项经营指标，争取经营业绩和管理水平获得双提升。

三房巷财务有限公司

【经营概况】三房巷财务有限公司（以下简称“公司”）于2014年12月11日经中国银监会批准筹建（银监复〔2014〕〕904号），2015年5月21日，经中国银监会江苏监管局批准开业（苏银监复〔2015〕141号），注册资本3亿元。公司以“立足集团、服务集团、规范经营、稳健发展”为宗旨。截至2015年末，公司总资产6.55亿元，营业收入181.28万元，实现净利润27.65万元；计提贷款损失准备金64.50万元；资本充足率为46.24%；流动性比例为26.57%；贷款损失准备充足率为100%，不良率为零，各项指标均符合监管要求。

【信贷业务】公司立足集团主业发展需要，在对成员单位筛选、信用评级及尽职调查基础上，向其中的8家单位发放贷款6.45亿元。

【票据业务】公司制定了票据贴现、转贴现管理暂行办法，积极向人民银行申请电子商业汇票系统资格，并尝试开办了1笔票据贴现业务，金额12.44万元。

【资金集中】公司在开业较短时间内，先后与2家商业银行搭建了银企直连平台。截至2015年末，除海外子公司外，公司按照开户程序，办理了29家成员单位开户手续，累计办理结算127笔，金额26.58亿元。

【风险管理和内部控制】公司构建了股东会、董事会、监事会和高级管理层为主体的公司治理结构，并设有战略发展委员会、风险管理委员会、信贷审查委员会三个专门委员会，建立严格的授权及审批制度，确保重大事项的民主和科学，形成了分工合理、职责和授权明确、报告关系清晰的组织架构。在具体业务运营上，构建了风险管控的“三道防线”体系，通过一线岗位双人双责、相关部门相互制约和稽核部事后审计监督，最大限度降低业务开展中的风险隐患。

【人力资源管理】公司重视团队建设，通过外部招聘和内部选拔方式配备各类人才24人；公司建立了部门和岗位职责，初步搭建了人力资源基本架构；公司不定期组织赴同业单位实地学习和内部培训，鼓励员工参加从业资格考试，不断提高员工金融服务理念、业务水平和管理能力。

【信息化建设】公司信息系统建设采用了“整体规划、分步实施”的策略，通过软通动力公司开发软件，已建成资金结算、银企平台、信贷管理、票据管理、资金监控、网上金融服务、1104报表、系统管理等模块。在信息管理系统建设基础上，公司多次对核心业务系统进行测试和模拟演练，并在测试、模拟后进行总结分析，与系统供应商软通动力公司共同解决相关问题，经过多次测试和改进，核心业务系统设计较为合理，业务模块较为完整，系统运行状况良好。

【企业文化建设】公司2015年倡导团结、协作、务实、进取的企业文化，努力培养员工合规理念和社会责任意识，积极参加集团各项活动，增强公司凝聚力。

内蒙古电力集团财务有限责任公司

【经营概况】内蒙古电力集团财务有限责任公司（以下简称“公司”）是由内蒙古电力（集团）有限责任公司单独出资设立，注册资本10亿元。公司2015年1月6日获得中国银监会批准筹建（银监复〔2015〕19号），于2015年7月1日获得内蒙古银监局开业批复（内银监复〔2015〕89号），7月7日取得金融许可证，并于8月15日完成工商注册登记，10月16日正式揭牌开业。

2015年公司坚持“服务、规范、诚信、高效、创新”的经营方针，秉承“依托集团、服务集团”的经营宗旨，稳步开展各项工作。截至2015年12月31日，公司资产总额201 264.52万元，负债总额100 256.87万元，所有者权益合计101 007.65万元；实现营业收入1 241.91万元；实现利润总额1 185.47万元，税金177.82万元，净利润1 007.65万元。资本充足率为260.65%，流动性比率为490.77%。

【资金集中】2015年，公司以充分发挥“集团资金结算平台、集团资金归集平台、集团资金监控平台、集团金融服务平台”的作用为目标，不断优化系统功能和资金归集、结算业务流程。9－10月公司开展了全员业务培训和三轮系统测试，12月24日启动资金结算系统开始试运行，12月30日顺利完成了全部测试业务。截至2015年末，小额测试业务按照试运行方案全部完成，共计结算137笔，吸收成员单位存款10亿元。

【投资业务】2015年，公司不断完善内部同业业务制度及流程建设工作，同时积极与辖内各商业银行建立同业业务合作关系，先后与12家国有银行及股份制商业银行建立起日常同业存款询报价机制。顺利办理了首笔19亿元同业定期存款业务。

【治理结构】公司依据《公司法》建立了由股东会、董事会、监事会及高级管理层组成的“三会一层”现代公司法人治理结构。根据工作需要，在董事会下设风险管理委员会，在经理层下设信贷与投资决策委员会。按照责权明晰、精简高效的原则设立了资金结算部、计划财务部、业务管理部、风险合规部、审计稽核部、综合管理部、信息技术部七个部门。

【风险管理和内部控制】公司按照“防控风险、制度先行”的原则，组织制定了《内蒙古电力集团财务有限责任公司内控制度体系建设方案》和《财务公司业务流程汇编（试行）》，提出了公司制度体系建设目标与任务。

同时，修订完善了《内蒙古电力集团财务有限责任公司规章制度》，健全和完善了包括公司治理、综合管理、资金结算、计划财务、信贷与投资管理、信息科技、风险合规、审计稽核八个方面共计93项管理办法、实施细则和操作规程。基本做到管理有法可依、操作有据可查，为公司内部管理和业务操作提供制度保障，切实防范各类风险。

【人力资源管理】2015年，公司制定了《人力资源及薪酬管理办法》《绩效考核管理办法》等一系列制度。通过外部专才和内部人才相结合的办法，面向社会和集团系统内部公开招聘了各类型优秀人员。公司共有员工20人，平均年龄33.6岁，其中博士1人，硕士12人，双学士2人，学士5人，中级、高级职称10人，均具有扎实的金融和财务管理基础、良好的专业知识技能和从业经验，为各项业务的开展提供了可靠的人才保障。

【信息化建设】公司核心业务系统采用北京智控美信信息技术有限公司搭建的资金管理平台，包括客户管理、资金结算、信贷管理、1104报表等模块。2015年，通过对系统建设和部署，实现了公司核心业务系统与集团公司ERP、财务管控系统的集成对接工作，同时就信息化维护和安全制定了完备的制度流程和应急预案。截至2015年底，公司实现了与兴业银行、工商银行、农业银行、中国银行和建设银行系统直连对接工作。

【企业文化建设】公司在“融而通，通则久，融通方能致远”的蒙电核心理念指导下，秉承“依托集团，服务集团”的经营宗旨，坚持诚信至善、厚德行远的企业精神，不断加强自身企业文化建设。通过组织员工内部业务制度学习和培训，使员工在不断学习、交流中熟练掌握业务知识；通过组织员工到其他财务公司进行对接交流，开拓了员工的视野。公司在不断强化对集团和成员单位服务意识的同时，积极塑造公平和谐的工作环境，营造自由开放的沟通氛围和人文环境，不断提升员工的归属感和使命感，增强公司的凝聚力和向心力。

渤海钢铁集团财务有限公司

【经营概况】渤海钢铁集团财务有限公司（以下简称“公司”）2015年4月21日经中国银监会批准筹建，公司积极响应天津市关于建设空港自由贸易区的政策导向，选址落户天津自贸空港片区。10月29日经天津银监局批准开业（津银监复〔2015〕500号），12月16日正式营业。公司注册资本金人民币20亿元，渤海钢铁集团有限公司（以下简称“集团”）持股64%，集团全资和控股的二级企业持股36%。自开业以来，公司秉承着“依托集团、服务集团、共同发展”的经营宗旨，坚持以金融服务助推集团产业发展，通过加强财务管理，建立资金池，大力为集团成员内各企业提供自营贷款、委托贷款、票据贴现等金融服务，全力配合集团产业转型升级战略的实施，有效地发挥了金融资本与产业资本之间的桥梁和纽带作用，实现集团钢铁主业和金融板块的共同发展。

截至年底，公司资产规模203 271万元，利润总额3 299万元；资金归集度达到62.67%；资产不良率、案件发生率均为零，各项经营指标均符合监管要求，为公司稳健运营打下良好基础。

【信贷业务】2015年，公司紧抓天津市场发展机遇，明确工作思路，稳扎稳打，全面有序推进公司各项业务，11月25日开展了第一笔自营信贷业务，截至年末，公司已开展信贷业务13笔，累计放款36.50亿元。同时，公司注重加强对信贷风险的控制，结合集团下属各企业的实际经营及集团政策导向，建立贴近公司内部实际的授信评级管理体系，采用集团总额度授信管理模式，扎实做好授信评级，加强额度管理。

【票据业务】2015年，公司加强与银行金融机构的沟通合作，积极拓展推进公司“票据池”业务，加强对集团各单位的票据集中化管理，从而增加成员单位融资便利，有效降低财务费用。全年为集团成员单位办理票据贴现业务3笔，累计金额1.95亿元。

【资金集中】2015年，公司重点开展归集账户体系搭建工作，结合公司业务范围选定银企直连搭建工作的成员单位，确定了二级及二级以下成员单位的88户、1 212个归集账户，并先后与15家银行建立合作关系，完成公司银企直连系统测试，成功建立公司资金归集平台。同时，制定资金归集考核办法，形成资金归集规范化管理机制，进一步加强对集团下属企业的资金集中管理与约束，逐步取代集团资金结算中心职能。

【风险管理和内部控制】为提高公司经营效率，增强风险管理能力，有效防范风险，确保业务持续、健康、快速发展，2015年，公司借鉴商业银行全面风险管理经验做法，在管理与经营各个环节执行风险管理流程，培育良好风险管理文化，构建全面风险管理体系。建立健全风险管理层次结构，根据权利适度分离的原则划分风险管理组织层次，成立风险管理委员会，负责公司风险控制政策制定和重大风险控制工作，定期评估公司风险状况；成立审计委员会，负责监督公司内部审计制度和稽核工作制度及实施，对业务进行事后监督，及时发现业务差错，确保各项制度的执行落实。同时，注重加强业务制度建设，建立完善贷后管理、风险预警、五级分类、资产减值等相关业务管理机制；制定授信管理办法、授信调查实施细则、完整性合规性审查标准、担保及押品管理办法、贷审会议事规程及放款流程；建立独立信贷评级和审批机制，有效防范资金运营风险；建立重大合规风险、重大流动性风险、营业业务重大风险、信息系统重大风险等多项应急体系，有效预防突发性重大风险，不断规范完善业务操作流程。

【人力资源管理】为保障公司经营发展的人才力量，公司坚持以人为本，做好人才战略规划，加快人员招聘速度，拓宽人才引进渠道，提高人才引进质效，通过外引、内推、校招等多种方法相结合，合理引进不同层级优秀人才，不断加强公司员工队伍建设。同时，结合天津地区相关规定、公司经营实际及人才激励目标，搭建了科学完善的薪酬福利管理体系，建立专业人才序列，强化员工薪酬及专业人才管理，形成正向激励机制。在保障员工合法权益的同时，有效地激发员工的工作热情和主观能动性。

公司着眼于企业可持续发展，注重加强人才队伍建设，积极打造学习型员工团队，结合金融行业及公司业务开展实际情况，不定期组织业务培训，鼓励员工结合岗位职责开展自学，进一步规范业务操作流程，促进员工业务技能、合规意识及综合素质的提升。同时，着力做好员工管理。制定员工休假与考勤管理办法、关键岗位员工强制休假管理办法，在明确员工休假及考勤纪律的基础上，建立关键岗位员工强制休假制度，将涉及资金结算、风险管理、计划财务、信息科技等重点部门的重要岗位纳入强制休假范围，以强休为契机开展业务检查，进一步加强员工管理，有效防范岗位操作风险。

【信息化建设】 为更好地为公司业务发展提供科技支持，公司高度重视信息科技平台建设，加大信息科技总投入。参照国家 B 级标准，建立中心机房，夯实硬件基础建设，引入恒温恒湿精密空调设备、24 小时基础设施监控系统等 7 项国际先进科技；搭建日常运营管理系统，结合公司业务需求、财务管理目标、外部监管数据要求等，引入、开发先进专业的核心业务操作与财务管理系统，打造安全稳定适用的软件技术平台；调试上线公司办公自动化系统，建立公司内部即时交流沟通软件，为公司开业运营提供科技支持；加强与银监局、人民银行等机构的接洽，做好 1104 非现场监管报表系统、ECDS 电票系统征信系统、动产融资统一登记系统的对接调试工作，为公司业务开展奠定基础。

同时，建立健全《中心机房管理实施细则》《计算机系统内控管理制度》《软件项目管理办法》《信息科技档案管理实施细则》等规章制度；针对公司业务系统、主干网络、基础设施等方面建立应急预案及应急处理手册，实行业务网、办公网、安全网、互联网四网隔离策略；设置网段间访问控制，做好病毒防范、网络安全、电子设备盘点工作，搭建科技风险管理与防控体系，有效防范科技风险，为公司业务发展提供坚实的技术支持，持续保驾护航。

【企业文化建设】 公司牢固树立“稳健、务实、高效、创新”的核心价值观，坚持将企业文化建设同经营管理工作有机结合起来，着力打造良好的公司品牌形象和企业文化，突出以“服务”为导向的经营方针，通过务实高效，苦练内功，不断培养提高金融服务意识和专业技能，坚持高效率工作、规范化流程、创新性思维，为集团及其下属企业提供高质量的金融服务。同时，公司坚持立足发展，以人为本，建立员工生活管理委员会，加强对食堂饮食、物业管理、工作健康、安全保障等涉及员工切身利益等各项事务的管理；注重人文关怀，丰富文体活动，陶冶员工情操，密切联系群众，凝聚群众力量，不断深化企业文化建设，增强员工归属感和企业凝聚力。

广东省广晟财务有限公司

【经营概况】 广东省广晟财务有限公司（以下简称“公司”）注册资本 10 亿元人民

币，是由广东省广晟资产经营有限公司（以下简称“广晟公司”）全资设立的下属子公司。公司于2014年11月获准筹建，2015年6月19日正式开业。公司坚持“审慎经营、用服务创造价值、以创新驱动发展”的经营方针，截至2015年12月31日，资产总额为30.49亿元，净利润237.45万元，扣除资产减值准备计提因素，全年实现利润总额1 317.60万元。

【筹建情况】2015年上半年是公司开业准备工作的关键半年，公司筹建办精心部署，推动并完成了注资验资、法人治理结构建设、经营场所装修改造、管理信息系统第一期项目建设、内部管理制度建设、基本人员配备、工商注册及税务登记等工作。6月19日，由广晟公司主办、财务公司承办的企业集团助推国有资本投资改革论坛暨广晟财务公司开业仪式活动圆满举行。广东省国资委等部门相关领导莅临现场并致辞演讲，百余嘉宾受邀参加了活动，各大主流媒体纷纷进行了报道。

【信贷业务】公司以控制授信风险、提高授信服务质量为目标，2015年开展了客户档案建立、客户信用等级评定、成员企业年度授信、跟踪落实授信企业贷后管理等工作。为深入挖掘融资需求，公司成立了专门调研小组，深入17家一级成员企业集团调研，围绕核心主业企业的融资需求，最终确定对8家成员企业开展授信。为跟踪落实授信企业贷后管理，及时进行风险预警，保障贷款资金安全，先后深入7家成员企业调研生产经营情况。截至12月31日，向广晟公司及红岭集团等成员企业发放贷款余额9.10亿元。

【资金业务】为切实提高资金效益，公司以盘活存量资金为目标，定期调整资金计划，实时跟踪头寸变化，最大限度减少活期资金沉淀。一是充分运用财务公司沉淀资金叙做同业定期存款。长短期搭配的定存结构既保障了公司的日常用款需求，也帮助公司锁定较活期存放更高的资金收益。二是积极与合作银行就活期存放利率开展谈判。通过将活期沉淀资金存放在高利率银行，进一步提高了资金收益。

【资金集中】2015年，公司完成了资金管理系统开发与建设、成员企业基础资料审核、资金管理系统培训、与银行和成员企业签订协议、加入人民银行金融服务与管理体系、开立人民银行存款准备金账户、开通与广东银监局和人民银行广州分行的互动平台及人民银行电子对账系统等准备工作，稳步推进资金管理信息系统顺利上线。截至12月31日，共开立10家银行11个账户，其中，中国银行、农业银行、建设银行、工商银行4大银行实现了资金归集上线，在财务公司归集上线的成员企业共181家、银行账户共284个，吸收（归集）成员企业（含结算中心）存款余额为20.46亿元。

【风险管理和内部控制】公司高标准搭建内控体系，确保公司规范管理。一是建立风险管理和内控架构，初步搭建公司治理、部门职责、基本工作流程、授权体系、岗位制约等公司内部控制体系。二是全面落实监管要求。多次走访学习省内其他财务公司经验，建立责任机制，确保向银监机构准确及时报送非现场监管报表（简称1104报表）；按时向人民银行足额缴存存款准备金。三是全面开展制度修订工作。在原有公司九大类65项制度的基础上，共新增和修订制度28项，为防范风险、规范操作奠定了制度基础。四是设立公司全面预算管理委员会和预算管理办公室，完成2016年度预算方案编制，为控制管理成本、明确经营目标奠定了基础。五是搭建了人事管理、行政管理、信息科技等后台保障服务体系；完成了常年法律顾问的律所选聘，有效提升了公司在法律风险方面的防控质量和工作效率。

【人力资源管理】公司筹建办自成立以来，先后从经济综合管理部门、金融监管机构、大型企业集团、广晟系统、银行和财务公司等金融机构物色人选，经过业内推荐、简历筛选、分批组织面试等程序，选调符合公司发展需要的人才。公司先后制定了员工定岗定职办法、薪酬管理、劳动用工等制度，明确了招聘、试用期考核等程序，2015 年 7 月 1 日以来，相继与 17 名同志签订了劳动合同，并进行了定职定岗，对特殊岗位向上级人事部门实施了报备。

【信息化建设】 针对监管部门、业务部门、成员单位的需求，公司逐步完成硬件系统和软件系统的配置和功能测试，以及办公网络系统、办公电话系统、视频会议系统、液晶拼接系统的安装调试，制定了公司域名、官网和企业邮箱的建设开发方案，并按计划完成中国银行、农业银行、建设银行、工商银行的银企直连系统上线，顺利实现资金归集和划拨功能。按照监管部门要求，完成与广东银监局、广州人民银行之间的专线连接及相关办公系统的对接，从防火墙策略、登录管理、权限分配、网络隔离、制度管理等方面出发，用技术手段和管理制度来防范资金系统信息泄露风险，提高资金系统安全等级。

【企业文化建设】 为培养健康阳光企业文化，加快形成有活力、能战斗、积极向上的工作氛围，公司于 2015 年 8 月启动了成立党支部的申请工作，9 月获得广晟公司党委批复，选举通过了新一届党支部委员会，并在全体党员中开展了“学党章 守纪律 当先锋” 主题教育系列活动。为加强党风廉政建设，公司支部结合“三严三实”专题教育要求，组织党员领导干部开展了“守纪律、讲规矩、做表率”教育学习活动，为企业发展营造了风清气正的生态环境。为提升金融服务能力与水平，在公司内部组建宏观经济政策研究小组，着重于货币市场、资本市场、财税政策、产业政策、汇率利率等市场风险和国家重大经济政策的研究。形成每周发布点评、每日发布价格参考、每月发布月刊的机制，金融资讯发布平台初步搭建，为广晟公司及成员企业提供讯息服务。

西王集团财务有限公司

【经营概况】 西王集团财务有限公司（以下简称“公司”）于 2015 年 12 月 14 日经《中国银监会山东监管局关于西王集团财务有限公司开业的批复》（鲁银监准〔2015〕555 号）批准开业，12 月 16 日正式开业运营。公司注册资本 10 亿元，由西王集团有限公司、山东西王糖业有限公司、山东西王食品有限公司、山东西王特钢有限公司、中国信达资产管理股份有限公司共同出资。

公司坚持“依托集团，服务集团”的经营宗旨，立足集团资金管理，服务集团产业发展，全面贯彻《西王发展 2018》总体战略规划，建平台、打基础、齐心协力、积极进取，当年批筹，当年开业，当年实现业务良好开端。2015年公司实现销售收入329万元，实现利润67万元，可归集口径资金归集率为60%。

【信贷业务】 自2015年8月18日批筹以来，公司积极组织相关人员进行信贷制度的制定以及操作流程的设置，根据流程设置对业务操作系统进行流程匹配，为信贷业务的开展打下坚实的基础。与此同时，公司积极组织业务人员对信贷制度、业务操作系统进行学习、培训和模拟演练。通过学习培训，业务人员熟练掌握了信用评级、额度授信、流动资金贷款、委托贷款和票据贴现等信贷业务的操作流程及注意事项，同时在仿真模拟演练的环境下对业务操作系统中出现的问题提出修改意见并对系统进行进一步完善和优化。公司采用走出去的方式组织业务人员与各成员单位进行沟通交流，对搜集到的资料进行具体分析并归集存档。在充分了解信贷业务操作流程以及成员单位基本情况和需求的前提下，开业后10个工作日立即对西王集团有限公司及相关单位进行评级授信工作，并于2015年12月29日发放首笔人民币流动资金贷款，贷款利率依据市场情况进行适当下浮并低于该企业在外部银行的融资利率，有效降低了成员单位的融资成本，真正做到服务于集团为主，盈利为辅。在2015年营业半个月的时间内，公司授信总额为10亿元人民币，发放贷款余额4 500万元，实现贷款利息收入22.88万元。同时，公司继续研究开展其他信贷业务，打通集团内外资金融通的渠道，充分发挥财务公司管家理财的资源整合优势，为集团提供财务管理优质服务。

【资金集中】 公司成立初期就以资金管理为总抓手，加强集团资金管理，完善资金管理制度，在多次与成员单位进行沟通交流基础上，梳理了成员单位银行账户，2015年纳入资金集中管理信息系统的成员单位19家，同时为19家成员单位开立了相关账户，着手资金的归集与管理。在做好资金的归集工作的同时，认真办理好纳入归集单位的资金结算业务工作。结算业务做到了准确、快速，真正发挥好“集团资金归集平台、资金结算平台、资金监控平台、融资营运平台和金融服务平台”的作用。

【风险管理和内部控制】 公司努力建立、健全风险管理体系，提升防范各类风险的能力，杜绝各类风险的发生，保障公司稳健运营。一是全面风险管理工作，对风险管理制度、内控合规制度、审计稽核制度进行梳理和优化，形成完整的风险控制制度；制定了通用的《不相容岗位列表》，有效防控内部人员操作风险，保证岗位分离制衡的有效性；对信贷业务线上线下流程进行了梳理、完善，严格信贷授信及审批程序，规范审批流程，确保每一笔贷款程序合规和风险可控。二是严格制度执行和责任落实，拟定一般授权委托书及转授权委托书，设定了各项权限与责任；并对公司每个岗位及对应人员在操作系统内的权限进行划分；对流动资金贷款合同、委托贷款合同等文本进行梳理，形成了适用的合同范本；成立反洗钱工作领导小组，提交了反洗钱报告机构基本情况登记表及报告机构数字证书操作申请表。三是通过对信息系统的反复检查和多环境测试，组织出具《信息科技风险评估报告》及《信息科技风险审计报告》；陆续开展各部门多项业务的稽核审计工作。

【人力资源管理】 严格按照《中国银监会非银行金融机构行政许可事项实施办法》的要求，通过招聘、选拔等方式，配备了各级管理人员及部门员工。引进了7名具有多年银行业从业经验的高级管理人员，其中6名人员有10年以上银行业从业经验和资格。公司高管及关键岗位人员严格按照监管要求均由相关金融财务工作经验丰富的人员担任。

公司认真梳理了运营业务所需培训的相关

知识，制定了翔实的培训计划，开展了金融基础知识、金融机构监管法规、业务知识和相关业务产品等多项培训，同时进行了财务公司核心系统模块功能的专题培训。此外，采取自主培训与外部学习相结合的方式，先后到各家财务公司和国有商业银行参观学习，开阔了员工视野，使员工整体素质得到了进一步提高。

【信息化建设】2015 年，公司大力建设专有机房，并建立了配套的机房装修系统、电气系统、UPS、防雷接地系统、空调机新风系统、消防系统、场地监控系统。配备专用的双路线路供电，空调、防火、防雷、防盗设备、烟雾传感器、气体灭火系统等设施配备完整，空气温度、湿度均达到规定标准，满足服务器及网路设备安全、稳定运行的需要。

网络安全架构配备边际网络防火墙、网络入侵防御设备为主要安全防护措施，核心防火墙及交换机实行双机热备。应用服务器采用了双机冗余、双电源冗余技术、数据存储 RAID 冗余技术等措施，保证系统的不间断运行和数据的连续完整、历史数据可查考，有效降低系统出现运行风险。网络布局严格遵循内外网隔离、实用、安全、可扩展原则。

完善信息科技相关制度，健全信息科技治理，配备信息科技三道防线，成立信息科技战略委员会，制定并完善了各项信息科技制度。结合财务公司开业初期业务需求，协调各部门，梳理信用评级、各项信贷业务、票据管理等业务流程 26 条，整理确定 31 类系统业务表单，业务运营管理系统客户信息管理、资金管理、银企平台、信贷管理、资金上划下拨业务、票据管理等业务功能模块如期上线运行，保证公司开业后第一笔自营贷款业务顺利发放。

【企业文化建设】公司秉承集团“健康、诚信、忧患、快乐”的文化理念，致力于打造积极向上、以人为本的文化氛围，通过拓展训练、举办研讨会、内外部专题讲座培训等方式，在提升员工素质的同时，进一步激发员工的工作和学习热情。多种方式努力打造一支精干、敬业、务实、涵养高雅的业务团队。

中国电建集团财务有限责任公司

【经营概况】中国电建集团财务有限责任公司（以下简称“公司”）于 2015 年 7 月 13 日经中国银监会批准筹建（银监复〔2015〕448 号），12 月 10 日取得中国银监会北京监管局颁发的金融许可证（京银监复〔2015〕806 号），12 月 17 日取得北京市海淀区工商行政管理局颁发的企业法人营业执照，12 月 18 日公司正式挂牌开业。公司注册资本为人民币 50 亿元，由中国电力建设集团有限公司、中国电力建设股份有限公司和中国水电工程顾问集团有限公司共同出资，出资比例分别为 3%、94%、3%。

公司贯彻“立足集团、服务集团，规范经营、开拓创新”的经营宗旨，践行“审慎经营、规范管理、服务集团、创新进取”的经营方针，围绕集团资金集中和金融服务的双重职能定位，充分发挥财务公司六大平台功能，即集团资金管控平台、资金归集平台、资金结算平台、资金监控平台、融资运营平台和金融服务平台，为助力集团改革发展、产业升级和战略转型等发挥重要作用。

【法人治理】公司建立符合现代金融企业制度要求的“三会一层”法人治理结构，设立了股东会、董事会、监事会和经营层，搭建起完善的组织架构。股东会是公司的最高权力机构；监事会为公司经营活动的监督机构；董事会为公司的决策机构，对股东会负责。董事会下设风险控制委员会、审计委员会两个专业委员会。公司经营层下设信贷审查委员会。公司按照精简高效的原则，设置综合管理部、计划财务部、信贷管理部、资金结算部、风险管理部、信息技术部和审计稽核部七个职能部门。

【风险管理和内部控制】公司针对信用、市场、操作、流动性和合规等风险的不同特点，按照国家监管机构的指标要求，围绕公司总体经营目标，构建全面风险管理体系。在业务操作上，实行岗位授权，实现了审贷分离。遵循安全性、流动性、盈利性“三统一”的原则，建立了风险管理策略、管理措施、组织体系、信息系统以及内部违章行为审计稽核机制，通过将风险管理流程嵌入企业经营管理的各个领域和关键环节，强化“合规人人有责、合规创造价值”的理念，促进企业风险管控全员、全过程、全方位，培育良好的风险管理文化，提高公司风险管理能力，确保公司审慎合规、稳健发展。

公司根据有关法律法规的规定，借鉴优秀的财务公司管理经验，结合自身实际，以“审慎经营、规范经营”为目标，共制定法人治理、综合管理、计划财务、结算业务、信贷管理、资金管理、风险管理和审计稽核八大类92项规章制度，形成了公司较为全面的制度体系，使得各项工作做到了有章可循、有据可依。同时，根据具体业务的开展情况对各项规章制度进行梳理与完善。

【人力资源管理】公司采取公开招聘的方式，按照“公开公正、择优录用、成本效率”的原则，面向社会和集团系统内部开展招聘工作。截至2015年底，公司共有员工31人，平均年龄38岁，全部具有本科学历，拥有硕士研究生及以上学历占32%，拥有中级及以上专业技术职称占79%，均具有扎实的金融和财务管理基础、良好的专业知识技能和从业经验。

公司积极组织开展全员培训，通过“引进来、走出去”的方式，有针对性地进行各类业务和制度培训，提高员工的业务素质。在人事管理上，制定了劳动合同、薪酬管理等一系列制度，立足行业、兼顾集团，本着“公平、竞争、激励”的薪酬原则，构建价值驱动、具有较强市场竞争力的薪酬体系，提高人力资源的管理效能。

【信息化建设】公司致力于打造“互联网+金融”的IT治理结构，建设“安全稳定、架构合理、高效快捷、智能响应”的信息化，推动大数据、云计算等现代信息技术与企业经营管理的融合，提高企业效率、效能和效益。公司核心业务系统采用软通动力资金管理信息系统，包括资金结算、信贷管理、报表管理、资金预算、1104报表等模块，实现了结算、信贷、筹融资、票据等日常资金业务的统一管理。同时，建立了财务公司OA办公系统、人力资源管理系统等。信息化已经成为了企业经营管理的重要工具和载体。

公司高度重视信息安全，树立“三分技

术、七分管理、十二分数据”的安全理念，建立了相对独立的信息网络环境、三个备灾系统及相应的管理制度和应急预案，支撑企业业务运营，助力企业价值创造，为公司业务合规、安全、稳定、连续运行提供了有力的信息化支撑。

【企业文化建设】公司秉承“责任、创新、诚信、共赢”的价值观，发扬“自强不息、勇于超越”的电建集团精神，结合公司作为金融企业的实际情况，加强自身企业文化建设。以为成员单位提供多元化金融服务、为集团事业发展作出卓越贡献、为电建金融产业发展发挥先发优势为己任，在理念引导、流程管理等方面做积极有益的工作，以文化建设增强员工素质能力、塑造企业良好形象、提升公司管理绩效，充分发挥企业文化的凝聚、导向、规范、激励功能，为公司发展提供切实保障，促进公司战略远景的落地实现。

营口港务集团财务有限公司

【经营概况】营口港务集团财务有限公司（以下简称“公司”）于2015年12月28日正式挂牌营业，是经中国银行业监督管理委员会批准营业，为营口港务集团成员单位提供财务管理服务的金融机构。公司的宗旨是立足营口港，服务集团公司，将公司搭建成“五位一体”的平台，即资金归集管理平台、资金调配运用平台、综合化金融服务平台、新产业融资平台、金融风险控制平台、金融咨询接口平台，促进产业资本与金融资本的高效结合，以创新、专业、高效的金融服务满足集团公司多元化金融需求，助推营口港及集团公司产业发展和战略目标的实现。财务公司注册资本金5亿元人民币，由营口港务集团有限公司出资2.55亿元人民币，持股51%，营口港股份有限公司持股出资2.45亿元人民币，持股49%。财务公司经营范围包括：对成员单位办理财务和融资顾问、信用鉴证及相关咨询、代理业务；协助成员单位实现交易款项的收付；经批准的保险代理业务；对成员单位提供担保；办理成员单位之间的委托贷款；对成员单位办理票据承兑与贴现；办理成员单位之间的内部转账结算及相应的结算、清算方案设计；吸收成员单位的存款；对成员单位办理贷款及融资租赁；从事同业拆借。

公司将坚持“恪守银行规矩，秉承投行理念，发扬小额贷精神”的经营理念，为集团成员单位提供优质的金融服务，为营口港务集团主业发展提供强有力的支撑。

云南昆钢集团财务有限公司

【经营概况】云南昆钢集团财务有限公司（以下简称“公司”）是昆明钢铁控股有限公司（以下简称“昆钢”）设立的全资子公司，于2015年4月15日经中国银行业监督管理委员会核准筹建（云银监复〔2015〕321号），10月28日获批开业（云银监复〔2015〕321号），注册资本人民币5亿元。公司以“依靠昆钢，高效服务，创新务实，追求卓越”为经营宗旨，以“立足昆钢，服务昆钢，规范经营，稳健发展”为经营方针。2015年，共有91家成员单位参与了业务试运行。试运行期间共结算6 762笔，结算金额57.71亿元。截至2015年末，公司资产总额为8.10亿元，负债总额为3.10亿元，所有者权益总额为5亿元。

【票据业务】在试营业期间，公司开展贴现及转贴现1.57亿元，年末未有贴现资产余额。

【资金集中】公司前身是集团“结算中心”，有相对较成熟的资金集中管理经验。截至2015年末，已与13家银行搭建了银企直连通道，91家试营业成员单位的外部商业银行账户均已纳入监控范围，未上线的100余家成员单位银企直连资料已提交给银行，具备全部上线的条件。

【业务创新】为满足财务公司管理职能及昆钢管理需要，公司在预算管理、结算管理、信贷管理、财务管理中均实现了与昆钢各系统、各管理部门的对接。使得昆钢各管理部门、各成员单位更能接受财务公司，也使得财务公司在服务上能尽其所能。

【风险管理和内部控制】2015年，公司分别从公司治理、业务管理、风险管理、信息管理、综合管理等方面制定制度99项。制定了详细的结算、信贷、信息管理、稽核管理、综合管理流程，使得每一个操作岗位、操作环节风险可控。

【人力资源管理】公司大部分员工为原“结算中心”员工，有着丰富的资金管理、信贷管理、风险管理、信息管理经验。随着岗位变动，公司重新定岗、定员，完善了岗位职责与薪酬考核管理办法。除此之外，公司还分别从银监、农业银行、财务公司引进了有着丰富经验的管理人员。

【信息化建设】2015年，公司强化了信息化系统基础建设，关键设备均采用了双机热备或冷备，所用软件也一律正版化。在整个业务设计过程中，公司信息化人员均全程参与制度建设、系统设计与流程梳理。公司信息化不仅涵盖了财务公司的结算管理、信贷管理、风险管理等模块，还设计了SAP凭证与结算系统信息交互、SAP与多维系统交互、OA系统/手机APP与资金管理系统信息交互、预算管理与公司现金流管理同步、审批流等模块。不仅实现了预算管理、结算管理、信贷管理、风险管理的动态联动，还实现了成员单位与财务公司凭证在SAP系统的自动生成。不仅开展了网上银行系统结算业务，还开展了集团纸票流转服务。从系统建设到上线的3个月，对九恒星资金管理系统提出了300余项优化方案。有效提高了系统便捷性、风险可控性，减少了操作人员的误操作可能，确保了系统的稳定性与可靠性。公司系统建设通过了当地监管部门的验收。

同时，公司对成员单位组织了三次大型的培训工作，参与人数达800余人次。利用QQ群、微信群、腾讯通、电话指导等方式，确保公司由结算中心的资金管理系统安全、顺利地切换到财务公司的资金管理系统。

【企业文化建设】2015年，公司开展了对员工的企业文化宣传。强化对成员单位的服务意识宣传，将以前“结算中心”的管理部门转变为现在的“服务单位，经营单位”。组织职工深入学习习近平总书记系列重要讲话精神，开展了“三严三实”专题教育工作。干部带头测试、带头做好基础化数据录入工作，积极营造和谐的工作环境，培育健康、向上的工作团队。

云南建工集团财务有限公司

【经营概况】云南建工集团财务有限公司（以下简称“公司”）于2015年9月30日经中国银监会批准筹建（银监复〔2015〕573号），12月25日经中国银监会云南监管局批准开业（云银监复〔2015〕428号），12月28日获颁金融许可证，同日完成工商注册登记，取得企业法人营业执照。公司注册资本人民币10亿元，由云南建工集团有限公司、云南省城乡建设投资有限公司、云南建工水利水电建设有限公司共同出资设立，出资比例分别为50%、40%、10%。

【组织架构】公司按照《公司法》《企业集团财务公司管理办法》，参照《商业银行公司治理指引》相关规定，以依法设置、职责明确、协调运转、有效制衡为原则，设立股东会、董事会、监事会、经营管理层“三会一层”的治理结构。股东会是权力机构，代表出资人行使合法权利；董事会是决策机构，对股东会负责，负责行使公司经营决策权和管理权；监事会履行监督职能，对董事会和企业经营活动实施监督。董事会下设战略发展委员会、风险管理委员会、薪酬与考核委员会；经营管理层执行董事会决策，负责公司具体事务的执行和日常经营管理。公司实行董事会领导下的总经理负责制。公司根据中国银监会印发的《商业银行内部控制指引》中关于内部控制治理和组织架构、业务部门组成及分工、职责相互牵制的相关要求，结合公司业务运营和管理的需要，设置资金结算部、稽核审计部、客户金融部、风险控制部、计划财务部、综合管理部六个职能部门。

【制度建设】根据中国银监会对财务公司内部控制的基本要求，结合业务运营和管理的实际需要，公司积极推进各项工作规范化、制度化、程序化，并借助信息化手段将各项业务流程固化，建立标准化的管控与执行系统，确保每项业务、每个操作环节上均建立在比较完善、严密、与之相配套的规章制度上。公司制定了包括公司治理、结算业务、信贷业务、计财业务、风险管理、稽核审计、信息科技、综合管理八个方面的80余项制度，以及包含结算、信贷等业务在内的业务操作手册一本。

【人力资源管理】公司选聘符合银监会任职资格要求的董事、监事、高级管理人员及金融、法律、财务专业从业人员，并在关键岗位上配备合格的专门人才。公司从业人员21人（包括高管3人），其中从事金融或财务工作5年以上的人员有10人，占全部员工的47.62%；从事金融或财务工作3年以上的人员有14人，占全部员工的66.67%；具有硕士以上学位的3人，占全部员工的14.29%；取得中级以上职称的11人，占全部员工的52.38%。

公司注重员工学习培训提升，一是主动学习，构建学习型团队，营造学习氛围，进行多渠道、多方式学习。学习金融、银行、经济、系统业务等。二是走出去取经学习，先后到国内8家财务公司考察学习。三是多次参加银监、人民银行、中国财务公司协会组织的监管、金融业务、行业评级的培训学习。四是对成员单位财务公司信息系统业务操作人员开展了2个批次，共150余人次的操作培训。

【信息化建设】公司管理信息系统采用北京九恒星科技股份有限公司的智能资金管理平台系统，主要包括资金结算、信贷管理、风险管理、现金流预算管理、票据管理、网上监控查询、银企对账、电子回单、数据分析、报表管理等模块。公司应用软件系统包括财务公司业务系统与银行的银企直连系统、CA数字安全认证系统、电子签章系统。CA数字安全认证系统采用北京天威诚信电子商务有限公司的安全认证产品，管理公司业务服务器证书及用户证书。电子签章系统采用江西金格的服务软件及相关组件。公司数据中心机房严格按照机房相关规范要求设计。为确保公司资金结算系统能够高效、稳定运行，公司在监管部门的指导下搭建了一套高稳定、高可靠、高安全、高性能的网络体系平台，主要表现为：出口链路采用数字专线，无互联网接入；核心设备采用双机模式部署；接入系统的所有终端设备都部署网络版杀毒软件及桌面管理系统；中心机房部署一台备份存储，并设有同城异地数据备份中心。公司与57家成员单位建立了数字专网，并为其配备了终端设备，同两家合作银行建立了银企直连数字专网，组织完成了6次系统模拟测试和联合试运行，以达到公司开业运营要求状态。

【企业文化建设】“没有完美的个人，只有完美的团队。”公司团队是一支年轻的队伍，分别来自集团公司、金融机构、监管机构以及应届毕业生，在集团“讲发展、讲转型、讲管理、讲人才、讲文化”的感召下，人人“爱岗敬业”，践行“三严三实”，体现“忠诚与担当”，这是一支勇于担当、吃苦耐劳、团结拼搏、战斗力强的队伍。

文件与规章

全国人民代表大会常务委员会

中华人民共和国商业银行法

（主席令第34号）

（1995年5月10日第八届全国人民代表大会常务委员会第十三次会议通过　根据2003年12月27日第十届全国人民代表大会常务委员会第六次会议《关于修改〈中华人民共和国商业银行法〉的决定》第一次修正　根据2015年8月29日第十二届全国人民代表大会常务委员会第十六次会议《关于修改〈中华人民共和国商业银行法〉的决定》第二次修正）

目录

第一章　总　　则

第一条　为了保护商业银行、存款人和其他客户的合法权益，规范商业银行的行为，提高信贷资产质量，加强监督管理，保障商业银行的稳健运行，维护金融秩序，促进社会主义市场经济的发展，制定本法。

第二条　本法所称的商业银行是指依照本法和《中华人民共和国公司法》设立的吸收公众存款、发放贷款、办理结算等业务的企业法人。

第三条　商业银行可以经营下列部分或者全部业务：

（一）吸收公众存款；

（二）发放短期、中期和长期贷款；

（三）办理国内外结算；

（四）办理票据承兑与贴现；

（五）发行金融债券；

（六）代理发行、代理兑付、承销政府债券；

（七）买卖政府债券、金融债券；

（八）从事同业拆借；

（九）买卖、代理买卖外汇；

（十）从事银行卡业务；

（十一）提供信用证服务及担保；

（十二）代理收付款项及代理保险业务；

（十三）提供保管箱服务；

（十四）经国务院银行业监督管理机构批准的其他业务。

经营范围由商业银行章程规定，报国务院银行业监督管理机构批准。

商业银行经中国人民银行批准，可以经营

结汇、售汇业务。

第四条 商业银行以安全性、流动性、效益性为经营原则，实行自主经营，自担风险，自负盈亏，自我约束。

商业银行依法开展业务，不受任何单位和个人的干涉。

商业银行以其全部法人财产独立承担民事责任。

第五条 商业银行与客户的业务往来，应当遵循平等、自愿、公平和诚实信用的原则。

第六条 商业银行应当保障存款人的合法权益不受任何单位和个人的侵犯。

第七条 商业银行开展信贷业务，应当严格审查借款人的资信，实行担保，保障按期收回贷款。

商业银行依法向借款人收回到期贷款的本金和利息，受法律保护。

第八条 商业银行开展业务，应当遵守法律、行政法规的有关规定，不得损害国家利益、社会公共利益。

第九条 商业银行开展业务，应当遵守公平竞争的原则，不得从事不正当竞争。

第十条 商业银行依法接受国务院银行业监督管理机构的监督管理，但法律规定其有关业务接受其他监督管理部门或者机构监督管理的，依照其规定。

第二章 商业银行的设立和组织机构

第十一条 设立商业银行，应当经国务院银行业监督管理机构审查批准。

未经国务院银行业监督管理机构批准，任何单位和个人不得从事吸收公众存款等商业银行业务，任何单位不得在名称中使用“银行”字样。

第十二条 设立商业银行，应当具备下列条件：

（一）有符合本法和《中华人民共和国公司法》规定的章程；

（二）有符合本法规定的注册资本最低限额；

（三）有具备任职专业知识和业务工作经验的董事、高级管理人员；

（四）有健全的组织机构和管理制度；

（五）有符合要求的营业场所、安全防范措施和与业务有关的其他设施。

设立商业银行，还应当符合其他审慎性条件。

第十三条 设立全国性商业银行的注册资本最低限额为十亿元人民币。设立城市商业银行的注册资本最低限额为一亿元人民币，设立农村商业银行的注册资本最低限额为五千万元人民币。注册资本应当是实缴资本。

国务院银行业监督管理机构根据审慎监管的要求可以调整注册资本最低限额，但不得少于前款规定的限额。

第十四条 设立商业银行，申请人应当向国务院银行业监督管理机构提交下列文件、资料：

（一）申请书，申请书应当载明拟设立的商业银行的名称、所在地、注册资本、业务范围等；

（二）可行性研究报告；

（三）国务院银行业监督管理机构规定提交的其他文件、资料。

第十五条 设立商业银行的申请经审查符合本法第十四条规定的，申请人应当填写正式申请表，并提交下列文件、资料：

（一）章程草案；

（二）拟任职的董事、高级管理人员的资格证明；

（三）法定验资机构出具的验资证明；

（四）股东名册及其出资额、股份；

（五）持有注册资本百分之五以上的股东的资信证明和有关资料；

（六）经营方针和计划；

（七）营业场所、安全防范措施和与业务有关的其他设施的资料；

（八）国务院银行业监督管理机构规定的其他文件、资料。

第十六条 经批准设立的商业银行，由国务院银行业监督管理机构颁发经营许可证，并凭该许可证向工商行政管理部门办理登记，领取营业执照。

第十七条 商业银行的组织形式、组织机构适用《中华人民共和国公司法》的规定。

本法施行前设立的商业银行，其组织形式、组织机构不完全符合《中华人民共和国公司法》规定的，可以继续沿用原有的规定，适用前款规定的日期由国务院规定。

第十八条 国有独资商业银行设立监事会。监事会的产生办法由国务院规定。

监事会对国有独资商业银行的信贷资产质量、资产负债比例、国有资产保值增值等情况以及高级管理人员违反法律、行政法规或者章程的行为和损害银行利益的行为进行监督。

第十九条 商业银行根据业务需要可以在中华人民共和国境内外设立分支机构。设立分支机构必须经国务院银行业监督管理机构审查批准。在中华人民共和国境内的分支机构，不按行政区划设立。

商业银行在中华人民共和国境内设立分支机构，应当按照规定拨付与其经营规模相适应的营运资金额。拨付各分支机构营运资金额的总和，不得超过总行资本金总额的百分之六十。

第二十条 设立商业银行分支机构，申请人应当向国务院银行业监督管理机构提交下列文件、资料：

（一）申请书，申请书应当载明拟设立的分支机构的名称、营运资金额、业务范围、总行及分支机构所在地等；

（二）申请人最近二年的财务会计报告；

（三）拟任职的高级管理人员的资格证明；

（四）经营方针和计划；

（五）营业场所、安全防范措施和与业务有关的其他设施的资料；

（六）国务院银行业监督管理机构规定的其他文件、资料。

第二十一条 经批准设立的商业银行分支机构，由国务院银行业监督管理机构颁发经营许可证，并凭该许可证向工商行政管理部门办理登记，领取营业执照。

第二十二条 商业银行对其分支机构实行全行统一核算，统一调度资金，分级管理的财务制度。

商业银行分支机构不具有法人资格，在总行授权范围内依法开展业务，其民事责任由总行承担。

第二十三条 经批准设立的商业银行及其分支机构，由国务院银行业监督管理机构予以公告。

商业银行及其分支机构自取得营业执照之日起无正当理由超过六个月未开业的，或者开业后自行停业连续六个月以上的，由国务院银行业监督管理机构吊销其经营许可证，并予以公告。

第二十四条 商业银行有下列变更事项之一的，应当经国务院银行业监督管理机构批准：

（一）变更名称；

（二）变更注册资本；

（三）变更总行或者分支行所在地；

（四）调整业务范围；

（五）变更持有资本总额或者股份总额百分之五以上的股东；

（六）修改章程；

（七）国务院银行业监督管理机构规定的

其他变更事项。

更换董事、高级管理人员时，应当报经国务院银行业监督管理机构审查其任职资格。

第二十五条 商业银行的分立、合并，适用《中华人民共和国公司法》的规定。

商业银行的分立、合并，应当经国务院银行业监督管理机构审查批准。

第二十六条 商业银行应当依照法律、行政法规的规定使用经营许可证。禁止伪造、变造、转让、出租、出借经营许可证。

第二十七条 有下列情形之一的，不得担任商业银行的董事、高级管理人员：

（一）因犯有贪污、贿赂、侵占财产、挪用财产罪或者破坏社会经济秩序罪，被判处刑罚，或者因犯罪被剥夺政治权利的；

（二）担任因经营不善破产清算的公司、企业的董事或者厂长、经理，并对该公司、企业的破产负有个人责任的；

（三）担任因违法被吊销营业执照的公司、企业的法定代表人，并负有个人责任的；

（四）个人所负数额较大的债务到期未清偿的。

第二十八条 任何单位和个人购买商业银行股份总额百分之五以上的，应当事先经国务院银行业监督管理机构批准。

第三章　对存款人的保护

第二十九条 商业银行办理个人储蓄存款业务，应当遵循存款自愿、取款自由、存款有息、为存款人保密的原则。

对个人储蓄存款，商业银行有权拒绝任何单位或者个人查询、冻结、扣划，但法律另有规定的除外。

第三十条 对单位存款，商业银行有权拒绝任何单位或者个人查询，但法律、行政法规另有规定的除外；有权拒绝任何单位或者个人冻结、扣划，但法律另有规定的除外。

第三十一条 商业银行应当按照中国人民银行规定的存款利率的上下限，确定存款利率，并予以公告。

第三十二条 商业银行应当按照中国人民银行的规定，向中国人民银行交存存款准备金，留足备付金。

第三十三条 商业银行应当保证存款本金和利息的支付，不得拖延、拒绝支付存款本金和利息。

第四章　贷款和其他业务的基本规则

第三十四条 商业银行根据国民经济和社会发展的需要，在国家产业政策指导下开展贷款业务。

第三十五条 商业银行贷款，应当对借款人的借款用途、偿还能力、还款方式等情况进行严格审查。

商业银行贷款，应当实行审贷分离、分级审批的制度。

第三十六条 商业银行贷款，借款人应当提供担保。商业银行应当对保证人的偿还能力，抵押物、质物的权属和价值以及实现抵押权、质权的可行性进行严格审查。

经商业银行审查、评估，确认借款人资信良好，确能偿还贷款的，可以不提供担保。

第三十七条 商业银行贷款，应当与借款人订立书面合同。合同应当约定贷款种类、借款用途、金额、利率、还款期限、还款方式、违约责任和双方认为需要约定的其他事项。

第三十八条 商业银行应当按照中国人民银行规定的贷款利率的上下限，确定贷款利率。

第三十九条 商业银行贷款，应当遵守下列资产负债比例管理的规定：

（一）资本充足率不得低于百分之八；

（二）流动性资产余额与流动性负债余额的比例不得低于百分之二十五；

（三）对同一借款人的贷款余额与商业银行资本余额的比例不得超过百分之十；

（四）国务院银行业监督管理机构对资产负债比例管理的其他规定。

本法施行前设立的商业银行，在本法施行后，其资产负债比例不符合前款规定的，应当在一定的期限内符合前款规定。具体办法由国务院规定。

第四十条 商业银行不得向关系人发放信用贷款；向关系人发放担保贷款的条件不得优于其他借款人同类贷款的条件。

前款所称关系人是指：

（一）商业银行的董事、监事、管理人员、信贷业务人员及其近亲属；

（二）前项所列人员投资或者担任高级管理职务的公司、企业和其他经济组织。

第四十一条 任何单位和个人不得强令商业银行发放贷款或者提供担保。商业银行有权拒绝任何单位和个人强令要求其发放贷款或者提供担保。

第四十二条 借款人应当按期归还贷款的本金和利息。

借款人到期不归还担保贷款的，商业银行依法享有要求保证人归还贷款本金和利息或者就该担保物优先受偿的权利。商业银行因行使抵押权、质权而取得的不动产或者股权，应当自取得之日起二年内予以处分。

借款人到期不归还信用贷款的，应当按照合同约定承担责任。

第四十三条 商业银行在中华人民共和国境内不得从事信托投资和证券经营业务，不得向非自用不动产投资或者向非银行金融机构和企业投资，但国家另有规定的除外。

第四十四条 商业银行办理票据承兑、汇兑、委托收款等结算业务，应当按照规定的期限兑现，收付入账，不得压单、压票或者违反规定退票。有关兑现、收付入账期限的规定应当公布。

第四十五条 商业银行发行金融债券或者到境外借款，应当依照法律、行政法规的规定报经批准。

第四十六条 同业拆借，应当遵守中国人民银行的规定。禁止利用拆入资金发放固定资产贷款或者用于投资。

拆出资金限于交足存款准备金、留足备付金和归还中国人民银行到期贷款之后的闲置资金。拆入资金用于弥补票据结算、联行汇差头寸的不足和解决临时性周转资金的需要。

第四十七条 商业银行不得违反规定提高或者降低利率以及采用其他不正当手段，吸收存款，发放贷款。

第四十八条 企业事业单位可以自主选择一家商业银行的营业场所开立一个办理日常转账结算和现金收付的基本账户，不得开立两个以上基本账户。

任何单位和个人不得将单位的资金以个人名义开立账户存储。

第四十九条 商业银行的营业时间应当方便客户，并予以公告。商业银行应当在公告的营业时间内营业，不得擅自停止营业或者缩短营业时间。

第五十条 商业银行办理业务，提供服务，按照规定收取手续费。收费项目和标准由国务院银行业监督管理机构、中国人民银行根据职责分工，分别会同国务院价格主管部门制定。

第五十一条 商业银行应当按照国家有关规定保存财务会计报表、业务合同以及其他资料。

第五十二条 商业银行的工作人员应当遵守法律、行政法规和其他各项业务管理的规定，不得有下列行为：

（一）利用职务上的便利，索取、收受贿赂或者违反国家规定收受各种名义的回扣、手续费；

（二）利用职务上的便利，贪污、挪用、侵占本行或者客户的资金；

（三）违反规定徇私向亲属、朋友发放贷款或者提供担保；

（四）在其他经济组织兼职；

（五）违反法律、行政法规和业务管理规定的其他行为。

第五十三条 商业银行的工作人员不得泄露其在任职期间知悉的国家秘密、商业秘密。

第五章 财务会计

第五十四条 商业银行应当依照法律和国家统一的会计制度以及国务院银行业监督管理机构的有关规定，建立、健全本行的财务、会计制度。

第五十五条 商业银行应当按照国家有关规定，真实记录并全面反映其业务活动和财务状况，编制年度财务会计报告，及时向国务院银行业监督管理机构、中国人民银行和国务院财政部门报送。商业银行不得在法定的会计账册外另立会计账册。

第五十六条 商业银行应当于每一会计年度终了三个月内，按照国务院银行业监督管理机构的规定，公布其上一年度的经营业绩和审计报告。

第五十七条 商业银行应当按照国家有关规定，提取呆账准备金，冲销呆账。

第五十八条 商业银行的会计年度自公历1月1日起至12月31日止。

第六章 监督管理

第五十九条 商业银行应当按照有关规定，制定本行的业务规则，建立、健全本行的风险管理和内部控制制度。

第六十条 商业银行应当建立、健全本行对存款、贷款、结算、呆账等各项情况的稽核、检查制度。

商业银行对分支机构应当进行经常性的稽核和检查监督。

第六十一条 商业银行应当按照规定向国务院银行业监督管理机构、中国人民银行报送资产负债表、利润表以及其他财务会计、统计报表和资料。

第六十二条 国务院银行业监督管理机构有权依照本法第三章、第四章、第五章的规定，随时对商业银行的存款、贷款、结算、呆账等情况进行检查监督。检查监督时，检查监督人员应当出示合法的证件。商业银行应当按照国务院银行业监督管理机构的要求，提供财务会计资料、业务合同和有关经营管理方面的其他信息。

中国人民银行有权依照《中华人民共和国中国人民银行法》第三十二条、第三十四条的规定对商业银行进行检查监督。

第六十三条 商业银行应当依法接受审计机关的审计监督。

第七章 接管和终止

第六十四条 商业银行已经或者可能发生信用危机，严重影响存款人的利益时，国务院银行业监督管理机构可以对该银行实行接管。

接管的目的是对被接管的商业银行采取必要措施，以保护存款人的利益，恢复商业银行的正常经营能力。被接管的商业银行的债权债务关系不因接管而变化。

第六十五条 接管由国务院银行业监督管理机构决定，并组织实施。国务院银行业监督管理机构的接管决定应当载明下列内容：

（一）被接管的商业银行名称；

（二）接管理由；

（三）接管组织；

（四）接管期限。

接管决定由国务院银行业监督管理机构予

以公告。

第六十六条 接管自接管决定实施之日起开始。

自接管开始之日起，由接管组织行使商业银行的经营管理权力。

第六十七条 接管期限届满，国务院银行业监督管理机构可以决定延期，但接管期限最长不得超过二年。

第六十八条 有下列情形之一的，接管终止：

（一）接管决定规定的期限届满或者国务院银行业监督管理机构决定的接管延期届满；

（二）接管期限届满前，该商业银行已恢复正常经营能力；

（三）接管期限届满前，该商业银行被合并或者被依法宣告破产。

第六十九条 商业银行因分立、合并或者出现公司章程规定的解散事由需要解散的，应当向国务院银行业监督管理机构提出申请，并附解散的理由和支付存款的本金和利息等债务清偿计划。经国务院银行业监督管理机构批准后解散。

商业银行解散的，应当依法成立清算组，进行清算，按照清偿计划及时偿还存款本金和利息等债务。国务院银行业监督管理机构监督清算过程。

第七十条 商业银行因吊销经营许可证被撤销的，国务院银行业监督管理机构应当依法及时组织成立清算组，进行清算，按照清偿计划及时偿还存款本金和利息等债务。

第七十一条 商业银行不能支付到期债务，经国务院银行业监督管理机构同意，由人民法院依法宣告其破产。商业银行被宣告破产的，由人民法院组织国务院银行业监督管理机构等有关部门和有关人员成立清算组，进行清算。

商业银行破产清算时，在支付清算费用、所欠职工工资和劳动保险费用后，应当优先支付个人储蓄存款的本金和利息。

第七十二条 商业银行因解散、被撤销和被宣告破产而终止。

第八章 法律责任

第七十三条 商业银行有下列情形之一，对存款人或者其他客户造成财产损害的，应当承担支付迟延履行的利息以及其他民事责任：

（一）无故拖延、拒绝支付存款本金和利息的；

（二）违反票据承兑等结算业务规定，不予兑现，不予收付入账，压单、压票或者违反规定退票的；

（三）非法查询、冻结、扣划个人储蓄存款或者单位存款的；

（四）违反本法规定对存款人或者其他客户造成损害的其他行为。

有前款规定情形的，由国务院银行业监督管理机构责令改正，有违法所得的，没收违法所得，违法所得五万元以上的，并处违法所得一倍以上五倍以下罚款；没有违法所得或者违法所得不足五万元的，处五万元以上五十万元以下罚款。

第七十四条 商业银行有下列情形之一，由国务院银行业监督管理机构责令改正，有违法所得的，没收违法所得，违法所得五十万元以上的，并处违法所得一倍以上五倍以下罚款；没有违法所得或者违法所得不足五十万元的，处五十万元以上二百万元以下罚款；情节特别严重或者逾期不改正的，可以责令停业整顿或者吊销其经营许可证；构成犯罪的，依法追究刑事责任：

（一）未经批准设立分支机构的；

（二）未经批准分立、合并或者违反规定对变更事项不报批的；

（三）违反规定提高或者降低利率以及采

用其他不正当手段，吸收存款，发放贷款的；

（四）出租、出借经营许可证的；

（五）未经批准买卖、代理买卖外汇的；

（六）未经批准买卖政府债券或者发行、买卖金融债券的；

（七）违反国家规定从事信托投资和证券经营业务、向非自用不动产投资或者向非银行金融机构和企业投资的；

（八）向关系人发放信用贷款或者发放担保贷款的条件优于其他借款人同类贷款的条件的。

第七十五条 商业银行有下列情形之一，由国务院银行业监督管理机构责令改正，并处二十万元以上五十万元以下罚款；情节特别严重或者逾期不改正的，可以责令停业整顿或者吊销其经营许可证；构成犯罪的，依法追究刑事责任：

（一）拒绝或者阻碍国务院银行业监督管理机构检查监督的；

（二）提供虚假的或者隐瞒重要事实的财务会计报告、报表和统计报表的；

（三）未遵守资本充足率、资产流动性比例、同一借款人贷款比例和国务院银行业监督管理机构有关资产负债比例管理的其他规定的。

第七十六条 商业银行有下列情形之一，由中国人民银行责令改正，有违法所得的，没收违法所得，违法所得五十万元以上的，并处违法所得一倍以上五倍以下罚款；没有违法所得或者违法所得不足五十万元的，处五十万元以上二百万元以下罚款；情节特别严重或者逾期不改正的，中国人民银行可以建议国务院银行业监督管理机构责令停业整顿或者吊销其经营许可证；构成犯罪的，依法追究刑事责任：

（一）未经批准办理结汇、售汇的；

（二）未经批准在银行间债券市场发行、买卖金融债券或者到境外借款的；

（三）违反规定同业拆借的。

第七十七条 商业银行有下列情形之一，由中国人民银行责令改正，并处二十万元以上五十万元以下罚款；情节特别严重或者逾期不改正的，中国人民银行可以建议国务院银行业监督管理机构责令停业整顿或者吊销其经营许可证；构成犯罪的，依法追究刑事责任：

（一）拒绝或者阻碍中国人民银行检查监督的；

（二）提供虚假的或者隐瞒重要事实的财务会计报告、报表和统计报表的；

（三）未按照中国人民银行规定的比例交存存款准备金的。

第七十八条 商业银行有本法第七十三条至第七十七条规定情形的，对直接负责的董事、高级管理人员和其他直接责任人员，应当给予纪律处分；构成犯罪的，依法追究刑事责任。

第七十九条 有下列情形之一，由国务院银行业监督管理机构责令改正，有违法所得的，没收违法所得，违法所得五万元以上的，并处违法所得一倍以上五倍以下罚款；没有违法所得或者违法所得不足五万元的，处五万元以上五十万元以下罚款：

（一）未经批准在名称中使用“银行”字样的；

（二）未经批准购买商业银行股份总额百分之五以上的；

（三）将单位的资金以个人名义开立账户存储的。

第八十条 商业银行不按照规定向国务院银行业监督管理机构报送有关文件、资料的，由国务院银行业监督管理机构责令改正，逾期不改正的，处十万元以上三十万元以下罚款。

商业银行不按照规定向中国人民银行报送有关文件、资料的，由中国人民银行责令改正，逾期不改正的，处十万元以上三十万元以下罚款。

第八十一条 未经国务院银行业监督管理机构批准，擅自设立商业银行，或者非法吸收公众存款、变相吸收公众存款，构成犯罪的，依法追究刑事责任；并由国务院银行业监督管理机构予以取缔。

伪造、变造、转让商业银行经营许可证，构成犯罪的，依法追究刑事责任。

第八十二条 借款人采取欺诈手段骗取贷款，构成犯罪的，依法追究刑事责任。

第八十三条 有本法第八十一条、第八十二条规定的行为，尚不构成犯罪的，由国务院银行业监督管理机构没收违法所得，违法所得五十万元以上的，并处违法所得一倍以上五倍以下罚款；没有违法所得或者违法所得不足五十万元的，处五十万元以上二百万元以下罚款。

第八十四条 商业银行工作人员利用职务上的便利，索取、收受贿赂或者违反国家规定收受各种名义的回扣、手续费，构成犯罪的，依法追究刑事责任；尚不构成犯罪的，应当给予纪律处分。

有前款行为，发放贷款或者提供担保造成损失的，应当承担全部或者部分赔偿责任。

第八十五条 商业银行工作人员利用职务上的便利，贪污、挪用、侵占本行或者客户资金，构成犯罪的，依法追究刑事责任；尚不构成犯罪的，应当给予纪律处分。

第八十六条 商业银行工作人员违反本法规定玩忽职守造成损失的，应当给予纪律处分；构成犯罪的，依法追究刑事责任。

违反规定徇私向亲属、朋友发放贷款或者提供担保造成损失的，应当承担全部或者部分赔偿责任。

第八十七条 商业银行工作人员泄露在任职期间知悉的国家秘密、商业秘密的，应当给予纪律处分；构成犯罪的，依法追究刑事责任。

第八十八条 单位或者个人强令商业银行发放贷款或者提供担保的，应当对直接负责的主管人员和其他直接责任人员或者个人给予纪律处分；造成损失的，应当承担全部或者部分赔偿责任。

商业银行的工作人员对单位或者个人强令其发放贷款或者提供担保未予拒绝的，应当给予纪律处分；造成损失的，应当承担相应的赔偿责任。

第八十九条 商业银行违反本法规定的，国务院银行业监督管理机构可以区别不同情形，取消其直接负责的董事、高级管理人员一定期限直至终身的任职资格，禁止直接负责的董事、高级管理人员和其他直接责任人员一定期限直至终身从事银行业工作。

商业银行的行为尚不构成犯罪的，对直接负责的董事、高级管理人员和其他直接责任人员，给予警告，处五万元以上五十万元以下罚款。

第九十条 商业银行及其工作人员对国务院银行业监督管理机构、中国人民银行的处罚决定不服的，可以依照《中华人民共和国行政诉讼法》的规定向人民法院提起诉讼。

第九章 附 则

第九十一条 本法施行前，按照国务院的规定经批准设立的商业银行不再办理审批手续。

第九十二条 外资商业银行、中外合资商业银行、外国商业银行分行适用本法规定，法律、行政法规另有规定的，依照其规定。

第九十三条 城市信用合作社、农村信用合作社办理存款、贷款和结算等业务，适用本法有关规定。

第九十四条 邮政企业办理商业银行的有关业务，适用本法有关规定。

第九十五条 本法自 2015 年 10 月 1 日起施行。

财政部　国家税务总局

财政部、国家税务总局关于金融企业贷款损失准备金企业所得税税前扣除有关政策的通知

（财税〔2015〕9号）

各省、自治区、直辖市、计划单列市财政厅（局）、国家税务局、地方税务局，新疆生产建设兵团财务局：

根据《中华人民共和国企业所得税法》及《中华人民共和国企业所得税法实施条例》的有关规定，现就政策性银行、商业银行、财务公司、城乡信用社和金融租赁公司等金融企业提取的贷款损失准备金的企业所得税税前扣除政策问题，通知如下：

一、准予税前提取贷款损失准备金的贷款资产范围包括：

（一）贷款（含抵押、质押、担保等贷款）；

（二）银行卡透支、贴现、信用垫款（含银行承兑汇票垫款、信用证垫款、担保垫款等）、进出口押汇、同业拆出、应收融资租赁款等各项具有贷款特征的风险资产；

（三）由金融企业转贷并承担对外还款责任的国外贷款，包括国际金融组织贷款、外国买方信贷、外国政府贷款、日本国际协力银行不附条件贷款和外国政府混合贷款等资产。

二、金融企业准予当年税前扣除的贷款损失准备金计算公式如下：

准予当年税前扣除的贷款损失准备金＝本年末准予提取贷款损失准备金的贷款资产余额×1%－截至上年末已在税前扣除的贷款损失准备金的余额。

金融企业按上述公式计算的数额如为负数，应当相应调增当年应纳税所得额。

三、金融企业的委托贷款、代理贷款、国债投资、应收股利、上交央行准备金以及金融企业剥离的债权和股权、应收财政贴息、央行款项等不承担风险和损失的资产，不得提取贷款损失准备金在税前扣除。

四、金融企业发生的符合条件的贷款损失，应先冲减已在税前扣除的贷款损失准备金，不足冲减部分可据实在计算当年应纳税所得额时扣除。

五、金融企业涉农贷款和中小企业贷款损失准备金的税前扣除政策，凡按照《财政部国家税务总局关于金融企业涉农贷款和中小企业贷款损失准备金税前扣除有关问题的通知》（财税〔2015〕3号）的规定执行的，不再适用本通知第一条至第四条的规定。

六、本通知自2014年1月1日起至2018年12月31日止执行。

财政部

国家税务总局

2015年1月15日

中国人民银行

关于信贷资产支持证券发行管理有关事宜的公告

（中国人民银行公告〔2015〕第7号）

为简化信贷资产支持证券发行管理流程，提高发行管理效率和透明度，促进受托机构与发起机构提高信息披露质量，切实保护投资人合法权益，推动信贷资产证券化业务健康发展，根据《中华人民共和国中国人民银行法》和《信贷资产证券化试点管理办法》（中国人民银行公告〔2005〕第7号公布），现就信贷资产支持证券发行管理有关事宜公告如下：

一、已经取得监管部门相关业务资格、发行过信贷资产支持证券且能够按规定披露信息的受托机构和发起机构可以向中国人民银行申请注册，并在注册有效期内自主分期发行信贷资产支持证券。申请注册发行的证券化信贷资产应具有较高的同质性。

二、受托机构和发起机构应提交注册申请报告、与交易框架相关的标准化合同文本、评级安排等文件。

注册申请报告应包括以下内容：

（一）信贷资产支持证券名称；

（二）证券化的信贷资产类型；

（三）信贷资产支持证券注册额度和分期发行安排；

（四）证券化的信贷资产发放程序、审核标准、担保形式、管理方法、过往表现、违约贷款处置程序及方法；

（五）交易结构及各当事方的主要权利与义务；

（六）贷款服务机构管理证券化信贷资产的方法、标准；

（七）拟披露信息的主要内容、时间及取得方式；

（八）拟采用簿记建档发行信贷资产证券化产品的，应说明采用簿记建档发行的必要性，定价、配售的具体原则和方式，以及防范操作风险和不正当利益输送的措施。

三、中国人民银行接受注册后，在注册有效期内，受托机构和发起机构可自主选择信贷资产支持证券发行时机，在按有关规定进行产品发行信息披露前5个工作日，将最终的发行说明书、评级报告及所有最终的相关法律文件和信贷资产支持证券发行登记表（见附件）送中国人民银行备案。

四、按照投资者适当性原则，由市场和发行人双向选择信贷资产支持证券交易场所。

五、受托机构、发起机构可与主承销商或其他机构通过协议约定信贷资产支持证券的做市安排。

六、采用分层结构的信贷资产支持证券，其最低档次证券发行可免于信用评级。

七、受托机构和发起机构应向中国人民银行报送书面的注册登记材料和发行材料，同时提交电子版文件光盘。

八、中国人民银行在其官方网站（www. pbc. gov. cn）“银行间债券市场”栏目下实时公开信贷资产支持证券发行管理信息。

九、受托机构和发起机构在信贷资产支持证券发行前和存续期间，应切实履行信息披露职责，并承担主体责任。采用注册方式分期发行的，可在注册后即披露产品交易结构等信息，每期产品发行前披露基础资产池相关信息。受托机构、承销机构、信用评级机构、会计师事务所、律师事务所等中介机构要按合同约定切实履行尽职调查责任，依法披露信息。

十、中国银行间市场交易商协会应组织市场成员起草并发布信贷资产支持证券相关标准合同范本和信息披露指引，定期跟踪市场成员对信贷资产证券化信息披露情况的评价，对不能按相关规定进行信息披露的，应及时报告中国人民银行。

十一、本公告自发布之日起施行。

中国人民银行

2015 年 3 月 26 日

中国人民银行关于加强远期售汇宏观审慎管理的通知

（银发〔2015〕273 号）

中国人民银行上海总部，各分行、营业管理部，各省会（首府）城市中心支行，深圳市中心支行；国家外汇管理局各省、自治区、直辖市分局、外汇管理部，深圳、大连、青岛、厦门、宁波市分局；国家开发银行，中国进出口银行，中国工商银行、中国农业银行、中国银行、中国建设银行、交通银行，招商银行、浦发银行、中信银行、兴业银行、中国民生银行、中国光大银行、华夏银行、广发银行、平安银行、浙商银行、渤海银行，中国邮政储蓄银行：

为完善宏观审慎管理框架，防范宏观金融风险，促进金融机构稳健经营，中国人民银行决定，对开展代客远期售汇业务的金融机构收取外汇风险准备金。现就有关事项通知如下：

一、外汇风险准备金率

从 2015 年 10 月 15 日起，开展代客远期售汇业务的金融机构（含财务公司）应交存外汇风险准备金，准备金率暂定为 20%。

二、账户

中国人民银行上海总部设立“金融机构外汇风险准备金”专用账户，用于存放金融机构交存的外汇风险准备金。

三、交存

（一）中国人民银行上海总部负责外汇风险准备金资金的收取及退还等日常管理。

（二）在上海的法人金融机构和外资银行

分行向中国人民银行上海总部营业部门提交“外汇风险准备金交存申报表”（格式见附件）。中国人民银行上海总部营业部门审查合格并加盖公章后，金融机构向中国人民银行上海总部办理划款手续。

（三）在上海以外地区的法人金融机构和外资银行分行向其所在地中国人民银行省会（首府）城市中心支行以上分支机构（深圳市的相应为深圳市中心支行，下同）营业部门提交“外汇风险准备金交存申报表”。中国人民银行相关分支机构营业部门审查合格并加盖公章后，金融机构向中国人民银行上海总部办理划款手续。同时，中国人民银行相关分支机构营业部门将上述申报表传真至上海总部营业部门。

（四）代客远期售汇业务按美元计算交存外汇风险准备金，非美元币种业务折算成美元交存。各种货币之间的折算率按每月国家外汇管理局公布的《各种货币对美元折算率》计算。未公布折算率的，参照国家外汇管理局确定各种货币对美元折算率的方法计算。

四、考核

（一）中国人民银行对金融机构外汇风险准备金按月考核。金融机构应在每月15日前（遇节假日顺延）将外汇风险准备金划至中国人民银行上海总部开立的外汇风险准备金专用账户。

金融机构外汇风险准备金计算公式为：当月外汇风险准备金交存额＝上月远期售汇签约额×外汇风险准备金率

（二）国家外汇管理局各分局、外汇管理部应在每月8日前（遇节假日顺延，其中10月份为10日）向相应的中国人民银行省会（首府）城市中心支行以上分支机构营业部门提供辖区内开展代客远期售汇业务的金融机构名单及各金融机构上月远期售汇签约额等相关数据。

（三）法人金融机构和外资银行分行应在每月10日前（遇节假日顺延，其中10月份为12日）将“外汇风险准备金交存申报表”报送至所在地中国人民银行省会（首府）城市中心支行以上分支机构营业部门。

（四）金融机构在中国人民银行的外汇风险准备金冻结期为1年金融机构按月交存的外汇风险准备金冻结期满后，中国人民银行在期满当月15日（遇节假日顺延）将资金退划该金融机构指定账户。

（五）国家外汇管理局各分局、外汇管理部应在金融机构代客远期售汇业务资格审批通过之日起5个工作日内，将名单提供至相应的中国人民银行省会（首府）城市中心支行以上分支机构。中国人民银行相关分支机构应立即将本通知转发至上述金融机构。

五、利率

外汇风险准备金利率暂定为零。

六、其他

中国人民银行依法对金融机构执行外汇风险准备金政策中的违规行为进行处理。

本通知自印发之日起实施。国家外汇管理局各分局、外汇管理部应于通知印发之日将辖区内开展代客远期售汇业务的金融机构名单提供至相应的中国人民银行省会（首府）城市中心支行以上分支机构。

请中国人民银行分支机构将本通知于印发之日转发至辖区内开展代客远期售汇业务的城市商业银行、农村商业银行、农村合作银行、农村信用社、村镇银行、财务公司和外资金融机构。

附件：外汇风险准备金交存申报表（略）

中国人民银行

2015年8月31日

中国人民银行办公厅关于远期售汇宏观审慎管理有关事项的通知

（银办发〔2015〕203 号）

中国人民银行上海总部，各分行、营业管理部，各省会（首府）城市中心支行，深圳市中心支行；国家开发银行，中国进出口银行，中国工商银行、中国农业银行、中国银行、中国建设银行、交通银行，招商银行、浦发银行、中信银行、兴业银行、中国民生银行、中国光大银行、华夏银行、广发银行、平安银行、浙商银行、渤海银行，中国邮政储蓄银行：

为切实落实好《中国人民银行关于加强远期售汇宏观审慎管理的通知》（银发〔2015〕273 号），现就有关事项通知如下：

一、银发〔2015〕273 号文件所称代客远期售汇业务是指在未来某一时间形成客户购汇行为的人民币对外汇衍生产品业务，包括以下情况：

（一）客户远期售汇业务；

（二）客户买入或卖出期权业务，以及包含多个期权的期权组合业务；

（三）客户在近端不交换本金、远端换入外汇的货币掉期；

（四）人民币购售业务中的远、掉期业务；

（五）客户远期购入外汇的其他业务。

除期权和期权组合业务按名义本金（期权组合采用名义本金最高的单笔期权）的二分之一外，其他代客远期售汇业务均按名义本金的全额作为应交存外汇风险准备金的计算基准。

二、金融机构为客户办理远期售汇业务，应当坚持实需交易原则。金融机构应当提高自主创新能力和交易管理能力，建立完善的风险管理制度和内部控制制度，审慎开展与自身风险管理水平相适应的远期售汇业务。

三、国家外汇管理局各分局、外汇管理部应按照银发〔2015〕273 号文件要求，向相应的中国人民银行省会（首府）城市中心支行以上分支机构营业部门提供相关机构名单。同时，督促金融机构执行实需交易原则并提供客观、真实的统计数据，不得弄虚作假。

请中国人民银行分支机构将本通知于印发之日转发至相应的国家外汇管理局分局、外汇管理部，以及辖区内开展代客远期售汇业务的城市商业银行、农村商业银行、农村合作银行、农村信用社、村镇银行、财务公司和外资金融机构。

中国人民银行办公厅

2015 年 9 月 2 日

中国人民银行关于进一步便利跨国企业集团开展跨境双向人民币资金池业务的通知

（银发〔2015〕279号）

中国人民银行上海总部，各分行、营业管理部，各省会（首府）城市中心支行，各副省级城市中心支行；国家开发银行，各政策性银行、国有商业银行、股份制商业银行，中国邮政储蓄银行：

为贯彻落实《国务院办公厅关于促进进出口稳定增长的若干意见》（国办发〔2015〕55号），进一步便利跨国企业集团开展跨境双向人民币资金池业务，现就有关事宜通知如下：

一、本通知所称跨国企业集团是指以资本为联结纽带，由境内外母公司、子公司、参股公司及其他成员企业共同组成的企业联合体。包括母公司及其控股51%以上的子公司，母公司、控股51%以上的子公司单独或者共同持股20%以上的公司，或者持股不足20%但处于最大股东地位的公司。

本通知所称境内成员企业是指在中华人民共和国境内依法注册成立，经营时间1年以上，且未被列入出口货物贸易人民币结算企业重点监管名单的跨国企业集团非金融企业成员。

本通知所称境外成员企业是指在境外（含香港、澳门和台湾地区）依法注册成立，经营时间1年以上的跨国企业集团非金融企业成员。

二、本通知所称跨境双向人民币资金池业务是指跨国企业集团根据自身经营和管理需要，在境内外成员企业之间开展的跨境人民币资金余缺调剂和归集业务。

三、跨国企业集团开展跨境双向人民币资金池业务，其参加资金归集的境内外成员企业需满足以下条件：

（一）境内成员企业上年度营业收入合计金额不低于10亿元人民币；

（二）境外成员企业上年度营业收入合计金额不低于2亿元人民币。

四、跨国企业集团原则上在境内只可设立一个跨境双向人民币资金池。

五、跨国企业集团可以指定境内成员企业或财务公司作为开展跨境双向人民币资金池业务的主办企业，即境内主办企业。

境内主办企业应按照《人民币银行结算账户管理办法》（中国人民银行令〔2003〕第5号发布）等银行结算账户管理规定申请开立人民币专用存款账户，专门用于办理跨境双向人民币资金池业务，账户内资金按单位存款利率执行，不得投资有价证券、金融衍生品以及非自用房地产，不得用于购买理财产品和向非成员企业发放委托贷款。

六、跨国企业集团母公司在境外的，也可

以指定境外成员企业作为开展跨境双向人民币资金池业务的主办企业，即境外主办企业。

境外主办企业应按照《境外机构人民币银行结算账户管理办法》（银发〔2010〕249号文印发）和《中国人民银行关于境外机构人民币银行结算账户开立和使用有关问题的通知》（银发〔2012〕183号）等银行结算账户管理规定，开立境外机构人民币银行结算账户，专门用于办理跨境双向人民币资金池业务，账户内资金按单位存款利率执行。境外主办企业未开立基本存款账户的，该人民币银行结算账户纳入基本存款账户管理。

七、主办企业可以选择1－3家具备国际结算业务能力的银行办理跨境双向人民币资金池业务，与其签订办理跨境双向人民币资金池业务协议。

八、结算银行开展跨国企业集团跨境双向人民币资金池结算业务，应向所在地人民银行副省级城市中心支行以上分支机构备案，提交以下材料：

（一）结算银行与主办企业签订的跨境双向人民币资金池业务协议。2家（含）以上结算银行为同一资金池办理结算的，协议中应明确每家结算银行的跨境人民币资金净流入额上限。

（二）主办企业办理跨境双向人民币资金池业务的申请，包括：境内外成员企业名单（含名称、注册地、股权结构、营业时间）；境内成员企业反映上年度所有者权益和营业收入的报表；境外成员企业反映上年度营业收入的报表；主办企业与成员企业签订的跨境双向人民币资金池业务协议，或跨国企业集团出具的明确各方权利义务且各方均同意的证明材料。

人民银行副省级城市中心支行以上分支机构应在结算银行提交完整的备案材料之日起10个工作日内完成备案手续，并出具备案通知书，同时将资金池应计所有者权益数据报送人民银行总行，其中，资金池应计所有者权益＝∑（境内成员企业的所有者权益×跨国企业集团的持股比例）。

九、对跨国企业集团跨境双向人民币资金池业务实行上限管理。

跨境人民币资金净流入额上限＝资金池应计所有者权益×宏观审慎政策系数。

宏观审慎政策系数值为0.5，人民银行总行根据宏观经济形势和信贷调控等的需要进行动态调整。结算银行和主办企业应做好额度控制，确保任一时点净流入余额不超过上限。

十、资金池应计所有者权益增加超过20%的，经主办企业申请，结算银行可以为其调增跨境人民币资金净流入额上限。资金池应计所有者权益减少超过20%的，结算银行应及时为主办企业调减跨境人民币资金净流入额上限。对于此前净流入发生额超过调减后上限的部分，应在一个月内调出资金以满足新上限要求。

对于资金池应计所有者权益增（减）超过20%的，结算银行应在调增或调减跨境人民币资金净流入额上限后向所在地人民银行副省级城市中心支行以上分支机构备案。人民银行副省级城市中心支行以上分支机构应将调整后的资金池应计所有者权益数据报送至人民银行总行。

十一、结算银行可以为跨境双向人民币资金池人民币专用存款账户办理日间及隔夜透支。

十二、跨国企业集团因业务发展需要，确需设立多个资金池的，应向人民银行总行备案，备案内容包括拟设立资金池的个数、主办企业和结算银行及其原因等。人民银行总行在收到备案之日起10个工作日内通知主办企业和结算银行所在地人民银行副省级城市中心支行以上分支机构，有关主办企业和结算银行即可以按本通知要求办理备案和开展业务。跨国企业集团同一境内成员企业只能加入一个资金池。

十三、主办企业、结算银行发生变更的，变更前后的主办企业、结算银行应在变更之日起10个工作日内向所在地人民银行副省级城市中心支行以上分支机构报告变更情况，且变更后的主办企业、结算银行应按本通知有关规定更新备案材料。

十四、财务公司作为主办企业的，应将跨境双向人民币资金池业务和其他业务（包括自身资产负债业务）分账管理。财务公司作为主办企业开立的人民币银行结算账户按同业存款利率计息。财务公司从事跨境人民币资金交易应遵守国务院银行业监督管理机构的规定。

十五、结算银行应按照“了解你的客户”、“了解你的业务”和“尽职审查”原则，做好跨境双向人民币资金池业务真实性和合规性审核，切实履行反洗钱和反恐怖融资义务。

十六、结算银行应及时准确完整地向人民币跨境收付信息管理系统报送有关账户信息、业务信息以及跨境收支信息。

十七、人民银行总行及分支机构根据本通知对跨国企业集团跨境双向人民币资金池业务实施监督管理。

十八、人民银行分支机构应利用人民币跨境收付信息管理系统，做好信息监测分析，定期对结算银行的跨境双向人民币资金池业务开展情况依法进行非现场检查监督，并根据实际需要进行现场检查，防范风险。发现银行或企业违反有关规定的，应要求其限期整改并根据有关规定进行处理。

十九、跨国企业集团可以按照本通知和自由贸易试验区相关政策分别设立跨境双向人民币资金池，同一境内成员企业只能参加一个资金池。

二十、本通知发布前已设立跨境双向人民币资金池的跨国企业集团，如需增加结算银行、调整跨境人民币资金净流入额上限，可以参照第八条办理变更备案手续，并提交原备案通知书复印件。

二十一、本通知自印发之日起施行。《中国人民银行关于跨国企业集团开展跨境人民币资金集中运营业务有关事宜的通知》（银发〔2014〕324号）中关于跨境双向人民币资金池的要求不再适用。

请人民银行副省级城市中心支行以上分支机构将本通知转发至辖区内人民银行分支机构，城市商业银行、外资银行及其他开办跨境人民币业务的金融机构。

中国人民银行

2015年9月5日

中国人民银行关于实施平均法考核存款准备金的通知

（银发〔2015〕289号）

中国人民银行上海总部，各分行、营业管理部，各省会（首府）城市中心支行，深圳市中心支行；中国农业发展银行，各国有商业银行、股份制商业银行，中国邮政储蓄银行：

为进一步完善存款准备金制度，加强货币政策传导机制，增加金融机构流动性管理的灵活性，促进金融机构稳健经营，中国人民银行决定，自2015年9月15日起对存款准备金实施平均法考核。现将有关事项通知如下：

一、对人民币存款准备金实施平均法考核。当旬第五日至下旬第四日，金融机构按法人存入的人民币存款准备金日终余额的算术平均值，与上旬末该金融机构一般存款余额之比，不得低于人民币法定存款准备金率。

人民银行考核金融机构存款准备金日终余额算术平均值时，如遇旬后第五日为假日，应将该假期纳入上一维持期进行计算和考核。对假期结束后第一个工作日至下旬第四日金融机构的存款准备金日终余额算术平均值，人民银行仍按金融机构上旬末一般存款余额进行考核。

二、在人民币存款准备金实施平均法考核初期，存款准备金考核设每日下限。当旬第五日至下旬第四日每日营业终了时，金融机构按法人存入的人民币存款准备金日终余额，与上旬末该金融机构一般存款余额之比，可以低于人民币法定存款准备金率，但幅度应在1个（含）百分点以内。

人民银行考核金融机构存款准备金日终余额时，如遇旬后第五日为假日，应按照该假期前一工作日的考核标准，考核该假期期间金融机构日终存款准备金水平。对假期结束后第一个工作日至下旬第四日金融机构的日终存款准备金水平，人民银行仍按金融机构上旬末一般存款余额进行考核。

三、人民币存款准备金计息按现行存款准备金管理规定执行。其中，低于（含）法定存款准备金的部分适用人民银行公布的法定存款准备金利率计付利息，高于法定存款准备金的部分适用人民银行公布的超额存款准备金利率计付利息。

四、人民银行依法对金融机构执行存款准备金规定中的违规行为进行处罚。当旬第五日至下旬第四日，金融机构人民币存款准备金日终余额算术平均值未达到法定存款准备金要求，或每日营业终了时金融机构实际存款准备金率低于法定存款准备金率超过1个百分点，人民银行将按现行规定进行处罚。

五、加强存款准备金管理。人民银行营业部门负责按旬对金融机构存款准备金实施平均法考核，货币信贷部门负责按日对存款准备金日终余额满足每日下限要求情况进行考核。同时，货币信贷部门应加强对金融机构流动性状况的日常监测，重点关注金融机构存款准备金日终余额低于法定存款准备金要求的情况，适时对金融机构流动性缺口予以提示。

六、加强流动性管理。金融机构应严格执行存款准备金管理有关规定，留足备付金，保证存款准备金日终余额不低于最低限额，做好平均法考核的相关工作。同时，切实提高风险防范意识，不断提高流动性管理的主动性和科学性，促进货币市场稳定运行。

中国人民银行各分支机构应严格按照有关规定做好此次存款准备金考核制度改革的有关工作，确保顺利实施。遇有重大紧急情况，及时报告总行。

请中国人民银行分支机构将本通知转发至辖区内城市商业银行、农村商业银行、农村合作银行、农村信用社、村镇银行、财务公司、金融租赁公司、汽车金融公司和外资金融机构。

中国人民银行

2015 年 9 月 11 日

关于在银行间债券市场发行绿色金融债券有关事宜的公告

（中国人民银行公告〔2015〕第 39 号）

为加快建设生态文明，引导金融机构服务绿色发展，推动经济结构转型升级和经济发展方式转变，根据《中华人民共和国中国人民银行法》、《全国银行间债券市场金融债券发行管理办法》（中国人民银行令〔2005〕第 1 号发布），现就在银行间债券市场发行绿色金融债券有关事宜公告如下：

一、本公告所称绿色金融债券是指金融机构法人依法发行的、募集资金用于支持绿色产业并按约定还本付息的有价证券。绿色产业项目范围可以参考《绿色债券支持项目目录》（见附件）。

二、本公告所称金融机构法人，包括开发性银行、政策性银行、商业银行、企业集团财务公司及其他依法设立的金融机构。

三、金融机构法人发行绿色金融债券应当同时具备以下条件：

（一）具有良好的公司治理机制；

（二）最近一年盈利（开发性银行、政策性银行除外），最近三年没有重大违法违规行为；

（三）符合宏观审慎管理要求，金融风险监管指标符合金融监管机构相关规定；

（四）具有完善的绿色产业项目贷款授信、风控、营销等制度规定和成熟的业务团队。

四、金融机构法人申请发行绿色金融债券，应当向中国人民银行报送下列材料：

（一）发行绿色金融债券申请报告；

（二）绿色金融债券募集说明书，其中应当包括募集资金拟投资的绿色产业项目类别、项目筛选标准、项目决策程序和环境效益目标以及绿色金融债券募集资金使用计划和管理制度等；

（三）公司章程或章程性文件规定的权力机构的书面同意文件；

（四）近三年经审计的财务报告和审计报告，以及最近一期财务报告；

（五）募集资金投向绿色产业项目的承诺函；

（六）中国人民银行要求的其他文件。

五、除本公告第四条规定的申请材料外，鼓励申请发行绿色金融债券的金融机构法人提交独立的专业评估或认证机构出具的评估或认证意见。

六、获准发行绿色金融债券的发行人（以下简称发行人）应当在每期绿色金融债券发行前5个工作日，向中国人民银行提交下列备案材料：

（一）当期发行绿色金融债券的募集说明书；

（二）中国人民银行准予发行绿色金融债券行政许可决定书（复印件）；

（三）已签署的承销协议、承销团协议；

（四）信用评级机构出具的金融债券信用评级报告及有关持续跟踪评级安排的说明；

（五）发行人律师出具的法律意见书；

（六）中国人民银行要求的其他文件。

七、发行人可以选择招标发行或者簿记建档方式发行绿色金融债券。拟采用簿记建档方式发行的，应当在备案材料中增加簿记建档发行方案，内容包括但不限于簿记建档定价、配售的具体原则和方式以及防范操作风险和不正当利益输送的措施等。

八、发行人发行绿色金融债券可以采取一次足额发行或在限额内分期发行的方式。其中，已发行过金融债券且后续监督管理符合要求的发行人，可以申请限额内分期发行。

九、发行人应当在募集说明书承诺的时限内将募集资金用于绿色产业项目。募集资金闲置期间，发行人可以将募集资金投资于非金融企业发行的绿色债券以及具有良好信用等级和市场流动性的货币市场工具。

十、发行人应当开立专门账户或建立专项台账，对绿色金融债券募集资金的到账、拨付及资金收回加强管理，保证资金专款专用，在债券存续期内全部用于绿色产业项目。

十一、发行人应当按季度向市场披露募集资金使用情况。发行人应当于每年4月30日前披露上一年度募集资金使用情况的年度报告和专项审计报告，以及本年度第一季度募集资金使用情况，并将上一年度绿色金融债券募集资金使用情况报告中国人民银行。

十二、绿色金融债券存续期内，鼓励发行人按年度向市场披露由独立的专业评估或认证机构出具的评估报告，对绿色金融债券支持绿色产业项目发展及其环境效益影响等实施持续跟踪评估。

十三、发行人可以与具有做市商资格的主承销商或其他机构通过协议约定绿色金融债券的做市安排。

十四、绿色金融债券的登记、托管、结算业务，在中国人民银行认可的登记托管结算机构办理。

十五、发行人发行的绿色金融债券，可以按照规定纳入中国人民银行相关货币政策操作的抵（质）押品范围。

十六、鼓励政府相关部门和地方政府出台优惠政策措施支持绿色金融债券发展。

鼓励各类金融机构和证券投资基金及其他

投资性计划、社会保障基金、企业年金、社会公益基金等机构投资者投资绿色金融债券。

十七、中国人民银行对绿色金融债券募集资金使用情况进行专项统计，并定期公布统计结果。

十八、符合在中华人民共和国境内发债相关要求的境外金融机构法人在银行间债券市场发行绿色金融债券参照本公告执行。

非金融企业发行支持绿色产业项目的非金融企业债务融资工具管理规定由中国银行间市场交易商协会另行制定。

十九、本公告由中国人民银行负责解释。本公告未尽事宜按照中国人民银行相关规定执行。

二十、本公告自发布之日起施行。

附件：绿色债券支持项目目录（略）

中国人民银行

2015 年 12 月 15 日

关于延长外汇交易时间和进一步引入合格境外主体有关事宜的公告

（中国人民银行、国家外汇管理局公告〔2015〕第 40 号）

为加快外汇市场发展，推动市场对外开放，现就延长外汇交易时间和进一步引入合格境外主体有关事宜公告如下：

一、延长外汇交易时间。自 2016 年 1 月 4 日起，银行间外汇市场交易系统每日运行时间延长至北京时间 23：30，人民币汇率中间价及浮动幅度、做市商报价等市场管理制度适用时间相应延长。中国外汇交易中心对外公布北京时间 16：30 人民币兑美元即期询价成交价作为当日收盘价。

二、进一步引入合格境外主体。符合一定条件的人民币购售业务境外参加行经向中国外汇交易中心申请成为银行间外汇市场会员后，可以进入银行间外汇市场，通过中国外汇交易中心交易系统参与全部挂牌的交易品种。人民币购售业务交易品种包括即期、远期、掉期和期权，境外主体应在人民币购售业务项下依法合规参与银行间外汇市场交易。

三、中国外汇交易中心、上海清算所等市场中介和服务机构根据各自职责做好相关服务工作。

中国人民银行

国家外汇管理局

2015 年 12 月 21 日

国家外汇管理局

国家外汇管理局关于印发《通过银行进行国际收支统计申报业务实施细则》的通知

（汇发〔2015〕27号）

国家外汇管理局各省、自治区、直辖市分局、外汇管理部，深圳、大连、青岛、厦门、宁波市分局，全国性中资银行：

为规范申报主体通过境内银行进行的涉外收付款国际收支统计申报业务，国家外汇管理局修订了《通过银行进行国际收支统计申报业务实施细则》（见附件），现印发给你们。国家外汇管理局各分局、外汇管理部应在收到本通知后，及时转发辖内中心支局、支局、城市商业银行、农村商业银行、外商独资银行、中外合资银行、外国银行分行以及农村合作金融机构，各全国性中资银行应及时转发所辖分支机构，并遵照执行。

附件：通过银行进行国际收支统计申报业务实施细则

国家外汇管理局

2015年6月18日

附件：

通过银行进行国际收支统计申报业务实施细则

第一章　总　　则

第一条　为规范通过境内银行进行的国际收支统计申报业务，根据《中华人民共和国外汇管理条例》和《国际收支统计申报办法》，制定本实施细则。

第二条　境内居民和境内非居民通过境内银行发生涉外收付款时，应通过经办银行进行国际收支统计申报。

第三条　境内银行应督促和指导境内居民和境内非居民办理申报，履行审核及发送国际收支统计申报相关信息等职责，确保申报数据的及时性、准确性和完整性。

第二章　申报原则

第一节　申报范围和申报主体

第四条　涉外收付款是指境内居民和境内非居民通过境内银行从境外收到的款项和对境

外支付的款项，以及境内居民通过境内银行与境内非居民之间发生的收付款。其中，境内居民个人通过境内银行与境内非居民个人之间发生的人民币收付款暂不申报。

涉外收付款具体包括：

1. 以信用证、托收、保函、汇款（电汇、信汇、票汇）等结算方式办理的涉外收付款。

2. 通过境内银行向境外发出支付指令的涉外收付款，及从境外向境内银行发出支付指令的涉外收付款。

3. 涉外收付款包括外汇和人民币。

涉外收付款不包括由于汇路原因引起的跨境收支以及外币现钞存取。

第五条 根据《国际收支统计申报办法》，机构居民身份认定的主要依据是在中国境内依法成立，个人居民身份认定的主要依据是在中国境内居住一年以上（含一年）。实践中按照身份证、永久居留证、护照等有效证件中的国籍来认定其是否为居民个人。

第六条 境内居民通过境内银行从境外收到的款项和对境外支付的款项，以及与境内非居民之间发生的收付款，由境内居民进行国际收支统计申报。

境内非居民通过境内银行从境外收到的款项和对境外支付的款项，应由经办银行按本实施细则规定的流程和要求代其进行国际收支统计申报，且无需填写涉外收付纸质凭证。

上述发生涉外收付款业务的境内居民和境内非居民统称申报主体。

除银行自身非货币黄金进出口的涉外收付款应按照本实施细则进行国际收支统计申报外，银行自身发生的其他涉外收付款不适用本实施细则。

第七条 涉外收付款的数据信息按照采集方式分为基础信息和申报信息。基础信息是指必须从银行自身计算机处理系统采集的涉外收付款信息，主要包括收/付（汇）款人名称、组织机构代码/个人身份证件号码、收/付（汇）款币种及金额等。申报信息是指申报主体通过银行提供的纸质凭证或电子单据，或国家外汇管理局国际收支网上申报系统（企业版）填写的信息，主要包括付/收款人常驻国家（地区）、国际收支交易编码及交易附言等。基础信息和申报信息的填报应按照金融机构外汇业务数据采集规范等有关规定执行。

第八条 对于涉外收付款数据中的基础信息，境内银行应按照本实施细则规定的流程和要求向国家外汇管理局报送，申报主体应配合境内银行进行数据报送。

对于涉外收付款数据中的申报信息，申报主体应按照本实施细则、境内银行涉外收付凭证管理规定以及其他涉外收付款申报相关规定的要求填报，境内银行应按照本实施细则规定的流程和要求对申报信息进行审核和报送。对金额在等值 5 000 美元以下（含 5 000 美元）的对私涉外收付款，实行限额下免申报，即个人申报主体可免填涉外收付凭证（含纸质凭证和电子单据）中的申报信息，但境内非居民个人通过境内银行从境外收到和对境外支付的款项除外。

第二节　申报方法和申报时间

第九条 申报主体应通过境内银行填写《涉外收入申报单》、《境外汇款申请书》和《对外付款/承兑通知书》的纸质凭证或者通过境内银行提供的电子单据办理国际收支统计申报。发生涉外收入业务的机构申报主体，还可以通过国家外汇管理局国际收支网上申报系统（企业版）办理涉外收入网上申报，选择网上申报的机构申报主体仍可以通过纸质申报或电子单据申报方式完成涉外收入申报。

涉外收付纸质凭证的内容和格式由国家外汇管理局负责统一制定、修改，由境内银行按照涉外收付凭证管理规定的要求备案后自行印制。

申报主体通过境内银行提供的电子单据或国家外汇管理局国际收支网上申报系统（企业版）进行国际收支统计申报，无须使用涉外收付纸质凭证。

第十条 境内银行为申报主体提供电子单据办理国际收支统计申报业务前，应按照涉外收付纸质凭证的样式和内容以及数据采集规范等要求，设置涉外收付款业务的电子单据界面及填报格式，使其至少包括国际收支统计申报所需的基础信息和申报信息，如收/付（汇）款人名称、收/付（汇）款币种及金额、对方付/收款人常驻国家（地区）、国际收支交易编码及交易附言等。

境内银行应根据本实施细则制定电子单据申报的操作规范，明确国际收支统计申报号码编制、基础信息接口导入、申报信息的录入/导入、信息审核和修改等内容。境内银行应在电子单据申报方式中为申报主体提供国际收支统计申报相关的规定，如涉外收支交易分类及代码的详细要求和说明等。

第十一条 境内银行及申报主体应当妥善保管《涉外收入申报单》、《境外汇款申请书》和《对外付款/承兑通知书》各自留存联和相关电子数据信息。境内银行应将纸质《涉外收入申报单》、《境外汇款申请书》和《对外付款/承兑通知书》或者申报主体填写或提供的相关电子数据信息保存至少24个月，保存期满后可自行销毁。国家外汇管理局另有规定的，从其规定。

第十二条 发生涉外收入的申报主体，应在解付银行解付之日或结汇中转行结汇之日后五个工作日内办理该款项的申报。

发生涉外付款的申报主体，应在提交《境外汇款申请书》或《对外付款/承兑通知书》的同时办理该款项的申报。

第三章 申报流程

第一节 境内银行准备工作

第十三条 境内银行应按照国家外汇管理局信息系统代码标准相关管理规定向国家外汇管理局及其分支局（以下简称外汇局）申领金融机构代码和金融机构标识码；根据国家外汇管理局国际收支网上申报系统和金融机构外汇业务数据采集规范等有关规定，设计和开发其接口程序，申请上线，实现银行自身计算机处理系统与国际收支网上申报系统之间的数据连接和转换。

外汇局应当按规定及时为金融机构办理赋码，协调银行接口程序联调，并在国际收支网上申报系统（外汇局版）中为辖内的境内银行及其分支机构进行国际收支申报业务的开通/关闭设置等准备工作。

第二节 单位基本情况表

第十四条 机构申报主体在办理涉外收付款的国际收支统计申报之前，应按照有关规定申领组织机构代码或特殊机构代码。

第十五条 机构申报主体在境内银行任何一家网点首次办理涉外收付款业务时，应填写《单位基本情况表》，同时向银行提供《组织机构代码证》或《特殊机构代码赋码通知》、《营业执照》等证明文件。申报主体为外商投资企业的，还应当提供《外商投资企业批准证书》等证明文件。

第十六条 境内银行应按照国家外汇管理局规定的内容和格式自行印制《单位基本情况表》一式两联（见附表），提供给机构申报主体使用。

第十七条 境内银行应对申报主体填写的《单位基本情况表》信息与该机构提供的《组织机构代码证》或《特殊机构代码赋码通知》、《营业执照》、《外商投资企业批准证书》等证明文件进行核对，核对有误的退回申报主体修改；核对无误的，银行应于本工作日内登录国际收支网上申报系统（银行版）或通过银行接口程序进行处理：

（一）对于申报主体的《单位基本情况表》信息在国际收支网上申报系统（银行版）中已经存在，并显示为已经通过外汇局核查，且与该申报主体填写的《单位基本情况表》关键要素（包括组织机构代码、机构名称、住所/营业场所、常驻国家（地区）、外方投资者国别（地区）、经济类型、行业属性、是否特殊经济区内企业）一致的，经办银行应将该申报主体的机构联系人、联系电话、传真号码补充录入/导入国际收支网上申报系统（银行版）；关键要素不一致的，经办银行应将申报主体的机构联系人、联系电话、传真号码补充录入/导入国际收支网上申报系统（银行版），同时将《单位基本情况表》、《组织机构代码证》或《特殊机构代码赋码通知》、《营业执照》、《外商投资企业批准证书》等证明文件传真或报送至银行所在地外汇局，由银行所在地外汇局转至申报主体住所/营业场所所在地外汇局，住所/营业场所所在地外汇局应于收到材料后的二个工作日内进行修改。

（二）对于申报主体的《单位基本情况表》信息在国际收支网上申报系统（银行版）中存在，但显示为尚未经过外汇局核查，且与该申报主体填写的《单位基本情况表》关键要素一致的，经办银行应将该申报主体的机构联系人、联系电话、传真号码补充录入/导入国际收支网上申报系统（银行版）；关键要素不一致的，经办银行应在核实后将该申报主体的《单位基本情况表》修改信息录入/导入国际收支网上申报系统（银行版）。

（三）对于申报主体的《单位基本情况表》信息在国际收支网上申报系统（银行版）中不存在的，经办银行应将该申报主体填写的《单位基本情况表》信息录入/导入国际收支网上申报系统（银行版）。

第十八条 申请通过国家外汇管理局国际收支网上申报系统（企业版）办理涉外收入网上申报的机构申报主体应在《单位基本情况表》“申报方式”中选择“开通网上申报”。经办银行应登录国际收支网上申报系统（银行版）开通该机构的网上申报，并将系统自动生成的管理员用户名、用户初始密码和生效日期等信息告知给该机构。

机构申报主体自开通网上申报的第二个工作日起可登录国际收支网上申报系统（企业版）修改管理员密码，并创建企业操作员用户办理国际收支统计申报业务。机构申报主体遗失其管理员密码的，应向经办银行申请重置并恢复系统自动生成的初始密码。

机构申报主体可向经办银行申请关闭涉外收入网上申报业务，经办银行应登录国际收支网上申报系统（银行版）关闭该机构的网上申报，自关闭网上申报的第二个工作日起，该机构不能通过国际收支网上申报系统（企业版）办理国际收支统计申报业务。

第十九条 《单位基本情况表》关键要素发生变更的机构申报主体，应及时通知其中一家经办银行，并提交本实施细则第十五条规定的材料。

经办银行应对机构申报主体填写的《单位基本情况表》信息与该机构提供的《组织机构代码证》或《特殊机构代码赋码通知》、《营业执照》、《外商投资企业批准证书》等证明文件进行核对，核对无误后于本工作日内将材料传真或报送至银行所在地外汇局，由银行所在地外汇局转至该机构住所/营业场所所在地外汇局，住所/营业场所所在地外汇局应于收到材料后的二个工作日内进行修改。

第二十条 银行所在地外汇局应每日对国际收支网上申报系统（外汇局版）中待核查的《单位基本情况表》进行核查，发现有误，应在国际收支网上申报系统（外汇局版）中直接进行修改。

外汇局发现已核查的《单位基本情况表》关键要素有误，应通知该机构住所/营业场所所在地外汇局进行修改。

第二十一条 境内银行和外汇局应及时在国际收支网上申报系统中对《单位基本情况表》非关键要素的变更进行修改。

第二十二条 机构申报主体因注销、更换组织机构代码而需要停用《单位基本情况表》时，应填写《单位基本情况表》，勾选“单位基本情况表停用”，并由经办银行向其所在地外汇局传真或报送需停用的《单位基本情况表》。所在地国家外汇管理局分局、外汇管理部（以下简称分局）负责将停用需求确认后汇总报国家外汇管理局。对于分局停用需求中住所/营业场所为其辖内的机构，国家外汇管理局直接在国际收支网上申报系统（外汇局版）中进行停用处理；对于分局停用需求中住所/营业场所不在其辖内的机构，国家外汇管理局将该机构信息发至住所/营业场所所在地分局确认，并根据住所/营业场所所在地分局的意见进行停用或者不停用的处理。

第二十三条 境内银行和机构申报主体应妥善永久留存纸质《单位基本情况表》原件、原件的电子扫描件或拍照件备查。

第三节 涉外收入申报

第二十四条 对于涉外收入申报业务，解付银行/结汇中转行应先向国家外汇管理局报送基础信息，并通知申报主体办理该款项的申报。

第二十五条 解付银行/结汇中转行在涉外收入款项解付/结汇之日（T）后的第一个工作日（T+1）中午12：00前，应将相应的涉外收入基础信息按照国家外汇管理局数据采集规范的要求从银行自身计算机处理系统导入国际收支网上申报系统（银行版）。

第二十六条 不结汇中转行在以原币方式向解付银行/结汇中转行划转涉外收入款项时，应将原始信息及时、准确、完整地逐笔传送到解付银行/结汇中转行，该原始信息应能够表明该笔款项为境外款项。解付银行/结汇中转行收到该笔款项后按照本实施细则第二十五条的规定报送涉外收入基础信息。

第二十七条 采取福费廷、出口押汇、出口保理等方式办理涉外收入的，应按以下规定办理：

福费廷、出口押汇、出口保理等业务在境内未发生转让时，办理福费廷、出口押汇、出口保理等业务的境内银行应在收到境外款项时通知申报主体办理涉外收入申报。

福费廷、出口押汇、出口保理等业务在境内发生转让时，原始经办银行应及时跟踪境外到款情况；境内受让银行应于收到境外款项的当日将收款日期、币种、金额等信息通知原始经办行。原始经办银行收到通知后，应按通知中的收款日期生成申报号码，并于本工作日内通知申报主体办理涉外收入申报。

第二十八条 通过纸质凭证和电子单据方式进行涉外收入申报的流程：

（一）解付银行/结汇中转行应在涉外收入款项解付/结汇之日，通知申报主体在五个工作日内办理涉外收入申报（通知内容应包括其自身计算机处理系统自动产生的该笔涉外收入款项的申报号码和该收款人应于何日前完成该笔涉外收入申报等相关信息）。

（二）申报主体应在解付银行为其解付后或结汇中转行为其结汇后五个工作日内，按《涉外收入申报单》的填报说明逐笔填写《涉外收入申报单》纸质凭证或电子单据，并交解付银行/结汇中转行。

（三）解付银行/结汇中转行收到申报主体提交的《涉外收入申报单》后，应于本工作日内对其进行审核，审核的主要内容为：

1. 申报主体是否错用了其他种类的凭证；

2. 申报主体是否按填报说明填写了所有内容；

3. 申报主体申报的内容是否与该笔涉外收入业务的相关内容一致。

（四）解付银行/结汇中转行审核发现有误，应于本工作日内将《涉外收入申报单》退回申报主体，或者与申报主体核实后直接在原《涉外收入申报单》上进行修改（纸质凭证须在修改处签章）。

（五）申报主体应于当日对解付银行/结汇中转行退回的《涉外收入申报单》进行核实。核实有误，则对《涉外收入申报单》进行修改（纸质凭证须在修改处签章），并及时退回经办银行；核实无误，则以书面或电子信息等形式说明原因并将《涉外收入申报单》一并及时返回经办银行。

（六）解付银行/结汇中转行审核无误后，应于申报主体申报之日（T）后的第一个工作日（T+1）内将申报信息录入或导入国际收支网上申报系统（银行版）。对于纸质《涉外收入申报单》，解付银行/结汇中转行应在“申报主体留存联”上加盖银行业务印章。“银行留存联”由境内银行按规定留存；“申报主体留存联”退回申报主体。

第二十九条 通过国家外汇管理局国际收支网上申报系统（企业版）进行涉外收入网上申报的流程：

（一）对于通过国家外汇管理局国际收支网上申报系统（企业版）办理涉外收入申报的机构申报主体，国际收支网上申报系统（银行版）自动将其《单位基本情况表》信息和涉外收入基础信息发送到国际收支网上申报系统（企业版）。

（二）机构申报主体应在解付银行为其解付后或结汇中转行为其结汇之日后五个工作日内，通过国际收支网上申报系统（企业版）完成涉外收入申报。

（三）解付银行/结汇中转行应在本工作日营业结束前对前一个工作日的网上涉外收入申报信息进行审核。审核的主要内容为：1. 申报主体是否按填报说明填写了所有内容；2. 申报主体申报的内容是否与该笔涉外收入业务的相关内容一致。

（四）对审核无误的申报信息，解付银行/结汇中转行予以审核通过；对审核未通过的申报信息，解付银行/结汇中转行应在系统中标注原因，要求申报主体核实。申报主体应于下一工作日内对未通过银行审核的涉外收入申报信息进行核实，并在系统中对错误信息进行修改或对核实无误的说明原因。

（五）申报主体发现所报送申报信息有误时，应及时通过国际收支网上申报系统（企业版）修改该申报信息。

第三十条 通过境外汇路进行的境内款项划转，应由款项原始汇出银行在SWIFT报文的52场填写原始汇款行信息。对于不通过SWIFT系统的银行，应比照SWIFT格式发送报文，将原始汇款行信息传递给境内收款行。

第四节 涉外付款申报

第三十一条 申报主体以汇款或内部转账方式通过境内银行办理涉外付款业务时，应当填写纸质《境外汇款申请书》或相应电子单据；以信用证、保函、托收等汇款以外的结算方式办理涉外付款业务时，应当填写纸质《对外付款/承兑通知书》或相应电子单据。电子单据申报比照纸质申报的流程办理。

第三十二条 对以信用证、保函、托收等汇款以外的结算方式办理的涉外付款业务，境内银行收到境外来单后，填制《对外付款/承兑通知书》中应由银行填写的到单信息，并在第一联“到单通知银行/客户留存联”上签章后，将相应联次送达付款人。

申报主体收到《对外付款/承兑通知书》

后，应将《对外付款/承兑通知书》各联填写完整，并加盖印鉴后，按境内银行规定时间，返还境内银行办理涉外付款手续。

第三十三条 境内银行收到申报主体填写/提交的《境外汇款申请书》或《对外付款/承兑通知书》后，应于本工作日内对其进行审核，审核的主要内容为：

（一）申报主体是否错用了其他种类的凭证；

（二）申报主体是否按填报说明填写了所有内容；

（三）申报主体申报的内容是否与该笔涉外付款业务的相关内容一致。

审核有误的，境内银行应与申报主体核实后修改或重新填写。审核无误的，境内银行方可为申报主体办理涉外付款手续。

第三十四条 境内银行应将其自身计算机处理系统自动生成的涉外付款的申报号码填写在《境外汇款申请书》或《对外付款/承兑通知书》的“银行留存联”和“申报主体留存联”上，并在“申报主体留存联”上加盖银行印章。“银行留存联”由境内银行按规定留存；“申报主体留存联”退回申报主体。

第三十五条 境内银行应于涉外付款汇出之日（T）后的第一个工作日（T+1）中午12：00之前，将相应的涉外付款基础信息按照国家外汇管理局数据采集规范要求从银行自身计算机处理系统中导入国际收支网上申报系统（银行版）。

第三十六条 对《境外汇款申请书》的申报信息，境内银行应在审核无误后于款项汇出之日（T）后的第一个工作日（T+1）内录入/导入国际收支网上申报系统（银行版）。

对《对外付款/承兑通知书》的申报信息，申报主体在境内银行规定的时间内将《对外付款/承兑通知书》返还境内银行的，境内银行应在涉外付款之日（T）后的第一个工作日（T+1）内将审核无误的涉外付款申报信息录入/导入国际收支网上申报系统（银行版）。申报主体未在境内银行规定的时间内将《对外付款/承兑通知书》返还银行的，申报主体应于境内银行按惯例付款后五个工作日内进行申报，境内银行应在申报当日内将审核无误的涉外付款申报信息录入/导入国际收支网上申报系统（银行版）。

第五节 申报数据的修改处理

第三十七条 境内银行发现所报送的基础信息有误时，应在银行自身计算机处理系统中修改后重新导入国际收支网上申报系统（银行版）。

境内银行对基础信息的修改如涉及收付款人的组织机构代码、个人身份证件号码或者对公/对私属性的改变，境内银行应删除原错误基础信息，并在系统中说明删除原因后，重新生成新的申报号码报送基础信息。

境内银行对基础信息中的修改如涉及收付款币种或收付款金额时，应通知申报主体按原申报号码重新申报，或者删除原错误基础信息，并在系统中说明删除原因后，重新生成新的申报号码报送基础信息。

第三十八条 通过纸质凭证或电子单据方式申报的申报信息有误时，境内银行应及时通过国际收支网上申报系统（银行版）进行修改。对于以录入方式处理的申报信息，境内银行应在国际收支网上申报系统（银行版）中凭申报主体修改后的申报信息直接进行修改；对于以接口导入方式处理的申报信息，银行应凭申报主体修改后的申报信息在其自身计算机处理系统中修改后重新导入国际收支网上申报系统（银行版）。

涉外收入网上申报的申报信息有误时，申报主体应及时通过国际收支网上申报系统（企业版）修改该申报信息。

第三十九条 对于已经申报的涉外收入或

支出的错汇款，经办银行应当删除该笔错汇款项的申报数据，并在系统中说明删除原因。

对于因交易被撤销等而支出或收到的原涉外收付款的退款，申报主体应当在《涉外收入申报单》或《境外汇款申请书》中勾选“退款”，退款的交易性质应当与原涉外收付款的交易性质相对应，如无相对应的交易编码，则填写所属大类项目的其他项。

第六节　逾期未申报处理

第四十条　机构申报主体未在解付银行/结汇中转行为其涉外收入款项解付/结汇后的五个工作日内按规定办理涉外收入申报情节严重的，经办银行所在地分局应以书面形式对该机构申报主体实行“不申报、不解付”的特殊处理措施。

第四十一条　对于被执行“不申报、不解付”特殊处理措施的机构申报主体，解付银行/结汇中转行和申报主体应当按以下规定办理：

（一）经办银行应当督促该机构首先逐笔补报其此前未按期申报的涉外收入款项，并通知其应以纸质申报方式完成其被执行特殊处理措施期间新收款项的申报。

（二）申报主体应通过纸质申报、电子单据申报或网上申报方式补报此前未按期申报的涉外收入款项，履行补报义务后应向分局申请签发补报确认书。

（三）申报主体应当以纸质申报方式完成被执行特殊处理措施期间新收款项的申报。经办银行审核无误后，凭申报主体提供的分局为其出具的补报确认书，方可为其办理该笔新收款项的解付手续。

第四十二条　在特殊处理措施期满，并确认该申报主体已经补报其未按期申报的涉外收入款项后，分局应当以书面方式解除该机构的特殊处理措施。

第四十三条　分局应当根据辖内申报业务情况制定对全辖机构申报主体执行涉外收入“不申报、不解付”特殊处理措施的标准和程序，并报国家外汇管理局备案。

第四章　申报内容要求

第四十四条　申报主体通过境内银行进行国际收支统计申报时，应按照境内银行涉外收付凭证管理规定以及相关业务要求办理。

第四十五条　境内银行应确保其报送的涉外收付款数据信息与其自身会计以及业务系统的相关信息保持一致。

第四十六条　涉外收入款项的交易编码原则上按照申报主体的资金来源性质进行申报，涉外支付款项的交易编码原则上按照申报主体的资金用途性质进行申报；而对于境内居民与境外居民之间发生的跨境收入/支付款项，应按照境外居民的资金来源/用途性质进行申报。涉外收付款中的交易附言应当准确描述该交易性质。

第四十七条　对于涉外收付款信息中对方付款人或收款人的国别，原则上应申报为该笔涉外收入或付款的对方付款人或收款人常驻的国家或地区。但是，对于境内居民与境外居民之间发生的跨境收付款，国别项应申报境外居民相应的境外账户开户银行所在国家或地区。对于境内非居民通过境内银行与境外发生的收付款，国别项应申报为境内非居民的常驻国家或地区。

第四十八条　对申报主体通过境内银行从境外收到/对境外支付的款项，境内银行应当在基础信息中的对方付款人/收款人名称前添加“（JW）”字样；对境内居民通过境内银行与境内非居民发生的收付款，境内银行应当在基础信息中的对方付款人/收款人名称前添加“（JN）”字样。其中，“（JW）”和“（JN）”均为半角大写英文字符。

第五章　外汇局职责

第四十九条　国家外汇管理局负责组织、

管理、指导、核查、考核和考评通过境内银行进行的国际收支统计申报工作，统一管理和维护国际收支网上申报系统的系统参数、公共代码、外汇局基本情况表、金融机构代码表、金融机构基本情况表、单位基本情况表等数据，开通/关闭银行网上申报功能等工作。

第五十条 国家外汇管理局分支局负责管理通过辖内银行进行的国际收支统计申报日常工作，考核下级外汇局和所辖银行的国际收支统计申报的数据质量和工作质量，制定辖内执行“不申报、不解付”特殊处理措施的标准和要求，建立和维护所辖金融机构基本情况表，核查所辖国际收支统计申报数据，核查和修改辖内单位基本情况表，根据辖内银行分支机构的申请开通/关闭其网上申报功能，为银行管理员用户进行密码重置等工作。

第六章 附 则

第五十一条 本实施细则有关国际收支统计申报用语解释如下：

（一）境内银行，是指在中国境内依法设立的，为申报主体办理涉外收付款相关业务的银行。

（二）解付银行，是指收到款项后将收入款项贷记收款人账户的银行。

（三）结汇中转行，是指收到款项并将收入款项结汇后直接划转到收款人其他银行账户的银行。

（四）不结汇中转行，是指收到款项后不贷记收款人账户，以原币形式划转到收款人在其他银行账户的银行。

（五）境内非居民，是指通过境内银行在境内办理涉外收付款业务的非中国居民。

（六）境外居民，是指在境外办理收付款业务的中国居民。

（七）国际收支网上申报系统，是指国家外汇管理局根据国际收支统计申报相关规范性文件进行开发，提供给外汇局、境内银行和申报主体进行国际收支统计申报的专用电子系统，包括外汇局版、银行版和企业版。

（八）纸质申报，是指申报主体通过填报纸质申报单进行申报的申报方式。

（九）网上申报，是指机构申报主体通过国际互联网在国家外汇管理局国际收支网上申报系统（企业版）上进行申报的申报方式。

（十）电子单据申报，是指申报主体通过其境内经办银行提供的网上银行、手机银行等电子渠道的涉外收付款界面进行申报的申报方式。

（十一）申报号码，是指由银行按外汇局要求编制的号码，共22位。第1至12位为金融机构标识码；第13至18位为该笔涉外收入款的贷记客户日期/结汇中转日期或该笔涉外付款的支付日期（按年月日YYMMDD格式）；第19至22位为该银行的当日业务流水码。银行当日业务流水码不得重号。

（十二）金融机构代码，是指唯一标识境内从事金融业务的经济组织（金融机构）的四位数字代码，该金融机构所有分支机构的金融机构代码与总行（总公司）保持一致。金融机构代码由国家外汇管理局统一编制并分配。

（十三）金融机构标识码，是指唯一标识金融机构总行（总公司）及其分支机构的代码，每个总行（总公司）或分支机构均各自拥有一个唯一的12位金融机构标识码。

（十四）银行自身计算机处理系统包括与国际收支统计申报信息有关的银行的各种业务处理系统、会计核算系统、账务处理系统及人民币业务系统等。

（十五）数据采集规范，是指由国家外汇管理局统一制定，供银行开发接口程序时使用的一种数据标准。

第五十二条 办理资金集中收付业务的财

务公司，可按照本实施细则及相关规定通过境内银行办理国际收支统计申报业务，也可向国家外汇管理局申请视同境内银行办理国际收支统计申报业务。

第五十三条 银行卡项下自动柜员机（ATM）取现和电子收款机系统（POS）消费交易的国际收支统计申报按照对外金融资产负债及交易统计制度等规定执行，不适用本实施细则；银行卡项下的涉外收付款适用本实施细则。

第五十四条 对违反本实施细则的行为，由外汇局根据《中华人民共和国外汇管理条例》和《国际收支统计申报办法》等规定进行处罚。

第五十五条 本实施细则由国家外汇管理局负责解释。

第五十六条 本实施细则自2015年7月1日起施行。《国家外汇管理局关于下发〈国际收支统计申报办法实施细则〉的通知》（汇发〔2003〕21号）、《国家外汇管理局关于印发〈通过金融机构进行国际收支统计申报业务操作规程〉的通知》（汇发〔2010〕22号）和《国家外汇管理局关于做好调整境内银行涉外收付凭证及相关信息报送准备工作的通知》（汇发〔2011〕49号）同时废止。

附表：单位基本情况表（略）

国家外汇管理局

2015年6月18日

国家外汇管理局关于印发《跨国公司外汇资金集中运营管理规定》的通知

（汇发〔2015〕36号）

国家外汇管理局各省、自治区、直辖市分局、外汇管理部，深圳、大连、青岛、厦门、宁波市分局：

为进一步促进贸易投资便利化，服务实体经济，国家外汇管理局（以下简称总局）修订了《跨国公司外汇资金集中运营管理规定（试行）》。现通知如下：

一、试点外债比例自律管理。跨国公司成员企业借用外债实行比例自律，主办企业可全部或部分集中成员企业外债额度；外债结汇资金可依法用于偿还人民币贷款、股权投资等；企业办理外债登记后可根据商业原则自主选择偿债币种。

二、优化国际主账户功能。境内银行通过国际外汇资金主账户吸收的存款，可在不超过前六个月日均存款余额的50%（含）额度内境内运用；在纳入银行结售汇头寸管理前提下，允许账户内资金一定比例内结售汇。

三、简化账户开立要求。允许跨国公司资金集中运营A类成员企业经常项目外汇收入无需进入出口收入待核查账户；符合条件的跨国公司主办企业可异地开立国内、国际外汇资金主账户。

四、简化外汇收支手续。允许银行按照“了解客户”、“了解业务”、“尽职审查”等原则，审核相关电子单证真实性后办理经常项目外汇收支；允许经常项目和资本项目对外支付购汇与付汇在不同银行办理。

五、完善涉外收付款申报手续。简化集中收付汇和轧差结算收支申报程序，建立与资金池自动扫款模式相适应的涉外收付款申报方式，允许银企一揽子签订涉外收付款扫款协议。

六、加强事中事后管理。一是银行、企业等应按照规定及时、准确报送试点业务等数据。二是各级外汇局应当加强跨国公司外汇资金集中运营管理业务跨境资金流动监测，对异常或可疑情况进行风险提示，依法开展现场核查检查。三是各分局、外汇管理部（以下简称分局）既可要求主办企业一次性更新之前备案材料，重新制定操作规程备案；也可仅就外债比例自律管理等新增业务单独备案。分局参照前述规定办理向总局的备案，新开展业务的分局须向总局整体备案业务操作规程。四是分局在审核企业备案操作规程过程中，须严格审核外债和对外放款额度，确保准确；做好系统维护，加强部门协调和对银行、企业的监管。

现将修订后的《跨国公司外汇资金集中运营管理规定》印发，请各分局遵照执行。遇有特殊情况，及时向总局反馈。

国家外汇管理局

2015 年 8 月 5 日

附件：

跨国公司外汇资金集中运营管理规定

第一章　总　　则

第一条　为促进贸易投资便利化，服务实体经济，制定本规定。

第二条　跨国公司可以根据经营需要，在所在地银行（省级区域，下同）开立国内外汇资金主账户，集中运营管理境内成员企业外汇资金，办理经常项目集中收付汇和轧差净额结算等业务。

第三条　跨国公司可以根据经营需要，在所在地银行开立国际外汇资金主账户，集中运营管理境外成员企业资金及从其他境外机构借入的外债资金。

国际外汇资金主账户之间以及与境外机构境内外汇账户、境外资金往来自由。国际外汇资金主账户内资金不占用企业外债指标，但应按规定办理外债登记。

第四条　境内银行通过国际外汇资金主账户吸收的存款，可在不超过前六个月日均存款余额的 50% 额度内境内运用；在占用短期外债余额指标的前提下，可将国际外汇资金主账户吸收存款中超过 50% 的部分境内运用。

上述存款可在前六个月日均存款余额的 10% 比例范围内结售汇，相关头寸纳入银行结售汇综合头寸管理。

第五条　跨国公司试行借用外债比例自律管理，可在满足规定条件下，遵循商业惯例自行借用外债（操作规程见附 1，预警机制见附2）。

国内外汇资金主账户从国际外汇资金主账户净融入资金不得超过外债总规模。国际外汇资金主账户从国内外汇资金主账户净融出资金不得超过对外放款总规模。

第六条 跨国公司可以根据经营需要，同时开立国内、国际外汇资金主账户，也可以选择开立其中任何一个账户。

同时开立国内、国际外汇资金主账户的，外债、对外放款融出入资金应经由国际外汇资金主账户办理；仅开立国内外汇资金主账户的，或仅开立国际外汇资金主账户的，外债、对外放款通过该账户办理。

跨国公司、银行应做好额度控制，确保任一时点外债、对外放款融出入资金不超过规定额度。

第七条 开户银行应为近三年执行外汇管理规定年度考核B（含）类及以上的银行。主办企业原则上选择不超过3家境内具有结售汇业务资格的银行作为办理资金集中运营管理业务的开户银行，开户银行依据本规定对相关账户交易进行操作和管理。

开户银行办理资金集中运营管理业务后考核等次为B（不含）以下的（考核等次为C的除外），可以继续办理原有相应业务。

第二章 业务备案

第八条 满足以下条件的跨国公司，可根据经营需要开立国内、国际外汇资金主账户：

（一）具备真实业务需求；

（二）具有完善的外汇资金管理架构、内控制度；

（三）建立相应的内部管理电子系统；

（四）上年度本外币国际收支规模超过1亿美元（参加外汇资金集中运营管理的境内成员企业合并计算）；

（五）近三年无重大外汇违法违规行为（成立不满三年的企业，自成立之日起无重大外汇违规行为）。贸易外汇收支企业名录内企业，货物贸易分类结果应为A类；

（六）外汇局规定的其他审慎监管条件。

第九条 主办企业开立国内、国际外汇资金主账户应向所在地外汇分局、管理部（以下简称分局）备案，提交以下材料：

（一）备案申请。包括跨国公司基本情况，业务需求；主办企业基本情况，参与企业名单、股权结构；跨国公司对主办企业的授权书等。选择经常项目外汇资金集中收付汇、轧差净额结算业务的，还需列表说明参与的境内外成员企业名单，包括名称、组织机构代码、注册地等。

（二）相关证明材料。包括加盖主办企业公章的主办企业及境内成员企业营业执照；金融业务许可证及经营范围批准文件（金融机构需提供）；境外成员企业只需提供注册证明。

（三）企业与开户银行联合制定的业务模式、操作流程、内控制度、组织架构、系统建设、风险控制措施、数据监测方式以及技术服务保障方案等；经签署的《跨国公司外汇资金集中运营管理业务办理确认书》（见附3）；选择2家以上（含）开户银行的，应明确外债、对外放款集中额度在各家开户银行的具体分配。

（四）外汇局要求提供的其他材料。

第十条 跨国公司主办企业首次申请集中外债额度时应提交以下材料：

（一）申请书，应列表说明参加外债额度集中的成员企业名称、组织机构代码、注册地、每家成员企业可用外债额度、已登记外债签约额及提款额、集中的外债额度。

（二）参与集中或者部分集中外债额度的成员企业的资本项目信息系统外债业务查询中的尚可借债额、外债签约登记列表及外债业务条线查询列表信息打印界面、净资产总额有关证明等。

成员企业所在地外汇局应根据该成员企业要求或其主办企业所在地外汇局要求，以书面形式出具前款材料并认真核对，确保数据准确。

第十一条 外汇局应在主办企业提交完整的备案申请材料之日起二十个工作日内完成备案手续并出具备案通知书（见附4）。备案通知书应包含外债、对外放款资金融出入额度等。

主办企业所在地外汇局应及时将前款外债、对外放款额度维护到外汇局相关信息系统，加强日常监测，确保管理有效。

第十二条 主办企业为财务公司的，应当遵守行业主管部门规定，并将跨国公司外汇资金集中运营管理业务和其他业务（包括自身资产负债业务）分账管理。

第十三条 业务办理期间开户银行、主办企业、成员企业等发生变更的，应提前一个月向分局变更备案。

开户银行变更的，应提交以下材料：

（一）变更开户银行申请。主要包括：变更开户银行的原因，拟选择的开户银行，原账户余额的处理方式等。

（二）拟新开户银行业务模式、操作流程、内控制度、组织架构、系统建设、风险控制措施、数据监测方式以及技术服务保障方案等。

（三）加盖银行业务公章的原账户余额对账单。

（四）经签署的《跨国公司外汇资金集中运营管理业务办理确认书》。

（五）外汇局要求的其他材料。

成员企业、主办企业外债和对外放款额度、业务种类变更的，除参照第九、十条提交材料外，还应提交原备案通知书复印件。

第十四条 主办企业货物贸易分类结果降为B、C类，根据违规情节轻重，外汇局将通知跨国公司变更主办企业并重新提交申请材料，或取消主办企业业务资格；其他成员企业货物贸易分类结果降为B、C类，主办企业应终止其业务，并向外汇局进行成员企业变更备案。

第十五条 主办企业存在外汇违规行为的，自处罚生效之日起，取消主办企业业务资格；成员企业存在外汇违规行为，自处罚生效之日起，取消该成员企业参与业务资格。

第三章 国内、国际外汇资金主账户管理

第十六条 主办企业应持备案通知书到银行开立国内和（或）国际外汇资金主账户，办理外汇资金划转手续。国内和国际外汇资金主账户可以是多币种账户，允许日间及隔夜透支；透支资金只能用于对外支付，收到外汇资金后应优先偿还透支款。根据业务需要，该账户项下可设立分账户。

国内外汇资金主账户和国际外汇资金主账户开户数量不予限制，但应符合审慎监管要求。

第十七条 国内外汇资金主账户收支范围。

（一）收入范围

1. 境内成员企业从境外直接获得的经常项目收入；

2. 境内成员企业经常项目外汇账户、资本金账户、资产变现账户、再投资专用账户、外债账户划入；

3. 规定额度内由国际外汇资金主账户划入的从境外借入的外债和偿还的对外放款本息；

4. 购汇存入（经常项目项下对外支付购汇所得资金、购汇对外放款或偿还外债资金）；

5. 理财产品的本息；

6. 外汇局核准的其他收入。

同一跨国公司未开立国际外汇资金主账户的，国内外汇资金主账户收入范围还包括规定额度内从境外借入的外债资金或者收回的对外放款本息。

跨国公司向境内存款性金融机构借入的外汇贷款不得进入国内外汇资金主账户（用于偿还外债、对外放款等除外）。

（二）支出范围

1. 境内成员企业向境外的经常项目支出；

2. 向境内成员企业经常项目外汇账户、资本金账户、资产变现账户、再投资专用账户、外债账户划出；

3. 规定额度内向国际外汇资金主账户划出的对外放款和偿还的外债本息；

4. 结汇；

5. 理财产品本金划出；

6. 交纳外币存款准备金；

7. 外汇局核准的其他支出。

同一跨国公司未开立国际外汇资金主账户的，国内外汇资金主账户支出范围还包括规定额度内对外放款和偿还的外债本息。

第十八条 主办企业可以集中成员企业全部外债额度，也可以集中部分外债额度。办理外债登记后可根据商业原则自主选择偿债币种。

主办企业集中全部外债额度的，自递交申请之日起，成员企业不得自行举借外债。集中部分外债额度的，所余外债额度仍按照现行外债管理规定办理。具体管理办法由主办企业所在地外汇局与所涉外汇局核实后商主办企业及其开户银行制定，且所涉外汇局之间应按季度核对外债数据。

主办企业可以自身为实际借款人集中借入外债，也可以成员企业为实际借款人代理其借入外债。但外债的借入和偿还必须通过主办企业国际外汇资金主账户、国内外汇资金主账户之间的资金通道划转。

第十九条 主办企业应当通过国际外汇资金主账户从境外融入资金，并办理外债登记。外债登记实行分债权人分币种填报，即企业对每个境外债权人的每个币种的负债视为一笔外债。企业在办理与外债提款、还本付息相关的业务时，应准确进行涉外收付款申报，并在“外汇局批件号/备案表号/业务编号”中准确填写相应的业务编号。主办企业应在签订外债合同后15个工作日内且在首笔外债资金入账前，到外汇局办理签约登记手续，外债变更登记按现行规定办理。

同一跨国公司未开立国际外汇资金主账户的，国内外汇资金主账户借入外债资金，在规定额度内按前款规定办理。

第二十条 跨国公司对外放款，遵循现行外汇管理程序办理。对外放款额度超过境内成员企业所有者权益50%的，可以向分局申请。分局按规定程序集体讨论决定。

第二十一条 国内外汇资金主账户与境外经常项目收付以及结售汇，包括集中收付汇和净额结算等，由经办银行按照“了解客户”、“了解业务”、“尽职审查”等原则办理相关手续。对于资金性质不明确的，银行应当要求主办企业提供相关单证。服务贸易等项目对外支付仍需按规定提交税务备案表。

银行、主办企业应当分别留存充分证明其交易真实、合法的相关文件和单证等5年备查。

第二十二条 国内外汇资金主账户可集中办理经常项下、直接投资、外债和对外放款项下结售汇，相关购汇、付汇业务可在不同银行办理。

企业归集至主办企业的外商直接投资项下外汇资金（包括外汇资本金、资产变现账户资金和境内再投资账户资金）、外债资金在国内外汇资金主账户内按照意愿结汇方式办理结汇手续，结汇所得人民币资金划入主办企业对应开立的人民币专用存款账户（资本项目—结汇待支付账户），经银行审核交易的合规性、真实性后直接支付。不得直接或间接用于企业经营范围之外或国家法律法规禁止的支出。银行应当留存充分证明其交易真实、合法的相关文件和单证等5年备查。

企业及开户银行应及时准确地报送结汇和支付数据至外汇局相关业务信息系统。银行应参照《国家外汇管理局关于发布〈金融机构外汇业务数据采集规范（1.0版）〉的通知》（汇发〔2014〕18号）的要求报送人民币专用存款账户的开关户及收支余信息，人民币专用存款账户的账户性质代码为2113，账户性质名称为“资本项目—结汇待支付账户”。银行应参照《国家外汇管理局关于发布〈金融机构外汇业务数据采集规范（1.0版）〉的通知》（汇发〔2014〕18号）的要求，通过境内收付款凭证，报送人民币专用存款账户与其他境内人民币账户之间的收付款信息。

主办企业为财务公司的，成员企业可申请在财务公司办理上述结售汇业务，也可由主办企业以其名义在银行办理结售汇业务。财务公司为成员企业办理结售汇业务应当具备结售汇业务资格，并按规定向外汇局报送结售汇数据。

第二十三条 开户银行或财务公司应按规定向外汇局报送国际外汇资金主账户（代码为“3600”）和国内外汇资金主账户（代码为“3601”）信息。

第二十四条 国内外汇资金主账户和国际外汇资金主账户之间的资金划转无需进行涉外收付款申报，但应按照《国家外汇管理局关于发布〈金融机构外汇业务数据采集规范（1.0版）〉的通知》（汇发〔2014〕18号）和《国家外汇管理局关于启用境内银行涉外收付凭证及明确有关数据报送要求的通知》（汇发〔2012〕42号）关于境内居民之间资金划转要求报送有关数据。国际外汇资金主账户向国内外汇资金主账户划款时，区分资金性质分别申报为：822 990（借入外债）、821 990（对外放款归还）、322 041（利息支付）；国内外汇资金主账户向国际外汇资金主账户划款时，区分资金性质分别申报为：822 990（偿还外债）、821 990（对外放款）、322 041（利息支付）。

第二十五条 银行和企业可签订一揽子涉外收付款扫款协议。当主办企业在国际外汇资金主账户中进行涉外收付款自动扫款时，按照《国家外汇管理局关于印发〈通过银行进行国际收支统计申报业务实施细则〉的通知》（汇发〔2015〕27号）规定进行涉外收付款申报。

第二十六条 主办企业应当按照《国家外汇管理局关于印发〈通过银行进行国际收支统计申报业务实施细则〉的通知》（汇发〔2015〕27号）进行涉外收付款申报；主办企业为财务公司的，还应当按照《国家外汇管理局关于印发〈对外金融资产负债及交易统计制度〉的通知》（汇发〔2013〕43号）的规定进行申报。

第四章　集中收付汇和轧差净额结算业务管理

第二十七条 集中收付汇是指主办企业通过国内外汇资金主账户集中代理境内成员企业办理经常项目外汇收支。

经常项目轧差净额结算是指主办企业通过国内外汇资金主账户集中核算其境内外成员企业经常项目项下外汇应收应付资金，合并一定时期内外汇收付交易为单笔外汇交易的操作方式。原则上每个自然月轧差净额结算不少于1次。

第二十八条 境内成员企业办理货物贸易集中收付汇或货物贸易轧差净额结算时，应按规定办理“贸易外汇收支企业名录”登记手续（主办企业为财务公司除外）。A类成员企业外汇收支可不进入出口收入待核查账户，但应按货物贸易外汇管理规定，及时、准确通过货物贸易外汇业务监测系统（企业端）进行贸易信贷、贸易融资等业务报告。

第二十九条 主办企业可以根据境内成员企业真实合法的进口付汇需求提前购汇存入国内外汇资金主账户。

对于退汇日期与原收、付款日期间隔在180天（不含）以上或由于特殊情况无法按规定办理原路退汇的，主办企业应当到外汇局办理货物贸易外汇业务登记手续，并提供书面申请、原收入/支出申报单证、原进/出口合同、退汇合同等。

第三十条 境内成员企业按照《货物贸易外汇管理指引》及其实施细则规定，需凭《货物贸易外汇业务登记表》办理的业务不得参加集中收付汇和轧差净额结算，按现行规定办理。

第三十一条 办理经常项目集中收付款或轧差净额结算应按以下要求进行涉外收付款申报：

主办企业应对两类数据进行涉外收付款申报。一类是集中收付款或轧差净额结算时主办企业的实际收付款数据（以下简称实际收付款数据）；另一类是逐笔还原集中收付或轧差净额结算前各成员企业的原始收付款数据（以下简称还原数据）。

实际收付款数据不为零时，主办企业应通过办理实际对外收付款交易的境内银行进行申报，境内银行应将实际收付款信息交易编码标记为“999999”。实际收付款数据为零时（轧差净额结算为零），主办企业应虚拟一笔结算为零的申报数据，填写《境外汇款申请书》，收付款人名称均为主办企业，交易编码标记为“999998”，国别为“中国”，其他必输项可视情况填报或填写“N/A”（大写英文字母）。境内银行应在其实际对外收付款之日（轧差净额结算为零时为轧差结算日或会计结算日）（T）后的第1个工作日（T+1）中午12：00前，完成实际数据的报送工作。

对还原数据的申报，主办企业应按照实际对外收付款的日期（轧差净额结算为零时为轧差结算日或会计结算日）确认还原数据申报时点（T），并根据全收全支原则，以境内成员企业名义，向实际办理或记账处理对外收付款业务的银行提供还原数据的基础信息和申报信息，使其至少包括涉外收付款统计申报的所需信息。境内银行应在上述还原数据申报时点（T）后的第1个工作日（T+1）中午12：00前，完成还原数据基础信息的报送工作；第5个工作日（T+5）前，完成还原数据申报信息的报送工作。

申报单号码由发生实际收付款的银行编制、交易编码按照实际交易性质填报。境内银行应将还原数据的“银行业务编号”填写为所对应的对外实际收付数据的申报号码，以便建立集中收付数据与还原数据间的对应关系。境内银行应为主办企业提供申报渠道等基础条件，并负责将还原数据的基础信息和申报信息传送到外汇局。

第五章 监督管理

第三十二条 主办企业应认真按照本规定及外汇局备案通知书内容开展业务。业务开展期间，相关事项发生变更的，应按要求及时向外汇局变更备案。

主办企业及成员企业应严格按规定向银行申报跨境资金收付性质，办理国际收支统计申报。

第三十三条 开户银行对跨国公司外汇资金集中运营管理业务及提交的材料，做好真实性和合规性审核；对其相关外汇资金变动，做好相应登记备案；对资金流动，做好监测、审核和额度管理。

第三十四条 开户银行应按规定及时、完整、准确地报送国内、国际外汇资金主账户、结汇待支付账户等账户信息、国际收支申报、境内资金划转、结售汇等数据，审核企业报送的业务数据，协助外汇局做好非现场监测。

第三十五条 分局应采取下列措施确保外汇资金集中运营管理工作平稳有序，政策落到实处：

（一）完善工作机制，责任到人，及时准确报送数据。指定牵头处室并1名工作联系人负责向总局报告。本规定实施之日起一年内，每月10日前以局发文形式向总局报告业务情况及相关统计报表；每季度一并报告辖内办理资金集中运营管理企业名单等基本情况。一年后，以综合部门名义每月报告统计报表；每季度报告辖内办理资金集中运营管理企业名单等基本情况；每半年报告业务情况（有关报表见附5－7）。

（二）强化非现场监测与现场核查检查。充分利用跨境资金流动监测与分析系统等现有外汇管理系统，建立跨国公司名单，全面分析国际、国内资金主账户外汇收支、外债额度和对外放款额度、结售汇、资金划转。

（三）做好银行和企业风险提示和窗口指导工作。采取有效措施满足企业需求，逐步形成合理的跨境资金双向流动格局。督促银行建立操作规程和内控制度，提供必要的技术服务保障。必要时，可要求主办企业对外汇资金集中运营管理业务的合规性等进行审计。

（四）根据本规定及当地实际情况，制定细化准入条件等操作规程，按程序向总局备案后实施。

第三十六条 企业发生异常情况及违规行为，分局应在事前通知下暂停或取消办理本规定范围内的各项业务，根据《外汇管理条例》等相关法规进行行政处罚；开户银行未履行、未正确履行、未全面履行了解客户、了解业务和尽职审查责任的，应取消办理本规定范围内各项业务，根据《外汇管理条例》等相关法规进行行政处罚。

第六章 附 则

第三十七条 本规定所称跨国公司是以资本联结为纽带，由母公司、子公司及其他成员企业或机构共同组成的联合体。

成员企业，是指跨国公司内部相互直接或间接持股的、具有独立法人资格的各家公司，分为境内成员企业和境外成员企业。与试点企业无直接或间接持股关系，但属同一母公司控股的兄弟公司可认定为成员企业。其他关联关系（如协议控制）可由分局根据具体情况集体审议后确定是否可认定为成员企业。

主办企业，是指履行主体业务申请、备案、实施、数据报送、情况反馈等职责的跨国公司或取得跨国公司授权且具有独立法人资格的一家境内公司。主办企业为财务公司的，其从事跨境资金交易应遵守行业管理部门的规定。

本规定第三条第二款所称境外机构境内外汇账户包括境外机构在境内银行开立的NRA账户（Non－resident Account）、在取得离岸银行业务资格的离岸银行业务部开立的OSA账户（Off－shore Account）等。

第三十八条 单一企业集团符合内控制度完善、上年度外汇收支规模超过1亿美元、最近三年无重大外汇违规行为等条件的，可以根据业务实际，申请单独开立国内外汇资金主账户，办理经常项目轧差净额结算业务，以及按照本规定第二十一条简化单证审核、第二十二条办理结汇手续等；或者单独开立国际资金主账户，集中管理境外资金。

跨国公司资金集中运营管理框架下委托贷款，应遵守有关境内外汇贷款管理规定，无需开立并通过实体外汇账户办理相关业务；不同成员企业和性质账户间可直接划转资金，无需先上划至国内外汇资金主账户，再下划至成员企业。

第三十九条 外汇局可根据国家宏观调控政策、外汇收支形势及业务开展情况，逐步完善和改进政策内容。

第四十条 本规定自发布之日起实施，由国家外汇管理局负责解释。《国家外汇管理局关于印发〈跨国公司外汇资金集中运营管理规定（试行）〉的通知》（汇发〔2014〕23 号）同时废止。

国家外汇管理局

2015 年 8 月 5 日

国家税务总局

关于明确若干营业税问题的公告

（国家税务总局公告2015年第92号）

根据现行营业税政策规定，经研究，现将若干营业税问题公告如下：

一、企业集团或企业集团中的核心企业以发行债券形式取得资金后，直接或委托企业集团所属财务公司开展统借统还业务时，按不高于债券票面利率水平向企业集团或集团内下属单位收取的利息，按照《财政部 国家税务总局关于非金融机构统借统还业务征收营业税问题的通知》（财税字〔2000〕7号）和《国家税务总局关于贷款业务征收营业税问题的通知》（国税发〔2002〕13号）的规定，不征收营业税。

二、《中华人民共和国营业税暂行条例》第六条所称符合国务院税务主管部门有关规定的凭证，包括法院判决书、裁定书、调解书，以及仲裁裁决书、公证债权文书。

本公告自公布之日起施行。此前已发生但未处理的，按本公告规定执行。

特此公告。

国家税务总局

2015年12月25日

中国银行业监督管理委员会

中国银监会办公厅关于2014年银行业信息科技外包风险情况的通报

（银监办发〔2015〕7号）

各银监局，各政策性银行、国有商业银行、股份制商业银行、金融资产管理公司，邮储银行，银监会直接监管的信托公司、企业集团财务公司、金融租赁公司：

2014年，银监会依托银行业科技外包联合监管平台，由天津、江苏、广东和上海银监局牵头，组织130家银行业金融机构，对29家重点外包服务机构开展了外包风险联合检查。检查覆盖应用系统托管、机房运营服务、数据分析与处理、开发测试与人力外包等重要外包服务，发现了当前银行业科技外包中存在的一些共性风险问题。为加强风险防范，现将有关情况通报如下：

一、主要风险

（一）机房基础设施与灾备管理风险

一是多数外包托管的银行重要信息系统没有应用级灾备，数据级备份严重不足，一旦发生机房级灾难可能导致托管银行的业务长时间中断。

二是部分外包机房的电力、网络通讯、关键设备等“单点”隐患多，如宇信数据科技有限公司托管数十家银行系统的机房长期采用单一变电所，重庆巴云科技有限公司重要网络设备、服务器设备存在单机、单电源情况，不少通信运营商外包机房只允许单运营商通讯线路接入，单点故障引发集中性中断风险较高。

三是部分应用系统托管及机房运营外包商通过租用第三方机房场地的方式为银行提供服务，机房产权及资源控制权均在第三方服务商，银行缺乏控制，一旦出现第三方纠纷，可能对银行系统运营服务的持续性产生影响。

（二）托管系统的生产运行管理风险

部分外包托管系统的生产运行管理不规范，外包商未建立集中的生产作业操作管理体系，监控、事件、变更等基本运维管理体系不健全，监控设置不合理，告警处理不及时。部分外包商未部署堡垒机，或堡垒机存在后门可被绕过直接访问生产系统，对生产系统的操作无审核、无监督、无审计，对生产系统稳定运行产生影响。如城商行清算中心监控中心人员可以绕过运维审计系统直接访问生产系统及重要网络设备，在业务高峰期执行生产数据库重要参数变更，系统稳定运行风险高。同时，部分外包商重要账号、口令及权限管理粗放，明文密码随意存放、重要密码长期不更换问题突出，开发测试及生产服务器存在大量弱口令漏洞，可被轻易攻击进入系统。

（三）托管系统的网络安全管理风险

一是部分提供互联网应用系统托管服务的

外包商，边界安全管理粗放，缺乏异构设计和基本的安全功能配置，网络DMZ区缺乏基础的流量监控和预警系统，不能有效防范外部攻击。

二是部分应用系统托管服务商未进行生产网、开发测试网和办公网的有效隔离，开发测试网直接暴露于互联网环境，核心业务区防火墙存在较多任意端口访问策略，非法入侵风险高。未根据托管系统重要性合理划分安全区域，如城商行清算中心将银行托管网站直接放置于未部署入侵检测等安全设备的办公区，宇信数据科技有限公司将存在诸多高危漏洞的公司网站与银行托管网银系统部署在一个区域，攻击者可以此为跳板攻击银行托管系统。

（四）数据安全管理风险

一是在应用系统托管和数据分析、处理外包方面，托管系统违规存储银行卡明文完整磁道信息，银行卡制卡商生产车间及数据操作室终端、邮件发件箱等长时间留存客户制卡敏感信息，一旦外泄易被批量制作伪卡。部分外包商通过互联网终端以半明文邮件向银行发送客户交易数据、制卡信息等敏感数据，如东信和平科技股份有限公司通过互联网邮件明文向银行返回信用卡批量制卡信息，包含卡号、批次号、数量等数据。此外，部分外包商未对生产数据脱敏即直接用于开发测试，备份数据存放在可访问互联网的测试服务器上，敏感信息泄露风险高。

二是在应用开发外包服务方面，外包商内部存放银行敏感技术资料但未加控制和管理，有的甚至保留含有客户敏感信息的生产及测试数据，数据安全防护不足。如北京九恒星科技股份有限公司、深圳市长亮科技股份有限公司员工电脑存放大量客户名称、账号、身份证号、存款余额等敏感数据。

二、监管要求

外包为银行业尤其是中小银行信息化建设发挥了重要作用。当前，在鼓励中小银行资源共享、集约化发展、促进外包合作的同时，银行业金融机构还应进一步强化风险责任意识，提高管理水平，重点做好以下工作：

（一）加强外包风险管控机制建设。要建立外包风险管理组织架构，明确责任部门，建立健全信息科技外包风险的识别、评估制度。加强对外包商的尽职调查，建立外包立项、供应商选择、合同签署、日常管理和评价验收管理、退出和应急管理程序。主管部门要负起管理责任，风险管理的二、三道防线要明确职责边界，督促业务和技术各相关部门做好风险评估。审计部门要切实加强审计监督和检查。

（二）着力加强外包中的信息安全管理。要建立外包服务的信息安全管理规范、标准，健全规章制度，制定技术安全管控措施，按照“必须知道”和“最小授权”原则，严格实施访问控制策略。要重点做好对银行客户信息、非公开技术资料等敏感数据的安全防护。对驻场服务，应建立可控的工作环境，加强对驻场服务外包人员操作终端、服务器的安全管控，防止敏感信息外泄。对开发外包服务，要加强对信息系统开发交付物的源代码检查和安全扫描，督促外包商加强产品安全设计与研发，提升安全性。要加强对外包人员的安全教育，严格考核与惩戒。

（三）加强对非驻场外包服务的风险评估。应对此类服务建立不同于“项目采购”的外包风险管理模式，加强风险评估，建立对外包商关于服务质量、业务连续性和信息安全的管理指标和考核体系，加强监督管理，并在合同中约束、落实。对于应用系统托管、机房运营服务，银行业金融机构应督促外包商加大在信息科技风险方面的建设投入，建立、健全运行维护体系，规范生产作业；督促外包商加强基础设施建设，切实防范单点故障，完善灾备体系建设，并将外包服务纳入全行业务连续性管理，有效防范信息系统集中中断风险。对于制卡、凭证录入等涉及客户数据处理与分析的服务外包，银行要加强统筹，落实责任部门，业务部门和技术部门要积极协调沟通，切实做好技术风险及信息安全评估。银行要及时向外包商传导信息科技监管政策要求，审计、合规部门要加强对外包风险的重点监控和审计检查。

各银行业金融机构应对照上述有关风险问题，对照开展自查整改，逐一排查风险点，督促外包商切实采取措施，化解风险。各银监局要加强对辖内银行业金融机构的工作督导。

中国银行业监督管理委员会办公厅

2015 年 1 月 9 日

中国银监会、国家发展和改革委员会关于印发能效信贷指引的通知

（银监发〔2015〕2 号）

各银监局，各省、自治区、直辖市及计划单列市、新疆生产建设兵团发展改革委（经信委、经委、工信厅、经发局），各政策性银行、国有商业银行、股份制商业银行、金融资产管理公司、邮储银行，银监会直接监管的信托公司、企业集团财务公司、金融租赁公司：

为落实国家节能低碳发展战略，促进能效信贷持续健康发展，积极支持产业结构调整和企业技术改造升级，提高能源利用效率，降低能源消耗，银监会、国家发展改革委共同制定了能效信贷指引。现印发给你们，请遵照执行。

中国银行业监督管理委员会

国家发展和改革委员会

2015 年 1 月 13 日

能效信贷指引

第一章 总 则

第一条 为促进银行业金融机构能效信贷持续健康发展，积极支持产业结构调整和企业技术改造升级，根据《中华人民共和国银行业监督管理法》、《中华人民共和国商业银行法》、《中华人民共和国节约能源法》等法律法规，制定本指引。

第二条 中华人民共和国境内经中国银监会批准设立的银行业金融机构开展能效信贷业

务，适用本指引。

重点用能单位、节能服务公司、第三方节能量审核机构依据本指引开展与能效信贷有关的活动。

第三条 本指引所称能效信贷是指银行业金融机构为支持用能单位提高能源利用效率，降低能源消耗而提供的信贷融资。

第四条 中国银监会依法对银行业金融机构开展能效信贷业务实施监督和管理。国家发展改革委依法负责对重点用能单位、节能服务公司、第三方节能量审核机构开展的节能工作实施监督和管理。

第二章 服务领域及重点项目

第五条 能效信贷业务的重点服务领域包括：

（一）工业节能，主要涉及电力、煤炭、钢铁、有色金属、石油石化、化工、建材、造纸、纺织、印染、食品加工、照明等重点行业；

（二）建筑节能，主要涉及既有和新建居住建筑、国家机关办公建筑和商业、服务业、教育、科研、文化、卫生等其他公共建筑，建筑集中供热、供冷系统节能设备及系统优化，可再生能源建筑应用等；

（三）交通运输节能，主要涉及铁路运输、公路运输、水路运输、航空运输和城市交通等行业；

（四）与节能项目、服务、技术和设备有关的其他重要领域。

第六条 能效项目是指通过优化设计、更新用能设备和系统、加强能源回收利用等方式，以节省一次、二次能源为目的的能源节约项目，具备以下特征：

（一）技术类型复杂，专业性强：包括锅炉（窑炉）、电机系统、信息处理等设备，生产线节能改造，热电联产，能量系统优化，余热余压利用，建筑节能，交通运输节能，绿色照明等，涉及各类节能低碳专业技术，且技术创新较快；

（二）涉及内容广，参与主体多：包括节能技术有偿使用、节能设备和产品生产与销售、节能工程建设、节能运行与管理、节能信息服务、节能金融服务等多个方面，涉及众多市场参与者，包括用能单位、节能服务公司、节能设备和产品的供应商与销售商、工程设计单位、金融机构等；

（三）市场潜力大，兼具经济、环境、社会效益：能源稀缺性日益凸显，价格长期呈上升趋势，能效项目经济效益显著，能效提高可以有效降低能源消耗、减少二氧化碳和污染物排放，环境社会效益突出。

第七条 银行业金融机构应在有效控制风险和商业可持续的前提下，加大对以下重点能效项目的信贷支持力度：

（一）有利于促进产业结构调整、企业技术改造和重要产品升级换代的重点能效项目；

（二）符合国家规划的重点节能工程或列入国家重点节能低碳技术推广目录的能效项目及合同能源管理项目，效益突出、信用良好、能源管理体系健全的“万家企业”中的节能技改工程等；

（三）高于现行国家标准的低能耗、超低能耗新建节能建筑，符合国家绿色建筑评价标准的新建二、三星级绿色建筑和绿色保障性住房项目，既有建筑节能改造、绿色改造项目、可再生能源建筑应用项目、集中性供热、供冷系统节能改造、节能运行管理项目、获得绿色建材二、三星级评价标识的项目，符合国家能效技术规范和绿色评价标准的新建码头及配套节能减排设施等；

（四）符合国家绿色循环低碳交通运输要求的重点节能工程或试点示范项目，符合船舶能效技术规范和二氧化碳排放限值的新建船舶，列入低碳交通运输“千家企业”的节能项目等；

（五）符合国家半导体照明节能产业规划的半导体照明产业化及室内外半导体照明应用项目等；

（六）获得国家或地方政府有关部门资金支持的节能技术改造项目和重大节能技术产品产业化项目；

（七）其他符合国家产业政策或者行业规划的重点能效项目。

第三章　信贷方式与风险控制

第八条　能效信贷包括用能单位能效项目信贷和节能服务公司合同能源管理信贷两种方式。

（一）用能单位能效项目信贷是指银行业金融机构向用能单位投资的能效项目提供的信贷融资。用能单位是项目的投资人和借款人。

（二）合同能源管理信贷是指银行业金融机构向节能服务公司实施的合同能源管理项目提供的信贷融资。节能服务公司是项目的投资人和借款人。

合同能源管理是指节能服务公司与用能单位以合同形式约定节能项目的节能目标，节能服务公司为实现节能目标向用能单位提供必要的服务，用能单位以节能效益支付节能服务公司的投入及其合理利润的节能服务机制。合同能源管理包括节能效益分享型、节能量保证型、能源费用托管型、融资租赁型和混合型等类型。

节能服务公司是指提供用能状况诊断、能效项目设计、改造（施工、设备安装、调试）、运行管理等服务的专业化公司。

第九条　银行业金融机构应明确纳入能效信贷的相关能效项目、用能单位和节能服务公司的准入要求：

（一）能效项目所属产能应符合国家区域规划政策、产业发展政策和行业准入要求；

（二）能效项目应具备技术可行性和经济可行性。技术可行是指已有类似技术成功实施并已推广应用，或虽属新技术但有充分依据可推广应用，或列入国家发展改革委国家重点节能低碳技术推广目录以及工业和信息化部、住房城乡建设部、交通运输部等有关部门节能技术、装备、产品目录，项目节能减排效果可测量、可报告和可核证。经济可行是指在预定期限内可通过节能效益回收投资，项目现金流具有可实现性、持续性和稳定性；

（三）用能单位经营合法合规，财务和资信情况良好，具有可持续经营能力，还款来源依靠能效项目产生的节能收益及其他合法还款来源；

（四）合同能源管理中的用能单位除符合前项条件外，还需满足历史能耗数据较为完整或项目能耗基准线得到用能单位与节能服务公司一致认可，能源统计和管理制度健全并有效执行，有良好的节能效益支付能力和支付意愿等条件；

（五）节能服务公司经营合法合规，掌握核心技术，具备合同能源管理专业人才和项目运作经验，财务和经营情况良好。

第十条　银行业金融机构应按照国家有关规定，综合考虑项目风险水平、借款人财务状况以及自身风险承受能力等因素，合理测算项目投资、融资需求，根据预测现金流和投资回收期合理确定贷款金额、贷款期限和还款计划。对于合同能源管理贷款要素的确定，还应合理评估合同能源管理项目的节能收益，充分考虑节能效果的季节性差异、设备检修、合同能源管理合同中规定的借款人节能收益分享比例、期限和支付方式等因素。

第十一条　银行业金融机构应加强能效信贷尽职调查，全面了解、审查用能单位、节能服务公司、能效项目、节能服务合同等信息及风险点，包括但不限于以下内容：

（一）对借款人及能效项目进行严格的合规性审核，包括所需审批（或核准、备案）文件的真实性、完整性和相关程序的合法性，环境和社会风险管理的合规性，确认符合国家产业政策和环保法规；

（二）对借款人的财务状况、生产经营情况，借款人或能效项目所在地区节能减排的税收优惠和财政奖补相关政策的落实情况进行调查评估；

（三）对节能服务公司享受政府优惠政策资格、被主管部门取消备案资格或列入负面清单、节能服务公司项目设计、实施和运营保障能力、技术团队及项目管理团队人员数量和资质、拥有的核心技术和专利、相关专业资质、已成功实施的合同能源管理项目、获得国家和地方财政奖励、主要设备供应商的产品质量、市场占有率及售后服务等情况进行调查评估；

（四）对合同能源管理项目技术、设计目标、建设期限、投资总额、资金到位情况、经济效益测算、开工情况、工程进度等项目情况进行调查评估，了解未开工项目施工条件的具备情况，了解已建成项目的方案设计、合同执行、节能效益结算等情况；

（五）调查用能单位经营情况，包括在技术水平、产品质量、市场份额等方面的发展状况及在行业中所处的地位、财务状况、财务管理体系、节能效益支付能力、不良信用记录、能源统计和管理制度、历史能耗记录等；

（六）审查节能服务合同中会对借款人偿债能力产生重大不利影响的条款，包括项目的操作模式、验收标准、期限及工期延误责任、基准能耗量、节能量计算与测量、节能效益计算与分配方法、付款条件、违约及争议处理等。审查借款人在节能服务合同项下的收款权利及权利转让或质押是否存在限制、是否存在对项目履约、付款等产生重大不利影响的条款；

（七）对于项目收益部分来源于碳资产交易或排放权交易的，应重点关注当地交易平台和主管部门相关政策，跟踪资产交易价格，合理评估权益价值。

第十二条 能效项目涉及行业广泛，技术复杂且创新较快，银行业金融机构在办理能效信贷业务时，应对项目技术风险和节能效益进行评估，形成评估意见，并在评估意见中对以下内容进行重点分析和报告：

（一）能效项目所属产能是否属于国家明确限期淘汰或限产类型，项目的专项技术和关键设备是否处于示范应用或创新应用阶段，尚未进行大规模推广；

（二）项目实施方是否具备专项技术实施能力和同类项目施工经验，项目是否存在竣工风险；

（三）预测、评估节能效益的方法是否审慎、科学、合理；

（四）用能单位及时支付节能收益的承诺是否有约束力，项目经济性能否有效实现。

必要时，银行业金融机构可寻求合格、独立的节能监察机构、节能量审核机构等第三方机构和相关主管部门在项目技术和节能量评估等方面给予指导和支持。

第十三条 合同能源管理信贷以借款人在节能服务合同项下的收款权利进行质押的，银行业金融机构应严格、规范办理应收账款质押登记手续，并加强对应收账款质押登记的后期跟踪与维护。

第十四条 银行业金融机构应加强能效信贷授信合同管理，当触发重大违约事件时，可通过约定相应的救济措施，包括追加担保、中止或终止贷款拨付、加速贷款回收、提前行使抵质押权等，落实风险管理措施。其中可以约定的重大违约事件包括但不限于：节能工程施工严重滞后，节能技术和设备出现严重缺陷，主体设施或设备停减产导致用能负荷大幅下降，实际节能量明显低于预测量，贷款挪用，节能收益不能及时回流指定账户，借款人参与民间高利借贷，未经贷款人同意对外担保或举借新债，主要财务指标严重恶化，贷款本息未能按时支付等。

第十五条 银行业金融机构应加强能效信贷贷后管理，密切关注国家产业结构调整、节能减排政策变化和节能减排标准提高对授信企业和项目产生的实质性影响，定期对信贷风险进行评价，并建立信贷质量监控和风险预警制度。贷后管理主要包括现场核查和非现场管控：

（一）现场核查要求定期赴企业和项目现场，掌握借款人整体经营情况，检查信贷资金实际用途，项目建设、竣工和运营状况，节能减排效果。对于合同能源管理信贷，还需考察用能单位的经营稳定性及其对项目服务的评价，并现场审核用能单位和节能服务公司双方共同确认的节能量确认表或第三方节能量审核报告（或通过财政奖励资金推算经政府认可的实际节能量），通过对比实际节能量与预测量，审核用能单位实际付款记录，判断合同能源管理信贷的还款来源的稳定性和可靠性；

（二）非现场管控要求及时掌握国家产业调整及节能减排等政策最新调整情况，定期向借款人收集财务报表，评估财务状况变化情况。对于合同能源管理信贷，应建立管理台账制度，逐笔登记合同能源管理项目节能量、节能服务公司应分享收益、财政奖励资金、约定回款金额、实际分享收益和还本付息金额等，定期监测项目节能效益回款的连续性和稳定性。如发现项目出现重大异常，节能量远低于预测量，实际节能收益低于预期收益等情况，应按授信合同约定要求借款人增加担保措施、提前还贷、提前行使抵质押权等风险管理措施，降低风险。

第四章 金融创新与激励约束

第十六条 银行业金融机构应在做好风险防范的前提下加快能效信贷产品和服务创新，积极提供包括银行信贷、外国政府转贷款、债券承销、保理、融资租赁、引入投资基金等多种融资方式，扩大支持面，提高服务效率。积极探索以能效信贷为基础资产的信贷资产证券化试点工作，推动发行绿色金融债，扩大能效信贷融资来源。

第十七条 银行业金融机构应积极探索能效信贷担保方式创新，以应收账款质押、履约保函、国际金融机构和国内担保公司的损失分担（或信用担保）、知识产权质押、股权质押等方式，有效缓解节能服务公司面临的有效担保不足、融资难的问题，同时确保风险可控。

第十八条 银行业金融机构应加强能效信贷能力建设，提高能效信贷的风险识别和管理能力，积极开展能效信贷的培训，积累有关节能减排重点行业、节能环保技术专业知识，培养和引进具有金融和节能环保专业技术能力的复合型、专业型人才。

第十九条 银行业金融机构应建立能效信贷推广和创新的激励约束机制，配备相应资源，提供内部激励政策，包括总行优先保证能效信贷专项规模，实施差异化经济资本分配和内部资金配套，加强内部考核评价，在风险可控的前提下，鼓励经营机构加大能效信贷投放。

第二十条 银行业金融机构应将能效信贷理念贯穿于其他信贷业务之中，积极开展贷前能效筛查，主动向客户提供与改善能效有关的增值服务。对符合信贷条件，达到先进能效标准的固定资产和项目融资需求优先支持；对达不到国家能效标准的固定资产和项目融资需求，不予支持。

第五章　附　　则

第二十一条　银行业金融机构向提高水资源和其他自然资源利用效率、降低二氧化碳和污染物排放的项目或从事相关服务的公司提供信贷融资，参照本指引执行。

第二十二条　本指引由中国银监会、国家发展和改革委员会负责解释。

第二十三条　本指引自印发之日起施行。

中国银行业监督管理委员会

国家发展和改革委员会

2015 年 1 月 13 日

商业银行杠杆率管理办法（修订）

（中国银监会令 2015 年第 1 号）

第一章　总　　则

第一条　为有效控制商业银行杠杆化程度，维护商业银行安全、稳健运行，根据《中华人民共和国银行业监督管理法》和《中华人民共和国商业银行法》，制定本办法。

第二条　本办法适用于在中华人民共和国境内依法设立的商业银行，包括中资银行、外商独资银行和中外合资银行。

第三条　本办法所称杠杆率，是指商业银行持有的、符合有关规定的一级资本净额与商业银行调整后的表内外资产余额的比率。

第四条　商业银行并表和未并表的杠杆率均不得低于 4%。

第五条　中国银监会及其派出机构按照本办法规定对商业银行的杠杆率及其管理状况实施监督检查。

第六条　中国银监会对银行业的整体杠杆率情况进行持续监测，加强对银行业系统性风险的分析与防范。

第二章　杠杆率的计算

第七条　商业银行杠杆率的计算公式为：

$$\text{杠杆率} = \frac{\text{一级资本} - \text{一级资本扣减项}}{\text{调整后的表内外资产余额}} \times 100\%$$

第八条　一级资本和一级资本扣减项为《商业银行资本管理办法（试行）》所定义的一级资本和一级资本扣减项。

第九条　调整后的表内外资产余额的计算公式如下所示：

调整后的表内外资产余额 = 调整后的表内资产余额（不包括表内衍生产品和证券融资交易）+ 衍生产品资产余额 + 证券融资交易资产余额 + 调整后的表外项目余额 − 一级资本扣减项

从调整后的表内外资产余额中扣除的一级资本扣减项不包括商业银行因自身信用风险变化导致其负债公允价值变化带来的未实现损益。

第十条 商业银行在计算调整后的表内外资产余额时，除本办法另有规定外，不考虑抵质押品、保证和信用衍生产品等信用风险缓释因素。

第十一条 调整后的表内资产余额为扣减针对相关资产计提的准备或会计估值调整后的表内资产余额。

第十二条 衍生产品资产余额按照本办法附件 1 列示的方法计算。

第十三条 证券融资交易资产余额按照本办法附件 2 列示的方法计算。

第十四条 调整后的表外项目余额按照如下方式计算：

（一）表外项目中可随时无条件撤销的贷款承诺按照 10% 的信用转换系数计算。

（二）其他表外项目按照《商业银行资本管理办法（试行）》规定的信用风险权重法表外项目信用转换系数计算。

可随时无条件撤销的贷款承诺是指商业银行在协议中书面列明，无需事先通知、有权随时撤销，或由于借款人的信用状况恶化，可以有效自动撤销，而且撤销不会引起纠纷、诉讼或给银行带来成本的承诺。

第十五条 商业银行计算并表杠杆率时，并表范围和计算方式依据《商业银行资本管理办法（试行）》中关于计算并表资本充足率的相关规定执行。

第三章 披露要求

第十六条 境内外已经上市的商业银行，以及未上市但上一年年末并表总资产超过 1 万亿元人民币的其他商业银行应当按照下列要求和本办法附件 3 的规定，披露杠杆率相关信息：

（一）在半年度和年度财务报告中按照本办法附件 3 的模板一和模板二披露杠杆率相关信息，或在半年度和年度财务报告中提供查阅上述信息的网址链接。

（二）在季度财务报告中至少披露杠杆率水平、一级资本净额和调整后的表内外资产余额等信息。除披露当期数据外，商业银行应当同时披露前 3 个季度的数据。

（三）对杠杆率的各期变化、影响杠杆率变化的主要因素、相关资产负债表项目与本办法规定的杠杆率相关项目之间的差异等做出说明。

第十七条 除第十六条规定的商业银行外，其他商业银行应当至少按照发布财务报告的频率，在财务报告中或银行网站披露杠杆率信息。

其他商业银行应当至少披露杠杆率水平、一级资本净额和调整后的表内外资产余额等信息。

商业银行因特殊原因不能按时披露的，应当至少提前十五个工作日向银监会或其派出机构申请延迟。

第四章 杠杆率的监督管理

第十八条 商业银行董事会承担杠杆率管理的最终责任，商业银行高级管理层负责杠杆率管理的实施工作。

第十九条 商业银行应当设定不低于最低监管要求的目标杠杆率，有效控制杠杆化程度。

第二十条 商业银行应当按照中国银监会及其派出机构的要求定期报送杠杆率报表。

并表杠杆率报表每半年报送一次，未并表杠杆率报表每季度报送一次。

第二十一条 对于杠杆率低于最低监管要求的商业银行，中国银监会及其派出机构可以采取以下纠正措施：

（一）要求商业银行限期补充一级资本；

（二）要求商业银行控制表内外资产增长速度；

（三）要求商业银行降低表内外资产规模。

对于逾期未改正，或者其行为严重危及商业银行稳健运行、损害存款人和其他客户的合法权益的，中国银监会及其派出机构可以根据《中华人民共和国银行业监督管理法》的规定，区别情形，采取下列措施：

（一）责令暂停部分业务、停止批准开办新业务；

（二）限制分配红利和其他收入；

（三）停止批准增设分支机构；

（四）责令控股股东转让股权或者限制有关股东的权利；

（五）责令调整董事、高级管理人员或者限制其权利；

（六）法律规定的其他措施。

除上述措施外，还可以依法对商业银行给予行政处罚。

第五章　附　　则

第二十二条　政策性银行、金融资产管理公司、农村合作银行、农村信用社、村镇银行、企业集团财务公司、金融租赁公司、汽车金融公司和消费金融公司参照本办法执行。

第二十三条　系统重要性银行应当自本办法实施之日起达到本办法规定的最低监管要求，其他商业银行应当于2016年底前达到本办法规定的最低监管要求。在过渡期内，未达到最低监管要求的银行应当制定达标规划，并向中国银监会或其派出机构报告。

第二十四条　本办法由中国银监会负责解释。

第二十五条　本办法自2015年4月1日起施行，《商业银行杠杆率管理办法》（中国银行业监督管理委员会2011年第3号令）同时废止。

附件：

附件1：衍生产品资产余额计算方法

附件2：证券融资交易资产余额计算方法

附件3：杠杆率披露模板

中国银行业监督管理委员会

2015年1月30日

附件1

衍生产品资产余额计算方法

衍生产品资产余额按照本附件列示的现期风险暴露法计算。衍生产品抵质押品不应从衍生产品资产余额中扣除，但符合本附件规定的保证金除外。

一、现期风险暴露法

（一）衍生产品资产余额按下列公式计算：

衍生产品资产余额 = RC + Add - on

其中：

1. RC为按盯市价值计算的重置成本与0之间的较大者。

2. Add - on为剩余期限内的潜在风险暴露。

3. 潜在风险暴露等于衍生产品的有效名义本金乘以相应的附加系数，信用衍生产品以外的其他衍生产品的附加系数见表1。

表 1　　衍生产品的附加系数（信用衍生产品除外）　　（%）

剩余期限	利率	汇率和黄金	股权	黄金以外的贵金属	其他商品
不超过 1 年	0.0	1.0	6.0	7.0	10.0
1 年以上，不超过 5 年	0.5	5.0	8.0	7.0	12.0
5 年以上	1.5	7.5	10.0	8.0	15.0

（1）对于多次进行本金交割的合约，名义本金为合约的剩余支付金额。

（2）对于按照确定的支付日期清算且在清算日合约价值为 0 的衍生产品合约，剩余期限应当等于从报告日到下一个清算日的时间。对于满足上述条件且剩余期限超过 1 年的利率衍生产品合约，附加系数应当不低于 0.5%。

（3）表格中列出的利率、汇率和黄金、股权以及贵金属衍生产品以外的其他衍生产品应视为“其他商品”。

（4）单一货币浮动/浮动利率互换不计算潜在风险暴露，其衍生产品资产余额为盯市价值。

4. 信用衍生产品的附加系数见表 2。

表 2　　信用衍生产品的附加系数　　（%）

类型	参照资产	信用保护买方	信用保护卖方
总收益互换	合格参照资产	5	5
	不合格参照资产	10	10
信用违约互换	合格参照资产	5	5
	不合格参照资产	10	10

（1）合格参照资产包括我国中央政府、中国人民银行和政策性银行发行的债券，以及《商业银行资本管理办法（试行）》附件 10 规定的投资级别的政府证券和合格证券。

（2）信用违约互换的信用保护卖方只有在参照资产的发行人尚能履约但信用保护买方破产的情况下才需计算潜在风险暴露，且以信用保护买方尚未支付的费用为上限。

（二）当衍生产品具有《商业银行资本管理办法（试行）》附件 6 规定的合格双边净额结算协议时，该类衍生产品组合的资产余额等于以下两项之和：

1. 净重置成本，等于净盯市价值与 0 之间的较大值。

2. 按下列公式计算的净潜在风险暴露：

$$ANet = 0.4 \times AGross + 0.6 \times NGR \times AGross$$

其中：

AGross 为净额结算协议下对同一交易对手的所有合约的潜在风险暴露之和，等于每笔交易合约的有效名义本金乘以相应的附加系数的总和，附加系数见表 1 和表 2；

NGR 为双边净额结算协议重置成本净额与重置成本总额的比率。经银监会批准，NGR 既可以基于单个交易对手计算，也可以基于净额结算协议覆盖的所有交易计算。未经银监会批准，商业银行不得变更计算方法。

二、抵质押品的处理

（一）衍生产品抵质押品不得从衍生产品资产余额中扣除，但符合下列条件的现金保证金除外：

1. 现金保证金为银行根据衍生产品市值变化收取的可变现金保证金；

2. 收到的现金保证金可被银行视同自有现金使用；

3. 现金保证金每日根据衍生产品合约逐

日盯市的价值进行计算并交换；

4. 现金保证金的币种与衍生产品合约的清算币种相同；

5. 现金保证金根据衍生产品合约规定的门槛要求以及适用于交易对手的最低抵质押品提交金额进行全额交换，且可全额覆盖衍生产品的盯市敞口；

6. 交易双方订立法律上有效的净额结算协议，在交易对手违约或破产的情形下均可履行。净额结算协议明确规定允许净额结算，且在净额结算时可扣减可变保证金。

（二）根据衍生产品合约收到上述保证金的商业银行，可以从重置成本中扣除保证金；根据衍生产品合约提交上述保证金的商业银行，可以从调整后的表内外资产余额中扣减由此计入资产负债表的应收账款。

（三）商业银行根据财务会计准则可以将提供的抵质押品从资产负债表中扣除的，在计算衍生产品资产余额时，应当将该抵质押品加回衍生产品资产余额。

三、信用衍生产品

信用衍生产品的信用保护卖方除按照本附件上述规定计算衍生产品资产余额外，还应当将信用衍生产品的有效名义本金计入衍生产品资产余额。

（一）商业银行在计算卖出信用衍生产品的有效名义本金时，可以扣除符合下列条件的买入信用衍生产品有效名义本金：

1. 买入信用衍生产品的参照资产与卖出信用衍生产品的参照资产相同；

2. 买入信用衍生产品的剩余期限不短于卖出信用衍生产品的剩余期限。

（二）如卖出信用衍生产品的名义本金已计入衍生产品资产余额，其对应合约的潜在风险暴露可不计入衍生产品资产余额中。

（三）商业银行可以将从资本公积中扣除的卖出信用衍生产品公允价值的负向变动从信用衍生产品有效名义本金中扣除。

四、商业银行与中央交易对手开展的衍生产品交易

（一）商业银行作为中央交易对手的清算会员为客户提供衍生产品交易清算服务时，其与中央交易对手交易形成的衍生产品资产余额按照下列规定计算：

1. 当商业银行提供清算服务时，若其同时与客户和中央交易对手订立衍生产品合约，相关交易形成的衍生产品资产余额应当计入调整后的表内外资产余额。但是，商业银行不对客户承担中央交易对手违约的保证义务的，其与合格中央交易对手交易形成的衍生产品资产余额可以从调整后的表内外资产余额中扣除。

2. 当商业银行提供清算服务时，若客户直接与中央交易对手订立衍生产品合约，且商业银行对中央交易对手承担客户违约的保证义务的，商业银行应当按照本办法附件 1 的规定计算其保证部分的衍生产品资产余额。

（二）合格中央交易对手的认定标准根据《中央交易对手风险暴露资本计量规则》确定。

附件2

证券融资交易资产余额计算方法

证券融资交易是指交易合约价值通过市场估值确定且通常要求提供现金或证券作为抵质押品的交易，包括买入返售、卖出回购、证券借贷及保证金贷款交易等。

一、证券融资交易资产余额的计算方法

证券融资交易资产余额应当为证券融资交易的会计资产余额和按照本附件计算的证券融资交易的交易对手信用风险暴露之和。

（一）证券融资交易的会计资产余额为商业银行因开展证券融资交易，按照财务会计准则应当增加计入资产负债表的资产金额。符合下列条件的证券融资交易，商业银行在计算对同一交易对手的证券融资交易会计资产时，可以将因开展证券融资交易产生的应收账款与应付账款进行轧差：

1. 交易具有相同的明确的最终清算日期；

2. 无论在正常经营，还是交易一方违约、资不抵债或破产情况下，轧差均符合法律规定且可强制执行；

3. 交易双方均有采用净额结算和同时结算的意图，或交易的清算机制采用与净额结算等价的方式。

（二）商业银行按照下列方式计算证券融资交易的交易对手信用风险暴露：

1. 当存在符合《商业银行资本管理办法（试行）》规定的合格净额结算协议时，证券融资交易的交易对手信用风险暴露为合格净额结算协议下所有交易中借出的证券和现金的公允价值之和，与从交易对手收取的证券和现金的公允价值之和相减后的正值。

2. 当不存在符合《商业银行资本管理办法（试行）》规定的合格净额结算协议时，证券融资交易的交易对手信用风险暴露应当逐笔计算。

二、代理证券融资交易

商业银行代理从事证券融资交易，若其为交易一方就交易双方提供的抵质押品差额提供担保，应当将该担保部分的抵质押品差额纳入证券融资交易资产余额；若银行为交易提供进一步担保的，应当将承担担保责任的资产金额同时计入证券融资交易资产余额。

三、证券融资交易的特殊情况处理

商业银行从事证券融资交易，如其根据财务会计准则规定可以将证券出表，但交易实质和承担的风险与买入返售或卖出回购业务相同的，应当将该出表的证券计入证券融资交易资产余额中。

附件3

杠杆率披露模板（略）

中国银行业监督管理委员会
2015年1月30日

中国银监会关于印发《商业银行并购贷款风险管理指引》的通知

（银监发〔2015〕5号）

各银监局，各政策性银行、国有商业银行、股份制商业银行，邮储银行，银监会直接监管的企业集团财务公司：

现将修订后的《商业银行并购贷款风险管理指引》印发给你们，并就有关事项通知如下：

一、银行业金融机构要积极支持优化产业结构，按照依法合规、审慎经营、风险可控、商业可持续的原则，积极稳妥开展并购贷款业务，提高对企业兼并重组的金融服务水平。

二、银行业金融机构要不断优化并购贷款投向，大力推动化解产能过剩，助力技术升级，积极促进有竞争优势的境内企业“走出去”，助推企业提升跨国经营能力和产业竞争力，实现优势互补、互利共赢。

三、银行业金融机构要持续强化并购贷款风险防控体系建设，不断完善并购贷款风险管理，在全面分析并购交易各项风险的基础上，做好并购贷款风险评估工作，审慎确定并购贷款条件，加大贷后管理力度，切实保障并购贷款安全。

2015年2月10日

商业银行并购贷款风险管理指引

第一章　总　　则

第一条　为规范商业银行并购贷款经营行为，提高商业银行并购贷款风险管理能力，加强商业银行对经济结构调整和资源优化配置的支持力度，促进银行业公平竞争，维护银行业合法稳健运行，根据《中华人民共和国银行业监督管理法》、《中华人民共和国商业银行法》等法律法规，制定本指引。

第二条　本指引所称商业银行是指依照《中华人民共和国商业银行法》设立的商业银行法人机构。

第三条　本指引所称并购，是指境内并购方企业通过受让现有股权、认购新增股权，或收购资产、承接债务等方式以实现合并或实际控制已设立并持续经营的目标企业或资产的交易行为。

并购可由并购方通过其专门设立的无其他业务经营活动的全资或控股子公司（以下称子公司）进行。

第四条　本指引所称并购贷款，是指商业银行向并购方或其子公司发放的，用于支付并购交易价款和费用的贷款。

第五条　开办并购贷款业务的商业银行法人机构应当符合以下条件：

（一）有健全的风险管理和有效的内控机制；

（二）资本充足率不低于10%；

（三）其他各项监管指标符合监管要求；

（四）有并购贷款尽职调查和风险评估的专业团队。

商业银行开办并购贷款业务前，应当制定并购贷款业务流程和内控制度，并向监管机构报告。商业银行开办并购贷款业务后，如发生不能持续满足上述条件之一的情况，应当停止办理新的并购贷款业务。

第六条　商业银行开办并购贷款业务应当遵循依法合规、审慎经营、风险可控、商业可持续的原则。

第七条　商业银行应制定并购贷款业务发展策略，充分考虑国家产业、土地、环保等相关政策，明确发展并购贷款业务的目标、客户范围、风险承受限额及其主要风险特征，合理满足企业兼并重组融资需求。

第八条　商业银行应按照管理强度高于其他贷款种类的原则建立相应的并购贷款管理制度和管理信息系统，确保业务流程、内控制度以及管理信息系统能够有效地识别、计量、监测和控制并购贷款的风险。

商业银行应按照监管要求建立并购贷款统计制度，做好并购贷款的统计、汇总、分析等工作。

第九条　银监会及其派出机构依法对商业银行并购贷款业务实施监督管理，发现商业银行不符合业务开办条件或违反本指引有关规定，不能有效控制并购贷款风险的，可根据有关法律法规采取责令商业银行暂停并购贷款业务等监管措施。

第二章　风险评估

第十条　商业银行应在全面分析战略风险、法律与合规风险、整合风险、经营风险以及财务风险等与并购有关的各项风险的基础上评估并购贷款的风险。商业银行并购贷款涉及跨境交易的，还应分析国别风险、汇率风险和资金过境风险等。

第十一条 商业银行评估战略风险，应从并购双方行业前景、市场结构、经营战略、管理团队、企业文化和股东支持等方面进行分析，包括但不限于以下内容：

（一）并购双方的产业相关度和战略相关性，以及可能形成的协同效应；

（二）并购双方从战略、管理、技术和市场整合等方面取得额外回报的机会；

（三）并购后的预期战略成效及企业价值增长的动力来源；

（四）并购后新的管理团队实现新战略目标的可能性；

（五）并购的投机性及相应风险控制对策；

（六）协同效应未能实现时，并购方可能采取的风险控制措施或退出策略。

第十二条 商业银行评估法律与合规风险，包括但不限于分析以下内容：

（一）并购交易各方是否具备并购交易主体资格；

（二）并购交易是否按有关规定已经或即将获得批准，并履行必要的登记、公告等手续；

（三）法律法规对并购交易的资金来源是否有限制性规定；

（四）担保的法律结构是否合法有效并履行了必要的法定程序；

（五）借款人对还款现金流的控制是否合法合规；

（六）贷款人权利能否获得有效的法律保障；

（七）与并购、并购融资法律结构有关的其他方面的合规性。

第十三条 商业银行评估整合风险，包括但不限于分析并购双方是否有能力通过以下方面的整合实现协同效应：

（一）发展战略整合；

（二）组织整合；

（三）资产整合；

（四）业务整合；

（五）人力资源及文化整合。

第十四条 商业银行评估经营及财务风险，包括但不限于分析以下内容：

（一）并购后企业经营的主要风险，如行业发展和市场份额是否能保持稳定或增长趋势，公司治理是否有效，管理团队是否稳定并且具有足够能力，技术是否成熟并能提高企业竞争力，财务管理是否有效等；

（二）并购双方的未来现金流及其稳定程度；

（三）并购股权（或资产）定价高于目标企业股权（或资产）合理估值的风险；

（四）并购双方的分红策略及其对并购贷款还款来源造成的影响；

（五）并购中使用的债务融资工具及其对并购贷款还款来源造成的影响；

（六）汇率和利率等因素变动对并购贷款还款来源造成的影响。

商业银行应当综合考虑上述风险因素，根据并购双方经营和财务状况、并购融资方式和金额等情况，合理测算并购贷款还款来源，审慎确定并购贷款所支持的并购项目的财务杠杆率，确保并购的资金来源中含有合理比例的权益性资金，防范高杠杆并购融资带来的风险。

第十五条 商业银行应在全面分析与并购有关的各项风险的基础上，建立审慎的财务模型，测算并购双方未来财务数据，以及对并购贷款风险有重要影响的关键财务杠杆和偿债能力指标。

第十六条 商业银行应在财务模型测算的基础上，充分考虑各种不利情形对并购贷款风险的影响。不利情形包括但不限于：

（一）并购双方的经营业绩（包括现金流）在还款期内未能保持稳定或增长趋势；

（二）并购双方的治理结构不健全，管理团队不稳定或不能胜任；

（三）并购后并购方与目标企业未能产生协同效应；

（四）并购方与目标企业存在关联关系，尤其是并购方与目标企业受同一实际控制人控制的情形。

第十七条 商业银行应在全面评估并购贷款风险的基础上，确认并购交易的真实性，综合判断借款人的还款资金来源是否充足，还款来源与还款计划是否匹配，借款人是否能够按照合同约定支付贷款利息和本金等，并提出并购贷款质量下滑时可采取的应对措施或退出策略，形成贷款评审报告。

第三章 风险管理

第十八条 商业银行全部并购贷款余额占同期本行一级资本净额的比例不应超过50%。

第十九条 商业银行应按照本行并购贷款业务发展策略，分别按单一借款人、集团客户、行业类别、国家或地区对并购贷款集中度建立相应的限额控制体系，并向银监会或其派出机构报告。

第二十条 商业银行对单一借款人的并购贷款余额占同期本行一级资本净额的比例不应超过5%。

第二十一条 并购交易价款中并购贷款所占比例不应高于60%。

第二十二条 并购贷款期限一般不超过七年。

第二十三条 商业银行应具有与本行并购贷款业务规模和复杂程度相适应的熟悉并购相关法律、财务、行业等知识的专业人员。

第二十四条 商业银行应在内部组织并购贷款尽职调查和风险评估的专业团队，对本指引第十一条到第十七条的内容进行调查、分析和评估，并形成书面报告。

前款所称专业团队的负责人应有3年以上并购从业经验，成员可包括但不限于并购专家、信贷专家、行业专家、法律专家和财务专家等。

第二十五条 商业银行应在并购贷款业务受理、尽职调查、风险评估、合同签订、贷款发放、贷后管理等主要业务环节以及内部控制体系中加强专业化的管理与控制。

第二十六条 商业银行受理的并购贷款申请应符合以下基本条件：

（一）并购方依法合规经营，信用状况良好，没有信贷违约、逃废银行债务等不良记录；

（二）并购交易合法合规，涉及国家产业政策、行业准入、反垄断、国有资产转让等事项的，应按相关法律法规和政策要求，取得有关方面的批准和履行相关手续；

（三）并购方与目标企业之间具有较高的产业相关度或战略相关性，并购方通过并购能够获得目标企业的研发能力、关键技术与工艺、商标、特许权、供应或分销网络等战略性资源以提高其核心竞争能力。

第二十七条 商业银行可根据并购交易的复杂性、专业性和技术性，聘请中介机构进行有关调查并在风险评估时使用该中介机构的调查报告。

有前款所述情形的，商业银行应建立相应的中介机构管理制度，并通过书面合同明确中介机构的法律责任。

第二十八条 并购方与目标企业存在关联关系的，商业银行应当加强贷前调查，了解和掌握并购交易的经济动机、并购双方整合的可行性、协同效应的可能性等相关情况，核实并购交易的真实性以及并购交易价格的合理性，防范关联企业之间利用虚假并购交易套取银行信贷资金的行为。

第二十九条 商业银行原则上应要求借款人提供充足的能够覆盖并购贷款风险的担保，包括但不限于资产抵押、股权质押、第三方保证，以及符合法律规定的其他形式的担保。以目标企业股权质押时，商业银行应采用更为审慎的方法评估其股权价值和确定质押率。

第三十条 商业银行应根据并购贷款风险评估结果，审慎确定借款合同中贷款金额、期限、利率、分期还款计划、担保方式等基本条款的内容。

第三十一条 商业银行应在借款合同中约定保护贷款人利益的关键条款，包括但不限于：

（一）对借款人或并购后企业重要财务指标的约束性条款；

（二）对借款人特定情形下获得的额外现金流用于提前还款的强制性条款；

（三）对借款人或并购后企业的主要或专用账户的监控条款；

（四）确保贷款人对重大事项知情权或认可权的借款人承诺条款。

第三十二条 商业银行应通过本指引第三十一条所述的关键条款约定在并购双方出现以下情形时可采取的风险控制措施：

（一）重要股东的变化；

（二）经营战略的重大变化；

（三）重大投资项目变化；

（四）营运成本的异常变化；

（五）品牌、客户、市场渠道等的重大不利变化；

（六）产生新的重大债务或对外担保；

（七）重大资产出售；

（八）分红策略的重大变化；

（九）担保人的担保能力或抵质押物发生重大变化；

（十）影响企业持续经营的其他重大事项。

第三十三条 商业银行应在借款合同中约定提款条件以及与贷款支付使用相关的条款，提款条件应至少包括并购方自筹资金已足额到位和并购合规性条件已满足等内容。

商业银行应按照借款合同约定，加强对贷款资金的提款和支付管理，做好资金流向监控，防范关联企业借助虚假并购交易套取贷款资金，确保贷款资金不被挪用。

第三十四条 商业银行应在借款合同中约定，借款人有义务在贷款存续期间定期报送并购双方、担保人的财务报表以及贷款人需要的其他相关资料。

第三十五条 商业银行在贷款存续期间，应加强贷后检查，及时跟踪并购实施情况，定期评估并购双方未来现金流的可预测性和稳定性，定期评估借款人的还款计划与还款来源是否匹配，对并购交易或者并购双方出现异常情况的，及时采取有效措施保障贷款安全。

并购方与目标企业存在关联关系的，商业银行应加大贷后管理力度，特别是应确认并购交易得到实际执行以及并购方对目标企业真正实施整合。

第三十六条 商业银行在贷款存续期间，应密切关注借款合同中关键条款的履行情况。

第三十七条 商业银行应按照不低于其他贷款种类的频率和标准对并购贷款进行风险分类和计提拨备。

第三十八条 并购贷款出现不良时，商业银行应及时采取贷款清收、保全，以及处置抵质押物、依法接管企业经营权等风险控制措施。

第三十九条 商业银行应明确并购贷款业务内部报告的内容、路线和频率，并应至少每年对并购贷款业务的合规性和资产价值变化进行内部检查和独立的内部审计，对其风险状况进行全面评估。当出现并购贷款集中度趋高、贷款风险分类趋降等情形时，商业银行应提高内部报告、检查和评估的频率。

第四十条 商业银行在并购贷款的不良贷款额或不良率上升时应加强对以下内容的报告、检查和评估：

（一）并购贷款担保的方式、构成和覆盖贷款本息的情况；

（二）针对不良贷款所采取的清收和保全措施；

（三）处置质押股权的情况；

（四）依法接管企业经营权的情况；

（五）并购贷款的呆账核销情况。

第四章 附 则

第四十一条 商业银行贷款支持已获得目标企业控制权的并购方企业，为维持对目标企业的控制权而受让或者认购目标企业股权的，适用本指引。

第四十二条 政策性银行、外国银行分行和企业集团财务公司开办并购贷款业务的，参照本指引执行。

第四十三条 本指引所称并购双方是指并购方与目标企业。

第四十四条 本指引由中国银监会负责解释。

第四十五条 本指引自印发之日起施行。《中国银监会关于印发〈商业银行并购贷款风险管理指引〉的通知》（银监发〔2008〕84号）同时废止。

中国银行业监督管理委员会

2015年2月10日

中国银监会办公厅关于做好2015年农村金融服务工作的通知

（银监办发〔2015〕30号）

各银监局，机关各部门，各政策性银行、国有商业银行、股份制商业银行，邮储银行，银监会直接监管的信托公司、企业集团财务公司、金融租赁公司：

为贯彻落实中央农村工作会议精神，按照2015年中央一号文件要求，结合全国银行业监督管理工作会议部署，现就银行业金融机构改善农村金融服务、支持农业现代化建设有关事项通知如下：

一、在有效提高贷款增量的基础上，努力实现涉农贷款增速高于全部贷款平均水平

各级监管部门和银行业金融机构要认真学习领会中央农村工作会议和中央一号文件精神，认真贯彻落实全国银行业监督管理工作会议关于改善农村金融服务的各项工作要求，深刻认识“三农”问题始终是我国现代化建设

进程中带有全局性和战略性的问题。要从全面建成小康社会、加快推进社会主义现代化的战略高度出发，强化支农服务政治责任，深入推进农村金融体制改革，主动适应农村实际、农业特点、农民需求，不断深化农村金融改革创新，健全金融支农制度，提升金融支农能力，推动金融资源继续向“三农”倾斜，实现农村金融与农业、农村经济的共同发展。2015年，要执行好现有各项农村金融服务政策和有扶有控的差别化信贷政策，不断加大“三农”信贷投放力度，在有效提高贷款增量的基础上，继续扩大“三农”专项金融债发行规模，努力实现涉农贷款增速高于全部贷款平均水平，充分发挥信贷资金对农业增产、农民增收和农村经济发展的推动效应。

二、深入推进涉农银行业金融机构体制机制改革，强化“三农”服务能力建设

深化农业银行三农金融事业部改革，试点范围覆盖全部县域支行，加大“三农”信贷投放和资源配置力度。强化农业发展银行政策性功能定位，明确政策性业务范围，加大对农业开发和水利、贫困地区公路等农业农村基础设施建设的贷款力度，审慎发展自营性业务。国家开发银行要创新服务“三农”融资模式，进一步加大对农业农村建设的中长期信贷投放。深化农村信用社改革，提高资本实力和治理水平，培育合格的市场主体，牢牢坚持立足县域、服务“三农”的定位，更好发挥支农服务主力军作用。强化农村信用社省联社服务功能，推动省联社加快职能转换，优化协调指导，整合放大农村信用社（农村商业银行、农村合作银行）服务“三农”的能力。引导邮政储蓄银行稳步发展小额涉农贷款业务，逐步扩大涉农业务范围，持续拓展农村金融业务，促进农村资金回流。支持其他商业银行下沉机构网点，优化农村地区网点布局，适度扩大农村地区网点覆盖面。

三、丰富农村金融服务主体，提升农村金融竞争充分性

稳步培育发展村镇银行，鼓励按照规模化组建、集约化管理和专业化服务的原则集中连片发起设立村镇银行，对设立村镇银行超过一定数量的发起行，允许设立村镇银行管理服务子公司。允许评级良好、管控能力强的城商行和农商行到西部地区发起设立村镇银行，重点布局老少边穷地区、农业主产区和小微企业聚集地区，不断提升村镇银行在农村的覆盖面。

加强融资担保公司管理，大力发展政府支持的融资担保机构和再担保机构，鼓励其开展涉农融资担保业务，完善银担合作和风险分担机制。协调规范发展小额贷款公司，建立正向激励机制，完善管理政策，健全管理制度，强化自律管理，引导发挥支农服务作用。

支持组建以促进农业现代化，主要服务“三农”的金融租赁公司，支持金融租赁公司开展大型农机具融资租赁试点。引导信托公司通过多元化金融服务支持农村实体经济发展。鼓励和引导汽车金融公司、消费金融公司在做好风险防范的基础上，不断加大对农村居民消费金融服务的支持力度，支持农村地区消费信贷发展，满足农村居民合理消费信贷需求，激发农村地区消费潜力，促进扩大内需和消费升级，发挥消费推动经济发展的基础作用。

积极推动省级人民政府抓紧落实对新型农村合作金融的监管、引导和规范职责，支持在符合条件的农民合作社和供销合作社基础上培育发展农村合作金融组织，促进其更好地为农村实体经济服务。

四、大力发展农村普惠金融，全面提升农村金融服务质效

银行业金融机构要真正树立普惠金融的价值理念，切实肩负起应尽的社会责任，以最大热情服务“三农”、以最大限度让利农民。

在完善财政补贴政策、合理补偿成本风险的基础上，继续推动农村基础金融服务全覆盖工作，将符合条件的简易网点改造为标准化网点，逐步实现乡镇金融机构全覆盖。

在具备条件的行政村，扎实推进基础金融服务“村村通”。采取定时定点服务，广泛布设ATM、POS机、转账电话和自助服务终端等金融电子机具，方便村民利用电脑、电话、手机等网络通信终端在线自助办理金融服务，大幅提高电子业务替代率，推进基础金融服务向村一级加快延伸。

大力发展民生金融业务，支持返乡农民工、农村青年、农村妇女、大学生村官、科技特派员农村就业创业。改进残障人士等农村特殊群体金融服务，提供更适宜、更便捷、更具针对性的金融服务。

以集中连片特困地区为重点，加大信贷投放和工作力度。推进精准扶贫，推动扶贫小额信贷健康发展，提高扶贫小额信贷覆盖建档立卡贫困农户比例，全面做好支持农村贫困地区扶贫攻坚的金融服务工作。

深入开展“送金融知识下乡”和针对性的公众教育宣传活动，加强对金融产品和服务的信息披露和风险提示。严格执行国家关于金融服务收费的各项规定，严厉整治违规乱收费行为，对不合理收费、服务欺诈、不合规放贷等行为严肃问责，切实维护农村金融消费者的合法权益。

五、围绕建设现代农业加强金融支持，促进农业发展方式加快转变

强化对粮食主产省和主产县的金融支持，不断增强粮食生产能力，保障产粮大县重农抓粮得实惠、有发展。支持立足各地资源优势，大力培育特色农业，深入推进农业结构调整。加强对企业开展农业科技研发的金融扶持，促进农业科技创新，强化农业科技创新驱动作用。支持农产品市场体系转型升级，加强设施建设和配套服务，创新农产品流通方式。完善支持农业对外合作金融政策，积极支持优势农产品出口和农产品贸易做强，提高统筹利用国际国内两个市场两种资源的能力。加大对发展特色种养业、农产品加工业、农村服务业、乡村旅游休闲的信贷投入，推进农村一二三产业融合发展。

六、推动业务产品创新，切实提升农村金融服务水平

坚持以市场为导向、以需求为基础，积极创新低成本、可复制、易推广的农村金融产品和服务方式。加快建立本地化、特色化、量体裁衣式的金融产品体系，大力推广微贷技术，提高金融服务满意度，增强金融产品契合度。鼓励银行业金融机构单列涉农信贷计划，下放贷款审批权限，简化业务决策流程，创新“三农”服务专门机构和业务模式，增强“三农”服务功能。鼓励按照“普惠”原则，创新服务方式，利用现代科技手段和便捷服务方式解决好农村基础金融服务、特殊群体服务的“最后一公里”问题，降低涉农业务经营成本，扩大金融服务覆盖面、公平性和可得性。鼓励利用支农再贷款、“三农”金融债和信贷资产证券化等手段，有效拓宽支农资金来源。在经批准的地区，引导金融机构参与农村土地承包经营权和农民住房财产权抵押贷款试点。扩大林

权抵押贷款规模。探索扩大抵押品范围，加大担保方式创新，推动建立各类涉农融资担保基金，加强与融资担保、保险机构的合作，吸引更多资金进入农村。

七、强化农村金融差异化监管，有效支持农村实体经济发展

各级监管部门要顺应农村经济发展、农业现代化建设和城乡发展一体化趋势，不断完善农村金融监管制度，改进监管手段和方法，促进农村金融市场稳健发展。一是加强机制建设。积极搭建事前有承诺、事中有监测、事后有考核的支农服务监管框架。探索实施涉农信贷投放与监管评级、市场准入的“双挂钩”政策。督促银行业金融机构不断完善“三农”金融服务机制，适当提高对分支机构“三农”业务考核的分值权重。二是强化差别措施。对涉农不良贷款给予更大的容忍度。结合涉农贷款季节性特点，对涉农贷款占比较高的县域法人金融机构实施弹性存贷比要求。支持符合条件的银行业金融机构发行“三农”金融债，增加支农信贷资金来源。优先对涉农贷款开展资产证券化和资产流转试点。三是加强风险防控。实施多层次的风险监测预警制度，切实防范涉农信贷风险。督促银行业金融机构强化涉农贷款风险管理，提高涉农贷款服务效率和质量，保证有效支持农村实体经济发展。

中国银行业监督管理委员会

2015 年 2 月 16 日

中国银监会非银行金融机构行政许可事项实施办法（修订）

（中国银监会令 2015 年第 6 号）

第一章　总　　则

第一条　为规范银监会及其派出机构非银行金融机构行政许可行为，明确行政许可事项、条件、程序和期限，保护申请人合法权益，根据《中华人民共和国银行业监督管理法》、《中华人民共和国行政许可法》等法律、行政法规及国务院的有关决定，制定本办法。

第二条　本办法所称非银行金融机构，包括经银监会批准设立的金融资产管理公司、企业集团财务公司、金融租赁公司、汽车金融公司、货币经纪公司、消费金融公司、境外非银行金融机构驻华代表处等机构。

第三条　银监会及其派出机构依照本办法和《中国银行业监督管理委员会行政许可实施程序规定》，对非银行金融机构实施行政许可。

第四条　非银行金融机构以下事项须经银监会及其派出机构行政许可：机构设立，机构变更，机构终止，调整业务范围和增加业务品种，董事和高级管理人员任职资格，以及法

律、行政法规规定和国务院决定的其他行政许可事项。

第五条 申请人应按照《中国银监会非银行金融机构行政许可事项申请材料目录和格式要求》提交申请材料。

第二章 机构设立

第一节 企业集团财务公司法人机构设立

第六条 设立企业集团财务公司（以下简称财务公司）法人机构应当具备以下条件：

（一）确属集中管理企业集团资金的需要，经合理预测能够达到一定的业务规模；

（二）有符合《中华人民共和国公司法》和银监会规定的公司章程；

（三）有符合规定条件的出资人；

（四）注册资本为一次性实缴货币资本，最低限额为1亿元人民币或等值的可自由兑换货币；

（五）有符合任职资格条件的董事、高级管理人员，并且在风险管理、资金管理、信贷管理、结算等关键岗位上至少各有1名具有3年以上相关金融从业经验的人员；

（六）财务公司从业人员中从事金融或财务工作3年以上的人员应当不低于总人数的三分之二、5年以上的人员应当不低于总人数的三分之一；

（七）建立了有效的公司治理、内部控制和风险管理体系；

（八）建立了与业务经营和监管要求相适应的信息科技架构，具有支撑业务经营的必要、安全且合规的信息系统，具备保障业务持续运营的技术与措施；

（九）有与业务经营相适应的营业场所、安全防范措施和其他设施；

（十）银监会规章规定的其他审慎性条件。

第七条 财务公司的出资人主要应为企业集团成员单位，也包括成员单位以外的具有丰富行业管理经验的战略投资者。

除国家限制外部投资者进入并经银监会事先同意的特殊行业的企业集团外，新设财务公司应有丰富银行业管理经验的战略投资者作为出资人；或与商业银行建立战略合作伙伴关系，由其为拟设立财务公司提供机构设置、制度建设、业务流程设计、风险管理、人员培训等方面的咨询建议，且至少引进1名具有5年以上银行业从业经验的高级管理人员。

第八条 申请设立财务公司的企业集团，应当具备以下条件：

（一）符合国家产业政策并拥有核心主业；

（二）最近1个会计年度末期，按规定并表核算的成员单位的资产总额不低于50亿元人民币，净资产不低于资产总额的30%；

（三）财务状况良好，最近2个会计年度按规定并表核算的成员单位营业收入总额每年不低于40亿元人民币，税前利润总额每年不低于2亿元人民币；

（四）现金流量稳定并具有较大规模；

（五）母公司成立2年以上，具备2年以上企业集团内部财务和资金集中管理经验；

（六）母公司最近1个会计年度末的实收资本不低于8亿元人民币；

（七）母公司具有良好的公司治理结构或有效的组织管理方式，无不当关联交易；

（八）母公司有良好的社会声誉、诚信记录和纳税记录，最近2年内无重大违法违规经营记录；

（九）母公司入股资金为自有资金，不得以委托资金、债务资金等非自有资金入股；

（十）成员单位数量较多，需要通过财务公司提供资金集中管理和服务；

（十一）银监会规章规定的其他审慎性条件。

第九条 成员单位作为财务公司出资人，应当具备以下条件：

（一）依法设立，具有法人资格；

（二）具有良好的公司治理结构或有效的组织管理方式；

（三）具有良好的社会声誉、诚信记录和纳税记录；

（四）经营管理良好，最近2年无重大违法违规经营记录；

（五）财务状况良好，最近2个会计年度连续盈利；

（六）最近1个会计年度末净资产不低于总资产的30%；

（七）入股资金为自有资金，不得以委托资金、债务资金等非自有资金入股；

（八）该项投资符合国家法律、法规规定；

（九）银监会规章规定的其他审慎性条件。

第十条 成员单位以外的战略投资者作为财务公司出资人，应当具备以下条件：

（一）依法设立，具有法人资格；

（二）有3年以上经营管理财务公司或类似机构的成功经验；

（三）具有良好的公司治理结构、内部控制机制和健全的风险管理体系；

（四）财务状况良好，最近2个会计年度连续盈利；

（五）入股资金为自有资金，不得以委托资金、债务资金等非自有资金入股；

（六）承诺5年内不转让所持财务公司股权（银监会依法责令转让的除外）并在拟设公司章程中载明；

（七）银监会规章规定的其他审慎性条件。

第十一条 成员单位以外的战略投资者为金融机构的，除应符合本办法第十条规定的条件之外，还应具备以下条件：

（一）资信良好，最近2年未受到境内外监管机构的重大处罚；

（二）满足所在国家或地区监管当局的审慎监管要求；

（三）战略投资者为境外金融机构的，其最近1个会计年度末总资产原则上不少于10亿美元，且银监会认可的国际评级机构最近2年对其作出的长期信用评级为良好及以上；

（四）所在国家或地区金融监管当局已经与银监会建立良好的监督管理合作机制；

（五）银监会规章规定的其他审慎性条件。

第十二条 成员单位以外的战略投资者为非金融企业的，除应符合本办法第十条规定的条件之外，还应具备以下条件：

（一）具有良好的社会声誉、诚信记录和纳税记录；

（二）经营管理良好，最近2年无重大违法违规经营记录；

（三）最近1个会计年度末净资产不低于总资产的30%；

（四）该项投资符合国家法律、法规规定；

（五）银监会规章规定的其他审慎性条件。

第十三条 有以下情形之一的企业不得作为财务公司的出资人：

（一）公司治理结构与机制存在明显缺陷；

（二）股权关系复杂且不透明、关联交易异常；

（三）核心主业不突出且其经营范围涉及行业过多；

（四）现金流量波动受经济景气影响较大；

（五）资产负债率、财务杠杆率高于行业

平均水平；

（六）代他人持有财务公司股权；

（七）其他对财务公司产生重大不利影响的情况。

第十四条 申请设立财务公司，母公司董事会应当作出书面承诺，在财务公司出现支付困难的紧急情况时，按照解决支付困难的实际需要，增加相应资本金，并在财务公司章程中载明。

第十五条 单个战略投资者及关联方（非成员单位）向财务公司投资入股比例不得超过20%，且投资入股的财务公司不得超过2家。

第十六条 一家企业集团只能设立一家财务公司。

第十七条 财务公司设立须经筹建和开业两个阶段。

第十八条 企业集团筹建财务公司，应由母公司作为申请人向拟设地银监局提交申请，由银监局受理并初步审查，银监会审查并决定。银监会自收到完整申请材料之日起4个月内作出批准或不批准的书面决定。

第十九条 财务公司的筹建期为批准决定之日起6个月。未能按期完成筹建的，应在筹建期限届满前1个月向银监会和拟设地银监局提交筹建延期报告。筹建延期不得超过一次，延长期限不得超过3个月。

申请人应在前款规定的期限届满前提交开业申请，逾期未提交的，筹建批准文件失效，由决定机关注销筹建许可。

第二十条 财务公司开业，应由母公司作为申请人向拟设地银监局提交申请，由银监局受理、审查并决定。银监局自受理之日起2个月内作出核准或不予核准的书面决定，并抄报银监会。

第二十一条 申请人应在收到开业核准文件并领取金融许可证后，办理工商登记，领取营业执照。

财务公司应自领取营业执照之日起6个月内开业。不能按期开业的，应在开业期限届满前1个月向银监局提交开业延期报告。开业延期不得超过一次，延长期限不得超过3个月。

未在前款规定期限内开业的，开业核准文件失效，由决定机关注销开业许可，发证机关收回金融许可证，并予以公告。

第二十二条 外资投资性公司申请设立财务公司适用本节规定的条件和程序。

第二节 金融租赁公司法人机构设立

第二十三条 设立金融租赁公司法人机构，应当具备以下条件：

（一）有符合《中华人民共和国公司法》和银监会规定的公司章程；

（二）有符合规定条件的发起人；

（三）注册资本为一次性实缴货币资本，最低限额为1亿元人民币或等值的可自由兑换货币；

（四）有符合任职资格条件的董事、高级管理人员，并且从业人员中具有金融或融资租赁工作经历3年以上的人员应当不低于总人数的50%；

（五）建立了有效的公司治理、内部控制和风险管理体系；

（六）建立了与业务经营和监管要求相适应的信息科技架构，具有支撑业务经营的必要、安全且合规的信息系统，具备保障业务持续运营的技术与措施；

（七）有与业务经营相适应的营业场所、安全防范措施和其他设施；

（八）银监会规章规定的其他审慎性条件。

第二十四条 金融租赁公司的发起人包括在中国境内外注册的具有独立法人资格的商业银行，在中国境内注册的、主营业务为制造适合融资租赁交易产品的大型企业，在中国境外注册的融资租赁公司以及银监会认可的其他发起人。

银监会认可的其他发起人是指除符合本办法第二十五条至第二十七条规定的发起人以外的其他境内法人机构和境外金融机构。

第二十五条 在中国境内外注册的具有独立法人资格的商业银行作为金融租赁公司发起人，应当具备以下条件：

（一）满足所在国家或地区监管当局的审慎监管要求；

（二）具有良好的公司治理结构、内部控制机制和健全的风险管理体系；

（三）最近1年年末总资产不低于800亿元人民币或等值的可自由兑换货币；

（四）财务状况良好，最近2个会计年度连续盈利；

（五）为拟设立金融租赁公司确定了明确的发展战略和清晰的盈利模式；

（六）遵守注册地法律法规，最近2年内未发生重大案件或重大违法违规行为；

（七）境外商业银行作为发起人的，其所在国家或地区金融监管当局已经与银监会建立良好的监督管理合作机制；

（八）入股资金为自有资金，不得以委托资金、债务资金等非自有资金入股；

（九）承诺5年内不转让所持有的金融租赁公司股权（银监会依法责令转让的除外）、不将所持有的金融租赁公司股权进行质押或设立信托，并在拟设公司章程中载明；

（十）银监会规章规定的其他审慎性条件。

第二十六条 在中国境内注册的、主营业务为制造适合融资租赁交易产品的大型企业作为金融租赁公司发起人，应当具备以下条件：

（一）有良好的公司治理结构或有效的组织管理方式；

（二）最近1年的营业收入不低于50亿元人民币或等值的可自由兑换货币；

（三）财务状况良好，最近2个会计年度连续盈利；

（四）最近1年年末净资产不低于总资产的30%；

（五）最近1年主营业务销售收入占全部营业收入的80%以上；

（六）为拟设立金融租赁公司确定了明确的发展战略和清晰的盈利模式；

（七）有良好的社会声誉、诚信记录和纳税记录；

（八）遵守国家法律法规，最近2年内未发生重大案件或重大违法违规行为；

（九）入股资金为自有资金，不得以委托资金、债务资金等非自有资金入股；

（十）承诺5年内不转让所持有的金融租赁公司股权（银监会依法责令转让的除外）、不将所持有的金融租赁公司股权进行质押或设立信托，并在拟设公司章程中载明；

（十一）银监会规章规定的其他审慎性条件。

第二十七条 在中国境外注册的具有独立法人资格的融资租赁公司作为金融租赁公司发起人，应当具备以下条件：

（一）具有良好的公司治理结构、内部控制机制和健全的风险管理体系；

（二）最近1年年末总资产不低于100亿元人民币或等值的可自由兑换货币；

（三）财务状况良好，最近2个会计年度连续盈利；

（四）遵守注册地法律法规，最近2年内未发生重大案件或重大违法违规行为；

（五）所在国家或地区经济状况良好；

（六）入股资金为自有资金，不得以委托资金、债务资金等非自有资金入股；

（七）承诺5年内不转让所持有的金融租赁公司股权（银监会依法责令转让的除外）、不将所持有的金融租赁公司股权进行质押或设立信托，并在拟设公司章程中载明；

（八）银监会规章规定的其他审慎性条件。

第二十八条 金融租赁公司至少应当有一名符合第二十五条至第二十七条规定的发起人，且其出资比例不低于拟设金融租赁公司全部股本的30%。

第二十九条 其他境内法人机构作为金融租赁公司发起人，应当具备以下条件：

（一）有良好的公司治理结构或有效的组织管理方式；

（二）有良好的社会声誉、诚信记录和纳税记录；

（三）经营管理良好，最近2年内无重大违法违规经营记录；

（四）财务状况良好，最近2个会计年度连续盈利；

（五）入股资金为自有资金，不得以委托资金、债务资金等非自有资金入股；

（六）承诺5年内不转让所持有的金融租赁公司股权（银监会依法责令转让的除外）、不将所持有的金融租赁公司股权进行质押或设立信托，并在拟设公司章程中载明；

（七）银监会规章规定的其他审慎性条件。

其他境内法人机构为非金融机构的，最近1年年末净资产不得低于总资产的30%；

其他境内法人机构为金融机构的，应当符合与该类金融机构有关的法律、法规、监管规定要求。

第三十条 其他境外金融机构作为金融租赁公司发起人，应当具备以下条件：

（一）满足所在国家或地区监管当局的审慎监管要求；

（二）具有良好的公司治理结构、内部控制机制和健全的风险管理体系；

（三）最近1年年末总资产原则上不低于10亿美元或等值的可自由兑换货币；

（四）财务状况良好，最近2个会计年度连续盈利；

（五）入股资金为自有资金，不得以委托资金、债务资金等非自有资金入股；

（六）承诺5年内不转让所持有的金融租赁公司股权（银监会依法责令转让的除外）、不将所持有的金融租赁公司股权进行质押或设立信托，并在拟设公司章程中载明；

（七）所在国家或地区金融监管当局已经与银监会建立良好的监督管理合作机制；

（八）具有有效的反洗钱措施；

（九）所在国家或地区经济状况良好；

（十）银监会规章规定的其他审慎性条件。

第三十一条 有以下情形之一的企业不得作为金融租赁公司的发起人：

（一）公司治理结构与机制存在明显缺陷；

（二）关联企业众多、股权关系复杂且不透明、关联交易频繁且异常；

（三）核心主业不突出且其经营范围涉及行业过多；

（四）现金流量波动受经济景气影响较大；

（五）资产负债率、财务杠杆率高于行业平均水平；

（六）代他人持有金融租赁公司股权；

（七）其他对金融租赁公司产生重大不利影响的情况。

第三十二条 金融租赁公司发起人应当在金融租赁公司章程中约定，在金融租赁公司出现支付困难时，给予流动性支持；当经营损失侵蚀资本时，及时补足资本金。

第三十三条 单个出资人及其关联方投资入股的金融租赁公司不得超过2家，其中绝对控股不超过1家。

第三十四条 金融租赁公司设立须经筹建和开业两个阶段。

第三十五条 筹建金融租赁公司，应由出资比例最大的发起人作为申请人向拟设地银监局提交申请，由银监局受理并初步审查，银监会审查并决定。银监会自收到完整申请材料之日起4个月内作出批准或不批准的书面决定。

第三十六条 金融租赁公司的筹建期为批准决定之日起6个月。未能按期完成筹建的，应在筹建期限届满前1个月向银监会和拟设地银监局提交筹建延期报告。筹建延期不得超过一次，延长期限不得超过3个月。

申请人应在前款规定的期限届满前提交开业申请，逾期未提交的，筹建批准文件失效，由决定机关注销筹建许可。

第三十七条 金融租赁公司开业，应由出资比例最大的发起人作为申请人向拟设地银监局提交申请，由银监局受理、审查并决定。银监局自受理之日起2个月内作出核准或不予核准的书面决定，并抄报银监会。

第三十八条 申请人应在收到开业核准文件并领取金融许可证后，办理工商登记，领取营业执照。

金融租赁公司应当自领取营业执照之日起6个月内开业。不能按期开业的，应在开业期限届满前1个月向银监局提交开业延期报告。开业延期不得超过一次，延长期限不得超过3个月。

未在前款规定期限内开业的，开业核准文件失效，由决定机关注销开业许可，发证机关收回金融许可证，并予以公告。

第三节 汽车金融公司法人机构设立

第三十九条 设立汽车金融公司法人机构应具备以下条件：

（一）有符合《中华人民共和国公司法》和银监会规定的公司章程；

（二）有符合规定条件的出资人；

（三）注册资本为一次性实缴货币资本，最低限额为5亿元人民币或等值的可自由兑换货币；

（四）有符合任职资格条件的董事、高级管理人员和熟悉汽车金融业务的合格从业人员；

（五）建立了有效的公司治理、内部控制和风险管理体系；

（六）建立了与业务经营和监管要求相适应的信息科技架构，具有支撑业务经营的必要、安全且合规的信息系统，具备保障业务持续运营的技术与措施；

（七）有与业务经营相适应的营业场所、安全防范措施和其他设施；

（八）银监会规章规定的其他审慎性条件。

第四十条 汽车金融公司的出资人为中国境内外依法设立的企业法人，其中主要出资人须为生产或销售汽车整车的企业或非银行金融机构。

前款所称主要出资人是指出资数额最多且出资额不低于拟设汽车金融公司全部股本30%的出资人。

汽车金融公司出资人中至少应有1名具备5年以上丰富的汽车金融业务管理和风险控制经验；或为汽车金融公司引进合格的专业管理团队，其中至少包括1名有丰富汽车金融从业经验的高级管理人员和1名风险管理专业人员。

第四十一条 非金融机构作为汽车金融公司出资人，应具备以下条件：

（一）最近1年年末总资产不低于80亿元人民币或等值的可自由兑换货币，年营业收入不低于50亿元人民币或等值的可自由兑换货币；

（二）最近1个会计年度末净资产不低于资产总额的30%；

（三）经营业绩良好，最近2个会计年度连续盈利；

（四）入股资金为自有资金，不得以委托资金、债务资金等非自有资金入股；

（五）遵守注册地法律法规，最近2年内无重大违法违规行为；

（六）承诺5年内不转让所持有的汽车金融公司股权（银监会依法责令转让的除外），并在拟设公司章程中载明；

（七）银监会规章规定的其他审慎性条件。

第四十二条 非银行金融机构作为汽车金融公司出资人，除应具备第四十一条第三项至第六项规定的条件外，还应当具备以下条件：

（一）注册资本不低于3亿元人民币或等值的可自由兑换货币；

（二）具有良好的公司治理结构、内部控制机制和健全的风险管理体系；

（三）满足所在国家或地区监管当局的审慎监管要求。

第四十三条 有以下情形之一的企业不得作为汽车金融公司的出资人：

（一）公司治理结构与机制存在明显缺陷；

（二）关联企业众多、股权关系复杂且不透明、关联交易频繁且异常；

（三）核心主业不突出且其经营范围涉及行业过多；

（四）现金流量波动受经济景气影响较大；

（五）资产负债率、财务杠杆率高于行业平均水平；

（六）代他人持有汽车金融公司股权；

（七）其他对汽车金融公司产生重大不利影响的情况。

第四十四条 汽车金融公司设立须经筹建和开业两个阶段。

第四十五条 筹建汽车金融公司，应由主要出资人作为申请人向拟设地银监局提交申请，由银监局受理并初步审查，银监会审查并决定。银监会自收到完整申请材料之日起4个月内作出批准或不批准的书面决定。

第四十六条 汽车金融公司的筹建期为批准决定之日起6个月。未能按期完成筹建的，应在筹建期限届满前1个月向银监会和拟设地银监局提交筹建延期报告。筹建延期不得超过一次，延长期限不得超过3个月。

申请人应在前款规定的期限届满前提交开业申请，逾期未提交的，筹建批准文件失效，由决定机关注销筹建许可。

第四十七条 汽车金融公司开业，应由主要出资人作为申请人向拟设地银监局提交申请，由银监局受理、审查并决定。银监局自受理之日起2个月内作出核准或不予核准的书面决定，并抄报银监会。

第四十八条 申请人应在收到开业核准文件并领取金融许可证后，办理工商登记，领取营业执照。

汽车金融公司应当自领取营业执照之日起6个月内开业。不能按期开业的，应在开业期限届满前1个月向银监局提交开业延期报告。开业延期不得超过一次，延长期限不得超过3个月。

未在前款规定期限内开业的，开业核准文件失效，由决定机关注销开业许可，发证机关收回金融许可证，并予以公告。

第四节 货币经纪公司法人机构设立

第四十九条 设立货币经纪公司法人机构应当具备以下条件：

（一）有符合《中华人民共和国公司法》和银监会规定的公司章程；

（二）有符合规定条件的出资人；

（三）注册资本为一次性实缴货币资本，最低限额为2 000万元人民币或者等值的可自由兑换货币；

（四）有符合任职资格条件的董事、高级管理人员和熟悉货币经纪业务的合格从业人员；

（五）从业人员中应有60%以上从事过金融工作或相关经济工作；

（六）建立了有效的公司治理、内部控制和风险管理体系；

（七）建立了与业务经营和监管要求相适应的信息科技架构，具有支撑业务经营的必要、安全且合规的信息系统，具备保障业务持续运营的技术与措施；

（八）有与业务经营相适应的营业场所、安全防范措施和其他设施；

（九）银监会规章规定的其他审慎性条件。

第五十条 申请在境内独资或者与境内出资人合资设立货币经纪公司的境外出资人应当具备以下条件：

（一）为所在国家或地区依法设立的货币经纪公司；

（二）所在国家或地区金融监管当局已经与银监会建立良好的监督管理合作机制；

（三）从事货币经纪业务20年以上，经营稳健，内部控制健全有效；

（四）有良好的社会声誉、诚信记录和纳税记录；

（五）最近2年内无重大违法违规经营记录；

（六）经营业绩良好，最近2个会计年度连续盈利；

（七）有从事货币经纪服务所必需的全球机构网络和资讯通信网络；

（八）具有有效的反洗钱措施；

（九）承诺5年内不转让所持有的货币经纪公司股权（银监会依法责令转让的除外），并在拟设公司章程中载明；

（十）银监会规章规定的其他审慎性条件。

第五十一条 申请设立货币经纪公司或者与境外出资人合资设立货币经纪公司的境内出资人应当具备以下条件：

（一）为依法设立的非银行金融机构，符合审慎监管要求；

（二）从事货币市场、外汇市场等代理业务5年以上；

（三）具有良好的公司治理结构、内部控制机制和健全的风险管理体系；

（四）有良好的社会声誉、诚信记录和纳税记录，最近2年内无重大违法违规经营记录；

（五）经营业绩良好，最近2个会计年度连续盈利；

（六）承诺5年内不转让所持有的货币经纪公司股权（银监会依法责令转让的除外），并在拟设公司章程中载明；

（七）银监会规章规定的其他审慎性条件。

第五十二条 有以下情形之一的企业不得作为货币经纪公司的出资人：

（一）公司治理结构与机制存在明显缺陷；

（二）关联企业众多、股权关系复杂且不透明、关联交易频繁且异常；

（三）核心主业不突出且其经营范围涉及行业过多；

（四）现金流量波动受经济景气影响较大；

（五）资产负债率、财务杠杆率高于行业平均水平；

（六）代他人持有货币经纪公司股权；

（七）其他对货币经纪公司产生重大不利影响的情况。

第五十三条 货币经纪公司设立须经筹建

和开业两个阶段。

第五十四条 筹建货币经纪公司，应由投资比例最大的出资人作为申请人向拟设地银监局提交申请，由银监局受理并初步审查，银监会审查并决定。银监会自收到完整申请材料之日起4个月内作出批准或不批准的书面决定。

第五十五条 货币经纪公司的筹建期为批准决定之日起6个月。未能按期完成筹建的，应在筹建期限届满前1个月向银监会和拟设地银监局提交筹建延期报告。筹建延期不得超过一次，延长期限不得超过3个月。

申请人应在前款规定的期限届满前提交开业申请，逾期未提交的，筹建批准文件失效，由决定机关注销筹建许可。

第五十六条 货币经纪公司开业，应由投资比例最大的出资人作为申请人向拟设地银监局提交申请，由银监局受理、审查并决定。银监局自受理之日起2个月内作出核准或不予核准的书面决定，并抄报银监会。

第五十七条 申请人应在收到开业核准文件并领取金融许可证后，办理工商登记，领取营业执照。

货币经纪公司应当自领取营业执照之日起6个月内开业。不能按期开业的，应在开业期限届满前1个月向银监局提交开业延期报告。开业延期不得超过一次，延长期限不得超过3个月。

未在前款规定期限内开业的，开业核准文件失效，由决定机关注销开业许可，发证机关收回金融许可证，并予以公告。

第五节　消费金融公司法人机构设立

第五十八条 设立消费金融公司法人机构应当具备以下条件：

（一）有符合《中华人民共和国公司法》和银监会规定的公司章程；

（二）有符合规定条件的出资人；

（三）注册资本为一次性实缴货币资本，最低限额为3亿元人民币或者等值的可自由兑换货币；

（四）有符合任职资格条件的董事、高级管理人员和熟悉消费金融业务的合格从业人员；

（五）建立了有效的公司治理、内部控制和风险管理体系；

（六）建立了与业务经营和监管要求相适应的信息科技架构，具有支撑业务经营的必要、安全且合规的信息系统，具备保障业务持续运营的技术与措施；

（七）有与业务经营相适应的营业场所、安全防范措施和其他设施；

（八）银监会规章规定的其他审慎性条件。

第五十九条 消费金融公司的出资人应当为中国境内外依法设立的企业法人，并分为主要出资人和一般出资人。主要出资人是指出资数额最多并且出资额不低于拟设消费金融公司全部股本30%的出资人，一般出资人是指除主要出资人以外的其他出资人。

前款所称主要出资人须为境内外金融机构或主营业务为提供适合消费贷款业务产品的境内非金融企业。

第六十条 金融机构作为消费金融公司的主要出资人，应具备以下条件：

（一）具有5年以上消费金融领域的从业经验；

（二）最近1年年末总资产不低于600亿元人民币或等值的可自由兑换货币；

（三）财务状况良好，最近2个会计年度连续盈利；

（四）信誉良好，最近2年内无重大违法违规经营记录；

（五）入股资金为自有资金，不得以委托资金、债务资金等非自有资金入股；

（六）承诺5年内不转让所持有的消费金

融公司股权（银监会依法责令转让的除外），并在拟设公司章程中载明；

（七）具有良好的公司治理结构、内部控制机制和健全的风险管理制度；

（八）满足所在国家或地区监管当局的审慎监管要求；

（九）境外金融机构应对中国市场有充分的分析和研究，且所在国家或地区金融监管当局已经与银监会建立良好的监督管理合作机制；

（十）银监会规章规定的其他审慎性条件。

金融机构作为消费金融公司一般出资人，除应具备前款第三项至第九项规定的条件外，注册资本应不低于3亿元人民币或等值的可自由兑换货币。

第六十一条 非金融企业作为消费金融公司主要出资人，应当具备以下条件：

（一）最近1年营业收入不低于300亿元人民币或等值的可自由兑换货币；

（二）最近1个会计年度末净资产不低于资产总额的30%；

（三）财务状况良好，最近2个会计年度连续盈利；

（四）信誉良好，最近2年内无重大违法违规经营记录；

（五）入股资金为自有资金，不得以委托资金、债务资金等非自有资金入股；

（六）承诺5年内不转让所持有的消费金融公司股权（银监会依法责令转让的除外），并在拟设公司章程中载明；

（七）银监会规章规定的其他审慎性条件。

非金融企业作为消费金融公司一般出资人，应具备前款第二项至第六项规定的条件。

第六十二条 有以下情形之一的企业不得作为消费金融公司的出资人：

（一）公司治理结构与机制存在明显缺陷；

（二）关联企业众多、股权关系复杂且不透明、关联交易频繁且异常；

（三）核心主业不突出且其经营范围涉及行业过多；

（四）现金流量波动受经济景气影响较大；

（五）资产负债率、财务杠杆率高于行业平均水平；

（六）代他人持有消费金融公司股权；

（七）其他对消费金融公司产生重大不利影响的情况。

第六十三条 消费金融公司主要出资人可以在消费金融公司章程中约定，在消费金融公司出现支付困难时，给予流动性支持；当经营失败导致损失侵蚀资本时，及时补足资本金。

第六十四条 消费金融公司至少应当有1名具备5年以上消费金融业务管理和风险控制经验，并且出资比例不低于拟设消费金融公司全部股本15%的出资人。

第六十五条 消费金融公司设立须经筹建和开业两个阶段。

第六十六条 筹建消费金融公司，应由主要出资人作为申请人向拟设地银监局提交申请，由银监局受理并初步审查，银监会审查并决定。银监会自收到完整申请材料之日起4个月内作出批准或不批准的书面决定。

第六十七条 消费金融公司的筹建期为批准决定之日起6个月。未能按期完成筹建的，应在筹建期限届满前1个月向银监会和拟设地银监局提交筹建延期报告。筹建延期不得超过一次，延长期限不得超过3个月。

申请人应在前款规定的期限届满前提交开业申请，逾期未提交的，筹建批准文件失效，由决定机关注销筹建许可。

第六十八条 消费金融公司开业，应由主要出资人作为申请人向拟设地银监局提交申请，由银监局受理、审查并决定。银监局自受理之日起2个月内作出核准或不予核准的书面决定，并抄报银监会。

第六十九条 申请人应在收到开业核准文件并领取金融许可证后，办理工商登记，领取营业执照。

消费金融公司应当自领取营业执照之日起6个月内开业。不能按期开业的，应在开业期限届满前1个月向银监局提交开业延期报告。开业延期不得超过一次，延长期限不得超过3个月。

未在前款规定期限内开业的，开业核准文件失效，由决定机关注销开业许可，发证机关收回金融许可证，并予以公告。

第六节　金融资产管理公司分公司设立

第七十条 金融资产管理公司申请设立分公司，应当具备以下条件：

（一）具有良好的公司治理结构；

（二）风险管理和内部控制健全有效；

（三）主要审慎监管指标符合监管要求；

（四）具有拨付营运资金的能力；

（五）具有完善、合规的信息科技系统和信息安全体系，具有标准化的数据管理体系，具备保障业务连续有效安全运行的技术与措施；

（六）最近2年无严重违法违规行为和重大案件；

（七）监管评级良好；

（八）银监会规章规定的其他审慎性条件。

第七十一条 金融资产管理公司设立的分公司应当具备以下条件：

（一）营运资金到位；

（二）有符合任职资格条件的高级管理人员和熟悉相关业务的从业人员；

（三）有与业务发展相适应的组织机构和规章制度；

（四）建立了与业务经营和监管要求相适应的信息科技架构，具有支撑业务经营的必要、安全且合规的信息系统，具备保障业务持续运营的技术与措施；

（五）有与业务经营相适应的营业场所、安全防范措施和其他设施；

（六）银监会规章规定的其他审慎性条件。

第七十二条 金融资产管理公司设立分公司须经筹建和开业两个阶段。

第七十三条 金融资产管理公司筹建分公司，应由金融资产管理公司作为申请人向拟设分公司所在地银监局提交申请，由拟设地银监局受理、审查并决定。银监局自受理之日起4个月内作出批准或不批准的书面决定，并抄报银监会。

第七十四条 金融资产管理公司分公司的筹建期为批准决定之日起6个月。未能按期完成筹建的，应在筹建期限届满前1个月向银监会和拟设地银监局提交筹建延期报告。筹建延期不得超过一次，延长期限不得超过3个月。

申请人应在前款规定的期限届满前提交开业申请，逾期未提交的，筹建批准文件失效，由决定机关注销筹建许可。

第七十五条 金融资产管理公司分公司开业，应由金融资产管理公司作为申请人向拟设分公司所在地银监局提交申请，由拟设地银监局受理、审查并决定。拟设分公司所在地银监局自受理之日起2个月内作出核准或不予核准的书面决定，并抄报银监会。

第七十六条 申请人应在收到开业核准文件并领取金融许可证后，办理工商登记，领取营业执照。

金融资产管理公司分公司应当自领取营业执照之日起6个月内开业。不能按期开业的，应在开业期限届满前1个月向拟设分公司所在地银监局提交开业延期报告。开业延期不得超过一次，延长期限不得超过3个月。

未在前款规定期限内开业的，开业核准文件失效，由决定机关注销开业许可，收回金融许可证，并予以公告。

第七节 金融资产管理公司投资设立、参股、收购境内法人金融机构

第七十七条 金融资产管理公司申请投资设立、参股、收购境内法人金融机构的，应当符合以下条件：

（一）具有良好的公司治理结构；

（二）风险管理和内部控制健全有效；

（三）具有良好的并表管理能力；

（四）主要审慎监管指标符合监管要求；

（五）权益性投资余额原则上不超过其净资产（合并会计报表口径）的50%；

（六）具有完善、合规的信息科技系统和信息安全体系，具有标准化的数据管理体系，具备保障业务连续有效安全运行的技术与措施；

（七）最近2年无严重违法违规行为和重大案件；

（八）最近2个会计年度连续盈利；

（九）监管评级良好；

（十）银监会规章规定的其他审慎性条件。

第七十八条 金融资产管理公司申请投资设立、参股、收购境内法人金融机构由银监会受理、审查并决定。银监会自受理之日起6个月内作出批准或不批准的书面决定。

第八节 金融资产管理公司投资设立、参股、收购境外法人金融机构

第七十九条 金融资产管理公司申请投资设立、参股、收购境外法人金融机构，应当符合以下条件：

（一）具有良好的公司治理结构，内部控制健全有效，业务条线管理和风险管控能力与境外业务发展相适应；

（二）具有清晰的海外发展战略；

（三）具有良好的并表管理能力；

（四）主要审慎监管指标符合监管要求；

（五）权益性投资余额原则上不超过其净资产（合并会计报表口径）的50%；

（六）最近2个会计年度连续盈利；

（七）申请前1年年末资产余额达到1000亿元人民币以上；

（八）具备与境外经营环境相适应的专业人才队伍；

（九）监管评级良好；

（十）银监会规章规定的其他审慎性条件。

本办法所称境外法人金融机构是指金融资产管理公司全资附属或控股的境外法人金融机构，以及全资附属或控股子公司、特殊目的实体设立的境外法人金融机构。

第八十条 金融资产管理公司申请投资设立、参股、收购境外法人金融机构由银监会受理、审查并决定。银监会自受理之日起6个月内作出批准或不批准的书面决定。

金融资产管理公司获得银监会批准文件后应按照拟设立、参股、收购境外法人金融机构注册地国家或地区的法律法规办理相关法律手续，并在完成相关法律手续后15个工作日内向银监会报告设立、参股或收购的境外金融机构的名称、成立时间、注册地点、注册资本、注资币种等。

第九节 金融租赁公司专业子公司设立

第八十一条 金融租赁公司申请设立境内专业子公司，应当具备以下条件：

（一）具有良好的公司治理结构，风险管理和内部控制健全有效；

（二）具有良好的并表管理能力；

（三）各项监管指标符合《金融租赁公司管理办法》的规定；

（四）权益性投资余额原则上不超过净资产（合并会计报表口径）的50%；

（五）在业务存量、人才储备等方面具备一定优势，在专业化管理、项目公司业务开展等方面具有成熟的经验，能够有效支持专业子公司开展特定领域的融资租赁业务；

（六）入股资金为自有资金，不得以委托资金、债务资金等非自有资金入股；

（七）遵守国家法律法规，最近2年内未发生重大案件或重大违法违规行为；

（八）监管评级良好；

（九）银监会规章规定的其他审慎性条件。

第八十二条 金融租赁公司设立境内专业子公司原则上应100%控股，有特殊情况需引进其他投资者的，金融租赁公司的持股比例不得低于51%。引进的其他投资者应符合本办法第二十四条至第二十七条以及第二十九条至第三十一条规定的金融租赁公司发起人条件，且在专业子公司经营的特定领域有所专长，在业务开拓、租赁物管理等方面具有比较优势，有助于提升专业子公司的业务拓展能力和风险管理水平。

第八十三条 金融租赁公司设立的境内专业子公司，应当具备以下条件：

（一）有符合《中华人民共和国公司法》和银监会规定的公司章程；

（二）有符合规定条件的发起人；

（三）注册资本最低限额为5000万元人民币或等值的可自由兑换货币；

（四）有符合任职资格条件的董事、高级管理人员和熟悉融资租赁业务的从业人员；

（五）有健全的公司治理、内部控制和风险管理体系，以及与业务经营相适应的管理信息系统；

（六）有与业务经营相适应的营业场所、安全防范措施和其他设施；

（七）银监会规章规定的其他审慎性条件。

第八十四条 金融租赁公司设立境内专业子公司须经筹建和开业两个阶段。

第八十五条 金融租赁公司筹建境内专业子公司，由金融租赁公司作为申请人向拟设地银监局提交申请，同时抄报金融租赁公司所在地银监局，由拟设地银监局受理并初步审查，银监会审查并决定。银监会自收到完整申请材料之日起2个月内作出批准或不批准的书面决定。拟设地银监局在将初审意见上报银监会之前应征求金融租赁公司所在地银监局的意见。

第八十六条 金融租赁公司境内专业子公司的筹建期为批准决定之日起6个月。未能按期完成筹建的，应在筹建期限届满前1个月向银监会和拟设地银监局提交筹建延期报告。筹建延期不得超过一次，延长期限不得超过3个月。

申请人应在前款规定的期限届满前提交开业申请，逾期未提交的，筹建批准文件失效，由决定机关注销筹建许可。

第八十七条 金融租赁公司境内专业子公司开业，应由金融租赁公司作为申请人向拟设地银监局提交申请，由拟设地银监局受理、审查并决定。银监局自受理之日起1个月内作出核准或不予核准的书面决定，并抄报银监会，抄送金融租赁公司所在地银监局。

第八十八条 申请人应在收到开业核准文件并领取金融许可证后，办理工商登记，领取营业执照。

境内专业子公司应当自领取营业执照之日起6个月内开业。不能按期开业的，应在开业期限届满前1个月向拟设地银监局提交开业延期报告。开业延期不得超过一次，延长期限不得超过3个月。

未在前款规定期限内开业的，开业核准文件失效，由决定机关注销开业许可，收回金融许可证，并予以公告。

第八十九条 金融租赁公司申请设立境外专业子公司，除适用本办法第八十一条规定的条件外，还应当具备以下条件：

（一）确有业务发展需要，具备清晰的海外发展战略；

（二）内部管理水平和风险管控能力与境外业务发展相适应；

（三）具备与境外经营环境相适应的专业人才队伍；

（四）经营状况良好，最近2个会计年度连续盈利；

（五）所提申请符合有关国家或地区的法律法规。

第九十条 金融租赁公司设立境外专业子公司，应由金融租赁公司作为申请人向所在地银监局提出申请，由银监局受理并初步审查，银监会审查并决定。银监会自收到完整申请材料之日起2个月内作出批准或不批准的书面决定。

金融租赁公司获得银监会批准文件后应按照拟设子公司注册地国家或地区的法律法规办理境外子公司的设立手续，并在境外子公司成立后15个工作日内向银监会及金融租赁公司所在地银监局报告境外子公司的名称、成立时间、注册地点、注册资本、注资币种等。

第十节 财务公司境外子公司设立

第九十一条 财务公司申请设立境外子公司，应当具备以下条件：

（一）确属业务发展和为成员单位提供财务管理服务需要，具备清晰的海外发展战略；

（二）拟设境外子公司所服务的成员单位不少于10家，且前述成员单位资产合计不低于等值于100亿元人民币的可自由兑换货币；或成员单位不足10家，但成员单位资产合计不低于等值于150亿元人民币的可自由兑换货币；

（三）各项审慎监管指标符合有关监管规定；

（四）经营状况良好，最近2个会计年度连续盈利；

（五）权益性投资余额原则上不超过净资产（合并会计报表口径）的50%；

（六）内部管理水平和风险管控能力与境外业务发展相适应；

（七）具备与境外经营环境相适应的专业人才队伍；

（八）最近2年内未发生重大案件或重大违法违规行为；

（九）监管评级良好；

（十）银监会规章规定的其他审慎性条件。

第九十二条 财务公司设立境外子公司，应由财务公司作为申请人向所在地银监局提出申请，由银监局受理并初步审查，银监会审查并决定。银监会自收到完整申请材料之日起4个月内作出批准或不批准的书面决定。

财务公司获得银监会批准文件后应按照拟设子公司注册地国家或地区的法律法规办理境外子公司的设立手续，并在境外子公司成立后15个工作日内向银监会及财务公司所在地银监局报告境外子公司的名称、成立时间、注册地点、注册资本、注资币种等。

第十一节 财务公司分公司设立

第九十三条 财务公司由于发生合并与分立、跨银监局迁址，或者所属集团被收购或重组而申请设立分公司的，应当具备以下条件：

（一）确属业务发展和为成员单位提供财务管理服务需要；

（二）拟设分公司所服务的成员单位不少于10家，且前述成员单位资产合计不低于10亿元人民币；或成员单位不足10家，但成员单位资产合计不低于20亿元人民币；

（三）各项审慎监管指标符合有关监管

规定；

（四）注册资本不低于3亿元人民币，具有拨付营运资金的能力；

（五）经营状况良好，最近2个会计年度连续盈利；

（六）最近2年内未发生重大案件或重大违法违规行为；

（七）监管评级良好；

（八）银监会规章规定的其他审慎性条件。

第九十四条 财务公司设立的分公司应当具备以下条件：

（一）营运资金到位；

（二）有符合任职资格条件的高级管理人员和熟悉相关业务的从业人员；

（三）有与业务发展相适应的组织机构和规章制度；

（四）建立了与业务经营和监管要求相适应的信息科技架构，具有支撑业务经营的必要、安全且合规的信息系统，具备保障业务持续运营的技术与措施；

（五）有与业务经营相适应的营业场所、安全防范措施和其他设施；

（六）银监会规章规定的其他审慎性条件。

第九十五条 财务公司由于发生合并与分立、跨银监局变更住所，或者所属集团被收购或重组而设立分公司的，应与前述变更事项一并提出申请，许可程序分别适用财务公司合并与分立、跨银监局变更住所、或者因所属集团被收购或重组而进行股权变更的规定。

第九十六条 财务公司分公司的筹建期为批准决定之日起6个月。未能按期完成筹建的，应在筹建期限届满前1个月向法人机构所在地银监局和拟设地银监局提交筹建延期报告。筹建延期不得超过一次，延长期限不得超过3个月。

申请人应在前款规定的期限届满前提交分公司开业申请，逾期未提交的，设立分公司批准文件失效，由决定机关注销筹建许可。

第九十七条 财务公司分公司开业，应由财务公司作为申请人向拟设分公司所在地银监局提交申请，由拟设分公司所在地银监局受理、审查并决定。拟设分公司所在地银监局自受理之日起2个月内作出核准或不予核准的书面决定，并抄报银监会，抄送法人机构所在地银监局。

第九十八条 申请人应在收到开业核准文件并领取金融许可证后，办理工商登记，领取营业执照。

财务公司分公司应当自领取营业执照之日起6个月内开业。不能按期开业的，应在开业期限届满前1个月向拟设分公司所在地银监局提交开业延期报告。开业延期不得超过一次，延长期限不得超过3个月。

未在前款规定期限内开业的，开业核准文件失效，由决定机关注销开业许可，收回金融许可证，并予以公告。

第十二节 货币经纪公司分支机构设立

第九十九条 货币经纪公司分支机构包括分公司、代表处。

第一百条 货币经纪公司申请设立分公司，应当具备以下条件：

（一）确属业务发展需要，且建立了完善的对分公司的业务授权及管理问责制度；

（二）注册资本不低于5000万元人民币或等值的可自由兑换货币，具有拨付营运资金的能力；

（三）经营状况良好，最近2个会计年度连续盈利；

（四）最近2年无重大案件或重大违法违规经营记录；

（五）银监会规章规定的其他审慎性条件。

第一百零一条 货币经纪公司设立的分公司应当具备以下条件：

（一）营运资金到位；

（二）有符合任职资格条件的高级管理人员和熟悉相关业务的从业人员；

（三）有与业务发展相适应的组织机构和规章制度；

（四）建立了与业务经营和监管要求相适应的信息科技架构，具有支撑业务经营的必要、安全且合规的信息系统，具备保障业务持续运营的技术与措施；

（五）有与业务经营相适应的营业场所、安全防范措施和其他设施；

（六）银监会规章规定的其他审慎性条件。

第一百零二条 货币经纪公司设立分公司须经筹建和开业两个阶段。

第一百零三条 货币经纪公司筹建分公司，应由货币经纪公司作为申请人向法人机构所在地银监局提交申请，同时抄报拟设分公司所在地银监局，由法人机构所在地银监局受理、审查并决定。法人机构所在地银监局自受理之日起4个月内作出批准或不批准的书面决定。法人机构所在地银监局作出决定之前应征求拟设分公司所在地银监局的意见。

第一百零四条 货币经纪公司分公司的筹建期为批准决定之日起6个月。未能按期完成筹建的，应在筹建期限届满前1个月向法人机构所在地银监局和拟设地银监局提交筹建延期报告。筹建延期不得超过一次，延长期限不得超过3个月。

申请人应在前款规定的期限届满前提交开业申请，逾期未提交的，筹建批准文件失效，由决定机关注销筹建许可。

第一百零五条 货币经纪公司分公司开业，应由货币经纪公司作为申请人向拟设分公司所在地银监局提交申请，由拟设分公司所在地银监局受理、审查并决定。拟设分公司所在地银监局自受理之日起2个月内作出核准或不予核准的书面决定，并抄报银监会，抄送法人机构所在地银监局。

第一百零六条 申请人应在收到开业核准文件并领取金融许可证后，办理工商登记，领取营业执照。

货币经纪公司分公司自领取营业执照之日起6个月内开业。不能按期开业的，应在开业期限届满前1个月向拟设分公司所在地银监局提交开业延期报告。开业延期不得超过一次，延长期限不得超过3个月。

未在前款规定期限内开业的，开业核准文件失效，由决定机关注销开业许可，收回金融许可证，并予以公告。

第一百零七条 货币经纪公司根据业务开展需要，可以在业务比较集中的地区设立代表处。由货币经纪公司作为申请人向法人机构所在地银监局提交申请，同时抄报拟设代表处所在地银监局，由法人机构所在地银监局受理、审查并决定。法人机构所在地银监局自受理之日起6个月内作出批准或不批准的书面决定。法人机构所在地银监局作出决定之前应征求拟设代表处所在地银监局的意见。

第十三节　境外非银行金融机构驻华代表处设立

第一百零八条 境外非银行金融机构申请设立驻华代表处，应具备以下条件：

（一）所在国家或地区有完善的金融监督管理制度；

（二）是由所在国家或地区金融监管当局批准设立的金融机构，或者是金融性行业协会会员；

（三）具有从事国际金融活动的经验；

（四）经营状况良好，最近2年内无重大违法违规记录；

（五）具有有效的反洗钱措施；

（六）有符合任职资格条件的首席代表；

（七）银监会规章规定的其他审慎性条件。

第一百零九条 境外非银行金融机构设立驻华代表处，应由其母公司向拟设地银监局提交申请，由银监局受理并初步审查，银监会审查并决定。银监会自收到完整申请材料之日起6个月内作出批准或不批准的书面决定。

第三章 机构变更

第一节 法人机构变更

第一百一十条 非银行金融机构法人机构变更事项包括：变更名称，变更股权或调整股权结构，变更注册资本，变更住所，修改公司章程，分立或合并，金融资产管理公司变更组织形式，以及银监会规定的其他变更事项。

第一百一十一条 金融资产管理公司变更名称，由银监会受理、审查并决定。其他非银行金融机构变更名称，由银监分局或所在地银监局受理、审查并决定。银监会、银监局或银监分局自受理之日起3个月内作出批准或不批准的书面决定。由银监局或银监分局决定的，应将决定抄报上级监管机关。

第一百一十二条 所有拟投资入股非银行金融机构的出资人的资格以及非银行金融机构变更股权或调整股权结构均应经过审批，但成员单位之间转让财务公司股权单次不超过财务公司注册资本5%的，以及关联方共同持有上市的非银行金融机构流通股份未达到公司总股份5%的除外。

第一百一十三条 金融资产管理公司以外的非银行金融机构变更股权及调整股权结构，拟投资入股的出资人应分别具备以下条件：

（一）财务公司出资人的条件适用本办法第七条至第十三条及第十五条的规定；

（二）金融租赁公司出资人的条件适用本办法第二十四条至第三十三条的规定；

（三）汽车金融公司出资人的条件适用本办法第四十条至第四十三条的规定；

（四）货币经纪公司出资人的条件适用本办法第五十条至第五十二条的规定；

（五）消费金融公司出资人的条件适用本办法第五十九条至第六十四条的规定。

第一百一十四条 金融资产管理公司股权变更或调整股权结构应当有符合条件的出资人，包括境内金融机构、境外金融机构、境内非金融机构和银监会认可的其他出资人。

第一百一十五条 境内金融机构作为金融资产管理公司的出资人，应当具备以下条件：

（一）主要审慎监管指标符合监管要求；

（二）公司治理良好，内部控制健全有效；

（三）最近2个会计年度连续盈利；

（四）社会声誉良好，最近2年无严重违法违规行为和重大案件；

（五）入股资金为自有资金，不得以委托资金、债务资金等非自有资金入股；

（六）承诺5年内不转让所持有的金融资产管理公司股权（银监会依法责令转让的除外）；

（七）银监会规章规定的其他审慎性条件。

第一百一十六条 境外金融机构作为金融资产管理公司的战略投资者，应当具备以下条件：

（一）最近1个会计年度末总资产原则上不少于100亿美元；

（二）银监会认可的国际评级机构最近2年对其长期信用评级为良好；

（三）最近2个会计年度连续盈利；

（四）商业银行资本充足率应当达到其注册地银行业资本充足率平均水平且不低于10.5%；非银行金融机构资本总额不低于加权风险资产总额的10%；

（五）内部控制健全有效；

（六）注册地金融机构监督管理制度完善；

（七）所在国（地区）经济状况良好；

（八）入股资金为自有资金，不得以委托资金、债务资金等非自有资金入股；

（九）承诺5年内不转让所持有的金融资产管理公司股权（银监会依法责令转让的除外）；

（十）银监会规章规定的其他审慎性条件。

第一百一十七条 单个境外金融机构及被其控制或共同控制的关联方作为战略投资者向单个金融资产管理公司的投资入股比例不得超过20%，多个境外金融机构及被其控制或共同控制的关联方作为战略投资者的投资入股比例合计不得超过25%。

第一百一十八条 境内非金融机构作为金融资产管理公司的出资人，应当符合以下条件：

（一）依法设立，具有法人资格；

（二）具有良好的公司治理结构或有效的组织管理方式；

（三）具有良好的社会声誉、诚信记录和纳税记录，能按期足额偿还金融机构的贷款本金和利息；

（四）具有较长的发展期和稳定的经营状况；

（五）具有较强的经营管理能力和资金实力；

（六）财务状况良好，最近2个会计年度连续盈利；

（七）年终分配后，净资产达到全部资产的30%；

（八）入股资金为自有资金，不得以委托资金、债务资金等非自有资金入股；

（九）承诺5年内不转让所持有的金融资产管理公司股权（银监会依法责令转让的除外）；

（十）银监会规章规定的其他审慎性条件。

第一百一十九条 存在以下情形之一的企业不得作为金融资产管理公司的出资人：

（一）公司治理结构与机制存在明显缺陷；

（二）关联企业众多、股权关系复杂且不透明、关联交易频繁且异常；

（三）核心主业不突出且其经营范围涉及行业过多；

（四）现金流量波动受经济景气影响较大；

（五）资产负债率、财务杠杆率高于行业平均水平；

（六）代他人持有金融资产管理公司股权；

（七）其他对金融资产管理公司产生重大不利影响的情况。

第一百二十条 金融资产管理公司变更股权或调整股权结构，由银监会受理、审查并决定。银监会自受理之日起3个月内作出批准或不批准的书面决定。

财务公司由于所属企业集团被收购或重组引起变更股权或调整股权结构的，金融租赁公司、汽车金融公司、货币经纪公司、消费金融公司由于实际控制人变更引起变更股权或调整股权结构的，由所在地银监局受理并初步审查，银监会审查并决定，银监会自收到完整申请材料之日起3个月内作出批准或不批准的书面决定。

财务公司、金融租赁公司、汽车金融公司、货币经纪公司、消费金融公司由于其他原因引起变更股权或调整股权结构的，由银监分局或所在地银监局受理并初步审查，银监局审查并决定，银监局自受理或收到完整申请材料之日起3个月内作出批准或不批准的书面决定，并抄报银监会。

第一百二十一条 非银行金融机构申请变更注册资本，应当具备以下条件：

（一）变更注册资本后仍然符合银监会对该类机构最低注册资本和资本充足性的要求；

（二）增加注册资本引入新出资人或引起实际控制人变更的，新出资人或新取得实际控制人地位的出资人应相应符合第一百一十三条至第一百一十九条规定的条件；

（三）银监会规章规定的其他审慎性条件。

第一百二十二条 非银行金融机构申请变更注册资本的许可程序适用本办法第一百一十一条的规定，变更注册资本涉及变更股权或调整股权结构的，许可程序适用本办法第一百二十条的规定。

第一百二十三条 非银行金融机构以公开募集和上市交易股份方式，以及已上市的非银行金融机构以配股或募集新股份的方式变更注册资本的，应当符合中国证监会规定的条件。

向中国证监会申请前，有关方案应先获得银监会或其派出机构的批准，许可程序适用本办法第一百二十条的规定。

第一百二十四条 非银行金融机构变更住所，应当有与业务发展相符合的营业场所、安全防范措施和其他设施。

非银行金融机构申请变更住所的许可程序适用本办法第一百一十一条的规定。

第一百二十五条 非银行金融机构修改公司章程应符合《中华人民共和国公司法》、《金融资产管理公司监管办法》、《企业集团财务公司管理办法》、《金融租赁公司管理办法》、《汽车金融公司管理办法》、《货币经纪公司试点管理办法》、《消费金融公司试点管理办法》及其他有关法律、法规的规定。

第一百二十六条 非银行金融机构申请修改公司章程的许可程序适用本办法第一百一十一条的规定。

非银行金融机构因为发生变更名称、股权、注册资本、住所或营业场所、业务范围等前置审批事项而引起公司章程内容变更的，不需申请修改章程，应将修改后的章程向监管机构报备。

第一百二十七条 非银行金融机构分立应符合有关法律、行政法规和规章的规定。

金融资产管理公司分立，向银监会提交申请，由银监会受理、审查并决定。银监会自受理之日起3个月内作出批准或不批准的书面决定。其他非银行金融机构分立，向所在地银监局提交申请，由银监局受理并初步审查，银监会审查并决定。银监会自收到完整申请材料之日起3个月内作出批准或不批准的书面决定。

非银行金融机构分立后依然存续的，在分立公告期限届满后，应按照有关变更事项的条件和程序通过行政许可。分立后成为新公司的，在分立公告期限届满后，应按照法人机构开业的条件和程序通过行政许可。

第一百二十八条 非银行金融机构合并应符合有关法律、行政法规和规章的规定。

金融资产管理公司吸收合并，向银监会提交申请，由银监会受理、审查并决定。银监会自受理之日起3个月内作出批准或不批准的书面决定。其他非银行金融机构吸收合并，由吸收合并方向其所在地银监局提出申请，并抄报被吸收合并方所在地银监局，由吸收合并方所在地银监局受理并初步审查，银监会审查并决定。银监会自收到完整申请材料之日起3个月内作出批准或不批准的书面决定。吸收合并方所在地银监局在将初审意见上报银监会之前应征求被吸收合并方所在地银监局的意见。吸收合并公告期限届满后，吸收合并方应按照变更事项的条件和程序通过行政许可；被吸收合并方应按照法人机构解散的条件和程序通过行政许可。被吸收合并方改建为分支机构的，应按照有关分支机构开业的条件和程序通过行政许可。

金融资产管理公司新设合并，向银监会提交申请，由银监会受理、审查并决定。银监会自受理之日起3个月内作出批准或不批准的书面决定。其他非银行金融机构新设合并，由其中一方作为主报机构向其所在地银监局提交申请，同时抄报另一方所在地银监局，由主报机构所在地银监局受理并初步审查，银监会审查并决定。银监会自收到完整申请材料之日起3个月内作出批准或不批准的书面决定。主报机构所在地银监局在将初审意见上报银监会之前应征求另一方所在地银监局的意见。新设合并公告期限届满后，新设机构应按照法人机构开业的条件和程序通过行政许可；原合并机构应按照法人机构解散的条件和程序通过行政许可。

第一百二十九条 金融资产管理公司变更组织形式，应当符合《中华人民共和国公司法》、《金融资产管理公司监管办法》以及其他法律、行政法规和规章的规定。

第一百三十条 金融资产管理公司变更组织形式，由银监会受理、审查并决定。银监会自受理之日起3个月内作出批准或不批准的书面决定。

第二节 子公司变更

第一百三十一条 非银行金融机构子公司须经许可的变更事项包括：金融资产管理公司境外全资附属或控股金融机构变更名称、注册资本、股权，分立或合并，重大投资事项（指投资额为1亿元人民币以上或者投资额占其注册资本5%以上的股权投资事项）；金融租赁公司专业子公司变更名称、变更注册资本、变更股权或调整股权结构，境内专业子公司修改公司章程；财务公司境外子公司变更名称、变更注册资本；以及银监会规定的其他变更事项。

第一百三十二条 金融资产管理公司境外全资附属或控股金融机构变更名称、注册资本、股权，分立或合并，或进行重大投资，由金融资产管理公司向银监会提交申请，银监会受理、审查并决定。银监会自受理之日起3个月内作出批准或不批准的书面决定。

第一百三十三条 金融租赁公司境内专业子公司变更名称，由专业子公司向银监分局或所在地银监局提出申请，金融租赁公司境外专业子公司变更名称，由金融租赁公司向银监分局或所在地银监局提出申请，银监分局或银监局受理、审查并决定。银监分局或银监局应自受理之日起3个月内作出批准或不批准的书面决定，并抄报上级监管机关。

第一百三十四条 金融租赁公司专业子公司变更股权或调整股权结构，拟投资入股的出资人应符合第八十二条规定的条件。

金融租赁公司境内专业子公司变更股权或调整股权结构，由专业子公司向银监分局或所在地银监局提出申请，金融租赁公司境外专业子公司变更股权或调整股权结构，由金融租赁公司向银监分局或所在地银监局提出申请，银监分局或银监局受理，银监局审查并决定。银监局应自受理之日或收到完整申请材料之日起3个月内作出批准或不批准的书面决定，并抄报银监会。

第一百三十五条 金融租赁公司专业子公司变更注册资本，应当具备以下条件：

（一）变更注册资本后仍然符合银监会的相关监管要求；

（二）增加注册资本涉及新出资人的，新出资人应符合第八十二条规定的条件；

（三）银监会规章规定的其他审慎性条件。

金融租赁公司专业子公司变更注册资本的许可程序适用第一百三十三条的规定，如变更注册资本同时涉及变更股权或调整股权结构的，许可程序适用第一百三十四条的规定。

第一百三十六条 金融租赁公司境内专业子公司修改公司章程应符合《中华人民共和国公司法》、《金融租赁公司专业子公司管理暂行规定》的规定。

金融租赁公司境内专业子公司申请修改公司章程的许可程序适用第一百一十一条的规定。金融租赁公司境内专业子公司因为发生变更名称、股权、注册资本、业务范围等前置审批事项而引起公司章程内容变更的，不需申请修改章程，应将修改后的章程向银监分局或所在地银监局报备。

第一百三十七条 财务公司境外子公司变更名称或注册资本，由财务公司向银监分局或所在地银监局提出申请，银监分局或银监局受理、审查并决定。银监分局或银监局应自受理之日起3个月内作出批准或不批准的书面决定，并抄报上级监管机关。

第三节 分公司和代表处变更

第一百三十八条 非银行金融机构分公司和代表处变更名称，由其法人机构向分公司或代表处所在地银监分局或所在地银监局提出申请，由银监分局或所在地银监局受理、审查并决定。银监分局或银监局应自受理之日起3个月内作出批准或不批准的书面决定，并抄报上级监管机关。

第一百三十九条 境外非银行金融机构驻华代表处申请变更名称，由其母公司向代表处所在地银监局提交申请，由银监局受理、审查并决定。银监局应自受理之日起3个月内作出批准或不批准的决定，并抄报银监会。

第四章 机构终止

第一节 法人机构终止

第一百四十条 非银行金融机构法人机构满足以下情形之一的，可以申请解散：

（一）公司章程规定的营业期限届满或者规定的其他解散事由出现时；

（二）股东会议决定解散；

（三）因公司合并或者分立需要解散；

（四）其他法定事由。

组建财务公司的企业集团解散，财务公司应当申请解散。

第一百四十一条 金融资产管理公司解散，向银监会提交申请，由银监会受理、审查并决定。银监会自受理之日起3个月内作出批准或不批准的书面决定。

其他非银行金融机构解散，向所在地银监局提交申请，银监局受理并初步审查，银监会审查并决定。银监会自收到完整申请材料之日起3个月内作出批准或不批准的书面决定。

第一百四十二条 非银行金融机构法人机构有以下情形之一的，向法院申请破产前，应当向银监会申请并获得批准：

（一）不能清偿到期债务，并且资产不足以清偿全部债务或者明显缺乏清偿能力的，自愿或应其债权人要求申请破产的；

（二）已解散但未清算或者未清算完毕，依法负有清算责任的人发现该机构资产不足以清偿债务，应当申请破产的。

第一百四十三条 金融资产管理公司拟破产，向银监会提交申请，由银监会受理、审查并决定。银监会自受理之日起3个月内作出批准或不批准的书面决定。

其他非银行金融机构拟破产，向所在地银监局提交申请，由银监局受理并初步审查，银监会审查并决定。银监会自收到完整申请材料之日起3个月内作出批准或不批准的书面决定。

第二节 子公司终止

第一百四十四条 金融资产管理公司境外全资附属或控股金融机构、金融租赁公司专业子公司、财务公司境外子公司解散或破产的条件，参照第一百四十条和第一百四十二条的规定执行。

第一百四十五条 金融资产管理公司境外全资附属或控股金融机构解散或拟破产，由金融资产管理公司向银监会提交申请，银监会受理、审查并决定。银监会自受理之日起3个月内作出批准或不批准的书面决定。

金融租赁公司境内专业子公司解散或拟破产，由金融租赁公司向专业子公司所在地银监局提出申请，银监局受理并初步审查，银监会审查并决定。银监会自收到完整申请材料之日起3个月内作出批准或不批准的书面决定。

金融租赁公司境外专业子公司解散或拟破产，由金融租赁公司向其所在地银监局提出申请，银监局受理并初步审查，银监会审查并决定。银监会自收到完整申请材料之日起3个月内作出批准或不批准的书面决定。

财务公司境外子公司解散或拟破产，由财务公司向其所在地银监局提出申请，银监局受理并初步审查，银监会审查并决定。银监会自收到完整申请材料之日起3个月内作出批准或不批准的书面决定。

第三节　分公司和代表处终止

第一百四十六条 非银行金融机构分公司、代表处，以及境外非银行金融机构驻华代表处终止营业或关闭（被依法撤销除外），应当提出终止营业或关闭申请。

第一百四十七条 非银行金融机构分公司、代表处申请终止营业或关闭，应当具备以下条件：

（一）公司章程规定的有权决定机构决定该分支机构终止营业或关闭；

（二）分支机构各项业务和人员已依法进行了适当的处置安排；

（三）银监会规章规定的其他审慎性条件。

第一百四十八条 非银行金融机构分公司或代表处终止营业或关闭，由其法人机构向分公司或代表处银监分局或所在地银监局提交申请，由银监分局或银监局受理并初步审查，银监局审查并决定。银监局自受理或收到完整申请材料之日起3个月内作出批准或不批准的书面决定，并抄报银监会。

第一百四十九条 境外非银行金融机构驻华代表处申请关闭，由其母公司向代表处所在地银监局提交申请，由银监局受理并初步审查，银监会审查并决定。银监会自收到完整申请资料之日起3个月内作出批准或不批准的书面决定。

第五章　调整业务范围和增加业务品种

第一节　财务公司经批准发行债券等五项业务资格

第一百五十条 财务公司申请经批准发行债券业务资格、承销成员单位的企业债券、有价证券投资、对金融机构的股权投资，以及成员单位产品的消费信贷、买方信贷和融资租赁业务，应具备以下条件：

（一）财务公司开业1年以上，且经营状况良好；

（二）注册资本不低于3亿元人民币或等值的可自由兑换货币；

（三）符合审慎监管指标要求；

（四）有比较完善的业务决策机制、风险控制制度、业务操作规程；

（五）具有与业务经营相适应的安全且合规的信息系统，具备保障业务持续运营的技术与措施；

（六）有相应的合格专业人员；

（七）监管评级良好；

（八）银监会规章规定的其他审慎性条件。

第一百五十一条 财务公司申请开办有价证券投资业务，除符合第一百五十条规定外，还应具备以下条件：

（一）申请固定收益类有价证券投资业务的，最近1年月均存放同业余额不低于5亿元；申请股票投资以外的有价证券投资业务的，最近1年资金集中度达到且持续保持在30%以上，且最近1年月均存放同业余额不低于10亿元；申请股票投资业务的，最近1年资金集中度达到且持续保持在30%以上，且最近1年月均存放同业余额不低于30亿元；

（二）负责投资业务的从业人员中三分之二以上具有相应的专业资格或一定年限的从业经验。

第一百五十二条 财务公司申请开办对金融机构的股权投资业务，除符合第一百五十条规定外，还应具备以下条件之一：

（一）最近1年资金集中度达到且持续保持在50%以上，且最近1年月均存放同业余额不低于50亿元；

（二）最近1年资金集中度达到且持续保持在30%以上，且最近1年月均存放同业余额不低于80亿元。

第一百五十三条 财务公司申请开办成员单位产品消费信贷、买方信贷及融资租赁业务，除符合第一百五十条规定外，还应符合以下条件：

（一）注册资本不低于5亿元人民币或等值的可自由兑换货币；

（二）集团应有适合开办此类业务的产品；

（三）现有信贷业务风险管理情况良好。

第一百五十四条 财务公司申请以上五项业务资格，向银监分局或所在地银监局提交申请，由银监分局或银监局受理并初步审查，银监局审查并决定。银监局自受理之日或收到完整申请材料之日起3个月内作出批准或不批准的书面决定，并抄报银监会。

第二节　财务公司发行金融债券

第一百五十五条 财务公司申请发行金融债券，应具备以下条件：

（一）具有良好的公司治理结构、完善的内部控制体系；

（二）具有从事金融债券发行的合格专业人员；

（三）符合审慎监管指标要求；

（四）注册资本不低于5亿元人民币；

（五）最近1年不良资产率低于行业平均水平，资产损失准备拨备充足；

（六）无到期不能支付债务；

（七）最近1年净资产不低于行业平均水平；

（八）经营状况良好，最近3年连续盈利，3年平均可分配利润足以支付所发行金融债券1年的利息，申请前1年利润率不低于行业平均水平，且有稳定的盈利预期；

（九）已发行、尚未兑付的金融债券总额不得超过公司净资产总额的100%；

（十）最近3年无重大违法违规记录；

（十一）监管评级良好；

（十二）银监会规章规定的其他审慎性条件。

财务公司发行金融债券应由集团母公司或其他有担保能力的成员单位提供担保。

第一百五十六条 财务公司申请发行金融债券的许可程序适用本办法第一百五十四条的规定。

第三节　财务公司开办外汇业务

第一百五十七条 财务公司申请开办外汇业务，应当具备以下条件：

（一）依法合规经营，内控制度健全有效，经营状况良好；

（二）有健全的外汇业务操作规程和风险管理制度；

（三）具有与外汇业务经营相适应的安全

且合规的信息系统，具备保障业务持续运营的技术与措施；

（四）有与开办外汇业务相适应的合格外汇业务从业人员；

（五）监管评级良好；

（六）银监会规章规定的其他审慎性条件。

第一百五十八条 财务公司申请开办外汇业务的许可程序适用本办法第一百五十四条的规定。

第四节 金融租赁公司在境内保税地区设立项目公司开展融资租赁业务

第一百五十九条 金融租赁公司在境内保税地区设立项目公司开展融资租赁业务，应具备以下条件：

（一）符合审慎监管指标要求；

（二）提足各项损失准备金后最近1个会计年度期末净资产不低于10亿元人民币；

（三）具备良好的公司治理和内部控制体系；

（四）具有与业务经营相适应的安全且合规的信息系统，具备保障业务持续运营的技术与措施；

（五）具备开办业务所需要的有相关经验的专业人员；

（六）制定了开办业务所需的业务操作流程、风险管理、内部控制和会计核算制度，并经董事会批准；

（七）最近3年内无重大违法违规经营记录；

（八）监管评级良好；

（九）银监会规章规定的其他审慎性条件。

第一百六十条 金融租赁公司在境内保税地区设立项目公司开展融资租赁业务的许可程序适用本办法第一百五十四条的规定。

第五节 金融资产管理公司、金融租赁公司、汽车金融公司、消费金融公司发行金融债券

第一百六十一条 金融资产管理公司、金融租赁公司、汽车金融公司、消费金融公司发行金融债券，应具备以下条件：

（一）具有良好的公司治理机制、完善的内部控制体系和健全的风险管理制度；

（二）资本充足率不低于监管部门的最低要求；

（三）最近3年连续盈利；

（四）风险监管指标符合审慎监管要求；

（五）最近3年没有重大违法、违规行为；

（六）监管评级良好；

（七）银监会规章规定的其他审慎性条件。

对于资质良好但成立未满3年的金融租赁公司，可由具有担保能力的担保人提供担保。

第一百六十二条 金融资产管理公司发行金融债券，向银监会提交申请，由银监会受理、审查并决定。银监会自受理之日起3个月内作出批准或不批准的书面决定。

金融租赁公司、汽车金融公司、消费金融公司发行金融债券的许可程序适用本办法第一百五十四条的规定。

第六节 非银行金融机构资产证券化业务资格

第一百六十三条 非银行金融机构申请资产证券化业务资格，应当具备以下条件：

（一）具有良好的社会信誉和经营业绩，最近3年内没有重大违法、违规行为；

（二）具有良好的公司治理、风险管理体系和内部控制；

（三）对开办资产证券化业务具有合理的目标定位和明确的战略规划，并且符合其总体经营目标和发展战略；

（四）具有开办资产证券化业务所需要的专业人员、业务处理系统、会计核算系统、管理信息系统以及风险管理和内部控制制度；

（五）监管评级良好；

（六）银监会规章规定的其他审慎性条件。

第一百六十四条 金融资产管理公司申请资产证券化业务资格，向银监会提交申请，由银监会受理、审查并决定。银监会自受理之日起3个月内作出批准或不批准的书面决定。

其他非银行金融机构申请资产证券化资格的许可程序适用本办法第一百五十四条的规定。

第七节 非银行金融机构衍生产品交易资格

第一百六十五条 非银行金融机构衍生产品交易业务资格分为基础类资格和普通类资格。

基础类资格只能从事套期保值类衍生产品交易；普通类资格除基础类资格可以从事的衍生产品交易之外，还可以从事非套期保值类衍生产品交易。

第一百六十六条 非银行金融机构申请基础类衍生产品交易业务资格，应当具备以下条件：

（一）有健全的衍生产品交易风险管理制度和内部控制制度；

（二）具有接受相关衍生产品交易技能专门培训半年以上、从事衍生产品或相关交易2年以上的交易人员至少2名，相关风险管理人员至少1名，风险模型研究或风险分析人员至少1名，熟悉套期会计操作程序和制度规范的人员至少1名，以上人员均需专岗专人，相互不得兼任，且无不良记录；

（三）有适当的交易场所和设备；

（四）有处理法律事务和负责内控合规检查的专业部门及相关专业人员；

（五）符合审慎监管指标要求；

（六）监管评级良好；

（七）银监会规章规定的其他审慎性条件。

第一百六十七条 非银行金融机构申请普通类衍生产品交易业务资格，除符合第一百六十六条规定外，还应当具备以下条件：

（一）完善的衍生产品交易前中后台自动联接的业务处理系统和实时风险管理系统；

（二）衍生产品交易业务主管人员应当具备5年以上直接参与衍生产品交易活动或风险管理的资历，且无不良记录；

（三）严格的业务分离制度，确保套期保值类业务与非套期保值类业务的市场信息、风险管理、损益核算有效隔离；

（四）完善的市场风险、操作风险、信用风险等风险管理框架；

（五）银监会规章规定的其他审慎性条件。

第一百六十八条 非银行金融机构申请衍生产品交易业务资格的许可程序适用本办法第一百六十四条的规定。

第八节 非银行金融机构开办其他新业务

第一百六十九条 非银行金融机构申请开办其他新业务，应当具备以下基本条件：

（一）有良好的公司治理和内部控制；

（二）经营状况良好，主要风险监管指标符合要求；

（三）有有效识别和控制新业务风险的管理制度和健全的新业务操作规程；

（四）具有与业务经营相适应的安全且合规的信息系统，具备保障业务持续运营的技术与措施；

（五）有开办新业务所需的合格管理人员和业务人员；

（六）最近3年内无重大违法违规经营记录；

（七）监管评级良好；

（八）银监会规章规定的其他审慎性条件。

前款所称其他新业务，是指除本章第一节至第七节规定的业务以外的现行法律法规中已明确规定可以开办，但非银行金融机构尚未开办的业务。

第一百七十条 非银行金融机构开办其他新业务的许可程序适用本办法第一百六十四条的规定。

第一百七十一条 非银行金融机构申请开办现行法规未明确规定的业务，由银监会另行规定。

第六章 董事和高级管理人员任职资格许可

第一节 任职资格条件

第一百七十二条 非银行金融机构董事长、副董事长、独立董事和其他董事等董事会成员须经任职资格许可。

非银行金融机构的总经理（首席执行官、总裁）、副总经理（副总裁）、风险总监（首席风险官）、财务总监（首席财务官）、总会计师、总审计师（总稽核）、运营总监（首席运营官）、信息总监（首席信息官）、公司内部按照高级管理人员管理的总经理助理（总裁助理）和董事会秘书，金融资产管理公司财务部门、内审部门负责人，分公司总经理（主任）、副总经理（副主任）、总经理助理，财务公司、金融租赁公司、货币经纪公司分公司总经理（主任），境外非银行金融机构驻华代表处首席代表等高级管理人员，须经任职资格许可。

金融资产管理公司从境内聘任的境外全资附属或控股金融机构董事长、副董事长、总经理、副总经理，财务公司境外子公司董事长、副董事长、总经理、副总经理，金融租赁公司专业子公司董事长、副董事长、总经理、副总经理，须经任职资格许可。

未担任上述职务，但实际履行前三款所列董事和高级管理人员职责的人员，应按银监会有关规定纳入任职资格管理。

第一百七十三条 申请非银行金融机构董事和高级管理人员任职资格，拟任人应当具备以下基本条件：

（一）具有完全民事行为能力；

（二）具有良好的守法合规记录；

（三）具有良好的品行、声誉；

（四）具有担任拟任职务所需的相关知识、经验及能力；

（五）具有良好的经济、金融从业记录；

（六）个人及家庭财务稳健；

（七）具有担任拟任职务所需的独立性；

（八）履行对金融机构的忠实与勤勉义务。

第一百七十四条 拟任人有以下情形之一的，视为不符合本办法第一百七十三条第（二）项、第（三）项、第（五）项规定的条件，不得担任非银行金融机构董事和高级管理人员：

（一）有故意或重大过失犯罪记录的；

（二）有违反社会公德的不良行为，造成恶劣影响的；

（三）对曾任职机构违法违规经营活动或重大损失负有个人责任或直接领导责任，情节严重的；

（四）担任或曾任被接管、撤销、宣告破产或吊销营业执照的机构的董事或高级管理人员的，但能够证明本人对曾任职机构被接管、撤销、宣告破产或吊销营业执照不负有个人责任的除外；

（五）因违反职业道德、操守或者工作严重失职，造成重大损失或恶劣影响的；

（六）指使、参与所任职机构不配合依法监管或案件查处的；

（七）被取消终身的董事和高级管理人员

任职资格，或受到监管机构或其他金融管理部门处罚累计达到2次以上的；

（八）不具备本办法规定的任职资格条件，采取不正当手段以获得任职资格核准的。

第一百七十五条 拟任人有以下情形之一的，视为不符合本办法第一百七十三条第（六）项、第（七）项规定的条件，不得担任非银行金融机构董事和高级管理人员：

（一）截至申请任职资格时，本人或其配偶仍有数额较大的逾期债务未能偿还，包括但不限于在该金融机构的逾期贷款；

（二）本人及其近亲属合并持有该金融机构5%以上股份，且从该金融机构获得的授信总额明显超过其持有的该金融机构股权净值；

（三）本人及其所控股的股东单位合并持有该金融机构5%以上股份，且从该金融机构获得的授信总额明显超过其持有的该金融机构股权净值；

（四）本人或其配偶在持有该金融机构5%以上股份的股东单位任职，且该股东单位从该金融机构获得的授信总额明显超过其持有的该金融机构股权净值，但能够证明授信与本人及其配偶没有关系的除外；

（五）存在其他所任职务与其在该金融机构拟任、现任职务有明显利益冲突，或明显分散其在该金融机构履职时间和精力的情形。

前款第（四）项不适用于财务公司董事和高级管理人员。

第一百七十六条 申请非银行金融机构董事任职资格，拟任人除应符合第一百七十三条至第一百七十五条的规定外，还应当具备以下条件：

（一）具有5年以上的经济、金融、法律、财会或其他有利于履行董事职责的工作经历，其中拟担任独立董事的还应是经济、金融、法律、财会等方面的专家；

（二）能够运用非银行金融机构的财务报表和统计报表判断非银行金融机构的经营管理和风险状况；

（三）了解拟任职非银行金融机构的公司治理结构、公司章程以及董事会职责，并熟知董事的权利和义务。

第一百七十七条 拟任人有以下情形之一的，不得担任非银行金融机构独立董事：

（一）本人及其近亲属合并持有该非银行金融机构1%以上股份或股权；

（二）本人或其近亲属在持有该非银行金融机构1%以上股份或股权的股东单位任职；

（三）本人或其近亲属在该非银行金融机构、该非银行金融机构控股或者实际控制的机构任职；

（四）本人或其近亲属在不能按期偿还该非银行金融机构贷款的机构任职；

（五）本人或其近亲属任职的机构与本人拟任职非银行金融机构之间存在法律、会计、审计、管理咨询、担保合作等方面的业务联系或债权债务等方面的利益关系，以致于妨碍其履职独立性的情形；

（六）本人或其近亲属可能被拟任职非银行金融机构大股东、高管层控制或施加重大影响，以致于妨碍其履职独立性的其他情形。

（七）本人已在同类型非银行金融机构任职的。

第一百七十八条 申请非银行金融机构董事长、副董事长任职资格，拟任人除应符合第一百七十三条至第一百七十六条的规定外，还应分别具备以下条件：

（一）担任金融资产管理公司董事长、副董事长，应具备本科以上学历，从事金融工作8年以上，或相关经济工作12年以上（其中从事金融工作5年以上）；

（二）担任财务公司董事长、副董事长，应具备本科以上学历，从事金融工作5年以上，或从事企业集团财务或资金管理工作8年以上，或从事企业集团核心主业及相关管理工作10年以上；

（三）担任金融租赁公司董事长、副董事长，应具备本科以上学历，从事金融工作或融资租赁工作5年以上，或从事相关经济工作10年以上；

（四）担任汽车金融公司董事长、副董事长，应具备本科以上学历，从事金融工作5年以上，或从事汽车生产销售管理工作10年以上；

（五）担任货币经纪公司董事长、副董事长，应具备本科以上学历，从事金融工作5年以上，或从事相关经济工作10年以上（其中从事金融工作3年以上）；

（六）担任消费金融公司董事长、副董事长，应具备本科以上学历，从事金融工作5年以上，或从事相关经济工作10年以上；

（七）担任金融资产管理公司境外全资附属或控股金融机构董事长、副董事长，应具备本科以上学历，从事金融工作6年以上，或从事相关经济工作10年以上（其中从事金融工作3年以上），且能较熟练地运用1门与所任职务相适应的外语；

（八）担任财务公司境外子公司董事长、副董事长，应具备本科以上学历，从事金融工作3年以上，或从事企业集团财务或资金管理工作6年以上，且能较熟练地运用1门与所任职务相适应的外语；

（九）担任金融租赁公司境内外专业子公司董事长、副董事长，应具备本科以上学历，从事金融工作或融资租赁工作3年以上，或从事相关经济工作8年以上（其中从事金融工作或融资租赁工作2年以上），担任境外子公司董事长、副董事长的，应能较熟练地运用1门与所任职务相适应的外语。

第一百七十九条 申请非银行金融机构法人机构高级管理人员任职资格，拟任人除应符合第一百七十三条至第一百七十五条的规定外，还应分别具备以下条件：

（一）担任金融资产管理公司总经理（首席执行官、总裁）、副总经理（副总裁），应具备本科以上学历，从事金融工作8年以上或相关经济工作12年以上（其中从事金融工作4年以上）；

（二）担任财务公司总经理（首席执行官、总裁）、副总经理（副总裁），应具备本科以上学历，从事金融工作5年以上，或从事财务或资金管理工作10年以上（财务公司高级管理层中至少应有一人从事金融工作5年以上）；

（三）担任金融租赁公司总经理（首席执行官、总裁）、副总经理（副总裁），应具备本科以上学历，从事金融工作或从事融资租赁工作5年以上，或从事相关经济工作10年以上（其中从事金融工作或融资租赁工作3年以上）；

（四）担任汽车金融公司总经理（首席执行官、总裁）、副总经理（副总裁），应具备本科以上学历，从事金融工作5年以上，或从事汽车生产销售管理工作10年以上；

（五）担任货币经纪公司总经理（首席执行官、总裁）、副总经理（副总裁），应具备本科以上学历，从事金融工作5年以上，或从事相关经济工作10年以上（其中从事金融工作3年以上）；

（六）担任消费金融公司总经理（首席执行官、总裁）、副总经理（副总裁），应具备本科以上学历，从事金融工作5年以上，或从事与消费金融相关领域工作10年以上（消费金融公司高级管理层中至少应有一人从事金融工作5年以上）；

（七）担任各类非银行金融机构财务总监（首席财务官）、总会计师、总审计师（总稽核），以及金融资产管理公司财务部门、内审部门负责人的，应具备本科以上学历，从事财务、会计或审计工作6年以上；

（八）担任各类非银行金融机构风险总监（首席风险官），应具备本科以上学历，从事金融机构风险管理工作3年以上，或从事其他金融工作6年以上；

（九）担任各类非银行金融机构信息总监（首席信息官），应具备本科以上学历，从事信息科技工作6年以上；

（十）非银行金融机构运营总监（首席运营官）和公司内部按照高级管理人员管理的总经理助理（总裁助理）、董事会秘书以及实际履行高级管理人员职责的人员，任职资格条件比照同类机构副总经理（副总裁）的任职资格条件执行。

第一百八十条 申请非银行金融机构子公司或分公司高级管理人员任职资格，拟任人除应符合第一百七十三条至第一百七十五条的规定外，还应分别具备以下条件：

（一）担任金融资产管理公司境外全资附属或控股金融机构总经理、副总经理或担任金融资产管理公司分公司总经理（主任）、副总经理（副主任）、总经理助理，应具备本科以上学历，从事金融工作6年以上或相关经济工作10年以上（其中从事金融工作3年以上），担任境外全资附属或控股金融机构总经理、副总经理的，应能较熟练地运用1门与所任职务相适应的外语；

（二）担任财务公司境外子公司总经理、副总经理或担任财务公司分公司总经理（主任），应具备本科以上学历，从事金融工作5年以上，或从事财务或资金管理工作8年以上（其中从事金融工作2年以上），担任境外子公司总经理或副总经理的，应能较熟练地运用1门与所任职务相适应的外语；

（三）担任金融租赁公司境内外专业子公司总经理、副总经理或担任金融租赁公司分公司总经理（主任），应具备本科以上学历，从事金融工作或融资租赁工作3年以上，或从事相关经济工作8年以上（其中从事金融工作或融资租赁工作2年以上），担任境外子公司总经理、副总经理的，应能较熟练地运用1门与所任职务相适应的外语；

（四）担任货币经纪公司分公司总经理（主任），应具备本科以上学历，从事金融工作5年以上，或从事相关经济工作8年以上（其中从事金融工作2年以上）；

（五）担任境外非银行金融机构驻华代表处首席代表，应具备本科以上学历，从事金融工作或相关经济工作3年以上。

第一百八十一条 拟任人未达到第一百七十八条至第一百八十条规定的学历要求，但具备以下条件之一的，视同达到规定的学历：

（一）取得国家教育行政主管部门认可院校授予的学士以上学位；

（二）取得注册会计师、注册审计师或与拟（现）任职务相关的高级专业技术职务资格，且相关从业年限超过相应规定4年以上。

第一百八十二条 拟任董事长、总经理任职资格未获核准前，非银行金融机构应指定符合相应任职资格条件的人员代为履职，并自作出指定决定之日起3日内向监管机构报告。代为履职的人员不符合任职资格条件的，监管机构可以责令非银行金融机构限期调整。非银行金融机构应当在6个月内选聘具有任职资格的人员正式任职。

第二节 任职资格许可程序

第一百八十三条 金融资产管理公司及其境外全资附属或控股金融机构申请核准董事和高级管理人员任职资格，由金融资产管理公司向银监会提交申请，银监会受理、审查并决定。银监会自受理之日起30日内作出核准或不予核准的书面决定。

其他非银行金融机构法人机构申请核准董

事和高级管理人员任职资格，向银监分局或所在地银监局提交申请，由银监分局或银监局受理并初步审查，银监局审查并决定。银监局自受理之日或收到完整申请材料之日起 30 日内作出核准或不予核准的书面决定，并抄报银监会。

财务公司境外子公司申请核准董事和高级管理人员任职资格，由财务公司向银监分局或所在地银监局提交申请，银监分局或银监局受理并初步审查，银监局审查并决定。银监局自受理之日或收到完整申请材料之日起 30 日内作出核准或不予核准的书面决定，并抄报银监会。

金融租赁公司境内专业子公司申请核准董事和高级管理人员任职资格，由专业子公司向银监分局或所在地银监局提交申请，金融租赁公司境外专业子公司申请核准董事和高级管理人员任职资格，由金融租赁公司向银监分局或所在地银监局提交申请，银监分局或银监局受理并初步审查，银监局审查并决定。银监局自受理之日或收到完整申请材料之日起 30 日内作出核准或不予核准的书面决定，并抄报银监会。

非银行金融机构分公司申请核准高级管理人员任职资格，由其法人机构向分公司银监分局或所在地银监局提交申请，银监分局或银监局受理并初步审查，银监局审查并决定。银监局自受理之日或收到完整申请材料之日起 30 日内作出核准或不予核准的书面决定，并抄报银监会，抄送非银行金融机构法人机构所在地银监局。

境外非银行金融机构驻华代表处首席代表的任职资格核准，向所在地银监局提交申请，由银监局受理、审查并决定。银监局自受理之日起 30 日内作出核准或不予核准的书面决定，并抄报银监会。

第一百八十四条　非银行金融机构或其分支机构设立时，董事和高级管理人员的任职资格申请，按照该机构开业的许可程序一并受理、审查并决定。

第一百八十五条　具有高管任职资格且未连续中断任职 1 年以上的拟任人在同一法人机构内，同类性质平行调整职务或改任较低职务的，不需重新申请核准任职资格。拟任人应当在任职后 5 日内向任职机构所在地银监会派出机构报告。

第七章　附　　则

第一百八十六条　获准机构变更事项许可的，非银行金融机构及其分支机构应自许可决定之日起 6 个月内完成有关法定变更手续，并向决定机关和所在地银监会派出机构报告。获准董事和高级管理人员任职资格许可的，拟任人应自许可决定之日起 3 个月内正式到任，并向决定机关和所在地银监会派出机构报告。

未在前款规定期限内完成变更或到任的，行政许可决定文件失效，由决定机关注销行政许可。

第一百八十七条　非银行金融机构设立、终止事项，涉及工商、税务登记变更等法定程序的，应当在完成有关法定手续后 1 个月内向银监会和所在地银监会派出机构报告。

第一百八十八条　本办法所称境外含香港、澳门和台湾地区。

第一百八十九条　本办法中的“日”均为工作日，“以上”均含本数或本级。

第一百九十条　除特别说明外，本办法中各项财务指标要求均为合并会计报表口径。

第一百九十一条　其他非银行金融机构相关规则另行制定。

第一百九十二条　本办法由银监会负责解释。

第一百九十三条　本办法自公布之日起施行，《中国银行业监督管理委员会非银行金融机构行政许可事项实施办法》（中国银行业监督管理委员会令 2007 年第 13 号）同时废止。本办法施行前有关规定与本办法不一致的，按照本办法执行。

中国银行业监督管理委员会

2015 年 6 月 5 日

中国银监会行政处罚办法

（中国银监会令 2015 年第 8 号）

第一章 总 则

第一条 为规范银监会及其派出机构行政处罚行为，维护银行业秩序，根据《中华人民共和国行政处罚法》、《中华人民共和国银行业监督管理法》、《中华人民共和国商业银行法》等相关法律，制定本办法。

第二条 银行业金融机构、其他单位和个人（以下简称当事人）违反法律、行政法规、规章和规范性文件中有关银行业监督管理规定（以下简称违法、违规行为），银监会及其派出机构依法给予行政处罚的，依照本办法实施。

前款其他单位是指除银行业金融机构以外的其他企业、事业单位和社会团体组织。

第三条 本办法所称银行业金融机构，是指在中华人民共和国境内依法设立的商业银行、农村合作银行、农村信用社、村镇银行等吸收公众存款的金融机构以及政策性银行。

对在中华人民共和国境内依法设立的金融资产管理公司、信托公司、财务公司、金融租赁公司以及银监会批准设立的其他金融机构的行政处罚，适用本办法。

对银监会批准在境外设立的金融机构以及前二款金融机构在境外实施违法、违规行为应当给予行政处罚的，适用本办法。

第四条 行政处罚应当遵守法定程序，坚持公开、公正、公平原则。

违法、违规行为的认定应当以法律、行政法规、规章和规范性文件为依据。

第五条 银监会及其派出机构设立行政处罚委员会和行政处罚委员会办公室，实行调查、审理和决定相分离的行政处罚制度：

（一）监督检查部门负责立案、调查取证、提出行政处罚建议；

（二）行政处罚委员会负责审议决定行政处罚案件、决定是否公开行政处罚相关信息；

（三）行政处罚委员会办公室负责行政处罚案件的审理、组织听证和行政处罚委员会审议会议，根据审议会议的决定制作、送达行政处罚文书、监督行政处罚的执行或申请人民法院强制执行、立卷存档。

行政处罚委员会办公室设在银监会及其派出机构的法律部门。暂未设立行政处罚委员会办公室的，由法律部门履行其职责。

第六条 行政处罚的种类包括：

（一）警告；

（二）罚款；

（三）没收违法所得；

（四）责令停业整顿；

（五）吊销金融许可证；

（六）取消董（理）事、高级管理人员一定期限直至终身的任职资格；

（七）禁止一定期限直至终身从事银行业工作；

（八）法律、行政法规规定的其他行政处罚。

第（一）项、第（二）项、第（三）项既可适用于对机构的处罚，也可适用于对个人的处罚。

禁止从事银行业工作是指实施违法、违规行为的责任人员不得参与、从事银行业金融机构经营管理与业务等相关活动，不得与银行业金融机构发生劳动或劳务关系。

第七条 银监会及其派出机构在处罚银行业金融机构时，应当依法对直接负责的董（理）事、高级管理人员和其他直接责任人员追究法律责任，区别不同情形给予行政处罚。

第八条 当事人对银监会及其派出机构作出的行政处罚，享有陈述权和申辩权。对行政处罚决定不服的，有权依法申请行政复议或者提起行政诉讼。

当事人因银监会及其派出机构违法或不当处罚受到损害的，有权依法提出赔偿要求。

第九条 银监会及其派出机构参与行政处罚的工作人员有下列情形之一的，本人应当申请回避。当事人及其代理人也有权申请其回避。

（一）是本案当事人及其代理人的近亲属；

（二）与本案有直接利害关系；

（三）与本案或本案当事人及其代理人有其他关系，可能影响案件公正处理的。

回避应当由银监会及其派出机构行政处罚委员会主任委员决定。银监会派出机构行政处罚委员会主任委员是否回避由其上一级机构决定。

回避决定作出前，有关工作人员应当暂停对案件的调查处理，有特殊情况的除外。

第十条 银监会及其派出机构监察部门应当加强对行政处罚工作的监督检查。对违法或者明显不当的行政处罚决定，应当要求作出行政处罚决定的机构及时纠正。

第十一条 银监会建立行政处罚信息管理系统，加强行政处罚统计分析工作。

银监会及其派出机构应当将行政处罚决定书等有关行政处罚信息录入行政处罚信息管理系统。必要时可向有关部门和机构披露银行业金融机构和工作人员的处罚情况。

第十二条 银监会及其派出机构参与行政处罚的工作人员应当保守案件查办中获悉的国家秘密、商业秘密和个人隐私。

第二章　管　　辖

第十三条 银监会对下列违法、违规行为给予行政处罚：

（一）直接监管的银行业法人金融机构及其工作人员在境内外实施的；

（二）银行业金融机构在境外设立的银行业金融机构及其工作人员在境内外实施的；

（三）日常监管和组织实施现场检查发现的；

（四）在全国范围内有重大影响的。

第十四条 银监会派出机构负责对辖区内的下列违法、违规行为给予行政处罚：

（一）直接监管的银行业法人金融机构、银行业金融机构的分支机构及其工作人员在境内外实施的；

（二）其他单位和个人实施的。

第十五条 银行业金融机构在境内异地实

施违法、违规行为的，由行为发生地的银监会派出机构管辖。行为发生地的银监会派出机构认为不宜行使管辖权的，可以移交行为实施主体所在地的银监会派出机构管辖。

行为发生地银监会派出机构或行为实施主体所在地银监会派出机构作出行政处罚决定前应征求对方意见，并书面告知处罚结果。

第十六条 因交叉检查或者跨区域检查发现违法、违规行为需要给予行政处罚的，检查组应当提请有管辖权的银行业监督管理机构立案查处，并及时移交可以作为认定违法、违规事实的相关证据材料。

第十七条 银监会派出机构发现不属于自己管辖的案件，应当移送有管辖权的银监会派出机构，同时向上级银行业监督管理机构备案。对管辖权不明确或者有争议的，应当报请共同的上一级银行业监督管理机构指定管辖。

银监会派出机构由于特殊原因不能或者不宜行使管辖权的，上级银行业监督管理机构可以指定管辖。

第十八条 上级银行业监督管理机构可以直接查处下级银行业监督管理机构辖区内有重大影响的违法、违规行为，也可以指定下级银行业监督管理机构查处应当由其负责查处的违法、违规行为。

第十九条 吊销金融许可证的行政处罚案件，由颁发该银行业金融机构许可证的银行业监督管理机构管辖，处罚决定抄送批准该机构筹建的银行业监督管理机构。

第二十条 责令停业整顿的行政处罚案件，由批准该银行业金融机构开业的银行业监督管理机构管辖，处罚决定抄送批准该机构筹建的银行业监督管理机构。

第三章 立　　案

第二十一条 通过下列途径发现当事人涉嫌违法、违规行为的，监督检查部门应当及时进行核查：

（一）在日常监管中发现的；

（二）上级机构交办或下级机构报请查处的；

（三）司法机关或其他行政执法部门移送的。

第二十二条 经核查，当事人的违法、违规行为符合下列条件的，监督检查部门应当在核查结束后5日内立案：

（一）具有社会危害性，应当给予行政处罚；

（二）未超过行政处罚时效；

（三）本机构有权管辖。

立案应当填写立案登记审批表，报行政处罚委员会主任委员批准。

第二十三条 监督检查部门认为当事人的违法、违规行为不符合行政处罚立案条件的，应当作出不予立案决定并说明理由。

第二十四条 监督检查部门在现场检查中发现当事人涉嫌违法、违规行为，情况紧急的，可以先行收集证据再办理立案手续。

第二十五条 立案后发现不符合行政处罚条件的，监督检查部门应当填写销案审批表，报行政处罚委员会主任委员批准。

第四章 调　　查

第二十六条 调查人员应当全面、客观、公正地调查收集有关当事人违法、违规行为的证据材料，必要时可以采取《中华人民共和国行政处罚法》第三十七条规定的登记封存措施和《中华人民共和国银行业监督管理法》第四十二条规定的措施。

第二十七条 立案前核查或者现场检查过程中依法取得的证据材料，符合行政处罚证据要求的可以作为认定违法、违规事实的证据，但应当在调查报告中载明上述情况。

立案前核查或者现场检查过程中取得的证

据材料，违反取证程序或者不符合行政处罚证据要求的，不得作为认定违法、违规事实的证据。

第二十八条 调查人员在调查或者现场检查时不得少于二人，并应当出示银监会或银监会派出机构颁发的工作证件和执法文书。

第二十九条 当事人在异地实施违法、违规行为的，行为发生地的银监会派出机构应当及时告知行为实施主体所在地的银监会派出机构。

行为实施主体所在地的银监会派出机构应当协助、配合行为发生地银监会派出机构做好相关调查工作。

第三十条 需要银监会派出机构协助调查的，调查机构应当出具协助调查函。协助机构应当在收到协助调查函之日起 30 日内完成调查。需要延期的，协助机构应当及时告知调查机构，但延期不得超过 30 日。延期后仍不能完成的，报请共同上级银行业监督管理机构决定。

第三十一条 监督检查部门发现当事人违法、违规行为不属于银行业监督管理机构管辖的，应当及时依法向有关部门移送处理。

当事人违法、违规行为涉嫌犯罪的，经银监会或省级派出机构主要负责人批准后，监督检查部门应当及时移送公安机关或人民检察院。

第三十二条 银监会及其派出机构在现场检查或者调查银行业金融机构违法、违规行为时，应当对直接负责的董（理）事、高级管理人员和其他直接责任人员的违法、违规行为及其责任一并进行调查认定。

前款规定有关人员违法、违规责任的认定应当综合考虑职务、岗位职责、履职情况以及在违法、违规行为发生过程中所起的实际作用。

第三十三条 监督检查部门应当在立案之日起 90 日内完成调查工作。在规定时间内无法完成的，经行政处罚委员会主任委员批准，可以延长调查期限。

第三十四条 调查终结后，监督检查部门认为违法、违规行为应当予以行政处罚的，必须制作调查报告。调查报告应当载明以下事项：

（一）案件来源；

（二）当事人的基本情况；

（三）调查取证过程；

（四）机构违法、违规事实和相关证据；

（五）直接负责的董（理）事、高级管理人员和其他直接责任人员的违法、违规事实，相关证据以及责任认定情况；

（六）行政处罚时效情况；

（七）当事人的陈述意见和采纳情况；

（八）违法、违规行为造成的风险、损失以及违法所得情况；

（九）是否具有从轻、减轻或者不予行政处罚的情节；

（十）行政处罚建议、理由及依据。

第五章　取　　证

第三十五条 行政处罚证据包括：

（一）书证；

（二）物证；

（三）视听资料；

（四）电子数据；

（五）证人证言；

（六）当事人的陈述；

（七）鉴定意见；

（八）勘验笔录、现场笔录。

第三十六条 调查人员应当收集当事人有无违法、违规行为以及违法、违规行为情节轻重的证据。

第三十七条 调查人员收集证据，应当符合以下要求：

（一）与被证明事实具有关联性；

（二）能够真实、客观反映被证明事实；

（三）收集证据行为符合法定程序。

第三十八条 调查人员收集书证，应当符合下列要求：

（一）收集书证的原件，收集原件确有困难的，可以收集与原件核对无误的复印件、影印件、节录本；

（二）复印件、影印件、节录本应当注明提供日期、出处，由提供者载明“与原件核对无误”，加盖单位公章或由提供者签章，页数较多的可以加盖骑缝章；

（三）收集报表、会计账册、专业技术资料等书证，应当附有说明材料。

第三十九条 调查人员收集物证时，应当收集原物。收集原物确有困难的，可以收集与原物核对无误的复制件或证明该物证的照片、录像等其他证据。

第四十条 调查人员可以询问当事人和证人，询问应当分别进行，调查笔录应当交被询问人核对。核对无误后，由被询问人逐页签章。笔录如有差错、遗漏，应当允许其更正或者补充。更正或者补充部分应当由被询问人以单位公章或被询问人签名方式确认。

当事人和证人拒绝签章的，调查人员应当在询问笔录中注明。

第四十一条 调查人员提取视听资料应当符合下列要求：

（一）提取视听资料的原始载体，提取原始载体有困难的，可以提取复制件；

（二）网络资料可以采取截图方式提取打印件；

（三）注明提取人、提取出处、提取时间和证明对象等；

（四）声音资料应当附有该声音内容的文字记录。

第四十二条 调查人员采取录音、录像、拍照等方式提取有关证据的，应当符合下列要求：

（一）注明制作方法、制作时间、制作地点、制作人和证明对象；

（二）声音资料应当附有该声音内容的文字记录。

第四十三条 调查人员可以直接提取当事人电子计算机管理业务数据库中的数据，也可以采用转换、计算、分解等方式形成新的电子数据。

收集电子数据应当注明收集方法、收集时间、收集人和证明对象等。

第四十四条 当事人或有关人员拒绝接受调查、拒绝提供有关证据材料或者拒绝在证据材料上签名、盖章的，调查人员应当告知其不利后果，并在调查笔录上载明或以录音、录像等视听资料加以证明。必要时，调查人员可以邀请无利害关系第三方作为见证人。

通过上述方式获取的材料可以作为认定相关事实的证据。

第四十五条 当事人对现场检查事实确认书记载的有关违法、违规事实予以确认的，视为自认，可以作为认定违法、违规事实的证据。

当事人对现场检查事实确认书记载的有关违法、违规事实不予确认的，若无其他类型证据予以佐证，一般不能单独作为认定违法、违规事实的证据。

第四十六条 对司法机关或者其他行政执法机关保存、公布、移送的证据材料，经审查认定其真实合法性后，可以作为本机构行政处罚的证据。

第四十七条 调查人员应当对收集的证据材料进行分类编号，制作证据目录和证据说明。

证据分类编号应当以符合案件事实证明逻辑的方式编制，证据说明应当包括证据材料的来源、证明对象和内容。

第四十八条 其他有关收集和审查证据的要求，本办法没有规定的，可以按照其他法律、行政法规、规章规定或参照有关司法解释规定执行。

第六章 审 理

第四十九条 监督检查部门认为需要给予行政处罚的，应当将立案登记审批表、调查报告、相关证据等案件材料一并移送行政处罚委员会办公室。

第五十条 监督检查部门移送的案件材料应当符合下列标准：

（一）材料齐全、内容完整；

（二）证据目录和证据说明清晰；

（三）复印件与原件一致。

第五十一条 行政处罚委员会办公室应当在5日内作出是否接收的决定。符合规定标准的，办理接收手续，注明案件接收日期和案卷材料等有关情况。不符合接收标准的，应当退回监督检查部门并说明理由。

第五十二条 行政处罚委员会办公室应当自接收之日起60日内完成审理工作。在规定时间内无法完成的，经行政处罚委员会主任委员批准，可以延长审理期限。

审理期间需要退回补充调查的，审理期限重新计算。

第五十三条 审理应当以调查报告为基础。审理的主要内容包括：

（一）是否有管辖权；

（二）调查取证程序是否合法；

（三）是否超过行政处罚时效；

（四）违法、违规事实是否清楚，证据是否确凿；

（五）违法、违规行为定性是否准确；

（六）适用量罚依据是否正确；

（七）当事人的陈述和申辩是否应予以采纳；

（八）直接负责的董（理）事、高级管理人员和其他直接责任人员的违法、违规事实及责任认定是否准确；

（九）是否有从轻、减轻或者不予处罚的情节；

（十）处罚种类与幅度的建议是否适当。

第五十四条 有下列情形之一的，行政处罚委员会办公室应当提请监督检查部门书面说明或者退回补充调查：

（一）违法、违规事实不清的；

（二）证据不足或不符合要求的；

（三）有关人员责任认定不清的；

（四）调查取证程序违法的。

补充调查期限最长一般不得超过30日。经补充调查后仍无法取得充分证据证明违法、违规事实的，应依法作销案处理。

第五十五条 有下列情形之一的，行政处罚委员会办公室可以调整或变更监督检查部门的意见和建议：

（一）违法、违规行为定性不准确的；

（二）适用量罚依据错误的；

（三）处罚建议幅度或种类明显不当的。

第五十六条 行政处罚委员会办公室审理后认为应当予以行政处罚的，必须制作审理报告。审理报告主要内容包括：

（一）当事人的基本情况；

（二）当事人违法、违规事实与有关人员责任认定情况；

（三）对调查报告的审理意见；

（四）提出拟处罚意见、理由和依据。

第七章 审 议

第五十七条 行政处罚委员会审议会议应当以审理报告为基础对案件进行审议，审议的主要内容包括：

（一）处罚程序是否合法；

（二）违法、违规事实是否清楚，证据是否确凿；

（三）违法、违规责任认定是否适当；

（四）违法、违规行为定性是否准确；

（五）适用量罚依据是否正确；

（六）拟处罚种类与幅度是否适当。

第五十八条 行政处罚委员会审议会议由行政处罚委员会办公室召集，主任委员主持，每次参加审议会议的委员不得少于全体委员的三分之二。

第五十九条 行政处罚委员会审议会议应当按照以下程序进行：

（一）会议主持人宣布本次会议参加人员是否符合本办法相关规定；

（二）监督检查部门汇报调查情况；

（三）行政处罚委员会办公室汇报审理情况；

（四）各委员对审理报告发表意见；

（五）会议主持人最后发表意见；

（六）各委员对处罚意见进行投票表决；

（七）会议主持人当场宣布投票结果。

第六十条 行政处罚委员会委员应当以事实为依据，以法律为准绳，坚持专业判断，发表独立、客观、公正的审议意见。

第六十一条 行政处罚委员会审议会议采取记名投票方式。作出行政处罚决定，应当获得行政处罚委员会全体委员半数以上同意。

行政处罚委员会委员应当积极履行职责，不得投弃权票。

第六十二条 银监会及其派出机构行政处罚委员会作出行政处罚决定前，可以咨询专家意见。

第六十三条 行政处罚委员会审议会议记录经参加会议的委员签字确认后存入行政处罚案卷。具备条件的可以同时采集录音、录像等视听资料，作为文字记录的辅助材料存入案卷。

第六十四条 行政处罚委员会办公室根据行政处罚委员会的审议决定制作行政处罚意见告知书，经行政处罚委员会主任委员批准后送达当事人。

第六十五条 行政处罚意见告知书应当载明下列内容：

（一）拟被处罚当事人的基本情况；

（二）拟被处罚当事人违法、违规事实和相关证据；

（三）拟作出处罚的理由、依据；

（四）拟作出处罚的种类和幅度；

（五）当事人享有的陈述、申辩或者听证权利。

第六十六条 当事人需要陈述和申辩的，应当在收到行政处罚意见告知书之日起10日内将陈述和申辩的书面材料提交拟作出处罚的银监会或其派出机构。

行政处罚委员会办公室应当审查当事人的陈述和申辩意见，对当事人提出的事实、理由和证据进行复核。认为违法、违规事实存在争议需要实地核查的，交监督检查部门核实。必要时，也可自行调查核实。

当事人提出的事实、理由和证据成立的，行政处罚委员会办公室应当予以采纳。

第八章 听 证

第六十七条 银监会及其派出机构拟作出以下重大行政处罚决定前，应当在行政处罚意见告知书中告知当事人有要求举行听证的权利：

（一）对银行业金融机构和其他单位作出较大数额的罚款。包括：银监会作出的500万元以上罚款；银监局作出的100万元以上罚款；银监分局作出的50万元以上罚款；

（二）对个人作出较大数额的罚款。包括：银监会作出的50万元以上罚款；银监局作出的30万元以上罚款；银监分局作出的10

万元以上罚款；

（三）没收较大数额的违法所得。包括：银监会作出的没收500万元以上违法所得；银监局作出的没收100万元以上违法所得；银监分局作出的没收50万元以上违法所得；

（四）责令停业整顿；

（五）吊销金融许可证；

（六）取消董（理）事、高级管理人员任职资格；

（七）禁止从事银行业工作。

未达到听证标准的行政处罚案件，当事人申请听证的，行政处罚委员会办公室认为有必要的，经行政处罚委员会主任委员同意，可以举行听证。

第六十八条 当事人应当自收到行政处罚意见告知书之日起5日内，向银监会或其派出机构提交经本人签字或盖章的听证申请书，说明听证的要求和理由。

当事人逾期不提出申请的，视为放弃听证权利。

第六十九条 银监会及其派出机构决定组织听证的，应当自收到听证申请之日起30日内举行听证，并在举行听证7日前，书面通知当事人举行听证的时间、地点、方式。

当事人对违法、违规事实有争议的，应当在提起听证申请时提交相关证据材料。

第七十条 银监会及其派出机构决定组织听证的，应当成立至少由3人组成的听证工作组。听证主持人由行政处罚委员会办公室主任担任。

听证工作组应当指定专人记录。

第七十一条 听证按下列程序进行：

（一）记录员向到场人员宣布听证纪律；

（二）听证主持人查验当事人身份，当事人委托他人代理听证的，听证主持人应当查验当事人出具的授权委托书和代理人的身份；

（三）听证主持人宣布案由、听证工作组组成人员、记录员名单，询问是否需要申请回避；

（四）调查人员陈述当事人违法、违规事实和证据；

（五）当事人或其代理人进行陈述、申辩；

（六）调查人员与当事人或其代理人进行质证和辩论；

（七）听证主持人征询各方当事人的最后意见；

（八）听证当事人在听证笔录上签字；

（九）听证主持人宣布听证结束。

第七十二条 听证应当公开举行，但涉及国家秘密、商业秘密、个人隐私或影响金融稳定的除外。听证不公开举行的，应当由银监会及其派出机构行政处罚委员会主任委员决定。

第七十三条 听证工作组应当充分听取当事人或其代理人的意见，对当事人或其代理人提出的事实、理由和证据进行复核。认为违法、违规事实存在争议需要实地核查的，交监督检查部门核实。当事人提出的事实、理由和证据成立的，应当予以采纳。

第七十四条 听证工作组应当撰写听证报告，提出听证处理意见，并将听证报告、听证笔录及听证取得的证据报行政处罚委员会主任委员。

第七十五条 听证笔录当场完成的，交当事人核对。不能当场完成的，在主持人指定日期和场所核对。当事人核对无误后，逐页签名或者盖章。

听证笔录如有差错、遗漏，应当允许当事人更正或者补充，更正或者补充部分应当由当事人以签名或者盖章方式确认。当事人拒绝签名、盖章的，应当在听证笔录中注明。

第七十六条 听证报告主要包括以下内容：

（一）当事人的基本情况；

（二）听证工作组的人员组成、召开听证的时间、地点及听证过程；

（三）调查人员对违法、违规事实的陈述；

（四）当事人或其代理人陈述、申辩的内容；

（五）调查人员与当事人或其代理人质证、辩论的内容；

（六）当事人或其代理人陈述、申辩意见的采纳情况；

（七）提出听证处理意见。

第九章　决定与执行

第七十七条　行政处罚意见告知书送达后，当事人未在规定时间内提出陈述、申辩意见和听证申请的，行政处罚委员会办公室应当制作行政处罚决定书，送达当事人。

第七十八条　行政处罚委员会办公室认为当事人提出的陈述、申辩意见或者听证意见合理的，需要对拟作出行政处罚的量罚决定进行调整的，经行政处罚委员会主任委员同意，可以在行政处罚决定书中直接调整。需要对拟作出行政处罚的事实、定性依据、处罚种类及量罚幅度进行调整的，行政处罚委员会办公室应当提请行政处罚委员会审议决定。

第七十九条　行政处罚决定书应当载明下列内容：

（一）当事人的基本情况；

（二）违法、违规事实和相关证据；

（三）违法、违规行为定性和量罚的理由、依据；

（四）给予处罚的种类、幅度；

（五）处罚的履行方式和期限；

（六）不服处罚决定，申请行政复议或者提起行政诉讼的途径和期限；

（七）作出处罚决定的机构名称、印章和日期。

第八十条　行政处罚委员会办公室应当在行政处罚决定作出7日内，依照行政诉讼法有关规定，将行政处罚决定书送达当事人。

送达其他行政处罚文书按照前款规定执行。

第八十一条　银监会及其派出机构决定行政处罚的，应当责令当事人限期改正违法行为。责令限期改正可以在行政处罚决定书中一并作出。

第八十二条　银监会及其派出机构作出取消董（理）事、高级管理人员任职资格处罚的，应当将行政处罚决定书抄送核准其任职资格的银行业监督管理机构和其所属银行业金融机构。

第八十三条　银监会及其派出机构作出禁止从事银行业工作处罚的，应当将行政处罚决定书抄送被处罚责任人所属的银行业金融机构。

第八十四条　银监会及其派出机构作出罚款、没收违法所得行政处罚决定的，当事人应当自收到行政处罚决定书之日起15日内将罚款、违法所得划缴银监会指定的罚款代收机构的专用账户。银监会及其派出机构和执法人员不得自行收缴罚款。

当事人确有经济困难，经银监会及其派出机构批准，可以暂缓或分期缴纳罚款。

第八十五条　银监会及其派出机构作出停业整顿或者吊销金融许可证行政处罚的，应当在银监会官方网站或者指定的媒体上公告。公告内容包括：

（一）银行业金融机构的名称、地址；

（二）行政处罚决定、理由和法律依据；

（三）其他需要公告的事项。

第八十六条　当事人逾期不履行行政处罚决定的，作出行政处罚决定的机构可以采取以下措施：

（一）到期不缴纳罚款的，每日按罚款数

额的3%加收行政处罚款，但加收行政处罚款的金额不超过罚款金额；

（二）申请人民法院强制执行。

第八十七条 当事人逾期不履行，需要申请人民法院强制执行的，银监会及其派出机构行政处罚委员会办公室应当依照《中华人民共和国行政强制法》的规定履行催告程序。

银监会及其派出机构的监督检查部门应当协助、配合行政处罚委员会办公室做好行政处罚执行工作。

第八十八条 银监会及其派出机构应当在其官方网站上公开行政处罚有关信息。行政处罚信息公开的范围与方式由行政处罚委员会审议决定。

有关单位和个人向银监会及其派出机构提出申请公开行政处罚决定书的，按照《中华人民共和国政府信息公开条例》有关规定执行。

第八十九条 行政处罚执行结束后，行政处罚委员会办公室应当制作结案报告，将有关行政处罚案卷材料立卷存档。

第十章 法律责任

第九十条 银监会及其派出机构有下列情形之一，造成严重后果的，对有关责任人员依法给予行政处分；情节严重涉嫌犯罪的，依法移送司法机关处理。

（一）应当行政处罚而不予行政处罚的；

（二）应当移送而未移送的；

（三）协助调查不尽责的；

（四）故意隐瞒或者销毁证据的；

（五）违法事实认定存在严重错漏的；

（六）实施行政处罚没有法律依据的；

（七）擅自改变行政处罚决定种类和幅度的；

（八）严重违反行政处罚程序的。

第九十一条 银监会及其派出机构违法实施行政处罚给当事人造成损害的，应当依法承担赔偿责任。对有关责任人员应当依法给予行政处分。情节严重涉嫌犯罪的，依法移送司法机关处理。

第九十二条 银监会及其派出机构工作人员在行政处罚过程中，利用职务便利索取或者收受他人财物、收缴罚款据为己有，情节轻微不构成犯罪的，依法给予行政处分；情节严重涉嫌犯罪的，依法移送司法机关处理。

第十一章 附 则

第九十三条 银监会派出机构行政处罚委员会的组成及工作规则参照中国银监会行政处罚委员会的有关议事规则制定。

银监会及其派出机构应当为行政处罚工作提供必要的人力资源与财务经费保障。

第九十四条 本办法所称“以上”、“以下”、“内”皆包括本数或者本级。

本办法所称日是指工作日。期间开始的日不计算在内，期间不包括在途时间。文书在期满前交邮的，不视为过期。

第九十五条 执行本办法所需要的法律文书式样，由银监会制定。银监会没有制定式样，执法工作中需要的其他法律文书，银监局可以制定式样。

第九十六条 本办法由银监会负责解释。

第九十七条 本办法自2015年9月9日起施行，《中国银行业监督管理委员会行政处罚办法》（中国银监会令2007年第5号）同时废止。

中国银行业监督管理委员会

2015年7月9日

中国银监会、国家发展和改革委员会关于银行业支持重点领域重大工程建设的指导意见

（银监发〔2015〕43号）

各银监局，各省、自治区、直辖市及计划单列市、新疆生产建设兵团发展改革委，各政策性银行、大型银行、股份制银行，邮储银行，金融资产管理公司，各协会：

为全面贯彻落实党中央、国务院关于稳增长、促改革、调结构、惠民生、防风险的各项工作要求，持续推进“一带一路”、京津冀协同发展、长江经济带建设等重大战略的实施，切实发挥银行业金融机构对国家重点领域重大工程项目建设的支持作用，促进经济金融健康可持续发展，现提出以下指导意见：

一、总体要求

（一）指导思想。全面贯彻落实党中央、国务院有关国家重大战略和重大工程项目建设的文件精神，以重点领域重大工程为核心，强化政银企社合作及信息共享，完善工作机制和信贷政策，加强信贷管理和金融创新，全面做好国家重大战略部署的金融服务工作。立足银行业金融机构定位和自身优势，主动对接、积极支持重大工程项目建设，确保重大政策有效落地、金融风险有效防范，推动经济发展提质增效。

（二）基本原则。坚持落实国家战略与商业可持续相结合，坚持推进政策落实与优化金融服务相结合，坚持促进转型升级与金融创新相结合，坚持服务实体经济与防范金融风险相结合。

二、优化信贷管理与政策

（三）健全工作机制。加强组织领导，明确管理层、牵头部门有关职责，强化全行统筹安排，切实落实政策要求，加大推进力度。完善项目管理机制，做好重大工程项目的信贷政策、业务授权、产品创新、资源配置等系统安排。定期收集、主动跟进重大项目建设信息，与项目开展及时、有效对接。

（四）完善差别化信贷政策。制定完善重大工程项目信贷政策，科学设定重大工程项目信贷准入门槛，完善项目评价方法和模型，综合考虑项目所属行业、所处区域及发展的可持续性等因素，实施精细化、差别化的分类管理。

（五）优化信贷流程。进一步提高信贷管理水平，优化重大工程项目的受理审批流程和信贷评审方式，对符合一定条件的重大工程项目开展预评审，提高审批效率。对时效性较强的重大工程项目，可优先安排审批。科学测算项目投资规模和未来现金流回报，根据项目建设和运营周期，合理确定融资业务品种、规模

和期限。

（六）增强信贷投放能力。扩大信贷资产证券化基础资产范围，加快信贷资产流转，盘活信贷存量。在依法合规的前提下，用足贷款核销等政策空间，积极采用市场化手段，多渠道、批量化处置不良贷款，为新增贷款腾出空间。通过贷款重组、发放并购贷款等方式，推动低效企业兼并重组，提高存量资金使用效率。

（七）推行绿色信贷。践行可持续发展的绿色理念，加强能力建设，积极创新绿色金融产品和服务，强化重大工程项目的绿色低碳化建设和运营管理，有效防范项目的环境和社会风险。

（八）提供差异化金融服务。根据发展定位，有区别有侧重地进行重点支持。开发性、政策性金融机构要发挥中长期投融资优势，在业务范围内以财务可持续为前提为生态环保、农林水利、中西部铁路和公路、城市基础设施等重大工程提供期限合理、稳定、低成本的资金支持。全国性商业银行要积极发挥网络渠道、业务功能协同等优势，为重大工程项目和核心企业提供综合性金融服务，引领新兴行业发展。地方法人机构要注重发挥管理半径短、经营机制灵活等优势，创新金融产品和服务，围绕重大工程项目、核心企业的上下游配套行业探索特色化金融服务。金融资产管理公司、信托公司、企业集团财务公司和金融租赁公司等非银行金融机构要发挥业务优势和创新优势，提供专业化金融服务。

三、持续推进金融创新

（九）积极开展信贷创新。根据项目的不同特点，积极开展信贷产品和服务创新。鼓励实施银团贷款，为重大工程项目建设提供一揽子综合性金融服务。积极开展银行联合授信，有效满足项目资金需求。

（十）积极创新担保方式。按照《国务院关于创新重点领域投融资机制 鼓励社会投资的指导意见》（国发〔2014〕60号）的有关精神，灵活运用排污权、收费权、特许经营权、购买服务协议预期收益、林权、集体土地承包经营权等进行抵质押贷款，不断创新担保方式。探索利用工程供水、供热、发电、污水垃圾处理等预期收益质押贷款，允许利用相关收益作为还款来源。

（十一）探索创新融资模式。加强融资模式创新研究，大力发展包括大型成套设备金融租赁等非信贷融资模式，满足重大项目建设融资需求。积极发挥信托功能，支持铁路发展基金募集。积极推进资产证券化，盘活重大项目信贷资产。

针对政府和社会资本合作（PPP）项目的特点，创新金融服务，拓展重大工程建设的融资渠道和方式。对已经建立现代企业制度、实现市场化运营，其承担的地方政府债务已纳入政府财政预算、得到妥善处置并明确公告今后不再承担地方政府举债融资职能的融资平台公司，对于其承担的重大工程项目建设或作为社会资本参与当地政府和社会资本合作项目建设，银行业金融机构可在依法合规、审慎测算还款能力和项目收益的前提下，予以信贷支持。

四、加强风险管理与防控

（十二）确保项目建设合规性。贷款发放与支付前，确保项目已正式取得投资、环保、土地、规划、安全生产等主管部门的审批（核准）文件；确保项目资本金足额到位并与贷款配套使用，确保项目实施进度与已投资额相匹配。

（十三）切实落实还款保障条件。按照自主经营，自担风险，自负盈亏，自我约束的商业化原则自主审贷，全面、深入评估项目风险，严格把关。审慎预测项目的未来收益和现金流，以其作为未来还款的主要保障，不得要求地方政府对重大工程项目融资承担还款责任，或提供任何形式的显性和隐性担保。

（十四）做好贷中贷后管理工作。严格按照贷款合同约定发放和使用贷款，坚持专款专用，防止贷款挪用。确定专门项目收入账户，加强对项目收入账户的监测和管理。定期对借款人和项目发起人的履约情况及信用状况、项目的建设和运营情况、宏观经济变化和市场波动情况、贷款担保的变动情况等进行监测分析，完善贷款质量监控制度，并对可能影响贷款安全的不利情形及时采取针对性措施。

（十五）推进风险管理体系建设。密切关注经济金融形势变化，加强风险监测和预警；全面了解客户和项目信息，强化项目全周期风险管理；合理运用担保以及项目收费权、合同收益权、保险权益转让等方式，完善风险缓释机制。防范外部风险与银行内生性风险的传染，防范银行机构表内风险与表外风险的传导。

五、强化监督指导与协作

（十六）确保项目建设可持续性。发展改革部门加强对重大工程项目的规划和指导，建设一批、核准一批、储备一批、谋划一批，提高项目投资的有效性和针对性。对于自身收益不足和经济性不强的重大项目，推动完善项目收益保障机制建设，提高项目经济性。

（十七）加强协调沟通。发展改革部门进一步健全项目清单，搭建重大工程项目信息平台，提高与银行业监管部门、银行业金融机构信息共享的时效性。

（十八）强化同业协作。各银监局要加强指导，推动当地银行业协会牵头，探索建立大额授信联合管理机制，强化银行间在项目规划、项目评审评级、授信额度核定、还款安排、贷款管理及风险化解等方面的合作协调，建立资源共享、运作顺畅、服务高效的同业合作机制，有效防范过度授信、多头授信及集团客户风险。

中国银行业监督管理委员会
国家发展和改革委员会
2015 年 8 月 10 日

商业银行流动性风险管理办法（试行）

（中国银监会令 2015 年第 9 号）

第一章　总　　则

第一条　为加强商业银行流动性风险管理，维护银行体系安全稳健运行，根据《中华人民共和国银行业监督管理法》、《中华人民共和国商业银行法》、《中华人民共和国外资银行管理条例》等法律法规，制定本办法。

第二条 本办法适用于在中华人民共和国境内设立的商业银行，包括中资商业银行、外商独资银行、中外合资银行。

第三条 本办法所称流动性风险，是指商业银行无法以合理成本及时获得充足资金，用于偿付到期债务、履行其他支付义务和满足正常业务开展的其他资金需求的风险。

第四条 商业银行应当按照本办法建立健全流动性风险管理体系，对法人和集团层面、各附属机构、各分支机构、各业务条线的流动性风险进行有效识别、计量、监测和控制，确保其流动性需求能够及时以合理成本得到满足。

第五条 中国银行业监督管理委员会（以下简称银监会）依法对商业银行的流动性风险及其管理体系实施监督管理。

第二章 流动性风险管理

第六条 商业银行应当在法人和集团层面建立与其业务规模、性质和复杂程度相适应的流动性风险管理体系。

流动性风险管理体系应当包括以下基本要素：

（一）有效的流动性风险管理治理结构。

（二）完善的流动性风险管理策略、政策和程序。

（三）有效的流动性风险识别、计量、监测和控制。

（四）完备的管理信息系统。

第一节 流动性风险管理治理结构

第七条 商业银行应当建立有效的流动性风险管理治理结构，明确董事会及其专门委员会、监事会（监事）、高级管理层以及相关部门在流动性风险管理中的职责和报告路线，建立适当的考核及问责机制。

第八条 商业银行董事会应当承担流动性风险管理的最终责任，履行以下职责：

（一）审核批准流动性风险偏好、流动性风险管理策略、重要的政策和程序。流动性风险偏好应当至少每年审议一次。

（二）监督高级管理层对流动性风险实施有效管理和控制。

（三）持续关注流动性风险状况，定期获得流动性风险报告，及时了解流动性风险水平、管理状况及其重大变化。

（四）审批流动性风险信息披露内容，确保披露信息的真实性和准确性。

（五）其他有关职责。

董事会可以授权其下设的专门委员会履行其部分职责。

第九条 商业银行高级管理层应当履行以下职责：

（一）制定、定期评估并监督执行流动性风险偏好、流动性风险管理策略、政策和程序。

（二）确定流动性风险管理组织架构，明确各部门职责分工，确保商业银行具有足够的资源，独立、有效地开展流动性风险管理工作。

（三）确保流动性风险偏好、流动性风险管理策略、政策和程序在商业银行内部得到有效沟通和传达。

（四）建立完备的管理信息系统，支持流动性风险的识别、计量、监测和控制。

（五）充分了解并定期评估流动性风险水平及其管理状况，及时了解流动性风险的重大变化，并向董事会定期报告。

（六）其他有关职责。

第十条 商业银行应当指定专门部门负责流动性风险管理，其流动性风险管理职能应当与业务经营职能保持相对独立，并且具备履行流动性风险管理职能所需要的人力、物力资源。

商业银行负责流动性风险管理的部门应当具备以下职能：

（一）拟定流动性风险管理策略、政策和程序，提交高级管理层和董事会审核批准。

（二）识别、计量和监测流动性风险。持续监控优质流动性资产状况；监测流动性风险限额遵守情况，及时报告超限额情况；组织开展流动性风险压力测试；组织流动性风险应急计划的测试和评估。

（三）识别、评估新产品、新业务和新机构中所包含的流动性风险，审核相关操作和风险管理程序。

（四）定期提交独立的流动性风险报告，及时向高级管理层和董事会报告流动性风险水平、管理状况及其重大变化。

（五）拟定流动性风险信息披露内容，提交高级管理层和董事会审批。

（六）其他有关职责。

第十一条 商业银行应当在内部定价以及考核激励等相关制度中充分考虑流动性风险因素，在考核分支机构或主要业务条线经风险调整的收益时应当纳入流动性风险成本，防止因过度追求业务扩张和短期利润而放松流动性风险管理。

第十二条 商业银行监事会（监事）应当对董事会和高级管理层在流动性风险管理中的履职情况进行监督评价，至少每年向股东大会（股东）报告一次。

第十三条 商业银行应当按照银监会关于内部控制的有关要求，建立完善的流动性风险管理内部控制体系，作为银行整体内部控制体系的有机组成部分。

第十四条 商业银行应当将流动性风险管理纳入内部审计范畴，定期审查和评价流动性风险管理的充分性和有效性。

内部审计应当涵盖流动性风险管理的所有环节，包括但不限于：

（一）流动性风险管理治理结构、策略、政策和程序能否确保有效识别、计量、监测和控制流动性风险。

（二）流动性风险管理政策和程序是否得到有效执行。

（三）现金流分析和压力测试的各项假设条件是否合理。

（四）流动性风险限额管理是否有效。

（五）流动性风险管理信息系统是否完备。

（六）流动性风险报告是否准确、及时、全面。

第十五条 流动性风险管理的内部审计报告应当提交董事会和监事会。董事会应当针对内部审计发现的问题，督促高级管理层及时采取整改措施。内部审计部门应当跟踪检查整改措施的实施情况，并及时向董事会提交有关报告。

商业银行境外分支机构或附属机构采用相对独立的本地流动性风险管理模式的，应当对其流动性风险管理单独进行审计。

第二节　流动性风险管理策略、政策和程序

第十六条 商业银行应当根据其经营战略、业务特点、财务实力、融资能力、总体风险偏好及市场影响力等因素确定流动性风险偏好。

商业银行的流动性风险偏好应当明确其在正常和压力情景下愿意并能够承受的流动性风险水平。

第十七条 商业银行应当根据其流动性风险偏好制定书面的流动性风险管理策略、政策和程序。流动性风险管理策略、政策和程序应当涵盖表内外各项业务以及境内外所有可能对其流动性风险产生重大影响的业务部门、分支机构和附属机构，并包括正常和压力情景下的流动性风险管理。

第十八条 商业银行的流动性风险管理策

略应当明确其流动性风险管理的总体目标、管理模式以及主要政策和程序。

流动性风险管理政策和程序包括但不限于：

（一）流动性风险识别、计量和监测，包括现金流测算和分析。

（二）流动性风险限额管理。

（三）融资管理。

（四）日间流动性风险管理。

（五）压力测试。

（六）应急计划。

（七）优质流动性资产管理。

（八）跨机构、跨境以及重要币种的流动性风险管理。

（九）对影响流动性风险的潜在因素以及其他类别风险对流动性风险的影响进行持续监测和分析。

第十九条 商业银行在引入新产品、新业务和建立新机构之前，应当在可行性研究中充分评估其可能对流动性风险产生的影响，完善相应的风险管理政策和程序，并获得负责流动性风险管理部门的同意。

第二十条 商业银行应当综合考虑业务发展、技术更新及市场变化等因素，至少每年对流动性风险偏好、流动性风险管理策略、政策和程序进行一次评估，必要时进行修订。

第三节 流动性风险识别、计量、监测和控制

第二十一条 商业银行应当根据业务规模、性质、复杂程度及风险状况，运用适当方法和模型，对其在正常和压力情景下未来不同时间段的资产负债期限错配、融资来源的多元化和稳定程度、优质流动性资产、重要币种流动性风险及市场流动性等进行分析和监测。

商业银行在运用上述方法和模型时应当使用合理的假设条件，定期对各项假设条件进行评估，必要时进行修正，并保留书面记录。

第二十二条 商业银行应当建立现金流测算和分析框架，有效计量、监测和控制正常和压力情景下未来不同时间段的现金流缺口。

现金流测算和分析应当涵盖资产和负债的未来现金流以及或有资产和或有负债的潜在现金流，并充分考虑支付结算、代理和托管等业务对现金流的影响。

商业银行应当对重要币种的现金流单独进行测算和分析。

第二十三条 商业银行应当根据业务规模、性质、复杂程度及风险状况，监测可能引发流动性风险的特定情景或事件，采用适当的预警指标，前瞻性地分析其对流动性风险的影响。可参考的情景或事件包括但不限于：

（一）资产快速增长，负债波动性显著增加。

（二）资产或负债集中度上升。

（三）负债平均期限下降。

（四）批发或零售存款大量流失。

（五）批发或零售融资成本上升。

（六）难以继续获得长期或短期融资。

（七）期限或货币错配程度增加。

（八）多次接近内部限额或监管标准。

（九）表外业务、复杂产品和交易对流动性的需求增加。

（十）银行资产质量、盈利水平和总体财务状况恶化。

（十一）交易对手要求追加额外抵（质）押品或拒绝进行新交易。

（十二）代理行降低或取消授信额度。

（十三）信用评级下调。

（十四）股票价格下跌。

（十五）出现重大声誉风险事件。

第二十四条 商业银行应当对流动性风险实施限额管理，根据其业务规模、性质、复杂程度、流动性风险偏好和外部市场发展变化情况，设定流动性风险限额。流动性风险限额包括但不限于现金流缺口限额、负债集中度限

额、集团内部交易和融资限额。

商业银行应当制定流动性风险限额管理的政策和程序，建立流动性风险限额设定、调整的授权制度、审批流程和超限额审批程序，至少每年对流动性风险限额进行一次评估，必要时进行调整。

商业银行应当对流动性风险限额遵守情况进行监控，超限额情况应当及时报告。对未经批准的超限额情况应当按照限额管理的政策和程序进行处理。对超限额情况的处理应当保留书面记录。

第二十五条 商业银行应当建立并完善融资策略，提高融资来源的多元化和稳定程度。

商业银行的融资管理应当符合以下要求：

（一）分析正常和压力情景下未来不同时间段的融资需求和来源。

（二）加强负债品种、期限、交易对手、币种、融资抵（质）押品和融资市场等的集中度管理，适当设置集中度限额。

（三）加强融资渠道管理，积极维护与主要融资交易对手的关系，保持在市场上的适当活跃程度，并定期评估市场融资和资产变现能力。

（四）密切监测主要金融市场的交易量和价格等变动情况，评估市场流动性对商业银行融资能力的影响。

第二十六条 商业银行应当加强融资抵（质）押品管理，确保其能够满足正常和压力情景下日间和不同期限融资交易的抵（质）押品需求，并且能够及时履行向相关交易对手返售抵（质）押品的义务。

商业银行应当区分有变现障碍资产和无变现障碍资产，对可以用作抵（质）押品的无变现障碍资产的种类、数量、币种、所处地域和机构、托管账户，以及中央银行或金融市场对其接受程度进行监测分析，定期评估其资产价值及融资能力，并充分考虑其在融资中的操作性要求和时间要求。

商业银行应当在考虑抵（质）押品的融资能力、价格敏感度、压力情景下的折扣率等因素的基础上提高抵（质）押品的多元化程度。

第二十七条 商业银行应当加强日间流动性风险管理，确保具有充足的日间流动性头寸和相关融资安排，及时满足正常和压力情景下的日间支付需求。

第二十八条 商业银行应当建立流动性风险压力测试制度，分析其承受短期和中长期压力情景的能力。

流动性风险压力测试应当符合以下要求：

（一）合理审慎设定并定期审核压力情景，充分考虑影响商业银行自身的特定冲击、影响整个市场的系统性冲击和两者相结合的情景，以及轻度、中度、严重等不同压力程度。

（二）合理审慎设定在压力情景下商业银行满足流动性需求并持续经营的最短期限，在影响整个市场的系统性冲击情景下该期限应当不少于30天。

（三）充分考虑各类风险与流动性风险的内在关联性和市场流动性对商业银行流动性风险的影响。

（四）定期在法人和集团层面实施压力测试；当存在流动性转移限制等情况时，应当对有关分支机构或附属机构单独实施压力测试。

（五）压力测试频率应当与商业银行的规模、风险水平及市场影响力相适应；常规压力测试应当至少每季度进行一次，出现市场剧烈波动等情况时，应当增加压力测试频率。

（六）在可能情况下，应当参考以往出现的影响银行或市场的流动性冲击，对压力测试结果实施事后检验；压力测试结果和事后检验应当有书面记录。

（七）在确定流动性风险偏好、流动性风险管理策略、政策和程序，以及制定业务发展和财务计划时，应当充分考虑压力测试结果，必要时应当根据压力测试结果对上述内容进行调整。

董事会和高级管理层应当对压力测试的情景设定、程序和结果进行审核，不断完善流动性风险压力测试。

第二十九条 商业银行应当根据其业务规模、性质、复杂程度、风险水平、组织架构及市场影响力，充分考虑压力测试结果，制定有效的流动性风险应急计划，确保其可以应对紧急情况下的流动性需求。商业银行应当至少每年对应急计划进行一次测试和评估，必要时进行修订。

流动性风险应急计划应当符合以下要求：

（一）设定触发应急计划的各种情景。

（二）列明应急资金来源，合理估计可能的筹资规模和所需时间，充分考虑跨境、跨机构的流动性转移限制，确保应急资金来源的可靠性和充分性。

（三）规定应急程序和措施，至少包括资产方应急措施、负债方应急措施、加强内外部沟通和其他减少因信息不对称而给商业银行带来不利影响的措施。

（四）明确董事会、高级管理层及各部门实施应急程序和措施的权限与职责。

（五）区分法人和集团层面应急计划，并视需要针对重要币种和境外主要业务区域制定专门的应急计划。对于存在流动性转移限制的分支机构或附属机构，应当制定专门的应急计划。

第三十条 商业银行应当持有充足的优质流动性资产，确保其在压力情景下能够及时满足流动性需求。优质流动性资产应当为无变现障碍资产，可以包括在压力情景下能够通过出售或抵（质）押方式获取资金的流动性资产。

商业银行应当根据其流动性风险偏好，考虑压力情景的严重程度和持续时间、现金流缺口、优质流动性资产变现能力等因素，按照审慎原则确定优质流动性资产的规模和构成。

第三十一条 商业银行应当对流动性风险实施并表管理，既要考虑银行集团的整体流动性风险水平，又要考虑附属机构的流动性风险状况及其对银行集团的影响。

商业银行应当设立集团内部的交易和融资限额，分析银行集团内部负债集中度可能对流动性风险产生的影响，防止分支机构或附属机构过度依赖集团内部融资，降低集团内部的风险传递。

商业银行应当充分了解境外分支机构、附属机构及其业务所在国家或地区与流动性风险管理相关的法律、法规和监管要求，充分考虑流动性转移限制和金融市场发展差异程度等因素对流动性风险并表管理的影响。

第三十二条 商业银行应当按照本外币合计和重要币种分别进行流动性风险识别、计量、监测和控制。

第三十三条 商业银行应当审慎评估信用风险、市场风险、操作风险和声誉风险等其他类别风险对流动性风险的影响。

第四节 管理信息系统

第三十四条 商业银行应当建立完备的管理信息系统，准确、及时、全面计量、监测和报告流动性风险状况。

管理信息系统应当至少实现以下功能：

（一）每日计算各个设定时间段的现金流入、流出及缺口。

（二）及时计算流动性风险监管和监测指标，并在必要时加大监测频率。

（三）支持流动性风险限额的监测和控制。

（四）支持对大额资金流动的实时监控。

（五）支持对优质流动性资产及其他无变现障碍资产种类、数量、币种、所处地域和机构、托管账户等信息的监测。

（六）支持对融资抵（质）押品种类、数量、币种、所处地域和机构、托管账户等信息的监测。

（七）支持在不同假设情景下实施压力测试。

第三十五条 商业银行应当建立规范的流动性风险报告制度，明确各项流动性风险报告的内容、形式、频率和报送范围，确保董事会、高级管理层和其他管理人员及时了解流动性风险水平及其管理状况。

第三章 流动性风险监管

第一节 流动性风险监管指标

第三十六条 流动性风险监管指标包括流动性覆盖率和流动性比例。

商业银行应当持续达到本办法规定的流动性风险监管指标最低监管标准。

第三十七条 流动性覆盖率旨在确保商业银行具有充足的合格优质流动性资产，能够在银监会规定的流动性压力情景下，通过变现这些资产满足未来至少30天的流动性需求。

流动性覆盖率的计算公式为：

合格优质流动性资产是指满足本办法附件2相关条件的现金类资产，以及能够在无损失或极小损失的情况下在金融市场快速变现的各类资产。

未来30天现金净流出量是指在本办法附件2相关压力情景下，未来30天的预期现金流出总量与预期现金流入总量的差额。

商业银行的流动性覆盖率应当不低于100%。除本办法第五十五条第三款规定的情形外，商业银行的流动性覆盖率应当不低于最低监管标准。

第三十八条 流动性比例的计算公式为：

商业银行的流动性比例应当不低于25%。

第三十九条 商业银行应当在法人和集团层面，分别计算未并表和并表的流动性风险监管指标，并表范围按照银监会关于商业银行资本监管的相关规定执行。

在计算并表流动性覆盖率时，若集团内部存在跨境或跨机构的流动性转移限制，相关附属机构满足自身流动性覆盖率最低监管标准之外的合格优质流动性资产，不能计入集团的合格优质流动性资产。

第二节 流动性风险监测

第四十条 银监会应当从商业银行资产负债期限错配情况、融资来源的多元化和稳定程度、无变现障碍资产、重要币种流动性风险状况以及市场流动性等方面，定期对商业银行和银行体系的流动性风险进行分析和监测。

银监会应当充分考虑单一的流动性风险监管指标或监测工具在反映商业银行流动性风险方面的局限性，综合运用多种方法和工具对流动性风险进行分析和监测。

第四十一条 银监会应当定期监测商业银行的所有表内外项目在不同时间段的合同期限错配情况，并分析其对流动性风险的影响。合同期限错配情况的分析和监测可以涵盖隔夜、7天、14天、1个月、2个月、3个月、6个月、9个月、1年、2年、3年、5年和5年以上等多个时间段。相关参考指标包括但不限于各个时间段的流动性缺口和流动性缺口率。

第四十二条 银监会应当定期监测商业银行融资来源的多元化和稳定程度，并分析其对流动性风险的影响。银监会应当按照重要性原则，分析商业银行的表内外负债在融资工具、交易对手和币种等方面的集中度。对负债集中度的分析应当涵盖多个时间段。相关参考指标包括但不限于核心负债比例、同业市场负债比例、最大十户存款比例和最大十家同业融入比例。

第四十三条 银监会应当定期监测商业银行无变现障碍资产的种类、金额和所在地。相关参考指标包括但不限于超额备付金率、本办法第三十条所规定的优质流动性资产以及向中央银行或市场融资时可以用作抵（质）押品的其他资产。

第四十四条 银监会应当根据商业银行的外汇业务规模、货币错配情况和市场影响力等因素决定是否对其重要币种的流动性风险进行单独监测。相关参考指标包括但不限于重要币种的流动性覆盖率。

第四十五条 银监会应当密切跟踪研究宏观经济形势和金融市场变化对银行体系流动性的影响，分析、监测金融市场的整体流动性状况。银监会发现市场流动性紧张、融资成本提高、优质流动性资产变现能力下降或丧失、流动性转移受限等情况时，应当及时分析其对商业银行融资能力的影响。

银监会用于分析、监测市场流动性的相关参考指标包括但不限于银行间市场相关利率及成交量、国库定期存款招标利率、票据转贴现利率及证券市场相关指数。

第四十六条 银监会应当持续监测商业银行存贷比的变动情况，当商业银行出现存贷比指标波动较大、快速或持续单向变化等情况时，应当及时了解原因并分析其反映出的商业银行风险变化，必要时进行风险提示或要求商业银行采取相关措施。

第四十七条 除本办法列出的流动性风险监管指标和监测参考指标外，银监会还可以根据商业银行的业务规模、性质、复杂程度、管理模式和流动性风险特点，参考其内部流动性风险管理指标或运用其他流动性风险监测工具，实施流动性风险分析和监测。

第三节 流动性风险监管方法和手段

第四十八条 银监会应当通过非现场监管、现场检查以及与商业银行的董事、高级管理人员进行监督管理谈话等方式，运用流动性风险监管指标和监测工具，在法人和集团层面对商业银行的流动性风险水平及其管理状况实施监督管理，并尽早采取措施应对潜在流动性风险。

第四十九条 商业银行应当按照规定向银监会报送与流动性风险有关的财务会计、统计报表和其他报告。委托社会中介机构对其流动性风险水平及流动性风险管理体系进行审计的，还应当报送相关的外部审计报告。流动性风险监管指标应当按月报送。

银监会可以根据商业银行的业务规模、性质、复杂程度、管理模式和流动性风险特点，确定商业银行报送流动性风险报表和报告的内容和频率。

第五十条 商业银行应当于每年4月底前向银监会报送上一年度的流动性风险管理报告，包括流动性风险偏好、流动性风险管理策略、主要政策和程序、内部风险管理指标和限额、应急计划及其测试情况等主要内容。

商业银行对流动性风险偏好、流动性风险管理策略、政策和程序进行重大调整的，应当在1个月内向银监会书面报告调整情况。

第五十一条 商业银行应当按照规定向银监会定期报送流动性风险压力测试报告，包括压力测试的情景、方法、过程和结果。商业银行根据压力测试结果对流动性风险偏好、流动性风险管理策略、政策和程序进行重大调整的，应当及时向银监会报告相关情况。

第五十二条 商业银行应当及时向银监会报告下列可能对其流动性风险水平或管理状况产生不利影响的重大事项和拟采取的应对措施：

（一）本机构信用评级大幅下调。

（二）本机构大规模出售资产以补充流动性。

（三）本机构重要融资渠道即将受限或失效。

（四）本机构发生挤兑事件。

（五）母公司或集团内其他机构的经营状

况、流动性状况和信用评级等发生重大不利变化。

（六）市场流动性状况发生重大不利变化。

（七）跨境或跨机构的流动性转移政策出现不利于流动性风险管理的重大调整。

（八）母公司、集团经营活动所在国家或地区的政治、经济状况发生重大不利变化。

（九）其他可能对其流动性风险水平或管理状况产生不利影响的重大事件。

商业银行出现存贷比指标波动较大、快速或持续单向变化的，应当分析原因及其反映出的风险变化情况，并及时向银监会报告。

外商独资银行、中外合资银行境内本外币资产低于境内本外币负债、集团内跨境资金净流出比例超过25%，以及外国银行分行跨境资金净流出比例超过50%的，应当在2个工作日内向银监会报告。

第五十三条 银监会应当根据对商业银行流动性风险水平及其管理状况的评估结果，确定流动性风险现场检查的内容、范围和频率。

第五十四条 商业银行应当按照规定定期披露流动性风险水平及其管理状况的相关信息，包括但不限于：

（一）流动性风险管理治理结构，包括但不限于董事会及其专门委员会、高级管理层及相关部门的职责和作用。

（二）流动性风险管理策略和政策。

（三）识别、计量、监测、控制流动性风险的主要方法。

（四）主要流动性风险管理指标及简要分析。

（五）影响流动性风险的主要因素。

（六）压力测试情况。

第五十五条 对于未遵守流动性风险监管指标最低监管标准的商业银行，银监会应当要求其限期整改，并视情形按照《中华人民共和国银行业监督管理法》第三十七条、第四十六条规定采取监管措施或者实施行政处罚。本条第三款规定的情形除外。

如果商业银行流动性覆盖率已经或即将降至最低监管标准以下，应当立即向银监会报告。

当商业银行在压力状况下流动性覆盖率低于最低监管标准时，银监会应当考虑当前和未来国内外经济金融状况，分析影响单家银行和金融市场整体流动性的因素，根据商业银行流动性覆盖率降至最低监管标准以下的原因、严重程度、持续时间和频率等采取相应措施。

第五十六条 对于流动性风险管理存在缺陷的商业银行，银监会应当要求其限期整改。对于逾期未整改或者流动性风险管理存在严重缺陷的商业银行，银监会有权采取下列措施：

（一）与商业银行董事会、高级管理层进行监督管理谈话。

（二）要求商业银行进行更严格的压力测试、提交更有效的应急计划。

（三）要求商业银行增加流动性风险管理报告的频率和内容。

（四）增加对商业银行流动性风险现场检查的内容、范围和频率。

（五）限制商业银行开展收购或其他大规模业务扩张活动。

（六）要求商业银行降低流动性风险水平。

（七）提高商业银行流动性风险监管指标的最低监管标准。

（八）提高商业银行的资本充足率要求。

（九）《中华人民共和国银行业监督管理法》以及其他法律、行政法规和部门规章规定的有关措施。

对于母公司或集团内其他机构出现流动性困难的商业银行，银监会可以对其与母公司或集团内其他机构之间的资金往来提出限制性要求。

根据外商独资银行、中外合资银行、外国银行分行的流动性风险状况，银监会可以对其境内资产负债比例或跨境资金净流出比例提出限制性要求。

第五十七条 对于未按照规定提供流动性风险报表或报告、未按照规定进行信息披露或提供虚假报表、报告的商业银行，银监会可以视情形按照《中华人民共和国银行业监督管理法》第四十六条、第四十七条规定实施行政处罚。

第五十八条 银监会应当与境内外相关部门加强协调合作，共同建立信息沟通机制和流动性风险应急处置联动机制，并制定商业银行流动性风险监管应急预案。

发生影响单家机构或市场的重大流动性事件时，银监会应当与境内外相关部门加强协调合作，适时启动流动性风险监管应急预案，降低其对金融体系及宏观经济的负面冲击。

第四章 附 则

第五十九条 农村合作银行、村镇银行、农村信用社和外国银行分行参照本办法执行。

农村合作银行、村镇银行、农村信用社、外国银行分行以及资产规模小于2000亿元人民币的商业银行不适用流动性覆盖率监管要求。

第六十条 本办法所称流动性转移限制是指由于法律、监管、税收、外汇管制以及货币不可自由兑换等原因，导致资金或融资抵（质）押品在跨境或跨机构转移时受到限制。

第六十一条 本办法所称无变现障碍资产是指未在任何交易中用作抵（质）押品、信用增级或者被指定用于支付运营费用，在清算、出售、转移、转让时不存在法律、监管、合同或操作障碍的资产。

第六十二条 本办法所称重要币种是指以该货币计价的负债占商业银行负债总额5%以上的货币。

第六十三条 本办法中“以上”包含本数。

第六十四条 商业银行的流动性覆盖率应当在2018年底前达到100%。在过渡期内，应当在2014年底、2015年底、2016年底及2017年底前分别达到60%、70%、80%、90%。在过渡期内，鼓励有条件的商业银行提前达标；对于流动性覆盖率已达到100%的银行，鼓励其流动性覆盖率继续保持在100%之上。

第六十五条 本办法由银监会负责解释。

第六十六条 本办法自2015年10月1日起施行。《商业银行流动性风险管理办法（试行）》（中国银监会令2014年第2号）同时废止。本办法实施前发布的有关规章及规范性文件如与本办法不一致的，按照本办法执行。

附件：1. 关于流动性风险管理方法的说明（略）
2. 关于流动性覆盖率的说明（略）
3. 关于流动性风险监测参考指标的说明（略）
4. 关于外资银行流动性风险相关指标的说明（略）

中国银行业监督管理委员会

2015年9月2日

中国银监会现场检查暂行办法

（银监会令 2015 年第 10 号）

第一章　总　　则

第一条　为加强对银行业的监督管理，规范现场检查行为，提升现场检查质效，促进银行业健康发展，根据《中华人民共和国银行业监督管理法》、《中华人民共和国商业银行法》等有关法律法规，制定本办法。

第二条　本办法所称现场检查，是指银监会及派出机构派出检查人员在银行业金融机构的经营管理场所以及其他相关场所，采取查阅、复制文件资料、采集数据信息、查看实物、外部调查、访谈、询问、评估及测试等方式，对其公司治理、风险管理、内部控制、业务活动和风险状况等情况进行监督检查的行为。

第三条　现场检查是银监会及派出机构监管流程的重要组成部分，通过发挥查错纠弊、校验核实、评价指导、警示威慑等功能，督促银行业金融机构贯彻落实国家宏观政策及监管政策，提高经营管理水平、合法稳健经营，维护银行业金融机构和体系安全，更好服务实体经济发展。

第四条　银监会及派出机构开展现场检查应依照法律、行政法规、规章和规范性文件确定的职责、权限和程序进行。

第五条　银监会及派出机构和实施现场检查的人员（以下简称检查人员）依法实施现场检查，应当客观公正，实事求是，忠诚履职，廉洁奉公，保守秘密。

银监会及派出机构应加强现场检查纪律和廉政制度建设，加强对检查人员廉洁从政情况的监督。

第六条　银监会及派出机构依法开展现场检查，被查机构及其工作人员应当配合，保证提供的有关文件资料真实、准确、完整、及时，不得拒绝、阻碍和隐瞒。检查期间，被查机构应为现场检查工作提供必要的办公条件和工作保障。

被查机构及其工作人员未经银监会及派出机构同意，不得将检查情况和相关信息向外透露。

第七条　本办法所指现场检查包括全面检查、专项检查、后续检查、临时检查和稽核调查。

全面检查是在一定周期内对法人机构公司治理、经营管理和业务活动及其风险状况进行的全面性检查，原则上每 5 年至少安排一次。

专项检查是对被查机构某些业务领域、区域进行的专门检查。

后续检查是对被查机构以往现场检查中发现的重大问题整改落实情况进行的检查。

临时检查是根据上级部门重大工作部署或

针对银行业金融机构的重大突发事件开展的检查。

稽核调查是采用现场检查方法对特定事项进行专门调查的活动。

第八条 银监会及派出机构应建立和完善现场检查管理信息系统，实现检查资源共享，提高现场检查效率。

第九条 银监会及派出机构应严格按照法律法规规定的程序编制现场检查项目经费预算，合规使用检查费用。

第十条 银监会及派出机构应配备与承担的检查任务相适应的检查力量，加强现场检查专业人才培养，提升现场检查水平，将现场检查作为培养银行业监管队伍和提高监管能力的重要途径。

第十一条 银监会及派出机构在现场检查工作中应加强沟通协调，建立有效的现场检查联动机制。

第二章 职责分工

第十二条 银监会及派出机构按照“谁立项、谁组织、谁负责”的工作机制，开展现场检查。

第十三条 银监会负责统筹全系统现场检查工作，组织对全国性银行业金融机构的现场检查，组织全系统重大专项检查、临时检查和稽核调查，对地方性法人机构的现场检查进行统筹和指导，对派出机构的现场检查工作进行考核和评价。

第十四条 各派出机构负责统筹辖内现场检查工作，组织对辖内银行业金融机构的现场检查，组织全辖专项检查、临时检查和稽核调查，完成上级部门部署的现场检查任务，对下级部门的现场检查工作进行指导、考核和评价。

第十五条 根据需要，银监会可对银监局或银监分局监管的机构、银监局可对辖内银监分局监管的机构直接开展现场检查。

第十六条 银监会现场检查部门负责现场检查的归口管理。银监会及派出机构承担现场检查职责的部门负责现场检查立项，组织实施现场检查，提出现场检查处理意见，评估被查机构整改情况，就现场检查情况及时与机构监管、功能监管等部门进行沟通。

银监会及派出机构的机构监管、功能监管等部门，根据自身职责，配合开展现场检查工作，负责提出现场检查立项建议，提供现场检查所需的数据、资料和相关信息，并可根据需要开展有关的现场检查，跟踪检查意见的整改情况。

第十七条 银监会及派出机构应加强与政府相关部门的工作联动，沟通检查情况，依法共享检查信息，必要时可联合其他部门开展对银行业金融机构相关业务领域的现场检查。

第十八条 银监会及派出机构在开展跨境现场检查时，应根据监管备忘录等合作协议的规定，加强与境外监管机构的沟通协作。

第三章 立项管理

第十九条 银监会及派出机构应加强现场检查立项管理，根据银行业金融机构的依法合规情况、评级情况、风险状况和以往检查情况等，确定对其现场检查的频率、范围，确保检查项目科学、合理、可行。未经立项审批程序，不得开展现场检查。

第二十条 银监会现场检查部门应在征求机构监管、功能监管等部门以及各银监局意见基础上，结合检查资源情况，制定年度现场检查计划，报主席会议审议决定或由银监会主要负责人签发。

第二十一条 银监会按年度制定现场检查计划，现场检查计划一经确定原则上不作更改。

列入年度计划的个别项目确需调整的，应

当说明调整意见及理由，每年中期集中调整一次。调整时，对于银监会负责的项目，应经银监会负责人审批；对于派出机构负责的项目，经银监局负责人审批同意后，应按要求向银监会现场检查部门报告。

第二十二条 经银监会或银监局主要负责人批准，银监会或银监局可立项开展临时检查。

各银监局应在临时检查立项后 10 个工作日内，将立项情况向上级部门报告。

第二十三条 稽核调查可纳入年度现场检查计划，也可适用临时检查立项程序。

第四章 检查实施

第二十四条 银监会及派出机构组织实施现场检查可采取以下方式：

（一）由立项单位组织人员实施；

（二）由上级部门部署下级部门实施；

（三）对专业性强的领域，可要求银行业金融机构选聘符合条件的第三方机构进行检查，并将检查结果报告监管部门；

（四）采用符合法律法规及规章规定的其他方式实施。

第二十五条 银监会及派出机构依法组织实施现场检查时，检查人员不得少于二人，并应当出示合法证件和检查通知书。

检查人员少于二人或未出示合法证件和检查通知书的，银行业金融机构有权拒绝检查。

第二十六条 银行业金融机构及相关人员存在不配合检查、不如实反映情况或拒绝、阻碍检查等行为的，银监会及派出机构可根据情节轻重，对相关机构和个人依法采取监督管理措施和行政处罚。

第二十七条 现场检查人员执行现场检查任务时，应当保持应有的独立性，存在影响或者可能影响依法公正履行职责情况的，应实行回避，不得参加相关事项的讨论、审核和决定，不得以任何方式对相关事项施加影响。

被查机构认为检查人员与其存在利害关系的，有权申请检查人员回避。

第二十八条 银监会及派出机构应当在实施现场检查前组成检查组，根据检查任务，合理配备检查人员。

检查组实行组长负责制。检查组组长在检查组成员中确定主查人，负责现场检查工作的具体组织和实施。

第二十九条 检查组根据检查项目需要，开展查前调查，进行检查分析和模型分析，制定检查方案，做好查前培训。

第三十条 检查组应提前或进场时向被查机构发出书面检查通知，组织召开进点会谈，并向被查机构提出配合检查工作的要求。同时由检查组组长或负责人宣布现场检查工作纪律和有关规定，告知被查机构对检查人员履行监管职责和执行工作纪律、廉政纪律情况进行监督。

第三十一条 检查人员应按要求做好工作记录、检查取证、事实确认和问题定性。

第三十二条 检查过程中，应加强质量控制，做到检查事实清楚、问题定性准确、责任认定明晰、定性依据充分、取证手续齐全。

第三十三条 检查组可通过事实确认书、检查事实与评价等方式就检查过程中发现的问题与被查机构交换意见。

承担现场检查职责的部门与相关部门应加强对检查情况的沟通。

第三十四条 检查结束后，检查组应制作现场检查工作报告，并向被查机构出具现场检查意见书。必要时，可将检查意见告知被查机构的上级管理部门或被查机构的董事会、监事会、高级管理层或主要股东等。

第三十五条 检查人员应当认真收集、整理检查资料，将记录检查过程、反映检查结果、证实检查结论的各类文件、数据、资料等纳入检查档案范围。

第三十六条 稽核调查参照一般现场检查程序，根据工作要求和实际情况，可以简化流程，不收集证据，不与调查对象交换意见，不出具检查工作报告和检查意见书，以调查报告作为稽核调查的成果。

调查过程中如发现涉及需要采取监管措施或行政处罚的事项，应当按照相关要求收集证据，并依程序进行处理。

第三十七条 对于有特殊需要的现场检查项目，经检查组组长确定，可适当简化检查程序，包括但不限于不进行查前培训、不组织进点会谈等。

第五章 检查方式

第三十八条 检查过程中，检查人员可查阅文件和资料、查看经营管理场所、采集数据信息、测试有关系统设备设施、访谈或询问相关人员，并可根据需要，收集原件、原物，进行复制、记录、录音、录像、照相等。

对可能被转移、隐匿或者毁损的文件、资料，经检查组组长同意可以封存。

第三十九条 银监会及派出机构应持续完善检查分析系统，充分运用信息技术手段，开展检查分析，实施现场检查，提高现场检查质效。

银行业金融机构应按照银监会及派出机构要求，完成检查分析系统所需数据整理、报送等工作，保证相关数据的真实、准确、规范和及时。

第四十条 检查人员可就检查事项约谈银行业金融机构外聘审计机构人员，了解审计情况。

银行业金融机构外聘审计机构时，应在相关合同或协议中明确外聘审计人员有配合银监会及派出机构检查的责任。

第四十一条 检查组可抽调被查机构内审人员参与现场检查，被查机构应予以配合。必要时，可要求银行业金融机构内审部门对特定项目进行检查。内审部门应按照监管要求实施检查、形成报告报送监管部门。银监会及派出机构应加强检查指导，对检查实行质量控制和评价。

第四十二条 检查过程中，为查清事实，检查组需向除被查机构以外的其他银行业金融机构了解情况的，可要求相关机构予以配合。

经银监会现场检查部门相关负责人批准，检查人员可直接向相关银行业金融机构了解情况，也可委托相关机构所在地银监局予以协助。

涉及跨银监局辖区的协查事项，经银监局相关负责人批准，可发函要求相关机构所在地银监局予以协助。银监局辖内的协查事项，由各银监局自行确定相关程序和要求。

协查人员负责调取相关资料，查明相关情况，检查责任由检查组承担。

第四十三条 银监会及派出机构依法对银行业金融机构进行检查时，为了查清涉嫌违法行为，经设区的市一级以上银行业监督管理机构负责人批准，可以根据《中华人民共和国银行业监督管理法》的规定对相关单位和个人进行调查。

第四十四条 银监会及派出机构行使相关调查权应当符合以下条件：

（一）在检查中已获取银行业金融机构或相关人员涉嫌违法的初步证据；

（二）相关调查权行使对象限于与涉嫌违法事项有关的单位和个人。

第四十五条 与涉嫌违法事项有关的单位和个人包括与涉嫌违法行为有直接关系的民事主体，也包括没有参与违法行为，但掌握违法行为情况的单位和个人。主要指：

（一）银行业金融机构的股东、实际控制人、关联企业和个人等；

（二）银行业金融机构的客户及其交易对手等；

（三）为银行业金融机构提供产品和服务的企业、市场中介机构和专业人士等；

（四）通过协议、合作、关联方关系等合法途径扩大对银行业金融机构的控制比例或巩固其控制地位的自然人、法人或其他组织；

（五）其他与银行业金融机构涉嫌违法事项有关的单位和个人。

第四十六条 开展相关调查时，调查人员不得少于二人，并应当出示合法证件和调查通知书。

调查人员少于二人或未出示合法证件和调查通知书的，有关单位或者个人有权拒绝调查。

第四十七条 开展相关调查时，调查人员可采取下列措施：

（一）询问有关单位或者个人，要求其对有关情况作出说明；

（二）查阅、复制有关财务会计、财产权登记等文件、资料；

（三）对可能被转移、隐匿、毁损或者伪造的文件资料，予以先行登记保存。

第四十八条 调查人员依法开展相关调查时，被调查单位和个人应当配合，如实说明有关情况，并提供有关文件、资料，不得拒绝、阻碍和隐瞒。

阻碍银监会及派出机构工作人员依法执行调查任务的，由银监会及派出机构提请公安机关依法给予治安管理处罚，构成犯罪的，依法追究刑事责任。

第六章 检查处理

第四十九条 对于检查中发现的问题，银监会及派出机构应在检查意见书中责令被查机构限期改正。被查机构应在规定时间内，向决定作出机关提交整改报告。

第五十条 银监会及派出机构可将现场检查情况通报被查机构的上级部门或主要股东，也可以与被查机构的董事、监事、高级管理人员进行监管谈话，要求其就检查发现的问题作出说明和承诺。

第五十一条 银监会及派出机构在检查中发现被查机构存在违反法律法规、审慎经营规则情形的，应依法采取《中华人民共和国银行业监督管理法》规定的监管措施。

第五十二条 银监会及派出机构在现场检查中发现涉及行政处罚的违法违规行为的，应按照《中华人民共和国银行业监督管理法》和《中国银监会行政处罚办法》的规定办理。

第五十三条 银监会及派出机构在现场检查中发现银行业金融机构及其工作人员、客户以及其他相关组织、个人涉嫌犯罪的，应当根据银监会有关规定，依法向公安机关、人民检察院等部门移送。

第五十四条 检查结束后，承担现场检查职责的部门应将现场检查意见书及时抄送机构监管部门及其他相关部门。机构监管部门应根据检查意见，督促被查机构落实整改要求。必要时，可设立一定的整改观察期。

第五十五条 承担现场检查职责的部门负责对被查机构整改情况进行评估。评估过程中，可查阅被查机构的整改报告、要求被查机构补充相关材料、约谈被查机构相关人员、听取机构监管部门等相关部门意见，必要时可进行后续检查。

第五十六条 被查机构未按要求整改的，银监会及派出机构可根据《中华人民共和国银行业监督管理法》规定采取监管措施或进行行政处罚。

第五十七条 银监会及派出机构应当加强对检查情况和整改情况的统计、分析，建立现场检查信息反馈和共享机制，以及本次现场检查与以往检查结果、后续现场检查部署的衔接和研判机制。

对于检查中发现的普遍性、系统性风险和问题，应及时采取监管通报、风险提示等措施。

对于检查中发现的监管机制和制度存在的问题，应及时提出修订和完善监管机制与制度的建议。

第五十八条 银监会及派出机构应将现场检查发现的情况和问题，在被查机构的监管评级和风险评估中反映，必要时相应调整被查机构的监管评级和风险评估，并在市场准入工作中予以参考。

第五十九条 银监会及派出机构有权按照相关规定，在一定范围内披露检查信息。

第七章 考核评价

第六十条 银监会及派出机构应建立现场检查工作质量控制和考核评价机制，对检查立项的科学性、检查实施的合规性、检查成果的有效性以及现场检查人员的履职尽责情况等进行质量控制和考核评价。

第六十一条 银监会及派出机构应建立现场检查正向激励机制，对于检查能力突出、查实重大违法违规问题、发现重大案件或重大风险隐患、挽回重大经济损失的检查人员，可给予表彰奖励。

第六十二条 银监会及派出机构应当按照权责一致、宽严适度、教育与惩戒相结合的原则，完善现场检查工作问责和免责机制。对于在现场检查工作中不依法合规履职的，应在查清事实的基础上依照有关法律法规及银监会履职问责有关规定，对相关检查人员予以问责。对于有证据表明检查人员已履职尽责的，免除检查人员的责任。

第六十三条 对于滥用职权、徇私舞弊、玩忽职守、泄露所知悉的被查机构商业秘密等严重违反现场检查纪律的人员，依法给予行政处分；构成犯罪的，依法追究刑事责任。

第八章 附 则

第六十四条 银监会及派出机构根据日常监管需要，开展的信访举报和投诉核查、行政处罚立案调查、监管走访、督查或调研等活动，不属于本办法规定的现场检查。

第六十五条 本办法所称银行业金融机构，包括：

（一）在中华人民共和国境内依法设立的政策性银行和商业银行、农村信用社等吸收公众存款的金融机构；

（二）在中华人民共和国境内依法设立的金融资产管理公司、信托公司、企业集团财务公司、金融租赁公司以及经银监会及派出机构批准设立的其他非银行金融机构；

（三）经银监会及派出机构批准在境外设立的金融机构。

第六十六条 银监会及派出机构可以根据自身职责，依照本办法制定现场检查规程和实施细则。

第六十七条 本办法由银监会负责解释。

第六十八条 本办法自2016年2月14日起施行。本办法施行前有关规定与本办法不一致的，以本办法为准。

中国银行业监督管理委员会

2015年12月10日

统计资料

财务公司资产、负债、权益统计表

（2015 年）　　单位：万元

项目/机构	资产			负债		所有者权益	
	总额	其中:贷款	其中:投资	总额	其中:存款	总额	其中:资本金
东风汽车财务有限公司	3 452 504	1 968 511	350 512	2 956 775	2 664 307	495 729	350 000
中国重汽财务有限公司	1 209 977	730 115	0	1 068 480	1 046 298	141 497	103 356
中国华能财务有限责任公司	3 162 549	1 917 200	442 493	2 497 673	2 409 012	664 876	500 000
锦江国际集团财务有限责任公司	449 266	178 331	22 614	383 202	379 220	66 063	50 000
一汽财务有限公司	5 915 492	141 377	683 941	5 364 525	4 652 975	550 967	160 000
西电集团财务有限责任公司	1 174 944	140 284	78 275	1 047 273	1 019 899	127 671	100 000
中国石化财务有限责任公司	8 414 272	3 690 973	1 174 212	6 203 339	4 091 581	2 210 933	1 000 000
东方电气集团财务有限公司	2 193 043	366 404	185 024	1 934 180	1 868 279	258 862	209 500
宝钢集团财务有限责任公司	1 432 067	499 665	289 239	1 243 821	1 183 347	188 245	140 000
中国一拖集团财务有限责任公司	547 145	107 637	43 751	471 150	393 270	75 996	50 000
五矿集团财务有限责任公司	1 544 755	438 400	59 947	1 071 254	1 026 015	473 501	350 000
武汉钢铁集团财务有限责任公司	1 964 113	981 652	84 026	1 418 138	1 001 789	545 975	200 000
中远财务有限责任公司	2 972 866	442 776	168 742	2 710 636	2 693 152	262 230	160 000
江铃汽车集团财务有限公司	555 042	258 571	35 966	478 155	410 125	76 887	50 001
中国航空集团财务有限责任公司	756 136	475 000	101 207	597 380	594 376	158 756	112 796
天津渤海集团财务有限责任公司	367 849	232 718	0	243 954	239 340	123 896	100 000
深圳市有色金属财务有限公司	130 693	101 800	12 217	73 885	63 019	56 808	30 000
中国南航集团财务有限公司	667 800	145 792	61 051	565 394	482 239	102 406	72 433
上海汽车集团财务有限责任公司	11 629 424	4 806 063	4 997 936	10 331 605	9 923 030	1 297 819	738 000
振华集团财务有限责任公司	90 959	56 047	0	70 103	69 900	20 856	15 000
东方集团财务有限责任公司	305 993	244 363	0	199 109	143 531	106 884	100 000
东航集团财务有限责任公司	623 643	281 626	158 662	380 249	370 263	243 394	200 000
中油财务有限责任公司	39 136 944	23 251 959	4 440 724	34 779 664	22 017 580	4 357 280	544 100
上海电气集团财务有限责任公司	5 648 802	1 707 587	387 688	5 153 089	5 009 593	495 712	150 000
中国能源建设集团葛洲坝财务有限公司	906 889	418 832	17 015	731 399	713 512	175 490	137 137
兵工财务有限责任公司	4 547 733	1 532 696	367 065	3 886 580	3 779 542	661 153	317 000
三峡财务有限责任公司	2 475 405	1 000 634	372 552	1 973 672	1 653 922	501 733	300 000
中广核财务有限责任公司	2 853 606	1 597 471	295 443	2 449 079	2 394 700	404 526	200 000
中船财务有限责任公司	5 686 833	1 635 771	669 133	5 203 533	4 882 305	483 299	300 000
中核财务有限责任公司	5 594 004	2 551 375	220 085	5 210 031	5 084 207	383 973	200 960
上海浦东发展集团财务有限责任公司	1 814 052	336 235	162 397	1 571 485	1 564 623	242 567	100 000
鞍钢集团财务有限责任公司	2 501 373	1 326 401	109 073	1 878 458	1 753 693	622 915	200 000
中国电力财务有限公司	19 245 743	9 266 966	1 357 419	17 319 946	15 454 913	1 925 798	1 000 000
神华财务有限公司	5 880 895	2 937 983	0	5 160 604	5 132 211	720 291	500 000
中国电子财务有限责任公司	2 414 124	466 072	184 165	2 139 228	2 110 948	274 896	175 094

续表

机构 \ 项目	资产			负债		所有者权益	
	总额	其中:贷款	其中:投资	总额	其中:存款	总额	其中:资本金
航天科技财务有限责任公司	8 217 469	2 029 352	735 702	7 621 527	7 536 331	595 941	350 000
航天科工财务有限责任公司	6 850 288	793 775	199 051	6 469 650	6 448 003	380 638	238 489
中船重工财务有限责任公司	9 002 788	2 422 655	840 696	8 100 500	8 001 250	902 288	571 900
中海石油财务有限责任公司	7 950 239	2 464 508	1 178 969	7 139 032	7 076 051	811 206	400 000
海尔集团财务有限责任公司	6 109 494	3 702 291	382 273	5 251 214	4 607 634	858 279	530 000
吉林森林工业集团财务有限责任公司	297 105	196 750	0	236 316	209 068	60 789	50 000
万向财务有限公司	1 040 837	730 029	26 157	823 908	796 725	216 929	120 000
中粮财务有限责任公司	1 631 122	612 961	131 816	1 325 699	1 226 975	305 423	100 000
苏州创元集团财务有限公司	156 735	87 550	2 000	120 347	119 440	36 389	30 000
珠海格力集团财务有限责任公司	5 415 388	523 392	161 684	5 070 746	4 952 199	344 642	150 000
国机财务有限责任公司	1 565 435	567 751	157 990	1 356 956	1 274 315	208 479	110 000
海航集团财务有限公司	3 337 282	1 906 955	596 817	2 216 861	1 959 481	1 120 422	800 000
中国华电集团财务有限公司	3 428 347	2 179 204	515 802	2 716 436	2 313 374	711 911	500 000
中国大唐集团财务有限公司	3 311 086	1 739 061	537 055	2 637 431	2 630 034	673 655	486 987
南方电网财务有限公司	3 325 467	2 285 731	204 231	2 653 494	2 635 858	671 974	500 000
中电投财务有限公司	3 268 589	1 902 735	291 397	2 511 076	2 510 199	757 513	500 000
国电财务有限公司	3 019 429	2 018 355	355 405	2 348 278	2 336 093	671 150	505 000
华联财务有限责任公司	710 932	636 050	19 303	541 701	399 097	169 231	140 000
兵器装备集团财务有限责任公司	4 612 631	3 008 460	169 620	4 186 300	4 134 776	426 331	208 800
京能集团财务有限公司	1 673 287	1 018 700	31 638	1 309 476	1 299 301	363 811	300 000
浙江省能源集团财务有限责任公司	2 563 008	1 032 940	46 646	2 385 792	2 299 225	177 216	97 074
广东粤电财务有限公司	1 708 615	1 081 533	192 560	1 447 732	1 440 377	260 883	200 000
TCL 集团财务有限公司	1 774 573	736 421	5 010	1 594 001	1 534 529	180 572	150 000
湖南华菱钢铁集团财务有限公司	497 257	117 000	77 334	314 869	288 007	182 388	120 000
江西铜业集团财务有限公司	1 427 152	575 235	210 817	1 185 329	1 178 793	241 822	100 000
天津港财务有限公司	1 008 685	528 543	129 331	796 527	744 002	212 157	115 000
松下电器（中国）财务有限公司	754 701	8 557	0	644 189	635 604	110 512	70 000
中航工业集团财务有限责任公司	7 052 104	1 957 941	289 576	6 617 405	6 591 748	434 699	250 000
中冶集团财务有限公司	1 931 667	629 592	140 886	1 693 058	1 659 103	238 609	153 040
申能集团财务有限公司	1 504 773	726 661	204 336	1 319 022	1 222 351	185 751	100 000
潞安集团财务有限公司	1 379 604	612 810	69 612	119 0381	1 124 088	189 223	135 000
淮南矿业集团财务有限公司	1 131 224	475 400	189 486	892 338	888 107	238 886	200 000
日立（中国）财务有限公司	360 056	278 190	0	320 680	317 482	39 376	30 000
保利财务有限公司	1 663 790	279 800	105 000	1 505 181	1 490 170	158 609	70 000
深圳能源财务有限公司	1 049 688	584 448	5 166	906 505	899 545	143 183	100 000
中化集团财务有限责任公司	2 046 519	1 361 501	322 100	1 636 001	1 330 229	410 518	300 000

续表

项目 机构	资产			负债		所有者权益	
	总额	其中:贷款	其中:投资	总额	其中:存款	总额	其中:资本金
国联财务有限责任公司	488 263	178 372	0	427 840	424 135	60 424	50 000
首都机场集团财务有限公司	1 291 255	592 247	0	1 186 897	1 178 704	104 357	50 000
红豆集团财务有限公司	257 148	154 239	11 602	161 961	149 124	95 187	70 000
海马财务有限公司	654 795	364 476	55 633	527 996	505 762	126 799	95 000
南山集团财务有限公司	855 591	367 300	62 353	731 596	691 491	123 995	80 000
国投财务有限公司	2 282 809	1 325 155	120 959	1 976 298	1 555 078	306 511	200 000
河南能源化工集团财务有限公司	1 966 289	778 750	2 382	1 409 976	1 389 012	556 312	300 000
中国化工财务有限公司	843 809	408 730	0	734 822	732 838	108 987	63 250
紫金矿业集团财务有限公司	698 251	370 961	19 616	611 792	597 357	86 459	53 156
江苏华西集团财务有限公司	303 339	122 500	0	234 222	224 705	69 118	50 000
冀中能源集团财务有限责任公司	510 566	258 415	3 986	361 405	322 025	149 161	100 000
山西焦煤集团财务有限责任公司	2 423 811	474 000	71 000	2 208 205	2 196 813	215 606	116 000
阳泉煤业集团财务有限责任公司	1 369 141	448 087	92 700	1 202 489	1 184 914	166 652	122 736
晋煤集团财务有限公司	812 592	408 155	22 000	663 869	660 077	148 723	100 000
云南冶金集团财务有限公司	422 817	177 768	0	300 429	257 766	122 388	112 500
中海集团财务有限责任公司	1 087 671	359 131	71 533	972 737	966 673	114 934	60 000
中集集团财务有限公司	591 001	292 801	3 000	520 585	456 502	70 416	50 000
沙钢财务有限公司	755 320	239 330	0	617 129	602 268	138 191	100 000
美的集团财务有限公司	1 980 297	634 669	56 594	1 778 718	1 688 577	201 580	150 000
宁波港集团财务有限公司	765 860	507 107	0	584 522	582 594	181 338	150 000
兖矿集团财务有限公司	828 211	487 081	0	687 073	684 238	141 138	100 000
哈尔滨电气集团财务有限责任公司	1 593 991	0	0	1 419 792	1 414 086	174 199	150 000
北大方正集团财务有限公司	1 121 307	738 880	0	520 711	513 028	600 595	500 000
通用技术集团财务有限责任公司	1 326 585	646 500	0	1 193 022	1 178 157	133 564	100 000
铜陵有色金属集团财务有限公司	492 909	281 466	0	417 837	390 112	75 072	50 000
中建财务有限公司	7 425 326	1 435 040	120 000	7 090 031	7 052 219	335 295	300 000
江苏省国信集团财务有限公司	1 211 234	492 039	15 001	1 034 736	1 030 978	176 498	150 000
重庆化医控股集团财务有限公司	629 698	242 325	20 000	543 180	463 268	86 518	50 000
金川集团财务有限公司	586 317	230 600	0	462 645	462 583	123 672	100 000
新希望财务有限公司	463 516	191 721	0	398 655	395 683	64 861	50 000
酒钢集团财务有限公司	612 062	336 750	15 000	476 157	475 118	135 904	100 000
包钢集团财务有限责任公司	650 752	168 067	0	516 112	515 058	134 641	100 000
新奥财务有限责任公司	1 005 030	399 945	0	874 142	812 446	130 888	100 000
中外运长航财务有限公司	714 206	122 925	0	651 894	644 809	62 312	50 000
青岛啤酒财务有限责任公司	864 054	78 480	0	748 327	712 966	115 726	50 000
上海复星高科技集团财务有限公司	527 742	269 000	0	350 509	348 144	177 234	150 000

续表

项目 机构	资产			负债		所有者权益	
	总额	其中:贷款	其中:投资	总额	其中:存款	总额	其中:资本金
中铝财务有限责任公司	2 241 781	775 589	0	2 051 709	2 034 602	190 073	150 000
中兴通讯集团财务有限公司	2 424 247	104 208	0	2 292 975	2 279 872	131 272	100 000
国核财务有限公司	117 480	0	0	115	0	117 366	100 000
福建省能源集团财务有限公司	688 266	297 758	86 200	562 748	523 979	125 518	100 000
湖南高速集团财务有限公司	740 234	105 000	30 000	613 243	605 659	126 991	100 000
马钢集团财务有限公司	729 996	358 918	100 000	582 170	579 908	147 826	100 000
湖北宜化集团财务有限责任公司	222 161	201 300	0	169 534	131 971	52 627	50 000
北京汽车集团财务有限公司	1 397 304	758 951	0	1 218 863	1 208 817	178 441	150 000
大连港集团财务有限公司	980 859	307 686	40 000	745 194	743 468	235 666	200 000
大唐电信集团财务有限公司	298 602	85 400	68 658	183 513	180 322	115 088	100 000
开滦集团财务有限责任公司	722 721	343 141	87 242	602 076	555 047	120 645	100 000
中国航油集团财务有限公司	599 532	187 679	0	463 805	463 080	135 727	120 000
海南农垦集团财务有限公司	174 426	69 167	23 000	117 434	116 959	56 992	50 000
西部矿业集团财务有限公司	745 992	153 000	64 281	654 993	538 703	90 999	50 000
江苏交通控股集团财务有限公司	857 731	346 429	47 575	731 368	729 946	126 363	100 000
中国移动通信集团财务有限公司	7 932 286	953 000	636 261	6 035 967	5 978 046	1 896 319	1 162 778
山东钢铁集团财务有限公司	1 131 834	276 494	100 000	956 620	954 324	175 214	160 000
国药集团财务有限公司	859 019	143 166	0	795 517	792 533	63 502	50 000
郑州宇通集团财务有限公司	586 590	389 692	49 545	505 410	491 894	81 180	50 000
中国铁建财务有限公司	7 266 736	2 701 225	0	6 552 635	5 927 007	714 101	600 000
山东省商业集团财务有限公司	387 199	235 487	0	300 801	299 906	86 398	60 000
深圳华强集团财务有限公司	458 418	326 020	15 855	403 746	400 586	54 672	50 000
诚通财务有限责任公司	722 286	168 800	10 000	606 425	581 788	115 861	100 000
山东重工集团财务有限公司	1 629 794	450 055	70 000	1 511 083	1 500 253	118 711	100 000
湖北能源财务有限公司	189 035	139 450	0	129 921	89 210	59 114	50 000
港中旅财务有限公司	513 283	193 437	70 000	405 895	403 913	107 388	100 000
陕西煤业化工集团财务有限公司	1 457 462	495 060	0	1 340 392	1 301 673	117 069	100 000
上海华谊集团财务有限责任公司	733 158	253 668	0	616 497	614 630	116 661	100 000
河钢集团财务有限公司	1 236 996	587 000	0	999 923	945 207	237 073	200 000
安徽省能源集团财务有限公司	147 128	94 490	0	112 106	111 579	35 021	30 000
中化工程集团财务有限公司	886 978	80 890	55 011	762 383	755 686	124 595	100 000
天津天保财务有限公司	604 518	419 415	126 200	295 759	268 627	308 760	300 000
亿利集团财务有限公司	510 397	369 410	0	302 928	300 318	207 469	200 000
厦门海翼集团财务有限公司	172 855	69 847	0	115 018	105 581	57 836	50 000
中信财务有限公司	3 095 246	872 000	103 488	2 944 741	2 924 622	150 505	100 000
浙江省交通投资集团财务有限责任公司	627 051	311 525	1 000	512 714	511 709	114 337	80 000

续表

机构 \ 项目	资产			负债		所有者权益	
	总额	其中:贷款	其中:投资	总额	其中:存款	总额	其中:资本金
南车财务有限公司	1 600 910	532 160	0	1 465 353	1 462 247	135 557	100 000
中国北车集团财务有限公司	1 415 629	476 098	0	1 262 517	1 250 622	153 111	120 000
中国电子科技财务有限公司	4 759 572	1 700 427	204 744	4 472 035	4 461 229	287 537	200 000
重庆机电控股集团财务有限公司	258 617	131 341	0	180 811	172 706	77 807	60 000
河北建投集团财务有限公司	656 873	393 000	0	544 865	542 939	112 007	100 000
太钢集团财务有限公司	672 619	219 551	93 825	543 089	454 306	129 531	100 000
大同煤矿集团财务有限责任公司	1 868 990	988 863	145 000	1 364 424	1 301 538	504 566	300 000
贵州茅台集团财务有限公司	3 039 232	2 000	0	2 906 473	2 857 026	132 758	80 000
海亮集团财务有限责任公司	596 055	482 309	0	461 173	446 751	134 882	100 000
中材集团财务有限公司	494 776	145 500	0	437 461	436 783	57 315	50 000
贵州盘江集团财务有限公司	223 668	98 000	0	169 524	168 854	54 144	50 000
北京首都旅游集团财务有限公司	500 592	352 470	0	389 863	380 992	110 730	100 000
广西交通投资集团财务有限责任公司	646 171	316 400	0	524 758	522 581	121 413	100 000
徐工集团财务有限公司	720 837	337 097	0	598 009	550 431	122 828	100 000
百联集团财务有限责任公司	872 156	368 604	0	814 242	802 012	57 913	50 000
中交财务有限公司	5 316 203	1 213 000	0	4 922 993	4 906 356	393 210	350 000
山东黄金集团财务有限公司	463 819	182 000	30 000	349 255	344 742	114 565	100 000
中开财务有限公司	422 838	92 794	34 700	367 014	365 085	55 824	50 000
中国平煤神马集团财务有限责任公司	779 036	93 900	0	668 259	667 010	110 777	100 000
四川长虹集团财务有限公司	927 556	452 388	0	814 936	718 361	112 620	100 000
创维集团财务有限公司	641 404	355 657	0	526 341	483 481	115 063	100 000
江苏国泰财务有限公司	233 326	56 000	0	179 427	178 846	53 899	50 000
亨通财务有限公司	198 419	91 900	0	163 211	162 097	35 208	30 000
珠海华发集团财务有限公司	1 078 601	305 400	0	946 073	933 591	132 528	100 000
北京金隅财务有限公司	1 331 001	378 301	0	1 221 185	1 211 502	109 816	100 000
云南云天化集团财务有限公司	443 142	112 625	0	376 765	273 312	66 377	60 000
北京控股集团财务有限公司	1 249 571	610 434	0	1 165 051	1 158 684	84 520	80 000
陕西延长石油财务有限公司	1 085 450	432 000	0	956 707	953 020	128 743	100 000
山东能源集团财务有限公司	1 037 239	286 000	0	812 244	810 174	224 995	200 000
鄂尔多斯财务有限公司	352 746	218 950	0	144 628	117 593	208 117	200 000
伊利财务有限公司	1 289 553	108 500	0	1 127 068	1 123 354	162 485	100 000
大冶有色金属集团财务有限责任公司	230 164	93 850	0	174 572	169 572	55 592	50 000
巨化集团财务有限责任公司	293 277	161 668	0	237 655	193 381	55 622	50 000
供销集团财务有限公司	408 222	146 000	0	356 457	348 263	51 765	50 000
中铁财务有限责任公司	4 962 675	970 082	0	4 769 476	4 709 929	193 198	150 000
重庆力帆财务有限公司	650 280	311 700	0	562 856	559 315	87 424	80 000

续表

机构＼项目	资产			负债		所有者权益	
	总额	其中:贷款	其中:投资	总额	其中:存款	总额	其中:资本金
中煤财务有限责任公司	2 196 132	543 000	0	1 851 787	1 839 978	344 345	300 000
安徽省皖北煤电集团财务有限公司	186 245	133 000	0	131 944	131 559	54 301	50 000
淮北矿业集团财务有限公司	428 575	127 600	0	340 055	337 291	88 520	80 000
湖南出版投资控股集团财务有限公司	824 201	43 100	0	707 262	699 996	116 939	100 000
四川省宜宾五粮液集团财务有限公司	1 409 886	133 440	0	1 196 774	1 139 846	213 112	200 000
山东晨鸣集团财务有限公司	526 027	297 795	0	419 334	413 393	106 694	100 000
河北港口集团财务有限公司	310 518	14 000	0	257 731	257 586	52 787	50 000
中节能财务有限公司	1 328 603	782 009	0	1 008 908	1 001 994	319 695	300 000
青岛港财务有限责任公司	931 257	222 928	0	816 128	813 769	115 129	100 000
上海上实集团财务有限公司	819 950	269 310	0	716 096	714 178	103 855	100 000
重庆市能源投资集团财务有限公司	796 255	193 000	0	692 078	690 523	104 177	100 000
广东省交通集团财务有限公司	1 101 528	600 000	0	898 086	896 540	203 442	200 000
光明食品集团财务有限公司	1 283 982	96 000	0	1 181 929	1 180 351	102 054	100 000
忠旺集团财务有限公司	807 079	507 133	0	497 930	494 939	309 149	300 000
本钢集团财务有限公司	500 151	184 422	0	393 693	392 704	106 457	100 000
天津物产集团财务有限公司	561 808	366 500	0	246 761	243 834	315 045	300 000
福建七匹狼集团财务有限公司	99 938	49 500	0	69 828	68 993	30 110	30 000
清华控股集团财务有限公司	1 027 899	131 800	0	925 325	924 499	102 574	100 000
中国核工业建设集团财务有限公司	763 334	149 500	0	659 672	658 665	103 661	100 000
中国黄金集团财务有限公司	507 069	175 100	0	405 476	404 208	101 593	100 000
物美商业财务有限责任公司	61 356	0	0	10 098	9 931	51 258	50 000
北京金融街集团财务有限公司	135 768	70 000	0	55 393	54 958	80 376	80 000
湖北交投集团财务有限公司	1 216 065	72 700	0	1 164 955	1 164 540	51 110	50 000
新凤祥财务有限公司	152 989	64 494	0	72 304	71 811	80 685	80 000
山东招金集团财务有限公司	151 018	49 000	0	100 610	100 155	50 407	50 000
中联重科集团财务有限公司	575 776	153 500	0	423 155	412 518	152 621	150 000
内蒙古伊泰财务有限公司	293 175	108 200	0	193 007	192 956	100 168	100 000
上海外高桥集团财务有限公司	206 060	24 790	0	155 881	155 241	50 179	50 000
中国铁路财务有限责任公司	3 232 927	500 000	0	2 229 301	2 227 678	1 003 626	1 000 000
首钢集团财务有限公司	1 758 687	52 500	0	1 558 510	1 558 206	200 177	200 000
天瑞集团财务有限责任公司	61 472	29 000	0	31 395	31 208	30 077	30 000
三房巷财务有限公司	65 460	64 500	0	35 432	35 263	30 028	30 000
内蒙古电力集团财务有限责任公司	201 252	0	0	100 254	100 057	100 998	100 000
渤海钢铁集团财务有限公司	200 002	70 000	0	147	0	199 855	200 000
广东省广晟财务有限公司	304 815	91 000	0	204 578	204 567	100 237	100 000
粤海集团财务有限公司	101 680	0	0	1 471	0	100 209	100 000

续表

项　目 机　构	资产			负债		所有者权益	
	总额	其中:贷款	其中:投资	总额	其中:存款	总额	其中:资本金
西王集团财务有限公司	107 761	4 500	0	7 710	7 500	100 051	100 000
中国电建集团财务有限责任公司	501 488	0	0	1 242	0	500 246	500 000
物产中大集团财务有限公司	100 268	0	0	67	0	100 201	100 000
总计	404 014 578	156 088 316	29 113 985	347 127 070	320 362 779	56 887 506	36 962 087

注：①此表资产不含委托项。

②贷款包括短期、中长期、贴现及买断式转贴现、贸易融资、融资租赁及其他贷款。

③投资包括债券、股票、长期股权及其他投资。

④此表为219家财务公司，不含营口港务、云南昆钢、云南建工、江苏悦达、西门子5家财务公司。

财务公司收入、利润状况统计表

（2015年）　　单位：万元

项　目 机　构	利润总额	营业收入		
		总额	其中：利息收入	其中：中间业务收入
东风汽车财务有限公司	106 990	207 813	197 408	1 559
中国重汽财务有限公司	18 762	47 180	46 584	302
中国华能财务有限责任公司	89 904	161 032	116 078	2 200
锦江国际集团财务有限责任公司	5 087	12 070	10 379	41
一汽财务有限公司	88 340	199 454	146 718	0
西电集团财务有限责任公司	21 089	45 950	31 666	877
中国石化财务有限责任公司	456 698	541 001	229 712	23 244
东方电气集团财务有限公司	27 711	84 656	68 896	23
宝钢集团财务有限责任公司	16 670	63 542	49 485	604
中国一拖集团财务有限责任公司	10 587	44 119	37 775	197
五矿集团财务有限责任公司	37 180	46 886	28 905	129
武汉钢铁集团财务有限责任公司	79 927	113 478	97 420	1 958
中远财务有限责任公司	59 660	112 926	65 862	39
江铃汽车集团财务有限公司	9 192	24 188	18 363	80
中国航空集团财务有限责任公司	11 011	26 759	21 770	967
天津渤海集团财务有限责任公司	10 859	15 325	14 313	988
深圳市有色金属财务有限公司	6 706	14 245	5 496	194
中国南航集团财务有限公司	18 259	35 265	23 592	3 775
上海汽车集团财务有限责任公司	274 339	615 443	420 856	12 883
振华集团财务有限责任公司	1 617	3 583	3 494	0
东方集团财务有限责任公司	1 811	10 609	10 609	0
东航集团财务有限责任公司	25 370	39 007	12 507	1 795
中油财务有限责任公司	685 468	1 283 494	1 389 899	40 142

续表

机构＼项目	利润总额	营业收入		
		总额	其中：利息收入	其中：中间业务收入
上海电气集团财务有限责任公司	93 498	193 775	118 458	412
中国能源建设集团葛洲坝财务有限公司	30 322	45 039	28 969	84
兵工财务有限责任公司	98 508	168 858	107 763	1 388
三峡财务有限责任公司	109 598	148 684	87 327	3 487
中广核财务有限责任公司	63 367	127 215	92 463	2 700
中船财务有限责任公司	66 453	265 001	184 250	18 455
中核财务有限责任公司	75 133	168 417	155 725	749
上海浦东发展集团财务有限责任公司	29 894	50 515	33 372	27
鞍钢集团财务有限责任公司	73 585	126 555	116 638	3 107
中国电力财务有限公司	348 050	811 882	682 595	5 293
神华财务有限公司	111 597	205 433	198 350	6 630
中国电子财务有限责任公司	41 069	68 739	55 382	1 341
航天科技财务有限责任公司	138 351	300 662	214 977	4 406
航天科工财务有限责任公司	98 097	155 230	134 631	1 299
中船重工财务有限责任公司	160 662	338 199	187 553	217
中海石油财务有限责任公司	154 844	316 298	207 745	5 106
海尔集团财务有限责任公司	202 629	364 261	299 452	15 706
吉林森林工业集团财务有限责任公司	13 976	20 225	19 002	0
万向财务有限公司	21 743	68 968	55 105	262
中粮财务有限责任公司	22 338	46 819	40 788	458
苏州创元集团财务有限公司	2 745	6 478	6 315	23
珠海格力集团财务有限责任公司	79 049	295 302	284 863	341
国机财务有限责任公司	31 752	76 650	56 588	4 040
海航集团财务有限公司	47 438	124 433	111 608	864
中国华电集团财务有限公司	151 303	210 559	134 412	3 117
中国大唐集团财务有限公司	114 426	169 841	116 470	3 638
南方电网财务有限公司	100 184	187 218	175 693	7 895
中电投财务有限公司	112 395	172 016	118 955	5 410
国电财务有限公司	89 720	141 212	124 132	6 814
华联财务有限责任公司	14 099	32 124	29 292	65
兵器装备集团财务有限责任公司	91 836	244 733	233 540	2 299
京能集团财务有限公司	35 735	69 639	64 943	1 771
浙江省能源集团财务有限责任公司	54 367	93 323	83 602	1 821
广东粤电财务有限公司	39 765	72 454	63 452	1 342
TCL 集团财务有限公司	18 853	51 138	47 271	102
湖南华菱钢铁集团财务有限公司	15 083	23 106	15 533	805

续表

机构＼项目	利润总额	营业收入		
		总额	其中：利息收入	其中：中间业务收入
江西铜业集团财务有限公司	40 431	63 514	40 376	86
天津港财务有限公司	28 897	41 928	32 793	1 213
松下电器（中国）财务有限公司	9 588	23 356	22 105	830
中航工业集团财务有限责任公司	99 000	181 380	156 891	5 091
中冶集团财务有限公司	30 526	55 953	52 589	27
申能集团财务有限公司	43 080	79 635	51 631	234
潞安集团财务有限公司	34 658	50 594	37 795	2 314
淮南矿业集团财务有限公司	12 951	46 672	36 620	514
日立（中国）财务有限公司	1 962	10 157	9 478	486
保利财务有限公司	26 835	51 376	46 922	90
深圳能源财务有限公司	21 352	39 135	37 015	19
中化集团财务有限责任公司	52 749	90 285	45 847	2 007
海信集团财务有限公司	24 476	35 843	34 441	1 141
国联财务有限责任公司	6 600	12 602	12 424	178
首都机场集团财务有限公司	19 258	44 908	44 729	179
红豆集团财务有限公司	8 263	13 293	12 678	27
海马财务有限公司	16 976	35 488	31 631	0
南山集团财务有限公司	25 697	38 392	35 058	618
国投财务有限公司	68 316	122 864	79 013	1 117
河南能源化工集团财务有限公司	46 562	81 973	81 006	930
中国化工财务有限公司	17 203	30 990	29 395	1 590
紫金矿业集团财务有限公司	17 354	30 700	26 610	1 522
江苏华西集团财务有限公司	8 324	11 165	11 164	1
冀中能源集团财务有限责任公司	11 508	17 874	17 431	0
山西焦煤集团财务有限责任公司	50 347	81 775	77 209	0
阳泉煤业集团财务有限责任公司	30 255	44 669	41 031	722
晋煤集团财务有限公司	26 313	33 027	28 437	2 990
云南冶金集团财务有限公司	8 861	20 753	20 577	0
中海集团财务有限责任公司	26 352	41 125	33 899	327
中集集团财务有限公司	6 593	25 577	23 911	631
沙钢财务有限公司	9 774	16 930	17 240	263
美的集团财务有限公司	45 713	118 076	111 157	0
宁波港集团财务有限公司	23 560	29 564	28 979	584
兖矿集团财务有限公司	22 824	31 629	31 079	348
哈尔滨电气集团财务有限责任公司	16 936	32 846	32 295	550
北大方正集团财务有限公司	27 056	43 550	43 081	270

续表

项目 机构	利润总额	营业收入		
		总额	其中：利息收入	其中：中间业务收入
通用技术集团财务有限责任公司	15 649	42 941	42 870	61
铜陵有色金属集团财务有限公司	9 652	21 556	20 620	936
中建财务有限公司	64 746	123 931	121 457	234
江苏省国信集团财务有限公司	13 758	34 968	32 715	1 970
重庆化医控股集团财务有限公司	13 630	22 869	22 501	335
金川集团财务有限公司	10 215	20 705	20 580	0
新希望财务有限公司	6 274	15 388	14 892	415
酒钢集团财务有限公司	18 683	31 370	30 812	165
包钢集团财务有限责任公司	16 556	24 984	24 574	310
新奥财务有限责任公司	14 875	30 959	30 134	825
中外运长航财务有限公司	3 984	13 471	13 207	108
青岛啤酒财务有限责任公司	23 446	38 784	37 887	138
上海复星高科技集团财务有限公司	11 075	17 389	17 389	0
中铝财务有限责任公司	22 765	48 606	45 125	2 083
中兴通讯集团财务有限公司	11 318	29 245	26 823	0
国核财务有限公司	9 766	12 098	11 815	283
福建省能源集团财务有限公司	17 472	32 502	26 590	1 526
湖南高速集团财务有限公司	10 967	14 243	12 854	0
马钢集团财务有限公司	14 398	24 316	22 415	771
湖北宜化集团财务有限责任公司	2 843	7 564	7 557	0
北京汽车集团财务有限公司	19 562	49 394	48 926	458
大连港集团财务有限公司	18 984	24 485	21 942	545
大唐电信集团财务有限公司	6 370	9 873	7 646	101
开滦集团财务有限责任公司	15 766	26 575	21 897	941
中国航油集团财务有限公司	7 588	12 485	12 409	75
海南农垦集团财务有限公司	4 435	7 543	6 170	54
西部矿业集团财务有限公司	15 988	29 262	26 408	12
江苏交通控股集团财务有限公司	15 028	29 924	29 817	0
中国移动通信集团财务有限公司	132 548	316 147	315 781	365
山东钢铁集团财务有限公司	9 621	30 521	29 908	193
国药集团财务有限公司	8 084	18 969	18 753	216
郑州宇通集团财务有限公司	23 075	29 116	32 492	188
中国铁建财务有限公司	77 600	180 595	180 226	370
山东省商业集团财务有限公司	11 022	15 855	15 352	502
深圳华强集团财务有限公司	5 566	16 579	16 034	0
诚通财务有限责任公司	10 345	20 966	20 889	75

续表

机构 \ 项目	利润总额	营业收入		
		总额	其中：利息收入	其中：中间业务收入
山东重工集团财务有限公司	15 152	62 784	58 498	635
湖北能源财务有限公司	4 427	9 834	8 877	385
港中旅财务有限公司	7 523	14 417	12 000	113
陕西煤业化工集团财务有限公司	15 323	35 296	33 744	0
上海华谊集团财务有限责任公司	9 432	15 631	15 437	5
河钢集团财务有限公司	18 005	43 909	43 280	629
安徽省能源集团财务有限公司	2 138	5 082	4 957	125
中化工程集团财务有限公司	8 160	34 141	34 130	0
天津天保财务有限公司	15 997	28 960	25 733	163
亿利集团财务有限公司	8 490	15 423	15 357	66
厦门海翼集团财务有限公司	3 643	5 974	5 734	239
中信财务有限公司	49 184	84 073	74 684	4 501
浙江省交通投资集团财务有限责任公司	18 614	27 033	25 644	1 389
南车财务有限公司	27 701	46 463	46 001	459
中国北车集团财务有限公司	31 855	52 888	51 784	0
中国电子科技财务有限公司	61 346	120 149	115 944	92
重庆机电控股集团财务有限公司	7 117	10 566	9 883	683
河北建投集团财务有限公司	11 564	27 256	27 217	39
太钢集团财务有限公司	16 357	26 008	21 822	184
大同煤矿集团财务有限责任公司	35 010	50 669	45 829	2 789
贵州茅台集团财务有限公司	31 107	78 968	78 895	0
海亮集团财务有限责任公司	26 068	51 995	51 707	289
中材集团财务有限公司	4 089	10 469	10 463	6
贵州盘江集团财务有限公司	4 203	6 785	6 761	23
北京首都旅游集团财务有限公司	8 837	20 263	20 242	21
广西交通投资集团财务有限责任公司	13 843	19 329	19 217	112
徐工集团财务有限公司	16 851	29 594	22 172	7 421
百联集团财务有限责任公司	5 823	28 327	28 187	-3
中交财务有限公司	24 416	60 334	59 524	810
山东黄金集团财务有限公司	10 276	19 204	16 811	395
中开财务有限公司	4 324	10 231	9 507	79
中国平煤神马集团财务有限责任公司	11 627	18 921	18 847	74
四川长虹集团财务有限公司	8 669	28 065	28 065	0
创维集团财务有限公司	14 499	25 224	24 527	583
江苏国泰财务有限公司	3 325	6 002	5 977	5
亨通财务有限公司	3 938	12 893	12 119	774

续表

项目 机构	利润总额	营业收入		
		总额	其中：利息收入	其中：中间业务收入
珠海华发集团财务有限公司	28 654	50 161	47 530	2 632
北京金隅财务有限公司	15 180	27 984	27 975	9
云南云天化集团财务有限公司	3 210	36 994	36 826	169
北京控股集团财务有限公司	5 954	21 814	21 116	11
陕西延长石油财务有限公司	30 788	42 916	42 882	34
山东能源集团财务有限公司	17 916	25 915	25 877	0
鄂尔多斯财务有限公司	6 451	10 302	10 290	11
伊利财务有限公司	37 323	53 045	52 787	258
大冶有色金属集团财务有限责任公司	4 007	6 147	6 135	12
巨化集团财务有限责任公司	5 178	7 949	7 893	0
供销集团财务有限公司	2 479	9 605	8 101	175
中铁财务有限责任公司	37 918	66 256	65 917	339
重庆力帆财务有限公司	5 489	19 090	19 084	6
中煤财务有限责任公司	40 772	68 945	68 629	316
安徽省皖北煤电集团财务有限公司	3 606	7 239	7 227	12
淮北矿业集团财务有限公司	8 887	13 126	12 966	160
湖南出版投资控股集团财务有限公司	14 387	29 608	28 434	1 175
四川省宜宾五粮液集团财务有限公司	12 469	47 518	47 518	0
山东晨鸣集团财务有限公司	8 209	14 937	13 392	1 545
河北港口集团财务有限公司	2 661	8 182	8 175	7
中节能财务有限公司	22 151	43 072	40 091	2 981
青岛港财务有限责任公司	14 536	25 529	25 314	0
上海上实集团财务有限公司	4 125	13 515	13 489	26
重庆市能源投资集团财务有限公司	4 700	11 708	11 708	0
广东省交通集团财务有限公司	4 907	14 640	14 610	30
光明食品集团财务有限公司	2 719	8 662	8 661	0
忠旺集团财务有限公司	12 429	24 173	23 413	60
本钢集团财务有限公司	8 471	10 498	10 472	0
天津物产集团财务有限公司	20 060	28 189	27 722	466
福建七匹狼集团财务有限公司	76	1 536	1 286	250
清华控股集团财务有限公司	3 435	9 403	7 825	1 579
中国核工业建设集团财务有限公司	4 883	5 314	5 297	17
中国黄金集团财务有限公司	2 124	7 851	7 828	23
物美商业财务有限责任公司	1 520	1 880	1 879	1
北京金融街集团财务有限公司	501	2 424	2 424	0
湖北交投集团财务有限公司	1 476	2 999	2 871	0

续表

机构 \ 项目	利润总额	营业收入		
		总额	其中：利息收入	其中：中间业务收入
新凤祥财务有限公司	914	3 054	2 686	0
山东招金集团财务有限公司	546	1 557	1 523	0
中联重科集团财务有限公司	3 476	7 218	6 656	0
内蒙古伊泰财务有限公司	191	1 223	1 223	0
上海外高桥集团财务有限公司	280	1 723	1 721	2
中国铁路财务有限责任公司	4 834	13 417	13 417	0
首钢集团财务有限公司	236	3 741	3 724	16
天瑞集团财务有限责任公司	103	577	577	0
三房巷财务有限公司	37	184	184	0
内蒙古电力集团财务有限责任公司	1 174	1 230	1 230	0
渤海钢铁集团财务有限公司	-145	725	725	0
广东省广晟财务有限公司	269	2 428	2 428	0
粤海集团财务有限公司	549	787	787	0
西王集团财务有限公司	67	329	256	0
中国电建集团财务有限责任公司	547	2 196	2 196	0
物产中大集团财务有限公司	268	292	292	0
总计	7 648 430	14 827 765	12 489 851	280 031

注：①此表营业收入包括利息收入、手续费及佣金收入、投资收益及其他收入。

②利息收入包括贷款利息收入、金融机构往来利息收入和其他利息收入。

③中间业务包括结算业务收入、担保业务收入、委托业务收入、保险代理业务收入、承销业务收入、财务顾问业务收入及其他中间业务收入。

④此表为219家财务公司，不含营口港务、云南昆钢、云南建工、江苏悦达、西门子5家财务公司。

财务公司地域分布状况统计表

（2015年）

单位：亿元

所在地区 \ 项目	机构		资产总额		净资产		利润总额	
	数量（家）	比例（%）	金额	比例（%）	金额	比例（%）	金额	比例（%）
北京市	70	31.82	24 515.22	60.20	3 218.33	56.37	440.26	58.10
天津市	5	2.27	274.29	0.67	115.97	2.03	7.57	1.00
河北省	6	2.73	444.27	1.09	80.26	1.41	7.44	0.98
山西省	6	2.73	852.68	2.09	135.43	2.37	19.29	2.55
内蒙古自治区	5	2.27	278.75	0.68	70.64	1.24	6.17	0.81
辽宁省	2	0.91	300.15	0.74	72.94	1.28	9.45	1.25
吉林省	2	0.91	621.26	1.53	61.18	1.07	10.23	1.35
黑龙江省	2	0.91	190.00	0.47	28.11	0.49	1.87	0.25
上海市	17	7.73	3 543.43	8.70	407.56	7.14	62.57	8.26

续表

项目 所在地区	机构		资产总额		净资产		利润总额	
	数量（家）	比例（%）	金额	比例（%）	金额	比例（%）	金额	比例（%）
江苏省	11	5.00	524.78	1.29	94.41	1.65	8.86	1.17
浙江省	6	2.73	522.05	1.28	79.92	1.40	12.62	1.67
安徽省	6	2.73	311.61	0.77	63.96	1.12	5.16	0.68
福建省	3	1.36	148.65	0.36	24.21	0.42	3.49	0.46
江西省	2	0.91	198.22	0.49	31.87	0.56	4.96	0.65
山东省	12	5.45	848.15	2.08	146.43	2.56	14.10	1.86
河南省	5	2.27	394.05	0.97	85.43	1.50	9.20	1.21
湖北省	7	3.18	818.09	2.01	143.56	2.51	23.00	3.04
湖南省	4	1.82	263.75	0.65	57.89	1.01	4.39	0.58
广东省	10	4.55	1 745.88	4.29	229.85	4.03	33.62	4.44
广西壮族自治区	1	0.45	64.62	0.16	12.14	0.21	1.38	0.18
海南省	2	0.91	82.92	0.20	18.38	0.32	2.14	0.28
重庆市	4	1.82	233.49	0.57	35.59	0.62	3.09	0.41
四川省	4	1.82	499.40	1.23	64.95	1.14	5.51	0.73
贵州省	3	1.36	335.39	0.82	20.78	0.36	3.69	0.49
云南省	2	0.91	86.60	0.21	18.88	0.33	1.21	0.16
陕西省	3	1.36	371.79	0.91	37.35	0.65	6.72	0.89
甘肃省	2	0.91	119.84	0.29	25.96	0.45	2.89	0.38
青海省	1	0.45	74.60	0.18	9.10	0.16	1.60	0.21
深圳市	9	4.09	908.52	2.23	113.92	2.00	14.12	1.86
青岛市	4	1.82	881.22	2.16	125.61	2.20	26.51	3.50
厦门市	1	0.45	17.29	0.04	5.78	0.10	0.36	0.05
大连市	2	0.91	178.79	0.44	54.48	0.95	1.90	0.25
宁波市	1	0.45	76.59	0.19	18.13	0.32	2.36	0.31
总计	220		40 726.30		5 709.00		757.76	

注：①此表资产中不包括委托项。

②此表资产、净资产、利润总额数据，不含营口港务、云南昆钢、云南建工、江苏悦达 4 家财务公司。

财务公司行业分布状况统计表

（2015 年）

单位：亿元

项目 行业	机构		资产		净资产		利润总额	
	数量（家）	比例（%）	金额	比例（%）	金额	比例（%）	金额	比例（%）
能源电力	18	8.18	5 324.45	13.07	842.65	14.76	139.07	18.35
石油化工	15	6.82	6 369.05	15.64	875.86	15.34	134.22	17.71
电子电器	15	6.82	2 754.57	6.76	290.94	5.10	51.53	6.80
煤炭	21	9.55	2 698.01	6.62	447.52	7.84	52.25	6.90

续表

项目 行业	机构		资产		净资产		利润总额	
	数量（家）	比例（%）	金额	比例（%）	金额	比例（%）	金额	比例（%）
建筑建材	12	5.45	3 184.85	7.82	297.56	5.21	29.85	3.94
钢铁	14	6.36	1 464.32	3.60	314.44	5.51	29.72	3.92
机械制造	16	7.27	2 049.58	5.03	235.36	4.12	32.22	4.25
交通运输	21	9.55	2 429.26	5.96	476.90	8.35	37.40	4.94
航天军工	9	4.09	5 632.34	13.83	455.59	7.98	88.94	11.74
有色金属	17	7.73	1 220.63	3.00	245.12	4.29	25.06	3.31
汽车	9	4.09	2 644.20	6.49	316.62	5.55	57.90	7.64
酒店旅游	3	1.36	146.31	0.36	28.42	0.50	2.14	0.28
商贸	10	4.55	538.41	1.32	113.51	1.99	8.46	1.12
投资控股	19	8.64	1 869.68	4.59	308.33	5.40	31.03	4.09
民生消费	8	3.64	685.24	1.68	97.08	1.70	9.83	1.30
农林牧渔	9	4.09	606.39	1.49	116.70	2.04	9.74	1.29
其他	4	1.82	1 109.01	2.72	246.38	4.32	18.40	2.43
总计	220		40 726.30		5 709.00		757.76	

注：①此表资产中不包括委托项。

②此表资产、净资产、利润总额数据，不含营口港务、云南昆钢、云南建工、江苏悦达4家财务公司。

③附：2015年财务公司行业分类表。

财务公司行业分类表

（2015年）

能源电力	中国华能财务有限责任公司	三峡财务有限责任公司
	中广核财务有限责任公司	中国电力财务有限公司
	中国华电集团财务有限公司	中国大唐集团财务有限公司
	南方电网财务有限公司	中电投财务有限公司
	国电财务有限公司	京能集团财务有限公司
	浙江省能源集团财务有限责任公司	广东粤电财务有限公司
	申能集团财务有限公司	深圳能源财务有限公司
	国核财务有限公司	湖北能源财务有限公司
	安徽省能源集团财务有限公司	内蒙古电力集团财务有限责任公司
石油化工	中国石化财务有限责任公司	天津渤海集团财务有限责任公司
	中油财务有限责任公司	中海石油财务有限责任公司
	中化集团财务有限责任公司	中国化工财务有限公司
	重庆化医控股集团财务有限公司	湖北宜化集团财务有限责任公司
	中国航油集团财务有限公司	上海华谊集团财务有限责任公司
	云南云天化集团财务有限公司	陕西延长石油财务有限公司
	巨化集团财务有限责任公司	三房巷财务有限公司

续表

电子电器	振华集团财务有限责任公司	中国电子财务有限责任公司
	海尔集团财务有限责任公司	珠海格力集团财务有限责任公司
	TCL 集团财务有限公司	松下电器（中国）财务有限公司
	日立（中国）财务有限公司	海信集团财务有限公司
	美的集团财务有限公司	中兴通讯集团财务有限公司
	大唐电信集团财务有限公司	四川长虹集团财务有限公司
	创维集团财务有限公司	亨通财务有限公司
	西门子财务服务有限责任公司	
煤炭	神华财务有限公司	潞安集团财务有限公司
	淮南矿业集团财务有限公司	河南能源化工集团财务有限公司
	冀中能源集团财务有限责任公司	山西焦煤集团财务有限责任公司
	阳泉煤业集团财务有限责任公司	晋煤集团财务有限公司
	兖矿集团财务有限公司	福建省能源集团财务有限公司
	开滦集团财务有限责任公司	陕西煤业化工集团财务有限公司
	大同煤矿集团财务有限责任公司	贵州盘江集团财务有限公司
	中国平煤神马集团财务有限责任公司	山东能源集团财务有限公司
	中煤财务有限责任公司	安徽省皖北煤电集团财务有限公司
	淮北矿业集团财务有限公司	重庆市能源投资集团财务有限公司
	内蒙古伊泰财务有限公司	
建筑建材	中国能源建设集团葛洲坝财务有限公司	中冶集团财务有限公司
	中建财务有限公司	中国铁建财务有限公司
	中化工程集团财务有限公司	中材集团财务有限公司
	中交财务有限公司	北京金隅财务有限公司
	中铁财务有限责任公司	中国核工业建设集团财务有限公司
	天瑞集团财务有限责任公司	中国电建集团财务有限责任公司
	云南建工集团财务有限公司	
钢铁	宝钢集团财务有限责任公司	武汉钢铁集团财务有限责任公司
	鞍钢集团财务有限责任公司	湖南华菱钢铁集团财务有限公司
	沙钢财务有限公司	酒钢集团财务有限公司
	包钢集团财务有限责任公司	马钢集团财务有限公司
	山东钢铁集团财务有限公司	河北钢铁集团财务有限公司
	太钢集团财务有限公司	本钢集团财务有限公司
	首钢集团财务有限公司	渤海钢铁集团财务有限公司
	云南昆钢集团财务有限公司	

续表

机械制造	西电集团财务有限责任公司	东方电气集团财务有限公司
	中国一拖集团财务有限责任公司	上海电气集团财务有限责任公司
	苏州创元集团财务有限公司	国机财务有限责任公司
	中集集团财务有限公司	哈尔滨电气集团财务有限责任公司
	山东重工集团财务有限公司	厦门海翼集团财务有限公司
	南车财务有限公司	中国北车集团财务有限公司
	重庆机电控股集团财务有限公司	徐工集团财务有限公司
	重庆力帆财务有限公司	中联重科集团财务有限公司
交通运输	中远财务有限责任公司	中国航空集团财务有限责任公司
	中国南航集团财务有限公司	东航集团财务有限责任公司
	海航集团财务有限公司	天津港财务有限公司
	首都机场集团财务有限公司	中海集团财务有限责任公司
	宁波港集团财务有限公司	中外运长航财务有限公司
	湖南高速集团财务有限公司	大连港集团财务有限公司
	江苏交通控股集团财务有限公司	浙江省交通投资集团财务有限责任公司
	广西交通投资集团财务有限责任公司	中开财务有限公司
	河北港口集团财务有限公司	青岛港财务有限责任公司
	广东省交通集团财务有限公司	湖北交投集团财务有限公司
	中国铁路财务有限责任公司	营口港务集团财务有限公司
军工	兵工财务有限责任公司	中船财务有限责任公司
	中核财务有限责任公司	航天科技财务有限责任公司
	航天科工财务有限责任公司	中船重工财务有限责任公司
	兵器装备集团财务有限责任公司	中航工业集团财务有限责任公司
	中国电子科技财务有限公司	
有色金属	五矿集团财务有限责任公司	深圳市有色金属财务有限公司
	江西铜业集团财务有限公司	南山集团财务有限公司
	紫金矿业集团财务有限公司	云南冶金集团财务有限公司
	铜陵有色金属集团财务有限公司	金川集团财务有限公司
	中铝财务有限责任公司	西部矿业集团财务有限公司
	海亮集团财务有限责任公司	山东黄金集团财务有限公司
	大冶有色金属集团财务有限责任公司	忠旺集团财务有限公司
	中国黄金集团财务有限公司	山东招金集团财务有限公司
	广东省广晟财务有限公司	
汽车	东风汽车财务有限公司	中国重汽财务有限公司
	一汽财务有限公司	江铃汽车集团财务有限公司
	上海汽车集团财务有限责任公司	万向财务有限公司
	海马财务有限公司	北京汽车集团财务有限公司
	郑州宇通集团财务有限公司	江苏悦达集团财务有限公司

续表

酒店旅游	锦江国际集团财务有限责任公司	港中旅财务有限公司
	北京首都旅游集团财务有限公司	
商贸	华联财务有限责任公司	通用技术集团财务有限责任公司
	国药集团财务有限公司	山东省商业集团财务有限公司
	诚通财务有限责任公司	百联集团财务有限责任公司
	江苏国泰财务有限公司	天津物产集团财务有限公司
	物美商业财务有限责任公司	物产中大集团财务有限公司
投资控股	上海浦东发展集团财务有限责任公司	保利财务有限公司
	国联财务有限责任公司	国投财务有限公司
	北大方正集团财务有限公司	江苏省国信集团财务有限公司
	上海复星高科技集团财务有限公司	天津天保财务有限公司
	中信财务有限公司	河北建投集团财务有限公司
	珠海华发集团财务有限公司	北京控股集团财务有限公司
	上海上实集团财务有限公司	清华控股集团财务有限公司
	北京金融街集团财务有限公司	新凤祥财务有限公司
	上海外高桥集团财务有限公司	粤海集团财务有限公司
民生消费	红豆集团财务有限公司	江苏华西集团财务有限公司
	青岛啤酒财务有限责任公司	贵州茅台集团财务有限公司
	鄂尔多斯财务有限公司	四川省宜宾五粮液集团财务有限公司
	山东晨鸣集团财务有限公司	福建七匹狼集团财务有限公司
农林牧渔	东方集团财务有限责任公司	吉林森林工业集团财务有限责任公司
	中粮财务有限责任公司	新希望财务有限公司
	海南农垦集团财务有限公司	亿利集团财务有限公司
	伊利财务有限公司	供销集团财务有限公司
	光明食品集团财务有限公司	西王集团财务有限公司
其他	新奥财务有限责任公司	中国移动通信集团财务有限公司
	深圳华强集团财务有限公司	湖南出版投资控股集团财务有限公司
	中节能财务有限公司	

注：每个行业分类中，各财务公司依照其成立时间从左至右从上至下进行排序。

财务公司所有制分布状况统计表

（2015 年）　　单位：亿元

项目 所有制	机构		资产		净资产		利润总额	
	数量（家）	比例（%）	金额	比例（%）	金额	比例（%）	金额	比例（%）
中央国有企业	109	49.55	26 513.03	65.10	3 457.26	60.56	496.85	65.57
地方国有企业	34	15.45	10 881.56	26.72	1 645.93	28.83	193.57	25.55
集体民营企业	3	1.36	2 895.39	7.11	570.58	9.99	61.62	8.13
外资企业	74	33.64	436.32	1.07	35.24	0.62	5.71	0.75
总计	220		40 726.30		5 709.00		757.76	

注：①此表资产中不包括委托项。

②此表资产、净资产、利润总额数据，不含营口港务、云南昆钢、云南建工、江苏悦达 4 家财务公司。

财务公司行业资产质量状况统计表

（2015 年）　　单位：万元

项目	金额	占资产总额（%）
不良资产总计	202 158	0.05
次级资产	36 424	0.01
可疑资产	46 400	0.01
损失资产	119 334	0.03
不良贷款	165 090	0.04
次级贷款	36 421	0.01
可疑贷款	29 977	0.01
损失贷款	98 693	0.02

注：此表统计 220 家财务公司，其中 202 家财务公司无不良贷款。

财务公司行业存款、贷款结构统计表

（2015 年）　　单位：万元

项目	金额	占比（%）	项目	金额	占比（%）
各项贷款	156 984 771		各项存款	319 216 638	
1. 短期贷款	86 781 922	55.28	1. 活期存款	178 095 773	55.79
2. 中长期贷款	56 792 535	36.18	2. 定期存款	141 120 868	44.21
3. 贴现及买断式转贴现	11 646 875	7.42	各项存款	319 216 638	
4. 贸易融资	297 180	0.19	1. 集团母公司存款	75 049 366	23.51
5. 融资租赁	1 645 369	1.05	2. 上市公司存款	80 724 095	25.29
6. 各项垫款	0	0.00	3. 其他成员企业存款	163 443 177	51.20
7. 其他贷款	-179 109	-0.11			
各项贷款	148 549 473				
1. 信用贷款	107 470 081	72.35			
2. 担保贷款	41 079 392	27.65			
各项贷款	156 984 771				
1. 集团母公司贷款	13 694 265	8.72			
2. 上市公司贷款	31 820 826	20.27			
3. 其他成员企业贷款	97 915 727	62.37			
4. 其他	13 553 953	8.63			

注：①此表中第二个各项贷款值比其余两个各项贷款值低，原因是该指标仅包含企业贷款，不包括个人贷款。第一个、第三个各项贷款值取的是境内口径值。

②此表贷款、存款数据为 220 家财务公司合计，不含营口港务、云南昆钢、云南建工、江苏悦达 4 家财务公司。

财务公司主要经营指标统计表

（2015 年）

机构＼项目	资本充足率（%）	资金集中度（%）	流动性比例（%）	存贷款比例（%）	资产收益率（%）	净资产收益率（%）
东风汽车财务有限公司	20.42	0.53	163.71	76.10	2.58	17.10
中国重汽财务有限公司	15.55	0.79	120.19	73.91	1.20	10.36
中国华能财务有限责任公司	20.89	0.46	49.52	79.58	2.22	10.16
锦江国际集团财务有限责任公司	25.79	0.18	92.13	47.03	1.00	5.60
一汽财务有限公司	10.00	0.54	40.87	9.92	1.41	15.67
西电集团财务有限责任公司	24.65	0.86	107.19	18.39	1.44	12.64
中国石化财务有限责任公司	26.37	0.36	48.27	98.88	4.68	17.12
东方电气集团财务有限公司	21.22	0.63	79.87	28.16	0.96	8.22
宝钢集团财务有限责任公司	20.21	0.63	77.10	54.29	0.98	7.13
中国一拖集团财务有限责任公司	16.24	0.89	84.21	68.64	1.75	10.94
五矿集团财务有限责任公司	52.10	0.20	97.48	42.73	1.99	6.13
武汉钢铁集团财务有限责任公司	25.07	0.67	51.41	160.02	2.91	11.33
中远财务有限责任公司	20.47	0.32	82.19	16.44	1.53	16.18
江铃汽车集团财务有限公司	16.13	0.28	58.31	80.22	1.46	9.22
中国航空集团财务有限责任公司	26.03	0.41	65.42	79.92	1.19	6.36
天津渤海集团财务有限责任公司	35.12	0.23	60.89	98.39	2.39	6.66
深圳市有色金属财务有限公司	39.72	0.40	76.54	163.37	4.08	9.13
中国南航集团财务有限公司	28.99	0.64	89.83	30.23	2.07	13.92
上海汽车集团财务有限责任公司	19.25	0.64	54.50	49.33	1.99	18.95
振华集团财务有限责任公司	25.79	0.47	64.80	85.09	1.42	5.81
东方集团财务有限责任公司	36.66	0.40	25.20	191.15	0.52	1.28
东航集团财务有限责任公司	47.51	0.24	72.45	76.06	3.47	11.91
中油财务有限责任公司	13.12	0.43	46.04	106.25	1.51	14.17
上海电气集团财务有限责任公司	15.51	0.82	107.73	38.17	1.47	16.10
中国能源建设集团葛洲坝财务有限公司	29.40	0.14	80.04	58.70	3.01	13.36
兵工财务有限责任公司	20.37	0.53	83.93	45.48	1.71	11.58
三峡财务有限责任公司	17.21	0.30	47.50	60.50	3.59	17.42
中广核财务有限责任公司	13.65	0.63	57.05	67.97	1.83	14.10
中船财务有限责任公司	13.42	0.56	66.33	34.99	0.76	8.82
中核财务有限责任公司	11.49	0.88	68.43	50.18	1.16	14.66
上海浦东发展集团财务有限责任公司	30.93	0.83	86.30	21.49	1.70	11.34
鞍钢集团财务有限责任公司	26.88	0.61	73.71	81.18	2.49	9.14
中国电力财务有限公司	12.79	0.74	56.97	61.23	1.40	13.66
神华财务有限公司	18.98	0.63	69.88	57.25	1.59	11.96
中国电子财务有限责任公司	19.08	0.40	115.81	27.68	1.48	11.39

续表

机构 \ 项目	资本充足率（%）	资金集中度（%）	流动性比例（%）	存贷款比例（%）	资产收益率（%）	净资产收益率（%）
航天科技财务有限责任公司	13.90	0.91	83.55	28.98	1.41	17.80
航天科工财务有限责任公司	16.19	0.82	248.61	12.57	1.25	19.66
中船重工财务有限责任公司	19.35	0.54	79.98	30.28	1.86	17.78
中海石油财务有限责任公司	16.92	0.52	48.27	35.28	1.68	15.70
海尔集团财务有限责任公司	19.53	0.77	58.53	91.66	2.34	19.57
吉林森林工业集团财务有限责任公司	23.23	0.64	56.86	94.11	3.74	17.56
万向财务有限公司	21.08	0.60	100.66	101.01	2.48	12.47
中粮财务有限责任公司	31.30	0.19	117.64	50.44	1.26	5.88
苏州创元集团财务有限公司	31.61	0.53	75.05	78.19	1.31	5.31
珠海格力集团财务有限责任公司	17.79	0.51	90.19	18.16	1.30	18.90
国机财务有限责任公司	17.99	0.18	72.35	57.46	1.62	13.62
海航集团财务有限公司	38.81	0.31	77.11	97.32	1.29	4.74
中国华电集团财务有限公司	17.06	0.68	30.38	101.04	3.54	16.81
中国大唐集团财务有限公司	13.38	0.90	39.59	68.39	3.08	15.66
南方电网财务有限公司	54.58	0.96	31.55	94.86	2.43	11.61
中电投财务有限公司	28.15	0.59	40.33	76.37	3.17	12.37
国电财务有限公司	23.18	0.71	48.10	86.40	2.30	10.25
华联财务有限责任公司	24.47	0.34	51.83	161.72	1.66	7.26
兵器装备集团财务有限责任公司	10.40	0.38	49.45	73.51	1.67	16.64
京能集团财务有限公司	23.11	0.56	40.85	78.40	1.64	7.50
浙江省能源集团财务有限责任公司	12.15	0.87	44.44	48.15	1.86	23.55
广东粤电财务有限公司	17.44	0.64	34.88	77.07	1.89	12.35
TCL 集团财务有限公司	18.03	0.66	64.26	66.61	0.98	8.96
湖南华菱钢铁集团财务有限公司	37.38	0.21	122.24	72.73	3.47	8.52
江西铜业集团财务有限公司	21.02	0.39	37.81	57.42	2.26	13.38
天津港财务有限公司	25.90	0.48	44.83	71.83	2.20	10.54
松下电器（中国）财务有限公司	61.64	0.34	74.35	1.35	1.03	6.69
中航工业集团财务有限责任公司	12.65	0.36	88.46	33.85	1.23	18.07
中冶集团财务有限公司	21.52	0.40	88.40	38.54	1.41	10.24
申能集团财务有限公司	13.71	0.79	57.17	78.80	2.33	18.66
潞安集团财务有限公司	17.41	0.41	70.07	56.39	2.10	14.03
淮南矿业集团财务有限公司	26.23	0.50	73.99	53.53	1.11	4.32
日立（中国）财务有限公司	14.45	0.29	185.47	87.62	0.48	3.80
保利财务有限公司	21.51	0.24	126.63	21.83	1.53	13.77
深圳能源财务有限公司	19.25	0.59	72.84	67.23	1.78	11.74
中化集团财务有限责任公司	14.93	0.41	74.89	104.53	2.24	11.38

续表

项目 机构	资本充足率（%）	资金集中度（%）	流动性比例（%）	存贷款比例（%）	资产收益率（%）	净资产收益率（%）
海信集团财务有限公司	28.08	0.77	64.45	41.90	2.06	11.01
国联财务有限责任公司	22.29	0.38	68.81	44.67	1.11	8.29
首都机场集团财务有限公司	13.80	0.36	75.83	50.25	1.19	14.86
红豆集团财务有限公司	39.06	0.26	74.87	116.94	2.50	7.73
海马财务有限公司	19.88	0.90	77.50	74.84	2.27	10.08
南山集团财务有限公司	20.86	0.65	59.86	59.61	2.75	16.34
国投财务有限公司	15.19	0.19	46.07	92.83	2.31	16.96
河南能源化工集团财务有限公司	49.61	0.78	84.41	56.23	1.69	6.22
中国化工财务有限公司	21.99	0.18	78.09	55.77	1.83	12.68
紫金矿业集团财务有限公司	16.51	0.69	63.39	66.88	1.96	16.04
江苏华西集团财务有限公司	41.52	0.41	67.96	62.93	2.31	9.24
冀中能源集团财务有限责任公司	35.40	0.09	62.92	106.08	1.73	5.98
山西焦煤集团财务有限责任公司	23.49	0.50	79.07	23.62	1.76	18.64
阳泉煤业集团财务有限责任公司	20.90	0.45	71.90	46.65	1.94	14.06
晋煤集团财务有限公司	24.77	0.28	73.73	64.85	2.18	13.26
云南冶金集团财务有限公司	33.90	0.37	60.53	101.71	1.67	5.18
中海集团财务有限责任公司	19.14	0.40	64.39	37.15	1.89	18.61
中集集团财务有限公司	12.91	0.57	52.79	93.50	0.95	7.14
沙钢财务有限公司	31.17	0.62	74.05	48.73	0.92	5.45
美的集团财务有限公司	18.78	0.59	71.69	84.20	2.02	18.03
宁波港集团财务有限公司	29.89	0.74	43.01	87.07	2.37	9.92
兖矿集团财务有限公司	24.52	0.22	46.74	71.19	2.27	12.85
哈尔滨电气集团财务有限责任公司	34.92	0.83	103.59	0.61	0.91	7.50
北大方正集团财务有限公司	32.19	0.17	88.27	145.98	1.51	3.43
通用技术集团财务有限责任公司	16.74	0.46	63.05	55.97	0.99	8.97
铜陵有色金属集团财务有限公司	17.26	0.32	66.16	83.99	1.58	10.13
中建财务有限公司	13.41	0.30	83.85	20.61	0.78	14.79
江苏省国信集团财务有限公司	26.26	0.67	78.20	48.53	1.02	5.82
重庆化医控股集团财务有限公司	19.77	0.55	38.85	86.08	1.81	14.23
金川集团财务有限公司	34.69	0.48	67.41	64.32	1.45	7.12
新希望财务有限公司	21.71	0.54	84.94	49.72	1.02	7.53
酒钢集团财务有限公司	23.09	0.54	52.96	83.44	2.34	12.44
包钢集团财务有限责任公司	32.96	0.27	65.53	67.96	2.19	9.98
新奥财务有限责任公司	20.81	0.75	57.43	59.13	1.22	8.39
中外运长航财务有限公司	24.76	0.33	37.18	19.06	0.39	4.89
青岛啤酒财务有限责任公司	36.02	0.91	52.04	11.61	2.34	16.43

续表

项　目 机　构	资本充足率（%）	资金集中度（%）	流动性比例（%）	存贷款比例（%）	资产收益率（%）	净资产收益率（%）
上海复星高科技集团财务有限公司	52.67	0.18	71.15	77.27	1.91	7.94
中铝财务有限责任公司	16.08	0.35	70.69	38.79	0.99	9.18
中兴通讯集团财务有限公司	16.22	0.74	89.09	17.46	0.47	5.85
国核财务有限公司	214.26	0.00	2453.34	—	3.32	6.18
福建省能源集团财务有限公司	24.61	0.80	56.70	61.86	1.98	10.65
湖南高速集团财务有限公司	46.38	0.43	102.63	17.34	1.87	7.80
马钢集团财务有限公司	19.03	0.58	54.00	74.42	1.44	7.60
湖北宜化集团财务有限责任公司	24.93	0.31	29.47	158.77	1.18	5.39
北京汽车集团财务有限公司	19.38	0.27	40.12	67.63	1.05	7.86
大连港集团财务有限公司	46.40	0.54	86.30	41.39	1.93	9.27
大唐电信集团财务有限公司	50.03	0.29	119.37	53.95	1.70	4.53
开滦集团财务有限责任公司	20.66	0.75	56.73	72.57	1.69	9.98
中国航油集团财务有限公司	48.19	0.80	88.29	40.53	0.95	4.28
海南农垦集团财务有限公司	49.07	0.49	89.72	59.14	1.62	5.88
西部矿业集团财务有限公司	21.92	0.56	74.18	51.69	2.07	16.65
江苏交通控股集团财务有限公司	24.81	0.74	66.44	47.46	1.37	9.15
中国移动通信集团财务有限公司	59.04	0.13	97.34	15.94	1.34	7.63
山东钢铁集团财务有限公司	22.32	0.42	86.01	55.06	0.83	3.85
国药集团财务有限公司	21.41	0.20	86.84	25.02	0.80	9.77
郑州宇通集团财务有限公司	15.87	0.50	45.47	82.65	3.03	23.86
中国铁建财务有限公司	18.50	0.43	67.39	45.83	1.01	8.25
山东省商业集团财务有限公司	29.00	0.43	60.79	79.07	2.18	9.97
深圳华强集团财务有限公司	15.60	0.53	61.03	81.49	1.21	7.96
诚通财务有限责任公司	36.55	0.46	87.16	30.46	1.32	7.03
山东重工集团财务有限公司	15.52	0.51	82.67	31.03	0.75	9.76
湖北能源财务有限公司	32.91	0.13	43.87	157.27	1.95	5.78
港中旅财务有限公司	33.69	0.20	147.34	47.89	1.28	6.93
陕西煤业化工集团财务有限公司	14.13	0.36	62.83	57.67	0.96	9.52
上海华谊集团财务有限责任公司	32.25	0.52	78.84	42.21	1.09	7.82
河钢集团财务有限公司	22.01	0.43	70.18	94.01	1.48	5.86
安徽省能源集团财务有限公司	32.01	0.42	42.19	84.68	1.36	4.68
中化工程集团财务有限公司	31.53	0.44	66.17	18.88	0.65	5.04
天津天保财务有限公司	42.33	0.21	65.19	156.13	1.96	5.77
亿利集团财务有限公司	24.17	0.45	79.32	123.34	1.43	4.27
厦门海翼集团财务有限公司	33.53	0.54	86.74	97.22	1.57	4.88
中信财务有限公司	11.35	0.25	66.77	29.82	1.60	27.98

续表

项　　目 机　　构	资本充足率（%）	资金集中度（%）	流动性比例（%）	存贷款比例（%）	资产收益率（%）	净资产收益率（%）
浙江省交通投资集团财务有限责任公司	28.44	0.68	64.24	61.00	2.24	12.78
南车财务有限公司	16.14	0.55	80.42	38.75	1.41	16.25
中国北车集团财务有限公司	21.08	0.55	77.63	38.40	1.24	16.30
中国电子科技财务有限公司	12.38	0.66	52.93	38.63	1.11	17.39
重庆机电控股集团财务有限公司	38.95	0.52	64.38	83.36	2.43	8.23
河北建投集团财务有限公司	24.81	0.59	41.94	72.38	1.19	8.08
太钢集团财务有限公司	20.45	0.56	38.48	75.47	2.09	9.94
大同煤矿集团财务有限责任公司	30.62	0.37	46.09	79.07	1.76	8.00
贵州茅台集团财务有限公司	18.18	0.75	83.75	1.93	0.92	19.42
海亮集团财务有限责任公司	21.98	0.57	39.07	110.11	3.51	15.64
中材集团财务有限公司	26.06	0.24	76.96	33.31	0.68	5.45
贵州盘江集团财务有限公司	38.89	0.60	64.83	66.92	1.75	5.87
北京首都旅游集团财务有限公司	25.07	0.39	37.50	96.98	1.36	6.02
广西交通投资集团财务有限责任公司	29.67	0.50	49.41	62.10	1.57	8.94
徐工集团财务有限公司	22.53	0.71	51.70	81.86	1.91	10.46
百联集团财务有限责任公司	12.64	0.44	45.74	46.73	0.57	7.82
中交财务有限公司	18.62	0.38	86.10	24.81	0.51	4.75
山东黄金集团财务有限公司	37.43	0.60	73.77	65.00	2.17	6.89
中开财务有限公司	29.01	0.69	259.11	25.51	0.95	5.94
中国平煤神马集团财务有限责任公司	42.48	0.27	75.79	42.46	1.34	8.01
四川长虹集团财务有限公司	15.65	0.59	78.94	89.18	0.80	5.94
创维集团财务有限公司	17.12	0.80	111.70	90.47	2.24	9.77
江苏国泰财务有限公司	52.16	0.55	92.41	31.31	1.06	5.89
亨通财务有限公司	24.86	0.37	64.51	60.39	1.79	8.66
珠海华发集团财务有限公司	23.22	0.46	33.16	32.71	2.24	16.31
北京金隅财务有限公司	19.05	0.57	74.71	32.99	1.11	10.48
云南云天化集团财务有限公司	20.38	0.35	75.28	90.73	0.59	3.22
北京控股集团财务有限公司	11.96	0.32	77.32	52.68	0.34	4.57
陕西延长石油财务有限公司	22.32	0.48	70.35	45.33	2.49	19.36
山东能源集团财务有限公司	49.17	0.41	89.32	35.56	1.50	6.13
鄂尔多斯财务有限公司	61.27	0.43	44.24	258.39	2.11	3.46
伊利财务有限公司	36.78	0.89	33.48	9.66	2.45	21.80
大冶有色金属集团财务有限责任公司	46.05	0.17	72.88	59.24	1.66	5.54
巨化集团财务有限责任公司	27.33	0.53	56.24	101.54	1.69	7.24
供销集团财务有限公司	21.91	0.25	90.61	46.14	0.47	2.88
中铁财务有限责任公司	11.06	0.43	67.49	20.61	0.81	15.84

续表

项目 机构	资本充足率（%）	资金集中度（%）	流动性比例（%）	存贷款比例（%）	资产收益率（%）	净资产收益率（%）
重庆力帆财务有限公司	19.83	0.64	83.48	55.73	0.87	5.48
中煤财务有限责任公司	36.17	0.48	56.73	31.73	1.65	9.29
安徽省皖北煤电集团财务有限公司	36.62	0.33	34.54	101.10	1.48	5.10
淮北矿业集团财务有限公司	39.61	0.51	67.17	47.28	1.89	7.79
湖南出版投资控股集团财务有限公司	47.74	0.64	36.97	6.16	1.99	12.86
四川省宜宾五粮液集团财务有限公司	41.72	0.32	107.76	18.52	0.76	4.49
山东晨鸣集团财务有限公司	30.57	0.46	61.24	73.12	1.84	5.81
河北港口集团财务有限公司	65.35	0.62	258.15	5.44	0.88	3.85
中节能财务有限公司	30.95	0.43	46.17	79.06	1.66	5.32
青岛港财务有限责任公司	27.60	0.86	31.61	27.41	1.24	9.52
上海上实集团财务有限公司	27.01	0.34	73.30	39.86	0.50	3.02
重庆市能源投资集团财务有限公司	29.23	0.53	69.73	34.11	0.90	3.95
广东省交通集团财务有限公司	25.71	0.43	58.27	66.92	0.35	1.91
光明食品集团财务有限公司	31.48	0.35	88.07	8.41	0.29	2.02
忠旺集团财务有限公司	12.37	0.33	95.34	102.46	1.16	3.03
本钢集团财务有限公司	43.16	0.33	67.52	47.98	1.27	5.97
天津物产集团财务有限公司	42.96	0.04	85.18	150.31	2.68	4.78
福建七匹狼集团财务有限公司	49.41	0.23	104.11	72.91	0.11	0.37
清华控股集团财务有限公司	31.07	0.18	95.85	15.12	0.25	2.51
中国核工业建设集团财务有限公司	35.49	0.66	83.66	22.90	0.48	3.53
中国黄金集团财务有限公司	39.60	0.45	48.99	43.32	0.31	1.57
物美商业财务有限责任公司	272.17	0.08	356.74	0.00	2.05	2.45
北京金融街集团财务有限公司	93.55	0.06	111.02	127.37	0.28	0.47
湖北交投集团财务有限公司	24.94	0.50	94.59	6.67	0.09	2.17
新凤祥财务有限公司	82.11	0.10	85.39	103.46	0.45	0.85
山东招金集团财务有限公司	66.02	0.30	88.79	49.01	0.27	0.81
中联重科集团财务有限公司	56.91	0.30	56.37	42.39	0.45	1.71
内蒙古伊泰财务有限公司	68.80	0.21	92.47	56.39	0.06	0.17
上海外高桥集团财务有限公司	79.99	0.34	108.89	15.97	0.09	0.36
中国铁路财务有限责任公司	159.17	0.12	118.81	22.44	0.11	0.36
首钢集团财务有限公司	49.08	0.42	107.32	3.53	0.01	0.09
天瑞集团财务有限责任公司	84.48	0.04	104.99	92.93	0.13	0.26
三房巷财务有限公司	46.24	0.11	26.57	182.91	0.04	0.09
内蒙古电力集团财务有限责任公司	260.65	0.04	490.61	0.00	0.50	0.99
渤海钢铁集团财务有限公司	285.51	0.00	81 566 250.00	43 750 000.00	0.07	0.07
广东省广晟财务有限公司	73.42	0.12	85.43	44.48	0.06	0.19
粤海集团财务有限公司	—	0.00	—	—	0.21	0.21
西王集团财务有限公司	151.77	0.04	1 335.93	60.00	0.04	0.05
中国电建集团财务有限责任公司	495.88	0.00	53 188.84	—	0.08	0.08
物产中大集团财务有限公司	488.17	0.00	148 887.14	—	0.20	0.20

财务公司票据业务统计表

（2015 年）　　单位：万元

机构＼项目	票据承兑	票据贴现	票据转入	票据转出	票据再贴现	票据代保管
东风汽车财务有限公司	261 767	173 259	212 038	0	0	58 857
中国重汽财务有限公司	871 135	193 341	0	0	15 125	3 071 742
中国华能财务有限责任公司	713 543	0	0	0	0	0
一汽财务有限公司	31 172	1 064 766	0	250 559	0	1 018 809
西电集团财务有限责任公司	90 882	132 188	8 218	0	25 012	0
中国石化财务有限责任公司	499 290	944 279	0	69 585	136 686	0
东方电气集团财务有限公司	9 688	423 594	0	0	0	0
宝钢集团财务有限责任公司	0	557 086	0	0	45 021	2 276 018
中国一拖集团财务有限责任公司	127 792	181 095	1 109 335	859 054	61 209	389 861
五矿集团财务有限责任公司	0	100	0	0	0	87 104
武汉钢铁集团财务有限责任公司	442 292	457 589	85 491	270 817	73 885	17 397 714
江铃汽车集团财务有限公司	44 438	70 899	0	0	134 811	0
天津渤海集团财务有限责任公司	189 127	26 365	0	0	0	96 783
深圳市有色金属财务有限公司	45	5 749	0	0	5 514	0
上海汽车集团财务有限责任公司	1 760 682	4 918 726	0	0	0	13 790 100
振华集团财务有限责任公司	19 785	9 515	0	5 124	0	12 479
东方集团财务有限责任公司	0	45 000	0	5 000	40 000	0
中油财务有限责任公司	0	405 243	0	0	0	0
上海电气集团财务有限责任公司	7 687	559 251	0	0	0	0
兵工财务有限责任公司	54 680	660 647	40 000	223 540	35 418	219 991
三峡财务有限责任公司	180 439	0	0	0	0	0
中广核财务有限责任公司	60 210	0	30 325	50 990	0	0
中船财务有限责任公司	2 077 230	332 721	83 685	83 685	33 512	0
中核财务有限责任公司	490	0	0	0	0	0
鞍钢集团财务有限责任公司	380 723	917 835	0	0	0	3 178 351
中国电力财务有限公司	467 280	256 735	0	4 040	0	0
神华财务有限公司	0	0	0	0	0	80 379
中国电子财务有限责任公司	259 869	173 726	0	0	0	0
航天科技财务有限责任公司	856 800	376 300	0	0	0	0
航天科工财务有限责任公司	411 874	16 259	81940	73 150	0	0
中船重工财务有限责任公司	81 267	0	0	0	0	0
中海石油财务有限责任公司	24 612	89 423	0	0	0	0
海尔集团财务有限责任公司	3 110 812	1 193 840	0	0	443 168	3 395 008
万向财务有限公司	161 643	268 343	1 500	40 832	53 236	0
苏州创元集团财务有限公司	1 135	26 292	0	0	13 984	0

续表

机构 \ 项目	票据承兑	票据贴现	票据转入	票据转出	票据再贴现	票据代保管
珠海格力集团财务有限责任公司	541 000	780 502	6 988 837	6 461 814	17 718	0
国机财务有限责任公司	161 405	316 866	0	23 670	79 693	3 045
海航集团财务有限公司	20 000	0	0	0	0	0
中国华电集团财务有限公司	479 567	367 885	0	69 857	16 480	0
中国大唐集团财务有限公司	764 394	294 782	78 410	153 045	0	0
南方电网财务有限公司	105 738	266 093	0	200	0	0
中电投财务有限公司	148 713	14 285	0	5 000	0	0
国电财务有限公司	349 178	6 000	0	0	0	0
华联财务有限责任公司	0	12 733	0	0	3 000	0
兵器装备集团财务有限责任公司	1 778 379	1 190 519	0	270 705	61 823	2 941 796
京能集团财务有限公司	55 436	0	0	0	0	0
浙江省能源集团财务有限责任公司	39 297	8 370	105 150	21 500	0	0
广东粤电财务有限公司	3 424	81 271	0	24 000	0	0
TCL 集团财务有限公司	230 598	366 971	156 507	167 723	41 242	1 663 210
湖南华菱钢铁集团财务有限公司	135 616	233 846	0	45 000	93 294	0
江西铜业集团财务有限公司	44 909	300 523	0	0	0	0
天津港财务有限公司	137 797	13 440	2 539	0	0	0
松下电器（中国）财务有限公司	0	2 008	0	2 008	0	0
中航工业集团财务有限责任公司	32 861	256 996	0	0	0	0
中冶集团财务有限公司	2 346	63 107	0	0	0	0
申能集团财务有限公司	2 000	332 618	0	50 533	80 364	0
潞安集团财务有限公司	80 300	30 766	0	0	0	0
淮南矿业集团财务有限公司	110 290	0	0	0	0	0
保利财务有限公司	99 554	47269	0	0	0	0
深圳能源财务有限公司	38 164	0	24 704	66 278	0	0
中化集团财务有限责任公司	261 090	62 978	0	14 223	10 125	819 924
海信集团财务有限公司	142 502	0	0	0	2 412	2 418 254
国联财务有限责任公司	4 000	23 230	0	0	6 802	0
红豆集团财务有限公司	31 045	138 295	0	93 915	29 000	0
海马财务有限公司	6 762	15 309	0	20	15 259	0
南山集团财务有限公司	32 404	70 130	0	0	65 000	0
国投财务有限公司	207 698	299 845	0	0	0	0
河南能源化工集团财务有限公司	129 000	178 358	0	148 607	28 551	0
中国化工财务有限公司	0	3 300	0	0	0	0
紫金矿业集团财务有限公司	96 575	55 145	0	10 043	10 000	29 602
江苏华西集团财务有限公司	0	617 600	0	581 600	21 000	0

续表

机构 \ 项目	票据承兑	票据贴现	票据转入	票据转出	票据再贴现	票据代保管
冀中能源集团财务有限责任公司	10 030	268 567	0	81 834	11 164	0
山西焦煤集团财务有限责任公司	0	139 318	0	0	0	0
阳泉煤业集团财务有限责任公司	0	263 265	0	0	20 000	0
晋煤集团财务有限公司	0	169 623	0	0	0	0
云南冶金集团财务有限公司	52 530	242 885	0	103 500	109 960	0
中集集团财务有限公司	312 953	237 016	165 990	132 799	46 311	210 782
沙钢财务有限公司	58 147	99 440	0	1 000	36 845	0
美的集团财务有限公司	5 651 066	3 623 196	691 814	2 668 356	0	0
宁波港集团财务有限公司	1 027	16 886	0	8 580	1 858	85 949
兖矿集团财务有限公司	33 700	0	0	0	0	4 065
哈尔滨电气集团财务有限责任公司	191 625	15 711	0	0	0	0
北大方正集团财务有限公司	0	1 767 441	0	1 768 426	30 074	0
通用技术集团财务有限责任公司	27 504	39 489	0	0	19 772	0
铜陵有色金属集团财务有限公司	187 283	181 011	0	0	93 126	63 740
中建财务有限公司	18 123	114 981	0	0	0	0
江苏省国信集团财务有限公司	2 000	16 800	0	0	0	0
重庆化医控股集团财务有限公司	0	423 215	0	0	0	239 222
金川集团财务有限公司	119 882	259 345	0	0	0	0
新希望财务有限公司	3 530	10 432	0	0	10 268	0
酒钢集团财务有限公司	142 358	132 155	0	0	0	2 962 943
包钢集团财务有限责任公司	14 841	703 808	48 333	374 900	0	600
新奥财务有限责任公司	0	155 006	0	0	128 688	0
中外运长航财务有限公司	0	50	0	0	0	0
青岛啤酒财务有限责任公司	18 666	40 928	0	0	0	0
中铝财务有限责任公司	138 420	41 779	0	22 617	13 800	0
中兴通讯集团财务有限公司	39 742	1 128 727	0	122 520	30 177	0
福建省能源集团财务有限公司	54 091	33 189	0	49 669	20 878	0
湖南高速集团财务有限公司	0	5 522	0	0	0	0
马钢集团财务有限公司	245 049	295 589	0	19 469	32 946	42 000
湖北宜化集团财务有限责任公司	0	10 953	0	0	9 658	0
北京汽车集团财务有限公司	64 112	467 012	0	19 490	26 205	0
大唐电信集团财务有限公司	56 470	47 424	0	0	16 223	0
开滦集团财务有限责任公司	15 271	87 397	0	6 633	59 819	0
中国航油集团财务有限公司	0	200	0	0	0	0
海南农垦集团财务有限公司	0	359	0	0	0	0
西部矿业集团财务有限公司	11 352	209 004	0	0	188 230	0

续表

机构 \ 项目	票据承兑	票据贴现	票据转入	票据转出	票据再贴现	票据代保管
江苏交通控股集团财务有限公司	0	1 300	0	250	0	0
山东钢铁集团财务有限公司	195 875	766 789	0	492 000	10 140	0
国药集团财务有限公司	25 705	232 634	0	2 704	57 576	0
郑州宇通集团财务有限公司	79 360	39 774	0	8 989	22 737	0
中国铁建财务有限公司	65 410	12 756	0	0	0	0
山东省商业集团财务有限公司	0	1 677	0	0	0	0
深圳华强集团财务有限公司	431	9 233	264	264	0	0
诚通财务有限责任公司	3 000	57 462	0	0	0	0
山东重工集团财务有限公司	237 698	68 764	0	9 117	2 199	0
湖北能源财务有限公司	7 393	3 447	0	0	0	0
港中旅财务有限公司	0	5 000	5 000	5 000	0	0
陕西煤业化工集团财务有限公司	0	531 936	0	97 212	62 685	498 324
上海华谊集团财务有限责任公司	0	15 010	0	130	0	0
河钢集团财务有限公司	200 000	900 865	0	150 000	109 967	0
安徽省能源集团财务有限公司	0	128	0	0	0	0
中化工程集团财务有限公司	43 971	150 912	0	0	0	0
天津天保财务有限公司	14 907	0	0	0	0	0
亿利集团财务有限公司	91 000	536 600	0	535 600	1 000	0
厦门海翼集团财务有限公司	67 916	54 767	0	2 387	22 950	0
中信财务有限公司	0	5 200	0	0	6 700	0
浙江省交通投资集团财务有限责任公司	4 236	600	0	0	0	0
中国北车集团财务有限公司	207 660	118 882	0	0	29 330	0
中国电子科技财务有限公司	15 930	55 453	0	0	1 600	0
重庆机电控股集团财务有限公司	10 398	44 820	0	13 288	0	0
太钢集团财务有限公司	386 342	242 784	50 722	39 573	27 540	1 152 564
大同煤矿集团财务有限责任公司	256 327	114 161	1 000	37 903	9 000	0
贵州茅台集团财务有限公司	0	54 467	0	0	0	54 467
海亮集团财务有限责任公司	507 000	656 815	0	597 100	20 908	0
中材集团财务有限公司	0	8 000	0	0	0	0
贵州盘江集团财务有限公司	0	33 948	0	0	4 805	0
北京首都旅游集团财务有限公司	19 520	17 000	0	0	7 000	0
广西交通投资集团财务有限责任公司	6 744	19 369	0	9 875	0	0
徐工集团财务有限公司	154 775	352 732	38 570	88 192	53 082	0
百联集团财务有限责任公司	0	20 025	0	0	0	3 305
中交财务有限公司	140 622	8 838	0	0	0	0
山东黄金集团财务有限公司	40 666	69 625	0	18 000	7 024	0

续表

机构 \ 项目	票据承兑	票据贴现	票据转入	票据转出	票据再贴现	票据代保管
中开财务有限公司	2 897	338	0	0	0	0
中国平煤神马集团财务有限责任公司	48 265	390 390	0	3 000	3 650	3 120 699
四川长虹集团财务有限公司	391 921	584 330	0	202 163	275 179	6 304 993
创维集团财务有限公司	1 055 235	237 915	0	0	114 896	0
江苏国泰财务有限公司	50	0	0	0	0	0
亨通财务有限公司	0	350 818	0	342 240	0	0
珠海华发集团财务有限公司	39 000	0	0	0	0	0
北京金隅财务有限公司	16 472	57 323	0	0	0	0
云南云天化集团财务有限公司	0	975 392	0	890 039	159 500	0
陕西延长石油财务有限公司	19 900	0	0	0	0	0
山东能源集团财务有限公司	0	9 053	0	0	0	0
鄂尔多斯财务有限公司	15 180	114 231	0	0	95 003	1 039 217
大冶有色金属集团财务有限责任公司	0	11 942	0	0	10 459	0
巨化集团财务有限责任公司	200	64 988	0	11 000	20 384	0
供销集团财务有限公司	35 001	36 201	0	0	26 201	2 500
中铁财务有限责任公司	1 100	0	0	0	0	0
重庆力帆财务有限公司	0	10	0	10	0	38
中煤财务有限责任公司	700	69 347	0	0	0	0
安徽省皖北煤电集团财务有限公司	0	1 469	0	0	0	0
淮北矿业集团财务有限公司	10 000	47 232	0	0	0	0
湖南出版投资控股集团财务有限公司	0	7 553	0	0	0	0
四川省宜宾五粮液集团财务有限公司	0	154 298	0	0	99 307	0
山东晨鸣集团财务有限公司	0	368 784	0	332 740	5 537	0
河北港口集团财务有限公司	3 600	0	0	0	0	0
中节能财务有限公司	5 000	16 733	0	0	4 000	0
青岛港财务有限责任公司	54 001	123	0	0	0	0
上海上实集团财务有限公司	0	15 408	0	0	0	0
重庆市能源投资集团财务有限公司	0	65 100	0	500	0	149 349
光明食品集团财务有限公司	0	3 254	0	0	0	0
忠旺集团财务有限公司	0	2 995 930	0	2 929 930	0	0
本钢集团财务有限公司	0	6 988	0	0	0	0
天津物产集团财务有限公司	382 272	20 285	95 000	20 000	0	0
福建七匹狼集团财务有限公司	0	800	0	0	0	0
清华控股集团财务有限公司	0	8 000	0	0	0	0
中国核工业建设集团财务有限公司	1 337	1 311	0	0	0	0
物美商业财务有限责任公司	2 400	0	0	0	0	0

续表

机构 \ 项目	票据承兑	票据贴现	票据转入	票据转出	票据再贴现	票据代保管
湖北交投集团财务有限公司	0	4 923	0	0	0	0
新凤祥财务有限公司	0	60 000	0	50 000	0	0
山东招金集团财务有限公司	0	88	0	0	0	0
中联重科集团财务有限公司	0	21 826	0	0	9 595	0
内蒙古伊泰财务有限公司	616	0	0	0	0	0
首钢集团财务有限公司	0	2 484	0	0	0	0
总计	31 808 237	44 095 570	10 105 373	22 415 116	3 884 300	68 883 784

注：此表统计数据为发生额。

财务公司银团贷款情况统计表

（2015 年）　　单位：万元

机构 \ 项目	参加银团贷款次数	银团贷款总额	其中：财务公司分担额
中国华能财务有限责任公司	0	1 072 000	184 000
中国石化财务有限责任公司	28	4 968 230	335 085
武汉钢铁集团财务有限责任公司	0	21 609	1 672
上海电气集团财务有限责任公司	35	33 736	18 555
兵工财务有限责任公司	0	20 000	5 000
三峡财务有限责任公司	25	517 952	135 534
中广核财务有限责任公司	263	13 120 601	509 223
中核财务有限责任公司	0	1 200 000	76 100
上海浦东发展集团财务有限责任公司	0	2 683 740	24 285
中国电力财务有限公司	0	5 331 800	447 763
中国电子财务有限责任公司	0	18 282	18 282
航天科技财务有限责任公司	1	113 470	44 621
中海石油财务有限责任公司	0	408 149	408 149
国机财务有限责任公司	1	27 000	2 700
中国华电集团财务有限公司	1	1 576 472	138 614
中国大唐集团财务有限公司	0	74 770	74 770
南方电网财务有限公司	13	91 456	91 456
中电投财务有限公司	0	327 478	327 478
京能集团财务有限公司	0	280 000	43 700
广东粤电财务有限公司	11	213 163	213 163
中航工业集团财务有限责任公司	70	390 094	77 711
中冶集团财务有限公司	0	51 810	16 078
申能集团财务有限公司	3	273 548	54 945

续表

项目 机构	参加银团贷款次数	银团贷款总额	其中：财务公司分担额
潞安集团财务有限公司	0	49 988	12 960
淮南矿业集团财务有限公司	0	36 500	36 500
中化集团财务有限责任公司	0	23 355	23 355
国联财务有限责任公司	0	6 200	3 162
首都机场集团财务有限公司	7	378 718	105 847
红豆集团财务有限公司	0	28 500	300
国投财务有限公司	5	4 992 235	353 270
河南能源化工集团财务有限公司	3	613 100	147 500
中国化工财务有限公司	2	40 240	2 280
紫金矿业集团财务有限公司	0	60 473	4 566
中海集团财务有限责任公司	1	108 973	22 407
宁波港集团财务有限公司	0	252 910	41 850
北京汽车集团财务有限公司	3	1 030 595	157 200
大连港集团财务有限公司	0	25 000	5 000
大唐电信集团财务有限公司	0	100 000	10 000
江苏交通控股集团财务有限公司	5	102 369	7 429
中国铁建财务有限公司	2	14 000	14 000
山东重工集团财务有限公司	1	48 881	12 081
上海华谊集团财务有限责任公司	0	20 716	18 168
中国北车集团财务有限公司	1	67 550	15 260
北京首都旅游集团财务有限公司	0	7 800	2 340
广西交通投资集团财务有限责任公司	0	19 720	1 000
百联集团财务有限责任公司	1	67 972	25 869
云南云天化集团财务有限公司	0	57 000	9 975
上海上实集团财务有限公司	2	52 340	10 426
总计	484	41 020 495	4 291 629

财务公司信贷资产转让业务统计表

（2015 年）　　单位：万元

项目 机构	信贷资产转让总额	转入发生额	转出发生额
三峡财务有限责任公司	170 000	170 000	0
中广核财务有限责任公司	72 000	0	72 000
吉林森林工业集团财务有限责任公司	50 000	0	50 000
中国华电集团财务有限公司	54 000	0	54 000
京能集团财务有限公司	14 150	14 150	0

续表

项目 / 机构	信贷资产转让总额	转入发生额	转出发生额
TCL 集团财务有限公司	324 230	156 507	167 723
中海集团财务有限责任公司	4 450	4 450	0
中兴通讯集团财务有限公司	122 520	0	122 520
国药集团财务有限公司	86 037	0	86 037
湖北能源财务有限公司	170 000	0	170 000
太钢集团财务有限公司	90 295	50 722	39 573
大同煤矿集团财务有限责任公司	70 000	0	70 000
百联集团财务有限责任公司	36 718	0	36 718
中国平煤神马集团财务有限责任公司	3 000	0	3 000
云南云天化集团财务有限公司	20 000	0	20 000
总计	1 287 400	395 829	891 571

财务公司委托业务情况统计表

（2015 年）

单位：万元

项目 / 机构	发生额			余额		
	合计	委托投资	委托贷款	合计	委托投资	委托贷款
东风汽车财务有限公司	4 755 406	0	4 755 406	1 448 195	0	1 448 195
中国重汽财务有限公司	262 600	0	262 600	265 600	0	265 600
中国华能财务有限责任公司	6 062 892	583	6 062 309	6 062 892	583	6 062 309
锦江国际集团财务有限责任公司	6 556 036	5 873 630	682 406	339 920	178 000	161 920
一汽财务有限公司	463 494	0	463 494	498 868	0	498 868
西电集团财务有限责任公司	229 783	0	229 783	224 838	0	224 838
中国石化财务有限责任公司	5 440 357	0	5 440 357	8 603 218	0	8 603 218
东方电气集团财务有限公司	333 747	0	333 747	333 747	0	333 747
宝钢集团财务有限责任公司	1 656 834	881 255	775 579	903 482	34 004	869 478
中国一拖集团财务有限责任公司	126 700	0	126 700	131 400	0	131 400
五矿集团财务有限责任公司	636 788	0	636 788	571 937	0	571 937
武汉钢铁集团财务有限责任公司	2 552 920	561 689	1 991 231	3 990 882	30 000	3 960 882
中远财务有限责任公司	0	0	0	728 143	0	728 143
江铃汽车集团财务有限公司	36 500	0	36 500	30 500	0	30 500
中国航空集团财务有限责任公司	410 800	0	410 800	453 800	0	453 800
天津渤海集团财务有限责任公司	460 450	0	460 450	66 065	0	66 065
中国南航集团财务有限公司	10 477	0	10 477	10 477	0	10 477
上海汽车集团财务有限责任公司	4 331 602	2 003 674	2 327 928	850 491	16 169	834 322
振华集团财务有限责任公司	58 809	0	58 809	48 809	0	48 809
东方集团财务有限责任公司	140 419	0	140 419	138 594	0	138 594

续表

机构＼项目	发生额			余额		
	合计	委托投资	委托贷款	合计	委托投资	委托贷款
东航集团财务有限责任公司	315 867	53 512	262 354	315 867	53 512	262 354
中油财务有限责任公司	24 916 947	0	24 916 947	23 542 704	0	23 542 704
上海电气集团财务有限责任公司	364 377	0	364 377	322 985	0	322 985
中国能源建设集团葛洲坝财务有限公司	1 916 700	528 000	1 388 700	1 533 300	103 000	1 430 300
兵工财务有限责任公司	2 228 297	359 850	1 868 447	2 433 263	323 017	2 110 245
三峡财务有限责任公司	3 074 138	118	3 074 020	10 578 777	1 302 388	9 276 389
中广核财务有限责任公司	3 150 904	0	3 150 904	1 511 070	0	1 511 070
中船财务有限责任公司	3 057 348	785 275	2 272 073	3 917 700	471 525	3 446 175
中核财务有限责任公司	794 709	0	794 709	2 451 350	0	2 451 350
上海浦东发展集团财务有限责任公司	83 490	890	82 600	83 490	890	82 600
鞍钢集团财务有限责任公司	2 864 407	0	2 864 407	3 476 046	0	3 476 046
中国电力财务有限公司	4 956 192	0	4 956 192	2 536 262	0	2 536 262
神华财务有限公司	4 224 880	0	4 224 880	12 740 708	0	12 740 708
中国电子财务有限责任公司	3 171 282	2 839 081	332 201	986 701	439 060	547 641
航天科技财务有限责任公司	3 318 038	1 742 802	1 575 236	2 724 323	280 050	2 444 274
航天科工财务有限责任公司	381 740	0	381 740	997 267	7 212	990 055
中船重工财务有限责任公司	1 967 000	0	1 967 000	1 967 000	0	1 967 000
中海石油财务有限责任公司	2 935 069	0	2 935 069	3 841 564	0	3 841 564
海尔集团财务有限责任公司	173 250	35 300	137 950	240 098	17 900	222 198
吉林森林工业集团财务有限责任公司	33 020	0	33 020	27 020	0	27 020
万向财务有限公司	103 320	0	103 320	139 490	0	139 490
中粮财务有限责任公司	2 538 412	0	2 538 412	2 538 412	0	2 538 412
苏州创元集团财务有限公司	46 100	0	46 100	45 100	0	45 100
珠海格力集团财务有限责任公司	9 577	0	9 577	9 577	0	9 577
国机财务有限责任公司	3 283 921	2 484 365	799 557	1 493 526	262 706	1 230 820
海航集团财务有限公司	692 200	0	692 200	266 600	0	266 600
中国华电集团财务有限公司	3 694 084	77 907	3 616 177	3 564 757	458 230	3 106 527
中国大唐集团财务有限公司	−1 799 744	0	−1 799 744	2 712 006	0	2 712 006
南方电网财务有限公司	473 681	0	473 681	940 661	0	940 661
中电投财务有限公司	2 792 227	0	2 792 227	2 549 324	0	2 549 324
国电财务有限公司	0	0	0	2 994 239	0	2 994 239
兵器装备集团财务有限责任公司	370 869	0	370 869	728 808	0	728 808
京能集团财务有限公司	972 076	0	972 076	1 293 283	0	1 293 283
浙江省能源集团财务有限责任公司	1 277 058	0	1 277 058	1 555 658	0	1 555 658
广东粤电财务有限公司	256 000	0	256 000	261 900	0	261 900
TCL 集团财务有限公司	7 150	0	7 150	7 150	0	7 150

续表

项目 / 机构	发生额			余额		
	合计	委托投资	委托贷款	合计	委托投资	委托贷款
湖南华菱钢铁集团财务有限公司	1 167 002	934 641	232 361	326 952	31 393	295 559
江西铜业集团财务有限公司	71 217	41 171	30 047	7 400	3 400	4 000
天津港财务有限公司	621 630	70 000	551 630	508 800	0	508 800
松下电器（中国）财务有限公司	1 229 507	0	1 229 507	1 229 507	0	1 229 507
中航工业集团财务有限责任公司	3 826 583	82 700	3 743 883	5 909 950	0	5 909 950
中冶集团财务有限公司	0	0	0	330 498	0	330 498
申能集团财务有限公司	32 450	0	32 450	80 450	4 000	76 450
潞安集团财务有限公司	1 561 779	0	1 561 779	1 935 052	0	1 935 052
淮南矿业集团财务有限公司	204 028	0	204 028	86 314	0	86 314
日立（中国）财务有限公司	6 500	0	6 500	36 500	0	36 500
保利财务有限公司	64 400	0	64 400	160 400	0	160 400
中化集团财务有限责任公司	5 857 626	0	5 857 626	3 055 855	0	3 055 855
国联财务有限责任公司	247 200	0	247 200	200 000	0	200 000
首都机场集团财务有限公司	307 126	0	307 126	980 273	0	980 273
南山集团财务有限公司	230 927	0	230 927	151 897	0	151 897
国投财务有限公司	1 178 739	420 000	758 739	1 668 716	250 000	1 418 716
河南能源化工集团财务有限公司	1 258 543	0	1 258 543	1 258 543	0	1 258 543
中国化工财务有限公司	1 770 406	0	1 770 406	890 421	0	890 421
紫金矿业集团财务有限公司	307 446	44 900	262 546	780 260	0	780 260
江苏华西集团财务有限公司	6 700	0	6 700	0	0	0
冀中能源集团财务有限责任公司	626 485	0	626 485	758 823	0	758 823
山西焦煤集团财务有限责任公司	1 766 109	0	1 766 109	3 668 404	0	3 668 404
阳泉煤业集团财务有限责任公司	449 622	0	449 622	531 922	0	531 922
晋煤集团财务有限公司	1 458 239	0	1 458 239	1 458 239	0	1 458 239
云南冶金集团财务有限公司	298 365	0	298 365	328 500	0	328 500
中海集团财务有限责任公司	1 254 978	79 800	1 175 178	2 364 675	73 266	2 291 410
中集集团财务有限公司	382 160	0	382 160	226 910	0	226 910
沙钢财务有限公司	25 000	0	25 000	25 000	0	25 000
宁波港集团财务有限公司	4 650	0	4 650	7 650	0	7 650
兖矿集团财务有限公司	123 500	0	123 500	702 646	0	702 646
哈尔滨电气集团财务有限责任公司	740 334	645 000	95 334	527 908	210 000	317 908
北大方正集团财务有限公司	69 000	0	69 000	119 000	0	119 000
通用技术集团财务有限责任公司	0	0	0	283	0	283
中建财务有限公司	599 800	0	599 800	689 800	0	689 800
江苏省国信集团财务有限公司	819 269	0	819 269	1 735 405	0	1 735 405
重庆化医控股集团财务有限公司	14 000	0	14 000	14 000	0	14 000

续表

项目 / 机构	发生额			余额		
	合计	委托投资	委托贷款	合计	委托投资	委托贷款
金川集团财务有限公司	159 119	0	159 119	141 600	0	141 600
新希望财务有限公司	271 750	0	271 750	297 250	0	297 250
酒钢集团财务有限公司	260 700	0	260 700	140 000	0	140 000
包钢集团财务有限责任公司	20 000	0	20 000	20 000	0	20 000
新奥财务有限责任公司	899 362	0	899 362	899 362	0	899 362
中外运长航财务有限公司	121 039	0	121 039	147 640	0	147 640
青岛啤酒财务有限责任公司	85 026	0	85 026	73 220	0	73 220
上海复星高科技集团财务有限公司	0	0	0	17 417	0	17 417
中铝财务有限责任公司	1 216 147	0	1 216 147	1 343 907	0	1 343 907
福建省能源集团财务有限公司	26 000	0	26 000	5 700	0	5 700
马钢集团财务有限公司	44 000	0	44 000	120 500	0	120 500
湖北宜化集团财务有限责任公司	41 000	0	41 000	41 000	0	41 000
北京汽车集团财务有限公司	99 120	0	99 120	99 120	0	99 120
大连港集团财务有限公司	612 222	0	612 222	1 553 131	0	1 553 131
大唐电信集团财务有限公司	14 300	2 000	12 300	11 000	0	11 000
开滦集团财务有限责任公司	397 384	10 541	386 843	560 421	10 291	550 130
中国航油集团财务有限公司	47 760	0	47 760	57 696	0	57 696
海南农垦集团财务有限公司	5 814	0	5 814	9 603	0	9 603
江苏交通控股集团财务有限公司	972 800	0	972 800	603 650	0	603 650
中国移动通信集团财务有限公司	3 347 240	650 000	2 697 240	3 007 240	310 000	2 697 240
山东钢铁集团财务有限公司	50 000	0	50 000	50 000	0	50 000
国药集团财务有限公司	371 492	0	371 492	344 196	0	344 196
郑州宇通集团财务有限公司	36 146	21 000	15 146	17 454	0	17 454
中国铁建财务有限公司	1 578 208	0	1 578 208	1 258 587	0	1 258 587
山东省商业集团财务有限公司	40 000	0	40 000	40 000	0	40 000
深圳华强集团财务有限公司	629 219	0	629 219	561 019	0	561 019
诚通财务有限责任公司	699 100	0	699 100	963 600	0	963 600
山东重工集团财务有限公司	86 000	0	86 000	56 000	0	56 000
湖北能源财务有限公司	480 800	0	480 800	339 600	0	339 600
港中旅财务有限公司	93 000	0	93 000	40 000	0	40 000
陕西煤业化工集团财务有限公司	476 500	0	476 500	507 300	0	507 300
上海华谊集团财务有限责任公司	16 179	0	16 179	13 075	0	13 075
河钢集团财务有限公司	1 548 250	0	1 548 250	728 000	0	728 000
安徽省能源集团财务有限公司	58 627	0	58 627	50 432	0	50 432
中化工程集团财务有限公司	16 100	0	16 100	16 100	0	16 100
天津天保财务有限公司	118 900	116 100	2 800	101 900	99 100	2 800

续表

机构 \ 项目	发生额			余额		
	合计	委托投资	委托贷款	合计	委托投资	委托贷款
亿利集团财务有限公司	95 780	0	95 780	59 061	0	59 061
厦门海翼集团财务有限公司	6 000	0	6 000	12 000	0	12 000
中信财务有限公司	5 097 697	730 410	4 367 287	4 614 322	224 850	4 389 472
浙江省交通投资集团财务有限责任公司	466 200	0	466 200	650 421	0	650 421
南车财务有限公司	0	0	0	115 253	0	115 253
中国北车集团财务有限公司	40 253	0	40 253	0	0	0
中国电子科技财务有限公司	95 390	0	95 390	116 985	0	116 985
重庆机电控股集团财务有限公司	56 260	0	56 260	32 660	0	32 660
河北建投集团财务有限公司	84 600	0	84 600	196 600	0	196 600
太钢集团财务有限公司	428 029	0	428 029	333 473	0	333 473
大同煤矿集团财务有限责任公司	416 900	0	416 900	416 900	0	416 900
贵州茅台集团财务有限公司	37 480	0	37 480	37 480	0	37 480
海亮集团财务有限责任公司	59 000	0	59 000	165 500	0	165 500
中材集团财务有限公司	20 000	0	20 000	20 000	0	20 000
贵州盘江集团财务有限公司	30 950	0	30 950	27 450	0	27 450
北京首都旅游集团财务有限公司	2 000	0	2 000	2 000	0	2 000
徐工集团财务有限公司	207 717	0	207 717	55 327	0	55 327
百联集团财务有限责任公司	2 500	0	2 500	2 500	0	2 500
中交财务有限公司	403 180	0	403 180	407 580	0	407 580
山东黄金集团财务有限公司	338 200	0	338 200	273 700	0	273 700
中开财务有限公司	157 081	0	157 081	157 081	0	157 081
中国平煤神马集团财务有限责任公司	0	0	0	1 000	0	1 000
四川长虹集团财务有限公司	717 174	0	717 174	618 149	0	618 149
创维集团财务有限公司	14 708	0	14 708	16 548	0	16 548
江苏国泰财务有限公司	71 835	0	71 835	45 756	0	45 756
亨通财务有限公司	102 700	0	102 700	27 500	0	27 500
珠海华发集团财务有限公司	1 110 532	0	1 110 532	950 132	0	950 132
北京金隅财务有限公司	95 000	0	95 000	95 000	0	95 000
云南云天化集团财务有限公司	445 140	0	445 140	481 156	0	481 156
北京控股集团财务有限公司	53 379	0	53 379	48 579	0	48 579
陕西延长石油财务有限公司	177 100	0	177 100	100 600	0	100 600
山东能源集团财务有限公司	386 719	0	386 719	583 319	0	583 319
鄂尔多斯财务有限公司	21 000	0	21 000	21 000	0	21 000
伊利财务有限公司	5 000	0	5 000	5 000	0	5 000
大冶有色金属集团财务有限责任公司	91 205	0	91 205	92 363	0	92 363
巨化集团财务有限责任公司	20 794	0	20 794	15 879	0	15 879

续表

项目 / 机构	发生额			余额		
	合计	委托投资	委托贷款	合计	委托投资	委托贷款
供销集团财务有限公司	558 317	0	558 317	490 109	0	490 109
中铁财务有限责任公司	1 641 561	0	1 641 561	1 766 436	0	1 766 436
重庆力帆财务有限公司	26 800	0	26 800	0	0	0
中煤财务有限责任公司	571 560	0	571 560	761 560	0	761 560
安徽省皖北煤电集团财务有限公司	23 000	0	23 000	23 000	0	23 000
淮北矿业集团财务有限公司	388 380	0	388 380	340 410	0	340 410
河北港口集团财务有限公司	17 200	0	17 200	17 200	0	17 200
中节能财务有限公司	571 114	0	571 114	453 103	0	453 103
青岛港财务有限责任公司	202 834	0	202 834	176 834	0	176 834
上海上实集团财务有限公司	66 400	0	66 400	52 000	0	52 000
广东省交通集团财务有限公司	326 090	0	326 090	311 090	0	311 090
光明食品集团财务有限公司	3 000	0	3 000	3 000	0	3 000
本钢集团财务有限公司	5 482	0	5 482	5 482	0	5 482
天津物产集团财务有限公司	48 500	0	48 500	21 500	0	21 500
福建七匹狼集团财务有限公司	160 000	0	160 000	160 000	0	160 000
中国核工业建设集团财务有限公司	93 000	0	93 000	33 000	0	33 000
中国黄金集团财务有限公司	14 500	0	14 500	14 500	0	14 500
湖北交投集团财务有限公司	294 979	0	294 979	294 979	0	294 979
上海外高桥集团财务有限公司	1 200	0	1 200	1 200	0	1 200
首钢集团财务有限公司	53 830	0	53 830	53 830	0	53 830
总计	173 117 073	22 076 193	151 040 880	185 801 024	5 194 547	180 606 477

财务公司结算业务情况统计表

（2015 年）　　单位：万元，笔

项目 / 机构	本外币合计		本币	外币
	发生额	发生数	发生额	发生额
东风汽车财务有限公司	87 759 357	291 573	87 759 357	0
中国重汽财务有限公司	16 145 340	13 947	16 145 340	0
中国华能财务有限责任公司	210 225 771	338 360	210 001 181	224 589
锦江国际集团财务有限责任公司	64 128 811	257 764	64 090 389	38 422
一汽财务有限公司	2 651 417	18 161	2 651 417	0
西电集团财务有限责任公司	4 475 620	71 161	4 307 134	168 486
中国石化财务有限责任公司	3 737 485 365	23 815 988	3 700 577 400	36 907 965
东方电气集团财务有限公司	91 593 182	95 967	84 747 668	6 845 514
宝钢集团财务有限责任公司	258 110 435	1 240 185	256 548 416	1 562 020
中国一拖集团财务有限责任公司	10 931 045	81 910	10 931 045	0

续表

项目 机构	本外币合计		本币	外币
	发生额	发生数	发生额	发生额
五矿集团财务有限责任公司	21 275 730	14 424	19 256 647	2 019 083
武汉钢铁集团财务有限责任公司	211 528 612	220 671	179 882 757	31 645 856
中远财务有限责任公司	98 794 604	914 837	74 522 765	24 271 839
江铃汽车集团财务有限公司	4 603 023	63 600	4 602 841	182
中国航空集团财务有限责任公司	55 045 989	74 998	55 045 989	0
天津渤海集团财务有限责任公司	67 113 101	55 700	67 113 101	0
深圳市有色金属财务有限公司	2 876 223	4 696	2 876 223	0
中国南航集团财务有限公司	25 348 307	175 904	25 348 307	0
上海汽车集团财务有限责任公司	370 265 994	5 777 487	369 499 300	766 694
振华集团财务有限责任公司	2 084 430	20 628	2 084 430	0
东方集团财务有限责任公司	15 234 300	13 002	15 234 300	0
东航集团财务有限责任公司	56 691 530	131 230	50 729 168	5 962 362
中油财务有限责任公司	1 843 809 500	5 233 684	1 656 594 100	187 215 400
上海电气集团财务有限责任公司	56 727 305	398 650	52 374 269	4 353 036
中国能源建设集团葛洲坝财务有限公司	49 688 194	92 229	49 688 194	0
兵工财务有限责任公司	77 262 150	491 730	76 662 874	599 276
三峡财务有限责任公司	74 022 741	249 344	73 140 543	882 198
中广核财务有限责任公司	119 268 927	533 483	116 798 608	2 470 319
中船财务有限责任公司	112 064 664	147 170	112 064 664	0
中核财务有限责任公司	64 853 452	305 127	64 853 452	0
上海浦东发展集团财务有限责任公司	7 884 009	18 533	7 884 009	0
鞍钢集团财务有限责任公司	222 607 269	235 397	222 607 269	0
中国电力财务有限公司	416 382 391	1 207 842	416 382 391	0
神华财务有限公司	208 793 803	208 152	208 793 803	0
中国电子财务有限责任公司	77 008 397	243 947	77 008 397	0
航天科技财务有限责任公司	498 597 315	1 212 269	498 478 482	118 833
航天科工财务有限责任公司	36 490 945	578 171	36 490 945	0
中船重工财务有限责任公司	58 270 000	11	58 270 000	0
中海石油财务有限责任公司	265 876 261	218 270	263 173 299	2 702 961
海尔集团财务有限责任公司	40 340 655	551 172	36 973 884	3 366 770
吉林森林工业集团财务有限责任公司	10 611 757	200 473	10 611 757	0
万向财务有限公司	139 884 800	112 750	136 946 700	2 938 100
中粮财务有限责任公司	56 939 387	175 240	53 739 206	3 200 181
苏州创元集团财务有限公司	4 686 799	78 359	4 686 799	0
珠海格力集团财务有限责任公司	256 545 897	72 245	256 545 897	0
国机财务有限责任公司	58 064 594	160 621	57 950 436	114 157

续表

项目 机构	本外币合计		本币	外币
	发生额	发生数	发生额	发生额
海航集团财务有限公司	115 826 945	135 940	115 472 050	354 895
中国华电集团财务有限公司	210 358 786	389 100	210 358 786	0
中国大唐集团财务有限公司	270 422 636	375 387	270 422 636	0
南方电网财务有限公司	401 221 452	264 022	401 221 452	0
中电投财务有限公司	346 733 847	310 403	346 725 418	8 429
国电财务有限公司	84 014 020	309 912	84 014 020	0
华联财务有限责任公司	38 024 863	1 082 598	38 024 863	0
兵器装备集团财务有限责任公司	108 686 084	2 166 322	108 686 084	0
京能集团财务有限公司	22 332 821	70 718	22 332 821	0
浙江省能源集团财务有限责任公司	24 316 257	84 319	24 316 257	0
广东粤电财务有限公司	83 059 540	72 540	83 059 540	0
TCL 集团财务有限公司	313 270 624	882 482	313 270 624	0
湖南华菱钢铁集团财务有限公司	67 359 123	177 771	66 246 231	1 112 892
江西铜业集团财务有限公司	51 573 272	117 276	50 802 243	771 029
天津港财务有限公司	23 141 604	36 272	23 141 604	0
松下电器（中国）财务有限公司	877 464	2 355	877 464	0
中航工业集团财务有限责任公司	354 874 533	631 134	351 723 794	3 150 739
中冶集团财务有限公司	53 941 000	33 524	53 941 000	0
申能集团财务有限公司	5 079 569 150	424	5 078 160 368	1 408 781
潞安集团财务有限公司	39 450 643	41 279	39 450 643	0
淮南矿业集团财务有限公司	51 668 961	122 251	51 668 961	0
日立（中国）财务有限公司	36 393 135	19 300	36 393 135	0
保利财务有限公司	54 057 588	35 130	54 057 588	0
深圳能源财务有限公司	15 135 000	34 971	15 135 000	0
中化集团财务有限责任公司	294 187 358	296 955	260 360 077	33 827 281
海信集团财务有限公司	65 512 413	1 182 924	63 848 863	1 663 551
国联财务有限责任公司	18 312 642	75 512	18 312 642	0
首都机场集团财务有限公司	8 696 234	25 974	8 696 234	0
红豆集团财务有限公司	20 450 334	112 718	20 435 594	14 740
海马财务有限公司	21 853 937	216 348	21 853 937	0
南山集团财务有限公司	38 704 648	101 340	38 704 648	0
国投财务有限公司	80 069 024	135 398	78 429 159	1 639 865
河南能源化工集团财务有限公司	73 023 049	234 244	73 023 049	0
中国化工财务有限公司	91 249 223	82 715	91 240 370	8 852
紫金矿业集团财务有限公司	27 137 060	69 850	24 407 060	2 730 000
冀中能源集团财务有限责任公司	32 068 119	253 832	32 061 681	6 437

续表

项目 机构	本外币合计		本币	外币
	发生额	发生数	发生额	发生额
阳泉煤业集团财务有限责任公司	15 229 268	90 694	15 229 268	0
晋煤集团财务有限公司	34 689 347	126 921	34 689 347	0
云南冶金集团财务有限公司	3 831 168	12 485	3 831 168	0
中海集团财务有限责任公司	72 538 848	635 614	65 711 031	6 827 817
中集集团财务有限公司	22 712 679	196 961	15 727 051	6 985 627
沙钢财务有限公司	171 750 707	170 576	170 898 707	852 000
美的集团财务有限公司	37 214 276	499 656	36 999 952	214 323
宁波港集团财务有限公司	25 270 622	228 928	25 270 622	0
兖矿集团财务有限公司	30 148 205	92 403	30 148 205	0
哈尔滨电气集团财务有限责任公司	12 059 497	20 519	12 059 497	0
北大方正集团财务有限公司	93 149 952	6 920	93 149 952	0
通用技术集团财务有限责任公司	77 690 749	114 833	75 885 351	1 805 398
铜陵有色金属集团财务有限公司	31 893 138	87 455	28 714 555	3 178 582
中建财务有限公司	370 450 000	20 344	370 450 000	0
江苏省国信集团财务有限公司	34 410 996	36 047	34 410 996	0
金川集团财务有限公司	41 196 015	79 184	38 803 854	2 392 160
新希望财务有限公司	75 644 931	939 700	75 644 931	0
酒钢集团财务有限公司	8 772 045	29 764	8 772 045	0
包钢集团财务有限责任公司	2 214 739	22 345	2 214 739	0
新奥财务有限责任公司	19 209 114	114 430	19 209 114	0
中外运长航财务有限公司	4 815 275	145 964	4 594 094	221 181
青岛啤酒财务有限责任公司	17 714 574	121 746	17 714 574	0
上海复星高科技集团财务有限公司	60 727 955	64 258	60 727 955	0
中铝财务有限责任公司	63 346 117	63 006	63 293 361	52 756
中兴通讯集团财务有限公司	30 166 094	193 525	28 259 586	1 906 508
福建省能源集团财务有限公司	25 369 354	141 487	2 040 539	23 328 815
湖南高速集团财务有限公司	8 546 261	15 799	8 546 261	0
马钢集团财务有限公司	34 608 900	143 332	34 608 900	0
湖北宜化集团财务有限责任公司	25 260 000	51 070	25 260 000	0
北京汽车集团财务有限公司	11 829 379	26 099	11 829 379	0
大连港集团财务有限公司	22 213 294	75 521	22 213 294	0
大唐电信集团财务有限公司	7 339 073	59 394	7 333 699	5 374
开滦集团财务有限责任公司	55 807 833	91 416	55 807 833	0
中国航油集团财务有限公司	64 126 930	29 605	63 822 608	304 323
海南农垦集团财务有限公司	613 901	2 593	613 901	0
西部矿业集团财务有限公司	26 952 957	915 148	26 952 957	0

续表

机构＼项目	本外币合计		本币	外币
	发生额	发生数	发生额	发生额
江苏交通控股集团财务有限公司	45 438 823	23 489	45 438 823	0
中国移动通信集团财务有限公司	59 958 494	30 115	59 958 494	0
山东钢铁集团财务有限公司	63 233 310	73 863	63 233 310	0
国药集团财务有限公司	17 439 433	14 794	17 439 433	0
郑州宇通集团财务有限公司	49 851 579	117 537	49 851 579	0
中国铁建财务有限公司	98 133 685	315 095	98 133 685	0
山东省商业集团财务有限公司	15 239 943	56 082	15 239 943	0
深圳华强集团财务有限公司	10 239 875	51 252	10 239 875	0
诚通财务有限责任公司	16 025 383	28 167	15 962 741	62 642
山东重工集团财务有限公司	36 003 463	105 905	35 576 830	426 634
湖北能源财务有限公司	4 339 679	22 484	4 339 679	0
港中旅财务有限公司	1 579 454	333	1 579 454	0
陕西煤业化工集团财务有限公司	41 082 828	217 073	41 082 828	0
上海华谊集团财务有限责任公司	14 748 506	90 245	14 748 506	0
河钢集团财务有限公司	109 842 600	33 700	109 842 600	0
安徽省能源集团财务有限公司	1 127 098	7 477	1 127 098	0
中化工程集团财务有限公司	2 822 786	3 981	2 822 786	0
天津天保财务有限公司	3 826 233	15 700	3 826 233	0
亿利集团财务有限公司	24 230 000	65 650	24 230 000	0
厦门海翼集团财务有限公司	6 548 228	25 911	6 548 228	0
浙江省交通投资集团财务有限责任公司	11 062 605	53 128	11 062 605	0
中国北车集团财务有限公司	52 570 428	116 905	52 570 428	0
中国电子科技财务有限公司	56 587 773	445 749	56 587 773	0
重庆机电控股集团财务有限公司	2 757 413	7 495	2 757 413	0
河北建投集团财务有限公司	9 050 747	21 730	9 050 747	0
太钢集团财务有限公司	59 454 967	62 469	53 564 769	5 890 198
贵州茅台集团财务有限公司	17 488 259	10 700	17 488 259	0
海亮集团财务有限责任公司	22 706 927	151 824	22 688 615	18 312
中材集团财务有限公司	18 004 743	34 752	17 924 450	80 293
贵州盘江集团财务有限公司	2 160 697	18 392	2 160 697	0
北京首都旅游集团财务有限公司	3 548 946	19 937	3 548 946	0
广西交通投资集团财务有限责任公司	8 427 873	19 055	8 427 873	0
徐工集团财务有限公司	21 671 124	114 299	21 545 025	126 099
百联集团财务有限责任公司	82 776 845	697 351	82 776 845	0
中交财务有限公司	62 926 657	22 978	62 926 657	0
山东黄金集团财务有限公司	15 358 522	5 672	15 358 522	0

续表

项目 机构	本外币合计		本币	外币
	发生额	发生数	发生额	发生额
中开财务有限公司	12 719 000	36 500	12 719 000	0
中国平煤神马集团财务有限责任公司	48 753 998	176 286	48 753 998	0
四川长虹集团财务有限公司	200 812 954	19 149 590	200 622 249	190 705
创维集团财务有限公司	16 254 974	342 500	13 473 476	2 781 497
江苏国泰财务有限公司	13 281 666	206 162	11 323 197	1 958 470
亨通财务有限公司	31 065 854	127 860	31 065 205	649
珠海华发集团财务有限公司	95 391 239	19 166	95 391 239	0
北京金隅财务有限公司	25 892 644	108 425	25 892 644	0
云南云天化集团财务有限公司	37 584 500	40 038	37 584 500	0
北京控股集团财务有限公司	32 002 749	19 319	17 044 107	14 958 642
陕西延长石油财务有限公司	262 990 552	152 046	262 990 552	0
山东能源集团财务有限公司	36 138 149	106 974	36 138 149	0
鄂尔多斯财务有限公司	2 004 103	43 110	2 004 103	0
伊利财务有限公司	16 831 702	358 452	16 831 702	0
大冶有色金属集团财务有限责任公司	29 008 927	49 090	29 008 927	0
巨化集团财务有限责任公司	10 947 166	129 138	10 947 166	0
供销集团财务有限公司	8 618 468	7 639	8 618 468	0
中铁财务有限责任公司	17 777	91 627	17 777	0
重庆力帆财务有限公司	23 867 879	10 298	23 743 897	123 983
中煤财务有限责任公司	48 911 676	10 436	48 911 676	0
安徽省皖北煤电集团财务有限公司	3 912 829	20 880	3 912 829	0
淮北矿业集团财务有限公司	12 714 032	100 777	12 714 032	0
湖南出版投资控股集团财务有限公司	7 760 773	47 162	7 760 773	0
四川省宜宾五粮液集团财务有限公司	455 962	8 796	455 962	0
山东晨鸣集团财务有限公司	24 651 978	14 195	24 651 978	0
河北港口集团财务有限公司	4 298 801	23 117	4 298 801	0
中节能财务有限公司	66 945 602	24 209	66 945 602	0
青岛港财务有限责任公司	6 446 188	116 308	6 446 188	0
上海上实集团财务有限公司	11 103 680	19 404	11 103 680	0
重庆市能源投资集团财务有限公司	5 664 328	19 934	5 664 328	0
广东省交通集团财务有限公司	12 227 607	35 949	12 227 607	0
光明食品集团财务有限公司	13 369 005	79 320	13 369 005	0
忠旺集团财务有限公司	3 952 853	107	3 952 853	0
本钢集团财务有限公司	9 040 358	5 685	9 040 358	0
天津物产集团财务有限公司	9 803 307	20 232	9 803 307	0
福建七匹狼集团财务有限公司	960 077	6 581	960 077	0

续表

项目 机构	本外币合计		本币	外币
	发生额	发生数	发生额	发生额
清华控股集团财务有限公司	1 334 767	11 647	1 334 767	0
中国核工业建设集团财务有限公司	7 754 544	12 137	7 754 544	0
中国黄金集团财务有限公司	3 344 682	35 680	3 344 682	0
物美商业财务有限责任公司	7 735 000	18 381	7 735 000	0
北京金融街集团财务有限公司	443 945	33	443 945	0
湖北交投集团财务有限公司	1 172 366	2 156	1 172 366	0
新凤祥财务有限公司	10 053 518	10 465	10 053 518	0
山东招金集团财务有限公司	1 345 311	3 494	1 345 311	0
中联重科集团财务有限公司	11 014 278	2 228	11 014 278	0
内蒙古伊泰财务有限公司	1 089 100	2 709	1 089 100	0
上海外高桥集团财务有限公司	16 963 652	16 121	16 963 652	0
中国铁路财务有限责任公司	500 442	8	500 442	0
首钢集团财务有限公司	9 828 141	2 597	9 828 141	0
三房巷财务有限公司	265 800	127	265 800	0
广东省广晟财务有限公司	889 889	1 334	889 889	0
总计	22 716 541 700	87 213 762	22 276 776 976	439 764 724

财务公司外汇即期业务情况统计表

（2015 年） 单位：万元

项目 机构	外汇存款	外汇贷款	外汇投资	即期外汇买卖交易	即期结汇	即期售汇
中国重汽财务有限公司	6 874	6 169	0	0	0	0
中国华能财务有限责任公司	11	0	0	115 562	47 978	67 584
锦江国际集团财务有限责任公司	555	0	0	0	0	0
一汽财务有限公司	0	0	0	0	0	10 985
西电集团财务有限责任公司	15 698	16 236	0	0	72 891	20 737
中国石化财务有限责任公司	2 993	0	0	34 307 779	249 632	33 394 659
东方电气集团财务有限公司	97 628	13 604	0	249 399	161 516	97 048
宝钢集团财务有限责任公司	2 598	0	0	0	36 572	24 624
五矿集团财务有限责任公司	47 446	0	0	0	0	0
武汉钢铁集团财务有限责任公司	117 369	153 258	0	17 215	138 229	2 555 225
中远财务有限责任公司	550 635	119 937	0	0	397 517	83 619
江铃汽车集团财务有限公司	85	2 987	0	0	0	0
上海汽车集团财务有限责任公司	15 303	0	0	0	50 646	2 071 905
东方集团财务有限责任公司	0	4 870	0	0	0	0
东航集团财务有限责任公司	3 636	0	0	27 299	44 949	3 497 401

续表

机构＼项目	外汇存款	外汇贷款	外汇投资	即期外汇买卖交易	即期结汇	即期售汇
中油财务有限责任公司	4 855 723	11 651 970	535 009	5 004	1 490 057	24 000 403
上海电气集团财务有限责任公司	352 370	109 560	0	0	173 839	227 254
中国能源建设集团葛洲坝财务有限公司	0	3 182	0	0	0	0
兵工财务有限责任公司	7 931	1 948	0	0	241 178	47 438
三峡财务有限责任公司	0	0	0	430 984	77 413	353 623
中广核财务有限责任公司	127 511	45 200	0	0	142 461	674 709
中船财务有限责任公司	354 241	77 875	0	0	174 897	1 127 302
中核财务有限责任公司	0	0	0	0	12 654	236 545
鞍钢集团财务有限责任公司	0	3 247	0	0	0	0
中国电力财务有限公司	0	2 727	0	0	454 593	116 301
中国电子财务有限责任公司	15 598	9 640	0	386 449	199 859	186 590
航天科技财务有限责任公司	29	0	0	115 438	97 817	17 404
中海石油财务有限责任公司	89 578	63 227	0	0	71 708	1 982 283
海尔集团财务有限责任公司	795 808	845 491	0	170 588	571 191	810 536
万向财务有限公司	14	3 247	0	376 960	135 761	239 882
中粮财务有限责任公司	109 557	5 874	0	2 458 168	28 486	2 429 682
国机财务有限责任公司	35 493	9 708	0	0	1 169	0
海航集团财务有限公司	65 851	69 306	0	0	184 418	33 975
中国大唐集团财务有限公司	0	0	0	1 069	965	104
中电投财务有限公司	4	4 303	0	0	0	0
TCL 集团财务有限公司	315 708	236 503	0	0	670 992	1 446 122
湖南华菱钢铁集团财务有限公司	9 362	0	0	0	43 475	321 258
江西铜业集团财务有限公司	64 319	51 852	0	425	24 537	142 405
松下电器（中国）财务有限公司	12 679	2 857	0	0	0	0
中航工业集团财务有限责任公司	59 986	1 299	0	0	342 732	121 761
中冶集团财务有限公司	48 086	0	0	27 099	27 099	0
申能集团财务有限公司	0	0	0	0	0	352 195
中化集团财务有限责任公司	333 183	289 496	0	0	88 462	6 145 231
海信集团财务有限公司	6 494	4 507	0	0	149 957	505 167
红豆集团财务有限公司	0	0	0	0	0	0
南山集团财务有限公司	22 321	0	0	174 051	48 732	105 965
国投财务有限公司	10 619	15 390	0	0	58 121	348 077
中国化工财务有限公司	0	0	0	0	2 078	6 774
紫金矿业集团财务有限公司	114 749	9 740	0	40 444	195	39 483
中海集团财务有限责任公司	131 726	15 715	0	0	503 019	22 219
中集集团财务有限公司	32 929	47 516	0	0	713 550	104 752

续表

机构 \ 项目	外汇存款	外汇贷款	外汇投资	即期外汇买卖交易	即期结汇	即期售汇
沙钢财务有限公司	11 430	0	0	0	0	0
美的集团财务有限公司	137 271	96 083	0	0	481 842	0
兖矿集团财务有限公司	0	3 481	0	0	0	0
通用技术集团财务有限责任公司	80 289	0	0	164 413	126 692	41 802
铜陵有色金属集团财务有限公司	36 482	3 766	0	0	38 780	2 616 296
金川集团财务有限公司	18 508	0	0	0	0	0
包钢集团财务有限责任公司	49 608	0	0	0	0	0
中外运长航财务有限公司	40 737	19 481	0	0	46 985	66 541
中铝财务有限责任公司	351 483	0	0	56 764	5 922	51 424
中兴通讯集团财务有限公司	528 347	12 987	0	0	0	0
马钢集团财务有限公司	103 054	3 468	0	0	56 229	7 447
大唐电信集团财务有限公司	79	0	0	0	0	0
中国航油集团财务有限公司	143 757	0	0	0	0	0
山东钢铁集团财务有限公司	0	6 494	0	0	0	0
诚通财务有限责任公司	1 051	0	0	0	22 246	58 489
山东重工集团财务有限公司	3 247	2 597	0	0	53 204	88 005
上海华谊集团财务有限责任公司	4 234	798	0	0	0	0
中信财务有限公司	24 093	0	0	12 795	13 480	688
中国北车集团财务有限公司	2 896	0	0	56	3 893	3 836
太钢集团财务有限公司	34 748	75 456	0	401 881	182 990	207 337
中材集团财务有限公司	37 988	0	0	0	0	0
四川长虹集团财务有限公司	555	0	0	0	0	0
创维集团财务有限公司	26 514	0	0	0	0	0
江苏国泰财务有限公司	25 186	0	0	0	0	0
云南云天化集团财务有限公司	0	0	0	0	0	0
北京控股集团财务有限公司	520 447	305 462	0	0	0	0
重庆力帆财务有限公司	68 787	0	0	0	0	0
新凤祥财务有限公司	0	6 494	0	0	0	0
总计	11 083 489	14 435 004	535 009	39 539 842	8 963 608	87 111 095

财务公司集团产品销售信贷业务情况统计表

（2015 年）

单位：万元

项目 / 机构	集团产品信贷余额				集团产品信贷发生额			
	余额合计	其中：买方信贷	其中：消费信贷	其中：融资租赁	发生额合计	其中：买方信贷	其中：消费信贷	其中：融资租赁
东风汽车财务有限公司	1 834 747	14 665	1 705 013	115 069	1 815 601	180 965	1 543 206	91 430
中国重汽财务有限公司	147 147	0	64 044	83 103	129 056	0	64 272	64 783
一汽财务有限公司	5 034	0	4 483	551	291	0	0	291
中国石化财务有限责任公司	500	500	0	0	500	500	0	0
东方电气集团财务有限公司	113 000	110 000	0	3 000	3 000	0	0	3 000
宝钢集团财务有限责任公司	375	0	0	375	0	0	0	0
中国一拖集团财务有限责任公司	252	238	14	0	238	238	0	0
武汉钢铁集团财务有限责任公司	194	0	0	194	0	0	0	0
江铃汽车集团财务有限公司	182 634	152 503	30 132	0	482 459	456 326	26 133	0
上海汽车集团财务有限责任公司	4 519 348	1 258 335	3 260 695	318	13 632 748	10 669 361	2 963 010	378
中油财务有限责任公司	332 897	332 897	0	0	0	0	0	0
上海电气集团财务有限责任公司	50 600	50 600	0	0	82 600	82 600	0	0
兵工财务有限责任公司	117	0	117	0	0	0	0	0
航天科技财务有限责任公司	17 938	17 938	0	0	33 109	33 109	0	0
海尔集团财务有限责任公司	386 069	241 586	144 453	31	327 200	284 864	42 336	0
珠海格力集团财务有限责任公司	488 392	488 392	0	0	367 430	367 430	0	0
国机财务有限责任公司	38 489	27 982	0	10 508	14 977	5 638	0	9 339
兵器装备集团财务有限责任公司	2 115 595	805 445	1 310 150	0	7 834 596	6 504 785	1 329 811	0
TCL 集团财务有限公司	850	850	0	0	6 340	6 340	0	0
天津港财务有限公司	4 249	0	0	4 249	0	0	0	0
海信集团财务有限公司	60	60	0	0	200	200	0	0
红豆集团财务有限公司	4 200	4 200	0	0	5 700	5 700	0	0
海马财务有限公司	308 992	72 438	236 554	0	498 347	308 201	190 146	0
美的集团财务有限公司	239 506	239 506	0	0	924 777	924 777	0	0
新希望财务有限公司	20	20	0	0	20	20	0	0
青岛啤酒财务有限责任公司	0	0	0	0	200	200	0	0
中兴通讯集团财务有限公司	2 141	0	37	2 105	1 499	0	99	1 400
马钢集团财务有限公司	100	100	0	0	100	100	0	0
北京汽车集团财务有限公司	201 753	54 507	147 246	0	321 488	174 462	147 026	0
大唐电信集团财务有限公司	0	0	0	0	540	540	0	0
郑州宇通集团财务有限公司	68 090	0	68 090	0	66 438	0	66 438	0
徐工集团财务有限公司	9 072	1 008	8 064	0	9 072	1 008	8 064	0
创维集团财务有限公司	58 076	58 076	0	0	111 894	111 894	0	0
总计	11 130 437	3 931 844	6 979 092	219 501	26 670 419	20 119 256	6 380 541	170 621

财务公司对金融机构股权投资情况统计表

（2015 年）　　　　单位：万元

机构＼项目	被投资金融机构	本年新增投资金额	累计投资金额	持投比例（%）
东风汽车财务有限公司	武汉东风保险经纪有限公司	0	220	20.00
一汽财务有限公司	吉林亿安保险经纪有限责任公司	0	500	50.00
	一汽汽车金融有限公司	138 945	204 945	83.00
	鑫安汽车保险股份有限公司	0	9 968	10.00
中国石化财务有限责任公司	江苏银行股份有限公司	0	1 362	0.16
	上海银行股份有限公司	0	1 652	0.11
	广发银行股份有限公司	0	995	0.02
东方电气集团财务有限公司	交通银行	0	2 303	0.02
五矿集团财务有限责任公司	广发银行	0	26 400	0.39
武汉钢铁集团财务有限责任公司	湖北鹏程保险代理公司	0	40	5.02
江铃汽车集团财务有限公司	中国重汽财务有限公司	0	276	0.04
	江西银行	0	6 720	1.44
中国航空集团财务有限责任公司	航联保险经纪有限公司	0	600	12.00
中国南航集团财务有限公司	航联保险经纪有限公司	0	600	12.00
	中国重汽财务有限公司	0	1 290	0.39
上海汽车集团财务有限责任公司	上海通用汽车金融有限责任公司	77 471	137 471	45.00
中国能源建设集团葛洲坝财务有限公司	湖北鹏程保险经纪有限公司	0	20	2.51
兵工财务有限责任公司	北京金诚国际保险经纪有限公司	0	100	3.33
三峡财务有限责任公司	民生加银基金管理公司	0	2 000	6.67
	陕西煤化工集团财务有限公司	0	15 000	15.00
	三峡保险经纪公司	0	3 230	64.60
中广核财务有限责任公司	安信基金管理有限责任公司	0	3 000	8.57
中核财务有限责任公司	长城证券	0	11 810	5.00
鞍钢集团财务有限责任公司	北京鞍汇联保险经纪有限公司	0	510	51.00
中国电力财务有限公司	国泰基金管理有限公司	0	1 145	10.00
	英大国际信托有限责任公司	0	9 500	5.21
	英大证券有限责任公司	0	45 200	18.97
	英大泰和人寿保险股份有限公司	0	25 632	6.41
	英大泰和财产保险股份有限公司	0	15 600	7.43
航天科技财务有限责任公司	中信建投基金管理有限公司	0	3 444	25.00
航天科工财务有限责任公司	英大基金管理有限公司	0	3 000	15.00
中船重工财务有限责任公司	华融金融租赁股份有限公司	0	19 840	3.20
海尔集团财务有限责任公司	南山集团财务有限责任公司	0	6 400	8.00
	海尔消费金融有限公司	0	9 500	19.00
中粮财务有限责任公司	中粮信托有限责任公司	0	9 201	4.00

续表

项　目 机　构	被投资 金融机构	本年新增 投资金额	累计投资 金额	持投比例 （%）
国机财务有限责任公司	信达财产保险股份有限公司	0	2 165	0.67
中国华电集团财务有限公司	华鑫国际信托有限公司	0	169 599	49.00
中国大唐集团财务有限公司	富滇银行股份有限公司	0	213 600	18.95
	陕西延长石油财务有限公司	0	8 000	8.00
南方电网财务有限公司	鼎和财产保险股份有限公司	10 000	30 180	10.00
	星安保险经纪有限责任公司	0	2 156	40.00
中电投财务有限公司	百瑞信托有限责任公司	0	94 404	24.91
国电财务有限公司	石嘴山银行股份有限公司	0	21 384	19.80
兵器装备集团财务有限责任公司	长安基金管理有限公司	0	1 800	6.67
	北京中兵保险经纪有限公司	0	990	99.00
	重庆汽车金融有限公司	132 000	132 000	40.00
浙江省能源集团财务有限责任公司	华融金融租赁股份有限公司	0	24 800	3.20
广东粤电财务有限公司	深圳天鑫保险经纪有限公司	0	906	100.00
	珠海农商银行股份有限公司	0	44 550	9.90
江西铜业集团财务有限公司	中银证券股份有限公司	0	10 000	1.05
淮南矿业集团财务有限公司	芜湖扬子农村商业银行	0	32 000	20.00
深圳能源财务有限公司	华泰财产保险控股股份有限公司	0	2 204	0.30
中化集团财务有限责任公司	中化保险经纪公司	0	5 000	100.00
	中宏人寿保险有限公司	0	146 729	49.00
红豆集团财务有限公司	江苏大丰农村商业银行股份有限公司	1 552	110 552	10.00
	江苏锡山建信村镇银行有限责任公司	0	1 050	7.00
海马财务有限公司	海南银行股份有限公司	50 400	50 400	12.00
河南能源化工集团财务有限公司	中原银行股份有限公司	0	2 382	0.11
冀中能源集团财务有限责任公司	光大银行	0	999	0.02
晋煤集团财务有限公司	晋城农村商业银行股份有限公司	0	12 000	10.00
美的集团财务有限公司	江苏银行股份有限公司	0	2 093	0.00
	佛山顺德农村商业银行股份有限公司	5 477	53 115	0.03
	樟树顺银村镇银行股份有限公司	720	720	0.06
	丰城顺银村镇银行股份有限公司	666	666	0.06
江苏国泰财务有限公司	江苏国泰财务有限公司	13 387	40 390	80.00
	江苏国泰财务有限公司	7 213	10 210	20.00
	国投保险经纪有限公司	0	5 000	100.00
福建七匹狼集团财务有限公司	福建晋江农村商业银行股份有限公司	12 024	12 024	2.83
总计		449 856	1 823 544	

财务公司担保业务情况统计表

（2015 年）

单位：万元，笔

项目 / 机构	担保业务合计				其中：融资性担保				其中：非融资性担保			
	发生额	发生数（笔）	余额	剩余笔数	发生额	发生数（笔）	余额	剩余笔数	发生额	发生数（笔）	余额	剩余笔数
东风汽车财务有限公司	6 364	4	1 058	1	6 364	4	1 058	1	0	0	0	0
中国华能财务有限责任公司	218 447	82	221 874	78	0	0	0	0	218 447	82	221 874	78
一汽财务有限公司	8 651	10	7 401	3	0	0	0	0	8 651	10	7 401	3
西电集团财务有限责任公司	206 050	1 493	268 096	1 678	0	0	0	0	206 050	1 493	268 096	1 678
中国石化财务有限责任公司	18 988	15	47 819	20	0	0	0	0	18 988	15	47 819	20
东方电气集团财务有限公司	3 978	22	35 587	36	0	0	0	0	3 978	22	35 587	36
武汉钢铁集团财务有限责任公司	84 522	22	84 333	27	83 359	3	65 882	2	1 164	19	18 451	25
中远财务有限责任公司	0	0	134	5	0	0	0	0	0	0	134	5
江铃汽车集团财务有限公司	93 925	153	50 339	63	93 686	151	50 164	62	239	2	176	1
深圳市有色金属财务有限公司	0	0	6 494	1	0	0	6 494	1	0	0	0	0
中国南航集团财务有限公司	735	1	0	0	0	0	0	0	735	1	0	0
振华集团财务有限责任公司	29 456	43	0	0	17 000	6	0	0	12 456	37	0	0
东方集团财务有限责任公司	8 000	1	8 000	1	0	0	0	0	8 000	1	8 000	1
东航集团财务有限责任公司	10 525	9	10 525	9	0	0	0	0	10 525	9	10 525	9
中油财务有限责任公司	121 320	160	171 712	102	0	0	0	0	121 320	160	171 712	102
上海电气集团财务有限责任公司	155 187	305	167 901	192	0	0	0	0	155 187	305	167 901	192

续表

项目 机构	担保业务合计				其中：融资性担保				其中：非融资性担保			
	发生额	发生数（笔）	余额	剩余笔数	发生额	发生数（笔）	余额	剩余笔数	发生额	发生数（笔）	余额	剩余笔数
中国能源建设集团葛洲坝财务有限公司	12 047	24	21 178	28	0	0	0	0	12 047	24	21 178	28
兵工财务有限责任公司	432 126	2 742	274 836	1 383	423 109	2 728	256 837	1 366	9 017	14	17 999	17
三峡财务有限责任公司	25 787	19	27 030	26	0	0	0	0	25 787	19	27 030	26
中船财务有限责任公司	3 210	52	8 377	70	0	0	0	0	3 210	52	8 377	70
中核财务有限责任公司	1 557	12	11 602	98	0	0	0	0	1 557	12	11 602	98
上海浦东发展集团财务有限责任公司	919	8	7 187	7	0	0	0	0	919	8	7 187	7
中国电力财务有限公司	79 431	76	266 863	92	0	0	200 000	1	79 431	76	66 863	91
中国电子财务有限责任公司	44 444	320	38 282	288	0	0	0	0	44 444	320	38 282	288
航天科工财务有限责任公司	6 837	22	6 975	19	0	0	0	0	6 837	22	6 975	19
中船重工财务有限责任公司	347 567	36	11 131	5	0	0	0	0	347 567	36	11 131	5
中海石油财务有限责任公司	78 007	53	76 907	36	0	0	0	0	78 007	53	76 907	36
海尔集团财务有限责任公司	18 838	42	10 913	39	0	0	0	0	18 838	42	10 913	39
吉林森林工业集团财务有限责任公司	31 000	4	28 950	4	31 000	4	28 950	4	0	0	0	0
万向财务有限公司	71 000	2	71 000	2	71 000	2	71 000	2	0	0	0	0
苏州创元集团财务有限公司	8 000	4	7 000	4	8 000	4	7 000	4	0	0	0	0
国机财务有限责任公司	187 257	107	304 485	142	0	0	7 000	1	187 257	107	297 485	141

续表

项目 机构	担保业务合计				其中：融资性担保				其中：非融资性担保			
	发生额	发生数（笔）	余额	剩余笔数	发生额	发生数（笔）	余额	剩余笔数	发生额	发生数（笔）	余额	剩余笔数
海航集团财务有限公司	30 000	1	30 000	1	30 000	1	30 000	1	0	0	0	0
中国华电集团财务有限公司	17 826	5	67 826	6	0	0	50 000	1	17 826	5	17 826	5
南方电网财务有限公司	9 548	161	8 811	99	0	0	0	0	9 548	161	8 811	99
中电投财务有限公司	50 844	27	39 859	25	0	0	0	0	50 844	27	39 859	25
国电财务有限公司	1 399	5	2 549	8	0	0	0	0	1 399	5	2 549	8
华联财务有限责任公司	12 000	2	10 000	1	12 000	2	10 000	1	0	0	0	0
浙江省能源集团财务有限责任公司	32 521	52	70 500	53	0	0	0	0	32 521	52	70 500	53
天津港财务有限公司	44 264	60	37 694	35	44 264	60	37 694	35	0	0	0	0
中冶集团财务有限公司	27 138	9	73 606	8	0	0	50 000	1	27 138	9	23 606	7
申能集团财务有限公司	11 500	2	12 000	2	0	0	2 000	1	11 500	2	10 000	1
中化集团财务有限责任公司	1 073	3	881	1	0	0	0	0	1 073	3	881	1
海信集团财务有限公司	229	1	1 229	2	0	0	0	0	229	1	1 229	2
国联财务有限责任公司	57 359	99	38 117	66	56 760	94	36 648	59	599	5	1 469	7
首都机场集团财务有限公司	0	0	500	2	0	0	0	0	0	0	500	2
红豆集团财务有限公司	3 000	1	3 000	1	3 000	1	3 000	1	0	0	0	0
南山集团财务有限公司	63	2	108	2	0	0	0	0	63	2	108	2
国投财务有限公司	305 845	765	149 866	376	299 845	748	142 298	370	6 000	17	7 568	6

续表

机构 \ 项目	担保业务合计				其中：融资性担保				其中：非融资性担保			
	发生额	发生数（笔）	余额	剩余笔数	发生额	发生数（笔）	余额	剩余笔数	发生额	发生数（笔）	余额	剩余笔数
河南能源化工集团财务有限公司	1 931	2	4 377	6	0	0	0	0	1 931	2	4 377	6
紫金矿业集团财务有限公司	10 460	10	10 480	11	0	0	0	0	10 460	10	10 480	11
阳泉煤业集团财务有限责任公司	66 480	29	18 500	4	66 480	29	18 500	4	0	0	0	0
晋煤集团财务有限公司	108 855	32	54 405	20	108 855	32	54 405	20	0	0	0	0
中海集团财务有限责任公司	3 242	4	3 242	4	0	0	0	0	3 242	4	3 242	4
中集集团财务有限公司	12 071	79	5 058	39	0	0	0	0	12 071	79	5 058	39
沙钢财务有限公司	46 885	22	66 485	28	43 147	19	61 147	24	3 738	3	5 338	4
美的集团财务有限公司	31 000	12	16 000	7	0	0	0	0	31 000	12	16 000	7
宁波港集团财务有限公司	2 732	4	3 373	6	0	0	0	0	2 732	4	3 373	6
兖矿集团财务有限公司	4 100	2	4 100	1	0	0	0	0	4 100	2	4 100	1
哈尔滨电气集团财务有限责任公司	402	6	849	4	0	0	0	0	402	6	849	4
北大方正集团财务有限公司	439 055	31	375 085	20	439 055	31	375 085	20	0	0	0	0
铜陵有色金属集团财务有限公司	30 450	12	29 590	8	0	0	0	0	30 450	12	29 590	8
中建财务有限公司	74 246	24	153 143	28	0	0	0	0	74 246	24	153 143	28
金川集团财务有限公司	2 190	4	24 271	6	0	0	0	0	2 190	4	24 271	6
包钢集团财务有限责任公司	14 841	8	2 943	4	14 841	8	2 943	4	0	0	0	0

续表

机构 \ 项目	担保业务合计				其中：融资性担保				其中：非融资性担保			
	发生额	发生数（笔）	余额	剩余笔数	发生额	发生数（笔）	余额	剩余笔数	发生额	发生数（笔）	余额	剩余笔数
新奥财务有限责任公司	55 400	7	65 080	9	0	0	0	0	55 400	7	65 080	9
中外运长航财务有限公司	225	7	1 525	63	0	0	0	0	225	7	1 525	63
中铝财务有限责任公司	15 000	2	30 000	3	15 000	2	30 000	3	0	0	0	0
福建省能源集团财务有限公司	59 150	6	100 856	13	10 000	1	10 000	1	49 150	5	90 856	12
马钢集团财务有限公司	33 898	5	25 000	1	0	0	0	0	33 898	5	25 000	1
湖北宜化集团财务有限责任公司	63	1	63	1	0	0	0	0	63	1	63	1
大连港集团财务有限公司	21 653	26	17 109	19	4 000	1	0	0	17 653	25	17 109	19
中国铁建财务有限公司	190 040	55	199 612	62	0	0	0	0	190 040	55	199 612	62
山东省商业集团财务有限公司	18 000	5	18 000	5	18 000	5	18 000	5	0	0	0	0
山东重工集团财务有限公司	40 000	2	40 000	2	40 000	2	40 000	2	0	0	0	0
湖北能源财务有限公司	55 000	1	0	0	0	0	0	0	55 000	1	0	0
陕西煤业化工集团财务有限公司	1 951	11	2 237	10	0	0	0	0	1 951	11	2 237	10
上海华谊集团财务有限责任公司	3 600	1	3 600	1	0	0	0	0	3 600	1	3 600	1
河钢集团财务有限公司	1 232 750	59	0	0	1 232 750	59	0	0	0	0	0	0
安徽省能源集团财务有限公司	2 357	3	2 600	7	0	0	0	0	2 357	3	2 600	7

续表

项目 机构	担保业务合计				其中：融资性担保				其中：非融资性担保			
	发生额	发生数（笔）	余额	剩余笔数	发生额	发生数（笔）	余额	剩余笔数	发生额	发生数（笔）	余额	剩余笔数
中化工程集团财务有限公司	45 131	76	65 143	60	0	0	0	0	45 131	76	65 143	60
天津天保财务有限公司	496 980	18	231 700	13	496 980	18	231 700	13	0	0	0	0
亿利集团财务有限公司	145 000	6	145 000	3	145 000	6	145 000	3	0	0	0	0
厦门海翼集团财务有限公司	1 633	1	1 793	2	0	0	0	0	1 633	1	1 793	2
中信财务有限公司	26 000	1	26 000	1	0	0	0	0	26 000	1	26 000	1
浙江省交通投资集团财务有限责任公司	1 377	10	979	5	0	0	0	0	1 377	10	979	5
中国北车集团财务有限公司	3 088	6	18 871	11	0	0	0	0	3 088	6	18 871	11
重庆机电控股集团财务有限公司	8 625	2	10 000	2	8 625	2	10 000	2	0	0	0	0
河北建投集团财务有限公司	10 750	2	10 750	2	10 750	2	10 750	2	0	0	0	0
大同煤矿集团财务有限责任公司	80 000	2	0	0	80 000	2	0	0	0	0	0	0
北京首都旅游集团财务有限公司	100	1	3 370	2	0	0	0	0	100	1	3 370	2
广西交通投资集团财务有限责任公司	14 038	9	14 038	9	5 000	1	5 000	1	9 038	8	9 038	8
徐工集团财务有限公司	6 961	5	975	3	0	0	0	0	6 961	5	975	3
百联集团财务有限责任公司	21 000	21	21 000	21	0	0	0	0	21 000	21	21 000	21
创维集团财务有限公司	12 544	6	7 281	4	0	0	0	0	12 544	6	7 281	4

续表

项目 机构	担保业务合计				其中：融资性担保				其中：非融资性担保			
	发生额	发生数（笔）	余额	剩余笔数	发生额	发生数（笔）	余额	剩余笔数	发生额	发生数（笔）	余额	剩余笔数
江苏国泰财务有限公司	8 686	2	8 730	3	8 686	2	8 730	3	0	0	0	0
亨通财务有限公司	35 812	9	20 256	6	35 812	9	20 256	6	0	0	0	0
珠海华发集团财务有限公司	8 300	3	88 300	4	8 300	3	88 300	4	0	0	0	0
北京金隅财务有限公司	18 524	28	10 913	19	12 752	12	5 350	5	5 772	16	5 563	14
云南云天化集团财务有限公司	40 000	6	35 000	5	40 000	6	35 000	5	0	0	0	0
伊利财务有限公司	23 800	3	23 800	3	23 800	3	23 800	3	0	0	0	0
大冶有色金属集团财务有限责任公司	3 300	2	3 300	2	0	0	0	0	3 300	2	3 300	2
巨化集团财务有限责任公司	713	2	713	2	0	0	0	0	713	2	713	2
供销集团财务有限公司	21 300	3	5 300	1	21 300	3	5 300	1	0	0	0	0
中铁财务有限责任公司	23 210	14	25 931	14	0	0	0	0	23 210	14	25 931	14
重庆力帆财务有限公司	142 600	21	59 700	6	142 600	21	59 700	6	0	0	0	0
山东晨鸣集团财务有限公司	33 260	2	0	0	33 260	2	0	0	0	0	0	0
中节能财务有限公司	219 649	48	133 513	26	179 999	33	120 923	16	39 650	15	12 591	10
青岛港财务有限责任公司	8 643	8	0	0	0	0	0	0	8 643	8	0	0
上海上实集团财务有限公司	6 580	8	6 580	8	6 580	8	6 580	8	0	0	0	0
广东省交通集团财务有限公司	1 879	12	1 819	10	0	0	0	0	1 879	12	1 819	10

续表

机构＼项目	担保业务合计				其中：融资性担保				其中：非融资性担保			
	发生额	发生数（笔）	余额	剩余笔数	发生额	发生数（笔）	余额	剩余笔数	发生额	发生数（笔）	余额	剩余笔数
天津物产集团财务有限公司	187 000	10	127 000	3	187 000	10	127 000	3	0	0	0	0
福建七匹狼集团财务有限公司	3 378	1	3 378	1	0	0	0	0	3 378	1	3 378	1
中国核工业建设集团财务有限公司	1 483	4	1 483	4	0	0	0	0	1 483	4	1 483	4
湖北交投集团财务有限公司	50 052	5	50 052	5	0	0	0	0	50 052	5	50 052	5
上海外高桥集团财务有限公司	18 825	1	0	0	0	0	0	0	18 825	1	0	0
总计	7 227 033	7 792	5 240 789	5 707	4 617 958	4 140	2 569 493	2 077	2 609 075	3 652	2 671 296	3 630

财务公司从业人员年龄、文化、职称结构统计表

（2015 年）

单位：人

机构＼项目	人员合计	年龄结构				性别结构		文化结构				职称结构			
		30岁以下	30岁至40岁	40岁至50岁	50岁以上	男	女	博士	硕士	本科	专科及以下	高级	中级	初级	其他
东风汽车财务有限公司	208	141	42	22	3	144	64	0	38	164	6	12	30	23	143
中国重汽财务有限公司	48	29	8	8	3	13	35	0	9	33	6	1	15	9	23
中国华能财务有限责任公司	69	15	11	26	17	30	39	1	30	30	8	31	18	4	16
锦江国际集团财务有限责任公司	22	2	8	8	4	17	5	0	2	15	5	1	5	3	13
一汽财务有限公司	89	30	43	12	4	32	57	0	45	32	12	9	16	34	30
西电集团财务有限责任公司	32	8	18	5	1	15	17	0	6	24	2	2	16	5	9
中国石化财务有限责任公司	350	127	113	86	24	156	194	1	84	234	31	65	138	107	40
东方电气集团财务有限公司	51	16	18	15	2	24	27	0	27	17	7	8	12	19	12

续表

项目 机构	人员合计	年龄结构				性别结构		文化结构				职称结构			
		30岁以下	30岁至40岁	40岁至50岁	50岁以上	男	女	博士	硕士	本科	专科及以下	高级	中级	初级	其他
宝钢集团财务有限责任公司	58	15	16	20	7	34	24	0	34	21	3	6	27	7	18
中国一拖集团财务有限责任公司	42	13	13	14	2	14	28	0	4	26	12	3	22	3	14
五矿集团财务有限责任公司	36	9	13	13	1	16	20	0	12	24	0	2	6	8	20
武汉钢铁集团财务有限责任公司	57	11	24	18	4	32	25	0	16	32	9	14	23	3	17
中远财务有限责任公司	118	11	40	52	15	55	63	0	23	80	15	16	49	37	16
江铃汽车集团财务有限公司	157	97	25	23	12	83	74	0	19	97	41	4	20	12	121
中国航空集团财务有限责任公司	104	12	17	55	20	42	62	0	17	48	39	10	26	12	56
天津渤海集团财务有限责任公司	23	7	5	7	4	11	12	0	3	17	3	1	7	1	14
深圳市有色金属财务有限公司	34	5	3	21	5	24	10	2	8	14	10	2	18	5	9
中国南航集团财务有限公司	60	6	27	21	6	31	29	0	15	28	17	2	25	2	31
上海汽车集团财务有限责任公司	521	331	160	20	10	357	164	0	106	390	25	3	57	11	450
振华集团财务有限责任公司	22	8	6	6	2	10	12	0	4	15	3	0	8	0	14
东方集团财务有限责任公司	35	14	10	9	2	17	18	0	5	25	5	1	12	5	17
东航集团财务有限责任公司	48	16	17	12	3	14	34	0	15	28	5	2	10	1	35
中油财务有限责任公司	163	19	69	51	24	74	89	5	60	82	16	45	66	43	9
上海电气集团财务有限责任公司	79	17	52	10	0	53	26	2	33	42	2	1	19	3	56
中国能源建设集团葛洲坝财务有限公司	78	16	23	22	17	43	35	0	16	37	25	22	23	5	28

续表

项目 / 机构	人员合计	年龄结构				性别结构		文化结构				职称结构			
		30岁以下	30岁至40岁	40岁至50岁	50岁以上	男	女	博士	硕士	本科	专科及以下	高级	中级	初级	其他
兵工财务有限责任公司	107	14	48	34	11	43	64	0	35	52	20	14	39	24	30
三峡财务有限责任公司	114	21	59	23	11	67	47	3	36	68	7	35	34	3	42
中广核财务有限责任公司	59	22	21	14	2	35	24	1	23	27	8	4	18	6	31
中船财务有限责任公司	44	22	7	10	5	22	22	1	20	20	3	9	11	18	6
中核财务有限责任公司	44	7	26	8	3	25	19	0	17	26	1	9	20	14	1
上海浦东发展集团财务有限责任公司	48	14	24	7	3	25	23	1	14	26	7	0	18	4	26
鞍钢集团财务有限责任公司	97	6	28	43	20	38	59	0	17	59	21	34	38	18	7
中国电力财务有限公司	819	94	257	323	145	378	441	9	232	507	71	250	268	68	233
神华财务有限公司	54	7	30	12	5	27	27	7	29	13	5	10	26	2	16
中国电子财务有限责任公司	61	13	11	24	13	32	29	2	14	39	6	15	20	13	13
航天科技财务有限责任公司	88	19	43	18	8	38	50	3	50	30	5	13	23	4	48
航天科工财务有限责任公司	71	15	36	10	10	33	38	1	28	26	16	12	19	6	34
中船重工财务有限责任公司	44	17	16	7	4	19	25	0	11	31	2	13	12	3	16
中海石油财务有限责任公司	118	43	44	24	7	54	64	2	37	73	6	6	40	8	64
海尔集团财务有限责任公司	132	52	64	15	1	52	80	0	29	83	20	2	23	20	87
吉林森林工业集团财务有限责任公司	49	14	23	8	4	20	29	0	8	36	5	10	10	1	28
万向财务有限公司	65	29	23	12	1	33	32	0	8	47	10	1	20	14	30
中粮财务有限责任公司	26	11	10	5	0	12	14	0	10	16	0	0	2	0	24

续表

项目 机构	人员合计	年龄结构				性别结构		文化结构				职称结构			
		30岁以下	30岁至40岁	40岁至50岁	50岁以上	男	女	博士	硕士	本科	专科及以下	高级	中级	初级	其他
苏州创元集团财务有限公司	22	5	7	5	5	9	13	0	1	13	8	2	1	11	8
珠海格力集团财务有限责任公司	49	18	12	9	10	21	28	0	6	36	7	1	15	10	23
国机财务有限责任公司	49	20	13	10	6	22	27	0	17	27	5	13	8	3	25
海航集团财务有限公司	72	46	17	5	4	55	17	0	22	46	4	1	12	1	58
中国华电集团财务有限公司	58	15	23	16	4	30	28	0	26	31	1	13	14	0	31
中国大唐集团财务有限公司	47	9	23	14	1	24	23	2	38	6	1	10	17	20	0
南方电网财务有限公司	136	58	52	21	5	80	56	2	33	91	10	25	33	15	63
中电投财务有限公司	72	29	21	19	3	33	39	2	36	32	2	15	11	3	43
国电财务有限公司	70	18	34	9	9	28	42	5	30	29	6	16	24	5	25
华联财务有限责任公司	29	10	10	8	1	15	14	1	1	23	4	1	5	3	20
兵器装备集团财务有限责任公司	320	235	63	16	6	153	167	2	93	216	9	20	16	31	253
京能集团财务有限公司	37	12	19	6	0	18	19	0	19	18	0	9	16	0	12
浙江省能源集团财务有限责任公司	52	36	9	6	1	32	20	0	14	38	0	3	14	0	35
广东粤电财务有限公司	33	3	18	10	2	18	15	1	17	14	1	10	17	3	3
TCL集团财务有限公司	45	23	14	8	0	24	21	2	6	35	2	1	11	15	18
湖南华菱钢铁集团财务有限公司	30	5	13	9	3	16	14	1	6	20	3	4	7	4	15
江西铜业集团财务有限公司	31	10	10	8	3	17	14	0	7	23	1	2	18	11	0
天津港财务有限公司	44	14	14	14	2	19	25	0	12	27	5	1	20	20	3
松下电器（中国）财务有限公司	16	9	6	1	0	2	14	0	3	11	2	0	3	0	13

续表

项目 机构	人员合计	年龄结构				性别结构		文化结构				职称结构			
		30岁以下	30岁至40岁	40岁至50岁	50岁以上	男	女	博士	硕士	本科	专科及以下	高级	中级	初级	其他
中航工业集团财务有限责任公司	113	33	43	22	15	46	67	1	72	34	6	19	23	5	66
中冶集团财务有限公司	30	11	13	5	1	12	18	0	18	12	0	6	3	0	21
申能集团财务有限公司	41	9	21	10	1	19	22	0	26	14	1	1	27	12	1
潞安集团财务有限公司	64	26	28	9	1	31	33	0	21	40	3	5	15	31	13
淮南矿业集团财务有限公司	50	7	8	11	24	29	21	0	9	16	25	3	30	14	3
日立（中国）财务有限公司	13	4	6	2	1	6	7	0	3	9	1	0	3	0	10
保利财务有限公司	20	5	11	3	1	11	9	0	11	9	0	4	6	10	0
深圳能源财务有限公司	30	5	8	11	6	15	15	0	11	14	5	5	9	5	11
中化集团财务有限责任公司	86	36	28	17	5	39	47	1	32	44	9	1	19	4	62
海信集团财务有限公司	31	16	10	3	2	7	24	0	9	19	3	1	3	3	24
国联财务有限责任公司	23	13	6	3	1	11	12	0	2	19	2	1	5	2	15
首都机场集团财务有限公司	45	14	16	14	1	18	27	0	18	22	5	6	14	0	25
红豆集团财务有限公司	32	17	12	2	1	8	24	1	6	22	3	1	0	0	31
海马财务有限公司	132	106	19	5	2	63	69	0	7	113	12	0	6	4	122
南山集团财务有限公司	38	24	7	6	1	18	20	0	8	28	2	4	6	3	25
国投财务有限公司	49	18	26	3	2	31	18	4	27	18	0	12	19	4	14
河南能源化工集团财务有限公司	36	7	8	14	7	18	18	0	2	20	14	4	19	8	5
中国化工财务有限公司	38	11	13	11	3	15	23	1	17	16	4	6	6	5	21
紫金矿业集团财务有限公司	19	8	6	4	1	10	9	0	2	16	1	1	10	4	4

续表

机构 \ 项目	人员合计	年龄结构 30岁以下	30岁至40岁	40岁至50岁	50岁以上	性别结构 男	女	文化结构 博士	硕士	本科	专科及以下	职称结构 高级	中级	初级	其他
江苏华西集团财务有限公司	29	14	7	6	2	9	20	0	2	17	10	2	2	5	20
冀中能源集团财务有限责任公司	36	2	15	12	7	14	22	0	0	18	18	6	9	8	13
山西焦煤集团财务有限责任公司	38	5	13	15	5	17	21	0	6	27	5	9	13	7	9
阳泉煤业集团财务有限责任公司	47	20	14	6	7	23	24	0	5	29	13	4	21	3	19
晋煤集团财务有限公司	38	10	21	5	2	24	14	0	7	26	5	1	13	8	16
云南冶金集团财务有限公司	30	13	8	9	0	14	16	0	5	18	7	2	9	2	17
中海集团财务有限责任公司	61	9	29	19	4	33	28	0	9	41	11	3	19	11	28
中集集团财务有限公司	54	19	24	10	1	21	33	1	18	33	2	0	5	0	49
沙钢财务有限公司	31	20	9	1	1	12	19	0	3	25	3	1	5	15	10
美的集团财务有限公司	54	15	29	10	0	16	38	0	6	46	2	1	16	4	33
宁波港集团财务有限公司	27	11	7	7	2	18	9	0	7	19	1	2	13	12	0
兖矿集团财务有限公司	30	3	17	7	3	15	15	0	0	29	1	5	22	3	0
哈尔滨电气集团财务有限责任公司	37	10	16	7	4	21	16	0	9	23	5	11	11	7	8
北大方正集团财务有限公司	46	21	17	7	1	20	26	0	22	19	5	2	3	1	40
通用技术集团财务有限责任公司	35	11	14	10	0	15	20	0	16	17	2	6	12	0	17
铜陵有色金属集团财务有限公司	26	1	18	5	2	12	14	0	6	19	1	6	19	1	0
中建财务有限公司	32	7	15	6	4	20	12	0	13	16	3	7	10	10	5
江苏省国信集团财务有限公司	41	10	18	10	3	20	21	1	4	31	5	4	14	5	18

续表

项目 / 机构	人员合计	年龄结构				性别结构		文化结构				职称结构			
		30岁以下	30岁至40岁	40岁至50岁	50岁以上	男	女	博士	硕士	本科	专科及以下	高级	中级	初级	其他
重庆化医控股集团财务有限公司	17	5	7	4	1	9	8	0	1	11	5	2	2	4	9
金川集团财务有限公司	30	11	9	7	3	9	21	0	3	26	1	2	11	12	5
新希望财务有限公司	36	10	20	5	1	17	19	0	11	24	1	2	11	12	11
酒钢集团财务有限公司	35	15	15	5	0	14	21	0	2	32	1	0	5	15	15
包钢集团财务有限责任公司	42	18	9	13	2	13	29	0	9	29	4	8	16	0	18
新奥财务有限责任公司	49	21	20	5	3	29	20	0	14	24	11	0	3	10	36
中外运长航财务有限公司	30	13	14	3	0	9	21	0	23	6	1	3	8	11	8
青岛啤酒财务有限责任公司	31	9	10	11	1	14	17	0	4	26	1	3	11	2	15
上海复星高科技集团财务有限公司	22	9	9	4	0	8	14	1	3	18	0	1	3	3	15
中铝财务有限责任公司	32	14	13	4	1	17	15	4	17	11	0	7	5	6	14
中兴通讯集团财务有限公司	40	16	19	5	0	20	20	0	16	18	6	11	11	10	8
福建省能源集团财务有限公司	28	12	6	8	2	10	18	0	4	17	7	0	16	12	0
湖南高速集团财务有限公司	27	10	10	4	3	14	13	0	4	22	1	3	7	10	7
马钢集团财务有限公司	34	12	7	13	2	15	19	0	8	21	5	6	16	10	2
湖北宜化集团财务有限责任公司	19	3	10	6	0	10	9	0	2	14	3	2	4	13	0
北京汽车集团财务有限公司	149	84	58	6	1	77	72	0	47	89	13	2	18	7	122
大连港集团财务有限公司	26	10	10	4	2	13	13	1	6	18	1	1	7	11	7
大唐电信集团财务有限公司	26	11	10	4	1	12	14	2	12	11	1	5	4	0	17

续表

项目 机构	人员合计	年龄结构				性别结构		文化结构				职称结构			
		30岁以下	30岁至40岁	40岁至50岁	50岁以上	男	女	博士	硕士	本科	专科及以下	高级	中级	初级	其他
开滦集团财务有限责任公司	30	7	9	9	5	14	16	1	6	22	1	14	7	7	2
中国航油集团财务有限公司	32	13	10	8	1	15	17	2	19	11	0	3	11	1	17
海南农垦集团财务有限公司	18	2	11	4	1	9	9	0	4	14	0	1	6	3	8
西部矿业集团财务有限公司	28	7	14	5	2	16	12	1	1	23	3	3	12	1	12
江苏交通控股集团财务有限公司	30	12	11	6	1	12	18	0	9	20	1	5	12	1	12
中国移动通信集团财务有限公司	51	28	15	6	2	35	16	0	40	10	1	7	20	1	23
山东钢铁集团财务有限公司	25	0	11	10	4	19	6	0	8	17	0	11	11	3	0
国药集团财务有限公司	26	11	9	6	0	13	13	0	11	15	0	3	5	1	17
郑州宇通集团财务有限公司	36	16	11	8	1	25	11	0	4	27	5	2	6	26	2
中国铁建财务有限公司	50	24	18	5	3	28	22	0	16	34	0	13	17	11	9
山东省商业集团财务有限公司	38	13	19	4	2	20	18	1	12	25	0	4	10	24	0
深圳华强集团财务有限公司	24	9	7	7	1	11	13	0	5	15	4	1	4	3	16
诚通财务有限责任公司	35	18	8	5	4	19	16	2	18	12	3	5	11	0	19
山东重工集团财务有限公司	48	19	19	8	2	27	21	0	14	33	1	3	15	15	15
湖北能源财务有限公司	19	3	10	6	0	8	11	0	5	9	5	0	5	10	4
港中旅财务有限公司	24	6	13	5	0	12	12	0	5	18	1	5	5	8	6
陕西煤业化工集团财务有限公司	53	24	20	7	2	19	34	2	18	30	3	6	16	2	29

续表

项目/机构	人员合计	年龄结构				性别结构		文化结构				职称结构			
		30岁以下	30岁至40岁	40岁至50岁	50岁以上	男	女	博士	硕士	本科	专科及以下	高级	中级	初级	其他
上海华谊集团财务有限责任公司	28	6	15	5	2	13	15	0	11	16	1	2	10	2	14
河钢集团财务有限公司	21	8	7	6	0	8	13	0	2	17	2	5	5	4	7
安徽省能源集团财务有限公司	18	5	4	7	2	9	9	0	5	11	2	0	9	1	8
中化工程集团财务有限公司	30	17	6	4	3	10	20	0	15	11	4	4	3	0	23
天津天保财务有限公司	20	6	9	3	2	10	10	0	8	12	0	2	7	4	7
亿利集团财务有限公司	17	5	10	2	0	13	4	0	4	12	1	0	4	0	13
厦门海翼集团财务有限公司	18	7	7	2	2	8	10	0	2	16	0	2	3	7	6
中信财务有限公司	28	11	10	6	1	14	14	0	17	9	2	2	5	2	19
浙江省交通投资集团财务有限责任公司	30	10	15	3	2	14	16	0	8	21	1	6	13	4	7
中国北车集团财务有限公司	56	13	34	7	2	26	30	3	20	33	0	14	19	19	4
中国电子科技财务有限公司	34	17	13	3	1	18	16	0	18	15	1	2	9	6	17
重庆机电控股集团财务有限公司	26	14	7	4	1	9	17	0	6	20	0	3	7	3	13
河北建投集团财务有限公司	29	8	14	3	4	17	12	0	17	10	2	5	9	1	14
太钢集团财务有限公司	33	12	8	12	1	18	15	0	8	21	4	5	11	17	0
大同煤矿集团财务有限责任公司	59	31	15	10	3	28	31	0	7	45	7	8	20	7	24
贵州茅台集团财务有限公司	20	9	7	2	2	12	8	0	4	13	3	0	5	0	15
海亮集团财务有限责任公司	29	17	9	3	0	9	20	0	2	16	11	0	1	2	26
中材集团财务有限公司	25	10	6	7	2	12	13	1	9	13	2	6	4	5	10

续表

项目 机构	人员合计	年龄结构				性别结构		文化结构				职称结构			
		30岁以下	30岁至40岁	40岁至50岁	50岁以上	男	女	博士	硕士	本科	专科及以下	高级	中级	初级	其他
贵州盘江集团财务有限公司	16	5	4	3	4	9	7	0	0	10	6	3	6	2	5
北京首都旅游集团财务有限公司	22	6	8	8	0	10	12	0	7	13	2	4	3	4	11
广西交通投资集团财务有限责任公司	34	15	10	6	3	21	13	1	9	18	6	1	13	5	15
徐工集团财务有限公司	26	15	6	5	0	13	13	0	10	16	0	1	5	20	0
百联集团财务有限责任公司	22	6	7	6	3	9	13	0	3	16	3	2	5	6	9
中交财务有限公司	76	11	33	24	8	40	36	0	23	45	8	22	22	26	6
山东黄金集团财务有限公司	35	15	15	5	0	16	19	1	12	21	1	6	12	2	15
中开财务有限公司	27	13	8	4	2	16	11	0	11	14	2	1	7	4	15
中国平煤神马集团财务有限责任公司	31	7	12	10	2	20	11	0	1	27	3	9	15	5	2
四川长虹集团财务有限公司	27	11	7	8	1	12	15	0	2	23	2	3	4	9	11
创维集团财务有限公司	44	29	10	4	1	18	26	0	8	33	3	2	2	4	36
江苏国泰财务有限公司	23	8	7	7	1	9	14	0	5	15	3	1	9	3	10
亨通财务有限公司	23	7	12	3	1	15	8	0	4	15	4	1	5	1	16
珠海华发集团财务有限公司	37	10	16	10	1	11	26	0	6	29	2	1	20	5	11
北京金隅财务有限公司	19	7	9	2	1	8	11	0	8	11	0	2	7	1	9
云南云天化集团财务有限公司	22	3	12	5	2	13	9	0	4	15	3	3	6	2	11
北京控股集团财务有限公司	26	6	12	6	2	10	16	1	10	14	1	7	11	0	8
陕西延长石油财务有限公司	30	10	9	9	2	18	12	0	18	11	1	4	19	0	7
山东能源集团财务有限公司	30	6	15	7	2	17	13	0	10	20	0	11	6	2	11

续表

项目／机构	人员合计	年龄结构				性别结构		文化结构				职称结构			
		30岁以下	30岁至40岁	40岁至50岁	50岁以上	男	女	博士	硕士	本科	专科及以下	高级	中级	初级	其他
鄂尔多斯财务有限公司	27	15	5	6	1	15	12	0	2	18	7	1	11	0	15
伊利财务有限公司	33	18	10	5	0	14	19	0	1	27	5	0	5	19	9
大冶有色金属集团财务有限责任公司	16	7	3	6	0	9	7	0	3	13	0	3	3	10	0
巨化集团财务有限责任公司	22	2	6	10	4	12	10	0	1	16	5	3	14	5	0
供销集团财务有限公司	33	11	16	6	0	15	18	1	8	22	2	1	7	2	23
中铁财务有限责任公司	33	12	13	6	2	24	9	0	17	16	0	7	9	1	16
重庆力帆财务有限公司	27	6	10	8	3	15	12	0	3	20	4	2	9	1	15
中煤财务有限责任公司	16	5	8	3	0	9	7	0	5	11	0	3	6	1	6
安徽省皖北煤电集团财务有限公司	25	3	16	5	1	16	9	0	3	21	1	2	17	6	0
淮北矿业集团财务有限公司	33	1	13	17	2	12	21	0	3	16	14	10	20	3	0
湖南出版投资控股集团财务有限公司	24	7	10	4	3	11	13	0	5	16	3	3	8	6	7
四川省宜宾五粮液集团财务有限公司	36	12	11	13	0	19	17	0	2	27	7	1	12	3	20
山东晨鸣集团财务有限公司	34	11	9	13	1	19	15	0	7	27	0	3	6	4	21
河北港口集团财务有限公司	25	3	10	11	1	8	17	0	4	18	3	6	13	3	3
中节能财务有限公司	38	18	17	3	0	19	19	0	14	23	1	3	7	1	27
青岛港财务有限责任公司	20	10	10	0	0	12	8	0	8	12	0	2	7	2	9
上海上实集团财务有限公司	20	7	5	7	1	7	13	0	6	11	3	2	4	1	13
重庆市能源投资集团财务有限公司	26	4	14	5	3	14	12	0	5	19	2	6	12	2	6

续表

机构 \ 项目	人员合计	年龄结构 30岁以下	30岁至40岁	40岁至50岁	50岁以上	性别结构 男	女	文化结构 博士	硕士	本科	专科及以下	职称结构 高级	中级	初级	其他
广东省交通集团财务有限公司	24	5	10	8	1	11	13	2	10	11	1	9	10	4	1
光明食品集团财务有限公司	24	11	6	5	2	8	16	0	4	14	6	1	9	1	13
忠旺集团财务有限公司	38	15	14	8	1	23	15	0	12	24	2	3	5	2	28
本钢集团财务有限公司	27	9	13	4	1	17	10	0	3	22	2	4	6	9	8
天津物产集团财务有限公司	49	20	27	1	1	17	32	0	11	33	5	1	16	21	11
福建七匹狼集团财务有限公司	16	7	6	3	0	8	8	1	2	12	1	2	2	1	11
清华控股集团财务有限公司	24	14	6	4	0	10	14	1	9	11	3	0	6	1	17
中国核工业建设集团财务有限公司	25	8	6	11	0	11	14	0	14	11	0	11	3	7	4
中国黄金集团财务有限公司	28	16	8	3	1	11	17	0	16	12	0	2	7	4	15
物美商业财务有限责任公司	14	5	5	3	1	5	9	0	3	4	7	0	2	0	12
北京金融街集团财务有限公司	19	6	11	2	0	10	9	0	10	8	1	0	6	0	13
湖北交投集团财务有限公司	22	5	9	8	0	9	13	0	5	17	0	0	6	0	16
新凤祥财务有限公司	19	7	9	3	0	10	9	0	6	11	2	0	7	3	9
山东招金集团财务有限公司	28	11	8	8	1	17	11	0	4	22	2	0	9	2	17
中联重科集团财务有限公司	24	9	10	2	3	10	14	1	5	18	0	5	7	1	11
内蒙古伊泰财务有限公司	30	15	13	1	1	17	13	0	3	27	0	3	8	3	16
上海外高桥集团财务有限公司	18	7	9	2	0	8	10	0	4	12	2	0	8	0	10
中国铁路财务有限责任公司	24	6	8	8	2	12	12	1	8	14	1	11	7	0	6

续表

项目 \ 机构	人员合计	年龄结构				性别结构		文化结构				职称结构			
		30岁以下	30岁至40岁	40岁至50岁	50岁以上	男	女	博士	硕士	本科	专科及以下	高级	中级	初级	其他
首钢集团财务有限公司	24	9	7	7	1	15	9	0	8	14	2	5	13	2	4
天瑞集团财务有限责任公司	21	10	7	2	2	12	9	0	2	12	7	2	5	0	14
三房巷财务有限公司	24	6	14	3	1	9	15	0	1	10	13	1	4	2	17
内蒙古电力集团财务有限责任公司	19	5	9	4	1	10	9	1	9	9	0	4	6	4	5
渤海钢铁集团财务有限公司	17	6	7	4	0	14	3	0	2	13	2	0	2	6	9
广东省广晟财务有限公司	22	7	8	6	1	10	12	0	6	15	1	0	11	0	11
粤海集团财务有限公司	23	8	11	3	1	10	13	1	6	16	0	2	9	1	11
西王集团财务有限公司	26	11	9	1	5	16	10	0	4	22	0	3	5	1	17
中国电建集团财务有限责任公司	32	5	15	8	4	19	13	1	12	19	0	13	12	3	4
物产中大集团财务有限公司	22	6	10	4	2	12	10	0	0	18	4	2	2	1	17

注：此表为217家财务公司，不含营口港务、云南昆钢、云南建工、江苏悦达、国核、南车、西门子7家财务公司。

大事记

中国财务公司协会 2015 年大事记

1 月

2015 年 1 月 27 日，中国财务公司协会（以下简称“中国财协”）在北京组织财务公司行业统计分析系统培训，全国 192 家财务公司 210 多名代表参加。中国财协专职常务副会长王岩玲出席并全程参与，评级总监黄琨做重要讲话，研发部主任沈张勇主持。系统开发组成员王国丽、中国财协研发部陈达分别就新系统模块及功能、财协报表进行授课。

2 月

2015 年 2 月 4—6 日，中国财协在北京举办了 2015 年第一期“企业集团财务公司全面风险管理培训班”，此次培训班共有 42 家在京财务公司的 71 名风险管理部门负责人及业务骨干参加。中国财协秘书长李矛斗主持了开班仪式，中国财协专职常务副会长王岩玲在开班仪式上做重要讲话。

2015 年 2 月 5 日，中国财协第九届一次常务理事会议在北京召开，中国财协会长孔庆军同志主持了会议。

3 月

2015 年 3 月 9—10 日，中国财协组织召开了 2015 年度宏观经济形势及企业运营环境分析会。会议由中国财协专职常务副会长王岩玲主持，30 家财务公司的负责人参加此次会议，中国财协党委书记张电中、银监会非银部代表、中国财协相关负责人参与会议讨论。

2015 年 3 月 24—26 日，中国财协专职常务副会长王岩玲、秘书长李矛斗一行赴浙江交通、巨化财务公司、海亮财务公司、万向财务公司、浙江能源财务公司五家单位进行走访调研。

2015 年 3 月 24—27 日，中国财协第二期“企业集团财务公司全面风险管理培训班”在杭州举办。此次培训班共有 110 家财务公司的 157 名风险管理部门负责人及业务骨干参加。

4 月

2015 年 4 月 9 日，中国财协组织开展“浅议财务公司面临的新问题”讨论会议，中国财协全体职工参与会议，对议题进行讨论研究。

2015 年 4 月 22 日，“新设财务公司座谈会”在北京召开，中国财协党委书记、常务副会长张电中与专职常务副会长王岩玲与2012—2014年期间开业的31家财务公司及9家批筹财务公司代表共百余人一同参加了会议。本次会议邀请航天科技财务公司、同煤集团财务公司、青啤财务公司、美的财务公司高管分别进行主题演讲，分享先进经验，并同参会代表进行了深入的交流。

2015年4月24日，中国财协第九届二次理事会议在北京召开，会议由会长孔庆军主持，36名理事或授权代表出席了会议，7名监事或授权代表列席了会议。会议听取了秘书处关于近期工作情况的汇报。

2015年4月24日，中国财协第九届监事会第二次会议在北京召开，陈宇监事长主持了会议，7名监事或授权代表出席了会议。

2015年4月29日，中国财协与人民网财经研究院、人民日报内参部合作开展以“释放财务公司资金活力，支持实体经济发展”为主题的闭门座谈会，十几家财务公司领导和集团领导参加了座谈会，座谈会内容形成内参上报国家领导，获领导关心，总理对此内参进行了批示。

5月

2015年5月19—22日、5月25—28日，中国财协在北京举办两期“全球企业财资管理—国际司库管理最佳实践”培训班，共有130家财务公司的234人参加培训。人民大学商学院张瑞君教授、北京银监局相关人员应邀参加。培训班特别邀请了财资管理培训专家、国际财资管理专业人士协会（AFP）前董事会主席David L. O'Brien先生结合全球化集团公司司库管理最佳实践分别从司库构架模式、投融资管理、财资系统规划、全球现金管理、营运资本管理、企业金融风险管理、战略合作伙伴关系的建立七个方面进行了授课。

2015年5月20日，中国财协组织完成了《产融结合的最佳实践——媒体视角下的财务公司》一书的编辑出版，该书共收录了12家媒体记者报道共112篇，是行业内首本媒体宣传报道合集。

2015年5月30日，中国财协第九届常务理事会第二次会议在长春市召开。中国财协党委书记、常务副会长张电中同志主持会议。

2015年5月30日，中国财协第九届理事会第三次会议在长春市召开。中国财协专职常务副会长王岩玲、会长盖永光分别主持会议。会议审议通过了《关于中国财务公司协会会长变更的议案》，选举盖永光同志担任中国财务公司协会第九届理事会会长。

2015年5月31日，中国财协2015年会员大会在吉林省长春市召开。会议审议通过了《关于修订〈中国财务公司协会章程〉的议案》和《关于修订〈中国财务公司协会会费管理办法〉的议案》。

2015年5月31日—6月1日，中国企业集团财务公司2015年年会在长春市举行。吉林省委常委、省人民政府副省长庄严，中国人民银行副行长范一飞，国务院国资委总会计师沈莹，中国银监会党委委员、主席助理杨家才发表重要讲话。相关政府部门和来自各银监局、同业协会、企业集团、财务公司、新闻媒体等方面的代表出席会议。会上，中国财务公司协会党委书记张电中发布了《企业集团财务公司行业2015年第一季度运行情况报告》。中国财务公司协会专职常务副会长王岩玲发布了《企业集团财务公司评级办法（试行）》及初次评级结果。

6月

2015年6月11日，中国财协组织召开“三严三实”专题教育党课暨党委中心组扩大会议，中国财协全体职工参与会议，深刻学习理解“三严三实”的重要意义。

7 月

2015 年 7 月 7—9 日，中国财协第三期“企业集团财务公司全面风险管理培训班”在北京举办。此次培训班共有 109 家财务公司的 157 名风险管理部门负责人及业务骨干参加。

2015 年 7 月 13 日，中国财协组织“三严三实”专题教育第一专题交流会，会议专题为“坚持严以修身，把牢思想和行动的总开关”，中国财协党委成员、部门负责人参与会议并进行讨论学习。

2015 年 7 月 22 日，中国财协组织全体职工集体观看学习纪录片《筑梦中国》，深刻理解领会习近平总书记关于中华民族伟大复兴的中国梦的重要论述。

9 月

2015 年 9 月 8 日，中国财协组织“三严三实”专题教育第二专题交流会，会议专题为“严以律己做人，清正廉洁做事”，中国财协党委成员、部门负责人参与会议并进行讨论学习。

2015 年 9 月 10 日，中国财协完成官方网站的二级等保备案。

2015 年 9 月 23—25 日，中国财协在兰州市举办了 2015 年第一期“财务公司高管研修班”。此次研修班共有华东片区、华南片区 74 家财务公司的 84 名高管参加。中国财协专职常务副会长王岩玲主持了开班仪式并讲话，党委书记、常务副会长张电中参加研修班并做总结讲话。

10 月

2015 年 10 月 12 日，中国财协组织召开全体员工及新入职 9 名员工的培训会议。中国财协党委书记、常务副会长张电中出席会议，并做重要讲话。

2015 年 10 月 13—14 日，中国财协第九届理事会调研组由党委书记、常务副会长张电中、专职常务副会长王岩玲分别带队，对上海和北京两地的上海汽车财务公司、上海电气财务公司、宝钢财务公司、中国华电财务公司、兵工财务公司和五矿财务公司六家单位进行了专题调研，理事及理事单位代表共 38 人次参加了调研。

2015 年 10 月 15 日，中国财协在北京组织召开财务公司投融资管理研讨会。本次研讨会由中国财协主办，中航信托股份有限公司协办，共有 103 家财务公司 180 名代表参加。会议邀请中国人民大学信托与基金研究所所长周小明博士、中国社科院经济研究所张平教授等业内知名的专家学者进行专题演讲，并与参会财务公司代表就上述主题进行了交流探讨。

2015 年 10 月 16 日，中国财协举办会员经理首次培训，中国财协专职常务副会长王岩玲出席并做重要讲话。培训邀请中国银监会审慎规制局初善冰和信息科技部赵望龙分别进行专题讲解，并对会员经理的提问进行相应解答。

2015 年 10 月 16 日，中共中央政治局常委、国务院总理李克强总理主持召开金融企业座谈会，并做重要讲话。中共中央政治局常委、国务院副总理张高丽出席。受中国银监会的指派，中国财协会长、中国电力财务有限公司董事长盖永光作为金融企业代表，参加了这次重要会议。

2015 年 10 月 17—21 日，中国财协专职常务副会长王岩玲应邀带队参加美国丹佛举办的全球财资管理专业人士第 36 届年会。会议期间，王岩玲代表中国财协与国际财资管理专业人士协会（AFP）正式签署战略合作协议，这是中国财协第一次与国际知名同业协会在司库研究、经验交流、人才培养等方面开展合作。

2015 年 10 月 26—28 日，中国财协在北京举办了“财务公司结算基础业务培训班”，共有 112 家财务公司 227 人参加了培训。中国财协秘书长李矛斗主持开班仪式并讲话。本次培训邀请了航天科技集团财务公司战略发展部高级经理李依頔、海航集团财务有限公司结算业务部总经理蒙娜、中核财务有限责任公司结算服务部副经理胡孟进行授课，并与学员进行了交流互动。

2015 年 10 月 29—30 日，中国财协在北京举办了“财务公司信贷基础业务培训班”，共有 113 家财务公司 217 人参加了培训。中国财协秘书长李矛斗主持开班仪式并讲话。本次培训邀请了国投财务有限公司高级客户经理刘永军进行授课，并与学员进行了问题解答和充分互动交流。

11 月

2015 年 11 月 4—5 日，中国财协监事在监事长陈宇带领下，赴航天科技财务公司、中国华电财务公司、中国石化财务公司和中航工业财务公司四家单位进行走访调研，中国财协秘书长李矛斗参加了本次调研。

2015 年 11 月 6 日，中国财协组织“三严三实”专题教育第三专题交流会，会议专题为“严以用权，慎于用权，争做‘三严三实好干部’”，中国财协党委成员、部门负责人参与会议并进行讨论学习。

2015 年 11 月 10—12 日，中国财协在重庆市举办了 2015 年第二期“财务公司高管研修班”。此次研修班共有北京片区、北方片区及第一期未参加培训的 91 家财务公司的 94 名高管参加。中国财协专职常务副会长王岩玲主持了开班仪式并讲话，党委书记张电中参加本期研修班。

12 月

2015 年 12 月 3—5 日，应中国期货业协会邀请，中国财协专职常务副会长王岩玲带队参加了第 11 届中国（深圳）国际期货大会。会议期间，中国财协一行还先后赴深圳能源财务公司、中广核财务公司、华强财务公司三家单位进行了走访调研，深入了解各财务公司对财务公司行业评级的意见、建议及对中国财协工作的建议。

2015 年 12 月 11 日，中国财协第九届三次常务理事会议在北京召开。会议由中国财协会长盖永光主持，9 名常务理事或授权委托人出席了会议。监事长陈宇列席了会议。

2015 年 12 月 17—18 日，中国财协在北京举办“财务公司外汇管理培训班”，此次培训班共有 101 家财务公司的 181 名外汇业务管理人员参加。中国财协秘书长李矛斗主持开班仪式并讲话。此次培训班特别邀请了国家外汇管理局资本项目管理司周海文处长、中化集团财务有限责任公司王慧霞总经理助理、上海电气集团财务有限公司外汇业务部吴永毅经理分别进行了专题授课，并对参训人员的业务问题进行了及时解答。

2015 年 12 月 18 日，中国财协组织学习会议，中国财协党委成员、部门负责人参与会议，对《中国共产党廉洁自律准则》《中共产党纪律处分条例》进行更深一步的学习。

[illegible]

附　　录

2015 年度财务公司行业受表彰情况

东风汽车财务有限公司

东风汽车财务有限公司被武汉经济技术开发区管委会、汉南区人民政府评为“开发区十大纳税企业”，被武汉市人民政府授予“金融支持武汉经济社会发展贡献奖”，被东风汽车公司机关党委评为“先进党总支”，被中共东风汽车公司委员会评为“2015 年度模范党支部”。

一汽财务有限公司

一汽财务有限公司被长春市国家税务局、长春市地方税务局评为“吉林省纳税信用等级 A 级纳税人”。

中国石化财务有限责任公司

中国石化财务有限责任公司在“中国金融机构金牌榜·金龙奖”评选活动中，荣获“2015 年度最具创新力财务公司”奖项。

中国石化财务有限责任公司荣获 2015 年度全国银行间外汇市场最佳即期会员奖。

中国石化财务有限责任公司被全国银行间同业拆借中心评为 2015 年度银行间本币市场交易 200 强。

中国石化财务有限责任公司被人民银行征信中心授予“2014 年度企业征信系统数据质量工作优秀机构”称号。

中国石化财务有限责任公司“企业集团财务公司以降本提效为核心的外汇管理”案例荣获第二十二届全国企业管理现代化创新成果二等奖。

中国石化财务有限责任公司荣获中国石化集团公司 2015 年度财务管理先进单位。

中国石化财务有限责任公司 2015 年专业知识竞赛荣获中国石化集团公司 2015 年业务竞赛优秀组织奖。

中国一拖集团财务有限责任公司

中国一拖集团财务有限责任公司 2015 年再次获得一拖集团“创效优胜杯”荣誉称号，自 2010 年来第五次获此殊荣；党支部连续五年获得一拖集团“先进党支部”荣誉称号。

中国一拖集团财务有限责任公司获得 2015 年度一拖集团“法律事务工作先进单位”荣誉称号；获得 2015 年度一拖集团“人力资源培训开发管理先进单位”荣誉称号；总经理及 4 名员工分别获得一拖集团“先进工作者”“人力资源管理先进工作者”“女职工建功立业明星”“优秀工会积极分子”“优秀共产党员”“优秀共青团员”荣誉称号。

中国一拖集团财务有限责任公司资金管理部获得 2015 年度“洛阳市女工五一巾帼标兵岗”荣誉称号。

五矿集团财务有限责任公司

五矿集团财务有限责任公司被人民银行征信中心评为“2014 年度企业征信系统数据质量工作优秀机构”，信贷业务部业务员被人民银行征信中心评为“2014 年度企业征信系统数据质量工作优秀个人”。

武汉钢铁集团财务有限责任公司

武汉钢铁集团财务有限责任公司在“中国金融机构金牌榜·金龙奖”评选活动中，荣获“2015 年度最佳财务公司”奖项。

中国南航集团财务有限公司

中国南航集团财务有限公司连续六年被评为人民银行金融统计工作优秀机构；获市国税局颁发 AAA 级纳税信用企业证书；获得南航集团授予的“新闻宣传先进集体”称号；获得南航集团 2014 年度法律事务工作评比专业公司第一名；获得南航集团授予的“优秀监事会”称号。

上海汽车集团财务有限责任公司

上海汽车集团财务有限责任公司在全球客户满意度调查权威机构 J. D. Power 进行的中国汽车金融满意度调研中，超越所有参评的 49 家中外金融机构位列第一，连续第二年获此荣誉。

上海汽车集团财务有限责任公司在金融时报社和中国社会科学院金融研究所联合举办的“中国金融机构金牌榜·金龙奖”评选中，荣获“2015 年度最佳风险管理财务公司”称号。

上海汽车集团财务有限责任公司 2015 年再次荣获“上汽集团业绩优异奖”，近九年第八次获得此荣誉，公司总经理第八次被授予个人金牌。

东方集团财务有限责任公司

东方集团财务有限责任公司获得人民银行评定的“全年核算工作表现突出单位”荣誉称号；获得黑龙江省金融学会评定的“《黑龙江金融年鉴》优秀组稿单位”荣誉称号；获得人民银行评定的金融统计工作“先进集体”二等奖；作为全市唯一一家金融机构获得市政府颁发的“哈尔滨发展经济贡献奖”。

东航集团财务有限责任公司

东航集团财务有限责任公司荣获 2015 年度人民银行月度会计报表优胜奖、2015 年度中国东方航空集团公司先进集体、2015 年度上海结售汇工作表现突出奖。

三峡财务有限责任公司

三峡财务有限责任公司获得中央精神文明建设指导委员会授予的“全国文明单位”称号；获得首都精神文明建设委员会授予的“首都文明单位”称号。

中核财务有限责任公司

中核财务有限责任公司荣获中国财务公司协会首次评级 A 级。

中核财务有限责任公司荣获北京银监局非现场监管统计分析工作考评结果优秀奖。

中核财务有限责任公司被集团公司授予 2015 年度“业绩突出贡献奖”。

中核财务有限责任公司在集团公司 JYK（计划、预算、考核一体化）管理工作评比中，排名第一。

中核财务有限责任公司风险管理部荣获集团公司年度《全面风险管理报告》编报工作优秀单位。

中核财务有限责任公司审计监察部荣获集团公司年度效能监察三等奖、《内部控制评价报告》编报工作优秀单位、《企业年度工作报告》编报工作优秀单位。

中核财务有限责任公司1人荣获国资委信息中心年度企业信息化登高行动主题征文比赛优秀奖两次。

中核财务有限责任公司1人获中核共青团委“年度十大杰出青年”荣誉称号。

上海浦东发展集团财务有限责任公司

上海浦东发展集团财务有限责任公司被中国人民银行上海分行授予非银行金融机构及村镇银行企业征信系统建设A等荣誉。

上海浦东发展集团财务有限责任公司获颁2013—2014年度上海市文明单位称号。

上海浦东发展集团财务有限责任公司员工被中国人民银行上海分行授予企业征信系统数据质量工作优秀个人荣誉。

上海浦东发展集团财务有限责任公司被中国人民银行上海分行评为金融统计工作三等奖。

浦东新区总工会授予上海浦东发展集团财务有限责任公司工会“先进职工之家”荣誉证书。

中国电力财务有限公司

中国电力财务有限公司在中国财务公司协会首次行业评级中获得A级（创新型）；并连续五年荣获“中国金融机构金牌榜·金龙奖”年度最佳财务公司称号。

中国电力财务有限公司被国资委授予“首都文明单位标兵”称号。

神华财务有限公司

神华财务有限公司1人获得2015年神华集团劳动模范、1人获得神华集团优秀党务工作者、1人获得神华集团优秀共产党员。

神华财务有限公司1人获得中国人民银行征信中心2014年度企业征信系统数据质量工作优秀个人。

中国电子财务有限责任公司

中国电子财务有限责任公司获得北京市海淀区交通安全生产委员会先进单位称号、1人获得北京市海淀区交通安全生产委员会先进个人称号。

中国电子财务有限责任公司获得中国电子信息产业集团有限公司法制工作先进单位称号；1人获得集团2015年先进财会工作者称号、1人获得集团2014年度财务决算工作先进个人和财务快报工作先进个人称号、1人获得集团青年岗位能手称号。

中国电子财务有限责任公司1人获得民建北京市委优秀会员称号。

航天科技财务有限责任公司

航天科技财务有限责任公司被北京市海淀区投资促进与税源建设领导小组评为“海淀区2014—2015年度重点企业”。

航天科技财务有限责任公司在中国财务公司协会首次行业评级中被评为A级。

航天科技财务有限责任公司“中国金融机构金牌榜·金龙奖”评选中，再次荣获“2015年度最佳财务公司”称号。

航天科工财务有限责任公司

航天科工财务有限责任公司2014年度经营业绩考核结果被中国航天科工集团公司评为优秀。

航天科工财务有限责任公司团支部被中央企业团委评为“中央企业五四红旗团支部”。

海尔集团财务有限责任公司

海尔集团财务有限责任公司2011—2015年连续五次获得由金融时报社和中国社会科学

院金融研究所联合主办的“中国金融机构金牌榜·金龙奖”系列之“年度最佳财务公司”奖项。

海尔集团财务有限责任公司 2015 年获“陶朱奖”之“最佳运营资金管理”奖。

吉林森林工业集团财务有限责任公司

吉林森林工业集团财务有限责任公司 2015 年被中华全国总工会授予“全国五一巾帼标兵岗”；被吉林省直住房公积金管理中心授予“优秀缴存单位”；荣获吉林省金融工作委员会举办的“金点子”创新大赛二等奖等多项荣誉。

苏州创元集团财务有限公司

苏州创元集团财务公司荣获 2014 年度执行人民银行有关金融法律法规、管理规定及政策等情况综合评价 A 类机构，并在“村镇银行及其他金融机构”类别共 11 家银行业金融机构中排名第一。

苏州创元集团财务公司荣获“人民银行 2014 年度征信工作先进单位三等奖”“人民银行 2014 年度征信工作先进个人”。

苏州创元集团财务公司荣获“人民银行 2015 年度金融统计工作先进个人”。

海航集团财务有限公司

海航集团财务有限公司获得“陶朱奖·最佳财务公司—重点推荐”奖项 。

中国华电集团财务有限公司

中国华电集团财务有限公司在“中国金融机构金牌榜·金龙奖”评选中“2015 年度最佳风险管理财务公司”。

中电投财务有限公司

中电投财务有限公司获得金融时报社和中国社会科学院金融研究所评选的“行业年度最佳资金管理财务公司”奖项。

中电投财务有限公司在全集团联合评审中，获得“风险管理与预警指标评价”第二名；被评选为集团公司系统“六五”普法先进单位。

国电财务有限公司

国电财务有限公司被中国人民银行评为“人民银行全国地方性金融机构征信工作优秀机构”，被工信部中国信息化推进联盟评为中国电力信息化标杆企业。

浙江省能源集团财务有限责任公司

浙江省能源集团财务有限责任公司获浙能集团 2015 年度财务工作先进集体。

TCL 集团财务有限公司

TCL 集团财务有限公司荣获金融时报社及中国社会科学院金融研究所联合颁发“最佳资金管理财务公司”奖项。

TCL 集团财务有限公司荣获“TCL 集团 2015 年度优秀企业奖”、1 人获“TCL 集团优秀经理人奖”。

江西铜业集团财务有限公司

江西铜业集团财务有限公司连续第四年被评为“南昌高新区先进企业”和“南昌高新区纳税重大贡献企业”。

申能集团财务有限公司

申能集团财务有限公司 2015 年荣获上海企业创新文化品牌展评“年度上海企业创新文化优秀品牌”称号、2015 年度上海金融创新奖三等奖、2015 年自贸区分账核算单元建设及跨境借款组合集中收付创新业务入选上海自贸区第四批创新案例、2013—2014 年度上海市文明单位、2013—2014 年度上海市学习型组织、2014 年浦东新区金融业突出贡献奖。

申能集团财务有限公司被人民银行评为 2015 年度中资金融机构考核三等奖、2015 年度上海市利率工作优秀机构、2015 年上海市支付清算系统运行维护工作先进单位、2014 年货币信贷政策导向效果综合评估 A 类金融机构、2014 年度上海市银行业机构综合评价 A 等机构、2014 年度非银行业金融机构综合优胜奖。

申能集团财务有限公司当选上海市支付清算协会理事单位；荣获 2014 年度企业集团财务公司行业评级—创新型财务公司。

申能集团财务有限公司电子商业汇票研究课题获上海市金融学会征文二等奖。

潞安集团财务有限公司

潞安集团财务有限公司荣获潞安集团授予的 2014 年度“模范单位”称号。

中化集团财务有限责任公司

中化集团财务有限责任公司连续七年入围中国外汇交易中心“2015 年度银行间人民币外汇市场 100 强”单位榜单。

中化集团财务有限责任公司与中化集团资金管理部合作开展的精益管理项目——“围绕泉州石化的电子票据解决方案”荣获中化集团 2015 年度“精益明星项目”。

中化集团财务有限责任公司被中化集团评为 2015 年度保密工作“标杆单位”、档案管理工作优秀单位称号。

中化集团财务有限责任公司“同飞扬、共鼓舞”现代鼓节目荣获中化集团“圆梦中华、唱响中化”歌咏比赛最佳表演奖。

海信集团财务有限公司

海信集团财务有限公司荣获青岛市妇女联合会颁发的“青岛市巾帼文明岗”奖项。

国联财务有限责任公司

国联财务有限责任公司被评为国联集团 2015 年度通报表扬单位。

国投财务有限公司

国投财务有限公司在集团业绩考核中获得 A 级。

河南能源化工集团财务有限公司

河南能源化工集团财务有限公司继 2014 年后再次被郑州市郑东新区管理委员会授予“郑东新区产业发展突出贡献企业”。

中国化工财务有限公司

中国化工财务有限公司获得北京银监局 2014 年辖内银行业金融机构非现场监管统计工作二等奖；1 人获得人民银行征信中心授予的先进个人荣誉称号。

冀中能源集团财务有限责任公司

冀中能源集团财务有限责任公司课题“以信息化手段促进大型企业集团资金集中管理平台建设及风险管控”获得河北省煤炭行业企业管理现代化创新应用成果一等奖、河北省企业联合会评选的企业管理成果一等奖。

“创新票据　拓展融资——冀中能源集团财务有限责任公司综合票据业务模式”入选中国煤炭学会评选的煤炭企业财务管理经典案例。

山西焦煤集团财务有限责任公司

山西焦煤集团财务有限责任公司被中国人民银行太原中心支行评为 2014 年全省金融统计工作一等奖。

阳泉煤业集团财务有限责任公司

阳泉煤业集团财务有限责任公司被中国人民银行阳泉市中心支行评为2014年度阳泉市金融统计工作考核团体第一名。

阳泉煤业集团财务有限责任公司在2015年阳泉市金融学会征文活动中荣获“优秀组织奖”。

晋煤集团财务有限公司

晋煤集团财务有限公司获晋煤集团颁发的“模范单位”荣誉称号。

云南冶金集团财务有限公司

云南冶金集团财务有限公司在云南省财政厅2014年度决算报表及财务季报的考核评比中，获“省级地方金融企业先进单位”称号。

云南冶金集团财务有限公司在人民银行昆明中心支行2014年度调查统计工作考核评比中获得了“2014年云南省金融统计单项工作A类单位”的称号。

美的集团财务有限公司

美的集团财务有限公司在“中国金融机构金牌榜·金龙奖”评选活动中被评为“2015年度最佳服务财务公司”。

美的集团财务有限公司荣获2015年度佛山市金融统计工作考评二等奖。

宁波港集团财务有限公司

宁波港集团财务有限公司被评为宁波市金融学会2015年度先进集体。

兖矿集团财务有限公司

兖矿集团财务有限公司课题“财务公司电子商业票据系统的构建与实施”获得2015年济宁市金融学会重点研究课题一等奖。

兖矿集团财务有限公司获得济宁市2015年金融统计工作先进单位三等奖。

中建财务有限公司

中建财务有限公司被北京银监局授予公司2015年非现场监管统计先进单位二等奖。

中建财务有限公司被人民银行授予“2015年金融统计工作A类机构”。

“中建财务有限公司数据仓库及数据挖掘应用研究”课题荣获2015年度银行业信息科技风险管理研究四类成果奖。

中外运长航财务有限公司

中外运长航财务有限公司在《首席财务官》杂志举办的“2005—2015中国企业十年精益财务最佳实战案例”评选活动中获得“十年最佳全球资金管理经典案例奖”。

青岛啤酒财务有限责任公司

青岛啤酒财务有限责任公司被中国人民银行青岛市中心支行授予“金融统计工作先进单位”三等奖；被青岛市财政局授予“市直地方金融企业财务报表工作优秀单位”荣誉称号。

中铝财务有限责任公司

中铝财务有限责任公司首次获得中铝公司2015年度总经理特别奖励。

中兴通讯集团财务有限公司

中兴通讯集团财务有限公司荣获深圳市南山区金融创新一等奖、前海首届深港运动嘉年华优秀组织奖。

湖南高速集团财务有限公司

湖南高速集团财务有限公司党支部荣获湖南省高速公路管理局“2013—2015年先进基

层党组织”荣誉称号，荣获“全省高速公路纪检监察工作先进单位”荣誉称号。

马钢集团财务有限公司

马钢集团财务有限公司荣获第四届安徽省省属企业文明单位荣誉称号。

大连港集团财务有限公司

大连港集团财务有限公司被集团授予“五型企业”荣誉称号。

开滦集团财务有限公司

开滦集团财务有限公司获得中国财务公司协会评定的 A 级创新型财务公司、2015 年河北省明星企业称号；1 人荣获 2015 年河北省优秀（创业）企业家称号。

中国航油集团财务有限公司

在中国人民银行营业管理部组织的北京地区各金融机构 2015 年度非现场监管工作考核评选中，中国航油集团财务有限公司从 173 家金融机构中脱颖而出，被评为 A 级单位。

江苏交通控股集团财务有限公司

江苏交通控股集团财务有限公司荣获中国财务公司协会行业评级 A 级。

江苏交通控股集团财务有限公司荣获江苏银监局企业集团财务公司监管评级一级（优秀）。

中国移动通信集团财务有限公司

中国移动通信集团财务有限公司 2015 年在“中国金融机构金牌榜·金龙奖”评选中荣获“年度最具成长性财务公司”奖项。

山东钢铁集团财务有限公司

山东钢铁集团财务有限公司 2015 年先后被授予山东省“2014 年度兼业保险代理先进集体”、济南市“金融业统计工作先进单位”称号。1 人被授予“2014 年度保险兼业代理十佳人物”称号，1 人被授予“2014 年度保险中介行业服务标兵”称号；1 人被授予“金融业统计工作先进个人”称号。

国药集团财务有限公司

国药集团财务有限公司 1 人荣获中央企业团工委颁发的“2014 年度中央企业青年岗位能手”称号。

山东重工集团财务有限公司

山东重工集团财务有限公司 2015 年 12 月 10 日被评为山东省省管企业文明单位。

上海华谊集团财务有限责任公司

上海华谊集团财务有限责任公司荣获上海银行业金融机构监管统计工作综合考评二等奖，系获奖单位中唯一一家非银行金融机构。

上海华谊集团财务有限责任公司荣获中国人民银行中资法人金融机构统计考核二等奖。

河钢集团财务有限公司

河钢集团财务有限公司自主研发的票据管理信息系统 2015 年 10 月荣获国家版权局计算机软件著作权认证。

河钢集团财务有限公司组织撰写的《创新构建票据金融综合服务体系，着力提升票据管理和创效水平》荣获 2015 年全国冶金企业管理现代化创新成果三等奖、河北省企业和河北省冶金企业管理现代化创新成果一等奖；该项创新成果还在《中国财务公司》《冶金财会》等杂志刊发。

河钢集团财务有限公司荣获 2015 年度河北省中小型及法人金融机构金融统计工作二等奖；1 人被授予“河北省金融机构统计工作先

进个人”荣誉称号。

河钢集团财务有限公司党支部被河钢集团党委授予2015年度“先进基层党组织”荣誉称号。

河钢集团财务有限公司在河北省金融系统青年联合会组织举办的“牢记党的宗旨、践行三严三实”演讲比赛中荣获三等奖。

河钢集团财务有限公司1人被河钢集团团委授予“第七届河北钢铁集团优秀青年”荣誉称号。

天津天保财务有限公司

天津天保财务有限公司获得天津市滨海新区五一劳动奖状。

浙江省交通投资集团财务有限责任公司

浙江省交通投资集团财务有限责任公司在浙江银监局举办的2015年度杭州辖内银行业金融机构监管统计工作竞赛中获三等奖。

浙江省交通投资集团财务有限责任公司在浙江银监局2015年度杭州辖内银行业金融机构非现场监管报表考核中获二等奖。

浙江省交通投资集团财务有限责任公司在人民银行杭州中心支行关于2014年度金融统计竞赛暨金融统计专题分析评选中获三等奖。

浙江省交通投资集团财务有限责任公司获杭州市江干区四季青街道2015年度突出贡献企业称号。

浙江省交通投资集团财务有限责任公司获杭州市江干区2015年度优秀骨干企业称号。

太钢集团财务有限公司

太钢集团财务有限公司获人民银行太原中心支行2014年度反洗钱工作评价B级、2014年度金融统计工作评估一等奖。

太钢集团财务有限公司获山西银监局2014年度案防工作评估非银行金融机构第一名。

太钢集团财务有限公司获人民银行太原中心支行2014年度“两管理、两综合”综合评价非银行类金融机构第一名。

大同煤矿集团财务有限责任公司

大同煤矿集团财务有限责任公司团支部被同煤集团团委评为“五四红旗团支部”。

大同煤矿集团财务有限责任公司党支部被同煤集团党委评为“红旗党支部”。

大同煤矿集团财务有限责任公司被同煤集团党政授予“文明单位”称号。

大同煤矿集团财务有限责任公司被大同市银行业协会授予“文明服务星级单位”（双星级）称号。

贵州茅台集团财务有限公司

贵州茅台集团财务有限公司在“中国金融机构金牌榜·金龙奖”评选中荣获“2015年度最具成长性财务公司”奖项。

海亮集团财务有限责任公司

海亮集团财务有限责任公司荣获由浙江省妇联颁发“浙江省三八红旗集体”殊荣。

海亮集团财务有限责任公司荣获由金融时报社联合中国社科院金融研究所颁发的“中国金融机构金牌榜·金龙奖”之“2015年度最具成长性财务公司”奖项。

徐工集团财务有限公司

徐工集团财务有限公司在中国财务公司协会行业评级中被评定为A级（创新型）财务公司。

徐工集团财务有限公司于被江苏银监局评定为2014年度风险评价结果一级（优秀）。

北京金隅财务有限公司

北京金隅财务有限公司荣获北京银监局2015年辖内银行业金融机构非现场监管统计工作考核评比三等奖。

山东能源集团财务有限公司

山东能源集团财务有限公司组织员工参加了山东银监局组织的劳动竞赛，荣获集体三等奖，1人获个人二等奖。

山东能源集团财务有限公司荣获2015年山东银监局直报机构监管统计工作先进单位三等奖。

重庆力帆财务有限公司

重庆力帆财务有限公司荣获“2015年度重庆市江北区服务业30强”荣誉称号。

中煤财务有限责任公司

中煤财务有限责任公司被中国人民银行营业管理部评为“2014年北京市金融统计及分析工作A类金融机构”，2014年度案防工作被北京银监局评为“绿牌”。

四川省宜宾五粮液集团财务有限公司

四川省宜宾五粮液集团财务有限公司在宜宾银监分局2015年度监管统计工作考核评比中获得“先进单位”称号。

上海上实集团财务有限公司

上海上实集团财务有限公司课题“财务公司信息系统架构实践与探讨”获中国银监会2015年度银行业信息科技风险管理课题四类成果奖。

天津物产集团财务有限公司

天津物产集团财务有限公司在“榜样天津”颁奖典礼中获天津“中小企业金融服务奖”，是天津唯一一家获得此奖项的财务公司。

天津物产集团财务有限公司获天物集团第二届会计知识大赛决赛团体第三名；作为唯一一家两名员工进入决赛的成员单位，两名员工分别获得个人二等奖和三等奖。

中国铁路财务有限责任公司

中国铁路财务有限责任公司综合管理部（人力资源部）获“中国铁路总公司直属机关2015年度建功立业劳动竞赛活动先进集体”称号，1人被评为“中国铁路总公司直属机关2015年度建功立业劳动竞赛活动先进个人”，1人获“中国铁路总公司直属机关2015年度优秀共产党员”称号。

2015 年度财务公司行业履行社会责任情况

中国华能财务有限责任公司

中国华能财务有限责任公司深入开展“送温暖”工作，先后开展困难职工帮扶救助资金申报、重大节日离退休干部走访慰问等活动。

中国一拖集团财务有限责任公司

中国一拖集团财务有限责任公司号召全体员工及党员加入到爱心帮扶活动中来，2015 年再次向“国机爱心基金”注入捐款 8 965 元和一个月党费，通过爱心捐助活动的不断开展，将爱心传递下去，关心更多需要帮助的人。

五矿集团财务有限责任公司

五矿集团财务有限责任公司 2015 年 4 月组织员工赴北京市房山区河北镇参加植树活动。

中远财务有限责任公司

中远财务有限责任公司向中远慈善基金会捐款人民币 320 万元，定向援助集团扶贫点和支助中远慈善基金会“远航追梦”项目，并派出扶贫干部赴湖南沅陵开展帮扶工作。

中国南航集团财务有限公司

中国南航集团财务有限公司 2015 年 7 月开展“扶贫济困日”爱心捐款活动，共筹集善款 9 091 元捐助新疆和田皮山县地震灾区。

中国南航集团财务有限公司 1 月组织 5 名青年员工到广州白云机场开展春运志愿者活动，配合开展导乘咨询、秩序维持、特殊旅客保障等工作。

上海汽车集团财务有限责任公司

上海汽车集团财务有限责任公司工会连续 19 年坚持给予井冈山畔田希望小学资金援助，用于增添学校师资和硬件设施，2015 年捐助 40 000 元。

东航集团财务有限责任公司

东航集团财务有限责任公司党工团组织 2015 年号召员工参与“大山 · 梦想”主题志愿者活动。

三峡财务有限责任公司

三峡财务有限责任公司员工捐款 4.2 万元，连续第 10 年资助贫困女童。

中核财务有限责任公司

中核财务有限责任公司全体员工 2015 年 11 月，积极响应集团公司“爱在西城”社会募捐倡议，踊跃开展“送温暖，献爱心”活动。

中核财务有限责任公司2015年继续向中核集团公司特困救助基金捐款人民币300万元。

中广核财务有限责任公司

中广核财务有限责任公司2015年出资支持了梅州市丰顺县和安村卫生站、村道硬底化和部分水沟加盖、村委会危房改造三个民生工程项目建设。

上海浦东发展集团财务有限责任公司

上海浦东发展集团财务有限责任公司2015年坚持开展扶贫帮困、联系结对助学、进行敬老慰问和深入同创共建等志愿活动。

上海浦东发展集团财务有限责任公司志愿者服务队，按月定期开展“与文明同行 做可爱的上海人”的地铁志愿值勤活动。

中国电子财务有限责任公司

中国电子财务有限责任公司开展环保公益活动，2015年4月团支部组织青年职工植树造林。

中国电子财务有限责任公司2015年向和田地区的扶贫对口单位捐献30万元；并派出援藏业务骨干，支持西藏地区发展。

航天科工财务有限责任公司

航天科工财务有限责任公司组织青年员工到北京市顺义区大江洼村光爱学校慰问在校学生，并捐赠衣物、少儿读物、儿童玩具等用品。武汉分公司多名员工到武汉中心血站义务献血。

中船重工财务有限责任公司

中船重工财务有限责任公司工会发出捐书活动号召，共收到各类学习用书1 000余册。

吉林森林工业集团财务有限责任公司

吉林森林工业集团财务有限责任公司组织员工向成员企业困难群体捐献日用品及衣物，向集团扶贫济困基金捐资5万元。

苏州创元集团财务有限公司

苏州创元集团财务有限公司组织员工到苏州市红十字中心血站开展无偿献血活动。

中国华电集团财务有限公司

中国华电集团财务有限公司举行“学雷锋、践行核心价值观”爱心捐赠活动。共捐赠现金29 000元，衣服等190余件。

中国华电集团财务有限公司金帆爱心团队到北京市西长安街街道养老照顾中心，开展“金帆爱心”敬老活动。

南方电网财务有限公司

南方电网财务有限公司首次为南网综合能源公司发放1亿元绿色信贷资金，满足其发展光伏等节能项目的资金需要。

南方电网财务有限公司开展爱心帮扶活动，发动全体员工捐款，向贵州省惠水县好花红乡藤子小学的120名留守儿童捐赠了课桌椅、学习和体育用品。

中电投财务有限公司

中电投财务有限公司将30台台式电脑通过邮寄方式，一次性捐赠给青海省贵南县扶贫开发局。

中电投财务有限公司对河北省香河县8名贫困生开展了捐资助学活动，共捐款4 600元。

兵器装备集团财务有限责任公司

兵器装备集团财务有限责任公司党委11

月深入云南砚山、泸西两个贫困县展开调研，与两个贫困县人民政府签订了捐赠协议书。根据协议，2015 年至2016 年，公司捐资75 万元帮助砚山县部分中学改善教学条件，建设“兵财多媒体教室”。

申能集团财务有限公司

申能集团财务有限公司出资捐建四川省自贡市互助镇申能希望小学。捐赠数十台电脑为其建设信息中心；员工自发捐款为小学更换破损课桌椅；助学贫困小朋友，帮助其改善学习条件；发动员工为小学希望综合楼建造工程捐款。

申能集团财务有限公司 2015 年 1 月至 4 月承办集团“爱心一日捐”活动，募集资金 51.46 万元，并将该笔募集资金作为申能希望小学生活楼建造及相关设施的施工款项，划入四川省富顺县财政国库支付中心专款专用。

中化集团财务有限责任公司

中化集团财务有限责任公司组织员工参与中化集团“圆梦行动”，帮助集团对口支援的西藏岗巴县、青海大柴旦、内蒙古阿鲁科尔沁旗地区贫困学子顺利完成学业；组织员工开展义务献血，支持社会公益事业。

海信集团财务有限公司

海信集团财务有限公司参加青岛市慈善总会开展 2015 年青岛市“慈善一日捐”活动。捐款资金全部用于本市城乡低保及边缘家庭、特殊疾病、孤儿寡老、贫困残疾人、困难大学生、遭遇突发灾害等困难群众救助。

国联财务有限责任公司

国联财务有限责任公司的青年志愿者前往无锡市中心血站进行了义务献血。公司三分之二以上的员工有义务献血的经历。

国联财务公司发起了“送温暖、献爱心”慈善捐款活动，组织全体员工爱心捐款，共筹得捐款 5 000 元。

中国化工财务有限公司

中国化工财务有限公司 2015 年组织全体员工到希望小学体验生活，并进行了捐赠活动。部分员工对灾区捐款。

阳泉煤业集团财务有限责任公司

阳泉煤业集团财务有限责任公司开展“送温暖、献爱心”捐助活动，共捐款 1 970 元。

云南冶金集团财务有限公司

云南冶金集团财务有限公司完成了对定点帮扶的文山州西畴县的遍访工作，研究制定帮扶措施，并向贫困户捐赠帮扶资金。

云南冶金集团财务有限公司于 2015 年 5 月捐资 10 万元用于“爱心水窖”建设工程。

云南冶金集团财务有限公司团支部号召团员青年向集团定点扶贫单位文山州西畴县莲花塘乡和董马乡捐赠《中国青年报》10 份。

江苏省国信集团财务有限公司

江苏省国信集团财务有限公司组织在职党员职工分批开展了慰问山西路社区百岁老人、全国哀悼日公交站台义务执勤和参加社区慰问演出等社区活动。

江苏省国信集团财务有限公司工会前往革命老区泗洪县，开展奉献爱心、向贫困学生捐资助学活动，为潘岗村小学 20 名贫困学生送去了捐资助学款。

北京汽车集团财务有限公司

北京汽车集团财务有限公司长期定向捐助 54 名贫困儿童，捐献纸质图书 600 余册，有声读物 2 200 余首，以及 11 000 元现金。惠及贵州省黔西南州贞丰县3个乡镇学校1 600余名学生。

中国航油集团财务有限公司

中国航油集团财务有限公司员工前往北京市顺义区南彩镇望渠村参加义务植树活动，种下30余株树苗。

国药集团财务有限公司

国药集团财务有限公司累计向吉林省靖宇县、青海省玉树县捐赠50万元用于当地道路、校舍修建。

中国铁建财务有限公司

中国铁建财务有限公司工会、团委于2015年10月9—15日，号召员工将闲置的御寒衣物捐往需要帮助的灾区和贫困地区，共收到员工捐赠的衣物和购置的棉衣棉被93件。

深圳华强集团财务有限公司

深圳华强集团财务有限公司于2015年12月向深圳市华强公益基金会捐赠人民币600万元，三名同事作为义工参加了第四届中国公益慈善项目交流展示会。

山东重工集团财务有限公司

山东重工集团财务有限公司组织员工开展了“慈心一日捐”活动。

山东重工集团财务有限公司2015年10月21日组织员工开展“入户扶老·冬日送暖”活动。

山东重工集团财务有限公司9月16日组织员工开展“清除白色垃圾”志愿者公益活动。

湖北能源财务有限公司

湖北能源财务有限公司组织青年员工赴鄂西贫困山区开展捐资助学活动，为41名小学生捐赠课桌、打印机、饮水机、图书资料、书包文具用品，开讲能源课；为贵州贫困地区捐赠冬衣，履行企业社会责任。

浙江省交通投资集团财务有限责任公司

浙江省交通投资集团财务有限责任公司积极响应“春风行动”，通过杭州市江干区慈善总会向困难群众捐款5 000元。公司员工献血200毫升，并加入造血干细胞捐献者资料库。

太钢集团财务有限公司

太钢集团财务有限公司2015年9月积极开展“金融知识进万家活动”，使银行业金融知识“进社区、进工厂”。

太钢集团财务有限公司11月17日举行了职工慈善一日捐活动，全体员工积极响应并捐款。

大同煤矿集团财务有限责任公司

大同煤矿集团财务有限责任公司2015年高度重视企业社会责任，积极开展金融机构“金融知识进万家”“送金融知识下乡”“普惠金融”宣传活动，广泛开展综合治理宣传月活动；多次开展“送温暖 献爱心”走访慰问活动，切实让受助者感受到了企业的温暖、组织的关怀。

海亮集团财务有限责任公司

海亮集团财务有限责任公司2015年末再次向浙江海亮慈善基金会捐赠3 000万元，使浙江海亮慈善基金会的基金规模达到了1.56亿元。

珠海华发集团财务有限公司

珠海华发集团财务有限公司2015年11月

组织开展“奉献点滴·传递爱心”物品捐赠活动，共为西藏昌都市类乌齐县伊日乡帮日村捐赠衣物、玩具9大箱。

北京金隅财务有限公司

北京金隅财务有限公司2015年12月组织员工参加“温暖衣冬”棉衣捐献活动，面向人群为农村、山区等偏远贫穷地区群众，福利机构的老人、儿童，流浪行乞人员。

“七一”期间，组织党员参加“共产党员献爱心”捐献活动，主要用于慈善医疗救助项目、贫困生助学项目、慈善助老项目、帮扶生活困难党员等，共捐献2 100元。

云南云天化集团财务有限公司

云南云天化集团财务有限公司1位员工不慎摔伤，伤情严重，共收到员工捐献的爱心款18 100元。

云南云天化集团财务有限公司积极参与由云南银监局牵头，共青团云南省委发起的“我为山村青年定份报”公益活动，为定点扶贫点为主的贫困村团组织捐赠《中国青年报》22份，合计捐赠6 600元。

山东能源集团财务有限公司

山东能源集团财务有限公司开展了以“携手慈善、共创和谐”为主题的“慈心一日捐”活动。此次活动共募得善款2 650元。

重庆力帆财务有限公司

重庆力帆财务有限公司积极参与重庆市银行业协会组织的圆梦助学计划，定点帮扶重庆市丰都县南天湖中心小学同学，为其提供日常学习用品、书籍等，并定期到学校看望师生。

四川省宜宾五粮液集团财务有限公司

四川省宜宾五粮液集团财务有限公司积极向由宜宾银监分局、共青团宜宾市委联合发起的宜宾银行业金融机构雨润计划之“爱润心田”贫困及留守学生（儿童）帮扶项目捐款5 000元。

河北港口集团财务有限公司

河北港口集团财务有限公司全体职工为“8·12”爆炸事故中牺牲的天津港公安局民警和消防员捐款4 500元。

党支部组织党员开展党员进社区活动，利用周六、周日等休息时间到小区门口参与志愿者执勤，亮出党员身份、接受社区监督、服务居民群众、共创社会和谐。

青岛港财务有限责任公司

青岛港财务有限责任公司团委组织了“爱心涌动 情满校园”关爱新市民子女捐赠活动，共筹集捐款近3 000元，全部用于课外读物及学习文具采购，并捐送给新市民子女所在学校。

上海上实集团财务有限公司

上海上实集团财务有限公司组织全体员工参加心肺复苏急救培训，取得“CPR－AED”证书，全员获得现场施救资格和协助挽救生命的能力。

2015 年度财务公司机构名录

	公司全称	通讯地址	邮政编码	高管人员	控股股东	控股比例	英文名称	公司网址
1	东风汽车财务有限公司	湖北省武汉市经济技术开发区东风大道10号	430056	董事长　乔　阳 （待银监局正式审核） 总经理　马　华 副总经理　马以忠 副总经理　张利军	东风汽车集团股份有限公司	100%	Dongfeng Motor Finance Co. , Ltd.	www. df – finance. com. cn/
2	中国重汽财务有限公司	山东省济南市高新区华奥路777号	250101	董事长　孔祥泉 总经理　韩文杰 副总经理　刘敬斌 总会计师　刘德英	中国重汽(香港)有限公司	80. 05%	Sinotruk Finance Co. , Ltd.	www. cnhtc. com. cn/
3	中国华能财务有限责任公司	北京市西城区复兴门南大街丙2号天银大厦C段西区8楼	100031	董事长、党组书记　张咸阳 总经理、党组副书记　胡西林 副总经理、党组成员　肖健 副总经理、党组成员　孙丽英 副总经理、党组成员　马洪潮 党组成员、纪检组长　刘吉坡 副总经理、党组成员　范震明	中国华能集团公司	52%	China Huaneng Finance Co. , Ltd.	www. hnf. com. cn
4	锦江国际集团财务有限责任公司	上海市黄浦区延安东路100号27楼	200002	董事长　陈文君 总经理　陈月明	上海锦江国际酒店（集团）股份有限公司	90%		www. jinjianghotels. com
5	一汽财务有限公司	吉林省长春市净月高新技术产业开发区生态大街3688号	130118	董事长　滕铁骑 总经理　于平	中国第一汽车股份有限公司	70. 83%	First Aotomobile Finance Co. Ltd.	www. faf. com. cn
6	西电集团财务有限责任公司	陕西省西安市大庆路511号	710077	董事长　田喜民 总经理　毋浩民 副总经理　赵　真	中国西电电气股份有限公司	80. 21%	XD Group Finance Co. , Ltd.	www. xdcwgs. com

续表

	公司全称	通讯地址	邮政编码	高管人员	控股股东	控股比例	英文名称	公司网址
7	中国石化财务有限责任公司	北京市朝阳区朝阳门北大街22号中国石化大厦七层	100728	董事长　刘运 总经理、党委书记　张保龙 副总经理　高中元 副总经理　程　忠 党委副书记、纪委书记、工会主席　王　安	中国石油化工集团公司	51%	Sinopec Finance Co., Ltd.	www. sfc. sinopec. com
8	东方电气集团财务有限公司	四川省成都市高新西区西芯大道18号	611731	集团公司总会计师、财务公司董事长　文利民 财务公司总经理　冯勇 财务公司副总经理　彭宗洲 财务公司副总经理　王成密	中国东方电气集团有限公司	100%		www. dongfang. com
9	宝钢集团财务有限责任公司	上海市浦东新区浦电路370号九楼	200122	董事长　朱可炳 （宝山钢铁股份有限公司财务总监兼董事会秘书） 总经理　曾　杰 副总经理　曾健飞 总经理助理　张　波 总经理助理　吴　瑛	宝山钢铁股份有限公司	62. 10%	Baosteel Group Finance Company Ltd.	www. baofinance. com/cwgs/ index. jsp
10	中国一拖集团财务有限责任公司	河南省洛阳市涧西区建设路154号	471003	董事长　王二龙 总经理　陆志华 副总经理　施卫平 总经理助理　尹振鸰 总经理助理　曹鸿晔 总经理助理　韩　峰	第一拖拉机股份有限公司	88. 60%	Yto Group Finance Co., Ltd.	www. ytcwgs. com
11	五矿集团财务有限责任公司	北京市海淀区三里河路5号五矿大厦A座	100044	董事长　任珠峰 总经理　柴　山 副总经理　史　磊 副总经理　张福红 副总经理　闫　风	中国五矿股份有限公司	92. 50%	Minmetals Finance Co., Ltd.	cwgs. minmetals. com. cn/
12	武汉钢铁集团财务有限责任公司	湖北省武汉市友谊大道999号武钢集团办公大楼B座11－13层	430080	董事长　朱永红 监事长　赵蕴智 总经理　姚文中 副总经理　龙林生 业务总监　万　毅 总经理助理　陈庆丰	武汉钢铁（集团）公司	51. 25%	Wuhan Iron and Steel Group Finance Limited Liability Company	
13	中远财务有限责任公司	北京市西城区月坛北街2号月坛大厦A座19层	100045	董事长　孙月英 副董事长　邓黄君 监事长　李西贝 总经理、董事　刘　超 副总经理　应海峰 副总经理　李　娟	中国远洋运输（集团）总公司	43. 125%	COSCO Finance Co., Ltd.	www. coscofinance. com/

续表

	公司全称	通讯地址	邮政编码	高管人员	控股股东	控股比例	英文名称	公司网址
14	江铃汽车集团财务有限公司	江西省南昌市苏圃路111号江铃财务大厦10楼	330006	董事长 衷俊华 总经理 陈东红 副总经理 丁莉红 副总经理 方忠英 总经理助理 杨峰毅 总经理助理 杜 健	江铃汽车集团公司 江西江铃底盘股份有限公司 江西江铃汽车集团车厢内饰件有限公司 南昌齿轮有限责任公司	87.452% 11% 0.874% 0.674%	JMCG Finance Company	www.jlcwgs.com
15	中国航空集团财务有限责任公司	北京市朝阳区霄云路36号国航大厦19层	100027	董事长 肖 烽 总经理 沈 洁	中国航空集团公司 中国国际航空股份有限公司	49% 51%	China National Aviation Finance Co. Ltd.	www.airchinaf.com
16	天津渤海集团财务有限责任公司	天津市和平区大理道30号	300050	董事长 肖京喜 总经理 李春辉 副总经理 刘晓雯	天津渤海化工集团有限责任公司	39.34%	Tianjin Bohai Group Finance Group Co. Ltd.	www.tjbhcw.com/
17	深圳市有色金属财务有限公司	深圳市福田区车公庙深南大道6013号中国有色大厦20楼	518040	董事长 余 刚 总经理 龚子奇 常务副总经理 唐建西 副总经理 吴隆旺	深圳市中金岭南有色金属股份有限公司	75.1715%		www.nonfemet.com
18	中国南航集团财务有限公司	广东省广州市白云区机场路航云南街17号	510405	董事长 王建军 总经理 徐燕青 党委书记 黄奕洪 副总经理 赵秀峰 副总经理 胡艳苹 纪委书记 徐 斌	中国南方航空集团公司	66.02%	China Southern Air Group Finance Co, Ltd.	www.csnfs.com.cn/
19	上海汽车集团财务有限责任公司	上海市静安区康定路1199号	200042	董事长 谷 峰 监事会主席 周郎辉 总经理 沈根伟	上海汽车集团股份有限公司 上海汽车工业销售有限公司	98.592% 1.408%	Shanghai Automotive Group Finance Corporation Limited	www.saicfinance.com/
20	振华集团财务有限责任公司	贵州省贵阳市新添大道北段222号	550018	董事长 倪 敏 总经理 令狐建强 副总经理 唐要斌 副总经理 阮英轶	中国振华电子集团有限公司	65%	Finance Company Ltd. Zhenhua Group	

续表

	公司全称	通讯地址	邮政编码	高管人员	控股股东	控股比例	英文名称	公司网址
21	东方集团财务有限责任公司	黑龙江省哈尔滨市南岗区花园街235号1202室	150001	董事长　吕廷福 总经理　姜建平 副总经理　闫铁红 副总经理兼财务总监　张志刚 副总经理　张　锐	东方集团实业股份有限公司	43.70%	Orient Group Finance Co., Ltd.	
					东方集团股份有限公司	30%		
					东方集团投资控股有限公司	20%		
					东方国际经济技术合作公司	6.30%		
22	东航集团财务有限责任公司	上海市闵行区吴中路686号D座东航金融中心15楼	201103	董事长　林福杰 总经理　徐　春 总经理助理　金　路 总经理助理　沈　尧	中国东方航空集团公司	53.75%	CES Finance Co., Ltd.	www.cesfinance.com
					中国东方航空股份有限公司	25%		
					东航金控有限责任公司	21.25%		
23	中油财务有限责任公司	北京市东城区东直门北大街9号A1112	100007	董事长　刘跃珍 总经理　兰云升 副总经理　梁　萍 副总经理　王永发 副总经理　廖筱燕 副总经理　王增业 总经理助理　吴林才 总经理助理　郝宾宾	中国石油天然气集团公司	51%	China Petroleum Finance Company Limited	www.cnpc.com.cn/cpf/
24	上海电气集团财务有限责任公司	上海市静安区江宁路212号8楼	200041	董事长　胡　康 总经理　秦　怿 党委书记　周秋红 副总经理　李　林 副总经理　吕　彤 副总经理　冯淳林 创新投资总监　姚剑明 信息管理总监　朱传曾	上海电气集团股份有限公司	73.38%	Shanghai Electric Group Finance Company Ltd.	www.shanghai-electric.com/Pages/pns/Service Details.aspx?pid=23
25	中国能源建设集团葛洲坝财务有限公司	湖北省武汉市硚口区解放大道558号	430000	董事长　崔大桥 副董事长、总经理、党总支副书记　邹定波 党总支书记、副总经理　杨福先 副总经理、党总支委员　赵小东 副总经理、拟任党总支委员　杨守金	中国葛洲坝集团股份有限公司	50.01%	Gezhouba Finance Co., Ltd of China Energy Engineering Group	www.gzbfcl.com/

续表

	公司全称	通讯地址	邮政编码	高管人员	控股股东	控股比例	英文名称	公司网址
26	西门子财务服务有限责任公司	北京市朝阳区望京中环南路7号	100102	董事长　Johannes Schmidt 约翰娜斯·施密特 总经理　Cornelia Anderer 安康妮 副总经理　韩玲 副总经理　李晶晶	西门子（中国）有限公司	99.875%	Siemens Financial Services Ltd.	
27	兵工财务有限责任公司	北京市东城区青年湖南街19号	100011	董事长　罗乾宜 总经理、党委书记　史艳晓 副总经理　张绛义 总会计师　韩　颖 副总经理　吕哲龙 党委副书记、纪委书记　温健	中国兵器工业集团公司	14.76%	North Industries Group Finance Company Ltd.	www.norfico.com.cn
28	三峡财务有限责任公司	北京市海淀区玉渊潭南路1号	100000	董事长　杨　亚 总经理　李镇光 副总经理　毕家俊 纪委书记　解明学	中国长江三峡集团公司 中国长江电力股份有限公司 中国三峡新能源公司 中国水利电力对外公司 长江三峡技术经济发展有限公司 长江三峡实业有限公司	58.90% 21.50% 8.335% 8.335% 2.35% 0.58%	Three Gorges Finance Co., Ltd.	tgf.ctgpc.com.cn/about.aspx
29	中广核财务有限责任公司	广东省深圳市福田区上步中路1001号科技大厦4楼	518031	董事长　施　兵 总经理　梁开卷 财务总监　杨凌浩 财务总监　张华	中国广核集团有限公司	100%	China General Nuclear Power Finance Co., Ltd.	www.cgnfc.com.cn
30	中船财务有限责任公司	上海市浦东大道1号船舶大厦607室	200120	董事长　曾祥新 总经理　李朝坤 副总经理　管见礼 副总经理　陈小东 总经理助理　陈启农 总经理助理　陈卫京 总经理助理　丁　源 专务　吕冬燕	中国船舶工业集团公司	85%	Zhong Chuan Finance Company Limited	zcfc.cssc.net.cn/

续表

	公司全称	通讯地址	邮政编码	高管人员	控股股东	控股比例	英文名称	公司网址
31	中核财务有限责任公司	北京市西城区三里河南四巷一号中核集团综合办公楼6－7层	100045	董事长　李季泽 总经理　李宗英 党委副书记（主持工作）、总审计师　张天瑞 副总经理　凌晓哲 纪委书记　周启航	中国核工业集团公司	53.487%	CNNC Finance Company Ltd.	www.cnncfc.com.cn
32	上海市浦东发展集团财务有限责任公司	上海浦东新区浦东南路256号34－35楼	200120	董事长　王　鸿 总经理　杨　明 总经理助理　王　蔚 总经理助理　经长忠	上海浦东发展（集团）有限公司	56.80%	Shanghai Pudong Development Group Finance Co., Ltd.	www.pdcw.com.cn
33	鞍钢集团财务有限责任公司	辽宁省鞍山市铁东区和平路8号	114003	董事长　于万源 党委书记、总经理　张万斌 副总经理　董　炜 副总经理　陈　铕 纪委书记　张明伟	鞍钢集团公司 鞍钢股份有限公司 攀钢集团钒钛资源股份有限公司	70% 20% 10%	Finance Company Ltd. of Ansteel Group	
34	中国电力财务有限公司	北京市东城区建国门内大街乙18号院英大国际大厦	100005	董事长、党组书记　盖永光 总经理、党组副书记　侯培建 党组成员、纪检组长、工会主席　阎竞红 党组成员、副总经理　侯燕梅 党组成员、副总经理　李洪东 党组成员、副总经理　侯文捷 党组成员、副总经理　丁　琪 党组成员、总会计师　董树梓	国家电网公司 国网英大集团	98.8 %	China Power Finance Co., Ltd.	www.cpfc.sgcc.com.cn
35	神华财务有限公司	北京市东城区安定门西滨河路26号北京汉华国际饭店写字楼10层	100011	董事长　张克慧 总经理　韩维平 党委书记　梅雪艳 副总经理　车建明 副总经理　张　映 首席风险控制官　屈建中	中国神华能源股份有限公司	81.43%	Shenhua Finace Co., Ltd.	cwgs.shenhuagroup.com.cn/cs/cwgs/home
36	中国电子财务有限责任公司	北京市海淀区中关村东路66号世纪科贸大厦A座25层	100190	董事长　邓向东 总经理　田　伟 副总经理　张　凯 副总经理　金　涯 副总经理　黄　刚	中国电子信息产业集团有限公司	41.96%	China Electronics Finance Co., Ltd.	www.cec-f.com.cn

续表

	公司全称	通讯地址	邮政编码	高管人员	控股股东	控股比例	英文名称	公司网址
37	航天科技财务有限责任公司	北京市西城区平安里西大街31号	100035	董事长　王海波 副董事长兼党委书记　张育明 财务总监　陈　瑛 副总经理　石明磊 党委副书记兼纪委书记　王笑妍	中国航天科技集团公司	30.20%	Aerospace Science and Technology Finance Ltd.	www.astfc.com
					中国运载火箭技术研究院	14.56%		
					中国空间技术研究院	10.92%		
					上海航天技术研究院	10.01%		
					西安向阳航天工业总公司	9.10%		
					西安航天科技工业公司	7.29%		
					中国长城工业集团有限公司	5.46%		
					中国航天时代电子公司	2.73%		
					航天投资控股有限公司	2.64%		
					四川航天工业集团有限公司	1.82%		
					中国航天空气动力技术研究院	1.82%		
					中国卫星通信集团有限公司	0.91%		
					中国乐凯集团有限公司	0.68%		
					中国航天系统科学与工程研究院	0.48%		
					航天长征国际贸易有限公司	0.48%		
					中国四维测绘技术有限公司	0.45%		
					北京神舟航天软件技术有限公司	0.45%		

续表

	公司全称	通讯地址	邮政编码	高管人员	控股股东	控股比例	英文名称	公司网址
38	航天科工财务有限责任公司	北京市海淀区紫竹院路116号嘉豪国际中心B座12层	100097	董事长 尹兴彤 总裁 王厚勇 总会计师 孙源君 副总裁 王小红 副总裁 周磊	中国航天科工集团公司	40.40%	Aerospace Science & Industry Finance Corp.	www.cwgs.casic.cn
					中国航天三江集团公司	13.32%		
					中国长峰机电技术研究设计院	12.08%		
					中国航天科工飞航技术研究院	12.08%		
					中国航天科工运载技术研究院	4.53%		
					贵州航天工业有限责任公司	2.54%		
					航天科工资产管理有限公司	2.51%		
					航天科工深圳（集团）有限公司	2.33%		
					中国航天建设集团有限公司	2.31%		
					航天科技控股集团股份有限公司	2.01%		
					中国航天科工动力技术研究院	1.86%		
					航天信息股份有限公司	1.54%		
					中国航天汽车有限责任公司	1.01%		
					中国航天科工信息技术研究院	1.01%		
					航天物流有限公司	0.47%		

续表

	公司全称	通讯地址	邮政编码	高管人员	控股股东	控股比例	英文名称	公司网址
39	中船重工财务有限责任公司	北京市海淀区昆明湖南路72号中船重工科研大厦3层	100097	董事长 姜仁锋 总经理 徐 舍 副总经理 王 革 副总经理 马一川	中国船舶重工集团公司	50.783%	CSIC Finance Co., Ltd.	
40	中海石油财务有限责任公司	北京市东城区朝阳门北大街25号中国海油大厦7楼	100010	董事长 吴孟飞 副总经理（主持工作） 陈浩鸣 副总经理 刘成荔 副总经理 李学敏 总经理助理 杨楠	中国海洋石油总公司	62.90%		www.cnooc.com.cn
41	海尔集团财务有限责任公司	山东省青岛市崂山区海尔路178－2号裕龙国际中心	266061	董事长 张瑞敏 副董事长 李占国 副总经理 温淑惠 副总经理 赵晓燕 总经理助理 赵丽丽	海尔集团公司	5%	Haier Finance Co., Ltd	www.haierfin.com
					青岛海尔空调器有限总公司	30%		
					青岛海尔空调电子有限公司	12%		
					青岛海尔电子有限公司	53%		
42	吉林森林工业集团财务有限责任公司	吉林省长春市延安大路1399号	130022	董事长 李建伟 总经理 李文艳 副总经理 马德华 副总经理 乔永洁 副总经理 姚义辰 财务总监 王 友	中国吉林森林工业集团有限责任公司	48%	Jilin Forest Industry Group Finance Co., Ltd.	www.jlsgcwgs.com/cn/index.asp
43	万向财务有限公司	浙江省杭州市庆春路225号西湖时代广场7楼	310006	董事长 傅志芳 总裁 傅志芳	万向集团公司	66.08%	Wanxiang Finance Co., Ltd.	www.wxcw.cn
44	中粮财务有限责任公司	北京市朝阳区朝阳门南大街8号中粮福临门大厦19层	10020	董事长 马王军 总经理 李德罡 总经理助理 阳晓明	中粮集团有限公司	82.74%	COFCO Finance Corporation Limited	
					中粮贸易有限公司	13%		
					中粮资本投资有限公司	3.26%		
					中粮集团（深圳）有限公司	1%		

续表

	公司全称	通讯地址	邮政编码	高管人员	控股股东	控股比例	英文名称	公司网址
45	苏州创元集团财务有限公司	江苏省苏州市工业园区苏桐路37号6楼	215021	董事长 陈子京 总经理 陆惠章 副总经理 朱胜祥 副总经理 邱卫东	苏州创元投资发展（集团）有限公司	90%	Suzhou Chuang Yuan Group Finance Co., Ltd.	
46	珠海格力集团财务有限责任公司	广东省珠海市前山金鸡路901号	519070	董事长 董明珠 总经理 张蓓蕾 副总经理 肖旭武 助理总经理 陈 坚	珠海格力电器股份有限公司	88.31%	Zhu Hai Gree Group Finance Company Ltd.	www.greefinance.com
47	国机财务有限责任公司	北京市海淀区丹棱街3号A座8层	100080	董事长 李家俊 总经理 李慧玲 副总经理 夏国靖 副总经理 李智军 总经理助理 殷建邦	中国机械工业集团有限公司	20.37%		www.sinomach.com.cn
48	海航集团财务有限公司	北京市朝阳区霄云路甲26号北京海航大厦	100125	董事长 黄琪珺 副董事长兼总经理 王成华 副董事长兼副总经理 邓瑶 副总经理 赵玉芹 副总经理 甘雪丽 副总经理 李文斌 总经理助理 潘 宁 总经理助理 关 宇 总经理助理 洪昱文	海航集团有限公司	33.25%	HNA Group Finance Co., Ltd.	
49	中国华电集团财务有限公司	北京市西城区宣武门内大街2号中国华电大厦B座10层	100031	董事长 褚玉 总经理，党组成员 陈 宇 党组书记 余建华 副总经理、党组成员 李文峰 副总经理、党组成员 刘仁鹏 纪检组长、党组成员 方少华 总经理助理 王锦军	中国华电集团公司	36.14822%	China Huadian Finance Corporation Limited	hdcw.chd.com.cn
					中国华电集团资本控股有限公司	23.541%		
					华电国际电力股份有限公司	14.93%		
					华电煤业集团有限公司	10%		
					贵州乌江水电开发有限责任公司	4.946%		
					中国华电工程（集团）有限公司	3.957%		
					福建华电电力工程有限公司	2.473%		
					福建棉花滩水电开发有限公司	2.473%		
					杭州华电半山发电有限公司	1.53178%		

续表

	公司全称	通讯地址	邮政编码	高管人员	控股股东	控股比例	英文名称	公司网址
50	中国大唐集团财务有限公司	北京市西城区菜市口大街1号院1号楼	100052	董事长　刘传东 党组书记、副总经理　姜进明 副总经理、党组成员、党组纪检组组长　杨　娅 副总经理、党组成员　彭志刚	中国大唐集团公司	71.8%	China Datang Finance Co., Ltd.	www.cdt-cw.com/
51	南方电网财务有限公司	广东省广州市天河区黄埔大道西76号富力盈隆广场31楼	510623	董事长、党组书记　杨　璐 董事、总经理、党组成员　胡伏秋 副总经理、党组成员、工会主席　邹志敏 副总经理、党组成员　黄有为 党组成员、纪检组长　王发兴	中国南方电网有限责任公司	24%	Southern Power Grid Finance Co., Ltd.	fc.csg.cn/
					广东电网有限责任公司	21.20%		
					广西电网有限责任公司	10.80%		
					云南电网有限责任公司	10.80%		
					贵州电网有限责任公司	10.80%		
					广州供电局有限公司	10%		
					深圳供电局有限公司	10%		
					海南电网有限责任公司	2.40%		
52	中电投财务有限公司	北京市西城区西直门外大街18号金贸大厦C1座	100044	董事长、党组成员　王振京 总经理、党组副书记　梁玉丰 党组书记、副总经理　张培廉 党组成员、副总经理　赵长利 党组成员、纪检组组长、工委主任　刘新涛	国家电力投资集团公司	79.80%	China Power Investment Finance Company Limited	www.cpifcl.com
					黄河上游水电开发有限责任公司	2.80%		
					上海电力股份有限公司	2.80%		
					中电投蒙东能源集团有限责任公司	2.80%		
					吉林电力股份有限公司	2.80%		
					中电投远达环保（集团）股份有限公司	2.20%		
					中国电力国际有限公司	2.00%		
					中电投核电有限公司	1.60%		

续表

	公司全称	通讯地址	邮政编码	高管人员	控股股东	控股比例	英文名称	公司网址
52	中电投财务有限公司	北京市西城区西直门外大街18号金贸大厦C1座	100044	董事长、党组成员 王振京 总经理、党组副书记 梁玉丰 党组书记、副总经理 张培廉 党组成员、副总经理 赵长利 党组成员、纪检组组长、工委主任 刘新涛	五凌电力有限公司	1.60%		
					中电投东北电力有限公司	0.40%		
					中电投河南电力有限公司	0.40%		
					中电投江西电力有限公司	0.40%		
					中国电能成套设备有限公司	0.40%		
53	国电财务有限公司	北京市西城区西直门外大街18号金贸大厦D座	100044	总经理、党组副书记 栾宝兴 党组书记、副总经理 刘焱 党组成员、副总经理、总会计师 杨元顶 党组成员、副总经理 黄文强 党组成员、副总经理 张敏 党组成员、总法律顾问、工会主席 万利平 党组成员、副总经理 李阳 风险管理总监 郑础宏	中国国电集团公司	77.65%	Guodian Finance Co., Ltd.	www.gdfcl.com.cn
54	华联财务有限责任公司	北京市西城区金融大街33号通泰大厦B428室	100033	董事长 郭丽荣 总经理 丁险峰 副总经理 施保成 副总经理 徐 艳 总经理助理 梁国桓	北京华联集团投资控股有限公司	34%	Hualian Finance Co., Ltd.	www.hualianfc.com
55	兵器装备集团财务有限责任公司	北京市海淀区车道沟10号院中国兵器装备集团大楼5层	100089	董事长 李守武 总经理 崔云江 党委书记 刘志岩 副总经理 马 洪 党委副书记、纪委书记 董仲贤 副总经理 冯长军 总经理助理、总稽核 李志榕 总经理助理 唐自强 总经理助理 印 凤	中国兵器装备集团公司	22.90%	China South Industries Group Finance Co., Ltd.	www.bzhcw.cn/

续表

	公司全称	通讯地址	邮政编码	高管人员	控股股东	控股比例	英文名称	公司网址
56	京能集团财务有限公司	北京市朝阳区永安东里16号CBD国际大厦23层	100022	总经理　张　伟 副总经理　刘　颖 总经理助理　杨　建 风险总监　张　艳 投资总监　倪　婷	北京能源集团有限责任公司 北京京能清洁能源电力股份有限公司	98% 2%	Beih Finace Co., Ltd.	www.beihf.com.cn
57	浙江省能源集团财务有限责任公司	浙江省杭州市环城北路华浙广场一号楼9层	310006	董事长　王莉娜 总经理　蔡亦东 副总经理　汪汝姚 副总经理　马　青 副总经理　余　涛 首席投资（证券）分析师　朱战	浙江省能源集团有限公司	91%	Zhejiang Provincial Energy Group Finance Co., Ltd.	
58	广东粤电财务有限公司	广东省广州市天河区天河东路2号粤电广场南塔12－13楼	510630	董事长　温淑斐 总经理　周志坚 党支部书记兼副总经理　袁素杰 副总经理　李葆冰 副总经理　蔡锡鸿	广东省粤电集团有限公司	60%	Guangdong Yudean Finance Co., Ltd.	
59	TCL集团财务有限公司	广东省惠州市仲恺高新区惠风三路17号TCL科技大厦21楼	516006	董事长　黄旭斌 总经理　杜　娟 副总经理　黎　健 总经理助理　邓燕婵	TCL集团股份有限公司	82%	TCL Finance Co., Ltd.	fc.tcl.com/cn/index.aspx
60	湖南华菱钢铁集团财务有限公司	湖南省长沙市天心区湘府西路222号华菱园写字楼5、6楼	410004	董事长　肖　骥 总经理　饶　璞 财务总监、副总经理　康向君 副总经理　赖邦传 副总经理　张　卓	湖南华菱钢铁集团有限责任公司	30%	Hunan Valin Iron & Steel Group Finance Co. Ltd.	www.chinavalin.com
61	江西铜业集团财务有限公司	江西省南昌市二七北路527号	330077	董事长　甘成久 总经理　吴金星	江西铜业股份有限公司 江西铜业铜材有限公司 中银集团投资有限公司	85.68% 1.67% 12.65%	Jcc Finance Co. Ltd.	www.jxcc.com

续表

	公司全称	通讯地址	邮政编码	高管人员	控股股东	控股比例	英文名称	公司网址
62	天津港财务有限公司	天津市塘沽区津港路99号	300461	董事长　郑庆跃 总经理　窦广清 副总经理　马　洁	天津港（集团）有限公司	52.00%		
					天津港股份有限公司	34.47%		
					天津港第一港埠有限公司	4.71%		
					天津外轮理货有限公司	2.94%		
					天津中燃船舶燃料有限公司	2.94%		
					天津港轮驳有限公司	2.94%		
63	松下电器（中国）财务有限公司	上海市浦东陆家嘴环路1000号恒生银行大厦7楼	200120	董事长　山下健次 总经理　吉村太作	松下电器（中国）有限公司	100%	Panasonic Finance China Co., Ltd.	
64	中航工业集团财务有限责任公司	北京市朝阳区东三环中路乙10号艾维克大厦18层	100022	董事长　刘　宏 总经理　刘　蓉 党委书记　王宏伟 高级专务、副总经理　贾福青 副总经理　汤跃辉 副总经理　许海翔 副总经理　徐　靖 总经理助理　刘海儒	中国航空工业集团公司	47.12%	AVIC Finance Co., Ltd.	www.avicfinance.com.cn
65	中冶集团财务有限公司	北京市曙光西里28号中冶大厦3118室	100028	董事长　邹宏英 总经理　周小杰 副总经理　李先强	中国冶金科工股份有限公司	86.12%	MCC Finance Company Ltd.	www.mccfc.com.cn
66	申能集团财务有限公司	上海市浦东新区陆家嘴环路958号10楼	200120	董事长　王鸿祥 总经理　张　芊 副总经理　杜心红 投资总监　刘　弦 运营总监　李争浩	申能（集团）有限公司	65%	Shenergy Group Finance Co., Ltd.	
67	潞安集团财务有限公司	山西省长治市城西路2号	046011	董事长、党支部书记　杨广玉 总经理　李　霞 常务副总经理　刘天义 副总经理　胡晓军	山西潞安矿业（集团）有限责任公司	66.67%	Lu´an Group Finance Co., Ltd.	

续表

	公司全称	通讯地址	邮政编码	高管人员	控股股东	控股比例	英文名称	公司网址
68	淮南矿业集团财务有限公司	安徽省淮南市洞山东路上东锦城商业街21栋18号	232001	董事长、书记 方泰峰 总经理 王小波 风险总监、副书记 陈学忠 副总经理 黄存伟	淮南矿业（集团）有限责任公司	91.50%		www.hnmine.com/
69	日立（中国）财务有限公司	上海市茂名南路205号瑞金大厦1908室	200020	董事长 西冈宏明 总经理 水流孝一 副总经理 陈庆锴	日立（中国）有限公司	100%	Hitachi (China) Finance Co., Ltd.	www.hitachi.com.cn/index.html
70	保利财务有限公司	北京市东城区朝阳门北大街1号8C	100010	董事长 彭碧宏 总经理 赵 晋 副总经理 王一夫 副总经理 耿跃华 总经理助理 郭 华	中国保利集团公司	35.00%	Poly Finance Company Limited	www.polyfinance.com.cn
					保利科技有限公司	18.01%		
					保利南方集团有限公司	3.16%		
					保利房地产（集团）股份有限公司	13.01%		
					保利（香港）控股有限公司	3.65%		
					保利置业集团有限公司	11.35%		
					瑞士信贷银行股份有限公司	5.82%		
					保利能源控股有限公司	5.00%		
					保利文化集团股份有限公司	5.00%		
71	深圳能源财务有限公司	广东省深圳市福田区深南中路2068号华能大厦32楼	518031	董事长 周 群 总经理 李新威 副总经理 李春晖 副总经理 陆小平	深圳能源集团股份有限公司	70.00%	Shenzhen Energy Finance Co., Ltd.	jrzxpt.sefc.sec.com.cn/cn/index.aspx
					深圳妈湾电力有限公司	20.00%		
					深圳市广深沙角B电力有限公司	10.00%		

续表

	公司全称	通讯地址	邮政编码	高管人员	控股股东	控股比例	英文名称	公司网址
72	中化集团财务有限责任公司	北京市复兴门内大街28号凯晨世贸中心中座F3层	100031	董事长　杨　林 总经理　刘　剑 副总经理　张小康 财务总监　陈　丰 副总经理　付建军 副总经理　张亚蔚 总经理助理　杨　毅 总经理助理　王慧霞 总经理助理　施暄	中国中化股份有限公司	100%	Sinochem Finance Co., Ltd.	www.sinochemfinance.com
73	海信集团财务有限公司	山东省青岛市市南区东海西路17号海信大厦15层	266000	董事长　周厚健 总经理　黄金萍 副总经理　王曙光 副总经理　杨国利	青岛海信通信有限公司	56.99%	Hisense Finance Co. Ltd.	
74	国联财务有限责任公司	江苏省无锡市滨湖区金融一街8号18楼	214121	董事长　杨静月 总经理　朱文波 总经理助理　史亦言 总经理助理　陈兴君	无锡市国联发展（集团）有限公司	30%	Guolian Finance Co., Ltd.	www.glcw.com.cn
75	首都机场集团财务有限公司	北京市北京首都国际机场四纬路9号中国服务大厦B区三层	100621	董事长　赵璟璐 总经理　王　玫 副总经理　刘浩洋 副总经理　李　剑 财务总监　张宇辉 首席风险控制官　刘亚红 总经理助理　薛浩荣	首都机场集团公司	80%	Capital Airport Finance Co., Ltd.	www.cah.com.cn
76	红豆集团财务有限公司	江苏省无锡省无锡市锡山区东港镇锡港东路2号	214199	董事长　周海燕 总经理　胡国梁 副总经理　孙东明	红豆集团有限公司	51%	Hongdou Group Finance Co., Ltd.	
77	海马财务有限公司	海南省海口市金盘工业区金牛路2号	570216	董事长　赵树华 总经理　刘　卫 副总经理　薛安萍 副总经理　刘予建 总经理助理　田　渊 总经理助理　马　昕	海马汽车集团股份有限公司 海马投资集团有限公司	47.37% 47.37%	Haima Finance Co., Ltd.	
78	南山集团财务有限公司	山东省龙口市南山工业园南山南路4号	265706	董事长　隋　政 副董事长兼总经理　赵宏伟 副总经理　郭　芸	南山集团有限公司	55%	Nanshan Finance Company, Ltd.	

续表

	公司全称	通讯地址	邮政编码	高管人员	控股股东	控股比例	英文名称	公司网址
79	国投财务有限公司	北京市西城区西直门南小街147号9层	100034	董事长 张华 总经理 兰如达 副总经理 苏日庆 副总经理 张伟明 总经理助理 李樱	国家开发投资公司	35.60%	SDIC Finance Co., Ltd.	www.sdicfinance.com
80	河南能源化工集团财务有限公司	河南省郑州市郑东新区CBD商务外环路6号国龙大厦1727	450046	董事长 张毅 总经理 张汇臣 副总经理 沈扬	河南能源化工集团有限公司	63.70%	Henan Energy and Chemical Industry Group Finance Co., Ltd.	www.hnccgc.com.cn
81	中国化工财务有限公司	北京海淀区北四环西路62号	100080	董事长 冯益民 副总经理 郭学军 副总经理 曹巍 总会计师 胡立福	中国化工集团公司	49.41%	ChemChina Finance Co. Ltd.	www.chemchina.com.cn/portal/cyqy/zsqy/webinfo/2012/05/1336472564535610.htm
82	紫金矿业集团财务有限公司	福建省上杭县紫金大道1号14楼	364200	董事长 林红英 董事兼总经理 罗福金 副总经理 余德琳 副总经理 刘志洲 副总经理 梁祥斌	紫金矿业集团股份有限公司	95%	Zijin Mining Group Finance Co., Ltd.	www.zjky.cn
83	江苏华西集团财务有限公司	江苏省江阴市滨江开发区香山路29号华西金融楼	214434	董事长 包丽君 总经理 卞三荣 副总经理 曹红玉 副总经理 虞金华	江苏华西集团公司	90%	Jiangsu Huaxi Group Finance Co., Ltd.	
84	冀中能源集团财务有限责任公司	河北省石家庄市体育北大街125号	050015	董事长 王社平 副董事长 李笑文 总经理 李艳芳 副总经理 总会计师 王玉江 副总经理 张建平	冀中能源集团有限责任公司	45%	Jizhong Energy Group Finance Co., Ltd.	
85	山西焦煤集团财务有限责任公司	山西省太原市新晋祠路一段1号	030024	董事长 张树茂 总经理 夏苏萍 副总经理 贺海柱 副总经理 郎晓华	山西焦煤集团有限责任公司	80%	Shanxi Coking Coal Group Finace Co., Ltd.	
86	阳泉煤业集团财务有限责任公司	山西省阳泉市北大西街29号	045000	董事长 廉贤 总经理 王玉明 副总经理 魏晓光 副总经理 赵守刚 首席风险官 樊宗莉	阳泉煤业(集团)有限责任公司	50%	Yangoouan Coal Industry Group Finance Co., Ltd.	www.ymcwgs.com.cn

续表

	公司全称	通讯地址	邮政编码	高管人员	控股股东	控股比例	英文名称	公司网址
87	晋煤集团财务有限公司	山西省晋城市北石店镇	048006	董事长 郑绍祖 总经理 段建勋 副总经理 苗见阳 副总经理 赵春洁 副总经理 韩 军	山西晋城无烟煤矿业集团有限责任公司	92%	Jincheng Anthracite Mining Group Finance Co., Ltd.	
88	云南冶金集团财务有限公司	云南省昆明市五华区小康大道399号冶金大厦10楼	650224	董事长 张自义 董事、总经理 李旻昊 党支部书记、副总经理 罗胜 副总经理 晏元川 副总经理 刘 洁	云南冶金集团股份有限公司	80%	Yunnan Metallurgical Group Finance Co., Ltd.	
					云南铝业股份有限公司	10%		
					云南驰宏锌锗股份有限公司	10%		
89	中海集团财务有限责任公司	上海市虹口区东大名路670号5楼	200080	董事长 杨吉贵 总经理 孙晓斌 副总经理 项晓兰 副总经理 李 晟 营运总监 王 菲 总经理助理 李䶮麟	中国海运（集团）总公司	25%	China Shipping Finance Co., Ltd.	www.csfinance.com.cn
					中海集装箱运输股份有限公司	25%		
					中海发展股份有限公司	25%		
					广州海运（集团）有限公司	20%		
					中海（海南）海盛船务股份有限公司	5%		
90	中集集团财务有限公司	广东省深圳市南山区蛇口望海路1166号招商局广场11楼	518067	董事长 麦伯良 总经理 张 力 财务总监 杨晓玲 风控总监 方继勋 市场总监 朱慧雯	中国国际海运集装箱（集团）股份有限公司	100%	Cimc Finance Company Ltd.	www.cimcfinance.com
91	沙钢财务有限公司	江苏省张家港市锦丰镇永新路239号	215625	董事长 沈 彬 总经理 倪云山 常务副总经理 沈 涛 总经理助理 方 梅	江苏沙钢集团有限公司	60%	Shagang Finance Co., Ltd.	www.sha-steel.com
					张家港宏昌钢板有限公司	20%		
					张家港沙景宽厚板有限公司	20%		

续表

	公司全称	通讯地址	邮政编码	高管人员	控股股东	控股比例	英文名称	公司网址
92	美的集团财务有限公司	广东省佛山市顺德区北滘镇美的大道6号美的总部大楼B区6楼	528311	董事长 袁立群 总经理 汪 勇 副总经理 温 蓉 副总经理 陈利坚	美的集团股份有限公司	95%	Midea Group Finance Co., Ltd.	finance. midea. com. cn
					广东威灵电机制造有限公司	5%		
93	宁波港集团财务有限公司	浙江省宁波市北仑区明州路301号宁波港大厦	315800	董事长 李令红 副董事长 王峥 总经理 王甬明 副总经理 邱纪道 副总经理 夏光辉	宁波港股份有限公司	75%	Ningbo Port Group Finance Co. Ltd.	nbpfc. nbport. com. cn/
					宁波舟山港集团有限公司	25%		
94	兖矿集团财务有限公司	山东省邹城市凫山南路329号	273500	董事长 张胜东 总经理 孟宪强 副总经理 李井良	兖矿集团有限公司	70%	Yankuang Group	www. ykjt. cn
95	哈尔滨电气集团财务有限责任公司	黑龙江省哈尔滨市香坊区三大动力路7号三楼	150040	董事长 刘智全 总经理、党委书记 吴 彤 副总经理 陈茂义 副总经理 曲为民	哈尔滨电气股份公司	55%		
96	北大方正集团财务有限公司	北京市海淀区成府路298号中关村方正大厦9层	100871	董事长 陈 刚 总经理 李胜利 副总经理 崔 勇 副总经理 李 莉 助理总经理 李清军	北大方正集团有限公司	50%	PKU Founder Group Finance Co., Ltd.	www. founderf. com
					方正产业控股有限公司	42.5%		
					方正科技集团股份有限公司	7.5%		
97	通用技术集团财务有限责任公司	北京市丰台区西三环中路90号，通用技术大厦6层	100055	董事长 卿 虹 总经理 李虎俊 副总经理 刘 嵘	中国通用技术（集团）控股有限责任公司	95%		www. gtfc. com. cn/
98	铜陵有色金属集团财务有限公司	安徽省铜陵市长江西路171号	244000	董事长 解硕荣 总经理 黄天珊 副总经理 束昊生	铜陵有色金属集团控股有限公司	70%	TongLing Nonferrous Metals Group Finance Corporation Ltd.	www. tnmg. com. cn/cwgs/
99	中建财务有限公司	北京市海淀区三里河路15号中建大厦A座七层	100037	董事长 曾肇河 总经理 孔卫湘 副总经理 徐 明 总经理助理 付 玉 总经理助理 牛学丽	中国建筑工程总公司	20%	China State Construction Finance Company Limited	cscfc. cscec. com
					中建筑股份有限公司	80%		
100	江苏省国信集团财务有限公司	江苏省南京市山西路128号和泰大厦11层	210008	董事长 王家宝（2015年12月23日辞职，由集团总会计师浦宝英兼任公司董事长） 总裁 丁 锋 副总裁 周俊淑	江苏省国信资产管理集团有限公司	73%	Jiangsu Guoxin Finance Co., Ltd.	www. jsgxfc. com

续表

	公司全称	通讯地址	邮政编码	高管人员	控股股东	控股比例	英文名称	公司网址
101	重庆化医控股集团财务有限公司	重庆市两江新区高新园星光大道70号天王星A1座2楼	401121	董事长　王　平 总经理　王凤艳 副总经理　王　剑 副总经理　曾子珂	重庆化医控股（集团）公司	63%	Chongqing Chemical and Pharmaceutical Holdings Group Finance Co., Ltd.	
102	金川集团财务有限公司	甘肃省兰州市城关区天水南路525号5楼	730000	董事长　孙洪元 总经理　刘世超 副总经理　杜志环 风险总监　郭明君	金川集团股份有限公司	92.30%	Jinchuan Group Finance Co., Ltd.	
103	新希望财务有限公司	四川省成都市高新区天府大道中段新希望国际大厦A座26层	610041	董事长　黄代云 总裁　邵　军 副总裁　罗治国	新希望集团有限公司	42.54%	New Hope Finance Co., Ltd.	www.nhgfc.com
					新希望六和股份有限公司	34.00%		
					南方希望实业有限公司	9.00%		
					新希望化工投资有限公司	8.46%		
					山东新希望六和集团有限公司	6.00%		
104	酒钢集团财务有限公司	甘肃省嘉峪关市雄关东路10号诚信广场5008室	735100	董事长　江　飚 总经理　王丽华 监事长　康厚新 副经理　温春来	酒钢集团公司	60%	Jiugang Group Finance Co., Ltd.	www.jiugangfc.com
105	包钢集团财务有限责任公司	内蒙古包头市昆区白云路39号	014010	董事、董事长　周秉利 监事会主席　李春龙 董事　郝润宝 董事　邢斌 董事　王晔 董事　白连富 董事（外部董事）　元伟 董事、总经理　谢美玲 副总经理　吕淑梅 副总经理　张　莘	包头钢铁（集团）有限责任公司	60%	Baotou Group Finance Co., Ltd.	
					内蒙古包钢钢联股份有限公司	30%		
					内蒙古包钢稀土（集团）高科技股份有限责任公司	8%		
					内蒙古黄岗矿业有限责任公司	2%		

续表

	公司全称	通讯地址	邮政编码	高管人员	控股股东	控股比例	英文名称	公司网址
106	新奥财务有限责任公司	河北省廊坊市经济技术开发区华祥路31号新奥集团总部南院C区	65001	董事长　于建潮 总经理　姚卫东 常务副总经理　姜　波 副总经理　梁宏玉 风险总监　陈绍利	新奥（中国）燃气投资有限公司	45%	ENN Finance Co., Ltd.	www.ennfinance.com
					蚌埠新奥燃气有限公司	5%		
					新奥能源物流有限公司	19%		
					新奥燃气工程有限公司	9%		
					新奥能源贸易有限公司	13%		
					新奥控股投资有限公司	9%		
107	中外运长航财务有限公司	北京市海淀区西直门北大街甲43号金运大厦B座18层	100082	董事长　黄必烈 总经理　张少军 财务总监　罗丹丹 稽核总监　黄文祥 总经理助理　曹晋文 总经理助理　罗　立	中国外运长航集团有限公司	55%	Sinotrans & CSC Finance Co., Ltd.	
					中国长江航运（集团）总公司	15%		
					中国外运股份有限公司	10%		
					中国租船有限公司	5%		
					中外运空运发展股份有限公司	5%		
					中国长江航运集团	5%		
					南京油运股份有限公司			
					长航集团船舶重工总公司	5%		
108	青岛啤酒财务有限责任公司	山东省青岛市市南区东海西路35号4栋青岛啤酒大厦内第9层	266071	董事长　孙明波 总经理　徐振声 副总经理　张德志 财务总监　冯雪峰	青岛啤酒股份有限公司	100%	Tsingtao Brewery Finance Co., Ltd.	

续表

	公司全称	通讯地址	邮政编码	高管人员	控股股东	控股比例	英文名称	公司网址
109	上海复星高科技集团财务有限公司	上海市普陀区江宁路1158号友力国际大厦1902A. B. C. +1903A	200060	董事长　张厚林 总经理　吴建友 总经理助理兼风险管理部经理　陈丽娜 总经理助理兼计财部经理　闻　敏	上海复星高科技（集团）有限公司	66%	Fosun Group Finance Corporation Limited	
					上海复星医药（集团）股份有限公司	20%		
					南京钢铁联合有限公司	9%		
					上海豫园旅游商城股份有限公司	5%		
110	中铝财务有限责任公司	北京市海淀区西直门北大街62号中铝大厦7层	100082	董事长　刘才明	中国铝业公司	100%	Chinalco Finance Company Limited	www. chinalcof. com/
111	中兴通讯集团财务有限公司	广东省深圳市南山区高新技术产业园科技南路中兴通讯大厦A座二楼	518057	董事长　韦在胜 副董事长　石春茂 总经理　张　帆 常务副总经理　王宇彪 副总经理　洪志斌 副总经理　杜丹丹	中兴通讯股份有限公司	100%	ZTE Group Finance Company Limited	www. zte – finance. com
112	福建省能源集团财务有限公司	福建省福州市鼓楼区琴亭路29号福能方圆大厦16楼	350003	董事长、书记　罗振文 总经理　王金新 副总经理　朱　辉	福建省能源集团有限责任公司	90%	Fujian Energy Group Finance Company Limited	www. fjegfc. com
113	湖南高速集团财务有限公司	湖南省长沙市开福区三一大道500号金色比华利大厦17楼	410008	董事长　吴国光 总经理　肖　华 副总经理　张　祺 副总经理　彭正辉 财务总监　张晓青 总稽核　谢新兴	湖南省高速公路建设开发总公司	60%	Hunan Expressway Group Finance Co. , Ltd.	www. hngscw. com: 86/
114	马钢集团财务有限公司	安徽省马鞍山市九华西路8号	243000	董事长　丁　毅 副总经理　伍生林 风险总监　汪冬妹 副总经理　盛重乐	马鞍山钢铁股份有限公司	91%	MaGang Group Finance Co. , Ltd.	www. cwgs. mg/

续表

	公司全称	通讯地址	邮政编码	高管人员	控股股东	控股比例	英文名称	公司网址
115	湖北宜化集团财务有限责任公司	湖北省宜昌市沿江大道52号	443000	柴国志 邬轶材 陈兴顺	湖北宜化集团有限责任公司	80%	Hubei Yihua Group Finance Co., Ltd.	hbyhcwgs@163.com
					湖北双环科技股份有限公司	10%		
					贵州宜化化工有限责任公司	10%		
116	北京汽车集团财务有限公司	北京市丰台区汽车博物馆东路6号院G座17－19层	100160	董事长 马传骐 总经理 李荣荣 副总经理 周雪辉 副总经理 孙夕振 总经理助理 周 巍 总经理助理 刘 勇	北京汽车集团有限公司	56%	Baic Group Finance co., Ltd.	www.bafc.com.cn
117	大连港集团财务有限公司	辽宁省大连市中山区人民路68号宏誉大厦902室	116001	董事长 张佐刚 总经理 石春兰 党总支书记 刘 湃 副总经理 叶静红 财务总监 苏 陶	大连港集团有限公司	60%	Dalian Port Group Finance Company Limited	
					大连港股份有限公司	40%		
118	大唐电信集团财务有限公司	北京市海淀区学院路40号大唐电信集团主楼5层	100191	董事长 郭光莉 总经理 吴殷强 副总经理 周少锋 副总经理 韩卫刚 总经理助理 廖系民 风险总监 何佳乐	电信科学技术研究院	100%	Datang Telecom Group Finance Company Limited	www.dtdxcw.com
119	开滦集团财务有限责任公司	河北省唐山市路南区新华东道70号	063018	董事长 张志芳 总经理 董养利 副总经理 张晓玲	开滦（集团）有限责任公司	51%	Kai Luan Group Finance Co., Ltd.	
					开滦能源化工股份有限公司	40%		
					开滦（集团）蔚州矿业有限责任公司	9%		
120	中国航油集团财务有限公司	北京市顺义区后沙峪镇安富街6号3层	101318	董事长 赵寿森 总经理 师建桥 副总经理 张 鹏 总经理助理 王世强 总经理助理 王金梁 总经理助理 邹耀平	中国航空油料集团公司	90%		www.cnaf.com/

续表

	公司全称	通讯地址	邮政编码	高管人员	控股股东	控股比例	英文名称	公司网址
121	海南农垦集团财务有限公司	海南省海口市滨海大道115海垦国际金融中心23层	570105	董事长　彭富庆 总经理　邓文杰 副总经理　郑　璧	海南省农垦集团有限公司 海南天然橡胶产业集团股份有限公司	80% 20%	Hainan State Farms Group Finance Co., Ltd.	
122	西部矿业集团财务有限公司	青海省西宁市城西区微波巷1号	810001	董事长　李兴财 监事长　金作清 总经理　王永宁 副总经理　王　伟 运营总监　彭春华 纪检专员　杨　鑫	西部矿业股份有限公司	60%		www. westmining. com
123	江苏交通控股集团财务有限公司	江苏省南京市中山东路291号汉府大厦3－4层	210002	董事长　杜文毅 总经理　王　展 副总经理　陈凤艳 副总经理　盈晓红 总经理助理　周莉莉	江苏交通控股有限公司 江苏京沪高速公路有限公司 江苏润扬大桥发展有限责任公司	80% 10% 10%	Jiangsu Communications Holding Group Finance Co., Ltd.	www. jchgfc. com/
124	中国移动通信集团财务有限公司	北京市西城区丰盛胡同20号丰铭国际大厦B座12层	100032	董事长　薛涛海 副董事长　朱　敏 总经理　朱　毅 运营总监　潘文彬 财务总监　向华翔	中国移动通信有限公司	52.44%	China Mobile Finance Company Limited	—
125	山东钢铁集团财务有限公司	山东省济南市高新区舜华路2000号	250101	董事长　陶登奎 总经理　李凤强 副总经理　张云庭 副总经理　于基勇 副总经理　杨士东	山钢集团公司	67.50%	Shandong Iron & Steel Group Finance Co., Ltd.	www. shansteelgroup. com
126	国药集团财务有限公司	北京市海淀区知春路20号中国医药大厦七层	100191	董事长　邓金栋 总经理　梁红军 副总经理　曹桂春 财务总监　李　慧	中国医药集团总公司 国药控股股份有限公司	80% 20%	Sinopharm Group Finance Co., Ltd.	
127	郑州宇通集团财务有限公司	河南省郑州市郑东新区CBD商务外环路8号世博大厦11层04、05、06室	450018	董事长　王国庆 总经理　李飞月 副总经理　杨祥盈 财务总监、董事会秘书　张丁元	郑州宇通集团有限公司	85%	Zhengzhou Yutong Group Finance Co., Ltd.	

续表

	公司全称	通讯地址	邮政编码	高管人员	控股股东	控股比例	英文名称	公司网址
128	中国铁建财务有限公司	北京市海淀区复兴路40号院1号楼中国铁建大厦10层	100855	董事长 王秀明 总经理 冀涛 副总经理、总会计师 果秀娟	中国铁建股份有限公司	94%	CRCCFC Finance Company Limited	www. crccfc. com. cn
129	山东省商业集团财务有限公司	山东省济南市历下区山师东路4号	250014	董事长 李明 总经理 张志强 副总经理 马玉义 副总经理 王金栋 总会计师 吕元忠 总审计师 高振斌 总经理助理 周卫民	山东省商业集团有限公司	100%	Shandong Commercial Group Finance Co., Ltd.	
130	深圳华强集团财务有限公司	广东省深圳市福田区深南中路华强路口华强集团1号楼7楼	518031	董事长 李曙成 总经理 赖强 副总经理 郑德镇	深圳华强集团有限公司	100%	Shenzhen Huaqiang Group Finance Co., Ltd.	www. szhq. com
131	诚通财务有限责任公司	北京市南四环西路188号总部基地6区17号7层	100070	董事长 徐震 总经理 赵洪武 副总经理 张志海 副总经理 何仕彬	中国诚通控股集团有限公司	71%	China Chengtong Finance Corporation Ltd.	
132	山东重工集团财务有限公司	山东省济南市历下区燕子山西路40-1号	250014	董事长 申传东 总经理 吴汝江 副总经理 黄震 副总经理 陈朝晖 风险总监 魏然	山东重工集团有限公司	35%	Shandong Heavy Industry Group Finance Co., Ltd.	
133	湖北能源财务有限公司	湖北武汉洪山区徐东大街137号能源大厦29楼	430077	董事长 张国勇 副董事长、总经理兼党支部书记 邹正 副总经理 卢希文 副总经理兼首席风险官 蔡奕鲲	湖北能源集团股份有限公司 湖北清能有限责任公司 湖北宣恩洞坪水电有限责任公司	88% 6% 6%	Heibei Energy Finance Co., Ltd.	www. hbny. com. cn/cwgs/
134	港中旅财务有限公司	广东省深圳市福田区深南大道4011号港中旅大厦19楼	518048	董事长 闫永夫 总经理 胡银龙 副总经理 陈丽 财务总监 庞勇 总经理助理 欧阳莹	中国港中旅集团公司	65%	China National Travel Service (HK) Finance Company Limited	www. ctsfi. com

续表

	公司全称	通讯地址	邮政编码	高管人员	控股股东	控股比例	英文名称	公司网址
135	陕西煤业化工集团财务有限公司	陕西省西安市高新区锦业一路二号陕煤化集团大楼四层	710065	董事长 邓晓博 总经理 李盈斌 副总经理 王晓刚 副总经理 徐 明 副总经理 孟延平 副总经理 刘旭春	陕西煤业化工集团有限责任公司	45%	Shaanxi Coal and Chemical Industry Group Finance Co., Ltd.	www. shccig - ebank. com
136	上海华谊集团财务有限责任公司	上海市浦东新区浦东南路 1271 号 15 楼	200122	董事长 刘训峰 副总经理 虞 斌 副总经理 陆 敏	双钱集团股份有限公司	64%	Shanghai Huayi Group Finance Co., Ltd	
137	河钢集团财务有限公司	河北省石家庄市体育南大街 385 号 10 层	050023	董事长 于 勇 总经理 唐建君 财务总监 许鹏贵	河钢集团有限公司	51%	Hesteel Group Finance Company Limited	集团网址 www. hbisco. com 公司尚未建立外部网站
138	安徽省能源集团财务有限公司	安徽省合肥市马鞍山路 76 号	230011	董事长 邵德慧 总经理 彭 松 副总经理 杜建军 风控总监 程 敏	安徽省能源集团有限公司	51%	Anhui Energy Group Finance Co., Ltd.	
139	中化工程集团财务有限公司	北京市东城区东直门内大街 2 号中国化学工程大厦 13 层	100007	董事长 刘 毅 总经理 周 竞 副总经理 代 萍 总经理助理 陶湘宁	中国化学工程股份有限公司	90%	China National Chemical Engineering Group Corporation – Finance Co., Ltd.	www. cncecfc. com
140	天津天保财务有限公司	天津市空港经济区西五道 35 号	300308	董事长 尹宏海 副董事长 韩 华 总经理 李 军 副总经理 刘 征	天津保税区投资控股集团有限公司	100%	Tianjin T&B Finance Co., Ltd.	
141	亿利集团财务有限公司	北京市复兴门内大街 28 号凯晨世贸中心东座 6 层	100031	董事长 王文治 总经理 孔 骞 总经理 郭平副 总经理助理 孙永强	亿利资源集团有限公司	65%	Elion Finance Company Limited	www. elion. com. cn
142	厦门海翼集团财务有限公司	福建省厦门市思明区厦禾路 668 号海翼大厦 B 座 26 层	361004	董事长 刘艺虹 总经理 曾国元 副总经理 杨 瑾 首席风险控制官 朱胜先	厦门海翼集团有限公司（35 000 万元） 厦门海翼国际贸易有限公司（10 000 万元） 厦门厦工机械股份有限公司（5 000 万元）	70% 20% 10%	Xiamen CCRE Group Finance Co., Ltd.	www. ccregroup. com

续表

	公司全称	通讯地址	邮政编码	高管人员	控股股东	控股比例	英文名称	公司网址
143	中信财务有限公司	北京市朝阳区新源南路6号京城大厦低层栋B座2层	100004	董事长 张云亭 副总经理 王海波	中国中信有限公司	80%	CITIC Finance Company Limited	www. citic. com
144	浙江省交通投资集团财务有限责任公司	浙江省杭州市江干区五星路199号明珠国际商务中心2号楼8层	310020	董事长 傅哲祥 总经理 陶明辉 副总经理 张雪芬 副总经理 芦文伟	浙江省交通投资集团有限公司	40%	Zhejiang Communications Investment Group Finance Co. , Ltd.	www. cncico. com/hxcy. aspx? c _ kind = 5&c_ kind2 =797
145	中国北车集团财务有限公司	北京市丰台区芳城园一区15号楼	100078	董事长 时景丽 总经理 徐汝君 副总经理 廖新义	中国北方机车车辆工业集团公司	8. 34%	China CNR Finance Co. , Ltd.	www. crrcgc. cc
					中国北车股份有限公司	91. 66%		
146	中国电子科技财务有限公司	北京市海淀区复兴路17号国海广场A座16层	100038	董事长 张登洲 总经理 刘维用 副总经理 刘盼盼	中国电子科技集团公司	55%	CETC Finance Co. , Ltd.	www. cetcf. com. cn
					中国电子科技集团公司第十研究所	5%		
					中国电子科技集团公司第十四研究所	5%		
					中国电子科技集团公司第二十八研究所	5%		
					中国电子科技集团公司第二十九研究所	5%		
					中国电子科技集团公司第三十六研究所	5%		
					中国电子科技集团公司第三十八研究所	5%		
					中国电子科技集团公司第四十一研究所	5%		
					中国电子科技集团公司第五十二研究所	5%		
					中国电子科技集团公司第五十四研究所	5%		

续表

	公司全称	通讯地址	邮政编码	高管人员	控股股东	控股比例	英文名称	公司网址
147	重庆机电控股集团财务有限公司	重庆市北部新区黄山大道中段60号	401123	总经理 陈永强 副总经理 方光强 首席财务官 徐亚莉 董事长 王玉祥	重庆机电股份有限公司	51%	Chongqing Machinery and Electronics Holding Group Finance Company Limited	www. cqcmefc. com/
148	河北建投集团财务有限公司	河北省石家庄市裕华西路9号裕园广场A座二楼	050051	董事长 袁雁鸣 总经理 周雪松 副总经理 魏增然 副总经理 窦志强 风险总监 单宝驹 总会计师 师晨圆	河北建设投资集团有限责任公司	60%	Hebei Construction & Investment Group Finance Co., Ltd.	
149	太钢集团财务有限公司	山西省太原市尖草坪区解放北路83号	030003	董事长 韩珍堂 副总经理 郭 涌 监事长 郭文斌 副总经理 李志强 副总经理 田俊东	太原钢铁（集团）有限公司	51%	Taiyuan Iron&Steel Group Finance Co., Ltd.	
150	大同煤矿集团财务有限责任公司	山西省大同市恒安新区平德路鹏程广场6－8号	037003	同煤集团总会计师，董事长、党支部书记 王团维 总经理 王力佳 监事会主席 李永久 副总经理 狄 炎 副总经理 管世忠 党支部副书记 田 亮 总法律顾问 赵东清 总经理助理 刘 杰	大同煤矿集团有限责任公司	60%	Datong Coal Mine Group Finance Co., Ltd.	
					山西漳泽电力股份有限公司	20%		
					大同煤业股份有限公司	20%		
151	贵州茅台集团财务有限公司	贵州省贵阳市云岩区盐务街2号茅台大厦13层	550001	董事长 袁仁国 总经理 吴志军 副总经理 付 维	中国贵州茅台酒厂茅台（集团）有限责任公司	35%	Kweichou Moutal Group Finance Co., Ltd.	www. china－moutai. com/
					贵州茅台酒股份有限公司	51%		
					贵州茅台技术开发有限公司	9%		
					茅台集团习酒有限责任公司	5%		
152	海亮集团财务有限责任公司	浙江省诸暨店口解放路386号	311814	董事长 季丹阳 总经理 穆绿燕 副总经理 马兰英 总经理助理 傅建群	海亮集团有限公司	51%	Hailiang Finance Co., Ltd.	
					浙江海亮股份有限公司	40%		
					海亮金属贸易集团有限公司	9%		

续表

	公司全称	通讯地址	邮政编码	高管人员	控股股东	控股比例	英文名称	公司网址
153	中材集团财务有限公司	北京市朝阳区望京北路16号中材国际大厦2层	100102	董事长 徐卫兵 总经理、党委书记 刘 成 副总经理 杨 青 党委副书记、纪委书记 银 虹 财务总监 汪允杰	中国中材集团有限公司	70%	Sinoma Group Finance Company Limited	www. sinoma. cn/zt/ShowClass. asp? ClassID = 125
154	贵州盘江集团财务有限公司	贵州省贵阳市观山湖区林城西路95号	550081	董事长 尹新全 总经理 王安义 常务副总经理 李运寿 总经理助理 孟建平 总经理助理 彭木	贵州盘江投资控股（集团）有限公司	55%	Guizhou Panjiang Group Finance Company Limited	
155	北京首都旅游集团财务有限公司	北京市朝阳区广渠路38号一轻大厦9层	100022	董事长、代总经理 白 凡 常务副总经理 吴子维 副总经理 金豪庆	北京首都旅游集团有限责任公司	100%	Beijing Tourism Group Finance Co. , Ltd.	www. btg. com. cn/business/ch. asp
156	广西交通投资集团财务有限责任公司	广西南宁市青秀区民族大道146号三祺广场44楼	530029	董事长 李利娜 党委书记、总经理 覃 虹 监事长、工会主席 赵就亮	广西交通投资集团有限公司	100%	Guangxi Communications Investment Group Finance Co. , Ltd.	
157	徐工集团财务有限公司	江苏省徐州市经济技术开发区驮蓝山路26号	221000	董事长 吴江龙 总经理 刘丽军 副总经理 顾世英	徐工集团工程机械股份有限公司	100%	Xcmg Finance Co. , Ltd.	www. xcmg. com/xgfc/
158	百联集团财务有限责任公司	上海市中山南路315号8楼	200010	董事长 吕 勇 总经理 梁庆云 副总经理 张礼琦 风险总监 林大泳	百联集团有限公司	60%	Bailian Group Finance Co. , Ltd.	
159	中交财务有限公司	北京市西城区德胜门外大街83号德胜国际中心B座16层	100088	董事长 傅俊元 总经理、党委书记 游 华 副总经理 陶 涛 党委副书记、纪委书记 朱吉祥 副总经理 孙 杨 工会主席 薛立容	中国交通建设股份有限公司	95%	CCCC Finance Company Ltd.	www. ccccfc. com/
160	山东黄金集团财务有限公司	山东省济南市舜华路2000号舜泰广场三号楼黄金大厦4楼	250101	董事长 汪晓玲 总经理 吴 晨 常务副总经理 齐宗弟 副总经理 王述曦 副总经理 于志强	山东黄金集团有限公司	70%	Shandong Gold Group Finance Co. , Ltd.	www. sd – gold. com/

续表

	公司全称	通讯地址	邮政编码	高管人员	控股股东	控股比例	英文名称	公司网址
161	中开财务有限公司	广东省深圳市南山区赤湾石油大厦十三楼	518068	董事长　田俊彦 副董事长　张建国 总经理　章远凌 副总经理　李海燕 副总经理　顾曰滇 副总经理　王　华	中国南山开发（集团）股份有限公司	60%	China Development Finance Company Limited	www. cndfc. com. cn
162	中国平煤神马集团财务有限责任公司	河南省平顶山市矿工路中段21号	467099	董事长　余清海 总经理　杨　军 副总经理　刘晓军	中国平煤神马能源化工集团有限责任公司	51%	China Pingmei Shenma Group Finance Co., Ltd.	
163	四川长虹集团财务有限公司	四川省绵阳市高新区绵兴东路35号	621000	董事长　胡　嘉 总经理　邱　昊 总经理助理　唐　斌 总经理助理　胥勋畅 总经理助理　古晓彤	四川长虹电子控股集团有限公司	50%	Sichuan Changhong Group Finance Co., Ltd.	
164	创维集团财务有限公司	广东省深圳市南山区高新南四道18号创维半导体设计大厦东座21楼	518057	董事长　杨东文 总经理　吴晓光 副总经理　谭新艳 副总经理　蔡子云 副总经理　刘俊明 总经理助理　敬红	创维集团有限公司	100%	Skyworth Group Finance Co., Ltd.	fw. skyworth. com/
165	江苏省国泰财务有限公司	江苏省张家港市人民中路国泰大厦29楼	215600	董事长　张子燕 总经理　张爱兵 副总经理　唐　莹 副总经理　刘　晖	江苏国泰国际集团有限公司	90.01%	Jiangsu Guotal Finance Co., Ltd.	
					江苏国泰国际集团国贸股份有限公司	9.99%		
166	亨通财务有限公司	江苏省苏州市吴江区中山北路2288号	215200	董事长　钱建林 总经理　曹卓峻 副总经理　沈振祥	江苏亨通光电股份有限公司	70%	Hengtong Finance Co., Ltd.	www. hengtonggroup. com. cn
167	珠海华发集团财务有限公司	广东省珠海市横琴金融产业服务基地18号	519015	董事长　许继莉 总经理　封　光 总经理助理　唐慧敏 总经理助理　徐志强	珠海华发集团有限公司	50%	Zhuhai Huafa Group Finance Co., Ltd.	www. huafafc. com
168	北京金隅财务有限公司	北京市东城区北三环东路36号环球贸易中心B2102	10013	董事长　陈国高 总经理　黄文阁 副总经理　朱灼见 副总经理　潘宝侠	北京金隅股份有限公司	100%	BBMG Finance Co., Ltd.	

续表

	公司全称	通讯地址	邮政编码	高管人员	控股股东	控股比例	英文名称	公司网址
169	云南云天化集团财务有限公司	云南省昆明市滇池路1417号2号楼3楼	650228	董事长　他盛华 副董事长　张嘉庆 总经理　彭　科 副总经理　陈　晓 风险总监　荣晓寅	云天化集团有限责任公司	44%	YUNNAN Yuntianhua Group Finance Co., Ltd.	
					云南云天化股份有限公司	18%		
					云南磷化集团有限公司	18%		
					重庆国际复合材料有限公司	10%		
					云南天宁矿业有限公司	5%		
					云南盐化股份有限公司	5%		
170	北京控股集团财务有限公司	北京市朝阳区东三环北路38号院4号楼10层	100026	董事长　王立华 副董事长　姜新浩 常务副总经理　王玉荣 副总经理　王朝晖 财务总监　张素芳 总稽核　常学琳	北京控股集团有限公司	41%	Beijing Enterprises Group Finance Co., Ltd.	
					北京市燃气集团有限责任公司	39%		
					北京燕京啤酒股份有限公司	20%		
171	陕西延长石油财务有限公司	陕西省西安市光泰路1号延长石油安全培训中心2层	710075	董事长　康永智 总经理　沙春枝	陕西延长石油（集团）有限责任公司	78%	Shaanxi Yanchang Petroleum Finance Co., Ltd.	cwgs. sxycpc. com/
172	山东能源集团财务有限公司	山东省济南市经十路10777号山东能源大厦10层	250014	董事长　刘德华 总经理　徐立波 副总经理　王立春 副总经理　张述明 总经理助理　胡　健	山东能源集团有限公司	70%	ShanDong Energy Group Finance Co., Ltd.	www. snjt. com/
173	鄂尔多斯财务有限公司	内蒙古呼和浩特市金桥开发世纪六路宇泰商务广场A座九层	010040	董事长　王林祥 总经理　赵玉福 副总经理　屈燕南 总经理助理　冯俊锋	内蒙古鄂尔多斯羊绒集团有限责任公司	55%	ERDOS Finance Co., Ltd.	
174	伊利财务有限公司	内蒙古呼和浩特市金川开发区汇金大道一号伊利新工业园三楼	010080	董事长　王瑞生 总经理　谢沃德勒夫 风险总监　杨道	内蒙古伊利实业集团股份有限公司	100%	YiLi Finance Company Limited	www. yili. com

续表

	公司全称	通讯地址	邮政编码	高管人员	控股股东	控股比例	英文名称	公司网址
175	大冶有色金属集团财务有限责任公司	湖北省黄石市下陆区下陆大道2号金花小区五期5－9号	435005	董事长 谭耀宇 副董事长 高 宙 总经理 杨红战 副总经理 孟 波	大冶有色金属集团控股有限公司	90%	Daye Nonferrous Metals Group Finance CO., Ltd.	www. dyyscwgs. com
176	巨化集团财务有限责任公司	浙江省衢州市柯城区巨化中央大道230号（巨化集团公司机关综合楼一楼、二楼）	314004	董事长 汪利民 总经理 唐 捷 副总经理 鲍铭洲 风险总监 王建峰	巨化集团公司	43.75%		www. juhua. com. cn/gsgk/jhjj. html
177	供销集团财务有限公司	北京市西城区宣武门外大街甲1号C座2层	100052	董事长 邢宏伟 总经理 庄学能 副总经理 张芷芷 财务总监 薛晔	中国供销集团	100%	CO－OP Group Finance CO., Ltd.	www. coopfn. com/
178	中铁财务有限责任公司	北京市海淀区复兴路69号中铁广场C座5楼	100039	董事长 林 鑫 总经理 王建军 副总经理、总会计师 杨凯利 副总经理 肖 尧	中国中铁股份有限公司	95%	China Railway Finance Company, Ltd.	www. crfc. com. cn
179	重庆力帆财务有限公司	重庆市江北区洋河北路2号	400020	总经理 周幼清 副总经理 裴 丹 副总经理 陈林宁 副总经理 冯 强	重庆力帆控股有限公司	51%	Chongqing Lifan Finance Co., Ltd.	
					力帆实业（集团）股份有限公司	49%		
180	中煤财务有限责任公司	北京市朝阳区黄寺大街1号中煤大厦6层	100120	董事长 翁庆安 总经理 曹 群 副总经理 陈敏宏 总经理助理 李风涛 总经理助理 刘俊光	中国中煤能源股份有限公司	91%	China Coal Finance Co., Ltd.	
181	安徽省皖北煤电集团财务有限公司	皖宿州市埇桥区西昌南路东侧18号	234000	董事长 赵宏亮 副董事长 马咏清 总经理 李 明 副总经理 吴 涛 风险总监 陈 凤	安徽省皖北煤电集团有限责任公司	40%		
182	淮北矿业集团财务有限公司	安徽省淮北市人民中路276号	235000	董事长 王明胜 总经理 蒋 宁 副总经理 毛师达 风险总监 孙 斌	淮北矿业（集团）有限责任公司	100%	Huaibei Mining Group Finance Co., Ltd.	www. cwgs. hbcoal. com

续表

	公司全称	通讯地址	邮政编码	高管人员	控股股东	控股比例	英文名称	公司网址
183	湖南出版投资控股集团财务有限公司	湖南省长沙市开福区营盘东路38号	410005	董事长 龚曙光 总经理 王丽波 监事长 王芳郴 书记 余璐 副总经理 杨星	中南出版传媒集团股份有限公司	70%	Hunan Publishing InvestmentHolding Group Finance Co., Ltd.	
184	四川省宜宾五粮液集团财务有限公司	四川省宜宾市岷江西路150号	644007	董事长 罗伟 总经理 邓香全 副总经理 吴涛 副总经理 敬梅 财务总监 陈作容 总经理助理兼工会主席 唐进 总经理助理 陈晓虎 总经理助理 王兴友	四川省宜宾五粮液集团有限公司	37.50%	Wu Liang Ye Group Finance Co., Ltd.	cw.wuliangye.com.cn
185	山东晨鸣集团财务有限公司	山东省济南市高新区舜华路2000号舜泰广场2号楼35层	250101	董事长 王春方 总经理 常德生 副总经理 阎向阳 财务总监 周兵	山东晨鸣纸业集团股份有限公司	80%	Shandong Chenming Group Finance Co., Ltd.	
					江西晨鸣纸业有限责任公司	20%		
186	河北港口集团财务有限公司	河北省秦皇岛市海港区文化路60号11层	066000	董事长 邢录珍 总经理 许国栋 副总经理 张爱武 财务总监 崔鸥	河北港口集团有限公司	60%	Hebei Port Group Finance Co., Ltd.	
187	中节能财务有限公司	北京市西城区平安里西大街26号新时代16层	100034	董事长 安宜 总经理 杜乐 副总经理 章全明 风险总监 韩巍 总经理助理 单纯	中国节能环保集团公司	100%	CECEP Finance Co., Ltd.	www.finance.cecep.cn
188	青岛港财务有限责任公司	山东省青岛市市北区港华路7号	266000	董事长 郑明辉 总经理 杨倩 财务总监 王伟强 副总经理 贾卓鹏 总经理助理 强帅	青岛港国际股份有限公司	70%	Qingdao Port Finance Co., Ltd.	
					青岛港（集团）有限公司	30%		
189	上海上实集团财务有限公司	上海市黄浦区淮海中路98号金钟广场30楼	200021	董事长 徐波 总经理 周亚栋 副总经理 师淑琴 风控总监 朱浩良	上海上实(集团)有限公司	40%	SIIC Group Finance Co., Ltd.	

续表

	公司全称	通讯地址	邮政编码	高管人员	控股股东	控股比例	英文名称	公司网址
190	重庆市能源投资集团财务有限公司	重庆市渝北区洪湖西路12号	401121	董事长 冯 跃 总经理 杨东旗 副总经理 王燕宁 财务总监李云齐	重庆市能源投资集团有限公司	85%	Chongqing Energy Investment Group Finance Co., Ltd.	
191	广东省交通集团财务有限公司	广东省广州市天河区珠江东路32号利通广场43楼	510623	董事长 周玉明 总经理、党支部书记 罗 伟 副董事长 莫穗玉 副总经理 陈虎城 副总经理 刘 超	广东省交通集团有限公司	100%	Guangdong Provincial Communication Group Finance Co., Ltd.	
192	光明食品集团财务有限公司	上海市静安区南京西路1539号嘉里中心办公楼二座33层	200040	董事长 李 林 总经理 费心佳 副总经理 季玉燕 风险总监 陈 健	光明食品（集团）有限公司	80%	Bright Food Group Finance Co., Ltd.	
					上海大都市资产经营管理有限公司	20%		
193	忠旺集团财务有限公司	辽宁省大连市中山区长江东路90号	116001	董事长 刘东毅 总经理 刘文辉 副总经理 王海川 副总经理 赵敬慈	辽宁忠旺集团有限公司	48%	Zhongwang Group Finance Co., Ltd.	
194	本钢集团财务有限公司	辽宁省本溪市平山区东明路10号	117000	董事长 张晓芳 总经理 赵 伟 副经理 杨子民	本钢集团有限公司	90%	Benxi Steel Group Finance Co., Ltd.	
195	天津物产集团财务有限公司	天津市和平区营口道4号	300041	董事长 刘 禄 副总经理 李俊昕 副总经理 向 青	天津物产集团有限公司	75%	Tewoo Group Finance Co., Ltd.	
					天津物产金属国际贸易有限公司	5%		
					天津物产能源资源发展有限公司	5%		
					天津市浩通物产有限公司	5%		
					天津物产进出口贸易有限公司	5%		
					天津物产国际物流有限公司	5%		

续表

	公司全称	通讯地址	邮政编码	高管人员	控股股东	控股比例	英文名称	公司网址
196	福建七匹狼集团财务有限公司	福建省泉州市晋江市青阳曾井小区崇德路中国银行大厦19层	362200	董事长 陈欣慰 副总经理 刘世章 副总经理 陈书芳	福建七匹狼集团有限公司	65%	Fujian Septwolves Group Finance Co., Ltd.	
					福建七匹狼实业股份有限公司	35%		
197	清华控股集团财务有限公司	北京市海淀区中关村东路1号院8号楼清华科技园科技大厦A座10层	100084	董事长 张文娟 总经理 盛朝晖 副总经理 甘朝晖 副总经理 方继文	清华控股有限公司	100%	Tsinghua Holdings Group Finance Co., Ltd.	
198	中国核工业建设集团财务有限公司	北京市西城区车公庄大街12号	100037	总经理 俞红卫 副总经理 岳海涛 副总经理 李 凌 副总经理 方保友	中国核工业建设集团公司	10%	China Nuclear Engineering Group Finance Corporation Liminted	
					中国核工业建设股份有限公司	90%		
199	中国黄金集团财务有限公司	北京市东城区安定门外大街9号一层	100011	董事长 刘 冰 副董事长 李慧琴 总经理 李 东 副总经理 邵兵杰 总经理助理 陈文俊	中国黄金集团公司	51%		www.chinagoldgroup.com
					中金黄金股份有限公司	49%		
200	湖北交投集团财务有限公司	湖北省武汉市洪山区珞瑜路1077号交投大楼2楼	430074	执行董事 谢继明 总经理 周茂华 副总经理 徐 兵 副总经理 马雯蓉	湖北省交通投资集团有限公司	100%	HBCI Group Finance Co., Ltd.	
201	新凤祥财务有限公司	山东省济南市高新区舜华路2000号舜泰广场6号楼31层	250101	董事长 刘志光 副董事长、总经理 李国庆 副董事长 闻海中 副总经理 徐朝霞 副总经理 张保秋 副总经理 李少峰 总经理助理 王钦波	新凤祥控股集团有限责任公司	83.75%	GMK Finance Company Limited	www.gmkholdings.com
202	山东招金集团财务有限公司	山东省烟台市芝罘区胜利路139号万达金融中心A座22层	264000	董事长 李宜三 总经理 曲丽华 副总经理 张瑛拮 副总经理 王康立	山东招金集团有限公司	40%	Shandong Zhaojin Group Finance Co., Ltd.	
					招金矿业股份有限公司	51%		
					山东招金集团招远黄金冶炼有限公司	9%		

续表

	公司全称	通讯地址	邮政编码	高管人员	控股股东	控股比例	英文名称	公司网址
203	中联重科集团财务有限公司	湖南省长沙市岳麓区银盆南路 361 号	410013	董事长　詹纯新 副董事长　胡克嫚 总经理　杜毅刚 副总经理　瞿正德 副总经理　宁少云	中联重科股份有限公司	75%	Zoomlion Finance Co., Ltd.	
					Zoomlion Cifa (Hong Kong) Holdings Limited	25%		
204	内蒙古伊泰财务有限公司	内蒙古鄂尔多斯市东胜区天骄北路万博广场 B 座三楼	017000	董事长　张立峰 总经理　秦雅娟 风险总监　魏桂贤 副总经理　范培军	内蒙古伊泰集团有限公司	60%	Inner Mongolia Yitai Finance Company Limited	
205	上海外高桥集团财务有限公司	中国（上海）自由贸易试验区杨高北路 2001 号管理楼一层	200131	董事长　姚　忠 总经理　黄　丹 总经理助理　王　绪 风险总监　奚晓颖	上海外高桥资产管理有限公司	占公司注册资本的 70%		
206	中国铁路财务有限责任公司	北京市海淀区北蜂窝路 5 号院 1－1 号楼	100038	董事长　史跃梅 总经理　张汉祥	中国铁路总公司	95%	China Railway Finance Co., Ltd.	
207	首钢集团财务有限公司	北京市石景山区古城大街 36 号院 1 号楼	100043	董事长　王洪军 总经理　聂秀峰 总经理　朱挺副 总经理助理　王群英	首钢总公司	80%		
					北京首钢建设投资有限责任公司	20%		
208	天瑞集团财务有限责任公司	河南省郑州市商务外环 20 号海联大厦 11 层	450000	董事长　李凤娈 总经理　郭世勇 副总经理　李胜雷 副总经理　李恩会	天瑞集团股份有限公司	37.50%	Tianrui Group Finance Co., Ltd.	
					天瑞集团水泥有限公司	35%		
					天瑞集团铸造有限公司	17.50%		
					天瑞集团旅游发展股份有限公司	10%		
209	三房巷财务有限公司	江苏省江阴市周庄镇三房巷村	214423	董事长　卞平芳 总经理　卞方荣 副总经理　刘　颖 副总经理　樊明海	江苏三房巷集团有限公司	60%		

续表

	公司全称	通讯地址	邮政编码	高管人员	控股股东	控股比例	英文名称	公司网址
210	内蒙古电力集团财务有限责任公司	内蒙古呼和浩特市锡林南路218号	10020	董事长 孙文彪 总经理 李志刚 副总经理 王佳雁 副总经理 朱爱杰	内蒙古电力（集团）有限责任公司	100%	Inner Mongolia Power Group Finance Co., Ltd.	
211	渤海钢铁集团财务有限公司	天津市空港经济区西四道168号融和广场2号楼2门	300308	董事长 肖树强 总经理 邓浩松 副总经理 王淑慧 副总经理 韩 军	渤海钢铁集团有限公司	64%	Bohai Steel Group Finance Co., Ltd.	
212	广东省广晟财务有限公司	广东省广州市天河区珠江西路17号广晟国际大厦52楼	510623	董事长 刘伯仁 总经理 刘 韧 常务副总经理 沈 卫 副总经理 李建华 副总经理 周 涛	广东省广晟资产经营有限公司	100%	Guangdong Rising Finance Co., Ltd.	www.gdrisingfinance.com
213	西王集团财务有限公司	山东省邹平县西王集团307室	256209	董事长 王 棣 总经理 裴建光 常务副总经理 刘 钧 总经理助理 王 健	西王集团有限公司	65%	Xiwang Group Finance Company Limited	
214	中国电建集团财务有限责任公司	北京市海淀区西直门外大街168号腾达大厦8层	100044	董事长 孙 璀 总经理 陈 波 副总经理 沈国华 副总经理 杜 明 副总经理 龚 健	中国电力建设集团有限公司 中国电力建设股份有限公司 中国水电工程顾问集团有限公司	3% 94% 3%	Powerchina Finance Company Limited	finance.powerchina.cn/
215	营口港务集团财务有限公司	辽宁省营口市营港路1号新港大厦2号楼附楼2层	115007	董事长 仲维良 总经理 杨会君 副总经理 赵慧超 副总经理 常守军	营口港务集团有限公司	51%	Yingkou Port Group Finance Co., Ltd.	
216	云南昆钢集团财务有限公司	云南省昆明安宁市昆钢综合楼2楼	650302	董事长 杜陆军 总经理 王娟 副总经理 尚志勇 副总经理 兼风险总监 杨林超	昆明钢铁控股有限公司 昆明钢铁集团有限责任公司 云南华云实业集团有限公司	80% 10% 10%	Yunnan Kunming Iron & Steel Group Finance Co., Ltd.	

续表

	公司全称	通讯地址	邮政编码	高管人员	控股股东	控股比例	英文名称	公司网址
217	云南建工集团财务有限公司	云南省昆明市经开区林溪路188号	650501	董事长　陈文山（集团董事长兼任） 总经理　李兆坤 副总经理　赵宏武 风险总监　朱乔林	云南建工集团有限公司	50%	Yunnan Construction Engineering Group Finance Co., Ltd.	www. ynjg. com/